马少童 著

上

黄河出版传媒集团
宁夏人民出版社

图书在版编目（CIP）数据

狂生艺事：全2册 / 马少童著. — 银川：宁夏人民出版社，2012.5

ISBN 978-7-227-05206-7

Ⅰ. ①狂… Ⅱ. ①马… Ⅲ. ①马少童 — 自传 Ⅳ. ①K825.78

中国版本图书馆CIP数据核字（2012）第103553号

狂生艺事（上下）　　　　　　**马少童 著**

责任编辑　石晓燕　刘建英
封面设计　千　寻
责任印制　丁　佳

黄河出版传媒集团
宁夏人民出版社　出版发行

地　　址　银川市北京东路139号出版大厦（750001）
网　　址　http://www.yrpubm.com
网上书店　http://www.hh-book.com
电子信箱　renminshe@yrpubm.com
邮购电话　0951-5044614
经　　销　全国新华书店
印刷装订　宁夏雅昌彩色印务有限公司

开　　本　787mm × 1092mm　1/16　　印　张　50　　字　数　800千
印刷委托书号　(宁)0008807　　印　数　3000册
版　　次　2012年5月第1版　　印　次　2012年5月第1次印刷
书　　号　ISBN 978-7-227-05206-7/k・727

定　　价　109.00元（上下）

马少童

翰思紛紜詩情暢達
雲天曠遠風日清嘉
尚小雲

尚派创史人京剧大师尚小云先生之遗作墨宝，正逢纪念京剧大师尚小云先生111周年诞辰

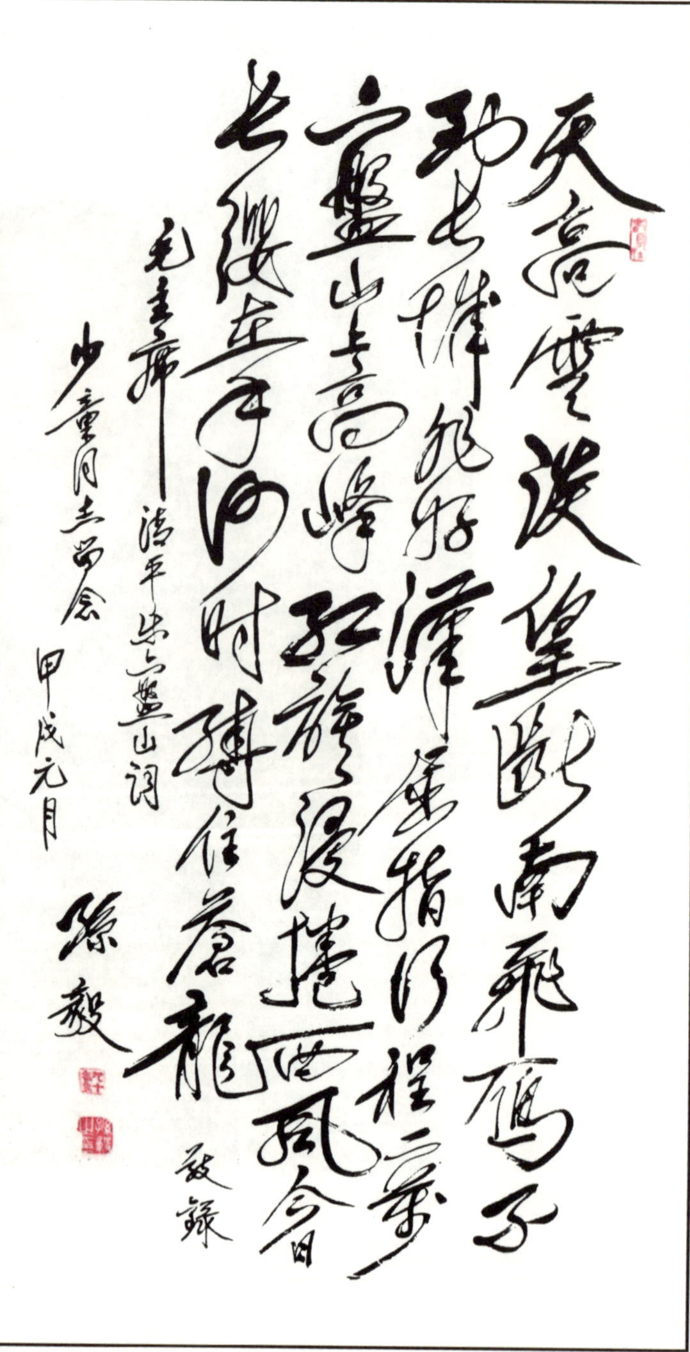

百岁老将军孙毅赠作者

马少童的戏剧人生

马少童《六国封相》中饰苏秦

求智　刘鸣/摄

前　言

纵览戏剧界中的大家和名流，一生辉煌，贡献巨大，流派代表剧目言传世间，斟善书绘画不在少数，但亲笔著传世间鲜见。之所以出现这一现象，皆因又小失学，入科班或拜师学艺，长年累月忙于演出以及社会背景所限，故前辈艺术家留下来的史料，大都是口述传记，或经后人整理加工而成。

我非世家名门之后，无祖传之片瓦寸土，也无学历和文凭。又时家贫，为生存糊口拜师学戏。教棍之下求技艺，在眼泪汗水中翻打、滚爬、啼吟、号喊，度过六十多个春秋。舞台上耍弄刀枪、能吼几句皮黄的一个普通京剧演员，迨今古稀之年捉笔著书，实乃此生心志不吐不快也。

我习写作，如初学自行车，越不会骑越有瘾，歪倒了摔下来，爬起来再骑，如今算是“摇摇晃晃”地上路了。此前曾写过一些大实话的文章，出版过几部脸谱书画集和戏剧文章,也曾获过各类奖项。回顾自己的从艺之路，以及所取得的点滴成就，与前辈艺术家们相比，我幸运地赶上了好时代，正如吴祖光先生为我书斋的题词——“生正逢时”。

忆写《狂生艺事》，纯乃感情激发，怀德感恩，忆往初试。忆青年牛犊之气，又稚可笑，碰过不少钉子，挫折和失败使我明白了许多为人处世的道理。怀念从艺路上，师辈传德授艺，良师益友无私地帮教和提携，却未得到我的酬报，常令我思之愧疚、感激……

回顾今生，从少小年纪卖身梨园，到如今的国家一级演员，国家一级工艺美术师，皆乃父母家教，师辈言传的结果。古人云："一日为师，终身为父。"时刻不忘"愚身父母赐，师授技艺恩"。如"大刀"陆桂森、"酒壶大爷"卢务本、绰号"阴死爹"的何易奎先生等师辈，都是先观察、考验人品，而后教授技艺。有时甚至故意刁难，试看经得住考验之后，便掏心窝子地传授看家的本领。"戏如天，技似地；无德之人不传艺。"尽管先辈恩师们对我考验苛刻、严厉，我却深深体味到，他们重德传艺，择才而授的良苦用心。师徒之间若无真正的感情，永远得不到真传，更难传承、弘扬师傅的懿德和绝技。

孔夫子提倡择师选徒意义之深，我深有体悟，师徒为人的反映会彼此影响。回忆20世纪90年代，我和京剧表演艺术家李慧芳先生应邀与"周信芳艺术研究会"组织的麒派巡回演小组，赴上海、江苏一带演出，只要提起先师刘奎童先生，艺界师友无不拱手翘指赞叹："刘大爷德高望重！"都对我关照和帮助。特别是师叔刘斌昆先生授我技艺严传而细腻，实乃尊其师而敬其徒，恩师生前之德艺铺路，我今受益。

永怀师恩和前辈，缅怀领导和良师益友对我的教诲、培养和帮助。也应感谢曾排挤、打击过我的人们，特别是"文化大革命"中那些一度丧失了人性、泯灭了天良的人对我的折磨和迫害，是他们激起我的拼搏斗志。拨乱反正，时过境迁，如今如何对待这类人，乃一个人的胸怀气度和水平。我已古稀之人，受大好形势的育化，通过学习自省，不断清除认识上的迷茫以及灵魂中的俗尘，过滤着思想深处的愚见。安定团结，和谐善良，融化了我深植于心中的怨愤。这并不是说我风格有多么高尚，而是社会形势决定了人的思想意识。忆写少年学艺的辛酸，中年坎坷与拼搏，老有所为和幸福。读者诸君若能耐心地阅完我这本啰啰唆唆的"豆腐账"，不求引起同情，但愿理解愚心。

老来捉笔写回忆，人生如同一出戏；
清白做人重礼义，当把德艺传后世。

2011年10月于异像斋

目 录

童年杂忆篇

随师学艺篇

艺苑师友篇

劫难岁月篇

童年杂忆篇

《徐策》中马少童饰徐策，于上海（1979年自编自演于威海京剧团）

百馬圖

天馬行空 馬九蛟龍
萬馬奔騰 馬到成功
壬午年春繪于異像齋
馬少童

马年画马《百马图》马少童书

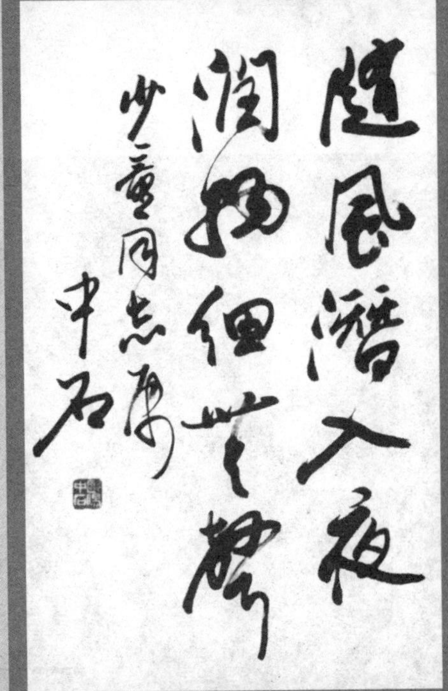

欧阳中石，中国著名书法家奚（奚啸伯）派传人

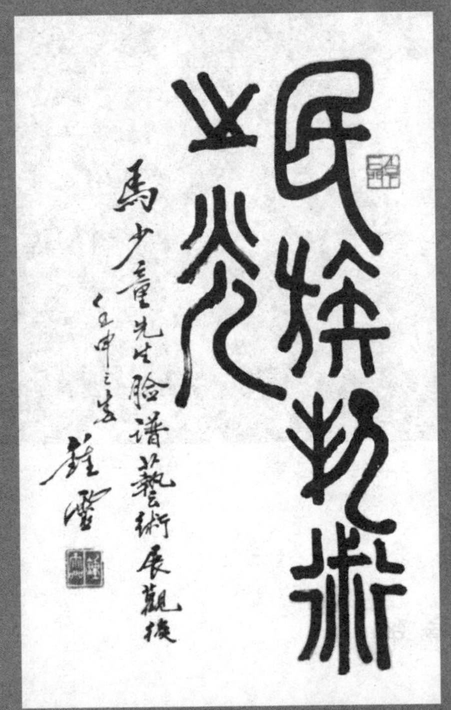

钟灵，中国著名书画家，齐（白石）派传人

蒋之，中国著名书法家

1939年全家合影，从左至右母：毕淑贤、姐马荷芬、马荷礼（马少童）、父马书成

我的家族和童年

威海市位于山东半岛东端，三面环山，北、东、南濒临黄海，西陆于烟台市接壤，东有刘公岛天然屏障，形成航海北、南海口，军事要塞，北洋水师府邸。青山碧海，围绕着美丽的城市——威海。

马姓居威海历史悠久，史料记载明代英宗朱祁镇率兵五十万御驾亲征蒙古，在土木堡被蒙军瓦剌部擒俘。景泰元年（1450年）八月十五，蒙军派曾木儿、黑台、马黑麻、牙的哥儿、阿力苦、哈三、阿木丹、阿兴、别奚只护送回北京。护送的指挥官被留下，赐封镇抚，到威海卫落户，每户赐地五十亩，山一区，每年支廪给银二十八两。后马黑麻改姓马，黑台改姓苏，阿兴改姓付。三家镇抚结为异性兄弟，故威海流传付、马、苏三姓不结姻亲的规俗。

威海卫马姓人丁兴旺，老茔祖坟于菊花顶前，面向环翠楼、文笔峰。左有宫松岭、东望刘公岛，“沧海藏龙”；右靠古陌村卧龙山，接古陌岭，“山岭虎所居”。古陌谐音谷麦、粮仓，可谓山、海、翠楼背靠九华顶（后改菊花顶），乃风水宝地，茔地决定代代官宦，可出将相之位。传有风水被破的迷信传说，甚似神话故事。

马家祠堂匾额为《谦德堂》，宗谱、灵牌在历次运动中焚之一炬。我在老宗谱上敬录下四代祖先名位、年庚，“文化大革命”中藏于毛主席著作书皮中，幸存至今。

谦德堂

（马氏宗祠牌匾）

皇清　马公光利　字成龙

皇清　马母刘氏　生二子　敬福　敬禄

马公敬福

马母丛氏　（大夫人）

马母丛氏　（二夫人）

皇清例授登仕佐郎　马公敬禄

皇清例赠孺人董太君（威海董家巷）　生二男　锡恩　锡鸿

马公锡恩

马母夏氏（威海槐树底村）　生二子　书成　书宾

马公书成　字文泉

母毕淑贤　乳名满枝（威海毕家疃村）　生女魁元（原名荷芬）

子少童（原名荷礼）

马氏辈分摘记

书荷文[1]清泉[2]，蒙来[3]四海[4]滨；

志可继绪长，国恩[5]万世金。

【注释】

①文笔峰（塔山）。②清泉，城里圣人殿前泮池。③马黑麻由蒙古来威海卫。④海滨城市。⑤前辈传说马氏辈分乃皇上所赐，故称国恩，详情无据考证。

小时候听母亲讲，在民国时期，每年农历的五月十七日至二十一日这五天，是威海传统的“五月会”，它起源于当地的龙王庙山会，后演变为各地来威海物资交流大会，俗称“五月会”。

民国24年（1935年）五月十九日，五月会的第三天，是正会日，也是最热闹的一天，四乡结队进城，耍狮子、龙灯，踩高跷、跑旱船、抬阁等民俗节目应有尽有，好不热闹。四乡行会的人们成群结队，挤满了威海城里四街。以十字街口关帝庙前的古戏楼为中心，京、津、沪、晋、冀、苏、浙及山东各地的土特产品都在展销，各地商家摊位相连，一直摆到东、西、南、北四门。就在这一天，威海城里西街董家巷内的三间西厢房里，傍晚点灯（戌时）的时候，我来到了人世间。

家中生了男孩，马家添后人了。为了纪念，父亲特意在庙会上买了一台座钟和一把双铜梁的宜兴紫砂茶壶。座钟昼夜二十四小时不停地跑动，只进不退，周而复始；茶壶乃紫砂土制，是冲茶倒水，进出不停、川流不息，寓意生命生生不息，平安吉祥。这台座钟直到“文化大革命”期间，因有双龙图案，被当做“四旧”扫除（紫砂茶壶也在1992年春搬迁中丢失）。

我祖父马锡恩，叔祖父马锡鸿。祖父多年盼孙，但我与他老人家无缘。就在祖父过世的“三七”祭日，我降生了。父母重孝在身，扎腰的麻绳，俗称“绠绳”。待老人“三七”后，把绠绳放在祖田、坟茔里。因此我的乳名叫“绠田”。马家谱书上世谱的排序是书、荷、文、清、泉，蒙、来、居、海、滨。父亲是“书”字辈，我是“荷”字辈。一位老先生为我起名为“荷礼”，并有一套说辞，马在草头站（马站草字头上），人可紧相连，“禮”字为衣曲豆组成，善歌一生乐，不缺食和穿。马生草上，有草；荷生于水中，有水、有豆；有衣，曲为歌。一生有吃、有穿，吟曲长乐，因此命名“马荷礼”。

母亲娘家是毕家疃，我外公毕克宝，舅父毕为善。母亲姊妹四人，她排行老三叫毕淑贤。我姐姐比我大七岁，八月出生，乳名彩云，大名荷芬。

父亲马书成，十六岁就在饭馆里学厨师手艺。满徒后，在威海威生园饭馆里当面食厨师。1937年，又在城里警察署东侧的正兴饭馆当厨师。主要是面案，墩子上、勺上也都能应付得了。那时威海城里出名的包子铺有两家，一家是城里北街德友包子铺，在十字街口北门朝东，再一家就是正兴饭馆的包子，掌柜的是望岛马家疃马洪山与其侄子马文敬。我父亲在正兴饭馆里分工面案、墩子上，兼管门前的一个猪肉架子。

那时候卖肉，都是挂在形同牌坊的一个木架子上，一头猪分为两大片，用铁钩子挂在架子上，架子上同时挂着一杆秤。买肉者从几两到一斤不等，很少有买几斤的，用马蔺草捆起来提着回家。一头猪大都百八十斤，论两出售，可想而知要卖多少份。买卖不大，但是很麻烦。割肉也要有技术，人家要多少钱的肉，或者要几两，卖肉的一刀割下，挂在秤钩上一称，头高头低，再少添一小块，表示多给一点，使顾客满意。若是一块块的小零碎肉往上添，买者就不耐烦了，“这是卖包子馅吗？什么手艺！”也说明卖肉师傅没技术、手里没数。据说讲究的卖肉师傅，手是秤、眼是星。当时威海城里四街和莱房子，位于大操场西南面、现在环翠区政府的位置，共有十几盘肉架子，卖肉师傅称为“刀”，也就是有十几把刀。父亲也算有名的一把刀。当时为首的叫戚树洪，外号“葛拉晃”，身材高大而壮实，为人豪爽，是有名的夫妻“两把刀”。父亲每日繁忙地劳作、拼命地干，微薄的薪水难以维持家里的生活。多亏我母亲生得一双巧手，绣花、做针线活，以手工刺绣出名。

城里南街吴宅巷里是官宦人家，有个七太太，人称“吴七子婆”，能诗善书，水墨国画称绝，每每写了字和画，让我母亲刺绣。要求绣得细致而不走样。童年的我，每次随母亲去七奶奶家取字画样子的时候，看到墙上的字画，无比地羡慕。母亲整年不闲地做针线活，帮衬父亲维持家里的生活。姐姐大我七岁，就要哄孩子，看着我，真是孩子看孩子。

1940年，我已经五周岁了，小小的年纪已理解父母的辛苦和不易。日寇侵华，民不聊生，钱越来越难挣，生活越来越困难。我记事的时候，由吴宅巷搬过两次家，后又搬到城里南城根的牌坊巷。我家住在院里三间临街的倒房。隔一个门有个大院子，住着当时威海有名的票友，叫付得胜。家里经常有一些人“咿咿呀呀”地唱。我只知道是唱戏，还不知道是京戏，因没听过别的戏。我满五周岁的时候，常在付家门口听唱。人家在屋里唱，我就在门外随着哼哼，几天就会唱了。什么“儿的父去投军”、“苏三离了洪洞县”、“店主东带过了黄膘马”等等都能唱下来。

有一天，付先生发现我站在他家门外，认出我是邻居马家的孩子，就叫我进院到屋里听戏。在他家看到我从未见到的摆设——戏装照片，这是我第一次接触的艺术品，所以就目不转睛地看，付先生问：“怎么样，好看吧？”我点点头。他们几个人唱完后，问我“好听吗？”“好听！”我回答得很干脆；又问“你爱听吗？”我又点头。“想不想学？”我自豪地讲：“我也会！”

众人大笑起来，“那你唱给我们听听。”我毫无羞涩地扯起嗓子，吼了一段“苏三离了洪洞县”。众人喊好，并叫我跟着胡琴一起唱，我很得意地和着京胡，一起唱起来，自己感觉嗓子比他们高很多，根本不懂什么板眼、节奏地唱了一段又一段。拉胡琴的姓邵，他们都叫他寿子，后来才知道他叫邵文彩，乳名叫寿子，在当时是威海票友里很有名的琴师。唱完了，听他们讲，这小子真是块料儿。我似懂非懂，高兴地离开他家。回家后谁也不知道，因为母亲不准我到别人家去串门，怕惹人嫌。

那时家庭生活艰难，姐姐要去做童工。在花生庄拣出口的花生米，微薄的工钱，对家里也是一点帮补。母亲绣花很忙，没有时间管我，所以我就经常到付先生家里，听人家唱戏。久而久之，我也学会了几段，有时候听戏入迷，都忘记回家吃饭。有一次母亲找我回家吃饭，找到了付先生家里。邻居之间客气了半天，付先生说："这孩子很聪明，整天在我这儿听戏，别看这孩子年纪小，还能'偷戏'呢，都能唱好几段了。"这本来是表扬我的好话，但是年龄太小，理解不了，以为偷是很丢人的事情，伤了自尊，我怎么成了"偷戏"？明明是俺自己听会的，怎么说是我偷呢，此后再也不到他家去了。有时候叫我去，我也不去了。

我家斜对门是一姓戚的大户，祖上有功名，大门之上还悬有匾额。哥哥戚天祝在学校当校长，弟弟戚天禄赋闲在家，兄弟都是文化人。他们喜欢小孩，叫我到他家里玩，我第一次见到房间里那么多书，非常的兴奋。很快就熟悉了，经常到他家书房看连环画小人书，童年记忆力较强，看过《西游记》、《三国演义》、《杨家将》、《济公传》等等，天禄大叔还给我讲书里的人物和故事，我都记在脑子里，并能粗浅地知道是非善恶、忠奸道义。这是我爱看书画、听故事的启蒙。

家里人听说我经常到戚家去看小人书，戚家又是书香门第，比较放心。天禄叔叔写毛笔字，我就在一旁静静地看，这是我又年接触文化的一个机遇吧……

父母没有文化，说什么也要让我上学。我六岁时，被送到城里清泉小学读书。一年级第一课就是《天亮了》。我上学很是用心，全校少儿演讲比赛，我讲了《小人国的故事》，获得了一等奖。奖品是一个大仿本，上面有学校的题字和大红章子。带回家父母非常高兴。班级老师近视眼，外号"林瞎子"。林老师指名叫我当班长，我自己也很得意，很负责任。但本班学生比我大的有好几个，欺负我小，不服管，我又打不过他们，我对老师讲，我不干这个窝囊班长了。为此事回家父母训我："可能是犯了错惹了祸，不然怎么会不用你当班长了？"我很气愤地说："是我自己不干的，他们都比我大，不听我管，管不了人家的班长，还不如不干。"

那时候我家上无片瓦、下无寸土，住房都要租。由于房租不断上涨，房东随时都可逼租户搬走。我们家又搬到东城门里戚家的三间东厢房。找母亲做针线活的人很少了；父亲在菜房子卖猪肉经营着两个肉架子；姐姐已能锁麻布了（一种出口刺绣品）。我刚读了小学两年的书，迫不得已只好辍学帮家了。白天去搂草，供家里做饭，当时家里做饭烧的柴火全靠我，很少花钱去买；傍晚到菜房子，等卖菜的收摊，拾些人家不要的烂菜叶子，回家洗干净，好一点的做菜吃，次一些的做豆末和菜团子。

捡菜叶子也不容易。父亲很爱面子，不准叫熟人看到我，怕人家说马某人的孩子在菜房子捡烂菜叶子，所以，我总是躲避着父亲的同事熟人，也不能让街坊邻居看见。捡菜叶子比上山挖野菜能节省很多时间，哪天要是能多捡点，也就像发了财一样地高兴。菜房子西头有几家小饭馆，门外倒的菜叶子也很多，那里也是我注意的地方。捡多了回家，母亲会夸我能干。我记忆最深的一次是，饭馆往外倒了一大堆葱须，我想大葱好吃，葱须子也一定好吃，捡了满满的一小篓子。回家母亲洗干净了，包了一顿混合面的菜饺子，我放开肚皮吃了一顿。心想：等我长大能挣钱了，就天天吃这样的菜包子。

不知道为什么，父亲总不在一个地方住得太久，后来我稍微明白了一些，也不完全是经济上的困难。1942年春天，我们家又从东城根搬到杨家巷，是位姓黄的老先生的房子。大门楼朝北，前后两院；进了北大门、过道，连着三间临街的正房、客屋家；进二门院里五间倒正房，是黄老爷子和保姆住着。我们住在西厢房三间。东厢房是瓦口铁棚子，里面支着一盘磨，放着零碎杂物。洋灰地的院子很宽敞，青砖的大瓦房很干净，四面墙根下都有小水沟，下雨的时候院内不存水。我长这么大，第一次住这么阔的大瓦房，心想这房子一月要付多少钱啊？住这里，上山搂草远了，可到菜房子捡菜叶子倒是很近了，也很顺道。心里先打算我自己该做的事情。

黄老爷子的儿子叫黄文轩，在大操场的北头开了一家威真照相馆，一家人和伙计都住在照相馆里。黄老爷子年过六旬，一人住这么大的一套房子，雇用了一个乡下的孤老太太侍奉他，宅院太大照顾不过来，我们家住他的房子，房租不高，只有一个条件，就是要负责住宅的卫生。

父亲这时候已经离开了正兴饭馆，自己在城里十字口关帝庙前，摆了两盘架子卖猪肉。下乡买猪赶回来，在西门外屠宰场杀了以后，挑到十字口再卖。这样经常下乡买活猪，领着卖猪人进城，买猪卖肉结交了不少的朋友。直到“文化大革命”查历史的时候，才知道父亲那时候带进城的卖猪人，大多是地下党和八路的联络员。那时候母亲和姐姐起早贪黑的刺绣，八岁的我每天要上山搂草、捡菜叶子、挖野菜，打扫前后院、大过道和大门前的卫生，黄老爷子对我也挺满意。

我小时候身体不是太结实，吃饭不少，但是面黄肌瘦。父亲怕我有病，领我到大桥南仙居巷东侧的武术馆，当时叫把式房，拜了武术老师名叫高宗信。高师傅和父亲谈了半天，不知说些什么，我只是好奇地看着七八个大小、高矮不等的少年在练武。最吸引我的，是摆在墙角下的那些练武的兵器，刀枪剑戟，还有三节棍。忽然父亲叫我过去，高师傅摸摸我的头、抻抻我的胳膊和腿，笑着说："每天晚上吃完饭来就行。"又问我："愿学把式吗？"我说："愿意。"那就先教你两手。我去取过一把单刀送给高师傅，他笑了，说："你现在学刀还早，先学拳、站马步、压腿。"我学着站好马步，高师傅给我摆好架势，不知又和父亲在说些什么，把我给忘了，马步太累人，我额头上冒出了汗。但还不敢动，咬着牙坚持着，师傅还不看我，实在是不行了，我只好假装咳嗽一声，高师傅一看我的两腿直打哆嗦，他笑着说："把这小子给忘了。怎么样，累不累？"我咬着牙说："不累！"师傅说："好了，今天就学这些吧，回去下下工夫，每天晚饭后再来。"我有礼貌地给师傅鞠了个躬。高师傅很高兴地说："好小子，还真有礼数。"然后对父亲说他挺喜欢我，下下工夫准是块料儿。

两个月的时间过去了，我压腿、踢腿、马步左右登山式。学会了小洪拳，又学舞单刀。我每天除了打扫院子和大门口卫生，上山搂草、挖野菜，就在院子里胡练起来，黄老爷子整天坐在藤椅上看我练武，有时候高兴了，还给我一块核桃酥。当时对我来说，这是一件最了不起的事情，穷人家的孩子能吃到这样的好东西，真是太幸福了。一块核桃酥要分三次吃完，每吃一次要喝半碗凉水，口漱了好几遍再咽下去，还觉得甜丝丝的，母亲说："把势没学多少，饭量可是大增了。"

八个月过去了，我学会了两套拳、一套单刀，还能和师兄们对打一套单刀和花枪。师傅很喜欢我，在我心目中，师傅有一种不怒自严的感觉。师傅教我"行者棒"，对我讲："这是孙行者，就是孙悟空发明的一套棍棒。"一听说孙悟空就更有兴趣了，因我在牌坊巷戚家，天禄大叔就教我看过《西游记》的连环画。

正是在师傅传授认真、我练得带劲的时候出事了。武术房被日本宪兵给封了，高师傅也被抓走了，徒弟们进不去门，有几个就在门口练。当发现有便衣、警察在监视，也就没人敢去了。又过了不到一个月，才知道高师傅死在宪兵队里，说他是共产党。

这时，我们又要搬家了，对我来说很难理解，住在这里很好了，为什么又要搬家呢？原来黄老爷子的儿子黄智轩，为人善良，他在南门外、南河沿上有三亩菜园子。园中间独门大院里，正房四间，东厢三间，院子里有柿子树、无花果树。黄智轩有两房夫人，他和二夫人住在威真照相馆里；大夫人信佛，独自一人住在南门外这个大院里。一个人很孤单，要找个好心的租房户做伴。条件是白住不交房钱，但要耕种这园子里的三亩地，负责按时挑黄掌柜照相馆里的粪便和垃圾，用在园里做肥料。园子里的土地大多是种粮食，留出半亩地，种各种蔬菜，蔬菜供黄掌柜和他父亲黄老爷子两个家庭食用。他那照相馆里有好几个伙计，大夫人也还要一份。收的蔬菜就所剩无几了，剩下来的烂菜叶和菜根就是我们家吃的了。

这样一来，一家人的劳动量就增加很多，父亲去乡下买猪时，在城里卖肉的工作，就由母亲代替，父亲买猪回来，还要种这三亩地。半亩地的菜园是非常累人的，两三天就要施肥浇水，每天有干不完的活儿。那时候种茄子、辣椒，没有化肥和农药，全靠人工撒草木灰和捉害虫；菜叶子上的蚧虫太多，捉虫子的同时还要轰赶"小咬"，艰苦的程度可想而知。一家人的勤劳，生活上要比以前好多了，粗粮和菜叶可以填饱肚子，我上山搂草、挖野菜也很方便，出门就是南山杏花村。

父亲自小学徒，没有上过学，识字很少，所以千方百计地让我上学读书。当时在威海北门外的联合里街，有个培德小学，是卍字会开设的，两间大教室四个班，一二年级一室、三四年级一室。两位教师一老一少都姓戚，每一课教两个班，轮流上课。该校是慈善学校，不收学费，但有一特殊任务，每周六要到卍字会去清扫、布置道场，礼拜天再去做一上午的念经陪衬，换上学校准备的一套黑细布的学生服。教徒们在教堂中间礼拜盘坐，学生在两边站着唱两首歌颂施善的赞美歌词，下午还要把好大的一座教堂内外清扫一遍，将摆好的近百个蒲团收拾摞起来。

我已在小学读过两年，不想再上三年级，索性就直接报四年级了。这个学校的学生读本都要自己抄，上好几个月学，才能发下别人读过退下来的书。我由二年级上四年级，抄书都困难，语文、历史问题不大，美术、体育是我的强项，唯有算术非常吃力。有时候老师上课讲的我根本就听不懂。

那时我不满十岁，上学从南门外走到联合里有四五里路，每日天不亮就得出发。一个白布的包袱里面有几本书，作业本是自己用旧账本反过来订的，练字的石板是一个碎乌盆底，石笔是一包在山上捡来的碎滑石块，还有小手巾里包着一块菜饼子，这是我的午饭。就这样坚持了不到一年的时间。

记得当时时局越来越紧张，威海城里四门的伪军加岗。早上七八点才开城门，晚上五六点就城门紧闭。幸好东门、北门没有城门，上学可以绕着走，每天上学往返要走十几里路。

家中的生活是越来越困难，因此我再一次辍学，回家帮助父亲种菜园子、上山搂草。从此我又进入了另一种生活环境。

我家所在的菜园子附近，大都是租田的菜农。东面有王家的两个孩子，五子、六子，他们都比我大一二岁，整天就是放猪、搂草，春夏两季还要割青草；还有车中臣家的孩子叫禄子，比我小一岁。南面刘家园子里，刘茂林大爷家的老三叫顺子，也比我大两岁；王家菜园里的王老桂大爷，家中两个女孩，二女儿叫小莲子，比我小一岁。我们六七个穷苦人家的孩子，一起结伴上山。杏花村四面全是山岚，周家茔、李家葬，是我们搂草、打柴的去处。

那时候杏花村只有两户看山的，二人是弟兄，叫王福子、王学子，年龄都在五十上下，为地主看管山岚和茔地。我们这一帮孩子上山搂草，王氏兄弟就是山大王，不准我们到他们看管的山岚子里去。入秋后，草枯叶黄，是打柴搂草的黄金季节；到了冬天，要砸柞木疙瘩，天冷木头有水分，冻得很脆，用斧头和镐头，几下就砸了下来。应该说活树根被砸坏，来年就不会再发新枝条了，而死木头根留着无用，反而使新枝条不旺。

看山的老王头很酋（土话孤僻），死木头根也不准动。那时候山上的死木头根很多，他自己家烧不了也不让别人动。我们这帮孩子很气愤，就和他作对，活树根、死疙瘩全砸。砸树根的时候山上回音，特别地响。听见声音，老王头就提着棍子、牵着狗来抓我们。被他抓住了，木根、斧头、柴篮子全被没收。小伙伴都说：“荷礼，我们这几个人中，只有你上过学，你得想个办法呀，拾不到柴火，回家挨父母的训，没东西烧火，怎么熬饭？上山王福子又抓，这可怎么办呐？”

我想出了一个主意，我们六个人分成三帮，北山坡两人砸树根，山上一响，老王头必然闻声来抓，咱们看到他就跑，引着他满山转，再准备一些石头，狗过来就打。这时南山坡和东山坡就砸树根，不等他到南山坡这两个就跑了。总之，抓南面，北面砸；追西面，东面砸，满山地引他转，一个也抓不到。最后咱们在李家茔下面聚齐，把砸来的树根和柴火都倒在一起，大家平分，每人一份，砸得多可以多分一些，由我来决定。

此法果然奏效，气得王老汉连骂带喘，尽管人喊狗咬，一点办法没有。实际王老汉给地主资本家看管山岚，也是为了糊口，山岚看不好，东家找他、训他，可是面对这帮孩子拾草，也不能不管，整天搞得他疲倦不堪，也没办法。每次我们大家都能分到大半篮子木枝和树根。小莲是个小女孩，照顾她，和我们分的一样多。为此，她父母总是表扬我，说我比这几个大孩子都好，长大了一定有出息等等。我知道他们表扬我，是为了多分些树根给他女儿，尽管如此，听到奉承的话，心里还是美滋滋的。另外，我还想了一些巧办法，把破麻袋片子浸湿后，盖到树根上，斧子砍、砸，声音能小许多，如果顶风砸，根本就听不到声响。用铁丝扣套在树根上，三个孩子套上绳子扣，鼓足劲一起喊“一、二、三”，用力一拉，挺大的柞树疙瘩就拽下来了。这一段时间的收获很多，这一帮孩子就更听我的了，我自然成了孩子头。贫苦的生活虽然艰辛，但也增添了童年的乐趣。

看山的王老汉知道我是这帮孩子的头，就到我家找我，夸了我半天，说：“好孩子，你不要和这帮孩子一起上山，你自己上山我也不再抓你了，打多少柴火都是你自己的，怎么样？”我心里明白，我一个人能打多少柴呢，这一群孩子能打多少啊。我们家的柴火没问题了，可是那些孩子家里怎么办？这些伙伴一定会骂我只顾自己，不管他们，这样做太不够义气了。于是我就说，“要是能随便上山打柴，我们就一起去；单让我自己去，我不干。”王老汉火了，“人不大还挺能领着起哄的，我知道你领的头，如果再让我抓着，非把你送警察署去。”说完气哼哼地走了。

此后我不敢和他们一起上山了，我就在山下观望、练习弹弓打鸟。他们继续按我的办法进行，到傍晚还是把打来的树根倒在一起平分，照样分一份给我。回忆当时的情景，虽然都是十岁左右的小孩子，但心很齐，也很团结，非常讲义气。

大雪覆盖了山野，不能上山去拾树枝、砸树根。搂草更不行了，但是每家都要烧柴做饭。没法上山我就和这帮孩子一起玩。城南河冻了很厚的冰，在冰上打“懒老婆”（木制的玩具，也叫陀螺），大家又让我想办法去拾柴火，家里都没有柴火做饭了。

打“懒老婆”的鞭子，让我想出一个好办法，用绳子绑块石头，抛在死树杈上，往下拽，干树枝就断下来了。再用斧子断开，一天也能拉下几网兜。干树枝也不是太多，只好另想办法了。

那时男孩子用弹弓打鸟是最好的玩法。我的弹弓打得很准，可以说每天都能打到飞鸟。记得那时候麻雀特别多。打鸟不伤天理吗？麻雀、鸦鹊、鸽子，都和人争粮食，秋天这些鸟都在谷子和高粱地里祸害庄稼。果园子里的什么水果它都鹐，我认为这些都是些害人鸟。把它打下来用黄土包起来烧着吃，既享美味，也是一种乐趣。

用弹弓打鸟让我又想出一个好办法，爬树去拆鸦鹊窝。那时候的鸦鹊特别多，干树枝编成的鸟窝，一个能拆一篮子柴。拆鸟窝也有学问，必须把鸦鹊从窝里轰出来。大冬天的早晨，鸦鹊都出窝觅食了，这时候两个孩子爬到树上，用棉帽子、麻袋或者包袱把头包好，戴上破手套。一个拆窝一个保护，因鸦鹊见人拆它的巢，就飞舞着鹐拆巢者的脸和手。事先做好准备就不怕鹐了，另外一人用树枝不断地抽打，保护拆窝的人。其他几个孩子在树的周围用弹弓和石块驱赶鸦鹊，保护树上的孩子。鸦鹊窝只要拆下上半

部分，下半部分用力一拽就下来了。完成这一套“作业”，也很热闹，孩子们连喊带叫的，等树上的两个孩子下来，看到满地的干树枝，高兴得都躺在地上又喊又笑。再看看天空中无家可归的鹊鸟，盘旋着哀鸣，真是乐煞了孩子，苦了鹊鸟。现在回想那时候的恶作剧，实在是无知孩子胡闹，可那时候只想到弄到干树枝烧火做饭，一天少说也要拆五六个鸦鹊窝，每个孩子都能分到一大网兜干树枝。那时候山上的鸦鹊窝特别的多，这样玩着就解决家里的烧柴了。一个月下来，周围树上的鸦鹊窝只剩下几个特别高的，或爬不上去的树枝尚存，其他的都拆光了。鸦鹊明显的少了，也不知转移到何方去安家了。为了生活，也是无可奈何，这才是：

雪压山野柴草贵，贫家灶下易断炊；
为取干枝毁鸟巢，可怜寒鸦无家归。

要过年了，乡风旧俗要蒸饽饽，正月十五还要蒸面灯，用面塑生肖身上都要点一个红点，寓意蒸蒸日上、鸿运到顶。这饽饽点也很有讲究，一般是用筷子点的红点。富贵人家都是用小木头印，形状有小梅花、福字或者是篆体的寿字。母亲年年也要蒸混合面的饽饽和发糕，图个吉利。

为了母亲高兴，我想刻个木头印点红点。听大人说刻印必须使用梨木，因为梨木材质致密，很适合刻“印”。到哪里去找梨木？我瞄上了杏花村果园子边上的一棵小梨树，冬天树枝很脆，小树杈一掰就断。我看准一根拇指粗的树杈，掰下来截了一小块，回家修理好准备刻章子，可是去了树皮一修就不够料了。只好二次再去砍那棵小梨树，这次把小树的树头砍下来了，就地截断，只取了有筷子长、比大拇指粗的一块，放在房后藏着。

没等修理刻章子，看山的王老汉就领着东家，是城里奎福祥绸缎庄的李掌柜，到各个小孩子家里寻查训问。来到我家院子里察看时，只有一堆干巴的喜鹊窝树枝，并没有发现小梨树的踪迹。我们都异口同声地说：“不知道，也没有看见小梨树是谁砍的。”李掌柜和看山的王老汉也很纳闷，如果是为了砍烧柴，小梨树的枝条都在树下，砍那么小的一棵梨树做什么呢？看来是有意糟蹋树木。李掌柜说：“不像是孩子干的，好像是大人存心报复我。”看他们在迷茫，我就更理直气壮地说：“谁砍小梨树干什么？湿条子也不好烧，有那工夫还不如砍点菠萝柴呢。”王老汉狠狠地对我说：“你小子在山上惹的祸还少吗？领着这帮孩子春天打酸杏，秋天打山楂，冬天打松树根、柞木疙瘩，背回来的还少吗！”我把眼一瞪，冲他说：“你怎么不抓？你抓着手脖子了么？”他气哼哼地说：“常穿袍子，早晚会遇到‘亲家’的，你小子就等着吧！”我笑了，“等就等着，人太酋了没什么好处，你领着掌柜的到我家院子来干什么？你怀疑我，我说你是成心来找事，你吓唬人哪？”母亲怕惹事，在一旁总说好话：“谁砍那么小的梨树干吗？不好吃，也不好烧的……”那李老板看我是个小孩子，比王老汉还厉害，不像砍梨树的，又加上母亲连连地说好话，也就顺着下了台阶，走出了我家的院门。临走时把王老汉训斥一顿：“连一棵梨树都看不住，还看山呢，真没有用！”我趁机在后面讽刺道：“老王大爷，回去好好的看着吧，不要再让人把你家门前的杏树也给砍了，整天的欺负小孩儿，没什么好处。”王老汉听了，又气又没办法，他还真怕有人砍了他门前的那几棵碗口粗的大杏树，瞪着眼，狠狠地跺了一脚，跟着李掌柜走了。

这次我见识了奎福祥的李老板，这就是威海有名的财主，奎福祥的大掌柜！杏花村这一片山岚都是他的，李家茔是他们家的老祖坟地，他四十左右岁，细高个子，戴礼帽，穿长袍，戴着金丝边的眼镜，手里拿着不带弯的拐棍。嗬，这就叫“文明棍”，好神气，跟人说话总是用训人的口气。我心里想：不用神气，有机会我就砍你们家的柞树。他们走后母亲问我：“可知道是谁砍了人家的小梨树？”我怕母亲知道了真相训我，违心地撒了谎，“谁知道谁砍了他家的小梨树,砍它干什么，也不好烧。”母亲教训我说：“上山搂草拾柴火，可不能祸害人，果树不比刺槐、柞木，小梨树的树头一砍就完了，哪年才能结果？”母亲的训教在我的心中打下了烙印，砍小梨树的事情也不敢讲。

回顾我这一生，非常爱惜盆景和花木等植物，这可能与母亲的教诲有关吧。

几天后，我到屋后取出那段小梨树木棍，修理好了，刻了一个小梅花，一枚团寿字的木章。母亲只知道高兴，孩子都能刻饽饽印了，也想不到所用的饽饽印，是用我偷砍的小梨树刻成的。

1956年，也是此事过去十几年后，我出徒返乡，在威海京剧团成了角儿，当了主演，演出的海报题上“马少童，文武老生、红黑二净”等等大字的宣传介绍，当时在威海也算轰动了一把——“红啦”。我特意到杏花村去看了看，看山的王大爷所住的房子翻新、扩大了好几间。已有五六户人家在此居住了，门前的杏树尚在，粗了很多，添了牛羊，比过去好多了。我站在住过的菜园子里、大院门外，看看童年住过的房子，因不知现在院内住着何人，不便叫门打搅。我领头拽过鸦鹊窝的老槐树也都所剩无几，我顽皮砍小梨树的地方，已经是面貌全非，周围盖了很多的房子。儿时的顽皮淘气，就好像发生在昨天。当年几家菜园子的邻居都搬走了，童年的玩伴更不知去向，即使见面兴许也不认识了。

故地凝思如梦里，浮想往事似演戏；
海报题名马少童，谁识穷娃小荷礼。

——1956年初夏，出徒返乡，重游故地，诌句为念。

过大年是孩子们最开心的节日。今年不比往年，有园里自己种的各种蔬菜，除了上缴东家用的，剩下的破烂也很不错，花色不少，白菜、萝卜、菠菜、葱蒜都有。父母卖猪肉，剔下大半菜篮子骨头，生了一小盆黄豆芽。萝卜丝、猪骨头、黄豆芽，还有海带，熬了一大盆，叫“隔年菜”。粮食也比往年多，包米面的发糕，一箩到底的全麦粉蒸饽饽，用我刻的小梅花、团寿字小印章盖饽饽点。看到自己的创造发明，高兴极了。最稀罕的是大米，交完租子，还剩一小笸箩旱稻米。过年祭祖，摆十个带红枣的小饽饽、五茶碗白米饭，每碗米饭上各插着一颗红枣，这是我头一回见过的美食。蒸米饭的时候气味特别香，我一直在锅台周围，闻着蒸汽，真是太馋啦……母亲把祭祖的米饭摆在了供桌上，锅里还剩下一小球米饭盛给了我，我左手托着这点米饭，右手往嘴里捏，每次只捏四五个米粒。姐姐看着我吃，我知道她也很馋，虽然是姐姐，可也是个孩子，我捏了一点给她，姐姐不好意思了：“俺不稀罕，谁像你那么馋。”母亲解围了：“长大了使劲挣钱，每顿都能吃大米、白面。”又小的心灵牢牢记住了母亲的这句话。心想，将来我长大了，能挣钱了，要让全家都能吃上白米饭和白面饽饽。母亲一句话打断了我的沉思：“快把手里的几粒米吃了吧，总是擎着干什么！”我这才一口把手中剩下的米粒按进嘴里吃了。再闻闻手心还余留着米香气味。小孩子也就是记着吃，过年不用上山砍柴火，如果能天天过年该多好……

过大年，穷人家也只能歇几天工，可是母亲手里的绣花针线活儿始终不能停。从初一到初五，姐姐领着我和几个邻居家的孩子到城里逛一逛。

日伪时期，城里有个大的戏园子，还有几个小院子叫小舞台，也叫“落子馆”，小舞台大都是唱小戏和选段。在我记忆中，南大桥南面有个电影院，有时也唱戏；栖霞街里有个面门朝西的小舞台，北门外还有一个小戏院门朝东。小戏院的特点是不卖票，唱一会就开始收钱，多少随便给，大多数是女演员下来收。这些地方都不是我们逛的地方。按老风俗初一到初五，城里所有的家庙祠堂，都可以随便去逛。印象最深的是奈古山上有龙王庙、龙母坟；北街上还有三间临街的房子摆着龙母阁、龙母架（仪仗等器物）；西北山根（现在的市立二院）有狐三太爷庙，庙宇大、周围还有庙田，香火最盛；十字口东北角有关帝庙（也称财神庙），前后有两座庙院，前院临街，大门朝南。进门大过道两廊有大红马、马夫，正殿是关公、周仓、关平，旁边树着铁铸的青龙大刀，当时称关夫子为武财神。出东院门进二门到后院，二门上有横石匾，上书“宝泉普济”（此匾现摆在环翠楼公园东北角，园林处门前的“沙水井旁”。）财神庙二层殿里供的是文财神，白脸文官，老人们说这是比干丞相。殿右首有一口大井很深，后来被砌在庙墙外，从来不枯。

大年初二是财神祭日，威海称为财神会，香火非常旺盛。十字路口西，现在市立医院的位置是城隍庙，高门台坐北大门冲南，三个大门，中间大门很少开的，走中门要经过戏台下面进入大院。戏楼修得很宏伟，木板台子，上面雕梁画栋，东北西三面有彩龛，台口竖两支石头柱子。城隍爷好威风，旁边有判官、大小八个小鬼；院子里的白杨树都很高，直径有一搂多粗。城西南角有座火神庙，规模也不大，正殿五间，火神爷两边还站列着四尊神像，塑像有的拿着火蛇、有的拿着火鸽子。大门朝南门前有大广场。南面对着庙门建有一个大戏楼，也很宏伟。还有城里四街的宗族祠堂很多，最大的家庙是南街丁家巷南的陶家家庙。记忆最深的是南城门楼子上的庙，南城门右首向南的石基，有六十九级台阶，登上城墙垛子向南看去是塔山（文笔峰）；往西能看到布谷夼，往东能看到刘公岛。城墙顶上的庙门冲东，不是太大，九级台阶上去进东西院，院子不宽像条胡同，因为在城门上面，依地形而建，坐北朝南的一排小庙不大，据老人们讲，此神乃灌口杨二郎，两面配着两三尺高的两排天兵天将和吠天犬。对面正殿坐南朝北，正面金身大神是女像，不知道是哪位王母娘娘，左右有散花娘娘、眼光娘娘。记忆最深刻的是送子娘娘身前后，背着、抱着、领着有五个孩子，抱着的是个男孩子。送子娘娘的供果最多，因为没有孩子的人都去许愿，据说把孩子泥塑的小鸡鸡摘下来，回家烧水喝就能生孩子了。供桌上有花生、核桃、石榴、大枣、苹果、梨等。上供的饽饽也不小，一摞五个，十个为一“幢”，求子的人一般都许愿上供，许愿一幢或者两幢。最有趣的是这饽饽蒸得很小，小得出奇，一个饽饽只有核桃那么大。饽饽里面再包三粒豆子或一粒花生米，白面就更省了。许愿是一幢饽饽十个，而没有规定大小、重量。那供果就更节约了，一把花生米、三四个枣、一个石榴、五个核桃、四个栗子、一个苹果、一个梨。花生寓意为“花”着生，有男有女，枣子是早生贵子的意思，石榴是多子多福，核桃仁像人的大脑，寓意生出来的孩子聪明；栗子、梨、苹果是吉利平和之意。上供许愿的烧香人，把送子娘娘抱着的男孩小鸡鸡摘走了，老道就再用黄泥捏一个小鸡鸡，刷上白粉，按在那小男孩的裆部。常摘常按，香客摘走一块黄泥，老道得到了供品，相互满意，皆大欢喜。

东北门旁有一个二尺多高的小神仙，身前身后撒了许多盐，嘴里抹满了面酱，原来是齁痼老爷。据说若患有哮喘、咳嗽的人，撒盐、往齁痼老爷嘴里抹面酱，烧香许个愿病就好了。城墙上东南角有一小庙楼子，里面供的是魁星；东北角城墙的庙更小，里面供的是仗剑披发的玄天上帝，即真武爷，老人们说那是明朝的崇祯皇帝。西北城角没有庙，有环翠楼，城墙连着西城门。西南角城墙上无庙，城角下面南城根有火神庙和戏楼。

总之，从初一到初五，城里这些庙基本上都逛遍了。母亲和姐姐每天绣花，要给散花娘娘、眼光娘娘叩头祈求眼睛好，花绣得好。我很可怜齁痼老爷，嘴里抹满了面酱，连胸前都是酱，周围是盐，连点水都不供，所以我常去给他淋点水。

我曾在供桌上偷偷地抓几个花生和枣子，回家被母亲和姐姐发现，说偷供果吃会肿嘴、拉肚子，吓得我不敢吃，放在窗台上。总是看着这三个枣子和几个花生。见姐姐剥开一个花生吃了，我飞快地把枣子、花生抓过来吃了，并没有肿嘴，肚子也没有痛。啊！原来是蒙我呀。

南门楼子上的庙门，每到阴历初一、十五都开着。我经常领着几个小伙伴，随着烧香的人们混进去偷供果和小饽饽吃。当时我就想，这老道挺美，整天收的供品吃不了。我们掌握了他的规律，初一、十五早晨老道扫完院子、庙门口，回到西厢房做饭。我们趁机溜进去，钻到供桌下面藏着，烧香、许愿的进庙摆上供品，老道送走了香客就回西厢房去了，香烟未尽是不能收供果的。这时候我们就从供桌下面出来，将桌上的供品一扫而光，跑出庙门，到河边大家一起分而食之。事情也非都很顺利，有时候来的香客只烧香、叩头，不带供品，我们在桌子下面干等半天，只好空手而回；也有时候香客一走，老道就把供品收了。这样只好耐心等待，瞅准时机到手就跑。把看庙的老道整得一点办法也没有，好在老道也理解我们这些穷孩子。现在回忆起当初偷供果的情景，令人可笑、可气也可怜……

又逢十五的一天。早饭后，我又登上南门楼，刚走到庙门口，看庙的老道早在门前等着我。厉声说道："你又来偷供儿啊？"我被当头一棒问懵了，赶快转身就走。老道说："哎，哎，别走！我问你，怎么老是来偷供儿呢？"我回头顶了一句："谁偷啦？"老道声色俱厉地训我："我告诉你，小六子被我抓住了，他说都是你领的头。快告诉我，你为什么来偷供儿，给神仙吃的东西你也敢偷着吃？也不怕神仙打你的灾，叫你肿嘴、肚子痛！”我一听，心想完了。小六子不是玩意，他们总叫我出主意，被抓了倒先把我给“咬”了出来。想起母亲吓唬我的话，说是偷吃供品会肿嘴、肚子痛，纯属骗人、吓唬小孩子的。想到这里，我转身就跟老道喊上啦：“你拉倒吧，你想吓唬小孩啊？那些供果神仙根本就一点都没吃，还不是都叫你吃了？你怎么不怕肿嘴、肚子痛？”“我是住在庙里的，当然应该我吃。”我也厉声地回敬了他一句：“你怎么能吃？！别吓唬我啦，你住在庙里，这庙也不是你盖的，人家来敬神的供品，神仙根本不能吃。怎么许你吃，不许我吃呢？你可以拿，我拿就成偷了？”老道笑了：“哎呀，嘴茬子还挺硬的，你不是偷，藏在供桌下面干什么？”我想完了，他都知道了，就蛮不讲理地顶了他一句：“藏着玩，怎么啦？”老道被我说笑了，一摆手说：“好好，咱不抬杠，再偷供果被我抓住，揍死你。”“你是老道，施德行善怎么还打人？”他无奈地说：“唉！怪不得是你领头呢，还说不倒你了，跟我进来吧。”

我想不能进去，可别上当吃亏，他关上庙门打我一顿怎么办。老道回头说：“怎么，敢领头偷供儿，今天不敢进门啦？”他这一激，我就豁上了，进就进去，难道你能吃了我？跟他来到院里，老道从屋里拿出十几个小饽饽给我，说：“拿着吧，这是我给的，不是钻供桌偷的。”我不好意思起来，“俺不要了。”“别馋犟啦，拿着吧。马荷礼，我告诉你以后不用偷了，每到初一、十五，你来帮我扫院子，打扫庙门口，我给你好吃的，怎么样？”我想，这倒不错，帮他扫院子就能给好吃的，这是干活挣的，也不用藏在供桌下面，受那样憋屈，名声还不好听。就这样我被老道“收买了”。但是必须有一个条件，拿供果的事不能告诉我妈。

此后，我和老道成了好朋友，每次扫完院子他都给我些供品。老道的饭食可比我家好多了，他吃的黄包米饼子里不掺野菜，有时还给我一块。供果多了，就能给我十几个小饽饽。带回家里，母亲认为是我在庙里偷的。我说是帮老道干活挣的，母亲不相信，很生气，叫姐姐领着我到庙里去找老道问个究竟。老道说：“是我给他的，荷礼很勤快，帮我扫院子，还帮我添灯油。”我一听老道士如此说，我就放心了，内心非常感谢他，没把偷供果的事情告诉我姐姐，我偷偷地向老道士拱了拱手，这是我跟他学的道家礼节——手势礼。

这段时间我很快乐，老道给我不少好吃的。心想当个道士也不错，有吃的，不用干活……等我长大了，也当道士吧。可是又一想，我若当了道士，谁来养活我爹妈呢？回忆当时，真是童心天真无邪……

贝草檩是威海的八大景之一，也是南门城楼上的一宝。老道告诉我："你看，这就是贝草檩"，实际上就是一棵一米多长，有小酒盅粗的贝草，像小竹竿，寻常的贝草，只能长到像织毛衣的竹针那么粗，春发秋枯。老道说普天下再也没有这么粗的贝草。我仔细一看，在神像头上编在梁上笆里，贝草长这么粗真是少有，怪不得说是八景之一、南城门楼上的一宝呢。

八景里还有瓦上松，在西门外黄家老茔。黄家茔很大，面向南有青砖小瓦修的一个牌楼，三个门，中间大，左右两个门小。在中门和东门之间的牌楼，瓦顶上长了一棵小刺松，有茶碗口那么粗，向东南歪卧着。瓦垄上没有土竟然长出一棵异形的松树实是不易，真是奇观。

帮老道打扫院子的好事不久就中断了。八路军活动得很频繁，城里四门不仅是警察站岗，还加上了日本鬼子，进出城门都要搜查。南门楼子的庙里，也住上了伪军。城门早晨开得很晚，傍晚关得很早。傍晚八路军就在城墙外面活动。我们几家在城外开菜园子的，每天太阳一下山，就关门闭户不再出门了。但是八路军从不打搅老百姓，从来晚上不敲这几家的门，所以我们都有感觉，日本鬼子、二鬼子撒的传单上宣传说"共产党是'共匪'，红发凶相和魔鬼一样；八路军更是杀人不眨眼"不属实。共产党未见过，八路军晚上向南门楼子上的伪军喊话。有时也开枪，但是从来不惊动我们这些菜农，也未动过老百姓的一草一木。那时候我总想看看共产党和八路军是什么样儿，父亲说："共产党、八路军我常见，对老百姓很好，过了戚家庄各个村都有八路军。小孩子少打听这些事，叫日本鬼子知道了，我们全家就没有命了。别看那些二鬼子打八路不行，可是抓老百姓、打人、敲竹杠有的是本事。"

这是我第一次听到关于共产党、八路军的事儿，又小的心灵从此有了一些印象。

父亲去乡下买猪，赶进城里杀猪卖肉。那个时候卖猪肉也很不容易，二鬼子、伪警察经常去买肉不给钱，说是赊账，其实是赖账，所以父亲和他们比较熟悉。在四门站岗的伪警察，看到我父亲打打招呼就过去了。若是有日本兵在，伪军就说"好人的干活"、"猪巴义的干活"就放过去。有时候带着乡下卖猪的人进城，站岗的也就不盘问了，给一盒香烟就进城了。

解放后我才知道，父亲带进城的大多都是地下党，如河东村的丛钧滋、老集村的丛树华都是地下党，也是父亲的领导人，那时丛树华叫我父亲是干爹、叫我母亲是干妈。谁能想到，我想见到的共产党，就在我的身边却不知道。解放后，丛树华在上海当了科长，回威海探亲时还特地来看望我父母。

父亲在城里关帝庙前卖猪肉，认识的人很多，真是三教九流无所不交。有一次赶大集，我看到一个老大爷，五六十岁的年纪，背着一个褡裢，左手怀里还抱着一根鞭子，到父亲的肉架子前点了点头，父亲对他很客气，把割肉的刀交给了他，那人双手接过刀来，在一大块肉上割下了一小块，二三两。放进褡裢里。又把肉刀双手交还父亲，点了点头，说声谢谢就走了。我看他又到一个卖菜的摊子上，也是点点头，卖菜的招手让他自己拿，他又拿了两棵大葱点头而去。我不解地问父亲，“这人是干什么的，怎么哪个摊子上拿东西都不给钱？”父亲说：“他是花子头儿，他走到哪里都得给他，咱把刀交给他，他只是割一刀，不割第二刀，这叫一刀肉，这也是一行。你看那些大买卖家、商号，只要去了就赶快打发他走，他到门口，五登台阶他只迈两登。站在那里抱着鞭子，不上三登以上的台阶，这是明代皇上封的。”我问：“如果不给他呢？”父亲说：“没有不给他的，越是有钱的越不敢得罪他，全威海的叫花子都听他的，如果得罪了他，他把全城的叫花子，都集中在商号门前，连喊带叫的，有耍大牛骨头的，有唱莲花落的，打‘呱嗒嘴的’，还有拿菜刀砍自己头的‘老奈子’，拿青砖拍自己脑袋出血的，那就坏事了，搞得买卖没法做，出了人命，要吃官司。这也是社会上的一个行当，叫‘丐帮’。总之在社会上混，什么样的人也不能得罪。要饭的也不能小看，特别是这个年头要饭的里面什么人都有，有不少好人也在要饭。”我似懂非懂地点点头，心想集市上这么多的规矩、这么多的讲究，真是太不容易理解了。

有一天，父亲心情很好，说“今天我带你出去开开眼”，领我进了戏园子的东旁门，到后院一看全是唱戏的。

又到了一个小院里，见一身材魁梧的中年大汉，父亲说：“这是你李洪芳大爷。”我急忙鞠躬，叫了声“洪芳大爷”，还有阎洪奎大爷。

他们在对戏，我听说是《甘露寺》的联弹，众人在联唱。后来，他们叫父亲也唱一段，父亲说：“洪芳兄教了我不几天，还是唱不下来。”洪芳大爷说：“不就是玩吗，不唱总是学不会的。”父亲说：“唱段《追韩信》吧。”我怎么也没有想到父亲能唱戏。唱完后，大家说“板、眼还要规矩一下”。我禁不住说：“我也会。”这些老艺人都很喜欢我，就问我“会唱什么？”我说：“‘店主东带过了黄骠马’、‘苏三离了洪洞县’、‘儿的父去从军’我都会。”大家非叫我唱一段，说是“唱不对的地方我们教你”。于是我用大嗓唱完“苏三”又唱“店主东”……

众人都拍手叫好，问我：“跟谁学的？”我说：“在牌坊巷住的时候，我听付得胜大叔他们唱，我听会的。”洪芳大爷摸着我的头说：“行啊少爷，是个坯子。你爹跟我学这么长时间，一段《追韩信》还唱不下来，你听就听会了。愿意学戏以后来这儿，我教你。”我高兴得鞠躬，说：“谢谢大爷，我能来看戏吗？”洪芳大爷说：“可以，想看戏就来找我。”这是我第一次进戏班，在内行们面前唱戏。

回家的路上，父亲说李洪芳大爷和父亲是拜把子弟兄，比他大两岁，唱大花脸的，是在饭馆里认识的。阎洪奎大爷是唱丑角的，这些艺人都很讲义气。回家对母亲、姐姐说了去戏园子的事情，她们都说我脸皮厚，敢在这么多的角儿面前瞎唱。“什么瞎唱，他们都说我比爹唱得好”，一家人都笑我不知害羞。

从此，我就成了戏园子的小老观众。

白天戏每场去，晚上去的比较少，都是父母亲、姐姐领着去的，只是看一阵，不等散戏就回家了，因为住在南门外走夜路不安全。

1945年冬10岁照片

那时候，去戏园子直奔后台，再到台下，有时候也能在台角上看戏，开心极了。一般的戏都能看懂了，也知道了一些名角。小赵松樵（后改名赵云鹤）主演的连台本戏《火烧红莲寺》有二十多本，李艳云饰演红姑，俞永兴饰演吕玄良，洪芳大爷饰演和尚大花脸，还有李明亮，当时叫筱明亮等演员。带机关布景、五彩灯光的，轰动一时。我看完戏回家后就学着瞎比划，一家人都说我痴迷了。我却不管这些，继续仿效，毫无羞涩之感，这大概是我生长戏剧细胞的开始吧……

时局在变化，威海城门以外就成了八路军的天下，伪军大白天也关着城门，东门、北门也都增加了岗哨。有一天晚上八路军攻城，南城门楼子上的伪军和城外的八路军对着喊话，打一阵子枪喊一阵子话，直到天亮。到了中午的时候，伪军说老道士被八路放枪打死了。自伪军住进南门楼子再也没有见过老道士，现在却传来他的死讯，城外的菜农们都为之叹息。

我非常难过，老道士给我留下的印象太深了。我和他一起打扫院子，添加庙堂的豆油灯，给我供果和好吃的。他头顶上挽一个发髻，一顶旧黑布的道冠，大半身的蓝布大襟道袍，春夏秋大部分时间都是赤着脚，到冬天穿大白布袜子、破棉鞋。老道士死得不明，我想一定是二鬼子霸占了庙堂，把他给害死了。八路军在城外喊话，怎么能把庙里的老道士打死呢？老道士的形象、处事的善良、对我的好处，我一生也不会忘记……

又受感悟情意深，孩童窃贡结善根；

屈指数载烟云过，古稀思旧一道人。

——怀念当年相处日久的老道士，不知其名。2005年冬吟句。

形势急剧变化，日伪军的日子越来越不好过，八路军活动的地盘逐步扩大，南北西门以外经常见到八路军的便衣。南门外的这几家菜农，成了伪军关注的重点。伪军、伪警察经常成群结队的来到城外，说是挨家搜查八路，虚张声势地吓唬老百姓，三两个人不敢出城，一大帮出城诈唬一阵子就回去了，扰得菜农不得安生。

父亲又要搬家，说这里不太平，由南门外搬到了维新路，门面冲南有三处临街的房子。每个门里有三间房，而这三个门的后院都是通着的，是一个大杂院，我们搬进最东面的一个门。西面隔壁的邻居姓车，对门住着姓牛的一户人家，是修理笸箩、磨刀剪子的师傅。在这里很快又结识了一些小伙伴，我们在一起搂草捡柴，一起玩。要论打弹弓还属我打得最准，我的弹弓装饰得也漂亮，铁弹弓叉用彩线绳缠绕，最下面还有个小铃铛和穗子，弹弓子是在海边捡来的小卵石，拉开弹弓，把弹包里的石子打出去，抖动着小铃铛作响，每天都能打到家雀和小鸟，很是得意。

山上的柴火草都搂光了，只好在果园边上搂点树叶子了。有一天“李家葬”坟茔地里有二三百人砍柴，连背带扛的一下午就砍光了。母亲不让我去，怕出事。后来听说是八路军便衣带头发动的，奎福祥的老板没敢露面。因为到处都有八路军便衣，看山的不敢管了，我们可随便上山打柴搂草了。

1945年8月16日，是我一生难忘的日子。上午八九点的时候，三角花园东南面，后营响起了枪声，我在家门口看到南山、塔山一带军队像潮水一样，从南山顶直涌下来，黄绿色的军装，帽子上前面有两个黑纽扣，左臂上有一块白布蓝字的“八路军”标章。啊！这就是八路军。他们手里拿着长枪，也有拿土枪的便衣，身上背着手榴弹，他们很快地向市里奔跑，看我站在门口，他们不抓、不打也不问什么，只是快步地往市里跑。

母亲大声地训我，让我赶快进屋把门关好。

下午街坊邻居都开门出来了，过来两个八路军对众人说："大家不要害怕，八路军专门打日本鬼子和二鬼子，是保护老百姓的，咱们是一家人。"众人只是点头，又不知道说什么好，也不敢太近乎。我在门口喊妈妈和姐姐："快出来看八路军，人家都出来了……"这时我们才想起父亲出门还没有回来，担心、害怕父亲有危险。

下午三四点父亲回来了，说："可是好啦，日本鬼子、伪军都跑到刘公岛里去了，威海解放了。"什么叫解放？父亲也说不上来，就是今后是共产党八路军管理威海，再也不受日本鬼子和二鬼子的气了。哦，这就是解放啦。

解放了，一切都变了！日伪军们逃到刘公岛待了几天，又坐船跑了。桥南村村长丛连珠、副村长姓戚，是地主资本家，不久也跑了。政府派来了一位姓杨的妇女干部在村里领导工作，成立各救会。

父亲也成了脱产军工，在市各救会专为会长仲侃伯当厨师，也戴上了两个纽扣的八路军帽子，是不穿军装的八路军。

那时候烟台、青岛尚未解放，有些有罪恶的或不懂共产党政策的资本家和地主，都往敌占区跑。桥南村成立了农救会、妇救会、青妇队，姐姐当上了青妇队队长，我被选上儿童团团长，都戴上了红袖章。

当时，拥军优属工作搞得轰轰烈烈，妇女们做军鞋、拥军袋（八路军腰里都有一个用布制作的小布口袋，装着小饭碗、筷子和牙刷）。母亲手巧，纳鞋底、做军鞋都比别人质量好。制作的拥军袋也很特殊，袋上绣着"光荣"两个红字，还有一个红五星，拿给妇女们做样子，做好了去慰问八路军。部队经过的地方要举小旗欢迎、喊口号、送开水，我领着三十多个孩子，干得可有劲啦。母亲被评为拥军模范，父亲在各救会给首长做小灶。市各救会在三角花园东南面，我去看父亲时，看见那里面的八路军干部进进出出的，工作都很忙。大门的左边挂着一个大长牌子，我看到伙房里，乡下送来慰劳品的蔬菜和瓜果很多，还有大块的猪肉、粮食、白面都堆在一起。我问父亲要做多少人的饭？怎么这些干部不吃菜饼子，总吃纯面的饼子和馒头吗？父亲也很自豪地说："这里面全是机关干部，三四十号人呢，炊事员有好几个，我主要是给首长做保健饭。"我好奇地问："宝剑饭？我跟高师傅练过单刀，见过宝剑，怎么还有宝剑饭？"父亲笑着说："是保健饭，保证首长健康的饭。馒头、饼子官兵都是吃一样的，首长的菜和下面不一样，菜能好一点俗称小灶，叫保健饭。"我学了个新词，后来过节或家里改善生活时，我就说："今天吃保健饭了。"

正在和父亲说得起劲，仲侃伯会长走了进来，父亲恭敬地叫了声“会长”。我想，会长准是这里的大官，仔细一看他细高的个子，白净的脸庞，好像是个教书的先生，他非常和善地看着我，我急忙鞠躬，叫了声“会长”。仲侃伯会长高兴地把我抱起来，问：“马师傅，这是你的小孩？”父亲说：“这是第二个，大的是个闺女。”会长放下我说：“这孩子长得真漂亮，又很懂礼貌，多大了？”我急忙回答：“10岁，会长，我长大了也当八路军，行吗？”会长高兴极了，说：“没问题，还没有吃饭吧？马师傅给他搞点吃的，你们说话，我还有事先走了。”我问父亲“仲会长的官有多大？”父亲说：“咱村里不是有农会、妇救会共是八大会吗？全威海的这些会都归他领导。”这么大的官，还这么和气，和老百姓一样，一点也不像是个当官的。父亲给我盛上一大碗白菜、一个大馒头，菜里还有肉和豆腐，让我饱餐了一顿。我回家对母亲姐姐说：“俺在市各救会看到了仲会长，还在机关里吃大馒头。”这码子事使我自豪了很多天，心想：我们儿童团里三十多个孩子，谁能像我在各救会里吃上大馒头？儿童团团长干得更起劲了。

好事不断地来，我家被列为赤贫户，也分到了“果实”，门上还有工属（军工）光荣牌子。

不久，父亲回来说又要搬家，是上级给咱安排的。这样，我们又从和平路，搬到大中巷东头一个大门。好家伙，这儿的房子比杨家巷黄老爷子那个房子强多了。大门冲北，进过道左首是三间正房，进二门南面是六间倒正房。穿堂门过去有南院花园，里面苹果、梨、海棠果、无花果、杏子、香椿等树木应有尽有。中间大院三间西厢房，水泥院子，还有机器井，院子里有由六根大石条组成的花台子。当时我们住在西厢的三间房里。女房主名叫徐宝贞，其夫叫宋文起，敌伪时期在刘公岛给英国银行当大写（会计），并在刘公岛开设了一个酒店，解放前跑到国外去了。徐宝贞有个小丫头叫小红，比我小一岁。徐是资本家，所以解放后逼丫头小红改叫她是妈妈，不准叫太太。徐家的财产，村委会没有分，但是门上、窗上都贴了封条。她和小红住在临街的三间正房里，我们住在里院的三间西厢房里。我想，解放了就是好，住这么好的房子还不要房租，真是永远不能忘了共产党。

刚搬到这里一切条件都好，只是在人际关系上有些难处。同院的徐宝贞是南竹岛西吴家庄人，跟宋文起结婚后，宋文起在刘公岛里开酒店，有了外遇。徐宝贞在大中巷住着这么大的一所房子，只有一个小女孩使唤丫头，备受冷落，也很孤单。她喜好京剧，能唱《贵妃醉酒》、《女起解》的选段。在大桥南有一个新昌泰日用杂货店。宋子

轩老掌柜，是宋文起本家的叔叔，能拉京胡，经常到我们院里来给他侄媳妇徐宝贞吊嗓。弦拉得不怎么样，唱得也够戗，但是彼此都能过过戏瘾。我虽然年龄小，因为总往戏园子里跑，也能听出个子丑寅卯来。

徐宝贞处境虽不好，但做太太的脾气仍未改。她有个规矩，早晨八九点才起床，她不起来不准压水，因嫌机井压水有声音，影响她睡觉；水泥院子也不准晒野菜、萝卜叶、地瓜丝之类的东西。一天上午我从外面回来，正赶上徐太太在发火："在我这里住，我不起床，不准压水！好好的个院子弄成这样，晒些菜叶子"等等，唠叨个没完。母亲向她解释："过穷日子，谁家不晒干菜，要不然过冬吃什么？我们每天要起来做活，吃完饭还要接着做，不打水怎么行？"徐太太把腰一撑说："你们到外面去挑水吃。"

我一听就火了，立刻就顶她一句："院子里有井，叫我们到外面挑水吃，那你为什么不能早点起床？你不起来，就不准压水，你躺一天，我家一天不吃水吗？我们晒干菜在里院，与你外院有什么关系？"她说："这房子是我的，我说什么，你们就要听从！"我在儿童团里当团长，大小也是个干部，就和她理论，"什么是你的？这是政府的！不是政府让我们来住，你请我们还不来呢。晒菜怎么啦？穷人家谁不晒干菜，谁像你吃饱了玩，玩够了就睡。"她气得跳起来，"好你个小东西，人不大，说起话还挺厉害，你想干什么？"我也毫不示弱："不想干什么，你不起床不准压水，里院不准晒菜，院里不准晒衣裳，这都是什么规矩？只许你整天吃饱了'咿咿呀呀'的唱《贵妃醉酒》，高腔都不合弦，那个难听劲儿，我们还没找你呢，你反过来训我们。"她哪里知道我跑戏园子的经历，虽然年龄小，可我也是个老京剧观众了。"你这不又成地主老财了吗？走，咱们到村公所去找村干部评评理，走！"我把开会听来的理论、名词都用上了，这徐太太一听，还真傻了。我接着提高调门："你以为你还是太太啊！我告诉你，这房子是村委会的啦，连你住的这房子，也得听村委会的。我们儿童团不是好欺负的，走！上村委会，让干部给评评理，你还想压迫贫农、群众吗？"这些话都是驻村干部常讲的，还真把她给唬住了。她不敢去村委会，说："好好，你厉害，我说不过你。"跑回自己的屋里，关上门大哭起来。

母亲阻止了我，不准我再说了，到她屋里去劝慰了一番，说"何必和个孩子生气……"，就此了结了这场冲突。

村干部去找徐宝贞谈话，此后她一反常态，什么时候压水也不管了，晒的干菜有时候她也帮着收拾。我们扫院子的时候，她也出来帮忙扫几下，她是个高中生有文化，还会英文。但是什么活儿也不会做，缝个衬衣衬裤，还要找我母亲帮忙教她。她不摆太太的架子了，不准我叫她徐太太，要叫徐大婶儿，我们也主动地团结她，可怜她是被丈夫抛弃的财主太太。有时候她唱几句京剧，我们就捧她说她唱得好，她也很高兴。实际她也不是很有钱，靠卖首饰等物品度日，有时也去吴家庄娘家拿点粮食。

我们家里的生活好转了很多。父亲每月的工薪是挣小米或者包米。母亲做些手工，姐姐刺绣，所以家里的生活大有改观。此时，我又要去上学了。解放后，清泉小学改名城里完小。解放前我在卍字会的培德学校，念了四个月的四年级，这次仍然报了上四年级，在城里完小四年级甲班。

一进学校南大门，在泮池（荷花湾）北有三间大正房，门上面悬着一只竖匾——“戟门”。穿堂门过去就是“圣人殿”。教室的位置很好，班主任是一位叫戚宏奎的女教师。

教美术的老师叫高小山，上课的美术题目大都是“大生产”、“施肥”、“手榴弹”和劳动工具等图画，可是我的作业本上，就不愿画这些无味的东西，我喜欢画八路军拼刺刀、打日本鬼子，最喜欢的还是画小人书上的孙悟空、关公、张飞等人物，照着香烟盒上的画片画，大都是戏曲人物。尽管没有按老师布置的作业画，高老师也不批评我，成绩都在九十分以上。

体育课大都是学拼刺刀、扔手榴弹、卧倒等动作，后来是学校最年轻的老师，有十八九岁的谷源泾和学生一起踢球。谷老师和戚宏奎老师演过歌剧《夫妻买驴》，谷老师忘了词，我们就大笑拍倒好。我上体育课、自由活动的时候喜欢打傍立，内行叫虎跳（即侧身翻），靠着墙倒立，也叫竖蜻蜓。全班我算个特殊独行的学生，文化课中流，算术最糟糕；全班上动手、打架谁也不在乎。特别是一些比我高一头的大学生也照样“招呼”他，女生们都非常怕我，但我从不和女生动手打架，不落个欺负女生的名声。

那时候美国的飞机经常来骚扰，学校有防空洞，听到飞机空袭，学校敲钟，学生就有秩序地躲进防空洞。警报解除后，各班级要点名，有一次老师点完名发现唯独少我，我从圣人殿西旁门的墙上爬下来，气得老师喊着我的名字：“滚下来！”训斥我：“在墙头上干什么？”“我在看飞机啊”。老师说：“你不进防空洞还上墙头看飞机？！”“在墙头上看得清楚。”“你看到什么了？”“看见开飞机的人还戴着眼镜。”老师们都无可奈何地笑了，“马荷礼呀马荷礼，你真行！就没有见过你这么调皮的学生……”其实我是真的看到飞机上的人了，因为那时候威海只有两层高的楼房，飞机也很嚣张，飞得很低，可以清楚地看到开飞机的驾驶员戴着眼镜。老师们哭笑不得，

有的说我是全校的第一“闹包”，从来就没见过这样的学生。

我最感激李文姣老师，她说：“调皮的学生不一定没有出息，‘闹包’学生将来到社会上不一定比学校里的好学生差。”这位女老师的话像刻在我的脑子里一样，对我的鼓励很大。班主任戚老师，掌握我的特点，总是鼓励我。

父亲的工作又有新变化，由市各救会调到水上公安局。水上公安局在东码头开了一个招待所，招待所里的一切用具，都是解放后没收的敌产。父亲领着七八个人在那里工作，有饭店、旅店，出差公干的工作人员可以在这里食宿。父亲是负责人，助手和负责采购的是黄恩芝。

我的体形仍是很瘦小，因练过一段时间的武术，感觉壮实多了。那时没有武术馆，父亲就托人，叫我到戏园子去锻炼锻炼，虽说唱戏的是花架子、假把势，总是对身体有好处。剧团的宋宝升、王喜德都是文武老生，能给孩子们练功。父亲送人情礼，叫我每天早晨去练一阵武功，压腿、踢腿、拿顶（倒立）、打飞脚、跑虎跳等等。练一阵回家吃早饭再上学，晚上仍是到戏园子看戏，和戏园子的人又都混熟了。

市政府成立招待所，水上公安局饭店因整编撤销了。我父亲属于照顾，用很少几个钱，把饭店用不上的炊具和餐具买下来，在南大桥东北角与一位名叫吕黑子的合伙开了一个饭店，名叫泰和园。吕大叔有一个比我大一岁的女儿，名叫伟红。泰和园北邻是吴掌柜开的自行车行，挨着北面是梁老板开的泰山园饭馆和鸿兴茶庄。

父亲和吕大叔都没有文化，经常请茶庄的账房焦先生过来帮忙结账。过年过节的时候给他送些礼品，以表谢意。焦先生的文墨很好，父亲就求焦先生教我写字，目的是将来开饭馆让我学着记账，就不用求人了。当时记账都要用毛笔，所以要先学写毛笔字，就这样我要天天练习毛笔字。焦先生教我写大仿、小楷。大仿出息字，小楷很实用，记账、写信都要写小楷。这样一来我的日常生活就安排得非常紧了。拂晓到戏园子去练功，回家吃饭上学，放学回家没有作业就写大仿，晚饭后要到戏园子看戏。那个时候我最感兴趣的就是练功和写大仿。对上学就是应付。焦先生对我写的大仿很满意，也用红笔给我打钩、画圈、画杠，和老师批改作业一样认真。我写的“为”字都画了两个圈，焦先生每次批大仿的时候都讲给我听，某个字应该怎么写，怎样写得才好看。现在回忆他教我写的字帖是柳体，当时只知道依葫芦画瓢，模仿着和字帖上写得越像就越好。焦先生每天来泰和园教我，父亲都给他泡一壶茶，有时候他自己也带包茶过来。因为他是茶庄的账房先生，泰和园用的茶叶也总到他那儿买。为了让他教我尽心，有时候父亲还给他烫上二两白酒、搞两样小菜。他眯缝着眼睛教我，当着父亲的面总是表扬我。“这孩子的毛笔字很有出息。练练可比我强多了”等等。我那时候虽然年纪小但是心里明白，我写的字不会像他说得那样好，是父亲的酒菜起的作用。就这样整天的不间断的练功、上学、写字、看戏，星期天还要在泰和园帮父亲择菜、洗碗、打扫卫生等零活，抽空还要出去和小伙伴玩耍、打家雀、制作洋火枪、飞炮等玩具。

洋火枪是用一根四寸长、拇指粗的木棍，两头磨平，挖上两个圆眼，用一根粗铁丝整成弓形扣在两头的圆眼里。放枪的时候，把火柴头剥下来，压在火枪上面的圆眼里，把弓字形的铁丝扳到木棒眼的近台上，在手里攥着，用力一攥，铁丝滑进圆眼，撞击着圆眼里的火柴粉，“砰”的一声，这就是洋火枪。飞天炮是用一根细铁管，最好用是废钥匙，把火柴头剥下来压到钥匙管里、插进一根铁棍别住，这叫撞针。钥匙环那头系一块布条，往空中抛去，铁口朝下布条在上往下垂落地面，铁棍撞着管子里的火柴面，引起很大的响声。称之为“飞天炮”。我还用铁条做了个九连环，一个双铁条的把，上面套着九个铁环，九个竖立环，要拿下来需九九八十一遍，套上去也是要八十一遍。这些自造的玩具非常有意思，耍的刀和剑都是自己用木头刻制的，虽然很粗糙但自己很满意。

现如今孩子们的玩具，都是花钱买来的，玩得都是现代化。但是我感觉现在的孩子不如那时候的孩子能吃苦，知道过日子、俭朴、自立能力强。现在的孩子，吃爸妈穿爸妈，一切全靠爸妈，体会不到父母的辛苦。穷人的孩子早当家，穷则思变，这话我认为是真理。尽管许多人都知道这个道理，但很少人按这个道理去施行、教育孩子。

南大桥有大桥、小桥之说。现今的老汽车站、东城路头上有一座用石条铺成的石桥，仅能跑一辆卡车直通新大路，这称之为小桥；现在的振华商场西南方有一条南北的大桥是水泥和石条修成的，是威海唯一的正规大桥，两桥统称为南大桥。过了南大桥是上海街，解放前开设几家花生庄，做出口花生米的贸易。解放后是国家开办的同成织布厂。拐角处是派出所。往南是一家诊所和新昌泰百杂货铺。再往南是新华电影院，能容纳六七百人，有对面楼，在当时这是威海唯一的电影院。那时候的电影是黑白的，像大屏幕动画片，旁边还有白布字幕，没有声音。过影院南面三家商号，就是我家住的大众巷了（原名大中巷）。电影院左首是鸿大自行车行，那时候的自行车铺主要是修理自行车，配些零部件。老板是黄克鸿，手艺很高，能把旧自行车零件加工烧焊、除锈、油漆加工成新的。他好拉京胡，有时候和隔壁新昌泰的老板高宏泰先生一起唱几段京戏娱乐，高先生能唱《捉放曹》中“听他言吓得我心惊胆怯”一段，我父亲喜欢唱《追韩信》中的“我主爷起义在硭砀”和“三生有幸”等段子。当时没有电视和收音机，唯有

上戏园子，电影也很少演，没有片子。所以票友们是闲来相聚，有拉有唱也很开心，好听与否且自不管，过戏瘾就开心。

我那时虽是个小孩子，也和他们大人掺和一起唱京剧。大人们都很喜欢我，黄克鸿先生膝下只有一女儿叫翠兰，比我小四岁，黄先生收我做义子。戏园子里的几位老艺人，是我父亲开设的“泰和园”饭馆的常客，喝点酒也吃不起什么好菜，吃完喝完就记账，实际记了账也很少还账，父亲只为我能在戏园子里练功，这些老艺人能多费心的教我，请他们吃喝也就不在乎了。我当时感觉很充实，对上学有厌烦情绪，愿意练功、看戏、唱戏，这也是我后来当演员的基础吧。

当时威海戏园子里的演员阵容强大。除本地的班底从大连来了一些流动演员。如海派老生赵鹏声红黑二净会戏很多，老旦荣桂芬、邢秀文，武刀马兼武小生的李艳云，武生刘成泰，外号小岭子（后在荣成京剧团，六十多岁时因癌症病逝于石岛）；记忆最深的是丑角张二庄等七八个人。当地的班底，还有本地的名票，如唱青衣花旦的陈艳春，花脸付正信等等。人才济济、行当齐全。可以说没有不演的戏，连台本戏更好，如《狸猫换太子》、《金鞭记》、《太平天国》、《水泊梁山》等等。五彩灯光、机关布景，尽管如此营业状况还是不景气。

由于形势不稳，戏园子停演了。政府组织备战，把戏箱安插在农村（藏起来备战），演员大都住在荣成埠柳学福村。后由吴杰同志领着去了大连，剩下的十几个人就在家里呆着备战。

这时候市面出现了混乱，政府人员大都备战撤走了，有的人趁机捞东西，如中威胶鞋厂、裕威酒厂，都是国家的买卖，被坏人把门砸开，抢东西、家具桌椅等物品。挑、背、小车推着抢，有站着看的人，也有连看都不看的，一时成了主要话题：抢公家的东西没有好下场，无法无天了……父亲不准我在外面看。因为裕威酒厂在南大桥东北面，与我家的泰和园饭馆一门之隔，所以抢东西的都从我家门前过。我在门前拾到一个痰盂盖，父亲为人耿直，看到非常恼火，说：“抢的东西掉了也不能捡，这些忘恩负义的东西，共产党解放了他们，国民党要来了，又抢共产党的东西，早晚要遭报应的。”我只好把那痰盂盖扔回了原地。父亲没文化，但他为人忠诚老实。他的处世为人对我影响、教益很深。

解放后刚刚过上了几天好日子，听说国民党要来了。

1947年秋，国民党真的来了。正规部队是顽八军，大多数是还乡团，那些被群众运动批斗的一些对象或子弟跑出去后参加了国民党，有武器而没有军装的便衣杂牌，还

乡复仇算账的，威海的天“变”了。

八路军主力部队都撤走了，留下来的都是地方武工队。不要小看这些不穿军装的八路军，战斗力可强了。打仗神出鬼没，有时候钻进国民党“心脏”里去活动。利用地形熟悉的优势，采取游击、埋伏、麻雀等战术，搞得国民党军队焦头烂额。南大桥以南是红区八路的地盘，从北门起到菊花顶、棉花山是敌占区，属国民党的地盘，两下里拉锯式的你进我退，城里形成了分界线，老百姓关门闭户。有时候八路军武工队和还乡团就遭遇了，八路军在胡同、巷子里的墙上都挖了洞，通了暗道，在暗处随时出没。而国民党在明处，地理位置也不熟悉，所以总是吃亏。八路军对人民群众的情况非常了解，对那些可依靠的群众，地下工作者了如指掌。我们邻居之间那家隐藏着八路军互相都不知道，这时候的战争就是人民战争。

李弥的顽八军和部分杂牌军、还乡团，侵占了威海，在北门外至菊花顶、棉花山、谷家疃一带。

解放军东海独立一、二团配合地方武装，有一支便衣武工队，全是短枪，背着大刀片，都会武术，他们枪法准，越墙上房，神出鬼没，大多都是夜里行动，有时候到敌人的核心部位活动，把城里四街的空房院子、墙壁都拆了洞，成为暗道。因为大都是黑棉袄、白里子，为的是雪夜反过来穿，老百姓誉称为老雁队。顽八军、还乡团地理不熟到处挨打。

武工队与群众的关系好，走到哪家的院子里都有掩护的。我家里院住着一个班的武工队，大队长江青，右目失明，是在抗日战争期间用土枪，枪膛爆裂把右眼打伤的。据说武工队一个班能顶一个排的兵力，能使双枪，他们白天睡觉，晚上到北门外敌占区去活动。下枪、卡岗、抓舌头易如反掌。奇怪的是好几个战士都能唱几段京剧，《武家坡》、《捉放曹》等等。他们住在我家接近一年，连隔壁邻居都不知道，其间对我家的帮助很大。

与父亲合伙的吕掌柜早已跑到敌占区了。父亲一人守着店铺，有时候我也随武工队走暗道穿墙到父亲的饭馆里。我担心给我练过功的老艺人宋宝升一家的安全，由南大桥穿墙可到栖霞街，再到戏园子后院，去看望宋宝升大叔。谁想他已备战走了，家中只剩下他的老伴和儿子武汉、女儿新喜，住在戏园子的后院。他娘仨看到我大哭了一场，家中无米缺柴。宋大婶还不放心她妹妹李艳云一家，求我也去看看。我又随武工队穿墙到了海滨宾馆（原是日本人的兵站，现在的四〇四医院连着宝泉汤澡堂子）,后墙外就是李艳云的家。到那里一看，门早被还乡团砸开了。家里翻了个乱七八糟，满屋里都是

戏装、舞台上用的刀枪、把子等物件。二次又到宋家看望，并送了点地瓜干给他们，把李艳云家的状况告诉了宋大婶，她求我带他儿子武汉去收拾一下，我和武汉几次去李家把戏衣、物品简单的收拾一下，背回宋家。我也捡了五六顶戏帽子、破烂刀枪、马鞭子宝剑等道具带回了家里，这回我可是有了好玩的“宝贝”了。整天戴上戏帽子唱戏，舞刀弄枪的开心至极，对戏剧表演产生浓厚的兴趣。

1948年3月30日，国民党、还乡团彻底败退，威海称之为第二次解放。我家住的武工队撤离时，母亲把一块紫红色的被面，分割成十几块。分给战士们做包枪布作为纪念，相互洒泪而别。我的日常生活逐步恢复了正常，每天早晨还是去剧场练功，白天去学校读书。工商各界很快恢复了正常营业，商铺买卖都日渐兴隆。父亲在南大桥桥头的饭馆，由两家股东合伙重新开业了。父亲叫马书成，所以饭馆命名“东成居”。母亲和姐姐也去帮忙经营，那个时候饭馆里大摆宴席的很少，有不少是南乡农村进城的运输队，送粮食、送物资全是二把手的小推车，多者一帮二三十人，少者也是十几个人。进了店都是自带干粮，一碗大菜北海币一千元至一千五百元不等，住一宿三千元（合人民币三角）。所以进店就要忙活一阵子，我不上学的时候还要在店里帮忙烧水、照看生意。

大众巷孩子戏园

我已经有了自己爱好的活动，星期天或者不上学的日子，我家的院子里就开了戏。我和几个半大不小的孩子，自己组织演唱京剧，手拿捡来的刀枪把子，戴上唱戏的帽子，仿学和戏台上的演出一样，笑话百出。大桥南村的孩子不论大小、男女，每到星期天都去看戏，多的时候有二十多个观众。看戏不收费，只收一种孩子们能制作打弹弓用的泥蛋，每交二十个泥蛋就可以看一场演出了。泥蛋也有要求，要用黏性强的黄泥，里面还要包上六七粒小沙子，团成手指顶大小，晒干后在锅底下烧成像砖瓦一样的硬蛋。每一场演下来可以收三四百粒黄泥蛋，我们几个参加演出的“演员”按劳分配，每人可以分一棒。因是我的策划、组织、领演，我家的院子和戏装道具，当然我分得最多。因为刚解放时我在大桥南村当过儿童团长，所以孩子们还习惯的叫我团长，这个时候成了孩子戏团的团长了。演出的节目千变万化也不离一个模式，唱几段京剧，舞几样刀枪。我在戏园子里练功学来的几乎全能用上，听过学会的唱段，也不

1946年冬11岁照片

管对不对全都唱，什么打击乐、伴奏，全是用嘴念锵锵锵、里根楞。可说是胡唱乱舞，最后大家合唱革命歌曲，最普通的是“拿起巨大的斧头，嗐！砍断敌人的锁链，我们要自力更生，哪怕千层的封锁。嗐！赵占奎是好榜样，我们要跟他学！”还有“想起了八年前，敌人打到东海边。”、“人住的地方需要太阳，伟大的中国需要共产党”、“左权将军家住在湖南醴陵县，他是中国共产党优秀的党员”、“战斗英雄任常伦，他是黄县孙武庄的人”等七八首歌。大家拍手齐唱，孩子们高兴极啦，有时候孩子的父母也蹲在孩子堆里看一会，孩子们拍手高喊得更起劲，家长们也拍手大笑随着唱。家长对孩子放心，不是胡闹走歪道。唱完了我一吹哨子，就是演出结束刹戏了，孩子们拿着自己的小板凳散去。那时候桥南村都知道马荷礼领孩子们唱戏。四五个演员收来的黄泥蛋做弹弓子弹，非常好用。因为泥蛋用火烧硬了，里面的沙子打在墙上“乓”的一声就炸开了，特别开心。这就是桥南村孩子小戏院的笑话传说。

现在我们这群孩子都是七十多岁的老人了，相逢聚会的时候，还又提起当年的往事：“你忘了当初你唱戏收黄泥蛋的时候了？哈哈。”当初最小的陶遵海也已七十一岁了。

三五顽童唱大戏，群娃围观好神气；口念过门锣鼓点，乱舞刀抢无规矩；演员观众拍手唱，京剧杂耍带歌曲；当年常聚二十余，今剩无几已古稀。

忆昔孩子办戏班，群娃聚会闹得欢；文武场面用嘴念，看戏入场交泥丸；拍手高歌齐声喊，无拘无束震破天；当初娃儿剩无几，相逢都已古稀年。

——2009年5月当年童友相聚，重忆往事吟句留念。

事出偶然入梨园

1948年3月30日国民党逃窜之后，工商各行业很快得到恢复，国营有“三威”企业——裕威酒厂、中威橡胶厂、新威火柴厂（仙鹿火柴），国营的织布厂有好几家，初显繁荣。文化、文艺事业随着形势好转，亦兴起发展。威海京剧团也得到恢复和扩充。原威海新威京剧团，未去大连备战的几位专业演员，有王月珍（原烟台花字女班，艺名花艳琴）、王喜德（四喜班的老生，荣成黄山人）、王喜岩（四喜班的架子花脸）、张艳琴（原威海新威京剧团的老旦角，后改演彩旦）。从烟台来的司鼓李祥如是全班唯一的一名共产党员，女儿李艳芳工花旦、刀马旦（乃后来烟台市京剧团李广顺之母），王老九（原胶东黄毛子班梁凤锡的老搭档）、威海孟家庄的刘玉忠（架子花脸，外号刘六子）、大锣老谭（外号红鼻子）、铙钹刘老四（外号闷老四），刘善堂虽是票友下海，但他是原新威京剧团的老班底。原京剧团去大连备战的演员也回来了几位，有宋宝升（海派老生、红黑二净、架子花脸都非常不错，会得多、文武兼备，近视眼，绰号大荒聊）；慈曰开，原是文登的中学教师、票友下海（二路花脸，不唱正出），和他在大连新结合的爱人张丽芬（青衣）；票友孙玉秀（零碎演员）和儿子孙洪春（武行，没嗓子）这部分人为主力，结合当地的票友，如威海戚家庄的一部分票友：戚景清（老生）、戚嘉道（花脸）、戚嘉宝（老旦）、戚景山（丑角），戚嘉亭（武场大锣），西涝台的于富清（丑角），还有威海“王宅”大少爷家的儿子王述越，他饱读诗书，一肚子的古词儿，又年好票戏，知得多见得广，会戏多，可就是上场没法看，老生台步是八字步向外亮靴底儿，可他是往里扣脚掌子，外八字的台步却成了内八字，也成了同人平时的笑料。在台下说戏无所不晓，扮上戏一出场台下就笑，所以他只是在后台管事，上场臭台。此公平时说话咬文嚼字，迂腐可笑，人送绰号“绿豆芽子”，在威海老少皆知、无人不晓。一个票友下海，在后台管事、派活儿、说戏，可见他肚囊之宽。就这样一伙由专业和票友组成的一个戏班子，在当时是威海唯一的对外卖票的剧团。还有大操场北面用仓库改造的一个电影院，所放映的影片只有影像没有声音，只能坐三十多人，还经常卖不满座。唯一讲究的娱乐场所也就是这个戏园子了。风雨无阻、无论上座多少都要正常演出。当时政府派来一位残废军人（左手少了三个指头）到剧团来做政治工作，因没有职务，都称他王同志。他也不常到剧团，偶尔到团里看看。这个戏班子基本是宋宝升、王月珍挑班。那时候王月珍尚年轻，嗓子不太好，但什么都能唱，老生、青衣花旦、老旦、小生，缺什么演什么。有时候烟台也有来威海搭班的艺人和短期参加演出的专业演员。因为二次解放后，整个市面上企事业都在逐渐恢复中，有这么一个戏园子也感觉不错，观众们也算满足。

解放后政府禁赌、禁毒、禁嫖。有些经济来源较优的人寻开心的去处，也就是下馆子、泡澡堂子、戏园子听戏。剧团的艺人们平日也就吃点、喝点，所以好喝酒的几位老艺人，就成了我家东成居的常客，二两烧酒一碟小菜，也算是下了馆子。因为我父亲喜欢唱京剧，所以对戏班的人特别照顾。如宋宝升、王述越等人，喝酒舍不得吃菜，名曰“干咂”。我父亲就给配点不要钱的小菜下酒，使他们喝得尽兴。尽管这样，喝完酒也是记账的时候多，很少给现钱。到了开工资还账的时候少，烂账的时候多，因为相处的关系不错，父亲也从不向他们要债、清账。就这样落下个马掌柜真仗义、憨厚的名声。特别是宋宝升的酒瘾很厉害，可以说每天都要喝点，喝酒后演出更来精神。与艺人相处时间长了，他们总在我父亲面前夸我：“你这少爷长得好、相貌好、聪明，如果学戏将来肯定能成气候。”我们心里也明白，这是吃着我们不收钱的菜、喝着记账的酒，当着面地捧我。久而久之我父亲就对他讲：“我儿子荷礼，从小身体就不结实，学了两年把式（武术）身体比过去好多了。他的师傅高宗信是个地下党，解放前叫日本鬼子杀害了，现在他练功没有老师，我想让他跟你练练武功、锻炼锻炼。”宋宝升先生一口答应：“没有问题，戏班里有些武打、基本功都是武术里演化而来的，练腰练腿都一样，叫他跟着我，我儿子武汉天天由我给他练功。俗话说一个牛是放，俩牛也是看，晚上到后台玩，看看戏，每天早晨到戏园子，我给他练练功，你尽管放心。”就这样我每天早上去练功，拿顶、下腰、压腿、打飞脚、跑虎跳、跑圆场、学把子。早晨天不亮，我去戏园子练功，吃完早饭上学，晚上放学回来再到戏园子里去看戏。我到后台畅通无阻，随便地看戏，谁也不问，自己感觉很“展扬”。几个月下来，拿顶、虎跳、踺子、飞脚、扑虎、抢背等基本功都会了，主要学把子，大快枪、小快枪、大刀枪、单刀枪、双刀枪、磕头棍、二龙头、翻天杆、棍棒枪、大刀、双刀等等，都能与他人配合对练了。自从练功后，我逐步对武戏有瘾了，上学就没有兴趣了。

剧团里这帮人，翻来覆去的总是那么几出戏，观众也老是那么一帮人。对剧团是人戏皆熟，反复无新谓之“捣粪”。不上座就要接流动“角儿”来演出，来威海比较早的是烟台的姜月玲，个子长得不高圆乎乎的胖脸，确有点斯文气，其父是烟台的中医，

看病、开药有一套经验，人送绰号“姜神仙”。请京剧教师到家里为女儿教戏，姜月玲天资聪颖、悟性好，学戏两三年就能登台演出。由烟台来威海，虽然戏码不多，但是演出非常上座。班底们的收入好了，自然对角儿尊重，因角儿为大伙带来了效益。一天晚场演出《对金瓶》，姜月玲饰演蔡文琴，女扮男装在途中救元帅王奎，开打的一场，饰演反将的武行突得急病，去了诊所不能上场了。眼看台上就要停场了，后台都着急，宝升大叔说：“叫看戏的小马扮上。”我大吃一惊：“我？”宋大叔就指点说：“反兵站门引你上场，过场下。再等蔡文琴救我（王奎）开打，反王下场、你挑出来，过来过去一套快枪打你抢背下场。”我有些紧张：“我能行吗？”宋大叔急说：“就你啦，爷们！后台没有一个闲人，你就顶一个吧，不用害怕，别往台下看，快枪完了就抢背下场。这点玩意儿你也不是不会，到这会你不行也得行。”说着他把我拖过来就往我脸上抹油彩，搓了个黑紫脸、勾了几笔，就给我穿上服装。我也没有工夫想别的，整天练功、看戏，舞台这些东西倒是不陌生，只是第一次上大戏台，这和在家里领一帮孩子，胡唱乱耍不一样，况且姜月玲是角儿。心想反正我是“顶雷的活儿”，演砸了谁也不能说什么……“小马过来，准备上场。”谁喊的我都不知道，怎么上的场我也不知道，脑子里一片空白，四击头上了场，一个小定相，紧急风中走到台口，一搂枪、众反兵下场，我单起，走到右台角搂枪下场了，台上台下尚未反应过来，我已进了下场门。好几个人在等着我，只听见：“好小子！爷们，行啊，再等着挑出去。”谁在说什么我一概不知道。蔡文琴开打，反王下场。我刺出去，过来过去小快枪，因我八九岁就开始练武术，平时好动，喜欢玩棍弄枪，加上在剧团练了半年的套路，倒是不害怕。只觉得和姜月玲打快枪时我一点都不“赶拢”。当时没想其他的，是有意的让我？还是女孩子唱一晚上大戏，累了？或者留着后劲儿，等打完快枪要枪花时再卖弄？我当时只是一门心思打快枪，无他杂念，最后一“刺鼻子”老虎枪，没等我害怕，台下观众在刺“老虎枪”时还叫了好，一赶二赶挑起来，我一个抢背下了场，总算顺利地完成了任务。

到了后台，众人围过来表扬我，宝升大叔说：“没白给这小子练半年功，爷们戏班里有饭啊。”姜月玲换服装时笑着对我说：“小马还真不错，谢谢你给我们救了场。”我手足无措的，也不知道说什么好，只是傻笑着，“咱根本就不会，也从未上过台，今儿是实在没有人顶了，把我推上去了，实在是赶鸭子上架。月玲大姐多亏您外场关照、让着我……”王喜德大爷说：“嗬。这小子还挺江湖的啊，好小子会说话。”一句话引起众人哄堂大笑。闹得我好难为情，满脸通红。这是我日后学戏、成为一名京剧演员的最初登台的情境，因这次的偶遇也是机遇，开始了我的从艺之路。

如今回忆倒也可笑：

> 慌慌张张穿戏衣，糊糊涂涂推上去；
> 懵懵懂懂一套打，顺顺利利演了戏。

此次顶替上场的事情，回家我也没有对父母说起，一如既往地早晨练功,白天上学，晚上习字、看戏。谁知团里的几位老艺人，到东成居去喝酒，对我父亲又是一番的吹捧、奉承："您的儿子真是个唱戏的料儿，头一次上场也不紧张，配姜月玲的这套快枪，不慌不忙、顺顺利利地下来了，台下还叫好呢……""你儿子要是学戏将来准能成个气候……"宝升大叔更是得意："这小子真是个'坯子'，和我儿子武汉同时学的把子，他早会了，我那儿子还没谱呢……"一番的吹捧，我父亲被拍得晕晕乎乎的，一壶烧酒、两个炒菜就端上来了。"今儿马掌柜这酒得喝，庆贺一下，你这少爷就是个唱戏的料儿。"我父亲说："其实我也是戏迷。李洪芳解放前在威海，后来在烟台丹桂舞台，和我把子弟兄闫洪奎（丑角）老兄的关系都很好，他们也说荷礼吃戏饭有前途。可是我们家上辈没有干这个的，这戏饭可不好吃呀。我叫他练功，只是想锻炼锻炼身体，总想叫他念点书，将来继承我这个手艺。"老艺人们酒劲架着更能吹捧了，"马掌柜你这可就错了，继承你的手艺将来最大也就是个厨师，哪位厨师能挣过唱戏的名角？小马将来不用说成个太好的角，就是成为一般的角儿，不也比你开饭馆强多啦。贴大字、当主演，露脸挣钱，听我们的劝，赶快让他学戏……"我父亲既没文化也没有主见，只好说："等商量商量再说吧，不管干什么也要读点书……""对！和你家大嫂商量商量，要学戏我们都能帮上忙。"这几位老艺人酒醉饭饱，晕晕乎乎地高兴而去。晚饭后父亲和一家人商量，母亲、姐姐都喜欢京剧，当然同意我学戏。我还是一个孩子，也没有什么主意，但是对练功有浓厚的兴趣，若继承父亲的厨师行当，打心眼里不愿意。况且平日目睹在饭馆里的那些顾客，酒后闹事、耍酒疯摔盘子砸碗，对饭菜的挑剔，咸了、淡了的，我是又讨厌又气愤。学戏虽然累、筋骨受苦，也比受这些醉鬼的窝囊气强多了。可我那时候根本不懂学戏受的窝囊气更多，世态炎凉各行皆同，行行都是如此。最后全家都同意我去学戏。此后我在戏园子的时间就多了。剧团的老艺人们都很喜欢我，也都愿意教我，如《黑松林》里的潘定安，本是武小花脸活儿，王喜德大爷说："小马学学这活，别看这活不是主演，咱这班里还没有会的，是个缺门，碰上机会你就能演。"这是我学的第一个上场说话的角色。我一口的威海话，学的时候也很不容易，可是我演这

个角的时候，台下还满意。后来我想到，这是威海的观众听不出威海味儿，所以感觉不出别扭、难听。因为当时班里缺人，更缺武行，我这半拉武行还真吃香。从小角色开始，《卖马耍锏》中的王伯当、《问樵闹府》中的戈虎，逐步升级演比较重要一点的角色。王喜岩大爷演出《过五关》，要我扮演秦歧、《九江口》里我的华云龙了，后来他演《下河东》我就演呼延寿廷，和花脸平抬的角色。烟台来的王九爷会得多，给我说单出戏，虽然不归派，但都是大路活，如《白水滩》、《拿谢虎》、《三岔口》、《取长沙》、《潞安州》等小武戏。最早来的七岁红（即后来的筱玉昆），她七岁上场故名七岁红，她师傅曹玉美配她打下手。头一天炮戏《怀都关》，她大我一岁，个头都差不多。让我配她演公孙子都；《杀四门》我扮演头关反将，配她打快枪，总之是学一出演一出。上台演出就会了一个角色。她们走后又接来佟利华，这是位大武生，演出大型的武戏比较多，头天的打炮戏全部《白水滩》。佟利华饰演十一郎，带来的搭档李明亮，饰演青面虎，我扮演抓地虎；第二天《水帘洞》、《闹龙宫》，佟利华饰演孙悟空，李明亮饰演龟帅，我扮演虾将；第三天是《龙潭鲍骆》，因当时无武旦，按老的行规二武生要顶这个活，没办法我就要包上头饰演刀马旦鲍金花。此后《嘉兴府》里的刀马旦好像铁定是我的活儿，其他人就不行了。佟利华来威海一个月，我又学了不少的配角，在饰演角色的位置上，又上了一个新台阶。佟利华走后王淑卿（外号小膏药）由青岛来威海，我又学了一些文戏的配角，如《红娘》王月珍饰演张君瑞，我饰演琴童；《玉堂春》王月珍饰演王金龙，我扮演金哥；《红楼二尤》王月珍饰演柳湘莲，我扮演薛蟠。演这出戏我惹了祸、捅了个大娄子。戏中有一个重要道具玉佩，王淑卿这块玉佩是真玉的。我脱下道袍放在服装案子，她那块玉佩就放在我的道袍上，我穿道袍时没注意，“啪”的一声把玉佩掉在了地上，多亏玉佩上有个打着花结的丝带子，玉佩一摔两半……当时可把我吓坏了，不知如何是好。王淑卿的父亲王庆平（绰号老膏药），有名的老江湖，马上过来安慰我：“响亮响亮、人财两旺（戏班里用的吉祥词）。没事。爷们别紧张，赶明儿用胶粘起来。再说这事也不能全怪你，怎么把玉牌子放在行头上？没事，别往心里去。好好地演戏……”我又害怕、又感激，直给王老爷子鞠躬：“真对不起。”也不敢说赔人家的，因没地方买、也没有法赔。王淑卿也不到二十的年龄，非常开朗，笑着说：“旧的不去，新的不来，小马别不好意思，不要别扭，想多啦待会上场容易忘词。”我太感激他们父女了，大度宽容。宝升大叔说：“人家父女太江湖啦，会处事，也会为人。”

这件事情过去了六十多年了。可当时的情景、心情，记忆犹新，一直是深怀感激。王老爷子早已故去，王淑卿嫁给淄博京剧团的刘雪平团长，后来因体型发胖，离开了舞台，因车祸去世。当我听到这个不幸的消息，非常难过，又回忆起当年摔坏她的玉佩的情景。

我就这样稀里糊涂的入了戏班，参加了市京剧团。当时我在团里的年龄较小，却是幸运儿，进了戏班就上场演出，没有跑过龙套。因当时的龙套是固定的八个人，白天干其他行业，到傍晚开戏前到后台，由兵头给排一下，上场跟着兵头走，外场看手势，所以我进戏班就演角色没跑兵。早晨练功、白天上学，晚上演戏。在学校里成了一件新闻：马荷礼在戏园子里唱戏。这段时间我在课堂上老走神，总在想着戏词。本来我的学习成绩还算可以的，中游偏上，后来自己的要求逐步降低，只要不留班降级就行了。出现这种情况，讽刺话、开玩笑的话听到的不少。可是我的班主任老师戚鸿奎，她对我挺好："同学们不要讽刺马荷礼，他有这个条件，才能去唱戏，你们想唱还不一定行呢。但马荷礼你也不要光学戏，荒废了功课。"我虽然知道戚老师说得很对，也很感激她对我的爱护，但是上学总不如练功和学戏的热情高。后来戚老师去青岛结婚，学校对我的议论很大。可我在剧团里的年龄虽小，却已有收入了，最好的时候一场戏能分到一万八九千元的北海币（折合人民币一元八角），最少的时候也能分到七八千元。剧团里给我的份子不少，对比那些票友我就很满足了。与学校里的同学没有共同语言，索性就不上学了，投身戏班，决心一生以唱京剧为业了。父母也只好依从我。戚鸿奎老师由青岛结婚回来，我已经成为剧团的演员了。后来听说戚老师曾叹息过："马荷礼很聪明，可是没把脑子用在学习上。人各有志，去吧。都说这个学生不正干，但我总认为这孩子聪明，将来定有出息。"

1981年5月，威海京剧团赴青岛演出，剧团副团长马传智同志去打前站，住在青岛市教育局招待所。招待所负责人戚社长就向马传智同志打听有没有叫马荷礼的，马传智同志说没有这么个人。戚所长说她有个学生名叫马荷礼，拜王韵童为师离开了威海等等。马传智同志说："我们马团长也是王韵童的徒弟，但他叫马少童。"马传智同志回来讲了这件事，我一听非常惊喜，一定是戚鸿奎老师，我就是马荷礼呀。不几天我们在牟平剧场演出完毕后，就去青岛永安剧院演出。到青岛后，当天晚上没有戏，我让马传智同志带路去看望戚鸿奎老师。师生见面特别亲切，戚老师如今已是鬓发斑白的老太太了。她说："我调到青岛后，没少打听你，可都不知道马荷礼，原来你改名马少童了。"戚老师高兴地拉着我的手说："你学了戏，当时遭到很多人的非议。我就说过，不一定学戏就不好，肯定有出息的。看看怎么样，成了大主演还是团长呢。"我有些不

好意思了，“小时候我很调皮，净惹老师生气。”我给老师送上四张演出的戏票，请她全家看戏。

在青岛的第一场炮戏《天波杨府》（即战潼台、寇准搬兵、背靴访帅、潼台救驾），我前饰寇准，后饰杨延昭。当时因粉碎“四人帮”后，观众非常喜欢恢复演出的传统戏。这出《天波杨府》在青岛几十年没有演出了，因此一出《天波杨府》连演了三场，接下来由张传秀主演的《谢瑶环》，我饰演徐九公。演完两场后，又连续演出五场《六国封相》。此剧是周信芳先生三十年代在上海首创演出的剧目，非常轰动，连演半个多月。粉碎“四人帮”以后很少有人演这个剧目，“文化大革命”前青岛京剧团麒派老生很多，老前辈有我恩师刘奎童，中年有刘宝英、董春柏、李师斌，他们都跟刘奎童先生学过麒派戏，后都拜了周信芳先生，演出水平都很不错。但是这几位都不演这出《六国封相》，所以我们在青岛演出的反响很好，观众买不上票。在青岛演出期间，每场戏我都给戚鸿奎老师送戏票，入场时在剧场门前接她，有时候她和老伴一起去，有时候与朋友一起去，总是在前四排就座。她既高兴又自豪，见了熟人就炫耀：“主演马少童是我的学生……”回想往事，仿如一部电视剧，可叹又可笑。

少小读书在清泉，自信调皮不捣蛋；
同学非议遭白眼，一气之下入剧团；
世上难吃是戏饭，挨打受气学艺难；
青岛师生重相见，四十年后成笑谈。

1987年威海升格为地级市，一大变动就是取消了威海京剧团，对我的待遇可算是“优越至极”，外地的剧团来调我，自己想去都不放行。给我安排得很舒适，原工资照拿、在家赋闲，等到退休的年龄再办手续。这时上海周信芳艺术研究会的王玉田先生出差到烟台，特地来威海了解我的情况，回上海后就向研究会作了汇报。1989年4月17日，周信芳艺术研究会邀我到上海、江苏等地，和中国京剧院的李慧芳老师合作演出。1992年又邀我进京纪念四大徽班进京二百周年演出，因当时各地晋京的演员都是在本单位报销路费，威海市文化主管部门，拒绝报销路费。就这样我失去了晋京和全国著名艺术家同台交流的好机会。同年五月，周信芳艺术研究会通过山东省文化厅，临时调我去济南、青岛参加麒派剧目巡回演出小组，周信芳艺术研究会演出组由我和赵麟童（我二人都是常务理事）组成，结合青岛京剧团的李师斌理事一起演出。我在青岛演出

《追韩信》、《徐策跑城》，因时间紧未能给戚鸿奎老师送票，演出前观众入场时恰逢戚老师，师生见面欣慰之至。见她的票是后排的，我急忙给她搞到两张好票，坐在前四排的沙发上。我又把我爱人赵淑荣和我的孙子马煜领过去见戚老师，我说来青岛时间很紧张，因青岛京剧团的青年演员较多，整天排戏还没有去看望老师。她说："我知道你忙，我们票友协会集体定的票，你忙你的不要再送票了。"由此我知道了戚老师六十多岁成了京剧票友。"怪不得当初我学戏您不反对、支持我，原来也是戏迷啊。"她哈哈大笑地说："你学戏的时候我还不懂京剧呢，只会唱歌，现在改学唱京剧。唱歌不过瘾。"我问戚老师都学唱什么？她笑得前仰后合地说："我在票房里经常唱《武家坡》里的王宝钏。"我也笑了，"真不简单哪，六十多岁学唱京剧，还能唱王宝钏。等有机会我到您们的票房去配您唱薛平贵。"旁边的观众都说："那太棒了，师生合演。"戚老师说："那可不行。你是专业的，我们就是唱着玩的，再说我唱的都没法听，不小心会把听者给药死。"说得周围众人都哈哈大笑。开演的预备铃声响了，我们告辞到后台去化妆了，由我主演《追韩信》。演出结束后，谢幕三次，观众掌声热烈。我想观众热情的原因，一是我青年时候在青岛，剧团同人和观众都比较熟悉；二是台下票友戏迷很多，喜欢麒派艺术；三是有特殊关系，老师在捧学生，带头鼓掌。第二天下午，戚老师来了电话："马荷礼，不！得叫你少童啦，你没看《青岛日报》上表扬你了。""谢谢老师。我还没有看见，待会儿能看到的。""今晚我们票友还去看戏，大家都赞扬你演得好。""戚老师那是表扬您，因我是您的学生，其实我没有那么好。""哈哈，反正表扬你我就高兴，我这个老师也跟着风光，你当了大主演了，团长、名角，他们一说你演得好，我就从心里觉着美……"我也打趣地说："戚老师啊，你是自己的孩子尿炕不嫌臊，自己的孩子看不出缺点……""当时咱城里完小八百多名学生，出了几个演员？我的学生是主演、名角，我怎么不自豪。他们想风光没有当主演的学生，风光不了……哈哈。"

青岛的演出持续了一个星期，在青岛市政府、市京剧团的大力支持、配合下，圆满结束。此后，我再也没有见到戚老师。如今我已年逾古稀，算来戚老师已是八十多岁的老人了，不知现在境况如何，人老了怀旧啊……

青岛分别再未见，光阴似箭去不还；
老师如今八旬外，学生已过古稀年。

学戏拜师刘世莲

1949年春，威海京剧团初成规模，比较正规了。也收了几个孩子进剧团，连学带演。有比我大四岁的城里玉堂巷的郭建礼，有威海栖霞街的蒋艳霞，她自小随一个白姓的盲人（外号白瞎子）学老生，白先生能拉京胡，能教戏带吊嗓子，学会了《捉放曹》、《武家坡》等戏；白先生还教了一个小女孩，名叫孙红喜，只会一出《女起解》。参加剧团主要是学身段、能得到舞台实践。艳霞比我大一岁，红喜比我小两岁。还有一位叫孙念胜，非常聪明，可就是不好好地学戏，原来是跑龙套，后来扮旗、锣、伞、报等零碎活，早晨也不练功。每场下来他捡的废纸、扫的瓜子皮能装半麻袋，拿回家烧火做饭，还能捡到一大包烟卷头，撕开晒干，自己抽不了就卖。别看是烟头，好坏烟都有，有美国的骆驼、红圈、三炮台，国产的有老刀，红、白、绿锡包，哈德门，八一三等牌子的香烟，最次的是金叶牌的，也叫草包烟。据说把这些烟卷头都掺合在一起，抽起来很有劲，能卖好价钱。因当时穷人买不起烟卷，就买烟头剥出来的烟丝装烟袋或自己卷烟抽。孙念胜白天卖油条，那个时候生活条件太差，买油条没有买一斤的，只买一两根喂孩子，所以油条的买卖也不好做，一天也就卖个十几根。卖一根油条挣几分钱，可谓蝇头微利。孙念胜的嗓子很好，就是懒惰，不练功、不学戏，烟也抽得很厉害。我曾对他说："小孙，你的嗓子好、身子飘，条件比我好多了，不练功、不学戏，多可惜啊。"他瞄了我一眼，高傲地一笑，"我没有你那么大的心胸啊，咱不受那个罪，我卖油条、扫剧场，再挣个龙套费就行啦，合起来挣的比你少不了多少。可是我不用受你那么多罪，聪明、傻子三年够本，这大概就是命吧。"孙念胜后来在文登京剧团，演小花脸，在现代戏里演狗腿子、特务，不用扮戏就像。后来酒瘾成疾，五十多岁就去世了。我的远房亲戚吴传海是威海寨子人，由我领到剧团学戏，最大的一个角色是《失街亭》里的马岱。后去大连改行唱评剧，又到了天津评剧团当导演。宋宝升的二儿子宋新春（小名武汉），整天地练功，比我小两岁不能上场。学员多了，宋宝升整天要演戏，还要给我们练功，忙不过来，就到威海峰西村祈雨顶山上的玉皇庙里，请他的师叔崔老道给我们练武功。崔道长年轻时能翻四面跟头（前扑、出场、左蛮子、右蹶子），"五子登科"，也叫五不落地（即一排五样跟头），后因把腿摔伤，出家做了老道。祈雨顶山上的玉皇庙很简陋，面积不大、依山就势的建筑，五级台阶上面不太大的观门朝南，进院就是玉皇庙，用山石雕刻出的神像靠在北山岩石根下；东面的夹道通往后院，悬崖上的枣树很多。三间东厢房住着崔道长和两个老道，没有西厢房，只有一个大草棚子，里面放着烧柴。庙门前东西一排一米多高的矮墙，下面是几丈深的山夼悬崖。对面半山坡上有戏楼，每逢春季山会还在上面唱戏。别看庙不大，可是庙田不少，周围有十几亩地，村里的老百姓都义务帮种。老道们自己种菜、养鸡取蛋，养羊喝奶。虽说是道士，生活倒也安宁，无饥馑之忧。威海五天一大集，崔道长每集到剧团两次，给我们教习把子（用器械对打）。他的一条腿偏跛，平时拄着一条古树根作的拐杖，拄的时候少，拿着玩的时候多。他的身体很好，喜欢喝茶不抽烟。那时候没有条件也只有“大把抓”的茶叶。因为是给我练功，来到我家的饭馆东成居，我父亲总是要好好地招待一番，关系很好，会对我特别“照顾”。练功时很严，挨打也就比别人多，挨打多的原因是我父亲的交情换来的。依崔老道的话说，“不够交情，叫我打我还不打呢，严师才能出高徒……”出家人不论戏班的辈分，全戏班老小都尊称他崔三爷（师门排行老三）。有时候也让我和武汉到玉皇庙去，他单独给练功。在庙院里练飞脚、虎跳等基本功。他已年过六旬常把拐棍一放，在庙前的矮墙边，把双手一扶，一把大顶（倒立）就立起来了。我的妈呀！墙外面就是几丈深的悬崖沟帮子，这要是掉下去……太吓人了。他虽是个残疾人，但对起把子来很“溜”，手脚非常利索，可见他年轻时候的基本功有多好。我学的武功把子，应该说是崔三爷给我扎下坚实的基础。崔老道虽是自又进入科班唱戏，但是有点文化，常见他在小饭桌上写毛笔字。我当时想，崔三爷真是奇人，他的武术很好，且文武全才，相貌、身材很好，背后人们都叫他赛蒋平，可惜出了家。那时候土匪很多，可他们从不敢到祈雨顶去抢掠。一来是出家人没有什么财产，二来都知道崔老道的武功厉害。

市京剧团的剧目就是那么几出，观众也就都是老熟人。人熟戏熟就卖不上座了，流动演员大都是由烟台接来的。荣成石岛也成立了剧团，武生刘成泰（小名小岭子）为团长，演员基本是由原来胶东的几位老艺人组成，大部分是当地的票友，有李维贵、孙素子、王祖炮等等。所接的流动演员大都是从青岛去的，在石岛演完必到威海，也有威海接来烟台的演员，在威海演出后，再去石岛，逐步形成流动演员调换演出。总之来一批流动角儿，戏园子就能卖几天好票，本地的剧团人员就能多分点包银（工资份儿）。

威海南大桥头、西北角，有个鞋店老板叫刘星轩，福山人，很有经营头脑，喜欢京剧爱看戏。他开的鞋店和我家的饭馆东成居对门，也是东成居的常客，和剧团这些老艺人都是酒友。他瞄上了剧团是个挣钱的买卖，毅然把经营的靴鞋店转让出去了。把所有的本钱都投入在剧团，当了老板。不断地去外地接流动演员，多者两月，少则半个月换一个角儿，收入比较可观。时髦的称号不叫老板，叫团长。鞋店的掌柜摇身一变成了团长，倒也风光。剧团收入比过去多了，演职员们的收入也相继增加。但是收入并不稳定，太熟悉的剧目不上座，淡季卖不动票，就只能分饭份儿（饭钱）。最苦是戚家庄这帮票友，经常是“拍瓜儿”（唱一场戏一分钱也分不到，两手空空，拍着巴掌回家）回家睡觉。他们为什么这么傻？不挣钱也要演出呢，为过戏瘾。那时候票友想唱戏是要花费，不那么简单。剧团的“四梁八柱”（比较重要的演员）要宴请，后台的“梢杆零碎”和龙套也要沾点“油水”。当时在威海有两个常票戏的票友叫谷源隆和吕廷华，他们俩都是卖布的商人，他们没有商号和店铺，就是一辆自行车。后车座座盘很大，横绑上布卷儿，车把上挂一钱袋、脖子右边斜插着一只量布用的尺子，尺头上有眼，拴上一块红布条，骑着自行车，跑四里八乡赶市集，尺上的红布条随风摆动。下车把车腿卡蹬一支，就是一个摊位，好不潇洒的洋布商啊。谷、吕二位特别有戏瘾，别看小商贩收入不是太多，但当时在威海纯属买卖人，这二位票戏肯花钱。谷源隆大小嗓全有，喜欢饰演《黄鹤楼》的周瑜，后台的几位上层底包要在饭店摆下，四盘两汤，散白干、黄酒壶都要点到；《黄鹤楼》里饰演刘备和赵云的酒席请到，像我这演甘宁的小孩子，不用宴请，散戏后六百元一个的大糖火烧也要给三个：“哎哎，小马吃夜宵吧。”票《群英会》时，谷源隆票鲁肃，吕廷华票黄盖，仍是我的甘宁。后来许焕章先生来威海，就是我的赵云了，送夜宵三个烧饼显然太轻，要两个大火烧里面夹上猪头肉了。零碎演员和龙套也要点点“露水珠”，化妆桌上摆上两包草包烟卷，后台公用的大铁壶里放上四两“大把抓”（廉价的茶叶）。龙套们坐在把匣上（刀枪把子箱）喝着“大把抓”，抽着草包烟，吞云吐雾地晃着二郎腿也很得意。上场喊威时“哦……”声音特别地高，底气也很足。而那些四梁八柱的演员则是，小茶壶里下的是大方茶叶，每人单给一盒小刀烟，每到这种场合，管事的王述越（外号“绿豆芽子”）手端着个小茶壶上下场门地转悠，指手画脚地献殷勤。我虽然是个孩子，但对这种气氛很不适应，嘲笑这些人突来精神，是地瓜干子散白干烧的，还是小刀烟熏得呢？这不是吃外行吗！唉，你还别说，还真有愿意花这冤大头钱的。如：威海郊区长峰、望岛之间有个杀猪铺，老板名叫卢云起，两口子杀猪、卖猪肉。本来这种小本买卖，收入有限，可是这位卢掌柜就是唱戏舍得花钱。冬天淡季有的演员搭不上班，生活就成了问题，卢掌柜很仗义，为学戏家里能养着好几个艺人，管吃管喝。此公很邋遢，说话还口吃、结巴得厉害，可唱戏不结巴。身上没有利索的时候，好像一只酥皮火烧，一动弹就掉一堆渣子似的，因此他在威海四乡有个人人皆知的绰号——老婆藤。就是这样一位戏迷，要票一出《黑松林》，看家角儿宋宝升配演潘洪，我饰演潘定安。白天请了两桌，送礼给宋宝升多少不知道，打鼓佬可是喝多了，一下午没睁眼地睡，晚上差点没能打鼓，听说多亏喝了一碗醋，把酒解了才干了活。这位卢掌柜嫌后台公用的白马鞭太旧，枪杆也不好。本来嘛，后台公用的东西能好了吗？管事的“绿豆芽子”又忽悠他说：“马荷礼有白马鞭、枪杆，都是私房货，可是私房玩意人家不借呀。”“那怎么办？”“租吧。”“给他五千块钱吧。”“行！只要东西好就行。”绿豆芽子找我，要借我《战马超》的马鞭、枪杆。我很不愿意借给他，但是绿豆芽子是长辈，又是后台管事的，也不好磨他的面子，“后台有官中货，用着还不行吗？还来借私房的枪杆和马鞭，俺舍不得叫他糟蹋，还不知道他唱个什么样呢。”“他不白用、租你的，演完了给你租金。”连说带拉地把枪杆和马鞭拿去了。卢掌柜方方面面的都“垫平了”，他一上场我就“晕了”，台下的碰头好叫得那么邪乎。观众站起来鼓掌叫好，看得出来有不少来“起哄”、出卢掌柜洋相的。足下的厚底靴可能大了一点，就像戴着脚镣一样，像在水里捞上来似的，给人一浑身往下流水的感觉，但是唱起来一点也不结巴，台下起哄的声音、掌声不断。我正在纳闷，有人说：“他妈的，老婆藤自己买了四百多张票送人，雇他们来叫好，这帮酒鬼哪是来捧场，纯粹来出他的洋相。”台下观众像看街头耍把戏似的，连喊带笑的闹了一出《黑松林》。止戏后，四梁八柱的演员又吃夜宵、喝庆祝酒去了，绿豆芽子大叔找我讲：“你的潘定安五千块钱的帖钱（红包），马鞭、枪杆给你三千，一共是八千块钱，给你。”接过钱我高兴极了，一个潘定安的配角，不用《三岔口》三分之一的劲，还给五千块钱。用了用马鞭和枪杆，就给了三千块，这一场戏余外就得八千块。结果事后我才知道，人家卢掌柜给了我一万块，绿豆芽子从中扣去两千块。我们几个孩子在一起议论，既可气又可笑，蒋艳霞说：“人老奸，马老滑，兔子老了不好抓，你以后少和他噶啦……”此事也成为了笑谈，有时候我就揭他的短：“你哪里有个当大叔的样儿，平时老喝我们家的酒。用个马鞭、枪杆你还好意思赚俺两千块钱，四个火烧没啦。”绿豆芽子哼儿哈儿的，“行啦、少爷，不叫我，三千他也不给你。两千块钱算什么，就当孝敬你老叔一壶大方茶吧……”，就一笑了之。就是这么一场玩笑的演出，后台上下得了好处，老板也多卖了四百张票，可谓皆大欢喜，全团都满意，卢云起过了戏瘾也满意。剧团里讲票友不出点“油水”怎么能过瘾？谁有些闲工夫陪他玩？也有的说：“老婆藤挺仗义、够朋友……”我当时不理解，这是什么毛病？花了钱，请人家出“洋相”，当笑

料，还说票友、朋友。哎！票友票友，花票子（钱）的朋友，不花票子就不是朋友了。

票戏登台伤脑筋，上下打点煞费心；
花钱遭罪过戏瘾，肝肠气短头发昏；
大家满意，互相开心。

常言道："要得欢带戏班，想挣钱干剧团。"刘星轩团长初步吃到了甜头，剧团收入效益不错。团里原来的账房先生姓戚，一脸麻子，外号戚麻子，后来又换了徐子平先生。徐先生是买卖人，到剧团当账房先生，白天要管着卖票、往来账目，还要写戏报，那时候账房先生很受人尊重，加上他人缘很好，成了大家公认的徐先生。

这时候，刘星轩由烟台接来了一批票友，有马派老生许焕章，徒弟张承瑞；老旦蔡新水，烟台同乐处的发起人之一的付子键等十几人。许焕章先生虽是票友下海，有几齣马（连良）派戏非常地道，他对我印象不错，也很提携我，因他是主演，有时候他提出的意见后台管事的一般都要尊重。他来了以后，我在演出的角色方面又提升了一个档次。如《甘露寺》、《群英会》里的赵云，《白蟒台》中的岑彭，《宝莲灯》（带打堂）中的秋儿，《失空斩》中的王平等角色。后又接来蓬莱程（砚秋）派名票郭盛亭。刘星轩团长下了大本钱，大海报贴满了四街，剧场里的柱子、楼台的出厦全用紫色的士林布围包起来，舞台边安装上了脚灯，空中也安上大彩灯泡。那时候还没有聚光灯，把灯泡用玻璃彩纸包起来就很新颖，气派、神气。我看到这种布置很新奇，童心傻想，我马荷礼何时也能这么气派、风头。郭盛亭几出程派戏很地道，如《锁麟囊》、《荒山泪》、《孔雀东南飞》、《王宝钏》等剧目，和许焕章先生合作的非常默契。一出《三娘教子》点名要我饰演薛倚哥，这也是许先生的建议，演完戏赏我一个红包，我急忙拿到边幕后面一看，哇！两千块，太棒啦，能买四个大火烧，这比唱一出武戏轻快多了。我开始思考，好像文戏要比武戏挣的多，如此看来要重视文戏，要改变以往总想练武戏，不愿学文戏的做法。此后我知道文戏的重要性，也喜欢学习文戏了。郭盛亭先生走后，大连又来了唐尚喜，祖籍乳山，日伪时期随师刘锡荣在东北各地学艺演出。刘锡荣主要唱架子花脸，其徒唐尚喜却唱武生，其妻姓崔，特别胖，人称胖嫂子，抱着一周岁的儿子小虎子。

头一天的炮戏是《水帘洞》，唐尚喜的孙悟空，我饰演龟帅。第二天《过五关》、《古城会》，我饰马童，这出没有打响，因威海剧团这出老爷戏太熟了，王喜岩、宋宝升经常上演《古城会》。唐尚喜的个头太小，扮上关羽，形象远不如王、宋二位。第三天的戏是《郑伯克段》，我配演子都，孙红春配演二王。反响不错，因为威海从没见过这出戏，对关外唐（韵笙）派的戏很少见。如《驱车战将》都是新戏码，唐尚喜有几出如《天水关》、《吴汉杀妻》等改良靠戏，比较受欢迎。武生戏基本就是这么一套，十几天下来又不上座了。

1949年的春天，突然天上掉馅饼，刘世莲由烟台独自一人来威海搭班。他是北京富连成科班里“世”字辈的男旦，一身黑布大褂、留着大背头，身材非常苗条，猛一看举止神态就是一个女人，艺名白牡丹。随身只带了一个小蓝布包，里面有水纱网子、一双木跷鞋，内行叫摩子（绑在脚掌上的木形小脚，表现妇女缠足的三寸金莲），粉盒和胭脂，平时的化妆品，别无他物了。这位男旦演员可谓独来独往，刀马戏、风骚旦剧目特别好，跷功特别扎实。如《虹霓关》、《红桃山》、《杀子报》、《取金岭》，《战宛城》中饰演的邹氏，踩跷走硬乌龙绕柱；《七星庙》、《竹林记》、《大劈棺》踩跷上桌子、抢背下桌子，单脚踩泥纹丝不动，台下一轰一轰的掌声、叫好声。高难度的技巧、身段，后台同行无不叹服。威海的观众还没有见过这样的角，场场爆满，刘星轩团长又海海地赚了一笔。白牡丹收一个女徒弟名叫尹宝珍，跟他学花旦。他说自己并非只唱花旦，来几出大青衣的戏大伙瞧瞧，《三娘教子》他饰演王春娥，我配演薛倚哥；《汾河湾》他饰演柳迎春，我配演薛丁山；等等。后台的老艺人都说他真有本事，青衣戏也是这么好，规矩、地道。因为我配他演娃娃生，对我的印象很好，在他主演的剧目里，有的一些小配角他总是愿意让我演，我也是学一个演一个，现学现演，他夸我有“料儿”，总想教我刀马戏，“这小子要是学旦角非成角儿不可”。团里的几个老艺人，又到我父亲的饭馆里表扬我了，喝“吹捧酒”，“白老板很欣赏你儿子，有意收你儿子为徒，他要是培养马荷礼，将来准能成角儿，这样的机会难得呀，这样的角儿真是不好找……”我父母是外行，只知道是好角儿、技术高、戏又红，就同意让我拜刘世莲先生为师。但是我不太同意，因为我不喜欢演旦角，白牡丹平时女里女气的，看不惯、很烦他，特别是我反串《四杰村》、《嘉兴府》的刀马时，包大头、贴片子，黏黏糊糊的更烦人。众人齐吹捧，我也没了主意，这样又在东成居请了一桌，我拜了老师，说新社会，没有老一套，给师傅三鞠躬、众人作证，就这样我拜了师傅，这是我进戏班拜的第一位师傅刘世莲。师傅给宝珍师姐说戏，如《红鸾禧》我配演莫稽，《拾玉镯》我配演付朋，《虹霓关》我配演王伯当。但他教师姐金玉奴、孙玉姣、东方氏时总让我在旁边听，我学会了小生，旦角也听会了，宝珍师姐还没谱。因此师傅总嫌她笨，说她没戏

谱，天生的一个“柴头”等等。宝珍的爷爷，尹老爷子在戏园子后面的栖霞街开了一个烧饼铺子，老爷子很懂得戏班的事儿，什么烧饼夹熏肉、烧鸡、醉蟹子等好吃的，经常给师傅送去，为的是好好教他的孙女学戏。可是师傅送什么好吃的都照收、照吃。等教戏的时候照样的训斥、发火，嫌宝珍没“料儿”。我很少送东西孝敬他，也不愿意接近他，因他在台上演刀马旦、花旦，在台下也是女人态，说话、办事都是女人气。我愿意练武生的基本功，师傅总是说：“挺好的刀马坯子非要学武生，告诉你！武生可不如旦角红得快，旦角挑牌的好老多着哪，程四爷（程砚秋）原来唱武生，后来不也改旦角了吗？不改旦角他怎么能成为四大名旦之一呢。”尽管如此，我还是不愿意学旦角戏。师傅无奈地说：“这孩子学戏快、扮相也好，就是‘老斗儿’脾气，不愿学旦角戏，那就学武小生吧。”所以《虹霓关》的王伯当，《穆柯寨》的杨宗保，《七星庙》的杨继业，《拾玉镯》的付朋，《金玉奴》的莫稽都已学会，这些戏宝珍师姐都唱不了，最多也就能唱个二本《虹霓关》的夫人（主要演员都是一本里饰演东方氏、二本饰演丫鬟），只一个二路的旦角。师傅嫌她“死脸子”、没“大戏谱儿”等，戏班里损人的话一大套。我想我把这些活儿学会了也白搭，因为不可能让我个孩子、学员配他这主演唱大轴儿，最大也就是配他演个《汾河湾》的薛丁山，《烧窑封官》中的刘秀。配他唱戏一是个头矮，二是不“够份儿”、“太嫩”，但整天得守着师傅看会了不少的戏。后来我逐步成长起来，才理解师傅的玩意地道、规矩，脚底下、身段非常好，不愧是北京富连成科班出来的。

威海这个小地方，城市工商业也就这么几家，那时候郊区无进城看戏的习惯，所以玩意再好三个月下来也就成了熟脸，票房不景气，刘星轩团长由烟台接来姜月玲二次来威海。按规矩师傅要让码五天，姜月玲年方十八岁，年龄好、扮相也漂亮，头一天的炮戏《红娘》，姜月玲饰演红娘，王月珍饰张君瑞，我饰琴童，张丽芬饰演崔莺莺。第二天《玉堂春》，姜月玲饰演苏三，王月珍饰王金龙，我饰郡哥。第三天《青霜剑》，第四天头二本《虹霓关》，我学的王伯当正好用上了。第五天《孔雀东南飞》。威海自解放以后，还没来过年龄这么小的坤角，观众头次见这样的小坤角，红得山崩地裂、天天客满。论舞台上的技术，姜月玲比刘世莲可以说是学员与老师的水平，武戏相差更是悬殊，刘先生的玩意虽好，可观众就是不买账。五天炮戏下来二位就合演了，刘先生主演《杀子报》，姜月玲配演金定，我配演官保。刘先生在杀子一场使尽绝招，台下就是不叫好。可是姜月玲饰演的金定，一做，戏台下就叫好。姜月玲很会体现角色、也很会做戏，如杀子后金定怕母亲再来杀她，惊恐、颤抖，怕母亲杀她，把线帘子（大辫子）

缠在了脖子上，这个动作既符合情节，又适合孩子心理，台下一阵阵的掌声，主演给配角“背了”。不能合作演出了，刘先生就只好在前面垫一出了。角儿要红就要叫座，后台要人缘好，就必须团结同人。台上观众不认你了，后台还总卖“份儿”，生活细节上言来语去的叫人看不惯，人缘也就臭了。可是刘先生很觉“窝火儿”，北京味的损话不断。我也有使他生气的地方，教了我的一些小生活儿，不能配他唱，可是姜月玲用我正合适，她年纪比我大两岁身材个头一般高，如：《虹霓关》、《穆柯寨》的小生傍的还挺“严”，台下很受欢迎，俩人一亮相台下就叫好，特别是《盘丝洞》一剧，当时没有好武生，唐尚喜已去了牟平，就要我演孙悟空。现在回想起来很可笑，那时候我没有大跟头，悟空走边时，一串四个虎跳；洞房一场从桌子上往下翻，翻不了台蛮子，也是虎跳，姜月玲当时十八岁，基本功也一般，一套三十二刀、一套小快枪，我演悟空抢背下场，她就要个清场枪花。就这样的武戏水平，台下也叫好。这怎么不使刘先生生气上火说讽刺话，“这都是什么玩意？”可是观众满意，鼓掌叫好。姜月玲非常聪明，好学苦练，看白牡丹的枪花、刀花，走得玩意，一看就会，练一练台上就能应用，用上观众就叫好。《大英杰烈》她饰演陈秀英，我饰演王富刚，后面攻城的三番开打、三个下场枪花基本都是偷学刘先生的。刘先生更是生气：“好嘛，现学现卖、偷了就用啊。”后台同人也都看得很清楚，可是人家孩子能叫座，大伙能多分钱。刘先生生气的事情很多：“我教小马的戏，教会了她倒是用上啦……”本来吗，我配姜月玲演的这些活儿基本上都是刘先生教的，可是他用不上我，我虽然拜他为师，可我是剧团的人员，演出时要听团里的分派，派了我的活儿我不能不演呐。再说，来的角儿用我配演，也使我提高演技和实践的机会，也多了提升工资的条件，我非常理解和体谅师傅的心情，但谁也没有办法，观众不认没有“咒儿念”。他在后台怎么讽刺、挖苦，姜月玲不理不睬只当没听见，照样在台上大受欢迎。这使刘先生更生气，忍无可忍，一怒之下辞班，“不干了！他妈的，这地儿认母不认父（意思是喜欢坤角，不喜欢男旦）。”要去烟台。那时交通很不方便，雇了个蹬自行车的，带他去烟台。临行是在一个清晨，我去送他走，心里很难过，非常感激师傅教了我不少戏。他是独自一人闯江湖，我是剧团在编人员，不可能带我走，团里也不能放我跟他去。我母亲备了些面食干粮和熟鸡蛋，送给师傅路上好用，他坐在自行车的后座上，一个小包袱，里面是一双跷鞋、包头网子，还有我送的干粮。他一直是穿着那件黑布大褂，白袜子黑便鞋，留着半毛子的大背头，他那细瘦的身躯和打扮，在我心中永远不会消失。他在自行车后座上挥手告别：“荷礼，好好练功学戏，我希望你将来成角儿，回去吧……”我一直看着他那黑色的大褂慢慢地变成一个小

黑点，隐没在晨雾里……

我虽然是在少年，可是内心联想很多。白牡丹，贴大字，观众鼓掌、叫好，他那得意的姿态，数钱、下馆子，端着小茶壶、叼着美国烟卷，后台个个笑脸奉承“角儿”。这都是我羡慕的镜头，而后姜月玲来了，他的面孔太熟了，观众不喜欢又不愿看，就“臭台”，后台的人缘也越来越差，等等……真是世态变化、人情冷暖。临走时只有我一个孩子来送他，他还在嘱咐我，好好练功、成角儿。角儿？你也是角儿，不也是红的要死，到臭得要命吗？我好好练功，将来能成角儿吗？成了角儿不也和你一样吗？想不明白、搞不清楚，我不自觉地流着眼泪，威海卫轰动一时的好角儿，而如今……

江湖路上坎坷多，世态炎凉奈若何；
处事为人应谦和，一朝失势百步错。

我又想起班里的老艺人常讲，日伪时期周啸天先生来威海，在大桥南的新华电影院子里演出，而年仅十七岁的云燕铭随父朱百岁来威海，在大戏院（后来的威海戏院）里演出。周先生的《定军山》、《白蟒台》、《打登州》等剧目，曾受到马连良先生的赞赏，梨园界可称独树一帜，可是叫好不叫座儿。每天六百人的电影院只上半堂座，而云燕铭在大戏院里八百多人的戏院，一出《大劈棺》连演几场客满，来威海演出《锁麟囊》的，云燕铭为第一人，红得山崩地裂，场场爆满。周先生不到半个月就去了烟台，临走时长叹一声说：“罢了哇，罢了，威海的观众认母不认父。”杨惠芳在威海梅、程两派都演，艺术也是相当不错，可是几天下来也就不上座了，临走时去烟台的盘费还都是班里的同人们和朋友凑的。我又想到师傅总让我学旦角，年纪大了怎么办？来威海的男旦除郭盛亭，只演出了九天就走了，可谓红来红去，其他的没有红着走的。看来我决心不学旦角是对的，一个演员由小红到老是不易的。在梨园行里如何对待兴衰，为人处事很重要，常言道会吃是戏饭，不会吃的是气饭；月亮有圆缺，花木有凋谢，江湖难闯、大戏难唱；不养小、不养老，团结同行最重要。

常胜将军不存在，人生路上有兴衰；花开当思凋谢时，顺势应时是英才。

姑娘收干儿　沧桑三十年

1949年的威海京剧团，除每天晚上演戏别无他事，白天少有人到剧场，早晨练基功者很少，整天泡在台上仅我一人。剧团里的艺人，男的多在剧场旁的茶水炉里喝茶，或到小酒馆来二两威海裕威烧锅的“高粱瓜干烧”散白酒，或三五个人结合凑钱合饮几两，聊天南地北、谈古往今来，而女演员们和家属更是无事可干。那时社会上没有其他可以玩的地方，解放后禁止纸牌、麻将和牌九，公安局派出所抓赌。扑克牌没见过，只听说是外国人玩的赌具叫“帕茨”。同事们凑在一起，嗑着瓜子聊天拉呱、讲故事说笑话，也就很开心了。这些中年妇女唧唧呱呱的总看着我是个开心的玩意儿：“这孩子真爱人，整天的不说话、不玩，整天的傻练功，只知道练功学戏、挣包米。”

常言道三个女人一台戏。我尊重她们，对她们很有礼貌，但很少和她们在一起闲聊，好像没有什么共同语言。我只知使劲练功，练累了就坐在台栏杆上休息一会，要不就到后台南门口的井里提一桶水洗把脸，有时候这些大姨们还关心地给我擦擦脊梁。总之都对我很好。这帮妇女里有当时的台柱子（主演）王月珍，老生老旦、青衣、小生都不错；张艳琴，原来是唱青衣花旦的，那时候四十五岁以上就算老了，花旦就演不成了，改演彩旦；张丽芬，慈曰开由大连新结合的对象，工青衣；李艳芳，烟台鼓佬李湘如的女儿（乳名小花）工花旦、刀马，已是两岁孩子的母亲了，儿子就是以后烟台京剧团的李广顺。还有唐尚喜的老婆胖嫂子，一百八十多斤，饭量大，一顿能吃二斤馒头，是这帮妇女里的“闹包”。胖嫂子出身很苦，又年在东北给一个日本翻译家当丫鬟，被这个日本翻译给糟蹋了，怀孕后被赶了出来，流落街头，被唐尚喜领回家，就这样成了一户人家。胖嫂子和唐尚喜又生了一个儿子，小名叫虎子。胖嫂子爱开玩笑，本来是个外行，有时候剧团演出少人手，她也扮个彩旦、丑丫鬟等零碎角色，由于身高体胖，戏装穿到她身上都小，扣不上纽扣，就用丝绦子或者绸子扎着，一上场不用出洋相台下就哄堂大笑。薛玉珍（乳名棒子），票友下海，旧社会是一伪军的小老婆，解放后其夫逃到台湾，她就下海唱了戏。苗艳芳，唱老生和二路老旦的女票友，和王月珍是结拜姊妹，别看不是什么主要演员，可是在威海这个小城市里还都知道她。其父母膝下无子，只此一女，因为她是个二十七八岁的大闺女，不找婆家社会就有流言，说她是“两性人”。后来她在三十多岁时结婚，生下一儿一女。苗艳芳为人随和、善良、心眼好，在后台很有人缘，官称老苗，很少有人叫她的名字。

老苗对我很照顾，我武戏演下来，她叫我戴个旧毡帽别感冒了，帮我洗水衣子（扮戏用的内衣），虽然是个大闺女，对我像母亲照顾孩子一样，有人就开玩笑说："老苗对小马像待孩子似的。"她也笑着说："我看这孩子将来一定有出息。"就是这么一伙妇女在一起说笑，也不知是哪位出了一个馊点子，谁能把小马的裤子脱下来，大家就输给她一斤瓜子的噱头。胖嫂子首当其冲要出我的洋相。我练完功正在休息，胖嫂子嬉笑着走到我身边，没等我反应过来，她已经搂住了我的后腰，那帮子妇女都在门外给胖嫂子鼓掌加油。她把我抱到后台服装案子上，就要解我的板带，因为练功的腰带都是三尺半长，练功必须要扎得很紧，胖嫂子还在喊："快来帮忙，谁帮我把他的裤子扒下来，我就分半斤瓜子给她。"我全明白了，她们要出我的洋相，扒我的裤子。我岂能叫她们看我的笑话。我虽是个十四岁的孩子，可整天练功，胖嫂子虽然胖大，毕竟是个妇女，况且又有吃奶的孩子，根本就治不了我。最后她们一起上阵，五六个人把我按在那里，用绳子倒背着绑了起来，可是我两腿蹬得她们谁也不能靠近我，这样她们都跑散了，就剩我自己侧躺在服装案子上，背绑着绳子也解不开。

这时候苗艳芳走了过来，"你们这些人也真是的，闲着没事折腾人家孩子干什么。"边说边走到我身旁，把背后绑手的绳子给松开了。"谢谢苗姨，胖嫂子想脱我的裤子赢一斤瓜子呢，可惜一个瓜子也没赢得了。"众人拍手大笑，"老苗好心眼，就喜欢小马。""人家孩子就是好，整天学戏、练功，你们不也都喜欢他吗？""你那么喜欢他，干脆叫他给你当个干儿子吧。"因为老苗虽然快三十岁了，可还是未结婚的老大闺女，这玩笑的讽刺话使老苗很尴尬，她爽朗地回了一句："收就收，小马愿意叫我干妈，我就收下这个干儿子。""啊！你个大闺女还收干儿子呀，那干爹是谁啊？"就这样你一言我一语地"将军"。老苗有点下不了台，"谁规定的大闺女就不能收干儿子，将来我找到了女婿，那就是干爹。"这帮妇女就七嘴八舌地嚷开了，"小马，快叫干妈呀。"我心里很感激老苗，就诚心地配合她，翻过来将她们的军，我放开了嗓门叫了一声："干妈！"老苗更爽朗的答应："哎……怎么样，你们还说什么？"在大家的哄笑声结束了这场"闹剧"。

此后这事成了她们的笑谈，对我和老苗就说你干儿子如何如何，你干妈如何如何。因为苗姨平时很照顾我，以玩笑形式成了真的干妈。戏班里的人常到我家去，因我母亲会做戏靴子、彩鞋，生、旦、净、丑，足下穿的都能做，而且好穿、跟脚得劲。叫干妈的事情我父母自然早就听说了，也感激老苗平时对我的照顾，真的像对待自己的孩子一样。她为人善良朴实，所以每次到我家，我母亲叫她艳芳，也叫“亲家”。她父亲在街头摆一修鞋摊，母亲是位典型的贤妻良母，虽然家境不富裕，生活也过得去。自己的闺女尚未出嫁就认了个干儿子，他们倒也认可。当时威海只此一个剧团，我在团里虽然是个孩子，但在业务上属很不错的，市面上也有点小名气。这二老都很喜欢我，干妈喜欢养花，院子里有二十多盆花木，每次我到她家就帮他浇花、整理盆景，苗姥姥不一会就把饺子包好了。

我随师傅王韵童先生离开威海后，1952年威海威声京剧团分成了两帮，大部分随刘星轩去了文登，成立了文登京剧团，宋宝升等一小部分去了石岛。苗艳芳干妈一家去文登安家落户了，嫁给琴师崔乐和，三十岁的大闺女招了个养老婿。崔乐和为人直率，业务上是把好手，就是贪杯，喝完酒脾气特别大，骂人吵架。自从和苗艳芳结婚以后，苗艳芳把他给管好了，酒可以喝，但不能喝多，坏脾气变没了，像变了一个人似的，对老人也特别孝顺。

我结婚后回到威海京剧团，还和爱人赵淑荣去文登看望他们全家，她们一家三代和睦幸福，令人高兴。

“文化大革命”中我被打成了“走资派”。文登京剧团的崔乐和也算是一个小权威，也难逃挨批斗的厄运：自小在戏班学戏，被打成“牛鬼蛇神”，送回老家栖霞县崔家村务农；一双老人也因摧残、惊吓，相继去世；一家四口孩子小，在农村什么活儿都要现学，不久崔乐和就病故了，苗艳芳带着两个孩子无法生活，想自杀还有两个年又的孩子，活不了死不得，度日如年……她的表弟苗华超是我的好朋友，在威海港工作，去栖霞看她，回来后我们商量，威海田村有个农民，自小失去父母，精神上有点弱智，年近六旬未婚，随他姐姐生活，他姐姐过世后生活就没有了依靠，想找一个老伴照顾，我们几个朋友商议让我干妈苗艳芳再“走一步”，这个农民只知道干活，吃饭也好伺候。苗艳芳也很矛盾，比比崔乐和的人才、技术，再看看这个老农民，从心眼里不愿意，可是要为这两个孩子着想，况且在威海还有些亲戚，也有个照应。就这样违心地从栖霞改嫁到了田村。我和爱人都去看过她，也非常理解她，她的眼泪从不在我们面前掉。好歹熬到子女都成了家，她也病倒了，住院近一个月病故了。我在太平间给她烧纸钱，回忆当年往事，泪流不止，撩开她的盖脸布，再看看我的大闺女干妈。说也奇怪，看着看着，她的嘴里又往外流黑血水，众人忙着擦干净，“别再看了，叫她难过，让她安静地走吧，走吧。”火化后，我的心情好久不能平静，至今回忆这段往事还是悲泪难止，结束了这一段缘分，但情意难了，心灵记忆永远不会磨灭……

无意惊老板　长粮二斤半

我在一个阵容不太强、行当不全，虽称为剧团，却是老板办班的戏班里，还算是幸运。由于行当不全、缺少演员，我的实践机会就多了，加之我很尊敬老人，所以大家都喜欢教我，日常演出自己已有的六七出小武戏，可以垫开场戏。也算是能唱几出了，未跑龙套，很少演旗锣伞报和“梢干零碎”，就成了中层演员。当时市面以粮食为报酬基数，玉米二十五斤一升，物价以论多少斤粮食为基数，剧团的演员也是以粮食作为报酬。每晚止戏后到账房领演出费（工资），谓之“现打现了”。可是今天领到的工资，到明天就不一定能买到昨天那些粮食了。因此都向老板要粮食。就这样，每晚演完戏后就到账房，会计徐子平一份份地称粮食发放演出费。此时我的报酬已是由每晚七斤粮食涨到九斤半了。

长这二斤半粮食也有个笑话。戚家庄有七八个票友，每晚每人只挣五六斤粮。那时候交通不便，由戚家庄到市里只有一条大车道，能跑汽车，也称之为官道，这些票友都是下午四点左右走到剧场来，散戏后每个人一个小口袋，装上“包银粮”再走回家。那时候没有修路这一说，要是下雨雪，泥泞得就没法走，从戚家庄到市里来回也有近二十里。不管怎么艰苦，总是能拿回家四五斤粮食，还不敢嫌少，因为老板也抓住了他们的心理，一是票友有戏瘾，虽然没有一位能唱一出的，就是演零碎、配角也能上台过瘾，否则票戏还要倒拿钱、送礼拉关系；二是一天挣四五斤，每月可得百十斤粮食补贴家用。所以这帮票友叔叔大爷不敢明里和老板对抗，暗地里就煽动我：“小马！你前面唱一出武戏，后面还要再演一个配角。七斤粮食太亏了。老板太抠，你不拿他的把儿，他不知道你的重要。姜月玲的戏离不开你，到节骨眼得拿她一把。”孩子的心理，也想不到那么多，他们一再地鼓动我，也不好意思拿老板的把。恰巧有一次我和母亲到毕家疃去看望外公外婆，要走八九里的山路。下午回来的时候晚了一点，但我心里有数，晚上是姜月玲主演的《盘丝洞》，我饰演悟空。进北门过十字口，很快就到戏园子了。往常我都是很早就到了后台，可是今天都六点了，也未见到我的踪影。后台管事的“绿豆芽子”王述越急了，去找老板刘星轩，说我没下后台，都快开戏了，帽戏下来就是《盘丝洞》了。悟空没到可怎么办？老板说：“我怎么知道该怎么办？你们快想办法。”后台干着急没办法。老板说："这小子是不是出什么事啦？快叫人去他家里看看。"戏园子离我家很近，去的人回来说家里没人，到东成居去问，父亲说上午就去走亲戚了。因为《盘丝洞》里的悟空不是现学就能上场的，老板还怕被角儿姜月玲知道着急，急得直转圈。戚家庄的这几位"票爷"以为给我"点的火"起了作用，就打起了边鼓，"本来嘛，人家孩子前面唱武戏，后面缺什么扮什么，像这《盘丝洞》里的悟空，七斤粮也太亏啦，也难怪……"幸灾乐祸的打扬声，管事的一听众人的口气，也随声附和："这小子是挺挡用，文的武的少什么来什么。七斤粮是少了一点……"刘老板一听就火了，"你们怎么不早说，现在说有什么用，你们谁能接活？演下悟空十斤粮。"仍是无人应声，就在这时我进了后台，众人都看着我无一人搭腔。我莫名其妙地问管事："这是怎么啦？""你怎么才来？""这个时候来也不晚，误不了！"老板马上解围，"误不了就好，这孩子的为人大家都知道，快扮戏吧。"我也未敢多说就开始勾脸，老板放心地走出了后台。大家都围了上来问我怎么才来？我不知道在我进来之前他们的议论，很平静地说："我到毕家疃姥姥家里去了。""我们还以为你拿把呢。""我能拿什么把，和我妈一起走回来晚啦。"大家也就再没什么非议。

1948年入文艺工会照片

谁知演出结束后，到账房领演出粮份，徐先生称完粮食往口袋里一倒，我感觉不对，"怎这么多？"徐先生说："团长告诉了，从今天起你的粮份由七斤涨到九斤半。"这样我当然很满意，但突然涨了二斤半粮食的缘由我就不知道了。那几位"票爷"说："团长在后台讲的是谁演悟空就给十斤的粮份，怎么还少了半斤？"回家的时候和他们同路，边走边说："才知道老板以为我在拿把，众人替我敲边鼓的作用。刘老板真抠门，说是给十斤，结果成了九斤半了。半斤粮他也抠。"我特别高兴，九斤半也行啊，不给涨我还不是一样要演吗？他们都说："这是我们给你争的，你小子要请客。""请客，明天打住戏，每人一个火烧。"回到家里叫醒睡梦中的母亲，把涨二斤

半粮的事情说了一遍。母亲高兴地说："看见了吧，要想多挣钱，就得有本事，多练本事，挣一百斤粮食也不该满足，明天去谢谢王九爷。"因悟空的走边是王九爷教我的。

第二天，我在父亲的饭店里装了一斤散白干、一包猪头肉，去看望王九爷。九爷说："谢谢你父亲，用不着这样。其实我教你的玩意儿，你能派上用处就好，你有出息九爷我就很高兴。你要记住，本事再高，成了大角儿也要团结同人，你看你这二斤半粮食长的，都是众人帮你说话，这叫人缘，再有本事没有人缘也不行。"九爷的话一直刻在我的心里，在日常工作、生活当中也本着这个嘱咐做人。1957年我回到威海询问王九爷的下落，竟无人知晓。未能报答九爷对我的教练之恩，但是心里总想着要好好地演戏、为人，就是对九爷的答报……

决心练台蛮　摔出侧身翻

我十四岁每天挣九斤半粮食，在市面上是很少见的，在这个人员不齐、行当不全的京剧团里，一个孩子能拿到中层演员的工资，更是特殊。当时，早晨练功的不过七八个人，白天舞台上空无一人。每晚演出全是传统戏，偶尔的演出新戏也是老戏服装新的内容，如《闯王进京》、《红娘子》、《九件衣》、《贫女泪》等等，算是进步戏了。若长期演下来也就成了熟戏。接来的流动角儿，生、旦者多，翻来覆去的也就那么几出戏，熟套子、死玩意，对一下就台上见了。白天就我自己在傻练，母亲鼓励说："挣一百斤粮食也不应该满足。"可是我自感挣到九斤半就够难的了，我整天傻练，不敢想挣到一百斤，只想要对得起老板这九斤半粮食。要练跟头没有人抄、无人对把子，只能练踢腿、枪花、大刀清场花、棍花等。心想自己能练什么就练什么吧，起码能练劲头有耐力，我那时候纯粹一个孩子心理。突然想起《盘丝洞》中悟空和《白水滩》中十一郎的下高（从桌子上面往下翻），都是单手扶桌子的虎跳，没有"台蛮子"（即空中侧身翻）。挣七斤粮食的时候是这样，现在挣到九斤半了，还是单手扶桌子地虎跳下来，就对不起九斤半的粮份了。这不行，要练台蛮子！

可是刘世莲老师走后，就没有人给我教戏了，到王九爷那里学一点就回来练几天，九爷身体不好不能给我抄台蛮，要是自己练吧，又恐怕有危险。熟能生巧，想了一个窍门，用一只手扶桌子，而后进一步用食指和中指点一下桌子，借一点劲，就翻下来了。但是不用手指头点桌子就不敢走，试验过多次，就是撤不下这两个手指头。后来我想若是有人在桌子旁边保护着些，我也就翻下来了。可是当时去找谁呢？去问九爷吧，他说："你两个指头一点就能下来，那就没有问题。吊起来大胆地走，就下来了。"

回来上台站在桌子上心里总是害怕，想了办法，找了一根绳子绑在腰上，防备脑袋别栽到地上，上了桌子一猛劲翻下去。没想到有绳子吊着，身子探不出去，翻过头来身子也下去了，"咣当"一声头撞到了桌子上，眼前一黑就什么也不知道了。也不晓得过了多长时间才醒了过来，发现自己趴在桌子上，双脚已经着地、腰里还吊着绳子，睁眼四下看看，剧场里仍然是空无一人。头上碰起来一个大包，解下腰间的绳子，揉揉脑袋上的肿包，坐在台上回忆刚才是怎么摔下来的……哦，身子没探出去。看来把身子吊起来，若探出去准能翻过去，也不会有什么危险。立刻起来，想不用绳子绑腰再试一试，但是感觉脑袋昏沉沉的，身上也没有劲。起来在台上慢慢悠悠的走了几圈，又跑了两个虎跳，感觉没有问题。铆足了劲又上了桌子，闭上眼睛想了想"范儿"（劲头、巧劲），噔的一下子翻了下来。哎，落劲没找好，坐在了台上。终于下来了，行啦！也没有什么了不起的，双腿落地站不住，就先用单腿落地，右腿在前左腿在后落地就站住了。再来一个单腿落地，成功了。我高兴得跳了起来，上去、翻下来，连续翻了七八个，都站住了。坐在台上高兴得没法形容，今后在台上下高再也不用手扶了。心想，先练单腿，等有把握了再练双腿着地。快回家吃饭了，上桌子再来一个，很顺利地翻了下来，非常稳当。走在回家的路上才感觉到屁股摔得痛，头上的肿包更大了。心里想挨这点痛换回台蛮子，值！

回忆我的台蛮子是摔出来的，是一次休克练出来的。此后演出《白水滩》、《丧巴丘》、《花蝴蝶》，前面的采花再也不用手扶桌子下高了，单腿落地不久，双脚着地很快也有了把握。

我体会练跟头也有爱好和习惯，我练侧身翻有瘾，平地单蛮子（也叫波浪子），不如高台上往下翻好走。也是练到用一个手指头点一下就过不去。说来可笑，实际练功的人都有体会，如翻跟头有老师一伸手就敢过，没有老师伸手，心里没底就不敢过。我走窜虎跳过桌子很有把握，虎跳吊起来离地有二尺多高，可就是不敢过单蛮子。有一次师伯张振贤见此情景，和我开玩笑说："我来给你抄一抄。"他是打鼓的，用鼓签子一伸我也就过去了，若没有他的鼓签子我就不敢过。"连着走！"我连着来回走了十几个，师弟们都笑了，师伯说："头两个我伸了一下鼓签子，后面这七八个我根本没伸手，都是你自己走的。你就是自己害怕！再来，自己走。"我一铆劲过去了，就这样能过单蛮子了。此后《花蝴蝶》的下水、《鸳鸯桥》上场“走零碎”，我就来回走三十个单蛮子。

技艺合戏理　跪腿翻台蛮

1963年在淄博张店中华大戏院，我演出《花蝴蝶》前面姜云志采花时，在三张桌子上翻台蛮，成功地翻下来。后面蒋平水斗、展昭擒住，在掌声中吹了尾声。我在卸妆时，有位老艺人邢俊卿先生来到了后台，他右腿有点瘸，但是很有身份。我师傅介绍说：“这位是邢先生。”我连忙鞠躬施礼，他一口地道的北京味儿，“好小子，不赖呀，三十个单蛮子，又冲又飘，趟马、开打都不错；前面的“采花”上高，三张桌，要那么高干什么？”我很不理解，怎么高了不好？越高翻下来，台下越叫好，但是不敢失礼莽言，拱手施礼，“我不会，您老多指教。”“说不会不对，你三张桌子都翻下来了，能说不会？是不懂！”我师傅在一旁说：“邢先生年轻时唱武生，好好向邢先生请教。”“是！邢先生您多指教。”他一摆手，“我就是想给你说，才来找你，我看你小子是个‘料儿’。告诉你，《芦花荡》周瑜可以上三张高（桌子），因为他是上山；《四杰村》杀朱彪挂头，也可以上三张高，代表朱家深宅高楼，要把人头挂在阁楼的飞檐上。而这出《花蝴蝶》采花，他是夜入民宅，一般的村舍墙房，若三张高就不合乎剧情了。不要贪高度，要有难度。最好是一张高，但你走不了，两张也可以。”我心里很不服气，弄不明白，一张桌子我翻不了，翻两张吧。这是什么道理？似乎邢先生也看出我在想什么，“这样吧，明天早晨练功的时候，我在台上给你说。”我想了一个晚上，不解此理。

第二天早晨练功到八点多了，快收功了才看到邢先生一瘸一晃来了。他要求花蝴蝶上桌子，右腿跪着，刀插在背后右边，伸手比数三更天，跪着腿往下翻单蛮子，在空中连抽刀带翻跟头落地。啊！？跪腿蛮子在空中抽刀、落地，若两张桌子，身子离地高、落地时间长，完成翻跟头、抽刀等动作，自然一张桌子的难度就大。这时我才明白，一张桌子比两张桌子难很多。试试吧，我上了桌子，邢先生抄着我，他用左手抓着我的左手，右手抄着我的左腰眼。“走！”下来了，“这叫跪腿蛮子”，他抄着我能走。“以后自己练吧，知道‘范儿’（要领）就行了。难就难在右手在空中抽刀上，开始练的时候右腿不要跪得太大，慢慢来就跪下了。爷们，将来还要唱文戏，武戏吃一辈子不易呀。上岁数还是要指着唱文戏，你看我这腿，上轴棍、翻下来的时候摔断了，腿残废就上不了场，这辈子也就是教戏匠了。”我心中佩服邢先生，老一辈怎么这样厉害？把玩意都琢磨绝了。自信我的蛮子很有把握，谁知前辈在桌子上翻跪腿蛮子、翻头时候抽刀，他们是怎么想出来的？！真是艺海无涯。

三个月后我练成了，落实了邢先生教我的这个下高，《花蝴蝶》里的死玩意。“要练好剧中的玩意才能再演这出戏，不能演这出戏不走戏里的死玩意，变变样以别的技巧代替，这就是戏去凑合你了；要玩意适合戏，不能以戏去变低凑合你。”这个道理至今我记了六十多年，尽管做得不好，可是一直以这个道理要求自己。练会了“跪腿抽刀蛮子”不为贵，贵在懂得了很多的知识和戏理。

蛮子是我最喜欢练的一种技巧，平地来回走三十个，桌子上的跪腿蛮子、练到平地跪腿蛮子也很有把握，好像自己对这种侧身翻的东西有心劲，走起来也比较漂亮。

飞脚挂踝子　青州得真传

1963年春节后，流动演出到益都（青州）。在车站剧场演出，幸遇郑玉福先生。此公六十多岁盘腿大坐，双手向前一按大顶就起来了，向后翻的跟头无一不能，六十多岁还能翻“猴子提”。有一次，我们一起到城外遛弯儿，那时青州城的老城墙大都拆了，还剩下一段近两丈高的矮墙，这位老爷子说：“少童，能上去翻下来吗？”我看了看高矮，年轻气盛不含糊地说：“差不多。”“好，上去翻下来。”我上了矮城墙往下一看，啊！怎么这么高？心里有些发憷，“玉福叔，你在下面保护着我点。”“好，放心地走吧。”我看看下面春耕后的松土地，想了想“范儿”，道理是越高翻头越要晚，翻头早了不好找落劲，想好了身子往下一扎，离地不到一丈高翻头，为了安全我翻的是单腿蛮子站住了，郑先生双手扶在我的后背上，我的右脚在前落地，扎入松软的土地没到了脚脖子。几个小青年齐声喊上了，“太厉害了！这家伙从二楼翻下来也没有问题。”郑先生说：“这玩意儿多高都一样，就是掌握翻头劲的早晚，越矮翻头劲越早、越高翻头劲越晚，往下扎就是了，要领就在翻头劲上。”事后我冷静地想了一下，这是一次冒险行为，实际这么高往下翻没有用，舞台上最高也就是三张半高，再高身子到了

横幕条子上面了，观众也看不全，没有意思。他们讲郑玉福先生年轻时是个“跟头虫儿”，演武丑，就是跟头好。他在露天舞台上演《三盗九龙杯》，在台子前面一米多远的地方，埋一根碗口粗的木桩子，和舞台一般高。郑先生饰演的杨香武由上场门跑上踺子“拉拉提”（向后翻的跟头、单腿落地），翻过头来单腿落在木桩子上，好似杂技表演，由此可见他跟头的把握性之强。我对他非常尊重，他也很喜欢我，我总是向他请教一些舞台技巧的问题。他点醒我一些窍门，“你的单蛮子这么有把握，抱着双腿能走吗？”“没走过。”“我给你抄抄。”他双手抄着我的左右腰眼跳了跳范儿，叫我跳起来找翻头劲，他的左手抓住我的左手，右手抄着我的左腰眼，“走，过门了。”“啊？这不是蹑子吗？”“对，是蹑子呀！”我怎么练蹑子这么容易？郑玉福先生笑了，“爷们，你单蛮子的基础好，练蹑子过门就快，若没有好的基础要练蹑子就不那么容易了。正如往后翻的跟头、‘出场’、单提练好了，变射腰、拉拉提、童子提、魁星提、杠子提、死人提就快了。这些跟头的基础是‘单提’和‘出场’，所以说武戏好学、基本功难练；唱腔好学、嗓子难喊，练出嗓子、会用嗓子，学唱腔就容易很多。文武戏是一样的道理，主要是砸基础，基本功扎好了根，学什么都快。”我想，每当我练会了一种技巧就懂得了一些道理。技巧必须要有基本功，好的基础，要熟练，熟能生巧。我练会了“蹑子”后，整天练习，自觉已很熟练了，在舞台上表演也顺利。就琢磨改进，如短打武戏里用飞脚旋子是最多的技巧，我想多人能走的玩意儿不惊人，我自己试验飞脚落地左脚撇脸挂“蹑子”，难度大一绝！因为单蛮子、单蹑子的基础好有把握，所以飞脚挂蹑子练习不久就可在演出时使用。老先生常讲舞台的玩意儿，每一种技巧都有它的规格要求，很多人走飞脚旋子和飞脚单蛮子混淆了，蛮子是侧身翻、旋子是仰头四肢飘起来。如果走旋子扎头就有点像单蛮子，如果说是蛮子，身体未侧吊起来翻头，此乃旋子、蛮子混淆。有人讲这是扎头旋子，旋子、蛮子不分，不讲究。如果是武丑用，显得顺溜尚可，但武生绝对不可以、不正规。我特别注意这一界限，飞脚挂旋子和挂蛮子分得很清楚。使人一看即知是蛮子还是旋子。

自从有了“蹑子”后，我非常喜欢走飞脚挂蹑子，“打内行”台下观众的反响也非常好。1960年威海京剧团向天津京剧团学习演出《火烧望海楼》一剧时，我向厉慧良先生学演剧中男主角马宏亮，耍辫子走边，这是厉先生自创的绝招，走边中有扫堂旋子和飞脚旋子。我也把飞脚旋子改为飞脚蹑子，此剧连续演出了四五年，所到之处反响甚好。内行也都赞赏飞脚蹑子，堪称一绝活。

几十年的舞台经验，深深懂得艺无止境的道理。每当自己感到满足或者自鸣得意的时候，都会碰钉子、栽跟头。我自以为侧身翻很有把握，似有满足、得意的情绪。1953年在博山，白天特意去看小王桂卿（小四王桂卿和小五王桂卿）演出的《花蝴蝶》，因他父亲老王桂卿是周信芳先生的老搭档，上海的前辈名流。《四平山》最好，双锤花高难度的出手较多，在艺界闻名。《花蝴蝶》这出短打武生戏，一准错不了，因我常演此剧，一定要去看看。心想此剧大体就是那么多的玩意儿、死套子：趟马、采花、见欧阳春开打，后面"鸳鸯桥"水斗被擒。况且这出戏自觉比较不错，但也想到小王桂卿肯定有自己的绝活，观摩肯定能长见识。内心不是抱着虚心学习的态度，有自觉不含糊的情绪。不露声色地到剧场观众席里看戏。白天的演出，只上六成座。前面趟马，大罗帽、豹衣豹裤、道袍镖囊、厚底靴，整体看来很不错，玩意规矩，大武生的风度，但没有惊人之处。最后蒋平翻上，《鸳鸯桥》过桌子下场。擂三通鼓后，饰演花蝴蝶的小王桂卿没有翻跟头上场，而是在乱锤中退着上场。啊！我这才发现小王桂卿与众不同的地方，一般的武生演到这场的时候要换装，大罗帽换软罗帽、厚底靴换薄底靴，小王桂卿是原来的扮相、装束未变，他也是走来回单蛮子，他绝的地方是前面来回走单的、后面走双的，去是两个蛮子连着，回来又是两个蛮子，这样走双蛮子来回走了四趟，足下还穿着厚底。由于大罗帽甩掉了才停了下来，起叫头念白。我看得出来他的余力尚有，若不是罗帽掉下来，再走两个来回没有问题，这一招把我给镇了……单蛮子连起来两个两个的走，脚下是厚底，我走不了，也是头一次见。后面下桌子，翻下来双脚落地，二寸五的厚底靴纹丝不动，我情不自禁地喊好、鼓掌。因我和小王桂卿不相识，止戏考虑到人家很累，不便到后台道辛苦，随观众离开剧场，心里佩服得五体投地。

三尺舞台表演区，蝴蝶花才艺出奇；
观罢王君一齣戏，自愧技浅水平低。

自愧、自责，心存的傲气全没了。自悟其理艺林到处有高人。自信自己的蛮子为"杀手锏"、很有把握，谁知小王桂卿的蛮子更绝，穿厚底走双一趟两个。内心所思自己知道，又接受一次教训。愧疚之心鼓起我练功的勇气，决心要学他的"连范蛮子"。我开始练桌子上穿厚底、双脚落地的蛮子，也比较容易，因早有基础一试即成。可是单蛮子连范惯力不好找。只有多练才会熟能生巧，找准要领。如痴入迷的半年时间我练出了串蛮子。因为我没有串小翻，所以串蛮子就成了我的挂串跟头。技巧的道理弄懂了，

找到了要领，能走两个就能走三个，就是个劲头问题。后来我的串蛮子能连串七个，如果虎跳挂蛮子更顺利，因为有惯力在大台子上能挂十个以上；下农村演出，在场院里练功地方宽敞，能连挂十四个虎跳蛮子；而在舞台上一串六七个也就可以了；如果穿厚底靴子走单蛮子十八个（九个来回），剧场的效果就很好了。

我和小王桂卿先生不认识，但串单蛮子是学仿他的。他的示范，我的蛮子技巧又上了一个新台阶。恐怕他见我走串蛮子，不会知道我是偷了他的玩意儿。几十年过去回忆当时的心情，还是激动不已。

单蛮子、串蛮子成了我的本身技术特长，每当演出《花蝴蝶》我就想起，十四岁在威海自己练台蛮子，摔得晕过去；1953年在张店中华戏院，邢俊卿先生教我“跪腿抽刀蛮子”；在博山看小王桂卿的“串蛮子”，不曾相识的良师益友。这都是机遇，我想只有机遇没有决心不行，空有决心不下苦功也不行。这项技巧练会了，在舞台上的技巧要服从剧情，不符合剧情的技巧是“戏匠”，有技无术不能征服观众。演员的表演要有技有术，技术还要符合情理为剧情服务。此理易懂，做起来并不容易。

不要当戏匠　要做好演员

1954年何易奎先生看了我演的《花蝴蝶》，又给我提出了不少意见：

一、姜云志（花蝴蝶）前面的扮相，大罗帽、豹衣裤、厚底，是行路的客商，要排场一点。而采花的一场应该换软罗帽、薄底靴子，这代表夜间作案，换了夜行衣靠。若是厚底、大罗帽，虽显现了你的基功，而不符合剧情。邢先生教的跪腿蛮子是此剧中的死玩意，跪腿翻下桌子、空中抽刀这一绝招很少有人能理解他的难度，一百个观众里可能有几个人懂。珍珠混在琉璃球里，能挑出珍珠的人不多，但珍珠毕竟是宝贝。我们艺人在台上演出，不怕千人观、就怕异人看。异人乃高人、行家。扮相（服饰）、技巧要符合剧情。

二、开打后，花蝴蝶已是很狼狈了，邓家堡被攻破，五鼠兄弟、北侠展昭、南侠欧阳春拿他，逃到鸳鸯桥，想借水逃跑。这时花蝴蝶大罗帽、豹衣豹裤、厚底靴子，这种原扮相上场，应该承认功底深厚，但是并不符合剧情。花蝴蝶这时候上场是死里逃生，应该换软罗帽、薄底靴子，豹衣豹裤也改换为花打衣打裤，此乃剧情的要求。技巧方面一串蛮子上场，回身走了二十多个单蛮子，是有“技”无“术”。我的看法，翻串蛮子上场是代表急奔逃命。再来回走单蛮子就有些重叠了。你再走也不如你上场的串蛮子火暴。依我说串蛮子翻上、站住，回到上场门，背手远望后退，起乱锤好似看到展昭、徐庆追上来了，后退双手颤抖着。这样你过串蛮子时台下的掌声平息了，给观众以间歇的时间，你再做戏表现惊慌，给你自己腾出休息的时间。双手颤抖着退到台中，表达的意思是五鼠兄弟追上来了，要快逃跑，这时走一排旋子，因上场时走过串蛮子，这里走旋子有所变化，像惊慌得跑圆场一样。合情合理玩意不重复，也有了充分的喘息时间，观众也有了缓和的余地，舞台上的气氛如同拉弓“一张一弛、起承转合”。装束、技巧要符合戏理，表演要有“技”有“术”，此之为“戏”。何易奎先生这番话又使我茅塞顿开，几十年来这些理论我是边理解边实践。

《花蝴蝶》这出小戏通过不断的加工、完善，受众师之教，终于根据个人的水平归整成型：鸳鸯桥水逃时，六个串蛮子上场；远望后退、双划臂、颤抖，与《一箭仇》史文公上场相似；回身十八个旋子（两圈半）叫头，白话中带身段、过桌子，原先过桌子是窜虎跳，因和单蛮子有些相似所以就用飞脚“过桌子”。这样边改边演了几十年，使这出戏渐趋完善。1965年我教刘来兴这出戏，也以这个道理教他，不过他是五个小翻挂一个前坡翻上，比我火暴很多。现在我已古稀之年了，这样的戏演不了啦，但是明白几十年磨一戏的道理，如果现在还能演出，肯定还要加工改进。前辈一席话，胜读十年书，戏要通情理，巧用术和技。不做传声筒，莫当动化机。立志需努力，实践求真知。

薛葵冒场出丑　徐策圆满补救

1949年到1953年，京、津、沪大批的流动演员，三五人到十几人组成小组在各地流动，和当地剧团合作分成演出。那时威海的威声京剧团，是由戏班改名叫剧团，老板称团长，实际是改了一个名字的戏班子。没有流动角儿和新戏码就不上座儿了。

“干戏班唱念做，不上座没法活。”老板想挣钱，班底要吃饭，不接流动角儿，唱戏没人看。刘星轩团长把新威剧团更名为威声京剧团，有一得力的外交——许焕章先生。许先生是原烟台同乐处的发起人之一，是威声京剧团的看家角儿。他到外地接角

儿，不仅内行而且很有“经理科”的风度。为此威声京剧团的流动演员走一批来一批，有好角接好角，没有好角换生面孔，卖个新鲜，哪怕是票友也能新鲜几天。如1949年姜月玲到威海一个月，合同到期走了。剧团卡了壳儿，接不着角儿，许焕章先生到烟台把迟仲云接来了。迟仲云本是票友下海、唱小生的，为了收入就出点子，让她打炮戏《大英节烈》。前面陈秀英开茶馆是花旦戏，杀石伦时就是小生了。这本是一出花旦、刀马旦戏，后面反串小生。而迟仲云只会小生戏，前面的花旦戏就是反串了。王月珍是威海的台柱子之一，配演匡忠（小生），我饰王富刚，许焕章先生的王银龙，下面的配角很齐整。大海报一贴：特邀刀马花旦、文武小生迟仲云主演《大英节烈》，大造舆论宣传，结果上了一个满堂。演员们的特点是观众越多，演出越有精神。迟仲云不到二十岁的大姑娘，个头扮相都很好，反映还不错。观众岂知她前面的花旦戏是现学的。一个大客满的收入，班底们分了不少的钱。刘星轩团长也满怀信心，明知坚持不了几天，早把外交许先生派出去了。又在烟台接来宋婉秋（后在文登京剧团任业务团长），带来小生王俊杰（益都县票友下海）。头天打炮戏《红娘》，王月珍饰崔夫人，我饰琴童。接着就是《玉堂春》等旦角戏。半月后，听说荣成石岛剧团由青岛接来了一位麒派老生叫王韵童，带着司鼓张振贤，两个徒弟，王玉生（十二岁）、张玉成（九岁）。张振贤是王韵童的师哥，张玉成是张振贤之子，还有一个得力的服装员梁言恩，在石岛演出非常轰动，许焕章先生马上到石岛联系。那时候没有汽车，坐双套胶轮大车，接到威海和宋婉秋合作。王韵童先生到了威海一炮打响，天天客满。追溯历史，从日本时期上海的吕君樵先生（周信芳先生五次出国的秘书长）来威海，演出麒派戏（海派戏）连台本戏《济公传》，此后，十几年没有麒派老生来威海演出。

王韵童先生戏路很宽，头天的炮戏《追韩信》，前带张良卖剑，后有韩信登台拜帅。开场垫戏是《花蝴蝶》，王玉生饰姜云志，张玉成饰蒋平，我饰展昭。我们三个人的个头，一个比一个高二指，孩子戏很受欢迎。第二天炮戏是《秦香莲》，王韵童先生前饰王延龄（老生）、后饰包拯（花脸），宋婉秋饰秦香莲。开场戏是《三岔口》王玉生饰刘利华（老路子钩破脸），我饰任堂惠，张玉成饰解差，住店时和店婆逗乐儿、走零碎（基功表演）。张玉成的腰、腿功很好，一排三十多小翻，元宝顶、滚岔、抢脸儿等等，走这些小零碎有二十多分钟，台下掌声不断。第三天炮戏是《六国封相》，王先生饰苏秦，宋婉秋饰周氏，前面带秦魏大战，我饰秦国大将白起，王玉生饰魏国大将龙贾，张玉成饰唐儿（书童）。每天都要更换新戏码，如《天雨花》、《打銮驾》、《唐伯虎三点秋香》、《北汉王》、《路遥知马力》等等。《甘露寺》后面的《芦花荡》，王玉生饰周瑜，我饰张飞。王先生是京、海两派的戏全演，戏码新鲜，天天客满。《六国封相》一剧从1947年赵鹏声先生演出过，以后威海再未见过此戏，又因剧情吸引人非常受欢迎，返头演过八九场，总是客满。戏码换的多，而且是生戏码，营业状况非常好。全团都很高兴，这可难坏了宋婉秋，因为和王先生合作，不会的戏就要现学，戏班里叫“钻锅”。幸而宋婉秋有文化，脑子快，现学戏就能上台演出。那时候不会是个缺陷，这不会那也不会，指着什么挣钱？不像现在有的一二级演员只会五六出戏，不会还有理。是戏就要排，一出熟悉的戏几个月不演，再演就要排好几遍。那时候演员苦哇，不演戏没有饭吃，技术不往上长，工资就向下落。来一位角儿，换一批剧目，所以班底也经常要“钻锅”。我记忆最深的一出《举鼎观画》、《徐策跑城》，《韩山搬兵》我饰薛葵。本来是《跑城》后面接王子上场，扫头紧急风中徐策上场动本，请皇帝献出张泰为薛家满门报仇，皇上不准，再起紧急风上，薛家将抓张泰。起头一次紧急风本应是徐策上场，可我提前跑上去了，我一看台上情形不对，没节骨眼了。这时候徐策上场了，我自知是冒场了，这可咋办？傻眼了。此时饰徐策的王韵童先生冲我做戏，我就将计就计，一举双锤打了一个哇呀呀……他接着把我拉住，对我讲：“你在殿角等候，万岁若是不准老夫的本章，你就冲上金殿。”我就随话搭话地也诌了一句：“我在殿角等你。”这时候满后台的人都在上下场门里看这个哏（笑话）：“小马这小子冒场了，反而和王老板在外场对上词儿了，做上戏啦。”这时候一个五锤儿（锣鼓点）徐策上殿，我由上场门下了场。台下一点没发现是我冒了场，王先生急中生智的救场也救了我，否则我在外场没辙，这个倒好是少不了的。我一进上场门，扮演薛刚的宝升先生就说：“你小子急着上去干吗？不是王先生救场，这娄子就大了。”尾声后，我含羞带愧的到王先生面前赔礼道歉：“王先生你的戏让我给‘砸了’，真对不起。”我心里真的很难过，就要哭出来了，用手一擦眼，满手都是黑的，因为薛葵勾的是黑脸。王先生大笑起来，“没事，别难过，外场出错儿是常事，下回就记住了。”这时候后台几位上层演员都围过来打趣：“好嘛，您爷俩这是唱的哪出？本来小马冒了场，您还和他对上话做开戏了，圆满地补了一个大娄子，好像就应该有这么个情节似的。下次若没有这一情节，观众要提意见了。”此时，满后台的人都乐了。王先生说：“您还别说小马这孩子，够机灵的，我和他一做戏，他马上能配合上，冒场是他捅的娄子，可救场是我们俩救的。”

这一事故使我至今不忘。时光荏苒，六十几年的舞台演出中，我曾陪师傅演出武花脸薛葵、武小生薛蛟，又演了五十多年的徐策，每当演出时都会想起当年冒场的情景。当年的冒场砸锅，时刻提醒、促使我在六十余年的舞台演出中，虽然也出现过事故，但从没有再冒场和误过场。

薛葵冒场的事后，王先生对我加深了印象，特别是他的夫人王静萍很喜欢我。我比他的徒弟王玉生大三岁，比张玉成大五岁，演出配合武戏，早晨一起练功，关系非常好。当时我演开场戏《取长沙》、《白水滩》等剧目，张振贤先生还特意为我打鼓，总夸我："这小子有料。"这一个月的演出特别好，合同期满了角儿就要走，宋婉秋、王俊杰一走，王韵童先生的流动组也被石岛接走了，因为是红角儿，卖的票多，合同到期就被外地抢走了。

威声京剧团又不景气了。团长刘星轩赶紧想辙，团里要应付一阵，上演连台本戏：三本《珍珠塔》王月珍饰老旦方母，我饰方卿，三本《贫女泪》等等看家戏。许焕章先生又到外面去联系接角儿。那时候角儿的来源主要是烟台、石岛，由青岛接角儿要坐大风船，很不方便，所以接角儿也不容易，一是接送期限要合适，二是要有叫座能力，卖票多少直接牵扯到大家的生活和切身利益。许先生思考了半天，接谁来能填这个"坑"呢？姜月玲是红底儿，还是到烟台去接她吧。

童玲心相恋　相许结情缘

姜月玲首次来威演出是红着走的，这次返威更是轰动。她不是流动演出小组，而是一家子，其父号称姜神仙，其继母生了一个男孩（五岁），还有继母的父亲，一家五口人只有姜月玲自己挣钱养家，到哪里演出都要带着一家子。

说起伶人苦，姜月玲十六七岁就出道唱戏，成了烟台一枝独秀的坤角，红的早，收入也不少，可是她手里却无分文。她从不出剧场宿舍大院，上午练功吊嗓，晚上演出，平时行走手上转着一个黄铜盘子，可以说是盘子不离手，左右手耍盘子比吃饭的筷子用的还熟练，双手耍盘子可以随时换手指头，舞台上的效果可想而知。这次来威海的舞台上的火候比上次老练多了，戏路也宽了，特别是《孔雀东南飞》、《青霜剑》、《对金瓶》、《凤还巢》、《盘丝洞》，后面加上了《盗魂铃》等剧目，丰富了很多。单打独挑的一个女孩子，仅带了一个临时结合的琴师蔡锡丰，演出一个月不掉座儿，确实不易。那时候没有灯光布景，也未带搭档捧角的，全凭技术一个人在舞台上拼。每场三个多小时的戏，没有什么“款爷”、“大腕”的吹捧，纯粹是自己唱红的。她一个人的汗水养活了全家，而她自己身上仅是一套黑细布（士林布）的翻领制服，一顶八角帽子，在当时是较时髦的列宁装，每当出码头时才穿，平时就是一身棉布练功服。我们团里也了解这些情况。月玲虽然是角儿，可是一点架子也没有，未见她发过火，话少而有礼貌，可以说是前后台“满人缘儿”。月玲演戏越来越累，练功是越来越苦，个人的委屈也越来越多，只有她个人知道，名气大、挣钱多，可是不幸福。

这次姜月玲二次来威海仍然很红，进步很大。她在威海剧团有两个好朋友，一位是王月珍，王月珍会的多，所以她们俩经常在一起聊，谈些技艺。另一位就是苗艳芳，舞台上是一般演员，老旦、老生都唱，为人憨厚心眼好，和王月珍住在一起，与月玲家住隔壁。姜神仙也知道此二位的艺术、人品都好，女儿和她们在一起很放心。

这次月玲来威海，我的活加重了。记得我第一次上场配她演《对金瓶》里的反将打了一套快枪，一个抢背就下场了，自己想想都非常可笑。这次就大不同了，《虹霓关》的王伯当，《穆柯寨》的杨宗保，《盘丝洞》的悟空都是我配她演。因为我们一起练功，把子合手很熟悉，亮相就是满堂彩。连《十三妹》里的虎面僧，本是武花脸应工，她也要求管事的安排我配她演。一套夺刀、半套叉拳下来，台下也是满堂好。后台公认我和月玲打下把配合得“严”，这是因为整天在一起练的多，熟能生巧，她的手把快慢轻重我全掌握了，所以对打的很严密，台下观众自然就叫好。

1949年月玲离威照片

月玲常向王月珍、苗艳芳二位了解我的家庭情况，王、苗二位就把我家的情况告诉了她，又介绍我母亲和姐姐会绣花，母亲在戏装上的绣花和做工都非常好。特别是靴鞋类的无所不做。月玲听后乐了，因当时交通不便，烟台、威海一带人都要到北京上海去买靴子，正愁脚下的彩鞋、靴子无处购买，就由王、苗二位带她到我家去看看，想制作几双靴鞋。自从我参加了剧团，团里老少同人，都与我家熟悉，喜好杯中之物的老艺人常到我父亲的饭馆喝几杯，女演员们都愿到

我家求我母亲做点舞台常用的小零碎，如小飘带、腰巾子、头饰用的小泡条，别看扮戏用的水衣子（大襟衬衣）、胖袄（衬肩、垫胸的对襟小薄垫子），如果抓不住使用者的身材特点，大领和肩、胸，背就扯歪，不贴身。恰恰我母亲做的这些针线活，非常的贴身穿着也舒服，因此经常有相求者登门造访。

姜月玲随王月珍、苗艳芳到我家一看，母亲是那样的慈善，姐姐也很热情。特别是家里摆满了母亲的巧手制品，绣花靴子、薄底、彩鞋，从四寸到二寸高的厚底靴子、虎头靴子、夫子履、登云履、打鞋、如意履、老头乐（老人穿的云花双脸鞋）等应有尽有，一双双地看个没完。“哎呀，太漂亮了，大娘手太巧了，真是了不起。这些靴鞋你是怎么做出来的？”母亲更是笑得合不拢嘴，红遍文、荣、威一带的大坤角儿姜月玲到家来了，站在自己的面前，赞不绝口。月玲平时从不化妆，清水脸、眉清目秀，一身的黑细布列宁装，显得纯洁高雅，温存有礼貌。她放下手里的彩鞋说：“看大娘多好啊，年轻时一定很漂亮，手又这么巧，马荷礼长得真像大娘。”王、苗也都是我的长辈，也夸母亲做的活计非常好。母亲说：“月玲姑娘看看需要什么，画下脚样子，要什么样的我给你做，满意不满意不敢保证，但我敢保证质量，跟脚、好穿。”大家都笑了。“大娘，您客气了。我画个脚样吧，做一双粉红绣花厚底（二寸底）反串小生用；粉、皎月色的两双彩鞋，大红绣花薄底靴，演十三妹用。先别绣，等我回去和我爹说了再做。”只此一节，可知姜月玲虽是挑牌的大坤角儿，可是手中一分钱也没有。母亲笑了，“没关系，我先做，做好了不要也没有关系，我做的靴鞋，从来剩不下。你只要看好了，钱不钱的没什么，像你这样的红角儿，大娘送你两双鞋算得了什么呢？”我姐姐也说：“做好了，满意就要，不满意就不要，脚上的鞋不能凑合。特别是武戏，脚上不得劲，演戏有负担。”亲热的交谈、和谐的相处，两个小时后，她们告辞，母亲和姐姐将她们送出大门口。我是个笨人，学东西慢、接受能力差，但是有犟劲，想要学的东西，非学会不可。练功上瘾，整天在台上“拚”，傻练个没完，到十一点时，休息一会收功。后台门有口井，提一桶水连头带脸加身上，搓洗一遍就回家吃饭。天天如此。这天正要回家，月玲笑嘻嘻地走过来：“荷礼，我们到你家去了。你妈妈真了不起，绣花、做靴子都非常好，手太巧了。”我大半天才反应过来，“啊？您到我家了？”“月珍姨和老苗领我到你家玩，请你家大娘做两双靴子和彩鞋。”我接着问她：“您看还行吗？”“太好啦，你家大娘很慈祥，对人说话那么温和，手又那么巧。你长得真像你妈妈。”“我妈整天制作靴鞋，家里乱七八糟的，让您见笑了。”

回家的路上，我边走边想着月玲赞扬我母亲的一些话。刚进门姐姐就问：“你猜今天谁到咱们家了吗？”我坦然一笑，“我早知道了，月珍姨、艳芳干妈、姜月玲来了。”“你怎么知道的？”“她告诉我了。”母亲赞扬姜月玲虽是大坤角儿，对人有礼貌，这姑娘“真当意”。接着动手给她制作靴子、彩鞋。

过了两天，月玲姐练功时对我说：“荷礼，你回家和大娘说，我定做的彩鞋，绣花厚底、薄底靴子，请她给做吧，我爹都同意了。”我说：“从你们去那一天，我妈就开始给您做了。”她高兴地说：“是吗？太好啦！小马，你家大娘和大姐太好了，你真有福。”我迎和她说：“您够有福的，这么年轻就成了角儿，走到哪里都红，又能挣钱，您多有福气啊。”她立时脸色就沉下来了，“唉，我哪有什么福，整天练功唱戏，累死累活地养活着这一家子。这次请你家大娘做双彩鞋、靴子，我爹还嫌做的太多，后来我说我的彩鞋底薄，补了一层又一层，反串小生戏又没有厚底，上哪儿去找这么好的手工。光知道唱戏挣钱也不给置办行头，腰巾子都是买花布自己做的，真是不像样，也不怕人家笑话……我爹这才同意了。”看她眼圈湿润，似要哭出来，我看得出她心里有很多委屈。不要让她伤心，就把话题岔开，“好啦，不说这个了，您快压腿吧，踢完腿，一会儿咱们对把子，哪吒抢和夺刀等把子都要练。您在石岛刘成泰先生教给您的几个枪花再练的把握一点，也教教我。”月玲姐和我有个共同特点，只要练功和学戏，其他什么事情都忘记了。在这一点上可谓志同道合。她是头牌红极一时的大坤角儿，我是班底唱开场的小武生，但一起练功，一起演戏，言语投机，虽然男女有别，却是好朋友。

彩鞋、靴子、薄底都做好了，月玲每双都试试，高兴得合不上嘴：“合适，真跟脚。”王月珍、苗艳芳也说：“来威海的流动角儿，没有不到他家定做靴鞋的。众人围观，都说马荷礼他妈做的靴鞋没的说，好穿、跟脚。”王月珍等老艺人都说：“脚下无鞋穷半截。姜先生也该给月玲置办些像样的行头了，姑娘的技术看着长，行头跟不上怎么行？”姜神仙也只得应酬：“那是，那是，这不脚下这一套都有了，大件慢慢来，置办行头这玩意儿无穷无尽哪。”

不知是整天在一起练功，演出合手严实，还是对我家里人的印象好，总之月玲姐对我非常好。她想练什么，打什么把子，我都尽力配合好。我知道角儿在团长面前表扬我，长包银自然就快。团里的老一辈也都夸奖：“这孩子真有雄心，整天地练功。”她们住的宿舍大门正对着后台门，每当我在台上铛铛地砸踺子，她就拿着刀匹子、枪杆上台，压腿、踢腿。“来，对把子。”十几套把子对下来都是浑身冒汗。有时候他父亲到台下看我们练个没完，也笑眯眯地很满意，摆着身份说：“要想台上得彩，就得台下流汗哪。”明明是个外行却装出一副老艺人的派头，迈着方步回去喝茶了。我们每次都是

相视“扑哧”一笑，“老艺人走了”，大家又是一阵大笑。

一天上午收工回来吃完午饭，母亲说：“过来我跟你说个事情，你艳芳干妈今天上午来了。”“啊，有事呀？”母亲开了话匣子：“你听我慢慢跟你说，月玲这孩子很苦，她母亲生她姐妹俩，姐姐早已出嫁在烟台，她生身母早就不在了，她父亲续了一房，也病故了，又娶了她现在的这位继母，年龄和她爹相差很大，所以月玲称她这个继母是小姨，她这个姥爷还没有她父亲的年纪大。这个小姨嫁过来又生下这个五岁的弟弟。月玲十三岁她父亲就给她请了京剧老师，苦学苦练，十六岁一炮走红。这下好了，她父亲的中医药房也不开了，全家就仗着这姑娘唱戏挣钱养家。她拼命地学、练，拼命的演出，成了角儿，这么大的姑娘手里一分钱也没有，拼死拼活地养活着这一大家子，几时是个头儿？月玲在你干妈面前哭诉了好几次。她看你是个材料，为人正派、有心胸，将来肯定有出息。又看好我们这个家庭，所以就托你干妈来提亲了。”我听了这一番话简直像听了一个故事，我才十五岁，她十七岁，现在就提亲这不是开玩笑吗？母亲又补充说：“这些道理我都讲了，她说先把这个亲定了，等你们过几年，岁数大一点，有了技术再成亲。”我一听懵了，不知如何是好。“这事不一般，咱得好好琢磨琢磨。”姐姐急了，“琢磨什么？人家是有名的大坤角儿，找上门来你还琢磨，这样的媳妇打着灯笼也没地找，妈早就同意了。”“你根本不懂，人家是头牌角儿，咱是什么？再说我俩年龄都这么小，五六年以后谁知道能有多大的变化？”姐姐笑了，“看你还来事儿啦！”“你听我说，我和月玲姐谈得来，但婚姻事不能这么马虎。”姐姐不耐烦了，“像这样红的坤角儿，多少人追还追不上呢！听说石岛有个观众在台边上看戏，姜月玲在台上不经意脚下踢了一个砂子豆，滚到台边，有个观众捡起来放在嘴里含了三天。有一次吃饭吐出来放在了桌子上，他老婆收拾饭桌，把砂子豆给扔了，这老哥火了，把他老婆打了一顿，一个砂豆值得如此吗？他说这是姜月玲在台上踩过的砂子豆，有多么宝贵。给你提亲，你还要琢磨琢磨，真不知好歹。”此时我心里非常矛盾，压根儿想不到月玲姐能找艳芳干妈来提亲，我和她很谈得来，一起练功，也讲些技艺上的事情，有些比较重要的角色，都是她提出来让我配她演出的，我感激她，她始终是我敬重的大姐。怎么她会不顾角儿的身份，向我提出以身相许？我忽然想起舞台上的情景，《虹霓关》我给她配演王伯当的几个亮相，《穆柯寨》我配演的杨宗保，枪架子亮相。我俩的个头、年龄、扮相、对把子都很严，每次台下掌声不断。她的做戏、眼神，此时我才感觉到她是对我有了感情。而剧情要求王伯当对东方氏、杨宗保对穆桂英不是一见钟情，感情表演和旦角做戏截然不同，我心里喜欢她，但我非常明白，与角儿相爱根本不可能，她只是我喜欢和敬重的大姐，没想到她还真有勇气，让艳芳干妈来提亲，也许是因为家里处境促成的吧。这就是我当时一点高兴不起来，感觉有压力的原因。

晚上进后台化妆了，我低头不语，看后台众人，心中总是在嘀咕，也觉得害羞，好像别人都知道这事似的。月玲姐在她宿舍里化妆，出了她家的院门就进了后台。包头化妆（当时包头桌师傅是郝文卿先生）、穿服装，我见了她心里直跳，似乎脸也红了，急忙避开，穿服装、勒靠。前面的垫戏是我和烟台老艺人的列国戏《卧虎关》，伍员兴兵伐楚至卧虎关，费无极派伍辛出战，父子不相识，阵前开战箭射不分胜负，幸有伍辛养父吴通道破前情，伍辛绑费无极上阵，认父，父子相认破了卧虎关。此剧又名《父子会》，我演伍辛，勾红脸、披红靠，可能如此别人看不出来我的脸红，从起霸到开打，马趟子射三箭，直到认父，尾声下来，一出戏心里是七上八下的说不出来的一种滋味，有了“负担”。

第二天练功时仍是心事重重，练功的人本来不多，一会就都走了。每天都是我走的最晚，因为我要配月玲姐打把子，她比众人去的晚所以收功也晚。因为每天晚上三个钟点的戏太累人，所以她早晨起床比我们晚。她抱着刀枪把子上了舞台，我心里直“打鼓”，走也不好，留在这里也不是。由于心里有事也不敢和她对视，心想我还是撤吧，她放下刀枪把子，很不冷静地，“怎么要走？不和我对把子啦？”我胆怯地说：“不走，这不等着你对把子吗！”啊，她火了，“你过来，你老躲着我干吗？”“谁躲着你了。”“你昨晚在后台都不看我，怎么啦，你了不起啦？”我看她脸都红了，从来不发火的人这回真生气了“月玲姐您怎么啦？”“我问你，你干妈到你们家提亲的事，你知不知道？”“我妈对我说了。”“你过来，我问你，你同不同意？”她拄着练功的枪杆像在训孩子似的，我被她的火气砸懵了，不知如何回答：“看来我妈和我姐都同意。”她似乎缓和了一些，“别管你妈你姐，只问你自己同不同意？”“我觉得咱俩不太合适。”“你说说，怎么不合适？荷礼呀，你开朗点行吗？你想过么，我十七八的大姑娘托人到你家说亲，这事儿容易吗？这事谁也不逼你，我一个大姑娘家找不到对象啦？你说心里话，是我配不上你？！”“月玲姐，你千万不要这样说，说心里话是我配不上您，你是挑牌的角儿，我呢？充其量是个唱开场戏的小班底儿。您在业务上提拔我。最使我感激的是我第一次上场，配你在《对金瓶》里打快枪。那是我登上京剧舞台的起步，现在我虽然能唱几出了，但你我的水平、身份相差太大。您对我好，我永远也忘不了，但我实在不敢高攀。您千万别生气、别误会，我从心眼里敬重您月玲姐。”她眼圈红了：“荷礼，我请老苗去你们家提亲，思想也斗争了很久，我父亲已是六十多岁了，除了他，我们家里没有一个是我的亲人，姥爷、小姨、这个小弟弟，靠我一个人拼死拼活的唱戏养活他们，没人体谅我的苦和累，熬到什么时候才是个头儿，我要为我自己将来留条路。我看到你家的情景，月珍姨和老苗及团里的人，都夸你们这一家人善良厚道，你家大娘和我一见面就投缘。你要是同意咱们就定下来，过几年我脱离家庭到威海来找你，你还有什么说的？”我非常感激，不知道怎么劝她才好，“月玲姐您听我说，您千万要想好，您可是红遍这一带的坤角，应该找一个和你艺术相当的角儿，您会越来越红，名气越来越大，正因为这样，咱俩婚姻的可能性会越来越小。况且您我的年纪都还小，四五年以后不知会有什么变化；我永远也忘不了您这个大姐，您千万别生气、别误会我的意思，您不值得找我这么一个小‘柴头’。”她转过脸去哭了，定了定神说：“荷礼呀，咱俩现在看，我是比你强些，但将来的发展就不一定了，我看透了你将来肯定不会这样的。你有志向、有出息，如果有个好老师来培养你，就起来了。我观察你好久了，你想想我请人到你家去提亲容易吗？我能拿我自己的终身大事开玩笑吗？今天你讲这些话，更证明你的心眼好，我没看错人。你说心里话你同不同意，我不强求你。”说着她慢慢低下了头，刚才的气恼一点也没有了。我鼓足了勇气说：“我同意。但是有一点要说明，咱俩的事情先定下来，你这里唱满合同一走，不知什么时候见面，我的家庭你都了解，您如果出现什么情况随时可以到我家来。说心里话，我也不甘心在这个小剧团待下去，很想拜个有名望的师傅，可谈何容易，哪里去找？我还有一句不中听的话，在这四五年内你要注意挑选，如果有比我好的，你可以嫁他，我决不怨恨您这个大姐。”她含羞地瞅着我，吐了一口：“呸，胡说八道，你把我当成什么人啦。咱俩就这样定了，将来我来找你，来参加威海剧团，我们拉钩。”二人伸出手来拉钩，“天不早了回家吃饭吧。”我俩都高兴起来，她说：“我先走了。”回过头来，亲昵地看了我一眼，搓搓脸，“看你一脑门子的汗。”我这才感觉自己一脸的汗水。她解下扎头的小手帕，给我擦了擦头上的汗，转身回宿舍了。我还在沉思中，这么一会工夫就把终身大事定下来了，这么简单吗？

回家的路上思想仍在斗争，我俩婚事能成吗？我的主意已定，将来艺术上没有成就，我是不结婚的。她的名声越来越大，还会等我吗？只是目前的环境，相处有了感情罢了。又一想，婚姻是个缘分，“有缘千里来相会，无缘对面不相识”这两句台词，安慰了我。走着看吧，现在说得再好也没用。想着想着心情轻松了，压力也没有了。胡思乱想地进了家门，母亲迎面问我，“怎么今天回来晚了，月玲也去练功啦？”“啊！”“你俩的事她提了吗？”“提了。”“怎么说的？”“定了。”母亲高兴地问，“怎么定的？”“现在先定下来，过几年再说。”母亲急了，“这是怎么说的，这叫定了个什么事？”“妈，我俩现在都这么小，目前我俩关系比较好，过几年后谁知道有什么变化？有这个缘分就能成，没有这个缘分，现在定的再死将来也得变，只不过先定着这个事儿罢了。女大十八变，心眼也跟着变。我想好了，在艺术上没有点作为我是不会结婚的。”母亲长叹，说：“好哇，这个事儿别人说了也没用，你们自己看着办吧，做父母的总爱瞎操心，一辈一辈的都是这样的，由不得人哪！”

两天后，苗艳芳干妈到我家去问回话儿，母亲对她说：“不用给月玲回话了，她自己跟荷礼说了，也算是定下来了。”把我和月玲讲的及来家我母子的对话说了一遍，艳芳干妈拍着我母亲的膝盖大笑：“你说大嫂，世道真是变了，谁能想到月玲平时话很少，见生人不抬头，团里没有不夸的好姑娘，谁知她能托我来提亲，更想不到她能亲自对荷礼说，真是解放了。”

此后我和月玲姐的关系有了新变化，有人在跟前我俩离得很远，没人的时候总是愿在一起，也说不出什么来，练功都很有劲。她父亲背着手不时地来看我们练的什么，这时她就提醒我说：“注意，流动岗来了。”相互偷着一笑。他父亲也不懂，只看到我们在练功，满脸的汗，我陪他闺女练把子。特别是“哪吒枪”最后的大吊鱼的抛枪，她用双刀接枪，用右手刀挑一个转花踢给我，我接枪，她双刀花翻身。此招儿有点难度，所以练的比较多，每早晨要踢几十次。在舞台上从不白打，满堂的掌声。每次在台上练踢枪，姜神仙总是背着手在一旁站半天，笑眯眯地离去。每次他来了我们都练得非常认真，生怕他看出我们有什么私情。

一天练功，月玲的情绪不太好，收功时我问她：“你怎么啦？为什么不高兴？”她看了看我说：“咱俩要分开了，我在这的演出合同快要到期了。”我立即有一种难以形容的心情，“这里的合同到期，再去哪里呢？”她摇摇头，“谁知道呢，咱俩说过的话你可不要忘了。”她头也不回地走回宿舍。我心中说不出是个什么滋味，只有一个念头，这次分开了不知何时再能见到？我没有难过，也不觉突然，因为我想到会有分别的这一天，但非常同情她，她那个不和谐的家庭环境，没有疼爱照顾她的人，从心里舍不得她离开。

一件想象不到的事情发生了。王月珍和苗艳芳二位受月玲父亲所托，到我家和我母亲谈公事（工作）。想让我傍月玲到各地流动演出，主要是配她唱戏、练功。同时，

还要定下月玲所演的戏里的小生，都由我来演。总之，小生应工的都要演，待遇是管吃住，三年以后再给定工资，要立个合同。王月珍说："荷礼对这些戏都不陌生，月玲演出的武小生都是他演，文小生是我演，如果架到他身上，我看没有问题。"母亲说："这事我是外行，不懂你们团里的事情，我们家里倒没什么，只要荷礼同意就行。"

我练完功一进门，见二位在我家正和母亲说话，"回来啦？"我有礼貌地"有事啊？"她们重复了一遍来意。我猜想这是月玲向她父亲提出来的，问了一句："这是姜大爷的意见么？""是啊，这老头平时观察，你们俩练功、演出，傍的都挺严实的，才托我们来商量，你妈说要听听你的意见，别人说了没有用。"我考虑了一下，说出自己的想法："这姜先生的算盘打得很好，月玲姐这些戏我都熟悉，不会的我现学也来得及，文的不敢说，她这几出武戏我比较有把握，可姜先生叫我去他们家，是傍角儿还是学徒？要说是傍角儿唱小生、三年不挣钱，有傍角儿不挣钱的吗？这趟小生的活我全唱，不用说，连《盘丝洞》的猴也要演，三年不给工资这个合理么？如果说是学徒，有好老师教我吗？不挣钱也可以，可谁教我戏呢！傍角儿不给工资他凭什么！您二位都是我的长辈，我说心里话，如果有好老师，别说三年，五年不挣钱我也干。我不想总给人家牵马缒蹬的挎刀当配角，也不想总是在前面唱开场、垫戏，既然吃上了戏饭，将来就要有点道道儿。现在我在这个不怎么样的小团里，还有王九爷和您这些长辈教我一些舞台的技艺，我不怎么样每天还挣九斤半粮呢，全家吃不了，营业好了还能分点红利补贴家用。我到他家去傍角儿，不给工资，这不是剥削吗？请您二位转告姜先生，这样下三滥的傍角儿我不干，叫他另请高明吧！"我艳芳干妈高兴地说："对，有理！有志气。"月珍大姨也乐了，"好小子，平时只看见你傻练功，不言不语的，想不到肚子里还真有点道道，有出息，那咱就告诉他咱不干。"我有另一种想法问艳芳干妈："这会不会是月玲的意思呢？"她干脆地说："不可能，月玲不会出这种傍角儿不给钱的馊主意，若是她的意思，她不会不和我说。"我心里有底了，"那您二位受累，给姜老回话，咱不干。"我诚心逗着母亲开心，说："妈呀，我还是在威海给您挣粮食吃吧。"一阵笑声，谈完了这项公事。

第二天练完功我问月玲，让我傍她是不是她的意思？她说："咱俩有这层关系，我哪敢和我爹说叫你来傍我，纯是他想抓你的冤大头，吃乎人。""我不同意，你有意见吗？""你说得对，我愿意咱俩在一起，可也不能这样用人，太不像话了。你若应了我爹提的条件来傍我，岂不显得你太窝囊了，真的到我家，你就受气吧。"我非常感激她能理解我。这码事她理解了，可是把姜神仙得罪了，我不知王、苗二位怎么回复的他，只知道他很生气地说我不识抬举，在威海当一辈子“底包”吧。

这件事情也触动了我，我心里话，姜老头儿，没有你女儿姜月玲，谁理你呢？你算哪一位？咱们“骑驴看戏本—走着瞧”！我小马非混出个样来给你看看不可。

我听许焕章大爷说，王韵童先生要返回威海，合同订到春节后。因为王先生未带旦角，月玲姐满合同再续半个月。我把这个消息告诉了月玲，我俩都很高兴。

王韵童先生的流动演出班子，二次来威海营业仍是很好。除他自己的麒派戏，还演出京派戏，如全部《四郎探母》、全部《王宝钏》。《一捧雪》中前面《搜杯》饰演莫成，后面《审头》饰演陆炳等等骨子老戏。同姜月玲合作得很默契，月玲非常聪明，一点就透。如《天雨花》、三本《唐伯虎点秋香》、《六国封相》等剧目都是现钻锅学的，这一段时间剧场的气氛很盛，营业状况好了，上下都满意。王先生的徒弟王玉生和张玉成，和我的年龄相仿，又加上月玲，我们都在一起练功，月玲和我对完把子，很礼貌地说：“你们练着，我先走了。”然后对其他的长辈也一一打了招呼。大伙都夸奖她：“月玲这孩子太好了，戏班里这样的少，技术不错，钻锅快，对人有礼貌，这样的好‘坯子’有好师傅一指点就能成名。”不久月玲的合同已满，全家要回烟台，临走前她特意到我家去了一趟，向我母亲告别。看得出她有很多话，不知从何说起，“大娘您太好了，我真的不愿意离开你们，但愿我以后能再回来。”她尽量控制没有哭出来，母亲取出一个人造水晶球的扇坠、一个四寸长的玉雕童女送给她，她双手接过，“我一定把这个纪念好好珍藏”。又送她一套绣花的粉红裙子袄，她说：“这套裙袄我就不拿了，拿回去也不能穿，怕对我父亲说不清楚。”她半天没理我，最后看了我很长时间，“荷礼，我特别羡慕咱这家庭。你好好学本事，赶快地成长起来当主演，要孝顺父母。”她转过身去擦了一下眼，“我走了，出来时间太长我爹不放心。”我母亲禁不住流眼泪，“放心吧月玲，盼望你早点回威海。”我艳芳干妈也哭了，劝她：“放心吧月玲，这一家子你就放下心地走吧。”我把月玲和我干妈送出门外，看着她们出了巷子口。回到屋里母亲说：“真是个好孩子，怪可怜的。你怎么连句话也不会说，看人家孩子多懂事。”我有意把气氛缓和一下，“妈，您给她的水晶球和小玉人，哪里来的，我怎么都没有见过呢？”母亲恢复了一下情绪，“这是四九年我去买丝线时，在破烂市上碰到的，在有钱的人家里算不上珍贵东西，而在咱们这家庭里就算好东西了，你俩既然有这么个关系，就得给人家孩子点像样的信物，咱能有什么？看你们的缘分吧，明天我

们不能去送，你千万要去送送她，要喜庆点，不要引她哭了，守着她们家里人和团里的人们不好看。”“我知道，我还能不去送她吗？”这天晚上就没她的戏了，我在后台直到散戏也未见到她。

第二天，团里众人都送她一家回烟台，一辆大马车拉着她们全家和行李、一只戏箱。众人送行，我想这些人中心里最不好受的是她和我。她礼貌地向众人道别，最后笑着对我说：“荷礼，再见。感谢你长时间的配戏演出、练功，再见！”我和她对视片刻，心里都很苦涩。她上了大车，众人相互招手道别，我一直看着她们一家去远了。众人议论纷纷：赞扬她的为人。因当时王韵童和张振贤先生也去送她们一家，二位前辈和我开玩笑：“小马，你傍的角儿走了。”我心情很复杂，回到干妈的宿舍里，干妈说：“荷礼，你看见没有？月玲昨晚上眼睛都哭肿了。”我这才明白为什么昨晚上从扮戏到散场我都没有见到她。

一颗纯洁少女心，情意相投许终身；
强忍泪水面带笑，度过嘉平盼孟春。

随师学艺篇

马少童饰《萧何月下追韩信》之萧何于沈阳

春氣晚來晴天澹雲輕小樓急洒庭總散臥聽
瀟瀟還淅淅瀝了清明節序太無情不肯留停
畱春不住送春行遍却羅衣都濕透花下吹笙

板橋詞 浪淘沙 暮春 乙酉年冬

馬少童

马少童习书

二次拜师王韵童　立志发奋断杂念

月玲离威海一个星期了，这几天心里惦念，总是放不下心，只有整天练功来冲淡心中的思念。母亲非常惦念："月玲不知现在怎么样，在什么地方演出？"我尽量不想，可母亲总是唠叨，更给我增添了思念之感……

一天，我在剧团接到烟台的来信，一看就知道是她写的，我的心跳得厉害，急忙到后台，看看没人，拆信急读。她的信写得很简单，信中说：离开时间不长，但很想念你们，穿靴鞋时更想起慈善的妈妈，感谢在威海时对我的爱戴关照。她鼓励我好好练功学戏，不断长进。最后是"非常想念，盼你尽快成长，再见！……玲"。

我急忙回家把信念给母亲、姐姐听。母亲长叹一声："别看这孩子是角儿，命不是太好。从小没妈，这种家庭情况怎么受哇。给她回个信，多安慰安慰她，真是个好孩子呀……"母亲在难过。

我只有小学两年半的文化，写信觉得非常困难，难的是怎么写，写什么？琢磨了好几天，总算把信写出来了，要念给妈妈听，姐姐说："没听说给对象写情书念给妈听的！"我不耐烦了，"什么情书，现在能说人家是我对象吗？"我把信念了一遍，内容是说分别之后，我们都非常想念你，特别是我妈总惦记你。我鼓励她"好好练功，你现在是角儿，将来一定能成大角儿，更出名、更红。请注意身体，快乐些……"母亲说："再添两句，若用着靴鞋、舞台上的小零碎，只管来信，只要我们能做的一定给她捎去。叫她心情好一点，我们都稀罕她（喜欢的意思），愿意什么时候来，就什么时候来，我们全家都欢迎她。"心想，我写了这么多，还不如母亲的这两句话好，真是把我心里话说出来了。来信她写的是烟台她家的地址，所以我就按原址回信。此信寄出去突然想起，这信可别叫她爹收去，让老神仙收着就糟了，但信已发出，无法挽回。不想这信还真让她爹收去了，惹下了大麻烦，我受了一次丢面子的教育，也敦促了我的上进心。

王韵童先生在威海算是最红的角儿，新戏码多，他的特点是舞台认真、卖力气，受观众欢迎。月玲走后他就唱独挑的老生戏，营业一直很好，前后台上下关系处得都很好。早晨台上练功的人多了，要对练武戏；演的新戏码多，上午要排戏。那时排戏很简单，打鼓佬在坐着听，看演员对戏，他就记住了，只记特殊的节骨眼儿，其他一般的都是传统套路，比较有规律。那时候演出时间是三个半钟头，有时大集要加日场，整天忙忙碌碌就把我的私心杂念挤掉了。自把给月玲的信发出以后，起初担心她爹收去，日久无音信也就慢慢放下了，专心地钻研技艺，非常注意王韵童先生的演出。每场戏台下都是爆发数次掌声。一天早上收工时，打鼓老张振贤先生叫住我，问道："小马，听他们说姜月玲她爹叫你傍她出去流动，你为什么不干？"我被这突然的问话弄懵了，沉默了一瞬间，我笑着有礼貌地回答："张大爷，你看我这点能耐（技术）能傍角吗？她家五口人，四个外行吃闲饭，再用我这么个小老斗（小外行的意思）傍她，岂不又多个吃饭的？"张先生笑了，"你不要不说心里话，我想根据你的条件应该傍她走，你如果到外面闯闯，有个老师培养两年，很快就起来了。总在这个团里，是不容易出人头地的。"我非常感激张先生对我的关心，就如实地讲了，"张大爷，您不知道内中的情节，姜老爷子叫我傍姜月玲的条件很苛刻。一趟的小生活儿我都要演，包括《盘丝洞》的猴儿和摔打花脸活儿。这都没什么，演戏嘛，也应该少什么演什么。关键是三年以后再挣工资，要立合同。这就等于我学三年徒，这哪里是傍角？！既是学徒谁教我？我得有个老师呀。我原来的师傅刘世莲教我，我不愿学旦角，就叫我学小生，他离开威海我就改唱武生和武老生戏。我自己喜欢的行当是武生，等年龄大了再改老生。我糊里糊涂傍她走了，这算什么？"他点点头说："那么你的志愿想学些什么？"我不好意思地说："我不想唱小生这一行，因为这一行挑梁太不容易，我不想一生为人家挎刀（配角），学文武老生比较好，年龄大了也能演，艺术寿命长些。"他笑了，"好哇，你的志向不小哇。""我不会说话，您老见笑。"他高兴地说："不、不，说得好！男子汉应要有雄心大志。你平时玩的时候，都爱干什么？"我想了想说："我平时不大玩，主要是练功、看戏、学戏；闲了爱写毛笔字，学画画。""小马，你说话有点和你的年龄不符，团里的人都表扬你是好孩子。好吧，有空咱爷俩再聊。"这段谈话我撒了谎，因为和月玲的关系，若傍她，常在一起怕以后有反映的顾虑一点没露。但我觉得这位鼓佬张振贤先生为人特别好，对我也很关切，有时我前面垫《取长沙》、《璐安州》、《下河东》等武老生戏时，他还主动地给我打鼓。他手头好，"狠"而且"冲"，能把演员打出劲头，带起来。每次我的戏下来，不卸服装就过去给他鞠一躬，"谢谢您，张大爷……"他总是笑着说："没什么，别客气，我爱打武戏，有劲。"有时也给我讲一些场上的情节，应注意的节骨眼。如：我和玉生演出《拿谢虎》（也叫《漠州庙》），玉生演谢虎，我演天霸，下来他说："少爷，这出戏里的天霸应当穿厚底靴，穿薄底不讲究，小班儿里的玩意儿。武生巾子、白箭衣、大带、白道袍、挎宝剑，穿薄底多难看？这天霸虽是二号人物，可也是大武生，要有点派头、身份。"我又学了一条知识，"谢谢您，张大爷！下次再演我就穿厚底儿，谢谢您。"后来我们共同生活了十几年，建立了深厚的感情，这位师伯让我一生难忘。

王韵童先生一家子对人都非常好，我和玉生、玉成一起练功、配戏，夫人王静萍对我也很亲切。一天晚上化妆前王夫人叫我，"小马，你现在有事吗？"我有礼貌的说："没事，王师母，您有什么吩咐吗？"她笑了笑说让我办点事。我随她到宿舍后院，她从口袋里取出一封信来，"我不认字，你帮我看看，念给我听听。"我展开四页信纸一看，来信人是个女孩，字写得潦草，后面落款的是一个字"宝"。我立刻想到，我还不知信内的内容，倘若这女的同王先生有什么怕见人的事儿，如果念了岂不引起王师母和王先生的家庭矛盾，那还了得，不能念。就向王师母说："我的文化太差。这字写得太潦草，我先顺一遍句儿再念吧。"她不在意地说："你先看看没有关系。"我把信仔细看了一遍。啊！果然是石岛镇一个女中学生，写信恭维王先生，依现在的时髦名词叫"追星族"。内容是被王先生的演出艺术迷住，陶醉了，离开后是如何的想念，不知何时再见等等。我吃惊地想，这不是一封情书吗？如果原原本本的念出来，她回家和王先生肯定要吵架，我只好来个善意的谎言，"啊，这是石岛一个戏迷，常看王先生的戏，不知何时再能看到王先生的演出，很盼望。"王师母不放心地说："没写别的意思？"我坦然回答她："没别的意思。""你能念给我听听吗？"我说："我的文化太差，念不好，那我念念吧。"因我对此信已有印象了，那些想啊，爱呀的，我认为能引起王师母讨厌的词，都隔着没有念，再编几句，反正她不识字，糊弄着念完后，我又添补了几句，"王先生的艺术，到哪里也有一批崇拜的戏迷。"她笑了，"写信的人叫什么名字？"我不假思索的脱口而出，"没写姓名，只有个'宝'字"。王师母立即变了态度，"是小宝儿？又是她！"我没想到这个谎没撒好，"砸锅了"。"王师母，你认识？"她有点不冷静了，"太认识了。好啦，小马，这封信的事你对谁也不要说，我知道你这孩子老实，才找你给我念信，谢谢你。你有空到我家去和大水玩（玉生乳名）。"我出了宿舍院，到后台门口回头一看，王师母手里握着一把粉红色的碎纸片，一拐墙角，"唰"的一声，抛在垃圾池子里。我马上意识到王师母醋意大发，把信撕碎扔了。心想，我幸亏未把信上的内容原原本本地念，这个谎虽然没撒好，但总是比不撒谎好得多。我虽然是骗了她，但自信我是好心。后来我拜了王韵童先生为师，逐步了解

了写信人的痴情，和我师傅有一段“情恋史”。这件事情在我心里埋藏了六十多年，直至今日写回忆录才道出此事，师傅师母相继故去十多年了，而今回忆，感慨万千。那时我十五岁，如今我已是七十七岁的老朽了……

王韵童先生非常会团结同人。年前为大家演一场义务戏，谁分到年货都感激；给班底分年货，虽然是小恩小惠，可是很得人心，大家都翘大拇指。“王老板真是仗义、大方，大角儿的风度。”一批一批的流动角儿，从演戏到为人，我都看在眼里，为人和技术同样重要。当时我理解为，这可能就是前辈们说的德和艺吧。

我对王韵童先生甚是崇拜，他就是我心目中的麒麟童了，心想有这样一位师傅多好？我把想拜王韵童先生为师的想法对父母讲了，全家同意。父母找到许焕章先生商量，许先生的意思要再考虑一下，拜师之事并非儿戏。他和沈金波先生（马派老生，后在上海京剧院，《智取威虎山》饰少剑波）熟悉，如果荷礼能拜他就好了，北京金字科马连良先生的弟子，咱这孩子的条件最好拜个名头大一点的。我父母的想法是：咱也不要求太高，将来能赶上王老板就烧高香了。许焕章先生说：“你们不懂啊，荷礼这孩子的条件和心胸，将来可不止出息到韵童这个样，很可能超过韵童。”这番话我父母根本就不敢想。既然这样，许先生一口答应他去联系。

谁知此事出乎意料地顺利，王韵童先生一家人都非常愿意。张振贤（司鼓）是王韵童先生的师兄，也是处事的“参谋”，对我印象很好。玉生、玉成整天和我在一起练功、合演武戏，更是愿意。王师母对我的印象更好，很可能她有个私心，今后能给她当个小秘书，起码能帮她看信。连管服装的梁言恩大爷都说，小马这孩子不错。看来我的人缘还可以。许焕章先生给我父母回话，他们这一家人都非常愿意。于是又找了老艺人张艳琴和许先生为男女证人，请我的干爸黄克鸿执笔写了合同契书，请来剧团的三老四少，举行拜师礼。合同上写明学徒五年，家中一切不能过问，练功摔伤、逃亡、自缢，师傅概不负责；五年内师傅管吃穿、传艺；五年徒满，还要给师傅效力一年，也就是说六年以内的收入全归师傅。此合同念完了，我父母眼圈就湿润了，虽然儿子拜师是好事，但这一纸合同就是儿子的卖身契，父母盖了手印。我却没太动感情，心想不就是六年么？六年出徒能成角儿，出名挣钱一切全有了，哪个好角儿不受罪。新社会收徒弟，师傅说不要叩头了，拉我起来，给师伯、师母鞠躬，给介绍人许焕章、张艳琴鞠躬，给在场的同人三老四少鞠躬，证明人也都签字盖了手印。我很清楚从此我父母就把我这个儿子给了人家啦，心里也是一阵酸痛，但我是咬着牙，绝不能掉眼泪哭出来。师傅王韵童对我父母讲：“大哥、大嫂尽管放心，荷礼是你们的儿子，是我的徒弟，我一定拿他和我的儿子一样，六年后出徒，你们就有一个有技术的儿子了。”我父母又是一番感谢，“王师傅您多费心吧”。师伯张振贤说：“新社会办新事，在场的同人们都可以作证，我们决亏待不了孩子，荷礼一定有出息。”众人都随声附和的奉承了一番。我父亲又摆下两桌酒席。从此，我就名正言顺的成为王韵童的徒弟了。宴席上公布了一件事情，“按梨园行的规矩，先进门者为大，玉生早进门，但他年龄比荷礼小三岁，荷礼是带艺进师门，已经能演十几出戏了，就按年龄排吧，荷礼为兄，玉生为弟。你们师兄弟今后相处的时间就长了，你们俩也相互敬个礼。”我们相对鞠躬，玉成也给我鞠躬认师兄。拜师会就这样结束了。

因为师傅在威海的演出合同未满，所以我仍住在家里。这样也好，能给父母、姐姐有个适应的时间，免得将来离家时难舍难分。这段时间吃住仍在我家，可是每天有一半的时间在师傅家。

春节前师傅接了一个电报，他母亲病故，我念了电报，都惊呆了，全家人也都慌了神，师母忙着做孝箍，师傅说：“这事不要和团里讲，讲了我也走不了，能把人家的戏撂下不演吗？再说交通不方便，没有汽车，到张店老家要走三四天。咱要讲戏班的行规，不能撂台。”但是带上孝箍，团里能不知道吗？团长刘星轩及负责人、同人们都来安慰，也对师傅为了照顾营业而放弃回家奔丧的义举深表谢意。师伯张振贤说：“谢谢大家关心，咱们都是吃戏饭的，常言说得好，爹死娘亡不能撂台。主演走了，戏谁来演？咱们干这个的要讲个行规义气。谁都是父母所生，心情可想而知，但我和韵童商量了，不能回走。”大家都非常感激，照顾业务不停戏是为了大家，都赞扬师傅仗义、顾全大局。

师傅回了电报、电汇了钱。当晚演出的剧目是《唐伯虎点秋香》，情绪上丝毫没有影响演出。这件事对我的教育极深。“梨园行，咱们是干这个的，戏比天大，爹死娘亡也不能给人家撂台。”此理我一生不忘。

腊月二十九日晚场大反串《大溪皇庄》，师傅反串彩旦，王月珍扮演褚彪，玉生扮采花蜂殷良，我演一小刀马（跑车旦角），唐尚喜扮花得雷，张丽芬扮花驴贾良，《大溪皇庄》带杂耍(杂技表演、唱选段)，滑稽开打。按戏班的老规矩，封箱前这场戏是“人头份儿”按人数平均。这样的演出也很有意思，演员们卖弄才艺，没玩意的要洋相。所以，营业很好，收入高，大家的份就一样多。角儿不要份，把自己的份儿赠给大家，表现一个义气。

除夕晚上很热闹，戏园子里有很多讲究。由宋宝升安排，后台有香案，是三层供桌，上面是祖师爷，中供五大家（五家动物大仙的牌位），下层是白猿祖师的牌位（武戏之祖）。管箱的供指天画地童子，梳头的化妆员供观音。演完戏，戏箱就用写着“封箱大吉”的封条封了。后台供桌上香火不断，香纸、蜡烛、供果，挂着大红桌围，叩头垫子摆得很严整。舞台上正中有个地道门，全要打开，用黄表纸铺道，有一米多宽，直铺到剧院门口。除夕夜十二点，团长刘星轩捧着香盘，在老戏园子街东头烧纸叩头，再托着香盘回剧院，说是接了财神，放在后台帽儿箱架子上，上面悬着文武财神盔头（文武金大登），剧院的大门一夜不关，台上台下有红灯一夜不息，这叫长明灯。刘星轩团长接回财神，我们武行及龙套分班站在供桌两边（站班），手里拿着红漆杠子、黑漆棍。鞭炮齐鸣。我师傅王韵童上香（主演老生），唐尚喜领众人拜一次叩三个头，共拜三次，叩九个头（三拜九叩）。同人之间抱拳施礼、互道吉祥后，各自回去休息。此后女同志就不准进后台了。

大年初一凌晨五点，箱头（管服装的负责人）及箱官要烧香，启箱（把封箱的封条在供桌前烧掉）。王喜岩、孙洪春、宋宝升、唐尚喜等武生武花脸，不知什么时候把脸都勾好了，扮四个灵官，是一老一少，一俊一丑，各抱一样降魔兵器，分别是鞭、锏、杵、锤。乐队打鼓佬是谭景春和我师伯张振贤，鼓佬座位左右有红蓝两色灯泡，叫阴阳灯。擂鼓了，四个灵官上台走身段、磕四门，高矮亮相，举着兵器到处乱打一阵。由前台到后台，再到池子里（观众席），再上楼。突然，打出一个一身孝服的吊吊（吊死鬼），四个灵官追着打，擂鼓声更响了，吊吊跑出剧场，剧场大门就关上了，息鼓卸妆。当时一个灵官要发两万块的彩钱（北海币折合现在的两元），扮吊死鬼的起码要五万元的彩钱。因为扮演吊吊，一身孝服，戴着老高的尖帽子，手里拿着哭丧棒和一条绳子（吊死鬼），大年下谁也不愿意扮演这个角色，以彩钱多雇人，一般是跑龙套的或者演零碎三花脸的扮，要高度的保密，除了老板雇佣一人知道，谁也不知道是谁扮演的吊死鬼。唐尚喜拿着一只大公鸡，双手把鸡脖子一拧、一拉，鸡脖未断，没办法踩着鸡头，好歹的把鸡头拉下来了，拿着鸡，围着台子洒了一圈鸡血，这叫祭台。结果粘了一厚底靴子的鸡血。

吃完了早晨的饺子还有节目。初一早起非常忙乎，我去给师傅、师伯、长辈们拜年，要叩头问好，一般是不等我下跪就被拉住了，有的长辈不太客气，等着接这个头，结果大年初一两个膝盖撵的全是土。给团长刘星轩叩头，他玩笑地说：“来，你们跪下。给我叩一个头我给一千元钱。”在剧场大门口叩头，我想，一万块钱一个头我也不干。可是玉生说：“好，我叩，你数着。”跪在地上叩了十几个头，“不准耍赖，给钱！”结果刘星轩撂了两万块钱给他就跑了。这事儿也给大年初一早上增添了乐趣。玉生磕头的事，团里人都在说这孩子太鬼了。以他自己的话说：“磕个头有什么，我给他磕一百个头就是十万，三分钟就完事儿了，挣钱是真的。”可是我不行，我丢不了这个面子，在大街上磕头挣钱，丢人！我佩服玉生“太鬼”，戏班的孩子就是比我聪明。不一会儿，师娘叫玉生回家，我们一同去见了师娘，师娘训他：“大水，你在剧院门口出什么洋相?满街赶着给刘团长磕头，不要脸啦？刘团长给你多少钱？”“两万。”玉生低着头，把两万块钱双手呈给师娘。师娘问我：“对吗，荷礼？”我急忙圆场：“是两万。师娘不用生气，师弟是和刘团长开玩笑。”因是大年初一，师娘也不愿闹气儿，“把钱送给刘团长，你的头就那么不值钱？什么玩笑都开。”刘团长听到玉生挨训，赶到师傅家解释，“别训孩子，这事是我引起的，我们爷俩闹着玩。”玉生送回去的两万块钱也没有要，“好了，算给你压岁钱吧。”众人调和着，笑谈着完事。此事给我又敲了警钟，以后处事开玩笑也要注意。跟着师傅师娘与跟着自己的父母不一样，我心里似乎有点拘谨和压力。

三遍响通儿（开台锣鼓）以后，初一早上的白天戏开台了，《跳财神》，师傅扮文财神，唐尚喜扮武财神，台下有专门换币的人以北海币换大铜子，用铜子儿向武财神脸上打，这叫“打财神”，这也是剧团的一笔小费收入，刘星轩团长在台前等着，武财神把大元宝抛给他，他用大袍的前襟接着元宝，到后面放在大衣箱里。满台铜钱乱滚。财神刚下场，乐队文武场就行弦，我扮扫财童子（戴孩发，穿道袍的仙童），拿着笤帚到台口把台上滚动的铜钱扫在下场门口，捡场人员（拉场的）用簸箕收进去。扫财童子有规定，由台口往里扫，最忌讳往外扫。因为往里收聚钱财，往外扫是散财，而且对观众也不礼貌。我扮演扫财童子几次了，有经验。进后台，不等脱了服装就到祖师爷供桌上去拿红包，这是扫财童子的彩钱。童子必须是未结婚的男孩，打开红纸包一看三千元，对于孩子来说相当于五个甜面火烧到手了。正式开锣演出了，演员和观众都是最兴奋的时候，台角上的大戏牌子上写着戏码，开锣戏《黄金台》要加一个“满”字——《黄金满台》。这是许焕章先生的戏，这个场面不分主次演员，只以戏码吉祥为准。这时坤角可以进后台化妆了，先到供桌前烧香、参拜、化妆。台角的二出戏码撩开了《摇钱树》，李艳芳（李祥如的女儿、小名花儿）的戏。我扮演哪吒（《花园》一折）。接下来是我师傅《御碑亭》，戏牌上要写《金榜乐》。最后一出《大赐福》神话戏，满台人最后一句“合府欢乐全家福”。“尾声”中结束了演出。

卸妆后，师娘说：“荷礼，今儿是大年初一，不要回去了，咱全家人吃年夜饭——饺子。”我心里想：哦，我已经成为这个家庭里的人了。晚饭很丰盛，师娘和师大娘做了一桌子菜。吃完饺子一会儿就化妆了，开场戏《拾黄金》（原名《花子拾金》要写《拾黄金》）。接下来《豆汁记》的初一演出要写《红鸾天喜》。最后是我师傅的《甘露寺》，此时要写《龙凤呈祥》。往常是我和唐尚喜的《丧巴丘》（改为《周瑜归天》），唐尚喜饰张飞。师傅来了以后就是玉生的周瑜，我饰张飞。可是初一演到刘备上船就打住了，因为《归天》、《丧巴丘》都不吉祥，这样我就饰赵云。师傅演的《甘露寺》和许焕章先生是两个路子，许先生是马（连良）派的；师傅是外江派路子，前面拜府时见刘备后，连夜进宫，乔福掌灯唱波子，二人跑八字如《跑城》。《大佛殿》一场相亲，唱大联弹。孙尚香别宫时也常唱联弹《大别宫》。上场诗，下场对儿，很火暴，据说是梆子路改过来的。我因王九爷一开始就教我联弹路的，赵云不起霸，扰肚子（成套的身段程式）。此活儿，我是轻车熟路，特别是《大佛殿》，贾华上高儿唱完下场。赵云唱“赵子龙拔宝剑”，乔玄接半句，二人合唱“咱二人两下里观看”，拖长腔双望门后进门，“跺头”（鼓点名称）中亮相，得满堂彩。师傅下来很满意，“这小子！这个活儿还挺地道，跟谁学的？”我说：“梆子班改皮黄的王九爷。”“王九爷是谁？”我没词了，想了想，从我见他的时候众人就称他九爷、九叔、九大爷，至今不知他叫什么。

俗话说：穷人过年叫年关。大人为难，孩子欢喜。大年初一我从凌晨出来到天近午夜回家。母亲尚在灯下做针线，我高兴地进门：“妈怎么还没睡呀？”母亲这才放下手中的针线：“大年初一怎么一天没回来？锅里还给你留着饺子……”我仍无感觉，“不用啦，妈，今儿两场戏从早晨祭台、挑财神，师娘说大年初一不叫我回来，全家在一起吃团圆饭，所以……”母亲长叹了一声：“我猜到了，可能是留你在那吃饭，你已经是人家的人了……”我看到母亲眼泪就要掉下来了，突然间心口窝里就像浇了一碗凉水，唰的一下，酸劲直冲到鼻子，这才体会到我一天未回家父母的心情，急忙安慰母亲：“过了初一就不在那吃饭了。”“睡吧，累了一天了。”我翻来覆去地不能入睡，非常理解慈母的心情。

初二早晨是“财神日”，仍然要吃饺子。包了一点，初一的饺子剩的很多。姐姐告诉我，初一我一天未回来，一家人基本都没吃饭，所以剩了很多的饺子。早饭后急奔剧团，先到师傅、师伯处问过早安，便到后台扮戏。心想，我离开威海之前要多陪陪母亲，尽量减少她的失落感。

难过的日子，好过的年。练功、演戏，规律性的工作和休息，不觉已过了正月十五。烟台金刚戏院，团长付志铿到威海接人，和师傅一谈即成，这次到烟台的合同里加上我这童伶武生马荷礼了。在威海，师傅一家和剧团是三七分账（每场戏的收入团里七成，师傅三成），这次到烟台加上我，师傅就要三成五、烟台剧团六成五，多了我就加了半成账。另外，在威海带了一个拉京胡的人叫周有志，虎口村人，因他参加剧团不久，说是捧角的京胡，实际是现学就干，师傅的戏码特别宽，周有志学得也很快，对对唱腔就能伴奏。最有利的是师伯张振贤这个鼓师会的多见的广，很有经验，有这么一位鼓师，周有志就保险了。我记得在烟台演出全部《乌龙院》，四平调的过门都入不进去，可是白天说了晚上就拉，没有问题。周有志的工资每天三万五千元，实在是不多。实际师傅也就是给了他个学员份儿，他进步很快，到胶济线上就涨到五万元。其实，也不算多，但比我强，我带着十来出戏拜师傅六年不挣钱，这样一比，他还算满意。

大海报贴出去了，临别纪念演出，最后五场。我很清楚快要离家随师傅走了，在这五天里也不知干点什么好。最爱惜的是我看过的小说《封神榜》、《济公传》、《施公案》、《七侠五义》、《西游记》、《三国演义》等，虽然这些书上我有很多的字不识，但能懂其意。我把书整理好，捆起来一大摞，看来这些小说不能带了，只能把戏考、唱本之类的书和《连环套》、《铡美案》、《黄金台》剧本上还有金少山的几个脸谱，收拾好了。反复地看我过去自己制作的木头小手枪、弹弓、飞天炮、洋火枪等玩具，真是爱不释手，但是我想到随师学戏不会有时间玩这些东西了。自己制作的东西很有感情，就分送给邻居的孩子们。演戏用的胖袄、大领，脚下穿的靴子很全，白、黑薄底儿，白绣花狮子滚绣球的厚底、黑厚底，黑白红三条彩裤，包头、网子，一个红木的化妆盒子里面带镜子，也算是个古董，装了一木箱，加上枪杆、马鞭、双刀、电棍（武生耍的电镀棍），这些东西便是我随师学徒带去的行头。我的电棍不是电镀的，是纯白铜的，用粉一擦就很光亮，是父亲用二十斤粮食换的老前辈付德芳先生的。这条电棍跟我闯荡了十几年，一是白铜棍比较珍贵，二是从我十五岁就用它，演《白水滩》、猴戏都用它，直到“文化大革命”抄家时，这条白铜棍被抄了。这时我心中七上八下，对这个家觉得格外亲，这五天怎么过得这么快？

我干妈苗艳芳叫我给月玲再写封信，全家人都叫我把拜师、离威学艺的事情告诉她。我想不需要了，给她去过信，至今未回信，不知道人家怎么想的。重要的是，拜师学艺时期，不应再去多想那些事情了。我舞台上学不出点名声，贴不了大字儿，不想谈这些事。人家是名角，比我大两三岁，是缘分将来我出徒会团聚的，没有缘分将来就是好朋友了。我一直感激月玲姐对我的帮助和关爱，她能找到一个好对象我很高兴，一点也不怨人家，谁知道我出徒时都有什么变化呢？母亲一再逼我写信，她特别喜欢月玲，又猜想我给她写的信她未收到。当时我思想很矛盾，这事不能叫师傅知道。不写也不好，因为我的情况起了很大的变化，要告诉她，还要安慰她。考虑再三，还是写吧。现在回忆我这封信写得很完美，主要是问候，还说“按照你临走时对我说的话，拜个好师傅，努力练功。我如今随师各地演出，看来我学徒期间，咱们不能保持联系了，希望你注意身体，艺术发展”。最后还是按照母亲的嘱咐，写了“我们全家人都很想念你，如果你想来威海，我虽然不在家，全家人欢迎你，什么时候来都可以”。这是母亲的话。写完信，母亲和艳芳干妈都很满意。地址仍是她头次来信的住址，邮出去了，估计三天她就能收到。

一切都准备好了，二月二以前要到烟台，天不亮就起来了，母亲煮了十个鸡蛋，叫“一把”。心里很乱，一会儿就要走了，哪能吃得下。母亲非逼我吃，最少要吃八个。好歹吃下去了，剩下两个装在口袋里，邻居们都来送行，婶子、大妈都掉眼泪，母亲反而很平静。邻居都说：“这么个孩子，一去五六年，怎么割舍……”母亲说，“孩子自己出去找饭碗，有什么舍不得。总在父母身边永远也出息不了，将来好坏由他自己闯去吧。”父亲躲在家里根本没出来，恐怕离别时哭出来不好看，更怕给我增添愁绪。姐姐把我送到戏园子，师傅雇了两辆大胶轮车，三个赶车的正在忙着装车，戏装箱、盔箱、行李卷。这次，又增加了我的一个木箱和一小捆刀枪把子。拉胡琴的周有志更简单，只是一个行李卷，一个布制口袋（装着几把京胡）。

师傅在威海反响很好，全团送行。许焕章先生拍着我的肩膀对我说：“荷礼啊，要争气，好好学习，将来成了角儿，我去接你回来。”我难为情地低下头，“我记住了，大爷，我一定争气，不给威海人丢脸。”团里老少都来和我打招呼，团长刘星轩未来和我话别，其实他并无恶意，一是我拜师傅与他商量，有点磨面儿；二是舍不得我离开威声剧团，我舞台上干活多，而挣钱少，他和我父亲关系也不错，总拿我当个孩子。我看看团内老少一张张的面孔，干妈苗艳芳更是难舍，不停擦眼抹泪。都知道这是好事，可是真到走的时候也觉得不是个滋味，此时心情都是一样的，但也没有什么语言表达。两个师弟玉生、玉成过来拉我：“师哥，上车吧。”我再找姐姐，她也不见了，我想姐姐准是躲在一边哭去了。我想这个节骨眼我一定不能掉眼泪，大家不好看，对师傅、师娘也不好，便咬牙上了车：驾的一声，大胶轮动了，众人都上了车，唯有师傅、师伯在下面跟着车走，远远地向送行的人招手。人影都模糊了，师傅师伯才上车，我极力调节着自己的面部表情，尽量装成不难过的样子，但是心里很难受……突然摸到口袋里的两个鸡蛋，忙拿出来分给两个师弟，他们看看师娘的表情，急忙接过两个鸡蛋。师娘说："就知道吃！"玉生、玉成耍了个鬼脸，忙去剥皮吃鸡蛋，众人都笑了，我也笑。但我想，当时的心情，我笑得一定很难看，心里的滋味没法形容。至今算来六十多年过去，回忆我当时十六岁的孩子心情，如今七十七岁的老朽，禁不住老泪湿纸……

学艺艰，为人难，闯荡江湖非一般。
别亲人，离家远，今朝离乡几时还？
棍棒打，吃气饭，汗水眼泪流不完。
咬牙关，拼命练，成名不知待何年？

大胶轮不停地驰进。那时威海去烟台，只此一条路，一路上过了无数的河。因为在战争中，桥全被炸毁了，河两岸的桥墩子上架着两条铁轨，军用汽车就在这两条铁轨上过去，当时尚未有客运汽车，所以大胶轮过河要蹚水。为使牲口听话，赶车人要蹚水牵赶。师娘、大娘和玉成在车上，其他人都要蹚水过河。河流宽窄、深度不等，窄的有两三米，宽的有五六米，水深处有二尺多。当时都穿着棉衣，把棉裤脱了，搭在脖子上，手里举着鞋、袜，相互拉扶着过河，到了对岸跳动一会儿恢复体温，因为二月二以前水还很凉，穿上棉裤、鞋、袜要跟车走一会儿再上车。师伯年又在戏班里唱草台子（常年跑四乡演出的戏班子）叫"跑列外"，什么季节什么路都走过，很有经验，冷水泡过就要活动开，这样筋骨、肌肉不受毛病。就是这样上坡下崖、过河，坐一阵车。

天黑下来了，上了大山坡就是牟平的上庄，车夫说："老板，好找店住宿了。"师傅划了火柴看看怀表，"啊，快十点了，住店！"到了上庄大坡，路边挂着一个箩圈，上面披着一些红布条，大车上只有一个马灯看不清。大车赶进大院，车夫忙着卸套让牲口休息。我们都在掸身上的土，春天风大，走了十五六个小时，又渴又累，进屋都上了炕，大饭碗盛着白开水，半截墙上一盏小油灯，只有一种饭——面条。此店是一家子开的，父母子媳四口忙个不停。三个车夫忙着饮牲口、拌料喂草。一会儿，十几大碗的面条盛好了，老板娘拿了一个酒盅，里面是香油。一个很小的铜钱眼里插着一根筷子，拿着这根筷子把小钱平放在酒盅里，往上一提，放在面条碗上面一歪，小钱往下不多不少滴两滴香油，每碗滴过香油后端到桌子上。"哗啦"一声，一大把筷子放在了桌子上，我忙着掏出小手巾一双双地擦了一遍，分摆在师伯、师傅长辈面前，再把筷子送到车夫手里。车夫抽着烟接过筷子笑了："王老板，你们做艺的都讲礼数，看你们家的孩子真知道大小。”我和店主婆把面碗摆上，小长条桌坐不开，我和师弟端着面条，在锅台上吃。我发现师傅对我的举动很满意，这就是我十八岁就给他当管家的基础。哎呀，这面条怎么这么好吃？菠菜卤有点虾皮，这一大锅打了两个鸡蛋，怎么这么好吃？小铜钱上滴这两滴香油格外香。吃完饭大人们抽着烟，都已经困倦，师伯说：“早点睡吧，明早上还要赶路。”师傅、师伯四口睡炕上，我们就睡地铺。把包米秆子摆在地上，放开行李，都是和衣而眠。厢房两间店主东一家，一个露天的小草棚子，四头牲口，三个车夫在车底下，铺着包米秆子，盖着一床小被，拉呱抽烟。这晚的吃睡情形，至今不忘，似乎我在电视里都没有见过这么特殊的镜头。

我躺在草铺上，回忆着一天的经过，是否有引起别人不满意的地方？父亲在我临走的前几天就不断嘱咐我，“出去后身子跟着人家不比家里，要有眼珠，有礼貌，要眼快手勤，多看少说，大人说话仔细听，长见识，别打岔。”这一幕幕的场面在脑子里闪过，突然想起姐姐送我的时候不见了，准是躲在一边哭，那母亲呢？这几天少不了流泪，我的泪水止不住的流，咬着嘴唇不敢哭出声音来，忍着，憋着……众人的鼾声，呼噜呼噜地响，心里非常讨厌。我流着泪，想着家里的情景，也不知不觉地睡着了。

初到烟台情况变　随师学艺处事难

起床了，我被一阵嘈杂声惊醒，睁眼一看，大家都在忙乎收拾东西装车，我擦擦眼，心里很清楚，恐怕脸上还有泪痕，别被人看见。服装员梁大爷把行李捆好，车夫套车，我给师傅打了漱口水，洗过脸后，又是一顿面条。

店主把我们送到大路上，我坐在车上想：唱戏真不易，奔波、朝行夜宿，过去叫跑江湖。目睹这三个赶车的更是不易，累了一天睡在大车下面。师傅发话了：“赶车师傅，不要老打牲口催行，昨天走了一大半，今天早晚到烟台就行了，不用着急。”车把式说：“王老板，赶早不赶晚，到烟台我们还要去找回头脚儿和顾客。”“你们真够辛苦的。”“哎，挣钱的事哪有不辛苦的。”过了孟良口子道路就平坦了。

天已近午，车进烟台了。正走着迎来三辆马车，是付团长过来接角儿的。我们下了大胶轮，上了马车，大胶轮上只剩下服装员梁大爷押车。我的眼不够用了，这烟台比威海好多了，买卖商号门脸也阔气，大街上非常热闹。车到了一牌楼的大街上，下车一看，“东来客栈”，我们住进二楼的北头。师傅向车把式道谢，剧团付了脚钱，师傅每人给他一盒烟卷，三个车夫都鞠躬道谢地赶车走了。一路行来风尘扑面，都是灰头土脸，师傅三天未刮胡子了，脸上本来就有一大块伤疤，还戴着孝，一身的灰土，哪里像个角儿，好似一个车老板。马车又把我们全家拉到了澡堂子洗澡、理发、刮脸。回到旅馆换衣裳，师傅、师伯都把长袍上套了大褂，礼帽。我们都换了衣裳，我也套上了黑士林布的中山服。坐马车到了烟台有名的饭店蓬莱春。

非常丰盛的下马筵，是新到一地的第一次筵席。当地剧团负责人招待，相互介绍人员情况。团里的负责人敬酒把盏，我的心态马上变了，啊！这么气派、张扬，这个场面和昨晚在路边店的情景天壤之别。酒醉饭饱后，马车把我们全家送回客栈，我和师弟玉生住在一屋，琴师周有志和梁大爷住一屋，师傅、师伯两对各住一屋。师伯说：“都睡觉，要养精蓄锐唱炮戏。”这一觉可香甜了，一觉到五点多，起来洗洗脸，师傅、师伯在喝茶，商量着什么事。师伯是师傅的高级参谋，师伯说：“烟台的艺风和青岛有些不同，头天炮一定要派头戏，下来再上‘生码儿’（新剧目）。”我明白了，这是在商量大打炮的戏，我要仔细地听着，长见识。

团里负责人来了，请上车去吃晚餐。这位付志铿先生虽是票友，乃烟台同乐处的元老之一，江湖得很，问我们有没有回族的，烟台有非常好的回族旅馆，因为在旅馆簿上看到有姓马的。京剧界姓马的回族人多，如北京的马连良、马富禄等先生都是回族，若有回民，吃饭好安排。师伯说：“没有回民，不要过奢，随便吃点便饭就可以了。”晚上又是一顿丰盛的宴席，吃饭是最开心，个人随便点。玉生、玉成基本是孩子心理，只知道包子、羊肉饺子，师娘特意问我：“荷礼，想吃什么自己点。”我说：“随便，什么都行。”跑堂的说：“小老板随意，咱这什么饭都有。”因为那时候大米最缺，平时吃面不困难，于是我说：“那我来一碗虾仁炒饭吧。”跑堂的伙计说：“好来！一个虾仁炒饭。”团里人奉承我师傅，“真是大家的少爷，王老板的高徒是吃过见过，乡下孩子知道什么叫虾仁炒饭。”师傅被奉承得也很高兴：“快别夸他们了，我这几个少爷就是会吃。”“哎，三辈学吃，五辈学穿，看得出来吃过见过。”这是奉承，我哪里吃过见过，他不知道我父亲也是开馆子的。

第二天，师傅、师伯到我们住的楼南头去，拜访当时正在演出的角儿——崔盛斌，他身体不好，有肺病。过去他们都认识，今晚演下来，明天就是我们接台打炮。崔先生年长，这是戏班的礼节，相互客气了一番。今晚就是崔先生临别纪念的第三场戏了，大轴《水帘洞》、《闹龙宫》。我和师弟要去看戏，因为我们也演这一出。晚上，师伯、周有志我们都去看戏。不看不知道，一看吓一跳，崔先生年龄近五十岁了，骨瘦如柴，他有肺病，哮喘。《东海岛》下水，两个虎跳，两个前坡，插手虎跳，前坡上去那个漂亮，落地无声，太飘了。王富虎饰龟帅（王八），祝岐山饰虾米。海岛一场唱昆腔，三人走零碎（翻扑技巧）太棒了，连他的儿子小崔盛斌（因在青岛生人，乳名小青岛，比我大一岁）的三虎跳一个前坡也非常漂亮，扮演小猴，身手干净。崔先生的“走边”（套路名称）耍鞭、锤花，干净利索。我对玉生说：“师弟，看看人家的《闹龙宫》，咱这龄还能唱吗？”玉生说：“这龄戏咱还真不好演啦。”尚未演戏我们心里就嘀咕，憷头了。

满街的大海报，师傅是一整张的大红纸写一个字的大海报：王韵童，著名麒派文武老生，兼演红、黑二净，周麟崑得意高足，南北驰名。我和玉生都是一张大红纸题名，上写着童伶英俊、勇猛武生、长靠短打，王韵童得意高徒；玉成是童伶筋斗武丑；著名鼓师张振贤，著名琴师周有志。和师傅合作的旦角是烟台看家角李韵秋，她是金嗓钢喉，四大名旦的戏都演，南派旦角戏见长。大海报贴满街，剧场门前红绿彩灯，两排水果摊、瓜子柜，马车成行，好不气派。

我们的三天炮戏也很火暴。头天三童伶合演《花蝴蝶》，王玉生饰姜云志、马荷礼饰展昭、张玉成饰蒋平。大轴《萧何夜下追韩信》卖剑斩樵起，登台拜帅止。第二天三小童合演《三岔口》，马荷礼饰任堂惠，王玉生饰刘利华，张玉成饰解差。大轴《秦香莲》王韵童前饰王延龄，后饰包公，李韵秋饰秦香莲。第三天前面是《取长沙》，马荷礼饰黄忠，王祖袍饰魏延。全部《乌龙院》闹院起，刘唐下书、坐楼刺惜止，王韵童饰宋江，李芸秋饰阎婆惜。

这三天炮戏是红了，但三天都有想不到的事故。头天炮戏，因师傅好几天没唱了，叫琴师周有志调两句，伸伸嗓子，谁知一张嘴嗓子哑了，唱不出来了，全家人为之担心，这咋办呢？师伯说：“别着急，喝点水，闭目养神，一会就好了，越着急越坏。”我们这伙人坐着马车，拉着行头到剧场扮戏。开戏了，《花蝴蝶》这龄戏，玉生、玉成在青岛娃娃剧团里就是他们俩演。加上我扮展昭，一起演过多少次了，本来就熟而且是打炮戏，精神特别集中。玉生头场趟马，大罗帽、豹衣、豹裤、道袍，台上出来一个小玩意，他才13岁，像一个江米人，台下一阵喧哗和掌声；五鼠弟兄跑过场后单上蒋平，玉成那时仅是一米三高，勾武小花脸，黑打衣打裤，嘴上还挂着上八字的胡子，像滚出一个小黑皮球，台下笑声不断；后面我扮的展昭箭衣大带、甩发持剑上，本来是两望门踢腿四击头下，为了突出一点，四击头下场时，我加上飞脚旋子，亮相又是一阵掌声。我们三人一个比一个高三指，一台人在台上就我们三个孩子在中间更是显得矮小。后面鸳鸯桥水斗，擒花蝴蝶，台下气氛如开锅了一样，我们在尾声中下了场。师傅已扮好了萧何，原来萧何是穿白蟒（现在都改穿香色蟒了）。我们担心师傅的嗓子，师娘和大娘都在台下最后面站着听反映。台下客满还有站票，我们都没洗脸等看师傅上场，大缓锣清场，萧何一打架子上场碰头好，台上的脚灯，两侧的红灯齐亮，衬托着师傅，相沙、白蟒、苍髯很漂亮。台下鸦雀无声，我屏住呼吸在上场门听师傅的引子，老词是“久困堡中何日里，一流疆洪”。邪门啦，师傅的嗓子又宽又高，只是带哑音，越发像周信芳先生，“哗”的一阵掌声、喊好声。我们都松了一口气。两个钟头前嗓子哑的不出音，现在怎么好了？接着师伯对周有志讲，把弦长半个调门，嗓子回来了。由烟台景惠生饰演韩信，到萧何唱“好一个聪明的小韩信”这段的前面，踢袍向前三步，还没唱好就上来了，这出戏唱的台下沸腾了，止戏谢幕。后台都来道辛苦，师傅未洗脸在坐着休息，浑身的汗，流个不停。

突然后台喊：“都别走，到楼上开会，有要紧的事。”大家赶快洗了脸到楼上开会。不一会儿全后台的人都到了楼上，查点人员已都到齐，这时候进来三个公安局的同志，为首的一位是局长，说道：“演了一晚上戏，大家都辛苦了。谁叫付某某？”付某某站起来了，“谁叫刘某某、某某某？”这三位都站起来了，这时候门口的两位公安人员也进来了，局长掏出一张“逮捕令”，“你们被捕了！”这四个公安过去把这三人铐起来押走。会场静得吓人，局长又说“哪位是王韵童先生？”我师傅脸色苍白地站起来了，回答说：“我是王韵童。”局长笑了，“今晚上看了你一出戏《追韩信》演得很好，请坐下吧。”这时候大家都舒了一口气，师傅还未恢复那紧张的状态，“谢谢”，坐下了。局长说大家休息吧，就下楼走了。这下会场嗡的一声，全过来安慰我师傅，“王老板受惊了”，“我的妈呀，局长怎么这样问话”，师傅这才完全平静下来“没什么”，大家都纷纷回家了。我们回到旅馆，吃夜宵时一直谈论着这事，抓人和看戏连在一起了，要是胆小的，有心脏病的能被吓死，会出人命的。

这是头天炮戏，演出后的不平静，成了同人们的一个笑谈故事。

二天炮戏，我和玉生的《三岔口》，老路子前面摸黑，有过桌子、打瓦（任堂会手拿三片瓦往刘利华头上猛砸，将瓦打得粉碎）。前面王成饰小解子和店婆逗乐子，走零碎（卖弄基本功技巧，如大卖艺）台下掌声不断，我和玉生的摸黑对刀，拿法（打拳）一切都非常严实。可是在过桌子的时候，下场门出来一个戴礼帽、穿灰长衫的人，我一看，啊！是刘俊文先生，台下也是嗡的一阵，刘俊文来了。原来刘俊文先生在丹桂

剧院演出，我们在金刚剧院，他和我师傅在青岛关系非常好，同庚都属猪，是叩头把兄弟，生日比我师傅小。他的舞台绝招很多，三虎跳三个前坡，最后一个脚尖就到了台栏杆了，前坡上空（前腾空翻）就在台子外面了，眼看要掉在台下了，台下观众大惊，要掉在他们头上了。只见他在空中一搂腿，空中移位落在台上，和猿猴一样的轻飘、敏捷。又如翻大旗，他的倒扎虎，身子像一个树叶在空中倒转，大旗在他身下扫过，曾有一次耍大旗的人扫得慢了一点，他一挺劲，似在空中停了一下，大旗扫过去他才落地，真有点神啦，这是戏班里公认的筋斗王。在青岛筋斗大王袁小楼演出《五百年后》的孙悟空，喝醉了，谁敢替“袁猴子”演猴戏？是刘俊文替演，袁老板只是在布景的五行山下露了一下脸，一晚上的戏由刘俊文代演，台下很多人把他当成袁小楼了。我对他崇拜得要命，他这一出现，我非常紧张。正好过桌子，他出于好心，想捧我们一下——孩子戏，对晚辈的关心，给我们扶着桌子，台下反响很大“刘俊文老板亲自上台扶桌子”。可是这样一来，我紧张得不敢过这个桌子。这时台下又鼓掌了，玉生在前面案头过了桌子，我还在犹豫，俊文先生喊了一句：“走哇，少爷（对晚辈的称呼）。”我鼓足了劲过了一个蹿虎跳，蹿过去了。一阵掌声，这很可能是给刘俊文先生叫的好，不管怎么样，是我过了桌子叫的好，从桌子下面抄起三片瓦，朝玉生头上砸去，瓦烧的火口很好，叭的一声，瓦打得粉碎，又是一阵掌声。最后石岛票友王祖袍扮演焦赞，三人开打，他一个抢背舔了头，头上的网子甩发全掉了，招来个大倒好。我和玉生为救场，胡乱打了几下。我又走了一排岔，焦赞才勒好了头，上了场，台下又是一个场笑。直到尾声，“三岔口”是红了，可是出了这样的事故叫人痛心。这是第二天炮戏的事故，后面师傅的全部《秦香莲》前王延龄，后包公。李芸秋饰秦香莲，《韩琪杀庙》前面她带子女唱高波子连唱带跑，她的嗓子又高又亮。解放后，烟台观众头次见前王延龄后包公的老生，反响非常好。

第三天炮戏，前面《取长沙》武老生戏我饰演黄忠，后面是师傅全部《乌龙院》。下午我和玉生、玉成随师母到新中国电影院看电影，演《女侠吕四娘》，三个多小时，非常过瘾，什么都忘了。忽然看到银幕旁字幕上打出“马荷礼速回”，我这才反应过来。电影院里光线暗不知道什么时候了，急到大门口一看，哎呀！天快黑了。我撒腿就跑，直奔剧场进后台就化妆，多亏跟包的梁大爷把我的靴包都拿到后台了。扮好戏，师傅到了后台问我什么时候回来的？我的心跳得厉害，梁大爷给我挡了一下，“早回来了”。我心里非常感激梁大爷救了我的驾。原来是梁大爷在准备服装时看我们去看电影还没回来，把行头拿到剧场，怕我误场，就对团里讲“大少爷”（大徒弟的尊称）

他们和他师娘看电影去了，最好找人去叫一声，别误了场，所以剧团打电话给新中国电影院，出了字幕催我回来。

想想这件事非常后怕，不是梁大爷催我，非误戏不可。这是第三天炮戏的事故，一生永记，所以我演了六十年的戏，从来未误场。梁大爷一直是给师傅管服装，伺候我们穿脱戏装，相处七年，我一直尊敬这位长辈。1957年我调回威海，和他分手，后来他离开我师傅，在昌乐京剧团落户，故于昌乐。因他日照老家无一亲戚，就葬于昌乐县。

三天炮戏下来就上新戏码了，如《天雨花》、《六国封相》最受欢迎，因为烟台胶东多年未见麒派戏，所以营业一直很好。一天晚场，我和玉生、玉成前面《白水滩》，我饰十一郎、玉生饰青面虎，当时青面虎《打滩》一场，红胡子挽起来，红发髻，使双刀、光着脊梁，像一个小玩具。玉成饰抓地虎，我们三个这出孩子戏，台下像看小木偶似的，非常受欢迎。大轴戏是师傅的《路遥知马力》，当时烟台团里这位小花脸非常不错，舞台玩意都得翘指说好，就是脾气有点嘎。此公名叫刘又奎，外号“刘狗子”，和他关系不错的同人都叫他“狗爷”，由这个外号就可想到他的性格。我们来烟台几天的演出也一直很好，台上很受欢迎。今天狗爷又犯嘎了，叫团长给他加钱，便借口有病上医院，把活儿“堪了”（撂挑子了）。这下麻烦了，戏班里讲话叫“抓虾瞎了”。《白水滩》刚下来，师傅说：“过来我给你说说戏。刘又奎病了，上了医院，你先扮上日久盯着，万一他不回来，你就顶上。”我的头嗡地一下，“啊？我扮日久！”心里非常害怕，因为我知道日久是属半拉“开口条”（武丑），嘴子要干净、利落、脆！我是一口的威海话，这不要命吗？救场如救火，专心的听师傅给说着对话，我抓住重点，就是和路遥的对话，“行路”一场的节骨眼。那时是三个半钟头的戏，外场是李芸秋在唱着《春秋配》，师傅在边化妆边给我说戏，《路遥知马力》是全部的，前面由马力别母进京、落水、路遥结拜，三把火，马力大战乌鸦岔、封王，路遥寻弟进京、闹府以后才上日久，时间很长。我勾上小花脸，在化妆室东南角上，面对着墙背戏。这个活儿我虽然不会，但剧情场意都不黑，专心地背了三四遍，这时候我身后的一切一概都不顾了，连外场演戏的锣鼓音响似乎也听不见，一心闭着眼背戏。这个场不好顶。“穿吧，少爷”，服装员梁大爷叫我穿服装了，我这才缓过神来。上场后由马力派下、趟马、见路遥一切都好，就是最后的一句词，吃了“螃子”（咬别嘴了），我把“常言道，话不说不知，木不钻不透”，说成：“常言道，话不说不透，木不钻……”心里想，糟了，说错了。没办法，诌一句吧，“木不钻不透，有什么为难的事，只管对我

说。”师傅为了弥补，接着说“是呀，我若不说透，你是不会知道的，不提起马力还则罢了。”我接着问“若提起那马力哪？”师傅接的很快：“是令人（碰板唱二黄三眼）可恨……”。就这样顺流而下，台下观众一点也没听出来。就在这时候台下一片骚动，观众都往后看，我和师傅在台上不知是怎么回事，因为进入角色了，也顾不得其他，戏顺利地演下去了。最后大团圆，双拜堂、尾声。此时是初春未脱棉衣，可是我身上的汗都透出跨衣（黑短打戏装），纯粹是因为戏词憋出的汗。本想和师傅说说外场错词的事，师傅很明白，因很多人在面前没让我说话：“别说了，现说就上还不错。”众人也都随声附和：“不容易啊，现说就上，救场如救火，这是顶雷呀！”

这时师娘上后台，对师傅说：“刘又奎在台下看戏，说损话叫我骂了一顿，灰溜溜地走了。”大家这才明白，刘又奎砍了活儿，在台下坐着看笑话。正好我说错词儿的时候，他说“嘿嘿，听这嘴子，这口条什么活儿都敢接，什么玩意儿。”他没看见我师娘在他身后，接着就顶上了：“口条不好能救场，你的口条好把活儿砍了，你就这德行啊？你是戏班的吗？你是什么玩意？刘狗子这名儿没错起，你还真是狗！”刘又奎回头一看是我师娘，周围的人都在看他，他如果还口，恐我师娘骂得更难听，也不好和一个妇女吵架，只有撤吧，赶快跑出剧场。大家这才明白，台下轰的一阵“狗子又耍狗了”，“狗爷在当地很少有人惹他，今儿叫一个妇女骂得狗血喷头。”“活该！”师娘骂刘又奎的事，很快传开了，成了戏班里的笑料儿，都说“狗子整天狗的咬牙，这回遇上吃生米的了，被王韵童的太太骂了一顿”。

在烟台这一个星期，是我有生以来第一次离开父母，按常规应该是最想家的时候。可是，我根本没有时间去想家，天不亮到剧场练功，八点多收功，九点多吃早饭，饭后要到剧场看师傅排戏，我们弟兄三个要和团里武行们过晚上的武戏。这次顶了刘又奎一个小花脸活儿，虽然是吃“蛎子”了，师傅没批评，因为是现说就上，可以原谅。但我想跟师傅出来和在威海威声剧团里的情况完全不同了。在威海是坐地演员、班底，好坏都是“底包”，可是现在是流动演员了，虽不是挑牌的角儿，我和玉生师弟也是海报提名，烟台报纸上天天登戏码的小角儿。刘又奎的三花脸叫我顶，这是救急，也得到锻炼。说真的玉生虽然比我小，但是出于梨园世家，舞台经验比我多，学戏比我快，因为我比他的个子高一点，这样给师傅配戏扮相上高矮差距还小一点。从此我长了点心眼，平时师傅排戏什么角色都注意，因为以后碰上什么情况，不一定叫我顶什么角儿。看排戏，看演出，有时候我还用笔记一些要紧的节骨眼儿。师伯张振贤天天早上看我们练功，给玉成抄小翻，叫我打旁把，帮着练小翻。闲来有时候还到我房间里看看，玉生枕头旁是玻璃球、香烟牌儿（烟卷里的图片）等玩具。我枕头旁是小故事书和一本《卧薪尝胆》的小人书。因师傅有三本《卧薪尝胆》的剧本，我的小本子上记得一些戏里技巧和一些别人看不懂的事，总之都是与戏有关。可以明确地看到演《路遥知马力》的日久，忘词了，很害羞，很害怕，但师傅未训我。师伯把此事告诉了师傅，并说我是个“小大人”，“人小心大”等等。这个情况是服装员梁大爷告诉我的。梁大爷对我讲“你师傅整天演出，早上近九点才起床，白天有时排戏还要应酬，哪有时间教你，况且你师傅不唱武戏，你要学他的东西就自己看吧，要看会了，不可能是教会”等等。我想此事一点不错，师傅不给徒弟说戏，教戏。我们演出以后希望他能给指点一下，他从来不管，为此我就要自己看着学。同时，看到当地团里有老先生，就向人家请教，看了就学，不明白的就请教。因此我学徒时期与别人不同的是：师傅从不教戏，全靠自己平时看、记和练。

看：排戏和演出，不仅是看师傅，各地都有好的老前辈名流，这些都是我未叩头的师傅，受益匪浅。

记：看到好的技巧、艺术，用脑子记，写简单的笔记。

练：模仿着练，根据自己浅薄的理解去练。有心学艺，遍地有师，有学不完的技术；无有心志，有好老师也学不到技术。我小的时候总嫌自己笨，只有多练来弥补自己的不足。

在烟台跟师傅和在父母膝下大不一样了。父母嘱咐过我，身子跟着人家，处处要注意，不要引起人家的不满意，所以我练功比过去刻苦多了，每天早上近三个钟头的功，总是大汗淋漓，如洗澡一样。师傅早上要八九点起床，由师伯看我们练功，我从未招师伯的批评或不满。

一天早上快收工的时候，扫剧场的说有人找我，我到门口一看是个不足三十岁的大个子商人，看来很文静。一见面他就问我：“你就是马荷礼吗？”我有礼貌地答应，“对，我是小马，您是？”他又问我：“最近怎么样，离开威海还习惯吗？”我想他一定是威海老乡，因为我们住的东来客栈是威海人开的，所以住进的威海人很多，就问他“这位先生是威海人吗？贵姓？”他笑了：“你不认识我，我姓谭，是烟台的。你认识月玲吗？”我的心扑通跳了一下：“月玲姐，是姜月玲吗？”他又笑了，“还有哪个月玲。我自我介绍吧，月玲是我小姨子，她姐姐是我对象，明白了吗？”我这才反应过来，急忙点头：“谭大哥，不认识，您别见怪。”他两手拍着我的双肩：“别客气，你们俩的事情月玲都对她姐姐说了，月玲现在在蓬莱演出。我们看到大海报以后，知道你拜了王韵童为师，告诉了月玲，她特意从蓬莱回烟台，在这剧场门前看了半天你的戏报，因你拜了王韵童，她不好去看你，恐怕给你增加麻烦，所以她没见你就返回蓬莱了。临走时叫我来看看你，你拜了老师，她很高兴，叫你好好学戏，将来成了角儿一切都好了。她说离开威海不久给你家写过一封信，她对你家里的人印象特别好，你见到她的信了吗？”“见到了。”“怎么不给她回个信呢？”我说：“给她回过信，我拜王韵童先生为师，又给她写过一封信。”他说：“糟啦，这两封信准是叫我岳父收去啦，信上都写的什么？”我说：“信上一句犯歹的话没有，她来信鼓励我，我也是鼓励她，好好学戏，练功上进，我们都想念她，什么时候来威海我们都欢迎。”谭大哥很高兴：“好，怪不得月玲夸你，今天一见确实很接人缘，叫人喜欢。我和月玲她姐看了你的戏，希望你很快地成长，将来咱俩是‘连襟’。”我不懂地看着他，他又说：“连襟不知道是什么？月玲是我们的妹妹，你是我们的妹夫。”我很难为情，脸红了。“谭大哥，月玲姐不嫌弃我，我很感激她，可是我们俩在艺术上差距很大。我年龄小，没技术，我们俩的事将来走着看吧，不管怎么样，我忘不了月玲姐。”他高兴极了：“好！好！你真是个小大人呀。有没有时间，我领你到我家去玩，认识一下我对象。”“谢谢谭大哥，我现在是在师傅门里，说话办事都怕引起师傅的反感，以后吧，请代问大姐好。”这时师伯和两个师弟已经收功了，抱着练功的刀枪把子走过来，我急忙告辞：“好，说到这吧。谭大哥，再见！”我和师弟们一起回到旅馆，玉生师弟问我：“这又是威海的老乡？”我顺话而应：“对”。

晚上到后台化妆时，见到谭大哥和一个女的在剧场门口等我。啊，马上就知道月玲和她姐姐长得很像，我恐怕师弟和梁大爷犯疑，就抢先几步过去说，“谭大哥来看戏？请稍等我送下行头（演出用的东西），马上回来。”没等他们答话我就进了剧场，放下东西出来了，见到谭氏夫妻上前拉手，“谭大哥好，这是大姐吧？”大姐只是笑没有说话。谭大哥说：“我回去把咱们见面的事说了，她非要看看你，这不，我们俩就溜达着来了。”我说：“大姐好！因为我是学徒时期，身不由己，不能到家看望您，您千万别见怪。”她不大说话，只是笑，“不、不，千万别客气，你有什么需要的只管找我们，千万别客气。”“谢谢大姐，我什么也不需要，一切都很好，如果没事我先走了。”只此一别再未见他们夫妇，但他们的形象至今不忘，就是这一面之缘吧。

烟台演出一月余　生活琐事多纠缠

世界上的事情，往往叫人难料、难躲。和月玲的关系，我决定暂且放下不想，等出徒以后再说。谁知事不由己。一天晚饭前，我看到月玲他父亲来了，经过我的房间，直奔我师傅房间。因是一墙之隔，他们的对话，我听得很清楚。“哎，姜先生，你怎么来了？少见啊，你好吗？”姜神仙很不客气的，“马荷礼现在是你的徒弟，我就要找你了，马荷礼勾引我闺女！”大家好像都很突然，静了一下，师伯说：“这话说得多难听，你女儿是角儿，荷礼怎么能勾引她。青年在一起练功、配戏，拉拉呱是很正常的事。在威海你不是也夸过小马吗？我想就是他们交朋友，月玲不找荷礼，荷礼也攀不上她。新社会可不能太封建。”师伯一向说话很压茬，一席话把姜神仙顶蒙了，哑口无言。师傅说：“慢慢说，怎么回事？来，喝茶！”姜神仙从兜里掏出两封信来：“你看看吧，这是马荷礼给月玲的信。”师傅没文化，没接。师伯文化程度也不高，平时连猜带溜的只能看看报纸的水平，他接过信去仔细地看完，师伯似乎抓住论理话柄：“姜先生，你拿这两封信来是什么意思？请你好好看看这头一封信，开头就是说来信收到。这说明月玲先给荷礼来信，荷礼才回信。这上面没什么犯歹的语言，两个孩子互相鼓励，好好练功，好好学戏，这有什么？姜先生您是有文化的人，新社会男女交朋友很正常，‘勾引’这两个字太难听了，谁勾引谁？您这话能摆在桌面上讲吗？”神仙没词，急了：“马荷礼他妈说她们都喜欢月玲，什么时候到威海都欢迎，这不是挑拨我们父女关系吗？”我在隔壁听得很清楚，大气都不敢喘，师傅发话了：“姜先生不用生气，也没必要多说了，荷礼他母亲说想念月玲，什么时候到威海都欢迎，这很正常。月玲是角儿，喜欢她的人很多，这是唱角的特点。朋友之间这种语言，想念呀，何时再来呀，这些话都是平常的礼貌话。观众都喜欢好演员，但没喜欢你的，我说这话你别生气，你今天来找我，说我的徒弟勾引你闺女，这话你不应该这么讲；反过来，我若说你女儿勾引我徒弟呢？你又该如何回答我？你应该平心静气地问问你女儿，是怎么回事，或者来我这里了解一下，都可以。你今天来我这儿，摆出兴师问罪的架势。姜先生，你敢在公开的场面把这事摆一摆吗？！”师伯接过话茬：“行啦，姜先生，实际你心中有股火儿。谁都知道，前者你想叫荷礼傍月玲，荷礼不干，拜了韵童，你是有点气儿，见了这两封

信，你又恐怕闺女飞了。说实在的，你这当爹的和继母要是对月玲好，她飞不了。我们都知道月玲是个好孩子，一人拼命地唱戏养活你们全家，月玲就够好的啦，换个人谁听你们这一套。”姜神仙说“我是她亲爹！”“是呀，你是她亲爹，你这一家子还有谁和她是亲的？拉倒吧，别说了，越说越丢人，没有月玲这个角儿，谁认得你是谁？您请回吧，我们还有事哪。”就这样，老神仙灰溜溜地走了，师傅师伯也没送他。

我想，这件事师伯肯定要问我，师傅必然要训我一通。一会儿师伯推开我的房门，看了看我没言语，又把房门带上走了。我在思想上做好充分准备，等着挨训，若问我，我就实话实说。我和月玲完全是清白的，除了演戏、练功，没别的。平时说话大都是与戏有关的话，只有一次她发火，训得我出汗，她用扎头的手巾给我擦了擦汗，从认识到分开，连手都未拉过。我想好了，这件事情，我不出徒不谈，也不去想它了。

两天过去了，师傅也未找我，这事儿一字不提，可我心里总是有压力，默默地埋头练功。看戏、记戏在我心中占了主导，其他想的就少，慢慢地就不想了。

在这个剧场演出不到两周，团里和师傅商量叫我们搬家。说是烟台山下聋哑学校旁边，有一栋楼房。一楼是门市房，已关闭了；整个二楼给我们住。有伙房，自己做饭，既方便又比住旅馆节省多了。当时我们和当地剧团是三成五分账，路费和住宿也是按比例公提，所以不住旅馆双方省钱，都满意。

我们全家搬进的这所楼房很清静。一楼商号停业空着，后面有大院，整个二层楼我们住着，每人都有一个房间，餐厅也很大。我和玉生住一个房间，睡一个大床。要用自己的被褥了，打开行李捆儿，一阵臊气味儿冲鼻子，我把褥子一伸，发现褥子上大花套小花。到烟台住旅馆，没用自己的铺盖，这些天也未打开，现在一看，这褥子都发霉了。哦，我明白了，玉生尿床，这褥子老不晒，气味顶鼻子，我差点吐出来，急忙搭在窗台上晒。玉生一看，不好意思了：“师哥，别晒。”“啊，不晒这潮乎乎的怎么铺？”他不好意思了，“让师娘看见……”我也觉得好笑，本来他才十三岁，还是个孩子，一个人睡，晚上也没人叫他起来尿，甚是可怜。“晒晒吧，以后晚上我叫你，就不会尿床了。”晒被褥本是常事，好像师母已想到什么，到我俩房间看看，一进门，她就喊“哎呀，这个臊味儿！”一看窗台上晒着的褥子上大花套小花，“大水！这都是你干的好事，这么大的人，还尿床，真不要脸！”急乎乎的回去拿来一床褥单：“荷礼，把这个铺上。”回头对玉生说：“再尿床看我不揍你！”他低着头，一声也不敢言语。我急忙打圆场：“好了师娘，今后我叫他，不会再尿床了。”

此后，每天晚上，我按时叫他起来尿。他很懒，总是不愿起来，但尿床的次数少多了。实际我也才十五周岁，也是个孩子，很理解他。每天练功、演武戏，劳乏一天，有时睡过去没叫他，他就尿床。师傅就叫他自己拿着擀面杖，到师傅面前，趴在凳子上打三擀面杖，久而久之，这擀面杖成了“家法”。为了叫他少挨打，有时他尿了床，我就偷偷地拿着褥子到一楼大院，找个不引人注意的地方晒褥子。这样师傅少生气，玉生也少挨打。久而久之，每晚叫他，成了我的责任，他有时尿了床，我批评他，他反而反驳“谁叫你不叫我！”现在回想起来是可笑，可是当时很可气。

师傅对饮食比较讲究，我已经掌握了他喝茶的特点，喜欢喝大方茶加茉莉花，或者加青果，不喝清茶。师傅的日常生活习惯和一些琐事，都是我平时注意的事项。这么大的角儿，每次只买二两茉莉大方，买回来师娘看过后，放进茶叶桶里。有一次李韵秋的父亲来访，我就烧水、换壶冲茶（不能用师傅平时不离手的小茶壶）、倒茶。师傅送客走后，我仍在门旁守着，等师傅说：“没你的事啦，你压腿去吧（我们闲着就要压腿）”，我才能走。可是这次师傅回来坐下，把壶盖拿下来，冲着我喊：“你看你下了多少茶叶？两个人下这么多的茶叶，四个人喝合适，喝不透就浪费了。冲茶倒水的小事都干不好，还能唱大戏吗？”我的脸热乎乎的，这是离家随师第一次挨训，马上我就服软：“茶是下多了，师傅，下回我会记住的。”师傅喝了两口以后：“下回想着，来多少客人，按量下多少茶叶，你去吧。”出了师傅房间，我压着腿想，这冲茶的规矩，量大量小，浓淡和水的温度高低，我是一点都不懂，因为我家里人没有喝茶的，更没有冲茶的知识。这次挨训长了见识。

如今算来六十多年了，我也养成喝茶的习惯，而且比师傅当年喝的茶好得多，也略知一些茶道的礼节和规矩。有时来客冲茶配饮时，脑子里常常就闪现出当年冲茶挨训的情节和场面。至今我不动烟酒，不摸麻将，不会打扑克，不会跳舞，只是酷爱藏书，喜欢喝茶。家中收藏的书虽不多，但基本能满足我阅览的需求；茶叶也有十几种，曾参加过几次大型的品茶会，经历过大的茶艺场面，但至今不忘童年为冲茶挨训，也是师傅第一次对我不满意。

随师傅学徒，一家人都是长辈，琴师周有志算傍角儿的。三个孩子我最大，所以跑腿采购也都由我去干，打酱油、醋，买菜，吃肉不太多，但豆腐天天吃。因当时师傅生活上比较简朴，带着九口人这么一大家子，还要置办行头，所以每天只能有一个有肉的菜。我吃饭时很自觉，根本不动有肉的菜，玉生比我小，馋得厉害，有时就掏一筷子有肉的菜，尚未送到嘴里，师娘的筷子早就落在他的手背上：“馋鬼，就知道吃！”他把眼皮一耷拉，闹个鬼脸就过去了。我非常理解和同情他，可怜他才是个十三岁的孩子，十岁起跟着师傅，也真不易。

在这些生活细节上，我从不讨人嫌，因为我家虽然贫寒，但自又就受这种教育。特别是临离家的前几天，父母给我讲过很多吃饭的规矩，平时要有眼珠儿，大人说话不能插嘴，要勤睁眼，慢开口，多看少说；远离钱，账房先生的桌子不要靠近，不要看人家数钱；师傅叫去买东西，回来要把账说清楚，剩一分钱也要交，不在钱多少，是个信誉，人品问题。父母的教诲，我始终牢记，每次买东西回来把花销说清，分文必交，这是师娘对我最满意的一个方面。玉生和我完全不同，叫他到楼下买一千五百块钱的豆腐，他就赚一百，真是又稚可笑。哪知他在买豆腐的时候，师娘就在二楼窗上往下看着，他端着豆腐进院，师娘就在窗上问卖豆腐的割了多少钱的豆腐？卖豆腐的回话："一千四。"这时玉生进院子、上楼，根本不知道师娘在窗上盯着他，一进厨房，师娘就问"割了多少钱的？"他装着没事，"一千五的。""什么？"玉生就含糊啦，"一千……五的"。"啪"的一个大嘴巴，"说实话！我在窗户上看着你，还敢撒谎！"他从口袋里把一百元的票掏出来了。"你这孩子，这毛病就改不了，叫你买点东西都不放心。"师傅回来了，问起情由，"自己去拿！"玉生习惯自己拿过擀面杖，双手送给师傅，趴在板凳上，挨了三擀面杖。"下次再赚钱揍死你。"玉生有个特点，挨打从来不叫痛，干掉眼泪不出声。回房脱下裤子一看，屁股上三条红棱子，我哭了："以后千万长脑子，别再赚零钱，你自己挨打，大人生气，多不值得……"他摸摸屁股，擦擦眼泪，一会儿就跟没事一样。他的挨打，对我的触动很大。我想，如果这事儿出在我身上，我就没脸见人了，直接没法活了。

烟台当时卖五香花生米的特别多，这是玉生最爱吃的一种食品，有时师娘也给我俩一点点零钱，买什么自己随便，但不准买糖和花生米，因吃了上火、坏嗓子。我不花零钱，顶多买个小本子记戏词和记事儿，有时也买本小人书。玉生最爱吃花生米，有时回来师傅把他叫过去；"张开嘴！"师傅一闻有花生米味儿，就知道他又偷着吃花生米，"啪"的一个嘴巴，"再叫你馋嘴，把嗓子搞坏了怎么唱戏？"如此类似的笑话很多，但玉生总是记吃不记打。

我们这一家子九口人，吃饭素菜多，常吃的菜就是黄豆芽、绿豆芽。那时候没有大棚、冬菜场，二月二以前，新鲜蔬菜很少，只有萝卜白菜。师傅吃豆芽很讲究，要摘根、去皮、吃豆芽段，这摘豆芽的活儿，就由我们三个孩子摘。空中悬着三个绳子扣，我和玉生、玉成把腿吊上去，一条腿站着靠在八仙桌子跟前，这是内行讲的"吊豆芽儿"，就是吊着腿摘豆芽。半个小时后，把腿放下来，腿被吊得血脉不通，脚都是凉的，这时需要先蹬半天腿，踢一踢，血脉和腿就恢复了，再吊另一条腿。要近两个小时把一桌子豆芽摘完，放下腿来再到楼下院里踢腿。基本是每早上六时练功，八点半收功，回来洗脸吃饭，饭后吊腿摘豆芽，踢腿，天天如此。只盼到剧场去排戏，不用“吊豆芽”了。而我对自己则总想多练一点，苦一点，练厚底功“生活化”。在家时母亲为我做了一双木头厚靴底子，有四指多高，钉上一双便鞋，鞋口、鞋帮上有带子，绑在脚背上，这叫“练厚底功”，平时总穿着，省鞋而练了功。当时我们住的二楼是老式的木制的窄楼梯，那时楼上没有自来水，要在一楼院里机井压水，我和玉生用小水桶到一楼，压井水往楼上提。他比我小，提水上楼比较吃力，可是我穿着木头高底鞋踏窄楼梯，要一手紧把扶手，一手提水，“咔哒咔哒”的上楼梯更吃力，踏不好，就容易滚下楼梯。慢慢地由吃力到不吃力地提水，练了劲头，又练了脚下的厚底功。师伯对我讲过，上海的老王桂卿练大靠功的事例，头天夜里把院子泼上水，次日早上起来满院冻成冰，穿木头高底儿靴，披上麻袋制的大靠，腰里挂上十吊铜钱，在冰上练《长坂坡》。他曾穿着一双铁鞋舞长穗剑，后成为上海艺界好佬，我吃这点苦算什么？所以咬牙坚持，这一个月下来，每早收功时要跑三十个圆场，竟然觉得不累，和玩一样轻松。师傅每天演戏、排戏，根本不管我们练功和演出，有时我们前面演武戏，他就站在上场口监督喊两声，“铆上”（卖力气的意思）。师伯每天晚上打鼓，白天监早功，还要看管玉成每天早上一小时的顶（靠墙倒立），要过二百多个小翻（单小翻串小翻），看得很严。他对我也很关心，每次收功时的三十个圆场，他就在中间，拿着藤子杆跟着我转，脚步不稳、上身摇晃，就用藤子杆打腿肚子。他说：“唱靠把戏，厚底功是根基，脚下不稳，靠旗就‘跳舞’（靠旗跳摇，不稳）。靠功、厚底功练好了，将来唱《跑城》、《追韩信》就没问题了。”因此我在童年时就偏重于厚底功。

在烟台的营业情况，逐步掉座儿（卖票少），其原因是搞运动，镇压反革命，一个月来，天天有示众游街的汽车，上面有木架子绑着反革命，最多一天枪毙十八个，人心慌慌，剧场营业不好。正巧蓬莱县剧团来约我们，剧场贴出“临别纪念，只有三天”的戏报。我想，从烟台到蓬莱，离家更远了。

一天下午，师伯问我，“那天姜神仙来找你师傅的事儿，你都听见了？”我点点头。师伯又问我“你现在怎么想的？”我说：“本来我俩也没什么。”我把我和月玲相处的情况讲了，最后我说：“我现在是学徒时期，一切不想，功不成名不就，没时间去胡琢磨，等将来出徒，有了吃饭的本事再说。”师伯笑了，“对啦，少爷有一句戏词，大丈夫何愁无妻，应该是先功名，后妻室。你说你根本配不上月玲，目前看是这样，但

将来不一定，全在个人。你想着，咱吃戏饭的主要是要有技术，没有技术死受气，有了技术还愁说不上媳妇么，好闺女有的是，挑着样地拣，可是没有技术谁也不愿跟，咱们就是凭舞台本事，连一张擦屁股纸也要靠你自己挣，知道吗？”师伯的这番通俗语言，却是千真万确的大道理，我决心这样做下去，拼下去，抛下一切私心杂念练本事。

要离开烟台了，我干爹黄克鸿从威海到烟台，来看望我师傅和师伯，他们是好朋友。母亲托他捎来一个大包袱，里面有一个纸条，写的很简单，就是感谢师傅为我传艺，感谢师娘照顾我，费心受累等客气话；捎来四双薄底靴子，三双黑色的，我和玉生、玉成两个师弟每人一双，另外有一双白色的，是我演《三岔口》任堂惠用的；还特意给师傅做了一双黑绣龙的厚底靴子，为师傅演包公专用的，绣三蓝色行龙，圈金线，漂亮极了，大家都非常喜欢。师傅留我干爹在我家吃了饭。第二天，干爹要回威海，我又写一便条，讲明我一切很好，父母不用挂念。此时已是要脱棉衣换季了，我把身上穿的旧棉裤捎回去，因为我这条旧棉裤裤腿已接了两次了（我一年比一年个子高，不能年年换做新棉裤，就一年接一块，套上一条单裤，连穿了几年。），今年冬天肯定穿不了啦，这么旧的棉裤，师娘也不会给我缝接。玉生也不会穿这么旧的，就托我干爹捎回威海，想到我二姨家孩子多，家里穷，这条旧棉裤，可以给我的表弟穿，他们是不会嫌弃的。谁知这一举动引起师娘的不满。她曾对我师伯母说：“荷礼这孩子，人不大，还挺顾家的，跟我们出来就把脱下来的棉裤捎回去了，谁也不告诉……”当师伯母问我时，我把情况讲了一遍，师伯母说“原来是这样，那你应该问问你师娘再捎就好了。”此时我心中特别难受，难过地偷着掉泪，一条旧棉裤能值几个钱？师娘何至于背地责怪我。我母亲捎来这么一包靴子，能买多少条棉裤？我母亲写来的便条，只字不回，实在于情理不通。然而我从中得到了一条经验，徒弟与师傅无理可讲，只能忍受；有技术的人随时可挑理，无理也有理。我们这学徒的没有技术，就没有论理的资格，连父母也好像比人家低下。此事激起我苦学苦练的心志，养成了一个习惯，师傅师娘发了脾气，不管对与错，我都忍在心里，也不掉眼泪，只是拼命地练功，苦练劳累、汗水可以冲走我心里的冤气。在我当年的小日记本上，常有顺口溜的四言八句，用它来安慰、鼓励自己：

学戏不怕受气，忍耐苦练技艺；
无技常受人欺，学徒总是没理；
学徒挨打受气，艺高不受人欺；
他年我若发迹，决不炸毛神气。

（此记事本在“文化大革命”中被抄，焚之一炬，今回忆重提，童年写了老来看，别有一番思绪）

首到登州府　海报题姓名

烟台期满心气盛，西赴古老登州城；
蓬莱仙岛赏美景，又见海报题姓名。

烟台演出月余，又到蓬莱。当时蓬莱剧团的人员，大都是蓬莱、黄县的一些老艺人，有转业的几位原部队文工团的同志，加上少数票友组成，人员不少，但阵容不是太强。这次和我们从烟台一起来的，有威海剧团的王月珍；有威海的票友、花脸演员吕廷华，他已正式下海唱戏了。

蓬莱剧院是一个大草棚子剧场，屋顶是瓦口铁的，能容纳千余人。剧场紧靠着唐代建筑杨林府，后院有秦琼当年坐过的水牢，一个很大的坑，有丈余深，坑中间有当年绑秦琼的木桩子。此时的杨林府已成了文化馆。剧场后台有一大堆布景，团里捡场的师傅是个一条腿瘸的残疾军人。经他介绍，这批布景是日伪时期，周麟昆先生来蓬莱，演连台本戏《封神榜》用的布景，临走时把这堆布景撂到这里了。师傅说：“看这布景特别熟悉，结果就是我师傅周麟昆撂下的。”

到蓬莱当天休息，我们到蓬莱阁参观。过大街牌坊很多，上面石雕的历史人物特别精致，戚继光父子的双牌坊，石雕人物非常逼真，想象不到的精美。当时蓬莱阁尚是原来的老面貌，由县里一位姓林的参议员管理。此人六十多岁，五绺苍白的胡子，住在阁旁三间小瓦房里，柴门旁养着一只猴子、几只大公鸡和两只大鹅，把他的门户看得紧紧的。参观完了，林参议员请我们到他屋里喝茶，他那一对大白鹅脖子一伸能有我的个子高，猴子上下的蹦跳，玉生、玉成逗着它玩。我们又到了西门里，过了渡仙桥，看了城门洞子上面的三趟大沟痕，说是薛仁贵征东（打高丽）时在这里上船，骑马出城，人高马大，盔和甲上的矛头、戟，把城门洞都划了沟痕。城外还有两个大石头灯碗，一个石头灯碗有七八十斤，据说这是当年秦琼打登州，身上背的石灯，用锁链子把石灯挂在

背后胫上的灯架上，被罗成用箭射下，落在这里。奇怪的是蓬莱城一面两道城门，双重城门叫“瓮城”（城门里面又建一小城）。蓬莱乃古老城镇，古籍典故、游览好玩的地方很多，如宋庆祠堂（清朝《铁公鸡》一剧中的项帅）。我想起《盗魂铃》中，蜈蚣大仙的四句诗：“洞中修炼几千年，变化人形在世间，虽然未赴蟠桃宴，亚赛蓬莱一大仙。”这次亲临蓬莱老登州府，在磨盘街上走了好几趟，据说唐朝薛仁贵征东在这里上船，老百姓修路来不及，把家里的磨都垫在大道上，留下这条数不过来，大小不等的磨。其中有直径三米的大磨，也有尺余长的小磨（推香油的磨），平摆在大街上，并且是青、灰、白、淡黄等不同的颜色，乃登州城内一景——磨盘街。

林参议员是民主人士，有文化，好戏，师傅天天请他看戏，成了朋友。有时他给我们送去一大篮子蔬菜，是他自己种的。

屈指算来，从1951年至今，我去蓬莱演出是二十几次了，每次都有变化，如今到蓬莱，回忆当年的登州府，已是面目全非了。

戏园子在一条宽胡同里面，当地的古建筑都是青砖小瓦，粉墙门楼，差不多四十米就有一牌坊。古老的街道两旁，商号、店铺，也是古老门脸，戏园子在县中心，繁华地带。三天打炮戏报满街皆是，师傅的戏报“王韵童”三个字用了三张大红纸，上面的横条写着：文武老生，红黑二净，麒派正宗，南北驰名，周麟昆之得意高足。我们这三个孩子是每人一张大红纸，宣称“童伶武生，长靠短打，王韵童先生之高徒，亲传弟子马荷礼、王玉生”。张玉成的是童伶跟头武丑。我看了半天，这戏报贴了一面子墙，火暴极了。我想，我马荷礼如今已是第二次上大海报了，尽管不是挑大牌，但也是海报题名了。今后，也没有再叫我小马的了，都会叫我“小老板”；心里害怕的是，报纸上吹的这么大，可是我仍是一个月前的荷礼，离开威海，师傅没教过我一出戏，只是刘又奎“砍活儿”，在后台临时给我说了说《路遥知马力》中的日久。这戏报与我的技艺水平不符，心中嘀咕、惭愧。再看看三天炮戏。头天三童伶《花蝴蝶》、《草桥关》，吕廷华饰姚期。大轴《萧何月下追韩信》卖剑起，拜帅止。王韵童饰萧何，马荷礼饰韩信。我心里很害怕，我前面在《花蝴蝶》里饰展昭，当间隔一《草桥关》，我再赶演大轴戏里的韩信。韩信一角，我在威海曾演过多次，可这是大轴和师傅演，这活儿太重了，顿时增加了压力，怎么师傅也不告诉我就出了报？我的妈呀！这不要命嘛……实在是“头沉”。第二天炮戏，我们三童伶演《水帘洞》，大轴是全部《秦香莲》，王韵童前饰王延龄，后饰包公。王月珍饰陈世美，马荷礼饰韩琪。一看我就明白了，前面《水帘洞》里我饰龟帅，下来再赶演《秦香莲》里的韩琪。第三天炮戏，前面我和玉生师弟演出

《三岔口》，下来《包公拿庞煜》一折，我再扮演展昭，玉生师弟扮演武丑项福。这些角色我都不陌生，因在威海配宋宝升演过多次。只是如今配师傅演，我由底包变成了流动演员的傍角，演砸了会给师傅丢脸，心里有点发憷。

回去对师伯说了我的心思。师伯说："这个班里人头不是太强，你就得少什么演什么，你的个头尚能凑合配你师傅演戏，玉生就太矮，配不上。这些活儿，都难不住你。多学角色，多给你师傅配戏，你慢慢就上去了，这是机遇。戏班里的事就是这样，抻一抻就上去了。平时多注意，以后还不一定叫你演什么活呢。你记住：饥荒多了压死人，戏会多了压不坏人。"

平时排戏、演戏我都很注意，特别是师傅演出，剧中的所有角色我都学。这次师伯又一次提醒，所以我就处处留心，从龙套到主演，大小角色都学，有的重点我就记在小本上备忘。

回顾几十年里，学了不少，记了不少，形成了习惯，我在学徒从艺时，好看、好问又好学，这对我艺术的成长进步起到很大作用。

头天炮戏，我和两个师弟演出《花蝴蝶》，台下反响非常好。第二个码儿，是吕廷华主演《草桥关》，因为他是威海的票友下海，正式的吃戏饭时间不长，海报上也是贴大字，头天打炮又是靠轴戏，前后台的气氛，他肯定是要紧张，我看他脸上的汗把脸谱都冲了，因当时还没有学画油彩，都用水粉画脸，一道一道的地流着。演到姚期跪接酒杯，唱二黄原板时，停电了，满剧院漆黑一片，台下哄哄了一阵，后台也慌了，忙着点汽灯。一会儿电灯又亮了，台上演员也较慌乱，廷华先生一走神唱了个没板，台下没听出来，可是他自己就很窝囊，这出戏就是在停电、来电，乱哄哄的气氛中吹了尾声。下来大轴戏大缓锣，气氛逐渐高涨起来，师傅扮演萧何，一场换一件蟒，掌声不断。我第一次配师傅演韩信，下午临到剧场化妆以前，和师傅对了一遍戏，心里有点把握。我虽十六岁，个子不是太高，但我很担衣服，穿师傅的白绣花箭衣，道袍只是稍微大一点。头上的札巾也是新的（韩信的原扮相载札巾，如今都改载将巾）。自己对着镜子看了看，自觉满意。因在威海演过多次韩信，从未穿过这么好的戏装，真是三分相貌、七分穿戴，人凭衣裳马靠鞍，自我感觉心气很好。因为我在前面《花蝴蝶》里演过展昭，台下已有了印象，这次韩信一上场，台下就有好感，和师傅的对白、马趟子，和萧何对唱、献书，都很顺利，"拜帅"是现学的，话很少，走过、拜印、念对，特别是穿上师傅的玫瑰红的平金大龙蟒、帅盔，更是气派。尾声后，台下欢呼鼓掌，师傅谢幕。第一天的炮戏红了。

第二天我和两个师弟演出《水帘洞》，孩子戏占三分光，台下观众看我们师兄弟三个“东海岛”一场，三人走的零碎（昆腔基功表演）又齐又严。后面开打，是我们每天练功的内容，不知练了多少次，因此表演熟练，台下阵阵的爆发掌声。接下来演大轴《秦香莲》，前面由陈世美别家、住店、考场、许亲、寻夫、住店、拜寿后，才上韩琪。我演《水帘洞》的龟帅下来没洗脸，就在墙角面对着墙背戏，汗消了，洗脸化妆，接着背戏，“扮吧少爷！”跟包的梁大爷催我穿服装了，扮上后，把我从威海带来的髯口戴上，对着镜子前后照了一遍，首先要自己满意。师傅演的这出戏是海派路子，韩琪不死。《铡美案》中韩琪唱上，刀对鞘和陈世美对峙，我和师傅同场的戏也不多，重点在杀庙一场。我背得烂熟了，准备外场“铆上”（集中精力的卖力气）。搜店追秦香莲母子过场，要接唱两句波子，“来了韩琪将英豪，手持钢刀往前跑”，下来就是“杀庙”一场，玩意很多，秦香莲有屁股坐子，两番跪走，（梆子路）大哭大叫的很感人。蓬莱这位旦角很能做戏，台下很多观众都哭了，最后演到我把刀交给她，叫她到开封府告状时，台下鼓掌，反响很好。香莲下场我起叫头念一段白，最后念到“俺韩琪乃侠义豪杰，岂做那忘恩负义、杀妻灭子陈世美的鹰犬！待俺赶到开封，在包相爷台前为香莲母子，做一钢板的铁证便了”。这一节白天就和师伯说好了，跺头接四起头，踢大带甩髯口亮相。我意外地得了一个满堂彩，心里高兴极了。师傅从来对我们演出，不加表扬；如果他不满意了，就把眼一瞪，骂一句：“你他妈这是唱的什么玩意，一辈子也吃不上蹦虾仁！”所以，我们师兄弟的脑子里种下一个印象，这“蹦虾仁”是最好吃的了，必须是好角儿才能吃蹦虾仁，我心里也暗暗地下决心，我将来非吃蹦虾仁不可！

第三天炮戏，前面是我和两个师弟的《三岔口》，后面是师傅的全部《包公》，王朝、马汉，张龙、赵虎坐山起《打銮驾》、《清官出朝》、《拿庞钰》中，我饰展昭，玉生饰项福，后面《断太后》、《打龙袍》我再饰陈琳。这一场戏近四个钟头，叫全部《包龙图》，蓬莱几十年未见这种演法，纯海派，外江派的演法，轰动了蓬莱县城。

第四天，《六国封相》变动就大了。在威海是我饰演秦国大将白起，玉生饰魏国元帅龙贾，十几分钟的武戏，玉成扮一卒勇，卖两排筋斗。魏国战败后，才上文戏。鬼谷子坐场苏秦，张仪下山。周氏慢板上，头家庭，这齣戏主要场子是“四个家庭”，一场拜相。师傅说这团里的丑行太缺，荷礼、大水都得演三花脸，荷礼扮二哥苏历，大水扮三哥苏成，玉成扮唐儿（书童）。我自信演三花脸问题不大，因为在威海团里来的旦角演《红娘》，都是我演琴童，全部《玉堂春》我演郡哥，王淑卿演《红楼二尤》，我配她演薛潘，况且我平时很注意《六国封相》中的所有角色，因为这是师傅叫座儿的戏。蓬莱团里没演过这出戏，排起来就有些难度，而我和玉生师弟一过就行了。师傅对我讲，只会了词不行，这个活儿得演出狠、坏、势利眼、招人恨的劲头。孩子演戏不能带孩子气，要演出成年人的味来才行，好好琢磨琢磨。当时我想，原来想不忘词，碰不了角儿就行了，现在还要演得狠、坏，叫观众恨，我又没见过好角儿演这个角色，怎么叫人家恨，实在是没有目标。我吊着腿，苦思乱想，突然想起我小的时候，解放初期，胶东文工团演的话剧《白毛女》、《农工坡》、《三世仇》、《刘胡兰》，都是配合当时群运、复查运动的话剧，每个剧里都有反派人物，地主、恶霸、狗腿子招人恨，他们对穷佃户又坏又狠。我捉摸了半天，采用逼债、收租欺压佃户等场面的神气、身段。演出好坏，效果难说，按这个情景去做戏，看看能否达到狠、坏、招人恨的效果。

谁知我这一演，还真出现了意想不到的效果。戏演到三家庭，苏秦要饭的情节，跪在地上，一家人羞辱苏秦，二嫂子和苏历羞骂苏秦，“有饭给狗吃，也不给你吃”，最后我踹苏秦到门外。这时，台下突然有人照我头上打了一萝卜（春季戏院门口水果摊上，都卖青头萝卜），把我的“棒槌巾”（丑角戴的帽子）也打歪了，台下大喊“把这小子揪下来”，全场大乱了，我吓得从上场门跑到后台。这时候治安席上的警察都站起来了（当时戏院里演出时，观众池子里有一张小桌，桌面上摆着“治安席”的牌子，有两至三名公安维持治安）：“同志们，静一静，这是演戏，不要乱……”有一公安站在椅子上，大喊：“大家不要乱，警惕有坏人捣乱破坏！”因为当时主要是在搞镇压反革命运动，这样一喊，观众一会儿就静下来了，公安又喊：“同志们，好好看戏，不要打演员，警惕反革命趁机搞破坏，开戏！”就这样我们又都上了台接着演。最后苏秦被封了丞相回家，车夫推着真小车，上面放着三个二尺多长的大元宝，台下掌声、欢呼声不断。当我们跪在地上请罪时，台下又喊上了：“苏秦别听他那一套，不能轻饶了他！”止戏后，观众鼓掌，谢不完的幕。团里的老艺人讲：“这出戏，日本时期周麟昆先生在这儿演过，很多年再没见过。”

第二天，市场、街头、巷口都在讲《六国封相》，有人说：“若不是公安压院子，那小子准被拖下来挨顿揍”有位老太太也在讲“怎么还有那么狠心的父母、弟兄，苏秦他这一家子，怎么那么坏”，又说“演苏秦他哥的丑儿，挨了一青头萝卜，打得够呛……”

我提着一篮子菠菜，避开了众人，生怕被人认出来。回家告诉师娘，师伯说：

“这齣戏演红了，看来要返头演几场了”；又对我讲：“你怕什么？你就是站在他们面前，他们也认不出来，观众想不到台上挨萝卜的三花脸，竟是你这么一个孩子。”我想这个角色，挨骂招恨，不如一本正经的演武生、老生。

蓬莱购古章　初结金石缘

蓬莱乃老登州府，典故、传说和故事颇多。清末及民国初期，跑北京的商人、官宦很多，影响着当地的生活习惯，诸如衣、食、住、行、玩，讲究玩古董，等。

1951年我初进师门，练功和演出是每天主要工作。有时也忙中偷闲，到旧货市场上溜一趟，当时本地俗称为“破烂市”。别看破烂的旧货摊，还真能花小钱买到珍贵的东西。解放初期，破落官宦、地主、资本家都被斗争，家产被分，贫农、赤贫户分得物资、钱粮，这叫分得“果实”。分得的绫罗绸缎没有穿的，因穿上像资本家，五谷杂粮集市上随时可买，珠宝玉器、书画古玩，在旧货摊上占了主位。卖旧货的没有贩子，大都是自家的旧货或者是分到的“果实”。分得的古董，不能吃也不能穿，在破烂市当破烂卖。

父亲识字很少，但酷爱书画、古物。解放初期书画之类的东西，成了不值几文的废品，父亲有时用几斤玉米就能换一张字画，挂起来，沏上一壶大把抓的茶，请几位商铺的账房先生和有文化的人来欣赏评论。我虽是个孩子，但很愿意听，虽然学到的东西不多，却颇受影响和熏陶。

这次来到老登州府的破烂市上可开了眼界。这里比威海的破烂市大多了，小翠、玉件很便宜，可惜我都买不起！我的贴身衣兜里藏着十万块北海币，这是母亲在我临离家时给我的，并嘱咐再三：“荷礼，你这一走，不知哪年回来？学徒期里，打死、摔死，下落不明，师傅都不负责任（‘三死不管’），可是没提师傅不要你了怎么办。这十万块钱自己藏着，千万千万不能花一分，一旦师傅不要你了，被赶出师门，身上有这十万块钱的路费，不出山东省你就能回家。这事任何人不能告诉。你在家里是个孩子，出去身子跟着人家，就不拿你当孩子了。”在蓬莱我几次想买点自己喜爱的小玉件，但想想母亲的嘱咐，始终未敢动一分，只是去看看，过过眼瘾罢了。

一天，我到蓬莱市场买菜，特意绕着走，在破烂市里，发现一方章子。我蹲下，把章子拿在手里，反复地看。我当时只知道章料的两个品种，红的是寿山，青白灰的是青田，石头的优劣以及质地全不懂。这方章料是红石头，油性不错，质地很细，印文刻的字是大篆，边款也很好，什么字，什么人刻的一概不识。“多少钱？”我问，那卖主张口就说：“给五千块钱吧。”我一笑，说：“这么个旧石头章子还五千。”起身就走。“多少钱要？”“最少多少钱卖？”“三千吧。”“一千五。”“两千你就含着！”“这么块破石头还两千，你说这是什么石头？”她一摆手，“别管什么石头，两千块钱你就含着。”“你哪来的？”我问。这老太婆不满意了，“怎么说话？哪来的，分果实分的。我还能去偷这么块破石头来卖？”我一听，她也不懂，分果实运动我经过，资本家、做官的家里的东西，或许是个好东西。因为买菜的钱尚有余，决心买了。

两千块钱买了块石头，还不知师傅是否喜欢？回家放下菜篮子，交账时对师娘说：“在市场上给师傅买了块石头，花了两千块钱。”师娘一看，“啊？加五百就能买一斤鸡蛋，买这么块破石头干什么？！”我说：“这是块好石头，我想给师傅去刻方章子，师傅很用得着的。”师娘训我了，“这孩子花钱无痛意，刻个印在小摊上刻个木头的，还不用一千块钱。再说谁刻印不用木头，怎么还用石头？……”我真是有理说不通，好心当做了驴肝肺，不知说什么好。很想把贴身装的十万块钱去破开，我自己留下，可是又恐怕暴露我存了私房钱。母亲讲了千万千万，谁也不能告诉。这怎么办？师娘还在唠叨，“不当家不知柴米贵，两千块钱买块破石头……”

师傅从里屋出来了，“拿来我看看。”我正愁没辙呢，急忙双手递过去，师傅看了半天，问“这是什么石头？”我说：“我看最次也是寿山石，是一方古章子，我看是个好东西，来不及和师娘讲，就给您买了。”“这上面刻的什么字？”“这篆体字我也不识，反正不是一般老百姓的，像是一方官印，老百姓不可能用近二寸的方章子。”师傅似乎没有反感，掏出五千块钱：“你到外面水泥地上把字磨了去，再到刻字店里，把我的名字刻上。”

我可遇见救星了！师傅给我解了围，立刻到外面把章子上的字磨平，同玉生师弟到了刻字店。我礼貌地对刻字先生说：“老先生您好。”老头摘下老花镜，一看是两个孩子，“那么的（当地土语‘干什么’）？”“我们要刻章子。”老头拿过纸来说：“什么名？”我接过纸和毛笔来，他又问“会写吗？”我一笑，“凑合”。因为我在家练过毛笔字，所以麻利地写上“王韵童”三个大字。老头一看，站起来了，“啊，王韵童，是戏报上那位王老板吗？”我和玉生师弟都笑了，向他点点头。老头又问“那你俩？”“啊，我叫马荷礼，他是我师弟王玉生。”老先生从桌子里面出来，说“二

位小老板坐坐”。我取出石料来，递过去，“老先生请看。”他看了看，“这是一块上好的寿山石，古章子，怎么磨了去了？”我说：“我师傅想用这块料儿刻章，所以磨了。还得请教你，这块石料是寿山石吗？石质怎么样？”“上好的寿山，才买的吗？”“对。在破烂市买的一个老太太的，你看能值多少钱？”“这块石头要是懂货的要四到五万。”我笑了，他又说：“你不该磨这方章子，看这边款是清代刻的，绝非一般人物，我敢肯定是官章。”我说：“我师傅看好这块料，要用它，所以磨了。”老头摇着头说：“可惜呀，可惜！但王韵童老板也是名人，磨了用上也值得。”我急着知道的是手工钱“老先生，刻这方章子收多少钱？”他说“到我这来刻章子的，大多是搞书画的，不讲价钱，刻好后，满意了，随便给。”“老先生，因为说明刻印费，我要回去向师傅回报。”老先生想了想“我给你按最低的价，五张戏票钱，怎么样？”玉生急了“啊！一万块钱？我们买这玩意才花了两千块钱。”老头笑了：“两千块钱和捡的一样。”“老先生，你别笑话，我师傅就给了我五千块钱。”老头笑了：“这样吧，我给王老板刻一方章子不收钱，做个纪念吧。”我为难了，“那不行，少收一点，不收钱怎么行。”玉生说“就五千块钱吧。”老人不肯收，我们放下五千块钱，并说：“今天晚饭后来取。”

回去向师傅汇报了刻章子的经过，师傅很高兴。师娘很惊讶：“买石头两千，刻章子五千！？”师傅说：“你没听说吗，这块石头是个古董，刻章的老头说能值四五万呢。荷礼去取章子时，先到票房去支两张池票，就说我请老先生来看戏。”

下午我去取章子，并送上两张戏票，老先生很高兴。章子刻的隶书，非常漂亮，边款是“蓬莱老人，曲”。哦，曲老先生。

晚上，曲老先生在台下好不得意，“这票是王韵童老板送的，他大徒弟马荷礼给我送去的……”止戏后，曲先生还到后台向师傅道谢，夸我和玉生有礼貌等等。

师娘的态度也大大改变了，把章子包了又包。我又去买了印泥，把师傅的行头，衣领子里面都盖上了这方大红印。用师伯的话讲“荷礼这小子还真有些怪道道”。

以后，我多了一样爱好。从少儿时给母亲刻饽饽花印（饽饽上盖的大红梅花，福字印），到现在酷爱石头，喜欢辨别印章石料的高贵、优劣。

数载已过，半百弄刀琢印，已是古稀老叟，刻章千余方，纯是半瓶醋，但尚能自写、自绘、自琢章。虽然水平有限，但能满足自娱自乐的兴趣。用戏班里的话“少儿是‘老斗’（不懂），中年是‘半瓶醋’（粗浅的意思），老来变棒槌”。

棒槌者，乃戏班的贬义词，很次茅的意思。棒槌，乃妇女槌衣服的工具。可是到了关东，山里的人参称之为棒槌——宝贝也。如今七十七岁了，已退休养老，我老伴赵淑荣却把我当人参——宝贝。因为她在“文化大革命”中受我的株连，成了“黑帮家属”，原是剧团的主演却被迫转业，到工厂当了刨工、保姆，至今工资甚微，尚靠我这个“棒槌”养家糊口，我成了家里的人参宝贝——“棒槌”。

在蓬莱，《六国封相》演红了，又演了四五场。但演出不到半月，卖票就少了，因为当时正是镇压反革命运动的高潮。

一天，全县在蓬莱城外大沙河里开公审大会，剧团一人不许少，都要到会。会场上有好几千人，人们都坐在大沙河滩上开会。五辆大汽车，绑着插亡命旗的反革命分子；公安部队十步一岗，满街的标语。剧团里有一包头桌（梳头化妆人员）何嫂，大会的同志叫她回家，不要在这开会了，大家也没在意。可是大会最后宣布枪决的死刑犯里就有她对象。我们都心惊肉跳的，互相对视，谁也不说话。一会儿，一阵机关枪响过才知道，这几十个反革命是用机枪扫射死的，紧接着又有零星的枪声“啪啪”的响，都在讲，有的反革命机枪未打中要害，监刑官再补上一枪。最后，广播里公布“现在散会！”众人都是惊慌失措地离场而去。

大家议论着刚才宣判大会的事，师傅说：“看来我们演出的收入要受影响了。”果然营业额下降，一天不如一天。

剧团负责人来和师父商量下乡演出的事，因为春天庙会比较多，解放初期利用过去庙会的日子，开物资交流大会。大会演出包场，日夜三场戏（上午、下午、晚上）。于是我们就下乡赶会演出了。

下乡演出的交通工具是大胶轮车，有时还骑着骡子和毛驴。我们的演出，农村的观众非常欢迎。一天三场戏，我们弟兄三个就累了，三场都要有武戏，早上、下午是武戏开场，招引观众，而晚场戏“灯戏”，武戏在最后大轴。因为当时是三个半钟头的演出时间，恐怕起趟（看戏的人离场），武戏在后面热闹，能留住观众。我感觉很劳累，每天和玉生演三出武戏，大轴我还要配师傅演，所以整天瞌睡得要命，就是想睡觉。

活儿太累，但收入好，生活上也有很大改善。在蓬莱时，我家的饭是两细一粗，两顿馒头，一顿玉米饼子，很少吃面条，包饺子；菜是两菜一汤，一大盘咸菜，一个炒菜（炒豆芽、白菜，或是炒萝卜条），菜里的肉很少，菠菜汤是顿顿必有的，当时大虾是一千七八百一斤（北海币，合人民币一角七八分钱），每顿一盆菠菜汤里有四个大虾，菜未出锅师娘先把虾捞出来了，把虾皮和头剥掉，再放回锅里，菠菜汤被虾皮、虾脑子一搅和，满锅透红。四个大虾仁盛盘，放一点酱油，摆在师傅面前，和师伯享用。

我们虽然是同桌吃饭，可是这虾仁，我和师弟从不动筷。玉生师弟两眼总盯着这大虾仁，可以想象到他馋极了，但不敢动；我比他大三岁，懂点事，我根本就不看，低头喝自己的菠菜汤，吃咸菜。师弟总是盼望着师傅吃饱了能剩一点，他也解解馋，可是每次饭后桌上剩下的只有咸菜。大虾仁从来未剩下过。我背地和师弟开玩笑，“看你那两只眼，盯着大虾仁，眼珠子都盯红了，比虾汤都红。”他不好意思了，“大虾仁就是比咸菜、菠菜汤好吃，谁不馋？你不用装，实际你和我一样。”我又回他一句，“没出息！馋就好好练功，将来成了角，挣钱多了，岂止是吃大虾？想吃什么买什么。”“那得等到哪一年，咱什么时候能成角儿？”

我和师弟的一番孩子话，却道出一个技术档次不同，待遇不等的事实。尽管如此，一天三场戏，劳累的程度大大增加，因为还有师伯、琴师、服装员他们这些傍角的，饭食就要改善了，什么炸刀鱼、烩大菜（猪肉、豆腐、粉条子），三五天还有一顿大包子，我们就很满足了。尽管师傅吃的包子肉比我们多，可是我们也能吃上肉了。

五天的庙会演过，由大圣殿又到了流沟镇，这里交流会也是五天，庙会的演出规律性都是一样。演下来回蓬莱县城，又演了几天，营业好转，镇压反革命运动高潮好像过去一点了，恰好黄县剧团的外交来联系接人。我们贴出临别纪念演出的三场戏《天雨花》、《六国封相》、《秦香莲》，三场客满。用师伯的话讲“这叫来去满，红到底，给下次再来留个红底儿错不了。”在蓬莱一个多月的演出，我们和剧团的关系非常好。

去黄县的那天早晨，蓬莱剧团的同人都来送行，帮我们搬行李和戏箱装车。众人正在忙着的时候，我发现何义大婶也来送行。大家都在安慰她，她也很想得开，并说她与何义乃是半道结合的，不了解他过去的历史问题等等。她也在帮着我们收拾东西装车。这次由蓬莱去黄县行李和戏装箱子用一辆大胶轮车拉着，由梁大爷押车上路了，我们师徒一家都坐大汽车。大汽车？我的两个师弟高兴地说：“这回坐大汽车了！”这时何义大婶把我叫到一旁，对我说：“荷礼，我和你说个事。”她说我们来蓬莱以前，他对象何义就逮捕了，我们来了以后，她一直心情不好，现在她对象已经死了，我们又要走，再不说就没机会了。她说姜月玲和她关系很好，无话不谈，我们来以前月玲从蓬莱去掖县，临走月玲托她给我带口信，说她父亲在烟台找我师傅没找出脸来，拿着信回去逼问月玲。他把信摔在她面前，一顿臭骂，月玲眼都哭肿了，她爹怕她哭哑了嗓子，不能唱戏，也就作罢。月玲这才知道我给她回过两封信。她叫何义婶告诉我千万好好学戏，将来定会找我，并说她不会变心等等。我听了这一番话，心里非常不是滋味，无话可言。感谢大婶不负月玲所托，给我带信，月玲姐对我的帮助和希望，我忘不了；我觉得月玲姐没有必要为我这么痴情，您看我现在这点能耐，配不上她，她闭着眼摸一个也比我强，等我出徒还要五年，这么长的时间会有多少变化？何义婶安慰我说："闺女大了，她一家子拿她当摇钱树，喝她的血汗钱，怎么能不想自己的将来，终身大事怎么能不自己打谱？她对我什么都讲了，这是个缘分。自打你来那天，我就注意你，你真是个好孩子，是个料儿，文的武的，老生、三花脸，什么都能演。好好练，将来一定能成角儿。"我说我自己都难估计，我现在不能想这些闲事儿，一切杂念都要放下。有缘将来会成，没缘现在说了也没用，但我忘不了月玲姐对我的帮助和希望。何义婶也很满意的说："好吧，人家闺女托我的事儿，我算是替她说了。"师弟催我上车了："大婶，再见。"

当年记事

蓬莱演戏近两月，学徒饱尝苦与衷；

只盼它年凌云至，咬紧牙关下苦功。

汽车驰行，只见一缕尘土包着车身。不到两个小时我们就到了黄县汽车站。黄县剧团团长等众人已在等着接我们。从车上下来，大家都是一身的灰土，寒暄一番，洗澡，又要吃下马饭了。

黄县县城乃古老城镇，大街上石牌坊很多，街上和剧场门口，贴满了大红海报、戏报，当看到自己的名字时，心里美滋滋的，这是我学徒时期最得意的一件事。

这次我们未住旅馆，住在一个大宅院，青砖垂沿，起脊的古老建筑。前后两进，两个院，师傅师母住后院，众人住的都很不错。师傅用的床是雕刻的床头，带大堪和床帐子，院里有树木花草、藤萝架子，也有水井，一看就知道原房主肯定是大户人家。我们这一伙儿住这么一个大宅院，舒服极了。但我发现一个很大的变化，我们不在一起吃饭了，我和玉生师弟跟着师傅师娘起灶，师伯和大娘、玉成师弟一家三口自己起灶，琴师周有志和梁大爷二人自己买着吃。这事儿我觉得奇怪，因为它牵扯到每天的经济分配，谁挣多少等等事项。我想这事不能问，也不该问。玉生师弟问我"怎么不在一起吃饭了"？我说："这是大人的事儿，咱别管，反正有咱的饭吃，别多嘴，找骂挨！"从此时起，我们这帮人就各自起灶做饭吃了。

黄县古董摊　捡漏得珍宝

黄县是一古老县城。清代至民国时期，当地经商者甚多。过去民间流传俗语“黄县套”、“黄县嘴子”，表明此地买卖人多，而且能说会道。

1951年6月，我随师由蓬莱到黄县演出。闲暇时，我最愿意去的地方是旧货市场。这里长达两里的“破烂市”，古董文物、珠宝玉器，举目可见，只“丁百万”一家的物资，就可摆满全城。

大资本家“丁百万”，明清时代就名扬全国，只典当铺一项，就有九十九处。黄县剧场就是当年“丁百万”家一个当铺的仓库改装的。到了这里听了好多故事、传说。如：一老太太分了“丁百万”家的一堆“果实”。内中有一个小铁算盘，曾绑上绳子，给孙子拉着玩了好长时间。有一天，算盘上的黑漆磨掉了一块，露出了黄铜色。她想，铜比铁值钱，拿到破烂市去卖。被国家银行工作人员在市场上发现，问她价钱，老太太说要两万。问她是哪里来的？是分“果实”分的，是“丁百万”家的，这可是纯铜的！银行的同志用试金石一试，结果这算盘是纯金的，有九斤多重！此物是“丁百万”家的镇宅之宝——重达九斤九两九钱的纯金算盘。银行的同志找了村干部到银行帮她去数钱，大半口袋北海币存在银行，听说还叫村干部安排民兵，保卫她一家的安全。类似这样的故事很多。

我不懂文物，只是好奇。手中仅有师傅平时给的一点零花钱，买不起什么，只是常去“过眼瘾”。市场上眼花缭乱，好东西甚多，我能买起的只有古小说、老戏考之类的东西，因为这同买废纸一样的便宜。

一天，我又在破烂市里逛荡。突然发现一把古扇，想买了台上演出用。这把古扇是斑竹雕字的股子，打开一看，一面画的是干枝梅，一面写的是唐诗，行草书法。我虽看不明白书、画作者是何许人也，但感觉很不一般。要价二百元（北海币），最后一百八十元买下来。师傅给我近半年的零花钱，只买了这把扇子。我去找账房先生看了看，先生说这把扇子，是明末时期登州知府书绘此扇，赠送给“丁百万”老太爷的。我想凭这年限，也算古董了，一百八的扇子，起码也值一万元。我喜欢这种干枝梅的构图，水墨淡青，简练清秀，非常干净。幸得古扇。有钱的购文物，我这没钱的买小件，高兴之至，边走边扇边欣赏。突然，又发现三块象牙的牙笏，大中小三个型号。这块大的上面有四指宽，下面大头约宽五指有余，下角被碰损了一点，用砂纸一磨，就看不出来了。“象牙有这么大么？”我问。卖主告诉我“是栽牙。是大象脱牙时埋在山中深土里，自然生长多年以后，象牙便长得很大，此谓‘栽牙’。所以，比象嘴里的牙大好多倍。”问价格，大的要价二十五万。我看太好了，师傅演《六国封相》、《打銮驾》都需用牙笏，此物美极啦。最后讲到十八万。我俩约定，我回去拿钱。实际我是回去向师傅汇报，他若同意给我钱，就回来买；师傅若不要，我也就不回来了。

我跑回去和师傅一说，师傅同意要，因演戏非常需要。唱戏的人有个特点，是唱戏用的东西都肯花钱。我拿着十八万元回去买了这块牙笏。卖者说：“这两块小的你若也拿着，算十万一块。”我是从心里喜欢，但没有钱，师傅有了这块大的，不可能再买这两块小的。我问他这三块牙笏的来历，卖主讲：“牙笏是道观里老道做法事用的。解放后老道没了，庙观被拆，捡来的。”

回去师傅一看，喜曰：“这块大牙笏太棒了，宝贝呀！”他又发现我买的这把古扇，要过去一看，眼睛就亮了，问我“多少钱买的？”我如实地讲“一百八”。师傅不在意地说：“这个也归我吧，小孩子要扇子干什么。”我从心里的不舍得，但不敢不同意。师傅掏出一百八十块钱给我，“你去吧”。就这样，我心爱的古扇就“飞”了。

后来，师傅在青岛拿着这把扇子炫耀，被他干爹刘老刘德舜（刘宝英之父）一眼看上了，接过去一看，“嘿！好！这扇子归我啦。”师傅不愿意，也不好说什么，只说“老爷子，这是明朝登州府的知府给‘丁百万’画的，纯粹的古董啊。”刘老板哈哈大笑，“你说对啦，爷们！不是古董我还不要呢。”谈笑中，一件古董“被敲了”。

信函退回遭师训　书写合同受表扬

我们在黄县演了一个多月。当地有一位很不错的看家旦角花艳侬，我师傅这一套外江戏，她都傍的很默契。她的年龄、舞台资历和我师傅相同，合作得很愉快。在黄县团里有几个小哥们，和我年龄相仿，一起唱武戏配合得也很好，有一叫小牛子，大名吕宜杰的孩子，学武生，其继父吕春亭是武行头。李庚全是摔打花脸，武戏里少不了武花脸，如：《怀都关》里的考叔、《摩天岭》里的葫芦大王、《汤怀义》中的兀术、《三

岔口》中的焦赞、《花蝴蝶》中的邓车等等，这一趟武花脸活儿，李庚全都傍的很严。在这里我们又参加了当地的几出新剧目，《九件衣》、《虎头牌》等。在黄县演出的情况较稳，尽管不是大红大紫，但反响、营业情况都不错。我们的感觉这里不易再续演期了。师傅给了我一个地址，叫我给掖县京剧团的金云楼写信联系，我照葫芦画瓢地写了一封联系合作的信。黄县离掖县不到一百公里，两天就可收到，但始终没有回信。

第五天，师傅气冲冲地到我的房间，“啪”的一声把一封信摔在我床上，“看！你什么事也办不了，你写的信被打回来了。”“咣”的一下把门带上走了。我被这突如其来的情况吓傻了，半天才缓过神来，一看，是我给掖县金云楼写的那封信，原信退回来了。这是怎么回事？我把师傅给我的收信人地址和信对照，一字不错。我突然发现信封上贴的那个纸条撕掉了。我拿着信和原来的地址到师傅房里去，师傅火还未消，本来嘛，打班的联系信，原样打回来了，误了大事儿，他怎么能不生气呢？师傅在喝茶，也不看我，我只好双手奉上信和地址，“师傅，这信没有错。”师傅把小壶一放，更火了，“没有错怎么会打回来，谁他妈知道你怎么写的。”我又无话可说了，心想，撤吧，别叫师傅火上浇油了。我低头回身想走，突然发现地上有块半截纸条，我拿起来和信封上那半截对上了，上面写着“此人搬迁，无法投递”。这下我可找到理由了，又把信封递给师傅：“师傅你看，这纸条上写着，收信人搬迁了，所以信被打回来了。”师傅这才有点消气了，问我“金云楼搬家了？”我一看缓和了，就说：“要不我再写一封，地址写掖县京剧团负责人收，行不行？”师傅没气了，沉默了一会，“再写信来回又得四五天，不用了，你去吧。”

把信放下，我回到自己的房间里，不敢出声地掉了半个钟头的泪，心里憋得慌，不敢哭出声来。心想，今天若发现不了这半截纸条，我岂不要冤枉死。非说我信写的不对，师傅不识字，反而瞪眼发脾气，这到哪里说理去？真是“学徒苦学徒哭，学徒有苦无处诉”。我又一想，师傅也挺可怜，没上过学，不识字，他若有文化，这封信肯定不用我写。带这么一大家子人，也真不容易。在这里演着，还要联系下一个地方，就是这样演一地，联系一地，各地还要演红，戏演不好，一切全完蛋，他有他的难处。此时似乎我有所体会到新的东西，总想成角儿，岂不知角有角的难处。主事难，当家难，挣钱更难。盼着成角，成了角也有难处。角儿也绝不是只演戏，事务、人事关系更难处理。想到此处我不难过了，自己劝自己，师傅发了点气，也算不了什么。我不生气，生气不如去练功，把腿吊起来，背诵着晚上的戏，一切杂念全没了。

第二天早饭后，师娘要出门，要我送她到汽车站，买掖县的车票。我明白了，昨

天的信！今天师娘亲自去打道联系剧团。

不出我的意料，第二天师娘回来了，说金云楼已搬到剧院斜对门，所以原地址的信打回来了。掖县剧团非常欢迎我们到它那里去，明后天金云楼就来谈公事。师傅高兴了，把我写信的事儿早就忘了，似乎他自己也感觉到，他对我发的脾气有点过，对我的态度上，我能感觉到。

第二天，我和师娘到汽车站接金云楼。她一下车，我才知道，金云楼原来是个五十多岁的老太太，师娘把我介绍给云楼大娘。她是青岛的老班底，现在在掖县剧团管业务。我们接客人到家，师傅要招待，师娘做了几个很平常的菜。这位金云楼大娘还真有点男人气概，抽烟喝酒。交谈中才知道，她原来唱武生，后改老生，半世又结合了一个老伴，是位木匠，在剧团里工作，干些修理、制作道具、刀枪把子等零活。吃饭时，又把我师伯请过来作陪。谈公事了，师傅听了她讲掖县剧团的老人，大都是原来当地小班和一些常年演列外戏（野台子）的艺人，还有部分青年学员，比威海、烟台、黄县剧团的阵容差一些。师傅介绍我们的情况，鼓师、琴师，三个徒弟如何的受欢迎，所到之处那些戏码叫座，可以说从青岛到石岛，从威海到烟台，一直红到黄县，如果掖县不能合作，就准备去益都，并说早都有约会，最后谈到经济分配是四六分账，掖县京剧团六成，我们这一个组四成。我在旁边沏茶倒水，也长了见识。啊，这就是谈“公事”。我听师傅、师伯讲的，虽然有点吹捧我们，但叫人没有吹嘘的感觉。又说准备到益都，隔着掖县这个码头过去，就不够意思等等，戏班的义气话。这一点我知道是假话，因为我们根本没和益都联系，我没写过信，也没去人打道。金云楼考虑了一下问“你们准备唱多久？”师伯说：“演出期限看上座情况，可先立一个月的合同，二十天的试办期，营业好了，唱几个月都可以续，如果《狸猫换太子》、《金鞭记》的连本戏上去，演几个月都没问题。”这金云楼也是老江湖，接着成交了，“行！咱们都是老相识，心情一样。为了减少开支，咱们就不住旅馆，反正你们是自己起灶，找个宽敞的大院你们住着，既方便又省钱，离剧场又近，孩子们练功，咱们排戏都方便，怎么样？”师伯笑了，“没问题，对咱们两家都有利的事，还有什么说的。”一拍即成，决定晚上看戏。我明白了，人家要先看戏摸底儿，再立合同。

当晚前面演武戏，是我和玉生的《怀都关》，大轴是师傅的《天雨花》，我赶饰左升，玉生赶饰仁和县（丑官），玉成饰来兴（童子丑）。黄县团里的看家旦角花艳侬，和师傅配合得非常默契，这一场戏非常圆满，观众反响很好。当晚上止戏回来，师傅和师伯对我讲，“明天要立合同，你写！”我一听非常为难：“我不会写呀。”师伯对我讲了都写哪些事："可以把烟台那份合同做样子，把甲方的户头变一下，再把分成的三成五，改为四成就行了。你今晚上看一看，照样起个草就行了。记住！在别处的分成数，不能叫掖县知道。"我思想上又增加了负担，谈公事立合同的大事，怎么能叫我写？我们这九口人里，只有我念了两年半书，在我们这个演出组里，我成了"秀才"。

点着蜡烛反复地看合同的写法、格式，打了草稿，索性干脆我就写两份，明天能用就用，不合适再改，反正这事办不完也睡不着。过半夜了，没有表也不知道是什么时辰，只知点了两支蜡烛。写完了，看看还可以，就睡了。

好像刚睡着就听师伯砸我屋的窗："起来起来，练功啦。"我急忙和玉生起床，用冷水抹了把脸，抱着刀抢把子，上剧场去练功了。今早收功提前一小时，早饭后要和金云楼立合同。今天师傅早已起来了，洗漱已毕在喝茶。吃饭时师傅问我，"那份合同的草稿你看会了？"我点点头："照瓢画葫芦地写了一份，不知行不？"师傅又问："昨晚什么时候睡的？"我想了想："过半夜了，点了两支蜡烛。"师傅看了我一眼，"那么晚才睡？吃完早饭你金大娘过来，你也过来，如果草稿行的话，一便把合同签了。""哎，我知道了师傅。"

早饭后，金大娘和师伯到师傅屋里，杯茶之后，金云楼老太太说："韵童，你这两个徒弟还真不错，扮相、嗓子都好，好'坯子'，别看你不唱武戏，能教武生徒弟。"师傅满意的，"这叫什么武生，纯是孩子玩意，我哪有工夫管他们，都是我师哥看管他们，坯子还可以，就是没'雄心',不争气呀。"师伯也随声附和，"孩子倒是听话，去年在威海才收的荷礼，他原来就是威海的小武生，能唱十几出武戏了。姜月玲他爹要带他，傍月玲唱小生他不干，非要拜韵童不可，这才收了他，孩子一起搭配，倒挺合适。现在就给韵童配里子活啦，到你那儿，少什么活都能顶上去，'万能油'！"师傅被捧得美滋滋的，"荷礼，你把起草的合同拿给你金大娘看看，不行再改。"我急忙把写好的合同双手递过去，"金大娘您看，别笑话我，我不会写，师傅叫我学着试验试验。"金云楼说："咱们唱戏的，从小都没念书，斗大字我也识不了几个，茶壶里煮饺子，心里有，倒（道）不出来呀。"她吃力地反复看了两遍，又递给师伯，师伯看后说："我看行，没问题，您说呢，云楼大姐？"师傅的文化水平还不如师伯，就对我说："你再念一遍给你金大娘听听。"实际我很清楚是念一遍给他听。于是我就念了一遍。金云楼一拍我师傅的胳膊："行了！就这么着了兄弟，咱俩签字吧。"签完字，我一看二位老艺人写自己的名字各有特点，自己的手体——"婴儿体"，可怜的老艺人，旧社会造成他们有技术而无文化。我庆幸自己还念了两年半书，父亲请焦先生教我写毛笔字的功夫没白下。金大娘按上手印，师傅取出我给他刻的大章子，盖上了。金大娘说："这么大的章子，好漂亮啊。"师伯说："这都是荷礼给他师傅办的。"金云楼笑了，"好哇，这小子真可爱，难得的是他有文化，将来肯定是韵童的一个好'膀背'，真是强将手下无弱兵啊。我们团里收了八九个学员，都比荷礼大，没有像把壶的，非叫我带一个，我可不伤那个脑筋。"师傅劝她，"应该带一个，把您那几齣武生戏传一传。"金大娘哈哈大笑的，"嗐，我那几出不值一看的戏，他们还继承不了，扫帚疙瘩刻猴，怎么也刻不出个人样来。"师傅被这老太太连捧加逗的很高兴，要留她再住一天，她说："上午九点多有西去的车，这就走，家里还等着，早回去安排一下。"师傅叫我去送她到汽车站，师伯也一起送她到门口，招手而别，"掖县见！"

我送金大娘到车站，给她买上票，送上车。回来后，我向师傅汇报金大娘顺利地上了大卡车走了。师傅很高兴："这次立合同这事儿办得不错，以后办事就得这样，学身上都是本事。昨晚上未睡好，上午你休息休息吧。"玉生吃醋了，"嘿嘿，行啊师哥，上午不用'摘豆芽'啦，成了秘书啦，啊……。"我说："去你的，你呼呼地睡了一宿，我基本上没睡"。

我躺下回想这几天的事，那封信责任不在我，却挨了一通训；照葫芦画瓢写合同又得到师傅的欢喜。这一怒一喜，真是难料。忽然想起一个事，我虽然非常困倦，但不能休息，还得去摘豆芽，否则师娘又要挑眼了："喏，大少爷写了份合同，这豆芽就不用摘了。"这话我可不能招惹，师傅高兴了，师娘不高兴，我同样要难受。于是，我就和玉生一样吊上腿摘豆芽。

这会儿是我们四口人吃饭了，比过去少了五口，很快就摘完了，洗洗手，踢完腿，休息了。师伯到我房间表扬我："立合同这事儿办得很好，你师傅很高兴，往后走码头写合同就多了，你这不又学了一样本事吗？"我解释道："实际那封信打回来，也不是我的错。"师伯一摆手，"你师傅这脾气，一点事儿就火，一会儿就好。这信打回来，他着急就火了，当时对你发火是有点过，但他不会认错，你记住，师傅和徒弟之间，师傅永远是对的，在徒弟面前永远没错儿。他若打你两巴掌，你也得受着。"此事我想了好久，想不通，师傅错了不错，我没错也算错了，公平吗？这时外面来人了，黄县团里的负责人找师傅商量业务，我就赶快冲茶伺候。这里合同已快到期了，他们想再续半个月，师傅说："正想和您讲，出临别纪念的戏码，这里期满了，掖县那边还等着呢，合同我们早已立了。"负责人说："我们还想再续一期呢，您什么时候和他们定的合同？"师傅笑着说："在蓬莱时早就有约，若不是咱这关系，我们就直接到掖县

了。”“到它那里多长时间？”“没定时间，少说也要三个月吧。”师伯接着说：“我们到那里去是四六分成，若再返回来，看来就要三个月以后了。”他们很觉突然和遗憾：于是起身告辞，回去准备出临别纪念的戏报。

送走他们回来，师傅师伯相对大笑起来。我理解他老弟兄俩说了假话，刚立了合同却说早就有约，实际是一个月的合同演着看，如果营业好，可无限期的续约。师傅师伯这一番话是真真假假，虚虚实实，让我真正学到了江湖路上处事的道行（经验）。我深深体会到师傅师伯这样讲，最重要的是告诉对方：我们的演出到处受欢迎，再接我们就要四六分成，而不是三成五对六成五了。唱戏难，唱好戏更难；处事难，处理的圆满对自己有利更难；做艺的人，只有技术而不会为人处事不行；技术、处事、为人是同等重要！这是我涉入社会事务受到的一次教育。

第二天，大街上就贴出了我们三天临别纪念演出的戏报。黄县之行，我自己多了个心眼儿：今后不仅要学戏，还要注意学习日常人情世故的处理，将来出徒后，必然会有这些待人接物的琐事杂务，此乃江湖道上出世经验，不可轻视。

1953年春，我随师傅流动演出到了安丘县城。这里官宅建筑很多，但商号铺户不多，不是太繁荣，是一个古老县城的风貌。玩赏的地方不多。城外有一好大的墓田，引起我的注意，是一处马家老茔地。只见墓田内石人石马，古柏苍松，吉祥兽，古墓前的雕头石碑很多，四品以上的官员就有六个。我想，这安丘县姓马的一定不少，而且是官宦人家，大多是明清时期的官员。安丘县清代有一阁老（一品官）深宅大院，已都改修，原貌全非了，但这里的旧货市场不大，可见过去经商的不多。

每天早上带着师弟练早功。此时师伯已不看我们练功了，师弟们练功已是我代管。按套的基功，拿顶、压腿、踢腿、虎跳、踺子、单筋斗、串筋斗、飞脚、旋子、毯子功，练完后，对把子。师弟们对把子，我就练叉了。我向张鸣宇先生学了《金钱豹》，重要的是耍叉，整个一出《金钱豹》，坐山、惊颜、提亲、洞房，下来边挂子。练蓬头功，当时还未学耍牙（坐山和边挂子要假牙），开打。重点是练叉，《金钱豹》一剧，叉若耍不好，这齣戏就不用唱。所以我每天早上要耍半小时的叉。那时练叉，师傅又不给买叉，用一根腊木棍，找木匠推平，上细下粗，缠上布条子，这就是叉杆子。再用一双旧便鞋（园口的），一颠一倒（鞋面对着，鞋掌对鞋跟），绑在叉杆子上面，这就是练马叉的习练工具，耍起来和铁叉的效果一样，优点是失手掉了，不怕摔、跌。我每次练叉都是大汗淋漓，为了省衣服，穿着一件补了十几个补丁的破水衣子（化妆时贴身的衬衣），大襟长，领子很肥大，用它擦汗也很方便，所以又是衣服又是手巾。我练又很有瘾，出大汗也不觉累。

一天早上，练完又蹲下休息一会儿，这时台下来了个老太太，到台边和我打招呼，问我："这里有没有人要古董的？"我问她："什么古董？"她取出一个小包袱，里面是一只袜子，装着一个玉件。我接过一看，十分惊奇，是一块紫玉雕的一个玉碗，雕工非常精致，是一个大葡萄叶子包着这只碗，有五个大葡萄粒儿，一个粗葡萄蔓儿弯着，正好形成碗的把儿。玉质细而有油性，几粒紫红色的葡萄粒儿，浓淡不等，太棒了！要价十万（北海币），一番讨价还价，最后降到六万。我让她稍等，对她说："我去去就来。"我得回去问师傅，因为当地剧团有好几个人在场，老太太也放心。

早晨八时多，师傅在梦中被我唤醒，我把玉碗递过去，讲明价钱。师傅不在意的："要这玩意干吗？喝酒用玻璃杯，谁用这石头的？死沉的，上面还刻这么多玩意，花六万要它？"我急了："师傅，这可是个无价之宝哇，恐怕几十万也买不到呀！"师傅又看了看："六万太贵了。"我说："五万她若卖，咱就要了？"师傅指指他的衣服，示意叫我拿给他。我把衣裳递过去，他从口袋里取出五万元，道："多了不要"。

我回到剧场，讲了半天五万元买下了。我请演三花脸的徐明义先生给掌掌眼，他很惊讶地说：这可是难得的好玩意，出土的紫玉。用它盛上浓茶，玉葡萄粒会颜色更浓；用它喝酒，烧开了的黄酒倒进去，喝时不烫嘴。"师傅于是便做了试验，果然应验，真有点神了！徐先生说"这东西是国宝级的文物，没有价，无价之宝。当地剧团的人讲这可能是阁老府里的东西。来卖玉碗的老太太，她姥姥是阁老府里的奶妈。

剧团里的人都传开了："大师兄（戏班里尊重人，都随着我师弟叫，公称我是"大师兄"）给王老板买了个宝贝碗……"师傅本性好胜，众人都捧他，就美啦。每天喝着茶，玩弄这只碗，擦得瓦亮，倒上浓茶，看着玉碗上的葡萄变色，高兴极了。每当有客人来，吃饭时要烧点黄酒倒进玉碗。平时他喜欢喝啤酒，很少饮黄酒，实际上喝黄酒是"引子"，亮宝，炫耀玉碗才是真意。

这是我经手给师傅买的第三件宝贝。

寿山石章、象牙牙笏、紫玉碗，成为师傅心爱的三宝。师傅对三宝，那可是惜爱如命！

就说师傅的这块大象牙牙笏，几十年来一直在装蟒袍的箱子里，而且还特意用双层黄布做了笏衣，上面又盖上那方红寿山的大章子，好不讲究。直到"文化大革命"抄家，扫"四旧"，被"革命战斗的洗礼"洗了。

当时师傅和师弟荫童在沾化县京剧团，当团长的师傅被打成了走资派，荫童师弟被打成保皇派，师傅被关，经常挨斗。最后师傅被判刑九年，含冤入狱。师傅不服，一直上诉，又以在服刑期间不老实，死不悔改的罪名，加刑至十三年。

八年后，粉碎“四人帮”，师傅才被释放，当时在全县大会上宣布给师傅平反昭雪，恢复名誉，并补发工资。可是劳改了八年多，怎么讲？师傅叹曰：“命运不好，认倒霉吧！”

我曾问过师傅寿山石章子、大象牙牙笏、紫玉碗的事，他淡淡地一笑，“人都劳改了，何况东西。人在挨斗挨打，‘四旧’岂不挨砸？文物被损，人却幸存。人就是‘宝’，砸了死宝，留下活宝。活着就是幸运，就阿弥陀佛了……”

师傅无文化，运动挫折，使他的心态变了，想得开。用他的话讲，“想不开又能如何？我八年的劳改，谁肯听我诉说？在剧团里当过团长，在劳改队里当过犯人的中队长。我一面劳动，一面上诉，什么都想过，就是不想死，活着就是福。我若挨斗、关押劳改时被折腾死不也就完了吗？你又能怎么着？现在看看你们的成长，我很高兴。我的生活也比过去好多了。说心里话，就得相信党，我毕竟是平反了，安然地欢度晚年。过去我被打倒了，现在又站起来了，打倒了一次，换来两倒：原来的三宝没了，但现在仍有三‘饱’，每天是三饱两倒（三顿饭、午睡和晚眠），倒两次睡两觉。还是要感谢共产党啊……”

自慰　七绝

当年替师买珍宝，文革抄家全被扫；
师徒趣事居多少，古稀回顾人已老。

初到莱州府　乡镇趣事多

1951年夏，我们从黄县来到掖县（现莱州市）的沙河镇演出。

当地的街道，商号店铺并不多，基本是乡村风貌，一个大草棚子剧场，观众的座位也极简陋，池坐是白皮木条靠背长椅，边坐是一排排的竹条长凳子。台子倒是第一次见这种构造，中间是四方的板子台，而周围是黄土，帮成一个大半圆形，加上台栏杆，看起来很不错，谓之土木台。演武戏很不适应，中间是木板周围是泥土，软硬不一样，翻筋斗是由木板上弹起，而落在泥土上，“噔”的一下，很不得劲。台板弹动四周的细土震起，一开武戏，台上尘土飞扬，再加上台下观众吸烟者多，大都是烟袋和锥子把儿（用纸条卷着烟末，一头粗一头尖，像锥子的自制烟），满剧场里乌烟瘴气。后台化妆室全是泥土地。剧场的大门脸倒不小，门厅是分左右门出入。别看这个充满乡土气的小戏园子，可就是卖钱。

师傅带我们这一批人到此，算是大名角了，所演的剧目比较新颖，每场观众爆满。收入高，气氛盛，团里的关系也非常好，师傅的收入是五成分账，非常可观。

二十天的单出戏演下来，就上演了连台本戏《金鞭记》。

这团里有几位当地常年跑列外演野台子的老艺人，如张德汪、刘锡荣等“当地红”。还有一位叫刘书义的，此人乃富家子弟，票友下海，老中学生，有文化，脑子快。

演《金鞭记》是一天一本，观众只要进了戏园子，就把他“钩”上了，下一本准来，一本连一本，天天满座。边票、池后(廿排以后不对号)，下午就有去占座的。老艺人张德汪饰庞文，刘书义饰黄文炳，一本到底，三十本不换人。师傅饰包公、八贤王、王延龄、呼守用、呼守信等。每本根据需要更换。我饰呼丕显、呼守用、呼守信，演师傅的替身。呼延庆出世以后，我和师弟玉生、玉成就饰呼延庆、孟强、焦玉。这三人《三虎庄》结拜之后，闹东京、大上坟、打擂台、大报仇，连续三十本。

营业好得惊人，收入高，大家笑。钱多了师傅的生活也大有改善，注意保养了，肉、蛋、鸡、鱼每天必有。在身份上“派头”也比过去大多了。他曾对我说：“常演的戏码，你都要背下来，粗排归你，拉一下场子，等演的时候我和他们（指当地剧团的演员班底）对一下就行了，我不能整天和他们‘泡’（熬时间）。”师命如令，我增加了负担，有了压力，时时要注意。演出中的零碎活儿（小角色），不会的人都来找我。

师傅有个规矩，排戏不准我拿剧本，要死背下来，他说这是唱麒派的传统。于是我把冷门戏（别人少演或不演的剧目），把所有的角色都写了单词，提前发下去，叫他们熟悉背词。我去领他们对词，这样我就轻松多了，最大的优点是，写单词是我熟悉剧本的最好办法，每份单词要写两三份备用，我就很熟了。由于这样的排戏，我养成一个习惯，排戏不用拿剧本，剧目已是很熟了，像《六国封相》、《天雨花》、《点秋香》、《二子乘舟》等剧目都不用拿剧本。

师傅排戏不准我拿剧本的原因，是怕别人偷戏。如：有人借看剧本，或者是借回去抄个单词儿，不好意思不借，借去一夜之间，人家就抄下来了，剧本虽然还回来了，可是丢了一齣戏。艺人都比较保守：“戏本戏本，挣钱之本。”生戏冷码能卖钱，都会

了，我们吃什么？我明白了这个道理后，对剧本保管封锁的更严了。我排戏不拿剧本，他们没法借；发单词他们仅是学会配角儿的，我们走后，他们合不起来，没有我们这几个主演的词儿，就没法演。

师傅一箱子剧本，用铁皮把箱子包的很严实，油着绿油漆，掉在水里也没事儿，习惯的称为绿箱子，师傅像钱匣子一样的重视它。

沙河镇有一种特殊职业——发艺，全国少有。世界上的学问如沧海，而手艺行业又如天上的繁星，不读那家书，不识那家字。我去参观了几位老艺人顺理头发，真是奇妙。一大堆头发乱如棉丝，老艺人不大一会，就能把它一根根地理顺好，而且长短分类，根梢上下整理的成绺成把儿。老师傅能分出发人的性别和性格。头发一扎扎地顺理好，长的价高；短的编织成发网，有满头的、有挽簪发髻用的，网子的扣儿、花样不等，一米多的头发，扎把染得又黑又亮，漂亮得很。

我小声对师傅说：“这么长的头发很少见，能否买它一点，打圈黑满（胡须）。您演霸王缺少一圈像样的黑满，《斩经堂》吴汉用的黑三；我演《芦花荡》、《战马超》的张飞，也需要一圈黑札（胡子）。”师傅点头同意。我客气地问“老师傅，这头发卖不？”人家说：“不零卖，都是加工好装箱，往外走。怎么王老板用得着吗”？师傅说：“想买一点制作唱戏的胡子。”老师傅笑了：“那用不了多少，您挑一点拿去用吧。”“那怎么可以，要卖就买一点，不收钱就不能要了。”老师傅讲“嗐！什么大不了的，您挑吧，用多少再说。”我说：“老师傅一会我再来，因为用多少，我们也没数，反正用不多，我回去领个人来，用多少算多少如何？”一言为定，我找到金云楼的老伴，他会打髯口（用丝弦勒扣勾勒），去挑了头发，打完了称一下，用多少算多少。

把髯口打好后，一看太漂亮了，师傅的黑满和黑三二尺五寸长，我的黑札二尺四。又给师傅打了一支甩发，一米二寸长，全是“倒栽”（头发梢在上面，发根在下面）。因发根粗而沉，垂而好用，共收了五万元的头发钱。我一生在剧团里六十多年，从未见过这么光亮垂直的长头发，在各地流动演出，每当同人们看到这个甩发和髯口，无不翘指赞扬是“发宝”。

我们这个流动组住在剧场斜对门的院里，到剧场非常方便。团里的几位硬班底（当地较好的演员），常到我们宿舍来喝茶聊天。金云楼大娘的老伴是木匠，手很巧，能制作刀枪把子。我们就请他特制一口大刀，按我提的要求画了样子，配上旧大刀杆，用薄板刻刀头，刀片中间加上一尺多长的竹板条做信子，通过刀盘，夹在刀杆子上头；刀片用生羊皮，去毛在水中泡软如厚布，刀片上刷上鱼鳔，再把羊皮包上，用麻线绳把周围缝好，晾干后把余的边子去掉；刀鐾和刀头的重量要适当，两头分量合适，用手在中间一试两头的重量要平均；刀头的厚薄也有讲究，在手里平放，刀刃总是朝外，刀刃朝里放着也自然的滚向外面，此乃制把子的诀窍密法。当时不会锤锡，只好刷两遍银粉，漂亮而好用。这把大刀一直跟我几十年，在“文化大革命”中被抄去破坏了。

大人们喝茶聊天，我和师弟在窗台上压腿（这就是玩）。看着制作大刀，团里的丑角刘书义，是我家的常客，来喝茶说笑话。他乃富家子弟，吃过见过，有文化。在舞台上虽是一嘴的地方话（掖县口儿），但很红。平时说话也很风趣，我师娘从不多言多语，一派正气，可是唯有刘书义敢和她小龇牙（开小玩笑）。刘书义古今中外无所不讲，还会相面算命，满嘴的“跑火车”（说大话），逗得众人拍手大笑。我们管服装的梁大爷，特别老实，一天说不了几句话，只是埋头干活，整理戏装，刘书义也和他开玩笑，作打油诗给他“画像”：“大伙听着，看我形容得像不像，梁言恩大哥是：平时少言寡语，难猜心中细底；戏装道具勤管理，大火上房不急。”

大家拍手叫好，太像了。他得意地说：“怎么样！倒茶倒茶，我再说说大水（玉生师弟）：梨园世家甚聪明，条件优越不用功；文武全才滑而灵，得志只恐始无终。”

大家都说对了七八分，“再说双成（玉成师弟）：上场即能开花，张口如同哑巴；五音不全唱念差，只能翻打滚爬。”

太像啦！玉成一排能翻三十五个小翻，《盘肠战》在桌子上十五个小翻一个科子，小的基功技巧，无所不能。可没嗓子，嘴里差，不能唱。

玉生说，“你怎么不说我师哥？”刘书义只喝水，笑而不语，众人都逼他说，他说“我和荷礼不开玩笑，但我一见他的面就有好感，我观察他排戏、演戏、处事不像个孩子。韵童先生，你这个荷礼，现在看他是个孩子，但将来恐不在你之下。”师傅似乎不在意一笑，我恐师傅不满意，就说“您别逗啦，又拿我开心。”他说：“绝不是玩笑。那好吧，送你几句淡话吧，对与不对将来看。人小心大不露相，少怀壮志腹内藏；他年艺成青云上，一鸣惊人姓氏香。”

众人都说“就荷礼好，给你什么好处啦？”我也认为是在捧我，“您别拿我开心了。”刘书义认真地说：“绝不是开玩笑。我和你小子实说了吧，我是偷剧本的高手，来我们这里的演员，我要想偷他的剧本，决失不了手。晚上止戏后，借剧本看，我一夜不睡，第二天早八点前，我能抄下一个剧本。《六国封相》这出戏，四个家庭的对白，话茬这么乱，你排戏不拿剧本；《金鞭记》是我们团的看家戏，但路子不一样，你们每本里有两三个“联弹”，多人对口唱，多种多样的腔调，你小子也不拿本子，只是给我们排；主角唱什么，我们不知道；最后通排两过，你师傅才到场；你们自己的鼓、弦儿，演出时各顾各的词，更没法偷；我也偷看了你小子的场记本，可是看不懂。”

师傅笑了，“啊！你这家伙是个戏贼，想偷我的戏。”“可以这么说，偷戏不犯法！”师伯张振贤说：“您这么大的文化人，怎么败在一个孩子手里？我告诉你吧，荷礼记在小本子上的东西，我们也看不懂，他师傅的戏，从主角到配角，他基本都能背下来！你这偷戏贼无从下手了。”“所以我说他人小心大。”他对我说：“荷礼，我说得对吗？”此时，我想要为师傅脸上贴金：“这些招儿都是师傅教的，把我们的戏都偷了，我们吃什么？我师傅的戏只有要，偷是偷不去的，因为剧本在肚子里。”刘书义笑着说：“好小子厉害！韵童先生，我这刘高手不如你这徒弟狗，看家狗，没法下手！”我不能让他要了，开个玩笑：“你可千万别伸手，小心咬了手，一旦咬了手，小偷不如狗！”刘书义要着洋相地说：“好小子！我算栽了。”我心里想，这些顺口溜的把戏，想要我？若不是在师傅师伯面前，我涮不死你。你觉着有点文化滑嘴溜舌，我十三岁开始，到现在已看了几十本小说，这些顺口溜算什么？没想到后来刘书义和我还真不错，因为我用面子拘他，后来逐步知道了，刘书义虽是票友下海，也能排戏编导，在掖县市面上也小有名气，交往人很多，部分人还真敬重他。

1964年我带威海剧团到沙河演出，此地已有了不错的礼堂，晚场戏是我根据山东柳子改编的《孙安动本》。筱福卿演孙安，我饰徐龙。正在勾脸听外面喊：“我找马少童！”化妆室里进来一高个子老头，一口的当地口音：“荷礼，还认识吗？你成角儿啦，听说你当团长啦！”我当时认不出来，可是看他的左眼，想起来了，他那半失明的左眼，都睁不开了，已是六十多岁了。当着满后台的演员，我是团长，不能和他玩笑，更不能胡说八道，就站起来迎上去：“哎呀，这不是刘老吗？这些年没见，您老好吗？坐坐！”我这一客气，他不好说什么，只是应付“别客气，坐、坐。哎呀，荷礼呀，你行啊。当年我就看透了，你是角坯子，好哇，成将啦”。我应酬的“别捧我了，您看戏吗？是在台上看还是到台下看？我要化妆不能陪您”。他也不能再待了，“哪儿看都行。”我叫了剧团的行政股长孙述芳同志，介绍这位是当地剧团的老艺人，你把他安排到领导审查席上（池中四排中间）去看戏，他就随孙述芳去了，“你忙吧马团长，我去看戏了。”

止戏谢幕时，我在台上和他打了招呼，此后再未见他。听当地剧团的人讲，刘书义家成分不好，嘴又损，每次运动都是挨整的对象，团里都讨厌他，整编时把他裁掉了，从来不到团里去。其实他心眼真不坏，就是言词伤人而落到如此下场。

回忆过去，我想过去的老熟人，不管他为人如何，都要尊重他，尊敬他，可避免一些闲话。人哪，不能嘴太损，太碎；话多易失言伤人，越来对立面越大，越来人缘越差，到头来倒霉的是自己。这算是我又年相识的一个老友、怪人。

掖县朱桥镇　弟兄得艺名

六月天气炎热，在沙河镇演出，不等营业“热”劲过去，我们就贴出了《呼延庆打擂》、《大报仇》临别纪念只有三天的戏报。分析观众心里《呼延庆打擂》非看不可，而最后呼家大报仇更是要看，要看庞文点天灯。三天客满，张德汪饰庞文，点天灯祭铁丘坟（呼家三百口埋于一坟），台上一个大坟的布景，碑上书铁丘坟，用一大块白布把庞文卷着，头上戴一白高帽子，里面藏一铁碗，装着花生油，安一大灯捻，露着脸和髯口，整个形成一支大白蜡烛，最后把捻点上，头顶上的灯捻着了，演员悲叫，眉、眼、脸上肌肉乱动，在音乐里，呼家将拜坟，台下叫好轰动了。就是这么简单的一个场面，为何引起观众如此的反响呢？我想这就是观众的正义感，惩恶锄奸，呼家报了仇，观众解了恨的效果。以后《金鞭记》演多少本，要看演出还有多少天，十本、十五本、二十本至三十本。总之，最后临别纪念三天，“打擂”、“大报仇”，不掉座儿、临走也是客满，这叫红着走。

这样我的工作加重了，要根据时间剪接《金鞭记》的本头。如果时间长，师傅就发话了，“再编一本”。我手上有《呼家将》小说，随时可增减，看着小说编，反正是呼家的事，《金鞭记》成了“胡编记”。别看没有准腔、准路和准词儿，可是你演一晚上《群英会》、《借东风》、《华容道》或者全部《玉堂春》，演员累得要死，还不如一场“胡编记”。

盛暑季节，我们又被朱桥京剧团接到朱桥镇。这里和沙河相似，也是掖县的一个古镇，剧场也是大草棚子，能坐一千多人。下午团里请吃下马饭，在十字路口旁一家饭店。迎风宴开始了，双方客礼已毕，得知该团阵容欠佳，是一些票友组起来的，有几位老艺人为主，组合演出。因为旦角太差，特请了一位旦角，蓬莱人，十九岁，叫慕慧秋，原是青岛共合班里扮丫鬟宫女。如今进步很大，扮相不错，脑子快。因配师傅的戏都要现学，又加重了我的任务了，我天天要给她说戏，熟悉得差不多了，再和师傅对

戏。她父女二人，父亲是外行，只是跟着照顾女儿，慕慧秋为人老实，初出艺道经验不足，会戏不多，也真不容易。

我比较关心该团的宣传，街道不多，海报贴的不少，但发现一个大不寻常的变化。诸人的海报未变样，内容照常，唯有我原名马荷礼改为“马少童”，王玉生改为“王又童”，张玉成改为“张小童”了。

啊！怎么我们弟兄的名都改了？玉生自己的名字本来是会写的，可这一改，他只识一个王字。他急了：“师哥，我这王玉生怎么改了，这两字是什么？”我说：“小声点，你叫王又童，咱三个的名字都改了，回去再说。”

回去问师伯，师伯讲：“因考虑你们都大了，以后走大码头都要报纸上登名。从麒派总根上往下排，你师爷爷原名小元红，是梆子武生改皮黄，先学唐韵笙先生演唐派戏，后在上海拜麒麟童，改名周麟昆。你师傅原名王宗喜，宗麒派改名王韵童，取麒麟童的一个童字。大水、双成原在青岛玉祥社娃娃班里是玉字科，所以叫王玉生，张玉成。现在以童字起名，分别叫马少童、王又童、张小童。都是童字，以少、又、小而排，你们自己都要记住。刚改名不习惯，慢慢就好了，记住了么？”我们都应声记住了。

我心里想，师傅处事太粗心，给我们改名也不和我们说，如果人家叫马少童，我还不知道叫谁。从此时起，我们的原名就慢慢隐退了，新的童字号就逐渐被人熟悉，至今七十七岁了，很少有人知道我叫马荷礼。户口本、身份证、入党申请书上，也都是马少童，知道马荷礼的人已很少了。

在这朱桥演出，师傅的提成又高了。我们是五成五，当地团是四成五。尽管这样，当地剧团也很满意，因为收入太好了。正逢交流大会，用当地旧庙会的日子，搞物资交流，每天三场戏，师傅的收入不知是多少，每天把分成的钱用面袋子装着背回家。当时观众买票千、百元的小票（北海币合人民币的角分），每天止戏回家数钱成了累活儿。夜宵是小米稀饭、馒头、窝窝头、咸菜，赶快吃完了数钱，理顺好了已到下半夜一点。第二天早饭后，我再背着这一面袋子钱到银行去存。银行里职员多，五六个人数，一会儿就办完了，把一张存单交给我师娘，多少钱我根本不知道，也不想知道。傍我师傅的旦角慕慧秋收入也不算高，每天六万元（能买一袋面粉），我们弟兄的收入全归师傅，师傅师娘心情非常好。

朱桥这个小城镇，接来这么一个流动演出组，这样的角儿，就觉得不得了，饭馆茶炉谈起昨晚的演出，“四童”是主题。

我们在这里改了名字，要求师娘给我们照个相片留作纪念。师娘天天收着银行的存单非常高兴，领着我们到大街上，路人商家都在指手画脚的讲，那是王韵童的太太，那“三个童”如何如何，我们也觉风光。师娘比我大八岁，我们一起照了一张照片，不了解情况的一看，像一个大姐领着三个弟弟。

五天庙会演下来，吃到甜头。钱来得这么快，十五场戏，师傅可算财源广进，紧接着再去演一个庙会。

我们随当地剧团又到了西由。这里也是个乡镇，摊铺摆着当地的特产石雕，是一种滑石工艺品，白、灰、黑色者多，墨绿色则贵，称为“鲁登石”。鲁是山东，登乃登州府，据说这条石线由蓬莱（登州府）过来而得名。滑石雕刻很多，官称莱州玉，土称掖县滑石猴。滑石很多，随时可捡到。我喜欢玩滑石，用刀刻小玩意、刻章子。

西由在掖县也属大镇，也有乡风典故，这个庙会当地称为“亮脚会”，就是比脚大小。从清朝到民国，至今还有这个习俗。在赶会期间，妇女们打扮的花枝招展，一手撑着凉伞，一手持小扇儿。扇子也很讲究，各种花样都有，麦草编制的各式各样的小扇很漂亮。大姑娘小媳妇都来赶会，休息时就在这大街小巷的通道两边，一个挨一个，成排的坐着，一手撑伞一手摇扇，头上大都插上几朵栀子花。当地栀子花很多，小扇一摇凉风送香。妇女老少不等，一排一排双膝并靠的坐着，前面小脚摆的也很齐。清代以前

1951年7月于朱桥镇师傅赐艺名后与师母王静萍合影（左起：马少童、张小童、王静萍、王又童）

缠足以小为美，所以路过的行人也都借机欣赏小脚。哪里招人多，准是有瘦小的金莲，看女人先看脚，再看脸，赶会时看小脚是一景，也成了当地的典故，传流下来已成习俗。我们在那里演出时也去欣赏了“亮脚会”，遗憾的是小脚不如大脚多，因日伪时期，就无妇女裹脚了，解放多年，小脚妇女大都是五十五岁以上的人了，青年妇女都是大脚板儿。什么亮脚？实际是妇女们都在一起坐着休息。回来同人们也开玩笑，“看这样的脚哪里都有，何必到西由来看”。我曾顺口诌句打趣。

莱州彩玉细雕琢，西由庙会看亮脚。
金莲为美时已过，小脚不如天足多。

又赶了一个交流会，是掖县边沿一个大村庄叫长乐村。当地特产大姜、山楂，漫山遍野，基本都是山楂和大姜，无甚好逛和玩的地方。

连日连夜地演戏，为给师傅挣钱而奋斗。每天三场武戏，我还要配师傅演，大会上点的剧目全是老传统剧，如：《铡阁老》、《大蝴蝶杯》、《麒麟山》、《生死板》、全部《包公》（“造御铡”起“打龙袍”止）。每天从早上八点半演到夜间十一点。不知什么叫累，只知道坐在那里一会就睡过去了。师傅每天只演两场，我和又童是每场必上，好容易把郊区庙会戏演完，可谓满载而归，又随当地剧团回到朱桥镇，恢复正常演出。

古城会关羽昏倒　刘宝敏瓜园戏友

青岛来了长途电话。那时候只有电话局才有长途电话，电话由投递员骑着自行车去找接电话的人，师傅到电话局接了长途电话。原来是青岛光陆剧院刘德舜老板（刘宝英、刘宝敏之父）的电话。他是师傅的干老子，为人仗义，好交朋友，外号“及时雨”，全国京剧界都知道。刘老板来电话，是为了提携一个刚出道的演员，叫小某某，是杭家湖一带草台子小班的，仅十五岁，到青岛投靠了刘德舜老板，拜刘宝英为干爹。刘宝英把自己小孩时演《斩子》的小白蟒，染成黑色的包公穿，《别窑》的小白靠染成绿的关公穿，都送给了干儿子小某某。

刘老板又把自己门里的徒弟筱君卿即王君青，青衣花旦挑牌演员、筱君衡（文武小生）、自己的二儿子刘宝敏（琴师），另有王世吉（小花脸，潍坊票友下海）成立一个演出组。王氏姐弟带着母亲，小某某带着父母和一个小妹妹，都是外行不唱戏。叫我师傅想法提携一下小某某。

师傅接了电话，一口答应，尽全力捧小某某。和当地剧团谈了王氏姐弟一伙，加小某某一家共是九口。师傅要服从他干爹刘老板的“指令”，自己歇马五天，并叫我们师兄弟配小某某演。

本来我们都是孩子，应该是非常好沟通。小某某和又童同岁，我比他大三岁，小童比他小三岁，但小某某生来的“角儿脾气”，很少和我们过话。

师傅讲了，让五天码儿，我们都要配小某某演。都是孩子，个头合适，我的活最多，《追韩信》我饰韩信，《跑城》我饰薛蛟，《打銮驾》我饰八贤王，《群英会》又童饰孔明（带借东风）、我饰赵云，《古城会》我饰张飞（不带训弟）。筱君卿、筱君衡的戏码很宽，《盘丝洞》（带盗魂铃），全部《王宝钏》，《人面桃花》，全部《玉堂春》、《三不愿意》、《勘玉钏》、《红娘》，总之梅、程、尚、荀的戏全都演。她师弟刘宝敏拉弦，我师伯张振贤是她师哥，自然要给她打鼓，又有傍角的三花脸王世吉。王氏姐弟年轻、嗓子、扮相都好，朱桥镇还是第一次见这样的大坤角儿，轰动一时。

小某某情况不然，因为当时他仅会四五出戏，按说一个孩子就挑牌也实在不易，但和我师傅戏码相同，但水平和我师傅没法比，可说是天壤之别。如果是看小孩吧，我们都般长伴大，何况又童嗓子扮相、文武都好，可以说小某某很多条件不利。

头天炮戏（大集白天戏）大轴《古城会》小某某饰关羽，师傅指定我饰张飞，又童饰马童。本来计划得非常好，三个孩子合演肯定红。师傅对我们说：“八点你们到小某某那里去对一对戏，尽全力捧一捧他。他是刘宝英的干儿子，刘老板一再的叮嘱，咱们戏班里要讲义气。”

师命难违，早上提前收功，八时到小某某住处对戏。他母亲出来问：“什么事？”我是很讲戏班道理的，回答她：“大婶，师傅叫我和师弟来找角儿（尊重的称号）对对戏。”她答应：“那好，你们先在这等一下吧。”进去了，没让我和又童进门。

我们坐在门口台基上等着，半天没动静，快九点了，还没动静。我们非常着急，因为这场戏前面，我们还有一齣《三岔口》呢。又童又敲门，他母亲出来讲“再等会”。又等了一会，小某某漱口洗脸了。

我们这才明白，叫我们在这等着，他在里面睡觉没起来。当时又童就火了，要回去。我说："不行，师傅的脾气你不是不知道，肯定挨骂。"一会他妈说"你们进来吧"。我们进去后，我说："最好快点，我们前面还有一齣武戏哪"。小某某虽然年龄不大，很有大角派头，端茶杯小声慢慢地和我们简单对了一下戏。本来我们都是熟的，奉师命来对戏，完全是出于礼貌和刘老板面子，简单对了一下，我们就回去了。

回去师娘问："怎么才回来？快吃饭，好去扮戏。"又童就把刚才去对戏的经过说了一遍。师娘不愿意了："这叫什么事？孩子练了一早晨功，去找他对戏，他在房里睡，叫我们孩子在外面等着。他的孩子是孩子，我们的孩子不是孩子吗？摆什么谱，不看刘老板的面子，谁认他是哪位？真是，吃戏饭不通戏班的理。"

师傅听说他对我们这种态度，也觉心里窝囊，不耐烦了："好啦，别说啦，戏班里讲个义气，冲刘老板这个面儿，你们有本事外场使，不要计较这些。"

好吧，我们都憋着劲哪，《三岔口》比往常加倍卖力，台下掌声不断，大草棚子剧场观众满满的，近两千人。《人面桃花》王氏姐弟年轻扮相好，嗓子没挑，红了。

我在勾脸时看见小某某下后台了，有礼貌地冲他点了点头，又童根本不理他。

大缓锣《古城会》蔡阳发点（坐帐）下来了，关羽倒板，啊？！小某某嗓子这么差，调门很低。又童扮的马童上去了，台下都认识他，刚演完了《三岔口》的刘利华，往上场门一站，还未翻，好就上来了。当时又童翻的是不太好，仅有四个小翻一个射腰，到大边台子外角，又是一排按头进了上场门；上关羽了，四击头中又童又往后甩了五个倒札虎，按理说这里马童不应该走倒札虎，因为他在赌气，马童翻不完，四击头就收不住，关羽提着马鞭等着，干看着马童叫好，他这一上场，马童就奔下，三个阖堂彩，他是又急又火。大草棚子温度高，嗓子也不灵，唱回龙也未奔下好来。本来吗，他也是个孩子，又遇上孩子对手了。第一场"平铺榻"的下来了。我扮的张飞早憋足劲了，我毫不露声色地等着外场"铆上"（卖力气），因师傅讲过"有本事外场施，别计较些鸡毛蒜皮的事儿"。我们在这里演出，观众已是很熟悉了，我刚演完《三岔口》的任堂惠，又演张飞，孩子披大靠，师傅在沙河给我制作的黑札（胡子）快到前膝盖那么长，一上场台下就捧，不该叫好的地方也叫好，如刺马童时，哇吓吓吓刺马童，又童抓枪倒札虎踩泥亮相下，又一阖堂好。我很理解小某某的心理，他在后台生气，我们叫好越多，他就越着急，越生气，越上火，嗓子就越不灵。《古城会》一场我情绪特别好：一因这个张飞我特别熟；二因有嗓子、撒得开，能诈唬；三是我也想卖两下，虽是孩子，心里也自觉不含糊。早晨去对戏，把我们关在门外，他在睡觉，我嘴里不说，心里也有股火儿。心里话不是师傅压着，谁配你演哪，叫你小子知道知道，咱爷们也不是吃素的，你不就这五六出戏吗，我十五岁时就唱十几出了。我已憋足了劲儿，张飞一出城三番话，刺三枪，我诈唬得特别火，我想在气势上要压倒他。小某某虽是个孩子身上也不错，但关羽是要揣着，不能和张飞一样发狂，况且他嗓子不好，到关羽唱“勒马提刀珠泪掉”倒板时，这个好未奔下来，我猛的一嗓子“看枪”，显然声音比他能高一个半调，关羽用刀磕开，唱二六“青龙刀拽跨马鞍桥，曹孟德他待兄恩德意好”这一句没板儿了，紧接着就忘了词，过门到了未张嘴，台下就哄了，此时他把青龙刀一撂，躺在台上了。

台下观众都站起来了，哄哄地像爆炸。我师傅上台把他抱到后台上，大家都围上来看，可能是天热中暑，闭着眼躺在大衣箱上，又童过去一看又说损话了：“嗬！怎么啦哥们，老牛大憋气呀！”（行话是装死）。师伯喊着叫我擂鼓，我这张飞在城上擂了三次鼓，他还不醒。没法蔡阳上场跑过儿，要清场花下了场。

台上已是五六分钟过去了，小某某就是醒不过来，他父亲老杨上台向台下直作揖，“大家原谅原谅”，台下仍是大喊大叫退票。最后我师傅上台解围，向台下三鞠躬，“老少爷们，真对不起，看这天太热了，起码是三十六七度（实际师傅根本不知是多少度），孩子太小，中暑昏过去啦，愿退票就退票，不愿退票请大家把票拿着，晚上照样有效。”就这样台下算静下来了，有的说“我们的票都扔了，怎么办？”师傅说：“晚场不用票了，随便进。”这才压下去，“好！看王老板的面子。”台下人都走了。又童可出了气了，“师哥！看角儿醒过来啦，就他妈这两下子，还摆那么大的谱儿！”我小声说“别说损话，师傅正在火头上，别找骂挨”。

结果不出所料，师傅师伯在喝茶，见我们拿着行头回来，就喊上了：“你俩过来。今天外场是怎么回事？”又童说“今儿的事，我们没有一点责任，我们去说戏时，说得明白，马童翻三趟，第三翻他上的太早了，我没翻完他就上去了，只好在台上等我。说戏时，他哼儿哈地不认真，上冒了场，怨他自己。”师傅又问：“和少童见面，他怎么晕的？”我只好照实回禀，“师傅叫我们很好的配合，我是尽量配好，小某某好像一上场就带着气，‘勒马提刀’倒板，台下无反映（没叫好），‘青龙刀’一句没板了，紧张得忘词，两过门未张嘴，他就回身扔了刀躺在台上，直到您把他抱到后台”。师傅看着师伯，师伯说：“少童说得对，是这样。”我说“在后台一直不睁眼，观众都走了以后他才睁开眼，醒过来了。”又童更得理了：“怎么那么怪，观众吵着退票他不睁眼，人都走了，他也醒啦，纯粹是掉板，忘词没辙了装死。”师傅火了：“行啦！就你他妈的话多。”我一看快撤吧，我就说：“师傅，没事我们去凉行头去啦”。师傅说：“你们去吧。记住，以后上场配戏，外场技术上对谁也不能让步，可是不准挤对人家。”“是！师傅，我们记住啦。”师傅一摆手：“你们去吧。”

我们走后，就听师傅向师伯喊上了：“这叫什么事儿，刘老板叫我们捧捧他，怎么捧？连这两孩子他都压不了，一共五六出戏能捧起来吗，这不是送了个包袱来吗？”只听师伯不慌不忙地说：“着什么急？唱完了这五六出，没戏演了，再把人家送回去，交给刘老板。叫君卿、君衡他们在这儿，有的是戏演。在这的情况，宝敏什么都了解，还能不回报么，刘老板能怪谁？”师傅一拍桌子：“就这么办了。”

我和师弟相对一笑，明白了，小某某在这住不了几天了：“请驾回宫吧。”

第二天《群英会》师傅歇马，小某某鲁肃到底，从“打盖”的一场之后就没有事了，又童孔明到底，我的赵云，又童“借风”一场六字调，好儿没完，我的赵云起霸，直到接孔明上船，尾声。“借风”、“回船”都是孔明的戏了，小某某看到又童“借风”台下的效果，我想，他心里一定很不平静。又童“借风”如此轰动，反而去给小某某道辛苦：“您辛苦、辛苦。”小某某也要客气一下：“又童真不赖呀。”又童趁机又是一击：“马马虎虎吧，咱也不是角儿，没有那么大的派头儿，也晕不了台上。”小某某又吃了一个“顶门钉”，由此和又童有了隔阂，几十年没有解开。

一星期演出结束后，把小某某送回青岛了。

王君卿、王君衡姐弟和我师傅合作的很好。王氏姐弟的《盘丝洞》，又童的悟空，我扮神将配她开打，后面《盗魂铃》师傅扮猪八戒。八戒面具非常特殊，是笑脸，戴上面具好像八戒总在笑。不穿黑道袍，黑打衣打裤，紫色云间，屁股链、跨子、大袜子、僧鞋、全身绣一百多个小白猪图案，不同的猪形，漂亮极了。

王君衡有一绝招，偷抄剧本特别快，眼看着剧本，右手抄录不用看，非常快就抄录下来，他和我师傅要《二子乘舟》的剧本。师傅不好意思不给，把难题推给了我，说：“剧本都是少童管，你问他，我不管这些事。”他知道我准不能给他。君衡就和我要《二子乘舟》的剧本，并说：“你师傅说了，你管本子。怎么样？给我抄抄吧。”我想师傅把矛盾推给了我，不给面子过不去，由师傅这儿论，我应叫他小老叔，比我大两岁，整天在一起玩，关系也挺好。我想了想就满口答应了，“来而不往非礼也。你把八本《孟丽君》给我，我就把《二子乘舟》给你怎么样？”他笑了，“好小子你够鬼的，你一个本换我八本戏呀”。我说：“你那八本是场意提纲，我这《二子乘舟》可是准纲准词，不换就拉倒。”“好了，成交。”两下对换，我抄了八本《孟丽君》的场意提纲

（有了这些资料就能排戏），他抄了我们的《二子乘舟》。后来他把本子改成了小生戏，在各地演出都挺红，他是个天才。

随王氏姐弟的琴师是她的师弟刘宝敏，乳名二柱子，是刘德舜老板的次子，年仅十六岁就傍角儿跑码头。虽然年龄小可是场面通儿，五岁就进入青岛玉祥社科班（娃娃剧团），进科班还穿着开裆裤。入科班就先学跑龙套，邢玉敏演《空城计》，他和宋玉庆扮演两个老军，因个子太小穿不起行头，只好穿一红卒背心（卒子坎肩）。孔明和司马懿对唱的时候，两个老军坐在城边，这时台下茶房（小卖部的职员）托着食品盘在台下串卖，把食品盘放在台边给顾客找零钱时，五岁的老军扮演者刘宝敏，一看台栏杆边上食品盘里有糖块儿，伸手就抓了一把，台下观众一看台上的老军（老丑）在抓糖，“老军偷糖了”哄堂大笑。茶房一看急忙把盘端走了，可是刘宝敏已经抓了一把糖，不顾台下的倒好和笑声，后台的老师们全急了，连喊带吓唬，把一出戏给搅了，止戏后全体罚站，老师训话，打统堂（全体挨打）每人五板（竹子教板）。这事成一典故，“二柱子台上偷糖，打统堂”。

刘宝敏大脑袋，近视眼，上场扮相差，改学场面吧，武场从手锣到司鼓，文场吹、拉、弹无一不能，别看长得不俊，可是叫人一看就有意思，引人发笑有人缘。就这么个十六岁的孩子傍师姐出码头，别看这个小老生子师弟，谁都得让着他。从师傅这论他比我小，还要叫他小老叔，可是玩起来没有辈儿的局限。他的哏多了，我和王君衡、王世吉、刘宝敏到瓜棚里买瓜，刘宝敏和王世吉打赌：他一顿吃上十五斤西瓜，若能吃了，王世吉付西瓜钱，输家还要管着大家吃瓜。二人拉钩，我们作证，卖瓜的老头称好十五斤瓜，刘宝敏开吃了，谁知他早有准备，从口袋里拿出一包咸菜，就着西瓜吃，吃不了几块就去小便，一边吃一边尿。王世吉说“二柱子！你怎么赶吃赶尿？”“咱打赌时没讲不让尿。”吃一会起来伸伸腰，活动活动再吃，王世吉又喊了，“好嘛，你歇着吃！”刘宝敏笑了，“哥们！咱没讲吃多长时间”“你就着咸菜吃还算吗？”刘宝敏又笑了，“别急！咱没讲不准就咸菜，如果就馒头，我肯定吃不了。”就这样不到两钟头，十五斤的大西瓜被他一边吃一边尿，全吃了，活动活动又吃了一个小甜瓜。我们拍手祝贺，又切了一个大西瓜，大伙吃了，王世吉乖乖地付了钱。刘宝敏很得意，回去就说：“我请他们吃了一顿西瓜。”王世吉不好意思地说：“叫一个孩子涮了。”我们都说：“王世吉聪明过人，鬼的和猴一样，叫二柱子涮了。”

过两天王世吉想找回这个面儿，又要去瓜棚，我们看热闹的当然愿意去帮吃，又童早听说了，午间不睡了，一起到瓜棚。刘宝敏说王世吉想“报仇”，你们看我的眼色

行事。又要打赌了，吃甜瓜，要吃一扁担甜瓜，不称分量，用甜瓜摆一扁担长，不准就咸菜，不准小便，吃了以后输家付钱，每人再给两个甜瓜。刘宝敏想了想说“甜瓜要头顶蒂把的摆（竖着摆）”，王世吉讲：“行，但瓜由我挑着摆。”二人拉钩。王世吉在瓜地里挑甜瓜，全是圆形的大面瓜，横竖都一样长，王世吉在瓜地里寻找大圆形的“老面堆”，六个大甜瓜才摆了半扁担长，这怎么能吃的了。刘宝敏向我们打了手势：拿着瓜跑，趁王世吉在瓜地里挑瓜的时候，刘宝敏对看瓜的老头说：“我们把瓜拿走，你跟那个挑瓜的算账就行了。”又对我们说“快拿着瓜跑哇。”于是我和君衡、又童每人拿着两个大甜瓜就跑了，等王世吉发现，我们已跑出瓜地老远了。看瓜的老头叫他算账，王世吉没办法付了瓜钱，回到剧场我们正在吃瓜，都哈哈大笑。王世吉哭笑不得：“你们这帮家伙，这叫打赌吗？真不仗义。”吃瓜的人都说“你平时比猴儿都精，怎么上这个当。”

如今回忆已六十年了。王君衡后来傍毛世来，和王熙萍结婚后，随尚小云先生参加陕西京剧院，同尚长荣合作多年，非常默契，导演过很多剧目，如今已是七十九岁了，同夫人熙萍可谓郎才女貌，才子佳人。

2005年为王万琪先生纪念演出，我夫妇到了陕西又见到他们。回忆童年时，不觉几十年，相见鬓发白，弹指一瞬间。回忆起京剧乐队转一圈，横竖不挡，文武场全能，幽默乐观，仗义好交，一顿能喝二十四瓶啤酒的刘宝敏，傍哥哥刘宝英流动演出。后同解小华结婚参加了即墨京剧团，演样板戏夫妇又调到烟台地区京剧团，成了乐队的“老保险”，少哪一件他就拾哪一件，打拉全能“老保险”。他的女儿刘东丽年龄不大，就是烟台地区京剧院的挑梁老旦。宝敏比我们年龄小，于1977年冬去世。每当想起他那幽默、好说好笑、喝酒非常实在的形象，就像在眼前一样。想啊！

思　友

童年相交，中年长聚，老来君先去；
为人仗义，多才多艺，寿命不由己。

益都城重逢月玲　老龙湾会后返程

1951年初秋，随师流动演出到了山东省益都县。这里是清代的青州府，现在的青州市。这个古老县城，地面辽阔，有两个剧场。老县城里有个戏园子，是一大户人家的大仓库改造，按当时的条件还算不错。老街道石块铺地，商号店铺全是古建筑的门脸儿，牌坊、石狮子随地可见。

县城离火车站有二华里。火车站一带市场是新开发的，比老县城街里繁华，特别是这里有一座"北城"，是在火车站北面单建的一个小城。当年里面住的全是旗人，是清王朝的皇亲，受过皇封，小孩一下生就吃俸禄，北城之主是皇叔"皇带子"，皇亲国戚，多为回、满两族人。他们腰里扎着一条黄带子，杀人不偿命，犯法不判刑，把黄带子解下来抵罪就行了，为此"黄带子"同当地百姓的矛盾很深。"黄带子"曾出狂言："大旱三年，挡不住我们老满洲大口扒干饭（大米饭）。"可是到了民国时期，特别是"九・一八"事变以后，专吃俸禄、不劳动的旗人就落魄了，生活所迫，有的经商，也有的参加劳动了。解放后整个大变样，个别旗人子弟只落得乞讨要饭，他们的特征全是满洲口音，标准的京味，如果说太监味的京话，那可是再地道不过了。解放后只要听到京味要饭的就不"打发"，逼得他们都学讲当地的土话。

益都火车站比较发达，青州府的核桃、柿子、软枣、小蜜桃全国闻名；大山牌的梅花剪子、菜刀，是从清代流传至今的名牌。车站运货，来往客商频繁，乃胶济铁路上的交通枢纽。

离火车站不远处，盖了一个大草棚子剧场，名"益都剧院"。院内观众席很简陋，大门脸倒不小，台上的红油漆台栏杆很美观，台板乃大户人家的四扇大门对起来，上面的铁铆钉都未起干净。

我和又童、小童师弟一看这台子就发憷了。我的妈呀，在这个台上演武戏翻筋斗，摔科子，若落在这铆钉上就要命了。我和师傅一说，大家过来一看，都认为这个台子，翻、跌、摔、滚太危险了。可人家说这个台上没大演武戏，师傅说："不用说武戏，就是《探地穴》、《跑城》、《追韩信》等戏，一脚落在这个大铆钉上，也够呛啊。"于是他们找了钳工，把大铆钉都拔出来，拔不出来的，就用锤砸进去，好歹算整

平了，起码没有危险，再铺上一块旧地毯就好多了。

听说这个台上很少演武戏，根据情况分析，可能武戏会叫座儿。我对又童说："咱们来'买卖'了。"我分析得果然不差，该团人称"八仙班"，是八位老艺人为主组成的，都是玉字科，如：郑玉福、赵玉富、张玉祥等八位师兄弟；还有几个当地下海的票友，如团长马吉福等；收了几名青年学员，有满族人、回族人，两趟兵（龙套）是专人，水锅（供凉热水）带剃头，因为男旦天天要刮脸，花脸天天要剃头。帽箱、大衣、二衣箱是专人，箱头儿叫范春山，弟弟叫范春楼，他青年时唱武丑，翻筋斗很有名，自己有一趟服装，租给该团使用，一场十五万（北海币）。

这里有一部分戏装非常讲究，全是京派老生用的，如《群英会》、《坐宫》等服装道具，特别好。这是因为当地有一大资本家叫马中三，周啸天先生常住他家里，教过他几齣大戏，不是专业胜过专业。就说《借东风》孔明头上脚下讲究得很，七星冠是点翠的（用翠鸟羽毛剪花点粘在盔头上），灯光下闪光，纱帽翅子和《坐宫》的驸马套都是点翠的，那翎子、狐尾漂亮极了。别看这个"八仙班"人员不多，而流动演员不断，但大都是文戏。

我们这次来，人多势众：每场有武戏，师傅带着旦角慕慧秋，戏码新颖；师傅的戏少什么，我们师兄弟就扮什么，什么武生、小生、小花脸、里子老生、花脸，全能扮上；自己的弦，师伯是司鼓，可以说人齐气盛。师傅办事很讲份儿（身份），我们同当地剧团是对半分账。接李芸秋的坑儿（接台），看了他一场临别纪念的戏《翠屏山》，小花脸徐明义，原名徐年慈，原系票友，二十多岁就下海了，唱言派老生，后拜王多寿先生改小花脸，《翠屏山》他饰潘老丈，非常干净。演杨雄的老生曹玉田，天津人，票友下海，是专门挎刀（配角，不演主戏），也很不错。我和师傅师伯商量，该团人员不多，能把这徐、曹二人留下，我们的戏就省事多了，质量也能好一些。议定后和团长马吉福商量，他说："他俩都是傍李芸秋的，他们的关系不太好。"徐明义每天三万现份儿（工资），要长到三万五，谈的不愉快，我们找他谈谈。因为这时候师傅在胶济线上名望已是很高了，一个小组十几个人，所到的码头反映都很好。傍角的人主要注重名利，一是角儿的名气大；二是工资要高。先订一期合同，到我们离开此地为止。徐、曹二人找李芸秋的父亲辞班了，就在这团里拿工资，实际是傍我师傅，目的是能配合好了就长期合作，随我们流动。徐明义很有才，能写善画，擅长画脸谱，绘戏剧人物。编编排排颇有点子，有文化，戏班里的通儿。《六国封相》里他饰苏母（彩旦），我演苏父（老丑），严密极啦，他主要是场上干净，嘴子特溜。曹玉田饰三叔（苏守贤），又童饰苏历（二哥），小童饰唐儿，慕慧秋饰苏秦妻周氏，这出戏在这里是头次见，观众非常欢迎。《天雨花》师傅饰左维明，徐明义饰仁和县，我饰陈济川，慕慧秋饰荀含春。师傅的戏这几个配角都非常严密。一周下来，不少观众还是买不上票。

团长马吉福来旅馆对师傅讲，政府有规定，每星期三这两个剧团要集中到街里剧场学习，由县总工会和文教局领导带领大家学习为人民服务，还要学文艺工会的文件。所来的流动组都要参加，这是上级的指示。

街里剧团流动组主演是张鸣宇，鸣春社（李万春先生创办的科班）的，师傅说在青岛时他傍王鸣仲，都认识。马吉福说："旦角肯定也认识，是烟台的姜月玲。"我一听，当时心里就咯噔一下，啊！月玲？她怎么在这儿？

第二天，我随师傅、师伯等一起到街里剧场。街里剧团的人我们全不认识，两团相聚互相介绍，客套了一番，师傅和张鸣宇说话时，有人说角儿来了。我回头一看，姜月玲和琴师陈乐亭进了剧场，她进门就看见了我。她变样了，看上去很有气质，成熟多了，很有大坤角儿的风度。我们俩刚一对视，我就有一种自卑感，她是角儿，名气比过去大多了。而我？小学徒的，不自觉地低下头，不敢再看她了。她过去和师傅、师伯打招呼拉手，坐下了。我这时才抬起头来，正好师伯回头看我，我紧张而怯懦，不自然地坐着，月玲不时地回头看我。此时我已恢复了自然，我装着没事一样。心里想，现在师傅、师伯肯定都在注意我的态度，我一定不能叫长辈看出我不正常的表现来。我非常理解月玲想和我说话，我又何尝不想和她说几句，了解别后的情况如何……可是在这种场合，我俩都不能接近说话。我自愧对不住她，因为她以身相许是那么纯洁，那么正派和有理想的少女。她变得像个成熟的挑牌角儿了，打扮仍是那么朴素大方，还是一块小手巾扎着头发。她又回头看了我几次，我心里想，月玲姐，我不是不愿接近您，因为我是学徒时期，身不由己，况且你父亲找过我师傅。你能等，等到我成角后定会找你；如果有角儿追您，您就早定终身吧。况且我将来出徒会怎样？我自己也不知道，我希望你能找个有本事的对象，我绝没意见。想了很多，思想反而轻松了，只听见台上讲："散会，下个星期再见。"我只在胡思乱想，台上讲的什么一句也没听到。

散会了，艺人们都拉手分散时，我看月玲在看我，我向他点了点头，笑了笑，表示致意，摆手再见。我的表现师傅和师伯对我很满意，没歪想杂念，一切正常，长辈们也不曾提及其他。

又一个星期三到了，早饭后又要去街里剧场聚会，我对师傅说："师傅，这个会对我们无什么作用，我不去了，在家和师弟们练功吧。一上午的时间，我还可以写几份单词。”师傅听了，似乎理解我的心思，点头说：“好吧，去不去的作用都不大。”

他们都走了，我心里想，我去了坐着很难受，月玲和我的态度控制不好，要出口舌，自觉不去的决定是对的。谁知这次未去，四十六年再也未和她见面。

1998年十月国庆节，我和李慧芳先生、赵麟童及上海京剧院陆正红、陆仪萍、魏朔峰、陈鹤昆、小赵君甫等众位在江苏、上海演出时，曾打听过月玲的情况，可是未得其消息。后来看到一篇小王桂卿同夫人姜月玲谈京剧艺术的文章。我想，小王桂卿同月玲的艺术水平、资历、年龄都非常般配，我虽未见二位之面，但衷心地为他们祝福。

少年相处互配戏，命运缘分不由已；
五十余载已过去，何日再会未可知。

秋天来了，青州到处都摆着青州小蜜桃、柿子、软枣的摊位。这里值得游览的是范公祠，那里有古碑、古井、古树和古建筑，是我最喜欢去的地方。又要到临朐的野原赶交流会。

野原是产烟区，基本上是农村，在一个大草棚子剧场里演出，每天三场戏。我们住在群众家一个大院里，三间正房里全部垛着黄烟。到处是烟，我们怎么住？就把行李卷放在一米多高的烟垛上，老乡把烟叶子成把成捆垛得很平整，行李在上面很像个高床。刚睡上去不太适应，熏得慌，但有个好处，什么虫子不招。

这里的饮食不太适应。饭店里只有面条，煎饼、大饼、烧饼全是酸的，特别是煎饼，把磨好了的糊糊在太阳下晒，发酵成酸味再摊烙，这些食品我们吃了都犯胃病，吐酸水。只有杠子头火烧能吃，再就是清汤面了。

还有一项生活习惯不适应。院子的房头前有一个粪坑，不分男女老又，到坑边就“方便”。我们不好意思，没办法就俩人去厕所，一个在里面方便，一个在墙角“站岗”，有人来就喊一下，方便的人就有所准备地离开便坑。

蝎子是这里的特产。是高级药物，国家收购，群众都上山抓蝎子，装在大葫芦里，回来后倒进缸里，用盐腌起来，再卖给国家。

大草棚子的剧场，台下是木条钉的长条坐椅，谁来早了，谁选好地方坐。班里多是些现凑的演员，缺少老艺人，什么也不懂。如《张松献图》一剧，关羽不会画脸，我说：“那有什么，揉个大红脸就行啦嘛。”说完我就忙于化妆，结果《献图》一剧上场了，关羽只揉了个大红脸，一笔黑没勾。“啊，你把脸揉成这样，怎么不划眉毛眼窝？”此人理直气壮地说：“你说揉个红脸就行啦。”我哭笑不得，“你怎么连眉毛、眼窝都不画？”他说：“你没说画眉和眼窝！”“这还用告诉吗？”这个水平的班底，可想而知了，大戏没法演，只能演占人少的折子戏。该团还约了两位外来角儿，赵溪远夫妇，没有小生和小花脸，演戏就困难了。师傅的傍角小花脸徐明义，不能配别人，赵溪远先生是北京的前辈，技术很不错，但没人配，只好向我们求援，借我配他夫妇。于是他演《问樵闹府》的樵夫，《打渔杀家》的教师爷，他夫妇合演《勘玉钏》的小生张少莲，《拾玉镯》的付朋，《金玉奴》的莫稽，《银空山》的高思继等等，小生、小花脸活儿都要我帮忙。每天三场戏，师傅仅演一场，我们师兄弟一场武戏。赵先生夫妇一场，我是场场不空，赵先生夫妇这些戏都要我配，趁机学了不少东西。五天下来赵先生向我师傅道谢，给了我一点意思（红包），师傅代收代谢了人家，我也未问师傅，我想我不应该问，即使这样我也很满意，多学了好多戏。况且大会收入高，师傅本身钱码就高，加上我们师兄弟三人的工资也都归师傅，师傅只要钱挣多了，就高兴。

忙乎了五天，大会戏已结束，外来演员都已离去。我们被留下再演四天，都是熟戏翻头，轻松多了。

这里有个风景区叫“老龙湾”。半山上有一天然洞叫“水帘洞”，里面不大，上面的水流下来遮着洞口，形成一道水帘，冲过这道水流能进入洞口。这里的水特好，大湖连小湖，水清见底，湖底许多白气泡往上蹿。岸边有简陋的竹制亭子。湖里面有一米长的大红鲤鱼，小鲤鱼更多。当地人称大红鲤子是“神鱼”，不敢钓，所以当地无捉鱼的习惯。我们可不听那一套，用缝衣裳的针，在蜡烛上烧红了制成钓鱼钩，小竹竿上绑上鱼线，用白面、香油和起来，做成鱼饵，每天随师傅去钓鱼。怕引起当地老百姓的反对，只钓半尺来长的小黑鲤鱼。这里的鱼好像非常傻，下饵就吃钩，我们这一伙五支鱼竿，一次能钓十几斤。回来到饭店加工，煎鲤鱼、汆鲤鱼汤，就杠子头火烧。饭店里有油炸蝎子。蝎子是这里的特产，山上的大青蝎子，不到一万块钱（北海币）一斤，当地人讲，吃蝎子能解人体内的毒。

九天戏很快结束了，我们又返回益都车站剧院。该团约来的旦角是济南的李凌云，以花旦、刀马为主，和我师傅合作得很好，因为她只带一服装人员，鼓、弦，特别是武戏，都要用我们。李凌云生得身条飒爽，皮肤黑因而外号“黑妮儿”。她体质很好，武戏很冲，特点是武戏开打她都使用真刀。《盘丝洞》、《盗魂铃》师傅八戒到底，徐明义丑妖，我饰唐僧，又童饰悟空，李凌云饰月霞仙子。我配她演《穆柯寨》、《虹霓关》时感觉到，她的手把、脚底下都非常好。又童和她打三十二刀，觉得李凌云

是个女的，又是怀孕三个月的孕妇，开打时上去就加快了速度，在“蓬头撩裆削头”时，李凌云的双刀，在又童左腿弯上扫了一下，把又童的彩裤拉了个二寸长的口子，戏后下来，又童一看，左膝下面一道口子，出血了，这下又童连哭带喊：“唱《盘丝洞》有使真刀的吗？把我的腿拉了这么个大口子。”我仔细一看，就是划破了皮，出点血，我说：“你上手就那么快，冒什么？”又童火了：“怎么快？这戏就不应该使真刀。”我恐怕影响不好，制止他，找来后台的卫生箱，给他上了红药水：“你小子就这脾气，傍角傍角，你配人家打下把，要配合好，不能由着自己，好了快洗脸吧。”又童哭起来了。李凌云过来看他，直说“对不起”，也不行，师娘掏出一千块钱给他，又童拿着钱还哭，真叫李凌云下不了台。我师傅洗完脸过来了，上去一记耳光：“怎么没完没了啦，使真刀怎么啦？把角傍严了才叫本事，碰破了点皮，就没完没了哭个没完，不要脸啦。”这样被师傅连打带训，又童一声没出，就洗脸去了。

以后李凌云再不用又童配她打了。总向我师傅借我配她演，如：《霸王别姬》师傅饰霸王，我饰虞子期；《八宝公主》饰狄青等等，跟她学了好几个小生活儿。

李凌云期满回济南了。当地剧团挽留我们在这里过年，年底封箱了，要等大年初一再开台大吉。威海的老乡、琴师周有志，要趁封箱这几天回威海看家。师傅开恩了，给我十五万的路费，叫我和周有志一起回威海看家。我思考了再三：离开威海以后，自己在技术上无甚进展，功不成名不就，无法面对父母和亲友，况且自己曾发过誓言“不成角儿，混不出个人样不回威海”。于是去买了两件青州特产，请周有志给捎到我家，一件是青州梅花菜刀，父亲是厨师，要有把好菜刀，另一件是青州大山牌的剪子，母亲绣花做针线常用之物，余下三万块钱装进信封，一并捎回。多年以后才知道父母收到信和刀剪，好一顿难过。

师伯曾问我：“你不想家吗？为什么不和周有志一起回家看看？”我说：“等将来有点技术和成就，再回去吧。”师伯点头，“好小子，学艺、吃戏饭，就应该有点雄心，咱们戏班里就是这样，有技术就有一切。”他把此事告诉了师傅，似乎长辈们对我的决定都很满意。

这一年春节前特别冷，我和又童住的小店，房间四下透风，屋里没有炉子，我俩人一床小薄被褥，冻得睡不着，想了个办法，二人打“通腿儿”（二人一颠一倒躺着），把板带（练功的宽腰带）解下来穿在褥子下面，先叫他躺下，把棉裤棉袄给他盖好，再把身子两边褥子边儿撩起来，用板带绑在他身上，形成一个桶。我由这头钻进去，同样的用板带绑起来，这样不透风，身上盖的衣服也掉不下来，暖和多了，就是这样度过了一个个寒冷之夜。天不亮就起来，顶着雪花，踏着雪地，到北城外的坟地里喊嗓子。

这个冬天我特别不顺利，双脚的冻疮化脓，肿得像发面饽饽一样。练功时，刚一练，脚就像刀子割的一样，疼得掉眼泪，咬紧牙关练开就好了。演出的时候，脚肿得穿不上靴子，没法就得赤着脚，强把脚塞进靴子里。

难忘的是大年初二，白天戏《清风寨》我饰李逵，又童演燕青，我费了好大劲，把两只肿脚塞进厚底靴子里，可是脚一踩地钻心的疼。服装员梁大爷把这情况告诉了师傅："少童的脚冻肿了，不能走，太遭罪了。"师傅看也没看就说："干这一行就得能遭罪，挣钱的事，没有舒服的。"我听得很清楚，心想：如果在家里守着父母，决不会这样。我没有掉眼泪，也不怨什么，一咬牙走了两步，把心一横，跺了跺脚，只觉双脚像火烧的一样，不知道痛了。靠轴戏的《清风寨》下来啦。卸妆时麻烦了，脚上的靴子脱不下来，好歹带疼脱下来了，靴子里有不少脓血，我咬着牙，不在人前叫苦。在后台打了一盆热水，把脚上的脓血洗净，再把靴子里擦干净，收拾服装回旅店，一步也不能走了，我拄着一条腊木杆子，又童扶着我回了旅店。

屋里没人了，止不住的泪珠哗哗地淌，但我咬着牙不出声……

此后我到剧场，都是拄着这根腊木杆子，当时我和又童脚下穿得袜子，是在市集上买的线纳的布袜子，鞋是农村妇女制作的布底鞋，俗称"勾勾鞋"，硬得像木头板一样，穿在两只冻脚上，真如上刑一般。我想起《野猪林》里，林冲双脚烫烂，大概就是这个滋味吧？回忆当时双脚冻烂了，然而一天戏未耽误，正因为如此，把我勇于吃苦，上进的决心激发出来了。

学戏艰苦学徒难，吃气受罪对谁言？
汗水透衣泪洗面，环境造就意志坚。

战马超演出受赏　二师弟车站惹祸

益都县四乡古庙会特多。我们随当地剧团，又到了离城百里的大李庄，此庙会是纪念东周齐国御史田单的。解放后庙已无存，尚有一个大坟墓，为"田单墓"。京剧

《黄金台》一剧中有老生田单。当地群众也有传说，这座齐国古墓，曾经被盗墓贼盗过，贼人挖地道一公里，地下墓门口进不去，墓门外有一对金牛，盗墓贼未能搬动，只好把牛角尖割下一块。解放后，卖黄金只能到国家银行，问其器物来历，贼人露馅，审出盗墓罪行，于是地道又被国家封闭了。

1952年，我们到这里赶山会演戏，也是包场，野台子戏，观众喜欢看火暴，武戏都在最后大轴演出。当地风俗是“会首”要点戏，当时就点了我和又童的《夜战马超》，又童饰马超、我饰张飞，曹玉田饰刘备。这出戏是我弟兄的熟戏，合手默契。“夜战”一场时，后台老艺人告诉我，别穿黑跨衣，张飞要光膀子，穿跨衣台下不认可。好吧，入乡随俗，腊月里光脊梁演夜战一场，扎马超九枪时，台下鼓掌喊好的气氛令人害怕，我们从来未经过这种场面。这一场下来，台下上来好几位老者，年长的一招手，台下抬上两个大箩筐，一个里面全是白馒头，用大红纸盖着，另一个摆着一半猪肉。年长的也没说话，只是领着台下鼓掌，我们莫名其妙，全都停下来了。这时团长和三个箱官（大衣、二衣、帽箱的服装员）上台，和年长的拉手，把这两个大箩筐接过来，抬到后台上，团长马吉福讲话了：“我代表剧团全体人员，向大会道谢！”台下又是一阵掌声。我这才明白，这是看戏很满意，送给剧团的慰劳品。检场的搬了把椅子给这位会首，坐在下场门一旁，真是稀奇，他在台上坐着看戏了。场面上大缓锣，紧急风加上大花盆鼓，台下又喊了一阵，静下来了，《战马超》接着演。因为此时的季节都穿棉衣，我光着脊梁，披着棉袄觉得很冷。最后一场演下来，我进后台，管事的说：“别卸装！”用手在水盆里蘸了凉水，往我脸上洒。又童在外场，马超上马时，飞脚、一排五个翻身，一阵掌声，在尾声中送下了场。一进后台，又洒了他一脸凉水。这时候，会首由团长陪着进了后台，看着我和又童脸上的水直往下流，众人都说：“看这两个孩子多卖力气，这个天儿累得满头大汗。”这时会首很高兴，刚才在台上坐着就觉得很风光了，进后台看到我和师弟满脸的“汗”，我们有礼貌地给他鞠了一躬，他拉着我们的手说：“太好了，我们这里每次庙会，都要唱这出《夜战马超》，第一次看到小张飞、小马超，台下的乡亲们都很满意。”从兜里拿出两个红包，我和又童双手接过红包，鞠躬“谢谢！”

众人送走了这位会首。我们卸装洗脸，师傅也到了后台，我把红包双手交给师傅，又童看我交了，他不情愿地也随着交了。其实我也不愿交，心想等师傅要，再交就没面子了。师傅接过我俩的红包，打开一看每包是一万两千元，从每个包里拿出两千元，给我和又童。师傅把那两万块钱交给后台管事的。管事的说：“王老板，大会已贴给团里一半猪肉和八十个馒头了，这个贴钱就给少童和又童吧。”师傅大方地一笑，“给管箱的师傅，烧水的同人们买瓶酒喝吧。”把钱放在化妆桌上。团长马吉福过来说：“这怎么可以，人家讲的明白是给马超，张飞的。”师傅说：“别客气啦，你们买瓶酒喝，孩子给他那么多钱干什么？不能惯他们的毛病。”

此事我体会到师傅的为人，我和又童这两万块钱的红包给了他们，虽然仅是几瓶酒，这几个人这一辈子也忘不了他。可是跟师傅的服装员（跟包的）梁大爷，每场戏要伺候我们爷四个，穿、脱、叠服装，头上脚下整天的忙，未见师傅表示一点“意思”。师傅的特点是，对外面注意买名儿，而越近的人越吝啬，包括所傍过他的老搭档都算得很清，这也是他带不住人的原因，轰轰烈烈的一班人马，最后只剩自己，成了“孤家寡人”。

在这里第三天戏，晚场是师傅主演的《北汉王》。师傅饰汉隐帝（刘承佑），我和徐明义饰一俊一丑（三花脸）二太监，又童饰郭彦威。全剧后面带《白雀寺》上吊，两个多钟头的大戏。里子老生曹玉田没活儿，在宿舍休息，我们这几个流动角儿，男同志合住一个大宿舍，五间大房。

止戏回来，发现宿舍的门窗全开着，曹玉田一人在宿舍里躺着。大家又惊又奇怪，出什么事了么？穿棉衣的季节，怎么门窗全敞着？赶快关好。师傅师伯都在喝水、吃点心，师伯闻到一股怪味道，引起怀疑，满屋里用手灯照了一遍，什么也没发现，只是曹玉田床下烧了一点纸灰，就这样大家都休息了。

第二天下午，我们回宿舍一进门，师伯就说“真是见鬼了，怎么出来这种味儿啦？”和师傅以眼神交流了一下，“大烟！”（鸦片烟味）在屋里找了半天，发现曹玉田床下又有一小堆纸灰。

第四天戏出事了。两个便衣公安人员到我们宿舍了解情况，得知曹玉田被抓，扣在派出所，是吸毒犯（抽大烟）。师伯把两天来宿舍里发现的情况讲了，公安人员说：“他开门窗，是把烟味冒出去，怕引起你们怀疑。”师傅好奇地问：“解放了这么多年，他从哪弄到的大烟？”公安干警说：“这里有私自种植鸦片的，当地有几个吸毒的‘烟鬼’，我们都控制了。近两天发现毒贩子常在戏台后面活动，我们怀疑你们这个剧团里有吸毒的，可是没抓到，就把毒贩子抓了，审讯出你们团里有人买他的大烟，烟灯、灯罩、纸灰等物证，都证实了曹玉田是吸毒犯。”团长马吉福吓坏了，一直讲“曹玉田是短期临时工，不是我们团的”。

剧团后天就要返回益都，曹玉田怎么办？师伯说：“韵童，咱们和剧团一起去派

出所保吧，戏班里讲个义气。后天咱们都走了，把曹玉田一个人撂在这里，最少也得去劳役两个月，他那身板，瘦得像个虾，不死也得脱层皮。出来后怎么办？”于是，师傅、师伯和团里的头头，一起到派出所，打了保票，将他保出来了。

曹玉田惭愧满面地回来了，向众人道谢，师傅、师伯买了酒菜给他压惊，把他教育了一顿。他也很虚心，保证再不抽了。众人纳闷，刚到这里两天，谁也不认识，你怎么就能拉上关系？曹玉田说：“卖这玩意的，一看就知道，一打手势就联系上了，右手出拳，挑出大拇指，别人看是好样的，以大拇指代表。吸这玩意的比画的是烟灯，一反手，再出小拇指的手势，你们看是六数，可我们吸烟的六数，是代表烟枪。心领意明就成交了。”我听了百思不解，怎么这玩意有这么大的吸引力？

大李家五天戏下来，集体回到益都，团里休假三天。一天早饭后，我们又在择菜吊腿，师伯对师傅说：“我猜想益都剧团不会再用曹玉田了，很可能来找我们，要傍你。”师傅讲：“这个大爷谁敢用，这次吸毒的事，若非公安人员开恩，就得劳动改造。带他到各地演出，还不知会惹出什么麻烦来呢。”师伯说：“不仅如此，玉田场上唱里子活儿没的说，挣的也不多，我观察他生活细节很不注意，一起吃饭，雪白的馒头剥馒头皮。老百姓吃地瓜、窝窝头，我们吃白面馒头还剥皮，老百姓不骂才怪呢。看起来是小事，可是会引起很多人的反感，会给我们带来一些不良的影响。”

第二天早饭后，曹玉田果然到旅馆找师傅，说此地剧团他已辞了（实际是被剧团辞了），想傍我师傅。师傅笑着说：“那太好了，您怎么不早说。我由这到潍坊大同剧团，合同早已定了，以后咱们还会有合作的机会。”午间留他吃饭，他谢绝告辞了。

短短的几天，我学到不少与戏无关的知识，师伯对事对人的观察，用人的谨慎，料事与处理关系等，我理解虽不多，但也知道这就是社会经验，处理好日常事务的方法和水平吧。

在益都又演出一周，临别纪念的戏码收入营业尚好。一天下午，火车站上的两个装卸工揪着又童，到旅馆找我师傅，小童在后面跟着。这两位工人倒挺讲礼貌，一见师傅就点头：“王老板，你这个徒弟太不像话，到我们货场去捡核桃，我们叫他出去，他反骂人，说什么‘捡两个破核桃有什么了不起，臭扛包的傻大个，事儿还不少……’。他自报了家门是你的徒弟，我们不好说别的，来找你，你说怎么办？”师傅一听，忙拉人家坐下，向人家赔礼道歉，我就忙着给人家点烟倒水，随后师傅拿出五万块钱，给人家核桃钱，人家说：“核桃已经都要回去了，这钱不能收。王老板通情达理，其实小孩子捡两个核桃倒没啥，可是不该到堆货场上去，若叫货主看见会找我们责怪的。”最后，师傅要请人家晚上看戏，人家礼貌地告辞了。师傅问小童：“刚才人家说的都是真的吗？”小童吓傻了，点点头。师傅气疯了;“大水！滚进来，你他妈不能给我露脸，倒能出去给我抹黑，爬下！”又童习惯趴在凳子上，师傅狠狠地打了七八擀面杖，师伯过来拉开，看小童也在这，就踹了一脚。我给师傅倒上茶，他瞪了我一眼，“你干什么去了？”我怯懦地说“在屋里写单词”，师傅吼道“都给我滚出去！”

我批评又童：“你怎么总捅娄子，我招谁惹谁啦，叫师傅训了一顿。”他说：“如果捡了核桃回来，还能不给你几个。”我是又生气又可笑，看他挨打的那个可怜样，叫人心痛：“哎，行啦大爷，我谢谢你的好心吧，咱不想吃你拿人家的几个核桃，只求少跟你倒点霉就阿弥陀佛了。”

又童的天赋、条件，胜我多多，他是梨园世家子弟，学戏非常快，聪明过人。但精力充沛得过火，一撒空就出娄子，嘴也太碎，好损人，常挖苦人，把人得罪了还觉无事，真是：

梨园世家玉字科，聪明过人惹祸多；
日后若能成大器，难料成名待若何。

芦花荡名师点拨　得真传胜似坐科

1952年春，随师巡回演出到潍县。

市面上非常繁华，街道商铺比较繁荣，这里属青岛至济南的中心，来往客商很多。满街摆满大小不同，各式各样的风筝。摊子上都有山东特产潍县萝卜，俗话说“肥城桃子莱阳梨，比不上潍县的萝卜皮”，中医讲潍县萝卜是一味中药，治哮喘和感冒，“潍县萝卜就着茶，气得大夫满地爬”。来到这里我们就品尝了，确实好吃，萝卜细而长，青头大、白腚小，倍儿脆、不辣，花上八百元（人民币八分）能买一个大萝卜，可谓物美价廉。当时我和师弟都是孩子心理，记吃的是萝卜、烤地瓜，玩的是空中放的风筝。两千元可买一个风筝，在古城墙上放飞，惬意极了。

这里有两个剧团，两个剧场。老城墙根下，有个新盖的简易剧院，离火车站不远，属繁华地带，我们就在这里演出。

华乐剧院在街里，是原始老剧场，剧团阵容很强，团长朱庆怀，胶济线上艺人皆知，京、津、沪也有一号的朱老板。其子朱鸣俊唱武生，入李万春先生鸣春社的科班，同夏鸣锡（武净）、于鸣奎（武净）、张鸣宇（武丑）、林鸣宵（武旦），一帮师兄弟，傍着师兄王鸣仲。后来朱鸣俊也自挑武生流动跑码头。华乐的老前辈有王永祥，人称山东圣人，有“活张飞”之称，他演“金钱豹”有要牙的特技，据说当年金少山都很尊重这位前辈。正当年的坤老生有徐韵笙、关风云等，后来也都是流动角儿。当时他们接的流动演员，挑牌的乃马派老生、言菊朋先生长子言少朋，花脸周鹤桐，武生黄元庆，可以说名角聚集。

《上天台》王韵童饰刘秀

我们在人民剧院团长是宁顺来，武生老班主，有名的“宁种”，上场就拼命而得名。后台管事的是易俗社科班的大师兄卢务本——“卢大爷”，人称“酒壶”。下面文武戏的人员特棒。我们前面的流动角正是临别纪念，旦角是上海老艺术家王熙春之妹王熙萍，芳年十九岁，技术上出类拔萃，舞台上光彩照人，台下美貌出众，走到那里后面跟上一帮人，“看坤角儿”。老生是老前辈娄亚如，京派戏很规矩，我们前面的角就很硬，这个台不好接，况且华乐那面，言少朋带这一趟人更硬。

我们头天戏是师傅的《追韩信》。前面武戏仍是我们弟兄三人的《花蝴蝶》，中间一出旦角戏，我前面饰展昭，下来再赶饰韩信。

第二天《三岔口》、《秦香莲》。

第三天《包公》造铡起，打龙袍止。中间我和两师弟的《拿庞钰》，是《艳阳楼》的路子（半出拿高登）。是卢务本先生的庞钰，我的展昭，又童的项福。华乐那边在街里，但位置偏僻。我们靠火车站近人口多，观众喜欢火暴戏，我们演的戏都是麒派、海派戏，所以一直是客满。

那时候两团出戏都是保密的，互相不知道，只有日报登出来，每天早上八点以后贴出戏报，才知对方的戏码。出戏也有策略，蕴含着竞争手段，因为这关系到收入。

第四天盼着报纸来，一看报，大家都笑了，怎么这么巧？两家都是《甘露寺》。那边是言少朋的乔玄，后面《芦花荡》黄元庆的周瑜，周鹤桐的张飞。言先生是马派路子，我师傅是海派路子，乔玄进宫唱波子，半出《跑城》“大佛殿相亲”和“别宫”都唱联弹。我和师弟又童傻了眼，又童饰周瑜、我饰张飞，比起黄元庆、周鹤桐二位可以说人家是面包糕点，我们是包米面饼子，心里很紧张。卢务本大爷笑了：“怎么？小子！怯阵了？没出息！不要管那一套，你只想着认真地演戏，不要管人家是什么名头，你只要尽到你的最大努力就行了。唱戏的不可能都是名角，若唱老生的都是马连良和周信芳，就没有马派和麒派了。上了场什么别想，你就是张飞。人家是名角卖派头，你是‘傻小子睡凉炕，全凭火力壮’，凭卖力气，我给你过过戏，根据你自己的条件唱，什么是真的？观众欢迎是真的。今晚上我给你勾脸，张飞脸谱分京、海两派，不管哪派脸谱，都要勾出性格来，笑面张飞要有性格、干净。”

于是，卢大爷为我加工张飞“边挂子”（舞蹈），加搬腿三起三落，揣牙、探海、千斤坠儿，加了几个身段。他主张“边挂子”不要多，要讨窍（讨好），十三响飞脚不费傻劲。我明显地感觉加工后，比我以前好多了。张飞上马后，飞虎旗围着张飞跑三个圆场，我搬着腿转增加上大枪花清场。他告诉我把发缕子扎到草帽圈里面。不扎甩发是卖派头，甩两下，甩好了台下也觉不出好。甩不好，弄乱了准叫倒好；脑门上戴着茈公叶最容易挂甩发，挂的满脸不利索。没有那个本事就别露，扎在草帽圈里干净利索；大抡花时注意大带和腰里插的令旗，不要“挂笼”。这样一来，周瑜见魏延“打鞭”下来，卸靠有充分的时间，等到扳上唱二六，“摔岔”、“翻高儿”就很有劲了，因前面我在台上时间延长了，他就歇过来了。见周瑜、张飞就不要过多的要好儿：“你这张飞主要是配合好周瑜，唱戏的情节，角色要把握好主次分寸。”

熟练了一天，憋足了劲，心里有了底，紧张的心情好多了。晚上进后台开戏前，我和又童又在台上比画了一遍，就这样吧，好坏的就这两下子。卢大爷给我勾海派的脸谱，很嬉笑，没勾完就说“好啦！”啊？怎么只给我勾了一半脸？卢大爷说“自己画另一半，下回就会了，还能老叫别人给画吗？”这不是难为人吗？对着镜子，照着左半边，画这右边的一半脸，总算画好了。扮戏时，师娘说“今天的戏和人家那边（华乐剧院）一样，上场都‘铆上’（卖力气），叫一个好一千块钱”。又童笑了：“真的？好勒，师哥咱们可得数好了，叫一个好一千。”

回忆我俩当时演这出《芦花荡》，台下真的像在看小玩意，张飞、周瑜像两个大木偶。我饰张飞在边挂子，大枪花，搬腿三起三落，揣牙、探海、千斤坠、转登，没完没了的叫好，为的是一个好赏一千块钱。又童更是拼命。尾声下来，顾不得卸妆，就算叫了多少个好，又童叫了十八个好，我叫了十五个好，大整账。洗了脸，又童就向师娘讨"好"钱呢，都笑了。师娘说"瞎不了，回家给"。

谁料想正在高兴的时候，卢大爷把我拉到把匣（装刀枪的长条箱）边，板着脸，对我讲："想着！唱戏就要卖力气，上台就得拼命，你师娘赏钱，我也赏。"没想到卢大爷从把子箱里抽出一把刀匹儿（竹子制作的单刀），在我屁股上抽了一下，"乓"的一声挺响，但不太痛。他说："今天这张飞，如果唱砸了是五刀匹，你唱红了只打一刀匹。这一下是叫你知道，叫好不等于是唱得好，这一刀匹叫你记住，你差远了，别骄傲，你现在还不知道戏应该怎么唱。"

我心想：唱坏了挨打，唱红了也挨打。你是当地剧团的演员，我们是流动角儿，管得着我吗？但我又想到人家白天给我加工张飞，给我讲了很多场上的技巧，他为什么？为我好。这次打我一刀匹，也是为我好。"一日为师，终身为父"，何况如此，想通了。我捂着屁股鞠了一躬，"谢谢卢大爷！我记住了。"

此时，他打心眼里高兴，"好小子！"右手在我头上摸了一把。我说："您教我的海派张飞脸谱我也会了，回去我就用笔画在本子上备忘，作纪念。"卢大爷狠狠地又在我右肩按了一下，"好！以后想学什么，到我屋里去找我，我不睡午觉。""谢谢卢大爷。"

后台的人不多了，师弟催我回去，我们搬着行头一起回旅馆。吃夜宵，小米稀饭、煎饼、咸菜，师傅每顿饭要喝啤酒吃烧鸡，咸鸭蛋是少不了的。他问我："卢大爷叫你过去干什么？"我如实地汇报了刚才的情况。师傅笑了："卢大爷总是这脾气，不赏钱赏打，有哏（可笑），他也有这份闲心。"师伯说："卢大哥这脾气是爱才，年轻时他唱武生，《长坂坡》、《天霸》戏、《马超》戏好不漂亮，中年因印珠（老化妆时用的红颜色）中毒，脸变得一块块的黑斑，后改了花脸，好老哇！少童没事找他学，他没有不会的，八大拿（天霸的八处戏）的戏全抱本（全通）。他脾气怪，他打你是喜欢你。他不喜欢的人连看他都不看，胶济线上是有一号的人物——卢大爷，在这大同剧团里抱文、武双管事牌，没有两下子成吗？"

以后一有空，我就到卢爷屋里去，他没有老伴，只一个人。一个土煤炉子烧水、热饭，一把酒壶、一把茶壶，一个行李卷儿，床下一把尿壶。因厕所在剧院里，离他宿舍好远，一个老光棍儿，所以小便就用尿壶。一双筷子，一只碗、一个碟，再无所有。旧艺人的生活就是这样，这么一位老艺人，就是这么一间八平方左右的居室，床边上挂着一串辣椒，每顿饭要在土煤炉上烤两个下饭，买个馒头或窝窝头，端一碗大菜倒在砂锅里，放在土煤炉子上，这叫吃火锅。食、宿十分简陋、俭朴了。就在这个白天都要点灯的黑屋子里，我向他学了好几齣花脸戏。因为师弟唱武生，我要配他唱武花脸。花脸戏为主时，师弟配我演武生。卢大爷话不多，不大愿笑，但我体验出他心眼特好，为人直率，不会奉承说好听的。我一个小学徒的无什么孝敬他，只是给他跑点腿，买点东西。打酒时，每次一茶碗、二两，并给他冲茶倒水。他从不计较给他什么好处，无私地教我画脸谱，特别一些配角儿，如何把角儿傍严了。我配师傅演戏配角很多，但师傅很少对我不满意，这些要领技巧，都是卢大爷口传心授，我确实受益匪浅。

天热了。出戏码是一门学问，首先要理解观众心理，招引观众才有票房价值。我把这件事理解成“观众心理是一门经济学”。这一点粗浅的认识，此后主导我二十岁在昌乐京剧团管业务，二十三岁在威海京剧团当业务团长，出戏码的学问，起了很大的作用。

当时在潍坊市大同剧院，观众是看热闹，喜欢故事情节的多，为此师傅和师伯决定上连台本戏《呆中福》。此剧也叫《苦中义》一至五本，乃赵松樵先生的代表作。师傅主演傻子，扮相很简单，也非常生活化。头上黑木碗的头型，扎一朝天椎（向上的小辫），一条绿彩裤，胸前一大红兜兜，光脊梁，穿一双草鞋，揉一黑紫色（深皮肤色）的脸，浓眉大眼，鼻子下面和嘴角上点一点白，表示流鼻涕和哈喇子。头本一上场的四句诗是：“别人道我傻，我说我不呆；外面下大雨，跑进屋里来。”可以说俗到家了，念白后用手一擦鼻涕。就是这四句俗不可耐的词，获得台下一阵掌声，因为台下一见他那扮相就想笑，整个似老北京天桥演杂耍、说双簧的模样。

全剧说的是傻子母亲改嫁给一员外做二房，带去了傻子。前房大娘有一女儿，傻子的母亲（彩旦）想谋家产，害大娘女儿和员外，善良的傻子几次救助他们，最后全家团圆，女儿嫁给状元，都感恩于傻子，皇上得知加封傻子忠义郎。全剧为主的六七个人，都是一人一角到底，一本演两天，演员都很轻松，水词，主要卖故事情节，无大蟒大靠，热天省行头，演员能闲三分之一。天天客满，营业出奇得好。

可是华乐剧院的营业就不景气，言少朋先生主演的《群英会》、《苏武牧羊》、《审头刺场》等等马派戏，可说每出戏都是精品，黄元庆（武生）、周鹤桐（架子、铜锤）都好，水平都是一流。我和又童、小童师弟前面武戏下来，到华乐去看人家的戏。我们都替他们生气，就这么一个团，人员质量都是上乘，就是不上坐儿，怎么讲呢？黄元庆在《长坂坡》中饰赵云，周鹤桐先生饰张飞，太好了，可就是不上座、气死人。

我每当和卢务本大爷谈起水平和收入不成比例时，说这里的观众不懂艺术，欣赏不了人家的京派玩意。卢大爷笑了，他说：“你懂什么，这叫百货中百客，有喜欢吃燕窝鱼翅的，也有愿吃大饼卷鸡蛋的；有喝高级龙井的，也有喝大碗茶的，你看看哪种人多？还是吃大饼，喝大碗茶的多，你能去怨人家观众不知好坏吗？这叫各有爱好，各取所需。京派戏、海派戏，能卖钱叫座就是好戏。麒麟童嗓子不如高庆奎，可是各创一派，各有各的绝招。你要记住：走码头要抓住观众的心理，适合观众口味才能“红”，否则你的技术再高也不行，观众不买账就得“黑”！言少朋先生这班人马都有名头，水平质量都比我们强，可就是不叫座，我理解为“阳春白雪和者甚寡”。

《呆中福》这出“跑亮子”的戏有情节而无准词，白天排了晚上演，凭演员的经验水平，现场发挥，天天客满。我们就是这样，来去客满，唱满这期合同，离开潍坊大同。

在这里通过观察、体会，又懂了不少知识、道理，从艺之道，其理深入浅出。

有道是：

大家、名家、大名家，唱红了为佳；
内行、外行、内外行，能叫座在行。
文戏、武戏、连本戏，观众喜欢是好戏；
京派、海派、综合派，多人赞扬是名派。

——1952年初夏写于潍坊

首演张店中华大剧院

1952年初夏，由潍坊到张店。师傅原籍是章丘，后迁移到此。师爷还健在，个子长得不高，很刮净的一小老头，烟、酒、茶日不可少，旧社会也风光过。解放前曾在银行当大写（总会计），有一独门独院，正房厢屋较宽敞，日子过得还不错。师傅有一弟弟，尚未结婚，当搬运工。师傅和家里的关系并不近密。

我们住在公大旅馆，老板徐曰公是桓台人，为人忠厚、义气，在这里演出或落脚的艺人，大都住在他这公大旅馆里。

中华大戏院，经理是青岛刘德舜的三弟，胶济线上有一号的刘德成，旧社会就领班，解放后当团长，剧团里都习惯地称他三爷。他为人仗义，穷艺人到他这里求助，多少都有点帮衬。前台经理赵海滨是聊城人，解放前曾参加革命工作，为人耿直、仁义，其子赵子光比我小三岁，学花脸，后改小花脸，拜赵春亮为师，跟我练过基本功。2004年故于天津。演出剧务李兰亭，其子李忠孝学武生、老生，比我小两岁。武行头赵全宝，其子赵继武（看家角）文武小生，次子赵继奎，三子赵继斗。看家旦角新艳秋，小生李长春，小花脸孙玉柯，老旦李冰洁，花脸李维江。小旦角六七个，孙玉玲、周婉华（山东省团B角红嫂）等等，武行文戏人员较多较齐，那时候京、津、沪一带的名角流动小组，梅、尚、程、荀剧团都来中华大戏院演出。

张店火车站是中心段，大站口，当时虽然市内仅有四条马路，但算是比较繁华的码头。剧团营业非常好，好像在中华剧院演过，就够上档次了。各地到这里来接角的也多，但流动角到这里来，戏不好演，刚出道的角儿，如在济南的北洋、张店的中华、青岛的永安，豁上少挣钱，也要到这里来演，这叫“挂号”，也叫镀金。

我随师傅到这里来就有感觉，观众欣赏水平高，内行叫“硬”，没有两下子，台下不买账。后台的底围子（底包）也会“撇嘴”（贬低排斥）。这里老艺人多，青年也不少，文武行齐，演出互相促进，很得力。

我在这里又学了不少戏。向李兰亭先生学了《收关胜》、《嘉兴府》。武行多，又串了一出《塔子沟》，真枪真刀，称为真家伙戏。武戏人多都要上场发挥，就要演双双或者四四的戏，如：四四《白水滩》，我是第三对，配我的青面虎是田某某，“打滩”一场，他一个跑马科上去，起不来了，大胯摔掉下来了，四个上手把他抬下来，我这十一郎在台上没辙了，台下的倒好如开了锅，师伯喊上了“快耍棍花，等着干什么！”喊声提醒了我，拚命地耍棍花，台下的好和喊声也没完。到后台看看，配我的青面虎田某某躺在把子箱上，那副可怜相令人难受，好处是一共四对不能停场，把戏凑合演完，最后谢幕是四个十一郎三个青面虎，我那个青面虎摔坏了。那时候艺人生活无保障，六七天不能干活就挣不了工资，更无医疗费和保险。同人们凑点份子维持生活。

赵丹看我嘉兴府

星期天加演白天戏。那时台上没有前大幕，上下场门，把着门帘能一目了然的看到台下上座情况。

开戏前进来一帮上海观众，把大门的到后台传送消息，上海的一帮电影明星来剧

场看戏。我正在勾脸，好奇地把着下场门帘往台下看。原来这帮电影明星是在济南演完《上海屋檐下》，又到青岛演出，在张店站换车，要等近两个小时，特地来看戏。

我倒没觉得紧张，《嘉兴府》我饰鲍子安，又童饰天鹏，小童饰天雕，李兰亭先生饰总兵，他儿子孝忠饰骆宏训，孙玉玲饰鲍金花，下面八个头的英雄，马快都很齐。后台武行头赵全宝先生喊上了："《嘉兴府》的演员听着，今儿个都得'铆上'！别看台下七成座，可是有上海的一帮电影明星来看戏。咱们戏班里不怕千人看，就怕艺人瞧，不能马虎，今天我把场子。"武行头管武行，这就是战前动员"命令"。武戏人员都无声无息地在扮戏。

我好奇地仍在把着上场门帘看电影明星。最吸引人的是赵丹，还有一胖一瘦两人。任秀岑胖得出奇，好像呼吸都困难；而韩兰根瘦得可怜，满脸的皱纹不知有多少道。我想这二位如果扮胖、瘦二罗汉，不用化妆，好像他俩生就的滑稽像，一看就觉得很有哏，引人发笑，不愧为笑星。赵丹的风度特殊，一看就有份儿，他的态度很自然，叫人一看就有好感，使人可敬可亲。可惜不能过去和他们说几句话。赵丹不愧明星大家，好像全身都散发着艺术味儿，他来看我演《嘉兴府》是巧遇，也是一点缘分，我可不能马虎。

梁大爷催我穿服装了，我对着镜子，头上脚下收拾得利利索索。

开戏了，"小回船"起，我和鲍金花一番两番一挡两挡，她下了场，我在跺头里两个飞脚挂蹍子，心里想这是我的绝活，一般的武生都是扫趟旋子，或者飞脚旋子。但飞脚挂蹍子难度大，因为飞脚是横上旋，蹍子是正上空抱腿侧身翻。我想这一招肯定能获得掌声，谁知我飞脚、蹍子落地很稳，甩髯口亮相，台下掌声不太激烈，而这帮明星根本没理我。下场后我想，这帮明星欣赏水平够硬啊，我这一绝活"白玩"了。

武打开始了，翻连环、各种筋斗翻上，台下的掌声如开锅，这帮明星乐得喊好鼓掌，特别是小童师弟的一排三十个小翻，台下像炸了窝。后面"老接头"接"麻连垛"，鲍子安翻上，我砸四个马快的扑虎。虎跳前坡我很不把握，有时前坡落地站不住腚蹲！所以就以跑马前坡向前一探身，跨度远，四个小马快扑虎等我单前坡砸过去。这时我头脑发热了，因前面筋斗都开锅了，《嘉兴府》这出武戏鲍子安是一号人物，我前面的飞脚蹍子没"刺开火儿"，这次要露一手，四个小马快扑虎趴在台上，等我砸过去，我喊了一声再上一个！又上一小马快趴着，再上一个！又上一个，六个扑虎趴在台上，宽度有近两米，这时我师伯张振贤，有点急了："少童这小子今儿是怎么啦？砸六个人儿，弄不好要砸伤人的。"这节骨眼不容人多想，跺头开了（罗经点），我在刺边中跑出上场门，起凡，双脚一跺，两臂向前探去，翻头落地了，半蹲的停在台边，这时台上、台下的人都在叫好。这一单前坡探了近两米多远，过了六个人。后面是“跺头挡”，我一串六个蛮子，杀马快时甩髯口都是“讨窍”，叫好的技巧，掌声中吹了尾声。

武戏下来，哥儿们都笑了，那几个趴在地下的小马快说：“单前坡砸六个人，吓死人，这简直是玩命！”我高兴极了：“怕什么？也没砸着你们！”武行头赵全宝先生说：“你单前坡一起凡，他们就像他妈屎壳郎滚球似的向里滚。每次砸四个人，今天怎么砸六个人？犯神经病啦！”我说：“这帮电影明星眼光太硬，我前面下场，两飞脚挂踱子愣没理我！”赵先生开了腔：“哎喏，爷们！他们不懂啊，别看他们是电影明星，不一定懂翻筋斗哇。你没看翻连环时，一个‘单出场’（后腾空翻）他们都叫好，他们哪里知道飞脚踱子的难度哇。”

一会后台有人说：“电影明星都走了。”卸妆时，前台经理赵海滨到后台说：“上海这帮电影明星真不错，请他们坐池中（池座中间），人家都不坐，怕影响我们收入，都坐在后边，临走时还道谢，客气了半天，还说‘真未想到这个团的武戏这么棒，不愧为张店中华大戏院’。因为要赶火车，未到后台道谢就走了。”

我心情很好，武戏发挥得不错。心想，以后我再演《嘉兴府》就砸六个人的单前坡，太火暴了。

晚饭前师伯说：“少童今儿怎么啦？每次砸四个人，今儿怎么要砸六个人，若不是这些有经验的武行，谁敢给你垫这个扑虎？太冒险！”我说：“赵先生在后台说，上海电影明星来看戏，都铆上。”师伯说：“铆上就砸六个人？要是马连良来啦，你能砸十个人吗，你有那个本事吗？舞台玩意不能冒险，要有把握，不能凭侥幸，文戏忌冷、武戏怕热。文戏本来就温，你演不出点热乎气来，就会更温；武戏本来就火暴，若头脑‘发热’就容易出事。文、武戏都要冷热适度。”师傅说：“你今在外场若砸伤一口子，我养活人家吗？以后你他妈少犯这种‘凉’（犯傻）。”

我虚心地服训，心里想这个“凉”我就得犯下去，非把这跑马前坡砸人练好。

跑县城我喜欢到农田、野地里练筋斗，特别是刚刨过的农田很暄，摔一下也没关系，但是把刨好了的暄地给人家砸硬了，我想这刨地的人发现了肯定会骂。我且不管，每到午时山野无人，就去练一阵子，摔一下也不痛，无人看见，也不丢面子。由暄地到平地，再上戏台，跑马前坡砸六个人，慢慢就练得有把握了。戏班里有句贬义词“野地里的玩意”，意思是说不是大舞台上的艺术，是乡村野地的技巧。我正是在野地里练的玩意，《嘉兴府》里跑马前坡砸六个人，为了把握，我只砸五个人，每次台下爆发掌

声，在大舞台上不一定能练出这一招。我且不管什么野地、大舞台，观众喜欢为好，别人都来不了的技巧为绝招，后来这一招，成了我演《嘉兴府》与众不同的一招。

1963年，我对刘奎童先生讲了我在野地里练功，砸人的跑马前坡。先生讲："不要听那老一套。筋斗翻得高为好叫绝，可是能翻得远也可以称绝，笑话你的人，他未必能走的了，众人走不了的技巧，你能走就是绝招。艺术里面充满了技术，功夫是技术的基础，不下工夫就没有基础，舞台艺术深着呢，慢慢地理解，边演边学，边练边悟，不悟是傻练，有了功夫，没有窍门是笨功夫。技巧要窍、巧。看来一般，一琢磨觉得不一般，这才是高！"先生的这些活一直在鞭策、提醒着我，而且越琢磨越深。

在张店演了近两个月，又随团到了洪山、淄川，全是联台本戏，一天一本，营业很好。在张店时徐明义来搭班，想傍我师傅一起流动，一起到博山博光剧院，团长高岭山，团内演员大都是本地人，当地私人科班的一批人。当地主要是煤矿、陶瓷业、工业区。这里不认派头戏，认火暴看情节。

我们三天炮戏下来，就上了连台本戏《金鞭记》，果然奏效，天天客满。我在这淄博地区"犯关"（招事儿）休克了一次，被公安局"拘留"了两个钟头。在博光剧院演《金鞭记》一至十八本，呼延庆打擂，又童饰呼延庆，我饰欧子英，为了吸引观众，用床板、木杆子在台上扎了一个擂台。床板有弹力，最后呼延庆在擂台上和欧子英开打，临劈欧子英以前有个锞子，起来再打，踢呼延庆，被抓住左腿劈了，这时擂台边上藏着一条假腿，呼延庆拿着假腿跳下擂台打庞文，亮相落幕。谁能想到，我的锞子落地，被床板把我弹起来了，像个皮球弹起又落下，我慌了神，控制不住自己，只觉当的一下，就什么也不知道了。又童一看不好，摔晕了，拿着假腿跳下擂台打庞文，台下根本没发现我摔休克了。掌声、喊好声中落了幕。

醒来睁眼一看，我躺在后台的服装箱上，我坐起身来看看，后台人已洗脸走了一半了，跟包的梁大爷说："醒过来了，怎么样？少爷！"我站起身来觉得头还是晕，像睡了一大觉，头还是昏昏沉沉的，脱了服装，又用凉水洗了洗头，清醒多了，师傅早就回了旅馆，我和师弟、梁大爷一起背着行头回了旅馆，这时我顾不得头痛，也不顾浑身难受，只有一个想法，怕师傅发火、挨骂。

果然一进门，见一家人都在准备吃"夜宵"，都问我"好啦吗？"我不自然地笑了笑，"好啦"。师傅神情严肃，问我："你他妈怎么搞的，怎么摔休克了？"又童说："扎那个擂台是床板摆的，我看师哥的锞子一落地，又把他弹起来了，我知道要坏事。"我说："锞子落地弹起来，像皮球一样，我没法控制，摔了后脑勺，晕了，现在没事了。”大家都笑了。还算不错，师傅没发火，只说“以后摔、跌的时候，要先注意台板，要摔绝了气，会出人命”，众人都说“快吃饭吧”。我觉得头晕，想吐，不想吃饭，说“我回去休息一会”，就这样昏昏沉沉地躺下了。

一觉醒来，天已傍亮，便起身叫师弟起来到剧场练功。哎！贵的是人，贱的也是人……这时候我忽然想家了。我想：如果我守着父母，摔晕了，父母会何等的着急难过？我没有眼泪，顾不上难过，只有一个念头，拼命地练功。这是我第二次休克的感觉和体会。

一岁年龄一岁心，环境逼人体会深；
为人不受苦中苦，如何能做人上人。

抱不平进公安

博山演出结束，又随团到罗村，根据当地观众的看戏习惯，进门就是三十本《金鞭记》。天气热，营业也“热”，天天客满。

天气热得透不过气来，午间领着师弟，到工厂的循环水池子里去洗澡。那时没有凉鞋，学徒的更没有拖鞋，每人一双木头刻的“呱嗒板”（木板鞋底钉一横带勒在脚背上），走起路来“呱嗒呱嗒’地响。

洗完澡往回走，太阳特别毒，商铺里都用水管子喷地，店门口都喷的很湿。路过一个杂货店，见一个伙计二十左右岁，身板很壮实，手里拿着胶皮水管子喷门脸，正好有一年轻小媳妇路过，她穿着一身粉红绸子的裤褂。这小子坏心眼，把水管子往人家媳妇身上喷，周村绸子很薄，水浇上去贴在身上，特别是少女弄得很狼狈，围观者都在笑。这小媳妇就骂“欺负人，耍流氓”！这小子反不讲理，嬉皮笑脸地说“谁叫你从我门口走，大热天洒点水身上有什么了不起，怎么是耍流氓？”围观者有的笑，有的说“这小子太坏，成心耍笑人家”。那女的无法治他，衣服都贴在身上，又羞又气，哭了。

我和师弟也在看他们吵吵，实在气愤不过，就上前批评这小子，“你年轻轻的怎么这样？这是侮辱人，调戏妇女，还说有理的，无法无天了。”那小子一看我是个孩子，比他矮一头，还领着两个小孩，汗衫搭在肩上，短裤头，腰里都扎着大红板带（练功带），脚下穿着呱嗒板，没把我弟兄三个看在眼里，把头一歪："三个浑小子，管得着吗？滚一边去！"好小子，他没看起我，我得训他两句："事不平有人管，路不平有人铲（戏词）。你不讲理，今个我就要管管你！"这小子出手给了我一拳，虽然不太痛，可我觉得挺丢人，"你小子敢打人"，我马上把一双呱嗒板子脱下，拿在手里，一手一只倒很得劲。这小子气更盛了："打你啦，怎么样，你不是要管管我吗？"又是一拳，可把我气火了，没等他拳到我胸上，我一划左手的呱嗒板，正砍在他的右手腕上，我右手的呱嗒板"乒"的一声，拍在他的左脸上，打得他"噢"的一声，立时他的左脸就红肿了。他气急败坏地往我身上糊，他一伸手，我又是一呱嗒板，围观的人都在叫好。我想叫你小子受受教育吧，别看比你个子小，打你和玩一样。这小子靠不了我的身，回身去拿胶皮管子打我，谁想又童冲上去，一呱嗒板子打在他手上，接着他身上挨了七八下。小童、又童虽是孩子，整天练功，眼快手快，我们三个孩子把他打得嗷嗷乱叫，围观的人就叫好，这小子急了用头来撞我，我又是一呱嗒板子，这下糟了，把这小子的头打破了，他躺在地下喊："打死人啦……"

他店铺的人看他挨打了，就跑去报公安局。我正在训他："看你小子往后还敢调戏妇女，看你还敢霸道，今儿爷爷教训教训你"。就在这时候，铺里的人领着两个公安人员来了，又童一看，喊道："师哥，快跑哇！"可是公安人员已到我身边了，我跑不了啦，干脆装好汉吧，一动不动地站着。公安人员问："是你把他打成这个样？"我心里很害怕，因这小子头上往下流血，可我装着不含糊："对，是我打的！""打人犯法你不知道吗？""他调戏这个女同志，还不讲理，动手打我，所以我才打他。"

这时那女同志哭诉了一番，围观的人也七言八语地帮我说话，公安人员问："她是你的什么人？"我气坏了："什么人也不是，我不认识她，路过这里，看他喷了人家一身水，不讲理，我批评他两句，他打了我一拳，还想打我，我才揍了她。""你是那个单位的？""京剧团的"。"叫什么？""马少童"。"马少童？"众人也都纷纷地议论，因海报、戏报上天天贴，报纸也登，都议论开了。"马少童？那两个小的准是王又童、张小童啦，怪不得这么厉害，都是唱武生的。这个舅子今天遇上吃生米的了"。我四下一看，又童、小童早跑没影了。公安人员说："走！都跟我们到派出所去"。我想，这下可完了，要蹲黑屋子了。

到了派出所，这两个公安人员向所长汇报了情况，所长说："马少童，练武功不在台上用，怎么到大街上打人？"我回了一句："他不先打我，我不会打他。"所长笑了："哎呀！把人家头都打破了，还有理啦？"这女同志又帮我讲了半天。挨打这小子又哭又闹。所长火了："行啦！都是由你引起，年轻轻的不干好事，不讲理，还动手打人，你别看你头破了，马少童是打抱不平打了你，就你这熊样还想和他打，你不是找揍挨揍吗？你向这女同志赔礼道歉。"那小子只好向那女的道歉："对不起！"女同志问"这马同志怎么办？"所长说："这个不用你管，你走你的。"女的临走时说："谢谢您马同志，连累你了。"我哭笑不得，也不知说什么好，只是点了点头。挨打这小子又哭了："把我打成这样，你们怎么处理？"所长说："你先去卫生所给头上抹点药，回去等候处理，你喷人家小媳妇一身水，是人身侮辱，还动手打人，是罚款还是拘留，先回去等着。"公安人员把他领去上药去了。又对我说："你先到里屋反省反省，等着。"

我到了里屋一看，有床也有办公桌，桌上有文件、书、还有小电扇，这里像值班室。我坐在椅子上等着，一公安人员送了一个水杯，一暖壶水，把电扇打开，就出去了。我这才想起又童、小童回去报告我被公安局带走了，师傅非发火不可，我这顿臭骂是脱不了。

墙上的表已两点半了，在这已等了一个多钟头了，心里又紧张又纳闷，把我留在这干什么，外面的人里出外进也没有管我的，我也不敢走。不一会，进来一个人说："马少童，你回去吧！"就这么叫我走了？我怀疑地问："让我回去？"他说："所长来电话，叫你回去。"

我出了派出所，四下看了看，心想这就是释放吗？回家的路上胡思乱想，进了大院的门一看，师傅、师伯、团长高岭山和几位老艺人都在这里，派出所的所长也在这里。他们正在喝茶、吃西瓜，见了我都哈哈大笑，所长对我很客气："来来，坐下吃块西瓜。"我哪里敢坐，含羞带愧地等师傅训我，师傅并没火，讽刺加玩笑地说："大少爷真行，在台上开打不过瘾，到大街上去打，还把人家的头打破了，看看明儿咱好到十字口摆擂台了。"大家又是一阵笑声，我头上的汗直流，既紧张，又羞愧。所长说："来来，坐下，怎么见了你师傅就傻了，刚才在所里一点也不含糊，理直气壮地蛮英雄的嘛。韵童先生真是'父是英雄儿好汉，强将手下无弱兵'啊。"师傅打趣地说"哪里呀，我这师傅不怎么样，徒弟是惹祸的精"。又都笑了，这时剧团里的人又送了两个大西瓜，高岭山团长讲："这是我买的西瓜，我请客，大师兄（指我）吃块瓜压压惊，进了他们那个门（指派出所）大小事也算吃了一场官司。"又和所长说："你把我们的主演留在派出所，今晚上就要停演，最后一本《金鞭记》呼家大报仇，把呼延庆留在派出

所，就这孟强（指又童）焦玉（小童）三虎庄，剩下这二虎可开不了戏，呼家的仇可没法报。”所长说：“这不回来了吗，呼家的大报仇能不报吗？少童同志，你打抱不平是主持正义，是好事，可是把人家头打碎了，就侵犯人权了。以后想着遇上这种事，把他扭送给我们，你还要受表扬，本来是维护法纪，把人家的头打破了本身也犯法。我和你师傅讲了很多，以后长个见识吧。”说着起身告辞，“今晚上还要看您们的戏呢。”高岭山团长说“今晚上的戏非红不可，这三虎（呼延庆、孟强、焦玉）白天在大街上已唱了一出，唱进了派出所，不少围观者都认识你们了，看吧！晚上你三人一上场，肯定台下有反应。”

众人走后，师傅也没发火，他告诉我：“所长去找了高团长，说了你们在大街上打架的经过，高团长领着所长来找我，把你放回来了，以后出去少给我惹事。”师伯说：“打抱不平是主持正义，他先动手打我们，我们不能干挨打，就要教训他，自卫也要有分寸，头破了，见了血，我们就失了三分理。常言道‘会打打一顿，不会打的打一棍’，打人也要会打。我们做艺的吃的是江湖饭，该硬就得硬，人熊受人欺，马熊被人骑，处事要有理有节，打就不能含糊，但要把握分寸。”

晚场戏又是客满，高团长说对了，我和师弟一上场，台下就吵吵了一阵，议论白天大街打架的事，以后留下一个小话柄，王韵童的徒弟在大街上打抱不平，添枝加叶地说，王韵童的徒弟都有武功，会把式，把那坏小子打得头破血流，满街跑，喊着救命……说得神乎其神。这件事也让我长了见识，汲取了教训。

> 忍气吞声是君子，见死不救是小人；
> 惹事常为多开口，招祸皆因强出头。
> 我常以这些剧词鞭策、约束自己。

快过八月十五了，剧团从罗村又返回博山过节。师傅统计了一下剧团里的人数，共六十人。在博山糕点厂订制月饼，我和又童又挑又抬地把月饼运到剧院，全团上至团长，下至水锅（烧水的），每人二斤月饼，其原因是师傅收入特别好，讲义气，过中秋节了，要表示点意思，全团每人二斤月饼。团里热情很高：“王老板真是大角的风度！”师傅的威信一下提高了一大块，都挑大拇指头。

我和又童、跟包的梁大爷去搬了半天月饼，分完后回旅馆，又童说：“师哥！今年中秋节咱也沾光了，他们班底每人都是二斤月饼，咱们还不得闹三斤？”我说：“不

见得，师傅的脾气和处事方法，你还不清楚吗？”他说：“二斤也行。”结果师傅午睡起来，告诉我们，每人分一斤月饼，大家面面相觑。

我早已猜透了师傅的脾气。在交际上，一向是重外轻内，注意外面买名儿，而越是傍角的和徒弟越得不到实惠。如果过节分红包就不如分月饼，气氛好，都高兴，二斤月饼两块钱，如果一个红包里，包上两块钱，就拿不出手。这样一来，花钱不多而换来的反应很好，这是交际艺术。别看师傅没文化，可是在经济问题上很动脑子，在处事待人方面，确实精明。皆因如此，也失去一些得力助手和人才，十几个人的流动演出组，后来只落得仅剩下孤家寡人。老搭档走后，没有一个有联系的，真是聪明反被聪明误。

花钱少效果好，买人缘威信高；
关系学甚奥妙，欠思考亲人少。

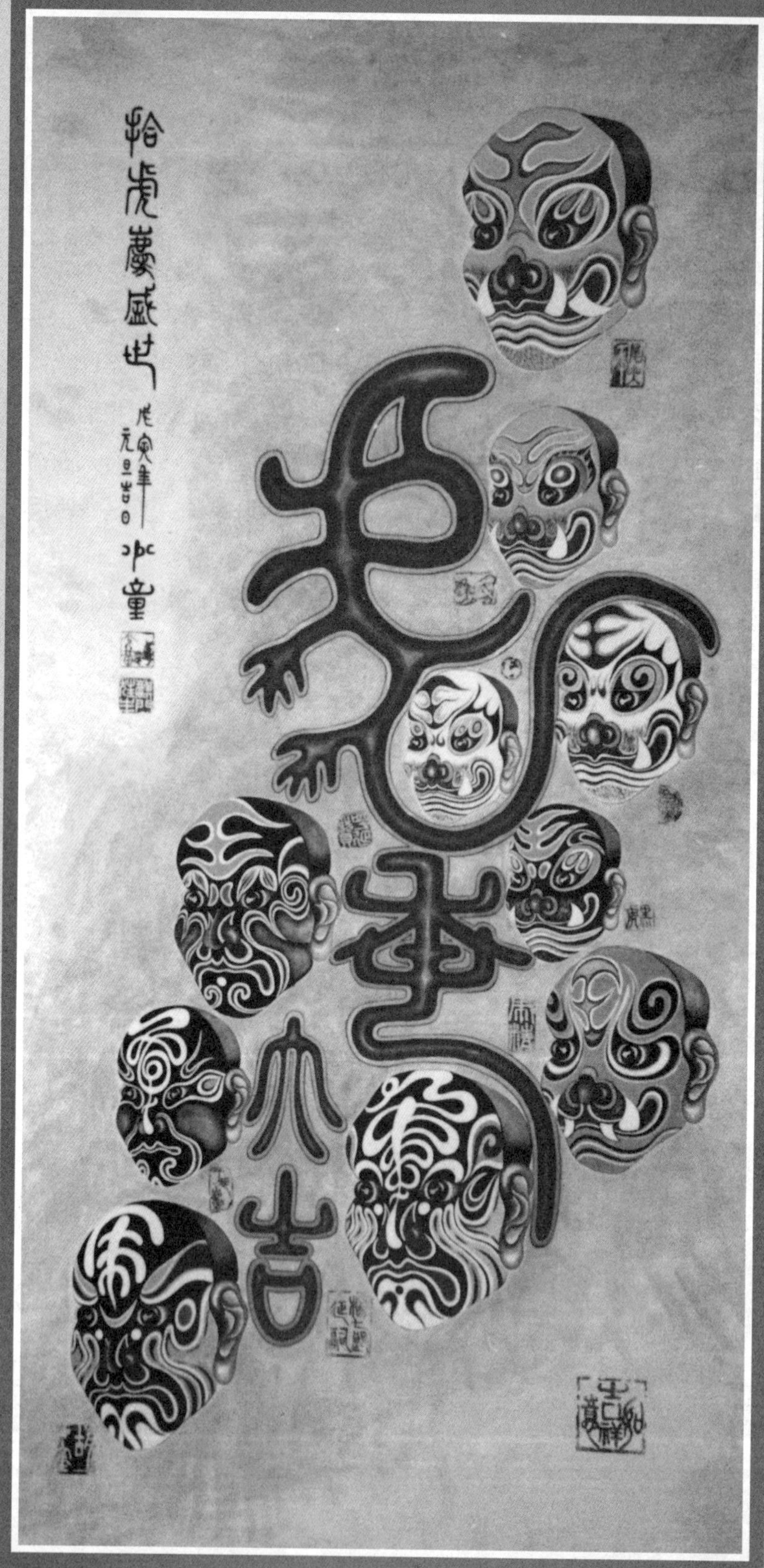

《拾虎庆盛世》虎年画虎，取材与中国京剧

艺苑师友篇

《徐策跑城》马少童饰徐策，演出于扬州

《古城训弟》中马少童饰关羽

重逢良师卢酒壶　今生难忘两将军

1953年5月，随师流动演出到淄博市的大昆仑。

此乡镇周围煤矿很多，当地群众下矿采煤的工人和烧陶瓷的窑工者多，务农种田的少。家家户户采制硫磺。

这里的韭菜天下第一。俗话说“六月韭臭死狗”，而大昆仑的韭菜却成年的不落价，棵大而嫩，六月里，韭菜叶子烂了也不招苍蝇。

传说汉代皇帝刘秀，逃难时路过大昆仑，饥饿难当，在一菜园里拔一把韭菜吃，觉得这里的韭菜特别好。突然发现韭菜叶子上有几只苍蝇，刘秀大怒骂道：“大胆的苍蝇，敢与孤争食！”皇上是金口玉言，就把大昆仑的韭菜加封了，苍蝇再也不敢吃了。说也奇怪，此后这里的烂韭菜叶子不招苍蝇。这是民谣传说，实际以科学解释是因水土而定的。这里周围全是煤矿，地上自然涌出硫磺原料，导致了韭菜的味道特殊，不招苍蝇。

别看大昆仑仅是个小火车站，可是交通方便。因矿工多，车站一带很繁华，看戏的观众不少。潍坊市原大同的老艺人来了一部分为基础，又吸收一些各地的艺人组团演出，别看地方小，剧场修建的挺阔，剧团的阵容也很不错。

我在这个剧团里，又学了不少戏，也丢面子栽了不少跟头，流过不少汗水和眼泪。这团里的熟人关系最好的是卢务本大爷，外号酒壶，在潍坊教过我好多戏，这次他来大昆仑仍是在后台掌管业务，有专教武戏教练李方均（原名李芳兰）先生。

李芳均先生的手把、步法非常好，专配角儿打下手。我们弟兄都跟他学把子，主要是手把准而快，步法清楚、干净，傍角非常严。我和又童每早要对十几套把子，他围着我和师弟转，手里拿一根细藤条子，我和师弟的手、臂、步不到位时，他手里的藤条“嗖”的一声，“乒”的一下，正打在我们错位之处。我和又童、小童师弟背地里议论李方均老师，不但手把好、脚底快，打人也特别溜和准，高手！

在大昆仑演出时间较长，京、海两派的戏都演，又演连台本戏《金鞭记》。每天早上练把子时，李芳均老师陪着打，给我们当教练。两个月下来，我弟兄的手把进步很大，师伯张振贤说“芳均的手把没的说，是这个（出大拇指）！现在的武戏都注重翻、跌、滚、爬，而忽视了打，其实好武生、好刀马，对打很重要，离不开好‘下把’。特别是打‘出手’，下把递不好，就没法接、踢。别看扔把子的不叫好，往往是给角儿叫好，而下把扔家伙（兵器）时，想叫角儿招个倒好是很容易的事。所以我们戏班里讲义气，要团结，是互相配合的综合艺术。你们要想着，将来若成了角，也不要自以为了不起，没有陪角就显不出角儿”。

卢务本大爷，对我要求特别苛刻，一个午觉也不让睡，叫我勒上头，穿上厚底靴子，地面摞两方砖让我上去板腿，板起朝天蹬，三起三落，踹牙、探海，三番千斤坠儿。在太阳地里，戴上草帽（怕晒晕了）。他在阴凉处扇着他那演花脸用的大扇子，一把暖壶、一把小茶壶对着口喝茶，看着我练。他说：“穿厚底在砖上板腿，把握了以后上场，不论是在桌子上或上椅子，都没问题，穿薄底，那更是小菜一碟”。

在砖上板腿三起三落刚有点把握，又改了形式，把砖扁立起来放着，穿厚底上去练“提膝背抡势”，砖的横立面和厚底靴底一样窄，上去提膝一条腿站着，先是摇晃站不稳，“噔”的一下就歪下来了。卢大爷也不火，把扇子一晃，“上去！”我累得大汗淋漓，在水里捞出来似的，慢慢腾腾地把砖摆好再上去，借机休息一下，老爷子就喊上了：“快点！磨蹭什么。”

练过一段日子，能站稳了。可是当腿提在空中很累，就不自觉地耷拉下来了，卢大爷照我腿上就是一扇子，“提起来！”这一扇子虽然很响，但不太痛。他说“唱《艳阳楼》这几个踩坭，脚底下没功能行吗？”卢大爷主要教我脚底下的基础，跑圆场，用藤条子跟着我跑，他说“唱追（《追韩信》）、跑（《跑城》）、探（《探地穴》），是厚底功，脚底下练不好，你怎么唱？”这一段时间，我的腿肚子老是紫青红肿的。我心想：卢大爷真有折腾人的办法，我又不是你的徒弟，为什么对我这么狠？

卢大爷胃病很厉害，一犯胃病，便用木棒子顶着心口窝，我就马上去找一块馒头，用开水一泡，他“呼噜呼噜”的喝下去，待一会就好了。所以我每当最累的时候，就盼着他犯胃病，我可以休息一会。有时他胃痛得厉害，就说“你自己练练吧，我回去躺一会”。这是我最美的时候，他走了，我自己练就舒服多了，岂不知功夫的进度也就慢了。

卢大爷教我的《艳阳楼》始终未演过，因在师傅的戏前面演武戏，不能占人太多，况且后面总是要陪师傅演出，只能在其他戏里借用，如《包公》中的《拿庞钰》。

整个一出《艳阳楼》，包括“抢亲”都是一个路子；又如《四杰村》中廖世崇的开打，也是《艳阳楼》的套路，只不过廖世崇是亮老生像。卢大爷给我“烤”的厚底功，在我演出《追韩信》、《跑城》、《探地穴》及其他戏里，就很有体会，特别是后来在上山下乡在野台子上，硬地、砂窝、高凹不平的台子，或是在剧场里水磨石、水泥、大理石、软的硬的或打蜡后似镜子面的木板台，地毯厚或薄，我照样表演，脚下从未出过差错。这都是卢大爷当年给我砸下了深厚的基础。

在大昆仑，每逢星期天矿工们休假，要加演白天戏，难忘的这出《两将军》，我陪又童师弟演张飞。这出戏卢大爷给我单加过功，他为了看得清楚，主动要扮演刘备，老演法刘备是在正场高台上坐着，看枪架子、夜战，这样看我的毛病最清楚。我心里想，今天这出戏要特别注意，卢大爷特意要演刘备，在台上坐着找我的毛病。枪架子大战没问题。到夜战了，刘备在台上唱原板，我和又童卸靠（改成短打），心里想千万别出错，别叫卢大爷发脾气。

怕出错就偏偏出错。赶场换装时，我戴上髯口，忘了插耳毛子。后台有个老艺人叫穆庆来，是个人才，生、旦、净、丑无所不能，缺什么角就扮什么，就是好逗乐子开玩笑。他扮演跟张飞的卒勇，我卸靠赶场时，卒勇们双方在外场挑灯走“十字靠”的舞蹈。碰头呐喊起紧急风，马超、张飞上场扎九枪夜战。穆庆来到后台一看，我忘戴耳毛子了，他一想逗乐子的机会来了，他把我的耳毛子戴上了，成心出洋相。后台人都笑了，他说：“张飞忘带了，我替他戴上”。

外场的刘备卢大爷眼力何等的厉害，一看我未戴耳毛子就火了，双方的兵冲门，一看演兵的穆庆来鬓边戴着张飞的耳毛子，更是气不打一出来。我直到完戏还未察觉到未戴耳毛子，卸妆后浑身是汗。

刘备下场了，卢大爷抽出一把刀匹子，照我屁股上就是一刀匹，“啪”的一声，满后台的人都愣了，他喊上了：“你的耳毛子呢？”我一想是忘戴了。这时候，穆庆来拿着耳毛子过来了：“在这里，这小子不戴，我替他戴。”众人都笑了，卢大爷更火了，他大徒弟叫王焕文，就喊：“焕文！把他给我创到井里！”后台院子里有一眼井，大伙都慌了，急过来拉。穆庆来一看卢大爷真火了，拉着卢大爷说：“卢大哥，这事怪我，少童忘了戴耳毛子是不对，打几下消消气。”卢大爷说：“打死他我都不解气，创到井里，眼不见心不烦”。

众人讲情，卢大爷恨恨地又打了我三刀匹子，我的屁股立刻肿地凸起来了。此时我想这打挨的值得。在潍坊和又童演《芦花荡》下来，卢大爷表扬我演得好也打了我一刀匹，今天……唉！忍着痛，恭恭敬敬给他老人家鞠了一躬，我说“卢大爷，您别生气了，您打得对，今后我永远不会忘戴耳毛子。”卢大爷平时很严肃，此时眼泪流下来了，他说：“少童啊！咱们唱戏的，舞台上不能马虎，观众少给一分钱，咱也不给人家戏票，可是咱在舞台上出了错，不会向观众退二分钱给人家。上场前，头上脚下都要想到、看到，不能丢三落四，要养成个好习惯，对得起观众。”

我从内心里感激卢大爷，想到他给我练功，我累了就盼他犯胃病，我能休息一会，心里悔恨得不知说什么好，怯怯地叫了一声“卢大爷”，我鼻子酸了想哭，虽然是张飞的脸还未洗，可是卢大爷看得很明白，对水锅老李说：“拿我的酒瓶，倒点酒给他搓一搓。”老李一看我的屁股肿起一块来，边搓边嘟囔“这卢爷这么狠”。

师傅到后台，师伯对他讲了刚才卢大爷打我的事。师傅说：“打得好！卢大哥替我管了，我就省事了。”卢大爷很严肃地说：“我是看这小子是块料，要不然请我管我也不管，你这当师傅的管了多少？”师傅很尊重卢大爷，一看他的态度，不好回答，一笑了之。

我心想：今天这打挨得值，打在身上，记在心里。此后我几十年的舞台生涯中，我在赶场、扮戏时从未出过问题。这是卢大爷的怒教，在我心中刻上了印痕。

卢大爷对我特别提携，有一次张鸿君演《八宝公主》，师傅有小生瘾，愿扮演狄青，我演焦廷贵（二花脸）。卢大爷对师傅说：“韵童你今儿休息吧，狄青这武小生叫少童演正好，他和鸿君陪戏合适，我扮演焦廷贵。”因为卢大爷很有权威，师傅也很尊重他，只好服从。以后我就由焦廷贵提升演狄青了。

抄剧本二子乘舟　被误解师母疑心

在大昆仑演的戏较多，所演的戏，发单词都要由我去排，先对词后排场子，师傅的《二子乘舟》剧本太破旧了，应另抄一本，我就更熟悉了，师傅排戏不准我拿剧本，以防被人偷抄。夏天防蚊蝇叮咬，就在蚊帐里抄剧本。不想师娘起了疑心，怀疑我偷剧本，把剧本给我藏起来了，我怎么也找不到，师弟们也不知道，这倒怪了，剧本怎么丢了？

当时师傅师娘住在里屋，我和又童住外屋，只好问问师娘。师娘问我：“你抄剧本干什么？”我说：“我看《二子乘舟》剧本太破了，想再抄一本。”师娘又问：“你怎么还在蚊帐里偷着抄？”我笑了：“我怎么偷着抄？蚊子咬我，我才在蚊帐里……”师娘很不冷静的：“行啦！本子我收起来了，不用抄了！”

这件事，我是又气又委屈。心想，师傅这一箱本子大都是我整理的，单词、提纲都是我写，编联弹、排戏包括立合同、来往书信都是我写，闹半天对我还这么不放心。正好，今后我再也不用动笔了，我看你怎么办？

此事我对师伯讲了，师伯又和师傅说了经过，谁知师娘做这事，师傅根本不知道。过了两天，师傅把《二子乘舟》剧本给我了，并说：“你师娘看你整天演戏、练功、排戏很累，大热的天再抄剧本，把剧本收起来了。你拿去吧，等天凉快了再抄……”我心里很明白，师傅比师娘高一筹，女人之见。我心里话，你箱子里的剧本，大都是我抄的，有些剧本别人看不懂，为了防偷，我抄的页码分一三五七九，分双数、单数的连贯，所以按通常的剧本一页连一页的根本念不成句。这件小事提醒了我，师娘对自己的徒弟还存有戒心，对外人呢？今后处事我要长个心眼儿。

挑滑车台上出丑　雷振东技艺惊人

大昆仑剧团里藏龙卧虎，我却不识高人。我每天早晨练功起得很早，到台上和师弟们一起拿顶，压腿、再踢一千五百腿，跑二百个虎跳（侧身翻），一百个单蛮子，就开始砸踺子了，一趟五十个，三趟就是一百五，铛铛地在台板上像砸夯。不想惹恼了一位在后台睡觉的人，他总是在梦中被我们“铛铛”的砸踺子惊醒，他气哼哼地由后台到上场门瞅着我们，因为早上练功是正常的事，搅了他的觉生气也没法说，看一会一声不哼，又回去躺下了。

时间长了，就互相打招呼：“先生又搅得你没法睡了。”我注意此公有些来头，怎么睡后台呢？卢大爷告诉我，他是潍坊市宁顺来老板的姑爷，由潍坊来这个团，舞台技术没的说，小两口吵架，赌气不回家，在后台睡，每天早晨都被我们吵得他没法睡，所以也出来压腿，活动活动。

此后我更加注意他的演出。《打棍出箱》他唱四平调到“送儿到南学读一读书文”的一句，左手掌向上代表书本，右手做翻书的动作，而髯口交叉的甩摆，这个动作太难了，可是台下观众根本不识这一绝活。因为我师傅也唱全部的《琼林宴》，相比之

下，才觉他的技高艺精。又如《武昭关》里的伍子胥，起左霸，那身上、髯口，我所见的武老生里他算最好的一位。《一捧雪》里的莫成，搜杯的一场，后面法场、髯口、水袖，规矩得很。《白凉楼》、《太平桥》、《美良川》、《战太平》等武老生戏太棒了。他在纸上画的脸谱特别传神、干净。

我下决心要靠上去学点东西，便找卢大爷再了解一下。卢大爷说，他叫雷振东，是老富连成科班里雷溪富先生的儿子，本来是世字科的，雷先生为他们另起名按雷家振字号，叫振东，坊子剧团的雷振环是他四弟。你小子算有点眼力，振东的戏都规矩，文的武的都好，你好好跟他学点玩意。此后卢大爷把我想跟他学戏的事和他讲了。我们虽是流动角，但和团里的关系非常好，况且前辈很多，我师傅也很尊重他们，所以团里出戏时，少什么角色，就叫我和师弟顶一个。他们用着得力，我们也得到锻炼。

一天水牌挂出了《挑滑车》，雷振东饰高宠，号了我的大锤儿——黑风利。我想怎么号我的大锤儿？我扮岳帅较合适，卢大爷说："这是振东特意点的，叫你来大锤"。我一看李芳筠先生扮岳帅，李先生是我们的把子老师，我无话可说，心里怀疑雷振东唱文武老生，怎么还唱《挑滑车》？我心里想，外场咱得分个高低，高宠破八件，"破软锤"开打时，我把辫子挽在脖子上用箭衣扣子别住，大带缠在腰里，小袖、脚下收拾得利利索索的，就等上场铆上（卖力气）。我上场用锤一磕高宠的大枪，上手我就不让过儿加快，谁知他比我还快，十三个削头，我压根就没抬起头来，里外转身，削头扑虎，我这身子尚未转过来，他的大枪就拍在我背上，"扑通"一下把我按趴下了，我在台上懵了，他手把、脚底下怎么这么溜？我用锤挡着大枪起来，本应起科子大枪再刺胸，可根本来不及，我也一点力气也没有了，一踹腿就躺下了，我看他用枪压着我的左胸，面向里在嘲笑我："好小子，你他妈还想赶弄我，你还嫩点……"我躺在地下羞愧难当。最后他领起来，蛇蜕皮，倒脱靴儿，挑我的硬枪背，我一起凡他用大枪一托我腰里的大带，我的枪背抄起来能高起半尺。挑得非常舒服，立时台下爆发掌声，我进了下场门就站着回头看他的大枪花，规矩、冲而美。我心里想，不愧是雷溪富的儿子，富连成出来的，不服不行啊。挑车后，尾声下来。我过去向雷先生道辛苦，他笑了："怎么样少爷，我还行吧"？我羞愧地伸出双手大拇指，太棒了，这靠功，脚下太溜啦。他边脱行头边玩笑地说："不行了，总不唱武戏，不练功，真的感到不行了"。我说："你得教我，今后用我陪什么活儿，你尽管说，这是提拔我。"他坦率地："好吧，慢慢来。"

以后我就像膏药似的贴上他了，他天天早上给我抄飞脚，用棍抄，后来用手抄，又教给我飞脚，过两张桌（并排两张桌子）。我求他给我说一出戏，因时间不多，把我演的《白水滩》给深找加工。他说："《白水滩》是大武生戏，主要你上场的身份不行，有几个死身段（固定的）不标准。不说不知道，一说就觉察到，如上下场，白话里的身段，起叫头的水袖，草帽圈的运用，上高台时道袍、大带、发缕子，一下是一下交代的清楚，干净利索。打青面虎下场后，第二套棍花，三个压脖反蹦子，'三缠'，缠脖、腰、腿等等细节，太好了。"他要求下桌子不走台蛮，飞脚落在桌子上旋子下来，这一技巧我始终未练好，为了把握，外场就是飞脚下来。

我们两次到大昆仑，三个多月雷振东先生教了我不少东西，舞台上的技巧、知识，他给我把《潞安州》加了工，教我《挑滑车》的边挂子大枪花等。临分别时，他给我画了四个脸谱，有张飞、李逵、青面虎、关胜，都是我常用的，留作纪念。这些资料我一直保留很多年（"文化大革命"中焚于造反派之手），从此我被熏染得不愿画花鸟，而好画脸谱，好搜集、收藏、研究脸谱。

1956年夏天在昌潍地区汇演。此时我和师傅已参加了昌乐京剧团。赴潍坊参赛的剧目，是新编历史剧《大禹治水》，李观型执笔编剧，我是编导，设计舞蹈、武打。师傅主演大禹，我饰酋长。传统剧目参赛我团只有三人。演出剧目《贵妃醉酒》，孙荣惠饰杨贵妃，我饰裴力士，刘继忠饰高力士。我三人分别获一二三等奖。《大禹治水》剧本获二等奖，演员六人获奖，师傅饰大禹获一等奖，这次汇演规模之大，老、中、青演员，新老剧目效果很好，当时昌潍地区十九个专业戏剧团体里，我属青年尖子演员。难忘大会闭幕的示范演出，前辈白玉昆演出《千里走单骑》，杨寿山先生饰张飞，赵溪远先生饰普净，宋又声先生饰刘备；白晶珠主演《拾玉镯》的孙玉姣，孙荣惠反串小生付朋；我师傅演出《跑城》的徐策，我饰薛姣。

创新戏昌潍会演　餐厅显丑打飞脚

潍坊京剧团演出了《猎虎记》双翼翔。穆庆来演解玲、解宝，老艺人林蔓云饰顾大嫂，振东先生饰孙立。现代剧《火焚盐殿》，雷振东先生饰村长。会演期间热闹得很，全地区的演员（包括吕剧、茂腔地方戏）住在一个大院，这里原是清朝的一个考举人的科场，餐厅里吃饭的就是几百人。我在餐厅里吃饭见到振东先生，陪着白玉昆，杨寿山、云中翠、林蔓云、刘德宝、宋又声等艺术家，我向众老施礼后，雷先生问我，“我教的东西忘没忘？”我说：“不仅不敢忘，而且天天练。”他笑了：“好！打个飞脚给我看看！”我有点不好意思了，当着这么多艺术家，在大餐厅里，近三百人在吃饭，叫我打个飞脚？我说：“我穿着皮鞋呢。”他把头一晃：“穿着皮鞋就不能打飞脚啦，比厚底的难度还大吗？”他把饭桌一拉：“就在这来一个。”我想，当着众人的面，我献丑不要紧，可不能抹他的面儿，只好就地打了一个飞脚，刚站住他就说：“再来个单腿的”！我只好退了两步，加上挫步打了一个单腿飞脚。众人一阵喝彩，艺术家们都说：“好哇！不错”。雷先生很高兴：“还不错，两三个月我没白费工夫。”艺术家们都说“不赖不赖”。其实不是我的飞脚好，是大家都在捧他。

1955年参加昌乐京剧团时留念

一晃十年过去，1966年春我带威海京剧团在青岛光陆剧院演出《八一风暴》、《红灯记》、《雪岭苍松》、《焦裕禄》，雷振东先生带山东省戏校学生在永安剧院演出《前沿人家》，我特地去看望他。这次见面他的风度全变了，一点旧艺人味都没有了，整个是一位很老练的干部形象。他有个特别标志，下巴颏下面脖子上有一撮黑胡子。曾记得当年在大昆仑，张鸿君演出《盘丝洞》，雷先生扮唐僧，鼓佬杨培厚的爱人、花脸李宝龙的女儿李艳霞扮丑妖，在调情一场，她成心逗雷先生，用手把他藏在大领下面的一撮毛揪出来了，说“师傅您这么漂亮，怎么脖子上还有一撮毛哪”，逗得大伙都笑了。可是雷先生一点不乐，闭目合十地说“此乃修来的福气呀，阿弥陀佛”，这时台上台下都哄堂大笑。这事成了一个小典故——一撮毛的笑料。如今雷先生把这撮毛剃去了，我问他：“您怎么舍得把脖子上的福毛剃了？”他说：“教学时老师的衣着形象，是学生的榜样，不能出洋相啊。”可见他的思想、政治水平大有进步和变化。他说：“少童也没有孩子气了，看到你的成长进步，我很高兴。”我向他提出吴文才想学《岳家庄》的锤套子。他一口答应，连续三天上午，吴文才去找他学双锤的套路。谁料想至此一别，他已成故人了。

2002年我和爱人到昌乐，探亲和看望老友，由李肖贤领我去给雷振东先生扫墓。肖贤引路远远望见一米八高的大青石碑，上书“永怀师恩，义父雷振东先生之墓”，下首是“义子李肖贤敬立”。李肖贤对着碑墓祷念：“师傅，少童哥来看您了。”立时我的眼泪夺眶涌出，几十年的往事，一幕幕地在我脑海里浮现。

李肖贤把恩师雷振东先生和他父亲都葬在一块墓地里。既是徒弟，又是义子，养老送终尽此孝道，实在难得少见。

李肖贤十一岁考上了昌乐京剧团，只有武戏老师胡永惠给练基本功，老艺人杨玉蓉有时教点配角，娃娃生，肖贤从小对人有礼貌，老艺人都喜欢他。我随师傅第三次到昌乐，参加昌乐京剧团时，已禁止流动了，提倡以团为家。1955年公私合营，剧团也是合营单位，但仍是自负盈亏，政府派干部抓组织工作，我师傅王韵童、孙荣惠、韩文礼任正副团长，我任团委委员分管业务。当时团里有十几个学员，李肖贤年龄最小，我爱人赵淑荣属大学员，上场已能演几齣开场戏，也能陪角演出。我师傅教过学员《打渔杀家》、《桑园会》两齣戏，我重点抓李肖贤（武生）、李观富（武丑），肖贤能在我把上过前坡出场（前后腾空翻），观富能过两个小翻正给他练出场。他俩跟我练功，我付出过不少汗水，挨我的打也最多。因为我师傅也教他们，所以都称我大师兄，我对他二人像对小义、小童、荫童师弟一样。我曾教过肖贤《黄金台》的倒板原板，《薛家窝》（天霸拿薛应龙）、《三岔口》。难忘的一次是在寿光，头天炮戏，孙荣惠主演全部《乾坤福寿镜》，我演林鹤。前面开场戏《三岔口》，肖贤饰任堂惠，因为是我教的，就得我陪他演。肖贤才十三岁，武打中没什么精彩玩意，我一个大刘利华（武丑），陪这么个孩子任堂惠，砸桌子的时候，我还未理会肖贤出了什么错儿台下笑了。他更慌了，我在外场就鼓励他“不要慌，该怎么演就怎么演”。他还不错，完整地把戏演下来了，肖贤至今不忘“少童哥陪我招倒好”。

1957年6月我调来威海，肖贤考上了昌潍地区京剧团，乃青年尖子演员，是雷振东先生的把手爱徒，情同父子。雷先生把他一出拿手戏《武昭关》口传心授地传给了肖贤，平时教他读书看报。后来肖贤被调回昌乐剧团为主演。1962年雷振东老师调往山东省戏校任教，师徒感情伴随着时光加深，肖贤夫妻常到济南看望师傅师母。

“文化大革命”中，把几十年的昌乐京剧团砍了。雷先生被打成反动权威，关进牛棚，夫人因造反派几次抄家，惊吓成神经病，见人就害怕，到处躲藏浑身哆嗦。子女

失学，家庭生活极为困难。肖贤转业到县文化馆，妻子田淑惠是运输公司的工人，收入都很低，已是两个孩子的父母了，生活也非常困难，还要每月抽出点钱捎给雷先生。

1970年谭元寿先生到山东剧院导排《沙家浜》时，特意将振东先生请到台上检评排练，并征求意见，此举说明元寿先生的谦虚，也有使振东先生“亮相”的意义。不久振东先生就摘了反动权威帽子，他一片热心，振奋精神，重写教学教材。不幸病魔缠身，一病不起，最后确诊是舌癌，转院治疗时，已不能讲话了，还给肖贤把《武韶关》等几齣拿手的戏，从头至尾地加工，不能讲话就用手比画，以文字授教，雷先生的遗愿，千万别把这几齣戏丢了。1980年10月2日，于济南千佛山医院雷先生与世长辞了，省艺校开了追悼会。肖贤提出要求小弟弟接雷先生的班。这孩子年龄小，为照顾家属生活，儿子接班在学校修理道具。雷先生临终时，憋得喘不上气来，肖贤抱着给他摸胸，停止了呼吸，死在肖贤怀里。雷先生遗嘱，家中一切归肖贤继承。肖贤的师弟、妹尚小，师娘神经病，无分文积蓄。过去唱戏吃饭，后来成为一名教戏匠，收入微薄，再经过这“战斗的洗礼”，家中更是一贫如洗，肖贤把身上仅有的几十块钱给师娘买了柴、粮，一家人商量，师娘有病，弟妹尚小，最后一同决定，肖贤把振东先生的骨灰盒带回昌乐县安葬。两年后师母又重病，肖贤夫妻要上班，孩子小，收入低，每个星期六去照顾师娘，直到师娘病故，肖贤夫妇欠下一身的债务。又把师娘骨灰带回昌乐，同雷先生合葬一墓。

人生一世，在社会上千友好交，知己难求。我和振东先生的交往，可谓纯真的“良师益友”，他非我师却有授艺之恩。我深有体会，真正拜过的老师，不一定传授多少东西，而有的艺界前辈看准了人才，虽非己徒，但能无私传授。一字为师，终生如父，泪水糊住了眼睛，我仿佛又看到振东先生给我抄飞脚，逼我在大餐厅里打飞脚的神态。肖贤劝我，雷先生已故多年，不要过于悲伤了。尽管他在劝我，他的眼泪也在不停地流。我说：“雷先生您有亲生子女，一奶同胞好几位，在学校您教过的学生不下百余，有的成名、成角。可是在你最困难、病重，关键的时候来看望您的又有几人？这样的尊师，活养死葬、养老送终者，除了肖贤，还能有谁？”

肖贤小时候跟我学过戏，现在看看他的为人，我要向他学习。我常把肖贤的美德，讲给晚辈和朋友们听。我也写过他的文章，这种品德在文艺圈里也是少见的。对比那些今日称你老师，明日到什么班里进修了一段，回到母团，对老师就以“老张”、“老李”的称呼起来，再不提他的“奶师”了；拜师为“刷金水”镀金、扩大光圈；拜了“名头”老师，再也不提他的启蒙老师和初学的奶师了；更有甚者今天学戏是老师，明天演了两龄戏就看不起老师，甚至毁谤老师……

武术界有一种败类，今天学了老师的绝招，明日就以此绝招伤老师，所谓“打谢师锤”。而艺术界这类人也并不少见，“恨师不死”，因为师傅总是比他知道得多、比他强，因此师傅不死显不出自己高。应该承认“文化大革命”滋养了这种流毒。

戏词里有一句人人耳熟的台词是：“受人滴水之恩，当以涌泉相报。”但说时容易做却难，像肖贤这样永怀师恩，实在是可贵少见。这次来给雷振东先生扫墓，回忆了过去，非常佩服雷先生慧眼识人，选中了肖贤这个徒弟。听了肖贤的讲述，对我似上了一堂道德、礼义课。

昌邑城寻访师友　拜卢公不忘师恩

离开大昆仑后，和卢务本先生一别八年未见。1964年我和腾步云副团长带威海市京剧团由潍坊到昌邑县演出，听说卢务本先生最后落到昌邑剧团当教师，退休后找了一老伴，在剧场大门口看自行车。可是我到了昌邑在剧场门口找他，几次都没见着，两天炮戏下来还没见他。我和爱人赵淑荣各处打听，剧场的人说“老卢头就在这门口看自行车，自你们威海京剧团来了，他就没来，门口那个看车的老太太是他老伴”。我立即去找看车的老太太，“这看车的卢大爷怎么不来看车了？”老太太不认识我夫妇，就说了实话：“我老头子说，你们剧团的主演马少童从小他就认得，还教过他戏，在这门口看车，怕给马少童团长添难为，给他丢人。”我听了这番话像似挨了一拳，心里非常难过，卢大爷怎么这样看我，怎么能有这种想法？这是他的处事风格、社会经历和他的处境而决定的，我更加崇敬这位前辈。

我和爱人商量，要去拜望这位当年非要把我创到井里去的酒壶卢大爷。我买了几只活鸡，杀了拾掇干净，又买了四瓶白酒，四斤月饼，外加二十元钱。因快过中秋节了，提前给他送去。

到了卢大爷家一看，完全不是当年的相貌了，他已是年近古稀的老人了，我夫妻见了他深施一礼，我想新社会，夫妻都给他跪拜，恐他为难，不好应承，大鞠躬吧。卢大爷愣了，我说：“卢大爷，不认识我了，我是少童啊。”卢大爷很觉突然，抓着我的手，一句话也说不出来，他老人家非常感动，无话可说似的，“少童！你，你怎么来了。”我说“这是我爱人赵淑荣，提前来给你拜中秋节，我找了你好几天，我在剧场门口见过大娘，才知您的消息，怎么自我来了以后，您就不露面了”？他支支吾吾地说是感冒了。老伴口快心直地说：“什么感冒了，这老头子怕给你丢人。”我很难过的，“卢大爷，我虽不是您的徒弟，却教了我不少玩意，我少童海报上的名字是比过去大了，可我在您面前，还是当年那么大点的少童。今天我在舞台上比过去有进步，可是我永远忘不了您对我的严格传授，没有您当初的严教，就没有我少童的今天。如果说我舞台上有点成就，这里面有您的心血和汗水。”卢大爷是个硬汉子，此时他的眼泪下来了，“别说啦，少童啊！当初有人笑我各路精神，你不是我的徒弟，何苦的整天折腾你，午觉不让你睡，唱好唱坏了都挨打，那是因为我从心眼里喜欢你，你是个坯子，将来能成个气候。我没有看错，你小子有心，成角儿啦，大爷我高兴。我现在这个惨相，若人家知道你跟我学过戏，给你丢人哪。”我心里真不是滋味，我说“卢大爷，一日为师，终身为父，您现在看自行车有什么丢人的？您就是要了饭，我也不会忘记您对我的无私传授。”卢大爷说“我当初观察你们师兄弟三个，选中了你，一是你虚心好学，怎么训怎么打，也来找我学；二看你对人的仁义，忠厚，不然我也不会对你那么严格。从青岛到潍坊、淄博、济南，跟我学戏的不下一百余人，我收的徒弟也有十几个，可是到我落魄至今，无一人上门。我才教了你几天？你跟我学的玩意太少啦，而你现在是威海剧团的主演、团长，还没忘了我这个老‘底包’，我当初没有看错你……”

离别十几年，说不完的话。离开时，他把我两口子送出门口老远，回头看看，他还在目送我夫妻，不断地擦着腮上的老泪。

回忆起当年的卢大爷，后台的业务总管，是何等的权威。1965年潍坊大同众老艺人合演《虮蜡庙》，特请他饰演费德功，他推辞说多年不演，年龄也不行了。当时就有人说“卢酒壶”是好老，毕竟是年过五旬以外，不似当年了。一句话激怒了他，要演费德功，要点人演角，当时挑了老艺人林蔓云演张桂兰，指名点将雷振东陪演黄天霸。雷先生也很尊重这位“酒壶大哥”，甘愿陪演天霸。卢大爷叫出号来“你先演习打镖，我抛出大刀，反蹦子上桌子，脚踩上桌子你就发镖，我左手接刀，你的镖要准确到我右肩上面二尺半高处，我才好接”。振东先生说“保证没问题”。

大家都在看卢大爷多年未见的绝招。最后开打、关泰、金大力、朱光祖、天霸等，“倒脱靴”，费德功领起来，挡在小边，只见他右手大刀撇出去，反蹦子上桌子，右手接大刀倒向左手时，天霸喊了一声“看镖！”正好卢爷左手接住刀，腾出右手镖到了他右肩上面，他伸手接镖，亮相喊“好镖”。这时台下的掌声，如一锅滚油加了一瓢凉水，“哇“的一下炸窝了（掌声雷动）。而舞台两侧的演员，文武场都不约而同地喊“好！”这一招，全团上下无不翘指叹服：“好老就是好老！”

名不虚传的卢大爷，如今只落得在剧场门口看自行车，又有几人知道这看车的老人身怀绝技，一肚子的戏，多么好的老师？可惜崇拜他技艺的人没有权，有权的人欣赏不了他的技艺。无人认识这块金镶玉,还有人讽刺看不起他。《六国封相》里苏秦有两句话：“得时的狸猫胜似虎，落翅的凤凰不如鸡。”此一时,彼一时，奈何!

“文化大革命”中我也深有体会，见过多少有智有才、有德有功者遭难受挫折，看过多少无知无才、无德无能者发号施令。

时态形势不由人，劝人得时莫迷心；
失时黄金为黄土，有势黄土也是金。

半月后，昌邑演出期满，威海京剧团要去坊子、二十里堡演出。临走时，卢大爷老夫妇来送我们，恋恋不舍，可是他没讲什么话，只盼再来昌邑。我说：“难说，说来就来了，您多保重！现在我不如当年那么自由，如今要排戏演戏，当了个小团长琐事如麻，很少有时间，真想再向您老学些东西。”卢大爷笑了，“不要这么说，你现在不是当年的孩子了，一团之长了，事多，我理解。实际我在剧场最后面看了你几出戏，《仲义小白龙》、《猎妇殊仇记》、《包公》、《千里走单骑》、《天波杨府》等等，我和老伴说这孩子不错，我当年就看他是个‘料儿’，我未看走眼，我自己真感觉老啦。少童你这次走了，不知什么时候再来？”我说“下次再来，一定还要向你学些东西”。他一摆手,“哎，下次再来恐怕就没有我了。”.他有些难过，我安慰了一番,便上了车。

车已很远了，但见他那模糊的身影还在站着……

大昆仑师弟探亲　王又童脱离师门

1953年的腊月里特别冷。我们所在的大昆仑是新建剧场，无取暖设备，连日的风雪，剧团只好停演，恰好我们这里的合同已满，提前封箱。下面的演出地尚未搭上。

我们只好停演住闲。做艺的不怕繁，就怕闲。息鼓停演，断了财源，师傅心情不好。

就在这时，忽然河南来客，是又童的父亲王连平先生，他是河南省焦作市京剧团的司鼓，五年未见儿子，这次来淄博大昆仑，特地来找我师傅，说又童的奶奶整天想念又童，现已病故，想叫又童回河南给他奶奶过“五七”（祭日），五六天就回来。人之常情，师傅岂能不允。家中准备酒菜招待，师伯张振贤和王先生同行（都是司鼓），又是老熟人，寒暄问候。

此时，我又进一步了解了又童家里情况，祖父原是梆子班拉板胡的，原籍巴州，母亲王艳芬，京剧班青衣演员。徐州发大水，又童出生，故乳名“大水”，其弟就叫王二水，随父学艺打手锣（后傍张又麟的司鼓）。又童九岁在青岛，因家庭生活困难，写给我师傅，学徒十年。

我非常羡慕又童这梨园世家。第二天送他父子上火车，因天太冷，我们弟兄只是一套棉裤棉袄，我就把我从家里带出来的呢子大衣给他穿上了。

1965年夏季，我们昌乐京剧团到潍坊市演出。街里有人民剧场，车站附近有华乐剧场，我们在灞沿潍坊剧场。华乐是当地的潍坊京剧团，人民剧场是前辈张春山京剧团，流动到此演出，我第一次见到以三花脸挑牌带团，张春山先生的几出丑角为主的戏

1957年6月8日，王又童、田荫童、马少童师兄弟合影留念

《戏迷传》、《双怕妻》、《戏中戏》等，可谓天才少见的演员。大小嗓都是又宽又亮，难得的是学前辈名家四大名净，金（少山）派、郝（寿臣）派。四大须生，小生姜妙香等，学谁像谁，给人以毫不做作的感觉。我听他讲过专业课，造诣很深。他走之后，又出了海报，是河南省京剧团，挑牌旦角吴云芳。因为当时三个剧场的剧团竞争，赛着大放禁剧，称为“放毒”。全是解放后禁演的剧目，华乐上演《杀子报》邪乎得很，如徐氏私通纳云和尚，进帐子通奸的场面荒诞得很。徐氏杀子的一场，小袄扎腰斜右膀子（赤臂），当时观众就觉得粉的不得了，女同志露一半膀子，这在禁演剧目中属奸淫、凶杀的毒草剧目。当时显得我们剧团的剧目放的不够劲儿，我们商量也要邪乎些。我和孙荣惠演出《武松潘金莲》，自“打虎”起，“杀嫂”完，“狮子楼”杀西门庆的开打上“魂子”（武大郎显魂），前面灵堂一场武大郎托兆，纯是原始老路子搬上了舞台，这是禁演剧目中属迷信色彩。可是观众觉得我们放的还不够劲，我们又上演了《纺棉花》的文明戏（现代装的），师傅饰张三，苏昭信饰张妻。观众仍是不买账，这时人民剧场里河南省京剧团就贴出了《大劈棺》，吴云芳主演；又上了《铡判官》，禁演的凶杀、奸淫、迷信的一套全放出来了。一天苏昭信去看戏回来说“少童！我看到你师弟王又童了，《挑滑车》可真不赖”，我笑了，“您怎么知道是我师弟？”他说“起霸那身段，你俩一个样，你俩的身段一看就知道是师兄弟”。

如此我还真得去看看。因为自1953年又童走后，音信皆无，他写给我师傅的合同上还差五年满徒。这次我们在这潍坊巧遇，又童本应该早来看看跟随五年的师傅，为何一直没露面。我猜想师傅是在生气，所以压根就没提又童的事。我和爱人赵淑荣商量，我若去了恐怕师傅怪罪，叫她先去看看，我爱人偷偷地去看了又童一齣《恶虎村》，回来对我讲又童可是真不错。第二天白天，刘明华演出《闹天宫》，又童饰哪吒，我完整地看了一出《闹天宫》。又童变化很大，圈儿和枪花都很好，我再一次去看了他们的《四杰村》，又童反串刀马鲍金花。他团的武戏特硬，刘明华饰余千，五个小翻挂前坡过城。扑天雕三小翻挂提进城，又童饰鲍金花，四个小翻挂背手蛮子过城，演粉红的刘继灵五个小翻挂蹑子过城。耿兆芳饰廖世崇打《艳阳楼》的原套，（勾紫脸，花脸扮相），手里身上脚底下都非常好。武戏下来就是吴云芳的《大劈棺》了。

根据时间，我算计前面武戏人员已都洗了脸了，我到后台去找又童，我看他已是一个大人的形象了，见了我很亲切地叫“师哥”。我笑着问他“还能认出我来”？他说“你基本没变样”。我说“你可变大了，个头模样都有变化，成角啦”。他把我拉到后台，泡上茶，各叙别情。我说：“你进步很大，舞台上真不错。”他谦虚了一番，交谈

中得知，1953年他随父亲由大昆仑离开我们，到河南焦作市，后来拜了王少楼先生，学了不少的武生戏，又调到这河南省京剧团。省汇演又获百花齐放二等奖，至今尚未结婚。我介绍了他在大昆仑随父走后，正巧昌乐县京剧团的陈立端团长来接人，议定春节前到昌乐演几天就封箱，节后再演。因为前面没有你；少一个武戏码儿，人家要减五厘账，原定双方对半分成，要改为五五、四五分成。师傅当时很恼火，你走后音信皆无，要找你父亲“算账”、违约合同等等要讨个说法。后来我和师伯商量，我先替你唱几天，等你有消息再说。师傅发了一阵火儿，把你狠骂了一阵，但也没办法，这样你的武戏由我演，后面再陪师傅演，原合同不改，仍是五五对半分账。到了昌乐我就顶前面的一出武戏，谁知顶上去就下不来了，以后前面的武戏成了我的事了。又童笑了，说“你行啊，有文化有雄心，这不也成角了么”。我说“现在这一年多主要是陪孙荣惠先生演小生，幸好我有小嗓，跟孙荣惠先生学了不少小生活儿；师傅现在是团长，有时我还要顶他的戏码演，我已结婚了”。又童说“领嫂子来看戏吧”，我说“你小子来了好几天，怎么不去看师傅？你十年合同五年就跑了，还差五年出徒。这次来了不去看他，等他那天心血来潮要来找你，非骂你个狗血喷头”。他说：“正因为他那脾气，我才不敢去看他，得想个圆满的办法再去见他。”我说：“这事要和你父亲合计一下，如何是好，反正已过去这么多年了，说开就完了，没什么大不了的。”这次看戏谈话我没对师傅讲，我清楚地看到，如果又童不离开师傅，绝不能有今天这样的水平。名师出高徒，王少楼先生教他这几年，确实进展很大，他后来又拜了梁惠超先生，他自己条件好，但师资条件更重要。

两天后，河南省京剧团的负责人在瑞兴饭店摆宴，请我们吃饭，师傅、我和爱人都去了，因师娘在张店未去赴宴。原来是王连平先生设宴，有河南省京剧团的负责人陪宴给打圆场。王连平先生敬酒道歉，说“当时又童回家后不愿回来，打骂都不肯回来，因北京王少楼先生看好他了，收了他（做徒弟），这事很对不起韵童先生”。有河南省团的负责人在场圆和，师傅也火不得，只好得过且过，来了个高姿态，“这样也不错，又童出息了，我看着也好，跟谁都一样”。互相敬酒后师傅的气也就消了，师傅是带着火气来，宴后高兴而回。

这件事处置圆满，我体会到王连平先生的高明。

一个月后，又童由博山到昌乐看师娘，结果见面一看，又童一瘸一拐的拄着棍，原来他翻筋斗把脚摔坏了，因为他们团巡回演出，他随团也不能演出，来昌乐师傅这里来养病，治脚脖子。我说：“你小子实在是聪明，趁此机会来看师娘，显得未忘师娘抚养他五年，实际是来养病。超人的‘鬼’，机灵！”

我找了当地的医生给他治疗，师娘从十岁就抚养他，总是有感情，好吃好喝的。他每次要抽烟就跑到我屋里去，叫她嫂子（我爱人）在门口站着，师傅不能进徒弟媳妇的屋，他抽完烟再出来，我爱人赵淑荣说：“我成了你抽烟的挡箭牌。”

1953 年春于青岛演出《青山英烈》时
马少童饰徐雁剧照

十天左右他伤好了要走，临走时要和我商量个事，“什么事？”原来他看好我在天津制作的三环鬼头錾的大刀，想带走。我半玩笑地挖苦他说：“你拉倒吧，1953年你把我的呢子大衣穿走了，害得我一冬一春挨冻，至今你一字不提。这次来看师娘，一分钱未花，十几天给你找医生治病，好吃好喝的，临走了还想拿着我的大刀？你拿走了，我演《怀都关》、《斩颜良》用什么？你小子这些年技术长了，吃乎人的招儿更高了……”他不好意思了，说“我不过和你开了个玩笑，看把你吓的，我能把你的大刀扛走吗”？我说“你拉倒吧，你那点鬼机灵我还不知道，我若同意，你不拿才怪了”。

1966年看到电影广告，河南省演出《传枪记》，我特意看了一场。总的看演出水平很不错，是很精炼的一个现代剧，演爷爷的画脸形象、嗓子都很好，又童饰青年民兵，有一创新绝活，探海功架的瞄准射击亮相，一百八十度的空中转体落地卧倒，这一高难度的技巧干净利索。张学敏饰妹妹，扮相、身条、嗓子、功架、身段没挑，此时他二人已经结婚了。我当时想，他二人真是很般配，论年龄、技术相当，又童是梨园世家，而张学敏乃张君秋先生之长女，名门之后，我为之高兴。

“文化大革命”期间，他也受了不少挫折，被关入狱。1968年偶遇山东省京剧团的宋玉庆（《奇袭白虎团》饰严伟才），他对我讲，又童在河南省“文化大革命”进了监狱，夫妻离了婚。宋玉庆在北京结合李光、马长礼等“样板团”的几个主演，找了吴德同志反映，张君秋先生的姑爷、学敏的爱人、王又童在河南省被造反派抓进监狱，纯属冤假错案，王又童是个人才，应该平反调到北京来，发挥他的作用。后来经领导研

究、调查后将又童调到北京，我想很大成分是张君秋先生的面子和威望。又童在风雷京剧团任导演，又同张学敏复了婚。

1980年8月，我带团在天津市演出，从报纸上看到，北京京剧院特约梁惠超先生演出，有王又童陪合《三江越虎城》。威海京剧团此时的成员大多是1970年招收的学员，都未逛过北京，在天津营业收入也不错，我和书记刘玉佩同志研究，白天加演两场戏，休两天假，包了大客车，星期日全团到北京游览一天。我给又童写了封信，星期天八点半叫他在天安门纪念碑前等我。因全团来旅游时间不多，只是见见面，我不能到家去看学敏和孩子。

星期天，北京通天津公路上的车特多，我们的大客车进了北京，到天安门广场已是九时多了，见到又童分外亲热，和我同去的有滕步云老师。滕老师习惯地叫他的乳名“大水”，又童给鞠了个躬叫了声“步云姑姑好”。他拜了梁惠超先生，这次梁先生来演出《三江越虎城》又童是B角，每天要替梁先生排武戏（替身），梁先生这次共演五场戏，又童替他演两场。他说“行啊，师哥，领着全团逛北京，够气派的”，我说“我怎么比得了你？北京京剧院里的主演，张君秋先生的姑爷，你是名利双收哇”。他从小提包里拿出一套微型仿钧瓷的酒具，说是景德镇瓷厂送给他岳父张君秋先生的，送给我了。我给他二斤威海带的大海米。就此一笑而别了。

十五年未见，这次相会于天安门前，仅二十五分钟就此分手。谁曾想这是我和又童最后的一次见面。

1987年烟台市京剧团到北京学习《八仙漂海》一剧，我儿子立春同《八仙漂海》剧组去学戏，看到海报上王又童主演《猪八戒招亲》，就带了几个同人去看戏，可是买不上票，无奈到后台去找又童。他在后台门口问，你们是哪的？姓什么？我儿子说：“烟台市京剧团的，姓马。”又童笑了，“是我侄子啊”，立春给师叔施礼。又童说“你们进来吧，就在乐队后面看吧，委曲一点，实在是没票了”。第二天立春带着礼物到家去看师叔和婶子，又童问了我的情况，并说“你以后想学什么戏来找我，靠把、短打武生戏咱不用求人”。交谈中学敏也很实在，介绍了又童在风雷剧团导过《杜鹃山》、《杨门女将》，另外都已看过他同孙玉敏合演的《忠义缘》等剧目。

立春回来，向我回报了到师叔家的情况。我给他去信，并托人捎去一篓（四十斤）威海特产青香蕉苹果。又童来信要我三十五本《金鞭记》的剧本，他说这次演出《八戒招亲》取得经验，北京也愿看连本戏和海派戏。北京的观众大多数不是北京当地人，《八戒招亲》演出有张春华先生的路子，但大多是咱们原来演的海派路子，如小猪妖的大操（集体舞蹈），八戒高老庄背着高小姐唱跑波子，也是《跑城》的路子。如果把《金鞭记》加工整理一下照样上座儿。我给他回信《八戒招亲》一剧我于“文化大革命”前乃经常演的剧目，幸遇琴师李宏刚先生（我的老搭档）给我介绍昆明一带很认这一出，内中有一个联弹，风趣而火暴，我们加上了，这一联弹每次演出效果都非常好，并采取了张宏安先生八戒下场的大段跺板，是《牧虎关》高汪跺板的路子，每次台下都炸窝（激烈的掌声）。可惜《金鞭记》的提纲、联弹、场意等资料，在“文化大革命”中抄家焚为一炬……

1988年中国京剧院来威海演出，几位老同志在我家聚餐，冯志孝先生个别对我讲了又童的事，可气、可叹、可悲。

北京三团来威海演出，我观摩了他们一场戏，后面是赵葆秀演出《打龙袍》，前面武戏是《狮子楼》，有位青年武生，整个戏路子非常熟悉。止戏会餐时我向谭孝增、闫桂祥二位问起这位小武生，他二位就把这位青年武生叫过来，我问他跟谁学的这出戏，他说是王又童老师。我高兴地笑了，“我说嘛！太眼熟了”。他问起原因，我讲了又童是我师弟，这出戏我俩合演过四年多。

2002年12月份，我到北京参加中央电视台、全国妇联、中央文化部举办的，第二届“家和万事兴”的拍录，大会上我办脸谱展、领奖。住在人民解放军总后招待所，有位威海的老友李伯杨去看我，得知李宏图团长为取一技之长，雇请又童去为青年教戏、排戏。我要了又童家中的电话，接话人很不冷静地说他不在家。把电话扣了。晚上十时我又打电话，又童接话，他说现在在北京京剧院三团排《三盗九龙杯》没时间，听得出不是太亲切。我把电话扣了，给他带去的海味也未给他，以后再也未和他联系。

2007年春，威海有个晚会，在东山宾馆见到烟台市京剧院院长董翠娜和新婚的对象张学浩，我打听王又童的情况，学浩说“今年五月份过世了”。晚会未完我提前离场，心里很难过，尽管又童为人和品德欠佳，但毕竟是师门相处四年之久……回忆起1951年到掖县的朱桥镇，我们三人另起艺名，少、又、小童，后来他将“又”改为“幼”，成为王幼童，田荫童在“文化大革命”运动中改回原名田家英。有人把我由少童写成绍童，我就及时更正。十六岁师傅赐名，不能更改，这是尊重师傅，也是纪念。

忆艺名　五言句

少又小荫童，恩师赐艺名；

从艺六十载，少童成老翁。

初识新秀张鸿君　演出合作情意深

1952年随师巡回演出到张店中华剧院演出。

师傅总觉得缺一名二牌旦角。从慕惠秋离开后，始终未遇一个比较合适的小旦角。师傅要求二牌旦角的条件是：一要年龄好，二要挣的少，三要脑子快，四要旦角总是二牌。这个条件的旦角太难找。

也真是有缘，老艺人张文卿，乃胶济线上的流动名角儿，女儿少卿、徒弟又卿都是文武兼备。又卿刚满徒，要出道，她在师傅门里有师姐少卿，唱不了头牌，而张文卿老师也有同样的感觉，门里两个接班人，当然要选择女儿少卿，势必要放又卿。又卿的养身父，是济南北洋的后台“坐钟”（总管）、艺界的老前辈张三宝先生。又卿想傍我师傅挂二牌，一切条件都符合。

在淄川剧场演出时接来张又卿。因为她随师傅张文卿在胶济线上流动，观众也都比较熟悉，但未挑过牌，不引人注意，这次出徒和我师傅合作，首先要改名字，打炮演几天，刚出道要捧一下。说也凑巧，她师傅张文卿，女儿少卿、徒弟又卿。我师傅这里是王韵童，少童、又童、小童，经过一番思考，张又卿改名张鸿君。

在淄川剧场三天炮戏，全力以赴捧她，有其父张三宝先生的面子，合作的旦角唱红了，对师傅也光彩。《玉堂春》我师傅配演刘秉义；《对金瓶》师傅配演韩文瑞，我演韩文玉；《大英节烈》师傅饰王银龙，我饰王富刚。师伯张振贤的司鼓，琴师是周有志，一切为她安排得都很圆满。

张鸿君的养母为包头桌（梳头化妆）。她母女到了淄川，师傅叫我去帮她串串戏。我第一次见她母女。其父张三宝是老前辈，官称三爷，所以他老伴官称三大娘。

我到了张鸿君的宿舍，见了这位老夫人施礼问候，她母女对人热情而有礼貌，张鸿君长得很精神，我想她扮相肯定漂亮，一双眼睛很有神，美中不足的是个头矮了一点。她彬彬有礼，双手给我送茶，相互客气了一番，称我大哥。我想不妥，因为我师傅称她母亲三婶，她称我师傅是大哥，这辈儿乱套了。我说："您别客气，就叫我少童吧，我师傅叫我来和您串一下戏，免得上台排戏的时候麻烦。有提纲吗？咱们先把人头号一下有个数，这淄博剧团里我都熟悉。"

鸿君很朴实，戏班里长大的女孩，随师五年刚出徒，行头很少，她说："刚离开师傅，没有依靠了似的，您多关照！"我说："您千万别客气，用什么只管说，有什么困难，咱们想办法解决，先把提纲写出来，把咱们自己的活先号好了，其他等和团里的剧务商量，号完了好排戏。"

我从手提的布口袋里拿出毛笔、墨水，一张牛皮纸，裁开后，开始写提纲。我自小练过几天毛笔字，再加上戏班的老规矩，写书信、剧本，抄单词都要用毛笔，团里当时谁有一支钢笔，就觉得挺高级的，身上挂一支钢笔就像是一个有学问的人。当时我只要写东西，就习惯的带上小墨水瓶和毛笔。《大英节烈》、《对金瓶》这些戏我已很熟悉，很快写好了。她母女很惊讶，看我不仅对戏熟悉，用毛笔写提纲熟练而快。鸿君问道："哎呀，您毛笔字写这么好，念了几年书？"我笑了："说来惭愧，从小家里穷，小学两年半就学戏了，让您见笑了"。三大娘根本不识字，也来奉承我："念了两年半书，字写这么好？戏又这么熟，你师傅怎么能收这么好的徒弟，真是你师傅的好膀臂呀。"捧得我不好意思了，急忙把话岔开："还需要什么，只管说"。张鸿君说："排戏的时候，您还得多辛苦，我排不了，《大英节烈》里反串的武生行头，我都没有……"我非常理解她刚离师门，出道之难。她是师傅的二牌，位置在我之上，更要帮忙。我说："没关系，《对金瓶》这戏都是熟的，到时候你只对和你同场的戏就行了，其他角色场子我来排。《大英节烈》里，陈秀英改男装原扮相是豹衣、裤、大罗帽、道袍、宝剑、马、鞭，黄天霸的一套我都有。后面您披大靠，还是改良靠？"她说："披大靠厚底功不行，穿改良靠。"我笑了，"那更好说了，我和又童《怀都关》里都有改良靠，也有虎皮甲随你挑，翎子、狐尾我师傅都有。三大娘您老和我师傅讲一下，叫梁大爷给你启出来就行了。"实际上我特别提出梁大爷给启服装，也是点醒她母女：服装是我师傅的，可是穿、叠服装是累了老梁，语中暗含着要给梁大爷点意思，戏班里虽讲个义字，但也不能白使唤人。我只把所用的东西透给她，可是我无权借给她，要她们自己去向我师傅借。她母女是何等的江湖和聪明，一点就透。

我起身告辞，又加了一句，忘了《大英节烈》是我的王福刚，你后面不披大靠，我就要穿箭衣、马褂、罗帽、小额子，和您的改良靠相称合适。张鸿君高兴地说"太好了，谢谢您"。因为她披改良靠，我这王福刚若披大靠，就显得她太小气了，所以她很

高兴。实际我并非在她面前买好，这是戏班的道理，捧角就要把角捧严，配合好，为角着想。

三大娘和师傅借行头，我师傅一口答应，她还把我好一通表扬。梁大爷启服装，一切非常圆满。他是个老实人，从无怨言，每天给我们师徒穿、叠服装，又加上张鸿君，增加了工作量。而三大娘也非常会处事，经常请老梁吃饭，喝点酒，给他买香烟，晚上止戏吃夜宵，关系处理得非常和谐。

鸿君傍我师傅，自己也单挑几出，如《红娘》、《盘丝洞》、《勘玉钏》、《对金瓶》、《万花船》等等花旦戏，观众反映很好。初次傍我师傅挑牌，实在不易，因为我师傅这趟戏她全是生码，如《天雨花》里的荀含春，《二子乘舟》中的宣姜；头二本《唐伯虎点秋香》中之秋香；《董小宛》中的董小宛；《青山英烈》、《相思树》、《云罗山》、《后羿嫦娥》、《六国封相》、《九件衣》等等，这些戏里的旦角，都不是一说就能唱的戏，戏班里叫"钻锅"，意思是在铁锅上打眼、补漏。她非常灵，两个多月的时间，就全能演了，特别是《金鞭记》一天一本，每本里都有奇腔怪调的联弹，她都能演得很好。师傅满意了，就都满意啦。她对这些戏和角色都是陌生的，我师傅不能总配着她说戏，所以大都是我先和她说戏，熟练的差不多了，师傅再和她对两遍就可以演；而且一演就红。师傅与她的合作，红遍了山东各地大小城市。

由于我帮她说戏、陪她练功，三大娘也不白用我，经常叫我过去吃饭。那时候吃顿饺子、炸酱面就是请客吃饭了，而且非常会处事，一般的是她向我师娘说，叫我过去对对戏，因为《虹霓关》、《穆柯寨》等戏都是我配鸿君演，常在一起对戏，实际上是叫我过去吃饭。我很理解她们母女不容易，求人的地方多，鸿君也没有文化，有时读单词都很困难，和我师傅同场的戏，都要我提前粗排。

现在回忆她太不简单了，说几遍就能演。她比我大两岁，我心里总是想着我要注意，千万不要给人家闹出影响。戏班里嘴杂，无风能起三尺浪，青年男女常在一起，若不注意会闹出反映来，对人家一个姑娘家不好，对师傅也不好解释。练功时配她打把子，同时也互相探讨一些武打技巧，如《大英节烈》中的陈秀英，后面和王福刚的三番打，三个下场枪花，我和她讲了姜月玲的打法和枪花。因为她有基本功学套路很快，练练就能用，外场效果很好。我们之间都很尊重，也很客气。

记得1953年，我们又由张店到索镇（桓台县旧址）赶交流会（庙会），慰问解放军，大都是抗美援朝回国的伤病员。

在索镇解放军"八九"医院，腊月里露天剧场，解放军的一号首长是吴德同志。

战士们都愿看武戏，所以晚场武戏总是大轴，尤其愿看真家伙戏（真枪真刀、双手带、匕首、三节棍，甚至用铡刀片子），每场戏下来手都冻木了，三大娘总是把棉衣撩起来，把我的双手揽进她的怀里，给我暖和手。当时没有深的体会，而后我每当回忆起三大娘给我暖和手的情景，就非常感激，真是慈母的心肠。特别是有一次又童失手，《塔子沟》中他饰李金玉，我饰张子良，大冷天都光着脊梁，扎枪时他一失手，枪尖戳在了我的左边肚皮上，挑破了皮，不是太重，三大娘急了，马上用扑粉给我按上，看得出来是那么地心疼我。当时三大娘那种感情我终生难忘，我离开父母从没有一人像她这样疼我。

当时曾想，师傅对我们是否太过于严酷了？可是再一想也对，哪怕是小伤也是事故，出错了就该挨训。因当初拜师学徒，我写给师傅的合同上写着，五年学徒时期，摔死人家都不负责任，何况是一点伤。

我和鸿君配戏较多，排戏练功关系不错，她对我很好，但始终保持着一道无形的“护栏”，免得闹出影响。男孩子在生活中有些事很马虎，如练功服、水衣子常常被汗湿得如在水中捞出来的一样，干了都泛出一层白碱，有时她就帮我洗洗。这样一来，“她母女都喜欢少童”的闲话就出来了。傍我师傅的三花脸徐明义好开玩笑，有一次，他对我说“少童，最好你把三大娘改叫娘吧！你看她多疼你，你小子要走桃花运了”。玩笑提醒了我，要注意和鸿君保持距离，免得引出反映。

过了一阶段，我们到昌乐县演出，我敏感地发现琴师周有志对张鸿君靠得很紧，大家也都感觉到他们俩人有点“意思”。可是偏偏三大娘看不上周有志。这下麻烦了，这老太太辈大，脾气也大。谁能去和三大娘讲呢？徐明义就出坏点子说：“三婶最喜欢少童，这事叫少童去说肯定行。”

我那里知道这是“点乎”我，心想成人之美，鸿君同周有志，旦角需要拉胡琴的，夫拉妇唱多好，我就去向三大娘说合。我好心好意地向三大娘说：“周有志为人好，技术也不错，和鸿君挺般配的，您怎么就不同意呢？”三大娘一听就翻了脸，“我不愿意怎么啦？不用你这厮孩子来说！”我不明白三大娘怎么发这么大的火，“您先别火，咱慢慢说，新社会婚姻自由，您可不能那么封建。”三大娘更火了，“呸！我不用你来教训我，你这没心没肺的东西，白眼狼！可惜我们娘俩对你那份心啦，你反来拿话气我，你给我滚出去！”我还要说，三大娘火更大了，在针线箩筐里摸出剪刀来，我一看不好，一个箭步跳到门外，撒腿就跑，回头一看三大娘拿着剪刀赶出门外，嘴里还在骂我：“白眼狼！无情无义的东西……”当时她母女和我师傅师娘同住一院，众人拉开

了，劝说三大娘进了屋。

我到师傅屋里，众人都在笑我，师娘问我："三大娘为什么拿剪子穿你？"我把刚才的对话讲了一遍，他们哄堂大笑。师伯和师娘笑着说："真是傻小子，你怎么能去说呢？那老太太的脾气大得都出了名，谁敢惹她？"我说："我也没惹她呀，平时那么好，为鸿君的婚事，明义叔说非我去说不行，我就去了。再说这事用不着发这么大的火，好家伙要动剪子了。"众人都笑，我仍是不明白他们因何发笑，要找徐明义问个究竟。

徐明义平时足智多谋，编编写写都很擅长，与我关系也很好，因为他傍我师傅，他的儿子徐小义（乳名叫小迅）跟我练功，特聪明，有点"智力外露"。在大街上、人多众广的地方，把腿搬起来，脱下鞋，倒倒沙子，招来好多行人围观，他反而很得意的穿上鞋，慢步而去，令人不解是出风头还是出洋相？我给他抄筋斗，本来翻出场上空落地都很好，突然不过门（不会翻）了，这不找打挨吗？我抽了他几藤子棍，腿都青紫，肿起来了，可是一打就好，筋斗照样翻。谁知他跑到公安局去，把腿露出来，"看！这是我师哥打的"，又诉苦又掉泪。这下不要紧，可就把我告下来了，公安局长到我家找我师傅，说"小义到公安局去反映，师哥马少童老打他，我们看了小义屁股上好几道红趟子，你得教育马少童不能老打师弟"。

师傅叫我问明了原因，我说："这小子筋斗过的挺好，今儿早上突然不敢翻了，怎么说也不行，保着他，可就是'不过门'啦，一气之下我抽了他几下，可是马上就能翻了。这不挨揍行吗？"把小义叫来一问，师弟们都作证。大家都笑了，算了吧。局长对师傅说："以后注意，别打那么厉害，你们做艺的讲'打戏'，可是新社会讲教育方法，不能总打呀。"

送走了局长，可把我气坏了，其实他并不是我亲师弟，只不过他父亲徐明义托我给他练功，他随着我师弟叫我师哥。我用不着打他，从这开始不教他把子，更不给他抄筋斗，不理他了。这下他父亲徐明义可急了，觉得对不起我，把小义连打带骂了一顿，"大师哥打你，是看我的面子，要不人家管得着么？打你是给你找饭碗，你这混蛋小子"，边说边扭着小义的耳朵来见我，逼小义给我赔礼道歉。我也只得作罢。

徐小义公安局里告师哥的笑话，在昌乐剧团里成了新闻。由于这些原因我和徐明义的关系非常好。我得去问他，三大娘为啥对我这么大的火，还拿剪子穿我。我见到他就说："明义叔，咱爷俩的关系，无话不说，您叫我去找三大娘为鸿君、周有志说合婚事，闹出这么大的乱子，师娘、师伯他们都笑我，说我傻小子。您告诉我这到底是怎么一回事？"徐明义也笑了，问我"你是真不理解，还是"？我非常认真地："真不知道为什么。”他说：“你小子平时聪明，这事儿你怎么这么傻呢？鸿君母女对你的印象非常好，我们旁观者看得很清楚，鸿君对你有意，三大娘非常喜欢你，你难道感觉不到吗？你小子是不明白呀，还是装不明白？”我点点头，“这一点我承认。”他又说：“三大娘这么亲你，鸿君对你又好，你怎么就一点表示没有？你一点意思不表达，久而久之，女孩子就‘冷了’。我观察你俩互相尊重，很客气，可是三大娘不理解，对你一直是那么好，老太太一片好心，想叫你成为她的女婿，这一点我们旁观者都看得很清楚，人家有意，你无心，反而去给周有志提亲，老太太能不火吗？”我仍是不太明白，“那您还说这件事非我去说不行？”“你真是个混球，我那是开玩笑‘点乎你’，你没看都在笑你吗？”我半信半疑地说：“哦，是这样。”他又说：“我们旁观者清，连梁大哥这大老实人都能看出来，你对鸿君总是一本正经的，所以后来周有志才‘杀上前去了’”。我脑子乱了，“什么乱七八糟的。”他又说：“你小子说实话，喜不喜欢鸿君？”我忠诚地讲：“鸿君确实不错，对我也很好，可是我不能，也不敢，他是我师傅的二牌旦角，我是未满徒的徒弟，怎么能胡思乱为？搞不好师傅训我，众人看笑话，对人家鸿君一个女孩子的名誉有损，我能那么不是玩意吗？”徐明义看着我，半天才说：“要不说你这孩子太懂事啦，按正常规律，这么好的坤角，找还找不到呢？你反到一本正经的‘揣着’（不动的），谁没打你这岁数过？不容易呀，少爷，你太厚道啦……”

我转过话题说：“我觉得周有志为人很正派，又是我的老乡，技术也不错，比鸿君大三岁，年龄合适，三大娘家里也缺这么个人，如果他和鸿君结婚，可成半个儿，比我强多了，况且鸿君比我大两岁。如今我尚在师傅门里，功不成名不就，不应该增加些负担。”徐明义一拍我的肩膀，“好小子，你太明白了，这些话有机会我一定向你师傅说说。”我笑了，“那倒不必，但我们应该帮他俩把这婚事促成。”徐明义说：“这个也没大问题，他俩同意是根本，三大娘僵持不了多久，看我徐二爷的。”

其实我还有一私心不能讲，我和月玲有许诺，出徒以后再找她。在这期间她若找了对象，我绝没意见，只许她不等，不许我提前谈恋爱，我要对得起月玲，我不能言而无信。

过了些日子，徐明义和我师傅出头，向鸿君之父张三宝联系，张三爷亲自来订此事。在这以前可以想到，三大娘早把对我的印象告诉他老头了，张三爷到这里一看众人的意思，况且鸿君找一个拉胡琴的对象很合适，以后自己挑牌很得力，就这样定下了。但三爷对我的印象也很好。

1953年8月，在坊子兴顺旅馆，为周有志、张鸿君大办婚礼，坊子剧团停演一天，

摆了九桌筵席。彩带挂满旅馆，鞭炮齐鸣，彩砂漫天飞（用彩纸碎片和大米合起来往新人头上撒）。有趣的是男傧相是我，搀新郎，女傧相是我师娘搀新娘。办喜事都要打扮，当时新郎就是咔叽中山服，新娘是女式列宁服、胸花，这已是很时髦了。师娘这女傧相也是列宁服，师娘把我师傅的培罗蒙料子的中山服给我穿上了，头上也打上了油，这是有生以来第一次这么气派，左胸前带上大红花，红条上写着男宾。搀新人出门以前，男女傧相先要出来和夹道宾客打招呼，意思是大家注意，我要搀新人了，谁知我和师娘一露头，“哗”的一阵彩砂，扬了我一头一身，紧接着有人喊，错啦错啦，那是男女傧相，新人还没出来呢，又是一阵哄堂笑声。

在音乐中，我和师娘搀着新郎、新娘出了旅馆大门，鞭炮音乐齐鸣，新人上了车。坊子地面不大，看媳妇的人更显得多，车转了一圈又回到了旅馆。大坤角张鸿君和琴师周有志结婚，喜宴办得很丰盛。张三宝先生各桌敬酒，特别向我道谢，他说“少童真是个好孩子，我和你三大娘都喜欢你，以后到济南有什么事去找我”。我也鞠躬道谢，我明白为我敬酒，内含着好多情意。剧团的人喝醉了不少。

1954年冬，鸿君回济南度产假，周有志要送爱人，借此机会辞离我师傅，个别对我讲他要去傍黄宝岩先生，实际我早已料到势必有离开师傅的一天。因为师傅一贯地对外大方，对徒弟、亲人及傍他的人小气，再加上没有文化，处事粗鲁，说话伤人，生活作风也不检点。在莱阳城演满合同，此时徐明义、何易奎、周有志、张鸿君都辞离而去，只剩下师伯张振贤和跟包的梁大爷，还有我和荫童师弟，我心里很不是滋味。我感觉到，师傅鼎盛期已过去了。

“文化大革命”后，周有志先生为落实工龄政策的事，来找过我两次，因为一九四九年前我们都在威声京剧团。

在我家吃饭时，谈及当年往事，真是心潮起伏。他夫妻运动中也受到冲击、挫折，我更是苦不堪言。都能活下来就是幸福。后来有志先生的工龄落实了。真是：

一岁年龄一岁心，老来忆想少年人；
六十余载已过来，回忆往事倍思亲。

面恶心善何易奎　今生不忘授艺恩

1953年初夏，师傅在张店租了三间厢房，仅有四十多平方，作为“歇马”（不演戏休息的时候）时住闲，这样比旅馆要省得多，租期五年。那时候装修很简单，先用煤灰、沙子把地垫平，再用水泥、石灰、黄土混合一起，压在地面上；找棚匠扎了纸顶棚，油漆门窗框子，白石灰的墙皮，离地一米高，油上天蓝色的墙围子，这就阔的不得了。

其实师傅买房子也很有经济条件，当时房子很便宜，但当时头脑中根本没有买房的概念。只知道买戏装，就连平时的穿戴也不是很讲究。戏装倒是很讲究，八身蟒，每一身蟒上都配上相纱，改良官衣就有四身。如《六国封相》一剧，所有的配角服装全有，包括六国的王子穿的列国改良服装，头上戴的五龙盔等等。道袍大坎肩七八套。就说相纱上的各种翅子四十八幅，再加上我们师兄弟武戏用的服装、枪刀把子、盔头、各种靴鞋，出码头师傅共带十四个箱。可是他租这房子里面仅有一张八仙桌、四凳、两椅、三抽屉桌，一张双人床，就是这些家具。屋里垛满了戏箱，我和师弟就睡在箱子盖上。

租房子装修，我们这做徒弟的又有活干了。

趁装修房子的时间，师娘回娘家去了。这时即墨京剧团来约角儿，在张店公大客栈谈公事，立了合同。因为当时即墨缺少花脸，恰巧有一位花脸演员师傅要我去约。

这复杂而难办的任务交给我，叫我当天上午去周村戏装厂修理翎腿子，把弹簧换好。当天下午不要回来，直奔潍坊市，到华乐剧场去接何义奎先生。

何先生又年在哈尔滨大舞台坐科，专傍好角，有“何五块”之称；唱昆曲特讲究，常在天津、济南住闲。如果有人用他，就是一口价，一个角色五块钱。如李元春、梁惠超等名家武生，演《闹天宫》请他演天王；《乾元山》的太乙真人。不用说戏，“场上见。”只要把五元大头洋交到他手，就去化妆演出，保证没错。旦角演全部《水漫金山》，客串他去演法海；《春香闹学》中的褚最良也是如此，钱到就“干活儿”，保证“砸”不了。

何义奎先生资历老，专傍大角儿，是麒派名家周麟昆（戴奇侠的丈夫）的老搭档。周麟昆是我师傅王韵童的师傅，解放前去了台湾。所以，我师傅要称何先生叫叔。师傅对我说："此人脾气大，见了饽饽都不笑，平时总皱着眉头，眯缝着眼，一睁眼白眼球特别大，有点吓人。"何先生在潍坊华乐也是挣现费，合同快满了，去找他不能叫华乐剧团的人知道，要我把何爷由潍坊偷着接送到蓝村火车站，把他送上去即墨的汽车，师傅和演出组的人在即墨等他会合。我还要再去高密的农村王官庄，接我师娘去即墨。我心中叫苦，我的妈呀！这两天的时间，我要跑四个地方办三件事，真是要命。

师命难违，立即准备收拾旅行包，拿着翎子到周村戏装店换了翎腿子弹簧，我试了试很好用。交了钱奔赴火车站，下午到了潍坊。此时的华乐剧场已不在街里，而是东火车站新建的剧场，找一小饭店住下，叫跑堂的到旅馆去请何义奎先生（当时没有电话），对他讲张店的王老板请他来。

不一会这小伙计领着何义奎先生来了。我起身鞠躬，"您是何爷吧？"他一口京味"您是？"我心想接上头就好说了。"您老请坐"，我给小伙计两毛钱，打发他出去后，就向何爷自我介绍"我叫马少童，我师傅王韵童叫我来接您老去蓝村，再把您送上去即墨的汽车，到了即墨那里有人接您，我还要由蓝村去高密接我师娘。您看咱怎么走方便？"他上下打量我，点了点头，没发话，端起茶碗喝了两口。

这时我才仔细地看了看这位何爷，身高胖瘦都很均匀，真是标准的演员个头。扮戏准很好看。黑紫色的脸膛，皱着两道浓眉，一双细长的眯缝眼睛，我想如果勾关羽的脸谱，搓上红就行了，自来的相儿。

他告诉我今晚他还有戏，演《取洛阳》。我二人商定了走的方法，即刻分头行动。

我心里很紧张，因为这是来华乐剧院挖角儿，由大街上转到何爷住的旅馆后面，看好了窗户。晚饭后来电灯了，我又到后窗下，何爷把他的行李卷由窗上递给我，我扛着行李卷雇上三轮车，到火车站买好车票，把行李过上了快件，又到了华乐剧院买了戏票，看了何爷一齣《取洛阳》。真是好老，架子花脸，嗓子不是太冲，但炸音很好，身上、做戏、火候太棒了。

《取洛阳》下来了，我由剧场里出来等他。不一会，他洗完了脸，提着靴包（胖袄、靴子等化妆用具）出了剧场，我在他后面跟着，一拐街口我上前打招呼"何爷"。他不爱说话，只问了一句"都办好了？"我接过他手里的包袱，说"票和行李都办好了"。因华乐剧院离火车站不太远，"您是否先吃点夜宵？"他很实在的，"到火车站喝碗馄饨就行了。"

我们到车站吃过馄饨后，不一会检票上了火车，把他安排在靠窗的位子坐下。我这才舒了口气，给他倒了一杯开水，他接过来慢慢喝着，他开口了，“你多大了？”我觉得突然，“虚岁十九了。”他又沉思了一会，“你小子办事还行啊，挺地道。”我笑了，“等他们知道您老走了，咱们就到了蓝村了。”他也笑了，“这就叫天明一百八十里，寻人不知去何处。”我又说：“下火车我去提您的行李，顺便买高密的火车票；把您老送到汽车站，您上汽车奔即墨，到了那里有人接您。我还要到高密王官庄去接我师娘。”他说：“没问题。你都唱什么戏？”我不好意思的，“不怕您老笑话，大戏一齣也唱不了，只是唱几出小武戏，主要是陪我师傅唱些零碎，少什么来什么，学着演罢了。”他点点头说：“你还年轻，好好学。以后我的戏里也少不了用你。”我紧接话茬，“我太笨，您老多费心教我。”他有点疲倦了，“行啊，来日方长，有些武生、老生戏，我都可以给你说。”我高兴极了，“我先谢谢您，您闭闭眼，休息一会吧。”他闭上眼休息了。

我的心平静下来了，回顾这两天的行动，心想，师傅什么活儿都叫我干，明目张胆的来挖角儿——偷演员。总算是顺利，松心地合上眼休息了。

“砰”的一声，哎呀！我睁眼一看，何爷被砸了。原来货架上旅客包里里滚出一个手电筒，掉下来正砸在何爷头上，头上青肿了一块。这一下他火了：“这他妈怎么搞的，这是谁的电棒子？！”可把我吓坏了，怎么单砸着了他？这会他这一急，一双“丹凤眼”睁开了，白眼球特别大，黑眼珠快掉出来似的，非常吓人。

我立即找到列车员和车上的卫生员，给何爷擦消炎药，包了纱布，好像一个伤病员。此时已是午夜以后了，列车长也来了，电筒的主人，一个劲地赔礼道歉，何爷一声不哼。我也批评列车员安全搞得不好：“我们这位老先生后天还有演出任务呢……”听说是演员，众人更是关心，都围了上来了。这位何爷嘟囔了一句：“行啦，拉倒吧，我认倒霉就是啦。”他又闭上了眼睛，众人都散去。我想这老爷子是够倔的，老眯缝着眼，睁开眼就吓人。

到了蓝村，下火车买高密票，提出行李乘三轮到汽车站，顺利地把这位爷送到汽车上，走后我才去吃了早饭。忽然想起昨天是五月十九日，我的生日。忙乎着偷角儿，什么都忘了，离开父母未过个生日，今天要补上！于是到车站饭棚里花了一角五分钱，吃了一大碗面条，自己为自己庆祝生日。

到高密下了火车一打听，离王官庄还有三十华里，不通汽车只好在车站雇了一辆“二蹬”（自行车），八角钱送到王官庄，打听着找到师娘的家。

师娘家里情况看来不错。老宅子，门前很宽敞，有几颗大杏树。外公（师娘的父亲）王殿臣，干净、温和，个子不高的一位老者。师娘的哥哥在青岛鱼行经商。师娘还有一个小弟弟，乳名叫超儿，才十二岁，别看比我小，我要叫他小舅，他很小没有母亲。我讲明来意，午饭后我和师娘步行去火车站，走小路，八里多路。仍是由高密到蓝村，转汽车到即墨，见到师傅交了差。即墨老剧院在城外，我们在城里住。师傅、师伯他们住一个大院，我与何爷、师弟，住一个院，我和梁大爷住两房头。

头天何爷《坐寨盗马》，张鸿君《人面桃花》，大轴师傅《追韩信》。第二天《取洛阳》、《秦香莲》，我前面饰《取洛阳》里的岑彭，后面《秦香莲》里的陈世美。何爷演戏特别认真，差一点不行，岑彭这活儿我是现学的，总算没出什么差错。三天是《九江口》，我饰华云龙，何爷说戏从来是不过三遍，我哪里记得住。后面《盘丝洞·盗魂铃》我还要扮神将，陪张鸿君开打。背了一天词，这个角色不是一说就能演的，我小时候配威海的王喜岩老艺人演过，可那个演法“很水”，没法比。何爷的戏对话快慢、接岔儿要求很严，在华云龙和张定边见面时，他盘问我原词：请问殿下，姑苏老王驾前，有殿下几人？

华云龙：就是小王一人。

张定边：唉！这就不对了？

华云龙：怎么不对了？

张定边：想姑苏老王驾前，有五位殿下，乃是仁、义、礼、智、信，殿下言道，就是你一人，岂不是不对了？！

他这一瞪眼，一起身亮相，真是吓人。一下把我的词吓回去了。只好支吾着诌了两句。谁知何爷火了，“不对！你再说”。我没辙了，再诌两句吧，“什么五人，二人就是小王一人。”他一点不凑合，瞪着眼“还是不对，再另说！”我一句词也没有了，再支吾就要上倒好了。这时演陈友谅的救了场，他接过去，“行啦行啦，结亲的时候说就他一个，要是妯娌五个，还怕我姑娘受气呢？你少管闲事，来来来！喝酒喝酒。”这才截过去了。他下场后仍是在生气，等我下场。我想和他说声对不起，我忘词了。谁想刚到他面前，还没说话，他呸的一口，吐了我一脸，“你他妈胡说了些什么。”接着上场了。这时我又羞又气，心想再不给他配戏了。后面开打，直到尾声都比较顺利。洗完脸我又一想，总是我错了，二次再去道歉。他看也不看我，我只好羞愧地去洗了脸，帮助梁大爷收拾东西。临离后台时又去帮他拿着靴包（扮戏用的东西）等物，他也不客气。

以后我每天到后台时，他化妆，我给拿靴包；止戏洗脸，再帮他收拾靴包拿回宿舍，再把他的包头网子，胖袄大领晾起来，天天如此。特别是我俩合演《下河东》，我饰呼延寿廷，他饰欧阳芳；《取长沙》我演黄忠，他演魏延。这都是武老生、花脸平抬(都是主演)的戏，这些戏我已演过多年，熟而且把握，他都比较满意。有一次我演《潞安州》，他主动地说“今儿个我给你小子来兀术。”我不好意思地说：“那可不成，我这个水平岂不是糟蹋您的艺术？”他把头一歪，“客气什么，常在一起都要互相配合嘛。”

久而久之，他对我的态度转变很大。依他的话说：“你小子总算行，不怕讽刺，不怕挨训，我这么对你，你一概不管，照样照顾我。告诉你，我有时是成心刺激你，你算经得住考验，我喜欢你，不像有的青年，说他两句再也不照面了。正好，省事不废话，他一辈子也学不了东西。今后你想学什么，只要我会的，想学什么我教你什么。”他最喜欢吃羊肉饺子，有时就到我屋里“走！跟我去吃饺子去。”我还不能客气，要一客气，他就不耐烦了，“哪那么多废话，走！”习惯成自然，俩人四碗饺子，他吃十八个，我吃二十二个，两碗饺子汤。何爷不动烟酒，吃完就走。

将近两年的时间，我在他身上学到不少东西。他每天早晨起床不练功，遛弯儿（散步），能走八九里路，早饭后喝茶，上午排戏，午饭后睡觉是少不了的；午睡两小时，起来喝茶，背戏，把晚上演的角色从头至尾背一遍；起身活动一会腰腿。晚饭后还要散步，背着手走得很远，嘴里咕咕噜噜的还是背戏。他说：“这时候把晚上戏里重要的唱、念再背一遍，在台上不会出错儿。”回去喝点水，拿着靴包到后台。他勾脸很认真，是根据他的脸型，面部的纹络下笔，特别是印堂上的纹条、点、勾、鼻翼至嘴茬的纹、块儿，眼角和泪囊处的纹块，都安得很相当。猛地一看无甚特别，可是到外场他一作戏，满脸都是戏，因各个部位都很活。他的曹操、孙权、欧阳芳等白脸抹，用水粉。《九江口》中的张定边用油白，突出人物的性格。非常讲究。又如“李逵、张飞的脸谱都是笑面，不用唱、念作戏，一看脸谱就给人以美的感觉。我跟他学了近百个脸谱。他教我往脸上画，要先把自己的脸型考虑好，找出自己面部的不足，把方脸画长，长脸画方，脸谱没有棱角会死而不活，把脸谱画成国画小写意似的才好，如果像工笔一样细腻不好看，他说：“脸谱要特别注意打远儿，因为舞台上的花脸是给台下观众看的，色彩之间要离一间隔的道儿，这样上场做戏，出汗以后不会碾了色块，破坏了脸谱；勾脸也要像绘画、写字一样，要有笔锋，落笔到位，收笔干净。”

何爷对脸谱确有研究。但他在纸上画不了，拿笔手哆嗦，画一长道的纹，像蜈蚣

一样，粗细不等，他自己也笑了，“这他妈画了个什么？”而往脸上画，一笔下去道头，手和脸都动，笔画脸，脸找笔。而在纸上画，只是笔动纸不能动，所以往纸上画不了，因为脸上、纸上是两股劲儿。何爷喜欢我往纸上画的脸谱，他教导我：“不同戏里的曹操，要用不同的画法。十几个曹操，十几个关羽，有年龄、盛衰、心情和流派之分。”

何爷的老生戏也很“实授”（地道）。青岛市京剧团的主演刘宝英，就是何爷给开的坯子（开蒙戏），后拜刘奎童先生，又拜周信芳大师。他头一齣《斩子》、第二齣《别窑》、三齣《空城计》都是何爷教的，嘴里很讲究。何爷在昌乐县我师弟教给《斩子》，荫童、小义、小童三人同学。他先讲故事《斩子》的朝代，人物情景。先以京白学词，再上韵。讲尖、团、上口字，然后教唱腔。再加动作，表达人物感情，见穆桂英时，转身纱帽盖额头翻袖亮相，哆嗦，每天要单练几十遍。走身段要自己念着锣经，我在旁伺候给他沏茶倒水。他闭着眼，三个孩子一排立正站着，他手里拿着一根筷子，敲着凳子，一字一句地进行，哪一个出了错，照头上就是一筷子，两钟头下来，师弟们头上总是留下好几个疙瘩。他说戏规矩太大，站着要像军人立正，不准动，头上流汗不许擦。孩子满头是汗，下腋的汗水顺着胳臂、手稍儿往下流，两钟头下来，三个师弟立正站的地方，汗水把左右地都浸湿了两小块地皮。有一次在背戏，我看怎么小童紧鼻子夹眼的出怪相。仔细一看，头上有一只苍蝇在咬他，他不敢用手轰，只是紧鼻子夹眼的，而苍蝇也不飞，他正是脸上抽搐的时候，何爷睁开眼了，一看他面部在乱动出怪相，就问他“你怎么啦？”小童说：“苍蝇咬我。”何爷一看，有只苍蝇在头上乱跑，他用筷子照他头上就是一下，苍蝇飞了，筷子啪的一声打在小童头上，立时起了个大疙瘩，虽然挨了一下筷子，比苍蝇跑着乱咬好受多了。小童说：“好啦。”何爷扑哧的一声笑了，这是第一次见他教戏时笑。

何爷脑子很灵，如连台本戏《金鞭记》里的庞文，一本到底不换人。有时他演老生也很好，《金鞭记》里，他演齐文善（呼守信之岳父）唱联弹，《董小宛》里饰钱谦义，《春香闹学》里的陈最良，都非常好。他演老生一般的都是揉粉红脸（皮肤色），很少擦白粉，依他的话说“我这脸皮本来就黑，再擦上白粉，岂不成了灰色了？纯粹一个广东小生”。

我跟他学了不少戏，也教了我不少为人的道理。到了后台，从化妆到止戏，他很少说话，不多事，不出风头，我师傅会演全部《霸王别姬》中的霸王，何爷给他勾脸说戏认真地教，自己甘当配角演项伯。听说金少山先生在东北时，他曾配金三爷演过项伯。他配我师傅演项伯非常好，分得很清，是傍角儿二路活，不火、不水；可是他演《十面埋伏》一折，（朝天子大帐起）风折纛旗，九里山大战，我配他演韩信，倒板后上山，摆令旗，项羽战场（锣经）中开打，唱四番，项羽破八将，他的开打真是太美了，不同于《金沙滩》的杨七郎。霸王的身份，粗狂傲慢的性格，功架的稳健，我在台上看得很清楚。可是这种武戏文唱的风度，小码头的观众不认他，接受不了。他讲“金（少山）三爷的霸王，和杨老板（小楼）的劲头完全不一样，各有各的特点”。我问他，“您学哪一位？”他笑了，“都想学，都学不了；都模仿了一点，都没学好。”

1964年春在莱阳城，我们在大草棚子剧场里演出《将相和》，我师傅饰蔺相如，何爷饰廉颇，我饰李牧。营业、反映都不错。恰巧“谭裘”剧团到莱阳慰问部队。在部队礼堂，有谭富英、裘盛戎和众名家演出《将相和》，我主要看李牧点兵的一场戏。回来讲谭裘剧团阵容太强，特别是我看了李牧点兵一场，我是无法比拟，徐明义说“看人家的演出水平，咱们这戏就没法演了”，何爷也一再讲裘先生几个突出的表演技巧。

正在大家探讨艺术，赞扬谭裘剧团的高深妙处时，不想师傅不耐烦了，立时就出言不逊，“看，人家都带的什么人，个顶个的不含糊；咱都是些什么人？都他妈像绿头蝇（大苍蝇），光嗡嗡一泡尿就全滋跑了……”这时大家都相视无语，一分钟的时间，鸦雀无声。我不明白师傅这无名火因何而发？意思是谭富英先生的配角好，我想师傅自己应想到，您和谭先生也没法比呀。出言伤人，我看何爷本来的黑色脸膛，这时候气成了紫色，站起身来甩手而去。我知道他是火了，因为他比我师傅高一辈，师傅这种粗话实在是伤人，何爷从没受过这种窝囊气。接着师伯、徐明义、周有志都不言而去，只剩下了我一人。师傅更火了，因为都走了，把他顺在这里更觉得没面子了。

这次师傅的粗暴引起众人的不满。结果几天下来，莱阳的演出合同已满，何义奎先生辞班了，去天津傍赵松樵先生。徐明义辞班去淄博傍赵茹英；周有志和张鸿君辞班到济南，因鸿君生头一个孩子，周有志借机离开去傍黄宝岩先生；只剩了师伯和服装老梁，我和荫童师弟不能离开他。我感觉到“师傅的大势去矣”。这帮人可以说是处事、素质、水平都比师傅高，几年来合作也都出过力，因师傅人多心齐，服装好，众人相助，可以说师傅这个流动演出组——新韵京剧团，演红了胶东地区和胶济线，在山东大小城市没败过。当时在胶济线上的海派老先生很多，有麒派创始人之一的刘奎童先生，有上海的李鑫甫先生，同辈人有刘宝英。应该承认这些人对麒派技艺上都有一定的造诣。又如胶济线上名望很高的高宏安（原名张易泰），都是文武兼备，戏班里讲舞台玩意确有独特之处。可是这几位就红不过我师傅。随着年龄的增长，我也有些思考，师父红的原因，优势有四点：一是上场就拼命，卖力气，愣摔、实跌。如《六国封相》三家庭，挨打的三个屁股坐子，两个胳臂肘子每次都摔破流血，下来就抹药水。二是傍角的加徒弟十一人，上场的九人，少什么演什么。司鼓、琴师对师父的戏非常熟悉，而且拿准了他们的表演习惯和特点。有时现场发挥，鼓和琴也能傍得很严实。三是剧目宽广。除了常见的麒派戏，有些麒派冷门戏，如头二本《唐伯虎点秋香》、《九更天》，全部《路遥知马力》等剧目。京派戏也无所不演，如《群英会》、《四郎探母》，全部《红鬃烈马》，全部《一捧雪》，前莫成后陆炳。《桑园会》、《纺棉花》、《戏迷家庭》，全部《贩马记》等。此外还有一些唐（韵笙）派的戏，如《二子盘舟》、《龙拐训君》等剧目，连台本戏《金鞭记》。《狸猫换太子》、《西游记》、《水泊梁山》、《苦忠义》。所到的码头，根据当地观众的“口味出戏”。可以演两个月不重戏码。观众喜欢、要求，根据票房收入出戏。往往是一个戏要返几次头，1953年以后，北京、上海各大院团编排了一些近代历史戏，在演出形式上也有所改革，形式是古装而有新的进步内容。如《云罗山》、《双蝴蝶》、《青山英烈》、《九件衣》、《江汉渔歌》、《相思树》、《后羿嫦娥》、《搜书院》、《画皮》。这些戏大都是徐明义选本，也有的是其他剧种移植，徐明义和我改编，何义奎是“高参”，剧本排练计划做好，给师傅排戏，每一戏里的主要人物都是我们自己流动组的人，可以说演一出红一出。当时我统计对比了一下，戏码多、剧目新鲜、人员齐是师傅比其他流动组的一大优势。排新剧目，适应观众的口味，这一点比其他流动组的经济思维高一筹。四是服装道具优势。师傅的行头在当时流动演员组里，可数上乘。传统的改良服装、清朝服装（《董小宛》中用）应有尽有。他所演的剧目，四梁八柱角色的服装全有。所到一地，当地戏里的主要配角都用我们的，所以两个跟包的（服装员）、一个包头桌（旦角化妆梳头人员）、一个炊事员，三个徒弟都往后台背行头，配角的服装都穿我们的。包括枪刀把子、马鞭、令箭、圣旨等小零碎都用角的。台上大幕、桌围、椅四、大小帐子两套（一趟米黄色的、一趟古铜色的），演出时，台上焕然一新。这是当时个人挑牌的流动角很少能办到的。师傅收入大部分用于行头上，挣钱无数，大都买了行头。

师傅可算轰轰烈烈地大红大紫，名利殊荣过。到后来可以说一败涂地，还是依靠妻子和抱养的女儿相伴生活，多亏落实政策以后，生活有了保障。

傍他多年的老搭档，离开以后，无一人和他再联系。为什么？这个问题是我多年来常思常虑的。师傅的技艺我要好好得学；而他的恶习作风不可仿，我要警钟长鸣。要保持头脑清醒，名气大了不能目中无人，唱红了不可傲慢粗暴，莫忘自己的老搭档和一

起创业的老人。

我与何易奎先生相交，跟他学戏，他是我的良师益友，永久怀念的老前辈。

东镇幸会陆大刀

1954年冬，随师王韵童到青岛市，在东镇光陆大戏院共和剧团演出，合同一个月，演到年底封箱休假，等大年初一我们再到四方剧场黎明剧团演出。

那时青岛共和剧团人员齐，阵容强，全是解放前的老班底。师傅是青岛的老人，人熟地熟，我们住在东镇华美旅社。我从威海随师学艺流动演出，到烟台、蓬莱、黄县、掖县、潍坊、淄博、胶县、高密、张店等大小城市码头，青岛乃胶济线的大城市。我想这里的老艺人多，要不失机会学些东西。

共和剧团里有位前辈陆桂森，因大刀技艺出众，艺界誉称“陆大刀”。因为我所演出的几出武戏，如：《怀都关》、《斩颜良》、《收关胜》和《战长沙》等剧目都使大刀，在器械之中我最喜欢大刀，因此就由师傅带我去拜访陆先生。师傅很了解陆先生喜欢养鸟，投其所好，买了二斤核桃仁，送给他喂鸟。陆先生住在光陆剧院后台二楼上的两间宿舍里，楼下是后台的化妆室，在他宿舍门前走廊上可以看到台上演出。

到了陆先生家，师傅介绍之后说：“久闻陆老的大名，少童特意让我领他来看望您。”陆先生家里非常简陋，除了床上的陈旧被褥，一只破旧箱子，再就是碗筷餐具。宾主客套过后，我仔细地打量了这位前辈，体弱肌瘦，黄脸膛上有几个浅白麻子，细高的身躯，衣装俭朴，趿拉着一双便鞋，手里擎着一支京锅、翠嘴、乌木杆的大烟袋，黑缎子的烟荷包上，一对玉环非常讲究。陆先生问我：“多大了，能演什么戏？”我站起来恭敬地回答：“十八岁，学着演几出小武戏，大多是陪师傅演出一些里子活儿，我基础很差，以后您老多指教。”陆先生一点也未客气，点了点头，他高兴地把我送去的核桃仁，喂着阳台上笼子里的鸟，说道：“以后想学什么只管说，我的玩意也不行，不要客气。”

寒暄了一番，我随师傅起身告辞，陆老把我们送出房门。我看得出他的体质很差，师傅说：“他没什么病，旧社会吸大烟，解放后戒烟后就喝酒，主要是喝茶。他的大刀出名，你多向他请教。”我想：就这么个枯干瘦弱身架的老头子，他能好到哪

里去呢？这是我心里的一点不服气，年轻气盛，含而不露的傲气，以后再也未再去找过陆先生。

我早晨练功总比别人早，晚上止戏后要在台上再练一遍功。陆先生总在他门前扶着栏杆向下看，我练大刀的工具是一条酒杯粗、两米多长的大腊木杆子。陆先生晚上睡得很晚，往往我止戏练完功他还未休息。早晨六点左右，他总是趿拉着鞋下楼到后台上厕所，每次上楼之前，都要站几分钟看我练功。我始终也未请教他，他也从来未理我。

一天晚场戏，全部《龙凤呈祥》，大轴是我的《芦花荡》，人员搭配很棒。师傅前演乔玄后饰鲁肃（闯帐），徐明义先生饰乔福，何易奎先生饰孙权，徐曰影先生饰刘备，张鸿君饰孙尚香，我饰周瑜。闯帐到芦花荡，客串王富虎先生饰张飞，关孝峰先生饰魏延，人员搭配很好。这时陆桂森先生从楼上下来了，对管事的说：“《芦花荡》的黄忠我来吧，棒棒这小子。”陆先生的举动，后台众人都觉有点意外，自报陪马少童演黄忠，真是面子不小。而我却和众人想的不一样，就这副骨头架子，整个一个大烟鬼的形象，配我演黄忠，还说棒棒这小子？他六十多岁了，行吗？可是，出于礼貌，我向前鞠躬、拱手赔笑说：“陆老，我这齣不值得看的戏，怎敢劳动您老？您看看我的演出，指教一下，我就很感激了。”陆老笑了，“这几天我总看你练功，你始终也未找我，看来是不好意思。今天我心情好，配你来个黄忠，看看你的手把，脚底下怎么样。”我奉承地说：“您老多带着我点儿”，他笑着说：“你只管‘铆上’就是啦。”我师傅的专职服装员赵二爷说：“少爷，陆先生是出了名的‘陆大刀’，手里头特好，我看你改良扮吧。”

戏剧里原扮叫大扮、大靠、太子盔、翎子，脑后两条大飘带，穿厚底靴子；改良扮叫小扮，头上盔、翎、飘带不变，而穿改良靠，无四根背护旗，穿薄底虎头靴子。在小码头的小剧团里，小武生大都是改良扮。

我一听觉得很没有面子，就因为陆先生扮演一个黄忠，我就“小扮”了？那多小气呀？心中很不服气说：“在青岛光陆剧院里演出，周瑜小扮岂不叫人笑话？我外场多留点心就是了。”心想，陆先生已年过六旬，体质这么差；我年轻体壮，天天唱武戏，一天两遍练功，他能快到哪儿去？外场周瑜“发点”坐帐，鲁肃闯帐下来了，再上就是“南城”见赵云的头套、快枪，上把变下把，下场花败下。这出戏我已演过多年了，况且有范春山先生给我加过工，很有把握，胸有成竹。又一想要留点神，于是，叫赵二爷把我脑后的两条大飘带卸下来了，脚下早已换了矮厚底靴子，这样就轻便多了。上场了，冲门见黄忠第二套打，我铆足了劲，一见面看陆先生是黄靠、黄扎巾、白三绺髯口，脸上红彩并不多，但是精神头和平时简直是判若两人。一挠两挠我应是反蹦子，黄忠削头，我早已留心，未走反蹦子，只是右转身低头，速度已是很快了，谁知道陆先生的大刀贴着我的背护旗杆，“呼”的一声削下来了，我心想：哎呀，够快呀！一个小亮相，台下一阵掌声。接下来是大兜，大刀抡头子，他用大刀，我用单枪，应该说大刀的重量、难度，都要比我大。可是我用尽全身的招数，怎么也跟不上他，就这样，太子盔上的两个穗子挂了我一脸，靠旗子也乱了。下场后，我急忙到上场门顶场，等第三套打，见魏延。这时正好看黄忠的大刀花下场，只见他不慌不忙，手里的腕力、劲头，脚底下干净利索，亮相中一阵掌声送下了场。

我这才知道陆先生的厉害，真是天外有天哪……我栽了跟头，丢了人。又上场，见魏延打鞭，原来范春山先生教我的路子是他弟弟范春楼的演法，被魏延搂穿叉、打背弓、挑起来刺肚，露头肚子上打了一鞭，我把含在嘴里的一口彩喷出，台下“哇”的一阵掌声，紧接着哆嗦，拖枪败下。直到张飞的“边挂子”（成套的身段技巧）。我卸靠、戴甩发，换白箭衣、薄底、马鞭、抡杆，可以略微休息一下，喝口水。我发现陆先生坐在后台，抽着他那支贵重的大烟袋，看是那么严肃“有份儿”。我心里服伏在地，不愧为陆大刀，好老哇。

张飞下场后，我倒扳了，心想要把丢的面子找回来，拼命地卖力气。往常周瑜上山（舞台上摆桌子代表山），摆三张桌子，这次我要四张。捡场的被动了，怎么要上四张桌子？一般的是三张桌子，再加把椅子叫三张半。怎么今天要四张？赶紧准备吧。其实我也算我的账，平时有人翻三张半，要四张桌子显得高些，反而比在椅子上好翻。我上了四张桌子，台下就鼓掌。往下看，黄忠、魏延打丁奉，徐盛下场。我看得很清楚，陆先生靠功，脚下的功夫稳而不乱，快而不慌，很帅，好角儿。我在四张桌子上往下一望两望，台下就响起掌声，我提身一起凡儿，翻下桌子，稳稳当当的站在台上，又爆发出掌声。见张飞的唱、打都很顺利，王富虎先生演张飞配合得特好。在“试你三爷的丈八枪”一句中，我走虎跳叉，抓住他的枪头起叉，他那劲头太好了，用枪往上一挑，我的叉高出一大块，而落地很轻、很稳。真是“与好老合唱一出戏，胜过丰盛一桌席”。

戏的反响很好，回忆我那时纯是拼命，卖个年轻气壮，谈不上演人物和感情。

谢幕后，到了后台未卸妆，向众人道了辛苦，特意到陆桂森先生跟前鞠躬道谢。陆先生已卸了妆，叼着大烟袋，仍是平时的形象一个干巴瘦弱的老头子，他笑着说：“少爷，手里、脚底下欠功啊。”“是是是，您老得多教我。”他反问我一句：“怎么不找我？不要不好意思，都打年轻时过来，只要学，下工夫，没有练不成的。”“早听传说您老的手把好，都赞扬您陆大刀。”他把烟袋往地下一磕，“那是过去，年轻气壮，如今老了，远不如当年了。如果你想学大刀，我倒可以教教你。”我抓住他的语音，“好！今天晚上开始，您就教我。”陆先生笑了，“好小子够机灵啊”。

我急忙洗完脸，跟陆先生上了前台，递过我练功的大腊杆子，他接过一试，“用这腊杆子练大刀不行，分不出刀刃、刀背，而且大刀片子兜风，用这个杆子练了以后再用大刀照样不灵，最好用旧大刀练。如果没有，就去买个木锨头子，两面削一块去，分出刀刃、刀背来，下面的刀钻可用旧铁丝缠个大球，和刀头的分量平均就可。”我应声，“明天就去办”，心里急盼他赶紧教我。他又说：“大刀花和背花你都会，每次三十个大刀花，需要三次九十个。五天以后一次五十个，两次一百个，背花也是如此。再练大刀‘涮把削头’，削椅子背，大刀要贴着椅子背削过去，贴不上不行，碰的重了也不行。”我急盼他教我一些新玩意儿，谁知道这些招式都是我常练的。他又说了，“就按我说的练五天下来，我看看再说。”我甚感失望，这就算教我了吗？全是我会的玩意，他又说：“就按我说的这么练。”我心里虽不满意，可嘴里却恭敬地答应“是！”我开始耍大刀花了，他欲走，又回来说“停下来，你这大刀花不行，两个膀子没伸开，背花也一样，两眼要左右看着大刀走。像你这样的耍，披上大靠后，大刀容易碰靠旗杆子，大刀涮把削头左手扬腕子，要把大刀擎住，右手扣腕子掌握平衡，准确！就这么练。”他扭身走了。

第二天，我就买了木锨头子，削成刀型，安在大腊杆子上，把杆子的根部缠了一大团旧铁丝，按陆先生说的练。果然和陆先生说的一点不差，比耍大腊杆子难多了，木刀头兜风，削头时要分刀刃、背，我心里这才感觉到陆先生的话非常有道理。他说出了难度和要领，是他在实践中体验出来的真经。我拼命地练，每次把规定的次数练完都是满身大汗。

早晨练功，他下楼上厕所回来，在边幕边上站一会，看我练大刀，我想过去打招呼，他总是右手一摆“练吧！”就上楼了。止戏后，我也是把别的项目减少一点，多练大刀，因为我在这里仅是一个月的时间。他吃完夜宵，有时就趿拉着鞋下来看我练，仍是不说好坏，右手一摆，“练你的。”

一周后，陆先生又教我涮把，削头又加难度了，把椅子背上放一只便鞋，要求大刀要贴着鞋削过去，劲头大了就把椅子背上的鞋削掉了，劲儿小了贴不上鞋，太难了。我试了几次，不是把鞋削掉在地上，就是贴不上，离鞋太高，练了几天涮把削头，总削不好。

陆先生仍是早晚看我练大涮把削头，看一会，摇摇头，不言语走了。又过了几天，我找着点窍门，仍是他说的要领，左手腕擎住，右手掌握平衡。

差四五天好封箱过春节了，我们在这里的演出也快到期了，陆先生把他的绝招传给了我。他拿过大刀大涮削头时，把右手向上伸出，左手腕擎刀削下来，单把大刀削头，稳稳当当准确地削过去，离椅子背上的鞋不过四指。这叫大刀单把削头。哎呀，我吃惊地说："拿大刀像使单刀一样。"陆先生又以双手正常地涮把削头，大刀到了椅子背处猛地一下停住了。我更是吃惊，涮开大刀，这么大的惯力，猛地一下就停住了，这得多大的劲头？"陆先生，您这绝招是怎么练的？"他微微一笑，"这一下是防备万一人家低头慢了，刀就要有把握停住，大刀的惯力如果控制不住，砍在人家头上，岂不要出事故伤人？那天你演的《芦花荡》，我如果不等你，三顶太子盔我也给你削下来了。"我这才知道那天演《芦花荡》，我手忙脚乱，招架不迭，盔头穗子，靠旗子挂了个乱七八糟，并不知道陆先生还在等着我。太惭愧了，真是有眼不识金镶玉，内疚得无地自容。他又说，"使劲练，入门并不难，精通也是办得到的事，我也是由不行到精。要记住：功夫功夫，'功'字是工力合成，就是工力。夫者，有志之人能成丈夫，无志者即是懦夫。我叫你多耍大刀花、背花是练劲头，有了劲才能找到窍门，大刀涮把削头，削头中停顿，都必须有劲头，技巧是熟练里产生的，熟能生巧。"我太感激陆先生了，一月之间传授我这么多的技术、艺理，太难得了，我太幸运了……

春节前休假五天，我仍是练功，直到腊月二十七日。

春节我们演出的合同在四方黎明剧团，还是住在东镇华美旅社，仍可到光陆去练功。但春节头初五都是一天两场戏，由东镇华美旅社到四方剧团，交通车要坐八站，练功的时间少了。抽时间到光陆剧院去，专练大刀，陆先生总是认真地教我，大刀花、大刀、双刀、大刀剑等把子，《收关胜》中的两套大刀枪，《斩颜良》里的三把大刀，《怀都关》中的大刀破四杆枪等，有关用大刀的把子，都一一地给我指点加工。特别是大刀"三见面"的砍耳子的四个削头，他教我头一个削头就是五个带刀转身，非常火暴，与众不同。这一个半月的大刀功，能顶我自己练几年。

如今我从艺已六十余年，跑过大小城市、码头有几百个，相遇相识的名家、前辈、艺友、同事近千，使大刀还没见过像陆桂森先生这样技艺高深的。陆先生不是什么名角，但就论舞台使大刀的基功、技巧，至今尚未遇上第二位。我总结了经验，身怀绝技的人不一定都在上面，不一定都在大城市的名牌剧院里。只要虚心、诚心、留心、用心地去学，到处有老师。

记得离开青岛时，我向陆先生告别，我很惭愧，一个在师傅门里尚未出徒的学徒艺人，没有钱酬谢陆先生，只是含泪看着陆先生，不知用什么语言感谢他。他非常理解我，对我说："咱爷俩是个缘分，戏班里同人们捧我叫我'陆大刀'，实是空有虚名，说真的，我用大刀是下过一番苦功。我在青岛这么多年，都知道我的脾气怪，一般的我也看不上。我观察了你不是一两天，有条件、好学、能苦练。我在《芦花荡》中要配你演黄忠，一是试试你的功底儿，有意煞煞你的傲气。说真的，我也打年轻时过来的，有点傲气不是坏事，烈马驹子训练过来都是好马，我喜欢你的苦练精神。我告诉你，我陆大刀今已花甲又三，我练大刀的窍门，除你我没教过第二个人。咱爷俩分别以后，你能保持这样苦练下去，把我教的东西练好，就是对我最大的酬谢。"我双腿一屈要向他跪拜，他双手拉着我，"不要这样，我的体质很差，大烟底子，活不了几年，我也不是什么好角，你将来能把我教你的东西传下去就行了……"

离开青岛后就断了联系，以后我对大刀非常喜爱，在天津"把子许"定做了三鼻子鬼头钻的大刀，一个鼻子大号大刀，开打的二号大刀，关羽用的大号、中号青龙刀。每逢春节，我把大刀都脱去刀衣（棉布刀套），焚香洒酒祭刀。这绝不是迷信，一是这几口刀跟我走了多少码头，几十年在舞台上相伴，刀是我的老搭档，和我建立了深厚的感情。还有一层心里不能磨灭的情意，就是陆桂森先生对我有传艺之恩，纪念陆大刀。

此后二十几年，带团多次到青岛演出，始终未打听着陆桂森先生的去向，也没法报答他对我的传艺之恩。如今，我只能将我自己心中多年对他的恩情、怀念之情写出，使我的子女知道自己父亲从艺时，曾受过陆桂森先生的教授，使读者知道青岛当年有位"陆大刀"。

赞陆爷自嘲

年过六旬桂森老，艺界扬名陆大刀；
青年气胜性情傲，外场争锋把手交；
初生牛犊不畏虎，周瑜黄忠枪对刀；
身手步法俱乱套，羞愧技浅艺不高。

四方艺师周金鸣

年底封箱休假是剧团的常规。青岛市文联、文化局及下属各地剧团年前有一个大型联办演出活动，以剧团为单位，客串青岛下属的县、市剧团中的武戏人员，组织“武生大会”演出，腊月二十八日在青岛市文化宫汇演。当时这一活动比较隆重，这一天，到文化宫参加活动的文艺工作者和观众坐公交车一概免费。市县各级领导参加观摩，为此参加演出的团体非常重视，要提前排练，四下约人参加，特别是“筋斗匠”专门翻、打的武戏人员。

我们大年初一在四方剧场黎明剧团演出，所以该团就向我师傅约请我参加，我也理当应约参加演出。当时参演的节目是《四杰村》，人员搭配较齐，金月楼饰余千，郭俊英饰扑天鹏，于云亭饰粉红，吴素娟（外号臭虫）饰鲍金花，徐振芳先生饰鲍子安，周金鸣先生饰廖锡崇。由于请我参加，周金鸣先生主动让位，叫我饰廖锡崇，他负责排练武戏。我到了排练场一看，武戏人员很齐，但谁也不认识，客套之后开始对武戏。我听说原来是周金鸣先生饰廖锡崇，特意让给我演，周金鸣先生是北京金字科，不仅会的多，而且是玩意非常好的前辈。我就主动地向周先生提出，请他演廖锡崇，我凑个英雄就可以了。金鸣先生坦然地一笑，“那可不成，你看下面（青岛四周的胶县、高密、即墨等地剧团武戏人员）上来这么多，后台没人张罗怎么行。”我说：“您老要多费心给我说（教）。”他笑了，“别客气啦，咱们都不是外人，我和你师傅都是青岛的老弟兄，你大胆地演，哪儿不行我给你说。”话说到这份儿上，我就放心了，坦率地应下来排戏。廖锡崇的几套打是“拿高登”的死套路，顺利地排完了。周金鸣先生高兴地说：“蛮好嘛，说真的，爷们，你这一来就救了我的驾了，我长年的不演武戏，猛地来个廖锡崇，还真有点怵头。你大胆地演吧，等有空我给你说一齣。”我抓住话音，“谢谢您，一言为定，在这里一个月的合同您得教我一齣。”我和周金鸣先生一见如故，非常投缘。

腊月二十八晚场戏在青岛文化宫，能容纳一千多人的剧场，观众还有不少站着的，青岛市的领导都在前面就座，还有不少的老艺人。这场戏非比寻常，武生大会顾名思义。我们黎明剧团演出《四杰村》，外团来凑热闹的不少，这筋斗花样应有尽有，最突出的是《四杰村》中的粉红，由于云亭扮演，他是杭家湖的，在船上演出（六只小船

对起来，铺上板子就是舞台），而观众也是数十条小船聚集围观，这就是水乡演出，也是杭家湖的特点。由于常年生活在船上，练功时也在船上，地方小，而且船漂在水上，摇晃不稳，筋斗上空落劲要站稳，难度很大，所以杭家湖的筋斗匠全国闻名。于云亭翻虎跳前坡（前腾空翻）落地挂提（后腾空翻）。过“出场”必须挂单前坡，他说“在船上过筋斗必须要这样，否则站不稳。”于云亭比我大五六岁，我对他的评价是“筋斗虫儿”，起时飘而美，落地稳而无声。在武生大会上演出都要卖两下、露两手，因为领导和艺界权威都在场，况且台下的观众也都是内行。年轻人参加这场武生大会算是“镀金”了。为此，师傅也架弄（包装美化）我，把他穿的绿绣花箭衣、道袍、扎巾给我用，叫梁大爷跟我去，我扛着大刀、枪杆，心气十足地参加这场武生大会的演出。

从未见过后台这么多人，在此结识了不少艺友。来者都是要露两手的，我内心有点紧张，在这种场合要装着不含糊，带着跟包的服装员，头上脚下，刀枪把子全是自己的私房行头。我尽量把心平静下来，我虽然仅有十八岁，可尽量装出角儿的派头，要有点份儿。又怕摆乎大了，叫大家有反感，舞台艺术不惊人就臭了，心里七上八下的。

化好妆，对着镜子照了照，一身的新行头，自信还行，也有的人在交头接耳的小声嘀咕，“这位是哪儿的？”“黎明剧团刚接的角，武生马少童。”当我看他们时，他们就点头一笑，我就主动地打招呼，拱手“您多关照啊”，这样就和谐了。“别客气，祝您演出成功。”我事先扮好戏，把戏背了一遍，对着大镜子亮相，自信没问题，站在边幕里看戏。《四杰村》在杀朱彪的一场，段宝义扮演朱彪，他细长的个子站在台上，金月楼饰余千，四个小翻挂曼子（左侧身翻），从朱彪头上翻了过去，台下掌声雷动。紧接着于云亭（饰粉红）五个小翻、一个射腰，“嗖”的一声从朱彪头上飘了过去，这一下台底下掌声喝彩如开了锅。接着拿大顶（倒立），随朱彪走一个圆场。杀朱彪后老路子有个挂头，于云亭上了三张高，台下的掌声就喊上了，因台下观众大多是内行。“铆上啊，哥们！”只见于云亭在三张桌子上，“刷”的一下，像跳水运动员一样，像似一大黑树叶子一样飘下来，稳稳当当地落下站在台中。“云里射腰”，这种绝招很少见。台下的掌声，喊好声反常，有点吓人。我第一次见这样的筋斗，不由自主的有了压力，后面我这五套打不好演啦。特别是后面翻连环（筋斗穿插的名称）、串筋斗挂炮（腾空翻）好像空上总悬着一人似的，真有点看杂技的感觉。我小师弟小童，一串翻了三十五个小翻，还未到台边，他才十四岁扮一英雄，像似滚出一个黑皮球似的，筋斗站住时，台下一看是个小孩子，掌声笑声哄扬了一阵。

轮到我开打了。我这四套把子，大刀换枪杆，最后和余千的大刀双刀，因为饰余千的金月楼，饰天鹏的郭俊英，都是我的长辈，在外场都相互主动地配合，多亏了周金鸣先生在后台把场子，及时地把大刀和枪杆递给我。他是权威，这么一来，旁观者也不知我吃几碗米的干饭。《四杰村》顺利、完满地演完。

谢幕后到了后台。我年龄、辈分小，要一一道辛苦，感谢周金鸣先生对我的照顾、提携。周先生高兴地拍着我的肩膀说："好小子，不错，我喜欢你，想学什么找我。"我一个大鞠躬，"您老放心，我肯定会少麻烦不了您，我是又柴又笨（条件很差的意思），到时候您可别烦啊。"扮演鲍金花的吴素娟是他的老伴，说："你只管到我家找他，他若不教你找我。"

外场正是沧口区前进剧团演出，上海的流动演员郑永春、李越春演出《三岔口》。青岛文联由惠玉文主演《泗州城》，武戏阵容很强，引人注目的是陆小亭，扮演一个不重要的小妖，可是他的矮子功非常惊人，三个圆场稳而快，我从未见过如此好的矮子圆场，令人叫绝。

这次参加武生大会演出，我开了眼界，高兴之至。第二天是腊月二十九日，特地去照了一张照片作为纪念，并寄回威海一张给父母，当晚就是除夕夜了。一夜之间长一岁，午夜之后第二年。

大年初一白天在四方黎明剧院打炮，春节的头一天同人见面拱手拜年，我这小辈分的见了老前辈打千问好，长辈就双手扶起。

一番年礼过后化妆开戏。开场是《黄金台》，后面是《龙凤呈祥》。因是大年初一，取个吉祥而不演《芦花荡》了，因此剧也叫《丧巴丘》，别宫后上船就尾声了。我饰周瑜只是一个《鲁肃闯帐》，我的两个追过，很轻快地演出。直到初三都是两场戏，有时也抽空到东镇去看一会戏。东镇光陆的营业不太好，大年里都初三总是四成座儿，他们说因为我们在那里演封箱戏演得不吉利。我们临走时的一场封箱戏演得是《二子乘舟》。这出戏确实很不吉利，按常规封箱要演大反串（生、旦、净、丑变动行当演出），台上台下玩笑中尾声封箱。可是《二子乘舟》这出唐（唐韵笙）派戏，大悲剧，最后一场戏是卫国三殿下公子朔（徐明义扮演）埋伏新野，杀死大殿下季子（由我师傅扮演），我饰二太子公子寿，赶到开打，杀死其弟公子朔，公子泄战死，子寿自杀，加上八个大刀手，死了一台总共是十三人，就这样落幕封箱了。所以说封箱戏不吉祥，只恐来年的营业不会好，这也成了一个戏班的话柄。

我们在四方黎明演出，营业非常好，过了初五不演白天戏了，久忙得闲就觉得非常自在，同人们也熟了。我和于云亭合演《三岔口》，他翻筋斗和玩一样，什么筋斗

都挂串带回龙（腾空前后翻）。我开玩笑叫他“海里蹦”。老路子《三岔口》，有过桌子，他演刘利华，我饰任堂惠。他是咕噜毛前坡，案头上桌子过去扣前坡，难度太大，也很少人有这种技巧。这样，我在他后面过桌子就很难平住台下的掌声，就要以智取胜。他过去后我要故意停一会，捡场的再摆一张桌（两桌并摆着），我在剁头中（锣鼓点里）不慌不忙地飞脚过去，这样台下反响也很好。和他同场我不敢翻筋斗，和他一比，我翻的就是小儿科。我俩常开个小玩笑，他说：“少童，我儿子翻的都比你强。”我也开他的玩笑：“老于，剧场后面有一铁匠炉，你去叫铁匠把你的舌头捋直了。”他不理解，“干什么？”我说：“把舌头捋一下，就会说人话了。”因他上场说话口条不行，《三岔口》内开店房的一句词都说得不利落，像外国人学中国话。又如《青山英烈》一剧，金月楼饰陆小英，于云亭是武丑，应饰演徐雁，因为白话太多，他就演不了，由我扮演。我也开他的玩笑，“看啦么哥们，这可是你的活儿，我替你演。您呐，筋斗是保险开花，说话是半拉哑巴。”他说：“你小子指着嘴（能说能唱的意思），我是指着筋斗腰和腿。”

我们武戏人员非常和睦，有关武戏方面的事都是商量，很协调。金月楼先生饰武生陆小英，我饰徐雁，他前面走边，我跟着他，也走边，二人合舞，我商量他二人合走对旋子，他说好。可是到了外场，我开始走旋子，他在边幕根下蹲着笑，我八个旋子下来，他一个虎跳到了台口，一把大顶起来了，我在下场门看的这把顶，“左右寒水”，“单手驾肌”，最后一个大立碑，台下掌声炸了窝似的。这把顶功，在杂技团里不足为奇，在戏剧里的演员实属少见。下来我问他：“爷们，咱们说好了的对着走旋子，您怎么蹲在那看戏呀？”他笑了：“别看我唱武生还就扭不了旋子，只是扫趟，或飞脚挂一个旋子，成排的我走不了。”我说：“好嘛，您‘阴我’（耍我的意思），您要说扭不了，咱就对着走‘波浪子’多好。”他说：“那不够意思，我走不了，不能坠着你也不走，我若说我没串旋子，肯定你也不走旋子了，你的旋子好看，就得叫你卖出去。”我说：“您这把大顶真是胜过杂技演员，太绝了！”他也很满意地笑了。我们武戏人员难得的是团结和谐。

后台管事的徐振芳、周金鸣先生业务抓得很紧，营业好，收入高，大家都高兴，后台上都是乐呵呵的。我趁机向周金鸣先生提出：“金鸣叔，您要教我一出齣，什么时候教？”他笑了：“啊！你想学什么？”“别我说呀，您想教我什么，我就学什么。”他想了想，“依我说你有嗓子，应学两齣武生老戏，因为武生戏只是卖个年轻，老了还要指着唱。来一出靠把老生戏吧（披靠的武老生），靠把老生你都会什么？”我说：

"我唱这几出武老生戏，就是学着唱吧，不敢说会，《取长沙》、《璐安州》、《下河东》、《定军山》，没演过，学得半拉不罗的不敢演。""谁给你说的？""前三出是我十四岁时在威海，班里的老艺人王九爷教的，后由雷振东先生给我加过工。"他说："振东玩意不错，他给你摆弄过错不了，《太平桥》、《白凉楼》、《斩五虎》，你学哪一出？"我一听，前两出我都不陌生，这《斩五虎》我从未见过，也没听说过，好奇地问："《斩五虎》是哪朝的戏？""这《斩五虎》也叫《凤鸣关》，是赵云戴白髯口的武老生戏，赵云一生用枪，唯有这出戏是用大刀，斩韩氏父子五虎，这是一出很背（少见）的老戏，戏班里都叫他赵云耍大刀。"我一听非常高兴，因上个月在东镇向陆先生学大刀，现在正在"热练"之中，"我就学《斩五虎》了，赵云耍大刀，那您什么时候教我？"他喝了两口茶，"这样吧，你每早上在光陆练功，吃完早饭大约九点半钟，你到我家说戏，到十一时你回去吃饭，我只教戏不管饭。"我感激地说："我只是学戏，也没钱请您吃饭，等以后我出了徒，有钱了，再报答您老。"他很高兴，"我不用你请我，也不用送礼，只盼着你将来有出息成了角儿，还能想着我就行了。""一日为师，终身为父，我绝忘不了你的授艺之恩。"他坦率地说："就这样一言为定，明天开始，我和你师傅讲每天到我这儿说戏，让他放心。"

周金鸣先生比我师傅年龄大，资格老，艺术上也讲究，要给我说《斩五虎》，我师傅当然同意，并说："少童这小子学戏不算笨，练功也不懒，靠把戏我也说不了，您费心吧，该打就打，该训就训，别客气。"金鸣先生说："我有我的教法，用不着打和训，他这个基础，跟着我一年，我可以教他十五出戏。他是你的徒弟，我插手教，你别有意见就行了。我们爷俩投缘，给他说一出做个纪念吧。"师傅又对我进行教育，"你金鸣叔要给你说戏，要有点眼力劲儿，他是北京金子科的，他父亲外号周一腿，很有名，周金鸣玩意好，你要好好学。"

第二天早饭后我就到四方，按照相约的时间九点半，提前两三分钟扣门，"金鸣叔，我来了！"他的夫人吴素娟开了门。进门施礼问安，原来他九时才起床，刚洗完脸在喝茶，我急忙把他的洗脸水倒了，他叫我坐下。学戏哪有坐着的道理，他说："咱爷俩不讲老一套，新社会没那么多封建礼教，你坐那儿。"我道谢后坐在小凳子上，他在炕上坐着，端着小茶壶对我讲："今天我把剧情、剧中人、扮相，剧中主要的技巧给你讲一讲。明天来你带着笔和本，把台词都记下来，唱念学会了，就会一大半了。因为开打、刀花你都有基础，学套子，一说就会。再就自己去练就可以了。"我第一次享受这样教戏的待遇。

周先生把戏的整个情节像讲故事一样地讲了一遍。“人物性格要掌握好，都是靠把戏，和《定军山》的黄忠完全不同。”扮相、场子仔细地说了一遍。

十一点了，他一点不客气地说：“你回去吧，明天来写词儿，我也该吃早饭了。”他是北京人，纯是老戏班的老艺人习惯，却非常实在，毫不客气，没有一点油子气，令我从心里的敬佩。我开始明白原来教戏就是这样教，今天这一个半钟头的时间就把戏的情节讲完，我脑子里有了深刻的印象，学的时候就不陌生了。回到旅社，我就把所听的一一记在本子上了。我想一出戏的朝代、戏理、人物性格、相互的关系弄不明白，傻演是演不好戏的。

第二天买了四两大方茶叶，三元两角钱，这是我积蓄下来几个月的零花钱。来到周先生家双手呈上，他问：“这是什么？”我不好意思地讲：“真不好意思，我没有钱，给您买了一点茶叶，不成敬意，您老千万别嫌弃，别笑话我。”周先生说：“我告诉你,爷们，我们这个团里我没教过一个人，我看你小子是个料儿，我才教你。从演《四杰村》认识你开始，我就观察你，你没怪毛病，算是咱爷俩儿对缘分。我只要教你，你就不用多想，你一个小学徒的，没有钱。相反有钱的我看不上他，我一个字也不教。今天这包茶叶不能叫你拿回去，我收下了，下次不可，再这样我就不教你了。我什么也不图你，盼你有出息，将来成个气候，我就满意了。”我说：“金鸣叔，我也成不了角，但我永远不会忘记您对我的恩惠，常言道‘能给十亩地，不传一出戏’，您教我一出戏，这是往我饭碗里添饭哪。”他高兴了，“说得好，来,开始，你记词吧。”

我趴在炕沿上记词，他端着小茶壶喝茶，他老伴在旁用一根银扦子，插着白果，在香油灯上烧，白果烧好了，用手一挤，把白果心挤出来。周先生吃着白果，喝着茶给我说词儿。他是连吃带喝说戏词，我往小本上记词总是等着他，他纳闷儿怎么记得这么快？我笑着说：“我记台词、抄剧本有个窍门，我写的字别人看不懂，有时我只写一半字，回去我就捋下来了，再仔细写一遍，这样我记得就更死了。”他笑了，对他老伴说：“这小子是够机灵的。”就这样，我很快地把词儿写完，我从头读了一遍给他听，他说：“行了，今天到点了，明天来学。白话、唱腔。”

我告辞回旅社，把词儿仔细整理好，睡觉前用心地背词。

第三天再去就不客气了。他吃着白果，喝着茶给我说戏。因为我把词都背熟了，他教我就很方便了。他说戏有个特点，不要僵化，如二六、流水等唱段，毫不拘泥，他说：“这种戏，不是派头戏，没什么死腔，根据个人的嗓子条件，高矮都可，但要字正腔圆，不倒字，尖团字不能混淆。”

两天的时间（三个钟头）念白，唱段学会了。又两天的时间说开打场子。他用鸡毛掸子，我用苍蝇拍子代替大刀，在他炕前的地下（他住的仅两间小屋）给我把武场子说完。再两天把全剧重复地说下来。他说："明天不要来了，你自己到台上背戏，练练大刀开打和大刀花。后天是正月十五，白天戏《红鬃烈马》，你就是一折《三打》的薛平贵，事儿不多，吃完饭早点来，开戏前我到台上，你把《斩五虎》从头到尾练一遍给我看看。"我回去也不知背了多少遍，比较熟练了。

正月十五那天，吃了晚饭就背着行头到了剧场，在台上又背了一遍。周先生到了台上，我自捻锣鼓点，从头到尾演了一遍。他高兴地说："不错，真没想到你学得这么快。"他哪里知道我自己背地练了多少次。他用大烟袋当大刀，亮了几个大刀相，他指出："斩五个虎的亮相，尽量别重复，不要和《定军山》中的黄忠雷同。学戏主要是悟性，会了以后多动脑子，逐步改进，武打和大刀花都可以改进完美，根据自己的条件。但有一点，要把握行当之分，武老生不能和武生雷同，分寸掌握不好人家笑话，人家不骂你，会骂我这教的'棒槌'，希望你给我争脸，别给我找骂。"我恭敬而虚心地听着、记着。

我们在四方黎明将要满合同了，下来要去莱阳演出。周先生有意安排给我出了戏码《斩五虎》。孔明、邓芝、韩德及四个儿子（五虎）都由他教排好了。我演这出戏时，他手把着门帘看着外场，在后台把场子。因为他这团里过去也未演过这一出，我看他的小茶壶也未端，大烟袋挂在腰里，我想我唱这一出戏，比他自己唱还累。《斩五虎》的开打很讨好，台下反响很好，每斩一虎台下都有效果。尾声下来，我未卸靠，就到他面前等他批评，他说："爷们，不赖！没给我丢脸。"说完了就回到管事桌边端起小茶壶，叼上大烟袋。看得出他也很紧张，直到此时他才松了一口气，舒心地坐着休息。

我卸下靠来到他面前，拱手行礼，"金鸣叔，谢谢您给我了十亩地。"他手一扶着我有点激动："爷们，咱俩有缘呐，相见恨晚，早认识几年，能多给你说几齣。可惜两三天后你们就走了，咱爷俩就是一出戏的缘分哪……"他的眼眶湿润了，我说："以后我还会来向您学戏。"他坚定地说："行，什么时候来，我就什么时候教你。"这时我师父过来也向他道谢，"金鸣哥，你又给这小子碗里添饭了。"我头次演这出戏，这团里的人也有头次见这一出的，都表扬我，我很明白，不是我演得好，实际是捧周先生，因为是他教的我，我一一地道辛苦后卸妆洗脸。

事后服装员赵二爷告诉我，周先生对我师傅说："韵童！少童这孩子叫人喜欢，是个好料儿，好好抓抓他，提拔一下肯定是角儿。”我听了此话很受鼓舞。

这次跟金鸣先生不仅是学了一出戏，我学到了他的为人准则：品德好，有料儿，分文不收也教；否则给多少钱也不教。同时也学到他教戏的方法：讲故事。先使学者了解剧的历史，剧情的概况，剧中的重点，把握人物性格分寸。重要的是不教死艺术，根据自己的条件去演，随着自己的艺术水平去改进提高，但要明显地区分行当，不能把武老生演成武生。

离开青岛我们就失去了联系，但他授我这一齣《斩五虎》，成了我常演的剧目。每到一个码头准演这一出，新颖而讨好，可以说四十岁以下的艺人都未见过这出戏。随着我舞台技术的进步，也改进了许多，水平比原来有所提高。1957年回到威海演这出戏时，配角没一个会的，唯有筱富卿老太太会这出戏的孔明，其他都是现学、现排。演出后效果也很好，一直演到“文化大革命”前。

周金鸣先生教我这齣《斩五虎》，屈指算来已是五十八年了。至今忆及周金鸣先生，不忘他对我传艺之恩，遗憾的是我没孝敬、报答过这位前辈。

力斩五虎威风大，子龙持枪好刀法；
名师传艺无虚假，敬师礼微四两茶。

——2008年11月初于菊花顶前异像斋。

呼延庆挨打罚跪　即墨城受屈伤心

我们流动演出吸引观众的策略，是适合当地观众口味。一般的是连台本戏收尾。《金鞭记》演多少本，根据观众的上座情况，演出的期限而定。

在即墨城里一天一本《金鞭记》，大集白天一本，晚场再连下一本，这样白天的观众就连晚上的票一起买了。结果三十本我们的演出期已经到了，接我们台口的流动组，又是马派传人言少朋先生，四大须生之一、言菊朋之长子、马连良之高足。仍是他的老搭档傍角的，有周鹤桐、黄元庆等名家，他们由青岛到即墨。

我们由即墨去青岛东镇光陆剧院。因为我们在即墨的《金鞭记》呼延庆还未打擂台，观众来信不让我们走。而即墨剧团因为营业太好，天天客满，也不放我们走。这样一来即墨剧团就挽留我们延长五天，《呼延庆打擂》演两场，《铁丘坟》呼家大报仇两天。他们的经营手法很高，大肆宣传，提前卖票，票卖出去了演也得演，不演也得演。这样言少朋剧组就要推迟来即墨的时间，在青岛旅馆里等五天。

我们演下来，剧团全体欢送我们上汽车。

剧团就是这样，角儿红了，收入就多了，关系好了就一顺百顺。言少朋先生在即墨演出，住在青岛，有专用小汽车接送，晚饭后由青岛到即墨，演完戏再返回青岛旅馆住宿。

头天炮戏是黄元庆的《长坂坡》，大轴言少朋先生《审刺客》。因为票价比我们高两角，又加上接我们连台本戏的坑儿，所以头天就是六成座儿。即墨这个小城市，观众喜欢火暴，对派头戏不太欣赏。三天炮戏收入都不理想。我们在青岛光陆演出，言先生住在青岛。光陆剧院的刘老板（刘德舜团长）请我们一起吃饭，言少朋先生非常风趣地说："韵童先生，在潍坊咱们两个剧院对过台，这次即墨又接你们台，两次踢了我两个'吊毛'（意思是栽了两个小筋斗）。"师父说："潍坊那次我们是演连台本戏《苦忠义》，那种戏纯是逗闷子（开玩笑），这次又是连本戏《金鞭记》，因为这种小城市观众喜欢火暴热闹，你们这个艺术水平不易走小城市。即墨过去出特产地瓜干儿，总吃粗粮；你们是高级点心，他们享受不了。我们是玉米面的大饼子大锅菜，适合他们的口味，所以两次的相会我占了上风。"说得大家拍手大笑。

走码头流动演出，必须了解观众的"口味"，再高的艺术不合观众的口味，就会影响收入。我们每次出戏都是师傅、师伯、何义奎、徐明义并加上我，一起研究演出剧目，用徐明义的话说"研究作战方案"。叫我也参加研究戏码，我很明白这是叫我长见识，学"招儿"。而徐明义却说"少童这小子有点鬼聪明，出个鬼点子还真不错，有点怪才"。

《金鞭记》原来师傅演十五本结束。我在黄县破烂市旧书摊上，买了一套木版线装的《金鞭记》小说，根据它，我又扩编到三十本。后由徐明义、何义奎先生帮我又增加五本，共三十五本。而且能大能小，十天也打擂，二十天也打擂，三十五天也打擂。戏由"水"到"精"，正规多了。每本有五音联弹很受欢迎，每本都有勾人之处"挂坐儿"，让观众看了这本，非看下一本不可，如说书的一样，一个回头挂一个回头，到节骨眼打住了，下一本观众准来。

在这即墨城演出第五本《金鞭记》，呼延庆打虎，这是我一生难忘的一场白天戏。

师傅饰王天成（呼延庆之外公），我饰呼延庆。师傅的戏不多，快十点了他老人

1964年冬，师父王云童、师母王静萍合影

家才到后台，我一看他酒喝得不少，我和荫童都有警惕，要小心，别招骂挨。

呼延庆打虎是采取《武松打虎》的老路子，三段昆腔打三番，不过加上一些小孩动作，能引得观众发笑。打虎一场效果很好，下来上王天成、夫人、王金莲（呼延庆之母），四句散板唱上，荫童饰王二汉（童子丑）报信，说三汉（呼延庆）叫虎吃了，一家人唱哭头。串锤中我上场唱流水，进门见王天成，打我的嘴巴起二黄倒板。这时师傅还没醒酒，倒板嗓子上不去了。师伯是司鼓，一看师傅唱不出来了，就开了回头（锣鼓点）缓锣，想叫他缓一缓嗓子，场上的人都在担心着急。师傅转过身去，用右手向琴师周有志比画，手指往下压（告诉琴师落调门），周有志一看就明白把调门压下一个调。他唱回龙之后，我要接着唱，因他唱正二黄，我唱昆腔，要反着唱高八度，他这一落调我可没法唱了，抻的我嗓子够不上调门，师父在外场就骂我，台下都能听见“这他妈唱的什么玩意”。

好歹地凑合着把这个联弹唱下来了。我下场后，师傅气冲冲的就过来了，“你他妈的怎么唱的？”我是又急又气，心里想：明明你自己喝多了唱不出来，反来骂我。我就回了他一句“您把调门压得那么低，谁能有法唱。”这一下师傅更火了，这叫顶撞。他觉得在后台当着众人丢了面子，便在把匣里（刀枪箱）抽出一只灵官鞭（带节的短兵器），搂头就给我一鞭，我往前一低头，“啪”的一鞭打在我脊梁上。接着他破口大骂，并赶着打我，后台众人忙着拉开。何易奎看得很明白，喊了一句“有什么事不能等打住戏（止戏）再说吗？这么吵吵外场的戏演不演啦。”何爷是师父的长辈，在众人心目中有权威，这一喊都镇住了。我想何爷也在生气。最后呼延庆要去东京找庞文报仇。

我下场之后师傅早把脸洗了，坐在化妆室里生气。我赶紧脱服装，浑身是汗。师傅把烟卷一摔，站起来喊上了，“你他妈成角儿啦！反了你啦，给我跪下！”我还没洗脸他就骂上了，怎么办？后台众人都在看着，只好忍气吞声地跪下了。小童一看不妙，偷着溜了，而荫童在帮着收拾行头，一看大师兄跪下了，他也得跪下，陪着我也跪在后台。师傅此时觉得自己这面子已挽回来了，叼着烟卷，“你他妈就给我跪这儿，不准起来！”走了。之后把我和荫童还跪在后台上的事竟忘了。服装员老梁收拾完了服装回去看，师傅在喝茶，把我们忘了。谁敢出来管？只好去找何爷。

何爷一听急了，就往剧场跑，这时我们在后台已跪了近一个钟头了，心想：师傅怎么这么不讲道理，我已是靠轴的武生了，当着满后台的人，大骂罚跪，思想上斗争得很激烈。想到临离威海时，父母给我十万的北海币（一九五三年换币时，我已换成十元人民币），防备一旦被赶出师门，好有路费回家。我想在这即墨城我算抬不起头了，决定明天早晨到汽车站奔潍坊，再换车回威海。我越想越生气，“士可杀不可辱”，决定“走人”。

这时何爷来了，直喊“起来，起来！这是什么事？解放这么多年还搞老一套，起来！”我来了犟劲，就不起来。何爷和荫童把我拉起来，这时我的眼泪像关不住的水龙头，心里很委屈，但我一声不吭。我想，拜师的合同上没写徒弟没错，也可以随便打骂罚跪。

洗了脸，跟着何爷回家的路上我想，何爷，谢谢您，对我少童的好处我忘不了。明天一早我就“天明四十里了”，您就见不到我了……

到宿舍一看，师傅住的正房里小饭桌上摆着炸酱面，师傅坐在一边吸烟，因为我被罚在后台跪着，一家人都没吃饭，全在院里。何爷把我领进去说：“唱了一大齣戏，这时候还都没吃饭，快吃饭吧。”说完了也到院里去了。此时我的眼泪，火气都噎在嗓子眼里了，哪里还能吃饭，我想斗胆问师傅：“你喝醉了酒，唱不出来，把调门压得别人都没法唱，反张嘴骂人、打人、罚跪，我究竟错在那里？你是师傅就可以不讲理吗？”可是我又一想：他确实不讲理，因为他根本就没有理。假如我一问他，他若没词儿，再骂我打我一顿，再罚我跪下，我也没辙。反正我决心要走了，不能再惹麻烦。对！不言语，骂我我也不说话，再打我，我就往外跑。跑出去晚上要演出没有我呼延庆，你就开不了戏。

我拿定主意一声不吭，看也不看师傅，他抽了好几根烟，像是等我服软，赔罪。我就不言语，看你怎么治我。我能想象到师傅也没词儿，气的他把手里的烟卷一摔，又训我：“怎么不说话，你不是挺厉害吗？”我仍是不言语，他更火了喊起来“你他妈还逮住理啦！”我还是不言语。我心里想，不管你怎么样，我就不言语，明早上“天明四十里”，往威海跑，等你拿着合同找我父母的时候，我就问问你，究竟是谁对谁错？师傅就可以无理打骂体罚么？

此时气氛很紧张，静得一点声音没有，师娘进来缓和了气氛，“这时候了，快吃饭吧，面条都糗了。”我和师傅都不言语。这时师傅一拍桌子训我“你不赶快吃饭，等我喂你呀！”这时“呼啦”一声，只见何爷、师伯他们六七个人都进屋里来了，原来我和师傅“对峙”的时候，众人都在院里听着。众人一进门，都说“吃饭吧”。大家这么一冲，缓和了气氛。这时我真想大哭一场，又一想众人在场，我不能把矛盾扩大，就强把泪水、怨气咽在肚里。

这碗面条，我根本吃不下去。吃完饭我一如既往，帮师娘收拾饭桌，师弟们刷碗。师娘说：“回去歇会吧，晚上还有戏呢。”我回到宿舍后，放声大哭，梁大爷和我住一个屋，师弟们都傻了，又把何爷找来了，他一看我这情景，也不知说什么好，只听他讲“叫他哭哭吧，哭出来比窝在心里好”。

晚饭我也没吃，同何爷一起到后台，我是一句话也不说，心里主意已定，明早天不亮走人。

上场一张嘴，嗓子哑了，都很清楚我的嗓子是怎么哑的。

止戏后照常把行头搬回去，头痛得厉害，没吃饭回宿舍便躺下了。

脑子里斗争得很激烈，头痛得像要裂开似的，何爷用手一摸我的头都烫手。何爷急了，对小师弟说“快去告诉你师傅，你师哥发高烧”。不一会，小师弟回来告诉我，“师父说，等明天去买点药吃。”我听了这话更生气，我烧成这样，等明天再去买药。假如我今晚上烧坏了呢？何爷说：“发高烧能到到明天吗？真他妈不像话，我去找他！”我坐起来讲“何爷不必了，谢谢您，我没事，您累了一晚上休息吧，我明天早晨就好了”。我这话里含着明天早上我就“走人了”。

众人都休息了。待了一会，听外面下雨了，大家都已睡了，我强忍着疼痛起来把自己的靴包，胖袄大领等东西收拾包好。心想：在威海家里带出来的一个木箱，枪杆、马鞭、双刀等东西都不能带了，走路不方便，只好把靴子，薄底都包好，因为脚下穿的全是我母亲做的。

坐在床上心里难受。心想我离家三年多了，一事无成，原来成名的理想都成了泡影。逃出去再说，如果其他剧团用我，我就先干一阵，站稳了脚再投名师。喝了一大杯开水，昏昏沉沉地睡过去了。

睁开眼一看，外面雨很大，想必是下了一夜，这样汽车不能开，因当时汽车大都是敞车，公路全是土路，不能开车。坐起来看看雨下得很大，觉得浑身无力，头昏眼花，走不了啦，心想“真是天阻我也”，一歪身子又倒下了。

一会儿师弟们叫我，“该到剧场练功了”，我说：“你们去吧，我浑身痛起不来了，早饭我不吃了。“何爷过来问“怎么样啦少爷，好点了么”？他摸了一下我的头，“嗨！还没退烧。”我说没事。外面仍是下小雨，何爷提着暖壶打开水去了，我又迷糊过去了，不知待了多久，睁开眼看了看，一点声音没有，也不知是什么时候了。师弟领着师娘来了，问怎么啦？我也没回答，叫我起来到诊所去看看，我哪里能站得住，师弟搀着我，头上蒙了一件衣裳，小雨还在下。

到了诊所，医生写医疗单问姓名，听说是剧团的马少童，医生抬起头来看我“马少童？哎呀，这不是呼延庆吗，怎么啦？来来试下体温”……“哎呀，三十九度多，怎么才来？烧成这个样容易出事儿，这还能演戏吗？”师娘说“我们不在一起住，不知道。”小师弟说：“昨晚上告诉师傅了，师傅说等明天再买药吃。”医生边准备打针边说：“怎么这么粗心，这么高的体温会烧坏人的。”打完针，这时候我看了看挂表，快十点了。开了药，还有五支青霉素，四个钟头来打一次，看情况怎么样，医生说“今晚上这戏够呛的，怕不能演了。”师娘急了“不能演戏怎么行，您给开点好药吧”。大夫说“我开的都是好药，你们早干什么了，烧成这样才来，回去休息吧，多喝开水”。

吃了药，我就睡过去了。不觉已是过午两点了，何爷用大茶杯端了两碗饺子，“少爷，把这饺子吃了，再去打针。”我坐起来看着何爷，从心里的感激，都说何爷“见饽饽都不笑，天生的凶脸”，我却深有体会，他的心地特善良，一位德艺双馨的前辈老艺人。

已是三顿未进食了，我吃下二十个饺子，吃了药自觉好多了。师弟搀我去诊所又打了一针，回来头不痛了，浑身也觉有力气了。刚躺下，师弟来告诉我：“师傅问你想吃什么饭，让师娘给做。今晚上叫你早点下后台，因为白天你没去，武戏没排，叫你早点去给武行们排排武戏。”我这才想起，今晚上是第七本《金鞭记》，《三虎庄》师傅只能说文场子，有何爷、徐明义、张鸿君这些傍角的，文戏没问题，武戏师傅说不了。何爷火了：“你师父就怕不能演戏，你师哥三顿没吃饭，若不是我端两碗饺子给他，早饿死了，越来越不像话，这样怎么带班子，能用住人吗？”师弟怎么敢去给师父传这样的话，站着为难地看着我。我很理解这些人的心情，“何爷用不着生气，师傅这样大咧咧惯了，我没事，误不了演出。”何爷气哼哼地走了。

晚上我到师傅宿舍，这伙老人都来问候，我说没事。师傅终于开口了，“你怎么样，好点了吗？”我点点头，“没事”。

第二天早饭后，何爷和师伯同师傅一起喝茶时，何爷以长辈的身份，守着师伯和师傅谈了一番话，“宗喜（师傅原名），这些年来咱爷们没说说心里话了，今儿当着你师哥振贤的面，咱爷们聊聊。从你师傅那儿算，我傍你们两代，现在算同你们三代合作。说心里话，你的技术和你师傅周麟昆没法比，这是公认的，为人处事带班，你更不如你师傅。麟昆的技术，文武老生，红、黑脸（红黑二净）武生、天霸戏、马超戏没有不唱的，麒派戏、唐派戏没有不会的，在艺术上都得说是这个（出大拇指）。在为人上，生活作风上不好。他很孝顺，“周麟昆割肉敬母”青岛报上登过（在腿上割下一块肉为母亲做药引子），人所共知的大孝子。我曾对他讲过，麟昆是‘万恶淫为首，百善孝当先’。你师傅领班待人，你得好好学，他对那些傍角的，对下面的人照顾关心没得说，也包括我。为什么他那八个武行都那么为他卖命？就是平时的感情，以心换心所换来的。你要学你师傅，如何待人领班儿。就说少童吧，可以说这样的徒弟不好找，你教过人家孩子一齣戏么？人家孩子自己有心胸，老人都喜欢他，我就愿意教他。这孩子在你门里，太得力了，联系通信、联系演出码头、购买服装、编戏、排戏，应该说是你一半膀子，你怎么能这么对他？这次你喝醉了，又骂又打还罚跪，剧团里的人都看不过去，反响很不好。就你这脾气能带住人吗？”师傅不在意的顶了一句，“不愿意在这他就走，我离了谁也照样挑牌。”师伯说：“不是你这么说，人家孩子跟你出来，是带着十几齣戏拜了你，你并没给人家说过戏；再说少童已是挑牌的武生，怎么能当着众人又骂又打，还罚跪？剧团里对你的反映很不好，解放这么多年，怎么还是旧社会的那一套？现在文艺工会，当地文化科的领导都管我们，如果找到你，你得好好检讨。这不是解放前，打骂、体罚。一旦找上你，不好交代呀……”

以后梁大爷把他们的这番对话都偷偷告诉我了。并劝我忍耐一点，师傅徒弟没理可讲，过去就过去了。何爷也找我谈心，“你师傅心不坏，就是太粗，不知痛人，当徒弟的不能和师傅理论，我在科班里受气更厉害，师傅喝酒打徒弟，输了钱打徒弟，两口子打了仗也打徒弟，徒弟就是出气筒、受气包。这码事过去就过去了，我和你师伯也说过他。你师傅现在是名儿大了，脾气也大了，钱挣得多了，身份也长了，我也不好多说。少童记住，俗话说‘生气不如赚钱’，咱们戏班里是‘生气不如长志气’，立志学本事，你的技术高了，名气大了，别人对你的态度也就变了。但是要记住：‘长技术别长脾气’，要有傲骨，不要有傲气，成大事的人都有志气，难的是能忍气。学你师傅的长处，不要学他的脾气，这个脾气成不了大事。周信芳先生就是能忍！有的人说他的损话，他听见了一笑了之，不生气。他胸怀大志，把不利的条件（嗓子）变成优势，自成一派。在上海排《封神榜》，下半夜两点钟还到戏园子里去看看画布景的画工，每人一盒香烟。他是老板，是大名鼎鼎的麒麟童啊，心里想着下面的人，一盒香烟值几个钱，暖人心哪。少童，千万记住'好角要有好脾气'，技术再好，脾气狗松，也不得人心。你要把受的窝囊气都变成志气。"

何爷平时不说话，今天为何滔滔不绝地讲出这么多道理？好老！我下决心要忍下去。师傅虽然不教我，可是通过师傅却可以结识很多前辈，可开阔眼界。只要有志气，到处有老师。师傅虽然有他的个性，但对我有提携之恩，没有师傅，我不会认识这么多良师益友。

现在回忆我当时的决定是对的。我演韩信深受教益，韩信曾乞食漂母，受辱胯下，在项羽帐下为执戟郎官（大龙套、扛枪的），后来成了三齐王。何爷说得对，不能忍成不了大事。况且如果师傅知道我想跑，一定会生气伤心，何爷这番教诲刻在我心中几十年。何爷故去多年，他的话我常讲给子女、晚辈们听。他那一副恶相脸（外号"阴死爹"），总在我脑海里晃动；他那颗善良的心，我也永远不会忘。

1981年夏季，威海京剧团到莱阳剧场演出，得知何义奎先生在德州京剧团多年，"文化大革命"前病故，妻女的去向情况不明。回忆往事历历在目，永远忘不了他对我学戏、演戏的严格要求，教我时的细致认真，特别是在他身上体现出旧艺人的品质：不轻易地传艺，择人而授，重视人才，更重视考验品德。

赞何易奎先生

面恶心善何易奎，德艺双馨甚可贵；

五十六载瞬间过，没齿难忘老前辈。

宣传部长郑绪山　内行科长张士杰

我在京剧团里六十五年了。开始注意文化系统的干部工作、态度和形象时是在1955年秋天，我刚满十九岁，在昌乐京剧团里管业务接触政府干部多一些了，当时民

营文艺团体的领导班子是团委会的编制。正副团长、下面有五个委员，分管业务、乐队、财务、行政、外交。业务主管演出、排练、业务安排，乐队也在其中。行政里包括外交、财会，实际剧团的领导机构就是两大摊，团长总管全团，两个副团长分管业务、行政。“剧团剧团演戏卖钱，卖不了钱一切全完”，说明了剧团要以演戏卖钱为主，一切为戏负责、为演员服务。1955年剧团集中学习，搞公私合营，禁止流动演员单干，各剧团都归文化科、文化局或者文教局直接领导。昌乐县文教局有位郑绪山部长，胶东乳山人，待人和蔼可亲，常到剧团。郑局长像个慈善的老妈妈，他从不发火，像说笑话似的教育同志。如有的同志作风散漫，在大街上吊儿郎当的，嘴里吃着东西，连打带闹作风不正规，郑局长就在大会上讲，旧社会叫我们梨园行的艺人是戏子，受人歧视；解放后我们是文艺工作者，受人尊重，这是人格、地位的提高。咱自己要尊重自己，要去掉戏子习气，要有文艺工作者的风度，你看梅兰芳、周信芳先生都是全国人大代表了，在大会上发表讲话真有大干部的风度，我们要学习这些前辈艺术水平高、政治思想好、有风度、受人尊敬。而我们有的同志就不注意风度，我看见几位同志在马路上，手里拿着、嘴里吃着、又说又笑，一溜歪斜的，不像文艺工作者，像个三花脸（大家一阵大笑），像戏台上的济公。同志们想想（仿学着）这能像文艺工作者吗？我们出门走在马路上要叫人家尊重。文艺工作，文是文化、文化高雅，艺乃艺术，艺术这东西是讲美，大家说就这种姿势（仿学着）能称得起文艺工作者吗？青年在戏里是文雅小生，老同志是老生，正派庄重，千万别一身的三花脸姿态，小丑的形象只能在台上戏里，平时要注意形象，时时想着我们是党领导的文艺工作者。大家像听相声似的上了一堂教育课。1955年公私合营时他讲的这番话，我至今记忆犹新。教育人靠智慧，叫人家服，要讲究工作艺术，郑部长是我青年时代记忆最深，我最崇拜的一位领导。郑局长背后总跟着一位青年干部唐守真，明明是来剧团带领我们学习的干部，但总是说来给大家跑腿的，和我们关系非常好，后来他考入北航大学，再后来任胜利油田党校校长。六十年来我们一直通信，成了挚友，我在他身上学到稳重谦虚的好作风。

1956年昌乐县由青岛调来一位文化科长张士杰同志，他是马少波同志的老战友，原任青岛市永安剧院的经理。刚到昌乐谁都不认识他，自己到剧团里来，看学员练功，当时我们也没有人理他，他看学员过小翻就说：“插手有毛病，过小翻准歪。”台上练功的老师学员看了看他，觉得这人能看出毛病，挺懂行。大家相视都不认识，问他：“你是哪儿的？”他说：“我是文化科的，刚调过来。”大家点点头，也未在意。过了两天团里开大会，他又来了，做自我介绍：我是由青岛刚调过来的文化科长，我叫张士杰。我对剧团是门外汉、不太懂，以后要多向老同志学习。有些看法不一定对，想和大家商量一下。于是他从学员练功、吊嗓子、排练和演出存在的一些问题。提得条条是道，非常内行。敬仰之感油然而生，真是一位专家干部。

使我一生难忘的是张士杰同志对我的工作调动，一般人理解不了，更难做到。1957年我爱人赵淑荣，由昌乐县回威海分娩，我要随同回威海，我夫妻以此为理由请了三个月的长假。当时我在昌乐县京剧团主管业务，师傅王韵童是团长，事务多，有时候到昌潍专区开会，出了戏报的戏码，要由我顶替演出，副团长孙荣慧先生是梅、尚、荀三派的戏都演，这样小生、老生甚至花脸的角色我都要配他演出。根据当时我的工作量，任何一个主管领导都不会准这么长的假期。可是张科长批准了，临走前他和我谈了很长时间的话，他似乎看透了我的心思，并猜透我回威海不可能再回昌乐县剧团了。也的确如此，因为我师傅王韵童和副团长孙荣慧先生不睦，孙荣慧先生约我傍他去牡丹江、哈尔滨。“挖墙脚”、拉拢徒弟外拐，师傅自然很恼火，师傅想叫我永远跟着他，因为使唤着得力、顺手。可我想，我总不能给他“挎一辈子刀”吧，也应该自己闯荡一番、拼搏一下。两下不得罪，所以我的计划是先回原籍威海干一段时间再说，威海京剧团的团长赵又甫和主演滕步云一再约请我回威海，加入威海京剧团。请三个月的长假，作为“缓兵之计”，于是把我的全部家当、行李、戏装盔头、刀枪把子都带上了。张科长平时很喜欢我，这次谈话也很坦率。他说：“少童同志，非常舍不得你走，我想了很多，你走是对的，总在这个县城小剧团里你是起不来的，青年人就要出去闯一闯，人往高处走嘛。回威海你肯定闲不着，好好干。有什么困难给我来信，我支持你。你走了对昌乐京剧团很不利，但我是一个共产党的干部，决不犯本位主义的错误，用行政手段捆着你，我希望你很好的进步和发展。如果你将来还想回来，我们随时欢迎你，在哪里都是为党工作嘛。”他的这番话已经过去五十年了，但我至今不忘。我夫妻临行前全团开了欢送会，青年们把我夫妇送上了火车。就这样洒泪而别，从此我离开昌乐，回到了我的故乡——威海。

回到威海不久，我就在威海京剧团参加了工作。我爱人产期后，也加入威海京剧团的演出工作。我去信给张士杰科长，汇报了威海的演出情况，并要求调离昌乐回威海。理由是我是独子，要留在父母身边。并且威海团当时阵容非常强，有利于自己的发展。不久张科长就把剧团、文化科的介绍信、工会关系、共青团介绍信及政治表现一并寄到了威海。威海剧团的杨振初团长看了很高兴，说：“一切手续都齐全了，感谢昌乐京剧团对我们的大力支持。”此后，昌乐京剧团内部有些反映，认为张士杰科长放走马少童是一个错误。张科长回答说："党的干部不能只看自己的一亩三分地，马少童是个人才，到大剧团锻炼一下很快就起来了，我们不能压制人才，人家不想呆在这里了，我们是捆不住的，人往高处走嘛。他在咱这里有师傅总压着他，是'飞'不起来的，将来他成为艺术家我们也光荣嘛。如果他感觉我们这里比别处好，他还会回来的嘛……"以后我和他通过几次信。他是荣成人，说等退休以后回老家的时候，再到威海来看我，总是嘱咐我在政治上要求进步、艺术上向更高发展等等。到"四清"运动、"文化大革命"时期，我们都是挨批斗的对象，失去了联系。

回忆我的成长，在政治上、艺术上的发展，张士杰同志是我接触最早、印象最深的领导干部，是我政治上的老师、前进道路上的领路人。

忆事思人

水有源头树有根，为官当有公正心；

屈指今已五十载，古稀常思领路人。

初识团长刘玉佩　难忘支书谷华昭

1961年1月16日入党时纪念照

1954年滕步云、赵又甫在威海成班，建立了威海市京剧团，得到威海市委、市政府对剧团的大力支持。1955年，市政府派来市文化馆原馆长杨振初同志来剧团抓政治思想工作。杨团长传达文件、抓政治思想工作，非常在行。他喜欢看戏，发现问题向主管业务的同志讲，从不指手画脚，直接插手处理。平时好喝茶，一把小紫砂壶不离手，很像一位老艺人，因此团员们什么话都敢和他讲。1957年我调来剧团不久，杨振初同志调到烟台市艺术馆任职。这年秋天威海京剧团巡回演出到牟平县郊区莒城村时，又派来文化馆副馆长刘玉佩同志。记得我在莒城接到我爱人赵淑荣的电报（那时候电话很少）说要到莒城来，赵又甫团长派外交孙书芳同志到牟平汽车站接站，我爱人和新来的领导干部刘玉佩同时来到剧团。他们是从威海坐车到牟平，然后再坐胶轮大车到莒城。我和刘玉佩同志就在村口的大路上见面、相互认识了。我爱人抱着我们刚出生四十天的大女儿，到剧团已是下午三四点钟了。政府派来的干部大家都非常尊重。当晚是我和王三多演《白水滩》，我和顾宝禄一对（顾饰演青面虎），三多和陈中和一对（陈饰演青面虎）；三多的十一郎是关外的路子，很火暴，我饰演的十一郎是原梆子班王九爷传授的，后又由雷振东先生严格加工，属京派的路子，比较规矩。两个十一郎每人一场，三多比我年长两岁（他是老艺术家王芸芳的独生子）。而我虽是演老生，也兼演武生。我和三多私下里交往很不错，但在台上各不示弱、相互“较劲”。特别是飞脚上桌子，这是雷振东先生给抄出来的。踢担子抽棍、头套棍花三反蹦子压脖，三转身三绕棍（即棍绕脖子、绕腰、探海绕腿），扔棍接棍、飞脚翻身，在农村的野台子演出，台下爆发雷鸣般的掌声。刘玉佩同志可能是第一次在台角上看戏，看得出他很惊讶，特别是武打，可能没有接触过京剧。后面是滕步云主演的《娟娘》。我和三多演完《白水滩》后互道辛苦，相互赞扬客套一番，此乃江湖道上的行规。刘玉佩同志高兴地走过来和我拉手：“受累了，少童同志。”这是我和刘玉佩同志最初的相识和接触。此后我们相处工作了二十多年，团长和支部书记在工作中相互配合，有共同语言、意见一致，但也有意见分歧和矛盾。

几天后他找我谈话，劝我留下来，作为基本演员在团里当主演，要求我帮帮他，他坦率地讲：“我不懂业务，你哪怕是留下来一年，等我的工作理顺过来，走上正轨你再走。”当时我对他的印象很好，我是年轻人要求进步，他是政府派来的干部，所以就应下了，应该说约我回威海京剧团的是赵又甫和滕步云，但留下我以团为家是刘玉佩同志做的工作。

还有一位是谷华昭，我永远不能忘记的老同志，他脾气大，但心地善良，对年轻人要求严格，而非常爱护我。他是残疾军人，由宣传部调到威海剧场任经理。当时京剧团、吕剧团、剧场、电影院和图书馆是一个党、团总支。他是党总支书记，也是我的入党介绍人。在工作中他没少训我，但他很少在众人面前批评我，发现我的缺点就把我叫到剧场办公室狠狠地批一顿，用他的话讲“你就是欠揢”。他批评我很严厉：“你不能以主演自居，不能把旧艺人的那些不良作风传染给新学员……你是党员干部、是团长，这个素质怎么行？都是二十四五岁的人了，整天孩头马戏的，在抗日战争时期你这个岁数，领一个连、一个团打仗的干部很多。就你这个素质怎么带兵？除了发火就是瞪眼，

你这不是团长，是老板。”他一生气脸色发白，嘴哆嗦，我赶紧检讨，“我错了，您别生气。”因为抗日战争时身上有好几处伤疤，至今他的脑袋里还遗留下一块炮弹皮，未能取出来。每逢阴天下雨，特别是生气上火脑袋就疼，我就怕他一生气再犯了头疼的毛病。他火气大，消得也快，火完了就讲大道理。他有一个小布口袋在床头上，里面是炒花生米。他是羊亭北管人，家属和孩子都在农村，过几天就要送点花生米给他。在当时也没有什么稀罕之物，他一身的弹伤，这花生米就是唯一的营养品了。每次批评完了就把小布口袋的花生米倒出来，吃不完不拉倒。我没少挨擂，花生米也真没少吃，他没少冲我发火，但我非常尊重他，因为他心地非常善良。

1992年春，上海周信芳艺术研究会调我到上海演出，我对他讲要到上海去，征求老领导的意见。他两眼看天，嘴唇又开始哆嗦了，这是他激动的表现，“好事啊！威海、上海一字之差，大小悬殊。去吧，威海市发展到今天，连一个专业剧团都没有了，原来是京、吕两个团，现在发展到了一个团没有。我们这茬人哪，思想跟不上形势了，不能理解的事情太多，你现在已经五十多岁了，不是当年的青年马少童了，当了这么多年的团长、主演，运动中也经历了风雨、见了世面，你去上海是好事，我也没有什么说的。说句不中听的话，你在威海是主演，可到了上海自己要站在学员的位置上，你是演麒派的，上海是麒派的发源地，你要多看多学、多谦虚地请教老艺人和前辈。那里和我们这里气候不一样，要注意身体……走吧，临行前还有许多的准备工作，我就不多啰唆了。”我看他的心情很不平静，也不看我，仰着脸就走了，走了十几步他又转过脸来“哎”了一声。我急忙走过去，他又说：“听说现在有一种怪病，叫什么‘艾滋病’。到上海一定要注意，旅店里的澡盆都可能传染。注意啊，别他妈的学不了好东西回来，染上怪病，你走吧！”说着他头也没回地走了。我知道他心里很难过，我心里更是如此，多么好的领导干部！多么诚恳、多么善良的心地，他没有长篇大论的说教，全都是大实话。今生难忘我的入党介绍人谷华昭同志。

行政搭档林治岭　心地善良于锡苗

1959年刘玉佩去北京学习。上级又派林治岭同志来团，他是本市石岭中学的校长，到剧团任团长。他的性子慢，群众都说他“胶粘”的，尽管他开会言语有些唠叨，在政治上我也学了他不少东西，解放前他是教师、地下党，知识分子。平时工作中喜欢用小本子记事，并在全团开大会上讲：你不用闹怪的，我都给你记在小本上了，到时候咱们再算账。所以群众都说他爱记小账，叫他“记小账团长”。

林治岭同志病重住院，组织上派于锡苗同志来剧团做组织工作。老于同志是文登人，也是一位残疾军人，在部队时是营教导员,大老实人，可是到了剧团，工作环境完全改变了，对业务是一窍不通。他待人非常和气、诚恳，文登方言很浓，小学员们都模仿他的文登方言腔调和他开玩笑，他也是只笑不火。在会议上能大胆承认自己的缺点，很少发脾气。在他身上有老八路的工作作风，在党支部生活会上,我俩都能坦诚地相互批评，指出对方的不足，但从未影响团结。他退休回了老家，剧团下乡到他家乡演出，见面非常亲热。特别喜欢和他开玩笑的学员董国勇已是孩子的父亲了，见了他仍如当年，学他的文登方言讲话，更显亲切。我从于书记身上学到很多的知识，也领会出了不少道理。一个人的工作能力和品质是两个概念。一个心地善良的人，工作能力、水平差点，群众也愿意接近他，也想着他；相反，作为领导人夸夸其谈、心眼不好、整人有瘾，必定失去群众，给人们留下极坏的印象，而且久久不能抹掉这个招恨的影子。我认为一个人的工作能力大小是个水平问题，而心地善良与否是个品德问题。

1960年春，任威海市京剧团副团长

部长老师王尧民　良师益友忘年交

我自又因家贫失学没有文化，父亲深知无文化之苦，无论家中如何贫困，也不能让儿子当文盲，所以就为我请了先生教写毛笔字，最起码将来能记个简单的账目。就这样，我每天晚上要写八十个毛笔字，确切地说纯粹是照葫芦画瓢。

学戏之后，写戏词、编剧本，不学文化不识字是不行的。想成名，当“角儿”，

贴大字、出名，艺术家要提笔能写会画，这样才能成为名家。而编戏写剧本也是成名之路的重要一环，称为艺术家要有自己的艺术见解，能根据自己的特长写剧本，演出自己独特的风格，有自己的艺术理论才行。诸如：梅兰芳、周信芳、卓别林、斯坦尼斯拉夫斯基等大师，之所以称其为大师，因有他们自己的表演体系留存传世。

我乃麻雀想学凤凰飞的普通艺人，也要从这些前辈大师们身上学仿，编写剧目谈不上艺术修养和词汇典故，什么水平、高雅一概不管。只有一点最重要，就是编出来的戏要有戏“关子”，说白了就是有勾人的玩意儿，有抓住观众兴致的内容和技巧。上演连台本戏，一本接一本，每本最后一场要给观众留下悬念，俗称“钩子”。钩住观众下本再来观看，情同说书的回头，听了一回要听下一回。至于连台本的戏路子，可借鉴传统骨子老戏，老套子相连、道白、唱词、唱腔很多都是“万能”的。行话叫“水词”、“熟套子”，词文是否典雅贴切人物、则很少去想，“水词”用起来确实方便。如大臣的唱词：“我主爷坐江山风调雨顺，全仗着文武臣扶保乾坤”，此为‘因辰’辙。而皇帝的唱词使用这两句，只需更改前三个字就可以了，“有孤王坐江山”；八贤王也改三个字“我叔皇坐江山”；太后则改为“我皇儿坐江山”。这两句二十个字，只改三个字不同的人物、行当都可以用，故称“万能词”。引子、定场诗也是如此，如皇帝的上场引子：“孤坐龙楼，万古千秋”，几乎所有的皇帝上场都可以用此引子，读读千家诗、学几首古诗词，形容风景的、显示身份的、表达喜怒哀乐心情的及富贵贫贱、男女老少的，在老戏里的词句，排连台本戏时随时可用，这叫“拼借使用”。有些“水词儿”如：“向前奔、走一程”，“用目睁、看分明”，“怒气生、动无名”等等，台上水词如顺口溜。所以有经验的老演员上场不会“卡壳儿”、“堵门儿”，因为会的戏较多，能根据不同的剧目、相似的情景，随时抓来借用，而且不离谱，观众也挑不出毛病。

1962年，任威海市文化系统共青团总支书记

戏剧改革之后，在舞台的两侧要打字幕，水词就不灵了。特别是现代京剧，要准

纲准词、动作定型，严格规定的调度，上场后不能胡抓乱借，特别是“反右”运动以后，动笔搞创作先要考虑政治形势、方针路线，创作出来的作品要有鲜明的阶级斗争色彩，有革命和反革命之分。有的作品能名扬天下，也有的作品面世便成了“右派”反党、反社会主义的大毒草。我满徒出道，回到威海市，大半生中幸遇一位好领导、写作老师、忘年交的良师益友王尧民同志。

1964年秋天，威海京剧团在市郊的蒿泊村演出。演员都是六点以前起床，在晒粮的场地上练功，早晨八点多钟，我们练完早功正在开饭，从市委宣传部来了一位干部，骑着自行车，背着一个黄帆布背包，这就是当时干部的公文袋了。这位同志不到五十岁的样子，四方大脸、身材魁梧，一套旧中山装，为防止链子夹裤脚，右裤腿还挽着，笑眯眯的一副和蔼可亲的相貌。他的风度不像干部，举动文雅透出一身的书卷气。他到了团部（两间民房，是团长、书记住的地方），自我介绍自己叫王尧民，是市委宣传部副部长，听说剧团下乡有三个多月了，特地来看看大家，另外一起学学毛主席著作（因为当时全国已掀起学习毛主席著作的高潮）。我当时看这位王部长没有架子，不打官腔，明明是来辅导学习的，却谦虚地说是和大家一起学习毛主席著作，他不像个部长，倒像是一位文化老师。我送过去一杯白开水，他双手接过：“谢谢。大家长年在农村演出，很劳累，要注意身体……”我很纳闷，这个部长来团里，不像是上级，而像是来看朋友的，一口朴实的文登口音，倍觉亲切。

早饭后全团集中在村学校的一个教室里，剧团党支部书记刘玉佩同志作介绍：“市委宣传部王尧民部长来看望大家，欢迎王部长给我们作指示。”一阵热烈的掌声过后，王部长彬彬有礼地给大家点头施礼：“大家好！同志们辛苦啦，下乡演出受累了，我代表市委宣传部来看望大家，没有什么指示，就是来感谢大家上山下乡为农民服务。希望大家注意身体，有什么困难可以向我们反映，我们当尽最大的努力解决……”最后他从背包里取出毛主席著作，要和大家一起学习毛主席《在延安文艺座谈会上的讲话》。在教室里有课桌、大黑板，他拿起粉笔在黑板上把《在延安文艺座谈会上的讲话》这篇文章里的大小标题列了出来，条理清晰、纲目分明。我当时大吃一惊，好漂亮的板书哇，我小的时候练过几天毛笔字，虽说是只读过小学两年半，也在五年级混了几天，从未见过这么好的板书，对王部长的尊重敬佩之心油然而生。讲了一上午，听者像听故事一样，每次开会喜欢打瞌睡的老同志也不困了。王部长对这篇文章特别熟悉，好像背得很熟，不知不觉地十一点多了，很多人因听得入神都忘记记录。

开午饭了，王部长和我们一起到伙房，和大家一样的四两馒头、一碗白菜汤。饭后他说下午还有会议，要赶回市里。我们把他送到村头，他挽起右裤腿，向大家告别后，跨上了自行车行走在起伏的山路上。长峰、南竹岛和望岛几个高坡，都要推着车子走上去，他八点多钟就来了，早晨五点多就得往这里赶，名副其实的共产党员，好领导、好干部、好老师……

1965年秋，京、吕剧团集训，住在二中学校搞“四清”运动。工作组有大队、中队，都是中央公安部、省公安厅的干部组成，也结合了部分本市地领导干部。在二中学校食宿学习集训，王尧民部长此时任我们的中队长。在学习过程中他辅导大家《为人民服务》、《放下包袱开动机器》等文章，要求放下“思想包袱”、“梳辫子”，个人还要写小结，把自己所存在的问题归纳成几条，以及今后的打算。后来天气冷了，又加上吕剧团的陈某某自杀，京、吕剧团暂时放假回家过年，节后要配合运动演出。

春节过后，又集中在大操场北头的市委党校搞运动总结，剧团进行整编。当时有不少人急于转业，因在剧团里太苦，上山下乡演出，自搬自运服装道具，赶路推着小车，有时候一天要到三个村庄演出，还发不上工资。为了慎重，王尧民同志搞了一个晚会，每人都要唱一段，或者表演个节目，大家只知道是联欢晚会，不知另有目的。此后，个人写出自己的志愿，再进行“排队”。志愿的内容分三种情况：（一）继续留在剧团；（二）要求改行转业；（三）去留组织决定，服从分配。分类排队后，大家讨论每个人的去留问题。这项工作做得是既细致又稳妥，转行和继续留团的都很满意。在这段时间内，我和王尧民同志接触的比较多，因我早已“下楼”，属没有问题的干部，工作组开会也让我参加，研究剧团发展、人员去留等事宜。

王尧民部长的一些生活习惯很有意思，他吃完饭不刷碗筷，因为集训学习时，领导和群众都一样，每人一个大号的饭碗、一双筷子，到开饭时间都自觉排队领饭，没有特殊照顾。王部长领一碗菜、一个馒头，回到办公桌上，吃完饭再倒半碗白开水掺在菜汤里，喝完以后，用一张废纸，把筷子一卷，横放在碗上、用纸把碗一盖。下次开饭的时候，舀上半碗凉水，把卷筷子的纸泡在碗里，用筷子夹着这块纸，在碗里转几下，把碗里外涮几圈后，连水带纸一起倒掉，接着去排队领饭。集训二十多天，天天每顿饭都是如此。相处的时间长了，言谈都很随便，问他怎么吃完饭不刷碗？他幽默地说：“我怎么不刷碗？我比你们都干净，吃完饭把开水倒在碗里一涮，碗上的油全都涮下来喝了。筷子用纸一卷，再把碗用纸盖上，等领下顿饭时用凉水盖碗纸一搌，接着领饭。既节约时间又卫生，还节约，一举三得。”说得大家拍手大笑。

“四清”运动第四阶段是“梳辫子”，个人写小结，最后要落脚于生产，要出新戏、出人才，重新选举领导人，各自回团抓革命促生产。京剧团根据四清工作组下发的《毛主席的好学生焦裕禄》、《好书记焦裕禄》等学习资料，由我突击了五天三夜，把剧本写出来了，送到市宣传部请批。王部长不在，我把剧本交到部里，要求最好两三天内审批完毕，因为剧团等剧本排演，配合运动须抓紧时间。于干事讲：“部长的工作繁多，不是只管你们剧团的这点事情，两三天审批完，我看够呛。”我看出来他对我提的要求不太满意，就解释说：“配合‘四清’运动，提倡领导干部学习焦裕禄，早审批完一天，我们就能早排演一天，配合宣传就能早一天和观众见面……”于干事说：“部里审批的报告很多，也都很重要，这事儿不好说，等部长回来我可以给你汇报一下，什么时候能批完那就是部长的事了，我们不好答复，把剧本放在这里吧……”听他一说，满怀希望的我，心里凉了大半截。

出了市委大门我想了很多，自责心急而出言不慎，对上级机关讲话不太礼貌。本来嘛，一个宣传部长的工作量很大，况且他还是工作队的中队长。我突击写剧本熬了几个昼夜，一心想早点排出新戏，看来还要等几天了。不想第二天上班后，宣传部来电话说《焦裕禄》剧本审批完了，叫我去拿剧本。这么快？我疑惑不定地去宣传部，是剧本有什么问题？

边走边想到了市委宣传部，于干事笑着迎上来：“马团长，真是想不到，昨天下班开饭的时候，我把《焦裕禄》剧本交给了王部长，并汇报了剧团急于赶排的要求。王部长接过剧本一看就说‘太好了，目前排演《焦裕禄》配合运动，推动学习毛主席著作太及时了’。他吃着晚饭就在看，今天早晨上班就让我通知你们来拿剧本，要抓紧时间，争取早日演出，可以组织包场。他急着去开会先走了，意见都写在这里面，叫我交给你。”我激动得不知道说什么好，“太好啦，太感谢了，这么快就审批完了。”于干事说：“看来王部长是熬了大半夜，今天早晨上班就拿来了。”

抱着剧本回团有说不出的高兴。心想，我们党的干部如果工作都像他这么认真、这么负责就好了……回到团里立即看剧本，王部长对作者非常尊重，他将意见和想法，都在剧本上用铅笔标了记号。另外用双线稿纸按页码、标号一条条的看法写得非常清楚。最后写上仅供参考，开排以前要将剧本送到“四清工作大队”，请大队长周刚同志（山东省公安厅三处处长）审阅一下再排，最后是签名和年月日。在第五场焦裕禄访贫问苦的一场，开幕后布景是村里的饲养棚，天幕上风雪交加、茅屋上厚厚的积雪，一阵

北风呼啸吹过，音乐中王大娘上场唱二黄摇板：朔风吼，雪花飘，茅屋声响。王部长在这一句后面划了一个大问号，我反复推敲，风雪形容天气，茅屋草棚在风雪中吱吱作响的情景，应该没有什么问题，这个大问号百思不解其意，要请示明白。电话约了时间，我又去宣传部，对王部长说："部长太客气了，您直接在剧本上改就是了，何须再用纸标写呢？"王部长说："这不行，这不是批文件报告，要尊重作者。领导的意见不一定都对，对人家的作品不能乱改。作者有自己的主见嘛。"我说起第五场王大娘唱词的头一句：朔风吼雪花飘茅屋声响，"您画的问号，我不理解、请部长指示。"他哈哈大笑，"谈不上指示，咱们一起推敲，这是用字上的不合理，造成了病句。你想想朔风吼，风大而急，雪花能飘吗？"我这才明白，真是用字不当成了"病句儿"。他不急不慢地抽着烟："这好办，琢磨琢磨一改就成。"我以小学生的口吻和态度请教他，"您看改成'北风紧雪花飞茅屋声响'行吗？"他笑了笑，说：'北风紧雪花飞'上半句可以，'茅屋声响'感觉还是不好。声响是能发出声的器具，如锣声、号声、鼓声，或者歌声，而茅屋本身不能发声，也不该发声，所以说，在这里用'声响'，这个'声'字有些不妥。"我顿开茅塞，太对啦！道理我是明白，只是词穷，半天想不出这个声字改成个什么字好，王部长说："你看改个'着'字如何？"我一拍大腿，太棒了!就改个"着"字吧。王部长接着说："'北风紧雪花飞茅屋着响'可以吧？再发现问题时就随排随改吧，肯定排练中还能发现一些问题。"

王部长帮我改的这句台词，至今已近半个世纪，现在还是历历在目。真是听君一席话胜读十年书。回忆起王尧民同志对工作、对同志是那么的认真和关怀，有知识，也有水平。联想我十七岁开始抱本子排戏、十八岁就看着小说编排连台本戏，可谓纯系胡编。目的就是能吸引观众、多增加票房收入。用戏班的一句行会俗语"造魔"，是最恰当不过的了。而今写现代戏就不行了，党的方针路线、突出什么、为谁服务、宣传教育效果是重点，最后才是票房收入。

《焦裕禄》剧本又经"四清"大队长周刚同志审查以后，突击排了五天就彩排了。工作队给予了很高的评价，全市各系统都组织包场，以扩大宣传范围，对剧团来说可谓名、利双收。对我这个刚当选的团长、代理党支部书记的青年，算是上任的"第一把火"，有点沾沾自喜了。正在这时候省文化厅一位领导来威海，据说是写作方面的负责人。王尧民部长让我带上《焦裕禄》剧本，到市招待所去看望这位领导，汇报一下剧团的演出情况及《焦裕禄》一剧的排练、包场情况，这是"四清"运动后第一个配合宣传教育的大戏。省里的领导把剧本留下审阅，晚上看演出。

晚场戏演出很顺利，反响也很好，那时候主要是政治内容第一，台下观众为剧情叫好的多。如：台上提到应时的政治口号和毛主席语录的情节时，观众都爆发出热烈的掌声。第二天我又随王部长到了招待所，省里领导高兴地说："你们配合形势搞宣传，跟得紧、抓得快，这次演出的成功，就看到了你们的'四清'成果。"表扬了半天，请领导给我们指出不足和需改进的地方。这位领导说："第七场，焦裕禄病情恶化在抢救时，接班人载代红在病房外的那几段唱词还要推敲一下。此处演唱二黄慢板、快三眼，午夜后一点到三点，钟表每到报点后唱一段，实际就是"叹五更"的套路，如《文昭关》的几番唱。以表现主人公当时的焦急心情，歌颂了焦裕禄同志对兰考县的贡献，全县人民敬爱他、关心他、需要他的词句，最后一段末尾的排词、跺句是：兰考县群众祝愿期盼，盼老焦、病好转、早回县、锁风沙、治涝旱、战天斗地，重建家园；倘若是焦书记病重危险，恰好似、一舟船、过险滩、暴风雨、浪滔天、蓬索寸断、折了桅杆。这段词很美、句子也比较工整，昨晚演出饰载代红的那位同志很有感情，在台上流下了热泪，唱腔、做戏都很好。但是，这段台词欠考虑当前的政治大气候，这涉及到方向、路线问题。尧民同志搞写作是老内行，需要再推敲一下，就提这些，供你们参考。"我还没有反应过来，王部长就站起来说："领导指示得太对了，我们回去一定好好推敲，把这段唱词改好，感谢领导为我们指出问题。"我们告辞出了招待所，我俩推着自行车边走边讲。我很不理解"政治大气候"、"方向、路线问题……"这也太玄了点吧，几句台词有那么严重吗？

赵淑荣饰《焦裕禄》中之载代红 1966年摄于青岛

回到办公室，王部长说："这几句台词一定要改。"我很不理解地问："这几句唱词我感觉，在这种场合、情景、感情上都比较合适，怎么能挂上方向、路线的问题呢？"尧民部长笑着说："领导不是讲了吗，词写得很美，演员唱、做都很到位，但没有考虑到当前的'政治大气候'。"我仍然不解地问："什么大气候？"他又进一步地点明我，"当前最流

行、赶形势的歌曲，你想过了吗？最广、最普遍的歌是‘东方红太阳升’、‘大海航行靠舵手’。”他干脆地说：“对啦！‘大海航行靠舵手’舵手是谁？是毛主席！焦裕禄对兰考县再重要也不如毛主席，有了毛主席的英明领导，牺牲了一个焦裕禄不会影响大局，风浪再大断了桅杆，有伟大的舵手，还怕什么？所以这几句词一定要改！”我还是不同意，说：“编剧的时候谁去想这些，这么一上纲，倒成了方向路线问题啦。”尧民部长严肃的强调：“你不想不行，写剧本和歌曲、文章、小说，首先要想到当前的形势和政治大气候。你还年轻啊，没有栽过跟头，碰几回钉子就知道厉害了。你想想因为一本小说、一个剧本，或者一篇文章打成‘右派’、犯错误的人还少吗？政治斗争是无情的，这可不是儿戏。一旦‘栽下去’悔之晚矣。况且领导已经指出来了，那就更不能马虎……”此时，我才理解了问题的严重性。

在写戏这项工作中，我第一次受教育、长了见识。尧民部长似乎看出了我的心思，说：“回去考虑一下，目前先这样的演着，因为‘四清’大队领导们都已经审查过剧本和演出，考虑好了再改。”此后，我就把这后一段的排字句调整了一下，把后面的几句全部删掉了。定稿为：兰考县众父老衷心期盼，盼老焦病好转，早复原、带全县、宏图展、锁风沙、治涝旱、排除万难、重建家园、改地换天。就这样得到批准定稿后照此演出，可是，我总觉得有些在喊政治口号。由李洪刚先生设计唱腔，跺字句后面要一大腔，尽管是喊口号的词，可是每到此处台下总

1962年，马少童任威海市文化系统共青团总支书记

是爆发出热烈的掌声。王部长非常满意地和我开玩笑地说："别说，你还真有点才气，亏你从小没有念多少书，如果有个中学学历就了不得了。"我说："只是台词有些喊政治口号的感觉。"他说："宁可喊口号也不能犯错误，你要知道表演、唱做都是为剧情服务，剧情都是为政治服务。你以后写剧本时，要把握住这一条。"《焦裕禄》一剧曾被烟台地区调演，全专区各地的剧团学习和普及、轰动一时。又到了青岛演出，得到青岛市委、市政府的大力支持，各部门包场，观众买不上票。到部队慰问解放军演出，更是轰动。紧接着《八一风暴》的上演，真是名利双收。

就在这时——1966年6月，威海市主管部门急电调剧团回市，搞"文化大革命"。"文化大革命"运动把个很好的剧团给砍了，我也被打成"黑帮"。但是，王尧民部长对我的帮助至今不忘。我在"文化大革命"中深深地体会到了这一点，当时批判我的大字报有几千张，与写作有关的能占一半之多，很多都是无限上纲乱扣帽子，无中生有加大罪名，可谓"欲加之罪，何患无辞"。我和王尧民同志都打成了"黑帮"，黑帮劳改队在西涝台园艺场，我俩又被编在同一个小队里劳动改造。后因他身体条件太差，在医院里被看管治疗。这段时间既好笑又滑稽，领导和被领导都是"黑帮"。讲政治搞政治同样遭到揪斗，有水平无水平都要挨整，有道理没道理无处讲理。

尧民部长也并非是上级说什么就盲目服从，也有他的文人性格和主见。1964年春，赵光政同志根据我市孙家疃发生的一件事情，编写了一个剧本叫《滚龙滩》，是一个歌颂军民鱼水情的故事。剧情是：山后海中一个小岛，驻扎着解放军两个班的战士。岛上无淡水资源，全靠山后村群众往岛上运送淡水，可是连续三天的大风，无法上岛送水。群众着急怕岛上的解放军断水，老渔民海鸥爷爷和孙女红梅，冒着七级大风进岛送水，船行至滚龙滩时，祖孙二人和风浪搏斗十分危险，岛上解放军的观察哨兵看到了，下水救起。此剧得到烟台地区的重视，决定以此剧代表烟台专区赴华东地区汇演。调剧作者赵光政、琴师李洪刚和我到烟台加工、排练此剧，并在全地区挑选演员和乐队成员。我们三人小组到了烟台，地区文化局领导很重视，安排我们住在了烟台专区艺校。我开始挑选演员，我饰演海鸥爷爷，调荣成京剧团的陈剑萍饰演女民兵红梅，扮演两名解放军战士的，一位是专区京剧团的青年演员邱殿荣，一位是烟台艺校尚未毕业的韩振昆（即后来烟台京剧团团长韩涛）；唱腔设计是李洪刚先生，京二胡调蓬莱京剧团的韩宝昌（韩涛之父）。专区文化局对赴华东地区汇演非常重视，两天就把人员调齐了。李洪刚先生设计的唱腔也很理想，我俩研究的几段唱腔比较别致，因为是在大风天行船、水上舞蹈，所以我和李先生商量，采用昆曲《水漫金山》的昆曲牌子融进西皮腔

中，合乎剧情，也很新颖。荣成京剧团的主演陈剑萍体态娇小，基本功、嗓音条件都很好。她与我同庚，有很丰富的舞台经验，在戏剧改革方面也不保守，所以此剧排练得很顺利。正在这时省里来了一位文化部门的领导，局领导向他汇报了此剧的整体情况。剧本他未提出什么意见，指示性地说剧名不好，“《滚龙滩》的名字太陈旧了，有传统戏的感觉，改为《鱼水情》吧。”因为当时王尧民部长对我的影响很大，要尊重上级、服从指示，所以不敢表露出不同意的意思，只是说《鱼水情》很好，只是和《芦荡火种》的二场“军民鱼水情”重名。我们这个小戏是连舞带唱的，表现过险滩和风浪搏斗、解放军救人的情景，不过一个小时的剧目，和当前名气这么大的《芦荡火种》的第二场戏同名，是否有些不妥？况且剧作者也不在这里，我只是主演和负责导排，我不敢决定，我一定把您的指示带回去汇报，请领导决定。这时几位在场的人都不好表态。这位领导又说：“我谈这个意见，你们考虑吧，我是感觉《滚龙滩》这个名字不好，军民关系的戏，一定要有个‘情’字才好。”我看得出这是指示性的意见，就马上表态：“好！我们一定认真地考虑领导的指示。”回来后我考虑半天，这不能成为方向路线的问题吧？当前在全国影响最大的是《芦荡火种》，我们和它的第二场的场意同名好吗？要认真对待领导的意见，这是下级对待上级的工作态度问题。但又想不通，怎么办？看来作者赵光政也得服从这个意见了，最后我想“孩子哭了抱给娘”，还是回威海请示尧民部长。回威海立即到市党校见到王部长，把整个情况进行了汇报。王部长一言不发，在党校办公室里来回走着吸了两支烟，坐下了。问我：“你们打算怎么办？”我说：“我没有打算，拿不准了才回来向你汇报，您看怎么办？”他笑了，“剧本其他的都没有提出什么意见，至于戏的名字好说，我们这个故事的发生地就在滚龙滩，军民抗风斗浪共度险滩，《滚龙滩》这个名字不能下个革命与不革命的结论。强调用个‘情’字，故事的本身就充满了情嘛，群众冒着风浪危险上岛送水是‘情’，解放军救人救船也是‘情’，‘情’在戏里，不一定戏名儿非要有个‘情’字。我们也可以考虑，主要是先把戏排好，再说这位领导起个名我们就改，再来个比他大的领导也起个名儿，我们继续再改，那我们改到什么时候是个头呢？我看还是要尊重作者和专家的意见，我们先不改，就叫《滚龙滩》。专区如果不能排演，回来咱们剧团自己排演，咱们剧团有这个能力。”此时此刻我发现王部长一反常态，平常那副老学究的姿态不见了踪影，变得非常坚定果断，像一个战场上的指挥员在决定一项战斗任务，“回去抓紧时间排练，剧名先不改，等以后考虑好了再说。”

我回到烟台就投入排练、服装设计。突然华东局书记柯庆施下达指示，汇演推迟了，各地专业剧团突击排练《红灯记》。剧组人员都暂回本团等通知，随叫随到。我们离开烟台的时候，我请李洪刚、陈剑萍、韩宝昌和他儿子韩涛在烟台蓬莱春饭店聚餐饯别。大家边吃边聊的小结这段排练情况，近一个月相处得非常和谐、团结。韩宝昌总是乐呵呵的，像个老三花脸，直接叫老三花脸不尊重人，舞台上老丑戴的白髯口叫老四喜，他的年龄又比我大，所以我就称他“老四喜”。这外号由此叫起来了。饭后一笑而别，各自回团。此后我们通信联系，我不写韩宝昌，只写蓬莱京剧团“老四喜”收，他同样能收到，后来烟台专区京剧团的老人儿都称他“老四喜”，却不知道这个典故的来头。1979年的夏天，威海新建的京剧团恢复演出传统戏后，在黄县演出。韩宝昌来黄县，到剧团找我。几载未见，见面格外亲切，寒暄之后问其来意，是因为他们艺校要挖掘一出传统戏《乾元山》，找不到原昆曲的曲子和词牌，特来我团求援。我说：“我们排的《封神榜》第四本就是《乾元山》，因为是连台本戏，使用的昆曲曲牌有所改动，减掉了两段，你们要的传统原路子，还是要我们的改进本。”他说：“要老折子原汁原味的。”我说：“那好吧，原老折子要请李宏刚老师，老昆曲的曲牌子他抱本、地道、规矩。”请来李洪刚先生又是一番亲热。老韩取出他们艺校的介绍信，来学习《乾元山》一剧，要求我们给予支持。我一看就笑了：“哎呀，老四喜啊。你什么时候变得这么见外了，还拿着介绍信。只要你老四喜来了，什么问题就都解决了。”他说：“这是公事公办，不是我们两个人的事情。”在场的众人看到我们老朋友见面的感情，也都很开心。只是我怎么叫他老四喜，众人都不理解，李洪纲老师说：“这是我们在烟台排《滚龙滩》的时候，马团长给他起了这个誉称——老四喜，还真叫起来了。”中午我请他吃饭，李洪纲先生很快就把曲谱、词儿写出来了。第二天，老韩心满意足的告辞了。送他走后，憾未重逢。

思友怀故吟句

光阴似箭去不还，屈指已近五十年；

昔日少壮已退休，自愧虚度七十三。

1967年秋，“文化大革命”正是群众组织“造反有理”、“砸烂公检法”、各派斗争，局势混乱的时候。造反派开始进行文攻武卫，对抓进去的干部群众关审、动刑。王尧民同志体弱多病，身材像“骨头架子”，焉能承受得了。一天晚上听说又要抓人，其中有文化系统的两王，即王尧民和文教局长王荣光。我连夜把他们送到威海有名的老票友、理发师、空军司令王海同志的三哥王玉生同志家里隐藏保护起来，避开批斗和肉体的折磨，保护他们的人身安全。当时我们冒险保护这些领导干部，因为非常了解他们，从小参加革命，以往的工作也都目睹了，他们怎么能成了走资派？怎么能反党、反社会主义？联想到我自己，一个唱戏的，在剧团当了个小团长，写剧本、排戏、演戏，带头落工资，拼命地工作。“四清”运动是学习毛主席著作的尖子，没几天，“文化大革命”不也就成了走资派？百思不得其解，那些打砸抢的人倒成了“革命行动”，真是黑白颠倒，无处说理。这些干部勤勤恳恳地工作，现在都挨批、挨整。派性斗争都在打倒对方，斗人的、打人的都在保卫毛主席，而我们挨批斗、挨打、被抄家的也是在保卫毛主席呀。但有一个共同的口号，都在异口同声地喊“毛主席万岁！”也不知道谁在革命，谁是反革命？我认死理，“二王”这两个干部是好人，若是被“触及”残废了，应该说是党和国家的损失。总这么躲藏着，很不安全，随时有被抓的可能。我找了剧团的一位演员孙嘉庆同志和市平板玻璃厂的王天民同志，用自行车一夜间将“二王”送回文登农村的老家，躲避造反派的抓捕。三个月后，我又到王尧民同志的老家去看望他一次。造反派们到处搜寻，最后还是难逃魔掌，都被抓回来关押、刑审，连我一样被揪斗、关押，打成黑帮去劳动改造。这一“战斗的洗礼”度过来真是不容易，要说是脱胎换骨，倒不如说是死里逃生……

1964年于威海市京剧团留念

粉碎“四人帮”后，我们先后都落实了政策，恢复了职务。我和尧民部长关系一直很好，我常到他家看望他，有时还请教一些历史知识。

王尧民同志是一位党的好干部，有学问、有水平，是我心目中崇拜的良师益友。

1992年，我在上海、江苏等地演出。上海京剧院老院长、党总支书记吴石坚（吴江燕、吴海燕之父）非常关照我。有一次在王玉田先生家里吃饭，看到我的书画作品笔名叫“麒门狂生”，吴老说：“少童的笔名叫麒门狂生，把‘狂’字改‘后’字如何？‘麒门后生’我看不错，麒门乃麒派门下，狂生不知是何出处和来历？”我难为情地笑了笑，给吴老讲了这“麒门狂

生”的来历：

说来不好意思，曾记得1962年春，三年自然灾害，渡灾尚未结束，在青岛恩师刘奎童先生给我滤戏，主要加工《追韩信》、《斩经堂》等麒派戏。原因是周信芳先生拍了电影以后，对《徐策跑城》一剧，又深研、改了几个地方。先生给我加工麒派戏，早晨让我练《林冲夜奔》的“边挂子”，晚饭后过《挑滑车》里高宠的套路。奎童先生大多讲的是杨小楼的演出特点，我当时很崇拜厉慧良先生的身段、大枪花等等，奎童老也很欣赏，他很赞赏厉慧良先生的创新精神。厉慧良先生的父亲是厉家班的创始人厉彦芝先生，和奎童先生有八拜之交。每天晚上睡觉前要聊戏，一天晚上谈到《打銮驾》一剧时，我说：“我现在唱的《打銮驾》包公不打，也没有‘包龙图在御街我要打娘娘’这句唱词。”先生笑了，“打銮驾打銮驾，顾名思义，包公若不打銮驾，怎么能叫《打銮驾》呢？”我说：“由赵虎、勇士们打銮驾，包公不但不打，而且还要拦阻赵虎不准打娘娘。”先生听了并不生气，师母黄桂英是私塾底子，饱读四书五经。早年斯大林执政第三年时，先生出国到苏联演出，回国后在上海编演《萧何月下追韩信》一剧，就是师母执笔，周信芳先生助演的韩信。先生的一些剧本，排戏的大提纲，都是师母用毛笔写的。师母乃大家闺秀、慈祥温和，从不着急和发火儿。她微笑着说：“怎么个不打法，说来听听。”我正好借机请教，我说：“您听了，哪有‘戏病’给我指出来。”于是我把修改《打銮驾》的想法和我演出的路子讲述开了。原来老路子的《打銮驾》属海派包公戏，裘盛戎先生的《打銮驾》，也是根据海派加工整理的。老传统铜锤花脸的流派名家没听说演这出戏，也没有见过文字资料里谈过《打銮驾》。裘先生修改、整理的本子比原来规矩了，删除了废话和废场子，精炼了许多，仍然是老传统扮相，黑貂（盔头）、黑满（髯口），黑、紫、蓝蟒，此为京派包公的扮相。而海派的是挂龙相纱（盔头）、五绺（髯口），也有五绺下颚带海下缘的。蟒仍是黑、紫、蓝三色。无论是京派，还是海派都是砸銮驾打庞妃。

我改的是从包公和庞妃对唱原板，流水中都已交代清楚了，最后庞妃唱：哀家不把道来让。包公唱：误了时刻谁承当？庞妃唱：全副銮驾把道挡，谅你难逃是非墙。包公接唱：娘娘銮驾把路挡，包拯怎敢欺君王。（甩腿儿、接唱下句）人役回府暂退让……赵虎唱：不由赵虎怒满腔，她非东宫正国母，乃是西宫庞娘娘，分明是有意把路挡，闯道而行理应当！包公（白）：看得真、认得明？好哇！（唱）莫要鲁莽小犯上，灾情紧急非寻常，闯开仪仗陈州往。扫头中御林军、众太监和宫女里外吐水，御林军用金瓜击包拯、赵虎怒不可遏的夺过金瓜，折断，大吼一声：衙役们打呀！庞妃逃、

赵虎追，包拯恐赵虎伤了娘娘，追赵虎下场，乱锤中勇士们和御林军相撞下场，庞妃内唱导板：包拯竟敢小犯上。串锤中，庞妃、赵虎、包拯三人上场，编辫子圆场，庞妃唱流水：砸坏銮驾欺君王，逃往金殿把本上。赵虎（白）你往哪里跑！两蛮头、踢庞妃屁股坐子，举金瓜锤打庞妃，包拯左拦右挡，恐怕赵虎打坏庞妃，推开赵虎亮相接唱："包龙图在御街（赵虎再打，包拯再推开）我，未打娘娘。"拦住赵虎、庞妃逃下场。众勇士上场，赵虎起叫头：相爷！相爷奉旨陈州放粮，查办庞煜吞粮不放、抢男霸女的案情，庞妃御街三次挡道，口出不逊、仗势欺人，分明是有意阻拦相爷查办他兄长的罪行，我打死这个奸妃，方解我心头之恨哪！包拯（怒介）唱：违法的狂语不可讲，执法怎能犯王章，老夫上殿把理讲，有理有节奏君王。（众人四击头中亮相、下场）接下一场，上众朝官、宋仁宗，唱三条腿。扫头庞妃上场，哭奏。宣包拯上场唱近二十句的大段跺板。最后包拯理正辞严，仁宗、庞妃理屈词穷。仁宗怒对庞妃：回宫去吧！这里庞妃下场时有个回头看包拯跺脚、咬牙的气恨相。包拯一亮拳头，庞妃吓得冲头中急忙跑下场。每演到此处，台下有个场笑效果很好。在这里我也有点改动，庞妃冲包拯咬牙跺脚时，包拯只是得意地一看她、不露声色地气她，庞妃又要回来撒泼，仁宗火了：回宫去吧！庞妃急下场。大体改动就是如此，总结起来有以下几点。

（一）包拯乃朝中执法官员，在御街动手打人乃执法犯法不符合人物性格。下面的人动手打人，只负管教不严的责任。自己不仅不打，而且有理有节地阻止，毕竟是封建王朝，如果他打娘娘，那《打龙袍》中有太后的懿旨，直接打皇上就行了，何须打龙袍呢？

（二）包拯是有个性、主持正义、执法如山、不畏权贵、不怕丢官的清官，铡国舅、铡驸马、铡自己的侄子包勉，刚正不阿。但他的性格不是张飞和李逵，他是有智谋、有胆识的文臣名相。在皇上面前亮拳欲打人，这不是包拯的性格。

（三）我琢磨着这齣戏里，不少情节以上述为例，只是为台下效果讨好，观众解气、过瘾，而忽略了包拯这个人物的性格、身份和应有的理智。

仅此以上的想法，是我自己胡编乱造地演出，几年来这么演，观众尚能接受，台下也同样有效果，"您二老看是否合适？不行我再改回来，反正老路子也忘不了。"我期待二老的指正。师母喝了口茶，看了看先生，先生也看看师母，都很高兴。先生对师母说："你的书底儿深，你说吧。"师母说："少童这孩子喜欢动脑子，这一点很好，听了你对《打銮驾》的改动，分析得很有道理。常言道编书理戏，就是要讲理。有很多艺人唱其戏不知其意，演人物而不解其人物的性格。戏中的情节要合情合理，原来我们和周信芳先生一起编排《追韩信》的时候，仅把场子拉出来、把主要唱段的词儿写出来了，其他都是以后随排随改随加工，才有了完整的《追韩信》剧本。如萧何的髯口，开始时戴白髯，有一次周信芳演出《九更天》临时改演《追韩信》，来不及就用了《九更天》中马义的苍髯，结果扮上戏很好看。避免了和《徐策跑城》中的徐策雷同，此后查了一下史料，那时的萧何才五十多岁就应该戴苍髯，不过根据人物性格周信芳先生又把苍髯改为苍三绺。就这样确定了现在上演《追韩信》的萧何就戴苍三缕了。就髯口而言就改了好几次。所以说要有文化知识，要多读书看历史资料，把握住人物性格，才能演好戏。”先生讲：“你的胆子也够大的了，《打銮驾》这出老戏，谁演都打娘娘而你就把他改成包拯不打，赵虎打。还真是有些道理，很多人对老戏望而生畏，不敢改动，也很少去动这个脑子。《打銮驾》这个戏，你说的这些有道理，我看可以这样演。看来你这两年半的书未白念，我们这一代人自小学戏、进科班，大都没有念过书，年轻人就要勤奋，你信芳师伯就爱看书学习，他的戏是边演边改，但有一件，对传统戏的改动一定要慎重，不能草率，多征求一些有知识人的意见。好啦，天不早了，去休息吧，明早还要起来练功呢。”我到里屋休息，听到他二老还在议论，师母说：“这孩子和俊童、昆童不一样，有点小才气，好钻研，你看他讲得还真有点道理。”先生说：“年纪轻轻的胆子不小，敢改老戏。将来出息好了不得了，出息不好也了不得，狂生啊……”我听了一直在琢磨“不得了”、“了不得”。始终领会不了是啥意思，但我对《打銮驾》的改动，二老是予以肯定了。我体会到出息好了“不得了”是好角儿；而“了不得”就是高不成低不就的戏混子，“柴头阎王”。这“狂生”不一定是贬义，是对晚辈满意的戏语。所以在我成长的道路上，总想着成为叫人说好的“不得了”，不能叫人讨厌的“了不得”。几十年过去了，随着年龄的增长、社会经历和技艺的长进，也有点文化修养了，习学搞点书画来陶冶情操。实际我是在文化单位少文化，在知识分子队伍里缺乏知识的一分子。不忘恩师的训喻，真是个“狂生”，我是学麒派的，不敢妄自称派，可以说是麒派门里的，所以自命“麒门狂生”，为纪念师父训喻，也有自嘲、自警的意思。吴老听完后高兴地说：“啊！这狂生的来历还真有他的历史背景和纪念意义。有意思，这么说这个‘狂’字不能改，我所提到的‘后生’的‘后’字只是从年龄、从艺学麒的角度来考虑的。听了这一段往事，才了解‘狂’字之意。真是不了解情况不能乱发言，那你还是叫‘麒门狂生’为好。”我曾对王尧民部长汇报“麒门狂生”的来历，以及在上海吴石坚老院长建议改为“麒门后生”，知道了这段往事又说不要改的经过。我想听听王部长您的意见。他手里夹着不断头的烟卷一根接一根，弹了弹烟灰，笑了笑说：

“吴石坚院长，欲改‘狂生’为‘后生’也很好，麒派后来人嘛。可是由于你和奎童老有过这一段情况，他说你真是狂生，是满意的玩笑词，‘狂生’不是贬义词，内涵很深。鲁迅先生曾著《狂人日记》。汉代刘邦有三大谋士陆贾、郦生、张良。郦生的笔名就是叫狂生。狂字不是贬义。如“痴”字，我看你的书画，有一个印章是‘戏痴’，可能也有你自己的想法，谦虚、自嘲等等。这‘痴’字也不能粗解为‘傻子、神经病’。特别是书画界，有‘梅痴’、‘竹痴’，搞篆刻的有‘石痴’。朱老总（朱德同志）最喜兰花，养兰颇多，自命‘兰痴’，听起来不俗而雅。你这‘麒门狂生’不要改，叫到老也没有关系，你应继承师父遗训，对戏剧演到老、学到老、改革到老。”

王部长非常健谈，读书多、知识面广。他对《三国演义》、《红楼梦》、唐诗宋词烂熟于胸，特别对毛主席诗词、《矛盾论》等著作、马克思的《资本论》都非常熟悉。我曾问他：“您怎么知道这么多，对毛主席著作如此熟悉，这是勤奋加天才吧？”他笑了，“什么天才，干什么说什么话。宣传部长、党校校长不研究这些就不能说话、不能工作。这和你一样，演员不研究戏，不练习唱、做、念、打，还能当演员吗？”他用通俗的语言，实实在在的道理说明问题。所以我一直非常尊重、敬佩他，他是优秀的文化干部，我的艺师良友。他于2001年7月20日晚去世，虽然过世多年，但他那幽默的语言、慈祥的容貌、文雅的风度，对我的影响至深，我永远忘不了的好领导、好老师……

慈善部长张素娥　海军司令老红军

几十年的领悟：一个领导干部的处事为人，为群众做一件有益的好事，胜过在大会上喊几个钟头的口号。我记忆很深的是夫妻两位老干部，一位是我市宣传部副部长张素娥同志，一位是她的老伴，威海水警区的程富章司令员，他们在本职工作以外的几件事情，我永远不会忘记。

林治岭同志平时最喜欢听收音机，当时收音机，是稀有高级东西，很少见、价格很贵。林团长有个土造收音机，只能听山东和中央两个台，经常不响，连摇晃带拍打地就“咦”一声、“哇”一声的刺耳尖叫，成了大伙的笑料了。他在住院的时候倍感寂寞，土造的收音机也总是咦、哇的出怪声，更添心烦和焦躁，他的性格脆弱，见人就掉泪……。

我们陪同张素娥部长到病房看望他，他又哭了。部长问他有何困难、需要什么？他说："收音机和我一样都生病了，什么也听不到。"当张部长知道老林最喜欢收音机时，马上回家把自己那近一米长的东方红牌大收音机送到老林的病房里，老林和他的家属感动得热泪盈眶。张素娥部长是山西人，开大会的时候就怕台下听不懂，传达文件一字一句，从不废话，平日说话也很少，但大家都认为她是一位慈母般的领导。她的爱人是威海水警区程富章司令员、老红军，也经常到剧团问寒问暖的，每次慰问当地驻军，程司令员都要点我一齣戏《挑滑车》。演出前或演出后，他都对战士们讲："同志们看看《挑滑车》里的高宠，打仗勇敢、力大无穷，一枪能把铁滑车挑翻到一边，是忠心耿耿保卫国家，为什么牺牲了呢？就是不服从命令、年轻气盛，一个人的力量再大，也消灭不了那么多的敌人，所以说作为一个军人，一定要服从总的作战计划，要一丝不苟的服从命令、要有铁的纪律……"每次慰问演出后，程司令都和我们一起吃饭，"大家都辛苦了，我们这里条件差，但要把饭吃饱吃好。"对剧团的同志和对他的兵一样。1960年春节前在海军小礼堂慰问演出，演出的剧目是三个折子戏，开场是刘梦萍主演《闯山》；下来是滕步云、吴文才、赵淑荣主演《断桥》；大轴是我演《挑滑车》。演出结束后，一如既往的是陈司令向演员道谢，向战士们讲了军人要服从命令、遵守纪律的那番讲话。在饭厅里程司令又讲开了，"同志们！你们辛苦了一晚上，如同经历了一场战斗，像我们军人作战一样紧张、劳累。咱们这里条件差，没有什么好吃的招待大家，一顿烂面条，让大家暖和暖和，要吃饱，谢谢大家。"于是大家就开始吃饭，一晚上的演出，特别是武戏演员，早就饥肠辘辘了，等大家吃饱了才发现程司令没有和大家一起吃。每桌上只有一个战士在给大家盛面条，而没有陪吃的军官，当时都不解其意。第二天见到张部长，我们就问："怎么程司令未吃饭就走了？"张部长笑了笑，"老程若在这里和你们一起吃，每桌就要有一名干部陪你们吃，这样一来起码又要增加八九个人的饭哪，现在粮食紧张、度灾嘛……老程不在，下面谁还敢再在那儿？"大家这才醒悟其意。

1961年腊月，王少奎（丑行）的爱人曾艳芳心脏病住院，不愿吃饭，只想吃海蛎子。连日下雪，气温零下十几度，如何能搞得到海蛎子？恰巧我们陪张部长到医院去看曾艳芳，曾艳芳怎么也不会想到，一个在台上扮演丫鬟宫女、演零碎的演员，宣传部长能来看她，激动得哭了。问她吃饭怎么样，王少奎说："什么也不想吃，就想吃海蛎子。这个天气上哪儿去买呢。"张部长讲："不吃饭怎么行啊，等我回去想想办法。"

我们都说："这个天气没法赶海，您就不要费心了……"第三天中午，一辆北京吉普车到了医院，张部长带着一位解放军战士，手里端着一小铁盆海蛎子，来到了曾艳芳病房，说："海蛎子来了，快给她做碗面条。"王少奎和曾艳芳感动得流泪，说不出话来。张部长说："昨天回去和老程讲，剧团里一位女同志病得很厉害，不想吃饭，就是馋海蛎子，这咋办啊？老程就问潜水兵能不能搞到海蛎子，潜兵排长说要等风小一些能下水搞得到，现在海水很浑，老程说那就等风小了以后再下海吧。我说为了剧团的病号让战士下海捞海蛎子这合适吗？老程说：'这有什么不合适，当年在陕北，老百姓吃不上饭把粮食省给我们吃，一位老大娘的孙子穿不上棉衣，把一块小羊皮给我做了坎肩。水兵下水算什么？没有老百姓谁来养活我们解放军。'今天早晨风停了，潜水兵下海就捞上来海蛎子，快给她做些吃的吧……"

曾艳芳原非艺人，嫁给王少奎后进了剧团，在舞台上演些零星的角色，喜欢吃海蛎子。王亚伦演出《刘海戏金蟾》，曾艳芳扮演一个丑妖怪，上场自报家门是海蛎子大仙。金蟾是生于淡水里，怎么会有海蛎子呢？由此落下外号"海蛎子"。这次得病住院后，又特别想吃海蛎子。遇到张部长、程司令这么好的领导，三九寒天为她搞来了海蛎子。大家又传开了，"张部长给'海蛎子'送海蛎子"。

1964年，威海京剧团执行文化部两条腿走路的方针，上山下乡为社会主义服务、为工农兵服务。根据连环画、有关历史资料，我们编演了现代戏《八一风暴》。主要演员的唱腔，由演员自己根据剧情、场景结合琴师来进行设计。武戏组设计武打动作，各方面的人员都很齐整，计划两个周排练、上演。这是第一个现代大戏，演员上场仍流露出传统戏的表演程式。排练十三天后，准备请领导看彩排，提提意见再修改，就对外公演，主要是早演出抓收入。彩排时市委书记吴炳业、市长许善文同志，市各部委办、文化口的领导，喜欢京剧的领导都到场。程司令以往彩排时是不来的，这次是南昌起义的故事，张素娥部长特别关照："今晚老程也要来。"开演前程司令带着一大帮海军军官来看彩排，剧团越发紧张，一场戏下来市长书记有关领导提了一下意见，鼓励的多，表扬的也不少，缺点是"还不适应现代戏，排练时间短，太生硬"等等。剧情没问题,革命历史戏嘛，逐步适应了就好了，剧团演现代戏也是一场革命……"开绿灯"可以演。第二天上班根据领导指示，再修改加工，就挂出了对外演出的预告，剧院的门口竖了一个大牌子预告海报："大型革命现代剧《八一风暴》"。上午挂出去了，下午程司令和张部长来到剧团，程司令叫他的司机把那个大牌子拿进来，我们剧团的领导慌了神，特别是我这个业务团长，生怕剧情里有什么问题。程司令到了剧团办公室坐了下来说：

“我把你们的戏牌子摘下来了，有意见吗？”我懵了，无言回答。张部长说：“老程给许善文市长打了电话，《八一风暴》这个戏排练的不成功，不要急于演，市长给我打了个电话，同意老程的意见，所以我们来团商量，此剧还要加工。”程司令说：“唱腔艺术方面我是外行，只有一个意见，铁军从军官到士兵都不像兵，南昌的国民党也不像兵，女战士像青衣花旦，不会拿枪，这是什么军队？也难怪，你们练得都是古老传统的一套，没部队生活。这样吧，我派一个军事顾问来，你们都认识我们部队的文化科长周静同志，叫他来当军事顾问，再派一个教官来，每天军训，稍息、立正、正步走，练练拼刺刀、投弹，学学军风，不要急于演嘛！”

此后我们的军事顾问周静科长和一名王教官来团给我们加工，上操、玩枪、拼刺。半月后又彩排果真变了样，掌声不断，程司令也高兴了，说：“这才有点意思，演军队戏不像兵怎么行，今年春节慰问部队就是它了，我们要看《八一风暴》。”此剧轰动一时，慰问部队、全省各地演出都受欢迎。春节前在刘公岛慰问，礼堂小战士多，就在大操场上演出。气温零下十四度，赵淑荣饰演的国民党女特务周玉莲，第一场不穿军装，短袖旗袍、高跟鞋、长筒丝袜，在海风呼啸的野台子上表演，冻得直哆嗦，战士们感激地往后台送棉大衣，后台用松木杆子生着两堆篝火，我们忘不了程司令的支持和帮助。

1965年夏天，在高密飞机场慰问，空军首长点名要演出《八一风暴》。正是八月天气，气温高达三十九度，部队礼堂都安装的电风扇，可是台上有布景不能吹风扇。饰演周玉莲的赵淑荣这回倒是好了，短袖旗袍。而我们两方的军官都是黄、灰色呢子军装、大马靴武装带，热得受不了，军容风纪扣子也不能解开。战士往后台送冷饮，演员怕激了嗓子，冰棍一概不能吃，战士们急了，进后台就给演员扇扇子。回忆那时部队和慰问团的关系，可用《沙家浜》的一折戏来表达真是：军民鱼水情。

《八一风暴》一直是威海京剧团的看家戏，曾被烟台地区调到烟台胜利剧场演出，全地区下属的各地剧团观摩学习、辅导、普及演出。每当得到好评，报纸上受到赞扬的时候，我们就想起程司令摘戏牌子，给我们派顾问和教官搞军训的事。直到如今也不会忘记他那严肃而可亲的形象。老红军——程司令，老威海京剧团的同志们想念您……

忘年搭档滕步云

“莫道伶人苦，死后尚有名”。老艺人滕步云又入梨园，解放前在青岛演遍了各个剧场，当年曾和我师傅王韵童长期合作，轰动青岛，她是1954年威海京剧团的创办人之一。

1946年滕步云于青岛留影

我从艺六十三载，舞台合作的搭档很多，但合作时间最长、关系最融洽的当属滕步云。她的年龄比我大一轮，都是属猪的。在山东各地，特别是威海地区的戏迷观众提起滕步云，大都能说出她演出过的一些剧目和精彩之处，但对滕步云的身世、经历则很少有人了解。如今在集市、公交车上遇到一些老观众，还在打听滕步云的情况，当听到她已故去十几年了，都为之叹息：好角呀……

我和滕步云一起相处，同台演出，合作几十年，饱经世事变化，经历各种政治运动的风风雨雨，可谓同甘共苦。今著回忆录重忆往事，心情很不平静……

合戏百余出，相处几十年；
运动接运动，共尝苦和酸；
过世十余载，观众尚怀念；
泪水溶笔墨，留于后人观。

滕步云，原名滕淑玉，生于1923年，1994年秋卒于老家天津西南城角草场庵。在家排行老四，与其三姐是双胞胎。因家贫姊妹多，十四岁入戏班，随叔父滕雪楼学戏。

由天津到了东北，在辽宁一带边演边学青衣花旦，那时仅应开场戏和配角。其叔父滕雪楼在京剧班里工丑行，以彩旦见长，会得多、见识广，三花脸和彩旦大多是陪旦角演戏，所以他教旦角戏也很地道，同班的小旦角都找他学戏，教自己的侄女淑玉更加认真和严格。淑玉进步很快，滕雪楼肚囊宽，会的很多，梅、程、尚、荀四大名旦的流派剧目都能教，所以滕淑玉各派的戏都学会不少，而且都能演出。滕雪楼所教的旦角演员也有出类拔萃的成了名角。如著名程派旦角秋步云，山东莱州朱桥镇人，著名琴师李洪刚的姐姐，从小跟滕雪楼学戏，后拜程砚秋先生，成了程派传人，故于贵阳市。日伪时期淑玉随叔父滕雪楼在东北锦州、营口、阜新、瓦房店、本溪等地演出，已能演唱靠轴戏了，此时已崭露头角。后来山东各地流动演出起，用艺名滕步云，挑牌演出，滕雪楼故后逐渐走红成名，后到青岛长期住班。

日伪时期，青岛在山东乃海陆空皆通的大码头。青岛的京剧班、戏园子比较多，演员阵容很强。永安、光陆、天庆三个剧场全是京剧班，这固定的三个戏班，人员可随时调配。总经理周麟昆，是周信芳先生的弟子、麒派老生，擅演红、黑二净。他又年在河北梆子班唱武生，艺名小元红，戏路子很宽，在东北唐韵笙先生曾授艺，一趟的唐派马超和天霸戏，坐镇青岛。

流动演员也是川流不息，京、津、沪的名流好角到了山东，济南、青岛是必演之地。南麒北马关外唐、四大名旦、四大须生、四小名旦，名净、名丑，如金少山、侯喜瑞、裘盛戎、何永华；名丑有萧长华、马富禄、贾多才、王多寿、刘斌昆等；武生有李万春、李少春、阮小楼、郭玉昆、王鸣仲等各路名流无不到青岛演出。看家旦角老中青更是齐全，如：王素芳、王媛（后改名王伶秋）董玉玲。当地角杨淑萍、武旦出手大王戴绮霞，其女弟子关肃霜，当时随师学艺叫戴肃霜。小旦角更是多得排不上戏码，可谓群芳争艳，挑牌的演员除自己的拿手戏单挑外，众好角经常合演一出戏。滕步云那时正当年，乃其中的佼佼者，如《四四五花洞》、《四四红娘》。《八八铁公鸡》戴绮霞反串武生张嘉祥，前面几位武生有王鸣仲、刘俊文等。八个项帅、张嘉祥，前面的这些武生跟头绝技，各显其能，台下早就像开锅般的沸腾，到戴绮霞翻上场时，一串八个如车轮般的虎跳，赢得观众雷鸣般的掌声。那时的青岛梨园界名流如云，也是滕步云大红大紫的时候。当时青岛的工商业非常兴隆，交通四通八达。商界头面人物中有赵氏兄弟，大赵名叫赵少甫，好拉京胡，二赵名赵又甫，祖籍山东黄县，在青岛、新浦（连云港）等地和日本商人合资搞粮油贸易。赵又甫虽不会唱也不会拉，但是酷爱京剧，常去戏园子里看戏、捧角。那时候的戏码多，各个流派除了代表作之外，各有绝活。如：戴绮霞的《盘丝洞》左手耍盘子、右手挥舞丈二的绸子，脚下蹬一米高的木球，唱南梆子，号称出手大王。连台本戏剧目繁多，如《封神榜》、《十粒金丹》、《西游记》、《金鞭记》、《狸猫换太子》、《呆中福》、《济公传》、《孟丽君》、《水泊梁山》等等，一出戏就是几十本。观众席分前排、后排，楼上前后排的位置票价不等，在后面通道上站着有站票。每场戏演出时间是四个小时。茶房往前排送茶、果盘、黑白瓜子，手巾把空中乱飞，形成一种特殊气氛。赵又甫经常到戏园子，主要是看、捧滕步云的。那时的演员不是总在一个剧院演出，永安唱派头戏多；光陆、天庆剧院演出连台本戏多。各路的主演、演出人员由总经理调配、安排演出剧场。滕步云到哪个剧场演出，赵又甫一准在那里“包座”，在前排包两张靠背椅（每张椅子能坐六个人）、十二张票。带着朋友看戏捧场，人到不到场十二张票照样拿钱，看戏时捧场，止戏后请客吃饭，滕步云幸运地有了“靠山”。长时间的相处，赵又甫达到了目的，正式和滕步云结婚，收做二房，当时在青岛京剧界也是一条伶人新闻。

赵又甫在青岛龙华路十六号有一别墅楼，和滕步云结婚后，两房太太都住在这里，大太太住在一楼，二太太滕步云住在楼上。未结婚的时候，赵又甫给了滕步云三个一两的黄金小元宝，结婚不到一年就被要了回去。赵又甫讲你是我太太，一家人财产共有，先给我急用，以后有了钱再多给你一些。滕步云给我们讲起这段往事的时候，我们都笑她太傻。

滕步云从小学戏，未念过书。她的名字把字体稍微一变，她就不认识了。如果给她一百元钱，元、角、分不等的面值，她就数不过来。但是她记戏词非常死，唱过的老传统戏一般不忘，排演新戏的台词学得非常慢，但只要学会了就不会忘。她从小学戏就是口传心授，一句一句地学，戏词是何意思也不理解，平时也只是会唱戏，其他事情不闻不问，是一个很单纯的人。滕步云结婚后在大夫人的威严和权威下自然是小心奉迎。虽然当姨太太了，但远不如过去自由；虽是花枝招展的，但心情也不是太好。在家里见到大夫人就唯唯诺诺，如笼子里的一只小鸟。这些是“文化大革命”时期，我们被关在牛棚时她对我们的哭诉。造反派说她是“三开”人物（国民党统治、日本侵华、解放后三个时期都能吃得开），后被扣上特务嫌疑的帽子；我被扣上“三反”分子（反党、反人民、反对三面红旗）的帽子，是死不改悔的走资派；吕剧团的郭丽华，罪名是“大破鞋”，批斗的罪名全是些生活作风的问题；孙嘉庆因解放前在国民党剧团演过戏，被定二鬼子、伪军腿子的罪名，我们被统称为“牛鬼蛇神”。看管我们的“文攻武卫”干将们（我们背地里都称他们为“牛官”、“蛇长”），随时提审我们当中的一个去批斗，有时候还要踢打。剧团演出前要把我们揪上台批斗一次，这叫“战地批判”。滕步云比我大十二岁，并且身体条件很差，所以每次批斗、提审回来都要痛哭一场。她又没有文化，不会写检查，因此她的检查都是由我代笔。我给她编检查也很难，纲上大了怕罪过大，上不去纲又怕她挨打、批斗过不了“关”。她哭诉道：“我从小学戏挨打受气，在旧社会唱戏的受欺辱、被玩弄，解放后刚过了几年好日子，又来了‘文化大革命’。关牛棚、挨批斗，受侮辱，总说我像个特务……”她的检查我没法写，像在诉苦，我总是安慰她：“忍着吧，迟早都会有结果的，他们是扣大帽子吓唬你。还说我是刘少奇的孝子贤孙，‘三家村’、‘四家店’的小伙计，不管他们怎么喊，不开除党籍，我还是共产党员。他们说你是特务，你就是特务了吗？你这连数儿都不识的大文盲能当特务吗？”

滕步云不懂政策且胆小，一“吓唬”她就傻。

我和滕步云于1953年相识，当时胶济线上大小码头，各县、市都有京剧团。为了提高票房收入要不断的更换主要演员，为此流动演员非常活跃，出现了很多流动演出小组。一两位挑梁挂牌的演员，带上琴师、司鼓、跟包（化妆、服装员），少者三四个人，多者十几个人，到各地剧团作短期流动演出，根据叫座能力、买票多少而续订演出期限。根据流动小组的演出阵容而定与当地剧团的分成比例，双方共同负担路费、住宿。京、津、沪全国各地流动剧组特别多，胶济线上张店是交通枢纽，来山东的流动演出剧组，无一不在张店演出的。张店二马路有个公大客栈，老板是桓台人，名叫徐曰公。此公为人仗义，所以艺人流动演出组大都住在公大客栈。有的流动组，一时拿不出住店的房费和饭钱也没关系，徐掌柜从不逼债，艺人们讲义气，也无赖账不还的。滕步云的流动演出小组在胶济线上属于中等偏上的演出班子，我随师傅常和她们同住一家旅馆。我师傅王韵童，解放前在青岛和滕步云同台合作多年，排演过很多的连台本戏，如《金鞭记》、《西游记》、《孟丽君》等。当时在青岛梨园界有四颗珠的誉称：即四个属猪的，王韵童（原名王宗喜）、滕步云、刘俊文（武生）、马玉良（马派老生，马少良之父），解放后都成立了流动小组，在全国各地演出。滕步云小组里有琴师高老四、二胡赵少甫、小生张恩远、小花脸李元木，后换付长宝，服装员、包头桌（梳头、化妆）王述乔。当时滕步云小组演遍山东各地，有自己的几出拿手戏，如《盘丝洞》、《八宝公主》、《娟娘》等。剧中有现代舞的表演，头戴水钻的发冠、上面插一枝大白鹅翎，身穿三层褶的超短裙，白软底鞋。脖子、手腕、脚脖子上都带有铃铛，手拿圈铃铛的手鼓，伴随音乐，西洋舞步夹杂着少数民族的身段。这种舞蹈就是最新潮的了。她

的改良戏也很突出，反串的小生娃娃调、唱二黄，都用唢呐伴奏。高老四吹唢呐特别好，演唱配合得很严谨。每次演出台下的喝彩，内行术语叫“炸窝”，她有一个高、宽而亮的嗓子。我和她合作多年，她不太死模哪一流派的韵味和特点，全仗好嗓子，一天连唱三场嗓子也不哑。所以，她有金嗓钢喉之称。她演出非常泼辣，怀孕五个月照样演《盘丝洞》。开打、跳舞等剧烈动作和高难度技巧，一概不在乎。我师傅王韵童先生和她开玩笑，叫她“山药豆子”，意思是耐折腾、抗摔打。解放后她带流动组演出，红遍山东各地。

她丈夫赵又甫，本来是买卖人，脑子灵、生财有道，两房夫人五个孩子，滕步云生下三男一女。在生第二个孩子的时候，她流动演出到蓬莱，生孩子要三四个月不能演出，赵又甫就在蓬莱城里开了一个饭店，名叫滕步云饺子铺，营业状况很火。因为滕步云是京剧名角儿，好奇的观众都去品尝，质量、口味还真不错，又能近距离地看看名角不化妆的风采。此事剧团里无不翘指称赞，二赵真是生财有道，老婆坐月子他开饭店，照样挣钱。滕步云产期一过，身体恢复好了，就关了饺子铺，又拉起了京剧流动演出小组唱戏。

1954年春节前，我由淄博张店回威海探亲，威海京剧团白天戏《龙潭鲍骆》票已售出，有一老艺人周宝禄因得急病转肠痧，不能上场演出。老前辈许焕章先生找到我，求助帮演《龙潭鲍骆》中“嘉兴府”里的靠把老生总兵陈殿勇、《四杰村》中的廖世崇。戏班里讲究的是个义字，救场如救火，我二话没说就去了剧团。赵又甫是团长，简谈当中得知，他的流动组里又增加了烟台的筱福卿（后台剧务）、谷宝禄（武行头）、王少奎（丑行）、王玉奎（花脸）、王亚伦（老生、老旦）、周鸿雁（二旦）、冯毅刚（鼓师）、张恩远（小生）。久守威海的许焕章先生，培养的一批青年学员马宝山、吴文才、刘昌良、姜兆勤，女学员有王月桂、周桂梅、姚淑艳、李桂荣、周彩凤等等。另外，有威海业余的一批票友刘善堂、马魁元、赵新卯等人。赵又甫及其兄赵少甫、琴师蔡锡锋成立了威海市京剧团，赵又甫任团长、许焕章任副团长。许先生已不参加演出，分管事务外交；赵少甫任工会主席，拉二胡；滕步云是看家角儿，威海若有流动旦角来演出，她就到外地去短期演出。从烟台来演出的冯俊华，其夫人蒋艳霞是我童年同班同人，小时候她唱老生，此时改工，已是挑梁刀马，出手戏见长。

久居烟台地老艺人王亚伦也是短期合作的角儿，在山东、辽宁一带很有名气，有自己的一套戏路，如《夜审姚达》，《斩韩信》是小杨月楼的路子，老旦戏如《三进士》、《珍珠塔》都非常受欢迎，她相貌俊秀，扮上老旦比旦角还漂亮，两只胳膊都搓上粉，台上表演好露双臂，有尚小云先生的表演风格。虽为老旦可与旦角媲美，因此有摩登老旦之誉称。

救场急我随许先生进了后台就化妆，前面的垫戏快演完了，时间不允许和前辈、熟人多讲话，冯俊华我不熟悉，他饰余千、我的廖世崇，对打这套把子速度要快。京派的余千用双刀、海派用双斧，廖世崇用大刀。但不管是双刀还是双斧，套路基本一样。我和冯俊华互相客气了一番对了两遍把子；其他几套把子和谷宝禄先生说着套路，再由他和那几位打武戏的对一下，因为这几套把子全是《艳阳楼》里的死套路。我急于化妆，艺友是见面三分亲，况且我是来救急的，进门就干活。内行叫“顶雷”（意思是头上顶着雷，随时都有爆炸的危险，这种活是最难干的）。一场戏很圆满地就顶下来了，因为我是本地娃娃，从小就在这个剧场学戏演出，后随师王韵童先生学徒离开威海，如今回来演出，观众知我者多，捧场是肯定的了。也有好奇者来看当年的小马，出息得怎么样？演出中鼓掌、喝彩不断。止戏后谢幕，观众有的到后台看看当年的马荷礼，现在叫马少童了。卸妆后，赵又甫、许焕章、筱富卿等众位，邀我同到海滨饭店、宴请答谢。这次和赵又甫接触交谈时间最长印象加深，他虽是外行团长但是很“江湖”。开朗、直率，很重义气，当时我就想，此公非比寻常，交往待人处事都不一般，否则滕步云也不会嫁给他做二房。

这场戏我是讲义气救场，宴席间赵团长及几位老艺人客套、敬酒已过三巡之后，赵又甫又提出，这个忙还没有帮完，晚场还有一场戏，仍是救场，求我再演一个活：《虮蜡庙》中的褚彪。我心里犯嘀咕，这个活很不好演，是武生、武老生两门抱，我没有把握。但人情难却，只好硬着头皮应下了。饭后就到台上排武戏，那时候说武戏只是招招架架地比画一遍，就等台上见了。晚场戏也很顺利地演下来了，台下的反映也很好，我这个忙算帮到底了。

止戏后赵又甫又在前台会计室里，大摆宴席、一番的客套道谢。当我问到我替演了两场戏的周宝禄老先生的病情如何时，他们才把实情告诉了我，上午我在扮戏的时候，周宝禄先生就咽气故去了。实际我不是替病人，而是替死人演了两场戏、三个角色：《嘉兴府》里的陈殿勇，《四杰村》中的廖世崇，《虮蜡庙》里的褚彪。这三个武老生各不相同，靠把、箭衣、短打，可以说都不是现说就能演出的活儿。戏班里客串、替角儿、顶活儿的事乃是常事，但是替死人演戏却是少有，对我来说也是个奇遇缘分。

酒礼相敬，闲谈中赵又甫团长，对我交了底儿。他说：“威海市京剧团现在就缺您这么一个角儿，文武兼备、扮相、年龄都好。您回来吧，守家在地，你和步云合作，你瞧我们团的阵容，您要能来就更齐整了，走到哪儿也能打他一溜胡同”。我沉思了一会，心想这事不是信口应承的事情。因为我还在师傅门里“效力”（满徒以后再给师父白干一年，行孝尽力），目前在沾化县合同演出，我虽是应武生，但有时师傅的戏我也要替他演。只好圆承地道谢：“承蒙各位抬爱，但目前我还离不开师傅，我们以后再议。”这次的谈话我才反应过来，怪不得一天未见滕步云，原来她尚在外地短期演出。此后赵又甫和许焕章先生到我家答谢送礼，做我父母的工作，想把我调回威海京剧团。通过此次短暂的接触，我对赵又甫的印象很深。他在处事交往上很重义气，这是我和滕步云合作二十多年的前奏。

1956年春节前，我和爱人赵淑荣回威海结婚。说来可笑，赵淑荣心粗，胆子也够大，根本不知我家的一切情况。汽车路过烟台时刚出市里进入郊区，她就问我你们家里什么样？我往汽车窗外一指，海边沙滩上的一些矮小旧房子，还有渔民们存放渔网的一些渔棚。因为快过年了，海边的破房子都没有人居住了。“我家就这样。”她往窗外一看，惊愕地说“就这样？”嗯，“就这样！”她往外继续看再也未出声。可能她在想这么破的小房子，能住人吗？威海是个城市，怎么还不如昌乐小县城？她把眼睛闭上了，她一准在思忖，既然随我来结婚，嫁乞随乞听天由命吧……

1954年，赵淑荣于昌乐京剧团

车过牟平到威海了，那时候威海的汽车站在南大桥东北角：“下车吧。”她又问：“离家还有多远？”我不露声色，说：“还有好几十里路呢，到那面换车吧。”她不言不语地跟我往南走，随我走进大众巷，头一个大门，我说：“到了。”“到了，不是说还有好几十里路吗？”我忍不住笑了起来。进了大门：“这就是咱的家。”她也笑了：“你骗我。”推了我一下。“妈，我们回来了。”母亲闻声跑了出来，见到久别的儿子和新上门的儿媳妇，老人家的心情可想而知，左邻右舍都纷纷登门看新媳妇。当时我姐姐马魁元还在威海京剧团里，所以剧团里的人也都知道我回来了。戏班的规矩，要到团里拜望前辈老艺人，向同人们问候。上次帮忙是一个人回来的，这一次是带着对象回来结婚，赵又甫团长为我们设宴接风，滕步云仍在外地（合同未满）。交谈中得知威海团营业不景气，开不出年份（春节待发的工资）。赵又甫团长又委派许焕章先生到我家里，请我夫妇演几场义务戏，给大伙开个年份儿。戏班里讲义气，名家前辈为赈灾给穷苦人演义务戏也是常有的事。我这次回来是结婚度年假，时间较长，就毫不犹豫地应承了，议定了演出的戏码，海报一出，市面上也有反响，当年的小马成角儿了。上次回来演了两场戏，不是挑牌，好多戏迷、熟人、朋友不知道的都没能看到。看过的又连吹带侃的，十里地听炮响——不知真假。这一次演五天七场戏，内有两天加场大集白天演。旧风俗春节前赶年集，城乡购货的特别多，海报吹得又大，搞宣传舆论赵又甫非常在行。七场戏下来收入相当可观，当时在威海这个小城是比较轰动的。大伙开了工资、年份儿，赵又甫团长及团里的众人都很感激，宴请答谢，还送了一个六尺长的紫红缎子大横幅锦旗，上书大字“德高艺精义气可敬”，因我觉得这八个字太重，所以一直也未敢挂，怕师辈怪责观者嘲笑。

这次的合作演出加深了我和赵又甫相互友情交往，许焕章先生是威海京剧团的元老，在威海梨园界很有威望。在我童年的时候，对我有过提携和关照，又是我姐姐的干爹，到我家里也不见外，几次动员我回威海和滕步云合作。我心里很矛盾，我当时虽是和师傅王韵童在一个团里，但是我已经挑牌唱戏、挣工资了。回来守着父母虽好，但也失去了到大城市发展的机会。当时齐慧秋、王富岩夫妇约我到天津，因我和齐慧秋大姐合作的时候，她的靠把武戏较多，武小生、硬里子老生大都是我傍她演。而孙荣惠先生、苏昭信夫妇又想让我傍他夫妇去牡丹江，再到哈尔滨。我们是老搭档了，在一起合作了近两年，他的旦角戏离不开我。荣惠先生身材比较高大，一般的小生和他配戏都不适应。如《樊梨花》、《穆柯寨天门阵》、《虹霓关》、《红楼二尤》、《红娘》、《玉堂春》、《贵妃醉酒》等戏，都是我饰演小生，我要穿超厚的厚底靴，比他高，显得他矮一点、苗条些。在《乾坤福寿镜》里我要扮演林鹤（原本里有林鹤挂帅、开打）、《战金山》中的韩世忠，这两个靠把老生，戏份量都比较重；而在《杨排风》中我要演焦赞，勾脸、摔打；《罗锅抢亲》里我演教师爷（武丑）；等等，所以荣惠先生的戏大都离不开我。许焕章先生做我的工作，他说舞台上主要是靠个人的心胸，步云的戏码也宽，你俩合作是再好不过的了，况且你又是独子本应尽孝守着父母，守家在地人熟地熟是一宝哇，等等。赵又甫也是极力拉关系让我回来。我反复考虑，此事要从长计议，调动工作非同小可。我已是昌乐京剧团业务总管，我师傅当团长会议多，还要我替他演戏，昌乐京剧团不会轻易地放我走。父母总想叫我守在他们身边，况且调回来就是主演，也有荣誉感，老人们的心情可想而知了。当时赵又甫对我的重视、爱护人才的态度，我从内心的感激，只好等休完婚假回昌乐再说吧，就把这事暂且放下了。

春节后婚假已满，要回昌乐了。赵团长和许焕章先生及京剧团的其他负责人又设宴热情送行。心想若和滕步云合作，对我今后发展有益，她虽无孙荣惠的名气大，但也是有一号的角儿。昌乐同人虽好，决非我发展之地。

回到昌乐已经是正月十五了，各个行业上班都恢复正常了。剧团要用连台本戏吸引观众，排演《金鞭记》一天演出一本，三十五本演完又是一个多月。就在这个时候齐慧秋大姐寄来六十元的路费，约我到天津中华大戏院。此信寄到了昌乐剧团里，我师傅王韵童把我的信收去，看后大发雷霆，骂我翅膀硬了，要远走高飞啦，成了角儿就把师傅给忘了，等等。又到县文化科和工会找了领导。文化科赵科长、县工会王主席平常和我们的关系都很不错，到团里来解决此事。我师傅喊着说："领导们都来了，马少童是我徒弟，虽是满徒了，可现在他是剧团的业务负责人，放不放他走你们领导决定吧。现在正演着本戏，这才十二本，他的呼延庆，到三十五本，一天一本还要二十多天，有时候我去开团长会，我的戏谁替我演？少童现在是角儿啦，我管不了啦。可他是剧团的业务负责人，他走了业务这一大摊子谁来管？"二位领导沉默了一会，发话了，"王团长先冷静一点，把事情的来龙去脉弄清楚再慢慢解决。"因为我已经出徒一年多了，师傅就把这事推给赵、王二位领导。王主席说："少童同志现在是共青团员，又是分管业务的干部，思想上要求进步，不会不顾大局，你也谈谈情况，如何解决？"我沉思了一会，看来不表态是不行了，我就说："看这事闹得，惊动了二位领导。师傅也不用生气，没有什么大不了的，我虽然现在已经出徒了，可还是您的徒弟，一字为师，终身为

1956年春节前，马少童、赵淑荣结婚于威海留念

父。我在舞台上这点玩意儿还不是您培养的吗？漫说我还没有成什么角儿，就是成了角儿也是您的徒弟。我算什么角儿啊？我至今不是还在给您老牵马缒蹬吗？您看到慧秋大姐的信就火啦，我还不知道呢。您说信上约我到天津中华去傍她，但去不去是我的事，您应先问问我就好了。把二位领导也惊动了，二位看看这信是不是我主动联系要去天津傍她？再说路费寄来了也可以寄回去，人家请傍角的是人家的想法，傍不傍她我说了算。不管新社会的剧团，还是老戏班的规矩都要讲个戏德，现在正演着连台本戏《金鞭记》，我能撂下就走吗？况且我现在是昌乐京剧团的人，就是要走也要请示领导、让师傅满意。就是离团也要好离好走，用不着大吵大闹的。”师傅没词了：“啊！这么说我错了？”“我没说您错了，只是怕您生气、上火。其实您收到信和我说说，事情就解决了，至今这封信我还未看呢。”此事团里的众人都知道，也都在打圆场：王团长着急是为了工作，少童说的也有道理。二位领导也很满意，就让副团长韩文礼写了回信讲明，少童是昌乐团的主力，团里现在很需要他，不能去天津，等以后再联系，把路费给人家退回去。赵、王二位领导来团里两小时，把此事解决得很圆满，而且很平静，确实有水平。

三十多本《金鞭记》演下来，剧团就又到各地巡回演出，去天津的事情就此搁浅。失去到天津和齐慧秋、王富岩的合作，对我个人的艺术发展是个难以弥补的一大损失。威海京剧团赵又甫团长，一直在做我父母的工作。母亲总打电报说身体有病，想念儿子等等。久而久之，我的思想动摇了，威海团如此敬重，而在昌乐团里。每天要演自己本工的武生戏，师傅开会、出差我还要替他演出，孙荣惠先生是副团长，他的戏也要我陪着演出，还要排戏抓业务。师傅的脾气不好，喝醉了酒就骂人、心情不好就发火。我和荫童师弟（四师弟未出徒）成了他的出气筒、受气包。我已是挑梁的主演，师傅不分场合的训骂，作为徒弟也只好忍受，因为他是师傅，可心中非常矛盾。

昌乐京剧团在昌潍地区属于阵容比较强的剧团，但是角儿多了也是毛病。原来昌乐京剧团的看家旦角、主演赵涵萍，体型小巧玲珑、嗓子、身段都很不错，虽不是名角儿，但是四大名旦和张派的戏都演，包括评剧《小女婿》、黄梅戏《夫妻观灯》、《打猪草》，什么海派戏、改良戏无所不演。荣惠先生主要是梅、尚、荀、张派的戏也都演，他和夫人苏昭信喜欢排演新编历史剧。如《画皮》、《后羿嫦娥》、《搜书院》等新戏。我师傅主要是麒派戏、包公戏，但也和孙荣惠合演，如《四郎探母》、《红鬃烈马》、《牧羊圈》、《一捧雪》等生旦对戏。那时候昌乐京剧团常演的剧目有百余出。舞台上角儿与角儿之间互不相让，内心逐步就有隔阂，相互的矛盾就时常暴露出来了。

我师傅是团长、孙荣惠是副团长，他们两个头牌都歇码儿，赵涵萍就演出。反正赵涵萍是不掺和，谁也不得罪。都不唱我就唱，她有点文化不多嘴多事、不得罪人。可孙荣惠先生和夫人苏昭信不让过儿，挑牌惯了，孙荣惠是尚派传人，后拜筱翠花。曾在梅剧团荀剧团里任过副团长，玩意儿规矩，是挑大牌的头牌角儿。苏昭信只演荀派戏虽剧目不宽，但原来是荀慧生的夫人，乃大家闺秀、老北京大学的学生，和荀慧生离婚后嫁给孙荣惠，这对夫妇可说戏班里的事“横草不过”。我师傅戏路宽，上场很卖力气，尽管很受观众欢迎，但是靠派不是太规矩，以内行评价“打”欠规范，在孙、苏二位眼里也只是个普通的海派老生。而我师傅根本就不服他们，管他什么派，观众叫好、受欢迎就是好角。艺术观点不同，演出、处事必然不同，久而久之就产生矛盾了。孙先生的小生戏非常讲究，曾与奚啸伯先生合作，我陪他演旦角戏里的小生，他都给我加过工。有两个活儿没陪他演至今成为一生的憾事，一是昆曲《断桥》的许仙；二是《昭君出塞》中的马童。因为只要陪他演出，必然要很仔细地在一起对戏、找细，我们的关系相处非常融洽。我师傅就有看法，他们有矛盾我就很难处，我都不能得罪。心里拿定主意，寻找机会离开昌乐剧团。正在这时候孙荣惠夫妇要离团去东北，他夫妇二人加一包头叫法刚，力量太单。我们在一起合作了两年多，他演出的剧目非常需要我，要求我傍他去牡丹江然后再到哈尔滨。我想他本来和我师父就不和睦，我再傍他走，我师傅一定很恼火，还是暂缓再说。

一九五七年七月，我爱人赵淑荣怀孕要休产假，母亲打来电报催促我回威海。我有了充分的请假理由，恰巧昌乐新从青岛调来的文化科长张士杰同志，对我非常好，准了我三个月的长假。唱戏的不能久不演戏，要挣钱养家，所以我把行李、戏装行头都带着。孙荣惠先生约我去东北的事情，只好等我回家过段时间再联系了。就这样谁也不得罪，名正言顺地请了三个月的长假，团里开了欢送会，二十多个青年送我去车站。师傅又气又火没有办法，不见我，师母尽管生气我离开他们，但也不愿“掉价儿”，在家里偷着掉眼泪。唯有小师弟田荫童放声大哭，因为他从进了师父门就是我教他，给他练功抄跟头，从小痛他，他离开师哥，就失去了靠山，我们四年多的朝夕相处，怎么能不哭。火车长笛吼叫，真是流泪眼观流泪眼。一张张不舍分离的面孔，向车窗里喊着、摆手、招手，火车越来越远的驰去，我们就这样离开了感情极深的昌乐京剧团……

我和爱人赵淑荣带着一个大戏装箱子，一只三层的盔箱、一捆刀枪把子、一个铺盖卷，还有那个六年前由家里带出去的衣服箱子，如今里面除了衣服大都是手抄的剧本和收集的戏剧资料，这些就是我十五岁离家，学徒、演出、拼搏了近七载的全副家当。

到家后见到父母、姐姐，亲友纷纷来我家里探望。威海京剧团早已知道我回来的消息，赵又甫团长又和许焕章先生到我家，摆下接风宴。这次回来团里的众人都比较熟了，因已有两次的助演合作，见面都要寒暄一番，步云在黄县演出，最近就回来，许焕章先生就来动员我参加演出，当时威海京剧团短期合同演员是田氏姐妹田淑芳、田淑华。武生王三多（老艺术家王云芳之子）、短打武生李志勇。此时已是夏季，营业很不景气。赵、许二位请我参加合作，我原来计划是爱人产期，我也趁机休息一段时间，这些年来从没休息过。顾客上门乃是好事，做艺的都是喜忙怕闲。赵团长讲：步云在黄县月底满合同就回来了，田家姐妹的合同也到期。您打下五天炮戏，再合作演出几天，田家姐妹走，步云回来，你俩合作的戏路就宽了。双方都很痛快，我的月薪定的是一百二十元。田氏姐妹歇码儿，我的五天炮戏顺利演完。我是本乡本土的艺人，童年时期在威海京剧团待过，随师学艺离威，七载归来，外面的舆论很大，当地人都好奇地来捧场。观众是演员的衣食父母，上座多演员的腰杆就硬、气就盛，班底们多分红，自然对角儿就尊敬。加上我又年轻气盛，文的武的都不在乎，自觉得意。王三多要和我合演。那时候每场戏要演三个半小时，前面是我的全部《打銮驾》，田氏姐妹的《花田错》，大轴我再和王三多合演《三岔口》。三多要演任堂惠，要我演刘利华，我坦然地答应，老路子的《三岔口》里的刘利华是武丑应工，勾破脸，新版本《三岔口》是张云溪、张春华先生的路子，武丑俊扮了。武生和武丑是平抬的分量。我在昌乐教李肖贤就是我陪他演的武丑。若是和武丑演员李观型演出此剧，我就演武生。这次很坦率地答应三多“随你挑”。有李志勇配演的焦赞，可以说很严实，我把双刀拿了出来，因为这种对儿戏必须成对的单刀。三多一看就笑了，哎呀，我的天哪。这双刀这么大，太重了。我俩用的把子正相反，我的大枪、三鼻大刀、双刀、枪杆都是大一号的，而三多的体质太弱，刀枪把子都是小号的，而且很轻，他说用他的双刀，我一看像小孩玩具，很轻巧。因双方都很客气用谁的刀匹子都无所谓，我理解他用自己的把子顺手，我也是一样，但是用惯了我自己的再用他的，更轻快。这戏的套路都差不多，三多比我年长，但他的体质远不如我，这出戏虽是对儿戏但各有“卖头”。老路子还有过桌子打瓦，刘利华走零碎。三多的任堂惠只是一个拳套子，走一排岔，主要是卖身段，简单地对了一下套路，就等台上见了。尽管平时相互客气尊敬，但在舞台上就要各显其能，精神上要高度集中，因为过去没有合作过，“生虎子对生虎子”，双方都非常注意对方的变化、严密配合。台下观众叫好，后台也在看，舞台两侧边幕里都站着人，“把幕缝儿”。我前面演完《打銮驾》（造铡起，清官出朝止）下来，田氏姐妹的《花田错》上。我洗了脸，勾刘利华的

脸谱。旦角的戏下来，三多饰演的任堂惠走边挂子，我早已休息过来了。当时我二十二岁体质又好。演出中发现三多手把很好，手头轻、脚底下很不错。对刀、摸黑，“拿法”都很严，过桌子，三多是飞脚过桌子，我如果在前面用飞脚就给他“刨了”，这样做“很不仗义”；况且飞脚本身就是武生的玩意儿；我如果用案头过桌子就“太水”（太普通），只好用竄虎跳。老路子有点像杂技，用三张青瓦在炉子上烧后，用醋淬一下，瓦就酥了。任堂惠用食指和中指把瓦掂起来，往刘利华头上猛磕，手腕一闪，连磕带闪瓦就粉碎了。台下以为是真功夫，一片叫好和掌声。记得1951年我和师弟王又童在蓬莱大辛店演庙会《三岔口》，捡场的没有把瓦烧透，我的任堂惠外场打瓦不碎，一用劲把又童的头给打破了。到后台好一顿哭，还是师母给了他一千块钱（北海币顶现在的一角钱）才不哭了。此后每演这出戏都是我自己烧瓦。“打瓦”之后，刘利华一排波浪子、躺下（起乱锤），剧情意味着是被瓦打昏了，再走一排旋子，台下的掌声和叫好声就像是给运动员“加油”声。李志勇本来是短打武生，为了演出质量，扮演了焦赞，硬肘帮子摔得又高又脆，其实志勇有肺病，可是这种情况，在外场只有一个念头，就是拼命。这出《三岔口》不仅台下叫好，台上边幕里的同人也在喊好助劲。

止戏后互道辛苦，客气地互相表扬对方，这都是戏班的礼貌。赵又甫、许焕章团长高兴得直道辛苦，受累了受累了，真是太棒啦。我在师傅门里摔打惯了，陪师傅、带师弟，在昌乐剧团管业务，累习惯了，不以为然。可是三多累得够呛，在后台歇了半天也没有洗脸。其实我也很累，前面一出《打銮驾》再来一出《三岔口》不累是假的，不过身体好沾光了，现在回想起来纯属浑小子傻卖劲儿。赵团长请我们吃饭，许先生说：真是棋逢对手、将遇良才，台下爱看，内行也爱看，难得的是你们挑牌的角儿相互团结密切配合，戏德可嘉。李志勇说：团长有办法使巧计，让傻小子们给你们卖力气。现在回忆起来，当时确实很团结，的确都以戏德来约束自己。

这次的合作，和三多结下了深厚的友情，我看他的《挑滑车》闹帐、讨令，玩意儿多、火暴，很适合剧情和高宠年轻气盛、骄傲自大的性格。头一套大枪花的下场很别致，比我的好。我跟他学习，他毫不保留地教给我。他有唱老生的瘾，跟我学了《追韩信》，还特意演出一场，我助演韩信。又跟我学了《打銮驾》，他的脸很瘦，包公不适应。他说：管他哪，等我再到别的码头，我也是前面《打銮驾》，后面《三岔口》啦，我不演刘利华，演任堂惠不也一样吗？前面黑净、后面武生也能唬他一下”。

在这一段时间里，我在威海京剧团除了演出麒派戏外，合作演出了许多的武戏，如：《闹天宫》三多演孙悟空，我助演二郎神；《嘉兴府》我主演鲍赐安，三多演陈殿勇；同田氏姐妹合作，如《虮蜡庙》、《溪皇庄》、《巴骆合》等。筱福卿老太太提出，你们几个合作一出《火焰山》吧，一准叫座。大家都同意，只要卖钱，叫座儿就行。因为主演有好几个，剧务是北京的黄瑞亭和筱福卿。角色不好安排，就把《火焰山》的提纲铺在台上。黄二爷是北京的老前辈，他说："角儿们，诸位齐上阵，这活儿我们不好安排，请你们自己挑吧……"我随师傅流动演出多年习惯了，少什么就扮演什么。况且我的五天炮戏已过，大家在一起合作就没有可挑剔的了。《火焰山》是西游记里的一段故事，以武戏为主的刀马旦和猴戏，没有老生的活儿。田淑芳饰演铁扇公主已定。王三多挑演了孙悟空。李志勇演红孩儿，他唱短打武生，擅长枪花和耍圈儿。张恩远先生饰演唐僧。看看就剩下一个牛魔王了，本来是武花脸的活，算我的吧，因为我总配师弟演张飞、青面虎和《定军山》里的夏侯渊，所以演牛魔王也不算什么。我想我是挑牌的角儿，演牛魔王也不能"白给"，也得露点玩意儿，否则就比他们"逊色"了，我琢磨了半天，在扮相上下功夫，大红斗篷、大额子、翎尾，做一对大牛角，"悬胖儿"肩胸，屁股悬起来，与判官相似，厚底靴、勾金脸、改良靠，一上场台下就喜欢。下面武戏人员很齐备，后面的武打采用了《嘉兴府》里的剁头档。牛魔王在中间使三环大刀，劈"三见面"耳子是四个小猴子，悟空是翻三趟，很火暴，观众欢迎，大家满意，可这样一来最累的是我，悬胖开打比大靠还累。"呵，这大热天儿，你们全是短打，一台人要我这胖儿。"李志勇说，"你说让我们挑剩下是您的嘛。"大家都笑了，这齣戏翻头演出了好几次。

半个月以后，田氏姐妹合同已满离威，滕步云由黄县回团就和我合作演出。她为人开朗，演出顺序排在前后都没关系，演什么都很随和，从我师傅那儿论她是前辈，她是团长夫人，赵团长对我很器重，我虽是当地人可是新来的，所以双方都很尊重，很注意相处的关系，相互配戏、合作很愉快。我爱人产期中，我演出的戏都是她配合演出的。《六国封相》她演周氏（苏秦妻），《天雨花》她演荀含春，全部《包公》她饰演庞妃，《北汉王》她饰演东宫刘瑞莲，《秦香莲》她配演香莲，《千里走单骑》她没有角色就在前面垫一折小戏。她主演《八宝公主》我配演狄青。除了群戏，她还有几出小生、旦角戏。如：《独占花魁》、《娟娘》、《红娘》等，这些戏里都没有我的活儿。我就在前面垫一出武戏如《怀都关》、《挑滑车》、《花蝴蝶》、《汤怀义》、《白马坡》等戏，合作得非常融洽。有一次白天戏，她演出《人面桃花》，王三多在前面演出《杀四门》。我和滕老师说："请张恩远老师今天休息，我给您配演崔护怎么样？"她说："你要过小生瘾哪？"恩远老师说，那没说的，我得休息，随后把他的两身道袍送到后台，叫我用他的行头。此事对我触动很大，我演他的活儿，他还如此大度送行头给我用，这说明老艺人的美德。《人面桃花》这出戏，我饰崔护，过去总配张鸿君演，我爱人赵淑荣更是常演这齣。因为我配孙荣惠先生演小生两年多有小嗓，所以对饰崔护来说可谓轻车熟路。演到门上题诗唱："去年今日此门中"的四句散板时，我又故弄玄虚，当场在门板上题字，四句唱完诗也写到了"桃花依旧笑春风"唱下来满堂彩，虽然字写得不怎么样，可是很新颖。台下的观众也棒，瞧马少童黑脸红脸、老生、武生都唱，唱小生，还连写带唱的……又叫我蒙对了，在热闹的气氛中吹了尾声。后台卸妆时也很热闹，张恩远老师在后台对我开玩笑："好嘛，少童可够绝的啦。老生、武生、红生、黑头没有不唱的，这小生又红了。这样以后我就没有饭了。"我也逗趣地说："滕老师小心点，我下次要反串《盘丝洞》了，准带跳舞的。"滕步云也乐了："好啊，你唱《盘丝洞》我给你演悟空。"众人哄堂大笑。回忆起那时候同人们非常和睦，是那么的团结协调。筱福卿老太太在后台管事、当剧务，业务安排的井井有条。当时威海京剧团六十多号人，文武行当齐全，一个女同志管业务，从来未出现差错实属不易。

阴历七月有一齣应节戏，要演《天河配》。我把提纲拉出来，筱福卿老太太在台上派活。滕步云饰织女，我饰牛郎（孙守义），许焕章饰孙守仁，筱福卿饰演王母，王三多的喜鹊王，王玉奎的金牛星，王少奎饰演舅舅。演到织女在瑶池洗澡一场，加灯光布景，付长宝先生的丑仙女逗得台下观众拍手大笑。"洞房"、"分家"唱联弹，后面喜鹊搭桥、武戏鹊兵舞蹈，都非常受欢迎。正常的应节戏也就演出三天，可这次从七月初六就开始演出，连演了九场上座率不减。不久昌乐县文化局、工会、京剧团把我夫妇的调动手续、介绍信寄到了威海，由杨振初团长办理，从此我和赵淑荣就正式加入威海市京剧团，成为固定演员。那时威海京剧团人员齐整、戏码宽，况且都是通力合演，台上各显其能、台下都很团结，营业状况非常好。威海那时候每五天一个大集，白场戏很上座，四乡郊区的都来赶集看戏。看完白天戏的观众一般地都是连晚场的票一起买。为了挂座我又赶排了连本的《金鞭记》，滕步云与付长宝先生在青岛常演《金鞭记》。筱福卿是老前辈，对连台本戏更是熟悉，下面的底围子（班底）行当齐全，加上灯光布景，营业状况非常好。春节前不掉座，节后初一到初五每天两场，不到二月二就下乡演出了。那时候下乡没有汽车，用双套大胶轮、两个骡马的大板车。在威海四乡八疃演完。又去牟平县城演出，接着就下乡镇露天演出，在农村村头找个大院子，扎上舞台就能演出。剧团下乡演出收入非常好。回威海的时候，王三多离团返回大连。赵又甫的经营头脑特别灵，想出了许多新点子，他看到新颖的灯光布景和连台本戏，能吸引观众。就请许焕章先生到潍坊接来一批演员，有导演刘德宝与夫人林曼云（艺界老前辈，1926

年她伴我恩师刘奎童先生出国到苏联演出）、武生刘晓峰（乃山东第一鼓佬刘有林之子）、灯光布景师王铭恩、董寿亭，及六七个演员。又从烟台约来四五个票友，由刘德宝先生编导《封神榜》，此戏上演后非常轰动。一本演六天，演着一本排下一本，一直排演了十三本。赵又甫团长非常注重宣传，雇了一辆马车安放着大广告牌子、敲锣打鼓的游走四乡，边走边撒戏报说明书。大海报贴满郊区农村，南至文登的草庙子、荣成的泊于家，西至牟平姜格庄一带。每逢大集不少的观众都是骑着自行车来威海看戏。全团八十多人还不够用的，每当机关布景用人多的时候，赵团长就带领后勤事务人员及炊事员，到后台帮着拉绳子、搬布景。人心齐、营业好，这是赵又甫、滕步云夫妇组团的鼎盛时期，也是威海大众剧场有史以来的空前盛况。

威海市里的京剧观众很固定，一本戏看过两遍就不再想看了，十三本的《封神榜》尚未演完，紧接着剧团又排演了四本《卧薪尝胆》，总之，演出没有新戏很难保证上座。赵团长不等剧场观众萧条就安排了下一步的演出。每逢郊区大集，朝出夜归到近郊去演出。七八辆大胶皮双套车拉着戏箱、道具，到了目的地扎好台子，埋好竹竿，挂上布围子、网围子布围子的露天剧场布置好。观众自带小板凳，能容纳三四千人。大集一般是白天两场戏，晚上一场戏，平常的日子只演晚场。观众从下午四点左右就开始排队买票、进场占地方，找个离舞台近、风凉的地方，秋后则找个避风暖和的地方。赶上大集一天三场戏收入很高，卖票、数钱成了艰巨的任务，因为当时没有大面额的人民币，票价也低廉，整票两角、半票一角五分，所以每天结账的人民币都是用面布袋装着，营业收入好极了。威海城镇演遍了，又到烟台、文登、荣成、牟平一带巡回演。先是在县城剧场演出，后到交通方便的乡镇。名角下乡，灯光布景新鲜，三天炮戏演下来，十三本的《封神榜》，一天一本，每到一地从来到走不掉座。

我从艺期间，生旦合作的时间最长、最协调的就是滕步云，自1957~1978年，可谓是老搭档。她的资历比我老，年龄比我大、成名比我早，合作到我们这种程度却是不多，我们共创威海京剧团的鼎盛，也共受浩劫的折磨。

1955年，市文化馆杨振初馆长，到剧团做组织工作，当时剧团没有党、团支部，他是1954年成立剧团以来，第一次政府派干部到团做组织工作。

1957年，杨振初同志调到烟台地区艺术馆，又把威海文化馆副馆长刘玉佩同志调到剧团任团长，赵又甫任副团长，许焕章先生任总务股长。当时正是剧团的昌盛时期，全国开始了“肃反”，紧接着“反右”运动，“大鸣大放”。剧团的营业不景气，全市各单位都在肃清反革命及有历史问题的人。团里的工会主席赵少甫、副团长赵又甫。唱

小生的张恩远，说他是日伪时期的少校军官。唱武生的刘晓峰是国民党的营长。唱丑角的李鸣岐是日本翻译，威海京剧团在全市属问题严重的单位。有人风传剧团是个“大黑窝”，市公安局还派来了专案组到剧团蹲点儿搞肃反工作。团里分了三个队，一队是市公安局副局长王建才和工作组的三个同志，二队是刘玉佩同志任队长，我任三队队长，各队都有几个骨干同志配合。我自小唱戏没有搞过运动，只是上传下达听专案组的指派。

滕步云的丈夫赵又甫被隔离审查，由专案组看管交代问题，传言有特务嫌疑。滕步云的丈夫被隔离，团里的人大都不懂政策，所以很少有人接近她。当时运动搞得很神秘，也很惊人。剧团里有特务、伪军、国民党军官！专案组在团里住了四五个月，最后逮捕了三个，教养了一个，一个没事的。

武生刘晓峰，说是国民党营长，运动中在我的第三队里，我找他谈过几次话，就是不承认，最后专案组把他青年的照片拿出来了，明明是国民党军装、营长军衔，“铁证如山还不交代”！刘晓峰一看啊的一声：“是为这个，我交代。我原来在东北田洪如先生办的科班里，被国民党给收编了。唱戏的，按技术给靠个军衔，每月的工资按军衔的高低发放。当时我是按排级领工资，有一次休假逛公园照相，青年时好出风头，本来我是排级的，借了师兄的营级军衔和服装穿上照了这张相片。我们这一科的演员都是以军衔领钱。”此后经过调查确实如此，这个国民党营长案成了笑话。

小生演员张恩远，傍滕步云多年，其父日伪时期是济南北洋剧场的前台经理张少臣，他当过两卯二的小警察，说成了两道二的团级伪军官……成了反革命。后来落实定案，因生活问题教养三年。刑满后回到威海，正赶上“文化大革命”，无法维持生活，在工厂干临时工。粉碎“四人帮”后落实了政策，在京剧团退休，于1989年病故。

赵又甫逮捕时说是军统特务，判刑十年，在王村劳改队改造，刑满后回黄县老家，因是劳改刑满释放的，村里不收，没有办法又回到王村劳改队，转为职工领工资，病故于王村劳改队。

赵少甫逮捕时说是中统特务，判刑十五年。刑满后由劳改队送回原籍黄县老家，因病偏瘫。1979年威海市成立的新剧团到黄县演出时，赵少甫的子女用小车推着他到剧场去看望滕步云，询问落实政策等情况，也未问出什么结果。

1978年我恢复了团长、党支部副书记等职务，剧团的一切工作恢复正常。“文化大革命”中的冤假错案逐步进行平反落实政策。赵又甫的长子德海（大夫人所生）、赵少甫的子女从黄县来团里要求落实政策。因这个新剧团1970年成立，团里知情者很少。他们到我家里哭诉他们的父亲劳改后家中的悲惨景象，赵少甫回村后，清晨五点就起来，打扫全村的卫生，只为了表现好，能在村子里有一席安身之地，后来偏瘫、病故。“文化大革命”期间门上挂黑牌子、“黑五类”子女不能就业、生活非常困难，找不上对象、受人歧视……令人同情落泪。但是，大赵、二赵的问题是肃反中搞的，而且都是特务的罪名，非比一般，更不能感情用事。我有责任向上级部门反映，起码对其子女要按政策办事。经过上下多次的反映，威海市落实政策办公室反复调查核实，最后落实了政策，终于给他们的父亲平反了。他们都激动得哭着喊感谢共产党。我也感受至深，作为一个党员干部，对人对事一定要实事求是。那些弄虚作假、整人报功，一害人，二害国，破坏党的方针政策，败坏党的威信，留下后遗症给组织上增加了大量的工作。有的党员干部趁运动之际整人报功、扣帽子，好像挖出来的阶级敌人越多，就显得他工作越有成绩，越“左”越革命，而日后事实证明是搞了冤假错案。落实政策时我找他了解情况就像变了一个人，推三脱四地不负责任。这样的党员干部究竟是水平的问题，还是世界观的问题？是没有党性，还是没有人性？看来都有问题。

京剧团里的肃反运动也真挖出有问题的人来。丑角演员李鸣岐，于1952年我随师流动演出到掖县朱桥剧团，李鸣岐在当地剧团演丑角。在一个团里演出一个多月。1957年我回到威海，他也在威海京剧团里演二路丑角，他原籍是掖县，可是东北的口音，运动中他与大赵二赵同时被隔离的。赵光政当时是青年积极分子，分工看管李鸣岐，早晚都守着他。1958年5月份一天午夜十二时，全市统一行动，李鸣岐和赵又甫、赵少甫一起被逮捕。听说李鸣岐是日本翻译，有一百多条人命血案（实情不详），在当翻译时我们地下党给过他警告信，他很害怕，真的洗手不干了。后来解放战争时“出夫”支援前线抢救伤员、抬担架，他还立过二等功，为此免了死刑，据说判了他个无期徒刑。

1959年秋，京剧表演艺术家滕步云练功照

1958年5月，赵又甫被打成“军统特务”判刑十年，组织上找滕步云谈话，她和赵又甫划清界

限，办理了离婚手续。界限是划清了，可是四个孩子都归滕步云抚养。剧团演出任务非常重，面向农村上山下乡，有时在一个村坐点，再分点出去演出。周围有大集，就去大集上演出，在一个村子演完，走几十里路再赶到另一个村子去演出。为了收入，有时候要把人员搭配开分团演出，若不如此就发不上工资。边演边劳动，自己拉车、推小车下乡，平均每人要带四十斤的服装道具，台上的大杆子、台下的布围子和网围子全都是演员自己带，每到一地先扎台子，演完戏拆台子，一切都是带着来，演完再带着走。这可苦了滕步云和一帮女同志，滕步云是主演，在女同志里的年龄比较大，需要照顾一点，和我爱人赵淑荣，两个人抬一条大竹竿台柱子，上面再挂上三盏大汽灯，一盏灯有十几斤重，一条大竹竿也有四五十斤，合起来近百斤。分量并不轻，俩人合伙，能中途休息，这就算照顾了。我们男同志骑自行车的要带八十斤以上。总之，演一场戏的全部东西都要自己带。滕步云如何吃得消。况且四个孩子在天津由她三姐带着，滕步云省吃俭用供孩子生活。工作累、想孩子，还不能表露出来，常在我们这些老同志面前掉眼泪。

京剧团的营业不景气、收入差，除刘玉佩书记拿满工资，我们都开半工资，还有三个月只发饭费。为了提高票房收入，剧团挖空心思排演新剧目，剧团之间竞争也很激烈，哪个剧团的剧目新颖、演员阵容强，各地剧场愿约接，在农村大受欢迎。因此，要排演新戏时间紧、任务重、工作量大。这就加重了滕步云的负担，一是没文化不识字，不能看剧本不识谱；二是脑子笨，学东西忒慢。过去排演连台本戏，一天演一本，白天排戏晚上就演，戏班的行话叫“跑亮子”，凭的是经验。知道了剧中情节，上场自己“卖派”。导演告诉了意思板式、节骨眼，台上的唱词、白话完全由演员自己发挥、随机应变，凭经验和日常的艺术积累。连台本戏里突出新颖

1954年春，京剧表演艺术家筱富卿、滕步云、王亚伦合影留念

别致，“五音连弹”，几个人合唱每人几句，根据情节词句、不同的腔调可以穿插各个剧种的韵律节奏，甚至是乡村小调。如《金鞭记》、《红髯客》、《西游记》、《封神榜》等本戏里皆有连弹。演员不仅要把握自己的词、腔，还要熟悉其他人的词和腔，否则自己接不上、别人也无法接唱，这要准腔准词。这就给滕步云增加了困难和压力，随时都在背词、想词，唯恐在台上出现纰漏。

形势在发展，戏曲事业逐步走向正轨，舞台两侧要打字幕。演员唱词和字幕上的不相符观众就知道了。排练新剧目时间越短效益越好，特别是现代戏，对滕步云来说更是伤透脑筋：台词发下来要由别人一句一句地念给她听，她一字一句地学，现代戏的唱腔和传统戏不同，板、眼节奏都有改进；舞台调度是死规定，不能随便更改，要求演出剧中人的感情，这对滕步云本人来讲是一大“革命”。那时候排戏，最多一到两周的时间，如果赶上政治宣传任务的剧目，五六天的排练时间就上演了。时间不等她，所以每个戏的排演都是由我爱人赵淑荣排，上演了以后一句句地教她，等她学会了再演。往往等她学会了的时候，第二个剧目就开始彩排了。她的特点就是学得慢，但记得扎实。可是赵淑荣的特点是学得快，到外团学戏看两遍就会了，所以外号叫“录音机”，学得快忘得也快。一出戏上演了，接着再排下一个戏，只好排AB角，一出戏由赵淑荣A角先排练、演出，再教滕步云。等滕步云能演出了，赵淑荣就交差了，再排演其他的戏，前面的戏就忘光了。学习毛主席著作时，赵淑荣一夜不睡觉能背下老三篇来，滕步云却三天背不下一段毛主席语录。

1959年元旦前，市文化局下达了公布令。刘玉佩同志任团长，我和滕步云任副团长。我主管业务，下面设演出股，股长筱福卿，主任王少奎，乐队股长张永祺。老滕分管培养学员。那时候京剧团已招收了三批学员几十个人，最后在实践过程中选择留放。第一批学员是在1954年建团时，是许焕章先生培养的一批，如吴文才、刘昌良、王桂月、周桂梅等已成为剧团的骨干了。

戏包座钟筱富卿

我掌管业务以来，主要是有个好业务股长筱富卿。这老太太本姓巩，八九岁就学河北梆子，和她妹妹唱对戏很多，她有一副好嗓子，十五岁进皮黄班，十八九岁走红。

她不但会的多，并且各行精通，在安排业务上井井有条，筱富卿老太太在后台当“座钟”——业务主管，给我这业务团长减轻了很多工作量。除她每场戏都要参加演出外，每场戏中的角色、人员安排，都要在头一场戏未完时挂在后台“水牌”上公布。有时候一场戏里要演三四个戏码，每齣戏里的角色、每个演员的安排都要得当，这项工作很麻烦，若是派错了角色，演员就要找麻烦。这项工作行规和业务性很强，王少奎有点文化负责写水牌。每天晚上由演出股长、主任号好了水牌，挂出第二天戏码、演员的安排情况，我这个业务团长看一下，在下面签名生效。演员们看水牌，知道了在下一场戏里自己分派到的角色，有忘记或者不会的抓紧时间熟练和学习。多日不演的剧目，水牌后面标注明日几时过戏、排练。日久不演的剧目要过一下，但是武戏都要排练。一般是在早晨练功的时候排武戏。筱富卿安排的角色很少有不妥之处，我也很少改动，作为我一个二十二岁的业务团长很尊重她。后来经常下乡，就把水牌改为业务本了，每天的工作安排都记录在业务本上。优点是可以保留业务档案。回忆这项工作，筱富卿老太太干得非常出色，在后台总是端着个茶杯，有威望也很压众，可谓不怒而严，在业务上大家都惧怕她三分。一是会的多，二是有丰富的舞台经验。这项工作是得罪人、招骂的“差事”。青年们都称她“老慈母”，可是背后叫她“老雌虎”，有威力而不发火。她遇事不急不慌，业务有秩有序，问者必答头头是道。一位女同志当“座钟”、管业务管到这样的水平实在少见。

分工带徒教学员

1959年，文化部下达文艺界要大力培养接班人的指示，于是全国各地相继制定了当地培养学员的计划，1960年市人民委员会又下达文件，市文化科、京剧团都很重视，由市文化馆几位同志配合，在本市下属各乡镇、学校及邻县适龄有演员条件的男女少年，收上一批学员，并分配给吕剧团一部分。

京剧团收的学员有市里的黄日丽、毛威克，河东村的董国勇，后峰西村的邹菊华，里口村的王天江，黄家皂的黄君卿，里口刘家疃的刘玉香，羊亭的李素芹，海西头的车玉莲，宋家洼的宋玉叶，乳山县的崔德斌和崔传海，本团的演员唐尚喜之子唐虎子、演员筱富卿之三子刘连升、琴师宋国林之子宋富贵、琴师李宏刚之子李世荣。后有海西头的车方建，乳山南黄村的徐月葱等。后来，经过一段时间的学习和练功，把车玉莲、崔传海等转到吕剧团，黄日丽、宋玉叶等几个都下放离开剧团。那时候我们艺人不懂政策，不适应在剧团工作的人员就把人家打发回家了，未安排其他工作，没有任何待遇。实际也不合乎党的政策。

当时，培养接班人的要求很高。武功教练有把子、跟头、毯子功、身段等项目。老同志成立一个教练组，有原上海京剧院的武丑演员赵云飞老师、唐尚喜、赵小飞和我负责基本功的训练，学员分工落实到人，定时间包教保会。滕步云带徐月葱学青衣，我带董国勇学武生，郑兰卿学刀马，筱富卿带崔德斌学老生，赵淑荣带黄君卿学花旦，潘慧贤带邹菊华学老旦。王天江主要由赵小飞负责练跟头。王少奎带车方建，因为没有嗓子，由赵光政教练武功。总之，十几个学员都按本身条件进行分行教练。

为了及早地培养出新生力量，我们制定了详细的培训计划。在规定的时间内进行强化训练，定时间给上级部门的领导汇报演出。我教董国勇《白水滩》中扮莫遇奇，王天江学抓地虎；滕步云教徐月葱《二进宫》中的李艳妃；筱富卿教其三子刘连生徐延昭，崔德斌演杨波；潘慧贤教邹菊华《岳母刺字》中的岳母；赵淑荣教车玉莲岳夫人，并主教黄君卿《春秋配》中的姜秋莲；王少奎教车方建《女起解》中崇公道。

此任务下达之后，学员们年小不懂，也不知道压力。但是老师们的压力非常大。新来的学员大都是十二三岁的孩子，离开了学校、父母家庭，进剧团没学喊嗓子、发声，就开始跟着老师学唱腔，未学念京白就学上韵词白。特别是武戏就更难了，未练各种武戏的基本功，上手就学折子戏。董国勇在《白水滩》中饰演十一郎，和青面虎、抓地虎繁杂的武功开打，两套清场棍花，虽然唱念不是太重，可是一齣大武生的短打戏，人物风度非常重要，况且有甩发、大带。最困难的是桌子上翻下来的侧

1960年，马少童、董国勇（12岁）合影留念

空翻“台蛮”，“虎跳”尚未跑好就要翻“台蛮”。老师们的压力大，所以上下班时间都在教，在去乡下演出的路上、在宿舍休息的时候也要教练。总之，利用一切可以利用的时间来教习。各位老师都爱面子，有竞争心理。学生汇报演出的水平，就代表着老师的教学水平和成绩。过去科班里，学员练习基本功，起码要三四个月以后才开坯子，然后根据学员的自身条件进行分工，生、旦、净、丑，再边练基本功，边学开蒙戏，而这批学员刚接触京剧就学大戏的主演，“速成传授”。老师在教学过程的难度可想而知。

老师每天要演出、排新戏，不但自己要背词，还要教学员。现在回忆老师太不容易了。学员叫苦，怨老师们太严格；老师不撒空的教，千方百计地教，争取在规定的时间内完成上演任务。

两个月后要演出汇报了。市委书记吴炳业、市长许善文、副书记丛永茂、分管文教的副市长毛福荣、分管财政的副市长冷雪竹、商业副市长孙志远、分管公检法的副市长鲁智民、统战部长戚其义、宣传部长丛温滋、副部长王尧民、张素娥等局以上的领导，本市海军、陆军的首长来了好多。文化科长曲萍同志、文化口的党支部书记兼剧场的经理谷华昭、剧团支部书记刘玉佩成了前后台的“小跑”；两个副团长我和滕步云、业务股长筱富卿更是紧张，在后台忙个不停，从学员的化妆、扮戏到每个小的细节都要想到。我们共同的体会是，这比我们自己演出紧张得多，坐立不安。演出的预备铃响了，要鼓励孩子们不要紧张。可怎么能不紧张？两个月的学员要演一出完整的折子戏，况且台下来了这么多的领导。虽不卖票，但座无虚席。

开演了，孩子们在台上演，老师们把着门帘注视着台上，不时地看台下领导们的表情。台下的热情很高，都说小孩在台上演出，很可爱、讨人喜欢。武戏在最后大轴，董国勇在台上演，我的心都提到嗓子眼里了。上场的“台风”表情各方面都很好，最难最担心的是上桌子往下翻。平时往下翻，我总是在桌子旁边保护着他，也比较顺利，可是这次是正式演出，我不能上台去保护他，也只能在下场门边幕里，给他鼓励，“别紧张、吊起来、别害怕”。只见小国勇“吊”是吊起来了，跟头的起翻也可以，我的心还没放下来，他的脚落地了，未站稳，坐在了台上。台下的领导和观众一阵大笑，我脸上火辣辣的像是被人抽了一个耳光。唉！这人丢大了，简直是无地自容了。在台上的国勇更觉面子丢尽，火儿架着，头一套棍花要比平日练习时“冲”得多。我强忍怒火还要鼓励他，“没关系，后面咱们‘铆上’，加把劲，不要慌”。我生怕他一紧张再把棍儿掉在台上。“好！”台下情绪很高。与青面虎开打的双刀棍、第二套棍花，台下响起阵阵掌声。我的心仍是提着，火气未消，心想：好小子，等演完戏我再收拾你！尾声吹过后落下大幕。董国勇自己火了，把藤子棍一摔蹦得老远，可把我气坏了，好小子，外场出了差错，我这老师还没发火，你先火了，这不是找揍挨吗？没等我的火发出来，后台喊“都上台摆好谢幕”。老师、学员都上了台。

谢幕时台下爆发掌声，但我的脸上还是火辣辣的，心想，我跟你小子丢这个人。谢幕后，一进后台，看到副市长毛福荣陪着许善文市长到了后台。许市长在一阵掌声中发话了，“好啊，我们威海京剧团有了新苗子，感谢老师们的辛勤劳动，不容易呀。太不容易了，这么短的时间，把这些孩子培养成这样，非常感谢你们。”我当时的心情不知是激动还是感动？还窝着一肚子火哪，眼圈湿了。许市长似乎很理解我的心情，拉着我的手说：“少童同志，这个小董很有前途，今天外场出这点问题，一是孩子太小，二是学练得时间太短，三是太紧张了，紧张是最大的原因。武戏出错，看得明显，前面那几块文戏，若唱错了，我们也听不出来，因为我们这些领导也不太懂。今天的汇报演出很成功，我们市委、市府的领导来看汇报，主要是祝贺。小董出这点小问题，不要难为他。”我是感动加羞愧，控制不住自己，泪珠滚出了眼眶，怒火难控只蹦出一句话，“小问题？坐在台上了还小问题。”许市长说：“是小问题，你学这出戏的时候，时间不会这么短吧？我跟你讲，今天的事情要好好说教，但不能打他。现在和你学戏的时候不一样了，不能打啊！今天的事故你要是打他，我可要批评你了。”

后台又响起热烈的掌声。送走了领导后，分管文化的副市长毛福荣把我拉到后台门口说：“少童同志，今天学员的汇报演出，市领导都很满意，这批学员要管理好，不要求他们都成为主演，能出三四个尖子就不错了。你教的那个小武生，很可爱。在台上出了点错，这没有什么，可以谅解。我看他把耍的棍子摔了，自己出了错还发火，这个小脾气要管。有脾气的孩子都有出息，要严格的管教，严师出高徒啊。但是不能以打来解决问题。步云同志没有文化，筱富卿这些老艺人，他们不保守，真心教就很好了。你是党员、文化口的共青团总支书记，组织上要求你不能和他们一样，除了把剧团的业务抓好，重点抓好学员工作，有什么困难及时和我们反映。”我感谢领导如此重视京剧团，“现在有个困难，这些孩子大都是离开学校就到了剧团，整天的学戏把文化都给耽误了，将来没有文化怎么办？”毛市长当时就表态，“这是个大问题，我考虑一下，再和教育局协商，是否可以调个文化教师到团里来，每天安排点文化课；滕步云她们这些老同志也要学点文化。”

第二天，开全体会总结汇报演出的成绩和不足。重点表扬老师们认真教戏，毫不保守地传授，表扬学员们练功不怕苦累，取得了好成绩，同时指出不足，今后要倍加努

力。又把市政府领导的鼓励重复了一遍，全团上下的情绪都非常高。

此后，组织上从凤林公社天东学校调来文化教师丛俭滋同志，到剧团任文化老师、少先队教导员，也是老同志普及文化的老师，课余时间还要卖戏票。俭滋同志钢笔字写得很好，所以书记、团长的材料，我写的剧本也找他抄清誊写。那时候剧团里的工作热情很高，学员们有这么一位教导员，学文化和专业课都很正规。

现回忆起那时候威海市京剧团的昌盛，主要是政府和领导的重视。市委吴炳业书记、许善文市长、毛福荣副市长经常到团里来问长问短，依领导们的话说："我们威海市只有你们这么一个专业文艺团体，不同于一个工厂和其他单位，到各地演出代表着我市的文化精神面貌。"吴炳业书记经常到团里来，从剧场的卫生到食堂的伙食、学员宿舍的冷暖，党团员的发展，等等，可说是事无巨细，都一一过问；统战部的戚其义部长，更是京剧团的常客；宣传部的郇正增同志，经常靠在剧场和剧团里，什么情况都非常清楚。

现在算来已是将近五十年了，记忆犹新似在昨天。一省、一市、一县的文艺团体水平高低，关键的关键是在于当地政府领导的重视，也见证着当地政府的领导水平。

回　顾

传艺唯恐出差错，教不严乃师之惰；
屈指已近五十载，教育人者先要学。

尊师爱徒是我国的优良传统，也是礼仪的体现。个别人今天要学戏认识老师，明天能唱几句了，就忘了老师、不认老师了，甚至诽谤老师。什么组织上的培养，老师的教授一概不想，这样的人不会想到领导和老师对他的培养所付出的艰辛，这是一个人的道德水准和品质问题。回想当时剧团对学员的管理、思想教育抓得非常紧。现在虽已成历史，但对比今天现实的教育，也是大有裨益的。

自　悟

又小不知师傅心，成名当思师授恩；
祖国辈有人才出，为人难在德艺馨。

临江驿主演对唱

1960年秋，市三级干部会，威海市京剧团演出慰问专场剧目《临江驿》，亦名《潇湘夜雨》。滕步云饰张翠鸾、筱富卿饰张天觉、我饰崔文远、张恩远饰演崔彤、赵淑荣饰牛小姐、王桂月饰牛府丫鬟、王少奎饰演解差。老剧团有个惯例，传统剧目、折子戏没有专门的排戏时间，都是演员自己找时间相互对一下，因为老戏都是死路子，都是演出前在化妆时对一下“节骨眼”接茬，就外场见了。市上开三级干部会议，我和刘玉佩同志都要去开会。一整天的会议不在团里，晚上到后台化妆前，我说：“滕团长，提亲那场的对唱咱们对一下吧。”她说：“老掉牙的戏了，还对吗？”张恩远老师讲“长时间不演，对对熟练一下也好。”于是，就边化妆边对戏，应是旦角唱完，我这崔文远再接唱“见一个羞答答遮面退后，这一个默无言面带含羞……”可滕团长坚定地说她没唱。原词是：张翠鸾：（白）这……崔彤：（白）啊……崔文远：（白）哽……咦……哈哈……我想着张翠鸾在这个地方有几句唱，她说：“你笑完，接着唱流水就是了。”我们三人谁也没有想起张翠鸾的唱词来。既然如此就定死了，我这崔文远笑完了就接着唱流水，您在我前面没有唱段了。演员往往有这种情况，平日怎么也想不起来的台词，但到了外场，相互感情交流，一促就都想起来了。

慰问演出，戏演得很严谨。演到提亲的节骨眼上，滕团长想起来剧中人的这段唱词了。原词是：只见他潘安貌容颜俊秀，儒雅态书卷气性情温柔，载方巾穿蓝衫鸳鸯带扣，上下无处不风流。心中事难开口，不语无言我面带含羞。在场上都进入感情了，她把在后台对戏时，已定死了这里她不唱的事，忘得一干二净。这时候我这崔文远站在台中，小生崔彤在左、旦角张翠鸾在右。我哈哈笑完以后，司鼓丛树辉开出流水的板式，按剧情要求我很有把握的在过门里上一步，把他俩闪在后面，过门伴奏一到我就唱开了：“见一个羞答答遮面退后……”这时候老滕在我背后也唱开了，因为演员在外场进入角色的感情，谁也没有向两旁看。我们两个都在唱，我的脑袋嗡的一下，啊！怎么她也唱开了？我顿时反应过来了。本应我接她的流水，但在演出前对戏的时候定死了她不唱，怎么办?心想我不能停，我一停台下就认为是我唱冒了，准给我来个倒好，于是我毫不含糊的继续往下唱：“这一个默无言面带含羞，罢罢罢，好姻缘待我成就，这才是

窈窕淑女君子好逑……”老滕看我在唱，猛然想起来这里已定死了她不唱，她第一句唱到一半就停下来了，台下一阵笑声。我这段唱每次演出的时候，唱完准是阔堂彩，这次就在笑声中结束了。伴奏的文武场也被这突如其来的笑声搞蒙了，后台的演员也都跑到上、下场门的边幕条子里面向外场看，不知外场究竟发生了什么事情。

这一场戏下来，一进后台老滕就哈哈大笑，筱富卿老太太，玩笑带批评地说：“我的天哪，两位大主演外场对着唱，这不是要命吗！”张恩远先生也讲：“人家马团长说她先唱，我也想着她这里有几句唱，可是她一死地犟说这儿没有唱。定准了她不唱，可到了外场她想起来了。马团长在前面唱，这位大爷在后面也唱，好嘛，唱双簧。”老滕说：“这个倒好是我的，瞧，这娄子捅的。业务本记上，这次事故是我的。”我说：“看来还真是马虎不得，再熟悉的戏也要熟练，今儿这事咱们都有责任。算是一个深刻的教训，好在今天台下的观众都是干部，没有叫倒好，实际笑声也就是倒好……”

通过这次演出的教训，再熟悉的剧目也要认真对待。

赵淑荣剧照

《生死板》倒好惊人

1960年夏，演出京剧《生死板》，亦名《三姐抢板》。是连台本戏《海公案》中的一本，剧情悲切感人。剧情为：明朝衡阳贺总兵，鱼肉乡里，其子横行霸道，路遇王志坚之女王玉环，欲强抢为妾，追至溪桥，失足落水溺死。贺总兵仗权诬定玉环害死其子。命衡山县令黄伯贤，定王玉环死罪抵命。黄知县审知玉环冤枉，并查知乃恩人之女，不忍处死，但也无计可施。黄女秀兰、义女秋萍知其真相，争替玉环赴死。玉环不肯，三女争执不决之时，黄伯贤定一“凭天断”，暗室中书二生一死三块板，谁抢到死板由谁受刑。三女抢板时，谁也不要生板，争夺死板，黄秀兰抢到“死”板。黄忍痛定案，立斩自己的女儿。法场临刑时，王志坚赶到，大骂黄伯贤忘恩负义，哭女之际发现是黄女秀兰，并非女儿玉环，惊疑中被贺总兵识破，怒定黄知县抗令弄私之罪，将黄和三女一起问斩。恰遇湖广巡按海瑞私访至此，拦斩断案明冤惩恶，赦黄及三女无罪，斩贺总兵为百姓除害。剧中的黄伯贤由我饰演，王玉环由滕步云饰演，黄秀兰由赵淑荣饰演，秋萍由付忆兰饰演，黄三郎由王少奎饰演，贺总兵由王玉奎饰演，海瑞由筱富卿饰演，王志坚由孙孔安扮演。演出顺利，台下观众情绪很好。演到了三女抢板时，剧情达到了高潮——“戏眼”。三人互相抢板时，有屁股坐子、跪步、乌龙搅柱等技巧，谁想外场动了真感情，用劲过猛，三人撞到一起坐在了台上，观众并无感觉。可是老滕坐在台上哈哈大笑起来，三人相视，赵淑荣、付忆兰也跟着笑得前仰后合，我在台上急得直跺脚：“怎么回事？！注意影响！”仍是不能止住她们的笑声。这时候台下的倒好已拱起来了，筱富卿在上场门喊上了：“这是嘛事儿，悲剧成了喜剧，这不要命吗！”我气急了，就骂上了：“你们不要脸了吗？”台下的倒好、笑声不可收拾，我实在没办法了，喊了声“开乱锤”，乐队司鼓开出乱锤点儿，她三人抱着板下了场，我又喊着大缓锣，半天才把台下闹哄哄的气氛平息了。紧急风中衙役、青袍站门，我在“四击头”中上场，这时候剧中人黄伯贤是什么样的心情？紧急风中哆嗦着归大坐，往常戏演到这里，台下会有效果。今天我是一肚子的火和气，动了真感情，拼命地做戏，台下的观众依然没有反应，仍然沉浸在笑场的情绪中。接着带人犯，三位小姐一上场，台下又是一阵哄笑。这回三位小姐不笑了，全傻了眼，知道此祸不小，影响很坏，都想哭的样子，

小心地把戏演完了。

观众散场，后台里鸦雀无声，我和筱富卿老太太相视点头出了水牌（业务牌）：“止戏全体会”。全团六十余口都坐在台下，我主持会议：“大家都累了一晚上了，可是今天的会不开不行啊，大悲剧演成了喜剧，这问题造成的影响我不说大家也明白，赵淑荣！你上台给大家说说，为什么把戏演成这样，问题有多严重？！”我真是火了，大声地吼道：“上台！向大家说说，怎么不笑了！”赵淑荣在台上低头不语地站着，因为赵淑荣是我的爱人。滕步云是业务副团长，又是前辈，我不能批她，若再批评付忆兰，不批评滕步云于理于情都说不过去。此时，会场一点动静也没有。老滕沉不住气了，她站起来说：“今天这事儿，是我引起的，我先笑的，要处分先处理我吧，光叫淑荣一人担责任是不公平的。”说着也上了台，付忆兰也低头上了台，“我也笑场了”。又都没词了，我也没有办法收场。这时书记刘玉佩同志上台解围，说：“今天这事确实很严重，影响很不好，马团长发火是可以理解的。滕团长也检讨了，赵淑荣、付忆兰也都认识到了自己的错误，我们大家都要吸取教训，今后不能再出现类似的错误。好了，你们下来吧，以此为戒吧”。批评会就这么结束了。

1959年后，威海市京剧团参加门楼水库修建，第八水利司令部授奖大会马少童接奖旗留影

事后第二天，文化口党支部书记谷华昭同志找我谈话，“舞台上出现的问题确实很严重，处理也是应该的，但是太冲动了，不好批评滕团长，又不能批评付忆兰，只有拿自己的老婆撒气，发火能代替工作方法吗？”我不服气地反问了他一句：“那叫你说如何处理？出了这么大的演出

事故，能叫人不发火吗？”“发火也要处理，不火也能解决。你应该先找滕团长谈话，说好了以后，再开会总结这场戏出现的问题，她们三人自己检讨，也不用上火，她们三人和大家都受教育。你看你批斗自己的老婆，这叫什么工作方法？若不是我叫玉佩同志去为你解围，你怎么收场？没事多学学《关心群众生活，注意工作方法》这篇文章。当领导不能总发火，要有工作方法，提高自身的修养。”此事也成了威海市京剧团的一个典故——《生死牌》，马少童批斗他老婆。

回忆我二十二岁当团长，只是一个青年主演，工作方法上，尤其是处理问题的艺术性欠缺，只知一心一意搞好业务工作。我想，当初的一些事情若现在我去处理，不会是那么简单粗暴，定会圆满些，只是明白了世故，懂得了工作方法我已老矣……

自省自悟

年轻气盛性子暴，工作简单欠推敲，
回顾往事甚可笑，如今醒悟人已老。

威海京剧团1958年—1966年在全省、全地区巡回演出，演遍了大小城市和乡镇，剧目多、行当齐全，营业收入及观众反应都比较好。

政治运动一个接一个，业务要给政治让路，强调政治挂帅，党支部书记就是党，可决定一切，没有民主集中制。支部书记和团长对业务建设和发展观点不一致，形成“两种观点”。直到“四清”运动后，剧团整顿、改选、精简后，到烟台、青岛演出，业务收入、观众反应都非常好，演出《焦裕禄》、《红灯记》、《八一风暴》各单位集体包场，早晨六点就有观众排队买票。更得到当地市委、政府的大力支持，青岛市委对《八一风暴》特别重视，到革命历史博物馆参观学习，以八一起义的照片为标准，将剧中的服装道具在五天的时间里，全部重新制作完毕。汇报演出时，青岛市委、市政府给予很高的评价。此时威海文化领导急调京剧团回威海。1966年6月16日回到威海，18日“文化大革命”工作组进驻剧团。搞大鸣、大放、大字报。当时我是改选后上台一个月的团长、代理支部书记（刘某某已停职等待处分，新书记未到任），我就成了剧团里的走资派。驻团的工作组王队长说：“京剧本身就有毒。”要我交代问题。我是“四清”前连续几年的先进工作者、学习毛主席著作的“尖子”，烟台地区报刊也发过《红色艺人马少童》的先进事迹和宣传材料。刚当选团长一个月，还是代理的党支部书记突然就成了走资派。这位王队长曾说：“你这个小家伙，主演加团长没有问题才怪了。”最后他把我打成了黑帮，解散了京剧团，以吕剧团为基础加上京剧团的八九个人，改名“文工团”。王队长在大会上宣布，剧团的“文化大革命”胜利结束了。谁想“文化大革命”延续了十年。威海市京剧团成立又解散，三起三落。

十年浩劫之害

群众运动，运动群众，革命造反，造反革命。
成立组织，夺权斗争，各领一帮，大搞派性。
整顿改革，改革整顿，京吕两团，结果一空。

威海京剧团1957～1966年演出剧目录

（传统剧目、连台本戏、现代剧目）

威海市京剧团自1957~1966年剧目多、戏路宽，业务水平在烟台地区名列前茅。回顾我和滕步云合作的剧目达七十余出。团里上演过的剧目一百二十四出之多。连台本戏近十套。现代戏三十余出。还有部分剧目日久回忆不起，据不完全统计，粗列如下。

1.《甘露寺》——马少童前饰乔玄、后饰周瑜（芦花荡），滕步云饰孙尚香；筱福卿饰刘备，唐尚喜饰张飞，王玉奎饰孙权。

2.《秦香莲》——马少童前饰王延龄、后饰包拯，滕步云、赵淑荣饰秦香莲，张恩远饰陈世美（老路子是小生应工），李志勇、唐尚喜饰韩琪。

3.《北汉王》——马少童饰刘承佑，滕步云饰刘瑞莲，赵淑荣饰苏妃，王玉奎饰苏凤吉。

4.《风波亭》——马少童前饰岳飞、后饰疯僧，（又名《疯僧扫秦》）

滕步云饰岳夫人，王玉奎饰秦桧。

5.《天雨花》——马少童饰左维明，滕步云、赵淑荣饰荀含春，筱福卿饰陈母，王玉奎饰陈济川，王少奎饰仁和县。

6.《斩经堂》——马少童饰吴汉，滕步云、赵淑荣饰王兰英，筱富卿饰宁氏。

7.《打銮驾》——马少童饰演包拯，滕步云、赵淑荣、付忆兰饰庞妃，唐尚喜饰赵德芳，王玉奎饰庞吉，筱福卿饰李贞妃，王少奎、付长宝饰范仲华，张恩远、吴文才、王永文饰宋仁宗，刘昌良饰庞煜（《造御铡》、《打銮驾》、《清官出朝》、《铡庞煜》、《遇皇后》、《打龙袍止》，六折）。

8.《高老庄》——马少童前饰天蓬元帅、后饰猪八戒，滕步云饰高小姐，筱富卿饰高员外，潘慧贤饰高夫人，赵淑荣饰丫鬟。（招亲时唱五音联弹）

9.《鹿台恨》——马少童饰比干，滕步云饰妲己，赵淑荣饰雉鸡仙，唐尚喜饰纣王。

10.《朝歌恨》——马少童饰姬昌，滕步云饰妲己，张恩远饰伯邑考，唐尚喜饰纣王。

11.《翠屏山》——马少童饰石秀，筱富卿饰杨雄，滕步云饰潘巧云，付长宝、王少奎饰潘老丈。

12.《铡阎老》——马少童前饰刘统勋、后饰刘墉，滕步云饰金姐，赵淑荣饰凤英，唐尚喜饰十四王，王玉奎饰叶里洪。

13《反五关》——马少童饰黄飞虎，滕步云饰贾氏夫人，唐尚喜饰纣王，李志勇、唐尚喜饰黄衮。

14.《渭水河》——马少童饰姜子牙，筱富卿饰周文王，滕步云饰妲己，唐尚喜饰纣王。

15.《大名府》——马少童饰卢俊义，滕步云饰演贾氏，付长宝饰李固。

16.《陈十策》——马少童饰闻仲，滕步云饰妲己，唐尚喜饰纣王，筱福卿饰姜尚，张恩远饰闻梦龙，刘来兴饰闻梦虎。

17.《铡判官》——马少童前饰白玉堂、后饰包拯，滕步云饰柳金蝉，张恩远饰颜查散，付长宝饰风流鬼，王玉奎饰阎王。（海派路子《探阴山》一折唱联弹，马少童、付长宝串戏倒排）

18.《绝龙岭》——马少童饰闻太师，唐尚喜饰纣王，滕步云饰妲己，筱福卿饰姜尚，刘来兴饰马童。

19.《鱼腹山》——马少童饰刘宗敏，筱富卿饰闯王李自成，滕步云饰凤熙。

20.《生死牌》——马少童饰黄伯贤，滕步云饰王玉环，赵淑荣饰黄秀兰，付艺兰饰秋萍。

21.《关汉卿》——马少童饰关汉卿，滕步云饰演朱帘秀。（刘德宝移植剧本导排）

22.《赵五娘》——滕步云饰赵五娘，马少童饰张广才，张恩远饰蔡伯喈。

23.《桃花村》——滕步云、赵淑荣饰春兰，付忆兰饰刘玉燕，张恩远、王永文、吴文才饰卞机，马少童饰鲁智深，刘昌良饰周通。（招亲时唱联弹，马少童串戏导排）

24.《炮烙柱》——马少童前饰梅伯、后饰尚容，滕步云饰妲己，唐尚喜饰纣王，付长宝饰费仲，王少奎饰尤浑。

25.《天河配》——马少童饰牛郎，滕步云饰织女，王少奎饰舅舅，筱福卿饰孙守仁，付长宝饰嫂子。（马少童串排）

26.《巴骆和》——滕步云饰巴金定，马少童饰胡立，李志勇饰骆宏勋，筱富卿饰九爷，王玉奎饰鲍子安。

27.《临江驿》——滕步云饰张翠鸾，马少童饰崔文远，张恩远饰崔彤，筱富卿饰张天觉。

28.《蝴蝶杯》——滕步云饰胡玉莲，马少童饰田云山，张恩远饰田玉川，王玉奎饰卢林，王少奎饰卢世宽，赵淑荣饰卢小姐，筱富卿饰董温。

29.《对金瓶》——滕步云饰蔡文琴，张恩远饰韩文瑞，马少童饰韩文玉，王少奎饰蔡元俊，付长宝、筱富卿饰蔡母，王玉奎饰王奎。

30.《进妲己》——马少童饰苏护，滕步云饰妲己，唐尚喜饰纣王，张恩远饰苏全忠。

31.《凤还巢》——滕步云、付忆兰饰程雪娥，张恩远饰穆居易，马少童饰洪功，付长宝饰程雪雁，王少奎饰朱千岁，孙嘉庆饰程甫，筱富卿、潘慧贤饰程夫人。

32.《勘玉钏》——滕步云前饰俞素秋、后饰韩玉姐；马少童饰陈智，张恩远、吴文才饰张少莲，王少奎饰韩臣。

33.《香罗带》——滕步云饰林慧娘，马少童饰唐通，张恩远饰陆世科。

34.《万花船》——滕步云饰张小莲，马少童饰张济，张恩远饰甘习文，王少奎饰蔡炳。

35.《火烧望海楼》——马少童饰马洪亮，滕步云饰崔大脚，刘来兴饰刘黑，马宝山饰赵麻子，筱富卿、王执范饰刘杰，赵光政饰神父。（此剧是向天津京剧团学习剧目。由马少童、吴文才、刘来兴导排）

36.《玉堂春》——滕步云饰苏三，张恩远、吴文才饰王金龙，王少奎饰崇公道，马少童、筱富卿饰刘秉义。

37.《英杰烈》——滕步云饰陈秀英，马少童饰王应龙，张恩远饰匡忠，付长宝饰陈母，王少奎、赵光政饰石伦，王玉奎饰石须龙。

38.《天门阵》——滕步云饰穆桂英，张恩远、吴文才饰杨宗保，筱富卿饰演杨延昭，马少童饰五郎杨延德。

39.《凤仪亭》——滕步云前饰貂蝉、后饰吕布，马少童、张恩远饰吕布，筱富卿饰王允，王玉奎饰董卓。（虎牢关起，白门楼止）

40.《虮蜡庙》——马少童饰褚彪，滕步云饰张桂兰，王三多饰费德功，李志勇饰黄天霸。

41.《溪皇庄》——马少童饰褚彪，王三多饰花德雷；滕步云饰窦氏。

42.《霍小玉》——滕步云饰霍小玉，张恩远饰李十郎，马少童饰黄衫客。

43.《五花洞》——滕步云、赵淑荣、周红燕、付忆兰饰真假潘金莲，付长宝饰吴大炮，王少奎、李鸣岐等饰真假武大郎；马少童、李志勇、赵小飞等饰神将；筱富卿饰张天师，唐尚喜饰昴日鸡。（四四五花洞、大开打）

44.《火焰山》——滕步云饰铁扇公主，唐尚喜、刘来兴饰孙悟空，马少童饰牛魔王。

45.《画皮》——滕步云饰厉鬼，张恩远饰王生，马少童饰王道人。

46.《六国封相》——马少童饰苏秦，滕步云、赵淑荣饰周氏，王少奎饰苏父，付长宝、筱富卿饰苏母，许焕章、筱富卿饰苏守贤。

47.《坐楼刺惜》——马少童饰宋江，滕步云饰闫惜姣，付长宝、王少奎饰张文远，筱富卿饰妈儿娘。

48.《佛门点元》——马少童饰普明，滕步云饰马氏，赵淑荣饰金瓶女，张恩远饰金潜元。（马少童导排）

49.《八宝公主》——滕步云饰双阳公主，马少童饰狄青，王少奎饰鄯善王，付长宝饰巴三奈。

50.《天波杨府》——马少童前饰寇准、后饰杨延昭，滕步云、赵淑荣、付忆兰饰柴郡主，刘昌良饰韩昌，孙嘉庆饰赵德芳，王执范饰宋王。

51.《描容上路》——滕步云饰赵五娘，马少童饰张广才。

52.《黑驴告状》——筱富卿饰范仲禹，滕步云饰白玉莲，马少童饰包拯。（马少童串排）

53.《姜子牙招亲》——马少童饰姜子牙，林曼云、筱富卿饰马赛花；滕步云饰苏妲己，孙孔安饰宋异人，潘慧贤饰宋夫人，赵淑荣饰雉鸡精，唐尚喜饰纣王。

54.《父子同庚》——马少童饰张荣，滕步云饰张夫人，张恩远饰张家荣（马少

童编导）

55.《三姐下凡》——滕步云饰三仙女，马少童饰杨生，刘晓峰饰杨广道。

56.《人面桃花》——滕步云、赵淑荣饰杜宜春，马少童、张恩远饰崔护，筱富卿、马少童饰杜知微。

57.《二子乘舟》——马少童饰季子，滕步云饰宣姜，王玉奎饰卫宣公，唐尚喜饰公子泄，筱富卿饰公子职，王少奎饰公子朔，李志勇饰公子寿。

58.《好鹤失政》——马少童饰洪言，滕步云饰卫妃，王玉奎饰卫懿公。

59.《三看御妹》——赵淑荣、滕步云饰刘金定，王永文、吴文才饰俊保，马少童饰高怀德。（向烟台京剧团学习剧目）

60.《孙安动本》——筱富卿、马宝山饰孙安，滕步云饰夫人，马少童饰徐龙，姜兆云饰万历，孙嘉庆饰徐有功。（马少童编导）

61.《海瑞上疏》——马少童饰海瑞，滕步云饰夫人，筱富卿饰朱厚熜。

62.《闹朝劈宫》——马少童前饰罗仁、后饰程咬金，滕步云饰裴兰英，吴文才饰罗通。（马少童、赵光政编导）。

63.《后羿嫦娥》——马少童饰后羿，滕步云饰嫦娥，刘来兴饰玉兔。

64.《诸葛亮招亲》——滕步云饰黄玉英，马少童饰诸葛亮，筱富卿饰黄承彦，付长宝饰孟公威。

65.《巧断紫荆案》——马少童饰包拯，滕步云、赵淑荣、付忆兰饰王氏，孙嘉庆饰公孙策（马少童编排）。

66.《武松与潘金莲》——马少童饰武松；滕步云饰潘金莲，李志勇、吴文才饰西门庆，付长宝饰武大郎，王少奎饰王婆。

67.《猎妇歼仇记》——马少童前饰陈志雄、后饰朱天赐，滕步云饰前陈妻，潘慧贤饰后陈妻，赵淑荣饰陈小英，王玉奎饰朱世虎。（李宏纲提供厉家班剧本、刘德宝导排）

68.《仲义小白龙》——马少童饰仲义，滕步云饰公主，王少奎饰王恩，潘慧贤饰仲母，刘晓峰饰小白龙（刘德宝编导）。

69.《穆桂英挂帅》——滕步云饰穆桂英，姜兆云、刘来兴饰杨文广，赵淑荣、王桂月饰杨金花，马少童饰寇准，郭学敏饰杨宗保，潘慧贤、筱富卿饰佘太君，王玉奎饰王强，刘昌良饰王伦。

70.《乾元山》——刘晓峰饰哪吒，马少童饰李靖，滕步云饰李夫人，筱富卿饰太乙真人，赵淑荣饰雉鸡仙。

一九五七年至一九六六年演出剧目：（计一百二十六出）

1.《红娘》——滕步云、赵淑荣饰红娘，张恩远、王永文、吴文才饰张君瑞，赵淑荣、付忆兰饰崔莺莺，付长宝、王少奎饰琴童。

2.《秋江》——滕步云饰陈妙常，张恩远饰潘必正，筱富卿饰老尼姑，王少奎饰艄公。

3.《娟娘》——滕步云饰娟娘。

4.《断桥》——滕步云、赵淑荣饰白素贞，王桂月、赵淑荣、郑兰卿饰小青，王永文、吴文才、刘来兴饰许仙。

5.《春香闹学》——滕步云饰春香，赵淑荣、付忆兰饰小姐，付长宝饰褚最良。

6.《卖水》——赵淑荣饰春兰，付忆兰饰小姐，吴文才饰李二相公。

7.《盘丝洞》——滕步云饰月霞仙子，李志勇、唐尚喜、刘来兴饰孙悟空，王少奎饰猪八戒，付长宝饰丑妖女，张恩远饰唐僧。

8.《盗魂铃》——滕步云饰青狮仙（化身），王少奎饰猪八戒，付长宝饰丑妖女。

9.《十三妹》——滕步云饰何玉凤，张恩远饰安骥，赵淑荣饰张金凤，王少奎饰白眼狼，赵光政饰黄傻狗，刘昌良饰黑风僧，赵小飞饰虎面僧。

10.《十五贯》——滕步云饰苏戌娟，筱富卿饰况钟，张恩远饰熊友兰，王少奎饰娄阿鼠。

11.《法门寺》——滕步云、赵淑荣饰宋巧娇，滕步云、赵淑荣、付忆兰饰孙玉娇，许焕章、筱富卿饰赵廉，王玉奎饰刘瑾，付长宝、王少奎饰贾桂，张恩远、王永文、吴文才饰付朋。

12.《三击掌》——赵淑荣、王桂月饰王宝钏，姜兆云、郭学敏饰王允。

13.《春秋配》——赵淑荣、付忆兰饰姜秋莲，筱富卿、潘慧贤饰乳娘，张恩远、王永文饰李春发，付长宝、王少奎饰贾氏。

14.《花田错》——赵淑荣、王桂月饰春兰，张恩远、王永文、吴文才饰卞机，付忆兰饰演小姐。

15.《翠香记》——赵淑荣饰翠香，付忆兰、王桂月饰小姐，张恩远、王永文饰崔相公，潘慧贤饰老夫人。

16.《红鸾禧》——赵淑荣饰金玉奴，张恩远、王永文、吴文才饰莫稽，付长宝、王少奎饰金松。

17.《六月雪》——赵淑荣、付忆兰饰窦娥，付长宝饰禁婆，筱富卿饰婆婆。

18.《平贵别窑》——马少童饰薛平贵，滕步云饰王宝钏。

19《三打》——马少童饰薛平贵，滕步云饰代战公主，王玉奎饰魏虎。

20.《赶三关》——筱富卿饰演薛平贵，滕步云饰代战公主，付长宝饰穆老将。

21.《武家坡》——胡俊明（合同演员）、曲学海（合同演员）、筱富卿饰演薛平贵，滕步云、赵淑荣、付忆兰饰王宝钏。

22.《算军粮》——赵淑荣饰王宝钏，筱富卿饰薛平贵，王玉奎饰魏虎。

23.《银空山》——滕步云饰代战公主，张恩远饰高思继，筱富卿饰薛平贵。

24.《大登殿》——筱富卿、胡俊明（合同演员）、曲学海（合同演员）饰薛平贵，滕步云、赵淑荣、付忆兰饰王宝钏，赵淑荣饰代战公主，王少奎饰马达，赵光政饰江海，筱富卿、潘慧贤饰王夫人，孙孔安、孙嘉庆饰王允，王玉奎饰魏虎。

25.《汾河湾》——筱富卿、曲学海（合同演员）饰薛仁贵，滕步云饰柳迎春。

26.《绒花计》——付忆兰饰秀春，赵淑荣饰丽春，张恩远、王永文饰邓文焕，王少奎饰崔八，李鸣岐饰崔华，付长宝、刘善堂饰县官。

27.《虹霓关》——赵淑荣前饰东方氏、后饰丫鬟，付忆兰、周鸿雁、王桂月饰后东方氏，马少童、吴文才饰王伯当。

28.《珊瑚传》——赵淑荣前饰珊瑚、后饰凤姑，付忆兰饰后珊瑚，孙嘉庆饰克勤，张恩远、王永文饰克俭，付长宝饰婆婆，筱富卿、潘慧贤饰二婶。

29.《桑园会》——赵淑荣饰罗敷女，曲学海（合同演员）饰秋胡，筱富卿饰秋母。

30.《宝莲灯》——筱富卿、曲学海（合同演员）饰刘彦昌，赵淑荣、付忆兰饰王桂英。

31.《白门楼》——滕步云、刘梦萍（合同演员）饰吕布，赵淑荣饰貂蝉，王玉奎饰曹操。

32.《一捧雪》——刘善堂饰莫成，孙孔安饰莫怀古，赵淑荣饰雪艳，王喜岩饰严世蕃。

33.《审头刺汤》——曲学海（合同演员）饰陆炳，赵淑荣饰雪艳，刘善堂、付长宝饰汤勤。

34.《举鼎观画》——马少童饰徐策，张恩远、吴文才饰薛蛟，付长宝饰书童。

35.《徐策跑城》——马少童饰徐策，张恩远、吴文才饰薛蛟，王喜岩、王玉奎饰薛刚。

36.《老黄请医》——付长宝饰医生，赵光政饰店家。

37.《花子拾金》——付长宝饰花子。

38.《独占花魁》——滕步云饰花魁，张恩远饰卖油郎。

39.《罗成叫关》——刘梦萍（合同演员）、吴文才饰罗成，王永文饰罗春。

40.《四郎探母》——胡俊明（合同演员）、筱富卿饰杨延辉，滕步云饰铁镜公主，孙孔安饰杨延昭，张恩远饰杨宗保，筱富卿、潘慧贤饰佘太君。

41.《三娘教子》——许焕章、曲学海(合同演员)孙孔安饰薛保，滕步云饰王春娥。

42.《打渔杀家》——曲学海(合同演员)饰萧恩，赵淑荣饰萧桂英，王少奎饰教师爷。

43.《游龙戏凤》——筱富卿饰正德帝，滕步云、赵淑荣饰李凤姐。

44.《贺后骂殿》——筱富卿、孙孔安饰赵光义，赵淑荣饰贺后。

45.《门槛铡曹》——马少童饰包拯，赵淑荣、付忆兰饰刘氏（马少童编排）。

46.《岳母刺字》——潘慧贤、邹菊华饰岳母，郭学敏饰岳飞，王桂月饰岳夫人。

47.《托兆碰碑》——胡俊明（合同演员）饰杨继业，筱富卿、孙嘉庆饰杨延昭。

48.《捉放宿店》——许焕章、曲学海、孙孔安饰陈宫，王玉奎饰曹操，孙嘉庆饰吕伯奢。

49.《洞宾戏牡丹》——筱富卿饰吕洞宾，滕步云饰白牡丹。

50.《望江亭》——滕步云、赵淑荣饰谭记儿，张恩远、吴文才饰白仕中，王少奎饰杨衙内，赵光政饰张千，赵鸣华饰李万，筱富卿饰老尼姑。

51.《樊江关》——滕步云饰樊梨花，赵淑荣饰薛金莲，潘慧贤饰柳迎春。

52.《渡阴平》——马少童饰邓艾，唐尚喜饰姜维（刘德宝导排）。

53.《黄金台》——许焕章、孙孔安饰田单，王玉奎饰伊立。

54.《乌盆记》——筱富卿、孙孔安饰刘世昌，付长宝饰章别古，王少奎饰赵大。

55.《斩郑文》——马少童饰孔明，马宝山饰郑文，王玉奎饰司马懿。

56.《铡包勉》——马少童饰包拯，付长宝饰包勉，王少奎饰赵斌。

57.《铡庞煜》——马少童饰包拯，刘长良饰庞煜，李志勇饰展昭，刘来兴饰项富。

58.《钓金龟》——筱富卿、潘慧贤、尹宝华、邹菊华饰康氏，王少奎、赵鸣华、刘连升饰张义。

59.《草桥关》——王玉奎饰姚期，孙孔安饰刘秀。

60.《御碑亭》——筱富卿、曲学海（合同演员）饰王有道，滕步云饰孟月华，张恩远饰柳春生，赵淑荣饰王淑英。

61.《逍遥津》——孙孔安饰汉献帝，王玉奎饰曹操，刘善堂饰穆顺。

62.《清官册》——曲学海、胡俊明(均合同演员)饰寇准，筱富卿、孙嘉庆饰演赵德芳，

王玉奎饰潘洪。

63.《鱼肠剑》——胡俊明（合同演员）饰伍员，筱福卿、孙孔安、孙嘉庆饰姬昌。

64.《文昭关》——胡俊明（合同演员）饰伍员，筱富卿饰东皋公，孙嘉庆饰皇甫纳。

65.《斩韩信》——王执范饰韩信，唐尚喜饰萧何，筱富卿饰刘邦，赵淑荣饰吕后。

66.《追韩信》——马少童饰萧何，李志勇、吴文才饰韩信，孙嘉庆饰刘邦，付长宝、王少奎饰夏侯婴。

67.《四进士》——曲学海（合同演员）、马少童饰演宋士杰，滕步云、赵淑荣饰杨素贞，马少童饰毛朋，张恩远、吴文才饰田伦，王玉奎饰顾读。

68.《盗宗卷》——曲学海（合同演员）饰张苍，筱富卿饰陈平，潘慧贤饰夫人。

69.《失.空.斩》——曲学海（合同演员）饰诸葛亮，马少童饰王平，唐尚喜饰马谡，王玉奎饰司马懿。

70.《金沙滩》——王墨安（合同演员）饰杨继业，马少童饰杨七郎，筱富卿饰杨六郎。

71.《群英会》——胡俊明（合同演员）前饰鲁肃、后饰孔明，张恩远、吴文才饰周瑜，马少童饰赵云。

72.《连营寨》——王墨安（合同演员）饰刘备，马少童饰赵云。

73.《战猇亭》——马少童饰赵云，王墨安（合同演员）饰刘备。

74.《定军山》——王墨安（合同演员）饰黄忠，马少童饰严颜。

75.《哭灵牌》——王墨安（合同演员）饰刘备，筱富卿饰诸葛亮。

76.《让徐州》——王墨安（合同演员）饰陶谦，筱富卿饰刘备。

77.《借东风》——胡俊明（合同演员）饰诸葛亮，马少童饰赵云。

78.《战长沙》——马少童饰黄忠，王喜岩饰魏延，唐尚喜演关羽。

79.《两将军》——马少童、赵小飞饰马超，刘昌良饰演张飞，孙嘉庆饰刘备。

80.《天水关》——唐尚喜饰姜维，马少童饰赵云，筱富卿饰姜母，孙嘉庆饰诸葛亮。

81.《造白袍》——王墨安（合同演员）饰刘备，唐尚喜饰张飞，王少奎饰范疆，赵光政饰张达。

82.《金雁桥》——马少童饰张仁，唐尚喜饰张飞，筱富卿饰诸葛亮。

83.《凤鸣关》——马少童饰赵云，刘昌良饰韩德，筱富卿饰诸葛亮。

84.《过五关》——马少童饰关羽，刘昌良饰秦祺，刘来兴饰马童，孙嘉庆饰普静。

85.《古城会》——马少童饰关羽，刘昌良饰演张飞，刘来兴饰演马童，李志勇饰蔡阳。

86.《训弟》——马少童饰关羽，刘昌良饰张飞，孙嘉庆饰刘备，

87.《虎牢关》——马少童饰吕布，唐尚喜饰关羽，刘长良饰张飞，孙嘉庆饰刘备。

88.《芦花荡》——马少童饰周瑜，唐尚喜饰张飞。

89.《除三害》——王志超（客串）饰王俊，刘长良饰周处。

90.《拉郎配》——（群戏。刘德宝移植剧本、导排）

91.《三滴血》——（群戏。刘德宝移植剧本、导排）

92.《潞安州》——马少童饰陆登，刘昌良饰兀术，赵淑荣、付忆兰饰夫人。

93.《挑滑车》——马少童饰高崇，刘长良饰演兀术，郭学敏饰岳飞，马宝山饰黑风利。

94.《怀都关》——马少童饰郑寤生，李志勇、吴文才饰子都。

95.《四杰村》——唐尚喜、刘志良（合同演员）饰余千，马少童饰廖世崇，王玉奎饰鲍赐安。

96.《嘉兴府》——马少童饰鲍赐安、王三多，李志勇饰陈殿勇。

97.《三岔口》——马少童、刘来兴饰刘利华，王三多、马少童、吴文才饰任堂惠，李志勇、刘昌良饰焦赞。

98.《花蝴蝶》——马少童饰姜永志，刘昌良饰邓车，刘来兴饰蒋平，唐尚喜饰展昭。

99.《茉莉村》——马少童饰展昭，赵小飞饰丁兆惠，滕步云饰丁月华。

100.《白水滩》——马少童、王三多、董国勇、张胜开、吴文才饰莫遇奇，刘昌良饰青面虎，刘来兴饰抓地虎，王桂月、郑兰卿饰许佩珠。

101.《青风寨》——马少童饰李逵，吴文才饰燕青，刘昌良饰演刘通。

102.《水帘洞》——唐尚喜、刘来兴饰孙悟空，刘来兴、赵小飞饰龟帅，高世安、张胜开饰虾米，王玉奎饰龙王，刘昌良饰牛魔王。

103.《闹天宫》——王三多、唐尚喜、刘来兴饰孙悟空，马少童饰杨二郎，刘晓峰饰哪吒。

104.《乾元山》——刘晓峰、刘来兴饰哪吒，筱富卿饰演太乙真人，赵淑荣饰石矶娘娘，马少童饰李靖。

105.《双蝴蝶》——滕步云饰祝英台，张恩远饰梁山伯，付长宝、刘来兴饰日久，赵淑荣饰银心，筱富卿饰祝公远，王少奎饰马文才。

106.《杨排风》——袁富蔷饰杨排风，唐尚喜饰焦赞。

107.《二进宫》——徐月葱饰李艳妃，崔德斌饰杨波，刘连升饰徐彦昭。

108.《狮子楼》——马少童饰武松，李志勇、吴文才饰西门庆。

109.《拿谢虎》——马少童饰谢虎，李志勇、唐尚喜饰黄天霸。

110.《蜈蚣岭》——刘志良（合同演员）饰武松，刘昌良饰王飞天。

111.《快活林》——刘志良（合同演员）饰武松，刘昌良饰蒋门神，吴文才饰施恩。

112.《十字坡》——刘志良（合同演员）、吴文才饰武松，刘来兴饰孙二娘。

113.《杀四门》——李志勇、王三多、吴文才饰秦怀玉，刘昌良饰盖苏文，王玉奎饰尉迟恭。

114.《八大锤》——刘志良（合同演员）饰陆文龙，马少童饰岳飞。

115.《王佐断臂》——姜兆勤（客串）饰王佐，张恩远饰陆文龙，筱富卿饰乳娘。

116.《时迁偷鸡》——唐尚喜、刘来兴饰时迁，马少童饰店家，王少奎饰草鸡大王。

117.《石秀探庄》——刘志良（合同演员）饰石秀，马少童饰钟离老人，王少奎饰祝小三，郭学敏饰宋江，刘昌良饰栾廷玉。

118.《下河东》——马少童饰呼延寿，王喜岩饰欧阳芳，王桂月饰呼延金定，筱富卿饰赵匡胤，李志勇饰白龙太子。

119.《挡马》——刘来兴饰焦光普，吴文才饰杨八姐。

120.《广泰庄》——唐尚喜饰徐达，张恩远饰朱元璋，刘来兴饰郭英。

121.《驱车战将》——唐尚喜饰南宫长万，筱富卿饰南宫夫人，马少童饰鲁庄王，马宝山饰南宫牛。

122.《汤怀尽忠》——马少童饰汤怀，孙嘉庆饰岳飞，王喜岩饰金兀术，刘昌良饰黑风利，王永文饰张九成。

123.《乾坤福寿镜》——刘梦萍（合同演员）饰胡氏，赵淑荣饰寿春，马少童饰林鹤，筱富卿饰梅俊，王玉奎饰金眼豹。

1961年9月，秋步云（李宏纲先生之姐、滕步云之师姐）来威海探亲，联欢演出三场。

124.《锁麟囊》——秋步云饰薛湘灵，赵淑荣饰赵守贞，筱富卿饰演薛夫人，王少奎饰梅香，付长宝饰胡婆，孙嘉庆饰赵禄寒，孙孔安饰薛良。

125.《荒山泪》——秋步云饰张慧珠，孙孔安饰高良敏，孙嘉庆饰高忠，王少奎饰差役甲，赵光政饰演差役乙。

124.《指鹿为马》——秋步云饰赵艳蓉，赵淑荣饰哑奴，马少童饰演匡扶，张恩远饰秦二世，王玉奎饰赵高。

连台本戏：

1.《金鞭记》三十五本（马少童导排）

2.《狸猫换太子》十三本（马少童导排）

3.《千里驹》三本（马少童编导）

4.《红髯客》四本（筱福卿、马少童编排）

5.《水泊梁山》五本（刘德宝、马少童编排）

6.《封神榜》十三本（刘德宝编排）

7.《卧薪尝胆》四本（刘德宝编排）

8.《樊梨花》三本（李宏纲、马少童编排）

注：（1）以上剧目角色中的合同演员皆为半年以上的合同工。

（2）一个角色提到的几个演员的名字，乃演过此剧的演员。

现代戏剧目：

1.《卫星闹天宫》——马少童饰大卫星，赵淑荣、王桂月饰红卫星，刘来兴饰卫星犬，滕步云饰嫦娥，筱富卿饰吴刚（庆祝中国第一、第二颗卫星发射成功，根据报纸报道，刘德宝编剧、刘德宝、马少童导排）。

2.《魏隆民忘本》——马少童饰魏隆民，赵淑荣、滕步云饰魏妻，郭学敏饰郑书记（配合阶级斗争教育宣传运动，根据报纸报道，刘德宝编导）。

3.《王传芝回头》——马少童饰王传芝，赵淑荣饰传芝妻，筱富卿饰王母（根据宣传材料，配合阶级斗争教育、忆苦思甜，刘德宝编导）。

4.《年轻的一代》——马少童饰肖继业，滕步云饰肖奶奶，吴文才饰林育生，赵淑荣饰林兰，郭学敏饰林坚，付忆兰饰夏倩茹（根据话剧剧本，配合知识青年支援边疆宣传教育工作。由马少童、赵光政、吴文才、刘来兴编导）。

5.《烈火金钢》——马少童饰崔年青，郭学敏饰崔众越，滕步云饰大娘（此剧观摩烟台专区京剧团演出、学习剧目，为配合大炼钢铁宣传剧目，由马少童、吴文才、刘来兴导排）。

6.《八一风暴》——马少童饰方大来，郭学敏饰杜震山，王执范饰陈佑民，唐尚喜饰罗林，郑兰卿饰刘群，吴文才饰张敏，王玉奎饰魏司令，赵淑荣饰周玉莲，刘来兴饰赵蒙，赵光政饰顾宗军，刘昌良饰肖团长（马少童、吴文才、刘来兴、赵光正编导）。

7.《丰收之后》——滕步云饰二婶，马少童饰大队长，赵光政饰老爷爷（根据山东省话剧团演出话剧剧本，刘德宝移植、导排）。

8.《芦荡火种》——马少童饰郭建光，赵淑荣饰阿庆嫂，潘慧贤饰沙奶奶，吴文才饰刁德一，王玉奎饰胡传魁，刘来兴饰沙四龙（巡回演出至掖县沙河镇，正逢掖县京剧团排练此剧，观摩学习，排练一星期后正式上演）。

9.《白毛女》——滕步云饰喜儿，刘德宝饰杨白劳，马少童饰王大春，王玉奎饰黄世仁，王少奎饰穆仁智，筱富卿饰二婶，林曼云饰黄母。

10.《卫星地瓜》——马少童饰青年队长，赵光政饰王大爷，赵淑荣饰春荣。（剧中采用昆腔舞蹈，歌颂地瓜大丰收，批判王老汉思想保守。赵光政编剧，马少童、吴文才、刘来兴创编舞蹈）。

11.《风火桥头》——马少童饰王振刚，赵淑荣饰于小英，郭学敏饰崔哲，刘来兴饰虎子，刘连升饰小板队长。（辽宁演出版本，马少童、吴文才、刘来兴导排）。

12.《大年三十》——马少童饰王爷爷，邹菊华饰王奶奶，赵淑荣饰小梅，郭学敏饰记者。（向烟台市京剧团学习剧目，宣传养猪模范）。

13.《南方烈火》——马少童饰三斧，潘慧贤饰三斧娘，刘昌良饰美国军官，吴文才饰美军顾问，刘来兴、高世安、马宝山等饰越南战士（于威海崮山城子村演出时，烟台专区召开文艺团体会议，支援越南战争。根据话剧抗美题材，剧团排练四天三夜，上演此剧配合宣传）。

14.《八女投江》——滕步云、赵淑荣、付忆兰、郑兰卿、王桂月、周桂梅、黄君卿、徐曰葱饰八女战士（刘玉佩根据地方戏移植）。

15.《苗岭风雷》——马少童饰龙岩松，赵淑荣饰腊梅，唐尚喜饰张连长，赵光政饰龙勒山，吴文才饰蒋士望。

16.《碧血红崖》——马少童、王执范饰罗老松，赵淑荣饰春花，郭学敏饰罗大刚，王天江饰罗小强，潘慧贤饰二婶，王玉奎饰还乡团长，董国勇饰范正。（观摩学习石家庄京剧团奚啸伯先生演出，由青岛京剧团支援草本，马少童整理导排）。

17.《雪岭苍松》——马少童饰李青，郭学敏饰参谋长，赵淑荣饰朴玉春，唐尚喜饰刘连长，董国勇饰牛峰，王玉奎饰山田，吴文才饰花班超。（根据佳木斯京剧团演出版本，马少童、刘来兴、吴文才导排）。

18.《节振国》——马少童饰节振国，滕步云、赵淑荣饰刘玉兰，马宝山饰杨作霖，郭学敏饰胡志发，吴文才饰夏莲凤。（唐山京剧团演出版本，马少童导排）。

19.《六号门》——马宝山饰胡二，赵淑荣、滕步云饰胡二妻，马少童饰马金龙，王少奎饰马八辈。（天津京剧团演出版本，马少童导排）。

20.《沙家浜》——马少童饰郭建光，赵淑荣、滕步云饰阿庆嫂，潘慧贤、邹菊华饰沙奶奶，吴文才饰刁德一，王玉奎饰胡传魁，刘来兴饰沙四龙。（根据电影版本，马少童、吴文才、刘来兴导排）。

21.《红灯记》——马少童饰李玉和，赵淑荣饰李铁梅，滕步云、潘慧贤、邹菊华饰李奶奶，王玉奎饰鸠山。（根据电影版本，吴文才导排）。

22.《审椅子》——赵淑荣饰丁秀芹，赵鸣华饰王老虎，董国勇饰民兵队长。

23.《刘文学》——崔德斌饰刘文学，王少奎饰王三虎，马少童饰张明。（为配合少先队宣传教育，根据报道、资料，刘德宝编导）。

24.《杜鹃山》——郑兰卿饰柯湘，马少童饰雷刚，王天江饰杜小山，董国勇饰李石匠，郭学敏饰田大江，吴文才饰温其九，王玉奎饰毒蛇胆。（刘玉佩根据话剧剧本移植，重点培养学员，导演组：吴文才、刘来兴、赵光政等）。

25.《送肥记》——赵淑荣、王桂月饰二嫂，郭学敏、孙嘉庆饰二哥。

1957年秋，与表演艺术家滕步云合作演出《斩经堂》，马少童饰吴汉，滕步云饰王兰英

26.《两条路》——马少童饰邹书记，赵淑荣饰梁二嫂，赵光政饰梁老东，王玉奎、姜兆云饰梁保子，王少奎饰梁六子。（此剧根据桥头村历史题材，赵光政、刘玉佩编写，本团导演组导排。当时山东省委书记舒同来威海视察观看后，要调到省里演出推广，进行阶级斗争教育。剧团修改加工、排练，后因种种原因停止调演）。

27.《好支书》——马少童饰刘昌敏。（根据桥头公社残疾军人、党支部支书刘昌敏同志种丰收田的先进事迹，由刘德宝编导，配合宣传演出）。

28.《施肥记》——赵鸣华、刘连升饰王大爷，邹菊华饰王大娘，赵淑荣饰生产队长。（华东汇演小剧本）。

29.《焦裕禄》——马少童饰焦裕禄，赵淑荣饰戴代红，董国勇饰程继良，邹菊华饰王大娘，刘连升饰老范，吴文才、郭学敏饰公社干部（根据"四清"工作队下发的宣传材料，为配合"四清"运动、学习毛主席著作，由马少童编剧、导排，突击五天三夜上演，后在烟台地区演出、普及。在青岛包场演出反应极好）。

30.《红嫂》——赵淑荣饰演红嫂，马少童饰彭林，王少奎饰刁鬼，郭学敏饰尤二。（"四清"运动中，马少童带一队在羊亭南江疃配合"四清"运动，突击赶排五天上演）。

31.《夺印》——马少童饰何书记，滕步云、赵淑荣饰蓝菜花。（根据山东梆子移植，由刘德宝先生导排。配合阶级斗争教育）。

32.《海港》——赵淑荣饰方海珍，马宝山饰高志扬，马少童、王执范饰马宏亮，吴文才饰钱守维，赵鸣华饰韩小强。（华东演出版本，吴文才导排）。

33.《追蛋》——邹菊华饰奶奶，董国勇饰老马，黄君卿饰玲玲（出版小剧本）。

34.《红石钟声》——袁福蔷、王执范、郑兰卿等部分演员排练此剧（根据沈阳京剧院演出本。"四清"期间刘玉佩带剧团第二演出队，由田村回市里。导排此剧，彩排后未对外公演）。

35.《一个枣包子》——赵淑荣饰二嫂，郭学敏饰二哥，王天江饰小明，付忆兰饰王老师。（华东出版小剧本，配合宣传教育）

劫难岁月篇

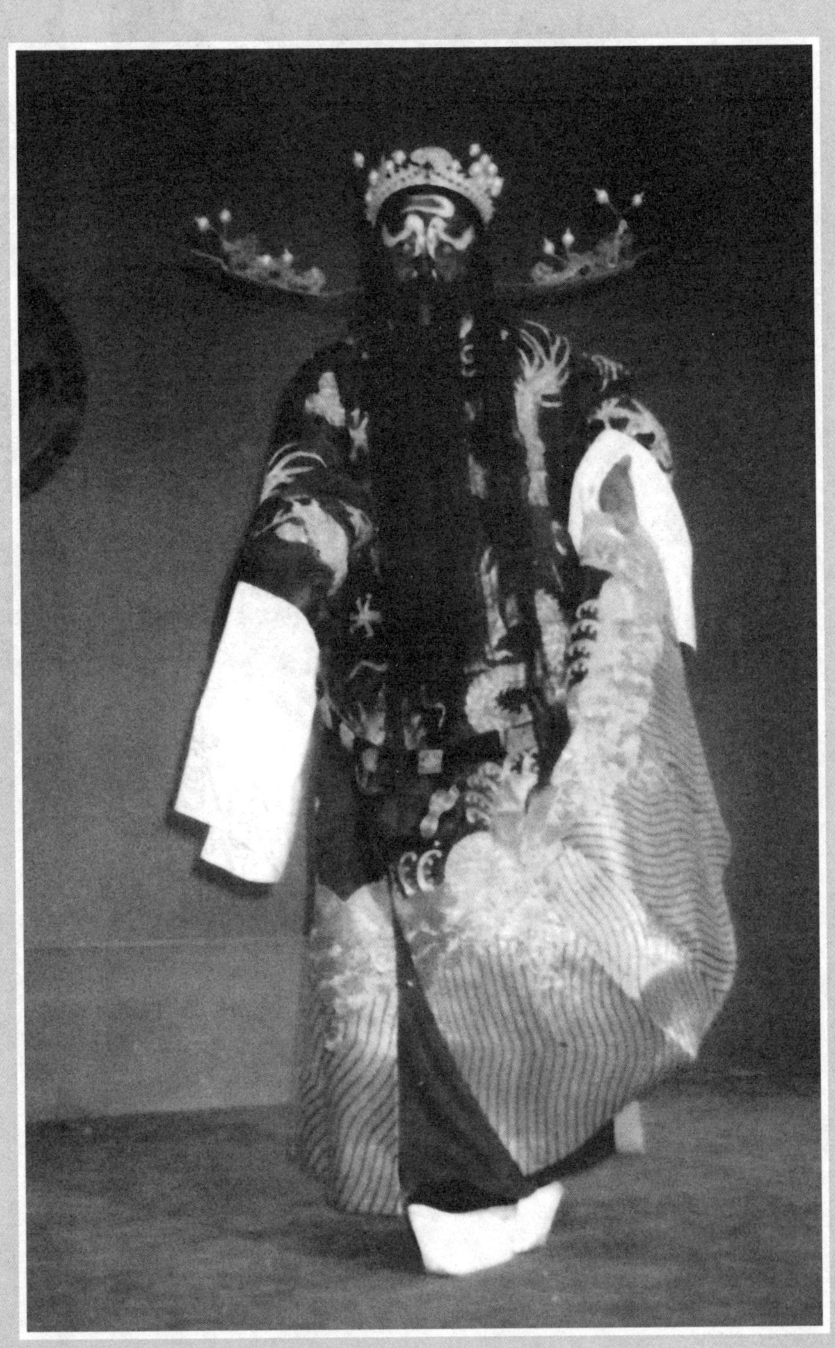

《包龙图》中之打銮驾，马少童饰包公，取于
《马少童舞台生涯48周年华诞》专题片

吉祥如意图：看淡名利　莫争权势　平心静气　吉祥如意

大炼钢铁搞“四清”

1958年“大跃进”之后，政治运动一场接一场。剧团的正常工作全都打乱了，练功、排戏都要根据运动的需要来安排，演出的剧目都要配合运动搞宣传，演出的质量、水平日益下降。

大炼钢铁期间，剧团停演，全部参加炼铁运动。分了四个小组，男同志六人一个组，推拉着一辆胶轮大车，到市郊双岛港淘铁砂子；专有一个组日夜看守用泥土垒成的简易炼铁炉。人们把破碎的废铁皮加上淘来的铁砂放到土造炉里炼，结果炼出来的全是废磋，众人苦不堪言。各单位的土造炼铁炉都是如此，反而天天到指挥部去报喜：又炼出多少斤铁。就这样下级糊弄领导、领导再虚报给上级，不讲真话，劳民伤财。

大炼钢铁风还未平息，又来了“反右”运动。开展“三大”，即大鸣、大放、大字报，向党交心，知无不言，言无不尽，给党提意见。定任务每人都要提六十条意见，提得越多越好。霎时间大字报满天飞，愁坏了我们这些艺人，谁对党会有那么多的意见？工作组还组织我们到外单位去参观，学习人家提的意见多，真是挖空心思提意见。有的人所提的意见极为可笑，如武戏组的赵小飞同志，自又随父学艺，打武戏、翻跟头，没念过书，提意见要由别人代笔，有两条意见成了笑柄。一、东门外马路边的树上有虫子，很烦人；二、宝泉汤澡堂子里洗头水是凉的，党怎么不管管？这两张大字报一贴出，围观的人最多，成了笑话。“这是什么交心，哪是给党提意见？就是凑数。”工作组又提出了批评。赵小飞傻了，“俺实在是没有什么意见提，大鸣大放非叫俺提，为了完成定数，起码这也算两条吧。”由此可见，这实在是逼得老实人没有办法的举动。

这一段鸣放刚过，就接上“大批判”了，把人们都搞懵了。结果把许多提出严重意见的人都挑了出来，经批判后打成“右派”。当时威海京剧团是全市的落后单位，因为团里一个右派没有反出来，仅有个别人在大会上“重点帮助”。记得当时在会上受到帮助的人有乐队队长张永祺和老艺人付长宝先生，因为他们给基层领导提过意见，没有直接把矛头指向党，因此还不够右派条件。

威海京剧团是全市无右派的单位，是属于跟不上形势的单位。某位领导还说："这运动怎么搞的，连个右派都未反出来？"当时团里的人都有些晕头转向，哪来的这么多意见？老艺人都是从旧社会过来的，生活、地位都提高了，谁会对共产党有意见？我们这些中青年是"解放牌的艺人"，新社会里成长，是党一手培养起来的，更提不出什么意见。尽管没有反出右派来，也是人心惶惶。看到别的单位打"右派"的情况，机关单位反出来的右派，集中在范家埠小金矿里劳动改造。我当时是队长，每天都要向工作组汇报下面的情况，再回到组里发动群众，我始终就没有发现谁像反党分子。

"反右"刚过，又接上"肃反运动"。市公安局肃反办公室的专案组住进剧团，主要查每个人的历史，中青年没有什么历史可查，而旧社会过来的人，解放前混过伪事的人或者认识一些混伪事的人，不懂政策，都惶惶不安。演员刘善堂是威海出色的票友老生，有几出老生戏真不错，如：《一捧雪》里饰演莫成，"搜杯"一场，水袖、身段都很好；《审头刺汤》饰演陆炳，也很地道。有时候还饰汤勤，都很规矩，一招一式、一字一句，地地道道是花钱学的。他祖上是资本家，在威海城里有买卖。他自又酷爱京剧，学戏、票戏不惜一切，也下过工夫。我自1949年在威声京剧团就和他同台演出。直到国家成立威海京剧团，他和王述越都是剧团里的硬班底，他在威海、文登、石岛剧团都干过，不论老生、丑行都很不错。后因贪酒，把嗓子喝坏了，就正式改唱三花脸了。如：《天雨花》中的仁和县，非常幽默得体，很受观众的欢迎。如今来了运动就成了挨整的对象，他不懂政策，压力非常大，交代不完的问题，讲不清的是非。一天夜里，在南门外小山坡上一棵槐树上吊死了。人要寻死也非易事，槐树周围一圈草地被他走平了，烟头满地，也不知道走了多长时间才下决心上了吊。天亮后，家里的人到剧团来找他，结果上午八点多钟发现吊死在南门

1966年春，马少童自编自演《焦裕禄》

外山坡上。家里人也不明政策，不敢究问，草草地埋葬了。工作组什么结论也未下，不了了之。

剧团演出仍是上山下乡，朝出夜归，边演出边搞运动。一天拂晓，团里来人找我到剧团，听工作组的同志讲戚润田自杀了，把我吓了一跳。工作组在剧团叫了几个青年到戚润田家里一看，厢房窗户上挂着绳子，他坐在窗户下吊死了。陈文正和赵光政用菜刀割断绳子，把人放了下来，家里人也不敢过问，就在南山上挖个坑埋了。戚润田解放前在戏园子看大门，摆个瓜子摊。那时候在戏园子里看大门，什么人都不敢得罪，见了伪军官、便衣队，不得不恭敬鞠躬。这是好汉不干，赖汉子干不了的差事。“把门把门、专门管人儿”，把不住门戏园子就白玩了，他在戏园子把大门多年，所以威海人都认识他。解放后他曾劳改过三年，出来后还是在剧团把门收票，免不了有时候熟人不买票就进去了，生人无票要进去那可不行，因此得罪了不少人。下乡演出时，进门检票。有人检举他收了票不销毁，藏起来拿到外面去低价卖出。实际每张票仅一毛五分钱，也没卖几次。在这次运动中开大会批判他，让他交代经济问题。把他吓坏了，交代了几次也就几元钱，没有过关。这天从农村演出回来，已是夜间十二点了，他就着凉土豆喝了点白酒，就寻了短见。这是剧团在运动中自杀的第二人，死后工作组也没有什么结论。

专案组说有严重问题的是赵少甫、赵又甫、李鸣岐等几人，都已隔离，由专案组看管交代问题。李鸣岐是票友下海，掖县人，曾干过日本翻译，由赵光政看管，同吃同住一室，主要是怕他自杀。赵氏兄弟俩由公安局专案组看管，审查近四个月的时间。当时听说大赵、二赵是特务，赵少甫被判刑十五年，赵又甫被判刑十年；李鸣岐被判无期徒刑，据说他有一百四十多条血债，劳改后再未听到他的消息。

赵氏兄弟都是纯商人，于1988年平反。可是到平反的时候，赵又甫已在劳改队故去；赵少甫偏瘫后故于黄县老家。

1965年“四清”运动来了，“小四清”未完又接上“大四清”。剧团停演，集中在威海二中学习。文教系统被编为四清运动第六团。当时被认定当权派的有京剧团的党支部书记刘玉佩和我，我是京剧团的副团长、文化系统团总支书记；还有吕剧团团长兼书记李学敏、副书记兼副团长付元庆。我们四人和团里的同志分开住宿，先学习文件，后交代问题，由“四清”工作组看管。自己随时可找工作组交代问题，从政治思想、经济、生活作风都要检查交代，整天学习文件和毛主席著作，对照自己触及思想写检查。滕步云同志也是副团长，因她不是党员，没有文化，不能读毛主席著作，更不能写检查，仍是和群众一起学习。我当时很羡慕她，我和她都是副团长，平时抓业务写剧本排戏，到市上开会都是我，可来了运动，我和这些国家干部一样“上楼”隔离审查，她就没事。我和她绝对不同的两种待遇，文盲多好哇。

下一阶段就是背靠背的给干部提意见，根据我们检查的程度，交代问题的态度，再和群众见面，进行“面对面”的帮助。经过群众和四清工作队的评定批准“下楼”。

下楼就是没问题了，就和群众在一起学习，不再受批判了。

我是第一个“下楼”的。群众批评的主要意见是：有傲气，抓业务工作常要态度。政治、历史、生活、经济上都没有问题，所以第六团是第一个下楼被“解放”的团，和群众一起去帮助别人了。

就在我下楼的头两天晚饭后，吕剧团的陈永吉不见了。众人都惶惶不安，男青年每组六七个人分两路顺着海边找去。初冬的天气已经冷了，大家都面面相觑，心惊无言。当时在我们这个集训队里，四清工作队的队长是省公安厅的马处长，副队长是市委宣传部副部长、党校校长王尧民同志，下面有工作队员六七个人，都在焦急地等待。下午五点多钟，南路寻人的小组用一扇门板将陈永吉的尸体抬回来了。这时候工作队命令大家都回宿舍去，当天晚上人们都在窃窃私议，惊慌不安。

第二天听说陈永吉是从二中后山下去，到了灯塔南侧的一块大礁石上。礁石上还留下两个苹果核和几个烟头，看来他死前在礁石上徘徊了很久，投身入海时，头碰到一块石头上，一口水就呛死了，就这样结束了他五十六岁的生命。落实政策的时候才知道，他在日伪时期当过几天伪警察，其实他还真是没有大的历史问题，最后也无结论。

烟青演出享殊荣

1966年4月，“四清”运动刚结束，威海京剧团整编改选，组成了四十六名成员的精悍队伍。

已是全部演现代剧了。为配合当时的教育形势，我们编排了京剧《焦裕禄》。到烟台群众剧场演出，观众踊跃，集体票都订不上，日夜的演出包场。《烟台日报》报道，评价很高。又到胜利剧场演出《八一风暴》，轰动一时。全专区各专业剧团都来观摩学习，这在当时称为“四清”成果。

5月中旬到了青岛市，先后在天庆剧院、光陆戏院演出《焦裕禄》，海报一出就打响了。当时大海报加上了《人民日报》有关焦裕禄事迹的报道，大标题是“毛主席的好学生焦裕禄”，所以更加轰动。

包场慰问海军401医院。十几天后改换剧目《八一风暴》，天天客满。早晨五点多钟观众就排队买票，引起青岛市文化系统领导的关注，当时的青岛市市委副书记吴桀等有关领导看了演出，给予高度的评价和热情的鼓励。

1966年春，马少童自编自演《焦裕禄》

吴书记回去后特地来电话提示说：“经考证有关历史资料，你们演出的服装颜色和大盖军帽与历史事实不符。”我当即请示吴书记是否停演？吴书记说：“此剧观众反响很好，至今还是排队买票，怎么能停演。我派一个同志到你们那里商量一下，能否赶制服装再演。”

我当时是新选上来的团长，代理支部书记职务，感到压力很大。没有合适的衣料，制作时间也很成问题，正在束手无策之际，吴书记派来文化局局长吴杰和文化科兼剧场经理金科长到团指导，并带来南昌起义的油画图片。我把困难一一讲了，他们回去向吴书记汇报。

两个小时后吴书记来电话指示：“你们提出的问题和困难，都不成问题。一是已和青岛百货大楼联系好了，你们到仓库去看布料，主要是颜色要准，用多少他们可以满足供应，价格尽量优惠；二是已和青岛服装厂、帽子厂厂长联系好了，给你们赶做，六天的时间可以全部完成，铁军起义用的红领巾和其他小衣件就更不成问题了。还有什么困难？”我既高兴又激动，向吴书记道谢。

立即出预告：《八一风暴》因加工整理，六天后重新上演。

这六天内又演出了三场《红灯记》、三场《雪岭苍松》，仍是客满。

六天里为赶制新服装忙得不亦乐乎。由于吴书记打了电话，青岛百货大楼的负责人非常热情。我和会计徐子平到仓库去挑布料，以八一南昌起义的图片为标准，徐子平

会计是卖布的商人出身，挑衣料非常内行，三种面料颜色都很符合要求，但价钱不等。剧团这个小单位，特别是“四清”运动刚结束，我这个刚当选上来的团长，手中分文没有，多亏在烟台和青岛演出收入空前地好，经徐会计精打细算之后，我们决定用中档的混纺料子，六千左右块钱就完成了这出戏的服装。服装厂、帽子厂的同志日夜加班，第五天就全部完成了。重新印了说明书，我又请了吴书记和有关领导，以及百货公司、服装厂、帽子厂为我们热情服务的同志来看戏。这场汇报演出，反响出乎意料地好。文化局局长吴杰是1949年威海新威京剧团的教导员，他组织青岛京剧团的同志来观摩，因为当时青岛市京剧团的张春秋、李师斌等几位主演调到省里加工《红嫂》，团里尚有五十多人，停演休息。

后来听青岛京剧团的人讲，吴书记和文化局的领导在青岛京剧团召开的会议说：“你们都去看看威海市京剧团，来了四十七个人，一名会计兼打字幕，两名服装员，一

1966年5月，威海市京剧团与青岛文化局部分领导合影留念

名捡场的还兼管刀枪把子和道具。《焦裕禄》、《红灯记》、《雪岭苍松》、《八一风暴》等，什么大戏都能演，演员、乐队才四十三个人。而咱们青岛市京剧团现在还有五十多个人，演不出戏去，呆着休息，什么问题？干劲问题！看看人家‘四清运动’后的精神面貌，要好好向人家学习……”我听到这个消息后高兴极了，为了把握演出的质量，提高水平，后台设立了事故牌，演员外场出了差错，自己写上事故；“大事记”每天都有一张表格，内容细目有年月日、演出情况、上座多少、观众反映、出勤人数等。

这阶段的业务质量显著提高。全团人员又去青岛中山公园人造湖工程参加三天义务劳动，并在工地演唱慰问解放军和参加劳动的干部，青岛日报进行了跟踪报道，真是收入高，反映好。剧团里同志们非常团结，算是剧团鼎盛时期。

就在这个时候，威海市文化科来电话，急调剧团回威。我在电话里汇报了在青岛的演出收入情况，并请示能否再演半个月？答复是马上返回威海，是政治任务，要搞“文化大革命”。临别纪念最后演出三天，又是三天爆满。临走时文化局、剧场的领导都来送行。

当时我想，青岛市是文化事业发达昌盛之地，历史悠久，文艺团体全国闻名。其根本原因是青岛市的领导重视文化事业，关心文艺团体的发展。更可贵的是不仅关心本市的剧团，对外地剧团也非常关心支持。如果各地的领导都能像青岛市这样支持文艺团体有多好！回威海一定要把来青岛演出情况及当地领导的支持，如实地向上级领导汇报。

一路上满怀喜悦，充满信心，联想很多。想到我刚当选这个团长，一上台账上是分文没有，集训搞“四清运动”停演无收入，连演出买化妆的油彩、颜粉等物，还是借了35元钱。仅仅两个月的时间，我们购置了新服装，大家的工资和差旅补贴都开出去后，还剩下6000元。烟台、青岛报纸对威海市京剧团的报道，以及人民来信，褒扬有加，反响强烈，这也算是上任的“第一把火”吧？接下来又想到剧团下一步的发展……

谁知我满怀喜悦，一腔热血，成为灰烬。真个是“祸兮福所倚，福兮祸所伏”。

1966年6月16日，由青岛回威海，卸下车把戏箱全踩起来，说要“停演闹革命”。文化局、宣传部无权管我们了，“文化大革命”工作组早就等着我们，一切权力归工作组。我要向主管部门汇报外出两个月的工作情况？工作组一位领导说：“你不用汇报了，先考虑交代问题吧。”“我交代什么问题？”他冷笑地质问我：“你是剧团的团长吗？那你就是当权派！这次运动的重点就是要揪各单位的当权派，你还代理党支部书记，党内党外你都是当权派。”我理直气壮地说：“我是‘四清’运动刚选上来两个月的团长，党支部书记尚未派来，是由我代理的呀。”他严肃地讲：“你上台一天也是当权派，考虑问题吧！”我心想：这个干部怎么这个态度，这是共产党的干部吗？我是“四清”运动刚选上来的。就算是当权派怎么啦？当权派就都有错误吗？我历史清白，家庭成分好，是学习毛著的尖子，烟台专区曾有通讯表扬我“红色艺人马少童”，“四清”运动没搞出我一点问题，我怕什么？我屁股底下干净，你能“鼓”了我吗？

谁知我想得太天真，太又稚，忘了《野猪林》中林冲顶撞高俅的一句台词：欲加之罪，何患无辞。

四清当选心气盛，烟台青岛均扬名；
载誉而归多庆幸，文化革命要人命。

被陷害遭围攻

扣戏箱搞革命，真是史无前例。6月19日“文化大革命”工作组组长王某某找我，在威海剧场西头的“文化大革命”领导工作组办公室谈话，谓之“交代政策”。现在回忆这位干部和我的对话极为可笑。

这位王组长原是烟台市的工会干部，但看他对我的态度，好像是公安局在审犯人。“你是京剧团的团长，代理党支部书记？”我认真恭敬地，“是。刚选上来两个月，党支部书记未到任，由我代理。”他端着水杯喝着水，根本不看我，“你上台一天也是当权派！首先要明白你的身份、角度和位置，你要认真学习指示精神，老老实实交代问题！”我懵了！“我交代什么问题？”他严肃地说：“经济方面、生活方面、政治方面，敢说你没问题？”我一点也不含糊的顶了他几句：“‘四清’运动京、吕剧团五个团长学习审查，与群众背靠背的揭发，面对面批判，屎肠子都捋了好几遍。我第一个下楼，带队下乡搞宣传演出，配合“四清”运动。“四清”第四阶段我当选团长，任职两个月，带团到烟台、青岛演出，反映收入都非常好。你可以了解一下，看看报纸上的评价。我成长在红旗下，组织培养我入党，当了团长，我家庭是贫农成分，我这个年龄历史问题不用查，我不明白我有什么问题。”他火了，“首先要解决你的态度问题，我不听你表功。”我也火了，“我不表功，我也没有错误。”他把茶杯“砰”的一放，指着我，“你敢说你没有错误？”我也站起身来对他说：“别耍态度，我有什么错误？”

这样一吵，又进来两个工作组的成员，都有点不知所措，怎么敢和组长吵？王组长下不了台了，态度像个“法官”，“你不要抱着自来红、大红伞的本钱，你这样的我见得多了，“三家村”、“四家店”那些反动权威都已揪出来了，何况是你！你演了这么多年帝王将相、才子佳人的戏，敢说没错误？告诉你‘京剧’这两个字就有毒，京剧我就不愿意看。你要放老实点，否则不会有好下场！”

听他这一番话，可把我气坏了，我忍无可忍，走到他面前，面对面地讲：“王组长，我也告诉你，出身好，历史清白是事实，不能算错误吧？什么‘三家村’、‘四家店’我不懂，跟我也挂不上。我再告诉你，演京剧不能算是错误，京剧不是我们家兴的，毛主席、周总理都看京剧，他们对京剧也作出很多指示。你不愿意看京剧，不等于广大群众不愿意看。你应该知道京剧是三大国粹之一，毛主席指示我们‘大演革命现代戏’，你也不愿意看吗？你说‘京剧这两个字就有毒’，我不敢说你有错误，但你也应该认识，这是个态度问题，还是个立场问题？”我心里想：别拿大帽子来吓唬唱戏的。工作组这三位，脸都气白了。王组长半天哼出两句，“好，早就知道你老虎屁股摸不得，写戏、导戏、演戏，全你独霸了。我告诉你！若剃不了你这个头，这个“文化大革命”就算白搞了，我这个组长就算白当了！”

我被他气笑了，“啊，原来这个‘文化大革命’是为我搞的？你这个‘文化大革命’领导小组长是为我当的？”他软下来了，“好，好，好，你厉害！马团长，咱们慢慢地搞着看。”我想，你用这一套阴损词儿挖苦我，我不吃你这一套，就对他说：“王组长，您也别生气，我年轻毛嫩，不会说话，你是领导干部，我想你是来领导搞运动，不是来整人的吧？”

这次的对话，满以为我不卑不亢，有理有节，谁知“无风平地三尺浪，一朝塌天大祸来”，最后我成了党内死不悔改的走资派，反党、反社会主义、反人民的“三反分子”，“劳改”了半年，连斗带挂六年半；家中三次被抄，爱人失业，子女失学，少长三级工资。最终总算幸运地活下来了。

“文化大革命”工作组长发动群众揭发批判反动权威马少童。7月下旬的一个上午，工作组在老剧场召开全团大会，工作组长讲话：“这次运动，就是要揪出那些混进党内的走资本主义道路的当权派。”他念了几段毛主席语录，最后说：“我们团里最大的当权派是谁？大家想一想，要大胆地揭发、批判。马少童站起来！”

我起身站在台前，也不知道紧张，只是非常生气，工作组又说：“低下头，大家大胆揭发！”半天也无人提意见。停了一会，郭某某站起来揭发：“马少童独霸舞台，

总是他当主演，《八一风暴》中的女特务周玉莲总是他老婆演，我对象徐某某只演了一场就拿下来了，再也没捞着演……"

会场上一点反应没有。因为当初这件事在团里反响很大。郭某某的对象叫徐某某，是个学员，为了培养青年演员，派了她一个B角，只演了一场，反映很不好，大家纷纷给业务组提意见："我们要吃饭，要卖票。为了培养一个学员，整个业务损失这么大，领导考虑过剧团的威信没有，业务损失谁负责？"当时业务组非常重视大家的意见，不能不顾业务质量，不听观众反应，要考虑剧团的收入和威信。学员要培养，但要把握质量，考虑各方面的影响。郭某某提出不培养他对象，大家都面面相觑，无一人表态。一时"冷场"了。工作组说："学员们不要怕，要有'敢把皇帝拉下马的精神'，不管他职务多高，权威多大，只管提。"沉默了半天，学员唐某某起来提意见。"马少童用小恩小惠腐蚀我们，我们有时没有粮票、菜票了，他就给我们；练功、学戏时，他总训我们，练功还打我们。"我一听就明白是工作组教的，因为这个孩子不会说出腐蚀的词儿，我把头一仰，看也不看他们。我给学员饭票、菜票，成了小恩小惠，我收买他们有什么用处？又冷场了。这时候大家都以为董国勇能起来揭发我，因学员分工是我教董国勇，学戏时对他最严，挨打最多，他的脾气也最犟。工作组看着董国勇，示意叫他揭发，可是小董把头低下去，一声不吭。工作组无可奈何，宣布散会。

两天后情况大变，吕剧团的几个人抱着一大卷大字报，到京剧团院里来贴满了院子。我心里非常明白，靠京剧团的人不会打倒我，三天前策划挑动学员批斗我，算是失败，又发动吕剧团的人来批判我。这一招很灵，因几年来京、吕剧团在业务上竞争很厉害，但吕剧团在业务上总是不如京剧团。因为京剧乃古老剧种，剧目多，老艺人多，经验丰富，传统剧目一串就是一出戏。只要掌握了京剧规律，新老剧目几天就能排一齣。特别是现代剧，只要词会了，学唱腔很快，七天可排一出戏，最快的《南方烈火》突击三天三夜就上演了，自然收入高，且京剧武戏见长。

吕剧是山东地方戏，搬上舞台时间短，威海吕剧团成立是由工会俱乐部为主，吸收了少部分学员，演员主力大都是业余出身。第一出戏是《刘海砍樵》，主演是吕芹、苗丰海。市文化科派我去辅导，我仅仅是给他们编排点身段、舞蹈，因我不会唱吕剧。后来京剧团派老艺人王喜岩、王永文去当老师，给他们练功。从资历到艺术水平，以及演员素质远不如京剧团。况且吕剧团每个戏都要现编唱腔，设计曲谱，没有武戏，这就延长了排戏时间，生产期长影响收入。但吕剧也有优势，属于新剧种，地方气息、乡土味浓，也有一批观众。

由于业务竞争中实力悬殊，必然存在一些不宜公开的矛盾。这次搞“文化大革命”了，工作组利用矛盾，挑动两团的斗争。京剧团里有个想当团长而未当选的郭某某，还有“四清”有问题的人，就混在吕剧团里批判京剧团。因京剧团老艺人多，青年也大都是从小学戏练功，文化水平不高。而吕剧团里大都是有文化的知识青年，经“文化大革命”领导小组的挑动，所提的意见就不一样。我仔细地看了几遍揭发我的大字报，政治帽子上纲上线比京剧团“高明”多了，他们很灵活运用毛主席语录和报纸上的政治口号，所“揭发”的问题在政治方面是：马少童自又演京戏，放毒宣传帝王将相、才子佳人，宣传封、资、修，是“三家村黑店”的小伙计，走资本主义道路的马前卒等等；文艺方面：周信芳的孝子贤孙，反革命分子厉慧良的忠实信徒和传播者，移植《孙安动本》剧本为彭德怀翻案，《闹朝劈宫》宣传右派翻天，等等；反动权威，独霸舞台，自编、自排、自演，突出个人，是戏霸，骄傲自满、工作作风粗暴，等等；一向假积极，由文化口团总支书记爬上团长、党支部书记的位置；带头落工资假积极，实际为显示自己；以小恩小惠收买人心，是威海文艺界最大的反动权威。我们舍得一身剐，要把这个反动权威拉下马。

大字报从二楼栏杆上垂到一楼地面，马少童的名字用红笔打上了叉子。

我发现“四清”下台等候组织处分的人也回来“闹革命”了，“四不清”回来批判四清上台的干部格外卖力。群众向工作组提意见了，“怎么四清下台等待处分的人，问题未交代完的人，生活作风问题严重的人都成了革命的了，反过来整‘四清’上台的人，这是什么路线？”

“文化大革命”小组一看形势不妙，就不再明目张胆地支持四清运动中有问题的人了。气氛有些停顿，揭发“四不清”的干部回团反攻倒算的大字报也出来不少。

“文化大革命”小组整人有术，又开始攻击“四清”当选上台的共青团支部书记、编导组长刘来兴，创作组写剧本的赵光正，导演吴文才。又一批大字报出来了，称他们是“马少童的保皇派”。

吕剧团的部分人很“高明”，要搞垮京剧团，必须先把京剧团里的骨干力量打倒，让他们靠边站。

停演老戏，全部演革命现代戏后，滕步云副团长年龄大了，演《红灯记》中的铁梅、《八一风暴》的女特务周玉莲及其他年轻的角色都不合适；她没有文化，排新戏台词要有人一句句地教，如《芦荡火种》中的阿庆嫂等角色都是新腔准身段，学起来很吃力。当时一个剧目排五六天就上演了，一个剧目演了六七场了，她的台词、唱腔还背不

下来，她又焦急又苦恼；《红灯记》演铁梅扮相不好看，又不肯演李奶奶；《沙家浜》演沙奶奶，演不过老旦演员潘慧贤和学员邹菊华。不能在舞台上发挥，却领团里最高的工资，这是她内心的压力。

我曾对她明确讲过，从我师傅那儿论您是长辈。大家要开工资，我很伤脑筋，我写戏、排戏是为了剧团的收入，但我未多挣一分钱；您年龄大了，扮小花旦不适应，我们排了《闹朝劈宫》，她演程七奶奶，泼辣旦《望海楼》演崔大脚，说天津话发挥她的特长非常对工，也很红。出码头演出，五天炮戏我演三天为主，您演两天为主，都是我配合演。至于现代戏您学得慢，不要着急，先叫A角排，你慢慢学，什么时候学会了，什么时候演，等你上演了，我们已经进入第二个戏了，你不要有思想压力，她也很感激我。尽管如此，她每月工资是一百八十元，演戏少、拿钱多，内心愧疚，这也是老艺人的一种品性，不演戏难受，现代戏里演配角和零碎更难受。久而久之对青年演员和演戏多的演员就产生怨言，对我也有意见，而又说不出来。这次“文化大革命”，她虽是副团长，却没招大字报，反倒和几个四清中有问题的人去吕剧团反映京剧团的事，吕剧团部分人用她反映情况，攻击京剧团的业务主力和骨干，两个团就形成了剧种之间的矛盾对立。这样一来，京剧团是内外被攻击。

京剧团的干部全靠边站，领导班子彻底瘫痪了。不到两个月，工作组长在京、吕剧团全体大会上总结，公布解散京剧团，以吕剧团为基础，成立“文工团”，京剧团只留有七个人，其他人员全部转业到工厂。因为没有搞出我什么要害问题，只是个当权派，没有结论，把我送到市郊西涝台园艺场劳改，这叫“等待结论的当权派”。至此“文化大革命”工作组长王某某在大会上宣布：“我们的‘文化大革命’胜利结束了。”而最大的胜利成果就是解散了几十年的威海京剧团，王组长也把我这个“头”剃了。

西涝台劳动改造

我被停职，工作、生活起了翻天覆地的变化。8月3日，叫我到西涝台园艺场去报到。我带着简单的毯子、床单、小蚊帐、碗筷，最重要的是四卷毛主席著作、语录、笔记本，骑上自行车出发了。

平时骑自行车下乡很习惯，可是这次到西涝台报到却大不寻常，对“文化大革命”不理解。工作组这帮人，挑动群众，把工作、事业搅乱，文化局、宣传部等领导都靠边站，凡有职务的干部就得挨整，从中央到地方文化权威全被打倒。停产闹革命，工人不出产品，农民不种地，这不是乱套了么？功过是非不分，“文化大革命”工作组代表一切，将来怎么办？

骑了十几里路的自行车也没想通。到园艺场报到后，把我编在一队。到了宿舍一看，天哪！全是“当权派”，地铺一个挨一个的挤满了四间大房子。这里原来是园艺场里存放农具的大房子，现在成了这些靠边站的当权派住处。熟人不少，有市委副书记丛永茂、分管文教的副市长潘万兴、交通局长姜中胜、统战部长戚其义、文化局长刘赞喜、农业局的财会科长邹立学和王伯钧科长、民政局的丁士乐、机关干校主任宫敬波、一中体育教师焦福澄、文化馆长曲萍、宣传部副部长兼党校校长王尧民（因病住院未到）。看来我是年纪最小、资历最浅的当权派了。

他们见了我都乐了，怎么你也到这来了？本来嘛，一个从小唱戏的夹在这些干部里，我也纳闷儿，小鱼串到大串上了。大多数的领导都认识，忙乎着放好铺盖，去买餐票。我看了一下周围的环境，一队位置在园艺场最东北角的一座四间未间壁子的工具房里，其他七八个队分散住在场里面。我们白天干活，早、晚各队组织学习毛主席著作，看不到报纸。饮食是一天两顿粗粮，一顿黑馒头，每人一碗大菜，排队交餐票领饭。扫“四旧”时，八仙桌也属四旧，一块五毛钱可买一张秋木八仙桌子，园艺场原来工人很多，买了不少八仙桌当饭桌。这次我们这批受改造的干部来了，八仙桌派上用场。

成黑帮有冤难申

难忘的是1966年8月18日那天，气温高达38度多。已是连续三天的高温，其他单位都不上班了，可我们还在锄花生。烈日似火，沙地里都烫脚，树叶、禾苗都晒的耷拉了，人热得喘不上气来。我比较年轻，体质也好，可是那几位年老多病的干部就受不了啦。十一点半了，还未听见收工的钟声，文化局长刘赞喜和农业局的王伯钧科长中暑休克了。大家都慌了，连抬带搀的把这两个人弄回宿舍，园艺场的卫生员来抢救。

二人慢慢苏醒过来，刘赞喜已是五十多岁的人了，号啕大哭。我理解他不仅是中暑难受，重要的是心里有怨气，有无处申诉的苦处。众人围着这两个同志安慰劝导，其实人人心里都有同样的委屈和政治压力。王庆士来看了一下，开恩了，说："天太热，上午早一点收工，下午晚一点上班，晚上凉快了可以多干点。""黑帮"们个个低头不语，各有所思。我想：这些领导是昔日管人，今被人管；往日发号施令，而今成了阶下囚。就当时的情景，我曾在香烟盒上写下八句顺口溜，今忆旧句惨景重现。

劳动改造

烈日似火锄花生，炎热如在笼里蒸；
浑身淌汗似水洗，头昏脑涨眼发懵；
领导干部皆挨整，群众运动斗群众；
是非曲直谁评定？革命成了反革命。

——1966年6月18日于西涝台"黑帮劳改队"宿舍记事

罚劳役苦中有乐

下午黑帮们学习毛著。这些劳改队员集中了当时全市的走资派、反动权威，上至市委书记、副市长，下至学校的教师，共是一百零八名，分编了八个队。我所在的一队全是"政治犯"，我的年龄、官衔最小。有时开玩笑，我把这帮人说成"天罡地煞"。他们都不理解，我说："梁山泊是一百单八将，我们正好也是一百零八名黑帮。小说《水浒》中梁山将是三十六天罡，七十二地煞星转世，咱们这些黑帮可能是天罡地煞下凡吧。"说得众人一阵苦笑。

别看我们在劳动改造，苦中也有乐趣，虽然都在遭难，人与人的关系倒是很和谐。午间监工的都回宿舍午睡，我们就自由了。文化馆馆长曲萍有绝招，挖马蜂蛹子，他看马蜂的起落就能找到蜂窝，这地雷蜂子个头大，据说能蛰死牛。蜂窝造的是有规律的，一窝两个洞口，把出口用干柴草围起来，把入口用黄土封上，先把出口的柴草用火点着，用铁锨拍打入口，这时洞穴里的马蜂就从出口往外飞，出口的火焰，把翅膀一燎就掉在火堆里；另外还有两个人手里拿着树枝子，防备有零星外出归来的马蜂，并把火焰周围向外乱扑腾的马蜂用树枝扑到火堆里。待一会再用铁锨拍打入口，几次以后洞里的马蜂就都出光了，这时候就开始挖洞口，有时洞里三四层蜂洞，挖出不少蜂蛹。曲萍内行，各个工序分工有秩有序，顺利地搞到半脸盆蜂蛹，回到宿舍用砖把铝脸盆架上，下面点火炒蜂蛹，炒成淡黄色，吃起来很香，而且有点甜丝丝的味道，据说这是高蛋白。地雷蜂蛹个头大，味道特殊。

搞了几次就把这周围的马蜂都弄光了。曲萍馆长平时话很少，但点子多。有一个晚上九点左右，他拿着手灯和小布袋到宿舍外面，要抓小树或蓖麻枝上趴着的知了。用脚一踹，趴在枝上的知了“劈里啪啦”的直往地上掉，都跌昏了。用手灯照着捡，往布口袋里装，不大一会，搞了小半布袋。回到宿舍用火烧，我们又享受了一次美味。

西湾台园艺场离海很近，大道边有一条通海的河道，里面全是芦苇。有时涨大潮，海水就涌进河里，河水是咸的，退了潮水仍然是淡的。河畔上的小洞里，有很多两合水的毛蟹。搞这东西丁士乐是专家，他拿着水桶到河边，不一会就能抓小半桶回来，仍是用铝脸盆煮，用火烧的味道更好。好在我们的宿舍离厂房较远，所以我们这个黑帮一队就比较自由。我曾说了个歇后语：口含黄连唱小曲，苦中有乐！

老干部丛永茂发话了，“咱们别太放肆了，不要忘了咱们现在的处境，一旦叫他们看见就麻烦，扣什么帽子都得受，咱得把脚包的小一点。没有事还来事儿呢，咱们可别自己找事儿。”说得大家都点头称是。丛永茂原是市委副书记，在我们这个队里年龄最大，说话有分量，大家都尊重他。干农活他是行家里手，锄花生、豆子、地瓜像个老农民。我就不行，锄花生常割苗儿，他总是把我割断的苗儿用土埋起来，怕叫监工的看见找麻烦，甚至上纲上线。他教我锄地，并幽默地讲：“这锄把、锨杆和你在舞台上耍大刀不一样吧？”他年龄较大，话也很少，什么事都很自觉。即使在这种环境里，也仍是与众不同，毕竟是老领导干部。

我们宿舍门口有一口大缸，早晚干活回来，都要洗脸、擦洗身子。所以值日分工每天每人都要挑六担水。我们宿舍离井很远，挑水的活比较累，文化局长刘赞喜身体不好，我就替他挑几担。长此下去成了他的习惯、依靠，总叫我替他挑，为此众人有看法，说他耍小心眼儿，老抓乎人家老马。有一次，丛永茂同志把我叫到一边说：“老马，在这里咱们没有职位高低，也不分长又，都是在改造的‘黑帮’，有时你好心会引起一些麻烦，不要再替刘赞喜同志挑水了，同志们都有看法。”我说：“老刘身体不好，我年轻，替他挑几担水算什么。我常年下乡演出，总给房东、军属挑水，习惯了。”丛永茂同志说：“在这里不行，情况不同，叫看管的人知道了，会说你还是拿他当局长，也会说他逃避劳动，不好好改造。”我听了以后感觉很有道理，也很感激，点头接受，“我知道了，以后不替他挑就是了。”

潘万兴原是分管文教文化的副市长，很幽默。如：每天午间吃饭时，在大食堂门前的场地上，摆着十几张八仙桌，“黑帮”们就围着桌子站立一圈。本来干了一上午活，十一点半收工，从工地走回来就十二点左右，领出饭来就快一点钟了。干了一上午，人已是很乏力了，可以说又累、又饥、又渴。再在这烈日下一烤，简直就像在火炉子里，好似一种刑罚。幽默的潘万兴副市长就钻到八仙桌子底下，坐在地上，手里拿着一个黑馒头，端着一大碗菜就着吃。这馒头为何这么黑，原来是园艺场里买了一批饲料，是被虫子把麦子吃的剩下一个空壳的麦子皮，正好我们这批“黑帮”在这里劳动改造，就把这批麦子壳粉成黑面给我们吃，把我们几千斤粮票换下来了。当时我们也偷着发牢骚：“咱们是“黑帮”吃黑面。”有人问潘万兴同志，“怎么总在桌子底下坐在地上吃饭？”他说：“黑帮见不得阳光，黑帮吃黑面就得在阴暗角落里。”他的话里有讽刺、有怨气，而且还很幽默。黑帮们都偷着笑，看管的人也无可奈何地跟着笑。

潘万兴同志每天一早一晚总是在宿舍前，从东到西跑几趟，而且是像《红岩》电影里的华子良的跑法，引人发笑，可是他自己不笑，天天跑。他的跑是一种抗议，是一种发泄，也是一种锻炼。他从小参军，抗美援朝是高炮营长，后在兵工厂里当厂长，转业到威海当副市长。用他自己的话讲，“不想提得这么快，不到一年的副市长，就成了走资派。”我说：“一年的副市长还少哇？我在‘四清’后选上来两个月的团长都成走资派。工作组讲了，‘当一天团长也是走资派’，使劲跑吧‘华子良’，‘渣滓洞’不崩溃你是出不去的。”他笑了，“所以我就跑，就是打成反革命，也要有个好身体。”

秋天来了。摘苹果也有技术要求，上等级的、等外的要分开运送。园艺场里大都是沙窝地，不能用小推车载运，我们一队的黑帮分工肩挑苹果，最远的果区到果库有一里多地。肩上七八十斤的担子，脚下走沙窝，艰苦异常，真是没有受不了的罪，没有过不去的“火焰山”。

到了叶落草瘦、北风紧吹的秋后，活儿轻了，摘沙滩上的一种野生植物，叫荆条，其种子是药材，往年园艺场里无这项工作，周围的村民妇女都去采荆子，卖给药材厂。今年凭空来了这么多的黑帮劳力，何不利用。这活儿不累，蹲着、坐着都可以采。五天就采了两吨多，遍地都晒着荆种子，给园艺场增加了一笔相当可观的收入。

园艺场里要挖一条通水的人造小河道，这是响应大修水利的号召。我们一队要挖三米宽，两米深，八丈多长的小河道。这些老干部挖平地尚可以，但挖到两米深，再把沙撂到沟沿上就困难了。沟底就是两米，如果把沙都撂上去就有三米左右，于是我们想办法分层挖，老弱残疾的在前面挖上面的一层，我和焦富澄等几个年轻的挖下面的一层，把沙撂到沟沿上，大家都没怨言。偶尔发现苹果树上有漏摘的苹果，去摘下来互相传递，每人一口，气氛非常和谐。真是：

同时被改造，都是遭难人；苦中有乐趣，黑帮不黑心。

回顾在黑帮劳改队里，最苦最难受的一种活就是割芦苇。秋天的芦苇都黄了，这项最苦的差事又交给了“黑帮”。西涝台园艺场外，从东到西的一条“海岔子”，里面全是芦苇，必须下水才能割至苇子根部，河里的水没到胸前，头在水上面身子和两个膀子都在水面，低下身子脸都贴在水里，抬着身子割不到苇子的根部。这活儿太遭罪了，我想《打登州》一剧中的秦琼被关押在水牢里，大概就是这种滋味吧？下午三点多涨潮了，海水都涌到河里，河水上涨更没法割了。深秋气温特别凉，冻得我们浑身颤抖。

回到宿舍体温逐渐恢复过来，姜中胜同志打趣地说：“现在有二两白酒喝下去烧烧肠胃就好啦。”正好我去打了两壶水回来，接他的话音，“我给你来一斤白开水烫烫肚子吧”，说得大家都笑了。这时候喝一瓷杯白开水怎么这么舒服，在两合水里泡了半天，刚出来，喝杯白开水也感觉很幸福。丛永茂同志说：“庄稼地里的活，我什么都能干，在水里泡着割苇子还真是第一次干，这活儿太遭罪了，咱得想想办法。”最后商量着“如果镰把长一点就不用低头了”，“对！”于是到园边砍了几根槐树杆子，绑在镰把上，把镰磨得锋快，下午四点以前只管割，不用低头，镰往苇子根部一搂，苇子被割断就漂在水面上，等涨潮时再收苇子，到沿上打捆就行了，既省力又提高了工效。

第二天到河里，长把镰“哗哗”地不到两个小时就搂割完了，苇子都漂在水面，用长把镰把苇子都勾到河沿上。丛永茂同志说不用急着捆，休息一会控控水再捆，就这样拉着呱，抽着烟，很轻松地把苇子捆好了，都顺缕的跺在河沿上晒着。

园艺场里的工人特别赞扬，“这些黑帮真有道道，我们在园艺场里干了这么多年，就没想出长把镰的办法，割得又齐又干净。”我深深体会到：干什么工作都要总结经验，要想点子。而且在我们这帮人里，虽然都在“改造”，都是“黑帮”，水平不一样，领导干部就是水平高。农业局里的财会科长邹立学，一句牢骚话没有，对人对事总是那么和蔼；干职学校的主任宫敬波老师，平时一句话不说，埋头苦干。这二位只为家

庭出身不好，被打成黑帮，我在他们身上学到很多东西。

天气逐渐变凉，睡觉要盖被子了。学习毛著的时候，丛永茂同志又发话了，“季节到了，一天比一天冷，咱这房子大而空，没有顶棚，四个大北窗无遮无挡，到了一阵风一飘雪的时候，咱们不得冻死呀。”大家都点头赞同，“咱得想办法防寒过冬。”“从明天起干活收工回来时候，都割一些草背回来晒着，割一些山棘子回来。”“要棘子干什么？”“铺垫底”。“我不明白，用山棘子铺垫底？什么意思。”老丛有经验，他说了大家都服从。不几天，我们的宿舍前晒了两跺干草，一大堆棘子。

这阶段紧张的气氛缓和多了，大家心情也好多了。大家议论着快到秋收了，农村要刨地瓜花生了。园艺场主要是果类，秋收不会太忙。谁知道就在这个时候，我们又来了厄运，“黑帮“们又大难临头了。

一天早晨五点多钟，在大操场上紧急集合。监管人员公布有紧急情况，命我们各自回宿舍收拾自己的行李和日用品，紧接着开饭。

又一次集合叫着人名出列。我们这个队里的焦福澄、宫敬波、丁士乐等调到其他队里。我们队增加了原田村公社办公室主任邹振道，孙家疃公社办公室的孙主任，其他队也都有调动人员。我们一队的人排队推着自行车，车上带着行李，和没有自行车步行的人一起走，他们自己扛着行李，看管人员、监委人员领着我们往西走，大家心惶地赶路。威海四乡郊区我是非常熟悉，“四清”运动时曾在这一带搞过工作，是工作组的宣传队长。我小声和他们讲：“这是大西庄、港头。”

到了羊亭还往南走，谁也不敢问到哪里去。由领队带着我们又往右拐向西走，前面是半壁山村。此村南面就是文登地界了，我们这队“黑帮”进了半壁山村，我有点明白了，大概这就是我们新的劳改地点。我们的命运又会有什么样的变化，只有听天由命了。

到了半壁山，把命交给天；
灾难何时完，低头咬牙关；
相视不敢言，今来何日还；
抬头观石壁，共同度难关。

半壁山巧遇故人

1966年初冬，农村已刨完地瓜花生。进入冬闲时节，农活就是整地、修水沟、晒地瓜干。

树黄草枯，不肯离开树枝的黄叶更显凋零，柿子树上剩下的几个未摘的烂柿子，蜡黄孤独。近三十里地的路程奔波，我们由西涝台进了半壁山。苗某某和村里接上了头，把我们带到村东头的一个小院落。院里两间正房，前面的三间一间过道两间通着，要在两间里安伙房；小院里后三间未建壁子通着，地下是铺草，我们十几个人，一个挨一个的放下行李。

这次是我们自己起火做饭。当时分派了任务，邹振道同志当炊事员，孙某某主任因身体不好当帮灶，我最年轻当采买，要去羊亭粮所买粮，用自行车带。每次要驮三包面，代买油盐酱醋。

分工完毕就开始盘锅台，准备做午饭，少量的粮、菜已准备了一些，萝卜、白菜在大队买很方便，别看邹振道原来是田村公社的办公室主任，可伙房这一套工作特别利索。和泥盘锅台，和孙主任忙乎开了，我们这些人排队到村中心晒粮的场上听分派任务。村里民兵负责人点名，叫谁谁出列，共分两个组。这时有一老头喊了一声，“把马少童留下，他的工作我来安排。”这时候场上很多人，多数是妇女和老年人，呼的一声都围过来，叽叽喳喳地“他就是马少童？”这时我的心情没法形容，我把头低着，尽量不让他们看到我的脸。我是演员出身，可以说是被观众看出来的，而今天我是非常地怕、羞愧、紧张，无地自容。这时其他两组都被领走，场上的“黑帮”仅我一人了。众人还在围观我。这时场上的老头喊了一声“干活吧”，哄散了众人，老头叫我“你过来！”我随他过去，看见三四台手摇切瓜干的切片机。“她们切满篓子，你就提到那边空地上，一块一块整整齐齐地摆好晒着。”我应声后把切好的地瓜干篓子提到指定的空地，一块块摆好，旁边有两个老头也在晒瓜干，对我说：“不用摆的那么仔细，晒地瓜干也不是绣花，倒在地上摊开就行了。”我仍丝毫不马虎地把瓜干摆得很整齐。看到切瓜干的妇女们都叽叽喳喳地说笑，我成了她们的谈笑资料。我到她们的切片机前拿地瓜干时，能听到她们议论的片言碎语，都是我在羊亭一带演出的事，什么戏他和滕步云演的，和他老婆演什么；背着朝靴满台跑……说说笑笑好不开心，哪理解我这黑帮的心情。真是：

捧起长江水，难洗满面羞；多少委屈事，难言只低头。

管粮场的老头又对我“训话”了，“不用那么忙乎，累了就坐那边歇一会，抽根烟不用急，慢慢干。”这一上午我到很轻松，实际是在干妇女的活。这管场的老头，虽然声音喊得高，倒觉得他很照顾我。老头又喊上了，“行啦！你回去吃午饭吧，晌午休息后还到这来，晒地瓜干子这活得个七八天，你自己来就行了。”

我回到宿舍看看，那两个组还未回来。

不一会大家都收工回来了。他们一个组在打石头，一个组整样板田。整样板田的要把地里几堆古坟起了，把棺材板子、死人骨头搬出去，平好了修样板田，这活一想就恶心。门外左边小菜园里有井，大家一番洗刷。有人问：“老马今天去干什么了？”“晒了一头午的地瓜干”，都说我“‘走字儿’，晒地瓜干多轻快。”我说：“拉倒吧，场上这帮妇女把我当成笑料啦，羞得我脸都没地儿‘藏’。”他们都开我的玩笑，“唱戏的出身还在乎这个，不卖票随便看。他们爱咋说，就让她们说去，全当没听见。没人训斥，身子不遭罪就行。”

开饭了，邹振道的炊事手艺真不错，熬大白菜味道真好。在园艺场里一百多人，是“槽里有草饿不死驴”的做法，依邹振道同志的话：“在那里是革咱们的命的人做饭，人家给咱做就不错了。现在是‘黑帮’做给‘黑帮’吃，当然不一样。”

大家奇怪的是监委的老苗来了以后，把我们交给村里，他就不见面了。干活和吃饭他一概不管了，他在群众家派饭吃。本来嘛，“四清“接上“文化大革命”，运动接运动，这些“黑帮”至今也未下个什么结论。现在他管我们，说不定下个什么运动就搞着他了，还不知道谁管谁呢？“左”那些仇干什么。

转移到半壁山后，气候变化很大，但政治压力减轻了，干活、吃饭都自由了很多。午间休息两个小时，自己上班，到点收工，早点晚点也没有管的，社员们都很客气。晚上没有电灯，小油灯也不能学习，干脆吹灯拉呱。都说到这里来我们自己起灶，生活咱自己掌握，要改善好，饭菜总的花费平均摊，烧草村里管，因为村里很感激我们来给他们白干活。

农民的态度和市里不一样，对我们一点都不歧视。

下午休息起来，都各自去干自己分工的活。我又到了场上，还是晒地瓜干。此活很轻松，干一阵子看场的老头就喊："休息会，歇歇抽袋烟。"太阳西沉，老头又说："你先回去吧，我们收拾收拾就行了。"

晚饭后躺在地铺上，地铺太窄，每人的铺位仅仅二尺半宽，大都侧身躺着，一个挨一个地挤在一起。夜里有人一翻身要惊醒好几个，上厕所回来，位置就剩下一尺多宽，要挤进被窝躺下。虽然如此，比在园艺场里是自由多了。

晚八点多钟，外面有人喊："马少童在哪？出来！"我吓了一跳，穿好衣裳走到门口，心想，又有什么灾祸降临？这时全屋的人都睁着眼躺着，气氛也很紧张。我出来一看，一个青年拿着手灯照着，我认出他是民兵队长。我们进村时，监委的苗某某就是和他接头，我们这帮人就归他管。他说："你跟我来。"把我领到门口左边的小菜园里，他说："马团长，你不用紧张，俺爹认识你。""你父亲是谁，你贵姓？"他说："今天看场的那个老头就是我爹，你还记得去年搞'四清'的时候，在羊亭四大队被关押的一个老头吗？那是俺爹。村里有人说俺爹是大贪污犯，整得死去活来的，多亏了你到'四清'大队反映，才放回来的。今早晨你们到这里来，我看名单上有你，我告诉俺爹。俺爹说马团长是咱们的恩人哪，是好心人。他从小就唱戏，怎么能是黑帮？把他交给我，在场上晒地瓜干吧。俺爹想请你上俺家去住，因为有监委的苗同志跟着，怕影响不好，叫我来看看你。"

我惊恐的心情平静下来。黑夜中，从这个青年的话语中想起年前的一段往事：四清运动第二阶段，剧团分两个演出队，进行演出宣传，配合四清运动的开展。在羊亭村住点，到下面各村演出宣传。当时工作队都是在社员家派饭吃。纪律很严，规定不吃鱼，不吃肉，不吃包子、饺子、小面汤，那时候根本没有喝酒的，总之不准搞特殊，随着群众家吃家常饭。学员王天江在王家夼村，派饭在群众家里，因为人家包的萝卜丝饺子，他怕违反纪律，没敢吃饭，饿着肚子回来了。这不单单是谨慎，更说明当时工作队的纪律严格。

一天，在羊亭村四大队，我和爱人赵淑荣派到群众家吃饭。房东三间正房，两口子住东间，在正间地下摆着小饭桌，吃饼子、地瓜和大菜。我听到西间有呜呜哭声，问房东是怎么回事，他说："半壁山村的种子保管贪污，在这里交代问题，关了好多天。这老头儿整天哭，家里送饭也不吃。"我好奇地撩起西间的门帘一看，地下支着一盘磨，磨上和磨盘上摆着好多饼子、馒头和好几碗冷菜，看来几顿饭都没吃，炕上蹲着一个老人在哭。我进了西间，负责看管老人的青年站起来了，我自我介绍："我是四清大队的，这老大爷哭什么？"这青年是羊亭村的民兵，是公社派的专门看管四不清干部

的。他认识我，“啊！是马团长，他是半壁山村的仓库保管，为贪污大队的种子，快半个月了，到底未交代彻底。”我问：“老同志，你到底有什么问题？”老头听青年称我马团长，一擦眼泪就苦诉开了，“马团长，我冤枉啊。”“别称团长，叫我老马就可以。”当时工作队规定不叫职务，通称同志。

通过他一番的苦诉，得知半壁山大队有三间小房的仓库，存放各种粮食种子，当时的小库房里面都是泥土地，有几口缸盛着种子，地下铺着苇席，有的种子就倒在席子上等春季播种用。初夏时种子都出库了，要清扫一下地下散落的种子，连土带粮扫了三铁撮子，回家用簸箕簸了有不到三斤粮食。小四清一开始，有人揭发他贪污种子粮，这么多天，从三斤交代到三十斤，现在已升到三百斤了还说不彻底。我问他：“全村有多少户人口？”“当时不足六十户。”“保管多少麦种？”不到二百斤麦种，已交代贪污三百斤了，还不彻底。我想，这是“过左”行为，便安慰这老头，“党的政策是实事求是，有问题不交代是隐瞒事实，罪过加重；不符合事实的胡说，扩大事实也是欺骗党。问题多大，只有你自己最清楚，有多少就是多少，丝毫不能乱说。我可以把你的问题向大队部反映，但你一定要实事求是。”老头在炕上想给我跪下，我安慰他“不要感激谁，都是为党工作，你要相信党的政策。”这些话都是我在四清运动中常听、常看的，我也仿学工作队干部们的风度和口气，不让人家感觉到我是个唱戏的。不管怎么说，我是四清工作宣传队的队长。

到了大队部，大队长郑惕和李文达都在。郑惕是公安部部长，李文达是公安部副部长，《国庆十点钟》小说的作者，是位文人，和我接触比较多。我汇报了刚才遇见的情况，并说：“五六十户人家的半壁山村，能种多少亩小麦，有多少麦种？贪污由三斤升到三百斤还不彻底，一个小村里的种子保管，算什么四不清干部？还要民兵看管，不准扎裤腰带，如同看管监狱的罪犯，这不符合党的政策。‘十六条’下来以后，有的干部执行仍是过左，不仅会出人命，而且歪曲党的政策。”李文达大队长笑了，他说：“怎么到现在还有这种情况？有个村里的一户富农，因失手打死一只到他自留园里吃菜的鸭子，结果小‘四清’把这个富农揪出来了，以鸭子生蛋，蛋生小鸭子，小鸭子长大再生蛋累计，算了人家三百多只鸭子的赔偿钱，这简直都是笑话。马团长你先回去，我马上派人去解决这个问题，以后发现问题及时向大队反映，党的政策不能歪曲。”

以后我见到关押老头的那家房东，他告诉我，“你走了第二天，半壁山的那个老头就放了，他儿子来用自行车把他带走，临走时还问马团长您叫么？老头感动得流泪，叫我替他谢谢你。”本来嘛，人家被冤枉挨整，就应该向大队反映，况且我是个党员，也是属于四清大队的，当时也未往心里去。谁想不到一年，我成了“黑帮”，又到半壁山劳动改造，就碰巧重逢当年受冤枉的种子保管，世界上的事往往意想不到的，却又这么凑巧。

这青年看我半天未说话，就问我有什么困难，需要什么？我说：“替我谢谢你父亲，当时我向大队反映，仅仅是同情，落实党的政策，也是我应该做的。我现在的处境你们最好少和我接触，不要给你们添麻烦。我究竟是什么错误，我也不知道，组织也未下结论。目前我什么也不需要，谢谢你。”他说：“我们也不明白，你们这些干部，都是好人，怎么凭空都成了黑帮了，这是怎么弄的？”我说：“史无前例的‘文化大革命’，谁也不理解，我自信我没有什么问题。回去谢谢你父亲对我的关心和照顾。”他从口袋里取出一盒大前门烟来送给我，我一再地谢绝。因为我不抽烟，他把烟放在我手里就走，并说有什么事和他父亲说。

我道谢后回到宿舍，好几个手电筒照我。他们都没睡，因为把我叫出去都不放心，问我什么事？为了避免口舌，我没有把真情告诉他们，只说村里一个熟人不放心，并给我一盒大前门，我不抽烟，把烟拆开分给大家吸。大伙抽烟的抽，不抽烟的也抽，此时好像是一群孩子，凑热闹似的起哄抽烟。

我躺在被窝里回忆往事，当初为这种子保管到四清大队反映了一下情况是应该的。现在我到此地，在这种情况下，人家仍然心存感激。我想人还是要多做好事，那些整人有瘾的人，将来不会有好下场。

运动中形势急剧地变化，我们在半壁山却什么也不知道。

躲伤害离家逃生

“文化大革命”步步深入，“新生事物”越来越多。人与人见面的头一句话，要高喊“毛主席万岁！”接下句的人要高喊“万岁！万万岁！！！”最少要背诵七八条主席语录，男女老少都必须“早请示、晚汇报”；早饭前阖家一起站在毛主席像前，高举毛主席语录三鞠躬，唱《东方红》，背诵语录，这表示对毛主席的忠诚。大街上随处可见跳忠字舞的。此时的“文工团”算是威海市唯一的一个文艺团体了，演出节目以蹦蹦跳跳的为主，主要是宣传毛泽东思想、搞革命，比大街上跳忠字舞的水平高不出多少。

而文登、荣成京剧团都在排演样板戏。我观察了一下，街头忠字舞和文工团的舞蹈只是三个身段：上指天、下指地、中间一划拉，这些演唱离不了这三下子。上指天——手臂往上一扬，是代表党中央和毛主席；下指地——右脚一跺，手臂往地下一砍，代表五类分子和阶级敌人都要打翻在地，踏上一只脚，永世不得翻身；中间一划拉——两臂向前平着分开，便是代表广大的革命群众。如果前腿弓、后腿绷、一臂屈伸，这便是“向前进”。台上台下一个扮相，都是黄军装扎皮腰带、红袖章，黄帽子上挂一枚主席的像章，胸前也戴着毛主席像章，这“三章”便是革命的标志，手中的“道具”是毛主席语录。两派相互辩论和攻击的武器也是毛主席语录，毛主席语录是“革命的红宝书”。

一天，乳山京剧团来威海慰问海军部队，演出样板戏《沙家浜》。人们对那种“上指天、下指地、中间一划拉”的艺术看烦了，突然来了革命样板戏，虽然是慰问解放军的，老百姓也是抢着去看。白天在职工礼堂慰问演出时，东门外发生武斗，霎时间紧张空气降临，戏也停演了，人心惶惶的。我爱人赵淑荣也在看戏，她和乳山京剧团的人都比较熟识，就对导演唐雁宾说：“外面发生武斗了”。唐导演问：“少童大哥呢？”我爱人说：“在家里，整天也不出门。”他惊慌地说：“啊！都什么时候了，还在家里，多危险哪！我去把他领出来。”

我在家里学习毛主席著作《矛盾论》，有个问题怎么学习我也找不到答案。新闻报道说：不要怕乱，乱了敌人……不乱不治，大乱大治。这个问题令人费解，乱了敌人，谁是敌人？两派斗争都把自己说成是革命的，而对方是反对革命的。我想这是群众斗群众，究竟谁是敌人？乱到这个地步，还要“大乱”……这时，突然闯进一个人冲我就喊上了，“你真行啊，什么节骨眼儿啦，你还在家里学毛著。”此人身穿着军大衣，戴着黄帽子，一时之间认不出是谁，等他把口罩摘下来一看，“雁宾！你怎么来了？”他把手一摆，打断我的话，“别说了，快跟我走吧‘大爷’！”我不明白，“怎么啦？”他说：“东门外发生武斗，街上都乱套了，我们来慰问演出，听说要冲击会场，嫂子说你在家里，武斗再扩大，岂不要抓你这样的出气，打了也白打，残废了你去找谁，快跟我走。”我说：“我又没出去，也未参加任何组织，抓我干什么？”他又气又急，“真是个戏呆子！现在还要为什么吗？单位的哪个领导不挨揪、不挨斗，现在还有理可讲吗？你这样的文艺权威，打了白打，快跟我走。”“到哪里去？”“逃出去再说。”母亲急忙把大衣帽子递给我，“快跟雁宾走吧，路上一定要小心。”我穿戴好，又戴上大口罩，雁宾说：“放心吧大娘，就我们俩这块头，仨俩的也不敢照量我们。”

一出大众巷，到了南大桥气氛就紧张了。走到东门外，好像刚结束一个小型的武斗，还有不少戴安全帽，穿黄大衣、戴着大口罩、手里提着镐把的人。我和雁宾经过时好像无人注意，因我们都戴着大口罩，雁宾的黄大衣也沾了光。我俩到了职工礼堂后台，乳山京剧团的演员已经卸完妆，服装道具都装上了车，车上有海军护卫着。我和乳山剧团的都混在了海军队伍中间，乍一看还真认不出来。

到了水警区，威海文化馆宣传队的几个同志都安排在黄泥沟四眼楼。我去了以后，有的人害怕受到连累，因为我是“反动权威”、当权派。我一气之下不想在那里了，海军的一些同志都认识我，为了我的安全不让我回家，把我安置在海军招待所，就这样算是暂且有了安身之地。

在海军招待所整天闷在屋里，不能出门，无时不在惦记家中父母和孩子。爱人赵淑荣和剧团的几个同志住在黄泥沟四眼楼，也很少见面。这时候市里的两派武斗升级，越来越激烈。每天看一些传单，但是真假难辨，这些马路消息让人惊心动魄。贺龙、陈毅等将帅老总也被揪斗，甚至国家主席刘少奇也被冲击。我怎么也想不通，怎么毛主席身边的将帅，中宣部、文化部、中科院的科学家都有问题？难道就是林彪和江青这几个人可靠吗？文艺界不分剧种、不论行当，只要是有名望的、有成就的演员无一幸免。

又惊闻威海老市政府大楼被烧，这如何了得？！在烟盒上写下一首打油诗，记忆下这段“文化大革命”的情景。

工厂多停产，造反大旗飘；文物遭横扫，国宝也焚烧；
学生不上课，串联到处跑；车船不买票，交通俱乱套；
权威靠边站，专家被打倒；将帅遭批斗，到处揪领导；
派性成敌对，武斗动长矛；群众斗群众，大楼被焚烧；
高举语录本，大喊形势好；形势越来越好，好在哪里？理解不了！

雪夜逃归宿不明

1968年1月避难在威海海军招待所。和我同类情况的还有两位中学教师，都未参加组织，但也“逍遥”不了。被困在海军招待所避难，还有两三位其他单位的当权派。面临这种处境，我们都是沉默无言，尽管观点一致，相互之间也很少交谈。

武斗在持续升级，老市府大楼被烧。据说两派武斗，一派红卫兵在楼上被另一派围困，战局升级到用火攻楼而烧毁。

骇人听闻的消息一个接一个，我这避难者更是胆战心惊。在这里避难也绝非安全之地，要想到外地去，交通被封锁。又听说“八六海战”的战斗英雄王瑞昌，从烟台回威海，乘坐的吉普车被掀了个底朝天，帽徽、领章被扯掉，战斗英雄也照样被围攻。形势恶化，人心惶惶。

一天夜里，我被嘈杂声惊醒，“撤到外地！”这突然的喊声叫人晕头转向。很长时间我们都是和衣而卧，听到情况就一骨碌爬起来了。这时，我在门口看到很多人都往海军码头上跑，在慌乱的人群中，我找到了爱人赵淑荣，听说“八兵团”要来袭击，在这里也不安全，“快跟大伙一起走吧。”“到哪里去？”“不知道。”“以后怎么办？”“不知道！”我想在这种情况下，还是先逃出虎口再做道理吧。

夜间十一时左右，众人似战乱中逃难的难民，我看到海军官兵搀扶每一个同志上船，这是人民子弟兵的优良传统，我们虽是逃亡保命，但人与人之间还有尊老爱又的人情味儿，妇女都优先上了船，我们也随着登上炮艇。

腊月里的午夜，海浪夹杂着冰块，拍打着码头和船体，这冰水击船的声音，更给逃难者增加了悲伤和凄凉。我站在甲板上四下观望，共有四艘舰艇，慢慢地离开了码头，我估计能有八百人左右。我的视线紧盯着市里老电影院一带的灯影，因为我的家就在大众巷老电影院左侧。家中的父母、三个孩子不会知道此时我夫妻在逃难的船上漂泊，要离开我的家乡——威海。

市区灯火如豆，已经模糊得看不清了。我一擦眼，才感觉脸上的泪水，下巴底下大衣领子上冰凉，泪水浸衣已成薄冰，我长叹一声，吟诵着《林冲夜奔》里的两句词儿：“丈夫有泪不轻弹，只因未遇伤心处。”忽然感觉到冷，寒风刺骨，舰艇飞驰，受冲击的海水洒在甲板上。该进船舱了，船舱内已挤满了人群，我就坐在进舱的扶梯上。舱内的气味令人作呕，叹息声、抽泣声不绝于耳。这种景象也就是在过去的电影里见到，想不到自己今天也身临其境。我们的国家、我们的党历经抗日战争、解放战争、抗美援朝。建国以来，建设发展不容易呀。而今形势怎么会搞成这样？派性相争、手足相残，乱到如此地步，毛主席知道吗？这是毛主席的指示吗？“不要怕乱，乱了敌人是好事”、“烂透了就好了”……我满脑子的疑惑不解，敌人是谁？再乱下去如何收拾局面？我虽是一介草民，一个普通的共产党员，可是从心里为党为国家担忧。

船舱里乌烟瘴气，抽烟的、呕吐的，各种气味都冲向舱口，我在这舱口的小梯子上也坐不住了，还是到甲板上透透气。

四面八方都是白茫茫的汪洋大海。四条舰艇风驰电骋，保持距离航行，这时候最少也是零下十八九度，甲板上虽然很冷，倒比舱里呛人的气味好多了。我看到舰艇指挥官正在聚精会神地指挥着四艘舰艇前进，不时在下达指挥令：“左舵三！”下面轮机长回令：“三左舵，到！”。我索性上了舰楼，向舰长打招呼：“舰长，您辛苦了。”他看见我笑了笑，仍然注视着前方，说道：“这上面冷啊，还是到下面去吧。”我说：“没关系”。我好奇地看了看操作台上面的指示灯，不自觉地念到：“左红、右绿、当头白（指示灯的颜色）”他又看看我，“当过兵吗？”我摇摇头“没有。”“首长贵姓？”“不贵姓马。”“啊，咱俩一家子。你是干什么职业的？”我说：“京剧演员。”他笑了，“演员还知道舰艇上的灯色位置？”我说：“1962年，我和赵光正同志写《甲午海战》时，排演这个剧目，我演邓世昌，在烟台海军炮校体验生活时，在舰艇上呆过几天。一点航海知识、生活经验没有，就没法演出。”马舰长笑了笑，“干演员也真不容易。”他突然提高了声音：“哎，你是马团长吧？”我也笑了，“舰长怎么认识我？”他显得更亲热了，“每年你们慰问团到水警区慰问演出，我们都看过你的戏。我们程司令总叫你演《挑滑车》。”“哦，真是不说不相识，难中遇故知呀。”他说：“你们受罪啦，大腊月里撇乡离家的，遭这个罪。”我说：“你们不也一样吗？跟我们受苦受罪。”“我们军人习惯了，海军生活在舰艇上，五面是水一面朝天，你们可是受不了哇。”“唉，一言难尽呐。马舰长，我们这是到哪里去啊？”他摇了摇头说：“军人服从命令，乳山、海阳、青岛，哪里安全就送到哪里。我们要为这些群众负责，压力也挺大呀。马团长请到舱里去吧，这舰桥上太冷了。”我怕影响航行的指挥工作，又回到了舱里的扶梯上。

这时候舱里安静多了，有的在打瞌睡，有的发出了呼噜声。在舰楼上冻了半天，这一进舱觉得非常暖和，一夜未眠也觉困倦了，依着扶梯合上了眼，昏昏地睡着了。

舱口梯子有人走动把我惊醒。啊？怎么都往甲板上拥。我站起身登上了甲板，原来舰艇已靠岸了，不少人已经上岸。我一问才知道这里是乳山口，也不知是谁在喊叫：“大家活动活动，不要走远了。”于是众人伸腰踏步活动着，一会儿又有人喊“都快上船吧！”众人急急忙忙上了船，互相观望，谁也不知再到哪里去。又一想，管他呢，反正海军不能把我们丢下不管，既然上了船，把命交给天。

逃出威海，过了乳山，下午三点左右到达青岛郊区砂子口。我随众人下了船，只见男女老又都是空身一人，连洗漱用具都没有。

青岛避难寻挚友

青岛市里的熟人很多，我俩这种惨状，能去找谁呢？快过年了，到人家家里，人家会持什么态度待我们？沉重的自卑感压抑着我。

回想八个月前，“四清”后我这刚上台的年轻团长，带团领衔在青岛演出《八一风暴》、《焦裕禄》。观众排长队买票，日夜包场，电台、报纸广泛宣传赞扬。而如今如丧家之犬，漂泊异乡。有谁能知道，八个月前在青岛舞台上《八一风暴》中的方大来、毛主席的好学生焦裕禄的扮演者马少童，如今是这个德性。惭愧、难过、怨恨搅和在一起了，“双手捧起东海水，难洗今日满面羞”。硬着头皮去找朋友，朋友如何待我？走一步算一步吧。

满腹疑虑地到了朋友家，杨长有夫妇一见我们，惊喜道：“哎呀，你们怎么来啦？真是做梦也未想到。听说威海武斗很厉害，也打听不到你们的消息，整天的担心，没想到你们来了……”我俩一见杨兄一家如此亲热，满腹的冤屈涌上咽喉，不知从何处说起，半天也没说上话来，“一言难尽呐！”

一家人忙着冲茶、备饭，我们洗了洗几天都没有洗的脸，坐下来喝茶、吃饭、叙谈。杨氏兄嫂听了我的一番讲述，把手一挥，“行了！哪里也不准去，就住在我这里。兄弟呀，我们一家永远也忘不了你的恩情”我难为情地说：“杨大哥千万别这么说，我夫妻逃出威海，这般惨相，你们如此的招待，真是感激不尽。这样吧，我们就在你这里先落落脚，再去昌乐吧。现在青岛的朋友不敢随便去找，‘文化大革命’搞得人心惶惶，一是怕人家害怕，不敢接近我们；二是怕给人家惹出麻烦。”杨氏兄嫂坦率地说：“哪里也别去，就在我们这里住，既安全又保险，咱弟兄的情意不要再说别的了。”

一天的畅叙，晚饭又是酒菜款待。晚上躺下后怎么也睡不着，回忆着我和杨长有的初次相识、几年来的交往，似一幕幕连台本戏在脑海里闪过。

那是1961年初冬，威海京剧团在招远农村巡回演出，剧团包车拉戏箱，演职人员都坐在箱子上面。我爱人赵淑荣带着吃奶的孩子下乡演出，敞口大卡车太冷，为了照顾孩子她就坐在了驾驶室里。司机杨长有是青岛海运局的驾驶员，常到各施工区送机器设备，回青岛要放空，拉剧团到招远也算回头“脚程”，免得返途放空。我和杨司机聊得很投机。到了演出地点卸下车后，伙房就忙着生火做饭。为了答谢杨司机一路的照顾，我和爱人请他在小饭店里吃顿便饭，闲谈中得知他爱人是青岛国棉厂的工人，有三个孩子。1960年到1961年度灾期间，粮食很紧张，我和我爱人常年上山下乡演出，地瓜和瓜干比较多，能节省下一点粮票，贴补家里父母和三个孩子。我听到他在青岛的粮食比我们还困难，于是我和爱人商量，把我们积攒了三个月的二十三斤粮票送给了他。他推辞再三，最后我给他装在衣袋里，他拱手道谢。当晚还要赶回青岛，我又在伙房里买了四个馒头送给他。在当时那种困难时期是了不起的事儿，杨司机千恩万谢后返回青岛去了。

1962年春，杨长有到威海港送机械设备，顺便来看望我一家，正赶上我中耳炎发作，要从威海转院到青岛山大医院做手术，当时我中耳炎很厉害，已经有面瘫的迹象。杨师傅听说我要去青岛做手术，就说："病成这样坐长途客车到青岛，需要七个多小时。这样吧，明天早六点我来接你，坐我的大解放车，路上不停，大约五个小时就到了，我还能照顾你。"我们一家都很感谢。

1962年春于青岛手术后留念

第二天早七时许，我坐在他的驾驶室里，十二点多点就到了青岛。

他把我送到他家里，这位杨嫂子非常热情，照顾我洗脸，给我沏茶。杨大哥去单位卸货，回来陪我吃午饭。下午三时又开车送我到山大医院，给我挂号、办理住院手续，医生让我先回去准备洗漱用具，明天上午腾出病房，再来住院。杨大哥又把我拉回他家，照顾得无微不至。

第二天，我顺利住进了山大医院五官科病房。在做手术、住院期间，杨嫂子来送水果，杨大哥出车，三四天回来就来看望我。本来需要住一个多月的院，剧团的演出成问题，所以十八天我要求出院，回威海继续烤电治疗，坚持工作。杨大哥又把我送到青岛长途汽车站。

一个多月后他又来威海，到家里看我，说他爱人要到天津学习三个月，有一个吃奶的孩子，无人照顾，不去又失去学习的机会。我们商量一下，把孩子暂放在我家，由

我母亲照顾。他也很实在，把大儿子送到他姥姥家，三岁的二小子和吃奶的小闺女一起送我家来了。三岁的孩子好哄，这断奶的小闺女想吃奶，想妈妈，哭闹不休，实在难照顾。我家里还有两个孩子，成了托儿所，我夫妇整天上班也顾不了，可把我母亲累惨了。

三个月过去，他的两个孩子，在我家也习惯了，人也熟了。杨嫂子学习结束后来接孩子，这两个孩子还不愿意走了。

一晃三年过去。1966年5月份，威海京剧团“四清”运动刚结束，我当选团长，带团由烟台到青岛演出《焦裕禄》、《八一风暴》，非常轰动，三天炮戏下来我就不太忙了，可是未见杨氏兄嫂来找我。我买了儿童食品、水果，到家看望挚友。一进门我就惊呆了，家里的家具全无，小闺女满地爬着哭，六岁的二小子看着妹妹，家境凋零，杂物满地。我问孩子:“爸爸妈妈呢？”“不知道”。把我带去的食品给孩子吃着，我到隔壁邻居家打听杨氏兄嫂的情况。邻人说：“听说老杨有经济问题，被单位关起来了，他爱人在公交车上被甩在车门外，脑子摔坏了，加上家中这情况，受了刺激，神经不正常，疯疯癫癫的。”我看看厨房里几块蜂窝煤满地滚，面袋里一点面粉没有，真是粮断柴绝。我正在难过，杨嫂子回来了，她看我时眼睛直勾勾的，问她什么也不说话，精神确实有问题。但仍知道抱起地下爬的小闺女。我看到这种情况真是束手无策。

突然想起到杨大哥单位去打听一下吧。单位离他家不远，到汽车场院的办公室讲明要看杨长有。两个“四清”工作组的同志，问我和他是什么关系。我回答后讲明来意，并介绍了我的身份，因为我在威海经过“四清”运动，刚当选上台，来青岛报纸上也登载威海京剧团，提起我的名字他们也有耳闻，因此彼此都很客气。我问起杨长有是什么问题，他们讲：“有人检举他平时出车，有时给私人捎货。给没给他好处尚未查清。”我笑了，“你们是工作组，我也当过工作组。杨长有的问题尚未搞清楚，怎么能把他家的家具都抬走了？就是退赔也不能这么搞，这不符合党的政策。杨长有就是为给私人捎过货，就扣在这里不准回家这合适吗？他的爱人在公交车上摔成精神病，两个小孩无人照顾，你们最好去看一下他家里的情况，就是‘四不清’的干部，也不能这样对他的家属，出了人命咱们要负责的。”这二位一听，“是么？这情况我们一点不知道，准是单位下面群众搞的。”并答应马上了解一下情况。我要求见见杨长有，这两个同志还真不错，陪我到一单间屋见杨大哥。他见了我就掉下眼泪，我问起情由，他说：“我什么问题也没有。就是有时出车在外地，碰上白菜、大葱、土豆等农产品，比青岛贱，就买一点带回来，厂里的同志分分，有时带的不多，就分不过来，分不着的人就有意见，这次‘四清’运动就检举我带私货捞好处，我什么好处也没捞。”当着两位工作组的同志我不能让他多讲，“好啦，问题总是会查清，有多少交代多少，不能隐瞒，也不能扩大，要实事求是，要相信党的政策。最好你向工作组的同志请个假，回家看看，嫂子精神不太好，孩子没人照顾，过几天我再来看你。”我搞过“四清”，也当过工作组，一副干部的姿态，满嘴里都是“四清”运动的词，特别是演《焦裕禄》，模仿了一身的干部风度，看来这两位工作组的同志对我印象还不错，和二位握手告辞，他俩把我送出场院大门。我看杨大哥也跟着出来送我，我又嘱咐了一句，“早点回家看看，不要出事儿。”

两天后杨大哥到剧场找我，我一看他非常惊喜，“你出来啦？回家了没有？”他说：“昨天工作组就叫我回家了，你嫂子的病是从公共汽车上摔下来摔的，我找了公交公司负责人，医疗一切由他们负责。”“好吧，我明天到你那里去。”

我把杨大哥的情况对淑荣说了一遍，“如今他这么困难，咱不能不管。”我爱人非常通情达理，意见一致。我的工资每月147元，淑荣是75元，最后决定明天开支后，凑上150元给杨大哥，先做一家五口度日的费用。淑荣说：“本想在青岛开支去买点衣料，还是先给杨大哥救急吧，人在难中才用朋友啊。”

第二天我又到了杨家，嫂子的精神好多了，我给他们150元钱，暂解目前之急，他夫妻含泪收下，杨大哥说：“我什么也不说了，这恩情我一家永远忘不了，你这钱我们先收下，但将来我一定还你。”我笑了，“咱们这几年的交往，用钱是表达不了的。人生在世都有难处，为难时才用得着朋友啊！”

这次“逃难”来到杨家，谁知过了两天，威海京剧团好几个人又来到杨家，因过去杨大哥和我的交往，剧团里不少人都认识他。逃难到青岛他们估计我可能在他家，连着来了好几帮。每次四五个人在杨家吃饭，就是大菜馒头，人家也管不起。快过年了，看得出来杨大哥是尽了最大努力的招待我们，但我无时不想家中的父母和孩子。春节已过，我俩决心到昌乐去，杨氏兄嫂一再挽留。我说：“总住在这里也不安全，趁大年初三，我们就乘夜车去昌乐。”杨氏兄嫂只好答应。

火车一声呼啸，由东往西北驰出，一直到看不见他们的身影我才关上车窗。思绪万千，想起恩师刘奎童对我的教诲，“我们吃戏饭的，在社会上什么人都要交，三教九流，要饭的花子也不能得罪。交友超过三千，知已不过一二，朋友一千不多，小人一个不少。”这些话当时感受不大，而今体悟至深呐。杨长有——我的好兄长！

大年初三的夜车，乘客很少，但心里很踏实，这个时候不会有人抓我。过半夜三点多钟到了昌乐火车站。

车站很冷清，我夫妻下车就急奔赵家庄岳父家。两位老人从睡梦中惊醒，二老又惊又喜，我夫妻洗漱后喝了点稀饭，不一会内兄夫妻也过来了。我们把离威到青岛，又到这里的经过说了一遍。两位老人一会流泪，一会叹气，“这是怎么弄的，解放这么多年，才过上几年太平日子，又搞什么‘文化大革命’，自己家里斗，自己打自己，毛主席知道吗？所有的干部都挨斗，老共产党员挨整，这倒怎么好？这不乱套了吗？你们俩身子未受伤，家里的老人孩子太太平平的就好。你俩在这住着，吃好吃赖的起码不用担惊受怕。等太平了再回去，在咱这里保证太平无事。”

不一会儿，来了一伙人。赵家庄是昌乐县的大村庄，赵家出了个唱京剧的闺女赵淑荣，又找了唱戏的女婿马少童，也觉体面，所以我们每次到赵家庄探亲，都是亲友满屋，赵家庄的几个爱好京剧的戏迷，到昌乐、潍坊看戏总是提起“俺是赵家庄的，马少童他丈人庄的”，这样一说好像很光彩，显得本身有点戏味似的。

众人到了我岳父家，大队里的书记，大队的革委会主任都是长辈叔叔、大爷，在里屋炕上、凳子上坐着，平辈、晚辈的都站着，满屋里全是人了。一片的同情、安慰声，我夫妻近几个月以来，头次得到如此的安慰。村支书说：“这叫啥形势？叫人迷糊。中央的领导，元帅老将都被揪斗，老党员、老模范也挨批斗，是干部就有问题，这叫啥事。一帮无知的孩子，啥红卫兵，今揪这个、明斗那个，没有这些老干部、老党员能有新社会么？这到底是咋回事啦？咱庄里比较好，不准闹歪的，有来串联的，我们不接待，也不欢迎。咱庄里挺太平，不准外人来瞎搅和。”民兵队长赵延起激动了，“我就不相信毛主席能出这样的馊主意，工人不上班，农民不种地，光喊革命，不打粮食都吃啥？咱庄里不听他们咋呼，我们民兵就管着，不准外人来瞎咋呼。少童只管在这住着，保证没事，谁想来揪你，我先招呼（揍他）他。”

我和淑荣总算找到了安全之地了。

《沙家浜》排演趣闻

春节后在赵家庄倒是很安全，闲来练字，写毛主席诗词。每日找我聊天问戏的戏迷们，相聚谈笑。倒也苦中有乐。

春节期间，各村都排样板戏，互相走乡传村的演出，听说赵家庄的某某人在住丈人家，都不愿到赵家庄演，因为“不怕千人看，就怕艺人观”，好容易接来邻村的一个业余剧团演《红灯记》。我和淑荣说：“咱们别露面，不要影响人家业余演员的情绪。”内兄赵书声是大队会计，负责接待来演出的剧团，两辆大车拉着全体演员和服装箱子，还有布景。把剧团接到老祠堂里。门前敲锣打鼓，招引了不少孩子，手舞足蹈地喊着，美极了。祠堂里的演员们男女老少不等。喝着“大把抓”的茶叶末，抽着一角五分钱一盒的烟卷儿，吞云吐雾的好不神气。上饭了，每人一大碗面条，热气腾腾的，面条每人一碗，汤管喝。气氛很好，演员们都很神气，吃完了饭就化妆了，赵家庄比较“势力”，点上一盏大汽灯，演员们化妆，其他人布置舞台。台上就是一块大白布把前后台隔开。内兄回来说：“开戏了，你们不去看？”“本身是演员，也真想去看看，又恐在台下被人认出来，等开演以后，台下稳定了再去看看。”天很冷，好的一点《红灯记》里的演员都是棉衣。我们穿上大衣，戴上帽子、围巾把脸包上一半，在台下最后面站着看，谁也认不出我们来。“斗鸠山”一场，台上挂着两盏汽灯，被风吹直冒红火苗，影影糊糊的，别有一番景象。夜静了，天上飘着雪花，更冷了，足有零下十六七度，台下的人也站起来跺着脚。李玉和倒板了“狱警传似狼嚎”，李玉和上场一个亮相，接唱“我迈步出监”。我这一看真是令人吃惊，这位李玉和光着上身，穿着一件白汗衫，画了不少红道代表受刑的鞭痕，洒了一脸的红钢笔水，顺着脖子往下流，在铁路上借来的蓝色马裤，脚下穿了一双黄翻皮的高腰大头鞋。脖子上挂下来缠到胳臂上的铁链，一看就知道是农田里浇地的水车链子，少说也有三四十斤。我的天哪！三四十斤重的水车链子，得多大的劲头带着，还要表演。李玉和瘸着腿地蹦个不停，台下掌声不止，我也给他叫好。这个天气，身上穿着棉衣的观众，冻得坐不住都站起来跺脚，而演李玉和的光着膀子穿汗衫演唱，这认真的态度令人敬佩。又凉又沉的水车链子，连蹦带唱，唱得虽然不太好听，但这种精神可嘉。忽然演李玉和的不唱了，坐在了台上。两个小伙子把他架到后台，披上了军大衣。台下一阵哗然，呼的一声都围在后台，有的给演员倒开水，演李玉和的演员喝了几口开水。有一位二大爷说：“给他喝点烧酒。”这时候到哪儿找烧酒？“哎，点汽灯用的酒精壶里还有点酒精，倒在碗里对一点水给他喝了。”这一阵的忙乱，这位演员喝下酒精水，还真好了，原来他就是冻僵了。他站起身来，把身上的军大衣一撂，好了，接着演！于是又开戏了，一直把戏演完，说真的这场戏如一场大闹剧，相声演员也形容不出这场演出的笑料。但我从中体会到一种力量，这些票友、爱好者真如痴如迷，用钱和物质是换不来这种精神的。止戏后这个业余剧团高高兴

兴的上了大车，敲着锣鼓，村里的一些人送出庄去。我想他们回到本庄要到十二点钟。

赵家庄的父老乡亲有了反应，“人家演得孬好且不说，人家能演大戏，咱赵家庄四五百户的大庄就演不了，人家到咱庄演，咱多没面子，掉价儿。”村干部听到群众反应，互相议论：乡亲们说得很有道理，谁有咱庄这个条件？咱庄的闺女赵淑荣、女婿马少童，在这眼前守着，上哪去找这么好的老师导演。对！咱们也演，还要比他们庄里演得好。于是村里干部、长辈们找我商量，叫我给他们导排《沙家浜》。我考虑半天，非常为难：一、因为我夫妻在这里避难，如果排出戏来一宣扬，对我会很不安全；二、我是搞专业的，村里这个基础，排完演出不像样，怕人家笑话。村里领导说安全问题你放心，在咱庄里住着不会有事。演的质量不能和专业比，老少爷们看了高兴就行了。咱这么大的庄，挑挑演员，还演不过他们《红灯记》那伙子人吗？一番的议论，不好再推辞了，第二天就着手安排演员，案头计划，演员背词五天走排，找人钉布景框架，妇女们糊纸，我画芦荡、刁家院墙等布景。计划是二月二演出。

全村轰动了，干部带头，群众听分派，主演都是AB一角两个人。热火朝天，比过年还热闹。老祠堂是赵家庄业余剧团的排练场地，日夜地排，有时晚上排到午夜十二点，这些演员情绪很高。二月快到了，要在老祠堂里彩排一场。彩排不准群众看，一怕演得不行，传出去影响不好；二怕都看了演出就不新鲜了，这叫“憋红”。这场彩排，老祠堂外面全是群众，祠堂大门关着，庄里的群众就在外面听，看不到听听也过瘾。彩排的效果，干部、演员都还满意，可把我夫妇笑坏了。为了照顾大家的情绪，多表扬再提不足，第二天再加工，后天二月二上演。

“四十里地听炮响”。都知道赵家庄要演《沙家浜》，又是名角在导排、教戏，相传纷纭。赵家庄更是憋足了劲，干部和庄里的老少爷们都很神气，要给赵家庄争光露脸。

在村外野地里堆了一个大土台子。二月二天气晴和，上午就有人在台下放小板凳占地方。台下场子里中间拉一条大绳，男左女右，全庄的民兵维持台下秩序，好像又在过年。各家的亲戚上午都来了，晚饭后就都坐在台下等。台底下的人都在拉呱，等着开戏。骑自行车的，小车上推着老人孩子的，都到赵家庄看《沙家浜》。下午四点多钟演员就开始化妆，台子上也很不错，后天幕挂得很平整，台上悬挂着三盏大汽灯。天公作美，一点风丝都没有。我往台下一看足有三四千人。虽然没有扩大音响，但听的倒很清楚。台上演员很认真，全是地方土话，而台下听的有滋有味，当地口音演唱，当地人听得亲切，台下响起一阵阵的掌声。

前几场戏很顺利，但也出现一些漏洞和笑话，什么板眼、冒调、忘词儿，根本不算什么。台下的群众只叫好，不叫倒好，出现问题台下只是一笑，喊着“不咋呀（没关系），接着唱。”这场演出真是别开生面。这个时期专业剧团都是在“串联、造反、闹革命”，根本不演出，农村里一个庄能演出这么个大戏，农民就很高兴了。戏迷们借样板戏的威望能上台过戏瘾，更是高兴。好处是演错了不错，演砸了不砸。演的是样板戏，“大方向正确”。至于演出中出点差错又有什么？最有意思的是演胡传魁的刘老奎光，演传统戏在村业余剧团里演个大花脸，村里都认为不错，可是这现代剧他背词成问题，上了场台词说对了的不如错的多，但他有点舞台经验，总是有节骨眼。都说他这胡司令是胡诌司令，满嘴是词，胡说八道，但做戏很好，台下还真认他。如第六场“授计”，剧情是阿庆嫂向刘副官要求请大夫给沙四龙看病，刘副官说：“刁参谋长说啦，这地方不准外人来。”阿庆嫂趁机捧着胡传魁，给他点火儿，“就是怕刁参谋知道了，要让司令为难。”胡传魁本来就是个草包，一听就火了，原词是“刁参谋长放个屁也是香的，拿着鸡毛当令箭！”可是这位演胡司令的老刘原词没记住，意思是知道，气氛也很好，冲着刘副官把眼一瞪，一拍桌子，“去你娘个×的，你就听刁参谋长的，我的话当放了个屁？拿着×巴毛当令箭。”这一下台下轰了，掌声笑声不停。民兵们也神气了，“安静，别吵啦。”静不下来，民兵队长火了，“别吵啦！谁再吵吵提拎出去，娘个×的笑起来没完了。”这位演胡司令的老刘，到了后台见到我不好意思了，“X他娘，看我这都说些啥。”我怕影响他的情绪，下面演出再出问题，便鼓励他，“挺好的，词的意思是对的，激情很好，不用在意，只管大胆地演，胡传奎是反面人物，错了也没关系。”他高兴了，“X他娘的，本来我背得挺熟，上场就忘他娘个X的了。”说得大伙都笑了，外场的戏正常，进行很顺利。芦荡十八战士造型亮相很好，工夫没白下。最后“突破”的一场，郭建光唱“你迎接主力部队到村边”，乐队起“扫头”战士过墙。这墙的布景是用高粱秸扎的框子，上面糊上纸，我画的墙壁，摆在下场门，战士们一个挨一个地过墙，翻不了筋斗，都是从上面跳过去，本来这个墙是纸布景，一米二高都能跳过去，此时台下也是掌声不断。正是掌声激烈的时候，一个战士没跳过去，“扑哧”一下把纸碰破了，高粱秸子框卡在他腰上，他一蹲身想钻过去，却把框子扛在肩膀上，一起身把墙片扛起来了，我喊着“快拉幕”，幕未拉上，这位战士扛着墙片跑下了场。台底下笑得像开了锅，都说新四军真行，把刁家大院的墙踹了个窟窿。还有的说新四军真有劲，把刁家的院墙扛跑了。

后面就是武戏了，台下哄哄，也没关系。老乡演，老乡亲看，好了鼓掌，错了拍手笑，顺利地演完了。

台下反应很好——红了，为此又决定明天二月三再演一场。

这场戏至今还是记忆犹新，一些场面永远不忘。我在专业团体里排戏不少，但是赵家庄这场《沙家浜》可以说与众不同。有些特殊的效果，是不容易见到的。也是我搞艺术工作一生难忘的一件奇遇。

唱大戏

赵家庄演《沙家浜》，惊动周围十几庄；
敲锣打鼓震天响，演员无束随意唱；
精彩场面属苇荡，战士踹破刁家墙；
别开生面一场戏，乐坏观众和老乡。

赵家庄亲情铭记　危难中体悟犹深

赵家庄二月二的演出，四乡传扬。“看人家庄里演的《沙家浜》就是好。”“那是，人家庄里的闺女、女婿都是名角，又教又排，能不好吗？”

作息时间和生活又恢复了正常，农田的活已开工了。压麦垄、施肥，但田间地头，好像还余留着一点年味儿。《沙家浜》的演出成了重要话题，剧中人物郭建光、刁德一、阿庆嫂逐个品评，好不开心。特别是新四军越墙，把布景踹了个大窟窿，把墙扛跑了，更成了经典笑谈。

我和爱人赵淑荣在家没事，也去参加过两次劳动。我体会到老农民待人，真是善良、质朴、热诚。在田野里劳动休息时，地头一袋烟，说笑聊戏，某位演员某出戏唱得如何的好，有说有笑，好像一个说书场。我想，如果不是避难在此，不会参与这种环境中的交谈，一般的演员是体会不到这种乐趣的。

我夫妇在赵家庄指导排演了《沙家浜》，昌乐城远近皆知。昌乐县京剧团岂能无闻？特别是有我当年教过的一些青年演员。平辈艺友尚不要说，有几位年长者不去看望一下，就失礼了。考虑再三，要到县京剧团去一趟。因为我和爱人赵淑荣都是由这个团调到威海的，对这个团和团里的人非常有感情，若不是“文化大革命”运动造成的紧张形势，早就该到团里和众友见面了。

“文化大革命”中人与人的矛盾，根本在于观点，观点表现出派性。父不父，子不子，夫妻不夫妻，手足成敌对。派性破坏了党性，侵害着人性。所以我俩到昌乐京剧团里，切忌暴露观点。我虽没参加派别组织，但观点倾向是有的。所以只看朋友，不谈观点。

我俩到了昌乐京剧团，见到同人。离开这个团已是十余年了，如今半数以上的中、青年人都不认识。见到了几位前辈，都很亲热，寒暄之后，他们问起我来昌乐的情况，我简单地讲了一下威海武斗的情况，以及逃到青岛，又来赵家庄岳父家中避难。几位长者都是摇头叹气、同情和难过，都说“这‘文化大革命’，越搞越叫人糊涂，这叫咋回事儿？老党员、老干部都成了挨整的对象。咱这剧场的老经理王省策，从小参加革命，也挨揪被斗，整得死去活来，这叫啥事儿？我知道你和王经理不错，可千万别去看他，去了对他对你都可能添麻烦，他见人就哭，他那两架子古书，全给他烧了，痛的他双目失明了。一帮无知的孩子，揪这个斗那个。没有这些老干部、老党员能有他们吗？乳臭未干懂什么？还喊着‘造反’，天真是变了。”这些老艺人的言论，我深有同感，但是我不敢表态，因为这牵扯到对红卫兵的不满。有位演丑角的老演员伦新宏大爷，我们在一起共事时间很长，他没有文化，原来在一起时，相互关系算是一般，他非常直率地说：“嗐，谁也不知道这是咋回事，你看现在有技术的、能干的都挨整；能闹的、能捣蛋的都成了好的啦。好人不好，坏人不坏，啥时候是个头呀？你两口子今儿晌午谁家也别去，现在这形势，事儿太多，就在这儿，伙房里包包子，咱们一块吃包子，我也不请你们吃客饭，我也没有那个能力。”说着他去伙房买饭去了。我心里翻来覆去的，不知如何表达。多么纯朴、多么实在、多么耿直的老艺人，在这艰苦、混乱的时期，他能如此待我夫妻，真是危难之中见真情！包子来了，他端了两盘子来，对我俩说：“快吃，趁热吃”。“新宏大爷您买这么多？”“不多，我准备吃不了就给你们拿着。”“今日之恩，何时报答？”他把头一歪，“这说些啥，几个白菜包子算啥？若不是这个情况，我能请到你俩吗？你们能吃这白菜帮子的菜包子吗？”不一会儿，我两个大包子下肚，觉得这大包子怎么这么香，这么好吃。老人把剩下的四个白菜包子包好，“拿回去，下一顿就够了”。我深深体会到一个人的思维和心情，是同当时的环境、场合分不开的。平时，如果我夫妻吃朋友三个包子，又给拿上四个，好像是极为平常的事。而今天就大不一样了。危难之际，碰上热心人能安慰几句，就感激得要命。而今又吃又拿，真是不知如何是好，欲哭无泪；欲谢，不知以何语言能表达，我心中想到一句古语“受人滴水之恩，当以涌泉相报”。在我沉思中闯进一个人来，他一身的“革命造反”气，煞时几个老人都不言语了。此人黄帽子，胳膊上有一扎眼的红袖章，什么“造反司令部”，这不是当年我收的十二岁学员董某某吗？我对他的印象很深，叫他一声“董某某，还认得吗？”他一看我，“哦，少童！”他张口就叫我的名字，我忒有反感。十二年前，初次接触他的情景，顿时在脑海里闪出。

那是在1955年的夏天，昌乐京剧团后台的北大门，宿舍右首的木匠铺里，有一姓董的木匠，他右腿瘸，但木匠手艺不错，我师傅王韵童请他做两个戏装箱子，我看手工不错，秋木，镶着大铁鼻子，不到三十元钱一个，我就请他给我也做一个。他的木匠铺和我住的西厢房，一墙之隔，给我做箱子时，我常过去看看。他为人很好，也特别给我加工。人熟了，他就提出一事求我，他有一小弟弟十二岁，想拜我为师，什么待遇都不要，只因为他家生活太困难，又在农村，想学戏，将来进城有个工作，落下户口。我一听就笑了，“董师傅，我跟你说心里话，我现在虽是出徒挣工资了，可还是和师傅在一起，怎么能收徒弟，我自己还在学呢，我现在只是分管业务，管排戏，分配角色，培养学员，但没有吸收人员的权利。再说你弟弟跟你学个手艺多好，学戏这职业太苦，太累，一般的孩子受不了”。他说：“干什么都得吃苦，不受苦也出息不了个材料，再说我喜好这个行业，我若不是拖着一条瘸腿，我也想学戏。”我想了想，说：“这样吧，这事我办不了，我给你出个主意，你去找我师傅王韵童，就说你一家人都爱好京剧，家中困难，请我师傅帮忙，收你弟弟到剧团里当学员。他是团长，收个学员就是一句话的事，若收下了，在练功、学戏方面，我就可以帮忙培养，团里的武功教练胡永惠教他基本功，这都不成问题。如果收为学员，就能挣个饭费，起码把嘴带出来了，能给家里减少一点困难。”

他再三地感谢我，给他出这个点子，就照我教他的去做。这董木匠颇有心计，给我师傅做的箱子不要钱。师傅说：“这怎么可以？”他说有事求我师傅帮忙。问起情由，是想叫他小弟弟董某某参加剧团当学员。师傅一听，原来为此，“不知你弟弟的条件如何？这样吧，这箱子的制作费你先收下，这和你弟弟学戏是两回事。叫你弟弟到剧团来看一下，有条件就可以”，这董木匠接着就把我给“卖”了，“少童大师兄讲，收个学员，就是您一句话，别人说了不算数”。师傅最喜人奉承，这高帽给他一戴就高兴了，“好吧，叫他来看看吧，唱戏这行当是要吃苦的。”

两天后，董木匠领着他弟弟来团，大伙一看，这孩子十二岁长的还没有人家十岁高，这模样长的也不理想，鼻子、眼睛，特别是那张嘴长的，好像大小搭配的不大协调，走起路来还有点撇拉腿，这个条件当演员够呛！因当时的学员七八个，好像都没有他丑。师傅一看，笑了：“十二岁长的像个豆子，能学什么？龙套都穿不起来”。恻隐之心，促使我违背原则，很同情这董木匠的家庭困难，就帮他说好话：“这孩子不算傻，学小花脸、打武戏还行。目前看长的太小，穿不起龙套，可以跑卒子、青袍（黑袍可以提起一块扎腰，外套卒子坎肩），孩子很难说，再过一两年说不准就蹿起来了，这孩子不是角儿坯子，就是练练筋斗，打武戏吧。”师傅点点头，“好吧，那就先留下，早晨和学员一起练功；告诉赵会计，给他开个龙套费儿。”真是团长，一句话就定了。因为那时候剧团不存在编制定员，多卖多分，少卖少分，政府不管团里的琐事。这个小董就这样参加了昌乐县京剧团。直到1957年，我夫妻回威海时，这小董也未演过一个有名的角色，除了兵就是卒。应该说董某某练功，多亏胡永惠老师。因为我当时管业务，重点是抓尖子李肖贤和李观富，杨子芳跟张敏芝老师学老生，我主要是给学员排武戏。董某某练基本功，我出力不多，但参加剧团，我是起了重要的作用，也可以说，没有我师傅王韵童这个团长同意批准，他吃不了戏饭。

昔日走路撇拉腿，上嘴唇总挂着两通鼻涕，说话流哈喇子的小董，今天神气十足，一看就知道是个造反派头头。那副神态，好像炸毛的刺猬，浑身都是刺儿。个子虽不高，横向发展得很大，好像光开粗，不长高。喘气都不大顺溜。这时我看伦新宏等几位老艺人，根本就不看他。董某某发话了，“少童！到大门口去看看，你师傅王韵童已逮捕了，布告上有照片，说他是个大流氓，他师傅周麟昆是戏霸。王韵童历史也有问题，你怎么样？”此时，我真想过去揍他，不是我师傅，你能从农村进城到剧团吗？但是转念一想到自己尚在避难的处境，不能惹事儿。因当时这些“造反派”，不分地区，随时可以随便抓人揪斗。这种小人什么事都干得出来。我冷笑道：“我师傅是大流氓，徒弟不一定也是流氓。我只是跟他学舞台艺术，别的事我不清楚。当初，你不是也很崇拜他吗？你参加剧团，不是也求过他吗？他在旧社会有没有历史问题我不了解。我的情况一般，我看你可不是当年的小董了，用胡传奎的话讲，你可是‘今非昔比，鸟枪换炮啦’。”我半开玩笑地讽刺了他一顿，众人都笑了，他也不自然地笑了。我想，此地不可久待，要撤！我爱人向伦新宏大爷及众人告辞，众人送我们出了大门。

我在剧院门口，看见那张布告，师傅倒背绑着双臂，脖子上勒着大牌子，罪状就是大流氓。他师傅周麟昆解放前在青岛，三个班的老板，大戏霸。我想，这张布告在昌乐县定能起到极大的反响。昔日我随师傅流动，三次来昌乐；1955年公私合营，参加剧团，以团为家，师傅当了一把手的团长，我分工掌管业务。而今师傅被捕，我这个徒弟也沦落到如丧家之犬。昔日在昌乐京剧团发号施令，而今如落荒逃命的败兵。昔日同

人伦新宏大爷，过去并无深厚的交往，如今能这样待我。比比董某某，我师徒当年那样照顾他，而今他如此待我。人比人，事比事，说明一个人的德行、品质。真是：画龙画虎难画骨，知人知面难知心哪。

“文化大革命”时期给农村群众生活造成极大的困难，连烧柴都特别缺。因为“文化大革命”期间，煤矿也停产闹革命，所以煤也不好买，若要买点煤，则要推二把手小车，到二百里以外的博山去买。冬春两季，昌乐农村农民的主粮就是地瓜干。当地有句俗话说“锅上锅下都一样”，意思是说锅里煮地瓜干，锅底下也烧地瓜干，没有蔬菜，就是萝卜咸菜，基本是家家如此，天天如此，顿顿如此。

我在这里避难，生活很不习惯，肠胃不适，整天犯胃病，农村本来就缺医少药，况且我手中无钱，胃病犯了就吃一块苏打，用开水送下，就是这样坚持着。村里的亲友知道后，就和村干部反映：人家马少童犯胃肠病，太可怜人了。人家给咱庄排了一个月的戏，咱分文没表示，支书得考虑考虑。后来村干部们想到地里麦子已有半尺高了，库里还有将近二十斤麦种，给谁也不合适，放着就是放着，几个月后新麦子就下来了。经村干部研究决定，把这近二十斤麦种送给我，改善一下生活。民兵队长赵延起把这一小包麦种送给我时，我非常难过。全庄老少爷们儿都是三顿地瓜干，我怎么能收这包麦子，怎么也不能收。赵延起说：“这是咱庄老少爷们儿的一点心意，说实在的，这点麦子在往常算个啥？让她娘的这个‘文化大革命’闹的，什么都困难，吃的烧的都成问题，还说乱透了就好了，谁知啥时候能烂透？这他娘的老农民就没法过了。”他把这包麦种放下就走了。我难过极了，这是粮？不，这是乡亲们的心意！麦子粉了以后哪里舍得吃，做一点面条带着一盆汤，或者是合着地瓜面一起做糊糊。仿佛又回到1960年度灾的时候了。但这时候的困难，不是天灾而是“人祸”，“文化大革命”纯粹是一场人为的灾难。

在赵家庄避难非常安全。有一次当地的一个造反组织找我，实际是想揪斗。听说要到赵家庄揪斗马少童，村里的干部说：“不行！赵家庄不准其他组织进庄，如果引起冲突，你们负全责。”民兵队长赵延起火了，“X他娘的，你们在县里揪斗地不过瘾了，还想到我们庄来揪，马少童是我们庄的客人，来走亲戚，你们找他做啥？一个唱戏的演员，他又不是地、富、反、坏、右，揪他干啥？我们不允许到赵家庄来搅和。我们庄的民兵四下都有岗，你们如果来闹腾，民兵的枪走了火，出了人命，我们可不负责！”因民兵手里有武器，这些造反派闹得再厉害，手里没有枪，也不敢和民兵对着干，就这样拉倒了。事后赵延起告诉我，“你放心，如果他们敢进庄来胡闹，我就领着民兵收拾他们！”我非常感激乡亲对我的信任和保护。

避难的日子无所事事，每天只是练毛笔字。五天一个昌乐集，托人代买些烧纸练毛笔字。写什么？只有写毛主席诗词和语录，画梅花，以解烦闷。岳父在土炕上守着一个黄烟笸箩，一袋接一袋地抽着本地黄烟叶。我趴在三抽屉桌上不抬头地练字。他抽烟我练字，一点声音没有，好像屋里没人。淑荣进屋，一看这种沉静的气氛，觉得烦躁，吼上了：“你看看你整天趴着写，也不知说个话！”我非常理解她因苦闷而烦躁。我勉强地回应一句，“说什么？”她更不耐烦了，“整天的写，写个没完，烦死人了。”我心里话，我更烦更闷，可我说什么？当着岳父我也不好和她吵，只是长叹一声。“你这是怎么啦？”岳父非常通情达理，也非常理解我的心情，放下烟袋，“妮子，你这是奏（做）啥？我抽我的烟，他写他的字，谁也不打搅谁，有什么不好？整天在一起，哪有那么多的话说？他不写字，你叫他去干啥，干啥能比写字好？你怎么这个脾气。”岳父的一番话，是为我挣理，批评他的女儿，是对我的理解和安慰，我只好趁机调解气氛，“你不叫我写字，叫我干什么？我还到老祠堂里去排《沙家浜》吗？”一说这事就都笑了。真是：互知心腹事，尽在不言中。

一天，庄里来了一辆大解放卡车，惊动了左邻右舍和民兵。“哪里来的，找谁？”来者是一男一女，他们回答说：“青岛来的，找少童和淑荣”。听这口气是自己人，不是来抓人的。早已有人来报信，我出来一看，啊！原来是杨长有大哥。他到淄博，路过此地，特来赵家庄看望我们，亲人相见，说不出的亲热和感激。杨兄到淄博送机器设备，顺便来看我们，并捎来白面、玉米面，还有大半麻袋煤块，五六斤煤油。当时农村没电灯，买煤油点灯也都困难。这些都是生活急需品，真是雪中送炭哪！他还给我带来了好消息，“听说威海跑到青岛‘五指’的群众，大多数都回威海了，据说威海现在没武斗了，就是‘八兵团’一派掌权，等再有什么消息，再捎信告诉你们。前些日子我到威海送机件，顺便到家里看看大叔大婶和孩子，并给他们送去五十斤面粉、十五元钱，家中老小都好，一切都没问题，你俩只管放心。”我听了这一番话，眼泪夺眶而出，“容吾后报吧”。长有兄坦率地说：“咱弟兄之间怎么这么说，谁欠谁的恩情？我和你嫂子在最困难的时候，不是你夫妻俩，我们就活不下去了。人哪，交朋友，什么时候见真情？都在轰轰烈烈的时候用不着朋友，就是在危难的时候才需要朋友。”在场的乡亲们，都被我们的挚友深情所感动。“你俩是好人交了好人。现在恩将仇报的也不少，不用说好朋友翻脸，父子之间、夫妻之间、领导和被领导之间，因为观点不一致，打得不可开交的还少吗？”一餐便饭后，长有兄要走了，我含泪和众人将他送出庄去。

真是“他乡重逢知己友，避难人送好心人。”

过了几天，我夫妻商量：总在外面，也非长久之计，如果威海平静了，还是早些回去为好。考虑再三，小心为好，最后决定淑荣先到青岛探听一下，杨氏兄嫂那里不能再住了。因为这几个月在经济上，他们为我们花费太大，他夫妇收入并不高，不能再去破费他们了；再者杨氏兄嫂和我们的关系，很多人都知道了，他家已不是安全的住所。

赵家庄试制清茶　整居处改造环境

赵家庄避难，每日苦闷，静等淑荣的来信。

已是春暖花开的季节，四野全已变绿。岳父的右邻门前有三颗茶树，树干都有饭碗口粗了，但长得却不高，开春茶芽翠绿，非常鲜嫩。听老人们讲，这三颗茶树已有六七十年了，从来没人动过它，自由地生长，年年春天发芽，冬天落叶。也曾有人试验过，用开水冲这茶树叶子，不好喝。我好奇地采下一些叶子，用水洗净晾干后，锅里加水，锅梁子上铺上白包袱，再铺一层竹子叶，将鲜茶叶放在竹叶上，蒸半个小时，凉透了在大石头上擦，把茶叶里黏液榨出来，再蒸一次。凉透后晒到八成干，用白布包好，用大石头压成大饼，两天后再晒一次，干透了放小罐里，中间放上二两好茶叶做引子，把罐子口封闭好。四五天后开封，取出茶叶来，泡了一壶茶水，和岳父、邻居们一同品尝，都说味道清香润口，起码值六毛钱一两。众人喝着我这土造的茶叶说：“咱庄里好几棵茶树，从来没人动过它。你来了这么几天，就做出茶叶来了，真不简单！你从小唱戏，怎么会做茶叶？”“我这是按咱庄刘奎光大叔说的做茶方法，试验制作的，因他年又当兵在南方住过茶场。你们若不嫌弃，没事儿就来喝土造茶。”他们打趣地说：“好哇，人家吃大鱼大肉，喝茶打油水，咱们一天三顿地瓜干子，喝你做的茶，打打地瓜油。”大家喝着我的土造茶，说说笑笑倒也开心。这是我避难中，试验制茶的一件趣事。

在岳父家住，有一件很不习惯的事，就是上厕所。有牲口或养猪的人家，就盖一个牲口栏，里面有一个大坑，随时可把牲口、猪的粪便铲到坑里面，人要大小便，也用这个粪坑。不养牲畜的人家，就在房头上，用玉米秸秆在地下围一圈，留一个小门，大便时蹲着还露着头。

我几十年练功成了习惯，清早或晚上，我就到庄外田野里活动一下，有土埠崖子就上去，往下过几个蛮子，练练空中侧身翻。在道旁发现一些砖头，我一想，何不捡一些回去，修建一个小厕所？于是领着几个小青年，把这大堆乱石砖头都搬回来了，岳母问我“你得奏（做）啥？”我说“盖茅房”。昌乐县的土质特别好，盖房、立院墙材料都是土坯。不用到处找黄泥，就地挖坑，倒上水和泥就可以用。我和两个小青年开始立墙了，地下挖沟一尺深，四面墙留一个门，地基挖好就立墙，半天的时间就把厕所盖好了。近两米高的墙，起码男人进去小便，外面的人看不见。地下挖一粪坑，下面也铺上砖，边上放一尿罐，这就很好了。又和几个青年，把院子外面的一块大青石板抬到院里，四角立好垛子，再把大石板架上，很好的一个天然大石桌子。把一棵小杏梅（杏树靠的梅花），从院边移到岳父的窗外。这样一来，好像院里变化很大。

左邻右舍的亲戚，晚饭后都愿来和我聊天，在石桌周围喝土造茶聊天，厕所也改造了，都翘指赞我，“不但唱戏是好角儿，干什么都是把好手”。我真是哭笑不得，心里话：我几时干过这些事儿，只不过在此避难，没事找事干罢了。虽然我在避难，有这些热情的乡亲在一起说笑，免去很多孤独和苦闷，这也是苦难中的一种乐趣吧。

日历牌一张张的掀过，不觉已是五月了。“五一”劳动节，在农村里一点节日活动没有。此时算是半农闲的季节，只是浇地、施肥、锄麦子。我就更无所事事，挖野菜、学习语录、写毛主席诗词。这赵家庄很太平，好像和“文化大革命”的形势不符，庄里很平静。外面若来串联搞宣传等活动，休想进庄，从党支部书记到群众，都讨厌那种忠字舞，行走举着语录本，逢人先喊“毛主席万岁”才能说话，人们习惯以庄里的通俗语言讲话，不愿看那些“熊冠目”（怪神气）。有啥事说啥事，甭弄些格外的。外面反映赵家庄不跟形势，我倒认为庄里党支部掌握得好，不受干扰，日出而作，日落而息，稳而不乱地干农活儿，在全国上下文攻武卫的形势下，这样的稳定罕见而难得。

一天早饭后，民兵队长赵延起来告诉我说“支书说你上午别出来，县公安局的人来咱庄里有事”。我立即去爷爷家躲避，奶奶出来把街门锁上，到我岳父家玩去了。我被锁在屋里，又是一阵胡思乱想：县公安局来干什么，是否为我而来？颇有不安之感。一会儿奶奶回来了，说“没事啦，县里的人都走了。”我一看表十点多钟了，回到岳父家一看，只见好几个人都在笑，我紧张的心情渐渐的平静下来，他们安慰我说“没啥事，放心吧”。他们告诉我说“外庄来卖豆腐的，见人就先背语录，民兵骂人家，‘×你娘，卖豆腐就正儿八经地卖豆腐，弄这些外篇奏啥？闹怪的别上赵家庄来！’人家到

县上反映，不让卖豆腐的进庄，支书说‘不可能，正儿八经地做买卖，怎么不准进庄。赵家庄只是不愿叫外人进来搅和，红卫兵来闹腾，耽误生产，他们讲形势，不如听广播喇叭，群众不欢迎他们’。这两个公安人员也无可奈何地笑了，只好转了话题，‘听说咱庄的赵淑荣和她对象在庄里演《沙家浜》，四乡反映挺好？’‘那是！过二月二时，人家两口子来探亲，住了几天早走了’。‘哦，住了几天就走了？’‘早走了，人家来探亲，赶上咱庄排演《沙家浜》，请人家帮忙排了排，演的真不孬，反映很好，几天后两口子就去青岛了。’就这样闲唠叨了一会儿，临走时两公安又嘱咐说，‘以后来咱庄做买卖的，别骂人家。’‘嗐，看你说的，无缘无故地骂人家奏啥？’”看来他们不是为我而来。众人又讲了，“放心吧，待在咱庄里啥事没有。有文件和公事，他得先通知咱庄支部，胡闹腾的红卫兵造反队进不了庄，影响我们‘抓革命，促生产’。你只管放心，啥时太平了，啥时候回威海。”

探监牢母子悲啼　三代人仇恨铭心

因为躲避武斗，我从威海跑到了青岛，现在威海没斗武了，淑荣也来信让我回去。没想到在回家的路上被错当为杀人犯，关进了黑屋。好不容易出了黑屋，又被关进“牛棚”。在关进牛棚第十天的上午，我收拾完卫生之后，正在写检查，只听门外一声吼叫，“马少童，你妈来了！”我往窗外一看，母亲带着我三个孩子来看我。我迎出门去，母亲双手扶住我的双臂，目不转睛地瞅着我。我的大女儿莉军九岁，儿子立春七岁，小女马莉五岁，三个孩子扑上来，抱住我的两条腿，“哇”的一声，哭得我心肺撕裂，如同心口窝被捅了一刀，三代五口人半天说不出一句话。半年多的时间，我们没见面，如今见面竟在牛棚里。我半个月来未照过镜子，头发、胡子，苍白的脸色可能是很难看，三个孩子哭泣不止，母亲强忍悲伤，喊了一句：“别哭了，要哭咱回家哭，不在这里哭，叫‘人家’笑话！”母亲正直善良，为人刚强，强把泪水咽在肚里，这时看管我的这个L牛官，却很得意，没有一点人性。

我两眼模糊了，扶着母亲问：“我爹都好吧？”母亲爽朗地说：“都好！你只管放心，家里的事你也不用挂念，千万千万要注意身体。我看外面大字报上写着你是反党分子，这一条死也不能承认，我们永远也不会反党，没有共产党就没有我们一家。解放威海，你爹脱产在市各救会工作，我是拥军模范，你姐是青妇队长，你是儿童团长，我们这样的家庭怎么会反党？叫他们喊吧，总会有水落石出善恶分明的一天，不管他们怎么喊，你还是共产党员，咱们一定要坚持住。”牛官火了，“行了，快走吧！”大女儿递过衣包，“牛官”一把夺过去抖开检查。母亲说：“检查好了，别带进武器来！”牛官凶神恶煞地吼道：“到点了，快走吧！”我的三个孩子目不转睛地盯着“牛官”，又小的心灵埋下了仇恨的种子，这一切，他们铭刻在心，泪水在母亲眼眶里打转，三个孩子流泪无声，悲切地出了牛棚，门被咣当一声扣上了，在窗上看看母亲领着三个孩子悲悲切切地离去，此时我心如刀绞，泪如涌泉，一头扑在桌子上昏过去了。不知过了多久我才醒过来，此时我没有眼泪，只有仇恨！

“牛棚”愤冤

老母携孙探牢监，三代相视泪涟涟；
今朝加深愤和恨，何时云开见青天。

姐病危请假不准　失亲人如刀挖心

1968年8月的一个早晨，扫完卫生之后，我提着暖瓶到剧场旁边水炉打开水，烧水的李大婶讲，我姐姐病危，母亲找人来送信，给我请假回去一趟。“牛官’们不准，也没告诉我，此事已过三四天了。

我回牛棚后坐立不安，早饭也没吃，就去找吕剧团的负责人，要求请假回家去探望病危的姐姐，他想了想，还是准了我的假。我回去向被关的三个艺友打了招呼，从老戏园子急跑回家，我看着表已六分钟。记得当时心跳得像要从嘴里蹦出来似的，一回头，发现后边还有跟踪盯梢的。

1950年，马魁元于威海留影

进门一看，只有母亲一人在家。母亲一见我，

惊诧地问“你怎么回来了？”我说“请假回来了，我姐？”没等我说完，母亲就不让我讲了，“三天前送信去给你请假，对他们说了你姐病重要见你，你一直没回来，就知道这帮畜生没准假！”“我今早上在剧院水炉边听说，又请假，才让我回来的。”“你姐前天就‘走’啦，临死前只说了两句话，‘想我兄弟，想看看少童！’知道他们不让你回来，念叨着就咽气了。”我心里好像刀扎的一样，“这帮家伙怎么这么狠？他们根本就没告诉我，这是共产党的天下吗？”我的思维乱了，也说不出什么来了，“吕X的姥姥死了，逼我去抬死尸；我的姐姐病重，请假回来看一眼都不准，他们还有一点人性吗？这件事今生今世我也忘不了，他们是要遭报应的！”这时候我家的窗外喊上了，“马少童，快回去！”我知道有跟踪的尾巴，逼我回去了。母亲告诉我，孩子们都随淑荣上山搂草、拾柴去了。我对母亲说：“我姐的三个孩子，姐夫一人照看不过来，您多帮帮他；您和我爹要多保重；淑荣回来对她讲，我一切都好。我一定能挺过来，我有信心坚持到底，形势不会总是这样。”这时窗外又喊上了，“马少童，快走！”

母子分别时，已没有眼泪了……泪水流干，何日雪此冤？

1969年，我被“解放”了，有了一些自由，回家的第一件事，是去看姐姐。我带着三个外甥（两男一女）到奈古山北坡苹果园上面姐姐的坟前，摆了一串葡萄、两个苹果，就地撮堆土，插上三支香，我的眼泪模糊，不住地念叨，“姐姐，兄弟来看你了，兄弟对不起你，你临‘走’未能回来看你，不是我不想回来，是这非正常的形势造成的，这帮王八蛋不准我回来。你放心，这三个孩子我们会照顾好的，你安息吧。我们不会总这么倒霉，那帮没人性的家伙们，也不会总那么神气。”我大哭一场，再次三鞠躬后，领着锡明、锡良、锡玉三个外甥含泪而回。

1957年冬，马魁元饰佘太君剧照

事情、事态、思想总是会随着形势而变化。我由仇恨这帮人转变为可怜他们。可怜这帮无知、又稚的受害者，他们坏、狠、失去人性，是派性造成的，而派性则由形势产生。正常的情况下，他们怎么敢随便打、砸、抢、抄、抓、关、押？失去人性，是社会环境决定人的思想行动。但也不尽然，在那种形势下，很多仍是安分守己、保持着人道，自觉地遵守法纪么？这叫良心。就如同现在太平盛世的状况下，也有违法犯罪分子一样，良心决定一个人的言行好坏。现在我经常见到当时整我、斗我、打过我的人，可是我现在的心情很平静，包括当时在政治上迫害我的人。为什么现在这些人见了我就点头哈腰地很礼貌，昔日的凶相变笑颜了？乃形势所致。我相信那些打人、整人的人们，现在会想到当初自己的无知，自己的违法行为是多么的可耻。我们对他越客气，他会越内疚，团结和谐溶化了我心中的仇和冤。现在我们这些受迫害的人，不记前仇，以德报冤。但迫害人的打、砸、抢、抄的人，必须认识自己所作所为的错误和罪责。至今不认这壶“醋”钱的人是极少数的，虽然有的还打肿脸充胖子，但见了我们总是灰溜溜的。我们这些挨整的人却昂首挺胸，扬眉吐气。这是什么原因，是大好形势决定的。我们的国家向民主法治大步迈进。法律的严明，保护人权、人格提升，是非曲直分明。归根结底要相信共产党，热爱我们的祖国。

牛官蛇长盗窃案　贼喊捉贼偷牛棚

常言道：“阎王不嫌鬼瘦”，“文化大革命”中我在“牛棚”里对这句俗语体验至深。

1968年8月22日（农历七月二九日）星期四，被关押在“牛棚”里，我的“口粮”被偷了，这是我今生难忘的一天。

这天在大操场上开批判大会，批判几个偷盗分子。我们这些被关在文工团里的“牛鬼蛇神”，由监管人员押到大会示众、看批斗，回来要谈体会，交代问题，我和滕步云、孙嘉庆、郭丽华被押到会场后，空“牛棚”由刘、夏、毕等几位“牛官蛇长”值班。

当时，这几位“牛官”看管我们既负责又严格。如果家属来送衣服，“牛官”把东西检查后，才交给我们，亲人不能直接送，恐怕“串供”。

这天上午我们被押走之后，“牛棚”由二位刘氏“牛官”看管。近午时批判大会结束，我们这几个人被押回来。这时我心里在想下午的批斗大会，怎么谈体会，如何对照自己走资本主义文艺黑线，上纲上线地往自己头上扣大帽子，帽子越大，说的罪过越严重，斗的时间就能短些。

看管我们的人都去伙房领饭了，我们要等他们领完饭，才能去领，还要赶快吃

完，滕步云和郭丽华要到伙房刷锅洗碗，我要挑五担水供伙房用，当时伙房的那位孙氏炊事员，也是看客下菜碟。见了“牛官蛇长”们，满脸赔笑，饭菜满当，乐呵呵地；而临到我们领饭，那态度马上就变了，饼子、馒头自然是上几顿剩下来的，菜碗里总是汤多菜少，而肉是不会盛到“牛鬼蛇神”碗里。别看他一条瘸腿的临时工，而和我们的界限划得很清。我挑水往缸里倒时，地上若洒点水，要挨这位瘸腿炊事员的训；滕步云和郭丽华刷锅洗碗、烧火时也经常挨训。总之我们整天的主要日程就是“挨斗”，写检查，劳动改造，再就是帮这位“瘸革命者”干伙房里的活。别看整天为他忙乎，同样的饭票菜票，与看管我们的人相比，质量、数量大不一样。饭票菜票双手交给他，再用碗接着饭菜，给什么接什么，如乞丐接食。

就是这一天，我们被押回来时，我发现写检查的桌子抽屉被谁拉开过，我拉开抽屉一看，装牛黄解毒丸的药盒被人打开了，里面小塑料袋里的六元二角钱和三十八斤粮票不翼而飞了。

这些粮票是我们全家七口节省下来的。因我每天挨批斗，干重活，饭量大，所以我父母、妻子和三个不满十岁的孩子，一口一口节省下来的，要保证我吃饱。而我也是想到一家人从嘴里省下来的粮票，不舍得吃。我一家七口，他们每月只给我三十六元钱的生活费。我在银行里的储蓄全被冻结了。多亏父亲每月三十九元的退休金，一家人生活非常艰难。老父上山搂草，领着两个孩子到长峰海边去晒海带，大清早去，天黑了才回来，来回要走十六里路，一天祖孙三人仅挣六角多钱；大女儿莉军因为是黑帮子女而失学了，就跟着妻子赵淑荣上山拾草。赵淑荣十二岁学戏，从未上山搂过草，如今生活所逼，带孩子上山，一次只能搂二十几斤草背回来。

狠心的小偷把我仅有的粮票和几块钱偷去，真是雪上加霜，这是不让我活了，下月的口粮没了，六元二角的生活费也丢了。“牛棚”里有贼，“牛鬼蛇神”被偷，“文化大革命”中又出现了“新生事物”。

我立即向他们头头“报告”，他们来到现场检查。发现我的钢笔、伙房里的饭票菜票一张未少，单把钱和通用粮票偷去了。

这帮“革命者”装模作样地查看了一番，反而问我：“在这里面（牛棚）怎么会丢了？”此时我气得心肺欲炸，这是明摆着的事，我们被押走后，这“牛棚”里除了“蛇长”们，别人谁也进不来，他们反来问我，成了我的错，我忍气吞声地回答：“我们几个被押到大操场，这里有专人看管，外人进不来。”他们心里头都很清楚是自己人捣的鬼，却装腔作势说“真是怪事”，就这么不了了之地走了。

此时我气过头了，反而平静下来了。我蔑视他们，贼喊捉贼，古今中外的小说和戏剧里常见禁卒牢头勒索犯人，还未听说过禁卒偷犯人的事例，“文化大革命”新生事物多。

这帮无法无天的人，每天拿着国家的工资，不干工作。整天地批斗整治人，打、砸、抄、抓，这就是革命？对他们来说是“形势大好”。好在哪里？机关瘫痪，工厂停产，公、检、法乱了套，还“越来越好”，令人难解。我担心这样下去如何得了？我们的党、国家会怎样……

伙房里传来“革命瘸炊事员”的喝喊声：“马少童，还不过来挑水！”吼声真是“狱禁传似狼嗷”，冲断了我的沉思，瘸革命的伙夫又训我了，“你怎么弄的，怎么在这里头会丢了钱，是真的吗？”我根本就不看他，“若不真丢，我造这个谣对我有什么好处？”“外人进不来，怎么会丢了？”“就是嘛，外人进不来，若是这里面的人不就方便了吗？因为偷‘牛鬼蛇神’不犯法！”他眨巴了一下眼，没词了，半天蹦出一句话，“看管你们的人，谁稀罕偷你们那几个‘嘎渣’？谁知道你怎么弄的。”我听了他这番训词真是哭笑不得，一个打临时工的瘸炊事员，整天呵喊地训我们，我和滕步云都是原京剧团的团长，郭丽华也任过吕剧团的副团长，现在虽是在被关、挨斗，可仍是团里的成员，一个临时工、瘸腿炊事员整天地训我们，整天帮他干活，他还发号施令，真是：君子不得地，反被小人欺。我就顶他一句：“是呀，臊水狼子专咬病鸭子，我这臭肉就爱招绿豆蝇（红头苍蝇）。”我挑起水桶就走。气得他又训滕步云和郭丽华。

晚饭后，我们这几个被关押的人，要手拿《毛主席语录》，定时到毛主席像前低头忏悔，“汇报”一天的活动，低头坦白过去的错误，什么走资本主义道路，演牛鬼蛇神戏，宣传封、资、修等等。三鞠躬后学习毛主席著作，写检查。

检查要写好几份，因检查要“对口儿”。批斗我们的造反派，批判哪方面的事，就拿哪份检查，所以我和郭丽华每人都写了四五种检查。检查写得太短，是“不彻底、走过场”，要挨训；若写得太长，就说“摆豆腐账、避重就轻”，不等检查念完就被打断了挨训，轻者推推搡搡，重则要打耳光、挨拳头。

孙嘉庆没有文化，写不了检查，挨斗时麻烦就多。滕步云是大文盲，写不了，也上不了纲，每次批斗一顿，连推带桑地轰出会场。当时我的心情特别不好，丢了一个月生活费和粮票，检查也写不下去了。滕、郭、孙都来安慰我，“钱财去了人安稳，这小偷太损了，偷咱们的钱，将来不得好死”等等。滕步云说：“今天你把那个瘸腿炊事员顶得没词儿，把他气得够呛。”郭丽华说：“他算个什么东西？一个临时工、熬饭的，我们帮他干活，还要受他的气。”孙嘉庆更是气愤，“狗仗人势，你看他见了咱们这么厉害，同样的饭票给冷干粮，同样的菜票光给菜汤，整天地训咱们，可是见了他们活像个×养的哈巴狗”。

我们这几个整天挨斗受气，压力够大的了，不能为我丢了钱和饭票引发他们的伤心，要调节一下，“哎！得势的癞猫胜似虎，落翅的凤凰不如鸡”。滕步云说：“这一帮算嘛玩意？唱戏没技术，工作没能力，可整人、打人有本事；他们反成了革命的啦，咱们辛辛苦苦地干了这么多年，成了反革命；我就不明白毛主席怎么不管管？”郭丽华哼了一句，“等着吧、忍着吧，不会总这样，总会有头的，面包会有的。”我想起《六国封相》的两句唱词：“龙困浅滩遭虾戏，虎落平阳被犬欺”。我想起了《击鼓骂曹》中祢衡的四句唱词，“尔等休把我取笑，莫把猛虎当狸猫；有朝一日时运到，拔剑要斩这海底蛟。”

我在牛棚被偷，把苦恼变成嘲笑。如今从记事本上看到这篇所记往事，当时这段苦难岁月不知是怎么熬过来的？真是：事非经过不知难哪……

拾金不昧马莉军　解围老师不知名

1968年10月24日（农历九月初三）星期四，天下着小雨，剧场院里的卫生不用清扫了，趁此机会向文工团里的头头请假回家换洗衣服。幸运地准了我一个钟头的假。

虽然我还关在“牛棚”里，孩子们因我是黑帮子女，受株连而失学。但我总是关心孩子们的学习和成长。我翻开大女儿莉军的学习本一看，十一岁失学的女孩学习水平还不错。忽然在语录本里发现一张公安局的收条，上面写着：表扬拾金不昧的儿童马莉军。

问起情由，原来是前几天莉军拾到伍拾伍元零伍角人民币，用一张纸卷着，她马上送到了南大桥派出所，公安人员问起她的名字，又问她父母的姓名，莉军因父亲是被批斗的对象，怕人家对黑帮子女歧视。半天才说出父亲原来是威海京剧团的，叫马少童。公安人员似乎很理解孩子的心理，所以只写了表扬她的收条。

我听到这个情况，心里非常难受，因为我的处境，孩子做了好事都不敢说出父亲的姓名，怕受歧视。我心里有说不出的悲痛，沉默了半天，我对孩子说："你做得很对，虽然现在我和你妈妈的工资都被扣了，七口家靠你爷爷的三十九元退休金，再困难也不能花昧良心的钱。你给爸爸争光了，做好事就应该理直气壮，怕什么？你不要自馁，爸爸现在还是党员，虽然现在被关'牛棚'，但未有什么结论，将来会好的，我们不会比他们差。这个收据说明你的品德好。你做了一件大好事，咱全家都为你高兴，感到光荣！"她听了我的一番鼓励，看得出她是那么高兴，笑得那么开心，多么可爱的孩子。

原来南乡里一个老大爷，来市里卖了一头肥猪，卖了五十五元零五角钱，用一张纸条卷着，不小心掉了，这老头就号啕大哭，"我和老婆子好几个月养了这么一头肥猪的钱哪，回去怎么对老伴说呀！"围观的人叫他到公安局去打听一下，有没有拾到钱去交的，老人说："现在还有那么傻的人吗，谁拾到这么多钱还去交？有些人抢还抢不到手呢。"几个好心人和他一起到公安局一问，正巧莉军刚交了所拾到的钱，公安人员如数把钱还给了老头。这老头跪在地下给毛主席像叩头："谢谢毛主席！谢谢你同志。"又给公安局的同志叩头。"老大爷，别谢我们，是这个小姑娘拾了钱，交到这里的。""啊？小姑娘拾的？"这时莉军已走出老远了。老头喊："哎——小闺女！"莉军听到叫她，就急忙跑回来了。母亲说："公安局的人来咱家讲了这些事，他们也都认识你，又好一顿表扬孩子。"我非常高兴地问莉军："怎么人家要向你道谢，你反而跑了？"莉军说："我怕他问我叫什么，雷锋做了好事都不留名，他在那里叩头感谢毛主席，正要回头感谢我，我就跑了。"听了孩子的话，我激动地想哭，"说得好，做得对！爸爸要向你学习。"

这是我关在牛棚里苦难岁月中的一件最高兴的事儿。换了衣服离开了我不想离开的家，怕超了时间又要挨训。

兴冲冲地回到文工团，天已晴了，心情非常好。回到牛棚，心中激动，开抽屉时又触起我8月22日（农历七月二十九日），也是星期四，钱、粮票被偷的事。这些人高举着毛主席的语录本，高喊着革命的口号，干了些什么？同我十一岁的女儿在逆境中却能拾金不昧，怎么比？不知以什么语言能表达出我的心情。丢钱和粮票的悲愤、怨恨情绪，被女儿做的这件好事给冲淡了，变成了高兴和自豪。

1968年10月24日（九月初三）星期四的这天，上午我收拾完卫生，伙房里的水缸也已挑满。回到"牛棚"学习毛主席著作，写检查。这时军代表陈某某找我谈话，说我爱人赵淑荣被开除的问题，现在经过研究，明天可以来上班了，工资也能适当地给一

点。要我很好地认识自己的问题，站错队的错误等等。叫我很好地交代问题，好好接受批判改造自己。我马上表态，感谢党和毛主席，感谢军代表对我的帮助，感谢革命群众对我的批判，给我重新做人的机会。我像背台词一样地感谢了一番，军代表听了很满意地走了。

晚饭后我去请假回家拿棉衣，了解一下情况，好有准备。淑荣把到团里和她谈话的情况说了一下，说“不要辜负了革命群众对你们的照顾”。我听了苦笑了笑，“感谢他们？他们那么好心？大喇叭上整天的广播，这是形势决定的。至今他们也未给我下个什么结论，也未开除党籍，凭空把你开除，广播上整天地讲要正确对待受株连的家属和子女。他们对你开除是错误的。形势决定他们不得不叫你回去上班，但他们绝对不会叫你好受了。你回去上班，不管对你怎么样，都要忍耐，肯定会想出一些我们想不到的办法‘调理’咱们，难过时有眼泪回来哭，不要在他们面前掉泪，因为咱们越哭，他们越高兴。一切决定于形势，我们要相信党的政策，不会总是这样。”

25日（九月初四）星期五，这天的天气晴朗，我在收拾卫生时看淑荣来上班了。召开全体大会，军代表陈某某公布赵淑荣今日起恢复工作，大家不要歧视她等等。我在扫院子听得很清楚，尽管如此，我却高兴不起来，心里非常清楚是形势决定的她回来上班，肯定又有“新招”叫我们难受。

果然不出所料，每次批斗我时，都把淑荣安排在我面前，我大弯腰，低着头，淑荣坐着小板凳就在我面前。这些“造反者”，高喊着“打倒马少童”等等口号，似狼般吼叫。他们都在盯着赵淑荣，喊不喊，喊则叫她悲痛，不喊是未划清界限挨批。

回想当时每次批斗我时，我夫妻面对面地一个低着头大弯腰，一个要跟着喊打倒，简直不是人受的滋味。他们的人性哪里去了？我注意到淑荣强忍悲愤，从不在这帮人面前难过，但背后不知流了多少眼泪。

我非常佩服吕剧团的林某某书记，可以说一般的人坏不过他，因他本身是当权派。打手们审讯我的时候他还在帮凶。别看他瘦高的个子像个大虾，手无缚鸡之力，但整治我还真有高招。如剧场后院的水沟，由西南角男女厕所到东院大门外的东西水沟，足有百余米长，过去从未清刷过。自我关进牛棚，就开始天天冲刷，水沟已是很干净了，我每天要打七八担水刷水沟，刷完了水沟后，再打两桶水放在院里，备他们随时洗手用。这位书记专等着头头们过来时，他就把我打的这两桶水，倒在水沟里冲刷，这一举动可以一举两得：一是让头头们认为我刷的不干净；二是向头头们卖弄他勤快，我心想这么坏的家伙怎么会混进了党内，又怎么当了吕剧团的支部书记？

难忘的1968年12月19日（农历10月28日）星期四。这天的天气特别好，早饭后我正在打扫卫生，牛官们把我和滕步云押到威海鲸園学校，去当课堂上的活靶子，学生批判刘少奇，我们在课堂上低着头“陪斗”。

下课了，我们被罚站，在校园里低头站着。四面围了一圈学生，这几十个孩子又骂又闹，连吐带推，把我们当着玩物任意污辱。把滕步云吓得脸色苍白，浑身发抖。我喊了一声：“干什么？这是批判么？”有一个十六七岁的青年照我小腹部位就是一脚，我把身子一侧，右手抓住他的脚他往后一仰身，我如果一拉他的腿，不用使劲他就会摔个仰面朝天，但我一闪念想到，若把他摔个脑震荡，或者伤了腰腿就麻烦了，不由自主地又把他放下了，这帮孩子都吓傻了，我说：“你再撒野，我可不留着你。”

这时候楼上有一个老师在走廊上，不知道他认识我还是为什么？喊走了这群孩子，又向我们喊了一声，“你俩回去吧。”就这样把我和老滕放了。

这位老师解围之恩至今不忘。叫人痛心的是搞乱了人的思想，把孩子们的心灵污染了，这样的品德将来怎么办？我们的国家会怎么样？多亏这位好心的老师解围，遗憾的是不知这位老师是谁

岭后地头批斗会　石匠八叔似救星

1968年6月，“文化大革命”形势继续恶化，我被押解到农村进行批斗。我和农村社员一起劳动，众人地头休息时，把我扭揪过去，在人群中低头检查，接受批判。

我所演过戏的村镇都要去批斗，当初我红在哪里，现在就把我押到哪里批倒斗臭。

下乡助农都骑自行车，自带行李（铺盖卷），我也骑着自行车，带着自己的铺盖卷，还要给他们带一个，两个铺盖卷绑在后货架上有近一米高，我骑上车子，背后的行李就到我的脖子那么高，摇摇晃晃很不好骑。那时候的郊区土路崎岖不平，陡坡很多，上坡就要下来推着走，后货架上两个行李很重，不小心前轮就翘起来了，要一手压着前车把，一手把着后车架的铺盖卷，连扶带推地爬坡。前后还有“牛官蛇长”们押解。每爬上一个陡坡，都是汗流浃背，气喘吁吁。下坡也很艰难，自行车前后闸都要闸得适度，歪下来要滚坡；向下滑坡速度过猛就很危险。

下午三点多钟到了崮山的岭后村，文工团的造反头头和村里接头联系。他们都住

在社员家。审查我的专案组商量，要把我关押在一个空屋家里住。“牛官蛇长”们都不愿意，看众人的眼色好像有什么顾虑，村里的民兵也在交头接耳地和“牛官”们在议论什么。我看到这高门台的三间房两间通着，两扇门只有一扇，另一扇靠在墙上。我并不在意，但看管我的人都不肯住在这里。

这时，有一黄脸膛，病态的瘦高个子老人说：“要不这样吧，把马少童交给我看管，住我家里，可是我家里只能住他一个人。”村支书说：“我看行，交给八哥，就住他家里，他是贫农协会的代表。”专案小组的M头头发话了，“他是走资派，要严加看管！”老人恶声恶气地“马少童，跟我走！”

我跟他拐过房角，进了一个小院，三间小平房，正间地下支着一盘磨，左右有锅台。大娘看来很慈善。老人说：“我把剧团的马少童领来了，你把东房炕收拾一下。”大娘应声把东间火炕收拾好。这铺炕上畦着地瓜牙子，占了三分之二的地方，剩下一块也只能睡一个人。

我把铺盖放好，大娘打了一脸盆水，叫我洗洗脸，这老两口住在西间。我说：“大娘，我来给您添麻烦了。”她笑着说：“快别客气了，若不是这种情况，俺请都请不到你。”

社员们都是集体干活，我也跟着到了山上。麦子刚割完，在麦垄里种花生，不大一会就收工了。他们在嘀咕，支书说：“你们走了大半天路，来到这就干活，社员们干一天活也很累，今晚上就不开批斗会了。”

原来晚上要开我的批斗会，支部书记借口社员干活累取消了。

我被分到一家吃饭，大饼子，熬萝卜丝子大菜。房东夫妇和儿子媳妇一家四口，对我都很和气，似乎想和我拉拉呱。我只是低着头赶快吃完饭，道谢了一番，急忙回去休息。

睡梦中房东大爷把我叫醒，我一咕噜爬起来了，心想：又要“整治”我么？只听老人说：“马团长，起来！”听他对我的称呼，心里有点明白，老人不会有恶意。在正间地上，我俩坐在小板凳上，他抽着烟袋慢慢地说：“马团长，你别怪我，白天我当着他们，就得对你横点，不然他们不能把你交给我。原来给你安排的那个房子不能住，前几天市党校的校长唐继业就在那个房子里吊死啦。后来把他松下来，放在门板上，你没看见那扇门板还靠在墙边。唐校长的老婆孩子来了，哭得死去活来的，太惨啦。这到底是怎么回事？把人都弄糊涂了。我今年六十多了，解放后什么运动都经过了．从来没像现在这样，老干部、老党员、老模范都挨斗、挨整，毛主席知道吗？这不是自己害自己么？就拿你马团长来说，一个唱戏的也揪下来斗。现在工厂、农村都停产了。俺村还不错，书记和村干部心里有数，怎么喊吧，生产不能停，农民不种地吃吗？整天揪这个斗那个的，没有这些老干部老党员中国能解放吗？”

他所讲的都在理，但我不敢表态，只得把话题叉开，“有些事咱们水平有限，还不理解；我现在就是来接受批判，改造世界观的。”大娘掀开锅盖端出一碗面条来，放在磨盘上。大爷说：“我只顾和你说话，快吃吧。”这老两口的举动和一番衷肠话，使我再也忍不住了，眼泪止不住地流，我无法表达我的感激之情，噎住了嗓子，一句话也说不上来了。“快吃吧。”

这是我今生难忘的一幕，面条卤子是用的茼蒿，还打上了一个鸡蛋，我的眼泪直往碗里流，混合在面条里，好像面条咸了很多，这一碗面条包含着这老两口的深情厚谊，今生难忘。大娘又从暖壶里倒了一碗开水，“喝吧，咱家里什么时候都有开水，你什么时候用着就自己倒。”“谢谢大爷大娘，你们这样待我，我马少童没齿难忘。”老大爷又说：“马团长，我再劝你一句，不管那些×养的怎么斗，怎么整，千万不能想不开走‘那条道儿’。唐校长坚持不了，走了这一步，死了还贴了一些大字报，说他是叛徒，自绝于人民。他的老婆孩子怎么过呀？”我激动万分，再次道谢。

已是十点了，老两口催我休息，明天还要干活。

吹灭了小油灯，我躺在炕上怎么也睡不着，多么善良的老人哪。此恩不报，非为人也。我记住了，这大爷胃病很厉害，如果将来我有出头之日，一定帮他治治胃病。

农村里鸡鸣叫早，我睁开眼一看，啊！天已大亮了，听见外屋风箱声，我急忙爬起来，大爷说：“今天还是种花生。今早上你在我这吃完早饭，我领你去。”早饭是大饼子熬大白菜，就咸菜，美美地饱餐了一顿。

屈指算来已时过三十八年了，这些年，我到外地开会、演出，住的都是星级宾馆，也住过豪华间，条件都是一流的。可是回忆起来不如这次在邹大爷家住得滋润。

早饭后，跟着大爷到山上干活，仍是在麦垄里种花生。休息的时候管我的“牛官”喊了声，“大家集中一下！”

群众聚过来坐下。“牛官”吼了一声，“把反动权威马少童揪过来！”我被揪扭得推了过去，低头等着批判，我身边左右都有打手按着肩膀，“马少童，在这崮山一带你放毒不少，今天要向群众检查，低头认罪。”他的话音未落，群众都站起来，纷纷议论说：“这是么事？这是来助农吗！”人群自动地散了，弄得“牛官”们下不来台了，这时候村支部书记喊了一声，“干活啦，抓革命促生产，没有那些闲工夫听检查，干活啦！”就这样，把个地头批斗会给搅散了。

八大爷过来说：“马少童，跟我去挑粪，你要老实点。”我心里很明白八大爷是

在“做戏”，为我解围。我跟他回到村里，他说“你用这两个粪篓子往那边送粪，能挑多少挑多少，歇息着干。反正没人看管你。”我心里非常感激，这下不用地头批判了。但我还是尽本尽力往指定的地点挑粪。

村里派饭。支部书记对我说：“你跟我来吧。”我放下担子随他进村，他说：“你挑那么多干什么？为了不在地头上批斗你，不得不给你找个活干罢了，现在送粪都是小车推，哪还有挑的？叫你挑粪，你能挑多少是多少。”我感激地说：“我能挑，应该接受贫下中农的改造。”他把头一偏，“拉倒吧，你没看见吗？在农村里，弄这一套社员们看不惯。”我随他进了大门楼，到院里后叫我洗了洗脸，就吃饭了。

书记老两口和儿子儿媳改善生活，吃面条、馒头。全家人非常热情，“你要多吃饭，不管怎么样，要有个好身子骨，老农民不听他们那一套。市里党校的唐校长弄到俺村斗，逼得人家上了吊，群众很反感。”我根本不敢说话，不了解他们，只是“谢谢书记的关心。”他儿子说：“俺爹有脑病，干累活头痛，一生气头也痛，今儿在地头上要批斗你，根本没和村里商量，俺爹很生气，头又不舒服。”我说：“我给你出个土方，到池塘沟边抓几只大癞蛤蟆，把嘴扒开，将一个生鸡蛋塞进去，推到肚子里，把蛤蟆的腿绑好，放在锅里煮，等蛤蟆煮烂了捞出来，扒开肚子取出鸡蛋，这时候鸡蛋成琥珀色，去皮吃鸡蛋，用煮蛤蟆的水送下去。忌凉、生、冷、酒。吃七个为一副，你可以试试。”他们说：“今天下午就去抓蛤蟆试吃。”结果吃了三个就有效果，书记向我道谢，还要继续吃。

我在岭后村住了七天，有村里干部群众的保护，干活不累，也没有被批斗。八大爷姓邹，是个石匠，弟兄排行第八，所以都叫他八叔、八大爷、八爷。乡亲们一颗颗善良的心，我深深地记在心里。

1971年，威海市新京剧团成立后，除了七八个老同志外全是新学员，中央号召大演样板戏，头一个戏排了《沙家浜》，我是武功教练、老师，还是挨批的对象。因他们都演不了，不得不把我推上去演郭建光。当时样板戏剧本都上了《红旗》杂志，对样板戏重视的程度提到了革不革命的高度。我们演出的《沙家浜》反响还好。虽然还有派性，但我是演一号人物的主演，在地位上也好转多了。

剧团到岭后村去慰问解放军，我事先买了二斤桃酥，去看望我的恩人八大叔。

到了他门前一看，锁着门。我从门缝往里一看，院子里的情形好像长时间没人住，搬家了么？打听一下邻居，得知八叔已去世两年了，八婶去了东北，住在女儿家里。我非常悲痛，禁不住哭了。八叔呀，你怎么走的这么早哇？我满怀思念地来看您，说说心里话，还准备接你到我家里住几天，去市里医院给你治胃病。我的恩人，再也见不到你了。

我在他门前呆呆地哭了一阵子，非常伤心，当年的旧景重现，思念的眼泪不止。因晚上我还有戏，不能在此久待，回去吧，心情非常沉痛。

晚场演出，我扮演的郭建光刚一上场，台下一阵掌声大哗。解放军是给剧中人郭建光英雄形象鼓掌，而村中的社员群众是在给我鼓劲，三年前打成“黑帮”、反动权威，押到村里接受批斗的马少童，如今又重上了舞台唱主角。

经久不息的掌声蕴含多少情谊和鼓励啊。有的老观众到后台鼓励我，“马团长啊，马少童还是马少童，怎么弄吧，还是得有技术，我们都在台下鼓掌给你鼓劲。”我非常的感谢，和他们拉手、鞠躬、道谢。

今昔自慰

大搞派性灭京剧，而今都唱样板戏；
关押揪斗地头批，重登舞台献技艺；
忆写岭后众乡里，拜谢八叔失故知；
为人莫要丧天理，朗朗乾坤不可欺。

批斗中参加演出　军代表和我谈心

1968年11月，文工团向烟台吕剧团学了一齣现代戏《农奴戟》，以恶霸刘文彩影射刘少奇，邓二影射邓小平，陶大宝影射陶铸。

排了二十余天，总算上演了，不卖票，纯是为配合当时的形势，批判刘邓。然而我们这几个“黑帮”也增加了劳动量，钉布景片子，伺候这些造反者的演员们。我们这几个被批斗人物打扫卫生时，也偷看几眼他们的排练。

尽管他们反对京剧，排挤京剧演员，可是这戏里的几个主要人物，大都是原京剧团的。

戏的水平太差。特别是开打更没法看，如同农村业余剧团。滕步云说：“他们恨京剧，现在演戏，还是得京剧这几个演员，没有京剧这几个人，他们还真演不了，还有

法看吗？”我说：“赶形势罢了。不卖票、不花钱的戏看着玩吧。这舞蹈和武戏与红卫兵街头演出有什么分别？”

他们只会整人，演戏就不灵了，可笑的是自己感觉不到疵毛。演出后，原京剧团的赵某某在厕所里看到我，“啊，老马，《农奴戟》看了吗？”“看啦。”“你看怎么样？”“配合形势演出，批判刘邓，也不卖票，看着玩呗。要说演技和演出水平嘛，不怎么样！就说最后的开打，小儿科，没法说，舞蹈时把武器、长矛、步枪、镰刀、锤子等农具撂了一台，为了舞蹈而舞蹈。要上纲问题也不少。”

第二天，1968年12月2日（农历十月十三日）星期一晚场演出。最后一场的舞蹈变了，后面舞蹈拿工具、武器的人，都不再把道具撂在台上了，还是那样蹦跳了一阵，工具、武器都没撂，舞蹈仍是让人看了别扭。我和老滕说：“看了吗？改啦。这是我在茅房和赵某某讲了，肯定是赵某某又和他们讲了，尽管改得还不好，可是比原来强多了。他们绝不会说是我提的意见，是既不如人，还不服人，如果我变一下角度，能给他们提出很多上纲上线的问题。”

自从他们开始演出，我们这几个“牛鬼蛇神”增加了“节目”，每天演出前先把我和滕步云、郭丽华押到台上，叫“押上审判台”；我们三人九十度大弯腰向观众交代罪行，两旁亮出打手们的凶相来，曰：“战地批判！”

我们的检查都要背得很熟，像流水板似的背一遍。他们规定的“罪恶”中，我的词是“我叫马少童，自又学牛鬼蛇神、才子佳人戏，宣传封资修；是反动权威刘少奇的马前卒，周信芳的分部掌柜的，专门毒害观众，我是死不悔改的走资派。”

郭丽华的问题就更不上道了，“我叫郭丽华，是出名的大破鞋，专门腐蚀青年的流氓分子，真正的资产阶级分子”等。就她的这一套词儿，说是糟践人，倒不如说是成心地侮辱人。

每次总是到滕步云这里“卡壳儿”。因为她没文化，一害怕就忘词儿，“我叫滕步云，我是‘三开分子’，日伪时期、国民党时期和解放以后我都吃得开。我专门演牛鬼蛇神戏，每到一个码头就到处拜访……到处拜访，就到处拜访”，她忘词了，这时候牛官们就大发淫威，一按脖子，“快说！”这样一来，她更想不起来了，就得说实话“我背不下来，忘了。”台下一阵大笑，“为什么去拜访？老实点！说！！”“哦，是为了叫他们捧我。”“老实点！”每逢这种情况，台下就是轰地一阵，有笑声，也有骂声。也有的人骂，“这是弄些么×养的事，把一个老艺人逼成这个样，这不是糟蹋人吗？什么战地批判？纯粹是污辱人。”

我的两个子女在观众后面瞅着卡我脖子的几个打手，那种凶恶形象永远不会忘记。他们曾对奶奶说：“BILIUJA等几个家伙，每天演出前揪着我爸，按头，扭膀子，他们现在闹得欢，等将来我长大了再和他开清单，他们不会有好下场，不得好死。”

派性造成三代人的冤恨，何时得了哇？一场批斗的闹剧过后，“把牛鬼蛇神押下去。”我们被扭推着下了场再演出。

迫害、侮辱不得人心。每场演出前，很多人对这个“战地批判”有反感，半数的人为躲避这个恶作剧，在剧场外面等着，等批斗完了,开戏时再进剧场。押下“审判台”后，我就准备拉大幕，不少人这时才进剧场。我拉幕他们一点毛病也挑不出来，不论是快慢节奏，还是气氛都符合剧情，老滕和老郭则不然，在后台打“零杂”，凉水、热水伺候得不好就挨训。

当时这帮子所谓的演员，能逼着三个戏剧权威伺候他们，也算是“‘文化大革命’的一大成果”。

几天来广播里，《人民日报》、《红旗》杂志上不停地下达新的指示，其中如“取其一技之长，对于人的处理，应取慎重态度，既不敷衍,又不损害同志，这是我们党兴旺发达的标志，要解决派性，团结大多数”。我和被关牛棚的几个人说，“看架势又要解放一大批了，形势好转，咱们的罪也可能快遭到头了。”

果然不出所料，不得人心的“战地批判”被取消了。

1968年12月5日（农历十月十六日）星期四，白天加演一场《农奴戟》。止戏后，牛官某某对我讲有个演匪兵的病了，叫我顶替演这个匪兵。如果我说不行，他肯定要讽刺我一顿，京剧团的大主演，连个吕剧匪兵都演不了，甚至是不救场拿把，什么不老实、态度有问题，什么帽子都能给我扣上。但演这个匪兵，我从心里窝囊。“好吧，需要给我说说”，“跟着跑就行啦，就是后面和铁匠见面打两下,逃下就行了。”“那我和宝山说说戏”，因为马宝山演铁匠。“行！你和宝山对一下吧。”我想，叫我演这个匪兵，我也不能马虎，不能叫他们挑出毛病。

于是我找到马宝山，把刚才派我演匪兵的事讲了一遍。宝山说：“什么也没有，鼻子削头逃跑,我追你下”。我说：“咱能不能加点打，火暴一点？”“那感情好!他们都打不了，原来是一比画就完了，你说怎么打？”宝山是原京剧团的演员，跟我学过戏，关系也很好，于是我说：“你在台口亮相，横刀势，我在背后刺你的脖子，你回头削我的头，亮相，我喊一声‘杀’！一刺鼻，打单刀抢头子，撩削，挑起来你踢我抢背，在四击头中，你背刀亮相后，再追我下。”宝山非常同意，“这样一来火暴多了，

那咱就这样定了，没问题。别看玩意不多，从‘文化大革命’以来，他们总演小节目，蹦蹦跳跳地，还没像这样打过。”“好，那你去和打鼓的姜天国同志说一说，这可是我配你打下把。”宝山笑了，“别逗啦，这种戏您开着玩笑就干了”，因为原来在京剧团，宝山是我的老搭档，配我打下把，这次是我配他打，自然是很合手，一切安排好了，就等演出了。

晚上演出，我和匪兵一起上下场，台下并没注意，到最后我在上场门举枪，刺向铁匠的后背，大喊一声‘杀’，宝山回转一个削头，我俩一亮相，台下就是一阵掌声，紧接单刀抢头子，撩削踢我枪背亮相，台下又一阵掌声，宝山一个刀花亮相追我下。

台下哄了一阵，有人议论，“那个匪兵是马少童！”谁想这点对打起到很好的反响，宝山下场冲着我出洋相，一伸大拇指，“红啦！”我是一点表情也没有，唯恐牛官们找我的岔儿。

我看得出他们也感到惊讶，上场这一点东西，台下两次鼓掌，特别是军代表陈某某，深感意外，对我说：“不错，表演得不错！”因为他来团支左，从见我那天起，我就是被关押，挨批斗，究竟我怎么样，他也不了解。

止戏后，我在洗脸，心里想：就这点对打，称不上武戏，台下还叫好，可怜的观众们自“文化大革命”以来，所见的就是忠字舞、语录歌之类的小节目，看这点对打就叫好。我虽然不敢露出什么情绪，但心里说：牛官蛇长们看吧，整人搞派性我不如你们，如果说舞台上演戏，要赶上我这挨斗的人，你们还得好好练几年。我这是骄傲吗？不，是自豪！是发自内心的想法。

军代表陈某某找我谈心了，让我很好地认识自己的问题，争取早日解放。看得出陈同志是个忠厚人，支左，谁是左，何人是右？他也搞不清楚，至于我究竟有什么问题，他也只是听这帮整人的在瞎喊。他说服加鼓励叫我争取早日解放，是出于好心。又把话题转向目前的演出《农奴戟》上，问我对这个戏和演出有什么看法，要我大胆地讲。我看他也很实在，也就直言不讳地讲出自己的看法。

第一，《农奴戟》是一出配合形势的剧目，没法要求高质量；

第二，演出形式基本是活报剧，不但艺术处理等方面存在不少问题，可以说是一阵风的戏，吹过去就拉倒了；

第三，舞台口号较多；情节上，调度上都很粗糙；唱腔方面吕剧的板式比较单调，无中心唱段，加上赶时间，急于上演，谈不上唱腔表达人物感情和艺术水平；

第四，舞台上处理党代表的调度位置、画面造型都差劲。如最后末场的舞蹈，稍微动动脑子，加点舞台基本功技巧就能好得多。为了舞蹈把手中的武器、工具撂了一台，既不符合舞台的规律，也不合情理，革命正在进行，怎么能把武器都扔了。可能赵某某去汇报了我的看法，现已经改动，拿着武器工具舞蹈，比以前好多了；但仍是别扭、笨拙，赵某某绝对不会说这意见是我提的。

军代表笑了，“对于戏剧我是外行，但我觉得你谈意见还是比较坦率，你再说说你将来的情况会怎么样？是很快取得群众谅解，还是被打倒？你抱什么态度？”我想了想，也坦白地讲，“我非常急于得到解放。但光着急也不行，必须到时候；时候不到，检查得再虚心、再彻底也不行，有了条件就能顺利过关。”“你指的是什么条件？”“中央文件，我深信自己不能被打倒。”“还很自信啊？为什么不能被打倒?”“自己的问题多大，自己最清楚。批斗至今，我的问题也就是唱老戏，可是毛主席、周总理包括江青过去都看老戏，政府组织慰问，中央招待来宾也都是演老戏。如果演老戏的演员都打倒，全中国要打倒近百万演员。你看每天批判我的人，他们也都演过老戏。从干部的角度说，像我这么一个小团长，算是当权派，要打倒的话，全威海市要倒好几千人。所以我要很好学习认识自己，等待时机，得到解放。”“你对帮助你的这些革命群众，对你们的批斗有什么意见？”“没有意见，因为这是群众运动，一切一切都是形势决定的，而且这场运动是毛主席亲手发动的，我必须正确对待，要相信群众相信党，相信党的政策，但是……”“但是什么？可以坦率地讲。”“那我就坦白地讲，在（1968年）8月3日星期六那天，郭丽华看小说，她说是苏联小说，不是坏小说。我想不管是什么内容的小说，现在是在检查受批斗的时候，看小说是错误的，批斗严厉一些也是应该的。可几个人用钢丝鞭子把她打成那个样子，棉裤打破，棉花都打飞了，这不符合党的政策，对反革命分子也不能这样毒打。‘要文斗，不要武斗’，要触及思想灵魂，不要触及皮肉，因为您是军代表，我是出于绝对信任你，才大胆忠实地向您反映。如果你把这些话告诉了他们，很可能我也会招来一顿毒打，那今后我再也不会和你讲实话了，对你的看法也要改变了。”

军代表笑了，“老马同志，你的问题和他们不同，我可以告诉你，这些革命群众对你的意见不多，但都认为你难治。别看批斗你的时候，你也低着头，平时劳动也不错，但你内心并不服；从你的眼神中可以看出来；有时看演出时，你那种不露声色的傲慢，瞧不起他们，引起他们的反感，认为你不老实，都说你牙碴子硬，这一点我也有感觉。老马同志，你现在还是共产党员，要认清形势，只有得到群众的谅解，才能很快得到解放。你是个聪明人，过去也当过领导，好好想想吧。郭丽华也很聪明，也算吕剧的

名人。上次打她是过分了。当时我也不在场，事后也就是说服群众要考虑政策。我只能为你提出希望，你多想想自己怎样早日得到解放。能和群众一起参加学习。”我这是第一次听到这样称呼我，好像他无意中给了我一点安慰和温暖，“谢谢你，陈同志，我一定不辜负您的希望，好好学习，认真深刻地检查，早日得到群众的谅解。”

军代表走后，我反复考虑刚才的对话，他对我的态度是真诚的。我想，我可能离解放的时间越来越近了。

接下来的几天对我们的批斗少了，个别谈话多了，心想，我要把现有的这四份检查好好整理一下。

1968年12月30日（农历十一月十一日）星期一，小雪。早饭后我和老滕、老郭把积雪和垃圾送到东海边，我拉着大拖车，滕、郭二人在后面推着，时常遇见一些群众，认识的就点头，“怎么样？”“挺好！”“千万想开点，要坚持住。”“谢谢！”也有的人停下来看着我三人推着垃圾走过去，他们都叹息不止，“咳，可怜人的，把人家糟蹋成个么样啦？”这一切一切，群众的态度都是对我们的安慰和同情，老滕非常脆弱，每逢遇到这种情况，就擦眼抹泪。郭丽华说：“怎么斗吧，同情的人却还不少。”我打断了他们的话，“这说明咱们还没臭透，所以还不能解放。”郭丽华一向是咬牙根（不服气），“早晚得解放，近日的《人民日报》、《红旗》杂志的社论催上啦，到时候就得解放。”老滕老实，不能读书看报，一听广播就睡觉，我们都笑她，把政治报告当催眠咒了。老滕又哭了，“那得等到多候解放？你们年轻，我还不知道能不能等到那一天呢。”我说：“看政治气候不会太久了，说不定将来我们还要演戏呢。”“唉！做梦吧。”老郭说：“看来将来老戏是不一定能再演了，也就是演现代戏了。”我说：“不一定，形势的变化，往往使我们分析不透、理解不了，我的感觉好像老戏不会就这样消灭了。”“你是贼心不死，还想放毒。”“嘿，一切由形势决定，国剧就这么取消了？我总是觉得不可能。”“好

山东吕剧发起人之一郭丽华

哇，你等着唱吧。”

到海边送垃圾，有时就碰上老市委书记吴炳业同志。他本来就体弱多病，把他整得脸色青肿，两腿拖不动，双脚总是擦着地走。他也是搬运垃圾，每次见到他，我都关心地过去安慰他，而他总是“谢谢少童同志！我很好，你快走吧，叫他们看见，说你没和我划清界。”我既难过又气愤，“用不着这么害怕，你这个岁数了，还能把你怎么样？你千万保重。”“谢谢，谢谢！你快走吧。”滕、郭二人总是老远招手，老吴书记也是点头招手，感谢对他的关心。

我虽也是被关牛棚在批斗中，但非常同情老吴书记。我忘不了他在职的时候，旱天降雨后，他戴着草帽，步行到郊区看雨水多大、禾苗的长势情况。城里北街，有一姓黄的盲人，家里有老婆和三个孩子，生活很困难，吴书记常去看他一家，给他批了一台压面条的机器，但仍是困难，又给他批了营业执照，卖烟卷，销售零货维持生活。老吴书记每月能到剧团两次，看学员的培养，检查剧场的卫生，关心食堂伙食、演出台下的秩序等。他的老伴有时擀了杂面条叫我们去吃，有时还给个香蕉苹果拿回家去闻味儿。这都是工作生活中的小事，说明他的为人是多么善良朴实。就这样一个老书记，红卫兵押着他四街游斗，还要自己敲铜锣喊着“吴炳业是假党员，是个老狐狸……”这么好的人挨斗，还说是假党员，真党员是什么样?

1969年元旦社论发表，我非常兴奋，一夜未眠。捏笔记事。

不平凡的1968年即将过去，我在这特殊的环境中向您送行。午夜后就迎来1969年了，过去的一年，我的思想水平的提高，灵魂深处受到触及，认识了很多“新生事物”。尽管我尚未得到解放，但我有信心在阶级斗争的浪潮中滚爬，在“文化大革命”的暴风雨中锻炼成为一名坚强的共产党员。

社论指出：清理阶级队伍，一是要抓紧，二是要注意政策。对反革命分子同犯错误的人，必须注意政策，打击面要小，教育面要宽，要重证据，要调查研究，严禁刑讯逼供，对犯错误的好人，要多做教育工作，有了觉悟，必须解放他们。

我反复考虑，我快有出头之日了。多么想有人和我探讨一下。睡在我床东面的孙嘉庆，睡得呼声如雷，在这关键时刻不好好学习元旦社论。我要耐心等待，想着想着，刚一合眼，天就亮了，夜再长天总是要亮的……

当工人不去江西　守家行孝侍双亲

1970年3月17日上午十时许，我从工宣队下放到合线厂，当起了学徒工。中旬的一天，忽然市革委会宣传组的人到厂子里叫我到老戏园子有事。

威海剧院是我最熟悉不过的。又小在这里学戏、演戏，从学员到演员，从团长到打成黑帮，在这个舞台上,洒满我的汗水，听过台下观众的无数次掌声，我多么希望能重上这个舞台演出啊！我进了剧场到台上一看，有三个解放军和两个穿便衣的一男一女。“你就是马少童同志吗？”“是，我是马少童”，“你会唱样板戏吗？”“会一点。”“那好，你唱一段‘共产党员时刻听从党召唤’吧。”我莫名其妙地想：这是怎么回事？那女同志说：“唱吧，样板戏还不会唱吗？来，你拉着他唱。”我一看，拉弦的是车站大街卖油条的老吕，连弦都对不准，公鸡母鸡的吱吱呀呀拉开了，根本就没法唱，那位女的说：“你别拉啦，老马同志你自己清唱吧。”我实在是无奈，旁边还有三个解放军，我又不敢不唱。“共产党员时刻听从党召唤”、“临行喝妈一碗酒”唱下来，又叫我唱《智取威虎山》中少剑波的唱段“我们是工农子弟兵”。唱完之后，这才把紧张空气缓和下来。那位老一点的解放军都叫他王主任，是福州军区的。另外两位，一个是济南军区的，另一个是烟台二十六军的干事。那两个穿便衣的是江西省京剧团的。那位王主任笑着问我：“马少童同志，多长时间未演戏了？”我有礼貌地回答：“1966年6月17日‘文化大革命’开始不久就被打成黑帮，看管批斗，劳动改造，现在正式改行四个月了，一直没演戏。”“还想演戏吗？”“不想了，工人阶级最光荣，再也不想当演员了。”

他们都笑了，这才和我说出来意和实情。原来党的九届二中全会可能在江西召开，江西省京剧团准备慰问的节目是《智取威虎山》。福州军区司令员程世清，原是二十六军军长，在烟台看过我不少戏，所以要调我到江西省京剧团去，为此写了介绍信，到济南军区找杨得志司令员，杨司令员签字批了“支持”，并派了一名解放军干部陪同。他们到了烟台二十六军联系，又派了一名干事陪同，到了威海却找不到我了，连剧团也不存在了。他们到市革委会宣传组才知道我已经转业到合线厂。要调我到江西省京剧团去工作，问我有什么意见？这太突然了，我一点思想准备都没有。“我要考虑考虑，还要和全家商量一下。”“那好吧，你回家去商量商量，全家都去也可以，或者你和爱人孩子去也行，在威海京剧团里的工资待遇一切不变。你应该很好地发挥你的能力和作用。总在工厂里是人才的浪费。我们住在陆军招待所里，随时可以去找我们。”

晚上一家人商量到江西京剧团的事。看他们态度对我很好，特意来调我，这说明对我非常重视，到那里所有待遇恢复到“文化大革命”以前，比在威海强。可是父母坚决不同意到江西去，“咱不唱戏了,因为唱戏，‘文化大革命’遭了多少罪。现在工厂里虽然每月三十四元九，全家团团圆圆，吃好吃坏都在一起，省心少招灾祸。”我爱人赵淑荣倒同意到江西，“人家这么重视，特意来调少童，肯定在政治地位上、工资待遇上都比这里强。这些年为威海剧团出了多少力，“文化大革命”反落了一身的罪名。现在那些整人的还在耀武扬威，派性仍然很厉害。就拿这次转业到工厂来说，待遇低、上班远。我和少童南头一个，北头一个，叫我去干男人的活，他去干女人的活，我们总在这活受罪，何时是个头？何时派性才能消除？我们何时能抬起头来？老人受株连，孩子受歧视。原来齐慧秋约少童到天津中华大戏院，没去；孙慧荣约他去牡丹江、哈尔滨京剧院也不去，为着能在二老台前行孝回到威海。看这几年你们二老跟着受了多少气，遭了多少罪？现在威海的派性这么厉害，我们受气不要紧，还要替孩子想想。”孩子们年龄虽小，也有思维，都说一见到来抄家、整爸爸的那帮家伙就有气，上哪去都行。父母被这一番心里话和现实情况难住了，也无话可说，只是长叹落泪，“是呀，不是为了我们这两个老人，你们不会回威海遭这个罪。你们走吧，我们二老这个年纪了，不想把这把老骨头撂在南方。”我说：“要不我一个人去，先到那里安下身，你们再去。”我心里有一股子怨气，有的人羡慕生嫉妒，整不倒我显不出他们来，我就是叫他们看看，马少童还是马少童，迫害遭罪都是暂时的，鲁迅先生说：“是金子早晚会发光的。”我在他们面前矮一截，从心里觉着窝囊。父母又说：“你自己去更不行，一家人在这里，你一个人去怎么能放心。”淑荣又讲了，“这不要紧，每年有探亲假。”父母难过地说：“你们走吧,那里的气候，老人肯定不适应。”孩子们看到爷爷奶奶在落泪，也都不出声地泪流满面，我心里难受极了，“好吧，先不管他，考虑考虑再说，去不去咱说了算。”

第二天，我仍是照常上班，一点声色未露。下午厂里接到电话，叫我到陆军招待所去。

晚上，我到了陆军招待所，见到江西的王主任。王主任是黄县人，后在福州军区当办公室主任。闲话已过就说正题了，“调动的事考虑得怎么样了？”我说：“父母都不同意，一家人在运动中被整怕了，不想再唱戏了，就在这工厂里当一名工人，不伤脑

筋，不受气就挺好，请你们再选人才吧。”他们讲了半天江西的优点：南昌大城市，难得的是组织重视，现在南昌市的市长是原来威海警备区的温政委，对你非常熟，到那马上恢复你的原工资，一百四十七元，你的一切待遇都不变，你的情况我们已都了解，你在这里是人才的浪费等等。这时的我心里很矛盾，但不能轻易表态。江西省京剧团这位女同志不耐烦了，“你这人真是怪，把你搞到这个程度你还不想离开。到江西一切都会变，比这里强一百倍，怎么就不愿意去呢？再不同意我们就硬调，共产党员时刻听从党召唤，把你的工作关系、组织关系全拿走，看你去不去。”我一听她怎么说话和整我的那帮人一样，就站起来回了她一句，“啊？这么厉害呀，你是来调人还是来抓人？”王主任站起来哈哈大笑，“你们这些演员的性格就是这样急，有意思，这样吧，再好好商量一下，考虑好再定。”气氛缓和了，都笑了。

谈话中得知这位女同志原来是演刀马旦的，演现代剧时专演反派人物，《八一风暴》中她演女特务周玉莲，我说：“我饰演方大来，在这齣戏里咱俩是针锋相对呀。”又都笑了，看表已是快九点了，起身告辞，握手一笑而别。

我的思想上添了压力，去留犹豫不决。第二天上班时，传达室叫我到厂办公室去，有一位解放军找我。我到办公室一看，丛厂长陪着一位解放军干部，见面要和我个别谈谈。我心神不定地和他到外面，他说他是张师长（市卫戍区张庆元师长，和我比较熟悉）派来问我江西调动的情况。我说：“尚未考虑好，也未答复他们。”我问这位同志贵姓，他说你不用问我姓什么，我只是把张师长的话带给你，“江西来调你不是硬性的，去与不去有你的志愿，我们威海市这就要成立京剧团，要演样板戏，我们成立京剧团还要用着你这发面的引子呢。”我一听这话，就冷笑了一声，“拉倒吧，因为我唱戏，运动中剥了我好几层皮，还叫我当‘戏引子’，饶命吧。”他也笑了，“不要一朝被蛇咬，十年怕井绳，江西这么重视来调你，说明你的工作能量和作用，他们需要，威海也同样需要，当引子是张师长讲的，去与不去由你自己决定，你是个明白人，不要对任何人讲，我走了，再见。”

晚上下班回家，父母说福州的王主任等一帮人来做动员工作，要我们到江西，我们表态坚决不去，他们凑笑话：“大娘！你的儿子可是共产党员，硬性调动他可非去不可。”母亲就打趣地说：“好哇，你们若抓他去，我也没有办法，那你们就不是解放军了，那不和‘文攻武卫’一样了吗？他们都很和气。但不管怎么说，我就不同意去江西。”父亲说：“从明清时候起，老马家来守卫威海，抗日本、打国民党、解放后都未离开这个老窝。现在你也不挨斗了，家中生活困难点，还过得去，也不会总是这个样。建立威海卫时的十大指挥，就有咱老马家的，代代至今，我可不能把这老骨头撂在南方。”

我又把下午一位解放军找我的事讲了一遍。全家再一次商量留去问题，我想去与留各有利弊。到江西去肯定名利全有，兴师动众地由威海到江西，又有上面主要领导人的欣赏，肯定比这好。只是二老故土难离，这次如果一走，就在那里落户了，威海这个老祖宗的所在地就再也回不来了。如果不走，派性为患，但迟早党性和人性必定消灭派性。张师长讲，下一步威海要成立京剧团，叫我当“引子”，江西来调我，会引起他们的重视。如果我去江西，有发挥显示的时机，有了用武之地，情况肯定比威海好。我爱人问：“来那个人说要成立京剧团，又当什么‘引子’，能是真的吗？要解决威海的派性可不是一朝一夕的事，肯定还有人挤对你，不会叫咱们好受了。”我有信心地说：“你说的不对，形势不会总是这样，随着形势的变化，我们也会好起来的。在哪里被他们按倒，我就要在哪里挺起来，我要叫整我的人看看，马少童还是马少童，要叫他们明白，整我是错的。我们盼党的政策落实，也要靠自己去拼搏，干出个样叫他们看看，没有本事只靠整人是不行的。我决心在生我的这块土地上，把马少童的牌子重新立在剧场门前，戏报上还要明显地登上我仍是主演。打过我、整过我，迫害过我的人，咱不算他们的账，也不记恨他们，就是叫他们知道他们错了。爹妈不要伤心难过，儿子决定哪里也不去，永远守着您二老。”二老高兴得直掉眼泪。

自勉励志一首

大鹏怒视沟底蛙，蛙笑大鹏不如他；
一朝展翅腾空起，鹏程万里气死蛙。

我到陆军招待所回复了王主任及江西来的几位，讲明全家不同意。王主任说：“先别定死，慢慢地做工作。”我向他们推荐了青年琴师李世荣，年轻手头好，十一岁随父亲李宏刚学胡琴，现年十九岁，十四岁就给我拉过大轴戏《追韩信》，现在转业在威海玻璃制品厂，学吹制玻璃泡子。

第二天他们面试了李世荣，目睹他的演奏，立即拍板调李世荣到江西。

几天后，江西方面再次来电问我，我仍然不去，只好把李世荣调去了。后来得知王主任到济南军区向杨得志司令员反映了我的情况，又调去了两个运动员。我就是这样死心塌地地等待时机在威海发挥了。

合线厂跟班修机　交工友创造革新

我在合线厂里已习惯了。工作之余，我看厂子院里的黑板总是空着，就把这块黑板利用上了，把各车间的好人好事、时事政治新闻摘要等抄写在黑板上。一个星期一换，再用红绿粉笔配上一点图案，如信鸽子、广播小喇叭、女纺纱工的漫画、插图；产值高、做好事的车间和个人。受到表扬的车间和个人都觉得光荣，产值低的车间力争创高赶上去。厂里领导对我做这点事儿非常满意。特别有些小青年写入团申请书，都愿找我帮忙，上下的关系相处很好。

当时厂子里大搞技术革新。我也出了一个小点子，粗线机器上的穗子转满了，我想叫它自动地跳起来。说来很简单，每一个线穗子上放一块皮筋，把穗子插在顶子上，压下去，等线穗转满后自动地就拉起来了。别看这点小事，也能节约时间、提高工作效率，也算是一项小革新。在演习试验时，车间里的工人师傅都围观，厂长亲临看我演试。成功率百分之八十，为此还受到厂子里的表扬。

厂长兼书记丛某某因派性原因，我刚进厂时对我印象并不好，拿我当改造对象。经过这一段时间接触，他改变了看法，对我非常好。他是个残废军人，失去右手，文化不高，写字困难，所以党员会总愿叫我替他念文件。

厂子里工人们对我都很好，包括厂里托儿所的保姆于桂芬同志，她是个侏儒，老大闺女，但为人心眼特好，我也非常尊重她。有一次上夜班她突然病了，我用自行车送她到医院看病。平时车间没事我也到托儿所里和她拉呱。

在工厂里这一段时间，是我一生中的一个“驿站”，在工人队伍里结识了很多人，学了好多东西，体会到工人们公正、朴实的情感。在工厂里除了工资少，其他一切都非常顺心。

1970年10月上旬，市革委会宣传组来人，把我由厂里调到市样板戏学习班，普及样板戏。学习班在市疗养院开班。

去报到以后，明白了办样板戏学习班的目的、程序和人员成分。师资分工我负责《红灯记》组“赴宴”一场；马宝山负责《沙家浜》组“鱼水情”一场；王执范负责《海港》马洪亮“大吊车真厉害”唱段；吴文才任导演串排、合成。半个月学习演出结束，主要是通过学习班挑选人员，为成立剧团打基础。

我分工“红”剧组。学演李玉和的有三个人，学演李铁梅六个，学演李奶奶八个。看来我这组里的人最多。扮演两个特务的都是学员，又调来崮山的学员邹景担演日本翻译。

领导班子都是老熟人。有原京剧团的书记L某某，吕剧团的M某某，文化口上的老熟人C某等几人组成。我一看心里就犯嘀咕，如果闹派性的话，他们都是我的对立面，况且有“四清”下台等处分的人。我是“四清”当选上台的，旧的恩怨未了，这能处得好么？如果夹杂着过去的成见，这次调我来学习班任教，他们会对我怎么样？我不想和他们一起“泡”，恐怕再出新的隔阂。吴文才、马宝山过去和我关系都很好，劝我在这凑合一下，反正是教业余的。我也考虑再三，他们还能以派性处事吗？能报复调理我么？反正我有把握，我如今在合线厂一切都很好，厂长书记很重视我，如果这次他们想调理我，我就马上回厂子。

《红灯记》剧组进行得很顺利，因为我已是很熟悉了。进行到一周的时候，烟台专区京剧团普及推广《红灯记》，现场教排。他们是在北京学习回来开班辅导。我想肯定要叫我去学习，再回来教排就更有把握了。谁知他们把《海港》剧组的王某某调去学习，叫我这《红灯记》组的去给他代《海港》的班，这叫什么道理？我想这不是派性，是假公济私。我和吴文才讲：“这不明摆着是打击报复么？不行，我要回厂子上班，反正我是在厂子里领工资，他们管不着我。”吴文才也很气愤，只是劝我别冲动。我找到C某负责人反映：“我是《红灯记》剧组的，到烟台学《红灯记》不叫我去，叫《海港》剧组的去学，反而叫我去给《海港》组代班教课，这是什么道理？公平吗？我要回厂子。”C某讲：“你先别激动，业务安排我不太懂。”我说：“你不懂，老L也不懂吗？”他还是耐心地说服我，看他不像在搞派性，准是L某假公济私调理我，我只好暂且忍下，但叫他们知道我不是不明白。我回来对吴文才说了，且等王某某到烟台学习回来再说。我说：“我一点都不贬他，我敢保证他学不会，戏也带不回来，我等着看他回来怎么教学员。”

一周后，王某回来了，我和《红灯记》组的二十多人等他教，结果连“临行喝妈一碗酒”唱段的身段都没学会。其实我很理解他。他从小打鱼，半路进剧团，当地口音、未练过功，他如何能走出李玉和的这些功架身段？确实难为他，他也确实是遭罪了，这不能怪他，他只是自不量力罢了。应该说决定派他去学的人是外行，是错误的。结果学李玉和的毕、吕、宋三个成年学员不满意了，“这是个么×养的样？到烟台学了一个星期，就学这么个奶奶样回来？还不如原来马老师教的。”大家议论纷纷。王某本人也自觉无趣，学习班也无法进行了，实际这是意料之中的事儿。

吴文才去反映，这怎么办？王某什么也没学回来，班上议论纷纷，这怎么排戏？

C领导又来做我的工作。我想对事不对人，只要他们知道错了也就行了，不能把一个班的学员撂了，我应当把肚量放宽一点。“好吧，那我再接着排，我没去学，只是看了几次《红灯记》的纪录片，按钱浩梁的身段教的。”其实李玉和的身段唱段我早已熟悉了，说实话，我也有意识地叫他们看看去学的不行，不去学的照样教！你们压着我，但压不了我的技术。

半个多月后彩排，有关领导看了彩排演出，评价很好，我很自豪。心想，你们贬不倒我。我这绝不是骄傲，我身在工厂里，却丝毫没有放弃基本功，常言道：鸟争一口食，人争一口气。我不应有傲气，但不可没有傲骨。当处于逆境，只要我鼓足勇气、下定决心、坚持到底时，都有好的结果。

1970年10月21日，结束了样板戏学习班，回厂子照常上班。我仍是愿意替工友们打夜班，因为夜班可以练功。

1970年10月30日，借调我到市上帮助筹备业余汇演。11月1日又到风林帮助筹建文化站，同年11月5日汇演结束。

这段时间我像是市上的文化干部，整天为文化站而忙。这时候各地演样板戏的风气大盛，我又比较熟悉。经过“文化大革命”的“战斗洗礼”，反而我的熟人更多了，群众丝毫没有嫌弃我挨过批斗，相反更亲切了。

11月13日回厂子。丛厂长和厂里的领导们对我很关照，给两天假休息一下。我的心情精神状态非常好。

11月26日市委宣传组来了调令，调我到威海市京剧团去报到。我的心情无法用语言表达，有一股无比的劲儿，可有出头之日了。这证明了“文化大革命”以来，京、吕剧种之争有了结局。如今还是成立了京剧团。我要尽全力为新建的京剧团贡献一切力量。

难舍众工友们的深情厚谊，感谢他们对我的关照。丛厂长对我由敌视到慢慢熟悉肯定，他曾对带我学徒的梁秉玉师傅讲“老马是个人物，留在厂子里，将来能成为一个好干部。”我向他告别时，他说：“真不舍得你走。市上硬调，留不住呀！我想到了你不会总在这个合线厂里当工人，迟早是要走的。以后常来厂里玩，别忘了这个门儿。”我心里真不是滋味，不到半年的工人生活，又要回剧团了，亲爱的工友们，难忘的合线厂，再见！

新剧团派性严重　玩权术排挤围攻

11月26日到新成立的京剧团报到，了解到新京剧团的领导班子和人员组成后，我的顾虑很多。原京剧团的人员回来的仅有十几个人，基本都是新从学校、农村收来的青年学员。当时派性未除，最使我顾虑的是领导班子成员，又来了一位军代表陈某某。由五位组成新剧团的革委会成员，清一色全是我的对立面。

我的任务是教学员，还要参加演出。原京剧团的几个老师，不准学员称老师，要叫老吴、老马。看来这些老同志都是短期利用，新的不能演，由老的先演，等新的能演了，老的就靠边站了。特别明显的是原京剧团的旦角一概不用，只把1963年来威海的一位只唱了一出试验戏，一直在团里管靴鞋箱的人，因某领导的赏识，这一次让她“大展才华”了。原来演铁梅、方海珍、阿庆嫂等主演一概不用。用那位现得现卖的老师当时的话说：“别看她业务好，可就是不用她！”为什么？这不是任人唯亲，而是“能用无产阶级的草，不用资产阶级的宝。”教旦角戏的老师演不了戏，因为她那条件也不能演戏，学一句教一句，而某位领导却欣赏。

又当教练，又演戏，再累我都不在乎，最担心的是这位领导，他很幸运。“四清”时受处分结论未下来，就来了“文化大革命”，现在又成了我的顶头上司。不知是何人赏识他。叫他搞业务，连西皮二黄都分不清，还谓之内行。心术不正打击报复的本事大得很。当时我的思想很矛盾，后悔未去江西。如今这个剧团，我又教又演，仍同工厂的工资一样多。张庆元师长要我留下来做“引子”，我这“引子”何时才能把面“发”开呢？真想去找张师长反映一下剧团的情况。我曾经和导演吴文才暴露过思想，文才劝我暂忍一时，看看情况。我想也对，忍一下，也许人家不会像我想象的那样狭隘。

头一出戏，速成式地赶排《沙家浜》。我扮演郭建光，扮十八名伤病员的全是一帮孩子，排练这头一齣戏，是很不容易，领导班子伤了脑筋，老同志们付出了汗水。演员不够，领导班子都上了场。

彩排了，重组的新剧团能演戏就是成绩，市革委会予以肯定。观众反映不等，如《坚持》一场，暴风雨芦荡中的舞蹈和后面奔袭的舞蹈，观众说：“马少童领着一帮孩子叨小鸡”，的确很形象，我领着一帮孩子也真不容易，这要老师一句一句、一眼一手、一步一式地教。特别是平时那位自称内行的领导扮黑田大佐，后面开打时，原规定有个扑虎，开打中抄郭建光的过包。太难为他了，他哪里懂什么扑虎，趴下就行了，“过包”时改为他蹲下，我从他头上大跳过去就行了。这场七八个人开打的挡子，他只要记住地方就行了。可是堂鼓一响，未开打他就蒙了，像只没头的苍蝇，乱碰头，在外场，我小声告诉他，他也听不见。我非常可怜他吃了大半辈子的政治饭，总挖苦唱戏的，可是他在台上，“当”的一下，一头撞在我的腿上，晕了。为了别让他再受伤，我一把将他拉了过去，等着亮相吧。好歹地演下来了，他鼻子口里出血，我过去安慰了一下，“怎么样，不要紧吧？”他说：“他妈的，我怎么上场眼就花了。”却也难为他。平时口若悬河，舌如利刃。大会训话、讽刺挖苦老艺人非常流利。而如今上场这点小玩意就蒙了，“光荣地挂彩”。切忌不可有权在手就以为什么都懂，无所不能。

《沙家浜》的演出，演中练、练中演，实践中提高很大。新年春节慰问团也是这出戏。到荣成鸡鸣岛慰问解放军，岗哨有出勤任务，我们就根据部队的时间，灵活安排时间演出。白天演小节目，晚上鹅毛大雪也要坚持演。“鱼水情”一场，我这郭建光在台上扫地真的往两面扫雪，官兵也上了台帮助扫雪，不然台上没法演。舞台两边都堆上雪堆，台下观众从头到身上都披上了一层雪。谢幕时，驻岛部队非常感谢我们的演出，我也是发自内心地感动：解放军的爱民深情，在这样天气里一点不动地坐在台下，都成了雪人。就我们这个戏的质量、水平，不可能有这么大的吸引力，正如台上演的军民鱼水情。若无这个

1971年元旦，于旅顺口舰艇上慰问演出《沙家浜》选场。马少童饰郭建光，邹菊华饰沙奶奶

感情，恐怕花多少钱人家也不在这雪地里坐着看演出。

到刘公岛演出，雪太大，不能演，原北洋水师的礼堂很小，仅有半数海军能看。我建议连续演两场。第一场演下来，演员在后台等着，等再一批海军入场后就开始从头演第二场。一夜之间连演两场《沙家浜》，演员是很辛苦的，解放军非常感激。

没想到我又招了灾祸。解放军非常重视接待慰问团，接待我们的茶话会上摆着前门烟、花生、苹果、茶水。因为我演郭建光，虽然这新剧团里没把我当回事，可是解放军倒很重视剧中一号人物。“文化大革命”前历次慰问时，我都是和首长坐在一起，因那时我是团长、主演。这次不一样了，我是“批判着用”的人，和学员们坐在一起。刘公岛海军吴基地长，过去和我很熟，他削了一个苹果，叫一个战士送给我，我接过苹果，礼貌地站起来向首长打招呼、道谢。这件事又引起轩然大波，那位“风头精”又煽风了。“怎么那个海军首长单给马少童送苹果？”因当时剧团是陆军支左，以派性讨好，“风头精”满以为可以点起“鬼火”。孰知团内虽然尚有派性，但对这件事没兴趣。对此反映我说：“首长给我送个苹果怎么啦？这是军民关系，羡慕生嫉妒！”这件事就自消自灭地平息了。

“文化大革命”这几年，都是蹦蹦跳跳地演小节目，而今能完整地演一齣戏便大受欢迎。所以慰问演出的场次较多，我的嗓子发炎、化脓，甚至发高烧也要坚持演出。在“声震芦荡”和“此一去呀”的两个嘎调，我唱起来有些吃力，本来我是唱麒派的，过去很少唱嘎调。团里这位工人代表M某某就讽刺我，“这就是过去的六十八元五吗？”我笑着说：“六十八元五是落了，原是一百三十五，说不定将来会更多。”我笑着看他，相对而视，他“败退”了。为此我要狠下工夫，一冬天连喊带调，我的嘎调上去了。我非常感谢他的讽刺，给我增加了决心和毅力。我心里想老观众还记着我，还想看我的戏，我有希望，无论如何我也要坚持到愿望实现。

自勉一首

当学洁梅性坚傲，遍体鳞伤志不凋；
顶雪抗寒待春到，再放馨香遍城郊。

《红灯记》主演招评　仓促间我举红灯

样板戏轰动全国，剧本载入党刊——《红旗》杂志。《沙家浜》、《红灯记》、《智取威虎山》等八个样板戏拍了电影发行，样板戏由“文化大革命的旗手”江青亲自抓。各地调动一切人力物力专门成立了样板团，相继有了样板演员。号召全国工厂、军队、学校有条件的地方都要学演样板戏。样板团编制军管，享受军供；样板团的纪律很严，演出的水平、质量、要求非常高，连李玉和围巾上的补丁尺寸大小都有标准。

“样板样板不能走样”。演员台上出了问题以革命与反革命的政治标准论处。各地党政机关，单位都非常重视。

新成立的威海京剧团演出头一个戏《沙家浜》之后，要排《红灯记》。从六月下旬开始排一个月，定为八一建军节慰问解放军，全团上下全力以赴排好这出革命样板戏。

这时候威海电影院日夜上映京剧《红灯记》。我想今后这几个样板戏就是演员的基础戏了，为此我有空就去看电影《红灯记》，回来就在自家院里练。看了练，练了看，看了八场，基本都会了。下班后就去找我的老搭档李宏刚老师调唱段。

李宏刚老师有个特点，他拉京胡，无论演什么剧目不用谱子，死背。他说拉弦的老盯着曲谱就抓不住演员的劲头，必须要盯着演员的口形神态，唱腔才能包严。我俩从1957年就在一起研究唱腔，他会的多，有技术而不傲，是我尊敬的良师益友。如今老戏禁演，演样板戏我们都是学着、练着演唱。所以每天调一遍《红灯记》、《智取威虎山》的唱腔，彼此都在练功，重点是练习剧中的几个嘎调（高八度的唱腔），熟能生巧，这两出戏我俩都把握了。

七月份团里要排《红灯记》，那时候排戏安排角色，都是剧团里革委会指派，别看外行，却有权；业务组虽然懂业务但只有执行。

人员角色安排，领导是动过脑子，马宝山饰鸠山、赵鸣华饰王连举；邹菊华饰李奶奶。新学员张传秀饰李铁梅，B角铁梅姜培松；我饰磨刀人，王执范饰李玉和，吴文才执行导演，我和董国勇分管武打教练。这出戏在演员安排上，基本都有B角，而唯独李玉和没有B角，导演吴文才曾提出“执范的基本功条件能演李玉和么？刑场上的舞蹈没基本功能行吗？”团委会的负责人讲，“在我们这个团里，他是当然的李玉和，除了他还有谁能演，就这样进行排练。”到烟台专区京剧团学，看电影。开始排戏了，布景服装都是按样板团的标准制作购置，演员按样板团要求确有难度，如武戏组开打的三级跳，弹板上翻筋斗，虽有难度但学员都比较年轻，下苦功练问题不大。唯有演李玉和的演员是半路下海的票友，无基本功，斗鸠山、刑场这两折，没有大靠的基本功底是不行的。大片腿，双滑步，单滑步，抖链子，镣铐抛收，都有难度，也不是现练的，真是难为这位“当然的李玉和了”。我就比较轻快，磨刀人这武打，比一出《三岔口》轻松得多。我非常注意看排文场子，吃一堑，长一智，这次我看排戏时，对错、好坏不表态。我很明白有人在注意我的态度。我确实有看法，虽然革委会领导认为他是当然的李玉和，也应该派我一个B角，一者AB角可以互相交流学习，排练速度就能加快；二者李玉和在全剧里能占一半多的戏，唱、作、舞都很吃力，比较累；再者连续演出，如果演员出点问题时，无人替换就要停演。团革委会认为他是当然的李玉和，而不排B角，这不只是外行掌权的做法，而且明显抱有个人成见，也是派性作怪，业务组提出意见概不采纳。我料定会出现乱子，但我劝自己要慎言，所以我只看不说话，把我的磨刀人演好就是了。

响排了，我非常注意李玉和的戏，李玉和头一场在刺鞭中上场，右手灯交到左手，右手捋大衣亮相，这一上场就不对，粥棚、赴宴斗鸠山的身段对的不多，特别是刑场一折可以说没对的地方。把戏演成这个样子，领导班子愣是看不出问题来，导演吴文才很不满意，但是领导班子不仅是外行，而且被派性和私心关系遮住了眼睛，不好也用他，“宁用无产阶级的草，不用资资产阶级的宝”。真是：“说你能行，你就能行，不行也行；说你不行，你就不行，行也不行，有权在手不服不行！”我长叹一声：“唉！楚人不识凤，高价买山鸡。”吴文才问我：“什么意思？”我说：“糊涂着点吧，知道的多了讨人厌，说真话要挨整。”

排了二十八天《红灯记》，28日的彩排，请市革委会的领导和解放军首长验收，让领导提意见、作指示，29日再加工，汇报演出。8月1日开始慰问解放军，为八一慰问团。

这场彩排的重要性团里领导不知讲了多少遍，上下总动员，重视得让人非常紧张，28日晚虽是彩排，但胜过正常演出。

市革委会的主要负责人、部队首长及有关领导全部到场。因为电影《红灯记》在威海已演过两周。日夜放映过几十场，市里观众已是很熟悉了，连小学生都会唱“临行喝妈一碗酒”。这次新剧团演《红灯记》算是新生事物。在威海市里也是一个小的轰动。

预备铃响后，字幕前面一条毛主席语录，台下就爆发了掌声。在主旋音乐中开幕了，灯光布景服装都很标准，台下气氛很好，一号人物李玉和在主题曲里刺鞭中上场亮相。本来这个英雄形象一上场台下应该有个碰头好（鼓掌），这不仅是捧演员，而且是对一个英雄人物形象的尊敬。谁想这一亮相，台下却没有反应。到赴宴时台下就有点轰，议论着演员如何。我这磨刀人自己对自己不敢有半点马虎。因自己是被派性排挤的对象，决不能让人家有其他感觉，我决心要演好这一配角。自己认为演磨刀人这个角色很有把握。台下对我的印象蛮好，观众的鼓励是“刺激素”，越发使我精神振奋。

戏演到了高潮，精彩的时候到了，李玉和刑场倒板，主题曲音乐中上场嘎调，中心唱段双滑步，单滑步，大片腿的一些基本功身段亮相，台下就轰轰开了，议论纷纷，后台演员也都在把着边幕条往下看，团里的领导也坐不住了。混乱中好歹把这场戏演下来了。

后面铁梅的娃调，台下慢慢平静下来了，最后的武戏开打，台下掌声不断，这些新学员确实不易，来团时间不长，而《红灯记》的开打是保持了样板戏的原套路，反响很好。

1972年7月，《红灯记》中马少童饰李玉和。演出后留影为念

尾声后，演员们洗脸卸装，也把今晚彩排演出的事作为主要话题。以往的经验教训了我，惹事只因多开口，少说话是福。我在这场戏里扮演磨刀人未出一点问题，至于别人演得如何，只有公论。

7月29日，上午上班的时候，团里一把手找我谈话。开门见山地说“昨晚彩排，市上领导和部队首长对整个演出，认为不错，唯有李玉和不行，叫我们换演员。经领导班子研究，把你的磨刀人换国勇演，你演李玉和。”我一听，头就嗡地一下，“这怎么行，老王连学带排练二十八天。马上换我演，后天就慰问演出了，怎么来得及？我接不了这个活。”“你是共产党员，再大的困难也要完成任务，今天给你过一遍戏，明天彩排！”

回家我把换角的事和爱人赵淑荣讲了，她担心地问我“排得怎么样？”我说：“还行吧，明晚上彩排领导验收，你领着孩子去看看吧。”威海市她是第一个演铁梅的，一个铁梅陪过三个李奶奶。运动中成了黑帮家属，还有个别私人报复，使她回不了剧团，现仍在农修厂当三级翻砂工。我非常体谅她的心中存在着留恋、悲伤和怨气，她现在唯一的希望是我把李玉和演好，我也有意识地叫她去看彩排，平衡一下心态，得到一点安慰。叫孩子们去看看爸爸又演李玉和。吕剧团演《农奴戟》开场前打手们揪着我的头发，扭着膀子“喷气式”的批斗，给孩子们的又小心灵里留下的阴影，让他们在看我演出的气氛中得到一些欣慰，消除一些仇恨心理，看看自己的爸爸今天的舞台形象。

西江月

演出后忆

临场换人反常，天赐良机放光；
辛酸泪一行行，红灯闪耀名扬；
派性打击忍让，百折不挠争抗；
重显舞台技艺，且看谁胜谁强。

7月30日这一天，我放下一切杂念，集中精力演好晚上这场《红灯记》。这场戏无论是对剧团，还是对我个人的转折，都非同寻常。让新学员重新认识老马不是只能当批斗的活靶子，让市委领导和观众们认识一下临演换角的我还能演戏。以事实教育团里某领导对我的贬低和挤压。我曾自思自责，这是不是骄傲和显示个人？不！我这是抗争，是骨气。回顾我有生以来，如果没有这点骨气一切皆无。我如同面临着一场战斗，准备“打好这一仗”。

晚上彩排实际比头场演出还重要。我提前化妆，化妆也要模仿电影里的“模特”形象。因当时浩亮就是李玉和的标准，所以一切模仿他，观众看李玉和也以浩亮为标准，所以面部底色印堂腮红我都注意了浓淡，特别是眉毛、眼窝、口红，按自己的面部条件，尽量向电影上靠，提前穿好了服装。我拿着信号灯对着镜子亮了几个相，自觉还行。导演和老剧团的几个同志也关心地上下打量我，“蛮好，没问题。”这是“人不亲艺亲”，这是同人们的感情，是关心我，支持我，我发自内心地感激他们。

忽然想起董国勇，他要接替我演磨刀人，我看了看他扮相都没问题。至于武打方面我心里有数，我给他头一齣开坯子戏《白水滩》，又练《夜奔》，学过《战马超》。

有这些戏的基础，磨刀人的武打我很放心。

我又想起原来演李玉和的人，我接了人家的活，他从一号人物一下降到搬布景，他的心情肯定不好受，做艺的人总要讲义气，要给他圆圆面子，我就到他面前征求他的意见，“你看我这样扮行吗？”他难为情地“怎么不行，挺好的。”我又客气地说：“你多注意，我哪儿不行，下来再给我说说。”我是真心地想圆圆他的面子，不要在此次换角儿增加意见。他反不好意思了，“你只管演吧，这×养的活儿咱不行，弄不了，你有本事就使劲演吧。”在这种情况下不能再说了，我要集中精力准备演出。

主题曲一过，音乐中我提着信号灯大步紧走地上场，把右手灯交到左手，右手一搂大衣一个亮相，如同是《挑滑车》里高崇起霸上场的子午相，一组红灯光正射在我的脸上，台下暴发了掌声。这阵掌声饱含着多少含义啊！这是为我加油。铆足了劲地演唱，究竟赢得了多少掌声我也不知道。我脑子里只有李玉和，赴宴斗鸠山，受刑后上大翻身扶椅子，台下轰动了。刑场的倒板，上场的舞蹈，大刀进行曲的身段，我已练了几个月了，熟练而准确。

我现在回忆当时台上的激情，是急情，我从心里的激动，拼命地发挥唱作技巧，整个形象身段不是演李玉和，纯是在演浩亮。就是这样的死模，台下还真买账，一场彩排顺利地在掌声中落幕。

1972年冬，于威海北虎口村野外堆土成台冒雪演出《红灯记》

台下掌声暴发，领导喊着“快谢幕！”演员重新上台谢幕。市领导、部队首长上台拉手。我站在台正中一号人物的位置，领导拉手鼓励，表扬我的什么话一概没听见。脑子里一刹那间闪出了一个镜头，前年的这个时候，就是“八一”前夕，也是这个舞台，也是这个时间，吕剧团演《农奴戟》，我和滕步云、郭丽华，当活靶子押上审判台，揪扭着大弯腰的“战地批判”，而今天我却站在台中央，接受领导的表扬和鼓励。我这是在做梦吗？部队首长拉着我的手，“老马同志，你辛苦了。”我怎么也控制不住了，眼泪往下直流。我泪眼模糊地只顾找台下我爱人和孩子，但怎么也找不到他们。我想他们都在八层人后偷着看，不可能在显眼的地方。这场演出全家人在为我担心，为我鼓劲，此时此刻，他们会和我一样的激动落泪……

八一感怀

七绝一首

不觉又到八月一，受益多亏样板戏；
又当主演《红灯记》，难忘去年《农奴戟》。

《红灯记》仰仗政治气候，红的了不得。八一慰问演出后反映很好。慰问所到之处首长迎接，茶话会，谢幕，会餐都是领导、首长陪着。连演了五十余场，四乡近郊也都演遍了。

难忘的一场是在崮山，解放军拉练的部队下午到虎口村。这天雪很大，我们要由崮山步行，自带服装道具，赶到部队落脚处。最方便的是演日本兵、游击队、战士和老百姓的演员。穿上服装，外面可以套上自己的大衣，方便得很。就苦了我这演李玉和的，里面先穿上刑衣中式褂子，外面再套上铁路制服，半截大衣，大盖帽子，肩上背着镣铐，信号灯和饭盒子。十几里的山路，踏着没脚脖子深的雪赶到了虎口村。拉练的部队也到了。

下午两点多钟，在一个野地里，扎起了简陋的土台子，就开了戏。一出《红灯记》演完了，战士们都上台握手，首长感谢。实际拉练的解放军，急行军到了这里在台下坐着背包看戏，比演员们还辛苦。当时看样板戏如同在上政治课，喜爱不喜爱样板戏也成了立场态度问题。

下午五时左右，解放军就开拔了，我们又踏雪赶回崮山村开饭，疲劳得一点劲没有了。晚上我们还要再演一场《红灯记》，连喘息的时间都没有。天上鹅毛大雪不停地下，地上积雪很厚，只好停演休息。

巩富卿逝世吊唁　批判会有始无终

在威海郊区演了一圈，回到威海剧场。“文化大革命”的余波不断地冲击着我这挨整对象，什么“反逆流”、“资产阶级回潮”等等，总之，有个新的政治名词，就要来整我一下，我已成了文化口里的“老运动员”，在这个新剧团里我是老牌的活靶子。

莫名其妙地又出了几张大字报，我看了看，没提我的名，火药味也不甚浓，还是那些鸡不鸽狗不吃的无稽之谈。不痛不痒地轰了我五六天，那股邪劲就过去了。

我明白他们的意图，因在农村里演了一圈，观众对我的反映很好，观众威信又起来了，他们唯恐我“翘尾巴”。老L一向整人有术，借着当前的政治气候，利用派性的邪风要敲我一下。正如他一贯对待我的方法：要敲打着用。

这段时间，我只是想把戏演好，用实际行动告诉喜爱我的戏迷和观众，我马少童还能演戏。这引起他们不满，新来的学员不了解我，奉命来“帮助”我，包括军代表陈某某也不了解我，但我并不怨恨他们。退一步海阔天空，有理斗不过权。他们抓不住我什么问题。我不急不躁地过去了。

1973年阴历七月七日，老艺人筱富卿长病两年多，不幸病故。

我听到这一消息悲痛之极。

筱富卿本姓巩，八岁学河北梆子戏，十二岁登台，十七八岁迎合时尚，改皮黄进了京剧班，红极一时。后嫁与烟台一洋行大写（总会计）刘慕斋，生下四子一女。她是烟台丹桂班的看家角，会戏很多，主攻老生，兼演老旦、彩旦等，各行皆通。1954年应滕步云之约来威海，成立威海京剧团。始终是后台“座钟”（总管）业务负责人。

1956年我来威海，认识了这位老艺人。1960年我任业务团长，她管业务分派演员，业务能力极强，每天安排剧目头头是道，使我这业务团长的工作很顺利。排《封神榜》时，演员八十余人，安排得有条不紊。

这样一位前辈老艺人，在剧团和我们一起工作相处多年，对剧团的突出贡献，有目共睹。一旦去世，怎不叫人惋惜。她大儿子金乐在团里司鼓，二子来兴和三子连升都是团内的青年主力，因派性所逼逃难在外；四子露英在工厂车间上班时，被“文攻武卫”抓去活活打死。只有十六岁的小女巧儿在她身边，一个好端端的家庭，在运动中被搞得家破人亡，令人痛心。

我和吴文才讲：“我去送送她。”文才也很难过，“你去吧，我在这顶着，现在练功无什么事。”我一路小跑直奔她家，到她家门前，我的眼泪止不住地往下流。回头一看董国勇、王天江两个老剧团的青年演员也来了。吊祭之后往外起灵，送往西门外入土。当时人很多，街道上的负责人，邻居亲属都来送葬；我爱人赵淑荣也在工厂请了假，来帮助料理善后。

出丧之后，我和董国勇、王天江说：“咱们回去吧，不能送老人入土了，回去晚了要挨批评的。”我三人从去到回来一个多小时。

回团接着练功，心里非常难过，这位老艺人心里含着多少辛酸离开了我们？董国勇在台上对吴文才说：“巩大姨去世，人家街道上都送了花圈，咱剧团连个花圈都未送，真差劲！”

不知哪位积极分子去向L领导报告了。L领导立即召开全体大会，批判我三人工作时间去吊祭，无组织无纪律，“有的人说剧团未送个花圈，他是个什么人物，剧团给她送花圈？送花圈怎么写？是名垂千古，还是永垂不朽？站在什么立场上讲话？”大批大擂了半小时，未提我的名。老同志们面面相觑，无一敢吭声的。新学员们根本不知筱富卿何许人也，是四类分子？还是反革命？只是都在看着我和董国勇、王天江，矛头所向都很清楚。包括军代表陈某某也不知道筱富卿是什么人。

1971年11月，马少童、董国勇、王天江合影留念

我又冲了肺管子。我想，什么事情都不要太过分，欺人特甚。敲着董国勇批我；董国勇是我带的学员，王天江是我的叔伯外甥，责任在我，何必大批大擂这两个孩子？我准备好了一套发言词，“老L你不需敲山震虎，不要和两个孩子过不去，他俩是跟我去的。你太过分了，筱富卿是四类分子，还是反革命？你说她是个什么人物？她大儿子刘金乐现在是剧团的

司鼓，筱富卿是剧团退休的老艺人，新学员们不了解，老同志都很清楚，从你老L1957年下半年由文化馆调到威海京剧团当领导，她就管业务，这些年来她辛辛苦苦地工作，培养学员，管理业务，有功劳也有苦劳。你和她这么大的仇恨？不就是‘四清运动’中工作组审查你的问题时，你继续地犯错误，被她儿子刘来兴和孙嘉庆当场抓住揭露，你这才交代了问题。还需要我把你那些问题摆一摆吗？我讲的事有时间地点，当事人还都在，‘四清’时我和你谈过话，你痛哭流涕地对我讲‘辜负了党的培养，对不起你的老婆孩子，悔恨自己’。没想到今天打击报复我。”我要和他摆一摆那些见不得人的事。

我呼地一下站起来了，我要和他拼一下，但在一瞬间理智使我打住了。我想：我恨他对我太过分，我这样对待他是不是也有点过分？我要一揭他，新学员都知道了他的丑事，他还能抬起头来吗？他打不了我反革命，总是剧团里要有些波动……罢罢罢！忍下心头火，且看报应待如何？我把眼一闭，坐下了。

我睁开眼时，已散会了，我却浑然不觉！后来听他们讲我激愤地像要发疯，全场人都已注意到我，就这样老L喊了一声散会，结束了这一次无名批判会。我若把他的丑事揭了出来，他如何收场？就这样“收兵了”。

自　勉

是非皆因多开口，惹祸只为强出头；
忍为上策暂退后，何必添怨加新仇？

尽管中央文件一个接一个地下达，一再强调要消除派性，但绝非一朝一夕就能奏效。

随着形势的好转，我在京剧团里也进了业务班子，成了业务组里的一员。还叫我当上了分管卫生的负责人。这项工作我很熟悉，在文工团关牛棚批斗时，全院的卫生、水沟都由我来收拾。不过这次不一样了，是分管卫生的负责人，大小算个官儿，要划区分工收拾卫生，谁听我的？因为新剧团领导班子把我的位置安排得很特殊，说白了就是挨着批判教学员，而学员们是批判着我学戏，我的工作难度可想而知。市上常来检查卫生，实行打分制，若不够标，我这分管卫生的负责人要负责任，所以检查卫生之前就要大干一场。新学员几十人在西宿舍大院里住，在他们早上还未起床时，我就去清扫了一遍。

市上检查卫生总算够标了，得到好评，我想我有发言权了。我把卫生区分工，划分了一下，在团里黑板报右下角写了一下卫生死角，提出要求。谁想又招来麻烦，说我到西院打扫卫生是显示自己，卫生得到好评自觉了不起等等。虽是些无知的学员所为，但这种不正常的事情发生了，领导班子却不闻不问。

我明白了，这是变相地叫我当卫生清洁工啊。我想，我何必“显示自己”，“得到好评自觉了不起”。你们练工我练功，你们演出我还是主演呢，为什么就该我去干？我也不干了。等着领导班子指责我，我再说：“卫生区分了工、划了段，不去收拾怪谁？卫生工作不是我一个人的事，要干领导班子也要参加。”

总之在我这个角度上，处处得注意，事事要留心，别叫他们抓住我什么。我心里明白，这一切一切都不能怪新来的这些学员，责任在剧团领导班子。

1971年春，剧团又到蒿泊一带演出，大多是在学校大院里演出，利用教室做化妆室。董国勇喜欢在黑板上写字，在新学员里他算是老同志，而在老剧团里他是学员，而今在团里技导组里排武戏还就指着他。“文化大革命”中京剧团解散，成立文工团，他就成了工人，1970年把他从造纸厂调回来时，几年的锅炉工，他完全是工人性格了。L领导经常敲巴他。他哪里能听这一套，有时就发牢骚，有人向领导一汇报，就要挨批评。他的脾气上来了，说话就更冲，“去他妈个×的，他好，在老剧团那些丢人的事多啦，还有脸说三道四，惹火了我把他那‘露脸’的事全抖搂出来……”

这一下L领导更火了，若不整治他一下那还了得。董国勇虽然十二岁跟我学戏，经过“文化大革命”这些年，我被打成黑帮挨斗，如今又是“批判使用”，也无法管他。况且新学员里他已是教练了。但L某某总把他划在我这个类型里。

又要开全体会了，批评小董，叫他写检查。此乃杀鸡儆猴，我只得装不懂，不动声色，但我的性格又憋不住，确实比批我还难受，我准备好揭他的词儿了：老L，董国勇的傲慢，应该批评，但这样如批判四类分子一样合适吗？小董对你的过去所为，话虽不好听，但他说的是事实，你也该扪心自问一下，女学员Z某某，原来是你决定的叫我带她学戏，我教她武的，我爱人赵淑荣教她文戏，成为重点培养对象，你以入团入党、当主演为诱饵把她糟蹋了，你扼杀了一个演员苗子，我这当老师的能不生气吗？你是国家干部，犯这种错误，全团上下谁不知道，文化局、宣传部的领导谁不了解，长达三年多，造成极坏的影响。谁反映你这不正当的关系你就打击报复谁。直到‘四清’，才把‘盖子’揭开，未等给你处分下结论，就来了“文化大革命”。你摇身一变成了革命干部，又上台来整我们，你敢说我说的不是事实吗？你不思悔改，反而变着法地整我们？

这套词儿可叫他无言以对，无地自容。但会议的气氛不是很盛，只叫董国勇写检

讨就散会了。我准备这些‘炮弹’未能用上。

第二天，董国勇大会检讨。他用了二尺半长、四寸宽的一块纸条写的检查，由上到下竖着写的，和《法门寺》里贾贵念状子一样。内容是骄傲自满，不该顶领导，不痛不痒的词儿，他耍着洋相地念检查，把大伙都引逗笑了，检查成了玩笑。真是豆腐掉在灰里，吹不得打不得，领导也无可奈何，如果不依不饶的，没准儿他会把L领导的丑事抖搂出来，那就麻烦了。只好散会拉倒。真是“一阵霹雷火闪之后，下了两个小雨点完啦”。

三十多年过去了，至今我想起这些往事，心情很不平静。考虑再三，这两次批判会，我写不写，会不会引起读者的反感，认为我在发泄私愤，心胸太狭窄？辍笔三天，思想斗争得很激烈，最后决定还是要写，写出当时险恶的形势，坦白当时我的真实思想和内心活动，知道我在这种情况下是怎么熬过来的。

外行领导弄权术　甲午海战又煽风

1964年，全国文艺团体始终是坚持“两条腿走路”（城市和农村演出），向农村倾斜，农村场次要占百分之七十。又提出“新老并举”（全年场次新老剧目各占一半），又改进到新剧目占百分之八十。

当时各剧团都在大搞创作，为了收入，挖空心思地搞新剧目，特别是跟形势的剧目。在烟台专区专业剧团团长会议上，要报告各团创作上演新剧目的计划。我大胆地报了一年创作演出一百二十个自创的剧目，而有的剧团竟报了一年创作演出三百多个剧目。天哪！他们一天就上演一两个新剧目，不用说演出，就是抓题材创作剧本也来不及，况且还要设计唱腔、安排导演计划调度等。文化科曲科长批评我们太“右倾”保守，与兄弟剧团相差太大。我们曾观摩过他们的创作演出，真是滑稽可笑。例如《喝凉水》一剧，剧中人甲，挑着一担凉水放下休息，剧中人乙上场搬着水桶要喝水，甲就帮他搬桶，又上来一个戴着红领巾的小学生拦住甲乙。白话是“老同志，不能喝凉水，这样不卫生，要喝开水不得病”，甲乙同白：“谢谢你，小同志”，剧终。这也算一个新创作上演的剧目。我很不理解这叫演新戏么？新戏若这样创作演出，如何发展？京剧的前途岂不要毁灭？可是有人说戏剧要为现实服务，政治第一，艺术第二。那些外行领导更是抱着“艺术要服从政治”的口号当令箭，一方面压人，一方面为自己虚张声势。我不能再多说了，弄不好有打成“右倾分子”的危险。

我还是觉得稳一点好。于是和我的创作搭档赵光正同志商量：我们威海有个很好的题材。把甲午战争的故事写成京剧本，宣扬爱国主义精神，歌颂爱国将领和威海百姓抗日斗争的事迹。羊亭东面的东洋村群众配合清兵在村南大沙河，与日本鬼子展开一场恶战，大刀红缨枪对日本鬼子的洋枪洋炮的可歌可泣的壮烈故事。商量的结果还是先抓甲午之战的题材为好。因刘公岛上的戏比较多，况且是当地发生的大事件，民俗民情我们比较好掌握，威海京剧团演威海的近代史戏，方便有利。

首先搜集甲午海战的有关历史资料。听说城子沟北村有个姓刘的老人，曾参加过甲午海战。一大早我和赵光正骑着自行车，带上两个馒头就出发了。

路非常难走，由市里往南有几个大高耩（大山坡），自行车骑一半走一半，九点左右就到了城子沟北村。打听这位刘大爷的住处，他正在植树。他住在山坡上的一个简易茅屋里，这刘德荛大爷，已是古稀之人，问他甲午战争的情况，他说:“当时他十六七岁，在船上刷洗船板等杂务，他习惯地称丁汝昌为丁统领，邓世昌为邓大人，邓大人对手下的兵勇们都很好，对刘公岛上的老百姓也非常和气，身体很棒实，虽然见过邓大人，但没接触说过话。一个小水兵，又不在一条舰上，所以知道的不多。

我们有点失望，但总算是见到了甲午战争的小水兵了。告辞返回吧，因为晚上还有演出呢。回来的路上，行程不如去时急，忽然想起还未吃午饭。《追韩信》中的一句唱词，“忽然间只觉得我的腹中饥”了。休息一会，拿出背包里的馒头咸菜饱餐一顿。路旁小河沟里的水非常甜。下午三点多就到家了，结束了这次采访。

此后搜集了一些资料，恰好海政话剧团来威海慰问，演出话剧《甲午海战》，我们观摩了一场。后又看了田汉先生执笔的《甲午风云》电影，剧团到烟台演出，我和烟台海军基地首长联系，到舰艇上体验生活，学习航海知识。这一切都为创作提供了很有利的条件。

剧本共写了九场戏。由于电影和话剧的表演方式与京剧不同，要适合京剧形式，发挥剧种的优势。如第五场邓世昌在天津上呈万民折，被革职丢官，回到刘公岛，苦闷中以弹琵琶发泄胸中气愤与苦闷。京剧里不大适应，我改为唱二黄倒板上唱三眼大段唱腔，然后舞剑，配上琵琶伴奏《满江红》的曲子，倍觉悲壮。第八场“海战”，邓大人下令撞击日舰吉野，以身殉国。洋鬼子登上刘公岛，北洋水师的官兵和岛上的渔民，与洋人展开一场拼死激战。又把威海摩天岭上的一场战斗——日军死了一个少将大寺安纯的事迹，搬到刘公岛上，以武戏收场……最后天幕上战火红光中邓世昌塑像造型。

剧本初定，计划购买清朝服装。当时剧团经济把得很紧，必须支部书记批准。

因剧团领导意见不一致，又因为剧团上山下乡，《甲午海战》的排练被停了。我和赵光正的满腔热情就这样付之东流了。

1964~1965年的所排剧本基本上是成熟的出版本，比自己创作省事多了，如《节振国》、《六号门》、《苗岭风雷》、《雪岭苍松》、《桥头风火》、《红嫂》等，《甲午海战》剧本被打入“阴山”。

1966年春，经历“四清”、“文化大革命”运动，原京剧团被解散。

1970年招收学员成立了新剧团，我调回京剧团演样板戏和现代戏。这时，上海京剧院来了几位前辈专家，采访甲午战争的有关材料，由著名作家陶雄先生执笔编写《甲午战争》的京剧本，并带来有关布景设计人员和周信芳先生的老搭档、武打设计张奎芳先生。上海京剧团的几位负责人，在市文化馆内开了座谈会，我和赵光正参加，并谈了我们1964年所写的《甲午海战》的草本和路子。陶雄老师很赞同我们这些设想，创作观点取得一致，并感谢我们提供了有关材料。

一个多月后，陶雄老师把新写的《甲午海战》剧本寄来，征求我们的意见。

我反复地拜读《甲午海战》剧本。第五场基本采用了我和赵光正所写的路子，即二黄倒板上场，正二黄改为反二黄大段唱腔，唱反二黄后，舞剑。配岳飞《满江红》曲牌，唱词写得贴切人物，可以说情深词美，我情不自禁地和光正讲：“陶雄老师不愧是名家权威，真是好老师哇。”末场大开打，也是和我们的路子一致。我恭敬地给陶雄先生回了一封信，大致谈了一下自己的意见。

不久上海京剧院来函道谢，《甲午》一剧开排了。这次威海宣传部、文化局及剧团领导班子意见一致，决定派威海京剧团去学习此《甲午海战》。因为甲午海战是中国近代史上沉重的一笔，也是世界近代史上的大事件，而且北洋水师发祥地，以及水师衙门就在刘公岛，《甲午海战》一剧，应作为威海京剧团永久保留的“看家戏”。

通过联系，上海京剧院欢迎我们去学习《甲午海战》，并表示大力支持。大家都非常高兴，特别是我和赵光正同志有一种和别人不同的心情。当初我俩写的这个剧本被挤掉压下，相隔近十四年了，如今要安排《甲午海战》，我们的愿望终于实现了。虽然这次演出本不是我俩写的，但可以证明十几年前我们写《甲午海战》是正确的。那位不同意排的领导这次也同意了。

到上海京剧院去学《甲午海战》剧目，派出的人员出乎意料。导演、业务负责人、主演及有经验的老同志一个未派。布景由杨广建负责去学，乐队由戚富谦负责，这都没有问题，而演员由王永文带着几个学员去学习。这就好比初小生接受大学生的课程。

这次对《甲午海战》非常重视，全套服装照上海京剧院原样在上海制作购买。舞美这一块比较放心，凭杨广建的工作能力和水平完全可以原样带回来；乐队有曲谱，问题也不大。但对派去的演员不放心，恐他们学不回来。

十三天后，到上海学习的几位回来了。安排演员排练计划，分派演员，派我演邓世昌，吴文才演刘步蟾，王执范演丁汝昌，赵鸣华演方伯谦，董国勇演林勇升，邹菊华演刘大妈（老旦），马宝山演老水手，新学员中唯有张传秀演海姑，这是以新为主么？实际上离了这些有舞台经验的老同志演不了戏。

八月份对词走排了，外出学习的几位什么也说不出来，白逛了一趟上海。这如何排戏？唱腔台词都熟了。乐队有现成曲谱没问题，舞美的灯光，用《红灯记》的配套灯具设备没问题，布景气氛图照样搬回来了，只不过按我们的舞台，硬、软片子（布景）都缩小，有杨广建负责没问题。谁来导排？外出的这几位是“猴吃芥末干瞪眼”。最后没办法仍是由吴文才来导演，董国勇负责技导，加上我和赵光正几个老同志为导演组，可是我们这几个都没见过上海京剧院的排练演出，只好因地制宜，根据剧本和我团的演员条件编排吧。L领导决定要加西乐，这就要重新改谱子，安排配器，给乐队大大增加了难度，造成延长排练时间。第五场邓世昌唱大段反二黄，原谱中是笙伴奏，上海定的是Ee调，而我们没有Ee调笙，只有Ff调的笙，这就要把调门提到Ff调。L某某领导根本不懂伴奏和演员的主次，要演员服从乐器。导演提出需买个Ee调声，L领导不批准，演员就要唱Ff调反二黄，真是令人哭笑不得。吴文才说：“真

1977年，威海京剧团演出《甲午海战》，马少童饰邓世昌

是没地方说理，上海童翔苓唱Fe调反二黄，威海非逼着马少童唱Ff调，比童翔苓高半个调，打着灯笼都找不到这样的外行。外行有权，专业难干，少童老兄你就遭着罪哭（唱）吧。”这样我就得扯着嗓子唱Ff调的反二黄。外行领导乱指挥的弊端，一损工作，二害事业，三伤演员。

吴文才、董国勇总算把这出戏完整地捏合出来了。L领导虽然做了不少错误决定，但应该承认他是想把戏演好。上海演出时全部民乐伴奏，而他决定要加西乐伴奏，要像《红灯记》、《智取威虎山》一样的伴奏，这就难坏了乐队和导演。重新写各种乐器的谱子，也给演员增加了不少负担，真是好心地添乱。我在第五场舞剑的时候，自己伤了些脑筋，我没见过童翔苓先生的演出，没有录像和录音，但我想到我的嗓子如何能和他比？《威虎山》他扮演杨子荣，那嗓子高亢爽朗。特别是“穿林海”的唱段，倒板高八度的唱腔，不用看就能想象到他的演唱。我本来是唱麒派的，嗓音浑厚中略带嘶哑，这次《甲午海战》的反二黄比他的调门还高半个调，我不知是否是L某某诚心糟践我，我要在做戏方面下工夫。在《满江红》曲牌中舞剑，我特意用长穗剑，又采用了《望海楼》剧中马宏亮的走边辫子舞（耍辫子的技巧），舞剑中剑穗子和大辫子穗交替耍花，用真宝剑在灯光下闪闪发光，非常火暴。辫子上肩，踢辫子绕脖等技巧。《满江红》的曲牌激昂，剑穗子和大辫子交替互舞，观众也很欢迎，效果极好。

回忆我当时的思想情绪也有私心，演好这个人物很大成分是心中窝火，带着气演出。邓世昌是一腔怒火激愤，对着帝国主义和腐败的满清政府，而我演这个邓世昌，除了剧中人物情感，也带着个人怨愤。我认为不叫我出去学戏是排挤，用Ff调笙，是诚心调理我，派性加个人报复地打击我。我千方百计地要把这场戏演好，叫他看看我马少童是嫉妒不倒的。《海战》第七场撞船的情节，我充分地采用了一些辫子技巧，如上下舰楼时，一米半长的大辫子始终飘在背后，成为走身段美化装饰的道具。直到撞击日舰吉野，辫子在创造人物、突出性格中起了很好作用。

《甲午海战》一剧，通过大家的努力算是红了。特别是第七场水兵和渔民都呼喊：“邓大人官复原职啦！”因当时正是邓小平同志主持工作了，台下爆发激烈的掌声。这出《甲午海战》对我们来讲是倍加欣慰。我的演出反映很好，谁想这个时候大祸又来了。

当时京剧团的演出，市文化局、宣传部的领导非常关心和支持。宣传部杨部长看了演出非常满意，并在剧团办公室座谈演出情况。有位文化干部提出：“邓世昌演出时那个大辫子总在身后摆动，特别是舞蹈动作，耍剑很碍事，总担心他缠在胳膊上，不如扎到腰里……舞蹈方便又不碍事。”杨部长笑了，说：“这是功夫，是技术，马少童演了几十年的戏，就看他这点玩意，缠到腰里那叫艺术么？演大靠戏，能因为四个护背旗碍事把靠旗拔去吗？这是舞台的演出技术，演员的真本事！”我可找到知音了，杨部长还真懂戏。杨部长又问：“这些西洋乐器是原来就有的么？”我多了一句嘴说：“这是我们加上去的。”导演吴文才说：“上海京剧院本是以民乐伴奏，我们团里领导决定加上了西乐，现在看配合的效果很不协调，排戏时间还延长了六七天。”杨部长说：“上海原来是民乐，我们加西乐干什么？这又不是样板戏，加些西乐，长号小号嘟啦地吹起来很影响民乐。”这时团里L领导火了，“加西乐怎么啦，这还是个错误吗？我不干了！”一摔门走了。大家都很惊奇，怎么当着宣传部的领导这样地摔椅子走了。不想，杨部长倒很沉着，他笑了，“这是干什么？对戏谁都有评论权，就因为我谈了一下看法，就摔椅子不干了，值得吗？”站起身来也走了。座谈会就这样散了。

这场风波因何而起呢？在回家的路上，我好像捋出一点原因来：杨部长谈意见的时候，好像不自觉地表扬了我，邓世昌对辫子运用的技术好，乐队伴奏民乐加上西乐不协调的看法。杨部长并不知道加西乐是这位领导决定的，他是不自觉地批评了加西乐的做法，惹得这几位领导发火摔椅子，不干了。但我想这场风波与我没什么关系，我只是演戏，而戏也比较成功，我只不过多了几句嘴，“原来没有西乐，是我们自己加的。”上海演出的乐谱还在，可以澄清，为了加西乐写谱子，排练时间迟长了五六天，至今也不是太协调，这都是实话，何必如此发火。

无风三尺浪，平地起波澜。第二天早晨上班时，院里墙报大黑板上写了不少大标语，霎时间颇有“文化大革命”的气势。这是冲谁写的？什么目的？反动权威是谁？威海文艺界的蠹虫是谁？没名没姓。我比较坦然，毕竟我是经了风雨，见过世面。“文化大革命”我是在大字报堆里滚出来的，连挂带斗六年半，还能再斗我一通吗？L领导又来了，在办公室里高喊：“我昨天错了，我为什么不干，不干了正合了某个人的意了，我不但干，还要永远地干！”这一通的发泄又是冲着谁？简直无聊透顶。

这时候，全团气氛反常，有的见了我不言语，有的见了我躲过去，还有的对我表示同情。叫我百思不解。难道这与杨部长对我的肯定有关？这是杨部长引起的，我去问他。到了宣传部，杨部长笑了，“你怎么来了？”我比较沉着地说：“您昨天的谈话引来了麻烦。您去看看京剧团墙报上的大标语吧，要‘挖出威海文艺界的大蠹虫’、‘揪出反动权威’。中央有文件，邓副主席有讲话，以后不再搞大鸣、大放、大辩论、大字报。而今剧团又出现了“文化大革命”的气氛，不知这是什么性质的问题？”

杨部长坦然一笑，“大标语上没提名，你着什么急？怕什么？昨天晚上摔椅子说不干了的情况，那是冲着我，没有你什么事。他今天不是照样又上班了么？话是我讲的，由我引起的由我负责，与你没什么关系，你回去什么也不要讲，看究竟能闹个什么样？“文化大革命”的流毒真难肃清，事到如今还搞这一套。你回去顺其自然，有什么问题我负责，这是搞什么？”

我吃了定心丸。回到团里一言不发，练功，吊嗓子。

宣传部来人了。也未表态，只是把黑板报上的大标语抄下来就走了。这一举动对团里好像有些震动。不知何时是谁把大标语擦得干干净净。这场如泰山压顶的气势就这样自消自灭了，奇了怪啦。风浪缘何而起？何人指使的？又是谁平息的？我是一切不管，埋头钻研技术，我决心要把“文化大革命”丢的基本功找回来，把所受的委屈，当成激发我技术提高的动力。我看到杨部长的老练沉着，他是那么坦然，这说明一个干部的素质和水平。任凭风浪起，稳坐钓鱼船。

《甲午海战》一剧演了十余场，反响很好，并定为春节慰问解放军的剧目。市照相馆的书记韩玉湖同志来拍了几张剧照，内中有一张是邓世昌登舰出海，海战之前的形象，在北京荣获全国摄影比赛二等奖。

有些事情经过时间的推移，会显出真实的面目和结论。1985年剧团有一批同志改行调动。有两位同志和我临别时谈话，他们感到有些事情长期窝在心里很内疚，离开剧团之前，讲出来心里就舒畅了。原来《甲午海战》出现的大标语是L领导召集他们开了会，分派人写不提名的大标语，是针对着我。几年来的相处，他们感觉了解了我的为人。他说：“我们都明白了。过去我们初进剧团时，对你根本

1977年，威海市京剧团演出《甲午海战》中马少童演邓世昌海战撞船一场。此幅获全国摄影大赛二等奖

不了解，所以……”我摆手制止他们，笑道：“过去的事情就不要讲了，我这个人就知道埋头演戏抓业务，平时我的心思都用在戏上。说真的，我自知我可以充当一名合格的演员，但是个不及格的团长。因没有团长的水平，我也从心里不愿当这个团长，只想好好地当个演员。几年的相处，我若有言错语失的地方，对不住你们，希望多多包涵。今后不在一起了，咱们仍然是朋友，总是在一个锅里吃了好几年的饭，以后有空常来玩，不要忘了剧团这个门。”他们离开剧团以前，澄清一个事实。我非常感谢他们对我讲出心里话和事情的真相。他们离开剧团二十多年了，如今见面还非常客气。

我对人情世故体悟至深。平时处事为人，形势变化，时间的推移，每个人都会评论别人，每个人都会被别人评论。一个人工作水平和工作能力，与一个人的心地不是一回事。特别是担任职务的干部，工作能力和水平不高，但心地善良，心眼不坏，有些言错语失，人家会谅解，也不会记恨。而有的人平时政治名词罗列不断，滔滔不绝，整人有术，心眼不好，人家就不会相信他，甚至要记恨多年。我每当演出《跑城》一剧时，四句高坡子唱词都提醒着我：

湛湛青天不可欺，是非善恶人尽知；
善恶到头总有报，且看来早与来迟。

这是唱词，也是世情，内中含有深厚的哲理。

中国著名京胡演奏家姜凤山先生（梅兰芳先生之琴师）、马少童1992年合影于国际风筝会春展厅

马少童、著名京胡演奏家李宏刚先生于1988年春合影于威海

壽

馬少童敬賀

马少童 著

黄河出版传媒集团
宁夏人民出版社

图书在版编目（CIP）数据

狂生艺事：全2册/马少童著. — 银川：宁夏人民出版社，2012.5

ISBN 978-7-227-05206-7

Ⅰ. ①狂… Ⅱ. ①马… Ⅲ. ①马少童 — 自传 Ⅳ. ①K825.78

中国版本图书馆CIP数据核字（2012）第103553号

狂生艺事（上下）　　马少童 著

责任编辑　石晓燕　刘建英
封面设计　千　寻
责任印制　丁　佳

黄河出版传媒集团
宁夏人民出版社　出版发行

地　　址　银川市北京东路139号出版大厦（750001）
网　　址　http://www.yrpubm.com
网上书店　http://www.hh-book.com
电子信箱　renminshe@yrpubm.com
邮购电话　0951-5044614
经　　销　全国新华书店
印刷装订　宁夏雅昌彩色印务有限公司

开　　本　787mm×1092mm 1/16　　印　　张　50　　字　　数　800千
印刷委托书号　(宁)0008807　　印　　数　3000册
版　　次　2012年5月第1版　　印　　次　2012年5月第1次印刷
书　　号　ISBN 978-7-227-05206-7/k·727

定　　价　109.00元（上下）

马少童

1	2
3	4
5	6
7	8

1. 著名书画家姜东舒先生与马少童合影于杭州
2. 著名书法家、奚（啸伯）派传人欧阳中石先生与马少童在北京欧阳府中书房合影留念
3. 著名书法家郭仲选先生与马少童、赵淑荣于杭州（马寅初教授原居）合影留念（1987年6月26日）
4. 马少童、魏启候先生（著名书画家）于济南市魏府书房合影（1987年6月29日）
5. 赵淑荣、马少童、扬赤（著名京剧表派陆人）于沈阳合影留念
6. 京剧表演艺术家闫桂祥与马少童于威海合影留念
7. 著名京剧演员苏萍（江南牡丹）与马少童在墨像斋合影
8. 著名京剧演员谭派传人李崇善与马少童于威海合影留念

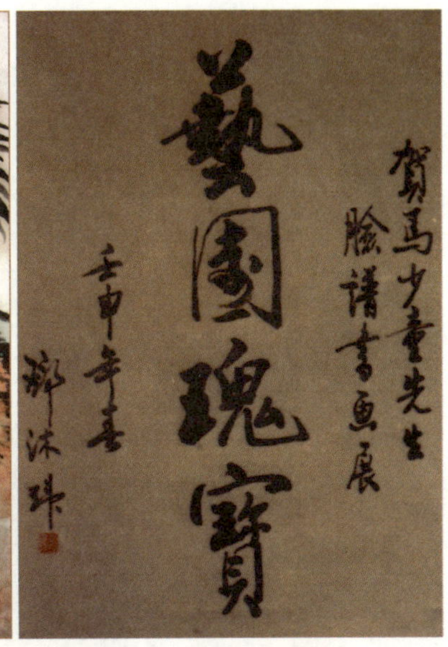

1 | 2 | 3

1. 著名书画家秃笔狂生谢崇山绘赠
2. 京剧表演艺术家、篆刻家，全国健康老人宋宝乐先生绘赠
3. 著名京剧演员邓沐玮书贺

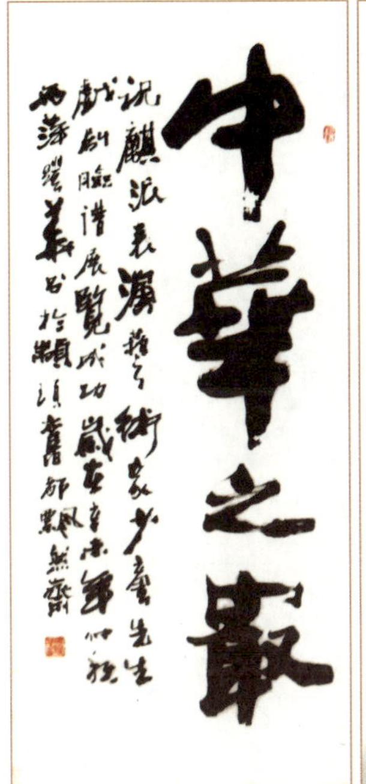

著名书画家马跃华书贺

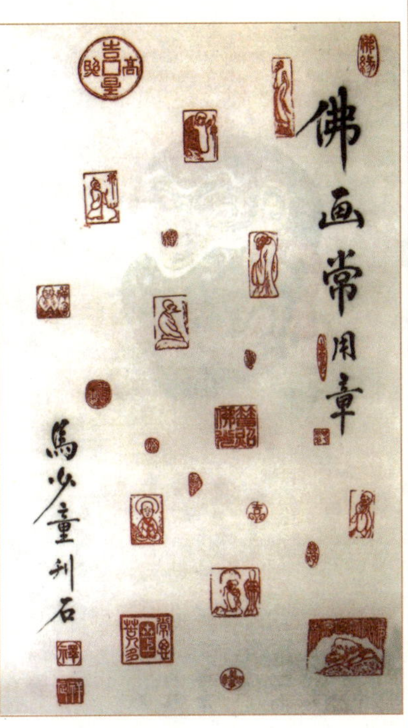

翰思修纭诗情暢達
雲天曠遠風日清嘉
尚小雲

鶴壽
白鶴童子
馬少童

招財進寶
五路財神開福祥

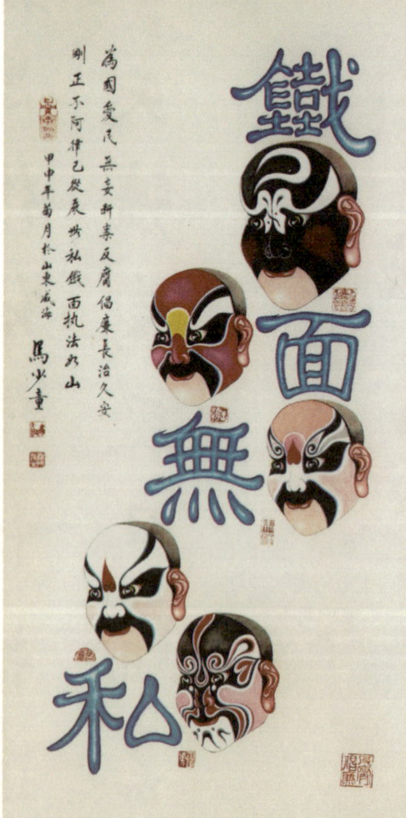
鐵面無私
馬少童

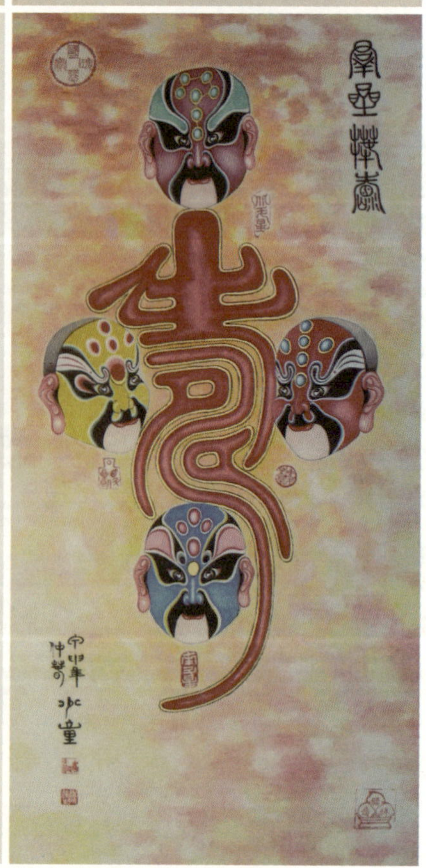
壽

目　录

骏马奋蹄篇

枯木逢春篇

不了情缘篇

老骥伏枥篇

骏马奋蹄篇

中国京剧网络开通典礼，1999年1月9日摄于北京湖广会馆

1978年粉碎“四人帮”后，马少童自编自演《三打白骨精》，马少童饰孙悟空

年半百又演孙悟空

1978年春，接到北京郑亦秋师兄的来信，说粉碎“四人帮”后,要解放三部传统剧目的电影。据说有影射江青的《三打白骨精》，有预示落实冤假错案的《十五贯》，还有《宝莲灯》。当时我想电影能放映，剧团就能演。若抢先排出戏来，观众肯定欢迎。

我的建议得到团里党支部的同意。剧本是根本，我就着手写剧本。当时要找点参考资料太困难，“文化大革命”期间扫“四旧”，把我所有的资料全部焚之一炬，连一本《西游记》小说都找不到。听说威海四〇四医院郑教导员有一套《西游记》小说，我去求援，郑教导员非常支持。我找到《西游记》中第二十七回至第三十一回，有了地名山名的依据；回忆过去连台本戏中的《三打白骨精》、《智激美猴王》等戏路，五天写出了《三打白骨精》剧本。

1978年，自编自演《三打白骨精》。马少童饰孙悟空

当时由现代戏改古装传统戏非常困难。传统戏服装被吕剧团的造反派扫“四旧”时全部撕碎，到废品站当破烂卖两角钱一斤；几箱靴鞋全部送到伙房里当柴烧，烧了好几天。我个人的服装彻被底抄光，一趟犀牛尾的髯口价值千元，他们送到废品站卖了几块钱。这些“干将”们，别看他们唱戏不灵，扫“四旧”却是勇猛无比，扫得干净彻底。

这次排《三打白骨

精》，一件服装没有，全部是买布料现做。白骨精用白的确良制成压黑边的女打衣战裙和斗篷；孙悟空及小猴的猴衣全是黄条绒制作，用墨水划的；翎子是买了野鸡尾，一节节的接起来。总之全都自己制作。

演员更困难，新学员未接触过传统戏，要一招一式地教。白骨精乃武刀马应工，只好由老同志刘桂兰扮演；演悟空的演员更困难，新来的学员不要说，就是几个老同志里也无人能演，实在没办法了，只好由我扮演。回想我于1954年在青岛，曾为刘少昆合演《金钱豹》中的悟空，此后二十四年未演猴戏了。恩师刘奎童曾告诫过我："唱麒派、演关公、包公戏，猴戏最好不要演了。因为白胡子老头戏、关公戏、包公戏和猴戏反差太大，况且你今后的发展，猴戏不是主要剧目，总演猴戏再演老生，也不稳重。"师傅的教诲我认为很有道理，况且猴戏不是我的强项，会的剧目也很少，大都是配旦角演《盘丝洞》。自己演《水帘洞》，这么多年不演猴戏，再演我也很憷头。所以号了姜德清的B角，准备我演上去就换他演，这也是为了培养学员，谁知演上去就换不下来了。彩排演出时，市委、政府的领导都来验收，演出时门兆英市长和几位领导都问道："这个演孙悟空的是新来的吗？"剧团的人介绍演孙悟空的是马少童，他们都笑了："老马呀，他还能演猴子？真没看出来！"

《三打白骨精》在威海轰动一时。因"文化大革命"以来近十年，观众未见传统剧目。连演十几场。星期日，威海大集还要加演白场。当演到第九场时，灯光组的人员把电缆盖在台毯下面，我饰悟空在山片后面两张桌子上翻立下来，正垫在我的右脚脚上，一下就瘸了。在外场也顾不得伤痛，就这样瘸着一只脚，咬着牙把戏演下来了。后台众人安慰我，送我到医院，脚脖子肿得老粗，医生打止痛

1978年，威海市京剧团演出《三打白骨精》。马少童饰孙悟空，刘桂兰饰白骨精

针，又打上石膏绷带，架上了双拐。

第二天，白天戏就无人演悟空了，B角姜德清根本演不了。实在没办法，还是董国勇“顶雷”吧，从早上我就给他说戏。武戏没有问题，可是唱词、白话来不及。票已卖出去了，这如何是好？一向插手业务、大小事都管的L书记，此时也不过问了。业务组考虑再三，只好演双簧吧。国勇用自行车把我驮到职工礼堂，在灯光区里铺上毯子，我躺在那里。台上有挡灯的布景片子，台下观众看不见我，我看台上却很清楚，就这样董国勇在台上表演比画，我在后面躺着唱、念。观众也有察觉，怎么台上的悟空是董国勇，唱念的声音却是马少童？又发觉这几天马少童怎么不演悟空了？经打听后才知道我的脚崴了。

演了四五场以后，董国勇也就熟悉了，不用我在灯光区躺着配音了，我才能在家安心养伤。

团里的学员、同人和一些老观众到我家看望，我感到莫大的欣慰。

一天上午九点来钟有人叫门，开门一看，是一位拄着拐棍的老人。啊？！出乎意料的是老市委书记吴炳业同志来看我。我不知说什么好，“吴书记，您怎么来了？”吴书记扶着我，看看我缠满绷带的右脚：“哎呀，摔得这么厉害啊？我听街上都讲马少童的腿摔了，孙悟空由他徒弟董国勇代替演出，我不放心来看看你。昨天我来了一趟，走错门了，上了前面那排楼上去了，家家都锁着门。今天又来在这排楼打听，才找到你这里。唉，我年龄大了，不中用啊，不想还真找着了。”我激动得实在控制不住，眼泪直流：“吴书记，您这么大的年纪来看我，我都有罪呀，这不是折我的寿吗？”吴书记慈祥地拉着我的手说：“怎么能这么说，咱们是同志，是朋友。当初我建议你演《大名府》、《孙安动本》，‘文化大革命’你受了不少挫折，这是我害得你挨了很多整。记得咱们在海边倒垃圾时，你总安慰我。在那种时候，那种感情我不会忘，咱们是真正的同志！好好养伤，养好了多演戏，很多群众还等着看你的戏呢。”我当时的心情，不知如何表达：“吴书记，《三打白骨精》的演出您看了吗？”他笑了：“还没有，现在票很不好买，等你伤好了，我一定去看。”“等我好了，演出时给您送票去。”“这不重要，主要的是你快把伤养好，群众都想看你演出更多的节目。”老人家如慈父一样，和蔼可亲，语重情长。临走还不让我送他。目送他下楼，我在窗上看着他拄着拐棍缓慢地走着，心里百感交集。

吴书记的年龄与我的父辈相仿，我在他面前还是个孩子。偌大年纪，又多病，还拄着拐棍来看望我，触起我最为寒心的事，即和我相处几十年的一个老同事，同为原京

剧团领导，关系一度非常密切，如今他依然是团内的领导，我的脚在台上摔成这样，而身为领导、老同事却只字未问。相比之下，他还不如过去的班主、老板。因何造成如此局面？我深思好久，得到一个答案。

俗话说："劝赌不劝嫖，劝嫖两不交。"这话不无道理。

饰沉香再次扬名

在全国的剧团尚未有排演《三打白骨精》的念头，我们就已演了半个月了。这出传统戏的演出效果、收入和观众反映都很好，剧团吃到甜头，上下都满意。

我听说商河剧团在济南演出《宝莲灯》，于是我在业务会上提出，我们下一个剧目应排《宝莲灯》，立即得到全团的支持。由我联系后和张传秀、杨广健、戚富谦一行四人到济南市找到我师叔马文宽，联系学《宝莲灯》一剧。师叔说："我没看过商河剧团的演出，据说水平一般，现在已到郊区一个小礼堂里演出。"师叔一家忙于为我们四人准备早餐。

当晚去看了济南市演出新改编的《闹天宫》，演出水平很好。因当时徐小义在济南市剧团，我们看戏一切由他联系安排。小义之父徐明义伴我师傅多年，和我关系特好，小义从小跟我练功，也随我的三个师弟称我大师哥，由他四处联系商河京剧团的演出地点。

第二天晚上，我们到了郊区小礼堂观摩《宝莲灯》。商河剧团是一个县级剧团，刚恢复老戏，人员物资都上不去。我很理解该团的情况，一些青年演员也是刚演老戏，又因威海剧团来学习，格外重视和紧张。如：演二郎神的演员很显然没穿过厚底，在外场把靴底崴下来了，瘸着下了场，台下一阵大笑。我很同情这个演员，未练过厚底功，能穿厚底演就不错了，还要开打，实在是不易。

止戏后，我到后台道辛苦。因为我随师在胶济线上流动多年，他们也都知道我，也算有点小名气。客套之后，我表扬他们的演出。人家也很实在，"刚恢复老戏，老同志多年不演戏，撂了；新同志未演过老戏，外场出洋相，叫您见笑了。"我说："刚恢复老戏，家家如此呀，千万别客气。"谈到想要剧本时，人家说没有剧本，就是几个老同志在一起插起来的。我想此话可能是真，没有剧本，因为他们没打字幕，看来是跑亮子的卖个新鲜戏码。话已到这份儿上了，只好告辞。

我们几人回旅馆议论了一下，都说没剧本怎么排？我考虑了一下，“人家就是给了剧本，也不能按人家的原路子演，必须适应我们的条件。看来剧本还需咱自己写了。”我脑子里已形成框架，已在构思场次，因为昆腔的《劈山救母》武生戏我有基础，再加上前面文场子，按样板戏的演法，场子要精练，一定要准腔准词。对！按样板戏一样的要求，创编这个戏。我心中稍有把握了，对他们说：“来到济南府，明天你们都到各处逛一逛，但也不能白来，我带传秀到省艺校去看看人家怎么学戏、教戏，主要认识一下宋玉芸老师，她是京剧《奇袭白虎团》严伟才的扮演者宋玉庆的姐姐，跟她学点东西，晚上去八一礼堂，观摩省团张春秋老师演出《红灯照》。已买不到票了，到剧院门口由宋玉芸的爱人闫宝森把我们领进去，后天上午返程回威海。”大家对我的安排还很满意。

1978年，自编自演《劈山救母》。
马少童饰沉香(别师下山一场)

回忆此事倒也好笑，我既不是领导，也不是带队的负责人，反而把学习、活动都安排了，忘了自己的身份角度，真是生性难改呀。

第二天，我带张传秀到了省艺校，拜访宋玉芸老师。多年不见，特别亲热，我介绍张传秀想跟她学学《霸王别姬》的剑套子。她很实在地问：“你是学梅（兰芳）派的，还是学尚（小云）派的？因为尚长麟先生在省团多年，很多人都学他的路子，尚派的路子很火暴。”当时张传秀还是个孩子，也不懂什么《霸王别姬》，更弄不清什么是梅派和尚派。只有我来决定，“那咱们就学梅派的吧”。这个决定是我的主见，因当时传秀没有老戏基础，学《霸王别姬》的剑套子，是为了给她砸点基础，天天练剑套子，等于练基本功，对上场的身段会有好处。没见过的东西，学起来必然很难，我看传秀在宋玉芸老师身后跟着比画都跟不上。本来嘛，她没有基本功，这一上手就要舞双剑，确是为人所难；唱词方面，连《夜深沉》的曲牌都不会，学起来更难，传秀头上的汗水

直流。我非常理解，我只好掏出本子来记，我自小练成一种记身段的方法——“画小人”。极简单快速地勾画身段，再就是记程式，做场记。一个多钟头下来，我已记完。我想，若要传秀一上午学会剑套子是不可能了，我把图画完就基本有谱了。

下午玉芸夫妇请我吃饭，交谈中得知宋玉庆的一些情况。他夫妇送了我一包大枣，给我爱人买了双拖鞋。我真是不好意思，我一点东西未给人家带，反而又吃又拿，他夫妇非常理解我的处境（每月工资34. 90元）。无时间到家看望老太太，算我欠着吧。真正的朋友就是这样，不论贫富或逆境中，交情总是不变，平时是这样，“文化大革命”中更能体现这一点。

晚上，我们四人到了八一礼堂，由闫宝森先生安排了座位。出于礼貌，我到后台和省团的旧友打了招呼，就到台下看戏了。

《红灯照》中张春秋老师饰大师姐。1964年我在青岛做中耳炎手术时，曾看过她和李师斌演出的《红嫂》。如今已是八年未见了，她演大师姐，嗓子还是那么好，难得的是武功不减当年，用大刀开打那么冲，那么溜，我发自内心的说了一句：“好角就是好角儿呀！”

谢幕之后，我到后台道了辛苦，就告辞了。

回到旅馆，我们又议论了一番，省团毕竟是省团，水平就是不一样。我对张传秀讲：“看人家张春秋四五十岁的人了，一个女同志在台上嗓子、基本功多棒，这凭什么？是凭基础，所以说，一个演员没有功底是演不好戏的。”看来传秀尚能理解我话里的意思。

第二天，在火车上我又问张传秀：“宋玉芸老师教你的剑套子能记住多少？”她不好意思地说：“哪能记得住。”我拿出记录本来和她讲了半天，看来在短时间里学会是不容易的。

我的观点是：团里青年学员条件都不错，应该多给他们排点折子戏为基础。可是团里的领导和我的观点完全相反，他们可说是猎奇，今天用吕剧本改一演，明儿用评剧改一演。移植的剧本，没有专业基础是演不好的。折子戏是基础，培养学员好比修塔、盖大楼，根基座子打好，往上垒多高都可以，因为根基牢靠。可是有的领导不通此道，对青年演员的培养，是伞形的模式，头很大，一根杆的根基，总需有人拿着，拿伞的人把手一松伞就倒了，因为独杆支撑根基不牢。若来了大风，持伞的人把得紧了，伞就会橹了，顶子夭折。“文化大革命”当中，包括现在有不少雨伞式的主演，头衔很大，是一根杆的根基，总靠持伞的人拿着。八大样板及几个比较好的现代戏里的主演，他们的基础都是很扎实的，不但现代戏演得好，而且传统戏也非常好，有传统戏的基础就能演好现代戏，而只能演现代戏的演员演传统戏就难了。是育人还是害人？有好多外行领导，把条件很好的青年演员，都培养成雨伞式的主演，这也是“文化大革命”的影响和误导。

回威海向领导汇报了到济南学习的情况，领导立即决定由我突击写出剧本。我用四天的时间写出了《宝莲灯》剧本。主题是把三圣母写成为民造福，争取婚姻自主的女神，把二郎神写成封建统治者的代表。两天的时间，我和李宏刚先生设计出唱腔。场次很简练。当时学校刚恢复正常，扭转了“白卷先生”考大学、学生批斗老师、“闹而优则任”等不正常现象，教育刚走上正轨。因此我把《沉香闹学》打死秦官保，《二堂放子》等情节都删掉，把原昆腔沉香唱的“醉花阴”、“喜迁莺”和“水仙子”等曲牌改动集中，两趟走边改为一场干。这样精练了场次，可是增加了沉香的演唱强度。因为写剧本时把锣经、调度、技巧已都有了提示设计，成为立体剧本，导演排起来就很方便。

在演员方面又来了困难，三圣母由张传秀扮演，她已有了一定舞台经验和程式表演水平；刘彦昌由吴文才扮演，并带一青年学员邹景樵；董国勇扮演二郎神；灵芝由王恩秋、姜培松扮演；吠天犬由从培义扮演。武打皆无问题，后面大半出场主要是看沉香，派学员刘崇杰扮演，他确实演不了，实在没办法，还是由我这四十多岁的“批斗的活靶子”扮演吧，并号了刘崇杰的B角。

《劈山救母》中马少童饰沉香

排戏时非常顺利，半个多月就上演了，领导也很满意。这种戏实际在老京剧团里排五天就能上演了。

《宝莲灯》一剧上演后，又是一个轰动，十几场客满。

新京剧团1970年成立，一直是演现代戏。《三打白骨精》和《宝莲灯》是这批学员第一次接触传统戏，也是他们演传统戏的基础。支部领导做了大量工作，更应该肯定的一点，没有这些老同志的辅导教练，是不会取得这样的成绩。我想再多几个老师和老同志，学员们的水平提高得会更快。

旅顺口盛况空前

1978年7月，威海新京剧团已成立八年了。剧团在大连海港俱乐部演出《宝莲灯》。日夜两场，星期天三场，剧场门口总是排长队排队买票。我心里很清楚，这绝对不是我们的演出水平高，而是"文化大革命"以来传统戏断演。而《宝莲灯》这种神话传统戏，中青年观众看新鲜，老观众近十年未见老戏，借此过过戏瘾，因此场场爆满。

若说剧团的技术水平、演出条件，大连市京剧团比我们好得多，只因各地的剧团尚未启动，我们抢先上演了老戏。剧团的营业就是这个规律，抓时机抢先，如果各地都演，那就不灵了。

在大连厂矿的演出更是轰动，观众一大早带着干粮挨号买票看戏，还吸引了不少旅顺口的观众，火车、汽车都很方便，剧场门前排长队买票。买不上票的观众，就到团里来找我们拉关系，认老乡。文登、荣成、乳山、烟台人纷纷来认老乡，套了半天近乎，就是为了买几张戏票。甚至是山东人都来认老乡。因旧社会山东人闯关东的很多，据说辽宁省的山东人能占百分之七十。这又是我们演出营业好的一个原因，看老乡的戏更加亲切，"老乡见老乡，无亲三分向"。

大连演下来，又到了旅顺口。1974年威海京剧团曾到旅顺慰问海军。因为旅顺口的海军是威海水警区的老驻军，在"文化大革命"中因派性分歧，海军被调到旅顺口。慰问演出现代京剧《平原作战》，官兵都非常亲切。又因威海老水警司令员陈富章好看京剧，他的爱人张素娥是威海市宣传部副部长，曾是我们的直接领导。老京剧团排《八一风暴》，还是海军文化科周静科长给我们当军事顾问，搞军训。这次来旅顺，是营业演出传统戏，所以旅顺口的军民都非常欢迎。日夜演出十几天，接着又贴出《三打白骨精》的戏报和剧照，观众仍是买不上票。记得当时《三打白骨精》中“智激美猴王”一折中，高台上的大椅子，悟空要在椅子背上耍些技巧，我们原来的木椅子小，也不结实，海军首长立即叫军工厂用钢管钢板为我们制作了一个大铁椅子，既好用又牢靠。

马少童于旅顺白云山练功舞剑

在旅顺演出，一时间轰动了。每天下午，不少郊区的农民就坐着拖拉机来买票看戏。戏唱红了，剧场收入多，各方面关系就好。大街小巷，百货公司都在谈论我们的演出。说起来很可笑，我和付长宝先生、赵光正等几人早晨吃早点，早餐部都特别照顾，豆腐脑上的调料要多浇些，喝豆浆再添半勺，师傅们一边工作一边喊：“老家的剧团来了，总得照顾一下，孙悟空来喝豆腐脑了，要多浇些卤。”顾客们大笑，我们也笑，却也觉得有点不好意思。那时候物资供应较短缺，威海买自行车、条绒布要用票，都是按单位分配，抓阄儿。可我们在旅顺口，区政府特别照顾，用山东省的布票，到商业部门换成辽宁省的布票，可以购买条绒，又给我们自行车票。回威海时共带回十四辆自行车。

戏演红了，外面反映好，收入高，大家的情绪高涨。我写的剧本，又是主演，但剧团支部书记决定：戏报和说明书上不准写我的名字。剧本写成威海京剧团创作，只准写马少童饰悟空，不准写编剧和主演。尽管如此，我在剧团的作用，他也否认不了，挖掘、排练传统戏，不用我根本不行。因此不得不安排我一个工作量大、责任重而又有职无权的职务——业务主任。其实剧团里的机构就是两大块：业务组和行政组。业务组分管排练，演出人员分派，乐队文武场，灯光舞美，培养学员；行政组分管财务、采购，

联系演出场地，伙房杂物，为业务服务。新团组建以来是支部书记统管全团，一把手的地位更突出，权力也更大了。安排演员要由书记批定，包括换个打手锣的也要书记决定，安排的对不对都得执行。出了矛盾问题推给业务组去解决，所以说业务组不但任务重，还要随时解决出现的一些问题，为外行领导瞎指挥造成的后果“擦屁股”。单位的支部书记就是党的化身，好像政府派来的干部是正宗干部，而本团培养出来的干部，不是“正式”干部。党员也是如此，政府派来的党员好像含金量高，团里培养出的党员不如上面派来的纯正，特别是大跃进以前，剧团是自负盈亏，有时淡季营业不好，开半资（一月只开半个月的工资），政府派来的干部却不管收入多少，都要拿满工资，而我们演员团长就要开半资，政治、经济待遇都不平等。这个新剧团成立以后，我从当活靶子、批斗对象开始，到演样板戏，当教练，主演，负责业务组，由于我的作用和观众的反响，所以不得不安排我个党支部委员、业务主任，处理业务矛盾、伤脑筋而无决定权的差事。

世事复杂乱纷纷，心愿志向不由人；
演员任职责任重，有职无权伤脑筋。

恢复职务工作艰难

1978年8月，在旅顺口演出时，威海市文化局长陈元庆同志来看望我们剧团，带来几份文件，这些文件只是限于支委内部传阅。有批判林彪和“四人帮”罪行的文件，另一份是党政分工、“一长’负责制等有关规定的文件。

这时候，陈元庆局长在全体大会上传达了组织部的公布令：马少童同志任威海京剧团团长兼党支部副书记。这份公布令传达后，在全团掀起了一个很大的波动，真是“一石激起千层浪”，我再次被卷进矛盾漩涡。

新学员感到茫然，因为从他们来剧团那天起，我就是“活靶子”，批斗对象怎么当团长了？还兼党支部副书记？特别是团内L领导，心里更不平衡，阴阳怪气，话中带刺：“哎呀，人家……还是双衔？”也有人在看笑话，看马少童这个团长他怎么当，生气、遭罪吧……。

种种矛盾包围着我，最重要的是我怎么看待自己。“文化大革命”中饱尝了关押批斗，受打骂侮辱，被打倒在地，再踏上一只脚，至今还是被“摔打着”用的人，这次却叫我当团长。我不甘屈服，更不舍得放弃京剧艺术，从屈辱的血泊中爬起来拼命地干了这几年，到现在踏在身上的“脚印”尚未抹掉，怎么当这个团长？思来想去不能干。

京剧表演艺术家袁世海先生在大连与饰徐策的马少童合影留念

去找陈元庆局长反映：“我不干了，在剧团里，我是在矛盾的漩涡里打转，一不小心就要呛口水，实在是无能为力。”陈庆元局长给我讲了很多道理：这是组织的决定，要解决“文化大革命”中的怨气，不要怕困难，要你发挥业务上的才能和专长，把剧团搞好。我说：“从我目前的情况，无法负这个责任。”他说：“曾找了几个同志交谈，大家对你的评价基本一致，看法不错，都认为组织上的这个决定是正确的。落实党的政策，也体现党对专业干部的重视，形势的要求，大势所趋。”我谈到因个别外行领导的派性干扰，业务上很难办。陈局长讲：“这次带来的文件，就是讲党政分工，一长负责制的一些规定，各自行使权力的问题，你不是都看了么？”我说：“根本不知道什么文件。”他惊奇地问我：“这次带来的文件，是给支部委员传阅的，未给你看么？你本来就是支部委员嘛？”我很茫然，压根不知道支部委员传阅了什么文件。陈局长很生气，“这是怎么搞的，老刘已把文件交回来了，我以为你已经看过了。”说话间他取出文件叫我快看，因明天他就要返回威海，要把文件带回去。

我把文件看了几遍，仍是信心不足，尽管文件讲得非常明确，党政分工，各管一摊，执行“一长”制。我很清楚，要按文件办事，须有一个很长的过程。这次支部传阅文件都不给我看，这就是个信号。发号施令的人已成习惯，被领导的人也有习惯势力影响，看来这个团长的纱帽是一个实实在在的“压帽”，如孙悟空头上的金箍。

从公布令公布那天起，我就非常小心。言行举动都非常注意，我非常清楚众人在注视着我，我要沉默一段时间。一天两场、三场的演戏，我倒没觉得太累，而自从公布

我任这个团长后，就感到特别累心。我曾经找了十几个同志个别交谈，征求意见，要大家帮我提建议、出“点子”，应该如何开展工作。有人很实在地对我讲：“你这个团长若是含糊着干，当傀儡，问题就会少些；如果认真地执行团长权力，一心一意抓业务工作，会有人找麻烦，制造矛盾，惹事生气……”也有的在观望，看我如何工作。

我仍是保持沉默，但在业务安排上我适当地管事。导演有吴文才、董国勇，每天两戏，安排业务，调换AB角替换着演。一般业务导演安排了我就点头，这本来是很正常的日常工作，但有的人不习惯，特别是支部领导更不习惯，好像这样他的权力小了，不满意又不好公开反对，冷讽热嘲的讽刺话经常在我面前散发，什么“老猫不逼鼠了”、“坐不住龙墩了”等等。如果说怪话讽刺挖苦人，我闭着半拉嘴就把你损了，跟我玩这个，别看你年龄大，戏班里玩阴损话你还嫩点。我考虑再三，不能针锋相对，一是怕群众看笑话，显得党员水平都不高；二是怕引起群众反感。不能为此失去群众威信。我想不管你怎么讽刺我，我都装没听见，只要不提我的名字我就不理你。群众都在观望，是非自有公论。

1982年，在大连钢铁厂一车间参加劳动，并在慰问演出后与部分领导合影留念

我怕出事，而有些事还就躲不过去。一天，在旅顺口的后台左耳楼上，老王因报销药费事和我大闹一场。我只是在执行政策，按规定办事。我很清楚地告诉老王："今后不管是谁，违背政策办事都不行！"他软了下来，说："不就几百块钱吗？我自己认倒霉啦。""你闹什么？营养品你吃了，大补酒你喝了。"围观的群众都笑了，"你自己买多少我管不着，如果违背了政策开支，一分也报不了！"围观的群众，有些人很惊愕，因为从他们进剧团的那天起，头一次见我态度这么严肃，说话这么硬。我说："有事慢慢讲，别用这种态度，咱们谁都了解谁的老底，最好互相尊重，我绝不是软弱可欺，以后有事咱们商量着办，谁想强着谁都不行！"这是我重任团长以来第一次在群众场合的"亮相"。

此事平息之后我进了办公室，和那位几年来一手遮天的领导互相对视了一下，谁也没言语。

我躺在地铺上合眼反思。今天我的行为是否也有些过分？能引起什么后果？今后会不会矛盾加深？这时候，我多么想找个没人的地方大哭一场，悔恨不该当这个窝囊团长。我又想，我若听之任之，当个傀儡团长就能好吗？要工作，要主持正义，就会产生摩擦，只要自己出以公心，走得正，坐得正，是福是祸随他的便了。

说也奇怪，这次的"风波"发生之后，工作顺利多了，气氛也比较平静了。我想人善被人欺，马善被人骑，今后我要谨慎，工作上我只要有理有节，就大胆去干。

悲伤让步均无益，莫争一时高与低；
原则问题要坚持，不怕讽刺和打击；
群众威望是根基，公心岂怕非正义；
玩弄权术要霸气，自欺欺人毁自己。

获奖后又起波澜

1978年，烟台地区举办青年演员汇演大奖赛。这是继"文化大革命"、粉碎"四人帮"后，恢复传统戏的第一次汇演。威海京剧团的演员百分之八十是青年学员，我们比较重视。剧团上下统一意见，要把这次汇演搞好，争取拿到好成绩，经研究后把参赛

的剧目送到市宣传部、文化局审批，确定参赛剧目是《二进宫》、《盗仙草》和《断桥》三个折子戏。

《二进宫》三人对唱的一折，由丛秀卿饰李艳妃，王天江饰徐延昭，丛滋臣饰杨博，腾步云、付长宝老师负责教排。《盗仙草》的一折，由姜培松饰白素贞，丛培毅饰白鹤，刘崇杰饰梅鹿，导排由董国勇负责。《断桥》一折，张传秀饰白素贞，王恩秋饰小青，邹景樵饰许仙，导排由吴文才、袁富强负责。

在旅顺口演出，去沈阳比较方便。经联系，由董国勇、张传秀、姜培松、袁富蔷到沈阳京剧院学《盗仙草》和《断桥》。

一行人去沈阳学习了三天回来了。我一看，《盗仙草》出手开打的套路学回来了，关键是要练，打出手上下把要合手。演鹤、鹿两个童子的青年无老戏基础，走边对剑，都要下工夫练，分工由董国勇负责。

从旅顺口回威海后，主要是抓青年汇演的节目。《二进宫》由腾步云、付长宝老师教排，但是这二位的唱法、戏路不统一，很不协调。三个学员都是新学，没有老戏基础，特别是王天江，他是老团的学员，在这个新团里已是主要的花脸演员，演徐延昭也要现学，腾、付二人教不了花脸。教戏不协调，他们都是前辈，我不好评定，怎么协调？我这负责抓戏的大伤脑筋。最后我借来一个老唱片，是谭（富英）裘（盛成）张（君秋）合演的《二进宫》，因此我有了发言权："您二位谁也不要僵持已见，就按这个唱片上的唱腔教，老师学生都听都学。"这一来教起来很顺利，《二进宫》的矛盾解决了。

《盗仙草》也有争执，当时剧团无老戏服装，白素贞的白战裙战袄，梅、鹿童子的豹衣裤，都是买缎子现做。我的要求是："鹤、鹿童子要穿豹衣裤，涤子、大带、蓬头，脑门上戴绒球。白素贞对剑时，宝剑都要挂穗子。"因为难度大，学员们有意见，向我提出："人家烟台地区京剧团《白蛇传》都是改良小盔头打衣打裤，扎腰箍，咱们扎大带还不准缠在腰里，蓬头老往脸上糊，再加上一个面绒球挂得乱七八糟，可否改一下？"我说："不行！有难度才是技术，可以带上蓬头、扎上大带'扮上'练，为了方便去掉零碎是戏服从人；舞台艺术技巧要人服从戏，总为演员方便而简化艺术的想法要不得！《挑滑车》的高宠，把四个靠旗去掉倒方便了，可是那叫什么《挑滑车》？"老同志都笑了："团长，你别说了，他们根本也不知道《挑滑车》是什么。就这么决定，扮上练，熟能生巧。"董国勇负责把子，武戏抓得很紧；姜培松、刘崇杰、丛培毅也真吃了不少苦头，这出《盗仙草》，他们流了不少汗。

《断桥》一剧也是在沈阳京剧院学回来的，我看了一下，不太理想。这绝不是人家沈阳京剧院演的路子不好，而是我们没学好。我忆起蓬莱剧团1957年在烟台演出时，张枫秋演白素贞，孙永平演许仙，张杏芬演小青。当时他们的水平很不错，于是又派出袁富蔷等人到蓬莱去学。回来教排时，我还是觉得不理想。又派袁富蔷、刘桂兰她们到青岛剧团去学。吴莲芝是石岛人，老乡求教，况且都是京剧团，互相联系好了，学得很顺利。回来排练，我依然觉得不太理想，下这么大的本钱，怎么质量就是上不去呢？我悟出一个道理，因为老师学员都不会，都是现学，老师是现学现教，有时还不如学员学得快，所以进度、水平都差。没办法，还是换人教练吧。老京剧团演这出戏是腾步云、吴文才、赵淑荣。《断桥》是老威海京剧团的看家戏，也下过工夫。沈阳、蓬莱、青岛的戏路，好的地方都留下，加上我们老京剧团演出的框架，由吴文才把这出《断桥》串联起来，主要是抠戏、细排磨炼，新学员都是样板戏的基础，激情方面没问题，重在加工传统服装的程式动作，如台步、水袖等方面与现代剧大不一样。

白天晚上细排这三个汇演节目，营业演出也总是这三出戏，有一场演出只卖了几十张票，也要坚持演，不为收入只为“练兵”。有不少领导对剧团很关心，政府办公室主任王寿川、宣传部长刘以天文化局长陈元庆常来看戏，每次看完戏都要提出一些意见。这三演戏排得非常熟悉了，恰巧烟台地区京剧团上演《白蛇传》。我想我们已有了两折，《盗仙草》、《断桥》，加上《游湖》、《喜堂》、《水漫金山》，就是大戏，关键是看看他们的《盗仙草》和《断桥》的戏路，汲取他们的优点。于是派出一个组去学《白蛇传》，结果去了三天，武戏一点谱都没有，我理解这些青年学员武打的基础差，一些套路的名称都不知道。只好决定叫我亲自去烟台看看。

我到了烟台，见到这几个青年，他们正一筹莫展，烟台地区京剧团，除了新来的武生演员王荃，都是老熟人。说明来意，就开始学《白蛇传》的武戏，水斗开打，我看了一下。我们去的几个青年老把子基础一点没有，上手就跟人家学武打怎么行？演样板戏时学武打，有录像，把子、武戏由老同志一招一式地教，无限期地教学排练，什么时候学会什么时候上演。这次到人家这里来，情况就大不一样了。我要求烟台京剧团《白蛇传》武戏组过一遍武戏我看一下，我现场用笔记下套路。当时烟台的王荃同志不认识我，但人家教得很认真，因为我们的青年学员基础太差，所以好几天学不会，最后我说：“王荃老师，您用双剑顶青蛇，我用棍顶茄蓝，咱俩试试。”这套双剑棍很顺利地对下来了。他们都惊奇我学得怎么这么快，我笑了，“不是我学得快，因为这些把子都是老把子化出来的，茄蓝和小青的双剑棍，是《火焰山》中铁扇公主和悟空对打的把子

改的，我把改的地方记住了就行了；茄蓝打的三钉（三人武打），是《白水滩》十一部和青面虎的双刀棍，再加上一个插当翻上的就行了。后面的七股挡（群舞翻打），是《嘉兴府》的剁头裆加了两个翻的水族，王老师您说大体是不是这样？”王荃同志笑了，他说：“对对对！这么说这些老戏你都演过？”我也笑了：“嗐，年轻时连学带混的瞎演罢了。”我们威海来的几位年轻学员还在纳闷，怎么老马来了一看就会了？因为当时支部有一规定，不准称我老师或团长，所以，年轻的也叫我老马。学员对老师都是这样的称呼，只有袁某某一人可称老师。

这次来烟台学把子，是因为青年们学不下来，书记才叫我来的。

鲁迅先生的“是金子迟早是要发光的”名言时刻在鼓励我。在烟台学《白蛇传》的武戏，认识了王荃同志。他向韩涛团长打听我的情况，得知烟台地区京剧团的马立春是我儿子。下午韩涛同志请我吃饭，因韩涛之父韩宝昌是我的挚友，彼此关系都很好，所以我到韩涛家也很实在，他特意请了王荃作陪，韩涛正在向王荃学习靠把武生戏。酒席间我和王荃谈得很投机。我听说他的《挑滑车》、《长坂坡》等戏很不错。艺人嘛，三句话不离本行，当他问到我是唱麒派老生的，怎么对武戏这么熟时，我说：“不敢说对武戏熟，我小时候学演武生，二十一岁改老生，什么都学，什么也没学好。”当谈到《挑滑车》、《夜奔》等剧目更是投机。我谈到杨（小楼）派，与尚（和玉）派的不同之处，他也很欣赏。他对《挑滑车》一剧也有自己的东西，而这些东西都是在舞台上磨炼出来的。我特别欣赏他唱武生，腿功不是太好，翻身等技巧也不惊人，但他的小玩意特别脆，有打动观众之处。看了他演出《白蛇传》中的茄蓝，我断定他未演过《蜈蚣岭》，因蓬头、大带技巧一点没有，我曾跟张鸣宇先生学过《金钱豹》，为此对蓬头技巧比较熟悉，他唱武生没有腿功，真是不易。

从烟台回来，全团投入《白蛇传》的紧张排练。而《盗仙草》、《断桥》这两折乃戏中的重点，已是很熟练了，《白蛇传》已达到可以对外演出的水平了。这时，领导之间的分歧意见又产生了，书记的意见是，要对外演出《白蛇传》，我的意见先憋着这个“红”，等到烟台汇演后，如果拿了奖，我们回来就向领导汇报演出，再对外演出汇演节目，可得到好的收入，接着再上演《白蛇传》，肯定会又是几场的好收入，一戏可分两次好收入，此乃剧团的生意经。

我和书记的意见不一致，反映到文化局，局长陈元庆找我，问起不同意上演《白蛇传》的原因，我说：“出戏吸引观众是门学问，这也是我自小在师傅门里学会出戏码的‘生意经’。”陈局长觉得我的意见有道理，但支部书记是老资格，关系不好处理，就反映给宣传部刘一天部长。刘部长平时也是京剧迷，好拉京胡，也懂戏，所以非常支持我的意见。于是就继续演三个折子戏，《白蛇传》暂不上演，谁想书记亲自找到宣传部，坚持要立即上演《白蛇传》。刘一天部长的一番话，二十多年后我才知道，他对书记说："老刘啊，党的组织原则和形式都决定了'一长'制，今后业务上的事，你就不要管了，放手叫他们搞，要相信业务上有经验的老同志，他们能把业务搞好。你就抓你分管的组织思想工作就行了，使他们业务工作能顺利进行。"书记这才不得不服从刘部长的意见。我非常理解他的心情：从他当书记的那天起，剧团的一切都是他说一不二，对与不对都得执行，什么支部会的决定，业务上的意见一概不算数，书记就是最高领导，他的意见就是党的决定，形势发展到现在出来个"一长制"、"党政权力分工"，这个新事物他很不适应，觉得很别扭。这次刘部长谈心的态度和口吻，实际是指示性的意见，他虽窝火，也只得很不自愿地执行。

10月份，烟台地区专业团体青年演员汇演，威海京剧团参演剧组由我带队，这个汇演很隆重，书记也要去，这是对参加汇演的同志的关心。我非常高兴，因为书记去了，能对工作有很多好处，特别是青年第一次经过这种场面，书记去能做很多思想工作。

烟台地区专业剧团青年首次汇演，地委非常重视，由地区文化局刘德甫局长亲自抓，并且兼任评委会组长，由地区京剧团老团长黄宝岩先生和我任评委会副组长。演出时，我还要兼任舞台监督，忙得不可开交。可是书记有说不出来的不满意，全地区各县市十几个专业团体（京、吕剧团）汇演，这么大的规模，单单没有他的职务，这是地委和地区文化局的决定，也真没办法。

这次汇演对青年演员的提高，起到促进作用。除了观摩演出，大会还规定了互相学习的时间。如我团的李宏刚老师为专业剧团的乐队讲课；栖霞京剧团姜贞老师教的两个学生一演《三岔口》、一演《挑滑车》的一折，条件都很好。姜贞大姐原是山东省京剧团武刀马旦，是老资格。她来找我给他的两个学生说《挑滑车》的"石榴花"、"边挂子"和"大枪花"。我很为难，因有黄宝岩先生在评委组里，请黄先生教多好，姜贞大姐找了黄团长，要求给学员说戏，并讲了请我说戏的经过。黄宝岩先生很坦率地跟我说"你这小子真有绝的，人家姜贞找你给她的学员说《挑滑车》的大枪花和边挂子，你怎么教人家来找我呢？"我说："有您老人家在场，我能给她说戏吗？"黄宝岩先生笑了，"我在这儿别人就不能教学生了吗？你小子是谦虚呀，还是诚心给我戴高帽啊？"我很明白这事如此处理，黄先生还是很满意的，因为他明白，我这是对他的尊重。我只好应下来，"那我先给他们说戏，您看看哪儿不行，您再给指点指点。"他半玩笑的

“去你的吧，我听说你的《挑滑车》里，很多是慧良（天津京剧团的厉慧良先生）的东西。”我立即否认了，“这是谁在给我胡吹海谤，我非常崇拜厉头的艺术，只是跟他学过《望海楼》中的马洪亮，厉头的东西，我怎么能学得了啊。”话已到这份上，我就给人家说戏了。

当时青年的学习精神都非常好，剧团与剧团之间相互学习，非常团结和谐。记得蓬莱剧团的冯宝来跟黄宝岩先生学《劈山救母》的大斧子清场花，因这演戏他们是向我团学的，这次黄先生给他说斧子花，我也可顺便地学习。我又给冯宝来说了沉香的“走边”。

汇演中我也很忙。各团有困难，演出上的问题都找我这值日的舞台监督。如烟台市京剧团汇演的《三岔口》，找我提出双刀不好，我就从我团拿出双刀送过去；我团《二进宫》丛滋臣扮演杨博的蟒太旧，演员穿着尺寸太小，我就借调了掖县京剧团《水帘洞》里龙王穿的白蟒，总之各团互相借用，相互支持。

我真是感到劳累。每场戏看演出，演员休息了，我们评委要评出每天两场戏的等分，大会空闲要互相学习交流，休息时间太少，所以回到宿舍躺下就睡着了。我们书记倒很轻松，除了看戏就是休息。我却毫无感觉他对我的成见越来越深了。

最后评奖，威海京剧团取得了最好的成绩。此次参赛的剧目两个团演出《断桥》，三个团演出《盗草》，唯有威海的张传秀演出《断桥》获地区一等奖。《盗草》姜培松饰白素贞获一等奖。白鹤童子——丛培毅，梅鹿童子——刘崇杰三等奖，一剧三个奖。《二进宫》王天江饰徐延昭获二等奖。

评委们非常认真，我仔细地听取意见，黄宝岩先生提出《盗仙草》是老折子戏，就要标准的扮，两个童子蓬头，豹衣裤，涤子大带，是折子戏的原扮。现在习惯于带小盔头，扎腰箍，比原扮省事，可功夫差多了，这可以说《白蛇传》中的一个情节，不算一个完整的折子戏，所以唯有威海京剧团《盗仙草》中的两个童子应该拿奖。

地区京剧团导演唐雁宾说：“威海剧团业务上抓得很严紧，如《断桥》中的倒椅（椅子放倒代表石墩子）人家用布包得很严整，既严肃又美观。《盗仙草》中的出手也很严，虽然没什么绝招，这就很不易，因为恢复老戏时间不长，他们确实下过工夫，演员上场都很把握，我们地区京剧团首先是重视程度不够，快汇演的头四五天才开始排练，青年演员上场都很生，这次汇演，我们都取得经验和相互学习的机会，这一点很可贵。”

我想这真是内行，说到点子上，我们确实下过工夫，不仅从支部到业务班子重视，宣传部、文化局的领导也都很重视，武戏组的董国勇抓得也很紧。就在汇演期间，每天早上五点，由董国勇领着《盗草》剧组到体育场去练出手。演出那天上午九点半开演，我和董国勇天不亮就领着《盗草》组的武戏人员到烟台体育场练到近八点才回来。紧张担心地吃不下饭，就要化妆扮戏，开戏前我还叫他们在台上练了一遍，找准了台上的具体位置。我虽然也紧张，但心中比较有底。

评委会评奖结果是：威海京剧团一等奖两名，二等奖一名，三等奖两名，全地区威海市获得最好的成绩。在这中间，我们还请了前辈老艺人王影霞老师，为张传秀加工《断桥》中的白素贞。这次汇演我们的青年学员明显地得到提高。

威海代表队载誉而归。回到威海，又受到宣传部、文化局领导的表扬。

这次青年汇演，获奖演员都发了奖金。一等奖一百元、二等奖六十元、三等奖三十元。我和几个获奖的青年个别谈话："这次汇演你们获得了荣誉和奖金，可喜可贺。千万不要骄傲，要想到领导和老师们付出了很大的心血。我建议他们由一等奖一百元拿出三十元，二等奖拿出十五元，三等奖拿出十元来，买一点花生糖果，开个茶话会，感谢领导老师和团里众人的协助和扶持。同时交谈心得体会，表一下今后的决心；老师再给你们提出要求和希望。"他们都非常同意。

我们的茶话会开得很成功，学员们感谢领导和老师，老师们也给他们提出要求。我同意老师们的建议，这次我们取得好的成绩，是组织上领导、老师的汗水，个人的努力。我们的好成绩，对全地区各个专业团体促动很大，我们如果不更加努力，下次会演我们肯定就会被淘汰。

会议开得好，向领导汇报演出，对外演出效果也很好。紧接着打出全部《白蛇传》的戏报，连续客满。

我整天地忙于业务，就在这时候剧团里平地起波澜。剧场院里大黑板上出现巨大的标语："蒋介石要下山摘桃子，坚决反对业务权威。"全团的政治空气顿时紧张起来了。我百思不得其解，就到办公室里问书记"这是怎么回事？"书记不表态，我被蒙在鼓里，我一点情况不了解，但我也很警惕，拿定主意既不打听也不表态，挺起胸膛照常工作，"任你风浪起，稳坐钓鱼船"，看那些写大标语的人想干什么？

不想此事文化局宣传部很快就知道了，我猜想是领导上做了工作，就这样自消自灭的平息了。

直到几年后，有一位调离剧团的老同志临走时和我交谈，讲出了这件事的内幕，"在烟台青年汇演时就酝酿着要整你，也有已调走了的领导因素。回威海后，老L又找

我们几个布置，出了大标语'蒋介石要下山摘桃子'，是指的你。意思是他们成立了这个剧团，这次得了好成绩拿奖回来，你想抢功。出大标语是想煞煞你的威风，等等。"我笑了，闹了半天，当年的大标语是冲着我来的，把我比成'摘桃子'的蒋介石。剧团是国家的，不是哪一个人的，没有政府组织上的指示支持，谁也成立不了剧团。培养这些青年学员是为国家培养的人才，不是哪一个人的功劳和私有财产。我的心思和精力全用到业务上了，演戏、写戏、排戏，我的命运是和剧团息息相关的。而有的人则整天的算计人，一切出发点是为了权势，工作中勾心斗角，心理阴暗怕权小了，怕别人不听他的，活得太累。一心为公工作的干部，工作中即便有点缺陷，群众也不会记恨。相反整天地琢磨人、整人有瘾的干部，在职的时候，必有无技无术的人吹棒拍马屁；一旦他下台，必定是'门楣冷落车马稀'。权力是党和组织给的，是为工作，为群众服务的，威信要靠自己在工作中树立。靠玩弄权术整人，最终必定是孤立了自己，失道寡助。

这位老同志离开剧团后，一直和我关系不错。回忆"文化大革命"中他视我如敌，是我的对立面，到这新剧团里对我逐步了解了，而今成了朋友。我坦白地讲，整过我的人，我不恨他，因为他持有自己的观点，不耍两面派，对自己的本职工作非常认真，我赞成这样的人。临离开剧团之前，我感谢他揭开了历史的真相。要想人不知，除非已莫为，是非迟早会澄清。修身先修心，修心有好身，搞阴谋整人的人不会有好下场。

财会章两月未换

旅顺口、大连的巡回演出结束，反映好，收入高，名利双收。回到威海，全团人员情绪高涨，休息三天。

一次，好友丛桂滋院长来访，讲了一件事，说是副团长马某请求组织调离京剧团，其原因是"文化大革命"运动中对我有些过激行为，总觉得对不住我而内疚。现在我俩是正副团长，恐怕处不好。我立即表态："丛大哥，你跟他说，'文化大革命'中的一些事儿无需再提。一场浩劫，手足相残，令人痛心。如今粉碎了'四人帮'形势好转，工作逐步正常了，人与人的关系应当相互谅解，团结起来向前看。他如果为别的事要求调动，与我无关。若因为"文化大革命"中的一些琐事，没有必要请求组织调动。”从桂滋院长拍腿笑道：“说得好，说得对！‘文化大革命’中的一些反常的事，真他妈可笑、可气。我在长山岛部队里是标兵模范。到北京开会，中央领导、军委首长接见，曾和毛主席、刘主席以及几位老帅握手、合影。回到单位开欢迎会，领导和战友都来和我握手，有人说‘你光荣地和刘主席握手，我们能和你拉拉手，也是莫大的荣幸和光荣。’可是在‘文化大革命’中批判我的时候，又说你和‘刘修’握手，回来觉得了不起了，还和我们握手，谁稀罕握你这个修正主义的臭手。’你看这些家伙，反过来是嘴、复过来是腚。你说得对，当时受冲击挨整，非常气愤，过去就过去了，难得你这样宽容大度。”我说：“一条直线上的疙瘩越结越大，两头都缺；两下松扣才能解开，伸直了才能两头舒服。”此事说开了以后，老马也不要求调动了。

要做到宽容大度确实不易，特别是对伤害过自己的人，由气、恨到谅解，要有一定的过程和时间。形势的变化最重要，通过思想斗争，想通以后才能做到宽容。我们水平不高的人，要努力地学着争取做到，“以德报怨”，说来容易做时难哪！有的人曾自觉不自觉地伤害过别人，经过时间的推移，形势的变化，能自责内疚，这是进步和提高。也有少数人，不管形势发展变化到什么地步，对自己的过去，特别是干过违法乱纪、以权势伤害人的事，至今毫无羞愧内疚，这种人恐怕就不仅是水平问题了。俗话说“不怕人家评短长，就怕背后戳脊梁”。

此后，我和马副团长相处得非常融洽，工作中相互支持，配合默契。当时行政在经济方面有规定，正职有签放三百元以内的开支权，过三百元需到文化局请批，而副职仅能签百元以内。我曾对马副团长讲：“在时间不允许的情况下，三百元以下的报销条子该签你就签，出了问题我负责就是。”这样他在工作上就方便多了，在外交中，联系演出地点和场次，从来不需我分心，大事支委决定，各司其责，分工合作，工作效率好，每年都是超额完成计划。

1978年秋，根据中央下达文件，各单位的管理体制实行党政分工。以前单位都是书记为一把手，党政分工后成了党、政两个一把手。初次执行此项政策，也给基层带来了很多不适应。

一天团内会计找我说市财政局提出剧团领导未换章子，不符合财会规定。我不明白为什么要换章子？会计说：“从公布你任团长那天起，就应该换单位行政负责人的章子。”还说：“文件规定，行政和财会必须用团长的章子，书记是分管组织、政治思想和支部工作，所以用书记的章子不含规定。”我深恐由此引起一些误会和分歧意见，考虑再三后说：“先这样吧，以后再说。”会计笑了：“那不行，任命你团长快三个月了，章子至今未换，往上打报告、写请示要用你的章子，剧团到财政部门不用你的章子提不出款来。章子一定得换，我们这就去给你刻两枚章子（行政章、会计章），再到公安部门去备案。不换章子我们财务上没法办。”我一听就烦了，我本来就不愿当这个团长，太牵扯精力；另外我非常理解团里有史以来的惯例，猛地一改，肯定要引起一些人的意见。搞专业的人，把这些行政管理看成是包袱；而有的人却把行章签字看成是权力。我只好对李会计讲：“章子先去刻吧，刻好后先不要用，等我告诉你再用。”

为了领导之间不影响团结，我到文化局去向陈局长请示如何办好。陈局长很不在意的讲：“这事没什么异议，行政、业务归团长管。党组织、人员思想工作归书记。两个一把手，分工合作，今后财会开支你要管起来，不能只知道唱戏，当官不理财，等于瞎胡来。”因已有过签字的矛盾，我非常为难。陈局长很不理解，“这本来有文件规定的事，有政策管着的事，怎么还会出现矛盾？”他说：“好吧，你先回去，章子、签字一定要按政策规定的办，没什么商量的。至于工作管理不适应，逐步就适应了，我先去个别谈谈，我想不会产生什么矛盾和意见。”

后来，听到一些传言，说由于个别领导的态度，致使陈局长也不太冷静，“怎么会这样？团长公布两个多月了，行政、财会章子一直不换，这搞些什么？传出去都是政治笑话！”

不管如何，经陈局长做工作以后，团里没有出现大的分歧和风波，已是谢天谢地了。我总结了一下经验，遇事要多思考，要调个角度想。多少年来形成习惯，猛地把章子一换，签字权也变了，自然会不适应，对事物的认识和适应，要有个过程。

搞承包压力增添

随着形势的发展，剧团内部工作和业务，行政管理逐渐严格。文化局的领导调换，剧团也有变动，和我配合默契分管行政的副团长也调动了，新调来的副团长需有个适应和熟悉的过程，这对我的工作带来很多不便。我的工作必须全心关注在业务上，剧团本身就是要有戏，主要任务是演戏，而全团的人员靠演戏的收入养家糊口。我有一个笨想法，演好戏多收入，一切好办；演不出戏，没有叫座的戏，收入低，一切完蛋，可以说剧团第一位的工作是抓好业务搞戏。

党政分工后，团长的担子更重了，文化局和团长要立承包合同，要完成规定的指标和定额：

一、每年完成规定的场次，场次中包括城市和上山下乡的比例数；

二、每年要排练增加规定的剧目数字，大戏两出，小戏两出，还要为学员排演两个折子戏；

三、限制每年的开支，不能突破规定的数字；

四、要完成规定的经济收入计划。

如果完成了以上规定的四项指标，超额完成场次和收入指标，团长（承包人），可在超额收入额里提取百分之二十的奖金；完不成四项指标任务，要扣团长的百分之二十的工资。这对我来讲是要命的"军令状"，我思想上非常矛盾。我本身是演员，还要写戏，排戏，演戏，可挣的只是演员工资，未拿过编剧、导演的工资，更无有挣团长的工资和待遇。这下更麻烦了，完不成四项指标还要扣百分之二十的工资，想不通，当团长是倒霉的差事。反复地想，如果拿一个共产党员的标准衡量，就无话可说了。好歹也是十七八年的党龄了。当团长确实是遭罪、压力大，就得硬着头皮干吧，不能忘了咱是党员。

排练的剧目要定期上演，而团长要经常到市里开会、听报告，而要排的剧目，又不能因为去开会未能参加排练而拖延演出时间。演员们上午练功排戏，下午休息，晚上演戏，而团长白天去开一天的会，有时听两天的报告，晚上仍要照常演出，真是头昏眼花，倍感精力不足，苦不堪言。

生活食宿各方面团长都要想到，同志们有了困难就找团长。我若不当团长，只是主要演员，处处受照顾；而当了团长，处处要照顾别人，若照顾不到，连小学员也可以给团长提意见，真是一言难尽。

我承包了三年，每年都超额完成任务。每月评一次奖，分一二三等奖，分组评议报到团委会，一等奖不超过三十元，二等奖二十元左右，三等奖十元左右，评定后把奖金附到工资里发下去。年终还有总评奖，根据全年收入决定奖金数目。我回忆了一下，每年团长都能从场次的收入里提取五六百元的超产奖，可是我想剧团不同于企事业，人员收入有限，团长如果年终提取几百元的奖金，必然出现不好的反应，引起大家的不满。所以在这三年里我工作量加大了三倍，但从未拿过一分钱的奖金。

社会上其他单位根据各单位的情况，可以在不违法纪的情况下，给大家谋点福利，已成风气。剧团也脱不了这些影响，每年春节前要给大家分筐苹果，八斤猪肉，十

斤粉条，几十斤大白菜。这些物资的分发由何而来呢？剧团每月有报表，演了多少场戏，收入多少，开支多少等，都要造计划请批。比如大家经常外出的铺盖皮（篷布包）装卸车，布置舞台的手套，这些开支也要打报告到文化局请批。出现无收费的演出是违法的。为此想出一种给大家捞点好处的办法。在农村和厂矿搞关系，一般的是加演白天戏，而这种加场演出报表上写成彩排，或者是学员试演，这样可免得出现无收费的场次。

剧团来往的客人，没有招待费。一般的是由我这团长负责，在我家里吃住招待。剧团在外地演出来了客人，都是在伙房里炒两个菜招待一下，一两瓶酒也是由我这团长掏腰包。但我这团长很少参加，大都是行政团长业务上的导演陪客。总之我任副团长、团长几十年，未在账上报过一分钱的烟酒和招待费。在“四清”、“文化大革命”运动中反复地清查多次得出的结论，经济上干净。这一点是我心中最为坦然，问心无愧。

石岛镇传达文件　昌盛中隐藏祸端

自承包以后倍感疲劳，琐事如麻。

党政分工后，行政业务方面的文件全由团长传达。记得我在荣成石岛第一次传达文件，确实为难，当了这么多年的团长，只是领大家读读毛主席著作和语录，而从未坐在领导位置上传达文件。在石岛接到三份文件，大都是改革开放的有关规定和指示，我记得最多一份十六页，那两份也有八九页。我不仅为难，而且有压力。对政治名词太陌生，一旦读破了句，就成笑话；又怕传达不好，成了某些人的笑柄，“唱戏的只能唱戏，传达文件傻了吧？这不是念戏词……”；更怕传达坏了犯错误，这是个原则问题。

我反复地考虑，不能让那些别有用心的人看笑话。我想传达文件未必有背戏词难，戏词不仅要熟练，还要把握尖团字上韵、节奏，轻重缓急和锣经感情；传达文件我只要注意标点符号，不要读破了句，特别是政治名词和当前形势的口号。我把文件细看了三遍，咬不准的字查字典，用铅笔标上个同音字。我不至于把“工作效率”读成“工作效帅”，把“如火如荼”读成“如火如茶”，把“不可比拟”读成“不可比似”，我像背台词一样地认真下工夫，文件是带有政策性的，不能马虎。我又仔细琢磨了一下，为什么有的领导传达文件群众不爱听？我也很有体会。读文件加外篇惹人烦，把自己的观点加进去，没完没了，时间太长，群众坚持不了。抓住这几点群众讨厌的情况，我要注意，心态很不平静，比演一出大戏还重视。晚场止戏后，一夜都在考虑准备。

第二天早饭后上班，在石岛老剧场后台开全体会，全体人员已齐，市文化局领导也在场。大会开始了，局领导宣布由团长传达文件。大家好像也觉新鲜，都在看我，鸦雀无声。我倒觉得并不紧张了，不慌不忙地上了讲台，向大家点点头致意，来了个开场白："今天给大家传达三份文件，说真的，我这点水平大家都很清楚，谈不上传达文件，就是原原本本地读一遍，因为把我推到这个位置上了，别人代替不了，读不好大家原谅。首先声明，这三份文件我以一小时五十分的时间读完。有不愿听的同志可以离开，但不要影响别人，可能我念不好，大家不爱听，但文件是上级发的，不尊重我不要紧，但要尊重上级发的文件。"一阵笑声，"大家看着表，现在是八点半，咱们十点多散会。"这时候一阵的掌声，特别是青年们起哄喊好。文件上的轻重语气，重要句子我都提前用铅笔标了记号，所以读起来很流畅。看来大家对我像台词一样地念文件还满意。三份文件很顺利地读完了，我一看表还差十分钟十点。"文件精神大家自己领会，理解的深浅根据个人的水平，现在散会。"

散会后，我坐在后台的戏装箱上，如演了一出武戏。但我也取得了一点心得体会。要干一件事，必须重视、认真，自己要首先理解。我内心有一种不服输的情绪，不能叫人家看笑话，唱戏的不是光会唱戏，也能传达文件，而且传达的要有气氛，不信口开河的加外篇。要把文件传达给群众，自己必须先熟悉，自己都不懂，怎么能叫群众听明白？如何传达叫人家愿意听，要思考人家为什么不愿听。

1985年夏季，市京剧团由承包经营形式发展到"叫庄组阁"。具体是自己申报所具备的条件、所能完成的指标等等。在全团大会宣讲，谁的条件指标最高就当团长。领导班子的人选由叫庄的团长选定，这就是"叫庄组阁"。我想，这正是我蜕"团长皮"的好时机。谁报的条件和标准高就叫谁干，谁当团长我都要唱戏当主演。

叫庄大会由市文化局的领导主持，时任京剧团副团长的C某胸有成竹地走上了讲台，手棒讲稿高声朗读。他未谈一年要演多少场戏，未讲一年剧团收入多少，也未提一年排演多少个新剧目，却突出了三个条件。第一条青年人登记结婚就给分配房子，这在当时很能打动青年们的心。多年来，房子问题市文化局都解决不了，我这二十多年的团长还没有分配到房子，他上来就把房子的难题给解决了；第二条是每人发一套混纺毛料

制服；第三条是每人分一套液化气罐。且不说一套液化气罐八十元左右，问题是即使有钱无处买。

我简单地算了一下，一套制服要用130元左右，按60人计，加上液化气罐这两样就要15000元左右。当时，在农村演出票价是两角五分一张，一年当中除了法定节假日、路途仃演阴雨、风雪天停演的时间，以及排练新剧目，最多演出三百场就已经很吃力了，还要有月奖和年奖支付，从哪里来这么多的钱？

老书记已经63岁，早已“到站”了。很多人都让我“叫庄”，我只好上台表了一下态：“我已经五十四岁了，C同志所提到的条件我都办不到，除了排戏演戏，我别无其他技能，只能在新团长的领导下好好工作，跟着享受所提出的优厚待遇，愿我们剧团昌盛发展。”

会后许多同志找我，问我为何不竞争？你五十四岁就老了吗？我只是笑笑，对他们讲：“人家提出的这些条件，我都办不到。”

人哪，也真是怪，多少年来我从心眼里不愿当这个团长，而今猛的一下摘了团长的帽子，百感交集，尤其忧虑剧团下一步的出路和发展……虽然当团长是自己的压力和包袱，现如今突然下马，反而觉得不是滋味。自我安慰，“铁打的剧团，流水的团长，何必有失落之感”。

回家后，我简单地把剧团叫庄的情况讲了一下。爱人赵淑荣不但毫不留恋我这团长的位置，反而拍手叫好，“太好了，以后咱就省心了，没有经济压力，少伤脑筋，少得罪人，老老实实地当演员，你应该高兴。你想想，当了这些年团长出了多少力，生了多少气？自己贴招待费，多花了多少冤枉钱？写剧本一个一个通宵达旦地熬，谁有领你这情的？人家郭团长当了官请客庆祝，咱为了今后松心没压力而庆贺，今天晚上吃面条。”说着就动手做饭。

母亲也来安慰我：“你想想这些年，干这个遭罪的团长，伤了多少的脑筋？写戏、排戏、演出，每年的先进让给别人，团长的超产奖金都给大家分了，没多挣过一分钱，你也五十多岁了，咱不当团长不是坏事，不需要想得太多。”

我非常理解母亲和爱人的心情，都是在安慰我，我何尝不知道当这个团长对我是一点好处也没有，只是担心剧团今后的前途，心里说不出的沉重。

很多同志来到我家提意见，问我为什么不竞争。我说：“我当团长有四项指标，完不成扣我的工资。而人家根本没有这些定额，看来叫庄只是个形式罢了。我当团长也得唱戏，不当团长也要唱戏，争这个团长干什么？”邓小平同志说的好，“实践是检验真理的唯一标准”，等着实践证明吧。正确和错误，实干者和空谈家，创业者和政治骗子、投机分子，通过实践都会显出真实的面目。

一阵紧锣密鼓“叫庄组阁”结束，新任团长可谓春风得意。老书记离休、戚副团长调到刘公岛文管所。大换班以后，团里老领导班子里只剩下我这下了台的团长。

新团长上任第四天光临我家，谈话中提出要聘我当名誉团长，因他不懂业务，他组阁的行政团长是1970年进剧团的一个小学员。两位业务副团长是原来的两位导演。他坦率地讲：“现在剧团到外地演出，还得‘挑’着马少童的牌子，要用您的威望来打开局面，吸引观众。”还特别强调，在待遇方面可和他一样。我这一听气就来了，强忍内心的气愤。冷静地停顿了一下，直截了当地回复他：第一，我从1961年当团长至今，已是精疲力竭，你所承诺的那三个条件，我想都不敢想。业务方面你有两个原来的导演任副团长，没有必要再叫我当这个名誉团长，名誉不名誉的我都要唱戏。第二，你很坦率要“挑”着我这个“牌儿”，这也大可不必。恕我直言，如果你上面没有人，你这个“庄”叫不了，你有撑腰的什么都不怕，至于“威望”，我认为是观众对演员的认可程度、衡量的尺度，要凭自己的真本事和在舞台上的光彩。借别人的威望，或者强树威望，这种威望都不会长久。第三，你说我要是给你当名誉团长，可以和你享受一样的待遇，很遗憾，我一点都不想高攀。今后我只享受主演和国家一级演员的待遇就足够了，实在对不起，这个名誉团长我胜任不了，你还是另请高明吧。

看得出他很不满意，也很尴尬，临了他撂了一句，“你再考虑考虑”，我也很坦率地答复他：“不需再考虑，就这样吧！”

这次的谈话不欢而散。后来听说，他对老书记说的几句话就更不堪入耳了，“刘书记总怕我搞不好，这不难理解，这和当老的一样，总怕小的过不好，其实老的死了，小的照样过得比他强！”当时就把老书记气得脸都变白了。

有人讲了这次“叫庄”的内幕。老书记一向权抓得很紧，只有通过“叫庄”，书记、团长一起下来，回过头来再聘我当名誉团长，这样比较好看。也有人讲，“叫庄者不知给某领导送了多少礼？任职条件没有演出场次、无收入金额，就当了书记兼团长”。我认为这都是无根据的猜疑，而对这次“叫庄”，群众议论纷纷，说啥的都有。我自己的处境要有自知之明，今后在团里要不闻不问，只有埋头钻研业务，专心演出就是了。

不知道我是心里上火，还是不适应这突变的气候，我一向不闹病的人，突然得了重感冒。从内心里生怕别人说是团长下台上火了。到医院去看医生，需要打五天的吊瓶。

无巧不成书，谁知我的假条送到团里的第二天，团里的行政副团长来通知我，后天要下乡到大鱼岛去演五场戏。我让他回去向团长汇报，我已经交了病假条，每天要到医院打吊针。他走后我心中思忖：宁肯不打这个针我也要下乡演出，我要是不去，五天戏他们演什么？我要带病下乡参加演出。谁知团里一直没有回音，到了下乡那天早晨也没理我这茬。我一如既往地把铺盖卷打好，下乡的洗漱工具、碗筷餐具都收拾好，准备到团里去送铺盖。母亲担心地问："你这样能下乡吗？还有三天的针没打呢，你都病成这样，团里连个人都不来？太不近人情了。"母亲是心痛儿子，但这番话刺激了我，历年来剧团的同志病了，就是小学员病了，作为团长我都要去看看，让伙房给做点病号饭。如今我交了假条都已经三天了，无一个人来过问，反来通知我下乡。我又一想往年下乡演出，村干部和剧团的关系都处得非常好，特别是这次到大鱼岛，村干部、渔业大队的书记和水产公司的一些负责人、船长和票友们我都非常熟悉，这次见面我该如何说？别人会怎么看我这个"下台"的团长？越想顾虑越多、越想越生气。就把铺盖卷放开了，等继续打完针再说吧。事出所料，团里没有来人问问我的病情，下午就出发去了大鱼岛。那我就心安理得地在家休病假了。

组阁后出师折旗　休病假心神不宁

多少年来养成了习惯，职业性质和生活习惯混合在了一起，我很少休病假，也没有离开过剧团。这次我因病未随剧团到大鱼岛演出，心情异常不平静，如失群的孤雁一样惆怅。不知这三天的演出情况如何？怕演出效果不好，观众不满意，砸了威海市京剧团的牌子。恢复传统戏的这几年，京剧团所到之处反应都很好，树立这个威望实在是不易。这次的演出情况会如何呢？又一想我真是多余，忘了自己现在的位置了，已经不是团长何必要操那些闲心。自思自勉今后要端正态度，以一个普通演员的身份处事，告诫自己言语行动都要注意。想是这样想的，心里却总是惦记着大鱼岛的演出情况。

第二天下午，团里的几位同志来到我家看我，得知他们到了演出地点，才知道我没有随团去大鱼岛，回威海后特地来看望我。我很纳闷，大鱼岛演出不是五天吗，怎么三天就回来了？听了他们七嘴八舌的讲述，这才知道这次演出非常不利。第一天的打炮戏，晚场的《玉堂春》，侯兴莉先演出"起解"。张传秀演"三堂会审"时，因重感冒演出时坚持不住，呕吐在台上而停止了演出。第二天的戏码前面是《碰碑》，后面是《珊瑚与凤姑》。我非常熟悉大鱼岛观众的口味和票友队伍的阵容。20世纪60年代，马派名家马玉良先生（马少良之父），长时间在荣成京剧团演出京派老生唱工戏。观众都非常熟悉，对票友的影响很大，特别是有的票友还受过马先生的指点。为此在石岛、大鱼岛一带对老生京派唱工戏非常挑剔。内行都知道，在这里演出京派老生戏很难唱好。所以专业剧团巡回演出，到这一带都要回避这些剧目的。这次威海京剧团到大鱼岛演出，前面就不该演《碰碑》，在演出《珊瑚与凤姑》近两个小时的文戏之前，应垫一出武戏。何况演出《碰碑》的演员是烟台戏校刚分配来的学员，既没有给他响排加工，又没有和司鼓、京胡乐队在一起很好地磨合，就这样把孩子楞给推上去演出，确实是难为他了。结果一齣《碰碑》唱了一大半，台下的观众都走了。楞就这么停戏了。依我看这不能怪演员，责任在团长和和分管业务的人不懂演出行情。这么一搅和，后面的戏就没法继续演下去了，后三天的戏人家不要了，只好“折旗”而归。

我听完这情况以后，心里非常难过，威海京剧团的这块牌子砸在这个叫庄者的手里。我非常痛心，十几年来威海京剧团树立起来的这点威望，这次真是威信扫地、脸面丢光了。一个市级的京剧团，竟然栽在了一个渔村里，可谓奇耻大辱。我恨不得去找这位叫庄者理论，骂他一通以解心中之气。可我又冷静地想了想，我现在的处境，京剧团是国家的，也不是我私人的剧团，市文化局都不管，我又何必操这份闲心。休完病假去上班，上班不迟到、下班就走人，别人不上班我管不着，但我自己要严格遵守纪律。我整天很少讲话，埋头练功，当时剧团不演出也不排戏，其他的同志都已经很少有练功的了，但我却掌握一个原则，少讲话埋头练功，我深知演员台下不练功、上场必稀松。练功不但可以提高业务技术、基本功扎实，而且汗水可冲洗掉心中的很多杂念和烦恼。

剧团又要下乡演出了，这次是去以前经常演出的荣成市的炮东村。这个村子和剧团是多年的老关系，盛产地瓜粉条，每年春节剧团分的粉条都是该村供应的。剧团多次到此地演出，住的房东都是老住户。我住的房东是村赤脚医生家里，哥哥是个聋哑人，每次剧团的汽车一到，他就在找写着我名字的行李卷，找到扛着就走。别人喊他问他，他头也不回，径直往家走。

这次来炮东演出的情况和以往大不相同了，剧团叫庄组阁大换班。来到炮东村，我就到老房东家里去了，村里的干部和村民并不了解剧团领导班子的变更，问起我和书记的情况。新团长答复的很坦率：“老马已经不是团长了，我现在是党政财文一把抓。”村干部有些莫名其妙，一了解才知道剧团里“叫庄组阁”后的变动。村子里的

新老班子都很团结，明白了剧团的变化，都到我住宿的地方来看望我。

在炮东村，头天的打炮戏是全部的《玉堂春》。从嫖院起，起解、会审监会、团圆止。《玉堂春》以往都是张传秀主演，这次是刘某主演，只有《女起解》一折由侯兴莉主演。炮东村的观众要求看我的戏，新团长想整治我终于有机会了，就决定让我和朱云芳在《玉堂春》前面，垫演一齣《平贵别窑》。我感到实在是窝囊，一个普通的票友演员，叫我给他垫戏，甚感委屈。平常我也曾给学员唱垫戏、配戏，但情况不同。学员是我们自己培养的，有培养接班人的义务，给外来的不像样不够级的票友垫戏，心里很别扭。但我是演员，业务团长安排了，只好委屈着演吧。下午四时许，村里的支部领导到我的住处询问演出剧目的安排，他们问“这是怎么搞的？原来安排的剧目是刚来这位男旦的戏，我们要求换演马团长和张传秀的《六国封相》。后来他们告诉我们，让你在前面垫一齣《平贵别窑》，他怎么能，叫老团长唱开场戏呢？”我一听就明白了，接着说：“无所谓的，唱开场有什么关系，《六国封相》可以过后再演，新来的男旦头场打炮戏，我应该让着人家。但我想时间太长《平贵别窑》要演四十多分钟，后面的《玉堂春》也要演三个多小时，七点半开戏要演到近十二点，这戏码太长，台下恐怕坐不住。”他们也很坦率：“演出时间过长好说，关键是这样安排不妥，我们去找这个新团长。他还自称‘党政财文一把手’呢，就是我们这些子弟要（业余剧团）的外行也不能这样安排，我们去找他，这都弄些个么×养的事儿”。我拦着他们：“算啦，就是去找也恐怕没有用，其实我唱开场戏也没什么。”他们一哄而去，还喊着：“要是不管用，我们就不包这个场了。”

他们走后半个多小时，剧团的业务团长来告诉我，晚上的《平贵别窑》不演了，因为时间太长。我心里很明白，这是村里的领导找团长交涉的结果。晚场戏开演了，《玉堂春》嫖院一折，平踏的演下来了，起解一折，换了年轻演员侯兴莉演苏三，扮相、嗓子都非常好，接下来是男旦刘梦萍的会审和监会，也都是平平地演完了。说实在的一个五十多的男旦票友，能唱下来就已经很不错了。一比唱《起解》的侯兴莉，肯定不行，台下不买账。第二天就换了团里的看家戏《秦英征西》。紧接着就是三本的《闹花灯》（又名薛刚反唐）。这些戏都是我一手写的剧本，成为看家戏在排练加工、各个方面都配合紧密。现在演出已不是50年代的跑码头的水戏了（无字幕、无准纲准词、外场随意发挥），因此这位男旦就不行了。就这样把这位男旦给“挂”起来了，团里不适应、观众不买账，无戏可演。剧团的看家戏，没有他能饰演的角色，团里的同志也都不欣赏他，他本身难受极了。

炮东村演完以后，我们又到了桥头庄。因为这些演出地点，村镇相隔不远，观众都很了解剧团的演出情况。团里的看家戏，大多都是全力以赴、通力合作，新来的男旦就没有戏可演了。在桥头庄白天演出，是由张传秀主演的《林娘》，我没有演出任务。我非常理解这位男旦的处境，出于同情和艺人的义气，去安慰他几句。我到了他的住处，进门一看，他慌忙地把两个本子往身后藏，他感觉很意外，他惊慌失措的表情引起了我的怀疑："老刘，你在忙活啥呢？"他支支吾吾地说："没什么，抄个剧本。"我顺手拿来一看，是《秦英征西》剧本。他的脸红了，因为《秦英征西》一剧是我执笔写的剧本和编导，是我团的看家戏。他这一行为是真正的盗窃剧本，我看到他那副紧张、羞愧的可怜相，有些不好意思了，我也非常清楚是谁把这个剧本暗地里给他抄的。此时此刻我想了很多，他已经都在抄了，我又何必再得罪他呢？我坦然地一笑："你抄吧，这出戏是我两年前写的剧本，是按现在的演出要求，准腔准词准调度，这两年已经成为我们团的看家戏，戏路子火暴，很受观众欢迎。你的好学精神可嘉，不过你应该和我打个招呼，某人他虽然现在是副团长，但他没有权力把我写的剧本送人外传。我虽不是团长了，可我是剧本的作者。这事不怪你，怪某人拿着我的作品送人情。你继续抄吧，我不会说出去的，咱们做艺的人要讲个德性"。他很惭愧地说："我这次来到威海是个错误，某某人让我来，可是来了没有戏演……"我也只好应付几句："在不在这里是你自己的事情，留不留你是团长的事，现在我只是一个演员，把我自己的戏演好是一个演员的本分，其他一概与我无关。"转身我就走出了屋子，这次和他的对话，我心里非常别扭，本想来安慰他几句，谁想碰上他在偷抄剧本，情节的变化好似我有意识地来抓他偷抄剧本似的。另外我心里也很恼火，这个业务副团长，不通过我就把我的作品给外人抄袭，真是吃里扒外。这件事情的发生，使我更对新领导班子产生不满情绪，这样的品德也能当团长？村里支部负责人还是老习惯，仍然找我商量场次、剧目。我非常谨慎地对他们讲："你们最好去找新团长商量，我现在只是一个演员，管不了这些事。"新班子也很了解村干部和我的关系，总想让我参加意见，目的是为了多演出几场戏，但是我一概回避，从不参与。

桥头庄的五天戏演完，又到了文登的张家埠，老支书张吉善是我的老朋友，一如既往地请我到家里吃饭。但是对剧团的演出、剧目，我一概回避不谈，免出是非。那位男旦找我"诉苦"：新团长把他骗来了，当初说的如何重用他、待遇如何好，可是到了这里，蛮不是那样，没戏演、没事干，这算怎么回事？他要马上离开这里等等。出于同情就劝他几句："老刘，我们也是老相识了，你这次突然来威海，新团长怎么对你许诺的我不知道，也不想知道。叫你来挑大梁，什么优厚待遇都成空话，现在的剧团，和过去大不一样了，当年你来威海演出了挣钱很少，我和刘书记完全出于经济观点，你演一场戏就把你的月工资挣出来了，其余的都是剧团的收入。若论演出技术水平，你如同我们的滕步云教授的学员的水平。现在威海团就大不一样了，舞台上准纲准词、音乐调度都很严格。你看现在团里的这三个年轻的旦角，嗓子、扮相都比你好，男旦若没有很高的知名度，年龄大了，观众就不喜欢看。况且，我们团现在所演出的剧目，都是细排加工合成的，按你现在的这个状况，饰演个配角都成问题，四个头的朝官、大将你都不行，武戏开打更不灵，扮演个丫鬟宫女，你和这些小女孩一起站着，也是格格不入，所以造成你现在没有戏演的局面。新团长们请你来挑牌，纯系是外行的想法，现在的戏能像60年代那种唱法吗？种种因素导致了你自己的被动，我很同情你的处境，他们接你来，就要送你走。新团长接你时，对你许诺很多，也可能牵扯到我，不管你们原来是什么意图，事实证明接你来是一步错棋。你要走也要和新团长讲明，否则就把你挂在这里，你又能如何？我是出于同情，做艺的不能忘了一个义字，不然我才不多这番口舌呢。你应和团长们讲明想法，否则只会越来越被动。”他听了我这一番实实在在的心里话，非常感谢，决定去找新团长要求回南京。

在这个问题上，这位团长不管什么目的、居何用心，把人家接来了，现在就挂在这里，形成这种局面，责任在团长，而不在刘某。

外行弄权施损招　赴上海得会群英

张家埠村演出完毕，又到了下埠前村。我就是经常演出《六国封相》、《三本闹花灯》、《天波府》、《秦英征西》这些剧目，其他的一概不闻不问。没有演出任务就和一些村干部、老相识的观众一起聊天喝茶，倒也自在潇洒。谁知在这时候新团长对我使了一个“损招儿”此事我终生难忘。

那天，C某拿着一张邀请函找我，我一看是上海文化局、周信芳艺术研究会发来的邀请函，邀我去上海参加麒派艺术座谈会，给周信芳先生扫墓等仪式。新团长问我去不去？我立即回答：“我当然要去。”粉碎“四人帮”后，因周信芳先生平反、骨灰存放在上海市高干陵园中，第一次举行悼念仪式，我怎么能不去呢？他得意地说：“恐怕时间来不及了，明天就开会了。”我仔细地看了一下时间，这才发现明天报到、后天开会，通知已经来了五天了：“你们怎么才通知我？”他支支吾吾地说：“我也是才收到通知的。”我明白了，上海文化局、周信芳艺术研究会的邀请函和会议通知，他们是不能明着不让我去参加，使出这个损招儿，把收到的信函压下来，现在给我，明天报到肯定来不及，只得作罢。我又想他们能这么坏心眼，成心地整我吗？我冷静地想了一下现在不能急，什么也不用讲了，想尽一切办法去参加会议，给周信芳先生扫墓、麒派艺术交流，可以见到很多前辈专家、能学到很多东西。我沉吟了一下：“我能去，误不了开会，今天晚上我演完《六国封相》，明天一早我就回威海，再从烟台赴上海”他问我：“那不已经晚两天了吗？”我冷笑了一下：“那就不用你管了。”此事一定，我由下埠前村骑着自行车到了埠口邮电局，给上海文化局、大会接待处发了一封电报：“因有演出任务，晚到两天，请大会安排食宿。”

好不容易盼到天亮，五点多钟就起床，收拾行李及日用品，用自行车驮上行李和脸盆等，直奔埠口汽车站。到了车站已接近七点，买好车票就等检票上车，我心里唯恐剧团来人拦我，若说群众又要求看我的演出，那我就走不了啦。车进站了，我第一个把行李卷放到了车上、检票上车，车开了我才放下心来。

到威海，一家人都很奇怪我怎么回来了，我简要地讲了要去上海开会的事情，全家人都为我高兴。当天下午就到烟台上了开往上海的火车，一天一宿到达上海，转乘市内公交车到上海市文化局报到，接待处把我安排到大舞台招待所住宿。我进门一看同房间的客人，高兴极了，有原山东省文化厅副厅长陈湘云、山东省京剧院院长曾广发，都是老熟人，还有一位是常州市京剧团的孙鹏麟先生，也是周信芳先生的学生，是老白玉艳（著名的刀马旦、出手大王）的丈夫，按辈分孙先生是我的老师兄，我们四个人住一屋，大家一番问候寒暄，他们都问起我晚到的原因，我也只好说因在农村有演出任务，接到的通知晚而来迟了。在这里的环境气氛、人与人的关系，与我在威海京剧团的处境天壤之别。

他们介绍第一天报到没有安排什么活动，昨天开了一个欢迎会。今天你来的正是时候，到文化大会堂去开会。我满心欢喜地同他们一起坐车去到会场，一进会场就让人激动不已，很多的名流前辈都来参加会议。主席台上就座的领导和名家有周信芳艺术研究会的领导刘厚生、周巍峙、何曼（原上海市宣传部部长）、流泽（原黄浦区文化局局长），还有上海市的一些领导，文艺界的名流有童芷苓、李玉茹、赵晓岚，周信芳先生的长子周少麟、次子周英华、长女周采芹、次女周采茨、小女周采藻。会场山东席上

有陈湘云副厅长、曾广发院长和我。左右一看有杭州的张二鹏先生（盖叫天先生的二公子），中国京剧院的导演李紫贵先生，我急忙过去握手问候，顺便打听了一下我大师兄郑亦秋的情况。上海京剧院的老先生都到会了，王少楼、王正平、李宗林等先生，我都一一招手，点头致意。

纪念大会正式开始，领导人、各位代表先后讲话完毕，放映了周信芳先生20世纪30年代拍摄的电影《投军别窑》。听说这部电影是周少麟从国外带回来的。我专心地在看着电影，仔细琢磨我所学演过的《投军别窑》如加了一遍功。

这次会议安排得非常好，饭食经济又实惠。我们住在大舞台招待所，食堂里套饭是一元八角，一碗米饭、两个小盘共四样菜，青菜、汤随便喝，饭菜可以随意要几份，我一个人就要吃三份，几个女服务员都在看我吃饭，别人是每人一份饭，我自己就是三份，都在偷着笑，我想她们真是没有见过世面，这三份饭算什么，我二十岁的时候，一顿饭要吃六十个水饺加两碗面条，点心一下吃二十个炸鸡蛋。那时候，我每晚要演一齣武戏（演武生），早晨、中午练功，晚场止戏后还要练一遍功。吃饭好像不知道饱，现在吃这点饭有什么大惊小怪的。两三天后，服务员们就熟悉我了，“山东大汉、大肚皮来了”，盛饭的时候总给我多些，这是我初到上海的一件趣事。

大会议程安排得很满，周信芳先生的长子周少麟从美国归来，由上海京剧院配合上演三场戏，《群英会》、《宋士杰》、《清风亭》；上海昆剧院计镇华、梁谷音主演的《坐楼刺惜》。白天的重要议程是给周先生扫墓，我们乘车来到上海高干陵园，马路两旁有许多的群众驻足致意，我深深地体会到周先生在人民群众中的威望。虽然先生逝世多年，依然倍受群众爱戴。参加祭奠的近三百人，除上海市有关部门领导，还有来自全国各地代表、麒派门下。高百岁（周先生的大弟子）的夫人绿牡丹，由两个人搀扶着来祭奠周先生。我们有序地在哀乐中列队向周先生的遗像三鞠躬。全国各地大的院团，包括地方戏的专业团体、业余票房也都送来了花圈，我也代表威海京剧团送了花圈，花圈延绵摆放了近一华里。

这几天，我好像到了一个新天地，视野开阔了很多，在和吕君樵先生（周信芳先生五次出国的秘书、著名京剧表演艺术家）交谈中受益匪浅。同我住在一个房间的孙鹏麟先生舞台经验丰富，会戏很多，为人忠厚，每次看戏回来，我们大家都要评论一番。他请我吃南方风味小吃，什么绍兴粽子、江苏糕点等，因我是北方人，他还特意的请我到大舞台后面的饺子一条街吃北方饭。鹏麟老兄很实在地问我：“少童弟，你能吃酒吗？”我说：“不行，我不能吃酒。”他十分认真地说：“我喜欢吃酒，你不能吃酒，少来一点。”我恭敬不如从命，“我不胜酒力，就少来一点吧。”他说：“我平常只吃二两，今天多吃一点，我吃三两、你吃二两吧。”不一会，半斤绍兴老酒、四碟小菜摆上桌面，相敬碰杯，我尝了一口，哎呀，这绍兴加饭酒的度数，比起我们山东的即墨老酒、黄县的黄酒可差远了。水饺上来了，鹏麟老兄对我讲：“这是你们山东地口味，怎么样？还合胃口吧！”我笑了，心里话，一点山东味道都没有，但人家请我吃家乡味儿，出于礼貌就迎合道：“不错，是山东风味。”很快就结束了这顿山东牌子、上海做法的水饺宴。山东来了我们三个大汉，陈湘云副厅长、曾广发院长，都喜欢杯中之物，每天晚上，他们都是白酒小食品。而我是尽量品尝上海的特色食品、甜食糕点。

五天的时间过得很快。明天大家就要分手了，鹏麟老兄约我去商店，他说：“给老太婆（老白玉艳）捎点东西。”相比之下我很愧疚。我和赵淑荣结婚近二十多年了，我整天脑子里就是戏和剧团、营业收入和演出计划，从没有想想老婆孩子。我已经是做外公的人了，从未给他们买过礼物，一心扑在剧团上，而今又如何呢，还不是下马的团长一个？再比比我这些老师兄，更觉惭愧。我这些年搞了些什么？简直是一言难尽！想到此我忽然有些难过，真是愧对父母妻子儿女，我的眼睛湿润了。虚度半世如梦方醒，也该为自己想想啦，怨气冲动忘了自己还是个共产党员，但这是我当时的真实思想。于是，请鹏麟兄帮我“参谋”，为妻子儿女买件衣服、给外孙福来买个玩具。

回威海妻女见到衣服，虽然不是太时髦，也非常满意。父母品尝着上海的酱菜和小食品，也倍感新鲜。给外孙买的小弓箭玩具，高兴地到处乱射。大女儿莉军说：“他姥爷什么也不懂，就知道唱戏，给孩子买玩具也是和舞台有关，不是枪就是刀，捎回来的小弓箭，把墙皮射的都是疤。”老伴说：“大半辈子了，头一次知道给老婆孩子买礼物了，这是马团长‘下马’后的一大进步。”

大连送礼拉关系　无地演出路不通

叫庄组阁不长时间，剧团就失去了威海当地及周边地区的演出市场。威海四乡，文登、荣成郊区联系不上演出点，专业剧团又不能整天休息。新团长想出一个门路，备下礼物，派一位副团长、两名外交人员赴大连送礼联系演出场地。因为新团长很了解以往威海京剧团和大连各剧场的关系。如：大连海港俱乐部、油脂总厂俱乐部、523厂俱乐部、大连钢铁厂、大连造船厂俱乐部、解放广场俱乐部、旅顺口剧场等演出场地，从剧场负责人、厂矿领导到工会负责人，都是老朋友。包场、集体票确保剧团收入，基本上是一年一次，每次都是净剩几万（当时票价是五角、三角）。我们乘船往返在船上为旅客组织演唱，在各厂俱乐部演出，演员深入到厂矿车间为工人演唱，很受欢迎。在大连海港俱乐部演出时，我们组织全团打扫环境卫生，剧场内外，清扫门前街道，当地反响很好。曾在《大连日报》上表扬威海京剧团，大连市政府曾写信给威海市政府，表扬威海市京剧团把文明卫生的好风气带到了大连市，威海市京剧团和大连市这条演出路线，是京剧团保收入的一条财路，每次都是名利双收。这次则不然，这三位外交到了大连，直奔各个俱乐部联系并送上礼品，海港俱乐部的崔主任问起为何不见马少童团长的信？王副团长介绍了团内叫庄组阁，换了新班子。崔主任对王副团长讲“你年龄小，我就叫你小王吧；送来的东西我收下，这是我们和威海京剧团多年的老关系。如果要来演戏，必须马少童，写个信过来，我不管马少童现在是不是团长，他不打招呼我们不接。威海这个团没有他看谁呀？你回去告诉你们叫庄新上台的团长，不管谁当团长，不打着马少童的旗号来我们不接待。”再到其他俱乐部吧，岂知这几个剧场口径一致，礼物全收，要来演戏非马少童同志出面联系不可。这确实给这三位外交官难为。最后大连钢铁厂的副厂长和工会的王主席说：“你们回去叫少童同志来个电话，我们就安排。另外托你们一件事，少童团长去年在这里托我买几片暖气片，我早给他买好了，这次，麻烦你们给捎回去吧。”这三位外交打心眼里的窝囊，事未办反把东西收下了，还要帮着捎暖气片，在这种情况下又不好说不给捎，只好应下来。

这三位把各俱乐部的礼都分送完后，事未办成，带着八片暖气片“打道回府”了。他们尚未回来，大连各个俱乐部已给我来了电话，对我讲了联系剧场的情况，并且叫我查收带回来的暖气片。我听了以后，心里很不是滋味，我想这三个人的差旅往返费，团内送去的礼物，花费这么大，啥事未办成。真是“赔了夫人又折兵”。毕竟我和京剧团以及新老同行们扯着骨头连着筋。

三位外交官回来了，我收了暖气片，内中一人和我原原本本的讲述了大连之行的经过。我想，剧团总不演戏怎么行？五十多口子要开工资吃饭哪！然而我这“下马”团长怎么办？我考虑再三，应以大局为重，新团长一旦来找我，要我出面向大连各俱乐部联系，我还是要尽这个责的。这样处理好处有三：

（一）剧团增加演出场次，对收入有利；

（二）叫他知道，你不挑着我的牌子还就不行；

（三）把大连演出的路线打通，由此可以缓解我和新团长的僵局。矛盾应逐步解开，不能因为和新班子的某个人有意见而给剧团带来损失。我反复提醒自己，新团长不管他是什么目的，什么行为和方法叫庄，事已至此，我对他的态度不能过分，要学会宽容和大度。如果剧团总不演出就拖垮了，如果我把大连的演出点联系好了，人与人的关系可以得到缓和，剧团也可以得到新的转机，要以剧团大局为重，不能总计较个人恩怨。

自 嘲

稚气可笑似婴孩，不解对方何心态；
忠诚欺诈好与坏，事实证明显出来。

时间一天天地过去，突然得到领导班子的指示，剧团后天下乡到文登、荣成郊区农村演出。

出发的这天早晨，剧团的人员陆续到了剧团大院，大家无形中都感到出现了一种不正常的气氛，领导班子都在办公室里议论着什么，近八点半了也未装车，大家相视猜疑，怎么回事？团长们终于出了办公室，对大家说：“今天不去了，都把行李带回去吧，何时走等通知。”

从此以后，不仅再也未通知大家何时下乡，再也未召集会议和演出。领导班子不照面，群众也不上班，剧团瘫痪了。有人告诉我那天要下乡演出不去的原因，有八个主力演员同时交了病假条子！八个演员病假，究竟是巧合还是……不得而知。

我始终是上午练功，下午吊嗓、背戏。当时有人嘲笑我“戏痴子”、“神经不正常”等等。

剧团瘫痪，仓库物资大批丢失，责任在谁？谁来负责？叫庄者不见面，叫庄的三大条件成为泡影，主管领导不发话。文化局不追查，下面群众不上班，好端端的一个专业剧团，就这样垮了。

叫庄吹牛夸夸谈，欺上瞒下发狂言；
高喊承包期三年，垮台不过一百天；
物资丢失无人管，毁了威海京剧团；
纯属一桩诈骗案，丑事到了成笑谈。

国家京剧院来威　演出座谈影响深

1987年10月，中国京剧院一团来威海演出，由程派表演艺术家李世济团长带队，主要演员有马派著名演员冯志孝、骆宏年、张学海，阵容强，水平高。威海市委书记李思恩、市长李同轩及有关部门领导，都非常关心，热情接待。演出基本是包场，演员全部住在东山宾馆。

演出期间，威海文委主任李志范同志曾组织召开座谈会。谈到文化艺术发展等问题，涉及到威海京剧团处于瘫痪现状，李世济团长提议说："贵市的马少童同志，是非常理想的专业京剧团的领导人选。"并提出一些文化建设的意见。冯志孝先生提出一个年龄问题，应注意专业人员的特点，现在有的剧团五十岁左右的演员就谓之老了，要老演员"让台"。培养青年固然重要，但也要因地制宜，量力用人。马连良先生曾对我说过："你到五十岁才能体会出老头戏的特点，才能演出点意思来。"目前看很多青年演员会不了几齣戏，五十岁的演员演戏正是时候，对青年传、帮、带非常得力。不考虑这些老演员们的舞台艺术水平，以及在观众方面的威望和影响，以年龄划杠，一概而论靠边站，乃是错误的偏见。

在会上，我也就中国京剧院来威海演出的情况，说了自己的感受。李世济先生每天下午要把晚上演出的戏调一遍，即便是很熟的戏，也要和琴师唐在欣老师合一遍。演出的《锁麟囊》、《梁山伯与祝英台》、《甘露寺》，对程派艺术的继承和发展，演出了自己的风格。冯志孝先生继承了马派艺术严格细腻，《甘露寺》、《群英会》、《四进士》学得实授，演的自然，足以证明得到马派的真传，颇受观众的欢迎和好评。威海的老戏迷大饱眼福，我本身通过观摩演出也受益匪浅。

在后台，我看见年过七旬的舞台监督骆宏年先生，演出前大小事项都认真检查一遍，如：《锁麟囊》中用的剪纸小人小马、小孩打的皮球等小道具都要仔细地检查。看到他们对艺术认真负责，一丝不苟的态度，我深受教育，特别是冯志孝先生演出的《四进士》，我非常关注。因为这出《宋士杰》也是周信芳先生的麒派代表作。志孝特意送给我两张前排戏票，我看戏不用票，每场戏都在前面加把椅子就可以了。他玩笑地讲："这票是给嫂子的。嫂子虽然不唱宋士杰，但你这唱宋士杰的人在一个床上睡了这么多

年，肯定也会看出麒、马两派的特点。”说得大家都笑了。

我全神贯注地看了一齣《四进士》，动作表情、唱、念无一不得马派真传，和麒派完全是两个劲头，特别是头公堂和三公堂的念白，锣经、板式都不一样。50年代在青岛我看过马连良先生演的这出戏，如今志孝演这齣《四进士》，我领悟到对艺术的欣赏，与年龄、艺术水平、经验阅历是分不开的，什么样的水平有什么欣赏能力。

第二天上午，志孝特意到我家征求意见。志孝真诚地讲：“周信芳先生这出《宋士杰》，对人物性格体会特深，机智、老谋深算，念、唱有情，表演细腻而传神，我非常崇拜和敬仰。”志孝的真诚谦虚深深地教育了我。我说：“不不不，麒马两派各有春秋，周先生曾教诲过我们，四大须生的戏可以不演，但不可以不会，学艺不要有门户之见，自习一派而不喜欢其他各派是错误的。刘奎童先生更通俗地告诉我，‘人家没有绝招和超人之艺能成为四大须生吗？’”谈讨中我感觉到志孝对艺术造诣之深，对技艺和人物的结合颇有研究。我认为周、马两位老夫子演出同一人物有不同风格，劲头大不一样，我们宗派应采取各派的特点。我有一点不成熟的疑问，宋士杰盗书，马派的是揣着灯进去盗包袱，麒派的不揣灯，我想偷东西揣着灯是不合理的，用手挡着，仅可以挡住灯头，而挡不住光亮，灯光下是不需要用颤抖的右手试摸盗包袱，周先生曾发表过文章，阐述《盗书》一折的表情，体会，往后退着出门，到门槛前稍微一颤，倒退出门，这方面的戏很多。这是我的见解，斗胆评论前辈实乃妄为。但是不管怎么讲，揣着灯去偷包袱，是不合理的。马先生在撬门时，为了门无声响，用小酒壶装水，往门缝里流，很合理、独到也很巧妙。比周先生用碗往门缝里倒水好，因为小碗往门缝里不好倒，不集中会洒在外面，第二天早晨易被人发现。小酒壶对准溜进门缝就很合理，这是马先生独到之处。

最后集中一点《盗书》揣不揣灯，志孝笑着说：“马先生教我就是这样。揣灯盗书我也觉得不合理，但我不敢改，北京的观众非常较真，某地方和马先生演的不一样，他就不承认你。”我又来了狂生气：“编书理戏，做戏要合理，感觉不合理为什么不能改？如果有人提出揣灯盗书的道理来，那我们再改回来嘛。马先生、周先生都是改革家，他们的戏也是在实践中发展，马先生的改良革新从衣装色彩到戏路改进很多，周先生更是这样，《跑城》的演法，从词到腔，不同的年代就改了多次。”经过推敲，不合理就改，人家能提出合理的高见，我再改回来。说到这里，我自己笑了说：“当然咱俩不一样，你的名望地位和我不同，应当慎重；我就不然，我一无名之辈，不怕挨骂。”推心置腹的自由探讨，这是我离开师傅多年的一次学习，深受教益。

难忘的一件事是欢送中国京剧院去烟台的早晨，市委书记李思恩、市长李同轩等领导都到剧场为他们送行，我和李世济团长拉手告别，她对我讲："希望你们剧团早日恢复正常，办好京剧团，振兴国粹艺术。"志孝对我讲，他们曾和市领导个别谈话，建议让我出来收拾京剧团这个烂摊子："大哥要以大局为重，早日把京剧团恢复好，我等你们的好消息。"

送别中国京剧院众艺友，我心中又开始不平静了。早日恢复京剧团，谈何容易，威海京剧团如今已是元气大伤，人心涣散，政府不下决心，不费大力气想恢复原来京剧团的面貌是不可能的了。

三个月之后，志孝弟来信，谈到《四进士》宋士杰盗书一折，他已试演改为不揣灯了，而观众并未提出什么意见，更无人提出不像马派，并把他修改后的《四进士》剧本捎来一本。我高兴极了，我在这个剧本里又学了不少东西，特别是头公堂大段念白，麒、马的不同之处，又给我提示了不少戏理和情感。同时更觉志孝对艺术的深研认真态度，对人的尊重，这是他的品德风格，不愧为德艺双馨的马派继承人。

京剧团乱套瘫痪　文化局叫我出山

（1986年前后，威海地级市成立前夕）

中国京剧院来威海演出，社会上议论纷纷："中国京剧院来威海演出，怎么威海京剧团无声无息了呢？"似乎政府领导也有觉察。

这一时期，我自己的作息时间安排有所变化。早五点半到环翠楼晨练，太极拳、长穗剑、八段锦，在邓世昌塑像下的五层八十厘米高的台阶倒着跳上去，再正着跳下来，保持武功的弹跳力。早饭后到剧场练功、吊嗓子。午睡后练习书、画，整理剧本。书法绘画是我的爱好，也是提高文化素质的重要条件。把自己过去演出过的戏，特别是濒临失传、少有人上演的剧目，推敲、查找资料加工整理成本。我想这些戏由古至今，前辈流传下来，乃国家和人民的精神财富，整理好，将来留给社会，也可能有点价值，即便用不上，也不枉我一个京剧演员，对京剧艺术的一往情深。

无权无钱无房地，如今只剩几出戏；

有志无处去效力，练功绘画练楷书。

自己制定了作息时间，生活有规律，倒也安然，但无法平息我内心的忧虑和烦恼。我失去了发挥的工作条件，剧团闲着不演出，不上班，最令人气愤的是，承包者把剧团搞瘫痪了，一走了之，主管部门竟不追究责任，剧团难道就这样一直瘫痪下去吗？

就在这个时候，文化局丛副局长光临我家，开门见山说明来意：要我出来收拾威海京剧团的残局，再次出任团长。这是我没预料到的事情。事实证明新团长叫庄承包时承诺的三大条件都是胡吹的骗局，我量就他绝对干不到三年，但我没有想到他这么快垮台。我十分清楚，若再次出任团长，困难重重。

（一）人心涣散。不上班领工资已成习惯，有事业心的人仅占五分之一。

（二）领导班子缺人手。原剧团的领导班子只剩我一人，新选人才需要时间，况且青年们都想转业改行经商，此乃京剧团叫庄造成的，也是社会大气候的影响，不可抗拒。

（三）剧团演出物资丢失惨重。仓库里的物资流失无数，剧团家底全空，短时间组织经营演出根本不可能。

（四）京剧团今后如何开展工作？前途难料。原来支持承包者的领导，不可能转变态度支持我。

唯一让我感到宽慰的是，主管部门终于过问此事了！我向丛副局长诚恳地说，剧团都瘫痪成这样，我收拾不了这个烂摊子。我把自己憋了这么长时间的担忧和看法，开诚布公地都讲了，我说："非常痛心的是把一个正规的京剧团搞成现在这样，责任在谁？叫庄承包者应该负什么责任？曾经支持承包叫庄的领导是否应该追究责任和损失？"

谈话中我了解到，丛副局长是奉命而来，有些问题他也答复不了。他也只有把我的态度和想法如实带回去汇报。

送走丛副局长之后，我心里很不平静，真如一石激起千层浪。晚上爱人下班回来，一家人议论此事，"这个团长不好干，常言道无官一身轻"。我爱人坚决反对我再出任团长，"这些年当团长的苦头还没受够吗？在威海京剧团，你已经两上两下了，这次你要是再出任团长，说不定就是三上三下了。想想'文化大革命'期间，你被打成走资派，孩子不能上学成了黑帮子女 ，我被开除剧团，差点失业。1970年新剧团成立的时候，以前管鞋箱的都能调回来当老师，拉大幕的都回了剧团，我这老京剧团的主演就回不了剧团。文工团派性那么厉害，演出《海港》、《红灯记》还是我演方海珍和李铁

梅，就因为你这走资派的丈夫，如今还是工厂的三级工。派性加私人报复，‘四清’时犯错误等待处分的都能回来当领导整你，受了多少窝囊气？好不容易盼到落实政策恢复了职务，实践证明是打着承包叫庄的幌子，又把你给整下来了。承包三年屈指算来不到三月，如今把个好端端的京剧团搞垮了，又来找你去收拾这个乱摊子，你不能吃一百粒豆子不知豆腥气。你若是舞台业务上没有这点玩意，十个马少童他们也把你毁了！剧团是国家的，支持叫庄者的那位领导，怎么不出来收拾这个烂摊子？现在又来找你马少童了，咱非得去给人家擦这个屎屁股吗？！”

爱人这一番牢骚是怨气，也是事实。我听了这番话如针刺肤，历历往事、倍觉痛心。当团长也得唱戏，不当团长也得唱戏，谁当团长我都得唱戏，我何必再蹚这湾浑水，受这些窝囊气，况且自己年过半百，何必再次“顶雷”当这个团长？思想斗争激烈，我责怪自己不像个共产党员，没有党性。可我又一想，上骗组织、下骗群众把剧团搞垮了，这种人不也是共产党员吗？支持这种人的领导，不也还是领导干部吗？剧团垮在谁手里？是谁的责任？前前后后想了很多，最后下决心这个团长不能干！不管谁当团长我都好好工作，把戏唱好。

俗话说没有不透风的墙，剧团里几位有事业心的都找我了解情况，劝我出山收拾残局。我又不是《天门阵》里的五大法师，谈不上什么出山。剧团都瘫痪到这种惨状，况且支持承包者的领导不会支持我，很可能在等着看我的笑话，市“文委”的领导根本不知道承包前后的内情，我决心已定，不干这个团长。

支持我当团长的有两位最积极，此二人靠我，要我出任团长，我非常明白，他们有个人的目的，说白了就是想当副团长。

几天后，丛副局长又到我家，还是讲工作上的大道理，以党的原则做思想工作。我很理解他是一位正派、忠厚诚恳的青年干部，来动员我是领导指派的，不然他何必和我费这个口舌？支持叫庄承包的领导肯定不会来找我。但我深知再次出任团长的困难，所以态度坚决，一再谢绝。

我爱人下班回来，见丛副局长正苦口婆心的劝我，她在一旁急了：“丛局长，咱们关系都不错，没事儿您也不容易到我们家来。作为老熟人、老朋友希望您常来玩，有茶有烟招待您。如果为动员老马当团长就不必再来了。因为老马当团长，我们的罪和气我们受够了。”这一番不硬不软的词儿，把这位年轻的副局长说得不好意思了。我非常理解来做工作绝非他的本意，我一再地打圆场解释，丛副局长说：“您再考虑考虑吧。”就起身告辞了。

送走了丛副局长，我批评了赵淑荣："怎么可以和领导这样讲话，他也是没有办法，在这种情况下，不是奉公而行，人家才不来呢！他虽然年轻，可毕竟是文化局的副局长，是我的领导。"赵淑荣说："就因为他为人好我才这么说，叫他回去汇报，免得人家孩子一趟一趟地往这里跑。"此后我的日常生活就不平静了，有不少人都来打听剧团未来的出路，我打定主意，少说为佳。来和我接触的人观点、目的不一，来探口气者多，大概可以分为以下几种。

（一）急于挣钱，离团做买卖的大部分都是青年人。

（二）嫌剧团苦累。常年在外地演出，特别是下乡，酷暑寒冬、风里来雨里去的，三天一地、五天一乡，想转业找个生活稳定、少受苦累的工作，况且当时各厂矿企业的奖金很有吸引力。

（三）有事业心的人。他们大都是自小以唱戏为本、以团为家，期盼着剧团早日恢复正常。

（四）投机取巧的。这种人数量少，想趁剧团在这种不正常的时期捞点什么，如职务、地位，存在私心杂念。

（五）在业务上小有成就的。一旦没有剧团失去工作岗位，再到外地剧团，人地两生困难重重，况且他们从参加剧团就未离开过威海，到外地剧团不好干。若是转业改行又舍不得自己已经取得的成就，说白了，改行不如当演员有前途。

我把自己划在了第三类里，以唱戏为本，盼望剧团早日恢复元气，正常工作。但我比他们多一条出路，万一威海取消了剧团，我可以到外地剧团去，我想我的处境和待遇决不比现在差。如果还保留剧团，还是留在威海，人熟地熟好处多。有几位老同志，特别是离开剧团多年的老同志的一些话深深地打动了我："自1960年起你就是业务团长，大跃进、四清、'文化大革命'，京剧团三起三落，粉碎'四人帮'之后，这个新剧团好不容易走上了正轨，又被叫庄的'骗子'钻了空子，把个剧团搞到如此的地步，骗子一推六二五的溜了，支持骗子的人也不露面了。你能忍心看着剧团就这么完了？不管怎么说威海京剧有咱们的汗水，剧团的一草一木都有我们的心血，你能眼看着京剧团就这么完了吗？"这些话句句刺痛了我，我何尝不想这些往事。我突然变得很脆弱了，想哭……我总结了一个经验教训：剧团的干部，必须和演员们心连心，和艺人有感情，总把演员们当成臭唱戏的，把剧团当成自己捞油水的'自留地'，剧团不会搞好。剧团所买的服装件件都经过我的手，剧团的一草一木我都非常有感情。从叫庄者上任那天起，我就断定他必定垮台，但我未料到垮得这么快，如今剧团瘫痪，一个大仓库都掏空

了，物资大量丢失，人心已散。我如何收拾的了？我当团长在运动中两上两下了，心灵上伤痕累累，我也没有这个本事和勇气恢复京剧团的元气。但我可以辅佐一位一心为公、有事业心的团长，我绝对能当好一名演员。

就在京剧团混乱的时候，我参加了市政协会议。下午休息的时候，我和赵光正、苗丰振二位代表一起去海边散步时，见到市长李同轩同志。我向他请示工作，了解一下领导对京剧团去留的态度。我说："市长，京剧团这样长期瘫痪，国家多开支，演员不演戏，特别是青年演员基本功都荒废了，如果领导不想保留这个团，最好早告诉我们，就这样干耗着不是个办法。"李市长沉思了片刻答复了我："剧团不比一个工厂单位。成立一个新工厂，资金到位，招人不困难，很快就成立起来了，投产也很快。而剧团就不同了，不是短时间内就可以成立一个剧团，物资可买，人才难找。'砍'很容易，再成立可就难了。威海京剧团历史很久，几十年的一个专业团体不能轻率地砍掉。"他也开玩笑地讲："几十年的一个文艺团，轮到我这一任县太爷，把他砍掉了，不落罪名也要留骂名。这么一个县市能连个剧团都没有吗？等着，将来一定会有头绪的。"

李同轩市长这一番话，我仔细分析了一下，看来是不想砍京剧团，这也是我们所希望的。苗丰振同志讲："同轩市长这番话很有水平，剧团非比厂矿企业，砍时容易成立难，再说这么一个城市，连个专业剧团都没有，也说不过去。"

我心里似乎有点底儿了，等吧，急也没有用，况且对一个剧团的砍与留，不是哪一个领导可以决定的事。很快要成立地级市了，老市上的领导不好决定，地市的领导尚未上任，更不可能决定，看来只有等了。我每天仍是穷忙。

等盼

写字绘画练基功，管他春夏与秋冬；
整理剧本备后用，岂知又是一场空。

再次任职收拾残局　缺人少物工作艰难

我在苦熬中等待着剧团的去留结论，虽然每日自己安排了比较规律的作息时间，但作为一个专业演员，总不演戏是不好过的。打油诗一首解闷：

人生一世几今日，朝夕虚度甚可惜；
一夜过去明朝至，世态冷暖不由已。

市“文委”办公室王主任，乃我好友故交，和我闲谈，无形中又给我增加了负担。“根据情况，老兄应该明白，目前京剧团的惨状，哪个领导也不愿出头表态，这是个‘乱子头’（烂摊子），看来是等大市的成立，再做定夺。既然文化局的领导来做你的工作，动员你再任团长，这说明某些领导已有想法，困难肯定不少。可咱是党员，若硬性指派你出来，你能顶着不服从吗？僵持下去对你不好，服从组织决定，这是党性，各方面都好。话又说回来了，组织上离了谁都行，而个人离了组织则寸步难行。前面叫庄者的垮台，一个正常的京剧团至今瘫痪，谁都明白是谁的责任。为了工作，为了剧团，你还是应该出来把剧团搞起来，你这个岁数还想抛家离乡的到外地去吗？前两年大连剧团调你去，组织上已经表态，实在要去可以，但一切手续（工作关系）不给！这说明不同意你离开威海，即便是去了，工作关系都在威海，随时都可以把你弄回来。我看不如先服从组织决定，干一阵看看。不用说把剧团搞得多么好，能正常上班，起码像个单位就行了，望老兄好好考虑考虑。”

这一番话真是语重情长。我似乎增加了一点勇气，如果把剧团整顿一下，起码可把威海京剧团保留下来，不负众望。

我开始筹划设想，整顿目前不上班的瘫痪现象，恢复考勤，招聘剧团缺门的人才，增加业务骨干力量。班子的人选，向组织提出要求，派党支部书记来抓人员思想工作，首先应该抓党支部、团支部，我全力抓业务。副团长的人选有两个，我非常了解此二位都非理想的人选。业务团长是个老同志，见过的老戏比青年们多，当年在天津京剧团跑过几年龙套，自名原来唱小生，我听他调了一段《白门楼》，他嗓子很好，但这一段二六两处没有板，眼睛近视得厉害，武功一点没有，他的艺术资历我已向天津的老友了解过，就是跑龙套的，优点是愿意干剧团，盼望当干部。另一位搞行政的副团长，青年时打武戏，后来跑外交，联系演出场地很熟悉，演老戏也比青年多，但最大的缺点是私心太重。当初他调来时，市委谭副书记曾对我讲，“他妻子在剧团里是主演，为人比较不错，但他本人在团里反映不好，所以才把他转业到工厂里，你心里可要有点数。”谭书记的话，使我一直很留心观察此人。来团工作主要是跑外交，能干，也能吃苦；缺点是好酒贪杯，私心太重，但他在剧团里事业心倒很强，他的为人特点是：用着你时什么都行，能叫你爹；你一旦失利，他用不着你了，踩你比谁都厉害，如三国中的魏延，脑后有“反骨”。演出联系场地倒也能干，此人是不可不用，而不可重用。人员安排、职务任用分工等事情，将来肯定要重新调整，按工作能力，工作态度而定职任命。

在第一次全团大会上公布剧团有关事项，市“文委”李志范主任及有关主管领导到团讲话，任命我为团长。我很担心，这个烂摊子我如何整顿？领导叫我表态讲话。我重点讲了压力大，但我服从组织决定，尽最大努力在最短时间内恢复剧团的正常工作。我已打上了报告，剧团目前缺人少物，行当不全，演戏困难。计划剧团将来定员四十五人的编制，三位副团长中第一副团长分管剧场（剧场的经理），威海剧场和剧团是一个党支部，一个单位两本账。下面行政、业务副团长也有明确的分工。我重点向大家讲清楚党支部书记组织尚未派来，业务、行政副团长包括我这个团长都是过渡时期，将来招聘人员齐了重新调整。工作要受大家的监督，如果有违章不称职的，可随时由群众罢免。我的意见是提醒我们这四个团长（一正三副），不要假公济私，特别标明此乃过渡的团长，要经受考验。到会的同志鼓掌。要立即成立清点小组清账查库。请叫庄的那位丛团长来进行交接手续。

大会圆满结束，看来领导们也还满意。剧场的几个人员与剧团合在一起不习惯。我深深有体会，过去剧团没有剧场，排练演出无场地。剧场和剧团合成一个单位两本账，剧团有了“窝儿”就好过多了。可是剧场的经理不满意，原先剧场的一切经理说了算，而今经理变成了副团长分管剧场，大事要经团委会决定，权小了，但组织决定了也没有办法，好的一点是此乃过渡时期。

很大一部分人员急于改行挣钱，也有嫌剧团苦累要求转业的，党支部书记迟迟没有派来，人员思想复杂。找我谈话、要求调动的，搞得我焦头烂额。

急需两位副团长拿出自己分管的计划。行政工作相对简单，有戏就可以外出联系演出点。但这位业务团长十八天未拿出业务计划，什么业务规章制度，产生剧目等计划，他根本不懂。十八天过去，等不得了只好我来做吧。一个跑龙套的，要他做出全部业务计划也真难为他，“说话的巨人，办实事的矮子。”业务主管能力太差，这给我增加了工作量。

我和梅葆玖先生通信，得知他在上海举办梅派学习班，我打算派团里的两名青年尖子演员张传秀和姜培松，参加两个月的学习班。我这次接手剧团，账上分文没有，要送人到上海学习，最少每人要花费千余元。李化安会计说：“从某某叫庄垮台，每到开支，我们都要跑财政局。送人外出学习虽然钱不多，也得团长你到主管部门去要。”我也很为难，我理解上级领导都讨厌下级向他们要钱，可是到外面学习机会难得，于是，我就硬着头皮到市文委。见到李志范主任，讲明情况，梅派学习班学习，剧团目前正在恢复整顿中，前面的团长账上未留一分钱，所以我来向您请示怎么办？”李主任半天才说：“目前京剧团派人出去学习不是时候，你们主要是尽快把京剧团恢复正常，外出学习以后有的是机会。”我恳求地说：“李主任，这样的机会百年不遇。咱威海京剧团的青年演员接触老戏少，基础差，像这样的梅派学习班不容易赶上，有好苗子要培养，咱不能耽误人家孩子。我本身深有体会，粉碎‘四人帮’后，为普及麒派戏，培养继承人，上海成立麒派学习班，三个月，来了通知叫我去学习，团里书记不同意，并说我若去上海学习班，每天要上海给1300元钱，理由是我走了团里没有主演，真是令人发笑。我安排了七场戏，两个导演可以分管业务，一个地方演出点五六场戏，业务上一切没有问题，团里书记就是不同意。我找了市委副书记、宣传部长、文化局长，最后团里书记一口咬定：“马团长走了业务上出了问题我不负责？”最后上级领导都同意了，团里的支部书记就是不放，结果我也未去了，此事成为我一生的遗憾。你们做领导的，不理解我们演员的心情呀，说真的不是我和梅葆玖先生有点交往，像这样高规格的梅派学习班拿多少钱也去不了。”李主任笑了，“好吧，你先回去，我们考虑一下再答复你。”我也玩笑地说：“这件事你若不批准，我就不走了。”他更风趣地说：“怎么你要在这里绝食呀？”我说：“不，在这里静坐！”说得大家都笑了。“李主任，不就这两个钱么？机会难逢呀。团里目前演不了戏，在清点、查账、交接，等一切恢复的差不多了，她们学习也回来了，我们正好排戏安排演出，这一点您放心，出了问题我负责。”“你这个老同志真能磨，好吧，我同意去一个，因梅派派学习班，姜培松去不对路。临走的时候叫她到委里来一趟。”“那是当然了，肯定要来委里听您的指示，谢谢李主任！”“谢什么，这也不是你自己的私事，工作嘛，你回去吧。”

我出了文委大门，心里说不出的高兴，总算能派出一个学习的，这和我们自己培养学员决然不同，现在剧团的教师与梅派学习班的老师没法比。同时我想，如果将来京剧团走上正轨，定要分批外出学习，或者请名派专家老师来团示范、传授，要打破过去那种故步自封的僵化局面。

外出学习的事情进行的较顺利。传秀到文委，领导和她如何讲的我不知道，但毕竟领导是批准了。我想传秀也一定能向领导表示，感谢领导派她去上海学习，我作为一团之长，一个老同志，应再嘱咐她几句，不管她爱不爱听，我有责任，讲些什么呢？我对她讲了事先考虑的几点意见：

一、梅派学习班在上海举办，尚属首次。我考虑葆玖先生不会整天在班上教学

生，肯定还有梅派老师，在这个班上可能你的年龄最小，接触的老师最少，基础也比较差，主要多向同学们、师姐妹学习，多向人家请教。

二、广交朋友，和这些师姐妹把关系搞好，保持联系，在艺术上以后好通信请教。

三、这次学习班乃速成式的，时间短，不可能学多少戏，学生多，班上的学生都是有一定艺术基础和舞台经验的演员。你要多学些剧团知识，包括对人的礼貌，演员的自身修养、综合素质等。

最后一件事，上海的气候、饮食条件和我们这里差别很大，要注意身体，有病会耽误学业，就说这些吧，供你参考，盼你学好，业成归来。

当时我思想深处的话并没有讲，威海京剧团1970年这批学员来团，正是工宣队、军宣队革委会领导，老同志调回剧团教学员，不准叫老师，要以老张老李的称呼。原剧团的主演，好也不用，特别是我，批斗的活靶子教学员，不管技术如何，只要革委会赏识，就可回剧团当教师。可怜的孩子们，1970年这批学员他们根本不懂剧团的规矩、礼貌和应该如何学戏演戏，把他们单纯的心灵污染了，文艺界的优良传统被砸乱了，许多不良习气和负面影响把思想搞乱了，至今没有彻底纠正过来。我想，随着时间的推进、形势的转化，前辈艺人的良苦用心，他们慢慢会理解的。

剧团通过整顿，总算上了轨道，开始练功排戏招聘演员。威海市虽然地方不大，但在全国各地倒很有名气，有“北方小香港”之称，闻听不久要成立地级市的消息，原来威海工作的演员蜂拥而至。四大名旦尚小云的孙子、孙女，尚长春先生的儿子尚继春，来威海应试演出《罗丝峪》、《寒宫惊魂》，嗓子武功都好，真是全才演员(现为山西省京剧院《走西口》的主演)，其姐尚慧敏试演《女起解》、《失子惊疯》。尚小云先生亲传，艺术出众，连戏装都是尚小云先生传给她的。现中央台尚小云先生的录音，大都由他配像。哈尔滨京剧团的马四喜，来威海应聘试演《四平山》。天津的老艺术家李荣威先生曾介绍孟广禄(当时他乃青年花脸)应聘。泰安京剧团的马登峰夫妇，济南市侯金俊夫妇都是难得的人才，大部分是自出路费来应聘考试的，遗憾的是主管领导一概不批准，一位也未收留，这些演员现在大都是全国京剧院的主演，倘若当时能够收留几位，现在的威海市京剧团应该是别一番风貌了。

剧团是收拾起来了，可是放走了好多骨干，现在主要的是添人，恢复业务，经常向主管部门请示反映。领导不能把我“抬”出来就不管了，缺人少物，剧团怎能正常演出？最后总算招收了王萍（现吉林省京剧院主演）和姜某两名青年。姜某是筋斗虫儿，虎跳前坡（前腾空翻）一串能翻十三个。因丑角缺门，招收一名临时试用的丑角演员刘

宗荣，此人能编能导，丑角彩旦都很不错，就这样凑合着排戏。刘柏霞和姜洪东的《打焦赞》、侯兴莉的《宇宙锋》，王萍的《拾玉镯》，我的《古城会》，这四个折子戏都属于恢复剧目，演出质量尚可以，困难的是打击乐人员不全，没乐器。连块手锣都没有，买也买不到，没办法，我写了一个借条，派徐志波到烟台京剧团借了一块手锣。

在重重困难中总算恢复了几个节目。谁想这一段时间主管部门撒手不管了，如今我才明白地级市未成立，上面领导不说话，下面谁去多这些事。也只有我这搞专业不明时事的傻子，埋头抓排练。

1987年，马少童与尚慧敏（四大名旦尚小云先生之孙女）合影留念

张传秀从上海学习回来了，她在梅派学习班学习《凤还巢》，也演过一折，为此首先给张传秀把《凤还巢》全剧排出来，向领导汇报演出。1970年以来，这批青年未接触过这个戏，因此所有的配角都要现学，分工教排，老生、丑角（朱千岁）由我教排，幸有刘宗荣这个临时工的丑角，大小姐这个角色很熟悉。自名是唱小生的业务副团长，由他教排小生，他竟一个字也说不出来。穆易居的A角邹景杰，B角刘崇杰，迟迟不能排练，最后实在没法推脱了，这位副团长才说实话：“我不会。”可把我气坏了，“你也不会？何不早说，耽误了好多天！”幸亏我过去伴孙荣慧先生时演过三年小生，穆居易还是我教吧。

《凤还巢》一剧近30天排好了。请领导来看彩排。

按说把戏排好了，我应该陪领导在台下看彩排，但四个头的兵都不够，我带头扮兵，洪功发点一场我扮上龙套。这是我舞台生涯48年第一次跑龙套，因为我第一次上场就是打武戏，从未跑过龙套。业务副团长不能教小生，扮二把龙套，我想两个团长都扮上龙套，以后再排龙套，就没有人好意思说不干了。老同志和台下的老观众有些议论，马少童跑龙套？可是青年演员倒没感觉，连主演雪娥的张传秀也无甚感觉，团长主演给她跑龙套，她并不知道这是多大的抬举培养她。当然不能怪这些孩子，都是“文化大革命”造成的。

评职称矛盾重重　争等级气势汹汹

推到风口上浪尖，上下进退两艰难；领导都管都不管，犹如破舟搁浅滩。

京剧团就在这种情况下，等待着威海地级市的成立。关于京剧团目前的处境，没一位领导表态的，原市上的各级领导要等新地市领导的意见，而新地级市领导刚接手工作，工作繁忙，根本顾不上市京剧团的去留琐事。这时候，下来一件对剧团有利的大事——要评职称。

戏剧科王科长到团开会，讲了评职称的条件、意义和要求。群众仍然对这份工作很模糊。剧团在这种情况下评职称，我的压力又来了。长期养病的，平时不想干的，听说评职称了，也都来了，争着要职称。好处是评职称评定条件卡的很严。不够格，不符合条件的争也没有用。

文委在文化系统各单位抽调上十五个同志成立了评定小组，先由单位评选投票，把评定意见加选票等原封资料报到文委，文委再把资料发给评定小组评定。这项工作难度大而复杂，三县一区的资料上来，都由评定小组评定。我首先把剧团的评定工作搞结束后汇报上去，然后再到市“文委”评定小组去工作。

别看平时有些人不想干剧团，评职称了倒很积极，从威海京剧团到文登、荣成、乳山剧团里的好多演员都来找我，说白了都是要求把自己评得高一点。真是好笑，我如何解决的了？但我发现了一个问题，县一级的剧团不能评二级演员，最高到三级。我觉得下面有意见是有道理的。我到文委找李志范主任反映，“县一级的剧团不能评二级演员，这不合理。应该根据中央规定的条件，够那个级就评那个等级。李主任您想，县市级的剧团正常营业演出，一个剧团连个二级演员都没有，他们演出的票价，包场费怎么定？一个专业的剧团，连个二级演员都没有，人家能包他们的场吗？应该是不分县、市、地级剧团，根据文件规定，演员够哪个级的标准就评哪个等级。”李主任沉思了片刻：“你讲的有道理，可是咱这地级市只能评这个规格，上面就这么定的。”我说：“请您和省里反映一下。如果按原规定地市只能到二级，县级剧团里不能有二级，恐怕对今后剧团演出不利，也给演员增加很多思想情绪，最好您能为我们向上反映一下。”李主任笑了，“好吧，等我向上省里反映一下试试。”

王科长又来传达文件："县级的剧团若够规定的标准，可以评二级和一级。"这一个好消息对下面鼓舞很大。我想这件好事可能是李志范主任向省里反映的结果。这样一来，全地区多了十几个二级演员。此后也有很多麻烦，如团里那位评上三级的业务副团长，坚决不要三级职称。并且大言不惭："有你马少童，我才要二级；没有你马少童，我得要一级"。真是戴着高帽地给我施加压力。还有养病一年多的找我要职称的，因为文件规定：养病过半年的没有评定资格。可是他要打架，考虑到这位同志过去的工作中也有一定的贡献，我到文委要求请示，做群众工作给他评了个三级，他仍然气势汹汹地威胁我："不给我把这事情弄好，没有完，我儿子长大了，一辈一辈地没完。"可把我气火了，我挺胸扬脸上了一步："怎么要报复我呀？我不吃这一套，职称评定上有领导、文件依据，下有群众选票评定，想在我身上发威要'兀徒'哇？没门儿！有本事你到文委找领导去。"这时很多群众过来劝架，闹事的人撤退了。同志们劝我："你怎么能和他一般见识，不用生气了啦，团长！"

我顿时像挨了一拳，同志们一句劝慰的话，却重重地击痛了我。"对呀，我怎么能他和一般见识？"最后的一声"团长"叫的我太难受了。团长怎么能和群众一样地争吵呢？忘了自己是团长，和我争吵的人都是多年的老同志，怎么能这样？此时我由气愤变成后悔、惭愧。气也消了，嗓门也降到了低八度："没事，刚才我也不好，说了些气话，等以后再和他谈谈，你们回去吧。"

此事发生，我后悔莫及，自恨自己没有水平无涵养，回家途中自责记事。

自 责

生姜干老辣气在，缺乏涵养脾气坏；

乱事如麻难排解，自愧无智又无才。

演出慰问副总理　谷老点戏看跑城

原国务院副总理谷牧同志来威海，市政府要为他组织一场晚会。

谷牧副总理非常喜欢京剧，而且他唱得也相当不错。他深通各个流派的特点，非常内行。

当时烟台话剧团在威海剧院演出话剧，谷牧副总理怕在台下看戏惊动观众，影响不好，决定不去；威海少年宫有个20几分钟的少儿舞蹈，他不太感兴趣，于是联系烟台京剧团来威海，但烟台京剧团到外地演出了。古牧副总理特别指出，“不要兴师动众，搞得满城风雨，咱威海不是有京剧团吗？找个地方，演几个唱段或者折子戏就很好嘛！若不方便就算了，不要当成什么大事。我回到家乡，凑到一起热闹热闹就很好。”

这样市文委就把这个重要的硬头任务指派给了威海京剧团。此时的威海京剧团非比以往了，业务荒废惨重，但这一硬性任务，不管怎样也要完成。最后决定在市群众艺术馆的排练厅小舞台上演出，剧目由谷牧副总理亲自点的，开场《女起解》，由侯兴莉主演。第二出《断桥》，白素贞由张传秀饰演，小青由姜培松饰演，唐明壮饰演许仙。最后是我的《徐策跑城》。马宝山饰演薛刚，朱云芳饰演纪鸾英，都是原来的老搭档。虽然剧团瘫痪日久，但这三出戏都是熟戏，自信没什么问题。

我们紧张地对戏准备。忙坏了市文化局的领导，小礼堂观众席全部换上了沙发坐位，公安保卫更是戒备森严。

预备铃响过，开戏了，台下仅40几位领导观众。陪同古牧副总理来威海的，有山东省的一位副省长，威海将要提格成为地级市。市委书记李太启、市长李文全、市委副书记陈建国、政府秘书长王晶东，还有威海文委的领导李志范、王河清等。

很长时间没有演出了，这种场合的演出都会很紧张。我时刻地提醒自己，不能过火、毛躁，准确运用技巧、把握人物性格地塑造。前面两龄都是青年演员，而且都是拿过奖的青年尖子，我这个老演员最后要压得住。因为看戏的是中央、省、地市的领导，而谷牧副总理又非常内行。台下的掌声、喝彩声使我感到，台下对我们的演出，还是非常满意的。

尾声过后，台下爆发热烈掌声。演员谢幕，领导上台和演员一一握手，谷牧副总理高兴地说：“不错，真不错！”又对我说：“累坏了吧？”我恭敬地回答：“不累，您老多指教。”他笑着说：“这出戏是麒派的骨子戏，载歌载舞的，不好演，也非常吃工夫，你演得很好，很好！”他向大家祝贺演出成功，高兴地和演员合影留念。

新市长给我任务

焦急中终于等到威海地级市的成立，但剧团仍然无人过问。演员先后调走了七八个，剧团缺门太多，演不了戏。我们只有“咬紧牙关等决定”了。

一次，威海市各界知名人士在东山宾馆三号楼开座谈会。休息时，我抓住机会向李文全市长反映：“京剧团目前的情况，谁也不管，工作开展不了，或留或砍，最好领导能尽早指示，这样干耗着，国家浪费开支，荒废人才，这样拖下去如何是好？”李文全市长讲：“马团长，咱没接触过，但我早就知道你，目前地市刚成立，很多重要大事急着去办。我们政府和市委的领导腾不出手来，慢慢地会解决的。”我说：“剧团的人员本来就不够用，现在还经常调走，人都快走光了，将来即便是组建剧团也没有人了。”市长很严肃地讲：“那不行！你一定要把人给我把住，人员不能动，特别是主演骨干，一个也不能动。我们会尽快地解决剧团的问题。谷牧副总理看了演出，评价威海京剧团还是很不错的，很欣赏的嘛。”我总算等到了领导的指示，我说：“我尽量按您的指示去做，但是主管部门抽调人员，我可没办法。”市长说：“我知道了，我们争取早日过问剧团的建设，今天就谈到这里吧。”

我吃下了这颗定心丸后，好像增强了信心，回团以后，为了增加大家的信心，鼓舞士气，我在全体会上把市长的话传达了一遍，并告诉大家，剧团不久会有结论的。有事业心的同志感到剧团有希望，增加了事业心；想转业的人，活动得更加厉害了，恐怕一旦定下来走不了。我本身是希望将来能把剧团搞好。

世事变化难猜难料，我怎么也想不到市京剧团后来解散的结果。1948年以前威海的新威京剧团，后来备战去了大连，大部分主演都成了大连京剧团的主力骨干和文化干部。以后威海又成立了威声京剧团，现在的老人只有我和徐子平老会计了，他已94岁了。当时还有一个业余话剧团，演出阵容也相当不错。1952年威声京剧团分为两支队伍，去了文登、荣成，分别集合两地的专业、业余票友，成立了专业京剧团。1954年又成立起很好的威海市京剧团“文化大革命”中解散了。1970年再度成立，可算是几上几下，但总是保留着一个京剧团。谁知在改革开放的大好形势下，反把京剧团搞没了，一个地级市没有剧团。这件事我至今不能理解。

市人大、政协开会，我把有关地级市的文化、艺术、戏曲事业的建设问题提出了议案，并得到很多代表团的同志的支持签名。不久后，政府有关领导召见我。我进门一看，有市委陈建国副书记，政府秘书长王晶东同志等领导，另外还有工作人员记录。陈建国副书记非常客气地说："马团长，你是咱威海京剧团的老团长，早就听说过你，但未坐到一起，对京剧你是内行，关于威海京剧的情况，我们想听听你的意见和想法。"王晶东秘书长又讲："咱们随便谈，不要拘束，闲扯扯，随便谈。"

我久盼有个机会向领导反映有关剧团的一些问题和意见。平时想的很多，但今天突然见到领导反而不知从何说起。我说："很早就盼望能向领导反映一下市京剧团的情况，首先声明我所讲的都是个人看法，不一定对，我就想到哪就说到哪吧。

一、威海京剧团的大体情况。威海市老京剧团的阵容，演出水平在我省是不错的，演遍了山东各地。1966年"文化大革命"中，京剧团被迫解散。1970年又成立了这个新剧团，由调回来的几个老同志边教边演，青年是边学边演。这些年来剧团发展很不错，在烟台地区青年汇演也是数一数二。巡回演出走遍山东，在天津、东北各大城市演出，反响也很好。前两年由于借承包之名，被人钻了空子，把剧团搞垮一走了之，应该说是主管部门用人不当。去年主管部门领导做我的工作，叫我出来收拾这个烂摊子，好歹把剧团规整起来了，正逢成立地级市的前夕，哪位领导也不好插手，直到今天剧团缺人少物。工作不能正常进行，放又放不下很是困惑。因不知道领导的意图，只好等待。

二、对市京剧团的设想。目前的剧团如果要抓也不是太难。关键是我们不了解领导的意图，搞个什么样的剧团，达到个什么标准？我想最重要的是领导的决心。提出纲目来，我们就可以按纲目去工作。"王晶东秘书长笑了，"那你看应该搞什么样的，什么标准的京剧团？"我说："第一，重要的是要招收几名骨干主演，目前团里缺少名角。地区级的剧团，要达到能各地巡回及出国水平。现在的主演就指着我和张传秀是不行的，要想发展，必须添两至三名挑牌的主演，这样剧团的水平上去了，青年们学能有目标，重要的是有老同志在技术上传帮带，得到培养。组成老、中、青的演员队伍，再招收七八个青年学员，培养继承接续骨干，才有发展。第二，剧团的灯光、音响、服装要逐步更新，先少量的投资添补，逐步健全。第三，经济的压力大。新老剧团成员及退休人员的工资、药费都压在剧团头上。剧团目前确实有少量不适应在剧团里工作的人员，最好由政府解决安排，把过去退休的老同志的工资转到社会上发放。这样剧团经济压力就轻多了，可以集中精力搞业务。第四，招聘难解目前之急，我们可以在本地区里调整补缺。

我有个不成熟的想法，这项工作肯定是有困难，但领导若下决心搞，不是不可能。全地区的专业剧团统一整顿大调动。

威海市现在是一个京剧团。荣成市一京一评两个团，文登原来是一京一吕两个团，现在是艺术团。乳山原来是京剧团，现在是吕剧团。我的看法是剧团剧种要纯，不能搞大杂烩。京就京，吕就吕，几个剧种搞一锅烩，其结果就是‘乱套’，一辈子也搞不好，实践已证明了这一点。

我的看法是，威海市市直下属三县，各留一个团。因为上面来的领导，外国来宾较多，招待慰问场数最多，目前看大陆出国的剧团，绝大多数是京剧。地区京剧团应想到将来有出国的任务。不完全是为了经济收入，重点是提高威海市的知名度。把三县原有的京剧骨干调上来充实市京剧团。青年们调上来，通过实践培养，很快就会成长起来。市直再招聘两三名有知名度的演员，剧团的水平就比较可观了。荣成市可成立一个评剧团，因为他们的中老演员都有评剧基础，也是山东省的一个剧种，文登留一个吕剧团，把威海下属三县的吕剧骨干充实进去，这个吕剧团也会很不错。乳山可以搞一真正的艺术团，把威海下属各地专业及业余的能歌善舞的青年挑选出来，包括各地文化馆的业余骨干充实进去，还必须招聘三四名歌舞尖子，如男女独唱的演员，相声、快书演员，乐器有一定独奏水平的人才，成立一个精干的轻骑团体。全地区剧种为京、评、吕、艺术团，一共200人左右。在本地区巡回就可以了，剧种新颖，观众欢迎，路费开支都能减轻很多。

全地区的统一安排调整，肯定有不少困难，由下面往上调较容易，而由上面往下派，就会产生思想问题。这些问题，关键是领导的决心，妥善的安排，思想工作跟上去会解决的，各团组建领导班子是关键，业务领导必须要内行。其次，政府要少出一点经费，如灯光音响、服装，包括运输工具等，看起来为剧团的建设投资要花一点钱，如果这点开支能纳入市县预算，实为九牛一毛。以上所讲乃我个人看法，没有文化，水平有限，错误难免，请领导指正。”

陈建国书记笑着说：“你讲得很好，非常专业，因为我们就是要听取专家们的意见嘛。”

王晶东秘书长说：“我们想威海的戏剧事业，你肯定有些见解，今天一听，确实内行，不愧是专家。我们还要各方面的听取意见，文化戏剧团体的改革建设，有它的特点规律，正像你所讲的做起来会有很多困难，不可能一朝一夕就把戏剧事业搞上去了。今天先谈到这儿，以后咱们再谈。”

谈话结束后，出了政府大门，我边走边想，刚才和领导们所讲的有没有错误？近两个小时的交谈，我就像演了一场大戏，回到家里觉得很累。不管怎样，领导已开始过问了，看来剧团会有希望的。

不久我听到一个消息，荣成京剧团的主演陈剑萍同志，在荣成政协会上提出全地区专业艺术团体建设改革的议案，得到委员们的支持，议案和我的口径一致。我深深体会到，她和我都是年过半百，舞台上已无什么大的作为了，为什么对剧团这么关心，着急？是对戏曲事业的感情，是对威海市专业剧团今后发展的责任感使然。

宣布解散京剧团　特殊待遇苦难言

焦急地等待，终于盼来了剧团的消息。

出乎意料，既不健全，也不解散，而是整编。外地来的演员，自己联系调动。本地部分青年演员，编入市群众艺术馆，成立一个演出队。大部分中年以上的演员，都转业到本市各厂矿企业。

唯有我的安排很特殊，原团长的待遇不变，但不上班。唯一的任务是三县一区如果创作了新剧本、排演新剧目，由我陪着领导审阅一下。这的确是组织上的照顾，是养老的差事，但我是一个54岁的演员，就这样离开舞台被“养”起来，实在不是我的意愿。

我要求调到其他城市的京剧院、团，概不放行。

把我编进艺术馆领工资，他们的演出用不上我。心想，我要是退休就自由了，想去哪里都随便了，结果主管部门不批准。

没办法，我坚持要求放行，自己联系院团，调到别处去。自信舞台演出尚有能力，武功方面虽然翻跌不行了，靠把戏还是可以的，编戏导戏也能应付得了，于是找到李主任。

李主任听了我的想法，笑了：“马团长，我给你交个底吧，剧团整顿，把部分有前途的青年演员放到群众艺术馆，其他愿意走的我们都放行，大多数都是转到工厂。剧团不存在了，我们首先考虑到你，你对威海京剧团感情极深，听到这个消息恐怕你承受不了。原来想安排你到政协去任个主任，听说你坚决不去。最后研究安排你退二线，原团长的待遇不变，在家研究麒派艺术。如果组织上需要，你必须出来。”我一听这话就蒙了，“您说得对，我对剧团的一草一木都有感情，我满脑子都是戏，除了‘西皮二黄’，别的什么也不懂。再说，我今年五十四岁就养起来，这要养到什么时候啊？还是放我走吧，到哪里不用领导操心，只要放行就可以了！”他说：“这个安排，不是哪一个人的意见，是经组织研究决定的。以后去三县一区审查剧目，你还要陪领导一起去；有外地剧团来威海演出，你还要陪领导一起观摩，做些必要的工作。”

事已至此，再说也无用了，就告辞吧。

我出了文委的大门，腿都软了。怎么也不理解，一个地市级怎么能连个剧团都没有？作为威海地区第一个国家一级演员，我的心血和汗水都洒在舞台上，五十四岁就把我养起来了，苦对谁诉？

剧团进行交接，戏箱早已封了，办公室里尚有我和刘书记、副团长的三张旧桌子、椅子。去收拾旧物，突然看到我坐过的那把旧椅子上的垫子！垫子啊，风寒酷暑，顺境逆境，你不离不弃地陪伴我几十年了，如今剧团都不在啦，咱俩的缘分也到头了，以后……以后……想到以后，我的心抽搐着在痛。

收拾东西的同事发现我脸色不好看，他们说：“团长，这个垫子您坐了这么多年，您拿回去吧。”我鼻子一酸，强忍着泪水说：“好吧，这个破椅垫子，我收下做个纪念吧。”这个旧得没了模样的椅垫，至今仍保留在我学习坐的椅子上。

我最最痛心的是，威海京剧团我任团长以来的日常工作大事记。大事记一天一张表，年月日、天气情况、演出剧目、演出安排工作及日常活动，请假外出的人员，演出的经济收入、观众的情绪、领导到场情况，表格上一清二楚。一月一本，一年十二本，多年积累了两大摞。多年来的大事记，被焚之一炬。

我长叹一声：“罢了哇罢了！”禁不住泪如雨下……档案资料，多年的心血就这样被焚了，心痛啊，谁能理解？一个剧团砍了容易，再成立可就难了。

此后，我很少说话，也不愿意接触人。

每天早五时半，到环翠楼公园打太极拳、舞长穗剑、做弹跳练习；

早饭后到剧场前厅练功，厚底、髯口、枪组合等；下午两点半，去李洪刚老师家里吊嗓子两小时，回家练习书法绘画、读书看报；晚饭后再到环翠楼去散步，回家后看电视，睡觉。天天如此。

在一般人眼里，我是如何地潇洒享受。但我内心却苦不堪言，能向谁诉说？又有谁能理解？一家人也都为我担心，怕我闷出病来。

“文化大革命”中养成了苦闷时就练字的习惯，如今又加上整理剧本和绘画脸

谱。好在每天都安排得很满，冲淡了许多的烦恼。

难道我真的就这样养下去吗？不！我还要苦练拼搏。有道是“天生我材必有用”。也不知我身上的哪根神经起了作用，我不能这样整天苦闷，人的一生失败不可怕，可怕的是精神崩溃。

在看书读报中，我学到了不少知识，联想到关羽戏中，要破解难关、激战前夕、大难临头时，“观春秋”。我演出关公戏的时候无甚感觉，而今想到关公观春秋时，决非为了解闷儿，而是求智。我在书报上得到很多启发。基本功、嗓子不能荒废，若把基本功扔了，来了机会也发挥不了啦。

我每天坚持去剧场前厅练功，被人嘲笑是“神经病”。还有好心人劝慰我说“剧团都没有了，你还练什么呢？已经是国家一级演员，工资也不少，享受养老的待遇。整天的苦练，弄得汗流浃背，你还想干什么，何苦呢？……”而我却无言以答，一笑了之。自思、自叹、自沉吟。

苦相思

工作单位被砍掉，痴心苦练人嘲笑；

他年若有出头日，一腔热血化洪滔。

《坐楼刺惜》中马少童饰宋江

《闹朝劈宫》由马少童自编自演，并饰程咬金

《怀都关》马少童饰郑寤生

枯木逢春篇

马少童与著名京剧表演艺术家诗春秋合影

马少童与著名油画家高泉合影

威海市史志总编刘汪煜与马少童合影

马少童与著名青年京剧演员王萍合影

1989年，京剧表演艺术家王玉田先生来访于马少童舍下，并合影留念

山穷水尽疑无路

京剧团转进市艺术馆的这小部分人中，缺门儿少行，大戏演不了，只能排些小节目、小品，配合时事宣传。这批中年演员在艺术馆里，也算是半养老，不用练功，很少排戏；工资照拿，不耽误提级，靠时间、熬年头，挨班排号，高级职称就等上了。

一个演员失去工作单位和舞台演出，等于机械上的废件。说是安排我在家里研究京剧艺术，研究什么呢？文艺界有艺术家，而我如今是“在家艺术”，54岁就享受养老待遇。可是我生就的贱毛病，不演戏就难受，祖师爷赐予我一个穷忙的命，闲着难受，满脑子里都是京剧，每天在回忆过去剧团里的事儿：收了几批学员，排了多少节目，购置了多少服装，多少物资库存……

我好像性格变得很脆弱了，看见剧团服装箱上的“威海市京剧团”几个字心里就莫名地难受起来，有人提起京剧团的事我就心痛，想掉眼泪。我不愿接触人。只有每天到剧场练功，在家写写画画，回忆整理那些将要失传的剧目。

自感拼搏半世，到如今算是山穷水尽疑无路了……“想起了当年的事好不惨然”。

苦闷中我家突然来了不速之客，由烟台戏曲学校的刘宝敏老师，带着上海73岁的老艺术家王玉田先生来访。过去虽未会面，但彼此都有耳闻，王先生过去曾在上海为周信芳先生配戏，如今少见有的金（少山）派花脸，曾同许多名流合作。后随四大名旦之一的尚小云先生支援大西北，到陕西省京剧团工作多年。退休后回居上海，专业及业余圈里交往甚广，德高望重，是周信芳艺术研究会的负责人之一。王老德艺双馨，对我先师刘奎童先生也较熟悉。

闲谈中相互了解了情况，颇有共同语言，深感相见恨晚。他建议我到上海去演出，现在上海缺麒派戏，周信芳先生创立的麒派发源地，而今却少见麒派戏。

我说：“您老过分抬爱我了。上海、威海一字之差，天壤之别，我这点可怜的能耐（技术）能到上海去演出吗？上海乃周先生创立麒派发源地，名流如山，好角儿似海，我到上海去演什么？别逗啦。”

他大笑起来：“不能这么讲，天下到处有芳草，上海的名流大都是外地去的嘛！你有没有录像、录音、照片等资料？”我慨叹不已，把近几十年的经历、遭遇以及目前处境大略叙述了一遍。

刘宝敏老师心直口快：“你也太老实了，你一个挑牌的主演，既是团长，又是党员，就任他们摆布？”我笑了，“那我又能怎么样？留在威海，没有戏演；我要求调动，组织不批准，54岁就养起来了。唯一可聊以自慰的是我基功未丢，嗓子未‘塌钟’（未哑嗓子），靠把戏至今我还能演《挑滑车》，只是没有过去冲了。文戏一场可演《三保本》、《法场换子》、《举鼎观画》、《徐策跑城》四出折子戏。可又有什么用？到哪儿演？很多人都羡慕我50来岁就被养起来了，他们根本不理解一个中年演员的心情。54岁的演员就失去了工作的权力，不能演戏，这种痛苦又能向谁去诉说？又有多少人理解？您问我有什么演出的录音、光盘等资料，遗憾的很，一概没有！”。王老又问我当年拜刘（奎

1955年秋，恩师刘奎童先生赴青岛留念

童）老，介绍人是谁，收徒时都谁在场？我说“1954年在潍坊坊子演出，我师傅王韵童曾请奎童老给他加工《追韩信》的四金殿、韩信拜帅，我随之学了《追韩信》前面的《卖剑》、《斩憔》、《大招贤馆》，台词身段都是奎童先生一字、一句、一招、一式地教我。奎童先生与我共议连台本戏《金鞭记》，因我编排的《金鞭记》比刘先生多20本，他非常喜欢我，当时因为我师傅王韵童比他晚两辈，我尚在师门未出徒，所以不能拜他。1963年文艺界兴起带徒拜师之风。付长宝先生对我讲‘少童，你拜师是为名气还是为学戏？为名气去拜周先生，但周先生在上海，你在威海，学习不是那么方便，另外周先生每天的工作量非常大，没工夫教你，你也就是拜个空名儿罢了。如果是为学玩意不图虚名，就到青岛拜刘奎童先生，他本来就喜欢你，现在由威海市政府介绍，公私双关系，拜了他学戏就方便了，青岛离咱威海不远，有空就去了。奎童先生现在是青岛戏校校长，一星期去查三次课，也有时间教你。你看拜谁对你有利？’就这样由市长许善文给青岛有关领导打了电话，市委出了介绍信。我到青岛见到青岛市委秘书长许浩同志，市政府秘书长张新禹同志送我到青岛戏曲学校，戏校书记于淑芳讲明来意，去见刘奎童校长。先生非常高兴。先生为人诚直，不请客、不叩头，我只凭给师傅行了三鞠躬礼，师徒合影为凭。先生说‘我算是收最后一个关门徒弟了’。到了晚上，先生带我同师母、雪羲大姐（先生的女儿）全家吃了一顿面条，就完成了收徒仪式。住在光生家一个月时间先生给我加功了四出戏。”

1962年春，于青岛戏曲学校刘奎童先生携徒马少童加工《追韩信》、《跑城》、《斩经堂》三剧留念

玉田先生听得很感兴趣。问：“都加工的什么戏？”“《追韩信》、《跑城》、《探地穴》、《斩经堂》。先生对我讲‘《探地穴》不是麒派戏，乃海派戏’，周先生很少

演，乃奎童先生常演的剧目”。

玉田先生见多识广，他说：“《追韩信》一剧和《十族恨》、《枪桃小梁王》奎童先生是创始人，当时周信芳先生助演韩信。”我接着说：“先生曾对我讲过，1929年始演萧何，1932年周先生在烟台第一次演萧何，后来对《追韩信》一剧改进丰富了很多，信芳是梨园界的奇才，学他什么都要学，但不特意学他的把嗓子，要学他的精髓。在加工这出戏时，先生认真地教我点出他和周先生唱、做的不同之处，以及过去是怎么演的，现在又怎么演。学信芳的身段要学他中年的，不要学他的老年。特别是《斩经堂》的一些技巧，不要图省事，要从难处学。”

玉田先生问我：“有同奎童老合影的照片吗？”我说：“还有一张拜师时的合影”。玉田先生看了照片，边点头边若有所思地说：“现在你若到外地演出，威海管不管？”我笑了，“我是一个已经养起来的人，没人管我。”他又问：“如果你到上海去演出，威海能放吗？”“我到上海去演出？岂不是开玩笑？”他很认真地讲：“话不是你这样讲，上海的名流，当地人很少，大部分都是全国各地去的。上海虽是麒派的发源地,但‘文化大革命’后人才断层，如今很少见麒派戏，麒派艺术后继乏人。你有这个条件，不应自馁。你要有个思想准备，我回去到周信芳艺术研究会汇报，邀请你到上海去演出，具体事宜咱们再商量，你看如何？”我说：“谢谢您的抬爱，可是我恐怕要让先生大失所望啊。”玉田老神情庄重道：“先讲到这儿，你等我的信吧！”

玉田先生在威海待了一天，我们谈艺论戏非常投机。他说：“你是怀才不遇”，一定要把你弄到上海去演出。我说：“先生可谓伯乐，但我非良驹呀。”

在畅谈中我深深感觉到玉田先生的文化底蕴之厚，舞台艺术造诣之深，知识涉猎之广，非同一般。多年来还未遇上这么一位德高望重的知音，真有如“枯旱禾苗得甘露，春风溶化腹中冰”的感觉。我在苦闷中遇此知音，颇感欣慰。

送走了玉田先生，我又恢复了正常作息。爱人提醒我，“好长时间不演出了，有些戏应该熟练一下，如果玉田先生真的介绍你到上海，去了就演，可就‘抓瞎’了”。“你还真的当真了？人家是安慰我而已。上海缺我这样的？真是给你鸡毛当令箭，拿着棒槌当针（真）‘认’了。”“不管怎么样也应该有点准备，防而不备，备而无妨啊。”爱人所言不无道理，我却根本未往心里去。

自 叹

满腹惆怅心已冷，消磨时间练基功。
半百失业即养老，虚度半世一场空。
事不随心技无用，熬过春夏度秋冬。
时光无情抛吾去，悲伤只在不言中。

柳暗花明又一村

1989年4月14日，突然接到上海周信芳艺术研究会的电报，要我4月18日到上海，下火车时有人接站。

收到电报后我思绪又乱了，太突然了！王玉田先生在威海讲过，回去向“周信芳艺术研究会”汇报，邀我到上海去演出。我思想上根本没有重视，心想说完就完了。谁想成了真的。我爱人说：“我说嘛，叫你早背背戏，有点准备，你就不拿当回事，这下可好了……你这么长时间不演戏，到上海插手就干，演得了吗？”我冷静地考虑了一下，不但不紧张而且很坦然：“你先别急，不要闻风就是雨，还不知叫我去干什么，上海还缺咱这样的吗？还不知叫我去干什么呢？”她急了：“叫你去干什么？不叫你去唱戏，难道叫你去旅游哇？你自己可要考虑好，到上海去演出，可不是打哈哈，就两天的时间了，赶快准备东西吧！”“准备啥？拿着靴包(包头网子、胖袄大领总称)，洗漱用具就可以了，拿点粮票和生活费就饿不着。还不知那里是什么情况，很可能住两三天，我就卷包儿回啦。”

4月17日早上，我从烟台乘火车，直奔上海真如车站。一路上心慌意乱，这是真的吗？就这样到上海吗？去干什么？肯定是与演出有关，演什么，怎么演？回忆在师父门里时，常年流动演出。1957年调回威海，几十年带团领衔到各地巡回演出，都是全团集体行动，演出剧目也是剧团的看家戏，而今一人进上海，如失群孤雁，断线的风筝，举目无亲，一切情况不明，颇感孤单忧凄。孤身一人单行独闯，思想上有点紧张；上海是麒派发源地，我这两下子行吗？过去常听前辈讲，京派老生“怕”北京，麒派老生“怕”上海。意思是说演京派戏的老生怕进北京演出。工、农、商、学、兵各界的人，都会唱几句老谭的“店主东带过了黄骠马”（《秦琼卖马》唱段），都能哼几句“杨延

辉坐宫院”（《四郎探母》唱段）。京派老生能在北京挑牌演出，打住了就算“镀”了金了。而麒派老生能在上海挑牌演出，经上海的专家、观众承认了，就算披上“麒麟皮”了（周信芳先生艺名麒麟童，故誉称麒派）。上海麒派戏难唱，上至高官富翁，下至拉黄包车的劳动者都会唱“三生有幸”，及“我主爷起义在莽荡”（《追韩信》的唱段），上海流行的一副对联：“千人齐唱萧相国，万众争看薛将军。”（即萧何追韩信全部的薛仁贵）。此前奎童老师也给我介绍了好多上海的麒派演员和门下，但我一位也不认识。这样越想越多，由紧张变成了压力。最后，我想通了，紧张也没有用，这次进上海，也是我从艺半生的一个学习机会。闯进上海滩经师访友，试试上海滩艺海之水有多深，想到这些不紧张了，抱着学习态度，就放下了思想包袱和压力。

一觉醒来，要过南京大桥了！当时火车上人们的警惕性很高，怕有人破坏，列车员喊着“窗帘都拉上”，南京大桥，可惜没看到。

4月18日九点钟，到了上海真如车站。真如是新建的车站，离上海市里还有三十多公里，心里又在嘀咕，若接站的不来，我就麻烦了。未出检票口，就看到两人高举着接站的牌子：“接威海市马少童”。一位举牌子的和我相视而笑，问道：“您是？”我说：“我就是威海的马少童。”我出示了身份证，他笑了：“我是上海京剧院的魏朔峰，退休后在周信芳艺术研究会帮助工作。”“啊，魏先生，您好！流泽会长好吗？”另一个举牌子的人说：“我就是流泽，少童同志你好！”

我感觉非常突然，万万想不到老会长能亲自来接我，他是周信芳艺术研究会的常务坐班的副会长，是原上海市黄浦区文化局局长，曾任过上海京剧院的院长。资历很老，抗日战争是刘邓大军转战大别山八路军的宣传队队长。这样的老革命、老前辈到上海郊区来接站，真叫我不知所措。握着流老的大手，我感动地说：“少童乃京剧界的晚辈，一个普通演员，有何德能敢劳您老接站？真是罪过……”他把手一摆，一身老八路的风度：“哎！千万别客气，玉田先生向我们介绍了你的情况，咱们是同志，自己人嘛。”这时司机正忙着把我的提箱、靴包装上面包车，起步向上海市里驰行。

流老一身灰色的旧迪卡中山装，留着光头，面部有几个浅白麻子。江苏口音的普通话，言谈中得知他已七十二岁了，但精、气、神很足，看上去像六十多岁。人也诚恳，痛快，和蔼可亲。我非常高兴，心想：“这就是我经常在戏剧刊物上见到的流泽同志啊？我拜读过他不少麒派方面的理论文章，见解独到，非常精辟。魏朔峰先生是“老上海”，上海京剧院演出《七侠五义》时曾介绍过他，铜锤架子花脸都演。他也是一套整洁的深灰色中山装，干净利索，一看就是一位慈善的老艺人。白白净净的虽然已六十

多岁，但看上去只有五十出头的样子。

透过车窗远望，一片片的油菜花，水塘围绕着稻田，金黄、油绿，水塘里还漂荡着小船，好似一幅“江南风光”的山水画。

“这段路还真够远的”，流老的话冲断了我的凝思。魏先生说：“真是不近，我在上海六十多年，上海生，上海长，还是第一次到这里来。”司机师傅说“我们也是一样，很少到这里来，路况都很生。”我插话道：“真如车站正式使用可能还不到一年吧？”流老问我“过去来过上海吗？”“给周（信芳）先生扫墓时来过一次，那时来开会，纪念周先生的纪念会”。“上海京剧院还有熟人吗？”我摇头一笑：“没有，我先师刘奎童的熟人在世的很少，在世的如今也都八九十岁了，我都不认识，只有一个老师叔刘斌昆先生，今年可能八十八九岁了”。魏先生说“刘老身体很好。你和玉田先生早就熟吗？”“不！认识才不到一个月，玉田先生到烟台看朋友，听说奎童先生有个小徒弟在威海，便让刘宝敏先生带他到威海找我，我们才认识了。”流老说：“玉田先生回来告诉我，奎童老威海有一个关门弟子，文能演《跑城》、《追韩信》，武能演《夜奔》、《挑滑车》，年龄不大，肚囊很宽，特别还有几出将要失传的麒派戏……”我急忙拦住流老的话题：“哎呀，说来惭愧，先生门下弟子很多，北京中国京剧院导演郑亦秋是我大师兄，广州京剧院付祥林（ 即小春奎）是我二师兄，辽宁的曹艺斌是我三师兄。解放前跟先生学戏的很多，如大连的小春来、赵鹏声、李师斌，云南的高一凡，还有青岛的刘宝英、潍坊的小昆童（蔡锡元）等等。先师在世时曾对我说‘你是我的关门徒，排行最小，我的玩意你得的最少。以后不管到哪儿都要虚心向前辈、同人学习。哪怕是跑龙套的，舞台的经验多，也可能教你。只要你虚心，尊重人家，人家冲着我这个老面儿也会教你’。我先师于1966年4月18日肠癌故于青岛。先师故去20余年了，对我的教诲，我牢记不忘。这次来上海不知‘周研会’领导怎么安排的？这对我来讲是一次很好学习的机会，肯定会结识很多老师和朋友。”流老笑了，“我未和奎童老一起工作过，但久有耳闻，老先生德艺双馨。”魏朔峰先生讲，“奎童老在上海时，我尚是戏娃娃，先生玩意好，为人也好，当时红极上海滩，《萧何追韩信》、《英雄泪满襟》、《十族恨》这三出戏奎童先生是创始人，1931年前后在上海首演，周信芳先生助演，可红啦！还有几个弟弟刘四粒、五粒、六粒、斌昆老，还有能编能导的刘韵芳，当时上海的刘家诸杰，可了不得。后来奎童老去了北方，刘家诸杰也大都先后离开了上海。斌昆老在上海京剧院是元老。”

一路行来，观不尽的江南美景，说不完的衷肠话，不觉车进市里。停下来了，下

车一看我就乐了，威海路！这不到家了吗？众人进了大门，我才知道这是文化局招待所。登过记，安排好房间，又到上海芭蕾舞剧院小百花饭店。四菜一汤，每人一碗米饭。上海人的实在和简朴，不摆虚伪架子，不能喝酒就不劝酒，三个人就一瓶啤酒，礼貌性的，每人一杯就吃饭了，一餐南方风味的接风宴，简朴实在，情意融融。回到招待所，送别流、魏二位后，我就躺下来休息了。

一觉醒来已是下午五点，招待所里有工作餐，但我想品尝一下上海的风味小吃。街市上小吃好多，什么麻球、米线、绍兴粽子、绿豆糕、米糕，也有油条、麻花，尝不完的小吃糕点，非常开心。

不觉两天已过。在这里住宿很不习惯，晚上十二点以后还有旅客进驻，夜静了，还"叽里呱啦"吵得人没法睡。可是，早上九点多了这些人还在睡。

我的习惯是早上五点半就起床练功。这里又没有条件，再加上毛毛雨非常多，一会儿下，一回晴，心烦得很。忽然听到有"阴阴喏喏"调嗓的声音，我冒着小雨出了招待所，顺音找去。

不远一个小花园，像三岔路中间夹着的绿化带，花草树木茂盛。吊嗓的声音越来越大，是在调小生唱段，我过去一看，差点笑出声来。这种场面似乎是在电视剧里都少见的镜头，在小树上绑着一把雨伞，下面坐着一位老先生，在摇头晃脑，全神投入地拉京胡。已进入感情在唱的这位老先生，看上去也是六旬以外，手里拿着一个水杯，唱得很不错，还带着表情。听得出是《小宴》中吕布的娃娃调；小雨虽然不大，可是他在这里最少也是一个多小时了，上衣已湿透，头上的雨水一道道地往脸上流，但丝毫未影响他的唱和表情。再看这位六十多岁的琴师，树上绑的那把雨伞仅是为了挡住京胡，他大半身子也是在淋着，脊梁上已都湿了，但仍全神贯注，拉的也带感情。我不敢笑，怕影响人家的情绪，礼貌地站在一旁树下听。

这一段唱完了，他俩擦了擦脸上的雨水，喝了口水。我走上前去打招呼，拍手道："太好了。"这二位同时走过来，含笑拉手："见笑，见笑"。我发自肺腑地说："下着雨，二位还在这里调嗓，太执著了。"他们不无自豪地说："风雨无阻，这点毛毛雨算什么？侬（你）也好听京剧吗？""我非常爱听，但不会唱，只是瞎好罢了，你二位唱奏的很严密，在一起结合有多长时间了？"他二人相示而笑，"三十多年了。侬是北方人吧？来上海干什么？"我笑了笑："来上海出差办事。听到二位在唱，就赶过来了，你这段是学叶先生《小宴》中的娃娃调吧？前面的二黄是不是《官门带》？"这二位惊讶不已，异口同声道："啊！你还蛮懂京剧的吗？"我拱手相敬："不不不，不懂只是爱听，好看京剧罢了。”他们说：“周六、星期天上海有很多票房，你可以去买上一杯茶，尽情地听。我们也常到各票房去玩，听、唱、拉，都可以，满开心的嘛。”“好，谢谢！有时间一定去。”

我告辞回招待所，心想，这两位上海的票友真让人敬慕，三十多年在一起，天天如此，风雨无阻，真是难得，这样坚持调嗓胜过专业演员。联想到自己，有些内疚和惭愧。

早餐后下雨未能出门，心里正着急，流泽同志来了，这位老会长神情庄重而热情，一见面就问我“怎么样？少童同志，这两天休息的好吗？生活还习惯吗？”我礼貌的回答：“很好！从威海来上海，一切都觉新鲜，只是早上没地儿喊两嗓子，活动活动腰腿。这里的人都是九点才起床，我怕影响别人休息。”流老笑了：“我们想到了演员的习惯，今天来和你商量，准备叫你搬到会里去住，现在咱们周信芳艺术研究会，是在周信芳先生家中办公，条件不如旅馆，但喊嗓子练功倒很方便。”我高兴极了“太好了，那咱们就走吧！”他笑了：“你倒挺急啊！收拾东西上车。”

不大会就到了目的地，下车一看是长乐路788号，门旁大牌子上书“周信芳艺术研究会”，这就是周先生的故居——周公馆。进了大门，是三层小楼，周围是花草树木，只见米兰、广玉兰盛开，满院飘香。我们上了二楼的会客厅，我住进会客厅套间里的小书房。大玻璃阳台包间里是会长、秘书长、会计办公的地方。流老带我熟悉一下环境，其他房间门大都锁着，二楼三楼都有卫生间，一楼有厨房，是原来的面包房，有方便的煤气灶，随时有开水，一层楼整个已租给龙华制药厂的几个人在办公，我最喜欢的是后院车库前面的小水泥台子，正好练功，流老说：“过去少麟（周先生的大公子）就在这里练功，周先生早晨也在这小花园里喊嗓子练念白。”

我幸运地住进麒派创始人的家里。“周研会”星期五、六上班办公，平时没活动，只有陈琥和徐惠君大姐来会，她们一位是文字秘书，一个是麒派资料秘书。还有一个公务员，收拾卫生。二楼住宿只有我一个人。周先生的浴室太高级了，大澡盆，卫生设施一切方便极了，我到三楼上一看，五六个装修工正在装修，把原来的古老门窗全换成铝合金的。流老拿出一个录音机，为我天天调嗓子用。更有意想不到的好事，大玻璃阳台包间头上，垛有二尺高的书堆，各种戏剧杂志、刊物，戏剧理论、导演理论以及文学艺术等等书籍足有一卡车，我可以尽情选读，自恨自己只有两只眼，一个脑子，看不迭、记不多。接下来练功、调嗓、看书，作息时间安排得周密紧凑。

忽然想起来到上海未见王玉田先生，找出他给我的地址，转了大半天总算找到了，结果，先生外出不在家。

4月22日，来了一位未见过面的朋友。他自我介绍，叫陈鹤昆，乃上海的娃娃，十六岁就在大世界唱京剧，后落脚于安庆京剧团，任团长。退休后回上海定居。听说我来到上海，特来认识一下。他幼年崇拜我先师刘奎童先生，对我来说是尊其师而敬其徒。都是麒派门下，况且他经常去我师叔刘斌昆先生家去求教学戏。我又多了一位老师兄，请他带我去师叔家，拜望师叔婶娘。他说他刚从天津参加赵松樵先生纪念演出回来，也正要去我师叔家问候。

到了师叔家，礼毕落座畅谈，因为先生及我的几位师叔先后离开了上海后，先生的弟子很少进上海的，况且他们老弟兄几十年未见过面。师叔见了我非常亲切，问奎童先生及我师母何时去世，雪羲大姐及振元姐夫的一些情况，我一一回禀，老人家的双眼湿润了。又问我这次来上海“周研会”如何安排？我回答尚不清楚，等会长和我讲明后再来向二老汇报。师叔讲有什么困难只管来家和他讲，又问我带的粮票、钱够不够，我向师叔讲明一切均好，还准备去看望吴（石坚）老院长、齐英才院长和张美娟老师。师叔点头，“应该，应该。”师叔虽然88岁了，精、气、神非常足，老婶娘是标准的坐家夫人，除了冲茶沏水总在厨房里待着。师叔转了话题，问鹤昆兄此番到天津，参加赵松樵先生纪念演出的情况，身体还好吗？和松樵也是多年未见了。

师叔一家住的是上海市的“高知楼”，面积并不大，但特别高雅，写字台的玻璃板下有师叔写的一幅小楷，清秀漂亮。沙发、椅子很简单，墙上挂着一张古琴，抚琴是师叔的雅好之一。还有一幅京戏《花子拾金》的国画，是师叔自演自画的，上面有于振飞先生题写的一首长诗，赞江南名丑刘斌昆。天哪！这两位老艺术家同庚，同作一幅画，一位写，一位画，堪称梨园一宝。听说师叔的工笔仕女画最好，书法小楷很见工夫。于振飞先生的生日比师叔大，为此称之斌昆贤弟。我在想，这些老艺术家，没念过书却精通琴、棋、书、画，学养深厚，可敬可佩。

“少童在看什么？”师叔打断了我的沉思。“啊，老叔写得一手好字。”他哈哈大笑：“老了，眼手都不行了，我6岁学戏、上场，未念过书，深感文化之重要，痛感无文化之苦，所以我请了一位教诗书的老先生，在我家教了我几十年的四书、五经。想要唱好戏必须有文化，要想有知识必须多读书，演员无文化一辈子也唱不好戏。”问起二老的身体状况，老叔自豪地说：“你婶娘血压高，动脉也有问题；我身体没事，早五点起床，外面散步，一个钟头的晨练太极拳，吃过早饭，看书写字；午饭后打坐养神练气功一个小时，再到院里散步；晚饭后，看电视里的新闻、戏剧节目，十点半睡觉，天天如此”。我好奇地问：“老叔不睡午觉哇？”他笑了：“60年来我没睡过午觉，我的第九位老师叫童子红，出家了，是道士，我跟他学戏，学道家午间打坐，静心养神半小时能顶上两小时的睡眠。”我从心里佩服师叔，真是一位高人。为顾及老人休息，便施礼告辞。二老留我们吃饭，不好再麻烦婶娘，二老在大门前挥手目送我们走出好远。

鹤昆兄要给我接风。推辞不过，只好客随主便。餐后分手时约定，他带我去看望上海京剧院的几位前辈。

第二天上午，流泽会长对我讲，“后天星期六，早九点半你到上海艺术学院排练厅去玩玩，有不少专业和业余的在唱，你可以去玩玩，唱两段？”我问“唱什么，乐队要不要说说戏？”他考虑了一下“当然是唱麒派戏为好，上海的观众都喜欢麒派。这样吧，今天下午，我找一个琴师来和你对对戏，准备一下，后天上午你溜达着去就行了”。我点头应承“好吧”。流老走后，我又犯嘀咕，这是什么场面？怎么也琢磨不透。

下午二时许，齐英才院长带一位同志，手里提着胡琴来了。我明白了，这是来对戏的。互相自我介绍后，我才知道琴师姓章，是艺校的老师，他说流老让他来对戏，问我唱什么？并说：“麒派戏，观众喜欢。”我说：“你看先唱一段‘西皮’，再唱一段‘二黄’好吗”？“太好了！西皮唱什么？”“《追韩信》的头金殿流水‘我主爷起义在芒砀’好吗？”他说：“那好，我比较熟悉，观众也熟悉。”我笑着说：“我唱的这段大体上相同，但有几个小地方不大一样。快、慢、顿挫上，包括过门有点差别，如‘先进咸阳为皇上’的过门，到‘扶保在朝纲’。又如‘今日里萧何荐良将，但愿得’不过板，顶着板唱。‘把金殿上’都有点区别。”他有点茫然：‘啊，是这样啊？不行，我要记下谱子，回去练练。马老师，这《追韩信》我拉过不少年头，还真是头一次听到您这种唱法，确实不同寻常。”我笑了笑：“你今年多大岁数了？”他说：“四十二岁。”我认真地对他讲：“不瞒您说，我唱这几个不一样的地方，是我先师刘奎童先生的唱法。1929年，先师从苏联回国，在上海创编了三出新剧目，第一出就是《月下追韩信》，当时周信芳先生为了棒师弟，助演韩信。1932年周先生在烟台，第一台演出时演萧何。先师对我讲，周先生对萧何的演出，改革发展了很多。他让我很好地钻研周先生的唱法。内中有几个地方的唱法、身段我仍是保留奎童先生的演法。”他认真地把谱子记下来，对了三遍，他手里弓头都非常好，只是把不一样的地方记住就行了。“很好，您的脑子（反应）快，手头也好，很严实。”他说：“我回去再练练，这种唱法新颖，确实独到。二黄唱什么？”我笑了笑：“二黄唱一段比较生的吧，《六国封相》‘头悬梁锥刺股’的二黄倒板，回龙、原板、快三眼，怎么样？”他有点茫然：

“啊？《六国封相》我从来没见过，没听说过，我的天哪！咱还是先记谱子吧。”他的简谱很熟，一会儿就记完了，对了几遍，就行了。他说：“这齣戏上海很少听说过，这属于冷门戏。”我说：“这出戏，是周先生40年代在上海始演，当时为讽刺社会上的一些丑恶现象，‘一人做官，鸡犬升天’的势利眼。苏秦三次的失败，后成大器，封为六国的丞相。演出相当成功，当时红遍上海、江南一带。这出戏我演了几十年，‘文化大革命’后又演此剧，前后改编过四次，最后由我大师兄郑亦秋帮助定稿，他是中国京剧院总导演。以后我又演了十几年，现在成了鲜见的麒派戏了。这次唱唱内中的唱段，请上海的专家、同行和观众提提意见。”他高兴地说：“绝对错不了，我回去熟练一下，后天上午，咱们在艺术学院演出前再对一下，不会有问题。”

他告辞去了，我这才冷静下来，思考这场不寻常的演唱。熟戏熟段，虽然很长时间没演，但毕竟是演了几十年了，自信问题不大。一下午到晚上，我反复的思考熟练这两齣戏的唱段。最后自己安慰自己：反正就这么个水平，尽力就是了。

“心中有事难合眼”，我却不然。凡事只要想开了，也就无所谓了，这一夜休息得特别好。

一觉醒来，已是早上快六点了，起床洗漱后,不练功了，要做个战前“侦察”。

出了“周研会”，顺着交通车线，跑了六站路，到了上海艺术学院。我在大门口往里一瞧，像似个小城镇。呀！由大门口到学院的排练厅有一里。看好了位置我就返回了。这一天反复地熟悉、准备这两个唱段，本来已是很熟悉了，又反复思考推敲，自信比较有把握，就等明天的演出了。

我早晨起早练功，饭后吊嗓子、看报。大门口有信箱，报纸就由我主动负责了。把报纸、信件拿到办公室，把开水烧好，灌暖瓶，扫地。等会里的人来上班时，这些活我已都搞完了，所以会里的几位同志对我的印象非常好。干完后看报纸，在书垛里找书看。不知不觉一天就过去了。

周先生二楼的浴池特棒，大澡盆可以躺在里面泡。我每晚洗澡的时候总是想：“别看我麒派戏唱的不怎么样，可是天天在周先生用过的澡盆里洗澡。除非是这种情况下，我等之辈怎么可能住在周先生家里，用他的澡盆洗澡呢？”

三楼有几个装修工在干活，我好奇便上去看看，屋里一无所有，沸沸扬扬的灰尘。我突然眼睛一亮，看到一个大扣盖茶杯，浅棕色，像一个竹子桶，竹根形的把儿，古香古色。我取过来一看，上面有“江西景德镇特制”！“周信芳先生留念”的提款。哎呀！周先生用的茶杯，怎么被抛在这里？成了这几个装修工的公用杯了。我想这件东

西颇有收藏价值，顺手拿到二楼我住的书房里。用碱水冲洗后，特别漂亮，我不舍得用，把它摆在我住的小书房里。

周先生的卧室也在二楼，我每天习惯的从门缝里向里看看为周先生常设的灵堂。正中是周先生和裘丽淋夫人的大照片，旁边有一小姑娘的照片，这是周先生的孙女周畅（少麟之爱女）的遗像。“文化大革命”中揪斗周先生，红卫兵“造反派”抄家时，周先生院里养有一条大狗，护主而高吠，“造反派”把锁在广玉兰树上的大狗活活打死，这个天真善良的小姑娘惊疯而死。我了解到周先生家被害的惨况，在这相片花圈的摆设环境里，似乎回到“文化大革命”的情景中，一代宗师惨遭不幸，令人伤感，可惜门锁着，我不能进去为周先生及夫人焚香叩首。

一楼的卫生工老大姐，我们已经熟了，她经常把水烧开灌上暖壶，喊我：“马老师，请下来提水吧。”我发现她从来不上二楼。问起原因，她说因为周先生和夫人、小孙女死得太惨了，二楼上设有灵堂，所以从来不敢上二楼。我笑了：“灵堂门锁着怕什么？”她说：“那也不行！周先生死的太冤，你们唱的戏中就有冤魂，冤魂门是挡不了的。这周公馆三层楼这么多房间，晚上下班都走了，你一个人住在二楼上不害怕吗？”我说：“二楼白天都在办公，晚上通宵亮着的小电灯，怕什么？”她说：“您领我上去看看？”她随我到二楼，看了会客厅周先生的大剧照《炮烙柱》之梅柏，有两米高。“啊？这么大的相片啊！”我给她介绍，这是周总理同周先生的合影，那是周先生和梅兰芳先生《打渔杀家》和《二堂放子》的剧照；还有大公子少麟化装练眼睛的特写照片，等等。她听得很有兴趣。当她看到会客室里的顶灯，就惊奇的：“啊唷，这么大的顶灯啊？”我说：“这个玻璃塔的顶灯足有二百斤重，似这样豪华的顶灯大宾馆里都少见，您看这个大案子（会客的长条桌子）足有五米长，这样的硬木条桌也是罕见的。我们每周开理事会用的四十多个仿乾隆瓷的青花龙图案的茶杯，也是很少见的，我不知这

1989年，在上海周信芳艺术研究会（周公馆）留念

是周先生的遗物，还是“周研会”购买的？你看我就住在这书房里，周先生当年在这个书房里，不知创造过多少京剧，写过多少理论文章，读过多少卷历史书籍。”当她看到里屋地上堆的书籍，啊的一声：“哎呀！这么多书啊？”我向她介绍：“锁着的这间屋，原来是卧室，现成为常设的灵堂，你从门缝里能看见周先生和夫人的大照片。她摆着手，倒退了几步：“阿拉（我）可不敢看！”说着急步下了二楼。

我坐在会议室里又是一番凝思，她已60多岁的人了，怎么还这么胆小？我怎么就一点恐惧感没有？我经常的从门缝里看看灵堂上周先生和裘夫人的大照片，忽然天真地傻想起来，周先生若真的显灵，出现在我的面前，我会叩拜，向他请教麒派戏里的一些问题，若能教我有多好，我才不管他是人，还是灵魂。说也奇怪，这三层楼这么多的房间，晚上只有我一个人住宿，怎么一点不害怕呢？是周先生在天有灵，不让我害怕么？其实道理在于我对先生的崇拜，对麒派艺术的追求、痴心，归根结底是对周先生的感情。感情可以解决一些杂念和恐惧，我发自内心的渴盼祈求：周先生若活到现在有多好哇……，大师冤死令人痛心。

凝 思

独坐周研会，凝思皱双眉。

欲哭眼无泪，此冤该找谁？

上海滩考试演唱

4月23日拂晓，我起床后稍微活动了一下，喊了喊嗓子，把今天上午要唱的两个唱段反复熟练了几遍。俗话说“饱吹饿唱”，因此我喝足了水，未吃早餐就溜达着到了上海艺术学院。

一看手表才八点多钟，于是我在大门前转了一会儿，就直奔排练厅。路上我从行人那里了解到，这个大排练厅，平时是练功场地，芭蕾舞、京剧等都在此排练。星期六、星期天在此开设京剧茶座，可以免费听戏。演唱者大都是业余票友，但每场都有几位较有名气的专业演员唱几段“撑场子”。上海票友、戏迷特多，所以上座还都挺火。我叹服上海人脑子就是聪明，搞的活，每当院校的排练厅闲着的时候，就在这里搞京剧茶座。好听戏的群众满意，好拉、好唱的过瘾，并且还能创收，活跃市场。据说仅一个黄浦区票友活动场地就有63处。上海专业京剧团有3个，越剧团、昆剧团、淮剧团、滑稽戏剧团等曲艺不下于十个专业团体。而我们威海，一个地级市连一个专业剧团都没有。我不理解的是，都是共产党的干部在，主持工作，怎么差别这么大呢？

走着，想着，不觉到了排练厅。呀！门前惊人的场面，我不由自主地停住了。大黑板摆在门首，上面用红、蓝粉笔写着引人注目的大字："特请威海市京剧团团长、威海戏剧家协会主席、周信芳艺术研究会理事、著名青年麒派老生马少童先生光临献艺演出。"我略一思忖就明白了，这次"周研会"约我来上海，第一次露面。一是可以招引观众，扩大影响；二是为我助威鼓劲。回忆过去赴各地流动演出，贴大海报已是很习惯了，可是今天这种场面不大相同，简陋的大黑板，彩色粉笔书大字，却让我产生了无形的压力，从来未遇见这种场面，更重要的原因，这里是麒派发源地，中国四大商埠之一的大上海。我虽有四十余年的舞台经验，全国各地闯荡了几十年，但也控制不住内心的紧张。

进了大门一看，又是一个新场面。正中有个小舞台，台旁是文武场在伴奏，左台角有剧目次序牌子，一张演唱者的姓名和剧目。我明白了，这是传统的台角海牌。台上已经开演了，台下三面观众很讲究，三人一张折叠的小圆桌，为了听戏、看戏、演唱不挡眼，所以正对舞台的一面不坐人，这样看舞台上的演员很清楚，墙边放着一溜折叠桌、椅，随时可以加座位。桌子上的小碟子里，有黑白瓜子、小点心等零食，还有一小盘只能盛一个的蛋糕。现在正是上座的时候，服务人员忙着支桌子、加椅子，离台子不远左首的几桌，看得出是专业老艺人，竟有几支少见的大烟袋，肯定这是几位老前辈。

我正在观察全场的情境，突然有人抓住了我，"马老师您来了"。我一看，是今天和我合作的琴师。他说："我看了剧目表，咱们是第十六个出场，在后面，起码要等到近十一点。咱们再把唱段对对吧？"我是求之不得，非常感谢他的认真态度。

我随他到一个小屋子里，把《追韩信》头金殿的流水"我主爷起义在芒砀"顺利的对完，我说："好极了，拉得很严。"他说："这两天我练习的比较熟了，我有个窍门，把您的几个特殊的地方记住就行了，基本和周信芳老院长的段子差不多，'先进咸阳为皇上'的过门，板头大撤，'一路上得遇'一句要有顿挫，'项羽不尊'一句要催上去，'但愿得'一句是顶板唱，这几个地方我都记住了。"我挑起大拇指，"你太棒了，非常好！"他得意地笑了，"这几个地方的特点都是你对我讲的嘛。"接下来对

《六国封相》苏秦的二黄倒板、回笼，原板到“悬梁刺股”的三眼，琴师的就稍差一点了，因为他没见过这出戏。对了几遍之后，他说：“上咱们的戏还早了，我自己再琢磨琢磨。”

我出了小屋，见整个演出场地，观众上座已有八成，恰好见到流泽会长及“周研会”里的几位同志和前辈，流老问：“少童同志早来啦？”我礼貌地握手，回答说：“我九点就来了，和琴师对了对唱段。”“对的怎么样？”我满意地说“很不错，这位琴师虽然年龄不大，手头很好，脑子也快，没问题”。流老点头：“你在后面才演，坐坐喝点水。”

此时我的心情有点慌乱，强自镇定，坐下来听台上的唱段。其中有两位唱麒派唱段的。头一位是72岁的老票友，把我的段子“剽了”，“我主爷起义在芒砀”的流水，唱得很不错，虽然调门不高，但纯粹是周先生的韵味，全是从老唱片上模下来的。台下的掌声和观众的情绪，说明观众喜欢麒派，也听出这是位有经验的老票友，下过工夫，有一定水平。另一位五十左右的人上台，也唱《追韩信》，是后面的二黄“三生有幸”。一听就知道是专业演员。我向身旁的一位观众小声问道：“这位是专业的吧？”有一位讲：“他小时候在剧团里，现在改行做生意了，他爸爸可了不得，是麒麟童啊，晓得吗？麒麟童的徒弟呀！侬能听出好来吗？”我应声回答：“太好了。”他又说：“告诉你，今天你来着了，后面还有个麒派老生，是山东威海来的，没看见大门口大黑板上写的吗？叫马少童，侬等着听吧。”我笑了，点头回答：“阿拉晓得，您很喜欢麒派吧？”他自豪地说：“是的，阿拉上海人都喜欢麒麟童，他是我们老上海的。”我全神贯注注意着舞台上的节目，估计我快上了，就到了右边台阶旁候着。

果然，不一会琴师叫我：“马老师，到后台盯场吧，这段《探阴山》下来，就是咱们的了。”我到后台和主持握手，道了辛苦。不一会他就上场为我介绍：“下面欢迎‘周信芳艺术研究会’特邀山东威海市京剧团团长、著名青年麒派老生马少童先生到场献艺。”我心里想，我54岁了，在威海都把我养起来了，到这里成了“青年”演员。

我从容上场，在热烈的掌声中向观众鞠躬。报幕员讲：“马先生今天的唱段是麒派代表作《追韩信》。”又是一阵掌声，我频频地点头，说了几句客气的心里话，“尊敬的前辈、老师、艺友、票友，女士们、先生们大家好！上海、威海一字之差，但市容、人口、经济各方面特别是戏曲事业，相差悬殊。上海是麒派发祥地，我这次应‘周信芳艺术研究会’之约，从小威海来到大上海（台下一阵笑声），我不敢说是唱麒派的，只不过是崇拜麒派，学演麒派戏。自愧技浅艺薄，来上海主要是求教，拜师访友。”台下再次一阵长时间的掌声。“下面，我学唱一段《追韩信》的流水。首先向大家说明一点：我唱的这一段，是我先师刘奎童先生的唱法，先生教诲我多学周先生的特点，但至今也没学好。所以我唱的段子是刘奎童先生的基础，仿学周先生的特点，请大家听后给予指导。”上海60多岁以上的戏迷，都知道《追韩信》一剧，刘奎童先生是创始人。而且奎童先生到北方已几十年了，上海戏迷再也没听过奎童先生的演唱，台下一时议论纷纷。

掌声中打击乐起了“长锤”流水的过门，我瞬间融入人物情感，唱段中的几个重点，台下都有掌声、叫好。一段唱下来台下沸腾了，台边不少人举着小本子要我签字。此时我的心情分外沉静。主持人又讲：“下面马先生给大家演唱《六国封相》中苏秦的唱段——‘头悬梁、锥刺股’。”台下又是一阵议论，因解放后周先生未在上海演过这出戏。二黄倒板唱下来台下就轰动了，这一段是纯麒派唱腔，况且麒派戏里这种二黄三眼很少。一是新颖，二是很少有人听过。掌声中谢了幕，不少观众围住我，要求给他们签字，内中还有几个外国留学生，虽然语言不通，但叫我为他签字倒是理解。

我的心完全平静下来了，到了流泽会长面前，向几位老前辈鞠躬，征求意见。他给我介绍了几位上海戏校、京剧院的前辈。我坐下来喝了几口水，心里舒畅极了。老会长说：“吃一点吧，十一点了。”我这才想起从早晨至今尚未进食，还真觉得饿了，几口就吃了三块蛋糕，这时只听老会长对会计讲：“马上和北京电话联系，让李慧芳老师速来上海，准备去南通、杭州、嘉兴、湖州等地巡回演出，她和马少童合作带队，并有上海京剧院的几位，南通地区京剧团配合演出。”

会计走后，又坐下来谈到正题，几位前辈都客气地评论我的唱段，《追韩信》有的小腔很别致，和周院长的唱法不同。是当年刘大爷（指刘奎童先生）的唱法。《六国封相》这出戏上海多年未见了，这大概是老院长三四十年代的戏，现在年轻人更没见过。并且说：“您唱麒派戏难得的是嗓子这么好，不知您的基本功如何？”我谦虚地回答：“一般吧。”他们又讲：“奎童老年轻时唱武生，四粒、五粒、哑巴（六粒）都是唱武生的。”我恭敬地说：“老一辈的技术，我不敢攀比，我从小也是唱武生。”流泽会长说：“少童同志的情况玉田都介绍了，他能演《挑滑车》、《夜奔》等武戏，如今唱老生基本功足够用的。”我说：“1963年春在青岛，先生给我滤戏时嘱咐我，‘虽然现在唱老生，但《挑滑车》、《夜奔》不能丢。可以不唱，但不可不练，有这两齣戏的基功，唱《跑城》、《追韩信》、《斩经堂》就很轻松了’。所以我一直不敢松懈，但筋斗是不行了。先生还特别叮嘱我‘演红、黑脸（关羽、包公）戏，不要再演猴

戏了，演猴戏，再演老爷（关羽）就不沉稳’。”在场的几位惊诧不已：“你还演猴戏？”“演，瞎演。1976年粉碎‘四人帮’后，团里缺门儿，我还演《三打白骨精》的猴戏。”大家都笑了，“啊！年轻的‘戏箩筐’啊……”

流泽会长讲：“我们打算叫你同李慧芳老师领一个小组，在江南一带巡回演出，慧芳的《四郎探母》，《坐宫》她饰铁镜公主，你演杨四郎到‘过关’。后面‘见母’，她再赶演杨四郎。《王宝钏》中前面的《武家坡》她演王宝钏，你演薛平贵；后面《大登殿》她再演薛平贵。还有一齣《盗魂铃》，陈鹤昆配她演猪八戒，你可以演一个折子戏。”我没加思考地说“这不行，《四郎探母》、《王宝钏》都不是麒派戏，我也不演这两出。”流泽会长讲：“周信芳先生当年在上海，这两出戏他都演过，这次演出，原计划是沈金波同慧芳合演，不幸金波病了，要做大手术，所以准备叫你担任他这一套演出。”我笑了，心里想闹了半天是叫我“打补丁”啊。再说沈金波先生的活儿我能接的了吗？且不说我不唱这两出，就是唱我也不顶这个“雷”。李慧芳老师，从先生那论，我称她大姐，可是论年龄、资历乃我的前辈，她那嗓子、台风——角儿！我同她合作，岂不是不自量力，自找丢人现眼？

我说：“流老，您想我能和沈金波先生比吗？他的资历、技术水平、年龄同慧芳老师太合适了，您不觉得我太嫩啦么？唱麒派的有几位唱这两出的？当年周信芳先生也演，但他绝对不是以此戏为主。再说中国谁能比周先生？”此时众人都无话可言了，我需要打破这个僵局，“我有个想法，不一定好，不知当讲不当讲？”都说：“只管讲嘛，不要客气，自己人有什么想法只管讲。”我想，这话不好说，“您看这样好不好？我们这个巡回小组叫传播麒派演出小组，麒派戏必须占有一定的比例，但目前找不到一位有威望、水平高的麒派表演艺术家来挑牌，所以要依靠慧芳老师的威望来挑牌。最好从上海京剧院里调一位京派老生来配慧芳老师演。慧芳老师这个岁数了，连演三天也累。一个地方只演三天也太少，时间都耽误在路上了，路费也太贵。我和慧芳老师一人一天如何？一个地方五场戏：头天炮戏，慧芳老师《四郎探母》一饰二角；第二天我演全部《徐策》，从“薛刚闹花灯”起，“三保本”、“二堂舍子”、“法场换子”、“举鼎观画”、“跑城”、“大报仇”完，一晚上近三个钟头；第三天慧芳老师《王宝钏》一赶二角；第四天我同陈鹤昆老师演《楚汉争》、《追韩信》，从“卖剑斩樵”起，到“四金殿”、“韩信拜帅”，中间《霸王别姬》，后面我再演《未央宫》完；第五天前面我演《探地穴》，大轴慧芳老师同鹤昆兄《盗魂铃》。这样一来，剧目岔开，每人演一场休息一天，起码新鲜，演员也有缓冲的时间。一地演五天，连来带去一周。

至于人头角色搭配，可以根据情况因地制宜，如《王宝钏》，我还可以前面垫一演《别窑》嘛，这样大家都不累，可以养精蓄锐。您看我说的可行吗？”

流泽会长笑了，看他的表情似乎很满意。众人也都点头默认。从自身条件和角度考虑，我想演出要扬长避短，首先要有自知之明。

大家互相探讨了一阵，最后流泽会长讲：“我看这个意见可行，但有些细节再仔细考虑研究一下。大家回去休息吧。”出门时他又对我讲：“少童同志，等慧芳来了，还有京剧院的几位演员，你们一起去南通排戏，等在那里演下来再回上海，由上海再到杭州，嘉兴等地演一圈儿，二三个月就可以转回来了。这几天你把《闹花灯》剧本集中一下，演出时间最好掌握在两小时五十分左右为好。近几天你可以随便转转，我和鹤昆、玉田同志讲讲，叫他们带你到各大票房玩玩唱唱，熟悉一下上海的戏剧形式，认识一些负责人，不管是专业的还是业余的，主要的是叫他们认识你，了解你，好吗？”我痛快地答了。

回到住处已是下午一点。回顾这一上午的活动情况，我有感觉，老会长安排得很巧妙，在这种场合考了我一把。看完了我的演唱就给北京通电话，请慧芳老师来沪，我想我对剧目的设想，所谈的意见老会长也无反感。躺在床上怎么也睡不着，心情非常舒畅。没想到来上海先被考了一把。我好像是刚出考场的学生，思想上非常轻松，再到大街上转转！

我想，今天的活动应向师叔禀报，立即买了水果等礼品，到师叔家去汇报。

周公馆结识名人

下午3点多，师叔午间打坐已毕，在闭目养神、喝茶。我向师叔婶娘问安后，未等我回报，师叔就笑了：“怎么样？上海对麒派戏热情吧？你刚唱完，他们就来给我回报情况，说你小子还不错。前面的‘开场白’讲得很得体，既谦虚又很礼貌，既让观众了解，你是学你师父的唱法，又融进了周先生的特点，还让大家都知道，《追韩信》的创始人是刘奎童先生。《六国封相》的段子很好，大多数观众未见过，老一辈也多年不见。这一段很新鲜，很多人也评不了，听众反映很好，我和你婶子都很高兴，我奎童哥离开上海几十年，他的门下，你是头一个闯进上海滩。有什么为难的事只管来找我。”

我听了师叔一番话，如同吃了定心丸："少不了来烦您老。先生临终前嘱咐过我，我的基础差，学的东西少。他过世之后，可以向您学，还可以找北京的郑亦秋大师兄，广州找二师兄小春奎（付祥林），辽宁一带找曹艺斌师兄，我山东潍坊还有一个小师兄筱昆童（现名蔡锡元），他们会的都比我多。春奎师兄未联系过，亦秋师兄经常通信，我写的剧本，都请他过目。"

师叔说："你的师哥都不错，后来他们大都拜了信芳哥。这次你和慧芳一起到江苏一带巡回演出，是学习的好机会。慧芳是个奇才，旦角、老生，文的武的都很不错。她姊妹俩都是老上海了，论起来都不是外人。这次到南通、杭州等地，有些前辈好老，你要去拜望他们，咱们作艺的要以礼当先，懂规矩，守礼义。"我又回报了流泽会长叫我跟玉田、鹤昆二位到各大票房转转，熟悉一下环境，结识一些朋友。师叔点头"对！上海的票友还真有不错的，要多交朋友，别看是票友，票友身上也有值得学的。"我说："师叔的教诲我都记住了。""在京剧界，你师父不在了，可以提我，他们看在我的'三分小脸'儿，不会难为你。上海滩难闯，但只要谦虚、礼仪待人，上海人会棒你的……"

天黑下来了，我要告辞。婶娘嘱咐说："上海米饭吃不惯，每天来家里吃吧。"我一再谢辞。师叔为人直爽："哎，吃饭算什么大不了的事，愿来就来。他住的地方离这儿有三里，还不吃胖了走瘦了，初来上海，多转转熟悉一下情况有好处。"

去南通之前，我把三本《闹花灯》的剧本压缩成一晚上的戏，两小时五十分钟以内可以演完。改名全部《徐策》。这三本戏是我自编、自导、自演的，所以改起来只是剪接，比较顺利，剧本由流泽会长及负责同志审阅，顺利通过。

我随陈鹤昆兄到吴老（石坚）府上拜望，吴老为人更痛快，他是上海京剧院的老院长，党总支书记，同周信芳先生共事多年，资历老，也很内行，他对我讲："现在的演员上场十几分钟，这叫什么主演？周先生原来上场就是三个多钟头的戏，如果演折子戏，个把钟头的戏，就要演双出。一晚上演不到一个半钟头的戏，就不够个主演。你们这次赴南通的业务都安排好了吗？"

鹤昆兄向他介绍了计划安排：上海京剧院调来蒋茂洲（沈金波先生的徒弟）配慧芳唱杨四郎、薛平贵，还要配少童演里子老生；花脸是魏朔峰先生；外交主事是齐英才院长（齐素芳的大哥）；江燕这次不能去，京剧院调来陆仪萍。据说南通地区京剧团的阵容还不错。接着我把五天戏的剧目汇报了一遍。吴老点头，"不错，比较圆满。少童同志，我和你讲个事，请你谅解。这次去南通巡回演出，本来准备是我的大女儿江燕同你合作，因有些私事脱不开。陆仪萍也很不错，她会的多，脾气好，很随和，来上海的麒派老生，一般都是由她合作演出。”我礼貌地回应：“我年轻，初来上海，诸事您老还得多关照。”吴老坦率而热情，他哈哈大笑，“说这话不见外了吗？以后不要客气，没事到我这里来玩。”临走时，吴老送我茶叶、莲子心，说给我清嗓子、去火。

第二次拜望吴老，是和流泽、王玉田、陈鹤昆三位一同去的。临走吴老又拿出两包莲子心送给我，关切地说：“初来南方，上海的气候、饮食方面不一定适应，这莲子心清心解热，每天冲茶加一点很好。”

告辞后，我们一起到淮海路一饭店吃饭，流泽会长请客。他们都习惯吃大米，但为了我改吃大排面。我又见识了一种新饭食，大排面原来就是白坯面条，上面盖着一方红烧排骨，再浇上肉汤。这种吃法，我们山东是没有的。

接下来的几天忙于到各大票房去演唱，结识了很多艺术家和名票。到天蟾大舞台前楼票房时，我们巡回演出小组，又从各地调来几个主力。有常州市明玉昆先生（周信芳先生的弟子）、新疆京剧团的陈新程团长、南通京剧团的主演小赵君甫（老赵君甫之子）。在上海文庙，又认识了名票孙孟贤先生，他虽70多岁，却能唱能打鼓，他唱的麒派戏，同周信芳先生唱的录音带相比，几乎可以以假乱真，我曾向他学过《雪涌兰关》韩瑜的唱段，他不好意思地讲他是票友，我倒认为他在麒派戏的声韵方面，却有很深的造诣。《雪涌兰关》原来是林树森先生所演的剧目，老一辈就是老三麻子（王鸿寿先生）和谭老夫子（谭鑫培先生）演这齣。这段唱腔里包括徽调、昆腔、京剧的四平调，腔调极为特殊，而孙孟贤以麒派的发声特点唱法，听起来太美了。孔夫子曰“三人行，必有我师”，我领会到，各个京剧演唱圈里，都有可学之处。这也正是先师教诲“虚心求学者到处有师，狂妄自傲者视而不见”的道理。

在黄浦艺术馆，幸会余振飞先生及李蔷华老师，同我们一起演唱的有王正平、程之先生以及几位票界名流，常来这里“过把瘾”的名票水平都很高。特别是电影演员程之先生，电影里是明星，唱的非常讲究。在参加铁道俱乐部及邮电俱乐部四个较大的票房合演活动时，我的唱段是采取一个熟段子，一个生段子。熟的是《追韩信》，生段子是《六国封相》或是《姜子牙招亲》、《斩韩信》，所到之处还很受欢迎。特别有利的是有陈鹤昆、王玉田先生，在我演唱前的介绍，提到先师刘奎童先生的门下、关门弟子等等，还没开口唱台下就鼓掌，由此我深深体会到先师刘奎童的威望。观众和专业同人尊其师而敬其徒，才有这样的演出效果，决非我的艺术水平所致。

感杯

师傅铺路我来走，幸遇良师和益友；

今到上海不多久，胜过坐科三春秋。

离威海到上海，环境、情况皆变，我好像到了另一个世界，在威海我这养起来的"废品"，到上海却各处演唱，观众热情的气氛，同专业同人联欢，和票友谈心论艺，好不开心。环境气氛好，倍觉年龄小，我好像年轻了许多。

上海的专业人员热情好交往，观众棒人。但我没有因叫好、恭维而忘乎所以，深感自己的艺术水平太差。首先是麒派的念字、声韵、气口都有差距。陈鹤昆老兄以鼓励的方式忽悠我："少童弟呀，你可真不含糊！我16岁就在上海大世界小舞台上唱，大剧院进不去。这上海滩的戏饭，没有点根基和靠山，想挑大牌是不容易的。从日本时期到现在，光杆一个人闯进上海滩，单打独挑的唱戏，唯有你马少童一人，可真不容易呀。"我说："拉倒吧，老兄又在棒我了。"他瞪大眼睛，很认真地说："我这不是开玩笑，是真的，不信你问问他们。"我也认真地讲："这是社会好，在旧社会里一人闯进上海，没有两下子绝对不行。而现在是共产党的领导，新上海不仅有戏班的艺气，更有艺界新风，关键是团结，艺人的思想水平都提高了。况且有你们这些艺师良友提携，师父的名望，更有'周信芳艺术研究会'的金字招牌，所以我才能在上海这么顺利，这绝非我自己的本事。"他风趣地说："好啊，真不愧你22岁就当团长，说起话来还真有一套。"他又说："上海的局面，你基本打开了，你在这几个俱乐部票房演唱通过了，在上海你就放心唱吧，四大票房通过了，叫'杀四门'，你已顺利'过关'杀出了四门！"

这段时间，一有空我就到师叔刘斌昆家，和他老人家聊天，从中也学了不少东西。师叔有个习惯，好"考"人。比如我看了某人的《别窑》、《古城会》、《青风亭》、《杀惜》，师叔就问我，他们的演出，好的地方是什么，欠佳的地方是什么？最后再告诉我应该怎么演。他闭上眼睛叫我背戏，背完又教我应该如何演，特别是字眼儿、词汇、典故，表演中的程式、要领，都叫我用笔记下来。这样授教，他们都很羡慕，因为师叔这个份儿（资历），一般人进不了他的家，他们不好意思去他家学习求教。鹤昆兄就不止一次问我："小师弟呀，今天'老舅爷'（因他是周信芳的内弟而得上海艺界尊称）又教你什么啦？给我讲讲。"鹤昆兄已是72岁，上海的戏娃娃，唱了一辈子麒派戏，虽不是什么大名头，但在观众心目中也有一号，至今如此好学，这种敬业精神真值得我学习。

在这段日子里，天天都结识新朋友，天天都能学到新东西。自感太幸运了。

这时期，观摩了一场难忘的彩排，是上海昆剧院赴美演出的几出折子戏。一出《挡马》，其中有不少绝招，一出《散花》，吕君憔先生对我讲，这出《散花》是魏莲芳先生教的，唱、念、身段太规矩了，看得出华伟倚对这出戏是下过很深的工夫，道具也非常考究，绸子舞的这条绸子是动过一番脑子，绸子是透明的，上面有大小不等的彩花，当演员舞起来时，再配上灯光，长绸宛若忽隐忽现的团团的云雾，而大大小小的朵朵彩花，随长绸在空中飘荡，把演员裹在其中，给人以虚无缥缈之感。另有一齣戏我从未见过，也不知剧名，乃一青衣旦角，披着黄帔，端着盘子，盘子上有一蜡台，点着一支真蜡烛。有几个魂子惊吓她，上椅子抢背下来，屁股坐子、跪走，唱舞技巧很多，相似《寒宫惊魂》，可是她始终端着盘子托着蜡烛，太绝了，遗憾的是至今我不知此剧的名字。当时因为是内部彩排，没有字幕，在上海的几位前辈老艺人面前又不好随意讨扰，周信芳艺术研究会去了五个同志，在观众席上我见到余振飞先生和夫人李蔷华老师。

这一场戏我开了眼界。回到“周研会”我感叹：上海，毕竟是上海！到上海不久，我自感好似进了进修班，有学不完的东西。不在意满目无物，留心看到处可学。

环境变如鱼得水　赴江苏枯木逢春

四月的上海，已逐渐进入雨季，气候有些闷热，有点不太适应。出门要随时拎一把雨伞。上海的生活习惯，我逐渐适应了。

似乎每天都有活动，结识了不少专业及业余的朋友。同行常请我到家里吃饭。饭菜特点是实在，几样荤素菜肴，盘碟大小不等，不讲究餐具，按人数制作饭菜。比如红烧大排每人一块，炸多子鱼或者皮鱼，也是一人一条，不像我们山东人讲丰盛，大盘子大碗。上海的宴席上，酒、饮料随意，不劝酒，礼貌性的，实事求是，能喝多少喝多少，人烟闹市很少见醉汉。

对我来说不论到谁家做客，酒饭并不在意，主要是学知识。如到吕君樵先生家聊天、喝茶，特别开心。我曾在《威海戏剧沿革史》中，写过日伪时期，他曾来威海演出近一个月。他回忆威海迪华街老戏园子，东门外的大草场，宝泉汤澡堂子等等，记忆犹新。午饭他必小饮，我陪他浅斟慢啜，闲谈中"掏"他的玩意儿。如《取长沙》中，黄忠中了关羽的拖刀计，马失前蹄而落马。周信芳先生《连营寨》中刘备的扑火，眼神、手势和身段的特点。《斩经堂》中火焚潼关后，上马下场，尾声中的身段、步法。他仔细听了我《法场换子》的录音，认为改得很好，周先生不唱大段反二黄，我根据自己的条件，以麒派的声韵特点，唱大段反二黄。他笑着说："你还真行，听起来很不错；要运用自己的条件，扬长避短，这段反二黄唱得不错，能听出是麒派的唱法，但有一点要考虑，高腔多了一点。要知道，高腔多了，反而显不出高来，高腔前后必须有几个矮腔铺垫。不能认为有嗓子就多唱高腔，腔要根据台词感情运用，'总唱高腔听觉平，总唱低腔无激情；字韵流畅活运用，高低适度才有情'。"

我听了他的点评，顿开茅塞，知其理，解其意，学其智，受其益。谈到《斩韩信》的路子，他说此剧老牌（指周信芳先生）不演，乃关外唐韵笙先生创立、流传。他建议我可采取小杨月楼的特点去演。"扮相也不一样，杨月楼是大红蟒、云间大飘带，扎软带，载改良侯帽，大后兜红倒缨，不戴胡子，武生扮相。按你的体形条件，保准漂亮。唐先生是侯帽，有时载金大登，红蟒、硬带，黑三缕髯口，扮相大气，以老生演法有份儿。我演此剧是按小杨月楼的扮相，不过我是载黑五缕的改良髯口，是根据《追韩信》之后，韩信的年龄而载黑五缕，为改良蟒软带协调而定。"他取出他当年的剧照给我看，我看他《斩韩信》的改良扮相很漂亮，连声称好："太棒了！"他笑了："扮相要根据自己的条件，老院长（周信芳）是改革派，你演《绝龙岭》吗？"我应声回答："演倒是演，只是瞎演。"他说："你不要和我客气，任何人同演一出戏都不会一样，这是演员水平决定的。我是说周先生演《绝龙岭》的闻仲就是改良扮，红改良靠、大斗篷、白眉子，白改良髯口，相似圣诞老人。又如周先生的《渭水河》，你唱吧？"我点点头说："《封神榜》第六本，我演过《渭水访贤》，也是改良扮。"他笑了，"这就对了嘛，还别说，你会的还真不少。"我玩笑地讲："人家是唱戏，而我是'造魔'。"他一摇手，严肃地讲"不用管这派那派，观众喜欢就是好派，周信芳那个嗓子能把观众唱哭了，唱笑了，唱激动了，这就是技术、是艺术！什么派？他叫麒麟童成了麒派，他若叫金龙童可能就成了金龙派了。所以说学谁都要活学。周信芳若死摹一家，就创不出麒派来。我跟周院长一起几十年，他五次出国都是我当他的秘书长。他整天琢磨戏，满脑子都是改进。他学老谭（谭鑫培），把老谭的东西融化成自己的东西。他学很多前辈而看不出来像谁，像谁？像自己——麒派！"一两小酒下肚，引出这么多的

戏技艺理。

我经常和这些前辈聊天，都能从中学到不少东西。特别是在师叔刘斌昆家里，他老总是考我，某出戏你怎么演？为什么这么演？总之我答对了的时候不多，但每次考过之后，他都给我讲评，我都用心记录，回去再悟，从而得到提高。这是我的校外学校，出徒后再学徒的感悟。

白天拜师访友，聊天学技艺；晚上写笔记，深思其中理。先辈一席话，胜读十年书；艺海深无底，自愧水平低。

不久后的一天，流泽会长到会告诉我："明天咱们去南通，巡回小组汇合、排戏，首场在南通演出。再到上海，由上海再赴江苏省各地巡回演出。为主的是李慧芳和你。还有陈鹤昆、上海京剧院的陆仪萍、魏朔峰（花脸）、蒋茂州（老生）。可能有常州戏校的明玉昆先生、新疆京剧团的陈新程团长。原上海京剧院副院长齐英才任剧务，我俩带队，还有事务联络人员吕步芳（小生演员），你收拾准备，明晨来车接你，八时到码头乘船去南通。"

我想在上海这几天的自由生活告一段落了。明天要去南通了，对于排戏，我思想上毫无压力，因排戏对我来讲，已是很习惯的事了。我想，南通肯定有一些老前辈，我当拜访求教。先师奎童老在世谆谆的教诲，不敢忘记。这次师叔又嘱咐，新到一地要去看望前辈，问候求教。我经常自叹细思，人那，仕途难料！威海京剧团被砍掉，我54岁就养起来了，成了混吃等死的高级寄生虫了。平时练功、复习业务只是冲解心中的苦闷。人都有梦想，而我从来没梦想到上海。又和李慧芳老师协队到江苏各地巡回演出，这真是想象不到的事。我沾了麒派的光了。前辈亲友，都是尊其师而敬其徒，先师刘奎童给我铺平了道路，我独自一身的浑小子就闯进了上海滩。在这种特殊的情况下，又住在周信芳先生的故居府邸里。我虽对麒派艺术理解有限，但沾麒派的光却不少。

回想起来上海这段时间，所经历和发生的一切，我不由自主地又走到周先生的灵堂前，轻扳门缝朝里观瞻，马路上的灯光透进楼窗，大师和夫人的黑白大照片看得非常清楚。我心里默默念叨："周信芳先生，一代宗师，我在您府上住了这么多天。明天我就要去南通了，晚辈后生与您老也算是一段缘分吧。您走得太早了，您走得太惨了！您的辞世，对中国京剧艺术是多大的损失啊……"不觉我两腮的泪水已流到胸前，我恭恭敬敬朝周先生夫妇的遗像鞠了三个躬。

我回到书房躺下来。又想，这样的大师、天才，身遭惨死，我等之辈在"文化大革命”中受点冲击又算什么呢？大师已逝，但麒派艺术还在流传、发扬光大！

五月的天，早晨五点钟就大亮了，我洗漱完毕，再次去探视了周先生的遗像，心想，如果能给先生烧点香该多好啊可惜目前没有这个条件。心里默默地想：老院长，再见了，不知何年何月，能再来看您？

吕步芳同志来接我，帮我拿东西上车。很快就到了码头。

登上江船，进舱一看，大家早已上了船，魏朔峰先生、蒋茂州、陆仪萍。啊？老神仙也早来了（陈鹤昆先生平时好讲故事，善通阴阳，能掐会算，神乎其神，所以我们开玩笑叫他“老神仙”）。鹤昆先生开玩笑总是瞪着眼、板着脸，他说：“我们来等了你三个钟头了，看见了嘛？你这角儿不来，就不敢开船。”我也玩笑地说：“拉倒吧，谁是角儿？你这老神仙才是角儿呢，你会早来三个钟头？老嫂子也不会叫你来那么早，你俩这出《别窑》唱不完，你能走吗？”大家又是一阵大笑。

汽笛长鸣，船身已离开码头了。我好奇的向窗外望去，好美的海景。他们都说：“今天我们好福气，风平浪静，一点颠簸的感觉都没有。”船行至吴淞口，就听有人喊：“看那，这水里黄、蓝分明！”我这才注意到江水同海水混合的海面上，黄蓝两种水色分明，美极了。

“马老师，请过来吃饭吧！”凝视中我被呼唤声惊醒，我缓过神来，一看表，已快十点了，“早饭已过，午饭尚早，这是吃的是什么饭？”老神仙又发话了，“不懂啦不是，上海的习惯——起床晚，八点多才吃早点；今天早上就不用吃饭了，现在吃饭，吃完饭睡午觉，下午到南通肯定有‘下马饭’（接风宴）”。我明白了，北方人不懂南方的习俗，我一看他们各自都带着熟食小吃，摆了一大摊。我却一点准备也没有，“好吧，喝什么算我的”。我急忙到船上小卖部买了饮料加饭酒，大家团团围坐，吃吃喝喝，大小水杯、瓶子欢碰畅饮，好不开心。齐英才先生年龄比我们大，饮食有节，一会儿上床休息去了。我们几个人碰啊、喝呀，高兴极了。临来前老会长流泽同志曾给我交代过一项任务，我便借酒说话，了解情况：“哎，我想起一件事来，南通京剧团有位主演叫小赵君甫，认识吗？”他们都说：“太认识了，怎么回事？”我说：“没什么，听说他也是我们‘周研会’的理事，麒派老生。”魏朔峰先生说“他是赵君甫的儿子，赵君甫是老上海啦，也是周信芳先生的老搭档，本行是武生，在上海滩、江南有一号。”老神仙一贯健谈，也愿意实话实说。“赵君甫在上海唱武生有一号，他老婆外号赵五娘，有名的美人，他儿子小赵君甫，也是唱武生的，后改老生。是上海第一批麒派学习班的学员，在南通挑梁多年，现在主要是学麒派，小赵为人不错，心眼不坏，就是脾气有点‘那个’，和我们的关系不错。少童弟认识他么”？我摇头，笑着回答“不认识，因为流泽会长对我讲过他，这次咱们到南通还要同他合作呢”。蒋茂州说“这次演出配李慧芳老师的《坐宫》、《武家坡》我都是熟的，可是配您的这几个活儿，我全都很陌生，您可得多费心啊”。我说“没什么，生点的就是《探地穴》中的八王爷，反正有排戏时间，咱们住在一起，早晚休息时间都可以说戏。”常言道“酒逢知己千杯少，话多只在开心时。”聊得舒畅、开心，喝得高兴，不觉已是十一时多了。

我刚上床铺躺下，鹤昆兄到我床前对我讲，“少童弟，咱们去理理发吧，刮刮脸，免得一下船，胡子拉碴的不精神”。我笑了，心想这老神仙想的倒很周到，我说“您去吧，我的头发不长，我想下地起码排三四天戏，等演出以前再理发比较好，再说在船上理发、洗澡都很贵，‘宰’人哪。”他把头一晃，“怎么会呢？他‘宰’别人行，他敢‘宰’咱们？你不去，我去了。”

我闭上眼睛在想，刚才他们给我介绍了小赵君甫的情况，心中有了底，临来前流泽会长对我说“南通京剧团的主演，小赵君甫，也是咱们‘周研会’的理事，他年龄比你大两岁。此人会的不少，就是性格有点特别，你心中要有点数，好好团结相处，万一出点什么矛盾，叫人家看笑话，你算是老党员了，也当了多年团长，在待人处事、工作方法上肯定有一定的水平，这次巡回演出一定要搞好团结。”我非常理解会长的用意，立即表态：“您老放心，演员之间的矛盾，无非是戏码与演员的安排上，小赵君甫性格怪点没什么，是龙就有性，有本事的人都有性格，我会处理好的。我也有缺陷，互相谅解就行了，他比我年长，我还要向他学习呢。”流泽会长满意得笑了：“很好，工作相处互相谅解，艺术上互相学习。我们这次巡回演出是传播麒派艺术，也是互相学习的好机会嘛。”老会长的一番嘱咐，我铭记在心。加上刚才几位的介绍，我心里已经有底了，我想我会把同行之间的关系处理好。不知不觉进入梦乡。

汽笛声把我从沉睡中惊醒。船已靠上码头，到南通了。我心中默默地想，好兆头，一觉睡到南通。首到上海属南下，由上海出码头，头一个码头就是南通，南下通达！这些带有古风俗的口气找吉利的习俗，也是在师门里的熏染，但不管怎么样，心情是很好。

这个码头比上海小多了，和威海的码头相比也完全是两个情形，我忆起在电视里见过这种江南风格的小码头，很有意思。我随着人流，手扶木制扶手的护栏，踏着桥板前行，不远就到了出口。南通京剧院的几位领导接站已在久候多时，齐英才秘书长将双方人员一一介绍。

我们都上了车，到招待所安排房间。团里负责人讲："诸位老师都累了，休息一会儿，去市政府餐厅吃个便饭，洗个澡，明天市领导要接见，并设迎风宴接风。"

"太赛啦！"（美极了）外面传来大嗓门的喊声，冲破了我们温馨畅述的气氛，"哎呀！我迟到了，未能接你们，抱歉抱歉。"随着高调门的语声，闯进一个人来，紧接着大家异口同声地"小赵君甫"！陈鹤昆老兄用手一指，喊上了，"小赵，怎么才来？我给你介绍一个新人，这是马少童，从刘大爷（刘奎童先生）那儿论，都不是外人，他是威海京剧团的主演，也是团长！这次是'周研会'特邀来上海同我们一起演出！"又对我说："他是……""我已经知道了。"我打断了鹤昆兄的介绍，"赵兄，小赵君甫，仁兄！小弟技艺太差，初来江南，您多关照"。他紧拉着我的手，"客气啦不是？山东我不陌生，你的名头我久有耳闻；我是当地剧团的，这团里阵容水平不太理想，您多包涵，有嘛需要的只管说。"我说："流老介绍过您，这次合作演出，少不了麻烦您，还要向您学些东西。"他拉着我的手，痛快的一甩，"别逗了！您向我学？学吗？咱哥俩是初次见面，他们都了解我，我自小唱武生，近几年才迷上麒派，也唱几出麒派戏，这次您来南通我太高兴啦，以后有时间咱们多聊。"麒派艺术结缘，把我们南北各地演员聚在一起，是缘分，也是一大快事。说不尽的话，呈现了人亲艺更亲的和谐气氛。吕步芳催大家快吃饭去！

大家一起到了南通市政府招待所，大餐厅条件很好，饭菜的花色很多，都是江南风味，如同在吃自助餐。艺友相聚，边吃边聊，美极了。餐后大家步行回招待所。我注意到街道店铺比较繁华，特别是舞厅、酒吧霓虹灯，音乐交响，比威海热闹多了。沿海气候与威海相似。

回到招待所，淋浴后，我习惯地睡前回顾一天的活动，重点是在思考小赵君甫，因会长嘱咐我，要和他搞好团结。我感觉此人坦率诚恳，说话很直，从他那做装打扮上可以看出，他不大讲究衣着穿戴，头剃的倍儿亮，上身着一件旧汗衫，下身穿黑色中式便裤，赤脚穿着一双舞台穿的薄地靴，把靴腰剪去了，成了尖头的便鞋，大红板带，一动就露出腰带头来，粗憨的嗓子，体瘦而筋道，一双非常有神的眼睛。从接触这段时间，我能猜想到，此公脾气是有点耿介，显露出较浓的旧戏班老艺人的风度。我想，了解了他的习性，和他的关系准能搞好。后来事实证明，我对他的分析是对的，而且我俩真的成了好朋友，铁哥们。

李慧芳老师由北京来南通，她带来一位琴师黄天麟先生，包头桌马金秋先生（原荀剧团的老艺人）。参演的人员来自上海、北京、南通，威海只我一个，也算南北合作

加山东了。

慧芳老师来后更加热闹，除了排戏，就是各社团、协会宴请，联欢活动。政府、政协、民革请巡回小组去座谈联欢，认识了不少名流前辈，如张洪奎先生是原上海的老艺人；解兰玉老师年近七旬，看上去也就是五十多岁的样子，标准的江南美女。日伪时期她在上海，曾经以改良戏轰动上海。如《戏迷家庭》、《纺棉花》等时装戏，吸引观众，一个多月上座不衰，红极一时，现任南通市戏曲学校教师负责人。还结识一位名票，金笑兰女士，大学教授，出生于戏迷家庭，在奶奶怀里抱着就看京剧，梅兰芳先生一上场她就笑，故名金笑兰。她是古文教师，梅派票友，如讲《木兰词》，她从诗词到京剧的《木兰从军》的昆腔，边挂子（载歌载舞的程式）表演给学生们看。又如《孔雀东南飞》的长诗，她就表演唱上一段京剧刘兰芝的唱段，学生如痴入迷。我听了她的发言深受教育，她以京剧和古文结合为一体授课，真了不起。要不是我们的剧目已定，时间有限，她还真想同慧芳老师合演《王宝钏》呢。我在座谈会上也做了发言，介绍麒派艺术的精华，以及自己学唱麒派的心得体会，清唱《追韩信》的选段。陆仪萍唱了《贵妃醉酒》选段。陈鹤昆唱《明末遗恨》选段。蒋茂州唱《斩黄袍》选段，他嗓子特好，高而亮，原来他是学高（庆奎）派的，后拜沈金波先生改学马（连良）派。几位名票也各显身手，南通可谓藏龙卧虎之地。

会后，鹤昆兄领我到张洪奎先生府上拜望，住宅虽然不大，却弥漫着艺术家庭的典雅气氛，古老字画、条机、方桌、太师椅，古香古色，特别吸引人的两幅大剧照，一张包公，一张曹操，今看剧照，就可知道洪奎先生当年在舞台上的风采，包公、曹操，一白一黑的脸谱，两身红、黑分明的大龙蟒，美极啦。言谈中得知他年轻时在上海，和我先师刘奎童及四叔、五叔、六叔都熟悉，我也领悟到这位老艺人的品德和风度。回忆起先师在世时的教诲："我们艺人各地演出，要知道各处都有高人，到处都有良师益友。"临来南通时师叔刘斌昆对我讲："南通有不少老艺人，你要登门拜访，不一定去学什么，主要显现我们艺人的礼貌，师门里的礼教。"师辈的教诲，在日常生活中，同人相处时，我体会很深，艺与德是两回事，有的人有技无德，也有的人德好而艺不高。艺乃技也，德是品行，所以说要做个德艺双馨的艺人确实不易。

流泽会长和齐英才秘书长为这次杭、嘉、湖一线巡回演出动了脑筋，戏码和演员的安排也是反复思考而定。炮戏的安排，由李慧芳、陆仪萍、蒋茂州等演出全部《四郎探母》。李慧芳老师前《坐宫》饰铁镜公主、蒋茂州饰杨延辉；后面《会弟》、《见娘》至《回令》慧芳老师赶演四郎。《盗令》、《回令》陆仪萍饰铁镜公主。第二天，

我演全部《徐策》（即《闹花灯》），我饰徐策，魏朔峰先生饰薛刚，陆仪萍饰纪鸾英，蒋茂州饰薛丁山。从《闹花灯》起，依次《三保本》、《二堂舍子》、《法场换子》、《薛刚招亲》、《举鼎观画》、《寒山搬兵》、《徐策跑城》至《大报仇》完。第三天全部《王宝钏》，《平贵别窑》由小赵君甫饰薛平贵，陆仪萍饰王宝钏，《武家坡》慧芳老师饰王宝钏，蒋茂州饰薛平贵，后面《大登殿》由慧芳老师饰薛平贵，陆仪萍饰王宝钏。第四天，全部《楚汉争》，《追韩信》从张良卖剑起，陈鹤昆饰萧何至《三金殿》。后面《报急》、《东门》、《追信》、《四金殿》，至《拜帅》，由我饰萧何。中间《霸王别姬》由陆仪萍饰虞姬，魏朔峰先生饰霸王。《未央宫》由小赵君甫饰韩信。第五天，开场由两个获一等奖的青年演《战马超》。接下来《天雨花》对鞋的一折，由小赵君甫饰左维明，冷梅饰荀含春，靠轴《探地穴》（即寇准背靴）我饰寇准，陆仪萍饰柴郡主、蒋茂州饰八贤王。大轴《盗魂铃》，李慧芳饰女妖，陈鹤昆饰猪八戒，她俩演《盗魂铃》也是老搭档了，40年前她二人同袁小楼合作，就演这出《盗魂铃》。

袁小楼乃中国京剧名猴，在他之前，还有一位名猴叫杨小楼，清末有“杨猴子”之称。袁小楼以翻筋斗称绝，前坡、出场时前后腾空翻都是在空中两个转体，如跳水运动员，难在演出时，跟头落地无声，在那个年代袁猴子的跟头，首屈一指。

这五场戏安排得非常圆满，南通京剧团演员、乐队比较强，可以想象到，如果再认真排几天戏，演出效果肯定会更理想。

我在威海市京剧团几十年，演出的剧目也都熟悉了。可是在这里，什么都是生的，所以我要留心每一个细节，如字幕要亲自校正，服装头上脚下，都要试穿大小，衬褶子，水袖长短，都已试过，得心应手，万事俱备。排完自己的戏，还要认真地看另几位的剧目，看排戏是很好的学习，因为重要关节和技巧要反复排。

白天排戏，晚上没演出，我们总是聚在一起，饮茶聊戏，各自都谈白天看排戏的体会，不论哪位有不足之处，就坦率地提出，第二天再加工。麒派小组巡回演出是个整体，要为艺术负责，起到为“周信芳艺术研究会”争光的作用，起码不能给麒派艺术抹黑。

李慧芳老师的三齣戏，《四郎探母》、《盗魂铃》，均为轻车熟路，自己带着琴师，配角也无问题，排戏时一遍即过。重点是排我的《闹花灯》。《探地穴》一剧占人少，陆仪萍饰柴郡主，八贤王由蒋茂州扮演，都是具有一定艺术水平的演员，只要词和字幕一样，腔可以发挥自己的唱功技巧。唯有我和陈鹤昆先合演《追韩信》前后萧何的分工，我尊重他是72岁的老师兄，请他演后面的萧何，“报急”、“追信”、四金殿“拜帅”；他尊重我是初来上海，又有师辈的面子，争着要演前面“三金殿”（三次保荐韩信）。我二人争了半天，谁也不肯演后半齣，齐英才秘书长也不好硬定，他说：“您二位都这么谦让，我也没法说，你俩商量吧。决定后，告诉吕步芳，通知剧场再出大看牌（海报）、登报纸。”最后，鹤昆先生真诚地讲：“少童弟呀，咱俩别再让了，我已古稀之年的人了，你年轻力壮，能跑能唱，你非逼着我去卖老命摔吊毛么（前滚翻）？咱们是一个整体，怎么合适怎么演，不分前后，又何必讲那些老一套，叫大家评评这理，我说的对么？”好吧，话已说到这份儿上了，那我就恭敬不如从命了。中间的《霸王别姬》仪萍饰虞姬，魏朔峰先生饰霸王。《斩韩信》一折，本来由我赶演饰韩信，因这是小赵君甫常演的节目，我就没有必要再赶演这一齣，叫他演，我正好观摩学习一下。这样小赵君甫演大轴，重要是为树面子，他在南通地面上不掉价。如此安排大家都满意。

我非常注意看小赵君甫演出《别窑》。因为麒派的《别窑》有几点与众不同。

晚饭后又都凑在一起聊戏，这已成惯例，大家畅所欲言。我首先提出有关我改革的《二堂舍子》及《法场换子》，请大家提提意见。鹤昆兄讲：“这两折戏改的很好，合情合理，比原来的老折子戏火暴多了，从扮相到剧情颇有新意；但《法场换子》起反二黄时，在大过门中的身段有点过，应考虑到徐丞相的身份，不能为了讨好观众而丢了剧中人的身份。”我立即表态：“太对了，至理名言，我当认真考虑，下次排戏马上改。”他笑了，“也不能听了意见就改，你自己要分析一下，想好了再改嘛。”我说：“不须考虑，您提的这个意见，我已有感觉，下次就改。”随之大家又把话题转到《别窑》一剧上。

谈到对《别窑》的看法，魏朔峰先生讲“这一齣我们都不唱，还是马老师讲讲吧”。我考虑到和赵兄的关系，不好讲，只是笑了笑“这齣《别窑》我也不实授，包括《三打》，也是瞎唱罢了。”流泽会长说“咱们这个演出小组，这次巡回主要是传播麒派艺术，也是互相学习的好机会，大家集思广益，尽量往麒派上靠，进一步去理解，研究麒派艺术，不管是哪一位，知者为师，为麒派艺术负责”。

话已至此，我就谈谈个人的看法吧。鹤昆先生是个急性子，“少童贤弟，咱们都是自己人，有什么讲什么，别这么艮行吗”？我说“赵兄是武生底子，改麒派不久，演到这个水平已很不容易。《别窑》除姜妙香先生的小生路，高派、京派老生都唱这齣。唯有麒派路子与众不同。奎童先生曾对我讲过不少，但我理解的不多。首先要肯定赵兄

的靠把基功很扎实，可想而知当年赵兄靠把武生戏是何等的好。”“您说巧吧”，我说到这里他正好进门。小赵君甫的嗓门，宽而憨，“啊？贤弟又在表扬我哪？”鹤昆先生讲：“来得正好，正在谈《别窑》呢。”他高兴地讲：“最好别奉承，实在点，这戏我演的不归路，你说你的，我听着。”我说：“是的，关于麒派的《别窑》，周先生在日伪时期拍过黑白电影，他老这出《别窑》，老叔（刘斌昆）给我说过几个特点。如平贵头场起霸，不能太过，如果像《挑滑车》高宠那样的起霸，那就不是这个人物了。李万春先生改革后，倒板上场，将起霸和马趟子融为一体，也很不错，简练而合理。我仿学试演过，效果也不错，但这不是麒派路子。‘头戴金盔一点红，或者是银盔一点红’都不准确，而应该是缨盔，缨字上口字成因字音，必须用脑后音发声才好听，麒派味才足。又如‘催马加鞭往前进’，进字不拖腔，马鞭落在小锣‘呔’上，长锤锣经要阴下来，半圆场至下场门，抬头远望以麒派习惯用的抖劲，锵！变得心情非常激动，表现出离家日久，远远望见寒窑了，打马、落在小锣的‘呔’上，紧长锤长调门，快步半圆场至窑门，‘大大大大’呛！后退亮相，下马收腿唱下一句，‘叫声三姐快开窑门’，再去拴马，整一下马鞍子。有的演员前面下马就把马拴上了，上王三姐唱时平贵没事干了，脸冲里、屁股冲着观众站着，很难受。进窑后，多数演员是归大边，三姐关上窑门从平贵面前走过去到小边，唱下一句。周先生这一调度很好，平贵进窑到小边，三姐关上窑门一回身，二人目光相对，紧长锤中表现小夫妻久别重逢的激动心情，斜对着二人半圆场，平贵调度到大边，二人相抱。小亮相三姐上下一看，再唱下句。这一情节太棒、感情太浓，充分地表现出小夫妻的恩爱情深。相互的念白与众不同，很生活化，如三姐说‘为妻送你一程’，平贵说‘外面的风大，不送也罢’。而周先生不这样念，而是非常通俗地讲‘外面的风大得很哪’，词、意、味、情特浓，太绝啦！似有话剧情节的京剧，非常感人。”

在场的人入神地听我讲。我接着说“后面‘出窑’起原板的风声，身段感情，上马圆场，三姐跪步唱‘你要走来将我带’，平贵唱‘你苦苦的拉我为何来’？这一句低沉的唱腔催人泪下。这一情节，我觉得赵松樵先生改的与众不同。他的唱词改为‘我带你到军中啊怎安排呀’，这样与三姐所唱‘你今要走将我带’，上下言词吻合，也适时合理，所以我就斗胆的尝试这样演，效果也很好，但这不是麒派原词。”

小赵君甫直爽而性急，他站起来，把椅子搬开“来吧，咱们不要不好意思，能者为师，你这就给我说，我保证虚心地学。来吧兄弟，咱这就说戏！”

我被他对艺术的认真，对麒派戏的痴迷追求，和率真的性情所感动，应声道“开

始吧。首先声明麒派戏博大精深，咱们都是在学着演，你我相互探讨，如有不当之处，仍按您原来的演法好吗？”他爽快地答道：“好嘞！”

在这种团结、和谐的气氛中探讨、深研麒派艺术，可谓难得的机会。至今回忆当时的情景，心中仍是激动不已。

第二天上午，我们众人仍在台下看排《别窑》，陆仪萍饰王宝钏比较地道。因她是李玉茹先生的学生，又在北京戏校进修，戏演得很规矩。重点是加工小赵君甫改动的几个情节，我在台下看着提醒。看得出昨晚他动了脑子，用心练习过，有些情节好了很多，但仍有的地方要停下重来，反复练习。他索性喊上了，“少童，你上来吧，在台上咱们边排边改更方便”。我不好意思地上了台，我俩边唱边比画，很顺利地排完了，他满头大汗地笑了，“您受累了兄弟”，我深受感动。

有人说小赵君甫性格怪僻。如今看来，非也。我非常佩服他的虚心好学、不耻下问、学而不厌，这一品德难能可贵。不像有的青年既不懂又不虚心，抬着扛学玩意，好心帮他提出不足，他是一头的不虚心，把你气个半死，他反而学了玩意。所以有不少前辈师长就不但不说，而且不看，这叫眼不见心不烦。为了不生气，不得罪人，看出问题也不说，若问时，就以“我忘了”，或者“我也不会”来搪塞。小赵君甫这个资历，年龄也比我年长，如此虚心好学，这才是老艺人的美德，是我学习的楷模。小赵君甫，好朋友，好哥们……

栟茶镇首演轰动

几天的排练，五场戏的剧目均已成熟。我们第一个演出地点是江苏省的栟茶。5月14日早八点四十分出发，由当地文化局潘同志陪同，此地虽然不大，但可谓“鱼米之乡”。我们上海来的几人和北京李慧芳老师她们三位，同乘一辆面包车。沿途观不尽的江南风光：早稻将熟，油菜花遍野怒放，大地似一彩色地毯；河流水塘，小船游荡，如入画境，可惜未带画板，无法写生。路上的妇女打扮更为熟悉，颇似《沙家浜》中阿庆嫂的衣着扮相。经司机介绍，这里离常熟城不远，快到阿庆嫂的老家了。

上午十一时到达栟茶。我们的面包车直奔旅馆，我放下随带的包件，急去剧场帮着卸车，这是我在威海京剧团多年养成的习惯。结果到剧场一看，演员们各提着个人的

旅行包、袋，到旅馆休息去了，只有八九个灯光、舞美、服装员在卸车。我奇怪地问业务负责人："怎么就这几个人在卸车，其他人呢？"他们说："灯光、舞美、服装组装卸车，是合理的分工。演员们文戏用嗓子，武戏要翻打，演出前都需要养精蓄锐，若要他们装卸车、布置舞台，筋疲力尽了，晚上怎么演戏？况且演员们练功、排戏时，灯光、舞美、服装人员不都在休息吗"？他们装卸车、布台，形成一套程序，也不愿叫其他人插手，并且他们还有一点劳务补贴。我这才恍然大悟，他们这里剧团内是这种制度，确有道理。而在山东各地的剧团，特别是胶东地区，完全相反，这是我来南方在未演出以前所见所闻，得到理解和启发。

栟茶古镇，来了南通地区京剧团，特别是还有上海、北京各地的京剧名流，市面轰动，剧场爆满。

5月15日晚场，头天炮戏全部《四郎探母》。观众气氛沸腾了，李慧芳老师的艺术水平，红是意料之中的事。但也出了一点小事故，留下一个"典故"。慧芳老师前面《坐宫》演铁镜公主，下来再扮演后面的杨四郎。见六郎上场时（小倒板反长锤）"如雷震"一点声音无有，我在台下，忙往后台跑，唱流水了"刀枪剑戟"仍然没有声。原来她上场时未开麦克，边幕里的人都在小声提醒，用手比画，告诉她，她未开胸麦。可是她已入戏了，根本听不见。可把我急坏了，直到"一言难尽也"要唱原板了，演六郎的人告诉她话筒未开，她这才把胸麦开关打开，"哇"的一声，台上台下齐声道："哎，开了！"至"探望娘亲"的一段唱完，台下一阵热烈的掌声。这场下来，上佘太君了，我赶过去说"可把大伙急坏了，胸麦未开"。她自己也笑了，"我忘了搂机子了"，大家被她逗得哈哈大笑。头天炮戏是红了，谢幕时花篮、书法、贺词摆满了舞台，领导上台握手恭贺，合影留念。

第二天，5月16日，由我演全部《闹花灯》。此剧新颖，这里从未演过，因为主要的角色如薛刚、纪鸾英、薛仁贵等都是我们上海一起来的，加之南通京剧团阵容较强，已排练了好几天，从开场到尾声谢幕，非常圆满，大家十分满意。李慧芳老师鼓励我说"少童，这五个折子戏串在一起，等于一个折子专场，故事情节连贯，戏又火暴，走哪儿都错不了"。这是对我的鼓励，我当自知之明，我比慧芳老师的演出水平相差太远，我只不过是卖个年轻，戏码生而迎合了观众。虽然掌声不少、三次谢幕，但我没有飘飘然，更不敢忘乎所以。

第三天，5月17日炮戏全部《王宝钏》，我重点看小赵君甫的《别窑》，他同陆仪萍配戏默契，我帮他所改的节骨眼，演得都非常好。《武家坡》慧芳老师饰王宝钏，在平贵倒板原板时，我到售票房去看电视里新闻报道。天哪!新闻报道的消息吓人，北京大学生游行骚乱、“反邓”，有赵紫阳的讲话，他向学生、群众检讨，我们几个人面面相觑，惊疑不语。哎呀，北京的治安有点乱了，我心里七上八下的，怎么会这样？看来很快要蔓延开了。《大登殿》我没心情仔细看了。回到旅馆，我向他们介绍了北京骚乱的情况，大家也都惊讶不已。

第四天是全部《楚汉争》，鹤昆先生和我演《追韩信》前后萧何，仪萍、魏朔峰先生的《别姬》，最后小赵君甫的《斩韩信》，基本是唐（韵笙）派的路子，但也改动了很多。慧芳老师没有演出，在台下看戏。我和鹤昆兄《追韩信》下来，到台下陪她看戏。一出《别姬》下来，慧芳老师说：“我没有想到，仪萍这出《别姬》，还真不错，演得规矩，可能是玉茹教的吧？地道。”止戏后吃完夜宵，我告诉陆仪萍“老太太表扬你了”，她高兴极了，特意又去找慧芳老师征求意见。这老太太的个性非常诚直，有什么讲什么，从不买好，也不怕得罪人，又和她讲了很多。我干业务团长多年有习惯，好分析市面观众情绪，因为这直接关系到上座率，我想北京的形势很快要波及到各地，我们的演出肯定也会受到影响。

第五天开场戏是《战马超》，下来是《天雨花》对鞋一折，靠轴是我和陆仪萍《探地穴》，大轴是慧芳老师和鹤昆兄的《盗魂铃》。白天街市上，虽然商家店铺也在议论北京的骚乱情况，市面没有什么变化，影响不大。剧场五天的戏票早已预售完毕，比较放心。

小赵君甫兄特意买了六个苹果，洗净之后，到房间里分，我们每人一个，他自己分两个，说先吃一个，晚上演完戏再吃那一个。我一看，禁不地笑了：“哎呀，这样的苹果还能吃呀？”比核桃大一点，青绿色的，“到我们威海捡剩了扔的也比这个好，每年秋天我最少存七八箱，从冬天吃到明年春天”，他说：“别吹啦”。我说：“我一点也不吹，你如果能到威海，苹果我管你背，能拿多少拿多少。”他们还是半信半疑，“哇！威海有那么多苹果呀”。“对！威海、烟台一带是苹果高产地，个儿大、色泽漂亮、口味好，不信请到我们威海去尝尝！”他们羡慕地笑了，“太棒了！将来有机会到威海去吃苹果。”

栟茶这地方是水路码头，水产品丰富，鱼虾市场繁华。陆仪萍到海边去买大虾，便宜得很，海虾三元一斤，而河虾卖三块六一斤，我奇怪地问：“怎么海虾还比河虾便宜呢？”蒋茂洲讲：“这里习惯吃河虾，所以比海虾贵。”我说：“正相反，到我们那里都喜欢吃海虾，河虾很少有吃的。”陆仪萍借了旅馆伙房的炉灶，给我们做糖烤虾。

她手艺还真不赖，色好味儿美，我建议给老太太送两个去，都说应该。仪萍用小盘托着烤虾，说：“李老师，我买了大虾，马老师他们建议送给您尝尝，这是我的手艺。”慧芳老师最喜欢吃海味，见了糖烤虾眉开眼笑，边吃边说她那习惯的口头禅，“太棒啦，仪萍手艺真有两下子，谢谢你们啦。”仪萍回来，我们还在品尝着栟茶南海的糖烤虾，我问她：“老太太高兴吗？”仪萍说：“高兴极了，又吃又说‘太棒了’，笑得把嘴都咧到这儿（她用手比画着两腮）”，我们又是一阵欢笑。

鹤昆兄开腔了，“少童贤弟，有一个疑问，我一直不好意思问你。”“哎呀老兄，你我之间还有什么不好问的，请讲！”他说：“前天咱俩演《追韩信》，我演完‘三金殿’下来，就一直看你的‘追信’，大套路基本上都是老派的东西（周信芳先生的路子），但报急到东门的唱‘听说韩信他去了至东门’，身段、髯口上的玩意不少，可能这是刘大爷的路子吧？但是我最大的疑问是扮相，前天晚上服装员给你准备了古铜色的改良朝方靴子，你却不穿，厚底靴子到底，不知何故？在上海江南各地，所有演这出戏的人，换追帽、改良蟒、软带，都换朝方靴子，可你却穿厚底，肯定有个说词和道理。想问你我又不好意思，不问心里又纳闷，所以今天吃大虾，趁着大家心情都好我就问问，请道其详”，他边说边拱手，大家又是一阵欢笑。

我把嘴一抹：笑道“你呀老神仙，能掐会算，这点道理算不出来？还不好意思问，真是欠通啊。说起来道理很简单，奎童老曾对我讲过，《追韩信》‘报急’一场，一身改良行头，配上改良朝方非常协调，先生从他创始这出戏，演了几十年，又悟出一个道理，那就是：萧何换上追帽、改良蟒、软带，改良朝方，除了髯口不换，上下都换了，意思是相爷在相府里穿的便服，合乎生活规律。但靴子不一定换，换上薄底朝方，好像事先就准备要去追韩信似的，又使人有一感觉，穿着薄底朝方跑起来方便，显得演员厚底功差，不如从头到尾厚底到底。原来东门上马下场大垛垅、马趟子三勒马下场大垛垅；后来我看周先生不用大垛垅，显得稳重，不武里武气的；大垛垅很吃功夫，台下也不理会，所以我也就改了。但厚底到底一直是这样演。”

大家听我言后，相互议论，赞同说：“确有道理，但穿厚底靴子追信，马趟子等等，身段是要有一定的基本功的。”

管事务的吕步芳来告诉我们：“老会长说今晚演下来，明天仍回南通演出，看看形势再决定江苏下面的演出地点。”我一拍手说“我猜对了，昨晚我看电视了，北京学生闹得有点乱套，这不，会长说拉回南通，再定演出地点，看来形势不妙哇，回南通能否再到苏、杭等码头还是个事哩。”大家点头同意我的看法。

1989年，著名京剧表演艺术家李慧芳先生与马少童合作演出于南通

晚场戏开了，剧场仍是爆满，看来北京骚乱尚未蔓延到这个沿海县城。我在靠轴演出，扮戏尚早，就在台下看了一出《战马超》，据说这两个青年，汇演时双获一等奖，他俩基功扎实，路子也很规矩。我很想看看小赵君甫和冷梅的“对鞋”(《天雨花》中的一折)，但她们下来就上我和仪萍的《探地穴》，扮好戏后，未能仔细地看，只是走马观花的看了一下，我心里有数了，我断定这一折《对鞋》他未正式的学过，虽然他做戏不错，但左维明和荀含春的对白、调情、对鞋、唱，特别是调度的身段，都不规范，有些自由发挥。

靠轴是我的《探地穴》，我还有个任务，《盗魂铃》中鹤昆兄饰猪八戒，需要我给他勾脸，他不愿戴八戒面具，因为戴面具，观众看不到脸上的表情。勾脸我倒是很熟练，脸儿要勾得干净、有神，叫他做几个表情，抓住他脸上的肌、纹特点，勾出性格来。勾完后，他对着镜子一出像，乐了，“太棒了！”我和仪萍、蒋茂洲的《探地穴》，特别是演宗保的娃娃生，本是南通剧团的主演，当家的花旦、刀马旦，因她的身材秀小，扮娃娃生，做戏适度，和寇准对白，戏逗时，演出天真可爱的稚气，配合默契。看来此地大概也很少见这出戏，所以台下效果非常好，谢幕时，我特意把司鼓、琴师引上台谢幕。后面大轴慧芳老师和鹤昆兄的这出《盗魂铃》台下更是沸腾，因为当地百货公司里售有李慧芳、李宗义合演《盗魂铃》的录音带，这次李慧芳本人来了，都要来看看这位名流，她唱梅派旦角，又唱言（菊朋）派《让徐州》、《上天台》，模仿姜妙香先生演杨宗保巡营的娃娃调，连唱带做戏，颇似姜先生，不仅台下叫好，边幕两边的专业人员也无不翘指称绝。五天戏圆圆满满演下来了，大家松心欢畅地吃了宵夜后休息，明日要返回南通。

避“动乱”又返南通

回南通当晚休息，我们约定每人出十元钱，我兜底儿出四十元，由蒋茂洲到海鲜市场采购，陆仪萍为掌灶厨师，在小赵君甫家会餐，当时百八十元的鱼、肉、菜，加上啤酒就很丰盛了。鹤昆兄夸陆仪萍的烹调技术，蒋茂洲说他采购得好，大家欢快畅饮。小赵君甫一幢近八十平方米的楼房，总一个人住着，爱人长住上海，很少来南通。一个独身男同志，饮食无规律，饥一顿饱一餐，空巢寂寥。此时我们欢聚他家，他高兴地添杯必干，他说：“这些年来我在这屋子里，从未这么热闹过，从未这么开心过，咱们一醉方休，反正今晚上没有演出。”

“酒逢知己千杯少”，我深有感慨。这些年来，威海京剧团昌盛时，我写戏、排戏、演出，琐事如麻，总在“紧急风”中度日，“乱锤”的时候多，多少年没这么高兴畅饮过。“太白斗酒诗百篇”，我们这些文化不高的文化人，“倍感酒后废话多”。

小赵君甫酒劲上来了，声音有点变味了，“诸位！我小赵君甫在南通十几年，落了个‘狗诵’，我冤呐！其实我是认个死理，有的人既不懂，又不虚心，愣装大个儿的，我生气。不识高人有罪呀！人家比我好我就服，服服在地地跟人家学。我怎么落了个‘狗诵’名儿呢？是因为有一次我嗓子哑的发不出声儿，团里一位领导非要出《三打祝家庄》，逼我演孙立。我一再解释，我嗓子哑的一句唱不了，他根本不听解释，愣出了戏报。可把我气坏了，这比旧社会的老板还歹毒，不顾艺人的疾苦，出了报你就得唱。业务安排应该是业务领导、主演相互商量，但他就不管不顾出了戏报，这不明摆着叫我外场招倒好吗？所以他们前面贴，我就在后面撕，他贴出的戏报，被我全撕光了。我心里想，你他妈的这么整我，我岂能由你，新社会是剧团，不是旧戏班，这么整唱戏的，唱戏的就得豁上，最大不就是开除吗？反正我不想干了。戏报被我撕光了，晚上一张票未卖，他们正在纳闷，我说戏报全叫我撕光了！没有戏谁来买票？这位领导火了，我俩吵到文化局，局领导一听，的确我嗓子哑的不出音，听了我的反映也觉有理，可也不能当着我的面批评这位领导，就这样不了了之。就这样我留下个‘狗诵’的臭名，说我咬牙。”大伙听后都说“狗”的对，这种“牙”应该咬。他接着对我说：“我有一事，要求您帮忙。”我笑了，“你我兄弟何需如此客气，有什么需要我的地方只管讲。”他说：“《天雨花》的‘对鞋’你看了吗？”“看是看了，但未仔细看。”他说：“这齣戏观众喜欢，我不会全剧，‘对鞋’一折，也是看来的，未正式学过，你能给我说说吗？”鹤昆兄讲“《天雨花》不属纯麒派戏，我也不演这出，少童可能熟悉吧？小赵好学，如果你有这齣就给他说说。”

我沉思了一下说：“君甫兄不耻下问的好学精神令我钦佩，《天雨花》一剧，我自小就守着这戏，奶师王韵童头五天炮戏，准有这一出。我小时候，由演王小三、毛成、左升、陈济川，熬上演左维明，也演了几十年了。《天雨花》乃白玉昆先生的代表作，他与女儿白晶珠演这演戏。‘法场’、‘对鞋’这两折很绝，他那白话清脆有劲，嘴皮子功喷口太绝了。世称‘白嘴子’。先师刘奎童给我说《古城会》时，说“《过五关》先叫你溪远（赵溪远）叔说个路子，因为他跟老白多年，抱本子排戏，以后见到你玉昆叔，跟他学《五关》，中国唱《五关》的关羽，白玉昆有超众之技，还有《天雨花》这齣戏，是他的杀手锏”。1963年我在济南演出，白先生是尊其师而敬其徒，他约了云燕铭、高世寿、韩惠梅、梁义明、张荣华等名家去看白天我演出的《望海楼》，第二天我到白先生家征求意见，并回报了先师刘奎童，让我到您府上求教学戏的嘱咐。白先生高兴地给我说了《五关》。他说《天雨花》的‘对鞋’，‘富卿（筱富卿）演的和我一样，她守着我时间很长，叫富卿给你说就可以了’，后来筱富卿老师给我说了‘对鞋’，并配演老旦陈母，我这才规了正路。和我爱人赵淑荣、滕步云老师合作又演了十几年。《天雨花》的剧本，我整理过三次，最后定稿特意捎到北京，由我大师兄郑亦秋审阅过，他讲：‘琐碎场子可以精简一下，左维明出场前唠叨的太多，包子好吃，皮儿太厚，半天咬不到馅儿。”此后又改了一些，但还是不理想。君甫兄要这齣，小弟可倾囊相助，我的水平也有限，但我绝对一点不保留地全倒给你”。“太好了”，大家一哄而起，“干杯”。

一场简单素朴的小宴会，气氛非常欢快和谐。这一次的聚会，至今想起来还很激动，难忘这段合作演出的同人好友。

回到南通，北京学生骚乱已波及全国各地，为此"周研会麒派巡回小组"到杭州、嘉兴、湖州一带演出的计划暂停，只好在南通演几天，看看形势再做决定。

这次南通演出戏码有点变动。因有常州戏校的明玉昆先生，及新疆京剧团团长陈新程来到南通，明玉昆先生乃周信芳先生弟子，在江南一带很有名气。据说陈新程团长乃小麒麟童（陈锦章）之子，都是周信芳艺术研究会的成员，麒派巡回小组在此演出，此二位必定要参加。明玉昆先生已是72岁的高龄，多年不上场演出了，这次要上演《斩经堂》饰吴汉。由陆仪萍饰王兰英，前面由陈新程团长演出《独木关》饰薛仁贵，大轴《古城会》，这三出作为一晚上的戏，就把这台节目安排在第四天晚场，决定由我演出《古城会》。我考虑再三《古城会》我不能演，原因有三。

一、小赵君甫以关羽戏为主，在南通他已演了几年了，我不知他的水平，我插手演这齣，不易讨好。

二、小赵君甫在这一带也算"一路诸侯"，前面两齣都是新来的生脸，我去接这个大轴，把他搁起来，不仗义。回忆先师的教诲，戏班里要讲义气。

三、明老乃老资格，虽然是同辈，但他毕竟72岁了，他演出正是我学习的机会。我若在他后面演大轴，对明老也不尊重，我还不能看他这出《斩经堂》。为此我去找老会长讲明我演这出大轴《古城会》不合适，应叫小赵君甫演，再者我想观摩明老的《斩经堂》。老会长去和前台（剧场）商量，剧场不同意，说小赵在这里多年，太熟了，为了剧场收入，还是坚持要我演。回想威海京剧团巡回到各地，头五天炮戏，我准演这出《千里走单骑》及包公戏，《造御铡》起，《断后龙袍》止，这是红黑脸，白胡老生《天波府》饰寇准，后赶杨延昭，《潼关救驾》、《追韩信》苍胡戏，《六国封相》不载胡的麒派老生戏。演这齣《古城会》自信问题不大，但现在麒派小组乃是一个整体，要各方面考虑关系。一再的解释老会长同意了，但要我露露面儿，最后演《训弟》一折。

这更不行，头一个码《独木关》半文半武的戏，比较火暴。下来明老的《斩经堂》，大轴《古城会》，前面火暴场子下来上《训弟》仅几段昆腔，一大段白话，太温，这戏不能演。最后我只好说假话，我不会《训弟》，演不了。好容易说通了老会长，我心里仍不踏实，到剧场前厅一看，大牌子上仍是《古城会》马少童饰关羽，我和他们讲，已改为小赵君甫演了。他们讲："小赵君甫是当地的，太熟了，马少童是生面孔，能多卖票子。"我说："我就是马少童，剧目、演员已定了。"他们不听，没办法我又找来老会长，才把牌子改了。谁知这一切早有人告诉小赵君甫了，他感激地说：

“少童虽然年轻，很讲义气，对我够意思，刘奎童老爷子的门下，礼义当先，我小赵君甫会记住的。”我想，好事、名利不能都自己占着，当自己扬眉吐气时，要想到别人的心情。如今回忆这段往事，非是我自己的水平，实乃师辈的教诲。结识一位朋友非常不易，而一事不慎就容易失去朋友。

晚饭后，我们仍是聚在一起聊戏，明老的《斩经堂》没的说，标准的麒派路子，规矩而干净，尽管多年不演了，但上场的台风、劲头、意思，可以想到他当年是何等的好。《独木关》当年上海有两派，周先生是麒派独创，另一名家李吉瑞先生（武生路子）。这出戏我未正式学过，也是“蒙”着演。小时候配过很多人演周青，久而久之，看的差不多了，也能“蒙”着唱。对薛礼这个角色，先师刘奎童给我讲过很多，他说：“戏是死的，靠演员演活它，每一个演员都有自己的东西”。他还讲“实事求是地讲，这趟白袍戏，算是我的本门戏，特别是你五叔（刘五粒）白袍戏见长（薛礼、马超戏），但在上海都唱不过信芳，他聪明过人，许多细小地方非常好。《叹月》和《独木关》中，他那扮相、气质，一上场就能把观众抓住，《独木关》的薛礼，《叹月》之后，被尉迟恭惊吓成病，面部清水脸，两道剑眉，半闭着眼（藏睛）印堂上抹一点香油，鼻窝、嘴角微微的一点黑油彩，明显是看出病态，他那压抑的心态，两腿发软，胸臂不塌表现出虎病而威不减。如果扮成红脸武生就不是这个人物了硬札巾（头盔）脑门札上白绸条，由脑后耷拉到胸前。”“这些都是先师给我讲的，但我没见过周先生演这戏。我想说的重点是上马的身段，应该是戟和马鞭两件，有几个规范的动作。不论哪派都是这样，很少见上马只是单戟不拿马鞭的。接下来开打，周青败下，薛礼挑出来一戟刺空到小边外角，共是刺安殿宝三戟，打的不多，把子也比较简单，头一阵应该是薛礼败下，安殿宝大刀花追下。如果在这里薛礼打安殿宝败下，紧接着耍大刀清场花是不合理的，不管哪派，什么路子，好像这里没有耍大刀清场花的。我想可能陈新程先生是为了火暴而改革了？应肯定陈团长的基功技术，年近六旬，大刀清场还很冲，他的基功非常扎实。另外先师还给我讲‘信芳的脑子都用在戏上，普通的小事他能创出很好的反响，如山神庙《叹月》，他不穿缎子，而是用白布制作的箭衣，淡蓝色的大带，上身的天蓝色卒子坎肩上面有月字号，头上戴小八巾（龙套戴的巾子）面门上加一小额子前脸，一个小红鸡心倒缨，真是画虎点睛，一看就是一个火头军、卒子；搭配的很美，简单的服装起到突出的反响，而且合情合理。据说李少春先生改革的《野猪林》，火焚草料场开打时，林冲所戴的改良小八巾，也是从信芳演薛礼用的巾子里化出来的。’以上是先生给我介绍的情况，遗憾的是我未见周先生演这些戏。”大家畅所欲言，谈出了很多麒派特点。老会长讲："这次咱们巡回演出，演麒派戏，宣传、传播麒派，集思广益地研讨麒派，我们也随之提高，以后如果有机会和条件，还要多搞些这样的活动。"

这次南通演出，舆论宣传力度很大，所以戏票卖得很好。5月22日第二天我的《闹花灯》止戏后两次谢幕。到后台卸装时，啊？我爱人和我表姐夫杨炳炎来到后台，这真是出乎意料，"你们怎么来了"？姐夫说："淑荣前天到了上海，今天我和她来南通，我们下船出码头就看到戏报，淑荣怕干扰你的情绪，所以我们没露面，在台下看戏，等你谢完了幕才来见你。"这时大伙全围过来了，陆仪萍、蒋茂洲过来见嫂子，陈鹤昆过来叫弟妹，后台热闹了。老会长、齐英才院长、魏朔峰先生，剧团的负责人都来了，"怎么下船不露面？快卸妆吧，到旅馆再谈"。洗脸收拾后到招待所，见到慧芳老师，好不亲热。

找了个四人住的大房间，安排我夫妇住下。止戏吃夜宵，都到我房间里，把床集到一头，四个茶几对起来，成一大方桌，我爱人带来的炸虾、炸花生米、肉松，大会发下的虹桥烧饼、啤酒饮料，欢迎宴会，好不热闹。魏朔峰先生比我们大几岁，他已六十多了，一般的我们凑热闹都不请他参加，这次他也忍不住自己来了，"我也参加行吗"？大家都大笑起来，"欢迎，欢迎"。

第三天炮戏是慧芳老师的《王宝钏》前饰宝钏、后《大登殿》饰平贵。上午市委、市府、人大、政协有关领导，请我们巡回小组会餐，宴会上领导轮流把盏敬酒，宴会丰盛。上来一道甲鱼汤，在这里吃甲鱼也有一个笑话。我和慧芳老师都用勺儿满碗里找，找什么？是找甲鱼的前爪，这块骨头像一把小镰刀的弯针，据说甲鱼前爪做的牙签，剔牙不感染。大家都笑了，"原来是找鳖爪子呀"。大家齐动手，总算找着了，慧芳老师讲" 没说的，这个爪子归我了"。又上来一盘清煮蛤蜊，摆在盘里浇上白汁，美而鲜嫩。有位领导讲："来来来，老师们尝尝这道菜，这是我们南通的名菜，叫天下第一鲜。"我爱人赵淑荣惊奇问道："什么？天下第一鲜？我们威海多的是，都用脸盆盛着吃。"这位领导也惊奇地问："啊，你们威海这么多？"我在桌子下面用脚碰了我爱人一下，提醒她要注意礼貌。谁知她反倒更认真地实话实说："真的，我们威海这蛤蜊真是用盆盛着吃，出门见海，午间孩子们去游泳就能赶大半桶回来，海产品多的是。"大家都赞叹起来，"哈！威海这么好，将来有机会定要到威海去旅游吃海鲜。"令我惊异的是慧芳老师的酒量，南方的习俗不劝酒，不能喝酒就喝饮料，红葡萄酒很时尚。慧芳老师专好喝高度的白酒顺德大曲。二两的杯子，她喝了三杯半多，足有七两，红酒也干了十几杯。我开始"护驾了"，"不行，李老师不能再喝了，今晚上她要演全

部《王宝钏》”。她爽朗地一笑，“没事”。晚上演出，她的嗓子照样高亢、甜亮。我心想，太绝了，嗓子好的见过很多，可是喝这么多酒，丝毫没有影响，我所见过的好角儿，没有一人能像她这么冲的嗓子。

台上台下大合唱　《追韩信》令人吃惊

南通这个水路码头，市面店铺比较繁华，北京学生“动乱”，目前看这里影响不大，剧场营业情况很好，我们第四天晚场是全部《楚汉争》，张良卖剑起，拜帅止。《霸王别姬》的一折。后面《未央宫》一折，由小赵君甫演《未央宫》。我就和陈鹤昆先生合演《追韩信》，我只演后面“报急”、“追信”、“四金殿”、“拜帅”，可谓轻车熟路。这场戏从开幕顺流而下，台下观众热情，掌声不断地鼓励着我，我情绪很高涨，自然卖力。东门前的散板甩袖，髯口身段，是按先师刘奎童的演法，前“拾签”、

1989年，于江苏南通演出《追韩信》

单腿跳着退回来，干起硬“屁股坐”子，台下炸了窝的掌声喊好，我的劲头更足了，见韩信时勒马，回来抛马鞭、硬甩盔（采用了《战宛城》中张秀挑盔的技巧）。我的吊帽是先生根据我的条件，教我一种凡儿，起凡似前坡，上空耿脖子变吊毛，落地似“料子”。这种吊毛先生教我这么走，至今我未见过有这样走吊毛的，台下掌声雷动，我的心情好极了，乱锤中韩信为我捶背拉起来。这时我尽量地休息蓄劲，只等碰板唱“三生有幸”了。先生教我要学会在戏情中休息，感情也有起承转合，一味地卖力气反而不感人，没劲。当萧何苏醒过来，起叫头的大段念白，逐步地把气氛提起来，到碰板“三生有幸”一下把我吓蒙了，台下观众都在唱，我也在唱，形成台上台下大合唱！下了场，后台也都在笑，这时齐英才院长跑到后台说“少童同志不要在意，这南通地区是‘麒派窝’，台上台下一齐唱是好事，你该怎么演就怎么演”，我也笑了，“我的妈呀，从来未见过这种场面！”谢幕之后演《霸王别姬》了，我更进一步理解麒派艺术的魅力，在观众心目中的位置。“文化大革命”绝响十余年，而今唱来更新鲜。江青在“文化大革命”中，咬牙切齿地要根除麒派，如今以事实证明是“枉费心机”，“群众喜欢割不断，麒艺流芳有人传”。我演《追韩信》受此殊荣，实乃麒派艺术的魅力，麒派戏已深入人心，周信芳先生创下的光辉历程，我们后辈沾光受益。我明白一个道理，以权势压人，硬逼大家拥护的事，风过即逝；而群众喜爱的、发自内心的拥护的艺术，生命力强，才能源远流长。

游狼山获得意外　罗汉像作者范曾

在南通安排的活动较多，有点闲空要给小赵君甫、冷梅排《天雨花》，今天是第五天戏。我和慧芳老师都休息，我们要去游狼山，文化局的领导陪同游览。

早饭后我们一行驱车直奔狼山。公路两旁天然的江南美景尽收眼底，正如《沙家浜》郭建光的唱段，“画出了锦绣江南鱼米乡”。“大家下车吧！”导游讲：“这就是毛主席横渡长江的渡口。”很一般的江岸留下了伟人的足迹，自然就成了典故，成为纪念圣地。可见，再好的景致，没有伟人、名流去开拓，不会成为名胜典故。

登上狼山对面的山脉，在亭子里品茶，极目远眺，如入画境。与北方的泰山、崂山截然不同。沿海的风景是山峰陡峭，威武雄健，浪拍礁石，汹涌澎湃，似油画或大写

意山水画。江南的景色是那么精致、柔和、清秀，酷似工笔画，大家都被这天然美景陶醉了，都在慢品香茗，静观如画的山水美景。我赞叹道："啊，真可谓祖国江山如此多娇！"我这一喊，打破了大家凝思陶醉的极静场面，都笑了，慧芳老师打趣的"高才呀，高才。"此时此刻是"观景品香茗，陶醉欢乐中。"

狼山乃平地拔起的一座山峰，远望像一只降魔宝杵矗立在平地上。盘山石阶形如云梯，我们边走边看四下的景观，谈笑风生，累意尽消。忽然我爱人有所发现，她指着陆仪萍的脚，"天哪！大小姐，你可真行，旅游登山还穿着半高跟的皮鞋呀。"大家闻声望去，一阵大笑。"你可真行啊，登山穿高跟鞋，累不累呀？"仪萍自己也哭笑不得，"哎呀！心里只想上狼山，急于上车，忘了换鞋了。你们要不说，我还没觉得累，嫂子这么一说，我还真觉得累了。不行，你们得搀着我点。"李慧芳老师年龄大，还就是她登在前面。狼山太美了，四下一看，"景不迷人，心自醉呀"。打油一首：

登狼山

狼山险峻三千尺，形如宝杵①平地起；

山门基前稽目取，似在灵霄云端里②。

【注释】

①宝杵：护法神韦陀用的兵器降魔宝杵。②九重天玉皇大帝所住的灵霄宝殿。

山上的树木花草非常茂盛，笔直的山峰，围山的石基，不知当初我们的祖先，如何把砖瓦木石运上峰顶？庙里菩萨、佛像无数，大都是铜铸泥塑，造型精致逼真。大雄宝殿里的景象吸引着我，最有吸引力的是墙上的壁画十八罗汉，乃范曾先生所绘，是瓷砖绘画烧成的瓷板画。从魏晋以后，绘画佛像罗汉者逐渐增多，且学派颇多，名家迭出。而今观范曾先生的瓷板罗汉画像，可谓独辟蹊径，传神逼真，时代气息非常明显，他笔下的罗汉毫无怪异丑恶之态，与现代人的相貌接近，活而美。我不由自主地举起相机，尚未拍照，一小和尚就喊上了，"施主！这里禁止拍照。"我不好意思地一笑，"对不起"。到了后殿，佛像很多，又无人在场，我就尽情地拍照，不自觉地又回到大雄宝殿看壁画，幸喜小和尚不在，趁此机会，哪管他禁止拍照，劈里啪啦地拍完一个卷。说实话，明知违"禁"，却又不免心中窃喜。心想，回去创绘十八罗汉脸谱就有参考依据了。这是我南通之行到狼山最大的收获。

马少童与著名京剧演员朱世会合影留念

晚上的戏开场了。受北京“动乱”的影响，剧场虽然未挂客满，但来了好多内行，有原来上海的老前辈，花脸演员张宏奎先生，解玉兰老师及艺校的老师学生、票友，都是来看明玉昆先生的《斩经堂》，因他近20年在常州市戏校任教，很少上场。明老为人温和谦虚，我俩虽是平辈，可谓忘年之交，我向他请教时他总是谦虚地说：“我虽然拜周先生很早，但很少有机会向周先生学戏，因为周先生要天天演出，又要负责上海京剧团的团务工作，社会交往、公务繁忙，哪有时间教咱们，全指着看戏。我的戏大都是付祥林师兄教我（我的二师兄，原名小春奎）”。明老的资历深、年龄大、威望高，但从不自我炫耀，他的技艺、品德乃我学习的榜样。

我在台下应酬接待当地的前辈同人，专心地看明先生的《斩经堂》，他唱戏自然而松弛，散而不温，紧而不过火，规矩、大路。古稀之人，看得出体力有些不支，但虎老雄心在，上场的份儿大气，好角呀！到“杀妻”就尾声了。我连忙到后台向先生道辛苦，他说：“老了，多年不演，不行啦……”我一边安慰，一边为他卸装，他浑身是汗，坐着喘息，两腿累得直哆嗦。我说：“明老哇，您太不容易啦，70多岁了，又不常演戏，演到这个水平就很不容易了，我们若到您这个年龄，恐怕连台板都不敢登了。”他拉着我的手，点头道谢，“谢谢大家对我的尊重和鼓励”。我回到台下看赵兄的《古城会》。

有一剧场人员到我身边奉承我买好：“马先生，你看这座儿（意思是说上座率不理想），今晚你若演《古城会》准客满。”我听了这人的奉承，不客气地打断他的话：“拉倒吧，我若演恐怕连这些票也卖不了，这齣《古城会》，我演不过小赵君甫先生。”他感觉马屁未拍上，没趣地走了，我讨厌这种“马屁精”式的小人！谁知我们

的对话，早有人去向小赵君甫汇报了，真不愧为南通的“坐地虎”，门下的徒弟、学员好多。小赵君甫完整的演完《古城会》。这齣戏基本路子差不多，各有讨窍的地方。刚吹尾声，我已到后台向他道辛苦。外场要谢幕了，谁知小赵君甫一把拉住我，一直拉到台上一起谢幕，他是一套关羽服装，我是穿着便衣，况且我又未参加演出，真叫我难为情。落幕后我说：“赵兄，您这是干什么，我上去谢幕算老几呀？”他说：“兄弟，这出戏本是你的码儿，你一再的让给愚兄，为了向那些别有用心贬损我的人证明我的实力，为了我小赵君甫在当地的威望，你太够意思了……”我说：“您说哪儿去啦，快卸装吧。”他说：“什么也不说啦，我小赵不是糊涂人，您对愚兄的情分……！我感谢您的先师奎童老教徒有方啊……。您太仁义了，我不多说了，咱弟兄来日方长！”（加同小赵君甫的谢幕照片）

多么好的老艺人，多么知情重义的同行！我俩双手紧握，满眼泪光……我深感“为人难，吃戏饭更难……”。

受学潮影响，不能继续演出了，临别纪念最后一场戏。我们暂回上海。送行宴设在太白楼。

上午，市文化局举办文化系统座谈联欢会。来了几辆小轿车，三人一辆。坐车的人员搭配，头一辆自然是流泽会长，余者就安排我和我爱人赵淑荣，送行宴会做客，我爱人也很重视，要美化“包装”一下，旗袍高跟鞋，头型也要捯饬一下，坐在头辆车上，看派头还像那么回事。这样一来，就委屈了慧芳老师，因为她带着两个棒角的，正好一车，就坐在第二辆车上；下面以资历年龄安排就座，一色的小轿车，好不神气。当时在这个小城市里，一排六七辆轿车，确实够风头的。不了解情况的人，还以为来了高级领导和首长呢。车到宾馆，负责人门前迎接，女服务员左右排列，我心里想：在威海我是下马的团长，在这里我这“瘦骆驼走上罗锅桥”啦。因为我们是头一车，两个服务员小姐急忙过来搀我爱人，我马上反应过来了，她们把我爱人当成李慧芳了。因慧芳老师威望高、年龄大，所以人家宾馆事先安排好了，服务小姐要搀

1989年，著名京剧演员小赵君甫与马少童南通演出后合影留念

扶老艺术家。我指了指后面，开了个玩笑："小姐，错了，那位才是李慧芳老师。她是'柴头'。"二位服务员不懂我讲的行话，以为我爱人姓柴了，就鞠躬称'柴夫人'，我扑哧一声笑了："什么柴夫人？还柴郡主呢。"接着这二位以为她叫柴郡主了，便喊："哦，柴郡主夫人。"这一下大伙全乐了，这场面实在少见。另两个小姐又去搀慧芳老师，这个"哏"，大家笑得前仰后合，至今提起此事依然忍俊不止。

座谈会的主题是"如何振兴京剧"，接着就联欢清唱，清唱次序也是论资排辈，难得的是南通这几位文化领导干部，都能唱京剧，我想这里的京剧盛兴，肯定与这些领导有关。文化局副局长唱了一段《红娘》，水平高低且不说，他认真地投入，唱的有板有眼。一阵掌声过后，都要求我爱人唱一段，赵淑荣说："我真想唱，可是20多年未和弦儿说话，真的不敢唱。"她们问："少童老师的夫人也是演员？"我说："原来在我团也算是一个主演，我在师傅门里她配我师傅演，我出徒后又配我演，她正演着铁梅、红嫂、阿庆嫂、方海珍，来了'文化大革命'，我被打成走资派'黑帮'，她被开除，后来转业到农修厂车间当工人，28岁学翻砂工，开龙门刨，后来厂子里照顾她当了保姆，所以至今仍是退休的工人阶级。转业后伤透了心，从未哼过一句京剧"。慧芳老师讲"'文化大革命'把艺人害苦了，这么好的条件，年轻轻的就把人家转业了，怎么说呢？"大家你一言我一语，联欢会变成了"诉苦"会、声讨会，有的人问："落实政策怎么没调回剧团？"我不愿多说，只好应酬几句，"'四人帮'是倒了，可是派性的流毒仍未消除，人事上的问题一言难尽，咱们还是继续唱吧"，我爱人讲"看到各位领导对京剧的支持、热爱，很受教育，很激动，想哭……回去后我恢复恢复，还要唱，唱着玩嘛。"局长说："好，下次来南通一定要听你唱。"大家的情绪欢快到了高潮。陆仪萍要唱一段老生，每晚慧芳老师前旦、后生地演，这次她也要唱老生段子，她向慧芳老师礼貌地说："李老师，我想唱一段《让徐州》。"慧芳老师高

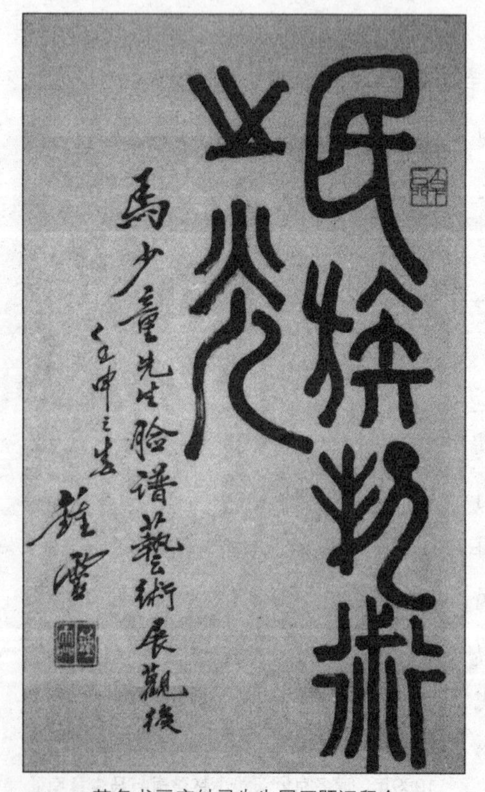

著名书画家钟灵先生展厅题词留念

兴地说："太棒了！"看来仪萍这段《让徐州》是经常习练，她爱人金国贤是上海京剧团的琴师、唱腔设计，夫伴妇唱，唱得很不错。接下来就是我的《追韩信》中"三生有幸"（二黄），最后慧芳老师唱《霸王别姬》旦角，应要求再来段老生，她说："那就《上天台》吧"。

联欢会在沸腾中转入会餐，送行宴上，领导同人互相敬酒、合影留念。

返回的路上，老会长说："小赵，回去好好恢复一下，你这么年轻还能演嘛，将来教教学员也好嘛。"赵淑荣说："下次再来我一定唱，请您老指教。"

最后一场戏，虽然动乱有些影响，但剧场仍是爆满。今晚靠轴是《探地穴》。刚开戏我就扮戏，因为我早化好装，还要给陈鹤昆老兄勾猪八戒脸，大轴是他和慧芳老师演《盗魂铃》。《探地穴》中柴郡主在唱慢板，我扮好戏了，猛地看见慧芳老师也在穿服装，我奇怪地问她"李老师，怎么扮这么早哇"？她一向讲话都是痛快、响朗，"我扮上，看你这齣《探地穴》，你的圆场脚底下太好啦"。我忍不住地笑了"哎呀，您又在棒我啦，我这腿本事，还值得您看哪"？她认真地说"好就是好，不好就是不好，我棒你干吗？你这圆场功，现在年轻的谁下这个工夫？"演出尾声落幕，谢幕几次。

南通的演出圆满结束了。晚上大家聚集在一起吃宵夜，说不完的话，因为明天回上海，慧芳老师回上海，要在胞妹李丽芳老师处团聚几天，我仍然住在周信芳艺术研究会。下一步一切行动听会里的安排。

动乱的影响，迅猛蔓延，上海的大学停课，工厂停产，街头十字路口横着大客车，堵塞交通，大标语满天飞，学生大街聚集游行，艺校各班都有上街游行的。流泽会长到会，对我讲："目前看短时间平息不了，最好没事少到街上去，不要到人多的地方看热闹，少说话。咱们都是共产党员，遇事要冷静分析，千万别出事儿。"我说："我们都是在运动中'滚'出来的，比较有经验，您老放心吧。"

小赵君甫仁兄来了，一上楼就喊上了，"少童弟你们吗？"我一看就乐了，"你老兄怎么来了？""南通京剧团休假了。我的家在上海，当然要回上海，特地来看看你两口子，住这里生活怎么安排的？"我说："还好，街上的饭店多的是，没事我们也不出去，朋友们都往这里送吃的、用的，都知道我们是北方人，您看送馒头的、烧鸡、烤鸭，仪萍送的最多，生活没问题，放心吧。"他笑了，"好，没事给您找个事，明天开始给我说戏，《天雨花》还没学完呢？"我拍了他一下，笑了，"好嘛，哥们！这个节骨眼还说戏。"他把头一摇，"哎，咱唱戏的什么时候都要唱戏，不学，唱什么？"

我从心底里佩服他的执著和敬业精神，“好啦，什么时候来，就什么时候说，反正没事干，在这里说戏，咱还有吹牛的本钱，‘这戏是在周信芳先生家里排的’，猛一听能唬人一下子，在周府说戏是真的，但不是跟周先生学的。没事咱这就说，正好叫你弟妹配合走场子。”“周研会”二楼会客厅很宽敞，走排《对鞋》的连弹，调度身段。其实他基本会了，就是进一步找细、出戏。看得出他和我爱人走身段在“特别调”扇子舞，有些拘束，不好意思，我说：“你怎么还怎么拘谨，排戏嘛，怎么还不好意思。”他说：“不管怎么说，我是个‘大伯哥’，不是吗？”我爱人也笑了，“哎呀，赵兄还这么封建，唱戏嘛，我原来配少童他师傅演这戏，做戏也很拘谨，因为是师傅公公。师傅也批评我，做戏嘛，怎么还这么封建，这能打动观众吗？”

又有人来了，只听有人喊：“马老师、嫂夫人，在这里住习惯吗？”我们停下排练一看，是仪萍的爱人金国贤。他问我们：“你们在干吗？”“在说戏！”他笑了，“哎呀，怎么这么多的戏呆子？我们家仪萍在家对着镜子背戏、练功。外面大街小巷乱套了，大标语、传单、小报漫天飞，她还在家用功。我不放心您二位，特意来看看。好家伙！你们也在对戏，我纳闷怎么会有这么多的戏呆子？”我说：“形势不正常，咱们在家里说戏，不出毛病。”他说：“戏校的学生，各个班都不上课了，在大街上乱串，唯有京剧班很正常，一个上街的没有。”我们认为这与老师管理有关，“教不严，师之惰”这句古语是有道理的。

没想到，我家小姑爷突然来了。原来是刘鸣到江苏出差，由上海返威海，顺便来看望我们。晚间正好仪萍又送来一只烤鸭，三层大饭盒子，一层一样菜，买来啤酒会餐。看来短时间内演戏是不可能了，刘鸣返威海把我演出用的服装提箱先带回。

送走刘鸣。晚上看电视报道，市民开始抢购。上海市民的习惯，打酱油、醋，打半斤以上就是多的，买米面，十斤八斤的就算抢购。朱镕基市长在电视台上发表讲话说：“供应部门二十四小时敞开供应，买多少供应多少。”结果，抢购风潮两天就平息了。我们都在议论，中国人的特点，越不叫他买，他就越抢着买，敞开的卖，他就不抢了；物价越贵，越抢着买，越便宜就越不买，真是怪哉！因此，凡事冷静、思考，莫随波逐流为好。

1989年6月6日（星期三），上海火车站161次列车第二节邮政车厢，被少数别有用心的人纵火燃烧，造成九节车厢烧毁。骚乱分子阻挠消防车和救护人员进入，围攻阻止灭火。有关人员正在救护，调查事故真相。我在《新民晚报》上看到这条消息，大吃一惊，显然是别有用心的坏人趁机闹事。“文化大革命”至今，每当形势波动，都有一小

撮坏人从中捣乱，有点觉悟和社会经历的人，不会参入进去。车船不通出不了上海了，但我想时间不会太长。当时因哈尔滨工人文化宫经理蔡兴瑞欲约我到哈尔滨演出，上海京剧院院长马博敏同志曾有个打算，由我、陆仪萍和魏朔峰先生带十二人小组，赴哈尔滨短期演出，魏朔峰先生和我正在商量演出事宜，因形势恶化，计划只得暂停，以后再议。

自火车车厢被坏人烧毁之后，街市上更乱。我大多的时间是到刘斌昆老叔家说戏求教、吃便饭，平时在"周研会"里，很少出门。有时也到吕君樵先生、赵啸兰大姐、吴石坚院长、蒋茂洲、陈鹤昆、陆仪萍等朋友家中，切磋技艺或相聚聊天。有一天，发现"周研会"的大门上贴了两张大白标语，白纸大黑字，全是"反邓"的口号，令人反感，但不敢撕掉，若被那些"活跃分子"看见，就大祸临头了。上午八时半，流泽会长到会，醒目的大标语使他心烦而无奈。到楼上，他问："没什么事吧？"我说："他再乱咱不出去就是啦，但看情况一时半会的平静不了。我们还是回山东，离开上海为好。"他点点头，"正在想办法，已向市文化局打招呼，火车一通就送你们走。"下午到了陆仪萍家讲明此事，国贤讲"既来之，则安之，看来一时半会儿的走不了"。我已做好启程的准备，随时可以动身。

两天后，铁路交通恢复正常，老会长来通知我，"今晚六时左右文化局出车，有人把你们送上火车，把火车票、证明信收好；你们到济南，可住到山东剧院招待所，经理也是我新四军时的战友，吃住他安排。另外，把这份材料交给周正同志，他是山东的老文化干部，也是周研会的理事，有事随时来电话，何时演出再和你们联系。"我和爱人立即到老叔家告别。众朋友也打了电话辞别一下，就等着文化局的车来接，去火车站了。

晚饭后来了一人，他是奉斌昆叔之命送来一个自动牙签盒。坐下来言谈中，才知道他是老叔的学生肖润年老弟，他说："师傅说嫂子到他家，总摆弄这个自动牙签盒，（按一下开关，小鸟就衔一只牙签），这是别人出国带回来送给师傅的，市场上买不到，嫂子可能喜欢，师傅就叫我给您送来了。"我感激得不知说什么好。老人家割爱把它送给我们，真是叫我们过意不去。"他说："师傅已叫我送过来，做个纪念。""我真是却之不恭，受之有愧呀……"。他要告辞，我送他，并向他道谢，临别请他向老叔婶娘转达我们的谢意。

我们顺利到达火车站。两三天未通车，此时车站人山人海，拥挤不堪，幸有文化局的司机和一位干部持证明信，顺利地把我们送上火车。致谢告别。不觉车已快出上海

市了，我自言自语："哎呀，阿弥陀佛，可离开上海了！"火车飞驰，我俩的心情也逐步平静下来了，在卧铺车上一觉醒来，已到济南。离家已久，进了山东地界，就好似到家了，心情有些激动。

到山东剧院找到经理，把周正同志材料请他转交，并请他代买去烟台的火车票。

下午，经理来告诉我事情都办妥，明天送我们上车赴烟台，威海的车票也已办好。

当时，儿子马立春正在山东大学考古系读书。我和爱人到市场购买了食品，晚上七点左右在山大找到儿子，他惊讶地问："怎么这个时候来这里了？"讲明情况后，他说："济南也不平静。"不一会，请来住校的军代表，打开我们带来的几种食品，边吃边聊，军代表老康同志夸立春年轻而稳重，山大这个考古班是单设的，一共20来人，都是有一定考古基础的同志，由各地文物馆、博物馆挑选来的，立春是这个班的班长。大学里也不平静，不少学生都停课上了街，立春说"有的班级的学生，把团员证用绳子串起来，挂在楼窗上烧，不明白他们是怎么想的，太反常了，目前看我们班上还没有上街闹事的。"老康讲："立春很有领导组织能力，班级工作抓的不错，人品好，威信高。"我说："您太过奖了，我觉得文物考古班的同学们没有卷入这场风波，与所学专业有关，古文化、礼仪育人，比较稳重，一般不会不加分析的跟着胡闹。上海的大学生也有停课上街闹腾的，唯独京剧班的学生正常上课练功。这与班主任有直接关系。"立春讲："我们这个班的同学，基本都是在文物单位工作过几年的，有点社会经历，大都有了家室，不会像'文化大革命'时红卫兵那样，无法无天的胡闹。"老康同志点头，"有道理，这与家庭影响也有很大关系"。我说："是的，我们是在'文化大革命'中受过挫折的家庭，他姐弟幼小的心灵上受过创伤，留下烙印。在这种反常的情况下，他能稳而不受干扰，可能与家庭背景和家庭教育有关吧。"

我夫妇心中隐藏着一种对儿子说不出的歉意。"文化大革命"时期，家中生活拮据，十四岁的他自已考上烟台地区京剧团，只为减轻一点家中的经济负担。当时的烟台地区京剧团，基本是中青年演员组成，所以小学员要熬上演主要角色，是非常不易的。他夫妇俩都在剧团工作，流动性太大，困难重重。出国演出时，正赶上儿媳怀孕，我们又帮不上忙。后来他要求改行转到烟台市文物馆工作，儿媳黄淑艳转至市戏剧创作室，这样夫妻的工作生活才稳定下来，生下孙子马煜，虽然收入不高，但家庭和睦美满。后来，单位培养送往扬州大学深造，专学考古鉴定。尽管学习成绩优秀，但进修班不发文凭。于是只有小学文化的他，发奋读书，终于考上山东大学考古专科。他夫妻收入不高，又要抚养孩子，经济困难，生活艰苦，幸有贤妻，省吃俭用，供他上学。而我迟迟

没有落实政策，因此经济上对他们也无力帮助。令我们欣慰的是，子孝媳贤，没有依赖，更没有怨言。如今儿子好学上进，事业初成，我们自然是看在眼里，喜在心头。

亲人相见，说不完的知心话，不觉已是九点多了。因为街上不平静，不易太晚，立春和军代表把我夫妇送出学校好远。

回到招待所久久难眠。回忆着刚才父子相聚的情景，联想到立春少小离家的一些情景，孩子大了，懂事了，成熟了……

回到威海后，我仍然很少出门，闭门钻研业务，练功、背戏、阅读戏剧知识及麒派理论，兼习书画，耐心等待时机，再赴江南。

自　勉

江南演出一月余，艺友配合甚默契；
奈何天不遂人意，动乱无端乱形势；
暂离沪苏回故里，闭门深研悟麒艺；
待到寒霜化春雨，老马腾云吐虹霓。

艺术节麒派专场　失传戏《子牙招亲》

离开了炎热而繁华的上海滩，回到凉爽、安静的威海市。

北京学潮对威海干扰不大。我很少出门，早晚练功，吊嗓子用录音机。我似冬季的蝈蝈，只能在葫芦里叫唤了……。除了几位挚友来舍，我很少接触外界，重点是习研麒派戏和理论知识，播放周信芳先生三个年代的不同唱段，琢磨老唱段和改革后唱段的不同之处，回忆先师教诲的一些关键要领。我初悟李少春先生学麒的巧妙。如《野猪林》中林冲“雪山”一场的反二黄；《白毛女》中杨白劳的四平调，以自己的唱法、特点为基础，揉进麒派的唱腔。李和增先生学麒，发挥自己的嗓子优势，把麒派艺术的精髓巧妙运用。袁世海先生学麒，把老生的精华，糅到净行（花脸）里，如《九江口》中张定边的唱腔；《野猪林》中鲁智深的表演，学麒不僵化，像麒更像己，总之这些名家都是学到麒派的精髓，抓住了麒派之“魂”，发挥自己的优势，学麒而有自己的风格。自愧过去学麒生搬硬套，只追求“形”而忽视了“神”，只学其声，而忽视了情，死学，学死了。要搞通理论才能活学，才能抓住麒艺之魂。上海之行开了眼界，学了不少东西，更重要的是增长了不少理论知识，回来要很好的体悟和理解。

赵光正老弟写了一个剧本《甲午恨》，因为他酝酿写这个剧本，曾和我议论过多次。此剧是写在《砸界石》之后。《砸界石》是反映威海清末，有一位爱国的武秀才，民族气节超人，为砸威海英租界的界石，率领民众抗暴斗争的故事。《甲午恨》是反映“甲午海战”之后，丁汝昌以身殉国的故事。我和光正一起工作合作搞创作多年，所以创作塑造的老生戏，都适应麒派的表演，这很可能是有点受我的影响。这次《甲午恨》的剧本立起来之后，得到领导的重视，上级主管部门大力支持，并以此剧参加山东省汇演。我在上海时，光正曾给我去信，详谈同徐世奇同志创作的《甲午恨》一剧。我回信鼓励他们努力把此剧排好，祝愿演出成功。

我这次返回威海，《甲午恨》已经走排了。据当时的条件抓一个大戏，缺人少物，从各地兄弟剧团就借调了20几名演职人员，又从艺术馆内凑上几位业余的，总算是上马走排了。按我自己的心情是很想去看看排戏，我虽然是养起来了，作为一个老同志，也应该关心这参加汇演的新编剧目。本人性格决定的，不会总说好听的话，提意见多了就会招人讨厌，借来的主要演员没练过基本功，身段动作缺少刚毅气魄，后面的武戏太差劲。就这个条件、水平，如何去会演？我忽然觉醒，忘了我自己的角度和身份，不能老往排练场里跑，惹人反感。还是按自己的日常安排，搞自己的业务吧。考虑到自己目前的处境，最后还是决定不露面，少表态为好。

谁知闭门不出，也出了谣言，说我对烟台借来的导演有看法而不露面了。这是从哪里说起？我应找请来的导演沟通一下，因他和我的关系也不错，是中国戏剧学院导演系的本科导演，也是我大师兄郑亦秋的学生，不能因为有人造谣而影响了团结。他很坦率地讲：“听到了点闲话，说我来威海导《甲午恨》，您有点看法，我想不会吧？我来威海时，您不在威海，《甲午恨》戏走排后，您才从上海回来，怎么会对我有看法呢？戏班里总有那么一种人，不造点什么矛盾他就不舒服，所以我根本没往心里去。”我听了这番话，心里踏实多了。双方坦诚相见，我也无须做什么解释了。他征询我对剧目排练情况的意见。谈到演员方面，我也不隐瞒观点，“演员嘛，需要扬长避短，有嗓子，能唱者，就应该发挥自己的优势，主要是在唱的方面表现人物；如果是做工见长的，那就在做戏方面讨窍，戏法人人能变，各有巧妙不同，演红了就是好演员。根据现有条件，您能把戏排到这个水平，已是很不容易了。”我们相互谈得很透，不但未产生矛盾，而且很有共同语言，愉快的结束了这次谈话。

8月，我突然接到长途电话，周信芳艺术研究会两位常务副会长何蔓、流泽同志在烟台参加全国戏曲创作工作会议，会后打算来威海，向当地主管领导联系，借调我国庆期间到上海演出。我想提前到烟台先了解一下情况，也好有点思想准备。恰巧威海机床厂厂长邹积明同志（周信芳研究会会员）到烟台开会，我随他的车顺利到了烟台。二位会长讲国庆节期间，上海要举办一次大的活动，仍需要我参加。二位老会长的组织原则性很强，他们说："到上海演出的事，我们要亲自去一趟威海商议好，要求威海文化部门支持我们的这次演出活动。组织和组织之间联系比较稳妥。"此事议定，我就返回威海，准备去上海的剧目及演出用品。因为离开了舞台，我"闲"得难受。工资照发，而没有工作任务，也没有人过问，难过的心情很少有人能理解。五天之后，何蔓和流泽二位老会长来到威海。我先是把二位安排在文化招待所住下，他们又找到戏剧科、艺术馆和主管领导，联系借调我到上海演出的事。

老会长威海求援 "周研会"定戏选人

第二天，戏剧科科长李奎元同志请二位老会长吃饭，并有艺术馆的领导陪同。宾主就座，我首先给各位介绍了上海、威海的领导，特别对上海方面几位客人的资历等情况作了简要介绍。流泽同志是解放战争转战大别山时文工队的队长，解放上海后，任黄浦文化局局长，又任上海京剧团的党委书记，现任周信芳艺术研究会的常务副会长；何蔓同志是著名的老作家，写过很多有关戏剧理论的文章，和龚义江先生合著盖叫天先生的《粉墨春秋》，曾任上海市宣传部副部长，写过很多麒派的理论文章，至今还保存着毛主席给他的亲笔信件。此二位都是年过七旬的老文化干部。流老讲："首先向威海的领导解释一个事。四月份，周信芳艺术研究会搞了一个演出活动，因'文化大革命'期间，'四人帮'迫害周信芳先生，要根除麒派，麒派艺术受到严重的破坏，濒临失传。为了抢救、挖掘、弘扬、传扩麒派艺术，我们成立了巡回演出组，到各地演出，恢复、发展麒派艺术。王玉田先生来威海了解到，威海已经没有京剧团了，马少童同志已安排等待离退，没有什么演出任务。因为我们非常缺少麒派演员，但未见过少童同志的演出，不了解他的演出水平，为此请他到上海试演一下。因为他是我会的理事，也有参加演出活动的义务。在上海参加了几次演出活动，得到周研会各位专家及上海票界、观众的一致好评。因时间紧张，又加上海京剧院沈金波同志重病不能演出，在紧急的情况下，没能及时与威海的领导联系、请示，就请少童同志和中国京剧院的李慧芳先生合作，有上海京剧院部分主力演员，南通京剧团配合，搞了一次巡回演出，反响非常好。在这里，我们感谢威海有关领导对我们的支持。”威海市戏剧科科长李奎元同志说：“二位老领导太客气了，威海这个小城市，各方面水平都很差，谈不上支持。由于威海京剧团的变动，我从济南调来不久，很多事情不了解，也说不清楚，少童同志没什么任务安排，如果上海方面需要他，我们这里可以全力以赴地支持。”二位老会长又讲：“粉碎‘四人帮’后，京剧界能靠上派别的演员更为缺乏，我们搞了大半辈子的戏曲工作，感慨至深。如果培养一个技术员，培养一个科局长，十年八年的重点培养，满可以培养出来。可是培养一名像样的演员，则不是那么容易的事情，主要是苗子人才难找。十年前，如果我们发现少童同志，我们有把握把他培养成麒派接班人和知名艺术家，应该承认他是个人才。”威海方面在座的邵馆长也讲：“马团长在威海，带团领衔演出几十年，至今观众非常欢迎，威信很高，至于领导对他的安排，我们也不是太理解，说不清楚。”我说：“各位领导对我过奖了。作为一个演员，如果条件允许，不应该死守一地，适当参加各地演出，对演员本身是个很好的锻炼。作为国家一级演员，更不能只是某一地的一级，要在全国各地，如京、津、沪等城市挑牌主演才够格，不能在威海是角，到上海连配角都演不了，那就成了某一地的一级演员了。四五月份，我在上海、江苏同许多前辈、艺术家合作，学了不少东西。周信芳艺术研究会能用上我，是对我的培养，上海能用上我，是我的幸运，我在威海也没事干。去上海演出，也是为党工作，同样是为人民服务嘛。我们当地的领导已表态没问题，我个人就更没什么说的了，什么时候调，我什么时候到，仍是不计报酬，因为在威海，组织上已给我开了工资，我不能到上海再向组织伸手，因为这是公对公的组织行为，不是‘走穴’、跑单帮儿。我是共产党员，虽然水平不高，但不会去做违背国家规定的事。”

我这一番真诚的老实话，不知何故引得各位都不讲话了——“静场”了。还是何会长笑着接过话题，他笑着慢言细语地讲：“说得好哇！既然威海的领导支持咱们，我就实话实说了，今年国庆节后由周信芳艺术研究会、中国戏剧家协会上海分会、上海市京剧院、戏曲学校、艺术研究所、演出公司，以及江苏省南通市文化局、上海虹口区文化局、黄浦区文化局合办上海第二届艺术节，要组织京剧麒派、海派艺术交流演出专场。通过演出，挖掘剧目、发现人才，为明年纪念周信芳先生诞辰95周年做准备，为理论研究提供具体形象资料。既然威海方面大力支持我们，首先我俩代表所有举办单位表示感谢。至于演出剧目等工作，我们可以和少童同志一起商量。如果威海的领导能去参加会议，我们表示欢迎。”艺术馆馆长邵恒堂同志也表态：“少童同志在演出方面需要什么，只管提出来，只要我们能解决的，定会全力支持。”

这场小型宴会形式的“洽谈会”，在和谐、热情的气氛中结束了。我深感上海的二位老领导，对工作的处理谦虚、实在，圆满解决了问题。这是水平，也是工作艺术。

二位老会长到我家商量演出的剧目，对我讲“我们准备挖掘一出老麒派戏，你过去演过的《姜子牙招亲》，此剧上海绝演50多年了，配周信芳先生演马赛花的刘斌昆先生尚在，是一位难得的顾问和指导，但他已是将近90的高龄，不能过多劳累他。我们回去物色演员，挑选和你年龄、资历相当的演员合作，计划排练演出准备。经过‘文化大革命’运动，你也是十几年未演出此剧了，也要很好的准备一下，你不仅是主演，还要导排，斌昆老不可能跟着整天排戏，他只是顾问，审阅加工重点。”我郑重地表示说：“请放心吧，我虽然十几年未演此戏，恢复一下自信没大问题。至于导排诸事，剧本是我回忆整理好的，排戏也无大问题。不知乐队、服装……道具等事如何？”流老讲“这都不是问题，服装有上海京剧院、南通地区京剧团提供；乐队基本全是南通的，这个团是麒派戏的基础，况且上次你和慧芳老师在那里演出时，已都很熟悉了”。诸事已定，老会长又看望了刘晶同、邹积明等两位会员，并一起合影留念。

1989年5月，马少童、何蔓、流泽、赵淑荣于威海市环翠楼合影留念

诸事已毕，二位老会长立即返回上海。临行时，何老一再嘱咐，“叫小赵和你一同去，你整天排戏、演出，我们这些老家伙也照顾不了你。会里人手也不

多，有小赵照顾你，我们就没有负担了。”

送走上海客人，我立即着手整理《姜子牙招亲》剧本，我反复琢磨重点，每天在环翠楼树荫深处背戏习练。降五鬼的一场大段二簧，大蓬头、髯口长白五绺、耍剑穗子、开打，十几年未演，更需要习练。几天后就顺过来了。

九月中旬，周信芳艺术研究会邀我到上海，排《姜子牙招亲》，我已准备充分。

老领导、老朋友重逢，畅叙别情，好不开心。我夫妇仍然住在“周公馆”，在周信芳先生和裘夫人的大照片前鞠躬。我默默的悼念着周先生：我又回来了，又要在您府上打扰了。

在上海的几天，忙于探亲访友，磋商、探讨的全是与戏有关的事。

斌昆老顾问指导 陆正红荀派正宗

“周研会”首先审阅了我多次整理修改的《姜子牙招亲》剧本，诸老艺术家都谈了看法，提出建议，以便于我进一步修改。流老对我讲：“这龁《姜子牙招亲》的演员安排，我们可伤了脑筋，斌昆老非常高兴，老人家激动了，一定要配你演马赛花。我们考虑再三，他的心情可以理解，但毕竟是快90高龄的人了，若有个闪失，谁能负这个责任？最后决定请他当总顾问、艺术指导。根据现在的戏曲形势，不能以50年前的演法演了，

1989年国庆，京昆徽三大剧种表演艺术家刘斌昆先生与马少童、赵淑荣合影留念

你心中要有个数。现在的条件好，观众欣赏水平和解放前也大不一样了，不知你对这一次挖掘演出这齣老麒派戏，都有什么想法？我想在艺术观点上，咱们要取得一致。”

我听了老会长的这番问话，一时不知从何说起。他似乎看出我的心思，便笑了，“不好说吗？咱们是闲谈，有什么说什么，因为剧本是你整理的，你既是主演，又要负责导排，我们要尊重你的意见。我们看过剧本，都很满意，但戏的水平、质量你是关键，我们这些行政干部，都是为演出服务的，为戏负责”。我想了一下，“那我想到哪儿，就讲到哪儿吧，《姜子牙招亲》起源于周先生在上海排连台本戏《封神榜》时，创演了此剧，当时轰动上海。后来从连台本戏里，提炼出来好多单本，成为折子戏，如《姜子牙招亲》、《尚容尽节》、《炮烙柱》、《渭水访贤》、《绝龙岭》等等，深受观众欢迎，红及大江南北。周先生在北京和刘斌昆先生演出《姜子牙招亲》时，得到尚小云先生的欣赏和支持。斌昆师叔说，当年尚先生来上海，周先生确保他一月的客满。所以周先生到北京演出，尚老板组织包座45场。这是礼尚往来，也说明尚先生义气。《姜子牙招亲》在北京红得不得了，肖长华先生去看这出戏，评价很高。”

这出将要失传的麒派戏，先师刘奎童先生曾和林蔓云① 前辈合演多年，林饰马赛花。后来先师告别舞台，在青岛戏校任校长。1957年我演这齣戏。仍是林蔓云前辈助我演马赛花，后由前辈筱富卿演马赛花。

“剧本我前后整理四次。这次来上海之前，我又整理了一遍。有几点想法：

一、这齣戏乃是喜剧，传统故事，无政治倾向。

二、剧本精练，去掉很多零乱场子，比较严整。也去掉了一些为了讨笑效果的粗话、水词，已是准纲准词，准腔和规范调度，突出姜子牙、马赛花的中心唱腔。

三、演员行当的改革。斌昆师叔原来和周先生演时，是纯彩旦行当，现在以花旦为基础，采取彩旦的特点表演，当年林蔓云就是花旦加彩旦的演法，虽然是白头套，毕竟是68岁的大闺女。马赛花这个角色是关键，可以说和姜子牙是对儿戏并重。马赛花若配合好，这戏可以说就红了。

四、折子连贯，场子严整。如：吵家、下山、招亲、卖笊篱、卖面、贩牛羊、降

【注释】

①林蔓云和老王虎辰乃奎童先生老搭档，1919年合作出国到苏联。1920年回国。那时中国仅有麒麟童、刘奎童二老演这出《姜子牙招亲》。

1989年10月14日于上海演出《姜子牙招亲》，马少童饰姜子牙

1989年10月14日于上海演出《姜子牙招亲》，马少童饰姜子牙，
京剧表演艺术家陆正红饰马赛花

五鬼，每一场都可以成为一个折子戏。因演出时间太长，挂棚、火烧琵琶精、九龙潭就不能演了，原来是三小时四十五分钟的戏，现在只演两个多小时。

五、降五鬼的舞、打，金、木、水、火、土五鬼，都有翻、跌、滚、爬的技巧。要有一位技导负责人协助导排，我把路子排下来，由他去排练加工，我再排练文场子。最后合成，走排，响排。必须请斌昆老审阅加工。这齣戏在上海原来的老艺人，只有他和赵啸岚大姐、孙鹏志先生了。

特别是我本身技术有限，需要上海、南通的前辈、老艺人给我指出不足，重新加工。”

老会长对我的汇报似乎满意。他说：“很好。你谈的比较详尽，想的也比较全面。你所讲的，我们大都想到了。最伤脑筋的是演马赛花的演员。我们给你挑选的这位搭档非常理想，幼年于上海戏校跟关鸿宾、芙蓉草、黄桂秋先生学戏，后拜荀慧生先生为师，是上海京剧院的主要花旦演员，在上海戏曲会演中获一等奖、优秀表演奖，和你同岁，她叫陆正红，你可能听说过，她为人开朗、随和、正派，我们认为她是最佳人选。”我欣喜若狂，拍手叫好：“太棒了，陆正红，久闻大名。只是同我合作，唯恐屈才。”老会长笑了：“在我们会里参加演出的人，都是以德为先，不计较大小、前后。上次你同李慧芳老师合作时有体会吧，我们研究会提倡品德好、技术高的；刺儿头、事儿多的，我们不打交道。一会儿正红来这里，你们认识一下，就知道了。”说话之间，随着楼梯脚步声，上来一位女同志：“喃！她，她来了。给介绍一下，这就是马少童同志，这是……”，我接过话题，“不用介绍了，陆正红老师。”只见她坦率地把手一摆，“嗨！什么老师，流老跟我说过，咱们是同龄人，您的生日比我大，您就叫我正红好啦。”坐下来谈到排练、演出诸事，她很谦虚，直说没见过这戏，脑子笨，等等。我也客气一番，“这齣戏马赛花是纯彩旦演法，解放后，林蔓云前辈和奎童先生演，就按花旦加彩旦的演法，非常红。您若演这角肯定红，您就把我棒起来了。”她说：“别价，我担心别给您演砸了。”这时我才仔细打量了她的体形、模样，可谓最佳人选。我把单词交给她，她说要以荀派唱念，加泼辣旦的格调去琢磨，自己设计唱腔，两天后和我对词，三天后走排。流老说：“好，你俩把戏对好了，再到斌昆老家去，请他给你们加工。你俩有把握了，结合上海京剧院的几位，就到南通去排戏，彩排后拉回上海来公演。你俩心里要有点数，我们挖掘这齣老麒派戏，要老戏新演，不失原来的面貌；但要有新意，不是原盘不动。时代在前进，我们要跟上社会发展的步伐。”

根据老会长的要求，两天后对戏。我的台词是熟的，重点是练功。“降五鬼”一

折二黄倒板，四笼原板边唱边舞，主要是大蓬头、髯口、宝剑穗子舞蹈方面的一些技巧。住在“周研会”里条件很好，调嗓用录音机，有练功场地。我想陆正红的压力也不小，两天时间要背下这么多的台词、唱腔，况且不是水词，因为岔口一错，姜子牙就接不上。计划是我俩的戏有把握了，再去南通京剧团给琴师、司鼓说戏，排全趟。在这期间，会里众位的工作也非常繁忙，文字宣传，各方联络，演出的准备，剧场的安排。这些幕后英雄的工作量非常大，我当过多年团长，这一点深有体会。

两天后，正红来和我对戏。二人对戏时，我才发现她聪慧过人，不仅词儿背的很熟，还把她的唱腔设计好了，把自己发挥、节骨眼、窍口，抓的巧、抖得俏。在我俩对白抖俏的小节骨眼上，给我很多启发，增加了气氛。我发自内心的佩服她，不愧誉称“小妖怪”，名不虚传。我这出《姜子牙招亲》，同她合作就保险了。我翘指赞她：“你太棒了！神啦，你的脑子太快了，可以说超出常人。”她笑了，“我的脑子原来是不慢，可现在老了，总不演戏，又碰上这齣冷门儿，也真伤脑筋。咱们先对熟了，全靠斌昆老给加工了。”

一切进行顺利。流泽会长和斌昆老联系好，由秘书长齐英才院长带我们到斌昆老家里去加工。这次是“周研会”特请为我们加工的顾问，所以由齐英才秘书长领我们去。相互见礼后，我们就开始对戏了，老人家戴上花镜，抱起剧本，感叹道：“我和信芳兄在上海演出《姜子牙招亲》之后，算来已是50余年没人演了。你俩要大胆，自由发挥，不要拘束，有不合适的地方咱们再改，顾虑太多，会影响你们的创新。”正红是舞台经验丰富、很有水平的演员，干脆我们就连对词带动作的走排。老叔很高兴，不时的说好，不错，好嘛！麒、荀合作有意思。”我很明白，老叔怕我们拘束，有意调剂一下情绪。一个多小时对完了，在这其中有时叫停一会，“喝口水再排”，还给我们上了果盘。在上海来讲，苹果是高级水果。最后老叔点评，“剧本少童整理的不错，去掉废场子很精练。正红把一个彩旦变成了老花旦，有人物性格，荀派色彩很浓，不错。有一点要考虑，“吵架要婿”时的一个情节，‘你看他们谁有我漂亮’，手势指向台下，离戏了。可以改为‘你看这方圆百里，她们谁比的上我（用上海话）漂亮’，右手一划拉就可以，这样我想台下同样有效果。我们不能只考虑台下效果而离开戏。另一个拜堂时扯红绸子，入洞房姜子牙拉马不走，姜把绸子扛在肩上，如船夫拉纤。马一松手，姜向前摔一大前趴，姜气急，上前将马抱起来入洞房下场。这抱下场，在台上似乎不太严肃，但肯定台下有效果。我想是否姜把红绸子缠在马腰里拉下，加上小锣点伴奏，也很有效果。另外少童要松弛一点，不要叫麒派拿住，怕人家讲不像麒派，要演人物，不要为了派别而僵硬了。信芳演戏的特点，就是自然，人物化，不论学哪家的优点，都要为己所用，为适合人物而发挥。好啦，我所说的你们可以考虑。今儿一下午，明天一天，再对一下，就基本没问题了，到南通合排就更熟了。如果再出现什么问题，回上海演出前还可以加工嘛。”

我和正红告辞，回到“周研会”，把刚才刘老所提的意见归纳了一下，重新改动，正红还是坚持拜堂入洞房时，子牙抱她下场。我说“老爷子既然提出来了，还是尊重他的意见吧。今晚咱们分头背戏，明天上午咱们对一次，下午再去请刘老验收。”

第二天上午我们对了一遍。下午正要到刘老家去对戏，接到刘老的电话。原来刘老为上海京剧院的演员教《活捉三郎》，下午我们对戏，这位女演员要求看我们排戏。因为《姜子牙招亲》一剧他们都没见过，名字都陌生，问我们是否同意她旁听。我和正红一口，答应了。刘老礼道太多了，看我们排戏又何必和我们商量，这老爷子为人处事可谓中规中矩。

下午到了刘老家，我说：“老叔哇，您的学生看您给我们排戏，怎么还和我们商量？您决定就是了。”刘老笑了，“哎，你说的没道理，我给你们加工，是会里给我的任务。这剧本是你改编的，排戏是你和正红的创作，我不过是看看，提提意见，怎么能倚老卖老，随便叫别人来看？因为这戏还没演，我虽是长辈但也不能侵权。”他的一番话叫我和正红都不好意思了。刘老给我们介绍了这位女演员，相互客气、谦虚了一番，就排戏了。喝茶、吃水果，婶娘和我爱人赵淑荣忙着招待伺候。戏顺利对完了，坐下来听刘老的意见。他说：“我看问题不大，到南通再合排就更熟了。你们在南通排好了回来。大会三天四场戏，我还要看其他剧目走排、加工。这次演出阵容比较强。少童来上海不要拘束，放开点，有什么事儿多请示会里领导。演出方面有困难来找我，放心大胆地演。”看来此剧在老叔这里加工基本就这样了。我和正红告辞返回“周研会”，向老会长流泽同志汇报了在刘老家中排戏对词的情况。流老叫会计给斌昆老送去二百块钱，以便道谢。我不明白，去老叔家对词、排戏，给加加工，就要送二百元钱，“这……”流泽同志笑了，“二百元已是拿不出手了，太少了。你别忘了，他已是近90岁的老艺术家了，若不是我们这种关系，给他两千元，他也不给你加工，好家伙，你们去对戏，扣碗茶，又是水果盘，这是最高的宾客待遇；有些人想跟他学戏，出再多的钞票也进不了他的门儿。”陆正红非常理解，点头赞叹：“少童兄不是上海的，不了解情况。刘老爷子对人和蔼，可是一般人是不可能到他家去说戏。说戏论艺，能达到这老爷子的满意可太不容易了。”

我这才深感学艺之难，我如果不是他的亲师侄，没有“周研会”的关系，老叔不可能如此认真、重视。

记得我们谈起刘奎童先生时，他眼睛湿润，长叹道：“奎童哥自离开上海，我们弟兄只见过两次面。我嫂子黄桂英是典型的贤妻良母，有文化，能写戏，四书底子，写一手好毛笔字。奎童哥十六岁嗓子就倒苍（变声），不能唱了，就教我替他唱，我的老生戏大都是他教我的，难忘的教我《盗宗卷》，踹了我一脚，我倒在地上半天没起来。”我说：“先生脾气可好了，教我《斩经堂》，说戏时他配演王兰英，跪在地上配我排戏，从来不发火，又耐心又细致。”老叔似乎回忆起他的童年，一摆手，“拉倒吧，他这是老啦，没脾气了。当年教我的时候，没少打我，因为他倒苍唱不了，教给我替他唱，心里不平衡，两遍不会就打我，动不动就发火，说我笨。现在回忆多亏他，教了我不少老生戏。”我问老叔：“那时您多大？”他说：“我13岁，他16岁，属狗的嘛。”我由衷地感叹，“16岁还只是个孩子，就教弟弟戏，真是不容易。”老叔又说：“那时候不唱戏就没饭吃，停戏就停了饭门了！哪像现在，一出戏成月的排，不会还有理，教戏的老师没火，学戏的学生倒不耐烦了。戏唱红了，刚有点名，脾气长得比技术快。有些青年不想是社会好，是共产党的天下，如果在旧社会老板班里，一天他也干不了……”

前辈师长为人处事如此重情重义，“周研会”的诸位领导同人，为传播麒艺、振兴京剧，费了多少心血，使我非常感动。我们在舞台上演出一演戏，有多少人在台下服务出力。我是幸运儿，到上海有这么多的前辈、领导、同行扶持帮助。他们是为什么？为党的事业，为振兴京剧，为传播麒派艺术。

陆仪萍一专多能　排练演百事顺心

这次到南通顺利多了，人熟地熟，艺友同人会见欢喜非常。《姜子牙招亲》的排练工作也很顺利。安排角色，文场记唱腔曲谱、司鼓跟演员走场，武戏组抓得都很紧，文武场很齐，司鼓乃张鑫海先生（周信芳先生之搭档，著名鼓师）之高徒，琴师之父乃杨宝桐先生的老搭档。演员“四梁八柱”都很齐全，特别是扮演马太公马宏的杨少童，扮演马夫人的朱宝元先生，都是年近七旬，有丰富的舞台经验，演出中发挥得特别好。陆正红本来就是上海京剧院的主演之一，这马赛花叫她演活了，降五鬼这五个青年，都具备《嫁妹》的五鬼水平，翻、窜、滚、爬都很溜。舞台装制严整，确有大团之风，我把字幕从头到尾看了一遍，仅改了几个字，一切顺利，万事俱备，走排、响排理想。先就南通京剧团原有的服装彩排，上海演出时，我和正红再用上海京剧院的行头。

这场彩排很不寻常，台下全是内行和领导，特别是杭州的赵麟童兄等，此剧是我整理的剧本，我导排、主演，彩排各方面都要关照到。开演了。我的担心和紧张是必然的。前面陆正红扮演的马赛花一露面碰头好，她的扮相就吸引人，整个一个尤三姐，但出奇的是古装头全是白的，特制的白头套、白鬓发，荀派唱腔和身段，穿插了一些彩旦的表演，台下就轰动了。“吵架要婿”一场，太公太婆一上场，台下就开锅了。杨少童饰马太公，朱宝元饰马夫人，和陆正红配合特严，像似群口相声，台下一阵阵的掌声。我这姜子牙未上场，台下就红了。我心里亦喜亦忧，喜的是前面的戏是红了，热起来了；忧的是我这主演姜子牙能否“平”得了，能镇得住吗？自己劝自己要沉着，莫心慌，不能使过头劲儿。斌昆老叔教诲：“不要叫麒派把你拘死，要演人物，大胆沉着进入角色，不要老想求得掌声。忘掉一切，你就是姜子牙。”我在倒板的半句走上场亮相，碰头好，唱完倒板又是一个满堂彩。我的心情平静下来了。大段白话，我的嗓子有些嘶哑，近几天排戏，讲话太多，孰知歪打正着，嗓子的哑音反增加了麒派味儿。在拜堂一场临上场时，正红对我说：“大哥，拉绸子以后，你还是把我抱起来下场。”我说：“老叔说这样不严肃，抱着下好吗？”她做了个鬼脸，“不管他，你就把我抱起来下，保证红！”我未回答她就上场了。拉绸子时马赛花不动，我背起绸子拉，她一松手，我一个大前趴虎，台下就哄笑不止，我用绸子缠她的腰时，她小声说：“抱起来！”我抄腰一抱她，谁知她四肢朝上，两手摇摆，两腿直蹬，这一下台下就受不了啦，“哗”的一阵掌声，炸锅的喝彩声。到后台她说：“怎么样？你看台下这效果。”阵阵的掌声，

1989年10月，在上海与京剧表演艺术家王正屏先生（中）合影留念

伴随着演出，我的心情由紧张转为兴奋。正红确实聪明，会抓观众的心理。如卖面回来“吵架”，她要我用扁担打她，她用箩筐挡架，我打她的头，她把箩筐顶在头上，再一打，把她套在箩筐里了，符合人物性格和情节，这种效果不但观众拍手大笑，后台在边幕里看戏的演员也没有不笑的。我体会到和她演出，能勾出好多“戏料”（效果）。最后一折“降五鬼”一场也非常顺利，大段二黄倒板、回龙、原板、舞蹈，开打后，五鬼配合默契。我的白色大蓬头、髯口都未出现“挂笼”，一出戏完满地演下来了。

第二天座谈评戏，得到大家一致好评，结论是：“少童同志和正红这出《招亲》到上海准红。”我想这绝非此剧完满无缺，主要是大多数观众第一次看这出戏，再加上人员比较齐，排练得较熟，我想等到上海演出会更好一些。我的节目已排好，可观摩其他同志的节目排练。但我却得到一个意外的收获，每天晚上睡觉前串戏，有些折子戏多年不演就记不全，几人凑在一起就合起来了。我和魏朔峰、刘泽民先生住一房间。我三人睡觉前共忆串出了四出戏：《斩颜良》刘之关羽，魏之曹操，我之颜良；《取长沙》串起来比较快，刘之关羽，魏之魏延，我之黄忠。这出戏我比较熟，15岁时我就演关羽，16岁时又演黄忠，这出戏从龙套到每个演员我都比较熟；《下河东》我之呼延守廷，魏之欧阳芳，刘之赵匡胤；《凤鸣关》（赵云斩五虎）我之赵云，魏之韩德，刘之孔明。我深有体会的是，和这些老艺人在一起，整天的言论都离不开戏。唱戏的不钻研戏还干什么？如有的领导好在大会上憋乎演员，问：“什么叫形而上学的观点？什么是修正主义？”年龄大了的演员回答不上来，老艺人丢丑。如果要问这位领导，“什么是二簧，西皮？什么是摇板和散板？”他更答不上来。干什么钻研什么，农民就是要多打粮食，工人要增产出好产品，剧团就是要多演戏，演好戏。政治口号喊得很高，而本职工作很差，这是教条主义。

返上海演出提前

情况有了突然变化，上海的演出要提前，除南通京剧团外，各地及上海的演员马上返回上海，准备演出。我们回到上海，得知提前演出的原因。大舞台那边有个名家荟萃演出，全国各地聚集了各剧种20多位艺术家联合演出，不仅有地方剧种，还有相声，最后是俞振飞、张君秋二位前辈合演。我们如果也是在15日上演，两下就成了对台戏。为了避开这个对演，我们提前至13日上演，三天四场戏（15日加演白场）在公共舞台演出，业务安排也很伤脑筋，参演的人员多，老艺人多，剧目多，非常不好安排，要把新面孔，硬一点的剧目安排在头天炮戏上，主演们都很谦虚，节目安排在前后，大小都不计较，目的是要把演出搞圆满。

1989年国庆时在上海演出《探地穴》。马少童饰寇准，著名京剧演员陆一平饰柴郡主、蒋茂洲饰赵淑芳

我首先发言："头天我唱第一个码《探地穴》如何？我在老的里算是年轻的，我演开门炮吧。"我心里很清楚，头一场戏，头一个码儿不好演。接着明玉昆先生讲"第二个码儿我演《明末遗恨》的一折吧"。很多人认为明老是麒派门下的老资格，不妥。明老讲："没什么，我年龄大了，在哪里演都无所谓"。下来是刘泽民先生的《古城会》，刘先生乃陆凌云先生的弟子，陆先生有活老爷（关羽）之称，所以刘泽民先生就有"小老爷"之誉称，大轴由赵麟童演出《斩萧何》。

第二场10月14日，开场蔡际东的《周瑜归天》。小蔡是上海戏校的高材生，青少年时汇演，他的《徐策跑城》曾获得一等奖；下来是赵麟童兄的《檀渊之盟》一折；大轴是我和陆正红的《姜子牙招亲》。

第三天10月15日加演白场，蔡际东的《跑城》，下来是童强、王梦云的《清风亭》"盼子"一折，后面是麟童兄演《檀渊之盟》，再下来是济南京剧团的高锡禄（是济南市京剧团主演，也是周信芳麒派学习班的学员）演出《白帝城》，后面是陈鹤昆先生和陆仪萍的《包公打銮驾》。

晚场开场是东北的朱立贵和张啸竹的《别窑》，后面是上海京剧院的全部《乌龙院》，人员安排也很强，肖润年饰张文远，陆仪萍饰演闫惜娇，张信忠先生和朱立贵饰演前后宋江，张达发饰演刘唐，孙灵华饰演闫婆。

10月16日日场全部《萧何与韩信》，四位萧何，分别由明玉昆、陈鹤昆先生以及蔡际东、唐敏华扮演。前韩信由戴海豹扮演，后韩信《未央宫》由赵麟童扮演。

司鼓有八位——张鑫海、王玉璞、焦宝宏、蒋剑青、潘春明、徐少阳、邱雪痕、丁亚林。琴师有六位——金国贤、徐明贤、周志亮、张培升、滕银山、朱永红。舞台总监是齐英才院长和魏朔峰先生。

一切安排妥当，按计划进行。

会后流泽会长和我谈话，“会上你的表现非常好，不计较戏码前后，就应该这样。因为咱们是党员，和其他老艺人不一样。但是你要有准备，这头一场，头一个码儿镇不住观众，后面的戏就不好演了。要‘开门红’。前者东北来了一个团，演出《战潼台》反响不错，主演虽然不是我们的会员，但他会抓观众。要用你这一折45分钟的戏，平住他们两钟头的正出戏，行吗？”我说：“难说，如果都是全出戏，我觉得问题不大。论基功、嗓子自信尚可以，忆1980年8月在天津，这个团和这位主演，在警司礼堂演出，临别纪念的剧目是《嘉兴府》、《战潼台》。我们威海剧团打炮戏就是《天波杨府》（即《战潼台》），连演三场，天天爆满。如今用《探地穴》这一折去平全出戏，我没把握。”老会长说：“你在南通演出《探地穴》时我看过，没问题。为了提高质量，我给你介绍一个好导演，给加加工。这位导演在上海很有

1989年国庆时在上海演出《背靴访帅》。马少童饰寇准，著名京剧演员陆仪萍饰柴郡主

名气，他虽然不唱京剧，但导演水平很高”。我高兴极了，“是哪位？”“他叫刘卫国，请他给你加工。艺术指导有刘斌昆先生和张鑫海先生，你这齣戏就有把握了。”我拍手叫好，“太棒了！咱们是否先去拜访一下刘导演？”

我随流老过街串巷，不一会就到了刘卫国先生家。流老互相介绍后，说明来意。我礼貌地握手点头，“我的水平差，技浅艺薄，年轻毛嫩。刘导演要多费心。”他很朴实，也很谦虚，“别客气，流泽局长是我的老上级，我的水平有限，也不太懂京剧。我的时间也很紧，这样吧，今天晚上你们就把《探地穴》走排一遍，我看一下，把剧本给我，两天后我去给你们排一遍。你们再和乐队碰头过一遍就行了。”我不放心地问了一句，“就这么走排就行了？”刘导演笑了，“没问题。你们都是有成就的演员，而且戏已经很成熟了，我只不过是在结构上处理加工，你们都是主演，一点即明，没问题。”

《探地穴》名导加工

当晚我和陆仪萍（饰柴郡主）、蒋茂洲（饰八贤王）等人，在小礼堂里走排了一遍。刘导演笑了笑，“辛苦啦，看这一遍有了点印象，我回去琢磨琢磨，搞个小的计划，后天上午咱们凑在一起，我把改动的地方讲一下。如果各位同意，就按改动的方案排一遍。再和文、武场研究合一下，你们自己排就行了。我首先声明，我的设想，改动也不一定好，要和大家商议。”

刘导演拿着剧本走后，我们坐下来休息。又琢磨《探地穴》的调度，仪萍说：“《探地穴》头一番进花园门，二番过桥，台下都有效果，唯有三番显得平淡，也感觉重复。第三番就到地穴门口了，最好能加点技巧。”我听了她的意见，觉得很有道理，“我琢磨琢磨。”喝茶、思考，突然想出一个点子，“第三番调度由下场门往小边台口斜着前行，你走云步在前，我在后面紧跟，这就比前两番不同了。”她赞同，“行！我云步斜走，左手提篮子，右手耍水袖，准能有效果。”我琢磨最好要有点根据。

“有啦！斜云步耍水袖，表现出的是花园的蜿蜒小道，耍水袖代表拨开两旁的花茎灌木，云步到台右外角往上一扬水袖，代表拨头上拦路的小树枝，你过去一松手正好打在我（寇准）的脸上。小锣点（一大一个呔），我一捂脸做戏，这样，这一套的动作就有了生活基础，技巧就有了根据。”大家都赞成有道理。试验了几次，合情合理，决定增加这一艺术技巧。台下反响如何且不管它。起码我研究出一点有思想，有理论依据的技巧。熟练几遍，排练结束，就等刘导演给我们加工了。

第三天，我们提前到了排练场。刘导演来后说："大家先坐下来，我先讲一下设想。我对京剧很陌生，改动的几点意见和大家商量一下。

第一，第二场八贤王上场，散板转上板流水板，此时是八贤王心中焦急，唱完最好坐下能急缓锣。打击乐长调门，把气氛提起来，寇准倒板上场，踢蟒、甩髯、屁股坐子等一套技巧，表现皇上被困，回朝搬兵的焦急心情，进宫报急。

第二，八王最好不要倒板，因寇准刚唱完一个倒板，'哎呀'叫起快扭丝，唱散板，节奏要快。等'摆架天波府哇'，四击头上宗保，寇准对视，见宗保一身孝服，刺边中进门报丧。

第三，下面最好仍不要倒板，怎么讲？宗保白话都是快的，'我家父帅暴病而死啦'。八王愣了，一坐，'不不不好了'。这里原来的唱，改为快节奏的滚头子，念'捕灯蛾'。下来寇准唱流水，盘问宗保，看出破绽。宗保感觉自己漏了馅儿，跑下场。寇准和八王，天波府吊祭。

第四，从此处把快节奏缓下来，归回原来的气氛。后面的灵堂、花园、背靴访帅，我没有什么意见，因为后面的戏很规范了。"

我们简单地对了一下，很快就熟了。走排所改的地方，刘导演看了非常满意，"很好，你们还有什么意见？"大家都认为这样一改很合理，比原来紧凑多了。

刘导演笑了，"好啦，我的任务完成了，就等着演出看你们的戏了。"

《探地穴》的改进、加工就是这么简单，再和司鼓、琴师一讲，合一下就行了。

10月13日夜场演出，台下座无虚席，两边及池座后面都站满了观众，观众席上领导和内行比较多，因为这个演出的牌子就很响，即"上海市第二届黄浦艺术节"、"京剧麒派、海派艺术交流演出专场"，于公共舞台。联合举办单位有九大家：周信芳艺术研究会、中国戏剧家协会上海分会、上海京剧院、上海戏曲学校、上海艺术研究所、上海市演出公司、上海市虹口区文化局、上海市黄浦区文化局、江苏省南通市文化局。这些单位的负责人及各剧院、团、院校的专业人员，这个剧场已经很难容纳得下。观众多对演员是个鼓舞，但也有压力，常言道"不怕千人看就怕艺人瞧"。外行只是看热闹，内行是看真本事。好在我本身好像无什么压力，一是这出《探地穴》演了几十年，已是烂熟了；二是近几天反复琢磨、加工，自信问题不大。白天到上海京剧院去试服装，四身古铜蟒都不理想。最后决定用周少麟先生的蟒。因他出国后，把他所用的行头都封存

起来了。这次破例开封给我用，这说明大会的重视程度。少麟兄个子比我微高，我穿他的蟒稍微长一点，心想就穿它吧，周信芳先生大公子的行头我能穿上，也是机缘，头上脚下一切完美，是给我一很大的鼓励。

演出前开会，开幕式很隆重，宣传部长、文化部门领导讲话，市上负责人来的不少，师叔刘斌昆到了后台，对我说："放心大胆地演，没有必要紧张，这也是你难得的一次受检阅的演出，演出后听听意见，可以促使你进步。"我连连恭敬地称"是"。开幕词、贺词之后，开戏了。头场扮演柴郡主的陆仪萍，慢板就得到喝彩，六郎定计下来，台下观众热情高，而气氛肃静。二场八贤王，由蒋茂洲扮演，几句散板转流水，坐下，急缓锣倒板，气氛上去了，我的半句倒板上场，哇的一个碰头好，倒板唱着到台口，刺鞭（锣鼓点）中踢蟒、甩髯、抓蟒、提左腿转登屁股坐子，满堂彩，我就放心了。刘导演给改的这几个地方，效果非常好。宗保进宫报丧，扮演宗保的张海珠，本来是南通京剧团的主演刀马、花旦。非常会抖戏，我们配合默契。灵堂一场效果非常好。直到《探地穴》的几番跑，掌声不断，到第三番跑，是我们新改的仪萍云步耍水袖，我在后面前后颠步，台下响起爆炸般的掌声。两次谢幕下来，上海电视台的记者跑过来说："不要卸妆，最后一起谢幕之后，再把'寇准进宫报急'的半场戏再演一遍，因为这里录像录的不理想，辛苦一下，再录一次。"这样我们就捞不着看后面的戏了，只好在边幕条子里瞅瞅。

《明末遗恨》（踏雪夜访）的一折，七旬高龄的明毓昆先生扮演崇祯，虽然调门不高，但唱、念、身段非常规范。他是周信芳先生十大弟子之一，名不虚传。刘泽民先生演出《古城会》，他已68岁的高龄，原上海新华京剧团主演。幼年拜路凌云先生为师，后拜赵松樵先生，关羽戏见长。我当专心观摩，看看路、赵两派的红生特点，关羽斜背刀的倒步，几个亮相却有独到之处。因为《古城会》也是我常演的一齣，所以我看得特别认真。泽民老兄自己找了录像师，从勾脸、扮戏到演出，始终是摄像机在身后跟着，录下一部完整的资料，可见他的认真程度。这份资料可以常看，找出自己的不足，最重要的是老来的纪念。我看了这两出戏，受益匪浅。最后乃赵麟童兄之《斩萧何》。此剧非原周先生所演的原路子，乃新编历史剧。周先生原版本是载明造律，萧何买稿窃为己有。依现在的观点，乃是文贼也叫剽窃，把上半部献与汉王刘邦，而无下半部。在汉王催逼之下，要下半部时，萧何加害载明，载明死前嘱咐妻子，将下半部律法陪藏于墓中。萧何焦急无法的情况下，去偷坟掘墓，取出下半部。开篇头一款律，就是偷坟掘墓者斩刑。刘邦正欲除掉萧何，得到律法，正好以萧何试法，偷坟掘墓者斩。此剧本我

已整理好，但未演过，而麟童兄新编本是韩信造律法，萧何因盗了韩信的墓而被斩。我欣赏赵兄的创造精神，台风气度确实有大家风范。但我也有不同看法，历史上是萧明造律，今改成韩信造律，有点违背历史。当然戏不等于历史，但戏剧故事的基础是史事。这只是创作观点的不同见解，绝不影响我们的友谊交往，更不影响艺术上的互相学习。

止戏后谢幕，合影之后，我又重演寇准进宫，《探地穴》的第二场。这次录像就顺利了，因为录像师对场面调度心中有数了，三台机子同时录，各个角度不漏，通过剪接肯定很理想。录完之后，电台记者负责人道谢，"谢谢，辛苦了，因为这齣戏我们比较陌生，准备得不好，又拍一次，你们受累了。"我们礼貌地客气一番，头天炮戏算是圆满成功地结束了。卸妆后在后台浴池洗澡。有位老艺人说："马老师又演了一折戏，够累的。他们电视台这些记者录像有习惯，以为开场戏无所谓，只注重大轴戏。岂不知咱们这一场戏全是硬码，不同于一般的塾戏，他们没在意，结果一看演出，这个开门炮可不同于平时一般的塾戏，所以又重新录了一遍。"我不知这位先生所言真假，我想即使是真的，也无所谓，再录一次说明人家的重视，累一点我也高兴。

第二天上午，大会请斌昆先生看排戏，指点加工。我见了老叔，礼毕后，请教昨晚的演出有哪些问题，老叔高兴地笑了，"还是不错，少待会儿响排明天白天的戏，戏校里小蔡（蔡际东）的《跑城》，童强和王梦云的《清风亭》，你看看，晚上你的活儿比较累，下午好好休息一下。"

响排了，蔡际东演出《跑城》，排戏比较顺利，在打薛刚快扭丝，唱波子散板，至"害了你全家一满门"双手平划时，小蔡是左右手划分。老叔喊上了，"这怎么搞的，搓麻将吗？"排练场上鸦雀无声，"再来"。我当时都有些不好意思，心想老叔太过于认真了，令小蔡难堪。后面《清风亭》童强饰演张元秀，王梦云饰贺氏，配合默契，唱做实授，我看已是很不错了，可老叔特认真，细小动作丝毫不肯放过，看得出他和王梦云、童强的关系不是一般，排得很仔细。他老人家情不自禁上台了，特别是老旦用头撞张元秀时的甩髯口，憋气两眼呆直，昏晕气绝的神态，盼子的眼神，衰老体弱的步法身段，太好了，老叔不愧是江南第一名丑，又给我们上了一课。

午饭时老叔问我："你演《跑城》唱到'害了你全家一满门'双手怎么分？走给我看看。"我小心回答"这一句手势是双划分，不是单划分，单划分的确像搓麻将的。"老叔看我的双划分手势说"你对了一半，双划分是对了，大动小没动。"我不理解什么是大动小没动，老叔又说："双手向外划分是对了，但你的左右手，二拇指和无名指没动，你看这样就好了。"这一比画我就明白了，原来双手外划颤抖叫大动，双手

的二拇指和无名指要灵活的颤抖叫小动，大动小动混为一体才是完整的双划分。我连比画了几遍，老叔点头："对啦，就这样才是完整的双划分，平时还要常练习才好看。回去休息吧，到晚上演出我还要为你把场。"

回"周研会"的路上，我反复地想，艺术家就是艺术家，说出来的技巧，有理有据。我进一步理解了艺无止境的深广意义。

晚上的演出，开场是蔡际东的《周瑜归天》，他饰周瑜，翁萌饰张飞，是戏校的原班人马；下来是赵麟童兄演出《澶渊之盟》一折的寇准；大轴是我的《姜子牙招亲》。化妆尚早，我把所用的服装、道具都检查了一遍，到休息室内待会儿。一进休息室，哎呀，满座，一屋子人，全是主管领导及文艺界的名流。王正屏兄在高谈阔论，在讲抗美援朝期间，随周信芳先生赴朝慰问志愿军演出的情景，睡帐篷同沈金波先生的一些笑话。有人讲"明天那面（指大舞台）演出，各剧种的艺术家，今晚都到咱们这儿看戏，有20多位，俞振飞、张君秋先生也来，楼上包厢座位都准备好啦。"大家都觉得既惊讶又兴奋。我赶快到后台扮戏，酝酿角色，前面的戏也顾不得看了，心想，昨天我唱开场，今天唱大轴，两天俩戏码儿，两个位置，两个位置的分量大不一样。自己劝自己沉着点，但心情不由人，有点紧张。早早扮上戏，对着镜子照照，自己感觉还不错。上海京剧院的服装员要跟服装，来了两位为我穿戴伴角儿。一会后台喇叭里传来师叔的传话，"少童，盯场。"我急忙到上场门，见老师叔坐在上场门的沙发上，旁边是婶娘，端着扣碗茶，见我过来，点头示意。准备上场。边幕旁清无一人，这种严肃的演出场面叫人紧张。我想此时我爱人坐在观众席上，她的心情恐怕比我还紧张。前面的场子已是很热烈了，陆正红这马赛花红了，两位老艺人马太公、夫人配合得非常好，台下掌声不断。陆正红是上海京剧院的主演，原来上海京剧院为她特制的《红娘》、《二尤》服装，这次全亮出来了。她玩笑地对我说："马大哥，前面我们可给您垫平了，就看您的啦。"我只是点头致意，笑了笑，情绪高度集中，等着上场。外场大缓锣，姜子牙倒板了，半句倒板随着锣点就上场亮相，观众鼓励我，一阵激烈的掌声；我沉着的唱着下半句到台口，又是掌声；大段白话后一段流水，掌声又起，跑圆场是"死好"（掌声）见宋异人，单腿退回屁股坐，台下一"炸窝"的掌声，这场下来我心中平静多了，也有底了。到了拜堂拉绸子的情节，正红的意见是抱下的效果好，可是师叔的意见是拉下，我不敢违背师叔的意见，到了外场了，台下台上的气氛一触，干脆还是抱下吧，我这一抱，正红再一做戏，台下像炸了锅似的掌声。尽管如此，我心里还是嘀咕，在上场时，

我偷眼看看师叔也在笑，婶娘在旁边笑得前仰后合，心想明天到家再向师叔检讨。（见右图）

1989年10月14日于上海演出《姜子牙招亲》后与京剧表演艺术家赵啸兰合影

每场效果都很好，“文化大革命”前这部戏我曾演过多场，但这次的效果最好。后台的大挂钟使我增加了负担，演出时间太长，要演近四个钟头，台下能坐得住吗？最后“降五鬼”一场二黄倒板时，后台喇叭里传来舞台监督的声音，师叔说：“演员们注意，马前（节奏要快）！”外场节奏加快了，我上场的回龙、原板、开打节奏加快，显得更紧了。掌声中吹了尾声，谢幕。领导上台，献花、合影。赵啸岚大姐上台祝贺，握手合影，她亲切地说：“傻兄弟卖的太多了，这一出可以分成两场演，好东西不能全卖了出去。”完满的结束了这场演出。师叔不会轻易表扬我，看他的态度，老人家还满意。专车送二老回家，上车时师叔说：“到后台洗个澡，早休息，注意别感冒了。”

我的压力、负担完全卸下来了，好像刚经历过一场激战，撤下战场的战士，一觉睡到第二天六点。忽然想起白天有戏，我关心的是我们山东济南市京剧团高锡禄的演出，靠轴戏《白帝城》，他是第一届周信芳艺术研究会的学员。还有大轴戏陈鹤昆兄的《打銮驾》之包公，陆仪萍之庞妃。我要在观众席上给他们助威。

赵淑荣、京剧表演艺术家赵啸兰和马少童合影留念

白场戏九成座儿就很不容易了。开场蔡际东的《跑城》，下来王梦云、童强二位

的《清风亭》，师叔给加工时已经看过，这场演出很不错，本来这出戏的老旦，大都是男同志丑行应工，但王梦云演得很到位，不愧为一代名流。下来是赵麟童兄的《澶渊之盟》一折，有些改革，乃自己的演法，我欣赏他上场的气度。高锡禄的《白帝城》很不错，一个人来上海，靠轴戏，紧张是肯定的，我们都为他鼓掌助威。最后《打銮驾》海派戏，陆仪萍饰庞妃却演得很规矩，借銮驾出宫唱慢板台下反响很好。陈鹤昆兄的包公纯是海派，非常火暴，学了好多老一辈的技艺，据说有赵如泉、小达子、小三麻子和赵松樵等前辈的技艺。尾声后，谢幕、台下献花，送书法赞词，合影留念。陈老兄七旬高龄，真是不易呀，我们为他祝贺。

晚场戏前面是朱立贵和王啸竹的《别窑》，后面是全部《乌龙院》，有张信忠先生和朱立贵前后饰演宋江，陆仪萍饰演闫惜娇，乃赵啸岚老师亲传，肖润年兄饰张文远，张达发饰刘唐。我轻松地在观众席上观摩了一场演出。

10月16日上午，《萧何与韩信》最后的一场戏，《追韩信》有明玉昆、陈鹤昆先生，蔡际东、唐敏华饰萧何。戴海豹前韩信，后面《未央宫》的一折，由赵麟童兄饰韩信。我和爱人在台下仔细看了这最后一场戏。四位萧何虽然都是麒派，但是各有特长：明老的规范，陈兄的火暴，小蔡的劲头，敏华的稳当。赵麟童兄的《未央宫》不纯是唐派，以麒派的格调演出，唱腔节奏改革很大，和我演出的路子是两个劲头。他虽然嗓子不是太好，但非常会唱，充分发挥自己的特点，颇有大将之风。止戏、谢幕，我到后台一一道过辛苦、祝贺，大会演出闭幕了。

突然接到师叔的电话，“今天大会演出闭幕了，来家里吃饺子。”并叫我们早点去，让我爱人拌馅儿。上海主食是米饭，包饺子在上海是比较复杂的饭食，而在我们山东则是很普通的家常饭，我和爱人立马到了师叔家。师叔虽然久居上海，饮食却是北方口味，如大葱、大蒜照样吃。饺子很快出锅了。婶娘叫我和师叔先吃，我一听，“这怎么可以”，老叔说：“咱们先吃，你不吃饱，她们不知道包多少。”婶娘说：“少童大肚皮啫，上次吃米饭就没吃饱。”我只好打趣说：“别看我戏唱得不好，吃饭一个顶俩。”我爱人说：“饭桶一个”，一家人欢乐地吃饺子。师叔说：“今儿你敞开肚皮，看看到底能吃多少？”老叔吃了9个，多一个都不吃。他平时生活、作息都很规律、有节制。猪肉白菜，麻油（香油）拌馅，我吃了28个。师叔说：“这算什么，我16岁那年唱一齣《大卖艺》（传统老戏，街头卖艺，表演筋斗，腰、腿技巧难度大）下来，吃35个牛肉包子。年轻，整天练功，唱武戏，我那个时候在一条长板凳上翻5个小翻，整天家不知道什么叫饱。”我爱人说：“我们刚结婚时，少童一天三遍功，早上、午

间、晚上唱完武戏，再练一遍，一顿吃2斤多面的抻面条，晌午练完功吃20个炸鸡蛋，现在的饭量比过去小多了。”婶娘笑了，“哎哟，这么说你每次来家，都没吃饱哇？”我说：“我每次在这吃完饭，再到街上小饭店里喝两碗馄饨。”大家拍手大笑，快活极了。师叔问我“这次三天四场戏有哪些收获？”我将演出的体会及观摩的心得，一一汇报，师叔点头满意，“你上次同李慧芳江南之行，是个很好的学习锻炼机会；可惜‘学潮’打乱了巡回计划。这次演出也很不错，学人家的东西要有选择，要适合自己用，照搬硬套不行。”师叔又把这四场戏的演出，以点评的形式讲给我听，如《古城会》的唱词，《跑城》的几个焦点，《清风亭》的身段，拿棍姿势、眼神，《别窑》的台词、调度，《乌龙院》的拿扇子和《宋士杰》的不同之处，萧何和徐策两个丞相的不同，等等。我一一记录下来。“你师傅（刘奎童）交给你的东西不要丢掉，他的靠把戏，脚底下好得很，不要只学周信芳，把刘奎童的东西全丢了。你记住中国的名家，成名者没有只学一家的，学好众家之长，才能自成一家，死守独学一家者，必然是越学越死。”我仔细地听、记，真是“师叔一番话，胜坐十年科”。我向师叔解释“演《姜子牙招亲》拜堂时，正红的意见是抱她下场，台下效果更好，可是我违背了您的教导，您生气吗？”师叔笑了，“这无大碍，我也没想到台下会有这么好的效果，我琢磨了半天，也有生活依据，有的地区乡俗，就是新郎抱新娘入洞房，所以说也合理，关键是红了，正红是个聪明的演员。”他又说：“大会结束，要召集记者召开新闻发布会，近几天报纸上表扬你们的记者，加上京剧院、艺术学院、戏校的一些艺术家、戏曲作者，可能都去，你再听听人家的意见，从中得到启发提高。”我高兴极了，我知道记者招待会，一般的师叔不会参加。但我万万没想到，这次竟是师叔对我最后的一次传授教诲。

第二天“周研会”邀请上海京剧界的艺术家、有关领导、报社写戏剧评论的记者、编剧作者，召开艺术探讨会。我是北方艺人，在座的诸位大都不认识，但上海京剧院的老人还是熟悉，如王少楼、李宗麟、王正屏、张鑫海、赵啸岚、张信宗先生等专业艺术家，晚报社的张志江先生，“周研会”里的诸位前辈。这次大会参加演出的演员按序就座，未到楼上就听到爽朗的声音，“我迟到了吗？”开朗的性格，一身的花旦气的陆正红来了，她乐呵点头向在座的致意，我和她打了招呼，她又逗乐子了（开玩笑），一招手，“哎，老郎君”！（《姜子牙招亲》中的台词）引得大家哄堂大笑，会上都是圈里的人员，欢乐和谐的气氛很浓。

开会了，在座诸位，基本是表扬为主。这些话在新民晚报上都看到了，我静听对我的《探地穴》、《姜子牙探亲》提意见，所谈者都很客观，好像都承认我的嗓子、基功，但一听就知道是北方麒派，唱词、念白都可以听出来，因周信芳先生发声念词徽调基础很浓。另外《姜子牙招亲》一剧效果很好，在上海60岁以下的人大都没见过这齣戏。演出时间太长，或是分两场演，或者精练一下。提到其他剧目我也很注意记录，李宗麟先生问“小蔡（际东）《周瑜归天》见张飞《芦花荡》为什么不卸靠？”原扮相应该是白箭衣，发缕子，小蔡讲“见黄忠、魏延下来，我想大靠到底”。李宗麟先生乃是老上海京剧院的武生，严肃地说：“不卸靠，不合乎剧情，为了显示靠功么？那就唱《挑滑车》，我们演戏要合乎情理，艺术技巧是为剧情服务的，不能为了表现基功技术而不顾戏理。”因为《甘露寺》、《芦花荡》是我常演的戏，所以要仔细听，宗麟先生的意见非常正确，因为周瑜倒板上场，抖彩枪（软杆枪）吊毛落马，再上马，抬左腿担枪，右手马鞭，左手扯发缕子，单腿转着唱二六，转流水台词已讲明了形象，应该卸靠换白箭衣。

倒板——这一阵杀得我魂飞飘荡。二六——口哇吐鲜血冒红光。人马来在南城旁，偶遇见子龙排战场。我二人在南城打一仗。下面转流板——只杀得丢盔卸甲败走汪洋。耳边厢又听得杀声震荡……

由这段场次表明，《芦花荡》的周瑜不卸靠是不对的，这一次座谈会，我又学到很多东西。

休会时，我主动到张鑫海先生面前施礼、问候，征求意见。他非常和蔼谦逊地讲，你的条件蛮好，难得的是年龄不大，会的不少。像这齣《姜子牙招亲》，大都没见过，难得你和正红配合的这样默契。周先生演这齣，我没打过（司鼓未伴奏过），这戏时间太长，可以分两场演。会后大家互相交谈，以戏结缘，论艺会友，结识了很多朋友。流泽会长最后讲，“我们没有钱，中午请大家吃顿工作餐，不要嫌弃，希望大家吃饱。”

我又见到一件新鲜事物，简单的工作餐，每人一盘四样菜，干净简单：一个炸鸡蛋，两块排骨，一点炒绿豆芽，一点烧青菜。米饭自己去盛，吃多少盛多少，大桶里有青菜汤，喝多少盛多少，经济实惠的一顿工作餐。上至政府主管领导，下至一般演员都是如此。我想这种场面的会议，若在一般单位，其他行业里，是不会这么节省办事。老会长讲“来者都是搞事业的人，不是为了来吃饭的；是搞艺术的，不是摆谱的。”我又受到一次教育。

离沪返威心气盛　济南获奖授荣誉

大会事务结束，我夫妻辞别诸领导，拜别师叔、婶娘及艺友同人返回威海。这次赴沪演出，诸事顺利顺心，临走时，到表姐家和外甥们团聚了一番，这次回威海带东西特多，玩具就是两大包，多亏有济南京剧团的高锡禄一路照顾我们。到了济南换车，我夫妻顺便拜访山东省戏校校长殷宝忠先生，他说："你们威海戏剧科科长李奎元来济南开会，说起你来，他说你在上海演出，这次大会领奖有你。"我到了历山宾馆，见到了孙盛和同志（现在的文化局副局长）、戏剧科长李奎元同志，他们见了我感到惊讶，"你怎么知道的？"我说："我在上海演出结束回威海，来济南转车，顺便去看望宝忠校长。他们说你们在济南开会，我特来看望你们。"他们笑了，"这真是太巧了，这次省人民政府召开会议，对建国以来，特别是党的十一届三中全会以来，在文化艺术工作中做出突出贡献的同志，省人民政府决定给予通令嘉奖，你已被评上了先进工作者。听说你到上海演出，正愁没法和你联系，怎么这么巧在这里遇上了。"我也笑了，"这真是来得早，不如来得巧哇。正好快去报到，明天开会。"李奎元科长说，"你老两口回山东剧院招待所，把东西搬过来吧，领了奖，大会负责送你们回威海。"

我和爱人由山东剧院搬到历山宾馆，遇见烟台京剧院来开会的先进工作者解小华老师。艺界众友相聚，好不开心。当晚殷宝忠校长请我们夫妇吃饭，在他家聊到深夜，老友相会有说不完的话。

第二天在南郊宾馆开会。省领导祝贺词、表彰，最后发奖。山东省委书记苏毅然同志亲自为我颁发了奖杯和嘉奖令，我接过奖杯，鞠躬握手，音乐中走下舞台。闭幕词中，我根本没听见说的什么，在呆呆地凝思：人走时运马走膘，骆驼单走罗锅桥，上海演出归来，做梦也想不到，自己被评上了先进工作者。只说是威海京剧团砍了，我这个被"养"起来的人，早已被遗忘，谁知在这种命运不佳的时候，竟碰出了一个"火星"，这说明党还未忘记我老马。联想到建国至今40年来，1949年剧团的老同志，只有我和老会计徐之平了，不觉泪流满面……一阵热烈的掌声冲断了我的思绪，散会了。一抹泪痕，随着众人走出会场。

回到旅馆，我和爱人讲起颁奖大会情况，又是一番感慨。她说："人哪，这一辈子不会总走运，也不会总倒霉，倒霉倒到头了，就有转化。我想威海京剧团被砍掉，54岁就把你养起来了，成为废品，谁想三进上海，废品被利用上了，这次回来路过济南，又碰上了想不到的好事，评上了省级先进分子了。你老马也算是荣耀了一把。”“是呀，我这臭虾酱发过来了，还有点鲜味。”她说：“我至今心里不平衡，我这‘黑帮家属’才33岁，正唱着样板戏的主演，突然被开除，改行进农修厂，学翻砂、刨床工、吊车工、当保姆，落了个荣誉称号——工人阶级，最后当保姆退休，至今我不知道这是谁害苦了我们这批演员？”我说：“这是形势造成的。”她又说：“可是你这黑帮、走资派都解放了，成了一级演员，当上先进，我这走资派的家属，至今还是三级工的保姆，现在剧团里连拉大幕的、打手锣的都是二级副高，我这当年的主演还是三级工呢，到哪说理去？形势是谁造成的？”我说：“这都是命。清朝道光皇帝有几句话，可以自慰，他说‘算不过天，纠不过命，巧不过运，灵不过钱’。我看既有哲理，也很现实。郑板桥的简单格言，‘吃亏是福’。我好了，你也好了，我得了荣誉，你也光彩。时局形势的功罪没法讲，追究到最后又待如何？宋代的奸臣黄文炳，把包公关在城外（金鞭记二本），站在城楼上对包公说‘你是包青天，我是狗奸臣；你正直，我缺德；我在城上，你在城外进不来，我错了，你能把我怎么样？呼丕显是南征北战的大功臣，可是遭到满门抄斩。

郑板桥说‘聪明难得糊涂’。”她不耐烦地说：“拉倒吧，别自己吃宽心丸啦。”“哎，人哪要知足，才能常乐。回想1949年老新威海京剧团的老人，只剩下我和老会计徐之平了，他已年过七旬的人了。1964年威海市京剧团的原人，仅剩下屈指可数的十几个人了。1970年，又成立这个所谓‘满台春’的青年京剧团，没叫你回来，是派性作怪，个别人的打击报复，我不是也站起来了吗？整我们，打击我们，欺压我们的人，现在能赶上咱的不多，这叫‘善恶到头总有报’。你能想到威海文艺界老废品的我，能到上海唱大轴吗？你能想到尽管威海剧团不存在了，我还得到奖杯、嘉奖令吗？熬过十年酷劫，活到现在就够幸运了，又评上了省级先进。说明一个道理，我马少童还有用。”赵淑荣叫我这一番大山侃得哭笑不得。“行啦行啦，别砍了，今晚宝忠校长及徐俊华、徐俊芳老师要给我们送行，午间到校长家，晚上在徐老师家，快走吧。”我立即电话联系高锡禄，约他一起到宝忠先生家去聚餐。

殷、徐二家家宴十分丰盛，都是特意从饭店里请来的厨师，唯有唐世辛兄因嫂子住院不能到场，送给我两瓶酒。唱戏的相聚，所讲的离不开戏，大家非常开心。唯有高锡禄非常注意礼貌，板板正正的。宝忠先生的夫人焦君萍嫂子说：“我们没有淑荣那两下子，只好请个厨师来家做。”宝忠先生也发话说了，“淑荣做饭可真是‘好角儿’，和变戏法似的，一起说着话，一会就变出一个菜来。面食里我不喜欢吃馒头，可她做的馒头我爱吃。在他家里问我吃什么，我说除了馒头什么都行。她就针锋相对，专给做馒头吃，我说‘馒头在我嘴里总转圆场不往下走’。她说‘你尝尝吧，不好吃再说’，哎呀，她做的馒头可太好吃啦。她说‘怎么样，馒头不在你嘴里转圈了吧？’‘好吃，顺流而下’。”畅述欢饮，高兴极了。我体会到挚友相逢，畅述肺腑，乃人生之一大快事。

回威海闭门习艺　待演机发奋用功

回到威海，先到市艺术馆向领导汇报上海之行的简单情况。至于我的演出情况，上海新民晚报、文汇报都有报道不需我说。在济南领奖的情况，李奎元科长必然和单位讲，都无须我自己多说。

三天后李奎元科长从济南回来了，把省里先进分子会议情况介绍了，文件要求给评上省级先进工作者的同志一点奖金。单位领导找我到馆里去，领导很实在的讲“馆里很穷，没有多的，奖励一百块，意思意思，别嫌少。”

我非常感激，一元钱也不少，我觉得一百一千，它的情意是一样的。再次道谢便告辞了。心里确实很感激，尽管我不出门，朋友闻知来舍者多。得知市里先进分子单位给的奖金是三百元，我个人私心又上来了，什么道理？把感激喜悦的心情冲淡了。但经过沉默冷静的考虑，我终于想通了，一个单位一种情况，文件未定奖金数字多少，发给我一分钱，我也应该感激。回忆起“文化大革命”的情况，如今已是很好了。

自慰

名大名小何须争，钱多钱少都是情；
才能机遇全由命，佛学视之皆是空。

回到威海仍是习练不止，何日再能外出演戏？我不知道。但是我明白，功夫要平日练，等待忙时用。平时不练功，用时现练来不及。通过学习，几年来的亲身体悟，明白了一些道理。愿望想象都不是想来的，“与其临渊羡鱼，不如退而结网”。若想出人头地，就该练功读书。这次在上海演出，回来省里领奖，我提醒自己，不要得了一点荣誉就沾沾自喜，谦虚要牢记，谨慎更重要。

自勉

日月云雾分时季，风雨霜雪有周期；

人生岂能长得意，得意莫忘失意时。

没有演出，很少外出，生活平静，倒也舒心，每天作息有序，习书绘画，熟练业务，读书看报，电视里看戏。忙忙碌碌挤走了寂寞和烦恼。突然接到上海流泽会长的电话，“周研会”要组织一个演出班子，晋京演出，庆祝徽班进京200周年。由上海到南京、北京、天津、济南、青岛，剧目有《追韩信》、《跑城》、《宋士杰》、《斩经堂》、《未央宫》、《明末遗恨》等麒派折子戏。我在上海开理事会定计划时，“周研会”曾给我四盘磁带，有台湾的毛家华先生（周信芳先生生前好友，麒派名票）保存至今。毛先生唱麒派很不错，而且会戏很多；晋京演员有周信芳先生的大公子周少麟，杭州的赵麟童兄，还有我。至于谁演什么剧目未定。所以我每天就熟练这几出戏，我个人感觉《追韩信》、《跑城》、《斩经堂》、《斩韩信》，简称为追、跑、斩、斩，至于《宋士杰》这出大戏，不可能是一个人演到底，业务上我心中有数。但有个难题，流泽同志讲，这次巡回晋京路费等费用，要当地单位负担。因为“周研会”为周先生立了一尊塑像，会里钱已花尽，造成经济困难，负担不了众人的花费。要我向当地领导请示，能否负担我进京的花费，约需3000元。我感到为难。老会长说：“这次晋京演出，是一生难逢的机会，纪念徽班进京200周年，代表麒派进京汇报演出。是个人荣誉，也是当地的荣誉。三两千元钱，领导会支持的……”我说：“等我请示一下看看吧。”

我有感觉，给我负担进京的路费，当地主管部门是不会批准的。若直接请示，唯恐碰壁，只好先找一位文化主管领导个别试探一下。他也很为难，“马团长，你想想，有可能为你报销路费么？如果市上重视京剧，京剧团能砍掉吗？这些领导才不管你晋不晋京呢？你代表麒派，周信芳艺术研究会，跟他们有什么关系？咱都不错，说心里话，不必再去找领导碰钉子。”我想，真的没有必要再去找领导，自讨无趣。电话回复上海周研会，当地主管部门不能负担路费，自己无经济能力，谢绝参加这次活动。这是我等机遇，盼机遇，机遇来了，又失去机遇，眼睁睁的失去，人生难逢一次的机遇，心中难过极了。

不久就了解到，有的周信芳艺术研究会的会员为了晋京，当地政府不仅负担花费，还赞助了一万多元，有的演员为了参加晋京，个人赞助几千元……心想，人家那里领导是怎么想的？都是共产党领导的文化部门，怎么所想所做差别如此大呢？然而也有安慰我的领导，原威海市已退休的老主任车方松同志曾找过我，他说："少童同志怎么这么糊涂，这种机会百年难逢，不给你报销路费，自己拿也得去，有困难咱们互相凑凑也可以吗，不就三两千块钱吗？这种机会几万也买不到哇，太可惜了……"车主任的同情、关心，对我是个很大的安慰，我非常感谢，但良机已失，如之奈何？

满腹的委屈，无处发泄，就在这时候又接一信，冲解了我的苦恼和怨气。惠民地区结核病医院老院长王世义同志，他在抗日战争时期是胶东文工团的团长，一生痴迷京剧，喜唱谭（富英）派，会戏很多，如《将相和》、《除三害》、《乌盆记》、《洪羊洞》、《定军山》等，每天习练。1980年他在威海疗养院住院时，早晨体疗打太极拳，可是他独自一人在球场边练"起霸"（京剧表现大将披挂出征前的成势舞蹈套路），嘴里还念着锣鼓点，"吭榔采来，大呔呛呛登叭采来呛"，众病号围观发笑，它却毫不在意，他说"我练这套京剧'起霸'，比太极拳好多了，能促使心情好，念锣鼓点，可练习深呼吸。"他和山东省艺校校长殷宝忠先生是好朋友，也向殷校长学过戏，和我经常通信。这次他来信请我到惠民去给排戏。惠民地区京剧团有两位青年尖子演员，想学接近失传的两处戏《天雨花》、《六国封相》，因此，王世义院长受惠民地区京剧团所托，请我去教排这两个剧目。正好我因不能参加麒派进京演出而苦恼，爱人赵淑荣和两个女儿的意见是叫我去，借机外出冲散一下苦闷。

惠民重逢王富岩　急电返威赴省城

行装简单，以旅游、探友的心态，同爱人赵淑荣由威海乘车到张店，看望奶师王韵童、师母王静萍。两天后，我一人轻装快速到了惠民干休所，见到王世义院长，他给惠民京剧团打了电话，团长刘少文，他父亲乃名流前辈刘俊文。刘先生在这个团任团长多年，此团原系军制，所以团长佩带手枪，唱戏的当团长还带手枪，这在当时是了不起的事情。刘先生在这个团里，立下汗马功劳，收有四个弟子：宝、成、明、亮。即儿子小宝、徒弟王成、白玉昆先生之子白云明和小亮子，上层演员很棒，旦角耿惠君，乃耿长春（外号月白小伙子）之女，青衣刀马旦无所不唱，爱人胡玉桐一条好嗓子，铜锤架子花脸，原来也是流动角儿，后参加惠民京剧团，特别是王富岩先生和我更是知交，我伴他爱人齐惠秋近两年，他岳父齐海亭，给我练功，抄筋斗。齐老原本是河北梆子武生改皮簧，筋斗奇人，一串可翻二十四个蹲提（后腾空翻）。他十八岁到山东，当时山东没有翻前坡的（前腾空翻），他是山东头一个翻前坡的人。京剧班里都知道一个故事，山东筋斗王富岩（回族，外号小回回），在山东筋斗霸尊，同齐海亭先生在济南八角井比筋斗，二人各有所长，结成金銮之好。老伴金少仙，梆子花旦改京剧彩旦，我们近两年在一起配戏合作。提起王富岩，山东、关外很有名望，文武俱佳，前面演《长坂坡》，后面《失.空.斩》，马派戏、李（少春）派的戏，长靠短打无所不精，溪啸伯先生见爱，收为义子。因有层层亲密的关系，所以我同王富岩虽然未在一起合作，但关系非同一般。听说我到了惠民，他立马到王世义院长家找我，又打电话给文化局，王局长马上就到了富岩兄家，手里拿着两罐孔府家酒。家宴开始，酒过三巡，富岩兄一一哭诉运动中受的挫折、批斗、抄家、挂黑牌游街示众。惠秋大姐惊恐、悲伤成病，故于1970年7月20日，岳父母也先后去世。现在只有二姐在身边照顾他。我劝慰了一番，“你比我轻多了，我是党内死不改悔的走资派，你未入党沾光了，现在咱们不是都好了么？落实政策，你想想中央刘少奇同志，那些老帅，不也同样挨斗受关押么？”王局长原来也是惠民京剧团的武戏演员，内行。他对剧团的老艺人非常关心和尊重。他说“王老师落实政策之后，在齐惠秋老师坟前哭过好多次，烧的纸垒起来比人都高，惠秋老师生前喜欢的东西，他都买了去烧，如化妆品、衣服、毛毯等等，对得起齐老师了。”我也安慰他，“若大姐在天有灵，也该满意了。”他又哭又说：“有什么用，烧的再多也活不过来了啦，只是平衡心态罢了。”

借酒说话拉到了正题，排《天雨花》、《六国封相》二剧，我全应下，不计报酬。我的水平有限，贵团看得起利用我这“废品”，我便尽心尽力保教保会，安排计划排戏就是。富岩兄问我，“有剧本吗？叫他们先写单词？”我笑了，“‘文化大革命’扫四旧，我家被抄了三次，慢说剧本，连文物，刀枪把子等演戏用的东西都以火焚之。人活下来了就有剧本，全在我肚子里。找个录音机，我背着戏录下来，由磁带上翻录剧本就可以了。”大家都笑着夸我脑子好，记忆深。我笑了，“用‘文化大革命’批斗的话讲是‘顽固脑袋，流毒太深’，当时谁能想到以后这些老戏还能演。”故友重逢，畅述肺腑，高兴之至……

我逐门拜访故友胡玉桐、耿惠君、孙玉麟等艺友，他们都为我的到来感到高兴。

恰巧惠民京剧团有几名学员在省校培训，毕业回团。惠民地区正在开下属县、市文化局长会议。几名毕业生组织一场汇报演出，王局长要求我演一齣。拒之不恭，我坦率地应下了。剧目的安排《探皇陵》、《赤桑镇》、《天女散花》，最后是我的《跑城》，剧团阵容很强，班底齐全，乐队一合即成。靴子、胖袄、网子等物，就要用富岩兄的了。 就在这时接到张店转发来的电报，威海文化局要我立即返威，省文化厅有演出任务。我蒙了，这是什么事？省厅的任务不敢怠慢，和众友讲明，今晚演下戏来，明日返威海。

晚上扮戏，富岩兄说："我这靴包好几年未穿了，我把厚底给你粉一下。"后台百分之八十是青年演员，"神啦，王富岩老师在团里，对青年、晚辈非常严肃，份儿（架子）大的不得了，工资都不来领，都是徒弟给送到家里，离休后很少到剧场；马少童是何许人也，用他的东西，还给他粉靴子……王老师平时那脾气……今天怎么会这样了？"

演出结束以后，没完没了的谢幕。老专员、书法家杨再春上台，赠我一幅墨宝"麒艺永春"。由王世义院长招待送行宴。

我一夜难眠，琢磨不透省文化厅叫我到济南有什么任务。二日清晨众友送我上车，汽车驶动，刘少文团长对王院长说："您那背包里掖上了一百元钱，不成敬意，路上买瓶水喝吧。"这叫我难为情了，车已开动，无法退回，只好招手致谢。不到两个小时到了张店，到师傅家见到我爱人，问其原因，她说"莉军（我大女儿）来电话说文化局到家找你两次，说省文化厅叫你马上去济南，'周研会'有你的演出任务。"任务不明，但不敢怠慢，党员总是要有组织观念，下午乘火车到烟台，转汽车到威海，直奔文化局。见到李奎元科长，他一见我，高兴地说："你可回来了"。我问其情由，他说："周信芳艺术研究会晋京演出麒派专场汇报后，在天津几场下来，又来到了济南。由省文化厅接待，你是'周研会'的常务理事，怎么能不露面？听说演出人员方面出了变化，要叫你去参加演出。"我一听，牢骚情绪又上来了，我晋京演出的路费无处报销，而今济南演戏又用着我了。事到如今牢骚也无济于事，况且李科长和我的关系也不错，对我很尊重。我咽下了满腹牢骚的讲，"好吧，服从组织决定，明天去济南。"李科长高兴地说："省文化厅来了三次电话了，可把你找回来了。明天你去济南，我马上向省文化厅汇报，马团长，祝你演出成功。"我这复杂的心情他如何理解。回家和爱人讲了到济南的情况，她说："事已至此，咱们什么也不要讲了，顾全大局，演完戏就回来。

晋不了京的责任不在人家那面，到那里后往家里通个电话。”我心里七上八下，整理好靴包髯口，我想反正离不开这几出麒派戏，黑、白、仓，三圈髯口就足够了。

心 思

进京报销难，急调到济南；
自恨没有钱，向谁去诉冤？

一路平安到了济南，马路旁远远可见，周信芳艺术研究会，麒派演出队，进京汇报演出巡回来我省，大海报是赵麟童、肖润增，啊？原来在南京、北京有董春柏，我未能去春柏兄自备消费还赞助五千参加进京演出，怎么如今没有他的名儿？事情蹊跷，我不能直接到会里去，先了解一下情况为好。

打车到了省戏校，到殷宝忠先生家，君萍嫂子惊奇地问：“啊，你怎么来了？”宝忠先生料事如神，他说：“哈哈，叫你来演戏吧？”坐下来喝茶，我述诉了晋京演出未能去，赴惠民排戏，省厅电话到威海文化局叫我即来济南的一些情况。他笑了，“我也不了解你们会里的情况，但我听到一些不确切的情况，由南京进京演出，人员上出了分歧意见，不大协调，来济南没有董春柏了，可能赵麟童一个人顶不了，几晚上的戏，光杆一个，怎么能称得起演出队？没有办法，通过文化部，把肖润增借出来短期演出，肖润增不会在这个班子里太久，所以叫你来‘顶雷’（难接的任务），这是我的猜测。”原来如此。他又说：“你先去报个到，看如何安排，几天的戏都出了报纸，大海报早登了，人家一切就绪，你可考虑好，咱可不能乱接这个活儿（角色剧目）。他们住在济南宾馆，我没见他们，因为都不太熟悉。”听了他的一番话，我心里已有点底儿了。

午饭后去报到。流泽老会长见了我非常高兴，个别和我讲了一些情况，南京、北京演出，人员剧目上出现点分歧，润增是向文化部借出来，演几场就回北京，叫我来救急参加演出等等的情况。我听了以后思索了一下，静下心来和老会长讲“这太突然了，这几天我由惠民到张店，返回威海，马不停蹄又来济南，我基本都是在车上，结果还是来迟了”。他说：“来了就好，来了就放心了。”谈到业务上剧目的安排，我提出“在济南我就别演了，大看板、报纸都登出去了，不便换人，况且润增虽也是会里理事，但毕竟是借来短期演出的，总是客情。您说呢？”老会长点头在思考。我又说：“这样吧，济南下来，润增回北京，咱们到青岛，我再接活演戏，您看行吗？”他点头同意。

于是我和爱人赵淑荣通了电话，叫她到青岛朋友家等我， 不久我们就到青岛。这里一切均好，放心。我挨屋看望众友，赵麟童兄嫂带的琴师、司鼓都是原人，旦角仍是王小军。又到润增弟房间看望他夫妇，我们虽未一起合作演出，但彼此都很了解。我师叔刘斌昆是肖老夫子（长华）的弟子，他哥哥润年也拜了我师叔为师，润增夫妇（夫人梁幼莲）待人接物很重礼节，人品一流。肖门的家风，艺界无不翘指。润增是周信芳先生的学生，为人非常谦虚。他说："师哥，您来了太好了。这次是把我短期借出来的，京剧院里我还有好多任务，济南演下来就回北京，在这里，我这几个活儿是：《追韩信》的萧何从报急接（有请相国起），一出《斩经堂》，一出《别窑》，《宋士杰》头场至《盗书》，后面麟童接演。您看您演哪出合适，随您挑。"我非常感动，润增的为人处事仁义。我认真礼貌地说："贤弟呀，你对愚兄的尊重，我非常感激，但这几个活儿我都不能接。咱们虽然都是自己人，但报纸已登，大看牌已出，不易换人，您多辛苦点吧。在这里演下来，您圆满地回北京，到文化部复命，我到青岛去接活儿。咱兄弟有缘，相见恨晚，以后有机会再处。"

我特意到济南京剧团看望良师益友双翼翔先生，我刚学《夜奔》时，还是他教给我的，双先生外出未见着，可谓憾事；徐少民因病不上班，也未见着。只有高锡禄寒暄一番。诸事已毕，我返回戏校，和宝忠、君萍二位汇报商量到青岛如何演戏等事。他说："青岛原来是麒派窝，如今只有李师斌在，你最好躲着师斌的戏，咱戏班里的讲个义气，新一套讲个团结。他得意的剧目是《斩韩信》、《义责王奎》、《斩经堂》。"我完全同意他的意见。"李师斌是我二师兄曹艺斌的徒弟、女婿、义子，后来又拜周信芳先生，这辈儿没法儿论，他比我年长，故称为兄。《斩韩信》这齣和赵麟童重着，但肯定赵麟童要演这出，我不会影响他们，我就唱全齣《跑城》、《追韩信》，他们年龄比我大，体质不如我，圆场累戏不适应。恰好我正得劲儿。如果再演就是《宋士杰》，但不管谁演就要从头到尾，一人到底。在上海吴石坚院长讲'一个主演演不了一个半钟头的戏，叫什么主演？两个钟头的戏，两个人演。几个人演，这能看出什么技术？快成了大奖赛了……'所以我这次到青岛要求会长，我演就演一齣，最好每人各演一场。"殷校长拍手叫好，"对啦，15分钟最多半个钟头算什么主演？能看出什么来？当年周信芳先生来济南，前面《打严嵩》，后面《斩经堂》，而今是15分钟名扬天下，靠这个拿大奖、奖金、房子、待遇一切全有了。现在有的人在录音机上学了一段'我正在城观山景'，就报演过《空城计》；能唱一段'临行喝妈一碗酒'，就报演过《红灯记》；唱一段'穿林海跨雪原'，他就说演过《智取威虎山》，什么《平原作战》等等，反正唱

一段就报会一齣戏，主管部门有的人也不懂什么叫全剧，什么是选场、选段。都成了一级演员，如此下去京剧不就完了吗？”这些情况都有同感，可是不易解决。还是说我到青岛的演出吧。意见统一，我去和会长汇报，再商议。

济南的炮戏头天是《追韩信》。麟童《三金殿》下来换润增，后面《斩韩信》。我要了十张票请省戏校的书记、殷校长、焦君萍嫂子、徐俊华先生和他的夫人徐俊芳等。他们都是和唐韵笙先生长时间的老搭档，况且俊芳老师当年配唐先生《斩韩信》中演吕后，拉了一面包车来助威看戏。

头场戏不太顺利，高锡禄饰演刘邦很不错，“二金殿”流水得一满堂彩。因大幕未拉严，上面合不上，台下一场笑，哄哄了一阵。麟童兄闹嗓子，唱起来很吃力。《三金殿》下来，我担心他后面《斩韩信》的大段唱腔。润增弟身体不好，《追韩信》吊帽恬了头，台下笑了，拉上幕，勒好头开幕接着演，又哄哄了一阵。我觉得观众不太体谅演员，有点苛刻。后面《斩韩信》比较圆满地演下来了，演员的碰头好，谢幕，观众还是很礼貌。送省校领导老师们走时，我和殷校长讲：“老会长同意我的意见，青岛我只演出两出《跑城》，《追韩信》，《宋士杰》赵麟童兄一人演到底，《斩经堂》由师斌兄演，我就很轻松了。”他笑了，“明天家去再说。”

第二天到家，宝忠先生讲“演出这里还有四天，你这里没戏，应该马上到青岛去排戏，到青岛把你的戏排好，等他们到青岛你就不用排戏了。这样你也松心，把后面的时间留给人家排戏。”我说“《跑城》、《追韩信》还排什么？”他笑了，“你以为是上海京剧院呐？现在戏校刚毕业的青年什么戏都要排，几天下来你把他们教会了，你的嗓子也就累哑了，你可有个数儿啊。”“言之有理，去见老会长，要求提前去青岛排戏，大队人马到了，我的戏就不用排了，让出时间排别人的戏。

回去向流泽会长讲明，他点头，“可以，但明天不能走。明天由省文化厅、市文化局等戏剧单位组织座谈会，赵麟童嗓子哑了，还要演出，我们会里的重要发言人是你，内容是：1、麒派艺术的特点；2、个人的体会；3、如何发展麒派艺术等等。”“我的妈呀，这不要命吗？准备这个讲稿，还不如演一场大戏呢。”老会长笑了，“座谈会嘛，也不是作报告，简练一点嘛，你和赵麟童都是常务理事，他不讲，你可不能不讲，尤其是来到你们山东了。”

好吧，马上给殷校长打了电话，我后天去青岛，明天要开“麒派艺术座谈会”，马上准备发言稿，看来今晚的戏也不能看了，他说“明天会后来家里吃饭，给你送送行。”“好吧”。什么也不顾了，静心写发言稿。我想座谈会最好不用发言稿，念稿子

太死板，所以就把纲目记下来，默了几遍，自信问题不大。

第二天上午座谈会，省文化系统的领导和流泽会长宾主礼貌发言已毕，开始座谈。我的十分钟发言，自觉没甚问题。会后老会长笑着点头，看来还满意，我征求他的意见，他说“还不错，看来在威海这些年的小团长未白当，讲话还真有点水平，明天早饭后和金统同志（上海大舞台经理，周研会的外交）去青岛，你去排你的戏，他去安排吃住、演出等事，你准备一下吧。”

辞别众友，到宝忠先生家吃饭、辞行。

麒艺交流座谈会　青岛幸会钱元宏

早餐已毕，背起靴包，和靳统经理同去济南火车站。

火车安全正点到了青岛。青岛京剧团团长吴平设宴接风，在招待所安排食宿，靳经理又到文化局去打了招呼。诸事已毕，我对靳经理说：“公事已联系完了，跟我去串个门，看个朋友吧。”电话联系了以后，我爱人赵淑荣已到青岛两天了。靳经理问到哪里去、什么关系？我笑了，“我的老朋友，情同手足，是海军，沙子口的政委，现已军养。我家老赵前两天已来了，住在他家。在等着咱们。”

青岛市面建设变化很大。四零一医院附近，原来街道、宿舍变的面貌全非。正在我寻找时，看到我孙子马煜和几个小孩在玩儿。他高兴地把我们领到楼上，他喊着：“奶奶，爷爷来了。”家里人听到喊声，都迎出门外，互相介绍之后，早有准备的接风宴就摆上了。宾主落座，酒过三巡，各畅情怀。虽然是家宴，但国臣兄嫂备设的很丰盛，互相敬酒之后，靳经理说：“宋政委是老革命了？”“这谈不上，我是东北人，本来做地下工作，进深山老林剿匪，《林海雪原》里，就有我们剿匪的故事。‘文化大革命’中被打成叛徒，挨了不少整。造反派说，‘你若不是真土匪，在土匪窝里，他们能容留你吗？谁能证明你在土匪窝里未叛党？’叫人哭笑不得。剿匪战斗中的同志还活着几个，这才澄清，直到粉碎‘四人帮’后才落实了政策，又调到青岛沙子口干政委。回忆‘文化大革命’真是一场浩劫。少童不也是一样吗？‘文化大革命’期间威海的文攻武卫，在我家里把他抓走的。”靳经理说“看得出来您和马老师的交往不一般哪。”国臣兄讲：“可以说荣辱共存，福祸同受吧。1962年在莱阳，威海京剧团在那演戏，慰

问我们部队，在火车上相识，后来他们每次到烟台必到我家，和自己家一样。1966年春威海京剧团来青岛演出，他当选团长不久，慰问我们四零一海军医院。当时威海京剧团在青岛红的很，八月份‘文化大革命’他就被打成黑帮了。冬天逃到青岛，又到昌乐他岳父家避难。1967年5月又来青岛，在我家被威海的文攻武卫抓回威海，红卫兵无法无天哪。一场浩劫过去，现在他又和你们各地的艺术家来青岛演出。我们能有现在的幸福，说明要相信人民相信党，我搞军事，政治，你们搞文艺戏曲，不论搞哪一行，都脱离不了形势的制约和影响。能认识靳经理很高兴，来，再敬一杯。”靳经理说：“是啊，周信芳先生在上海被批斗的更惨，可以说家破人亡。江青要灭绝麒派戏，演麒派的都挨整，造成至今麒派演员短缺。我们这次巡回演出，就是宣传麒派，挖掘麒派戏。来青岛是最后一站。演完这里就完成任务了。”问起晋京的人员，剧目变动时，他说：“我不是常委，不太了解情况。在上海常务理事会研究过，后来台湾的毛家华先生、周少麟不能参加，又因威海不负担马老师晋京的费用，去不了。后来怎么又增加了董春柏老师，在南京时人事关系上不太协调而变动。在北京参加演出的有肖润增、张学海老师合作演出，这次演出不太理想。后来董老师走了，借调肖润增老师，又请马老师到济南，我都不太清楚。但有一点是共同有感，周信芳艺术研究会给周先生立塑像，原来说有两家赞助的，后来都一分未拿，会里把钱全花光了，造成晋京的经费困难。您这次来参加演出也真是救急啊。”我笑了，“不能这么讲，我是会员，顾全大局，逢事要讲个原则，完成了这次演出以后，我不想再演戏了，因为我没钱，过去是演戏挣钱，而今是花钱投资演戏，买了名儿再挣钱。我没有这条件，所以我打算改行搞别的了。演戏太累，特别是当主演更累。要维护一班人的关系，特别是要处理好上面和社会上的关系。一无钱，二无权，要当主演，难难难啊哪。”现在我回忆我当时的话，尽管想说的圆滑点，但也有牢骚。谁想以后这些情况，靳经理为工作负责，好心地向流泽同志汇报了。

第二天在青岛京剧团安排业务，50岁以上的大都认识。百分之八十是戏校分配来的青年。阵容还不错，业务负责人都是老的，角色分派之后，要排戏就困难了。乐队全要谱子，琴师是老的杨绪虎，司鼓王少文都50岁左右。《跑城》《追韩信》不陌生，其他伴奏的全要用谱。好吧，我一句句的唱着用笔记谱，但记谱很快，记完之后对了两遍，复印出来每人一份。这样的好处是伴奏的很严，管业务的毕副团长讲“马老师，您可得多辛苦，这几年我们这里很少演麒派戏，龙套零碎都要排。因为这些青年演员在戏校里，会的就是戏校学过的。分配来团里，就是会我团排演过的戏。”“没关系，慢慢排，有时间。”《跑城》的司鼓是北京戏校的小刘，没打过，他说：“在戏校里没见过这戏。”“慢慢学，没什么。”打鼓的小刘，手头很好，脑子也快。走场子了，好嘛，呼啦一下来了好几位老艺人，演小生的姜振发是我们烟台人，钱元宏先生老北京的花脸，老远就有一人在喊：“少童！多少年未见了，好嘛，你小子成角儿啦！”我一看，“啊哟，舞台上捣乱、开玩笑的万能演员穆庆来。”这些人都是我的前辈。钱老（元宏）说：“现在这些戏成了生戏了，什么都要排，我来吧，你去和乐队对唱腔，场子零碎算我的，我来排。唱腔对好了，走场过一下就行了”，这可帮了我的大忙了，这些老艺人都很重义气。从我奶师王韵童那儿论，要长辈称他们，从刘奎童先生这论都是平辈；但我年轻，还是要称长辈，尊敬他们。这些老艺人都很够意思，说“有什么事儿就打招呼，到了老家了，自己人，别客气”。我一一谢过，送他们离去。谁能想到这两齣老戏排了三天。除了排戏，应酬也是忙差。吴平团长是我老上级吴杰的大公子。1947年吴杰同志在威海新威京剧团任教导员。敌人进攻胶东，京剧团备战到大连。青岛解放了，他任文联主席，文化局长，现已退休。他爱人陈红同志也是文化干部。吴平抓青岛京剧团很有工作能力。剧团奖金很多，又要盖新宿舍。他和靳经理也有交往，必然要接风宴请。恰巧省团的刘玉汉老兄（老白虎团剧组的），回青岛也请我，认识了任德川同志。我头次进青岛才18岁，他年龄比我还小，也是青岛剧团的老人，谈起言少朋、张少楼、韩小楼等老艺人，忆往叙旧，好不开心。但刘柏芳、秦占宝邀请，我谢绝了。工薪阶层，招待所里四菜一汤很好了，再叫他们个人花费没必要。我最主要一件事是到青岛吉林路十九号先师刘奎童家看大姐刘雪曦，一起去给师傅母上坟。大姐说“吴家村墓地早已经平了，成了一片大楼”，我闻言泪下，往日师傅母的形象一幕幕的闪现在我的眼前，大姐安慰了我一番。她身体多病，也不能去看戏。叙谈了半天家常，时间有限，告辞回剧团了。这也是我和大姐见的最后一面了……

新结识的朋友秦占宝，我俩很谈得来，排练厅已经租出去成了舞厅。早六点至八点可以练功，很大 的一个舞台，就是我和小秦两人在练功，他说：“马老师，你看我们团只我一个人练功，都说我是神经病。不想又来了你这么一位老神经。”我说：“权当锻炼身体，我练功有瘾，满脑子里只想戏。我的孩子多大岁数，我都不知道。所以我的笔名叫‘麟门狂生’也叫戏痴。”我练厚底髯口，他练《挑滑车》。偶尔我也耍耍清场花，他很稀奇。我说“我青年时在青岛唱武生，我演《挑滑车》是学厉慧良先生，虽然学不好，可是迷厉派，我看了他演出的《挑滑车》，半年多不敢唱这齣戏。我曾跟他学过《望海楼》，辫子走边，我琢磨着加了一些东西，厉先生那份儿，咱不行啊。我就卖个冲劲吧。”我和小秦相处的时间不长，谈的东西不少。如尚（和玉）派、杨（小楼）派的《挑滑车》、《夜奔》的不同之处，又谈过《金钱豹》，这出戏是张鸣宇先生给我说的，一因我翻得不行；二因占人头太多，不容易找个好猴儿；三，没有像样的行头，所以至今我未演过。后来我给秦占宝画过三个金钱豹的脸谱，是三种不同的勾法。

在青岛幸会报社一个记者，麒派票友。他说："曾拜师刘奎童先生学过《打严嵩》。"我曾问过师姐，她说："有的，此事是真。"所以我又添了一个师弟张银龙。

"周研会"的大队人马来了，流泽会长率队由济南来青岛，因赵麟童兄嗓子始终不好，要休两天。还不能排他的戏《斩萧何》、《斩韩信》、《宋士杰》。这样又给我添了充分的时间，又排了两遍，《跑城》、《追韩信》更熟了。青岛市文化局对这次演出活动非常重视，京剧团上下配合认真。宣传工作各方面都很到位，几天的票一售而光。

这次演出我非常松心，青岛乃我幼年学艺故地，两位麒派老师，王韵童、刘奎童先生都是老青岛，人熟地熟。老观众对我还有印象。头天炮戏《追韩信》卖剑起，拜帅止。后面麟童兄的《斩韩信》。扮戏前业务团长对我说，"马老师，您看这两身古铜蟒，您穿哪身好？咱这里条件有限，这两身蟒都不是新的"。我说："没关系，穿破不穿错，颜色尺寸合适就行。"追帽、改良蟒、相沙虽都不是新的，样子尚好，就这样吧。赵麟童兄到后台，把自己的服装箱子打开了。他说："少童弟，您看这几身蟒您穿哪身好，自己挑。"我一看五身私房蟒，黑、蓝、白、古铜等色，因他叫赵麟童，所以几身蟒都是一个图案，绣麒麟的。我非常感动，仁兄如此待我，感激之至。我想他后面《斩韩信》穿蟒，明天《斩萧何》还穿蟒，我怎么能先把他的新蟒亮出去呢？但仁兄此举十分仗义，我虽然不用，但是很感激。我拱手道谢，"咱俩个头蟒的尺寸不合适。公家的古铜蟒就不错了，谢谢仁兄的好意，我就用公家的蛮好。"

《追韩信》一剧，我演过几十年，况且近几年整天琢磨。刘斌昆师叔教我，刘奎童先生的基础、周信芳先生的特点，结合我自己本身的条件，要演剧中人，不要演哪个名家本人，练习、琢磨，悟出一些道理。忆起"文化大革命"中被文攻武卫五花大绑时，在青岛汽车站众人围观，"臭"了一阵。而今马少童又来青岛演帝王将相戏了。我的心情激动、悲愤、喜悦混在一起，决心把戏演好。我想我被关押在青岛文攻武卫里的20几个小时，看管吼骂的"狱卒"们，和我同命运的关押在这里的干部知识分子们，不知今天是否有来看戏？和我一样被关押的难友们也会为我高兴的。外场《追韩信》，前面"卖剑"，"招贤馆"下来了。大缓锣，上萧何了，我一出上场门一阵惊人的掌声，我的心劲儿直冲上脑门儿，我尽量放松，节骨眼上决不轻放，场场紧扣，掌声不断。《三金殿》下来东门、问樵，月下观书，自信是自己的优势。四金殿拜帅都很顺利、严实。

李师斌兄的高足马荣镇饰刘邦，和我配合十分默契。尾声下来，三次谢幕。老会长流泽跑到后台通知，不要卸妆，止戏后还要集体谢幕、合影。后面是麟童兄《斩韩信》，他的嗓子仍未恢复，一个演员嗓子不在家，上场就是很大的负担。但他非常会唱，能把两个中心唱段圆满的唱下来，台风、气派很足。头天炮戏圆满结束，谢幕合影。

第二天炮戏出的太有意思，我的《跑城》，麟童兄的《斩萧何》，后面是李师斌兄的《义责王奎》，三出白胡子老头戏，徐策和萧何扮相完全一样。在出戏码之前，老会长曾讲过，少童同志姿态要高一点，年龄大的，外省的人员要照顾到。剧目的前后你要体谅一些。我笑了，“这有什么，角色无大小，演红了为好，戏码无前后，效果最重要。这是麒派演员的美德。我年轻，又是本省的，理应前面唱。说真的，我愿意前面演，思想没压力，早演完了，还能看后面的戏，得到学习。”

演出《跑城》追韩信　流泽会长述苦衷

第二天炮戏，我轻松顺利地把《跑城》演下来，两次谢幕。在后台向《跑城》中的许多演员一一道了辛苦。卸了妆，流泽会长找我谈话。

流老开门见山地讲“少童同志，这次看了你的演出，有明显的提高，与在南通演出对比进步很大。这次来青岛参加演出，属于救场，会里人员变动，你来救了急，这很好；但有一个情况要和你解释清楚，你是常务理事，在上海会议上曾初步研究过，徽班进京二百年，麒派戏进京汇报演出纪念会，有你和赵麟童同志。因给周信芳先生塑像，原赞助家一分钱未拿出来，我们‘周研会’把所有的经费全花光了，造成经济压力。因此晋京代表费用都由当地开支。威海不给你支付费用，我们也一再的研究，实在无办法。换人变戏码？你可能有些意见，请你谅解，体谅我们的难处……”

我实实在在回答老会长，“流老，首先我感谢会里的各位领导，在我当地不重用，外地调又不放的情况下，‘周研会’把我这个生虎子（年轻无知的青年）调到上海，大胆使用。特别是您，咱们非亲非故，您提携我同李慧芳老师南通巡回演出，少童感激之至。这次晋京纪念徽班进京二百年的演出，我想人生一世不容易遇上这么一次机会。我失去这一良机，确实有意见，也有怨气。一怨我们威海的主管领导不重视晋京的演出活动，不重视人才；二怨我自己，没在好单位里。我想一个如果从工作出发的领导，都不会如此不负责任的处理问题。大上海呀，我是四进四出，没有‘周研会’，我马少童是不可能闯进去的。咱们‘周研会’进京，我失去良机为什么？钱！就因为没有钱。”话说到这儿，我禁不住流下眼泪，“我想有的代表，当地政府不仅报销开支，还出资赞助，有的同志个人赞助，归根结底就是一个钱字。我们威海若给报销路费，或者我个人有钱，就解决了。咱们周研会若经济没压力，一切也就好办了。我看透了一个道理，现在我们要工作，搞事业，一是要有钱，二是要有权，无钱无权事情难办。有权的人不就是一句话吗，流老您说我说对吗？现在的情况不是过去，过去的伴角儿（配角、琴师、司鼓），围着角儿转；而今不然，角儿要‘恬抹’伴角儿的（求敬的意思）。唱戏的离了鼓、弦不行，包括一个小零碎的演员都不敢怠慢。过去武行围着武生、武旦转，而今配角伴角的比主角展扬，他若不满意了，戏演不严，角儿就难看，武旦打出手，一个扔枪的下手，劲头差一点，台上掉家伙（兵器）就是倒好。唱戏难，唱主演更难！这些年来，我饱受苦辣酸咸。我打算今后戏要少演，或不演，搞点创作，过渡到谢绝舞台，不演戏搞创作，写写画画，写点文章，同样可以弘扬京剧，发扬麒派艺术。”

流老沉默了一会，长叹一声，“少童同志，你的情况、处境我很理解，也很同情，你正是舞台发挥的时候，工作单位被砍掉。一个有事业心的主演的心情，我非常理解，外行领导是理解不了的。咱们原来根本不认识，更没什么交往。为什么对你这样重视，因为你是个人才。我观察过你，在会里住时对业务的追求钻研，帮助会里其他同志；打扫卫生，其他工作从不惜力偷懒；待人接物，两次南通排戏，上下工作都团结的非常好。背地里我们也议论过你，马少童虽是艺人，也是个好党员。此番晋京经费造成你失去了二百年一次的良机，你痛心，我也痛心，我如果是当年在上海黄浦区干文化局长时，就是一句话，这点经费算得了什么？”

这一番简单而真诚的话语，我被感动地流泪。他又说：“我现在的工作太难，周信芳艺术研究会不过是一个群团组织，学术协会，一无行政权，二没有钱。一切要靠我们拉点赞助当经费。开展工作太难，我实话实说，我为什么这么拼命地抓这个研究会？一是我热爱党的文艺工作、戏曲事业，有责任；二对麒派艺术的珍贵，对周信芳老院长的崇拜和热爱；三‘四人帮’扼杀麒派，造成后继乏人。我们在有生之年要培养麒派新苗，传承发展。按说我现在应该很好的享受天伦之乐了，为什么整天的拼搏？拉赞助实际就是‘化缘’，文化僧人。不好听的是‘文化乞丐’，图什么？我也是一身的病，图个理想愿望实现，为了党的事业。你的委屈、怨恨，升华到消极，你可不能这样，你才50来岁嘛，还有的是机会。文章写作可以搞，但演员专长不可丢哇……”

老会长一番话，语重情长。这一番话我永远不会忘记。至今为忆起当时的情况而感伤。老会长逝去几年了，他默默的走了。这次谈话后，我们再也没有会面，也永远见不到他了……

赞流泽同志

真诚耿直老会长，工作热忱终日忙；
相处几载情难忘，忆写旧事泪盈眶。

第三天晚上开戏前，在永安剧院门前，幸遇我童年在威海城里学校念书时的老师戚宏奎。我说："本应去拜见老师，实在太忙，会里事多，再加报社、电台记者不定时的来采访"。我把老师搀扶进剧场，又到票房给老师要了一张招待席上的票（前四排中间软沙发坐）。老师高兴地一再说"不用啊，我在那个座儿就挺好。"我把爱人赵淑荣和孙子马煜领了过来，拜见老师。马煜叫她"师奶奶"，戚老师笑得合不拢嘴。开演的铃声响了，"老师您看戏，我们走了，止戏时我不一定能送您。"她一摆手，"不用送，忙你的去吧，我们这有七八个伴儿呢。"此次和戚宏奎老师分别，至今未见，屈指算来，戚宏奎老师如今已是八十七八的高龄了。不知她现在如何，还好么？我童年的老师……

青岛的五场戏演出结束。由青岛市京剧团给我们买了车票返威。因时间关系未能送上海、杭州的众友。我夫妇携孙儿早车返威海。这是我在"周研会"最后的一次分手。此后只是通函无有会面。

今忆往事感慨万千，如今算来，上海的益师良友已有十五六位逝去，追忆、思念。而我自己，当年在上海被称为青年演员，如今也是古稀之人了。时光无情地逝去，人的一生能有几次机遇？机遇来了，得逞和失去，也不以人的意志为转移。命运不由人，急也无用，怨也无益，解开其中理，安逸心自平。

此后，我真的按我自己的设想，逐步由专业演员转向涉入书画、写作中去，也产生了不少兴趣和点滴成绩，免除了一些烦恼。

自悟自慰自勉抒怀

形势变化不由己，看透世故莫生气；
时事焉能皆如意，顺其自然是明智；
演戏条件不允许，撤离舞台转生计。

梨园伯乐李麟童　相见恨晚成兄弟

1991年的秋天，沈阳来了一个由艺术家组成的小演出队，由李默然老师和沈阳京剧院的老院长李麟童先生带队，除了艺术交流顺便在威海为辽宁汇演评定奖项。他们非常尊重当地同行，提出要求和当地的艺术家、名流一起联欢。为了使广大观众都能看到，商定在威海电视台现场直播。

威海艺术馆下设的艺术团团长徐勤学来找我，要我代表威海戏曲界去参加这场联欢演出。他原在威海京剧团弹月琴，是中国乐琴演奏家冯绍先先生的学生。一进门，就毫不客气地实话直说，“叔哇，您得帮我个忙。”我一听这话就笑了，“我已是你们用不上的废品了，能帮你什么忙？”因他对我始终是很尊重，他虽然当了团长，但称呼未变。他把辽宁艺术家们的情况讲了一遍，邀我去参加联欢演出，“叔哇，领导把任务派下来了，咱们威海艺术团现有的这些演员，哪一个能和人家这帮艺术家一起联演？我只好来求您。”我沉默片刻，对他讲：“来的这几位可不一般，都是全国有一号的名流，李麟童是沈阳京剧院几十年的老院长，嗓子特好，是唐韵笙先生的老搭档，京派戏、海派戏全演，久闻大名未见其面；迟小秋乃王吟秋先生的女弟子，16岁就获大奖，她能充分运用自身的嗓音条件，程味自如，优秀的程派继承人；周宗伯原系大连京剧团的看家老生，1954年秋，我曾同其兄周志威同班儿（剧团），由济南去费城县（原丁原县包公断乌盆案的所在地），同班半月余，日后再未见。其兄周少楼，是大连京剧团的看家武生，以短打戏见长，同我也有一面之交；荀派旦角唐小梅也很有一号；其他几位评剧、话剧团的艺术家我虽不认识，但也久有耳闻，评剧旦角花淑兰，是独树一帜的花派创始人。唯有李默然老师来威拍《甲午风云》电影时，虽无深交，印象极深。当年我和赵光正创作京剧《甲午海战》剧本，借鉴了很多李默然老师演出的人物性格，我对他非常崇拜。”徐勤学拍手笑道：“您这不是全门清了吗？您唱什么，我给您报上去。”我摆手摇头，“皆因我全了解，我才不能去。”他急了，“那是为什么？”我认真地说：“你想想，人家是辽沈的艺术家精华汇聚，我是什么？可谓麻雀钻进凤凰群，忘了自己是什么鸟儿了，自不量力。人家都是艺术家，如今我马少童是‘家艺术’。名不正言不顺，充其量是个等待退休的老艺人。我离开剧团这么久，三日不演手生，威海京剧界的精英都在你们艺术团里，何必非找我这个被早早‘养’起来的废品呢？”他急了，“得了吧，您有情绪我还不了解吗，我也同情。您是废品能到上海演出么？李慧芳这样的老艺术家能和废品合作么？”我不耐烦了，“那是废品利用！”他恳求的：“叔哇，您别难为我了，威海的这几个演员，不都是你的学员吗？怎么着也要考虑大局，咱家里的事再不满意，对外还要顾全威海市的面子不是。如果您不去，怪话又出来了，‘看怎么样？沈阳的艺术家来威海，马少童就不敢和人家一起演，不行啦……，我若向组织上汇报，领导肯定找您，您还得去，您是党员，不比我这白丁，总得有个组织原则吧？”

我听了他这一番话，还真把我打动了，他说的很实际。我笑了，“你小子还真有一套，不愧当团长，用激将法，也有点道理，很实际。好吧，我去。如果唱砸了别怨我。”他说：“有的领导外行，我还不懂吗？您唱什么？”我想了想，“本门儿戏《追韩信》，头金殿的西皮流水，‘我主爷起义在芒砀’，再预备一段二簧‘三生有幸’。”他高兴地说：“好嘞，我让琴师李世荣和您对唱腔。”我有把握地说：“用不着，李世荣14岁就给我拉《追韩信》，熟悉得很，等到后台对一下就行了。”

他满意地去了，我的心情很不平静。《孙子兵法》曰："卒老欲行非无用也"。我真的没有能力演出了么？"孔子被困陈蔡，非无勇也"。只不过是形势所致，此一时彼一时罢了。也应验了社会上流行的一句顺口溜："说你行你就行，不行也行；说你不行，你就不行，行也不行"。横幅是"不服不行"！

当晚我提前到了威海电视台演播厅，艺术家们宴会尚未结束，李世荣提着京胡箱子来了，高兴地说“少童哥，我真没想到您能出来。”我只好笑笑，“没法子，下级服从上级，咱是党的人，还得有点组织原则，不是吗？”“咱们对对戏吧，很长时间未在一块‘碰’了，对对唱腔吧。”本来都很熟，一对即过，就等演出了。

客人来了，辽沈的艺术家们，在威海市领导陪同下，一起来到演播现场。我很不愿意过去和他们套近乎，因我很清楚自己的位置，想在一边呆着等候演出。但又考虑到宾主礼貌问题，我毕竟是当地的艺人。艺人，人不亲艺亲，不主动打招呼是失礼的。于是便过去和李默然老师拱手施礼，李老师很客气；又见周宗伯先生，我幼受师训对人要恭敬礼貌当先，宗伯先生颇有大角儿之风，份儿十足。和我拉手后，主动问我：“你师傅童奎好吗？”我相似挨了一橡皮锤，我想，你比我最多能大个五六岁，张嘴就提名爬辈儿，我心里很不高兴。在上海，70多岁的老艺人，无不拱手敬呼刘大爷、奎童老，而此人怎么如此不恭？我想他是客人，总得留面子，分个场合，我不冷不热的回答他一句，“先师奎童老，早已过世多年，若活到现在已是一百多岁的人了，敢劳先生问候恩

师，谢谢。”这时来了一位年龄比我大点的老艺人，爽朗而热情地问：“哪位是马团长？”我点头施礼，“在下就是马少童，先生贵姓？”他一把拉住我的手，“我是沈阳京剧院的李麟童。”我高兴地“啊，李院长！”“什么院长，我已退休了，叫我麟童就行了。”我说：“我也是下马的团长，彼此彼此。”于是我俩相互拱手大笑。

同李院长寒暄之后，我们相互尊重，各自谦虚，都有一见如故，相见恨晚之感。李院长把迟小秋叫过来给我介绍，小秋很有礼貌，非常文雅，年龄不大，却有大家的风范。她对我说“我要唱《锁麟囊》‘春秋亭’的流水，带着伴奏带，不知音响如何？”我回答说：“没问题。”李麟童院长要唱《托兆》一剧中的二簧“金乌坠”一段，我叫李世荣给他拉。小秋讲：“你们都是琴师拉，就我自己用伴奏带很不协调，我也不太习惯。”我说：“您若愿意，可以也叫我们的琴师给您拉。”她不放心地问：“合适吗？”我笑了，“没关系，世荣是我多年的搭档，叫他给您拉吧，问题不大，可以先说说腔，试一下。”我把李世荣叫过来，二人对了一下唱腔，小秋高兴地说：“就您啦，拉的真不错”。看李世荣似乎也很得意，客气了一下，就等演出了。

开戏了，领导讲话时间很短，主持按次序报幕，演出的剧种形式不同，但可以说都是高水平的表演。李默然老师的节目是朗诵一段毛主席诗词，他嗓音洪亮，高低音的腔制，根据词意发挥抒情，气势磅礴，仿佛又见《甲午风云》中邓大人的形象，台下很静，似乎手表的芒针响声都听得见，不愧为一代名流。李麟童先生演唱的《托兆》“金乌坠”的一段，唱出了杨令公被困两狼山，虽饥寒交加而不失大将的风度，他的嗓音高亢、洪亮，幼年师从焦秀山先生（焦先生弟兄五人，均以海派老生戏为主，东三省有焦家五鬼之称），李先生离开师门后，在沈阳京剧院与唐韵笙先生多年搭档，仿学唐派技艺，又和大连市曹艺斌先生知交，亲密的良师益友。所以他的这一段唱，有杨（宝森）有余（叔岩），做戏却多处采取唐（韵笙）先生的风格，把众家之长融为已用，毫无死模一家之感，由此可见，他是一位博采众长的演员。荀派旦角唐小梅的一段《红娘》，看得出是一位有成就的老艺人，不过随着年龄的增长，长时间不演戏，加上来威远航颠簸，嗓子有些疲劳，“不给使”，她自己很着急，“弄”着唱，其实内行一听就理解，完全可以看出，她是一位有成就的花旦演员，唱、做表情已经证明她是角儿。话剧的一位演员霍炎，模仿毛主席的讲话形象，很不错。评剧名家花淑兰的演唱，都感觉到她是一位很不寻常的名家，那表演、唱腔、风度——角儿！她就是花派创始人。

常言道：艺人“不怕千人看，就怕艺人观”。我这“家艺术”挟在这帮艺术家里演出，实在是小针鱼入了鲸鱼群。今晚演出的演员，我是最难受的一个。但事到如今怎

么也得献一下丑。好像主持人报节目时还捧了我一下，“下面请我市原京剧团团长、著名麒派老生马少童先生清唱麒派代表作《追韩信》。”当地的老观众还记得我，又加上好久未在威海演出了，为此掌声欢迎也很热烈，当时我心里不知是一种什么滋味，紧张，激动，但最大的是难过，沈阳来的老艺人大多是六旬以上，而当地政府尚如此重视，而我54岁就养起来了，不同的地区，造成艺人不同的处境和命运。不知怎么搞的，我想哭，就在刹那间我脑子乱了，但我很快镇静下来。上场演出了，我努力地克制自己，消除一切杂念，唱好这段戏。京胡一响演员的全部精力就进入剧目，一段《追韩信》流水下来，台下掌声非常热烈，气氛很高，不出所料，还要再唱一段，又唱碰板二簧“三生有幸”。唱罢此段鞠躬下场，台下气氛的高涨给了我很大的鼓励，自信看来观众对我的印象还不错，也许是当地人捧老乡，自己的孩子貌丑也得亲吧。

接下来是迟小秋清唱《锁麟囊》，“春秋亭”的二六流水，每一段都是掌声雷动，那时候程派戏很少，票友活动也无现在这么多，观众非常喜欢程派戏，唱完之后欢呼、掌声沸腾了，她向琴师李世荣点头致谢，李世荣更是高兴地拍手致意。谢幕了，领导、演员在台上合影，我偷偷地溜下台来。观众退场后，演员们又是一番相互祝贺，迟小秋跑过来和我拉手道辛苦，她讲：“久闻马老师的大名，总未见到，今天您唱的太好了，我们沈阳就缺您这么一位老生。”我不好意思地讲：“您高抬我了，本来水平有限，再加长时间不演出，就更不行了，让大家见笑。”威海的一位领导人说：“今晚上这场演出真过瘾，我最爱听麒派和程派唱腔，你俩若能合唱一出就更好了。程派唱腔是那么优雅委婉，柔中有刚，低沉而优美；麒派唱腔沙哑的嗓音又那么激亢，每个音符都充满了人物的感情。”我打心眼里高兴的是，难得这位领导这么懂戏，便说“麒派确实好，但叫我唱坏了，听麒派戏确实过瘾，可是叫我一唱，听者就难受了”，大家听了拍手同笑，我接着说“小秋唱得确实好，难得的人才，她1985年获第二届中国戏剧梅花奖，1992年又获梅兰芳大赛金奖，旦角组第一名。王吟秋先生喜欢她天资聪颖，勤奋好学，1981年他把这位嗓子、扮相都好的小姑娘收为爱徒，并亲传程派的看家戏，《锁麟囊》就是其中的一出代表作，您刚才听了感觉如何？”“太好了。”小迟被我的一番介绍有点不好意思了，但我说的都是实情，无吹棒之词。此后我想这位威海的领导还真懂戏，如果这样的领导干部多一些，威海京剧团就不会砍掉了。沉思中李麟童院长过来，鼓励表扬我，我俩在台下畅述了一番。

我和李院长两次在大连演出未会面。第一次是我们威海京剧团走，沈阳京剧院去；第二次是沈阳京剧院走，我们去。沈阳京剧院走时是演《狸猫换太子》临别纪念。

我们去大连又是《狸猫换太子》打炮，李院长演陈琳，我也演陈琳，真是巧合。我二人谈得非常投机，从师辈谈起，唐韵笙先生是他的艺父，是我的先师刘奎童先生的结拜弟兄；因奎童先生解放前在东三省流动演出很长时间，大连市京剧团曹艺斌先生，是李麟童先生最亲近的良师益友，乃我的三师兄（大师兄郑亦秋、二师兄小春奎即付祥麟、三师兄曹艺斌），包括大连的赵鹏声、小春来，都是我的师兄。戏班里梨园行，辈儿没法论，我俩都是党员，不能磕头拜把子，亲切交谈后议定，层层关系牵联，感情相投，他比我年长6岁，称他为兄，以艺结缘，成为师兄弟，这真是缘分。谁知这次相会，结下了几十年的友谊，不是亲生弟兄胜手足，几十年互敬共尊至今，艺界很多人还以为我们真是一师之徒的师兄弟呢。

缘

辽鲁艺界二童名，大连两次未相逢；
今朝幸会成知己，情同手足慰平生。

初办脸谱书画展　幸会专家陈廷槐

要弘扬京剧国粹，威海已无有京剧团了。自当开辟新路，于是专心研究书画。我想，近年来书画界比较昌盛，山水、花鸟、人物、昆虫、水族比较普遍，到处可见，我这“书画票友”焉在话下？细想我对脸谱比较熟悉，但画脸谱在艺界也是繁而不鲜。幼年我曾有点书画基础，何不将脸谱以国画的技法，根据人物的特点，采取工笔、写意、油画、水粉、雕塑等技法，柔进脸谱绘画，为使画面新颖、活泼，用图案配衬，润色、同书法综为一体，构成画卷，何不尝试一下。我有一忘年交小朋友周威涛，他在初中时就喜欢读古文，搞篆刻，我俩颇有共同语言，我绘画他为我配章子，一个脸谱人物一枚章子，这样就形成书法、绘画、篆刻和戏剧融为一体，我始试开辟我自己的脸谱艺术创作，谓之“书画金石戏”。用宣纸、国画颜色绘画，装裱成卷，把脸谱的死板色块、图案、脸型硕宽，以美术的要求，点、线、面，过度色亮暗面儿，突出透视，立体感。重在脸谱不失其谱的上升到国画的品味里去。中堂、斗方、条幅、对联、对屏，大小横幅不等，是脸谱书画，也是脸谱艺术，不但舞台可以参照勾画，今又搬下舞台，在任何厅堂场所，成为美化装饰品，还可成为一种收藏、欣赏的艺术品。

1991年7月1日于威海举办脸谱书画展，市长门兆英剪彩题词留念

于是，我搜集书画资料，常看书画展，向专家请教，初步走出我自己的一条脸谱绘画路径——《书画金石戏》。第一批作品装裱成卷，共八十余幅。当时书画界个人办展者多，单纯脸谱专展者尚未听说，于是我计划要举办个人戏剧脸谱艺术展。因为当时的形势，全国尚未见有个人举办脸谱画展的先例，我心里没底，决心尝试一下。我是威海市戏剧家协会主席，举办个人书画展唯恐招来争议，怕有什么“突出个人，风头主义”等等的反映。我向威海市戏剧家协会的几个常务理事征求了意见，大家都很赞同，并建议以“剧协”的名义为好。于是“剧协”向下属三市发出一个通知，具体内容是：为庆祝党的生日，定于1991年7月1日，在威海剧院前大厅，“剧协”举办第一届脸谱展，希望文艺界爱好京剧脸谱的

1991年7月1日于威海举办脸谱书画展。副市长王大海剪彩题词

同志踊跃报名参展。

一个月的报名时间，结果文登送来四幅小条幅，四个脸谱；乳山上来三张蛋壳大的头型、二十几个脸谱。不管怎样，下属市有两人参加了，加上我就是三个作者，展厅在威海剧院，布置的很正规，彩带、大看牌非常宏伟。市委、市府、人大、政协的领导，以及书画界、文化界领导及文人墨客，前来祝贺者达200多人。老市长门兆英、王大海，人大副主任戚尊烈，政协副主席刘以天、苗丰振，文委主任李志范、市总工会主席吕京周，文联主席田丰泉，戏剧科长李奎元，海军画家刘宗汉等，都到场祝贺参观。市委宣传部长孙守濮等领导为画展剪彩。

1991年7月3日，脸谱书画展电子学家陈廷槐教授与马少童合影留念

这次画展，我当感激文登市卧龙村的书记隋桂洲同志对我的支持，他赞助请了五桌客，招待领导和来宾。脸谱展出五天，我每天都在展厅看管展品，接待来访者。我初步体会到脸谱的吸引力，坚定了我对脸谱研究的信心和决心，收到省剧协，大连市总工会及各大票友协会的贺电、花篮、彩带。引起我到大连市去举办脸谱书画展的设想。

赵淑荣、陈廷槐和马少童合影留念

脸谱展的第三天，展厅里来了一位不寻常的客人，他仔细地看了两个多小时，默默地看一阵，想一阵，不知他在想些什么？后来问我作者马少童先生在什么地方，他想见见。我赔笑拱手，道：“在

下不才，我就是马少童。”他拱手还礼：“失敬，失敬！”我拉他坐下，递茶交谈。原来此公是重庆大学陈廷槐教授。善写诗词作赋，曾出版过诗词选集，景德镇陶瓷大花瓶上可见他的诗词。他喜爱美术，知识渊博。他是重庆大学的电子学专家，曾七次出国讲学；全家都在美国，唯他一人在国内任教。“文化大革命”中受尽挫折，但至今不愿离开祖国；他年已七旬，深研电子学，精业爱国，难能可贵。这次他带着八九位博士生考察，由烟台来威海参观刘公岛，路过威海剧院，看到剧场门前的大横幅、会标及大看牌，知道这里正在举办《京剧脸谱展》，感到新奇，走进展厅来探取一眼，不想把他吸引住了，于是放弃了刘公岛之行。

我上下打量这位老教授，刚才他在展厅里看了那么长时间，转了好几个圈。问起缘由，原来他在构思一首“西江月”的诗词赞扬作品。我俩言语投机，聊个没完，竟忘记了吃午饭。猛一看表，呀！十二点了，我说：“兄台若不嫌弃，请到寒舍，薄酒素菜继续畅谈如何？”谁知陈廷槐教授毫不客气，坦诚豪爽，拍手赞同，“那我就不客气了。”我把展厅看管等事宜，托付剧场的同志，领他出了展厅，边走边谈。剧场离环翠楼下我的老住处很近，到家我向爱人淑荣介绍刚才和陈教授的相识经过，陈教授笑了，他说：“我和马老师一见如故，叙不完的衷肠，从展厅跟到府上，是否也太过于实在了？”我高兴地说：“哪里哪里，此乃缘分。”并催促老赵：“快准备饭，炒两个菜。我要和陈兄慢饮畅述肺腑。”陈教授说：“千万不要麻烦，越简单越好，主要是借酒谈心。”我家里有习惯，接待客人，安排酒饭很迅速，因为我父亲是厨师，炊事烹调有传统，我爱人虽是从小学戏、演戏，未做过饭，但这些年的熏染，对饭菜烹调，也是训练有素。不一会儿，两素两荤的“四菜一汤”就摆在桌上。白、啤二酒随意，陈教授喜饮白酒，他说：“我只有三两的酒量，多了不行；三点钟以后还要和进刘公岛的学生们汇合回烟台。”

言语投机谈个没完，不觉已是过午两点多了，陈廷槐教授起身告辞，临行时说他在展厅看脸谱画时，反复推敲着一首词，以展出的戏剧人物为内容，作了一首《西江月》，赞扬我的戏剧脸谱艺术，等回重庆，请知友书法家刘子杰先生书成中堂寄来。相聚虽然时间短暂，但结下深厚的友谊，我俩都有相见恨晚之慨。送走陈兄兴奋之极，坐在展厅吟句为念：

七 绝

识 友

书画结缘戏为引，幸欣展厅遇知音；
畅述肺腑言不尽，知友畅谈论古今。

1991年7月9日，陈廷槐教授寄来一幅由他作词、书法家刘子杰先生书写的《西江月》“赞马少童先生之脸谱艺术”。诗好字好，情意深。我即回札道谢。以后我二人不断地书来信往，我的脸谱选出版后寄赠给他，他用电脑仿绘，也以篆刻图案组合给我寄来，很有新意。他的诗词集出版后给我寄来，并把他赞我的这首《西江月》载于其中。“君子相交淡于水，知己不套无虚言。”他的来信非常简练，大都不过300字，实话实说。我极为感激他对友处事，真诚负责，为我寻找五百罗汉资料时，在他出国启程时，还托付他的好友、学生和我联系，为我正在绘写出版的《五百罗汉脸谱书画篆刻集》搜集资料。为此，书的后记中特书一笔，感谢他对我创作思路的启发和资料援助。

绘巨幅《百神聚寿》 得誉称中华之最

“七一”的脸谱书画展，得到领导及爱好者的赞赏，结识了很多朋友，征求、吸取了很多宝贵意见，如：好的评价有“突破了脸谱绘画的老框框，在脸型的变化，图案的陪衬，书法篆刻的融会，根据不同人物用不同技法构绘，色彩的过渡等方面有突破创新，革新而不失谱和增加美感。美中不足的是缺少突出、凸显的作品，缺少巨幅和特写的作品。这些意见对我鼓舞极大，增强了我搞脸谱绘画的信心。

首先是解决无巨幅作品的问题。我设想要画一巨幅的脸谱画。画什么？巨幅画的尺寸多大为好？就在此时，儿子马立春从烟台回家，谈到画展的情况，我想绘一巨幅作品，关于题材、内容想听听他的意见，儿子不好意思讲。我想他是烟台市文物店的考古鉴定员，对书画必然会有些见解。艺术和技术、学术性的见解不能分长幼，他是本科大学生，又经过这些年的考古实践，肯定有他的想法，书画之道各有见解，我叫他实话实说，谈谈想法。他说：“书画之道，长卷易画，中堂难绘，有36米至百米长卷，但没听

说有太高的中堂。长卷横着书绘，可以接裱。而中堂是竖直的，画起来难度大，要札架子登梯绘画掌握不好视线，容易变形。天下第一寿，要属青州云门山悬崖上的大寿字，5米高，旅游者在寿字前面照相，没有寿字下面的寸字高，为此有‘人无寸高’的誉传。”我说：“要下工夫画一幅5米高的脸谱寿字。”儿子笑了，“要画这种巨作？爸爸您首先要把握住尺度，要想好题材，打持久战，您要练功吊嗓子，还要应付各地约请演出，时间是个大问题。”我点头赞同他的看法。

我像欠了人家的债，吃不好睡不好，整天琢磨，最后决定要画5米高的大中堂，困难肯定多。“惊人的东西不容易，容易的东西不惊人”。经过反复推敲，题材选定用《封神榜》上姜子牙封神的一百位神仙脸谱，对成一个5米高的大寿字，事先订题目、命名。生孩子十月怀胎，是先生孩子后起名，而我的作品计划是先命名后出作品，命名《百神聚寿》。

1911年7月9日，重庆大学陈廷槐教授、著名书法家刘子明教授合作西江月一首赠麒门狂生马少童先生为念

通常见到的脸谱，寿字大多是把寿字笔画勾好，再把脸谱添进去，然后再把寿字笔画涂描出来，也不论朝代和色彩，看上去“书画雅气不足，俗套匠气有余”。我的设想是，直接用脸谱摆成笔画，以人物的资历、法术排列定位，调配色彩。经过反复琢磨，我用纸壳剪了一百个头型，在威海剧院前大厅摆成一个大寿字，按笔画长短摆上头型，定出数字（几个头型），反复调整笔画长短，无数次地比量调整，看上去比较协调。我上了二楼往下看，红水泥地上的一个巨大寿字，清晰壮观，心中高兴极了。用相机拍下这个大寿字，此乃是从上往下拍的效果，比较协调。我又在平地上拍了一张，冲出照片就看出问题了。角度失调，因为寿字本身是5米高，2.24米宽，在寿字下面拍照距离是5米多远，出现寿字头上的脸谱小，上小下大，距离造成的比例失调，这下把我难住了。我找到幻灯机的投影图案研究参考，幻灯片里图案变形，但由投影机照出来就很完整，虽然和我追索的形状不同，但我找出一个大小变形的道理，于是我又把纸壳脸谱型悬起来往上看，上面的头型就小。我又往墙上摆脸谱壳，笔画长短摆脸谱壳的数字心中有数了，登梯子往墙上摆

大寿字，用摁钉往木壁上定位。寿字需分上、中、下三个尺寸，上面的大两厘米，中间的比下面大一厘米。在威海剧场前大厅木壁子上，用摁钉定住一百个三种尺寸的纸壳脸谱。这次是在平地往上看，比例很协调。我又拍了两张照片，洗出来一看，比例非常协调，上下无变形之感，就是说脸谱壳的尺寸变了，而悬起来视线的尺度就合适了，把脸谱尺寸变化形成协调圆满。

一天的试验达到目的，基本成功。接下来开始编排百神的位置。首先考虑人物的资历，更要考虑色彩的搭配，伤透了脑筋，但很兴奋，一切设计好了，十几张宣纸对起来，须非常宽大而平的一个地方"勾线"。恰巧环翠楼附近新建一圆楼大酒店，舞厅刚刚装修完，尚未使用。我在威海多年，人熟地熟，借了这个大厅，使用四天，我喜出望外地忙把十几张4尺宣纸铺在地上，上面再铺上毯子、毛巾被，我跪趴在上面，3天半的时间把线勾好了，可是腰不能动了。我自幼习练基本功，摔、跃、滚、爬、翻都练过，但从未练过"跪趴"功，跪着上身趴着，两臂前伸、伸着脖子、低着头，这姿势太累人了，3天半的时间，腰累的不能动了，扶着腰，扶着墙行动困难，当时我在环翠楼下面住，是现在的阳光大酒店的位置，室内没有卫生间，大小便要到楼下公共厕所，蹲不下，起不来，太难受了。这时候请装裱师傅陈敬，为我把构好线的宣纸贴接起来。

我休息了两天，宣纸接好要开始绘画了，因住房太小，这么大的中堂如何铺纸？我回忆起老京剧团的舞美师傅王潘云先生的绘画技巧，他画舞台演出的大布景，有5米高的"云龙三显"，"金殿"、"御街"、"宫廷"软片子，可谓一绝，我曾跟他学绘兰草。他在夜间画布景时，我经常在旁边看，他画高5米的软片子，是用两条圆杆子上下卷着画，画一块，卷一块。我曾向他请教，这样画一块卷一块，会不会错位变形？王老师笑着说"这里面有个窍门，主要是勾线，线勾好了，你心中要有条主线，画好一块，卷的时候必须把上面的主线连贯下来，这样不会错位，当然绘画技术也非常重要"。我记住了这个道理，就在这幅《百神聚寿》上实践了，没有两米四宽的桌子，我用写字台、面板，再接上饭桌，足有两米五，把接好的宣纸用两条木杆子卷起来，画一块卷一块，试验进行，比较顺利。谁知心急上火，痔疮发作。打针、吃药消炎，实在是太受罪了，因为不能坐，只得弓腰半蹲的姿势绘画。打了18支青霉素，吃着土霉素，咬牙忍痛，坚持绘画。妻子、女儿和朋友都劝我休息几天，我想这么大的绘画，如果不一气呵成，彩色就不能协调一致，要坚持，不能停。当时我住的二楼屋内无水龙头，是四家合用一个水房子，我住在西头，离水房有20多米远，绘画要不断地用水洗笔、刷彩盘，一天要跑几十趟水房子，换水洗笔。

1991年春，创作巨幅画卷《百神聚寿》，中央电视台誉为中华之最

“有志者事竟成”。我花了11个月的时间，终于完成了这幅《百神聚寿》。我的忘年之交——小朋友周威涛，给我刻了三方大章子，因一般的章子盖上去显小，极不相称，也不好看。押角章子是一个15厘米×10厘米的大寿桃，上面刻着一个隶书寿字，名号是一朱、一白两方印章，尺寸都是6厘米×6厘米。

这幅作品绘完后，我好像完成了一件大工程。欣喜未尽，忧愁又来，哪里有这么大的画板装裱呢？恰巧，市疗养院有一阅览室闲着，水磨石地面，平光如镜。向疗养院的领导借好了，把地刷净，买了十斤旧报纸，用糨糊一层层的往地面上糊，最后再糊上一层白纸，晾干后地上出现一个巨大的画板。我请来装裱人员研究如何装裱，她一看就笑了，说：“我的妈呀，这么大！这可不好裱，从来未见过这么大的中堂，我裱过二三十米的横幅，这么大的条幅可不好弄。”我鼓励她：“咱就是要搞别人没搞过的，谁都能搞就不为奇了。”她要求要天天有人值班，开窗通风，画裱在地上，四周要不断地用喷壶淋水，以保持湿度。这一切都不成问题，守画5天5夜没问题，只要能裱好就行。考虑成熟，准备工作就绪，开始装裱。她带着一个女徒弟为主，我和老伴打零杂，女儿、女婿都来帮工，附背完毕。我想这么大的画，悬挂、捲都费劲，我建议：“在画的背面加两条带，用两寸宽的绫子条从上到下裱上，但不知是否可行？”陈敬师傅

1911年秋装裱高5米宽2.24米《百神聚寿》于威海疗养院小礼堂地上，马少童日夜守护。1992年4月中央台播出为中华之最。刘鸣摄影

说：“还用吗？从未听说过装裱书画背后加带的。”我说：“可是从来也未见过这么大的中堂啊。”因为她是装裱师，当然比我有经验，所以就未加带。

四五个人精心护理，如守护一个重病号。开一阵窗户关上，等一会再开，如此往复，还要看风向开哪面的窗；用喷壶围着画喷水，丝毫不敢怠慢。到第三天早上一看，哎呀，遭了！画的背面有裂缝，这下可把陈师傅吓坏了，“我的妈呀，若不想法子，可能裂缝越来越大。”我仔细地看了一下，问题不大，怎么补救呢？陈师傅急了，“马老师，还是加带吧，您说的有道理，这么大的条幅谁也没裱过，没有经验可寻。”于是，就剪绫子条在画背面裱上了两条通上至下的带，这招还真是管用了，她高兴地说：“这次算是找到经验了，裱大中堂背后要加绫子带。”我说：“实际这两条带是起到筋的作用。”一切顺利，转忧为喜。要镶绫子框了，我找来8个人，把画四周糊边启开，喊着：“一、二、三，起！”统一动作，把画翻过来。

整整忙了16天，一幅5米高、2米24宽的巨幅工笔脸谱画《百神聚寿》，装裱好了。威海电视台新闻部主任于加林带着记者采访创作过程，录制了报道片，在威海台新闻播出，反响极好。于加林主任非常重视这一创作，把录像资料送到中央电视台，新闻报道由著名主持人邢质斌介绍，以“中华之最”为名播出。影视的传播，面广而快，接着就有不少朋友来信祝贺，中央台新闻部给我复制了录像带保存为念。此事对我的鼓舞极大，增强了我绘画的信心，此举乃我后半生开辟书画写作道路新境的开端。

巨幅绘制

《百神聚寿》脸谱卷，绘画三百三十天；

历尽艰难终如愿，中华之最添新篇。

窦尔墩四尺特写　创新作十八罗汉

总结“七一”脸谱展大家的意见，要画4尺宣一个头像的特写脸谱，设计图悬起来一看，书画味不足，颇有电影广告之感。几次修改之后，决定画一张3尺的窦尔墩脸谱，下面配上各派名家不同构法的窦尔墩脸谱。于是画四尺宣一大型脸谱，下面配上各派的十一个脸谱（十二个脸谱有金少山、郝寿臣、侯喜瑞、裘盛戎、袁世海、方荣翔等各派），自己端详并请友人提意见，大家都比较满意，这幅画弥补了展厅中无特写突出作品的不足。

通过考察全国绘画脸谱作品出版物，搜集古今脸谱资料，罗汉脸谱比较稀少，舞台上、戏曲中出现的罗汉，大都是戴面具，如：《十八罗汉斗悟空》、《收大鹏》等神话戏都是戴面具；面具形象奇异凶恶，缺少美感，最大缺陷是看不到演员面部表情。过去前辈艺人绘过十八罗汉脸谱，但其迹难寻。我又构思创绘十八罗汉脸谱。我找到一些罗汉资料书画，首先了解十八罗汉的内容，修行的成就，功能法力，然后进入创作。江苏省南通地区的狼山古寺，我曾看过范增先生所绘十八罗汉壁画，得到很大启发，罗汉的相貌奇异，但不失人的面目。我以脸谱的基础，突出人物性格，形象要美，调配色彩，四易其稿，以唐、宋古代罗汉的形态，采用各种绘画技法，终于绘就四扇屏《十八罗汉图》，同时找我的小朋友周威涛，配上18枚不同的罗汉法号章子。通风热处理后送去装裱。

画片装裱上了画板，被一日本客人看见，愿出5000元人民币，购买这四扇屏《十八罗汉图》。因我当时正在筹划要到潍坊市，在第十九届潍坊国际风筝会上举办画展，这十八罗汉图是我新创绘的作品，岂能卖出？

这件事引起我一番沉思：呀！5000元！买这四扇屏，一幅1000多元。我有点不敢相信，我的画这么值钱吗？外国人如此欣赏，我欣喜的是通过我的书画价格，初步了解到我自己的价值。我似乎看到我将来专搞书画脸谱的前途和希望。我领悟到在舞台上混过了40多年，还不如我这五六年习研书画脸谱的效益。当然搞书画脸谱，和我幼年学书法、工笔画的基础是有很大关系的。我想，随着年龄的增长，演唱技术在退化。从现

在起，把主要精力用在绘画上，到各地演出为副，70岁后，谢绝舞台，专心致志地搞书画脸谱，在我的人生旅途中，开辟一条新的道路。

风筝会举办画展　会群英谱写新篇

筹划日久，作品大增，到潍坊举办“马少童脸谱书画展”，廖静文老师为我展厅题词，我想全国办书画展者多，但举办脸谱书画展的尚属罕见。此所谓老朽又发少年狂吧。一切俱备，只是担心经济不足，租展厅要花场租费，领导、来宾和记者到场要招待，宣传费、看牌、大横幅等等都要花钱。原计划老伴生日给她买条金项链，备了1300多元钱。暂不买吧，心里有点把握的是，有师兄弟在潍坊，朋友多，人熟地熟，需要时现借也来得及。

就这样，带着两箱画，扛着巨幅《百神聚寿》到了潍坊戏校，暂住师兄小昆童（蔡锡元）家，师嫂周竹君。小师弟韩锡展也在戏校任教，弟妹张孝孟在职工俱乐部工作，都是“当地通”。通过锡展，又认识一名京剧名票张书廉，他唱了几句杨派戏，很不错。我告诉他们由于经费不足，展厅要少花点，我夫妇就在展厅近处，找一小店住下即可，一是我要守着作品，二是节约。票友朋友为我奔忙，锡展交往广，张书廉先生是柴油机厂的工程师，为我联系了“潍坊柴油机厂文化宫”，在前大厅举办画展，恰好上海京剧院在这里为大会演出《智取威虎山》。这样比较配套，剧场演京剧，大厅里办京剧脸谱展，通过关系大厅不收费，因脸谱展也能招引一些观众，对演出有利。请职工俱乐部的书法家刘炳皓老师题大横幅，书写大看牌。不少票友朋友帮我布置展厅，我青年时在潍坊一带演出，京剧界熟人朋友很多，所以用车用物，都由锡展师弟出头，一切都很方便。为了扩大宣传，马路上大横幅、大看牌提前亮出去了，展厅要提前两天布好。

正在热火朝天的挂画布展厅，突然，意外的情况发生了，大厅外来了三辆轿车，车门一开，下来几位领导。经介绍才知是市长和文化局长，看到我刚挂出的十几幅画，问我：“这是在搞什么？”我恭敬地回答：“是为了庆祝第九届潍坊国际风筝节，我举办个人的脸谱书画展。”他们问：“都是京剧脸谱吗？”我应声道：“对，全是京剧脸谱和书画。”市长讲：“这作品不要在这里展！”可把我吓坏了，心里话“这可糟

了”。接着又对女局长说：“最好把这个场面搬到市委礼堂前厅。”女局长郑金兰笑着同我商量，“马老师，市长的意见是，把您的画展搬到市委礼堂前厅，您看行吗？”我一听这话，心里就增加了负担，心想，搬到市委礼堂前厅，我要拿多少场地费？可是又不好实说，只好找个推辞的理由，“感谢领导的支持和关心，搬到市委礼堂前厅，不知场地是否合适，您看这里展厅已布置到这个样子，广告牌、大横幅都已挂好，若搬到那边，恐怕来不及，再说挂画布置，人手也是问题。”市长对文化局长郑金兰同志讲：“这事交给你们文化局吧。”郑局长坦率而温和地讲：“一切我们负责，马老师放心，一会儿就来车来人帮你搬过去，还有一天多的时间，保证误不了展出，你指挥他们干就好了，有什么困难打电话给我们。”我心神不安，最担心的是场地费，小师弟韩锡展提醒我，“郑局长说有什么困难找她，你还怕什么，快摘画，准备搬家。”

大卡车来了，车上下来6个青年，加上原有的五六个票友朋友，不一会把车装好，连人一起拉到市委礼堂。

潍坊市京剧团团长王长生在等着，把我们接到礼堂前厅，他说：“郑局长通知我们安排接待。”我一看前厅墙高，挂画有余，长短也好，只是窄了一点，80多幅作品，要上下挂两排了，好在作品尺寸非常规格，上下两排布起来也很好看。最得力的是5米高的《百神聚寿》，高度够了，但非常难挂，他们说：“没关系。”打了一个电话，卡车送来升降机，先在上面量好尺寸，定好位置，然后上面两人拿着画的天杆，下面四人托着画的地杆，慢慢放卷，升降机稳而平的上升，顺利准确地悬挂在大厅迎门，底部离地还有一米多，在大厅外面台基下面，老远就可以看到，进门要仰起脸来往上看，观者无不惊讶，

1992年4月24日中央电视台播出最大工笔脸谱画《百神聚寿》，被誉为中华之最

“哎呀，这么大的脸谱寿字。”

众人在忙，我心中总是有些顾虑，去找王团长了解一下，长生是殷宝忠先生的学生，也是我的晚辈，和我关系很好，就直言问他：“长生，在文化宫布展，进行了一半，市上领导叫我撤下来搬到这里，好家伙，又是汽车又是人，如何开销？我最不放心的是这个礼堂前厅，展一个周的时间，要收多少场租？”他一拍我，哈哈大笑：“马叔，您真有意思，收什么费，场租分文不收。这一切都是文化局长郑金兰安排的，等展厅布好，叫我负责，把您老俩送到樱桃园宾馆安排住宿。中国、上海、北京、江苏等各京剧院的名流艺术家，都住在那里，您二位的吃住和他们在一起，一切费用归大会报销，有什么困难提出来，由我给您反映上去，您就放心办好脸谱书画展吧。”“我的天哪！我怎么这么幸运呀，这叫我如何感谢领导？领导安排我在这里办展，付出这么多，这是为什么？”长生说：“这里的演出名家荟萃，全国的名家基本都来了，戏码等一切事宜都安排好了，唯有这剧场一进门的大厅，布置了两次，领导都不满意，恰好领导到您的脸谱展厅，一看您的作品就决定把您的画展搬到这里来。您有什么困难只管讲，我去请示。”原来如此！我想了一下，提出一个问题，“我不能去樱桃园宾馆食宿，那里条件虽好，可我离不开我的作品，日夜要守着展厅。”他说：“看展厅有四个公安人员。”我还是不放心，要在近处找一小旅馆，他说：“领导决定的事，怎么能叫你自己去找旅馆？你等等，我去联系一下。”他去后不一会就回来了，对我说：“马叔，你不能到樱桃园宾馆住，就住在这礼堂旁边的市委招待所里吧，这里条件也不错，但不如樱桃园，正好上海电影制片厂的人也住在这里，拍《红嫂后传》，张春秋老师也住在这里。”我非常高兴。当安排房间时，我看到礼堂后楼，舞台上面有一排房间，住在那里，出房间可直接到展厅，我问长生“能否住在礼堂后楼上？”他说：“房间条件不太好，但这房子现在不住旅

潍坊市国际风筝会，马少童、赵淑荣夫妇合影

客，你在这守着展厅是很方便。”我决定就住在这里，“咱也不是什么名人高客，下乡演出什么地方没住过？就住这里了，一切都很方便，每餐到市委招待所餐厅吃饭就是了。”这事非常好办，不但我满意，也能给大会节约开支。不一会来人开了一个住8个人的房间，由我夫妇二人住下，条件尚好。

6个多小时的时间，展厅布好。我又指挥把画位调整了一下；题词留言的大案子，文房四宝均已备好，我又买了二十张宣纸，准备名家题词留念。一切均已妥当，就等后天开幕剪彩了。

晚上和师兄嫂、师弟夫妇汇合，想想还有什么需要办的。锡展师弟办事精明，他说“北京、天津市有几位书画大家来潍坊两天了，如果能请他们到场参观，现场指导，定能对画展增加气氛和光彩。因此我决定明天要去拜访诸位老师，请专家们指教。

拜会钟灵众前辈　教我行章得真传

第二天早饭后，锡展带我到铁路招待所，冒昧地拜访诸老。一见面，给我的感觉是，越是大家越没架子。我自报家门姓名和来意，诸老都很高兴。幸会钟灵老师，久闻大名，他是延安时期的老革命、大画家，在中南海常陪毛主席下棋，从延安城墙，到北京天安门外墙上的大标语，都是他书写的；设计中华人民共和国国徽的三人小组之一；1949年开国大典，伟人登上天安门城楼时，毛主席胸前佩戴的大红名标是他手写的。今日一见，好像一个老工人，可谓高级知识分子工农化。著名书法家蒋芝老师，他专长隶书，但最好的是他的手体——隶书正楷合综。工笔画家余秋水先生，擅长画佛像。还有画寿桃专家姚有济先生和天津72岁的工笔女画家韩秀老师。带队的人是徐悲鸿纪念馆的主任范仲文，其父乃北京故宫工笔画的大家，专长修补古字画。互相礼貌地简单介绍之后，谈到正题，我说：“幸闻诸老光临潍坊，明日在下于市委礼堂展出拙作80余幅，如果诸位老师能到展厅现场指导，会给展厅生辉，不知老师们时间是否允许？”诸老都很谦虚，他们说：“脸谱绘画我们都是外行，至于脸谱书画还融进篆刻，更是从未听说过。”我把带来的十几张作品照片呈上，请各位老师指正，他们都感新奇，“脸谱画见过，但以国画的形式，各种绘画技法、书法、篆刻、图案融为一体，还是第一次见。”我观察诸老都很高兴。最后，钟灵老师讲：“原计划明天去昌邑，丝绸厂有个笔

第九届国际风筝会期间举办脸谱书画展，与著名书画家蒋芝、余秋水、姚有济、韩秀、钟灵及潍坊市部分领导合影

会。这样吧，明天我们不走了，去给少童先生画展剪个彩，咱们也参观参观脸谱书画艺术这个新生事物。”诸老高兴地一致赞同。但最高兴的是我。小师弟韩锡展说：“师哥太幸运了，碰上诸位名家，明天昌邑都不去了，去给您剪彩，这是多少钱买不来的事。”我高兴地讲：“感谢诸位老师亲临现场指导，为画展剪彩，实乃对我的提携和支持，谢谢！”蒋芝老师也很风趣地讲：“别客气，书画戏曲情同之处甚多，各习一功，画画可能您不如我们。”我接过话题，“我是书画票友。”他接着说：“唱京剧我们就不如你了，我们是票友。”钟灵老师讲：“这叫各习一功，我年幼时就好京剧，好几十年了，至今唱的也很难听。”大家一阵大笑。余秋水、姚有济老师话很少，只是笑，但也发话了，“书画名家好多都是票友，如张大千、欧阳中石等都是京剧名票，我们都是京剧迷，却不会唱。”当我向他们征求意见时，他们并不客气，非常实在。女画家韩秀老师，看了我的作品照片《四星棒寿》、《长寿图》，笑道：“少童用大篆、小篆融进画卷写得很漂亮，也很美，但是好似林黛玉。”猛的一听是表扬，但我马上领会到她是提意见，林黛玉美而有病，故称“病美人”。小师弟还在替我高兴，未理解韩老师是给我提了个意见，我恭敬认真地请教。韩老师笑道：“恕我直言，您写的篆体字，和我青年时候一样，只求美而无力。”钟灵老师更痛快，一言道破，“韩老师的意思是说，你

写的篆体字笔画太软，笔力缺功，没有劲。”我完全明白了。一针见血地指出我写篆体字的毛病——笔力缺功，太感谢了。钟老师又讲：“看来你对行章的学问还缺乏研究。”他指着照片，“看！你这几张作品行章都存在点毛病。”接着逐张的给我指出行章的位置、高低、角度，“你调一下位置，肯定比现在好看。”最后指出：“《四星棒寿》、《欢天喜地》这两幅画的版面设计、画意、呼应等，无可挑剔。盖章子我教你一个窍门，书画作好，不要急于行章，要多看几遍。把章子盖在纸壳上，剪下来，往画上摆，仔细观察，调动位置，看准了位置再盖章子，这是我年轻时用过的笨办法，你可以试试，时间长了，有了行章的经验和水平，画写的时候，你心中就有了盖章的位置。”我心领神会，激动地说“太感谢了，众老一席话，胜读十年书。

著名京胡演奏家王鹤文、著名京剧表演艺术谭元寿和作者马少童合影

著名京剧表演艺术家艾世菊与马少童合影留念

我和锡展师弟在回市委招待所的途中，高兴地谈论着刚才拜见众老的情景。他说“这些书画名

家、前辈都这么好？一点架子没有。”我深有感触的讲“越是好老、大家，越没有架子，看这几位资历老，水平高、有威望的名家，对人和蔼可亲。这些大画家未留奇形的小胡子和海下涛（圈腮胡子），没留蓬头（头陀长发），脖子后面未扎小辫儿，也没穿奇装异服等扎眼的打扮。艺高德高啊！

四月的季节，春暖花开，欢庆国际风筝节。

近两天的风特别大，不仅给风筝会带来不便，也给我的画展带来不利。夜间风力增大，还夹着一阵春雨，我想，明天早九点画展剪彩怎么办？会场布在市委礼堂门前，若风雨不停这便如何是好？爱人赵淑荣讲：“明天上午若不是好天气，这彩怎么剪？”我强打精神，凑几句笑话来打破忧闷，“放心吧，没事，展厅迎门是5米高的《百神聚寿》，太公在此诸神退位，展厅里的脸谱画上神、佛、道、仙，就有近200多，会保我画展成功。”我更担心的是这些画家、宾客，午间的招待，尚不知多少人在这里吃饭，因我们手里仅有1300多元，不够怎么办？

早5点就爬起来到展厅。风仍在刮，在招待所门前，遇上来展厅帮忙的几位老票友，他们高兴地讲：“马老师，昨晚上中央新闻播出您这幅大画《百神聚寿》，邢质斌主持讲‘《百神聚寿》是中国最大的工笔脸谱画’，您看了吗？”我惊喜万分，回答说：“我没有看到，怎么这么巧？昨晚中央台播出，今天画展剪彩，就算是有意安排都不会这么巧。”

展厅一切就绪。锡展师弟来了，他说：“一会儿张书廉先生来找您。”“什么事儿？”说话之间，张先生来了，他一见面就给了我一件东西，我一看是一个存折，我不解地问：“您这是？”张先生笑了，他说：“锡展对我讲，您这次来办展经费不足，今天剪

马少童与著名京剧表演艺术家景荣庆先生合影留念

彩又增加一些客人，午间会餐要用钱，这个折子上有3000多块钱，用多少算多少。”我激动得不知说什么好，“这这这怎么可以？”他笑了，“办完事再讲。”这真是“大旱逢甘雨，他乡遇知己。”我确实需要钱，但我与人家并无交往，这该如何处理呢？

说话间，外面风停了，他们都喊着：“太顺利了，看！一点风没有了。”我简直不敢相信：中央台报道、张先生送钱、大风停了。见红日升起，三喜齐来。众艺友也都为我高兴。这时又来一穿制服、戴大盖帽子的干部祝贺，原来是锡元师兄的学生孙玉庆，他在潍坊戏校毕业后，分配到工商管理局，现任财政科长，他也是来帮忙的，问我有什么需要，我说：“万事俱备，就等剪彩了。”他说：“您的名片够用吗？待会儿剪彩以后，用的可多呀。”我一看，尚有不过20张，他说：“这哪够，把名片给我一张，我这就去印，误不了剪彩。”我想，怎么这么多的贵人相助？这真是天时地利人和！真如《盗御马》中的一句台词，“此乃是天助某成功也”。

简单的早餐后，宾客随之来临，政府、政协、市委宣传部、文化局、艺术馆、书画院、戏校的领导陆续光临。一辆面包车停下来，诸位画家老师到了，都上了主席台，大会开始。

书画院院长主持，文化局长讲话，市委、政协领导及钟灵老师剪彩。鞭炮彩旗、花篮彩绸，火暴得很，展厅已满，观众要分批入内参观。昌潍地区从古至今书画昌盛，文人层出不穷，书画家们都纷纷为我签名、题词，收到书法贺词二十余幅，而且来的领导都擅长书法，写的都非常好。当地画家李大山和我交谈默契，他对我介绍：他本身乃毛巾厂的一个三级工，喜好美术，文化局长郑金兰重点培养他，并给他在北京

著名京剧演员邓沫玮、京剧表演艺术家马崇仁（马建良先生的大公子）与马少童合影留念

举办画展，请名家亲临指导。北京一次办展，公家就花费了好几万，愣把我一个三级工培养成一个画家。像这种情况，潍坊有好几个。我听了以后感动之极，一位女局长有如此的胸怀和魄力，太不容易了。我和郑局长接触时间短暂，第一印象是坦率、大方，不像有的女干部，满嘴的政治口号，官气十足。她的着装、打扮很应形势，看上去像似一位大公司的老总，毫无拘束、做作之感。心想这几天一定抽空去登门拜访，向她请教、道谢。昌乐县故友知交来了一车，书画名家徐竟成、文化馆馆长杨子芳、主任李肖贤等到场祝贺，送来墨宝留念。

著名京剧表演艺术家宋丹菊与马少童合影留念

孙玉庆给我印的二百张新名片真是派上用场了，分发了很多。“呼啦”的一下，又来了一批京剧表演艺术家，名家荟萃，他们来自全国各地。晚上开幕式，白天来排戏，剧团的人，大都喜欢看脸谱，特别是花脸演员更为喜欢，在展厅纷纷议论，与我交谈，合影留念。这次来的花脸演员老中青都有，合影的有景荣庆、李长春、尚长荣、邓沐伟、宋长林等。马重仁先生（马连良大师之子）刚一进门，看到5米高的大中堂，感到新奇，看了一会喊上了，“哎呀，原来这是一百个脸谱对成的一个大寿字呀！”顿时一片笑声，“他才发现新大陆”。于是在寿字前面拍了几张照片。谭元寿先生和我不太熟悉，看了一遍，高兴地说：“马先生，您这脸谱，不但画得好，而且我们戏班里能参照，很适用。”冯志孝先生和我本来就非常熟悉，笑着和他讲：“哦，这脸谱我们戏班里适用，那么他是干什么的？”“啊，怎么他也是戏班的？”志孝为我们介绍之后，他笑道：“我说嘛，这是舞台上用的脸谱，是这里面的事儿——内行。现在有些人画脸谱胡勾乱画，咱们舞台上不能用。”志孝问我：“大哥，您怎么不唱戏，搞起脸谱书画来啦？”我长叹一声，“石头埋在盐堆里，一言（盐）难尽呐。您和李世济团长携中国京

剧院一团到威海演出时，座谈会上，你们谈了很多有关京剧团建设的意见。你们走后，文化局的领导几次做我的工作；‘文委’的领导也和我谈话，叫我出来收拾承包者留下的烂摊子。组织上的决定我不敢不服从。费了好大劲，把威海京剧团重新归拢起来。尽管人力物力不足，总算能演几出大戏了，眼看就要走上正轨，谁知又把剧团砍了。演员大批转业进工厂，十几个青年转进市艺术馆，成了业余演出队。我被养起来等待退休。外地剧团调我，当地文化主管部门不放，当地没有京剧团，偶尔外地临时约我演出几场。我个人外出又带不起鼓、弦和旦角，光杆一人临时到外团演出，困难重重，所以我想抛开舞台，另辟蹊径，试着搞脸谱书画艺术。”在听的几位艺友，无不同情叹息，“你们那儿怎么会这样对待文艺事业？”“可惜威海这个美丽的海滨城市，连个剧团都没有。”

我又一次会见梅葆玖先生、马小曼老师（马连良先生之千金）、叶少兰先生、宋丹菊、艾世菊、薛亚萍、张金波、史云兰、李炳淑、李春燕、于魁智、钟荣、童祥苓、张南云、刘桂欣、李维康、耿其昌、杨淑蕊、李铭岩、朱世慧等名家；童年故友王君蘅先生，给我介绍了尚长荣先生，并一起合影留念；昌潍地区京剧团的老同志全来了，会晤、合影，好不热闹。都问我这次怎么没参加演出？我说日前长生团长电话相约，合演全部《四郎探母》，每人一折，要我演《出关》“被擒”的一折。我因要办脸谱书画展，恐怕精力达不到，再者，这名家荟萃，非比平常演出，没点真本事，趁早别出丑丢人。由长生团长演正好，这时记者来了，采访交谈。

问：举办书画脸谱展的目的和意义。

答：演出是弘扬京剧国粹，搞脸谱展同样是弘扬京剧，这是开辟宣传京剧、书画的一个新的渠道。

问：以前所见过的脸谱都是单纯的脸谱，您怎么把书画图案都融在一起呢？

答：为了生动、有新意。戏曲脸谱通过书法、篆刻、书画融为一体，为“书画金石戏”，两大国粹合综。

问：您共绘画了多少脸谱？

答：“文化大革命”中，把我几十年所绘的3000多幅京剧脸谱及草稿素材，以“四旧”的罪名焚之一炬。如今恢复、搜集绘出1000多幅，这次展出的80余幅作品近千个人物。

问：您是一级演员，不演戏，专搞脸谱书画艺术，您是否想将来成为中国的脸谱王？

答：不不不！画到老学到老，成王称霸没想过，也不敢想，更不该想。因为中国

绘画脸谱的前辈名家颇多。我想后半生努力深学细研，争取成为脸谱书画艺术的专家。可能有人笑我不自量，但这是我的追求梦想和奋斗目标！

著名京剧花脸演员邓沐伟先生在一旁插话说：“马先生的脸谱，有很多已经失传了，也有很多的脸谱，被他不失原谱的美化革新了，这是一大创举。”听他所言，我深感邓沐伟颇有文化底蕴，同时我猜想他一定对脸谱很有研究，并且能画得很好，于是我请他题词。他谦虚了一下，挥毫流利地书写了“国粹瑰宝”四个大字，果然不凡，一看就知道他在书法方面下过工夫。

这一上午的忙碌比演出累得多。忙坏了昆童兄嫂、锡展夫妇、张书廉先生和孙玉庆师侄，还有潍坊市职工俱乐部的众位票友朋友。虽然有些帮忙的朋友不知其名，但至今回忆起他们，还是由衷感激。

午间宴会政府领导都谢绝参加，只有钟灵老等几位老前辈，文艺界、书画界的几位老友，还有展厅帮忙的艺友，约50位。当时宴席比较廉价，500元一桌，也不管人数多少，非常丰盛，海参、鱼翅、燕窝、鱼虾皆全。我发现钟灵老师喝酒不用敬，更不需劝，习惯的手把着酒瓶，不仅喝酒实在，一杯是一杯，无一点做作，而且酒量非凡。各桌敬酒以后，我重点是陪着几位书画前辈，一表敬意，二为请教。宴会进入高潮，钟灵老师哼了几句京剧，不知是年龄大了，还是三杯酒下咽喉之故，“杨延辉坐宫院……”这几句都不在调门上，引起大家的欢笑，这些前辈都好听京剧，就要我师弟锡展、弟妹孝孟清唱了一段《坐宫》的流水对唱。大家非常高兴，锡展借机向余秋水老师求索一幅佛

著名京剧表演艺术家杨淑蕊与赵淑荣合影留念

画。酒助人兴，余老说："要画呀，除非是我儿子。"此乃一句戏言，谁知锡展跪在地上叩头叫爸爸。大家一阵欢笑鼓掌，把余老给"将了军"了，一句戏言以假成真，这余老爷子脸红了，"好好好，起来吧孩子。"此乃画展宴会上，余秋水先生收干儿子，韩锡展拜干老子的一段佳话。敬酒题目突来，庆祝得干儿子，碰杯把盏，高潮迭起。蒋芝老师向钟灵老师提议，要收我为"中国书画联谊会"的会员，我不解其意，笵中文秘书长向我介绍："此会设在北京徐悲鸿纪念馆，由廖静文老师任会长，会员大都是一些老书画家，少童先生若愿意参加这个组织，我们可以介绍。"我说"我乃一介普通的京剧演员，非书画名家，自愧书画水平太差。若入此会岂不是麻雀入了凤凰群？若能攀入这个组织，实乃求之不得。"钟灵老师讲"不要过于谦虚，我们这个书画联谊会，人员不是太多，也不是太容易入的，不客气地讲，要达到一定的水平，目前看我们会里就缺少一位脸谱书画家。不久前，有个画脸谱的先生到会，拿着几张脸谱向我们请教，我们评价不了，都不懂脸谱。若收了您这位会员就行了，今后有人问有关脸谱方面的绘画，就找你了。"我笑道"自愧难胜此重任，不知需什么手续？"钟老道"规定的是申请者提供三幅作品，我们常委会委员半数以上同意后，填表办会员证，就算一名会员了。你准备两张照片吧，我们常委会的委员这里就有三名，你的作品我们都已在画展上看过了，回北京后就给你办证。"我真是做梦也想不到，"明天我一早就去送照片，还有各位老师给我写的墨宝尚未行章，明天还要请诸老行章。"一切约好后，宴会在欢乐的气氛中结束。

马少童夫妇与上海电影制片厂导演陈绍武、著名京剧表演艺术家张春秋在展厅合影留念

诸事顺利，令我兴奋，真可谓"天时地利吉人皆和"。

4月17日

风筝节开幕典礼上的演出，名家荟萃，非常火暴。止戏后，名家们回樱桃园。我在展厅仔细查看了一遍，门窗、防火等，两位公安同志非常负责任的讲：“放心吧，马老师，这政府礼堂在市委招待所大院里，很安全，您忙了一天，快去吃饭，早点休息吧。”我一再地道谢。我和老伴进了餐厅，正逢张春秋和付绍武老师在用餐，这二老称赞我画展开幕式的盛况，祝贺画展的圆满成功。整个餐厅都是八人一桌，唯有她二位和我夫妇是俩人一桌。我又想起从文化宫搬到这政府礼堂的情景，心中十分感谢潍坊市的领导及戏剧界的老友、票友界的众位新朋友。

一觉醒来，疲惫全无，东窗旭日初升。起床洗刷完毕，急奔展厅。招待所的服务员们，在展厅打开门窗清扫卫生，我又查看了一下展厅，心情好极了。这是我第二次举办个人画展，恰逢良机，得此殊荣。计划、布展虽然劳累，但展出后的效果和反响，看展厅的盛况，是我最大的欣慰。

市委招待所的生活很好，四菜一汤，和拍《红嫂后传》的电影演员们都已熟悉了，有时我俩同张春秋、付绍武老师四人并一桌用餐，谈笑风生，好不开心。

早饭刚过，展厅已有观众入场参观，全国搞书画展的很多，但搞脸谱书画展者尚属罕见，为此潍坊市宣传部长给我题一幅中堂，“开脸谱艺术之先河，填书画门类之空白”。这幅墨宝字词均佳，但我却认为赞扬过高，其实难符，颇有受宠若惊之感。

锡展师弟来了，“看！昨天的《潍坊日报》已经报道了。快拍个照片去找钟灵老师，好给你办会员证。”我立即就地拍了一张，他去冲洗。我把昨日题字书法，一张张的理顺，有20几张，单把钟灵、蒋芝、余秋水、姚有济几位老师的题字卷好，准备去请诸老盖章。

展厅有四名公安人员，还有四五位票友朋友自愿来义务服务，把展厅管理得有秩有序，非常正规，一切由我爱人赵淑荣负责。我和锡展师弟到铁路招待所去见众位老师。刚一进门，他们就笑了，“正在说昨日画展的事，你俩就来了。”我把诸老的题词展开，说：“请诸位老师行章吧。”盖完后，我又送上照片和简历，蒋芝老师说：“行了，我们下午去昌邑，回北京就给你办会员证，多者半月，少则十天就寄给你，以后北京有什么事情，可以找我们。”

李永宏艺友，是方荣翔先生的学生，特地由德州赶来看脸谱展，他擅长画脸谱。我重点向他介绍了《欢天喜地》、《四星棒寿》、《长寿图》等几幅绘画与书法结合的作品，他很谦虚，客气了一番，看完画展，连晚场的戏都未看，就返回德州了。我想这是真正专心研究脸谱的人，长途而来，看完就走，这种学习精神令我敬佩。

青年朋友王宜杰，原乃青州京剧团的小武生，现为昌潍地区吕剧团的业务团长。这次特领着一位篆刻家来展厅参观，通过介绍才知，他就是潍坊市十笏院（郑板桥馆衙旧址）的顾问、篆刻家郭子宣先生。他细心地看我的画展，注意力全在篆刻方面。我向他请教，他道“改日详谈，告辞”。说着就离厅回邸，我和宜杰约好，明日他带我去拜访郭老。

忽然传来一个消息，昨晚的节目，今晚要重演一遍。因为李瑞环主席今天下午来了，所以昨天的开幕式，今天要再来一次。上下又忙起来了，我也把展厅查看一遍。这时，保护展厅的公安同志领来一个小青年，小青年一再说：“我不知道这里不让拍照”。原来他在展厅里拍照，被公安的同志抓住了，我说：“你没看到吗？这大牌子上面写着不准拍照的。”他说：“我没注意，真的不知道，我才照了不几张。”我问他：“你是哪里来的？”“是上海京剧院的，在柴油机厂文化宫演出，来看脸谱展，好奇地照几张照片，我姓童。”我端详了他一顿，笑了，“童祥苓是你什么人？”“是我爸爸”。我笑着对他说：“好了，你照吧，这里不准拍照，唯你例外，回去见你爸妈，说我问他们好，你叫童胜天吧？”“是呀是呀，叔叔你认识我爸妈？”我点头，“回去对你爸妈一说就知道了，后天你妈在这里演《红娘》叫门的一折，你还可以来拍照。”他不好意思地说：“谢谢叔叔。”

当晚的演出虽是第二场，又把昨晚的节目重演一遍，又一个开幕式。中央领导李瑞环同志来了，省市领导陪同入场，一进大门就看到我的画展，好奇参观一遍，其他观众都回避，快要开演了，领导们点头致意后进场入座。这场面不是头场胜过头场，热烈隆重。我虽然不能离开展厅，但也不时的抽空到里面看几眼演出。好像今晚的演出，虽是昨天的原套，可是比昨天好多

马少童夫妇与著名京剧表演艺术家童祥苓、张南云合影留念

了，不知是节目熟悉了，还是因为李瑞环同志来看戏的缘故，谢幕合影的场面都胜过昨天。

第三天又恢复了正常，上午展厅里来了两位客人找我，我过去一看，“哈哈，祥苓兄、南云嫂夫人，上海一别，几载未见，别来无恙啊？”祥苓兄说：“昨天孩子来看画展，他很喜欢脸谱，好奇地拍了几张照片，违犯规定，很抱歉。”张南云老师也说：“孩子不懂事儿，不好意思啊。”我笑了，“没事儿，咱们是自己人嘛，你二位近来好吗？”互相礼貌问候，寒暄一番，请她们到里面看戏去了。

四天来，展厅参观者人数不减，这会儿又来了一位中年人，在展厅里转看了几遍，我打量他像似个搞美术的，主动过去打招呼，目的是想听他的意见。我们相互点头，他问我：“这位作者马先生是哪里来的？”我回答说：“是本省威海市的京剧演员。”又问：“他有多大年龄了？”我说“五十五岁”。他又问：“简介上提到他是京剧一级演员，怎么还搞美术？”我笑了，“他因失去演出的条件，成了书画票友了。”“先生贵姓？”“在下不才，我就是马少童。”他笑着拉手，“马老师，失敬失敬，不瞒您说，我是一个美术教师，这次带着十几名美术大学生，来潍坊风筝会写生，搞题材创作，看到您的脸谱展，好奇地进来瞻仰一下，真是令人惊叹，不想京剧脸谱如此之美，一个面孔上竟有千变万化的图案色彩，勾绘出无数不同的图案，色彩的搭配，可谓标准的东方文化。”我笑了笑，“是的，中国的戏剧脸谱，由齐国的面具进化到在脸上绘画，历年演变已形成规律，人民大众心中已有深刻的印象，如白脸的曹操、红脸的关羽、黑脸的包公，如果把脸色变换一下，观众就不允许，就不是这个人物了。而且中国戏剧，特别是京剧的脸谱，是世界上各种戏曲剧目中唯一独特的化装形式。所谓谱，就是有标准、规格、定律，而不是随便糊涂乱抹。”他听得入迷，连连点头，赞叹道：“精彩！明天我把学生们领到这里来，请您给他们讲讲课，这可以说是标准的东方文化。”我摆手说：“不敢不敢，中国的京剧脸谱艺术深如浩海，不敢胡说，可以共同探讨。”他说：“您特谦了，明天见。”

他讲明天要领学生来听我讲脸谱，这倒是一个宣传国粹京剧，弘扬传统文化的好机会，我要有点准备。讲些什么？简单地想了几个题目，准备明天在展厅同大学生们探讨，脸谱书画的融会设想和构思。

第二天，这位美术教师领着一帮学生来到展厅，他们又讲又看，指指划划的好似发现“新大陆”。我有准备的和他们讲了一些有关脸谱的知识。

一、脸谱的起源和形成；

二、脸谱进化流传；

三、色彩和人物性格的关系；

四、名家派别的特点和勾画的要领；

五、以脸谱、书法、篆刻、图案相互融会，谈我《书画金石戏》的设想和形成。

在宣讲时，不觉已是一个多小时了，心想结束收场吧，“此乃我研究脸谱艺术的点滴体会，展出是为了听取广大观众的点评；今天的发言是同大家共同探讨，错误的地方请大家指正。”

一阵的掌声过后，在场的人们开始议论起来。我倒是很高兴，学生们告辞。送走他们后，故友王宜杰手棒一个章子盒，笑嘻嘻的对我说：“看，喜欢吗？”我启盒一看，是一块不错的青田石，是郭子宣老师为我刻了一方姓名章，仔细地欣赏，刀法、布局简练大方，足显功力和水平，边款也很讲究。郭老不愧为金石家，我向宜杰道谢，约定下午亲到郭府拜访道谢。

昆童师兄引我到郭老府上，书房待茶，书架上摆满了一宗宗的作品袋子，看来郭老琢石足有几千方。墨晶石雕的书斋横匾，精美高雅，书房虽然不大，却真的迎合了郑板桥的一副对联，“室雅何需大，花香不在多”。我向郭老道谢为我琢章，又征求他对我画展的意见。他很实在，直言不讳地讲：“脸谱我不懂，书画也是一知半解，脸谱书画展，我是第一次见，把书法、脸谱、篆刻、图案绘画融为一体，这可算是一大创举，画面活而新颖，看起来很协调，可想而知您费了不少脑子。我要谈的是印章方面的看法，我猜想给你刻章子的人，年龄不会太大，他有一定的刀功，但他未受过专门的训练，在布局方面可以看得出来。不知我讲的对否？”我笑道：“郭老高明，您说的完全对，琢章子的青年才18岁，叫周威涛，乃我忘年之交，他确实是刚下学就业不久的一个中学生，请您多指教。”他又说：“若是这么年小的学生，刻到这个水平已经很不错了。”我借机试探的“郭老如果不嫌弃，找机会我领来拜您为师，请您指教他对琢印的学问和技法。”他一摇头，“这倒不必，既是这样，我就不客气了，你可以对他讲，刻几方章子，盖在纸上给我寄两份来，我留一份存放，给他点批一份寄回去，他再刻，再寄再点评，用信件联系指导也很好嘛。”我笑了，“此乃函授？”他笑道：“就算是吧，拜师则大可不必，咱们都是艺友嘛。”话到这份上了，叙谈几句我当告辞了。郭先生高兴地送到门外。这是我习字篆刻第一次结识的篆刻家郭子宣先生。此后我向小朋友周威涛介绍了这位良师益友，他们通过书来信往，威涛受益匪浅。

难忘的小演唱会。4月19日晚，我应邀参加潍坊市职工俱乐部的一次票友演唱会，偶遇著名京胡演奏家王鹤文先生。他是由北京伴谭元寿先生来风筝会演出，这位演奏家水平高、风格高，为人好，同票友们在一起，一点架子没有，给票友们伴奏。张书廉老弟唱了一段《文昭关》，我发现还真是不错，出乎我的意料；几位票友演唱，文武场都很不错，潍坊历年来是票友圣地，名不虚传。最后，大家都要求我唱一段，恭敬不如从命，唱段《宋士杰》“盗书”的西皮倒板，原板转流水。王鹤文先生说：“马先生，麒派的《宋士杰》我可没拉过。”我说：“您太客气了。”他说：“真的没拉过，我只是拉马派的《四进士》，恐怕拉不好，那我跟着您跑吧。”他这么高姿态，如此谦虚，弄得我有些不好意思了，只好说：“谢谢！您多指教。”一段清唱非常顺利，严密地唱下来，足见王先生的水平，从他身上我学到对艺术的认真态度，对人和蔼可亲，对票友们的尊重。

著名京剧表演艺术家冯志孝与马少童合影

展出九天收获大　胜过舞台四十年

忙忙碌碌的7天过去，名家荟萃的演出闭幕，我的画展也随之结束了。我向张书廉先生道谢，画展开幕他为我请了5桌客，此恩当报，展厅里80几幅作品，除了5米高的《百神聚寿》以外，6尺的、4尺的、3尺的中堂横幅，任他挑选两幅，赠送为念。他笑道：“大哥，你这是什么意思？请几桌客一点花费算什么？我再要你的作品，这不成了买画了么？咱们的友谊用钱和物是买换不了的，这画我绝对不能要，因为这些展品失去一张，再办展时就少一块， 国手下干陆军装备部的部长，少将军衔，今年退伍，明年可能回来探亲，他喜欢京剧，也喜欢书画。明年如果他回来，我带他游览青岛、烟台，顺便到威海拜访您。”我高兴地说“好吧，一言为定，我恭候接待。”

第二年的8月，书廉真的领着他叔叔张永发将军来威海，到我家来了。他们已找了旅馆，我请他叔侄吃饭，找政协办公室主任马传智陪客，传智和我是京剧团几年的老伙计，我俩是正负两个马团长。在电话里找他给我陪客，把情况讲明以后，他说："这种情况怎么能马马虎虎的，你是政协委员，这样的客人要向政协汇报，这牵扯到两党、大陆台湾的关系问题，我向主席汇报完了就到你家去。"不大一会，传智到我家，相互介绍之后，把我们一起接到东方宾馆。

著名京剧演员刘桂欣与赵淑荣合影

刘以天副主席在等候，政协设宴接风，并安排在东方宾馆住下。张永发将军谈到去年退伍，今年才得回大陆探亲。如今看到家乡的变化，祖国的发展，感慨之深。酒宴虽然人数不多，则是两党人士共宴。张将军非常风趣，"看来我是少数派了"，因桌上只有他一个国民党员。我们也都玩笑的"两党和好不在人数多少，主要是和睦，情意为重。"我体会到：这个宴会虽然谈笑风生，但言语中无不饱含着政治内容，含意至深。宴会中决定张氏叔侄在威海游览两天，参观市容和刘公岛后，由威海去牟平参观养马岛，再回原籍高密县，看望家乡父老。在威海吃住及车辆都由政协负责，并由威海政协电话和牟平政协联系。

临行前，张氏叔侄又到我家告别，我送张将军两幅书画脸谱《四星棒寿》、《欢

著名京剧表演艺术家筱昆童、王筠衡、尚长荣、马少童

著名书画家钟灵、徐悲鸿纪念馆主任范中文与马少童合影

天喜地》，他高兴地一再道谢，并夸赞侄儿书廉结识了名人好朋友。上车时他自己抱着这两幅画，都劝他放在车上，他说："岂能如此不敬，上飞机时我也要自己抱着这两幅画，到台湾，这两幅画就成了宝贝了。"

送君千里终有一别。我赞扬张永发将军的水平和风度，书廉老弟的为人忠厚老实，大方仗义。

在潍坊画展结束，返回威海前，顺便去昌乐，探望亲友。因巨幅《百神聚寿》宽两米二四，一般的轿车均不能拉。孙玉庆师侄带来一辆大头车，并陪送我到昌乐，此情至今不忘。昌乐会见众友，感谢徐竟成先生及李肖贤、杨子芳等少年知友，为我画展祝贺并赠墨宝。

风筝会的脸谱展，7天的时间收获极大。结识艺友颇多，我的脸谱书画创作水平，思路空前地得到提高。也欠下不少人情债，容当后报吧。

这次画展，来去半月，初悟一些人生的道理，决定从现在起向书画创作方面努力，专心搞脸谱书画创作，伴我晚年之娱。

展后舒怀

风筝会展仅九天，识良友观众万千；
书画戏金石熔炼，得赞誉乃之机缘；
当演员威海无团，弃氍毹涉入画坛；
适时机转变观念，异像斋习研墨丹。

京剧教师韩锡展、著名京剧表演艺术家李长春、筱昆童以及总工程师张书廉与马少童合影

李肖贤、韩世昌、徐竟成、马少童、筱昆童、杨子芳、王新华故友重逢

服装节大连办展 出意料盛况空前

潍坊第九届国际风筝会期间，举办脸谱书画展，收获极大。

第四届国际服装节，十月份在大连举办。国际友人来宾颇多，若去办画展，对脸谱艺术可以扩大宣传，并能结识一些书画名流及国际友人。于是联系我少年时的知交张承瑞先生，他是威海老京剧团看家角儿许焕章先生的大弟子，大连商业俱乐部京剧团团长，在大连商业界交往甚广，颇有活动能力；另一位好友门兆诺，是大连农林水力局的处长，是威海老市长门兆英同志的六弟，为人豪爽、仗义好交，十几年来与我交往甚厚，对原威海京剧团的支持、帮助很多。托此二位联系展厅场地、展出诸事。

我这里还要改进展品，赶绘新作，装裱名家所赠赞词书法作品。

不久得到回音，展厅场地承瑞兄已初步联系好了，在中兴大厦。大会剪彩后的宴会开支，由门兆诺处长联系了一家公司老总负责。展后送几幅作品答谢。自己要花销的就是路费、食宿等开支了。

我仔细筹划第三次脸谱书画展，决心办成功。得到了老伴和子女的支持，为此次我办书画脸谱艺术展，全家省吃俭用。笔墨纸张，装裱等花费，全靠一家人的工资。我专心投入书画脸谱艺术。

我回顾在潍坊风筝会的展出，作者简介、说明书和请柬都很简陋。我着手设计专用请帖，作者简介是作者的脸面，还要载上几幅代表作照片。

小样设计好，拍片是关键。幸遇刚来威海的鞠华，他虽然年轻却颇有才华，和我艺术观点相同，决定由他拍照。他非常敬业认真，因无摄影室，更无灯光配合，又加时间较紧，只好露天拍片，用一张单人木床立在空场里，把画挂上帖平拍照，虽然是土办法，但效果很好。谁知天公不作美，连续两天下起毛毛雨，不大不小下个没完。恨天没用，没办法的情况下想了个办法：床头上绑上一把雨伞，照相机上面一人打着伞，我扶着挂好的书画作品，鞠华披上一件工作服。就这样，两个上午完成了拍片工作。当时用的进口胶卷要寄到香港冲卷，再寄到深圳印刷，还算顺利。7天后深圳印刷厂寄来小样，核对后，一切尚好，我和鞠华都比较满意，签了合同开印，只是价格较高，一张要3元多，当时质量档次可属国内一流。

为了服装节上举办画展圆满，提前去了大连，场地与赞助基本已定。展品归拢编号、定位，装了满满两大箱 ，一箱足有50公斤，另加一提箱，唯有《百神聚寿》巨幅，特制了两米半长的画筒子装好，若过快件不放心，就要自己扛着上船。

到了大连天降大雨，出租车不够长，装不了这两米半的画卷，约二尺露在车窗外面，虽然画上有塑料布包着，但也不放心，索性我把夹克衫脱下包在上面。到了张承瑞先生家，身上已都湿透，但大画却保护得很好。

住在承瑞兄家中非常方便，大嫂对我夫妇很热情。知友门兆诺为我联系辽宁著名书画家于涛，通过他面见代市长薄熙来，因为服装节乃世界范围的活动，大连市市面一切活动需政府决定。约定时间到大连市政府等候，薄熙来代市长接待外宾，九时半趁出会客室送客人的时候，抽空接见我12分钟，时间安排非常严紧。果然到了约定时间，他就送客人出了会客室。

我迎上前去，自我介绍，讲明来意。薄市长高高的身材，文质彬彬，一表人才，一口标准的普通话，非常诚直爽朗，他向我点头致意，说："这事我知道，因时间太紧，我一会就要走，咱就在这里谈谈吧。您拿作品来了么？"我说："带来四幅，市长请看！"看过之后，他笑了，"我第一次看到这种书画，很新颖，色彩、图案方面和服装很有共同点，很不错……"我一听，他非常内行。他又问"马老师，要我解决什么问题？"我说"求市长能给解决展出的场地。"他看了一下表，"我的时间有限，您现在就去旅游局，请崔莉局长具体商量解决。"他对身边的秘书讲"你马上打电话给旅游局崔局长，说马老师去找他商量场地问题。好啦，马老师再见。"握手告别，我一边道谢，一边送他出接待室，我一看表12分钟。我理解领导的时间紧张，我抱起作品到了楼上旅游局，崔莉局长是一位端庄大方的女局长，30岁左右，山东人。我礼貌地进门，她就问："您是马少童老师吧？"礼毕她说："市长刚才来电话，要我给您解决场地问题，我可以欣赏一下您的大作吗？"我逐张展开，"请局长过目、指教。"她笑着："不敢，不敢，您太客气。啊！果然是新鲜，能和服装节配套。马老师，展出场地想安排在哪里？"我说："非商业性的画展，纯属艺术交流，这种作品外国友人可能喜欢，纯系中国古老文化艺术。局长想把我安排在什么地方？"她说："国际大厦如何？那里条件好，基本全住的是老外，能有400多外国人吧。"我说："国际大厦条件、档次虽高，但人员有局限性，全是外国人，中国人很少进出，观众面受限制，不太适合画展。华联(中兴)大厦较好，进出客人流量大，而且在那里办画展，可以招引观众，对商家也有好处，适应'文化搭台经济唱戏'的做法。"她笑了，"好吧，中兴的周老总是商业

局的副局长，你可以直接找他，我这就给他们打电话联系，市长分派的任务没问题。”我夫妇这才把心放下来了，道谢，告辞。

承瑞兄在商界几十年，上下都很熟悉，引我到了华联大厦。

旅游局崔局长电话已联系了，所以，我们进办公室互相介绍之后，就谈到展厅的事。周总出国未归，由王副总接谈，政府来电话很重视，但华联的六楼大厅已租给外商，解决不了。实际我和承瑞兄早去侦察过。六楼有一舞厅闲着，里面是模特排练场地。服装节期间，模特都在街市露天舞台表演，游行车上宣传，舞厅空着，于是我说：“六楼的舞厅闲着，可做展厅？我仅带来90几幅作品，不用太大的场地，您看行吧？”王副总说：“六楼租给了意大利的皮货商，舞厅闲着我还不太了解。”他拿起电话，叫六楼负责的同志，承瑞兄本来和他们都熟，就说：“在华联办脸谱展，能招揽一大批观众，对营业肯定有好处。”六楼的主任来了。王副总问他六楼舞厅的情况，并把我要在那里办展的情况讲了。主任说：“没问题，欢迎在我们这里举办脸谱画展。”他对王总说：“我们有个要求，请马老师给画四个模特背后用的，大脸谱。”我笑了，心想不愧是主任，脑子活，抓得快，这事我也不好推辞，但我想画起来很麻烦。王副总是文登老乡，问我：“马老师能给我们画吗？”我说：“模特背后的脸谱，最小要一米二高，模特用的蝴蝶衫的色彩，用什么料？水色还是油色都要考虑，恐怕短时间里搞不了”，承瑞兄说“时间能来的及吗？”主任讲“蝴蝶衫有现成的，淡青、粉红、白的，淡绿的都有，用什么彩能画在这种料子上，我就不懂了。”我想用人家的展厅，不知是否收费，恐怕用人家的事还多着呢。怎么也要给人家促成，于是我说：“您看这样行吗？您把广告纸用糨糊糊在白布上，要糊的匀净、平稳，晾干后我给画四个一米二的大脸谱，剪下来，根据衣衫的色彩，把脸谱用针线缝在衣衫背后，您看行吗？”他们都高兴地说“准行”。“好吧，你去准备布纸色彩，凉干了我就画。明天我们布展厅时，我保证把四个大脸谱画好就是。”事儿就是这样，说顺利也真顺利，一上午的时间，解决了展厅问题。天时地利人和，大事已成。

场地已定，要向主管部门领导汇报。我夫妇带着请帖到了大连市文化局，见局长讲明来意。因我在大连演出，电视台录放过我一些剧目，报纸上也经常出现，提名便知，所以一切顺利。局长、主任非常亲切地问我“需要局里解决些什么？“我说：“该请哪些领导和有关人员，我不了解情况，留下35份请帖，由局里代请。”局里领导全力支持。

回来后，和承瑞兄商议，写请帖邀请大连市各大俱乐部的主任、票界、专业剧团

的艺友，还有书画界的朋友。大连书画界有“三于一张”之誉称，画家于涛已成朋友，书法名家于植元(文登大水泊人)由于涛先生代请；篆刻家于培智现在美国，三于只有两于了。一张乃大连日报社的编辑、漫画家张家瑞先生，擅长往瓢上画抽象脸谱，曾在日本举办过画瓢艺术展，此翁24岁就晋级教授。他才高识广，文笔极好。为此，我带着请帖到大连日报社拜会相邀。张教授不在，因将要退休不常上班，请帖由报社代转。

回到承瑞兄家不一会，接到张家瑞先生的电话，请我到他家做客。我感到非常意外，张家瑞教授如此好交？临时买点水果登门拜访。他的住地是一小居民区，一幢幢的别墅，坐落在高低不等的小山包上。门铃一响，张家瑞教授一家三口就迎出门来，一见面就有一种非常亲切的感觉。女儿忙着泡茶削水果。我在大连演出数次，他们对我的名字也很熟悉。奇怪的是这样的高级知识分子都喜好京剧，可能是书画戏文理同工之因吧。宾客颇有一见如故之感，参观了他的各个房间，140多平米的房子不算太大，但非常高雅，走廊墙壁上全是绘瓢艺术，足有百余，到处可见各种葫芦；书房名曰《碣石斋》，房内有大小不等形状的古砚，古书文物，似进艺术展厅，室中的大龟背竹爬满了天棚。他向窗外一指，“对面的北窗那就是薄熙来市长的宿舍。”我惊奇地注视着，“啊，薄市长也住这里？他向我讲了薄熙来市长的一件往事，对我教益至深。

赵淑荣、马少童与大连水力处处长门兆诺、著名书法家于植元、著名书画家于涛于大连国际服装节合影

1992年9月16日，大连日报社编辑张家瑞与马少童合影

他说他在大连市报社工作十几年，一直住在单位的宿舍里，女儿从小学到大学，一天天大了，两代人三口家住一间房，很不方便。住房始终解决不了，曾向上级写信反映过十几次，一直无人过问。这次薄熙来市长调到大连，很多人都叫我给他写信反映一下。我说算了吧，三任市长没能给我解决住房，这位代市长刚来能管我老张的事啦？拉倒吧，我已失去信心了，重视知识分子只是喊吧……又一想，张口三分利，解决不了我也亏不了什么，就这样不抱希望地写了一封信。谁想到两天后，薄熙来代市长给我来了电话说“已见到你的来信，经了解情况属实，我们马上着手给你解决。”我听了以后虽然高兴，但也没抱多大希望。因为过去向上写的信，连回话都没有，这次虽是代市长，可是亲自电话答复我，给不给解决房子且不讲，起码给我答复了，我这就感到莫大的欣慰。当天下午两点多，房管局的领导来电话，叫我去看房子。我简直不敢相信，12点多市长来电话，这才两个多小时，就叫我去看房子，这能是真的吗？抱着怀疑的态度到房管局，接着领我去看房子。心里想，还不知给个什么房子呢？谁知道领到这里，就是我现在住的这个房子。你看这周围的几幢房子都是市领导住的。我一个报社的编辑，整天啃笔头、爬格子纸的，能住在这里么？真是不敢相信。那位领我来的干部问我“这房子行吧？”我惊喜万分，“太行了，做梦也没想到我能住在这里。”他用手一指“看，对着你的窗户的那幢房子，就是薄市长的住房。”他把钥匙交给我以后说：“好啦，你去办手续吧，没有我的事了。”

“我激动的心快跳出来了，三任市长未解决的事，这位代市长两个小时就解决了，叫我说什么？所以我见人就说在新形势下，什么都要快节奏，这是时代的步伐。这样的干部，才是真正的人民公仆，是真正的重视知识分子，而不是在口头上。咱们还有

什么说的？只有拼命的工作，发自内心地拥护共产党。”

我听了张教授讲这段实实在在的情况，为之感动。我也讲述了我去请示展出场地的事，12分钟就解决了问题。

这件事已18年了，但至今不忘当时的情景。看起来，一个领导干部的工作作风，每一件事都会给群众留下不可磨灭的印象。

一见如故知言不尽，有关画展开幕请领导的事，由张教授去办，须领导光临剪彩？我给他留下30张请帖，代请有关领导和宾客。他问：“有没有艺术简介？”我说：“原订的是这两天由深圳空运快件过来，至今未到，我有些担心。”他说：“那就先送请帖，简介等到了展厅再发。”天时不早，我夫妇告辞，张教授早已叫来出租车等候，全家相送，4个小时结识了一位挚友。

布展厅时华联有4位同志，维持秩序的两位公安，还有两位清洁女工，都来帮忙，我只是指挥，最理想的是《百神聚寿》因厅内高度不够，只好上面挂好，地面上用紫红色的金丝绒托着，周围用不锈钢拦架围起来，漂亮极了，整个展厅非常严整。

我开始给模特服装绘画大脸谱。为了观众熟悉，我画了孙悟空、张飞、包公、窦尔墩，1.2米高、60厘米宽的脸型，背在模特背后，脚下配上高跟鞋，非常好看。就在十分顺利的时候，门兆诺处长来讲了一个坏消息，原订赞助的公司老总在俄罗斯未回来，这下我抓瞎了，后天剪彩宾客到场，午宴如何安排？当前宾馆最低的档次也要800一桌，三桌就要准备3000元。兆诺兄说：“先别着急，再想想办法。”这时候张家瑞教授来了，他高兴地说“你交给我的任务都已完成了，请帖全送到了。报社、记者、影视、广播也都约好，明天的报纸画展的预告就登出去了；市委、政府、人大、政协、民盟、宣传部、文化局的领导都来参观祝贺，但四大班子不一定都是一把手来，因服装节领导太忙，副职肯定到场。但有一事未办成，请薄熙来市长剪彩，他未答应。他说‘服装节开幕时间太紧张，实在是没有时间去给马老师剪彩。另外我如果去剪彩，会引起一些人的猜疑，是不是他们之间有什么私人关系？对马老师也不好。再者，如这次去剪彩，以后办展的多了，再请我去剪彩我去不去？如果不去，又会引起他们的看法，请谅解……’市长说得很有道理。”

我听了此话，非常敬佩这位中年的代市长，有水平，处理事情圆满。“说真的，薄市长能如此表态，我不仅敬佩而且感激之至。”张承瑞大哥说“一切具备，只有剪彩后的午宴计划，本着‘花少钱办正事’的原则商量一下。”张家瑞教授为人耿直坦率，他说“什么午宴？请什么客？没有必要，这种风气不可行，市上有关领导参观之后，不会在这里吃饭。领导都走了，还有那么没出息的人非等着吃饭再走吗？至于我们的朋友交情，忙完之后凑凑，小打小闹，吃碗拉面庆贺一下就行了。”“我想有些为画展服务的人员、记者、电台录像的一些同志，总不能叫人家空着肚子走吧？”最后我爱人赵淑荣提议：“买一部分礼品赠送，再给个红包意思一下，以表谢意。”都很赞同。兆诺兄讲“这办法好，买什么礼物我去化缘。”24斤海米，再包几个红包，既实惠，又节省花费，此计乃我的内助设想，按此办理。至今不忘兆诺兄给我解决一大难题。24斤海米代替了三桌客。明日开幕最闹心的是艺术简介说明书尚未运来，承瑞兄安慰我说“不要着急，实在不行，今下午去印简单一点的说明书。”午饭后接到电话，说明书已到机场，二点半可送到。我高兴地说：“天助我也。”

中兴大厦主任、马少童、世界竞走冠军陈跃玲、世界射击冠军王义夫合影

下午二时三十分，特快专递送来深圳印好的艺术简历说明书，太棒了！这种印刷水平在当时堪称一流，工艺、色彩太好了，一切均妥，只等明日剪彩。

18日，我的脸谱书画展同国际服装节同一天开幕，早8点30分剪彩。众好友为我画展帮忙，服务人员早已到齐，恭候市上五大班子的领导，市上领导来得很多，我一位也不认识，张家瑞教授一一给我介绍，我只是恭敬道谢，职务和姓名记不住，华联老总安排得有条不紊，维持秩序的四位公安坚守大展厅门旁，大连市的模特队，有8名为剪彩托着剪刀盘子，训练有素，我认为就剪彩服务来讲，可属全国一流。简单的开幕词，领导剪彩，要进入展厅参观，“呼啦”一下人流如潮涌进展厅，四位公安措手不及，“请大家不要拥挤！”可是拦管不住，只听“哗啦”一声，大玻璃门被挤破了。承瑞兄说我：“你什么也不要管，全力为市上的领导介绍作品及内容。”一个多小时的紧张讲解，领导嘉宾们高兴的祝贺、合影、签字，接连的谢辞离去。我正忙于签字。猛听得有人高喊：“马团长，祝贺呀!别来无恙啊。”我抬头一看，哎呀，原来是几载未见的老朋友，大连钢铁厂全国劳动模范、厂党委书记刘洪喜同志。我高兴地喊“刘大帅!”当年在大连召开钢铁动员大会上，毛主席讲话时曾称刘洪喜同志是“钢铁元帅”，故而众人习惯的称他刘大帅。威海京剧团来大连，几次到“大钢”演出、慰问，他对剧团特别照顾，同来的还有几位正副厂长、工会主席等领导，还有大连各大俱乐部的主任。

过去威海京剧团到大连来演出，这几个俱乐部都是必去演出的，主任们都是我的故交老友，几载未见，他们大多都已退休，老友相逢好不亲热，陪他们参观之后，赞叹不止，都已告辞。唯有“大钢”的众领导对我讲：“忙过这两天，咱们还要一起坐坐，给您庆贺一番。”我一再地谢绝，他们却说‘就这么定了，几年未见，难得相逢的机会，一起坐坐，畅述一番。”我只好恭敬不如从命了。

著名画家于涛、著名书法家于植元与马少童在大连国际服装节展厅合影

宾客、观众纷纷进出不断，忙个不亦乐乎，猛抬头，只见于涛、于植元先生光临展厅，祝贺、参观、合影。张家瑞教授玩笑地讲：“好哇！我们辽宁的三于到了‘两条’，那一条跑到美国去了。二位驾到，给马老师的展厅生辉、增光不少啊。”他们也打趣地讲：“三于一张，来了二于，你这一张早就到了。”张兄道：“我早到了好几天，看吧，我是这里里外外一把手的服务员。”众人拍手大笑，展厅里一直是兴高采烈的欢腾气氛。

忙碌不觉时间快。天已近午，6部录像机在当时的情况已够气派的了，还有摄影及报社、电台的记者。“午间不管饭了，请大家自己随便去吃点吧。”我爱人赵淑荣分发大信封，内有艺术简介说明书，里面挟着50元钱，每人2斤海米。“不成敬意！”收包者都非常满意，既简便又实惠。

一天的展出，观众川流不息，观者看热闹的居多，吸引了不少美术界的人士，他们惊奇地说：“没想到这大花脸中这么多玄机，书画门类里又凸出这么一门奇艺。”特别是来销售服装的外商更是惊讶，看个没完。京剧界、票界的艺友们看到观众喜爱脸谱、似乎有给京剧增光之感，也都赞叹不止。这一切都使我欣慰、喜悦和自豪。心想，我总算忙出点道道儿来了，在舞台演出方面渐远，涉足书画界初见成效，这给我今后的奋斗奠定了基础，坚定了我选择书画写作之路的决心。

第二天早8时，已有不少人在等着开门看画展。昨天开幕，人多而挤破大玻璃门，已换新修好。我对展厅服务的同志讲："昨天参观的人太多，把这大玻璃挤破了，这是我给商场造成了损失。"他们笑了，说："这算什么，这中兴大厦做一个广告就几十万，养着这个模特队，每年开支老啦，一扇玻璃门算个啥？在这里办画展，商场里多老鼻子人啦 ，没看到吗？商场的领导们都乐得合不上嘴。"我听到这些话，看着人群进出展厅，高兴极了。有的外国人要求签字，他把衣襟一扯，比画叫我写，虽不懂语言，可是我理解是叫我在他衣襟上签字。承瑞兄乐滋滋来了，"哎呀！开门就这么多人来看脸谱。"我说"不到8点，就有人在等着开门呢。"他说："脸谱展能有这么大的吸引力，真是出乎意料，这里负责人也没想到，都很满意。他还高兴地说"昨天周总(华联总经理、市商业局副局长)出国回来，今天宴请商场的外商、嘉宾，特意提出请你参加。"我简直不敢相信，"请我参加，我算哪路'神仙'？午宴请我参加，这合适吗？"承瑞兄笑了，"有什么不合适，何需这么惊讶？外商们有钱，咱有威望，有艺术，咱不能把自己的价值看低了，在他们外商眼里，你是艺术家，了不起的人物，你去参加宴会，千万别低声下气，要拿出角儿的派头来，把名片一撒，要有点气派。"我笑了，"现在不上场演戏了，到宴会上去演戏呀？"他不爱听了，"什么做戏，你本来就是一级演员，一级工艺美术师，身份在这摆着，我是说商人有商人习气，艺术家有艺术家的风度，咱不低于他们。"我点头思索，确有道理，"大哥您去吗？"他一摇头，"我？我不够格儿，短斤缺两，不够分量，这个宴会都是外商老板、投资，合资的主儿，席上没有我的席位，挂不上号儿。"这是笑话，也是实情，我就运足了气，准备午间赴宴，会会这些老板、财团。

赴宴会拓宽世面

午宴开始前，宾客光临，高朋满座，我一位也不认识，见到周总，"感谢商场对我的支持和关照。"周总说："不能这么讲，您这个脸谱书画展，为我们商场增光，招揽了不少顾客，模特背上的大脸谱很受欢迎，我们应当感谢您。"说着将我拉到他身边，啊!我一看首桌首席，周总是首桌主陪，一共11桌。我真是受宠若惊，不知所措，坐在这个位置上很不自然。周总向在座的来宾介绍，“诸位，坐在我身旁的这位，就是在我们商场举办脸谱书画展的马少童先生，他不是我们商业界的，乃威海原京剧团团长，一级演员、京剧名家，又是脸谱书画家。这次服装节，我们商厦有他的参与，真是增加了光彩，承现了文化搭台，经济唱戏，文化经济一台戏，这是一个新创举。”一阵掌声后，有的外商说：“周总能把这样的艺术家，结合到我们商业的范畴里来，真是一大创举。”

宾客静下来后，我专心地恭听商界的祝酒词，这是我第一次参加这种场面，也开了眼界。只见周总举起杯来祝酒，“各位来宾，各位朋友，欢迎大家光临大连参加服装节，在我们商场里展销，欢迎你们来做买卖，做买卖的目的是赚钱，你赚钱我也赚钱才能合作。一方有利合作不好，双方都赚钱才能合作。中国古老通俗语言‘赚钱’叫发财，祝愿大家发财发财发大财，干杯!”一阵掌声。干杯，啊？我还没反应过来讲话完了，我很不理解，这么隆重的场面，怎么一句政治名词没有，就这么简单？我在想商业性的宴会，实在简练，语言太精辟了，在座的听了非常满意。

酒过三巡，互相交谈成了洽谈会。我开了眼界，生意人时刻不忘他的买卖。我找个机会撤吧。敬过几位领导的酒，借故不放心展厅，先行一步，拱手告辞了。

回到展厅，对承瑞兄讲述宴会的情况，周总不像个干部，整个一位商业老板的风度，言谈中一句政治词儿没有。承瑞兄笑了，他说：“周总是位老干部，是我的老上级，‘商业通’，精明得很。在这个宴会上全是外商，给这些老板、财团讲时事形势，准把他们都讲跑了，这就是干什么讲什么，“看客上菜”，他是商业局副局长，能把这些外商拢住，就能给国家多挣钱，就是共产党的好干部。”我又受了一次教育。

展厅里的简历（说明书）非常受欢迎，要有侧重的分发，来人就拿，7天下来一万张也不够，不能分了，有的观众要买，我觉得不合适，承瑞兄说：“有什么不合适，人家愿买为什么不卖？卖一个是一个，增加点收入不很好吗？你呀满脑子的西皮二簧。5元一本，愿买愿卖两下愿意。”谁能想到，卖说明书一下就卖了200多元。

有一老者，连来了三天看脸谱，想买一张脸谱，我说只是展，不出售，他一再要求，真叫我不好意思，承瑞兄问：“有没有未裱的单片？”我取出几张四尺开四的小片子说：“这些准备应酬送人的。”他说：“别管送人，有买的就先卖，咱现在用钱不是？”我取出一张小幅《古城会》，老者看了问价多少？我心中一点数没有，“我不卖画，您若喜欢看着给吧。”承瑞兄插话，“最少也得200元。”老者二话不说，掏

出200元来，就把画拿走了，他似乎很高兴。承瑞兄懊悔道“嗨，我说少了，其实300他也要。”我笑了，“行啊，那么小的张，200就可以了，合100元一个头。”承瑞兄说：“你呀，就知道唱戏，实际刚才这张画，也是在做了一笔小生意，要了解顾客的心理，这张画他喜欢，就不在乎多花100元钱，你要知道自己的价值。”我听了以后觉得也有道理，更体会到承瑞兄在商业界50多年的经验习惯，我初开了个小窍，始知自己的价值……

举办画展的几天来，结识了很多朋友，签字、交换名片者多。新加坡有一外商来访，他前天在宴会上见过我，求我为他写一横幅小匾“雄狮集团公司”，他是展销电器、医疗保健器械的。我很实在地讲“我画脸谱画尚可以，书法不行，特别是题横匾更不行，常言道‘字怕悬’，实不敢下笔”。他一再要求，我只好写吧。自知自明我写大字不行，不写吧，人家老头子一再要求。只好献丑吧，展厅文房四宝现成，给他写了个小横幅“雄狮集团公司”。我说：“字写得不好，仅可留念。”我爱人赵淑荣在一边提醒我没盖章，稍微晾干后盖上章子，这老头子一再道谢，拿着字走了。我也未在意，如给观众签了个字似的。一会儿，这位老板又回来了，拿着一个电动按摩器（三节干电池）说：“马先生，你画画累了，把它围在脖子上，或者腰间，震动按摩，舒服保健。”我向他道谢后，他就走了。我连他姓名都未问，就了结了这件事。我打开盒一看，就是一个螺纹形的塑料管子，两头有电池盒，电动开关，打开电门就弹抖地震动，我笑了，“糊弄人的玩意儿，什么保健按摩器。”我爱人到他那展销部位去一看，这玩意人民币86元。承瑞兄来了，看到按摩器，问起来求写匾的经过。老兄急了，“你真行啊！怎么一点经济头脑没有？一幅小画卖少了还200元，给他写了个门头，就给这么个玩意，几十块钱，这就是你的价值吗？还有个“胡参谋”（指我爱人）逼着盖章子，他拿着你的艺术简介，到了国外，你写的这幅字就能吹上一阵子，这幅字叫‘门头’，给他题了个门头，懂吗？你把唱戏的脑子，用在这经营上就好了。”我说：“咱这字写得也不怎么样，人家一再地要求，怎么好意思不写？”大哥又说：“不在字写得如何，是用你的名气；我写得比你好，他决不叫我写。这么个破玩意骗你一幅字去，我真不知道，你这些年的团长都怎么当的。”我笑了，“我当团长管唱戏，也不卖字呀，”在场的人都笑了，我受了一次教育。

赠二宝知友重圆

办展期间，接待应酬是最累的工作。好在商场的两位服务同志都很尽力，我无甚答谢，每天每人只是两盒香烟。他们接到艺术简历和签字也就很满意了，因为他们在这里服务是商场分配的工作。

大连钢铁厂的车来了，午间“大钢”的领导、老朋友请我夫妇吃饭。故友重逢，畅述别情，高兴之至，特别是厂长兼书记刘洪喜同志，热诚亲切地问我“您怎么不演戏，又搞起书画来了？”我大致谈了一下剧团现状，“失去了发挥专长的舞台，还要干等5年才能退休。我闲不住，就绘画脸谱，过去有点书画基础，试验逐步走上搞书画写作的道路。”在座的诸位，对威海市京剧团撤销非常惋惜，对我习学书画的做法表示支持，并对我取得的成效予以肯定。我说：“途穷立志罢了……”工会主任说：“我们为您的画展祝贺，送点什么纪念呢？您看这两样东西喜欢么？”我打开包装一看，一个一尺八寸高景德镇产的花瓶，图案是龙凤呈祥；另一包是一尊一尺六寸高的三足铜鼎，这件清末的文物我很眼熟。1982年冬，我们团在“大钢”演出，我在工会办公室见到此物，我反复地看了好半天，当时王主任讲是“文化大革命”扫四旧时，他偷偷留下来的，虽然上面碰了个大疤拉，但总是保留下来了。我说：“1982年来厂演出时，此物在你办公室内。”王主任笑道：“当时你看个没完，我就知道您喜欢，连连夸赞好东西。”刘洪喜厂长说：“连声夸物必有爱物之意，我们商量，把此鼎送您为念。”我太感谢了，十年已过故友重逢，祝贺画展送铜鼎，真不知如何感谢诸位。

知言不尽，来日方长吧。领导们备车把我送到展厅，发自内心的感谢这些领导，遗憾的是只此一别再未见面。只有这尊铜鼎和瓷瓶保留至今，放在文物架上。见物思友，念念不忘，只有翻开影集看看当年在“大钢”的照片，以解思念之苦。

7天的时间转眼即过，画展结束，承瑞兄领我挨家道谢。周总、王副总各送一幅四尺《长寿图》，兆诺、承瑞二兄各送一幅《欢天喜地》，赞助海米的老总更要赠一幅。最后一事为难，薄熙来代市长的画送不送，算不算行贿？承瑞兄笑我唱戏把人都唱傻了，“这叫什么行贿？薄市长原来也不认识你，对你画展的支持，纯系工作关系，送他画是朋友往来，有什么了不起的？你这个党员可真是‘原则过敏’。”好吧，赠送一幅，我又为难了，人家是政府干部，什么长寿哇，财神图哇，福禄之类的都不合适，送什么？“吉祥如意”吧，这幅比较合适，可是上款如何写？方家、法家、先生皆不合适，称职务是代市长，也不好，我索性把代字去掉，写上薄市长，熙来同志留念，这样写好之后，仍由张承瑞老兄转送。

大连的第四届国际服装节上，我的脸谱书画展就此结束。7天的收获，胜过我在剧团3年的成就，由此更增加了我在书画道路上拼搏的信心和勇气。

原来在威海剧团武戏人员张玉明，筋斗翻的一般，我培养他打下把（对打下手）。一个青年技术不高，收入甚微，但为人非常义气，已改行多年，现在是大连钢铁厂的一个车间主任，离威海时是个19岁的青年，而今已是两孩子的爸爸了。办展期间怕我没时间，现在已经结束了，非要请我吃饭。承瑞兄说：“好吧，玉明诚心真意地敬重你俩口子，不去岂不辜负人家一片好意？”“好吧，但是必须节约，意思意思就行了，我来点菜。”找了个小饭店，我点了几样最便宜的菜，凉拌西红柿，炒豆芽、炒土豆。玉明不耐烦了，“天哪，我请你们吃素来啦！”我一再地讲：“不要过分，实实在在。”最后结账，28块儿，玉明不过意，我说：“花多花少，情意是一样的。”玉明的眼圈湿润了，对承瑞兄讲：“我永远忘不了少童大哥和淑荣嫂子。当年在团里对我要求很严，教我把子（对打套路）。度灾时我年轻，粮食不足吃不饱，没少吃他俩的粮票，每当没饭票菜票时，嫂子就叫我自己到她枕头底下去拿。我临走时，大哥怕我回家太寒酸，穿着他的灰地卡中山服，戴着他的鸭舌帽，这些往事，我不会忘。我请你俩吃顿便饭，我心里痛快些，实际请十顿也不能报答你们对我玉明的好处。”他难过了，我要调节一下气氛，“行啦！过去的一些鸡毛蒜皮的事勿需再提，你现在是大车间的主任了，当年我还真没看出来你有这么大的前程，管百十号人啦，起码是‘一趟杠三个豆’啦”，大家都笑了。承瑞兄说：“当年你是打武戏的武行，他是角儿，不吃他吃谁？”玉明也玩笑地说：“这话不是这么说，角儿和角不一样。您还没见过，有的角儿‘崩子’不掉，别说吃角，他不啃你就不错了，这是一个人的品德。”

简单的一餐，畅述了几十年的友情，至今回忆此事，心情还是很不平静。

舒 怀

大连办展整七天，胜过舞台演三年；

习研书画辟蹊径，涉足文坛著新篇。

十年两录《追韩信》 人生价值体悟深

世上的事情往往想象不到，想干什么不一定能干成，而不想干的事情会自然出现，而且你不干都不行。

大连的画展圆满结束，准备返威海。谁想又有一新的情况出现，大连的老观众互相联系串通，要求我演出一场《追韩信》。承瑞兄热心肠、好张罗，他的二公子和电台很熟，反映到大连电视台，越呼隆越大，电视台找我要求录一场《追韩信》。我很为难，一点演出准备没有，乐队、演员配合、剧场都是问题。商业职工京剧团、铁道俱乐部、大连市京剧团、城建俱乐部、海港俱乐部共同和我联合演出。当时大连京剧团出国，还有部分演员闲着，再由各个剧团挑选人员和乐队人员。商业俱乐部出服装，承瑞兄任总策划，开场《失子惊疯》，二出《赤桑镇》，都是原大连市京剧团的演员，唯有老旦是业余的，大轴是我的《追韩信》。张小春饰韩信，他是我师兄张春来的徒弟；于啸童饰演刘邦，他是青岛戏校的学生，先师刘奎童任校长，因此也称我师兄；唯有司鼓原来也是专业剧团的老艺人，现在总在票房里玩的葛先生。此公脾气特殊，一般的演员他瞧不起，他确有一定的技术水平，所以业余票界都称他割（葛）爷，工会俱乐部于云吉的胡琴。电台的同志讲："十年前，在解放军大礼堂给您录过《追韩信》，是安主任（黄县人）录的，现安主任已经去世了。录的那份黑白带子的《追韩信》已都氧化的花了，这次要录一份彩色的"，要在《月季花》栏目中连播。

艺友们如此热情、费心，对我敬重，我也无话可说了，恭敬不如从命了。准备排三天戏，在铁道俱乐部演出。大海报、广告牌提前挂出去了，专业的、业余的朋友们哄哄着来订票。我想离开大连10年，如今老观众还想着我，作为一个演员，这就是最大的安慰。

戏排3天，重点排"四金殿"和"拜帅"。唯有司鼓有点生疏，葛爷平时大咧咧惯了，在票友圈里是爷。可是我演《追韩信》锣鼓点比较死（规范），这位葛爷出汗了，他说："我的天哪！这些年来未打过这么复杂的戏，鼓点都是死的，可要命了。"大家偷偷地笑，葛爷一贯卖份儿，如今一出《追韩信》拿下马来了（难住了）。我想这并不奇怪，做艺的谁也不敢说万能、都会，戏码总有个生疏之分。我只有仔细和葛先生多对

几遍罢了，还算不错。服装胜过专业，承瑞兄准备得非常讲究，“萧何坐场”、“三金殿”一场一换，四身蟒、相沙、追帽、改良蟒，全是新的。拜帅一场，刘邦、萧何、韩信全是大红蟒（满堂红）。台下观众基本全是票界和专业演员。《惊疯》、《赤桑镇》是人家的拿手戏，熟练而顺利。

《追韩信》乃麒派骨子戏，我已长时间未演了，演出中我非常注意，因为台下有不少前辈老艺人。尾声，谢幕几次，祝贺合影。大连京剧团老团长张铁华及我的老师兄赵鹏声等专业艺友，纷纷到后台祝贺道辛苦。

这次的录像比10年前那次的效果真是天壤之别。大连电视台《月季花》栏目，每星期五连播15分钟，加上票友要求重播，所以一直不间断的播放了两个月。

这是我在大连最后的一次演出。如今算来已是18年了，这场演出比较圆满，可惜当时未要盘录像带留念，至今遗憾不止……

大连的票友对老折子戏非常认真，他们看了这次演出的《追韩信》，有几位登门来访，专问《追韩信》一剧刘奎童先生（创始人之萧何）和周信芳先生，这二老演出的不同特点，及周先生50年代改进的几个地方。特别是年过7旬的张承瑞、曹玉堂二位，票戏50多年，不是专业胜似专业，对京剧艺术执著认真，细小的动作也要问个所以然。票友对京剧如此认真，愧煞我这专业演员。我仔细地看过自己的演出后，又发现很多不足和缺陷，如果在剧团里经常演出，我会立即改进，遗憾的是我已无有这个条件了……

劈新径

不想演，不演不行，想演戏，当地无团；

当演员，地利不合，习书画，另寻新径。

在大连接到大女儿莉军电话，沈阳职工京剧团部分艺友来威海旅游巡回，由威海的老乡曲富松先生带队，所到之处以戏会友，联络关系，振兴京剧，叫我速返威海。吾是等待退休的人，谁想反倒来了“忙差”。大连刚演完，即返威海。大连众友送行，码头相别，特别是我在大连这些天，老乡知交、票友李伯洋老弟车接车送，为我忙前忙后，真有难舍难分之感。

风平浪静，一夜之间顺利到达威海。此时的心情颇有胜利而归的感觉。原只想在大连办画展，谁想又在大连演出一场戏，而且反响非常好。我体会到：通过自己的努力

拼搏，而取得的成绩就是幸福。此时的心情感觉到舒畅、幸福。这里我在书画界找到一点门路，取得了一点成绩和经验。

宝泉宾馆联欢会 结识新友艺缘深

回威海拜会沈阳来的艺友，曲富松先生是沈阳仙尼化妆品有限公司的老总。原沈阳总工会有个很不错的业余京剧团，他接任团长后充实了不少专业演员和老艺人，服装及演出的一些舞台装制，都齐全配套。

曲总比我大3岁，迷戏成癖，述谈中重忆往事。

日伪时期，在迪化街老戏园子后面有条栖霞街，南北工字形的街道，有容纳50人的小剧院，有妓院、绸缎庄、饭店、茶馆。在这里有一小商店，名曰万春盛，经营日用百货、烟酒糖茶、油盐酱醋、香腊纸钱等，生意很好。铺子的老掌柜名曲兰亭，就是曲总的父亲。曲老开设这个杂货铺，地点甚佳，当时这里也属繁华地带。我父亲和曲掌柜乃挚交，曲老好交往艺人。旧戏班的“底包”们常到他的铺子里来玩，有的艺人沾染了恶习，赌博吸毒，穷困潦倒者，就向曲掌柜借贷求助，而曲掌柜为人仗义，豪不吝啬。我父亲讲“日本侵华期间，有两个名角儿李香君、杨惠芳技艺很好，但就是不上座儿，吃不上饭，穷得只剩下一身士林布的大褂了，曲掌柜管他们吃用，最后还帮了他们的路费，李香君、杨惠芳含泪谢别离开威海。”这曲掌柜吃喝嫖赌一概不沾，只好京剧。

曲福松总经理与马少童在威海演唱会留影

别看曲掌柜纯正的大老实人，可也敢干把脑

1995年10月，沈阳第二届中国京剧票友节马少童演出《追韩信》

袋别在裤腰带上的冒险事儿，常给八路军兵工厂送火药。凤林乡有一八路干部王明启和他单线联系。有一次，曲氏父子扮成下乡买粮的人送去火药，回来正逢日本飞机轰炸，他父子躺在路旁沟内躲避，飞机过后，二人出来成了土人了，曲大爷一看儿子背着20斤玉米仍背着没丢，便风趣地说："好小子，舍命不舍财呀！"这是半个世纪以前的往事，如今忆昔成了笑话，也是一段抗日故事。

解放后，我记忆中的这位曲大爷，仍是这样。不想此公逝世多年，他的儿子曲富松的气派比他父亲大多了，对演出活动不惜重金，沈阳职工京剧团里就有几位是由他开工资。

我二人忆谈往事，高兴之至。得知他带这十几个人来威海，因我在大连办画展，他们在威海等了两天。我听了这个情况十分感激，虽是老乡，却是初次会面，曲总如此重情义，我二人一见如故。

晚会联欢在宝泉宾馆二楼舞厅。他们有十几人，鼓、琴、生、旦各行齐全。威海方面我约了董国勇、马宝山和邹菊华夫妇，目睹这个剧团的演唱，有几位确是专业水平。后面宝山、菊华合唱《赤桑镇》，我唱了两段《追韩信》。

他们的司鼓赵永仁很不错，是中国戏校毕业生，在沈阳京剧院退休，被曲总请到职工京剧团里。演出结束，在欢快、和谐的气氛中合影留念，并把演出全都录了音作留念。

曲总非常兴奋地对我讲："前昔听沈阳来威海的艺术家们讲过您，这次亲眼目睹，我没有想到咱们威海还出了您这么一位麒派演员，给威海人增光，将来有机会，我一定把您接到沈阳去演出。"

我听了这番话，认为是老乡棒老乡的客气话，我即道谢致意，"本威海没剧团不常演出，深感不行了，感谢曲总对我的鼓励。"他讲："我是认真的。"司鼓赵永仁先生讲："这事好办，曲总接您去沈阳就是一句话，太容易了……"我仍未在意，认为说完就完了。谁想，此事后来果然成真。

票友盛会辽宁行 名家故交又重逢

1995年9月22日，接沈阳曲（福松）总的来电，邀我夫妇赴沈阳参加第二届中国京剧票友节大赛。当时很不理解，我是专业演员，参加什么票友赛，这就是实现去年曲总邀请我到沈阳去演出的许诺吗？

毫无准备，抱着到沈阳去玩玩的心态，和老伴赵淑荣于9月26日到了沈阳。下了火车没人接站，找到曲总的厂子一问，又叫我到沈阳市委党校去，因为这次大会参赛的票友都住在党校。地理不熟，意图不明，心里就有几分烦躁，好容易到了党校，门口大牌子写得清楚，“票友报道处”。啊！我成了票友了？我到这里参的那门子赛呢？既然来了，耐心地进去打听一下吧，报道处的这位倪主任，对我哼而哈的卖份儿，“哪来的？登记吧”。我说：“我不是来参赛的，是曲总约我来的，曲总现在在哪里？”这位倪主任瞟了我夫妇一眼，说“曲总出国尚未回来，你们先住下吧”。登记之后，给了我一把钥匙。这位倪主任曾在威海一起合过影，这次见面怎么就这么冷淡？不知他到底有多高身份？

好大的一个党校，好容易找到房间。开门一看，两个单床，一把椅子、一张桌。大走廊里两排面的房间都是一样，来的票友可真不少，全国各地都有。趁党校不开课的季节，票友都住在这里。伙房比较大，小会议室票友可以排节目，参赛有大剧场，一般的旅馆还真容纳不了这么多人。

我心里想，曲总约我来，他不在家，这位倪主任把我撂在这儿算怎么回事儿？票友们的特点，总要过戏瘾，晚上不休息，唱个没完。我从未经过这种场面，劝慰自己忍耐一下，明天再说。老伴似乎看出我的情绪，也说：“明天看看再说，曲总还能叫我们来和票友比赛吗？”后半夜票友们过罢瘾了，都休息了，和老伴上趟厕所，好家伙！来回十多分钟，这要是闹肚子就麻烦了。

一觉醒来，已是六点多了。我和老伴到院子里转转，看到一老年人在背戏练功，我停下脚步一看，在练《艳阳楼》，那么认真，手把、脚下都很规矩，非常明显是尚派的路子，也有厉（慧良）派的东西。上前搭话，交谈中得知，他是天津的李世勤老人，我非常佩服这位年近七旬的艺友，对京剧的痴迷执著，学的地道，练的认真，我这专业

演员还没这种苦练的精神，倍感内疚、惭愧。

早八点的沈阳，街市已是车水马龙，热闹非凡。我夫妇在饭店吃过早点，溜溜达达回宿舍，打开水喝茶，望窗外只见票友报到的和大会工作人员川流不息。心想，我夫妇漂洋过海的来到沈阳，把我们撂到这儿，谁也不理我这盘咸菜（闲才）了。老伴劝我："等着吧，反正早晚得有人来过问。"我晚上没睡好，真有点困倦了。迷迷糊糊刚睡着，听到有人敲门。

我一骨碌爬起来，开门一看，呀！是曲总。经介绍，我又认识了前沈阳总工会主席崔维章先生，他是原沈阳职工京剧团的负责人，是曲总的知己好友，也是该团的唯一海派老生票友，而且善演红净。还有两个青年和那位派头十足的倪主任。

曲总亲切地和我握手，对我夫妇解释说："出差今早才回来，听说您来了，赶紧来看望你们，怠慢了……"我说："到这里听说您出差未归，这位主任就把我安排在这里，一切尚好。"曲总说："您收拾一下东西，车在外面，我送您俩到到空军招待所。"

车过长街，到处都是"欢迎光临沈阳参加第二届中国京剧票友的各位嘉宾"的大标语牌。空军招待所门头大横幅写着：欢迎参加第二届中国京剧票友节各地评委来宾光临606空军招待所。到了二楼安排住下，这里条件一切均好，我主动对曲总讲："您今早上刚回来，肯定有很多事情要办，我们在这一切没问题，您快去忙吧。"曲总一再客气地告辞，对我讲："大会超员，来了800多票友，今晚在党校大餐厅里会餐，举行迎风宴。"

住在这里餐厅就餐，8人一桌，条件算上乘的了。在隔壁住的二位老艺人，一见面就乐了，啊，云燕铭老师（原中国京剧院，后调到哈尔滨京剧院的艺术家）。1963年5月在济南，我演出《望海楼》时，白（玉昆）叔曾带他和梁义明、高世寿、韩惠梅、张荣华、高亚樵等几位艺术家去看我演出，为我棒场。相隔32年，今又见面好不高兴。经她介绍，另一位就是原沈阳京剧院的主演、程派传人吕东明。这二位老大姐都非常慈善（都是佛教徒），聊个没完。我对门住着台湾来的名票，袁世凯的孙女、袁克文之女袁家姞女士，名门之后，本身是美术教授，一生痴迷京剧，她说"美术是我的职业，而唱京剧是我的生命"。交谈中得知，她和曲总是老朋友。又有奥地利来的名票徐涤生先生，自称"老玩童"，好演麒派戏，交淡中得知他是记者出身，退休后在奥地利成立了票房，他学麒派，所以对我很感兴趣。徐先生喜爱京剧到了入魔的程度，是奥地利维也纳京剧社社长，见了我就把《打严嵩》邹应龙金殿的一段流水，连唱带做的给我表演了一遍，并很认真地向我请教，他的真诚感动了我，理当认真地辅导他。尽管他的身段差些，但不厌其烦地练习。送他两句赞词，徐先生痴迷京剧，可谓“学入迷，习如痴”，这种精神值得我学习。交谈中得知，他夫妇这次是由奥地利回国，到北京又来沈阳，参赛的节目是《打渔杀家》，同肖桂英打鱼的一场，后面见教师爷“听一言气得我七窍冒火”倒板摇板，打教师爷的一折，一共14分钟。在北京京剧院约了三位，司鼓、琴师、旦角（肖桂英）。这一次他夫妇来参赛，一共要花费二万五六千元。这戏瘾过得够意思，承显了票友的称号：“有票子（钱）的朋友”。

在党校巧遇烟台原同乐处的元老八旬老票友付志铿先生。交谈中得知他来晚了，安排在五楼住宿，很不方便，我领他去大会总务组，见到倪主任，介绍他是烟台老“同乐处”的元老，年过八旬，住五楼有些困难，是否可以给调一下房间，这次倪主任还真给了我面子，给付老调到二楼，做了一件好事。

和我住在606所的大都是本次大赛的评委。还有曲总请来的嘉宾及中国京剧院应邀来参加祝贺演出的艺术家们。

突然迟小秋来访，我们在威海电视台联欢演出相识，今又重逢非常亲切，我老伴赵淑荣很喜欢她稳重大方，不化妆就像大青衣，并预言：“这孩子将来必成大器”。

香港来的方先生是京剧迷，沈阳京剧院的主演们都去看望他，听王庆元（老生主演，文登人）说，这方先生痴迷京剧，对大陆去香港的京剧演员特别热情关照。为此，我随他们一起去看望这位嘉宾。在他房间里又巧遇武旦状元李静文、王瑛甫夫妇。

李麟童院长到我房间，我陪他到隔壁看望云燕铭和吕东明二位。这两位大姐和我老伴提议，让麟童师兄回家请关秀莲大嫂来和我们聚餐，麟童兄说：“我老伴从未出来吃过饭”。我们一再邀请，才把这位满族旗人大嫂请出来。由此开始，她夫妇还经常外地旅游，改变了不出闺门孤芳自赏的性格。

午宴非常热闹，经麟童兄介绍又认识了名票朱家晋、刘增富二位前辈，结识了陪同刘老的弟子盛华，并有天津京剧院的名净邓沐玮先生。1992年潍坊国际风筝会，我办脸谱展时，相处印象很深，他一见面就风趣地“哎呀，脸谱大王！”虽是玩笑，但有不少前辈在场，倒叫我很不好意思。王晶华坦率风趣颇似男同志，她是《杨门女将》中演佘太君的创始人，因此我习惯的称她“太君”。

想不到的是又见到了李慧芳老师。她住我斜对门的房间，我立即叫了老伴和慧芳老师见面，自上海、南通演出（1992年）一别，至今已是几年未见，谁想在这里相会，高兴极了。她说：“我一点都不知道你们来，我也没有准备，没给您带什么来。”

马少童夫妇与著名京剧表演艺术家云燕铭于沈阳第二届京剧票影节合影

1995年9月28日，云燕铭、马少童夫妇在沈阳重逢合影

1995年，赵淑荣、曲福松、刘曾复、云燕铭、吕东明、马少童、盛华于沈阳合影

说着从提包里取出一物，对淑荣说“这副耳环是朋友出国回来送给我的，是钛金的，不是太贵重，样子还不错，就送给你做个纪念吧。”淑荣一再道谢，愧领了。

这两天所接触的人，都是专业和国外来的艺友，所说的都是对戏有关的事儿，好像进入了一个京剧天地。麟童兄和我专门去拜访朱家晋先生，向他请教《宁武关》又名《别毋乱箭》和《一门忠烈》一剧中国遇吉的表演技巧，因为这齣戏已经失传，少有人演。交谈中我体会到朱老京剧知识渊博，知多见广，特别是杨（小楼）派的靠把戏、老八大拿（天霸的八出简称）讲得条条是道，我想目前专业的老艺人，也少有能抱本完整地讲出来。

刘增富先生看了我赠送大会的作品《四星棒寿》，鼓励我说画得好，我一再地请他提意见，他说：“马先生，我已82岁了，从不违心表扬棒人，您画得确实很有新意，书法篆刻和脸谱结合为一体，用彩勾绘透视，立体感很强，这是一个突破，新创举”，边说边双手合十的致意。我想，怎么越是高人越谦虚？朱、刘二老年龄大，知识广，经历多，而言谈特别谦虚，若能常守着这样的前辈，请教有门，学而有路该多好？艺友们一起打趣闲聊，也有好多哏。朱家晋先生评价奥地利来的72岁票友徐涤生先生，“看他的《打渔杀家》好赖不说，总觉得他浑身是哏，唱、做都有哏”。朱老的比喻很确切，说这话就是哏。北京京剧院的司鼓也玩笑地对李慧芳老师讲“李老师，我们伴角儿的，伴这徐先生最好，由北京把我们接到这里，来回飞机接送，吃饭摆桌，住高级宾馆，15分钟的演出，玩似的，800多元的红包到手了，玩好几天，飞机再送回北京，多美呀！傍你们就不行了，一处大戏近两钟头，一点不敢撒空，打的拉的要尺寸、节奏，感情，一场戏下来，拍巴掌走人（拍巴掌没红包的意思）。”说得大家拍手大笑，是玩笑，也是实情。慧芳老师讲“你们傍这样的票友不费劲，收入多，傍我们不挣钱，还要傍的严，难伺候。看来我们这戏越来越难唱了，傍好了一个有票子的朋友就行了。”这位鼓师又讲，“哎，傍这种票子朋友也不容易，要随时应变，抓得快，才能傍严，如演《打渔杀家》中撒网的动作，本是撒下网，收网时三番嘟呛，提上网来乱锤，喘息之后再唱下句‘怎奈我年纪衰迈气力不佳’。可是他忘了，提上网来就唱了下句，唱完了，他又想起提上网来的乱锤点，这里他做戏喘息开了，我马上就给他开了乱锤。演完了他非常满意，总之他唱到哪里我就跟到哪里，前面挪后面，我也得跟上去，您看是不是这样的角儿也不好傍？”大家笑得前仰后跌。

9月29日，第二届中国京剧票友大赛开幕了，我们这些评委也都上了主席台，幸会李默然老师，他的记忆力惊人，自威海演出一别已是好几年，一见面他就说：“您是威

海的？”我说：“马少童”。他笑了，“马团长，欢迎您来我们沈阳！”相互问候，各就各位。开幕式隆重气派，中国京剧票友研究会副会长、中国京剧院院长苏移致开幕词。辽宁省沈阳市的张毓茂副市长、文化系统的领导，讲话祝贺，李默然老师的讲话获得阵阵掌声。他举双臂高呼：“不要把剧场改成酒店、卡拉OK歌舞厅，要振兴京剧！希望尽快改回来，要给京剧留个演出的场地！”下面几次爆发了欢呼、热烈的掌声。82岁高龄的朱家晋先生也发表了热情洋溢的讲话。

参赛的票友出乎意料地超员，来了800多人。日夜地演要演八天，参赛者400余人，大会安排每天的晚场，最后要有一位艺术家压大轴。第一场是李慧芳老师清唱《凤还巢》、《让徐州》唱段。第二场由云燕铭老师清唱《大登殿》王宝钏的二六“说什么”，又唱一段《革命只有后来人》铁梅唱段“听罢奶奶说红灯”，她是中国京剧铁梅的创始人。第三场由我彩唱《追韩信》头金殿流水“一同回故乡”及劝归的碰板二黄“三生有幸”。第四场是吕东明老师清唱《锁麟囊》“春秋亭”的流水。第五场由获金奖的优秀青年演员、大连京剧团的杨赤清唱《铡美案》中的“包龙图”唱段，和《李逵下山》的流水。第六场是李国粹（原沈阳京剧院主演，现为戏校教师）彩唱《醉酒》“百花亭”。第七场是中国京剧院的专场。江其虎的《辕门射戟》、邓沐玮的《探阴山》、王晶华的《佘太君探谷》一折、高慕昆的《挑滑车》、李维康、耿其昌的《坐宫》。最后一天是大联欢闭幕式。有辽宁老龄委的东北大秧歌队，出国刚回来的辽宁省杂技团表演群狮舞，隆重而气派，摩托队表演更是惊险精彩。另有优秀节目选段，曲富松总经理和袁家姞合演《坐宫》对唱。香港来的方先生清唱《四进士》四公堂的散板“公堂之上受了刑”，他的誉称头衔是振兴京剧活动家。演出气氛到了最高峰，这位方先生紧张得浑身哆嗦，字幕打了，幕也报了，他说“不行，我不唱了，我的心跳得很激烈，紧张极了……”

我和李麟童院长是后台监督把场。啊？方先生说什么也不上场了，这不要命吗？我们一再地安慰他不要紧张，大胆得唱，上去就好了，他说：“我两腿哆嗦得不能走啦”。麟童兄急了，对我说：“师弟，咱俩搀着他（实际是架着）上去，唱个什么样算个什么样，如果卡了壳（没词了），咱俩给他提词，实在不行就和他唱‘双簧’替他唱”。我们把他搀上去时，台下掌声大振，方先生更紧张了，他已年过七旬，瘦弱的身子，我俩搀着他到了台口，显得他更有身份儿了。

开唱了，哎呀，没一句在调门上，我俩在一旁提词，台下的掌声、笑声，根本听不到他在唱的什么，好歹的唱完“谁是我披麻戴孝人”，我三人就鞠躬，搀他下了场，台下的轰动仍未平息。到了后台，我说："方先生，您坐下休息，冷静一会儿"。说也奇怪，他没有坐下休息，登的一下站的呗儿直，自己还说"哎他妈的，怎么好了？一点也不哆嗦了，刚才上台我好像过了电似的？"我们打趣地讲"对呀，台上有电！"他不解地问"真的吗？"逗得后台众人全都笑了。他半天反应过来，拱手道谢，"多谢二位保驾，到现在我也不知道我怎么上去，怎么下来的。"于是，我就顺口唱了两句：方先生莫紧张，放大胆莫要慌；上了场高声唱，二童保驾你无妨。咚锵咚锵咚咚锵！他拉着我大笑起来。

这是闭幕式演出的一个哏，方先生已去世多年，至今回忆此事，已成了一个笑料。

大会评委非常累，8天中每天3场，共24场戏，整天的坐着看戏就够累，而且评委多是老同志。评委也分行当评选。

老生、小生、净丑门——王琴生、马少童、李麟童、耿其昌、高牧昆、朱世芬；

旦门——云燕铭、李慧芳、李维康、李国粹、李妙春、吕东明；老旦——王晶华；

打击乐——赵荣仁。

参加演唱的评委，一个唱段1000元的演出费，每人两个段子。当时这个待遇，属最高的会务演唱标准。杨赤是梅花奖、梅兰芳金奖获得者，青年优秀演员，尚不称艺术家，两个段子1000元。我想，有点亏人家孩子，可是杨赤却乐呵呵的，根本没有在意。

我和曲总是老乡，曲总特意把我接到沈阳，实现了他的诺言，而且是我夫妇同来，吃住行等花费太大，我们每场戏进剧场，接送是三开门的总统车（卫星导航），卧车里是小房间，有冰箱、彩电、厕所，我是头一次享受这样的高级待遇，见了世面，受此殊荣，海外来的嘉宾都讲"这种车台湾也没有几辆"，我们都在车内车外照相留念。也算风光了一把。情意之深，待遇之高，我怎么好意思再收演出费？怎么说我也不能收。还有耿其昌、李维康夫妇，与曲总多年知交，也不肯收演出费。最后曲总送我们两家各一份纪念品，一个日本索尼的照相机，一个袖珍碟唱机（随身携带的光盘电唱机），当时这种机子是很少见的，如果论价钱可值3000多元，比演出费还高。

参赛人员增加的悬殊，评委如何评得过来，时间紧张，只好把演出实况全都录下来，评委会专门安排考评，初定在第三届票友节召开时颁奖。

大会结束后，李麟童师兄特意挽留我夫妇和他的老搭档吕东明老师玩两天。游览、宴请，并同杨赤到他郊区别墅做客，吃东北庄户饭，又到他二子的饭店"笑阳楼"吃东北特色饭菜，票界朋友好客，相邀宴请，两天时间如何应酬得过来。只有恭敬谢绝，来日方长。

众友畅述中，得知我这次来沈阳当评委也有一番争执。筹委会原定评委条件要有各流派的艺术家担当。麒派评委选员时，有人提我。但有人说：“我们辽宁有一麒派演员，而且拿过奖，文武兼备，何必在山东特邀这个马少童呢？如果他比我们辽宁的这个麒派老生好，那自然要约请他”。也有人讲“马少童是‘周信芳艺术研究会’的常务理事，在上海、江苏和李慧芳老师合作，反响很好，在威海和辽宁的艺术家联欢时都见过。若说拿奖就是标准的话，这次邀请的评委有几位拿奖的？老艺术家们因为年龄无拿奖的机遇。若说文武兼备的话，马少童不仅是麒派老生，红、黑二净，而且能唱武生《挑滑车》”。又有人提出，“未见过他演出，也未听他唱过，不好表态”。鼓师赵荣仁讲“这好办，在威海联欢，我们录了他两段《追韩信》，大伙听听，嗓子、麒派味儿”。接着放了录音，这才统一意见：“就是他了”。

我说：“这与我和曲总是老乡有关系，师兄也有倾向性。”麟童师兄讲：“我和曲总根本未发言。我们若提议叫你来，肯定会引起大家的看法，所以我们就一言不发，一段录音下来就决定了。”

客不走，主不安，没有不散的宴席。两天后，辞别曲总及众艺友，登上去大连的火车。曲总忙于接待国外的客户，百忙中，特意抽出20分钟的时间，送到火车上，并送来了水果、小吃一大包，叫我感激不尽……

车到大连，老乡谷勇（票友）院长，商业职工剧团团长梅芳等好友，早在火车站等候接站，互相见面亲热非常。故友重逢聚会宴请，互谈别情，畅述肺腑。意外我听到几句淡话，有人说：“杨赤现在身价大长，参加一个晚会，唱了两段就给500元的演唱费，这才几天？大连的娃……”有人说不多，这位老资格的先生似乎很生气。我笑着解释了一番，我说：“杨赤是个人才，我们在沈阳一起演唱过。杨赤这次唱了两个段子，大会给他1000元，我觉得不多，这是因为有一些老艺术家比的，他若再高，这些前辈老艺术家就更要高，大会开支就超额了，不能看他是当地的娃娃，应该说是大连的光荣。主演、名流、专家、艺术家都是从娃娃成长起来的，各地都有当地的人才，要重视当地的人才，培养自己的名牌，不能‘拿着村长不当干部’，拿着当地的尖端不当牌出，我敢说杨赤将来定成大气候。我头次看他演出《秦英征西》，是我在大连演出时，哈洪宾和温占萍校长请我们去看戏，我发现杨赤，他才16岁（是我师兄曹艺斌收的学生），有嗓子，基功好，生就的花脸条件，是角儿坯子。几年后，又看他和袁老（袁世海先生）合演《九江口》，前后的张定边。我曾和袁老讲：这小子叫您这一‘提携’，成角啦，名师高徒，强将手下无弱兵。现在是梅兰芳金奖、梅花奖双金获得者，您觉得

给人家孩子500块钱多呀。您看吧，再等两年，恐怕就要几千了，很可能是一个新的小袁世海立于艺坛。”

在大连与艺友们相聚，我特意带了些海产品、水果，看望张承瑞兄嫂。他老两口身体显然不如过去了，看了这两位八旬的老人，心里很不是滋味，人若不老该多好？然而大自然的规律不可抗拒。

回威海时，谷院长专送我两棵大盆景，巴西木，龟背竹，两人抬一盆，船上服务员不允许上船，梅芳分撒了一条555牌香烟，才顺利上船。汽笛长鸣，船离码头，与众友招手分别。

回忆辽宁之行，激情难禁，写了一篇《一次振兴京剧的民间盛会》——参加第二届中国京剧票友节的盛况和感想，1996年载于《戏剧从刊》第1期69页。

1996年7月，原沈阳京剧院院长李麟童、沈阳职工京剧团业务团长袁绪懋，受辽宁华侨化妆品有限公司总经理曲福松委托，来威海筹办第二届中国京剧票友大赛的评奖工作。有以下几项具体事宜：

一、安排第二届票友大赛评委、特邀嘉宾的食宿及会议场所，地点要求安静不受干扰，住宿条件要好。

二、安排全国各地票社负责人及沈阳市职工京剧团的食宿、演出场地。

三、安排来宾及到会人员的游览、会议活动等事宜。

麟童师兄在我家宴席间讲了这次来威海活动诸事。我玩笑地说：“曲总真找了一位好外交官，沈阳京剧院20余载的老院长，给他当外交。”他笑道“苦差事”（《宋士杰》中的词），唱戏的生活语言总离不开台词。

宴罢之后，首先我把他们安排住在海军招待所。又领他二位到市委宣传部、市文化局，向当地领导汇报了这次的活动情况。一是到会的人员有文化部领导、辽宁省的主管部门领导、全国各地的艺术家、各地票友协会的负责人等，齐聚威海；二是活动的具体安排，并求得领导支持。这是我20几年到各地演出的常规，也是组织原则。

按照“条件要好，花钱还要少”的原则，四处奔忙。前后找了5家，最后订在威海劳动宾馆，该宾馆尚未正式营业。当时劳动宾馆孤立在野外，是新开发的地区，非常僻静，不受干扰，空气又好。评委、嘉宾的住地就定在这里，比较理想。

各地的票友负责人和职工剧团人员的住处太难找，高不成低不就，最后找到东山海军招待所的朋友，安排在“将军楼”旁的新建楼房，位置乃威海一流，因为是部队招待所，价格不高，在房间里可以看到整个威海港的全景，适合了“条件好，花钱少”的原则，我的任务完成了。

两天后，大队人马纷纷光临威海。有文化部的领导曲润海，著名剧作家吴祖光老师，著名作家吴嘉禄、陈绍武等，沈阳的有关领导，中央电台、报社等新闻界的负责人和记者。各自根据安排进驻宾馆。本来安排得妥当，可是一向要面子不怕花钱的曲福松经理要排场，嫌劳动宾馆的条件不够好，领着两位著名演员去东山宾馆食宿。这一行动看来是有钱人的脾气，可是他忘了还有年过八旬的老艺术家王琴生先生、70多岁的李慧芳、云燕铭等老一辈艺术家，还有吴祖光老师及北京来的领导们都住在劳动宾馆。他这一脱离群体的举动，引起多人的意见和看法，相继对他领的二位演员也有看法。我非常明白，这两位演员并不了解情况，所以也无感觉，纯是曲总造成的。又如我和麟童师兄首先考虑到沈阳职工京剧团及众位艺术家，来威海近十天的活动，要面向当地和农村，特意安排了一场农村慰问演出，这是常规，是政治任务，也是我和麟童师兄在专业剧团做领导工作的经验，下乡演出，群众欢迎，当地政府满意，影响之广。而曲总根本不理解这一活动的重要意义，结果他带的两位演员也不参加。有的老艺术家不满意了，说："有什么了不起，农村演出都不参加！""有的人就可以不参加，那我们也不去。"可是云燕铭、王琴生、吕东明及报社电台记者，都赞同下乡演出。云燕铭老师年龄大，身体不好，大家为照顾她劝她别下去了，她说："我坚决要下去，我是共产党员，为农民演出怎么能不去呢？没有农民种粮食，我们吃什么？"这句通俗的语言，引起很多同行、票友挑起大拇指，其实我最明白，那两位演员根本不知道下乡的事，这都是曲总造成的，我和李麟童师兄坦率地说"外行就是外行，我们在专业团体里做领导工作几十年，方方面面的关系，工作程序，政策和服务方向已成惯例。而曲总只是好戏，过戏瘾罢了，根本不懂如何带团演出，更不懂政策和政治方向。"麟童师兄讲"不懂不要紧，还听不进我们的意见，有些事情本来很好，可是就因为他不懂才弄坏了。比如这次来威海，他公布业余剧团的人员，一概不准带家属，他叫我们公布的纪律，下面一丝不苟地执行，可是有人背地里找他要求，他就允许了好几个人带家属来威海。他定的纪律，自己带头违反，出尔反尔，叫分管执行的人挨骂。因他没有主见，无形中造成一些意见，他根本听到下面的意见，也无感觉。"

职工剧团来威海演出《群英会》，后面"华容道"一折，曲总的意见是我演关羽。这是对我的尊重，和老乡加知友的感情。但我考虑再三，我不能演这个大轴戏，原因有二：一、此剧是沈阳职工京剧团的看家戏，有原班人马，是崔维章老总饰关羽，他们团演出多年，来威海就把崔总摘下来，换上我，这对崔总不尊重，会引发矛盾；二、崔总原来是总工会主席，该团的老负责人，是曲总的老上司，若换人，他们之间也会产生矛盾，嘴里不讲，心里肯定不满意。我把人家顶下来，违反常规，不仗义。据说崔维章先生是跟焦麟昆先生学戏，会的很多，几十年的老票友，如《追韩信》、《六国封相》、《关羽》戏都看得过去，不是专业胜似专业。我向曲总解释再三，才定下来了原班人马不动。后来我和崔总也成了知交。崔总是辽宁书法大赛一等奖获得者，酷爱书画，我送他八扇屏全部三国人物的京剧工笔脸谱，他送我大红绣花彩裤。每次见面都以厚礼相赠，敬我如兄。

沈阳职工京剧团于威海剧院演出《群・借・华》同著作京剧表演艺术家、著名作者和有关领导合影

前排：马少童、耿其昌、王晶华、吕京舟（威海市工会主席）、刘局长（天津市文化局）、李慧芬、李云（中国京剧研究会会长）
后排：陈治武、关嘉禄、何夫人、赵淑叶、关平、周苍、李国粹、周瑜、李维康

大会人员全部出动，到文登市谭家村演出，我们威海当地艺术馆的同志，提前去把舞台搭好。文登市宣传部长及文化局的领导，把我们这些下乡的客人，首先接到文登市一个镇党委会议室，开了欢迎茶话会，宣传部长致欢迎词，文化局、镇、村领导都讲了话。“欢迎各位艺术家到我们这乡下山村来，为广大农民慰问演出，体现了为社会主义服务，崇高的政治水平，我代表广大农民致敬，谢谢，谢谢你们，我们只有努力生产，多打粮食来感谢党和国家”，农村干部，诚直朴实，向我们大家鞠了好几次躬，我们来的同志备受感动。都认为这次下乡活动的政治影响大，意义深远。遗憾的是，这次活动的唯一主要负责人曲福松没来，只好把崔总推上去，向市、镇、村领导道谢。

欢迎会后要去村里准备演出，还要到农户走访。当地的领导陪同到了演出地谭家村。离村一华里，就听见锣鼓喧天，远望全村老小，在路两旁夹道欢迎。我们的车已停下来，大家步行百米，和村民握手，不少同志接过村里妇女所抱的孩

艺术家们下午为农民演出于谭家村头，欢迎气氛感人，作者接过大娘抱的孩子进村演出

子，关佳禄先生抱着两个孩子，云燕铭、吕东明、李国粹等老师和大娘大嫂们，手拉手地走进村委大院。村中群众像当年迎接红军似的，往家里拉，到农民家中吃午饭，这种热情真是无法形容。

午饭后，大家纷纷到演出场地会合。就着地势高崖上扎了戏台，村里特意用芦席扎了后台，水炉茶具齐全。我常年下乡，很了解农民兄弟的心情，他们是尽了最大努力了，扎台子的同志大多是原威海市京剧团的，来此义务劳动，为演出服务。

参加这次下乡演出的全国各地票友负责人，中央台影视报社的记者，初经这种场面，无不感动，备受教益。麟童师兄对我说："就这个场面，多么鼓舞人心，曲总怎么可以不露面？"我安慰他讲："别着急，曲总和我们不一样，我们长年带团下乡，接近农民时间多，了解群众的心情，而且我们有这个演出任务和责任；曲总就不同了，他是爱好京剧，出钱取乐，面向农村、为谁服务等政策，他一概不懂，他只会出钱，弄这个剧团唱戏开心。我想他若到这里目睹这种场面，肯定也会被农民群众的热情所感动，受一次教育。"崔总、关佳禄与曲总是知交，也不客气，打电话叫曲总下来看看，是否批评了他，我不知道，但从态度上看，这二位非常激动，埋怨他不该不下来。下午两点钟，曲总还真的乘专车来了，但不知什么时候又走了。或许是有什么要事，不得而知。

午饭后三四点钟，到各农户群众家吃饭的同志都回来了，在后台喝茶，各叙体会。在农民家中吃面条者多，这是胶东的乡风，表示长远，常来常往，还有饺子、包子不等，素菜薄酒表心情。最受欢迎的是地瓜、花生、南瓜、老玉米等农产品，这是很多同志在城里享受不到的。村里情景如过年，家家户户招待贵宾。特别是云燕铭、吕东明、李国粹等艺术家备受欢迎，这样的名角儿，在农民家中炕头上，和大娘婶子大嫂们一起拉呱，乃为一大喜事。从谈话中我看到，我们一起来的同志个个有体会，人人有感受。我看到她们这种情绪，对我这联系人是一大欣慰，也说明艺术家必须扎根于群众中，只有到群众中去，才能体会到群众的真诚热情，不来的吃亏了……

下午四点多钟，台下就坐满了观众，十里八村的观众如赶山会，聚集台下等候演出。演出开始了，各地来的票友负责人大都参加演唱，艺术家们的节目都安排在后面，李国粹清唱《醉酒》，她是梅兰芳先生晚年的入室弟子，又是李慧芳老师的手把徒弟（女儿）；吕东铭、李麟童对唱《武家坡》；我清唱《宋士杰》四公室散板；王琴生先生清唱《打渔杀家》；肖恩打教师的摇板；最后是云燕铭老师的演唱，72岁高龄的老艺术家，看她的容貌像50来岁，台下爆发掌声欢呼，她唱了一段《大登殿》王宝钏的二六唱段后，应台下欢呼要求，又唱了现代戏《革命自有后来人》中铁梅的唱段，“听罢奶奶说红灯”，古稀的老太太这一演唱，像似十六七岁的小姑娘，未唱之前，在过门里的表情，台下就爆发雷鸣般的掌声，台上台下，齐声呼喊“好”！“好”！燕铭大姐激动得哭了，她说：“我已好多年未经受这种场面了。”

评委的工作乃这次活动的主题，也非常劳累。到场的13位评委，每天早8时至晚6时，在一个房间里看参赛者的演唱录像。看着140余名参赛者的录像评比，就要看5天。这年的夏天高温，又加发电厂出了故障，控制用电，不能用空调，评委憋在屋里看录像，闷热难熬。评委班子由中国京剧杂志社主任吴大微、李麟童师兄和我负责，天热工作量大，评委大都是老同志，病倒一个就麻烦，没有办法就“分工评行”。评老生、净、丑、老旦时，旦角评委可以到外面透透气，休息一会。评旦角时，老生、净丑、老旦评委，就可以到屋外休息一会儿。这样分工有个缓冲，进行得也比较顺、快。在评比间，我们评委们紧张，有严格的纪律，每天评比的情况严禁外传，散布小道消息。为此评委住的劳动宾馆在市郊，离他们住地海军招待所有5公里，为的是割断内外联系。谁知这样也杜绝不了，各地票友负责人及自费来的票友，也不断地到我们这里探风，有时个别人见到我们也打听消息，表白自己，但我们丝毫不敢透露。说实在的，也记不得谁跟谁，400多人，不知姓氏名谁，不知是哪里的，只是根据参赛人的演出水平，按参赛号打分，没法徇私，想走后门也走不上。大家情绪非常好，和谐而欢快。最大的有利条件是各地来的同志，每天午间可以去洗海澡，这也是一大乐趣。

苏州街名流喜聚

来威海参加活动的专业、业余人员，都有一个盼望，威海乃沿海城市，海产品丰富，而且新鲜，地理位置决定，胶东的海产品鲜度高。我亲有体会，胶东的水产品到江苏很受欢迎，而江苏的水产品到胶东价格低，其原因是舟山一带，海下是泥底子，而胶东是沙底子，水温也不一样，因此胶东的水产品鲜美受欢迎。

这次开会的时间正是封海禁捕的季节，所以每天包餐和宴会，桌上的鱼虾海物不太理想。为此，我四下托友购买海产品，请几位老艺术家到我家聚聚，称不起宴，而是专吃海味的家常饭。有李慧芳、云燕铭、吕东明、李国粹、王晶华老师。她们也都很实在，李慧芳老师是在上海、江苏同我合作的老关系，云燕铭老师是周信芳先生的干女儿，这两位老大姐来威海，都给我带来礼物，这样就给晶华、国粹增添了麻烦，忙于给我买礼品。

家中聚餐很随便，都是自己人，实惠无束，纯是私交相聚拉家常。我特意把威海原京剧团的两个尖子青年演员张传秀、姜培松叫来，忙着招待这些难得一聚的高客，因为平

1969年8月4日，著名京剧表演艺术家耿其昌、李维康、赵淑荣与马少童于威海合影

时和这些名流老艺术家相聚是不容易的，叫这两青年结识一下这些前辈、老艺术家。慧芳老师非常实在，当时就教张传秀发声、运气、用力。这次相聚之后，光临我家的五位艺术家，此后都曾相聚，唯有吕东明老师至今未见，只是书来信往。她为人慈善、温和、沉默语短，而对程派艺术却是深研细究，充分发挥自己的嗓子宽亮优势，动人的声腔引人入醉，我们曾通过几次信，因她老伴去世，她很少对外联系，闭门念佛，以解老来的孤独寂寞。过去的信中我曾给她写过一首七律，如今看此诗稿，已成为历史的纪念，引人忆旧的文字了。

著名剧作家吴祖光先生与马少童威海合影

著名剧作家吴祖光先生为作者题词《生正逢时》

教《跑城》巧遇知音

我的习惯是早晨早起，练功背戏。恰好沈阳职工剧团的业务团长袁绪懋想跟我学《跑城》，我想，他已年近六旬，如此好学也很难得，况且他15岁就票戏，会戏不少，父辈也是专业。我说“那就一起练习吧”。所以，每天早六点至八点，我就在劳动宾馆门厅给他说戏，我把周信芳先生拍电影的前后不同之处向他介绍，包括个别唱词、动作向他介绍，又把刘奎童先生演出的几个讨好的地方和他讲了。连续四天早上，我俩边说、边练，路子已全会了，髯口、步法动作要领，要是适合自己的特点条件，我俩关系相处非常好。无意中我发现，每天早晨有一位先生在看我们说戏练习，他肯定是票友，每次见面都打个招呼，礼貌性地赔笑点头，几日就熟了，得知他是舟山市工人文化宫职工京剧团京剧之友社的社长梁定海。我问他天天来看，是否也唱此戏？他说：“非常喜欢麒派戏，只是没有基础唱不了，只是好看！”我请他提提意见，他笑了，“哎，不敢不敢，看了几个早晨，我发现马老师说戏时的身段、步伐始终一样，这说明您的功底扎实，学的死授，不改样，佩服佩服。”我说：“您抬举我了，此剧我演了40年，师辈传授的比较规矩，但我的水平不行，对麒派艺术仅是皮毛，理解浅薄。”交谈中颇有共同语言。此后，我们成了挚交，来往甚密，临走时我们合影留念。

送行宴艺友联欢 骗好友善意谎言

经过评委们艰苦的工作，把各种奖项评出来了。

1. 中国京剧名票20名（内有英国票友姚丽丽、台湾票友袁家姞、奥地利票友徐涤生、琴票张雪萍）。

2. 中国京剧优秀青年票友20名（内有3名琴票）。

3. 中国京剧票友活动家31名（各地票社的组织者及负责人，内有1名英国票友单声）。

4. 中国京剧优秀票社50个。

5. 首批“中国京剧票友导师奖”14名，他们是：王琴生、王晶华、云燕铭、马少童、吕东明、李妙春、李国粹、李维康、李慧芳、李麟童、赵永仁、高牧昆、耿其昌、朱世芬，会后报中央文化部审批。

6. 金顶奖：曲福松。会后报中央文化部审批。

7. 特别嘉奖：辽宁职工工作者协会、辽宁职工京剧团（整个参赛配角乐队等配合单位）、全会现场笔录报道，特约记者关嘉禄同志。

评委们的辛勤劳动，领导及众人都很满意。大会的主要任务已完成。沈阳职工业余京剧团的演出也顺利的结束，曲福松总经理高兴之至，要组织演唱宴会，会议安排的非常别致，在东山海军招待所的松树林子里，拉上彩灯，摆上桌椅，8人一桌。与会人员返程车船票已购买分发，晚上联欢乃是这次活动最后的聚会。票友们及各地的活动家都要过把瘾，尽情地唱。我是当地的联络人，又是评委，自然要在宴会上服务，大家要求我唱一段，“好吧，我唱一段《宋士杰》，以表祝贺。”相互交谈，明日、后天就要离开威海了。在这种气氛下，曲总兴奋过度，发话了，“明天大家不能走，明天要组织一个舞会，玩两天再走。”这一高呼，大家都静下来了，大伙儿纳闷，怎么回事？我和他的秘书相视不解，莫名其妙。众人都说：“感谢曲总对我们的关爱，大家的车票都买好了。”曲总说：“买了票可以退掉嘛！留大家再这玩两天。”又对我讲：“马老师，明天给联系一下，包一个舞厅。”我百思不解，这是为什么？曲总是怎么啦，哪股神经起了？啊！我体会到曲总的心情，酒精起了作用，到了他的老家了，脸儿尚未露足，要向全国的票友头头们显示一下，他的气派。他公司的几个同志及他的秘书小贝找我，因为顾问李麟童已回沈阳开会去了，只有和我商量，她抱怨说：“曲总怎么这样？今天最后的联欢、送行宴会已开完，他非要把大家留下玩两天，这几十号人退票，再重新买票。这么多人连吃带住，包一个舞厅玩一天，两天下来的花销，最少也要花出两万多，谁也劝不住他，这怎么办呀？”曲总和我是同乡，也是好朋友，这一决定确实是一时的冲动，不计花费，我又不能当着众人来责备曲总，这便如何是好？我想了半天，对秘书讲：“先别着急，我想来的朋友、专业朋友，大都是老同志，不一定愿去跳舞，今晚上看看有没有找你退票的。我去找曲总，跟他讲明包一天舞厅，最少要花八千到一万，众人加两天的吃住，又要花费两万，大家已都做好返程的准备，再留下玩两天没有必要。”秘书急了，“哎呀马老师，你还不太了解曲总的脾气，他若决定了的事，不好更改，李麟童老师不在这，我们谁也不敢去说，他根本不考虑花多少钱。这几十口子人，

明天退票、换票要忙一天，真是没办法。”

我考虑再三，为朋友办事，要为朋友着想，为把这件事处理好，只有善意的撒谎。我笑着试探的对贝秘书讲：“如果有人找你退票，你就说马老师联系舞厅，未办成。我找曲总，就说找不到舞厅，我们出钱再多也包不到舞厅，因为夏季旅游客多，舞厅都提前订出去了，而且大家都不愿参加舞会，也没有来退票的，曲总也没办法，就只好拉倒了。”我们统一了意见，分头办理。我心里也在嘀咕，这确实是说谎骗朋友，麟童师兄不在这里，又没人商量，我只有这样去“骗”曲总了。

第二天上午，有些同志返程，已走了一些，剩下部分人下午走，有的明天走，相互签字，送小的纪念品。文化部来的曲润海处长，写得一手好字，我去买来文房四宝，为大会题字，到会人员也借机向曲处长求字，有善书法的也都挥毫，相互赠送。我看是火候了，找曲总回报，“现在是旅游旺季，舞厅早都订出去了。因为我们住在这里，劳动部门的客人都没地住了，为此这旅馆的经理邓霞还挨了局长的批评，嫌她把房间都包给咱们了，劳动局内部的客人都没地儿住。”曲总听我这一番善意的谎言，也很无奈，沉默了一会，他叹了一口气，“那只好拉倒吧”。此事至今记忆犹新，我内疚的是骗了朋友；而自慰的是，我是为朋友着想，给他省下两三万元。我想曲总至今也不知道我骗了他，可是他的秘书小贝却很清楚。这真是“说假话、编假话，纯乃好心；为朋友、骗朋友，坦然无愧”。

送走到会的宾客友人，我也长舒了一口气。然而回顾总结了一下，从中也有教训，曲总可算是一个纯真的大好人，但是心中无数，对人处事方面不动脑子，财大气粗；对交朋友不识真人，善听奉承，听不进对他好的意见；不会计划理财，花了不少冤枉钱，“掌权不理财，必定瞎胡来”。真正为他挡风遮雨的，为他办事解决问题的，他感觉不到。我对他的评价，是个糊涂的大好人，最容易上当的人。如这次在威海交往处理的几件事：

一是住在劳动宾馆，价格优惠，邓霞经理各方面照顾，给大会很多方便条件，临走时无一点表示，如果送个镜子或者锦旗为念，就很体面，但是他连一句话都没有，而且根本没想这件事，我和麟童兄想了个点子，把吴祖光先生请出来为宾馆题了词，给邓霞经理写了一幅字，至此情意已达。

二是来了这么多的名流，未请人家题词留念，大会文件是空头没有章子，是我自作主张请本市的戚本江先生为大会刻了一枚章子，连石料带刻石工费仅60元，他的那位女会计还不愿给报销，我气急了，说“那我给吧”。众人都说“大会的章子，怎么能

叫马老师拿钱？”这才把60元给报了，此事我无法向曲总讲，可是这章子用了很久，但曲总至今也不知这章子是怎么来的。

三是住在劳动宾馆，有些人不太讲究，午间去洗海澡，拿着宾馆的枕巾当浴巾，服务员制止，他公司的人还发脾气，宾馆经理找我，我也制止不了他们，素质太差。又如最后结账时，把宾馆的暖瓶摔了两把，要赔偿费时，他的会计反说：“我们住在这里这么多天，花这么多钱，碎两把暖壶还要赔钱，太不像话了。”我只好表态了，“旅馆里有规定，损坏物具要赔偿，全国的旅社、宾馆都是如此，这跟住宿花费是两码事。说真的，如果不是我的关系，咱们不可能住在这里，况且人家食宿费都已优惠，咱们住在这里，人家劳动局内部的客人都没地儿住，现在是旅游旺季，咱这么多人没关系，根本找不到旅馆，咱们有的同志每天洗海澡，拿人家宾馆的枕巾当浴巾，把洗漱间的浴巾拿去洗海澡，搞的到处是沙，房间里一塌糊涂，人家很不满意，里外的叫我难堪，咱们怎么都是这个素质？”曲总终于发话了，“好啦，该怎么算，就怎么算，别为这些小事闹出意见。”就这样算了账。

四是在剧场演出，场租原价6000，由于我的老面子算半价，一场3000元。可是算账时贝秘书拿不出钱来。因为吕会计和贝秘书有意见而不给报销剧场费。我非常生气，怎么曲总手下竟有这样的工作人员？我去找吕会计，她还是不想报，我说：“用剧场要付剧场费，本来是6000，人家优惠算半价，怎么半价都不肯出？那好，我去找曲总！怎么会出现这样的情况，曹营的事情难办的很，咱们办事比曹营还难。”这位吕会计急忙说：“别别别，马老师，我不是冲您。”就这样才把剧场费给报了，我不满意地讲：“对谁也不能这样，这是工作。这样处事，以后谁还能帮曲总办事？”这件事至今我也没告诉曲总，但我却久久不忘。

我观察曲总这个人，害人之心丝毫没有，更不会占人家的便宜，如何用人不动脑子，整天满脑子就是戏，有时人家和他谈生意，讲事情，他集中精力在录音机上听戏，根本不知人家讲的什么。不能牢握经济权，心中无数，处事欠思考。而交往艺友，唱戏不惜重金，喜大好胜。曲福松是我的好朋友，我永远不会忘记他对我的器重和尊敬。他的好心交了不少真正的朋友，也引来不少的“嘴子”、“假溜”拍马缕须之徒。他是我一生中交往的一位善良好心的好朋友。“世上多少贫转富，还有多少富变穷”。人无远虑，必有近忧。

回顾这段往事，为朋友担心，但也解决不了什么问题。商场是看不见刀光剑影的战场，听不到枪炮声的激战。像我的知友曲总，如此这般，能财大气粗多少年？

沈阳演展均隆重

1997年春，我应邀赴沈阳参加演出。此次活动是由辽宁省和沈阳市总工会、辽宁职工京剧工作者协会、沈阳文化宫、辽宁华侨化妆品有限公司职工京剧团联合主办的。

“迎回归”、“弘扬国粹”，“纪念沈阳职工京剧团组团四十周年大会”演出，于5月26日在沈阳文化宫隆重开幕。有北京、上海、天津、南京、扬州、秦皇岛、大连、锦州、本溪、抚顺、哈尔滨、台北等17个城市19个代表队，200余人欢聚演出。专业演员有著名京剧表演艺术家李维康、耿其昌、原沈阳京剧院老院长——著名京剧表演艺术家李麟童、吕东明、李静文和我。我因在国际风筝会、服装节举办京剧脸谱书画展，中央、省、地电台、报刊均有报道，为此这次大会特别提出，请我在大会边演出边办脸谱书画展。由师兄李麟童向有关方面联系，大会演出场地文化宫的对面，有一新建宾馆，尚未开业。大会人员全住在这里，既集中又方便，花费便宜。三楼有宽大的会议室，正好作为展厅。这次我展出的作品比较充分，对办展规律也有了一些经验，我已出版了《马少童脸谱书画选》。订于5月23日和大会同一天开幕剪彩。看板、宣传牌由大会负责，提前挂出。

大会开幕式，主办方面剧场布置特别隆重，主席台上五星红旗和紫荆花旗交相辉映，摆满了鲜花，锦旗祝贺条幅和彩带，与会的领导有：全国总工会书记处李勇海书记，辽宁省常委、省总工会主席孙春兰，省政协常务副主席李国忠，市委常委、市总工会主席李忠鲁，省侨联主席卢育波及陈汉洲秘书长，总工会宣传部部长金勇男，艺校校长李刚，京剧院院长徐培成、书记倪秋志，及省一些知名人士。京剧工作者协会副主席、华侨化妆品有限公司董事长曲富松主持大会开幕式。沈阳佐威集团副总裁、组委会副主任崔维章在大会上做了职工京剧团成立四十年的回顾总结报告。大会演出9场戏，大小58个剧目，容纳近千人的剧场，场场爆满。

我的时间非常紧张，既要演出，又要照顾到展厅参观的领导和观众。售书签字，要给来宾、领导讲解脸谱作品内容。麟童师兄在沈阳很有威望，老面子，把辽宁的几位名流书画家都请来，为我的画展剪彩、题词，气氛大增。《马少童书画脸谱选》一书很受欢迎，除赠送30余本，售出了近百本。大会又逢北京市振兴京昆协会会长李筠同

庆香港回归，于沈阳举办脸谱书画展，马少童与夫人赵淑荣在展厅合影

辽宁省人大副主任柳文、辽宁省政协副主席李欣、辽宁省文化厅厅长郝汝惠与作者留影

志，他的房间和我的房间斜对门，正好托他往北京捎两件东西。一是捎给吴祖光老师一枚青田石章，因为1996年吴老给我赠题墨宝，未带章子，叫我给他刻一枚章子，自己盖上即可，我托忘年交周威涛，为他刻了一枚三十毫米方形白印姓名章，此章用了四次，我和李麟童师兄各一张，威海劳动宾馆及邓霞经理各一张，用完一直在我这里保存，这次请李筠会长代我送去，并赠《脸谱选》一册，请吴祖光老指教。二是捎一册《脸谱选》给刘增富先生，刘老乃当代收藏脸谱的名家，并请指正。

这次大会演出，由业余及专业穿插，和谐、严整，高水平的配合演出。我又一次看了哈尔滨名票唐力勇的演出。票友唱武戏确实不易，他在《狮子楼》饰武松，《汉津口》饰关羽。配角演员全是沈阳京剧院的演员，扮演曹八将的，都是很不错的演员，围

绕着一个票友，八身大靠一个马童这一架弄，中间这个关羽确实不好演。唐力勇是票友，能完整地演下来，确实不容易。听说他是马继良仁兄之高足，又和李万春先生久有交往，舞台上的一举一动，证明他下过工夫，受过名师指点。

台湾来的袁家姞女士，已是70多岁高龄，彩唱《状元媒》。企业家们也都纷纷粉墨登场，曲福松董事长演出了《借东风》。崔维章副总裁演出了《逍遥津》。久闻沈阳职工京剧团演出水平较高，这次亲眼目睹他们演出的几出大戏和折子戏《穆柯寨》、《乌盆记》、《凤还巢》、《三娘教子》、《大保国》、《辕门斩子》、《梅龙镇》、《赤桑镇》、《李逵下山》、《霸王别姬》、《苏武牧羊》、《逍遥津》、《探阳山》、《天女散花》等等。毫不夸大的说，一般的县、市级的专业剧团，也难达到这个演出水平。他们在国内10省70多个城市巡回交流演出，博采众长，请专家名师传授，不是专业，胜似专业。

这次活动，京剧表演艺术家们也都演出献艺，老院长李麟童清唱《碰碑》选段，迟小秋演出《孔雀东南飞》，李维康清唱《凤还巢》选段，耿其昌清唱《捉放曹》选段。我和李静文在闭幕式演出折子戏，我的《跑城》全剧，李静文的《盗仙草》，这场戏使我记忆很深。这次是我第二次见静文。第一次是全国第二届票友节，她怀孕五个多月的时候。这次见她已是孩子的妈妈了，她在扮戏前练了一阵子功，她那练功的劲头惊人，大汗淋漓。我在扮戏时心里暗自为她担心。一是扮戏前练的这么狠，演出时还有劲吗？二是女同志生完孩子，尚在哺乳期，演这种重体力的武戏能吃得消吗？她总是大大咧咧的一身的男子气，坐在我身边的化妆桌前。我安慰她好好休息会，喝点水，留着劲儿好演出。她摇头一笑，“没关系，习惯了，唱武戏不比文戏，基功不能丢，年龄一天比一天大，我又当妈妈了，不敢松懈，不进则退呀……”这姑娘的坦率爽朗，毫无扭捏作态，招人喜欢。我曾认为，自己练基本功够刻苦的，不想花甲之年遇见李静文，一个女孩子竟有这样的毅力，胜我多多，令吾佩服。

我化好妆，勒上头，穿蟒准备上场，突然有人喊着跑过来，“马老师，快到展厅去，市长和好几位领导，都在展厅看脸谱画展，叫您快到展厅。”我为难了，“这怎么办？我快上场了，怎么能去展厅呢？”后台的同志都说：“快去吧，难得领导来展厅参观，您先去，咱这里不行就幕间休息十分钟。”我只好带着装到了展厅，领导们都非常客气，“哎呀，马老师还演出呀，我们不了解情况，别误了你的演出。”我只好说：“没事，离我演出还有一会呢。”领导们头次见脸谱书画展，都很感兴趣，他们讲：“哎呀，这脸谱有这么多画法，不但京剧是国粹，这京剧脸谱也是一门精湛的艺术。”

两个展厅共近百幅画。一展厅有不少名家给我的题词赞语，及我的大幅作品，内有中央电视台播出的中华之最《百神聚寿》，观者看了这些名家题词，都很惊讶，对我高度赞扬。我沾了这些名家的光。二展厅全是按朝代成套的作品。领导们可能想到我演出时间有限，走马观花，赞扬了一番，道谢辞离了展厅。师兄李麟童对我讲，刚才那位就是刚来沈阳不到两个月的慕市长，我备感欣慰地说："难得新来的市长来参观画展，这是对我的鼓励，也给画展增添了光彩。"我急忙跑回后台穿戴，时间合适，顺利地把《跑城》演下来了。东北一带喜欢麒派戏，恢复老戏以后，东三省麒派老生较少，所以我的演出又沾了"稀为贵"的光，很受欢迎。我没有洗脸，就去看李静文的《盗草》，这是她出国的节目，确有独到之处。我幼年唱武生，深知武戏难得冲、帅、稳。"冲"即是快而不乱干净利落；"帅"即武打潇洒自然，招势套路准而脆，面不变色，气不上撞；"稳"即是稳当不慌。记得我年轻的时候演《战马超》、《芦花荡》等武戏，著名鼓师王宛祺先生给我伴奏，演下来总是批评我"毛手毛脚，没有份儿（身份）。慌什么？亮像要稳住，等刺边（鼓点）后，过去五锣，再起步走，亮相之后心里数数儿，一二三四数到八九再走，又不累，又显得沉着有份儿，武戏能稳，是道行，武戏文唱是高水平。"李静文的演出冲、帅、稳，最突出的是打出手、稳而不慌，松弛把握。她惊人的一招是下高（从山崖上往下翻），一般的是吊瓶儿（也叫下腰倒札虎），或者是双手扶岸前乔翻下来，而她是用武生常翻的台曼下高，难在侧身翻，头从下时踢枪，不但惊险称绝，也是武旦技巧中的一大创举，空前的技巧。我想她化妆前就练了一身大汗，又演出，这么劳累，高难度的武戏，下来仍是笑呵呵的，不愧有武旦状元之美誉。我取出一本《马少童脸谱书画选》，签好字送她为念，她高兴极了。谁能想到一个唱旦角的

1997年5月，在沈阳举办脸谱艺术书画展时与李静文合影

女孩子喜欢脸谱。道过辛苦之后，她卸妆洗脸，我们就都回旅馆了。吃饭时，她愁眉苦脸对我说："马老师，坏了，您给我的脸谱书丢了，在后台洗脸时没啦，不会是让谁给拿去了吧？您还在书上给我签名题了字。"看她那着急的样子，不像一个孩子的妈妈，一身的孩子气。我和老伴赵淑荣都笑了，"这姑娘真叫人喜欢"。我说："没关系，我再给你一本。"我立即又给她签了一本。她高兴地一再道谢。她说："我记得清清楚楚，把书放在靠墙的桌子上，怎么会没了？不行，我得找剧场的人开门回去找。"她风是风火是火地走了。不大一会，她高兴地回来了，"哈哈，原来这本书掉在桌子旁边的暖气片后面了。幸亏丢了，马老师又给了我一本，哈哈，多赚了一本。"这姑娘性格太好了，以后我们就成了忘年交的知友。我曾在《中国京剧》上写过赞扬她的文章。

这次来沈阳演出、办画展，特别感谢辽宁美术学院院长刘秉亮先生，他看了画展、演出，回去就为我画了一张《法场换子》的三尺国画，水墨小写意，非常传神。我装裱成框，至今仍在我书房里悬挂，观者莫不翘指称绝。大会招待周到，包路费、食宿，展厅也无偿使用，令我感激，只好赠画答谢，我赠大会四尺脸谱画《欢天喜地》一幅，赠曲福松董事长《风调雨顺》六尺横框一幅。崔维章副总裁，乃辽宁书法大赛获一等奖的书法家，为人豪爽仗义，非常喜欢展厅里一套八幅四尺对屏的三国人物，87个人物脸谱，他看个没完，我猜透他非常喜欢，又不好意思提出要买，恐不礼貌。他是副总裁，收入很高，购书画文物不惜重金。他和我是初交的好友，他不断地夸赞："这八幅三国脸谱太好了，功夫细拟，非常有气势，可谓罕见之作……"我想交友一千，知已不过二三，观众成万，知音无几。我毫不犹豫的把这八幅三国画送给他。崔总坚决不收，他非常懂，"这八幅四尺整宣，七八十个工笔人物脸谱，要画多少天？况且乃展厅里的亮点，不敢接收。"一再的推辞，他也曾提出，"若是卖，不计价钱多少，我可以买，赠送不能收。"我说："管给多少钱我不卖，只赠给知音。"推让了半天，最后我叫他的司机拿到他车上了，他一再道谢，此后我们成了知已之交。

为人处事也真是奇怪，闲来时久无一事可做，而忙的时候事务特多。在沈阳演出、"办展"，忙个不亦乐乎，又接舟山市梁定海先生电话，邀请我和李麟童兄赴舟山，参加欢庆迎香港回归京剧票友联谊演出大会，最好6月3日前赶到舟山，我的演出剧目为《斩经堂》。当时大会人员都住在一起，消息很快传开了，扬州的一个票友活动家顾和甫，此公热心肠，嘴快腿勤，他和几位经济较富余的票友，也要一起去舟山。内有一位上海的老票友，酷爱京剧，几次找我，要为我陪演《斩经堂》的王兰英，在这位老男旦票友一再要求下，我尊重他年长对京剧如此痴迷，只好应下。此时我心里很矛盾，一、因不知舟山有没有老旦（宁氏）旦角（王兰英）；二、不知服装行头可齐全；三、不知乐队情况，琴师、司鼓如何？这位老同志如此执著，引我尊重。就在一个五人间的房里先对对戏吧，从对戏中看得出，他对这个角色不陌生，但我觉得，他不一定演过，有些节骨眼，他并不了解，如对白、对唱中，节奏轻重快慢，互相配合的感情身段都不知道。确也难怪，因我演的《斩经堂》，基础是刘奎童先严授，并告诫我很多地方要学周信芳先生，因为此剧已成麒派代表作，我已演出了几十年，摸索到一些经验，按自己的条件发挥，所以新友陪戏较难，特别是基功方面，屁股坐子、跪步几个配合亮相，王兰英自刎的大卧鱼等等。

这位老同志有文化，也很认真。如我对剧中的几句唱词的改动，是由我和李宏刚先生研究改动的，在吴汉唱完主唱段“贤公主”唱腔之后，王兰英接唱最后的两句，“男儿汉总有那杀贼宝刀、却不顾为妻我苦命一条”。我每次演到此处，就觉得这两句词，与上下词句词意不吻合，经推敲后改为“你只顾尊母命尽确孝道，全不想夫妻情我苦命一条”。经我多年同滕步云前辈一起合作，演出中改的这两句词，都受到专家、内行的赞赏。听我讲了这两句唱词的经过，这位老票友大加赞扬，并对同他住在一个房间的几个票友讲，改的太好了，立即要写下来，找不到纸，就用一个香烟盒，记下了这两句台词，他的谦虚、认真好学的态度令我感动，此事我对师兄李麟童讲了，师兄讲：“票友学戏的认真程度，有时比我们专业演员强得多。”

沈阳的演出结束，大会闭幕。我把参加画展的三大箱画装好，托曲福松先生，用厂里向威海送化妆品的货车捎回威海。我和师兄商量，“这次咱们去舟山，赵淑荣也要同去，您也带上嫂子同去吧。”师兄说：“你嫂子这大半辈子没离开沈阳，一起出去走走也好。”我说：“去吧，她和淑荣的路费、食宿我们自己花费，全当是票友参加大会。”淑荣讲：“大会结束后，我们先到苏杭玩玩，再到上海，您老俩去看孙子（李笑阳在上海艺校）。我们去探亲。”嫂子高兴极了，商定由沈阳坐火车到上海，再程江船至舟山。嫂子买了十几种途中的饮食，有酱肉、烧鸡、酱牛肉、香肠、鸡蛋、松花蛋、黄瓜、萝卜、西红柿，白酒、啤酒、饮料一应俱全，足有20斤，再加崔维章副总裁又给买了一大包水果，有樱桃、草莓、梨子等，这次赴舟山，没带演出服装，饮食却带的不少。

5月30日，我们乘上赴上海的火车，沈阳众友相送，招手告别。“6.1”乃儿童节，我们在火车上过的也很有意思，虽不是儿童，确有两个老顽童——李麟童、马少童。卧车厢里熟人好多，来沈阳参加票友活动的就有十几口，江苏的大都由上海转车。票友们在一起所说的离不开戏，有拉的、有唱的，恰巧我和我老伴卧铺对面床上，就是要求同我合演《斩经堂》的老票友，我老伴在他的上铺，这老同志主动要求换一下，他睡上铺。这怎么行，他已70多岁了，怎么能换到上面去？他一再讲，非到上铺，热情得很，实在拗不过，只好由他吧。我心里明白，这老同志为了同我合作演出，要把关系搞好，但使我们心中不安。艺友们在一起热闹得很。开饭时间到了，有的到餐车，有的自备了干粮。我和师兄嫂是自带了大量的饭菜，应有尽有，边喝边聊，边吃边谈，熟人见了就来一杯，白酒、啤酒、饮料随便，开心极了。谈得来的是上海女票友丁丽华，我看过他演的《挂帅》中棒印的一折，梅派的基础扎实，嗓子、扮相都很好，别看是票友，她还出国参加演出好几次了。俗话说三尺舞台有神灵，台上一亮一站，一张嘴，神仙、真人、混子、“柴头”即刻显形。夜深了，仍有人在唱戏，直到乘务员来制止，方才休息。

著名青年优秀演员迟小秋与马少童在展厅合影

第二天上午，麟童师兄在车上遇见列车长，又见了餐车主任，都是他的老朋友。午餐非要请我们吃饭，这顿午餐可不容易，若在宾馆里，倒也平常，可是此乃餐车。在我们沿海地区吃海味，乃之平常事，可在辽宁通江苏上海的餐车上就不容易了，好家伙，山珍海味的吃喝一通，人家还说餐车上的条件差，老师们受委屈了。我的妈呀，这叫委屈吗？！吃着丰盛的午宴，还说受委屈了，简直叫我们无言答对，只是千恩万谢。“以后若到威海，一定到舍下做客，尝尝我们胶东的海鲜。”他们也很实在，“一定一定，烟威一带的海鲜没有比。”我们回到卧铺车厢，我奇怪地问师兄“您怎么交往这么广，火车上、餐车里都有好朋友？”他笑了，“餐车上主任的师傅和我是知交，这列车长和我三儿子是好朋友，所以我们就占了光了。”这真是：仗义广交灾难少，有钱不如朋友多。

上海等船会亲朋

票友相聚欢乐多，乘车南下一路歌。

6月2日到达上海。下车后票友们纷纷离去，我们搭车直奔六号码头。谁想去舟山的船已开了，每天只有这一班船，只好买明天的船票。到售票口一看，没有舟山的站点，到电话亭打长途，和梁定海先生联系上了，原来到舟山是在定海下船。只好在上海住一宿了。梁先生问："顾和甫呢？原来讲好了，叫他带着你们。"我们都笑了，"从沈阳上车，至今未见这位先生。好吧，我们去买明天下午四时半的船票，去定海就是了。"

在六号码头附近找了旅馆。吃过晚饭，心情轻松，和师兄嫂闲聊，"今天没赶上船，倒给我们促成一个探亲访友的机会，兄嫂明天上午要去上海戏校，看孙子笑阳，我可以看看上海的老朋友。"五月的天特别长，离天黑尚早，何不打电话给表姐联系一下？但怎么也打不通；又给老朋友陆仪萍、金国贤夫妇打，也打不通。令人纳闷，取过旅馆的电话本一看，嘿，明白了，离开上海这么多年，现在上海的电话号码已是八位数了，前面加六。哈哈，加六后一播即通，表姐听到我的声音，高兴地问："你在哪里？""我在上海。"她惊喜的"天哪，你什么时候来到上海？"我讲明一切，并说这次时间太紧，不能到家看你们了。姐夫接过电话，问明我们的住处，他说：

著名京剧演员陆仪萍与马少童在上海宝石楼合影

"半个小时我们就到你们那里了。"

我高兴极了，又给陆仪萍打电话，得知她现在已离开上海京剧院，在戏校任教。接上话后，她也是惊讶的"想象不到"，讲明情况后，她决定明天上午十时，在外滩宝石楼请我们吃早茶。此事定下来后，麟童兄说"太遗憾了，我和你嫂子不能参加这个聚会，明天要去看孙子，还要请戏校的几位老朋友吃饭。"

这时，外面有人讲话，"是这个房间吗？"我一听声音就知道，"姐姐来了"。出了房门一看，果然是表姐吕金凤和姐夫杨炳炎。十余载未见，想不到在这里相逢。我向师兄嫂互相介绍，提起姓名都不陌生，非常高兴。讲明我们在沈阳演出办画展后，又要到舟山参加"迎回归演唱会"，因为香港的特首董建华是舟山人，所以这次纪念会办得很隆重。交谈到夜间十点。时间太晚了，我催表姐回去，并把在沈阳大会上送我的两大兜子化妆品、浴液、洗面奶等东西都送给了表姐，也减轻了我们的行囊。

第二天早餐后，我们和师兄嫂各自分头会友。我和淑荣到商店看到一种时髦的旅行箱子，是拉杆带滑轮的大提箱，当时这是新玩意，索性买一个赶时髦，张扬一把，260元一个。哇！这么贵？售货员吹嘘得天花乱坠，"这是牛筋布的，上海最新式的旅行滑轮提箱。"好吧，咬牙跺脚豁上了买一个，跟我多年的那个破旧的旅行箱子，也该"退休了"。又想到师哥那个提箱也够寒酸的，我俩商量也给师哥买一个，他自己肯定不舍得买，一番讨价还价，最后500元买下两只提箱。

九时许，我夫妇到了外滩预定地点，见到陆仪萍，她还是那么讲究仪表，衣服既不姣艳，也不土俗。我们经常议论陆仪萍，很少见她买毛、绸、绫、缎，只是平常布料，但很讲究式样，穿在身上朴素大方、"洋气"。我老伴讲"仪萍身条好，穿什么都好看"。我们已是十几年未见了，这次见面，她的容貌未改，似乎比过去更年轻了。

她拉着我老伴的手，亲切得不得了，一同进了外滩的宝石楼，找到桌位。哎呀，离开上海十几年，又新建了一宝石楼——东方明珠，这外滩真是旧貌换新颜了。畅述多年未见的情景，交谈中得知她爱人金国贤出差未归。她在戏校任教也很忙，女儿已上大学了。当她知道李麟童老院长不能来此聚餐，很觉遗憾。这宝石楼的南方名吃，讲究高档次的，食品制作精美的像工艺品，盘小、量少、价格贵，上海的风俗茶点按块计算，一个小包子5元，包子皮又白又亮，像玻璃纸，透明可见肉馅，五颜六色，那漂亮劲儿，叫人都舍不得吃。我们非常理解仪萍的为人处事，不惜花费招待朋友。我们几次的合作演出，都非常协调、和谐。三个人未喝酒，花了近300元，在当时一个人百元的早茶，已是很高档的了，上海人食不厌精，价格令人吃惊。最后，又带上几只透明的鸡肉馅小包子给李麟童院长。我夫妇一再道谢，并在外滩合影留念。因她下午学校还有任务，一笑而别。如今算来，又是14年未见了。

我们和兄嫂都回到旅馆，各自讲述一天的会友情况。带回来的小包子给师兄，他接过饭盒眉开眼笑，“嗬！这么漂亮的小包子，像工艺品。”说话间，两只包子下肚，也不用筷子，捏着直往嘴里送，连吃带说“好吃！太美了……哈哈没啦。”

1997年，上海著名京剧演员陆仪萍与马少童夫妇合影

我把买来的提箱送给麟童兄嫂，说“咱们拼搏了大半辈子，总是新三年、旧三年，修修补补又三年。这回咱也跟跟形势，把你那个破提箱扔了吧。”他高兴得不得了，只是说太贵了，非要给我钱。“别介，我们是送您的，不是卖提箱的；这提箱就算咱弟兄江南行的纪念吧。”师兄高兴的另有所思，“哎？你那个旧提箱呢？”“扔在旅馆的垃圾箱里了。”师兄说：“对！我这个旧的也扔在那儿。”他走后不一会回来了，手里仍是提着一个旧提箱。一看是我扔的那个，我不解地问他“您这是？”他笑了，“我去扔我那个破提箱，看看你这个提箱比我那个好多了，盛鞋还蛮好。”大伙“扑哧”一声都笑了。淑荣讲：“少童就细的要命，什么破东西都不舍得扔，师哥比少童更细，不愧是师兄弟，仔细到一块了。”他捡回我丢的这只破提箱至今十几年了，仍在他家里盛着一些旧鞋。我们这代人哪！穷日子过惯了，什么也舍不得丢掉。我常常扪心自问，这是艰苦朴素的优良传统，还是跟不上形势发展的老寒酸？工资高了，生活好了，就不要艰苦朴素了么？我坚信，任何时候贪污浪费都是犯罪！要常思世上穷人多，多少人的生活还远远不如我们哪……

旅馆门外很多小卖店，小摊连接成排，我想买一个旅行杯，摊店里各式各样，一应俱全，摊主们见了顾客，一嘴流利的上海话，抓住就不肯放，“侬请考考（你请看看）好啦。”我挑了一个不锈钢的杯子，他要180元，我扭身就走，他接着喊：“100好啦。”我看也不看要走，他拉住我，“80元你拿走。”我仍是要走，他又喊：“50元，那，侬多少钱要？还个价嘛。”“阿拉还价侬会发火得，”他拉着我，“没关系，买卖不成仁义在，要价不多，还价无少嘛，尽管回价好啦。”我笑了笑，“18元我就要”。他把头摇的像货郎鼓一样，“开玩笑，180的杯子18块？”我仍是往前走，他喊上了，“20元？”我不理他走出十几米，他喊着：“好啦！啊啦（我）卖给你啦。”我买了这个杯子，回到旅馆，师兄问：“刚买的？这摊市上的东西买不得，不杀即宰，多少钱？”我笑了，“要价180元。”他说：“看怎么样？这个旅行杯也就是80块钱。”我笑了，“哈……我还价18块钱就买了。”都说：“哎呀，十分之一的价钱，砍都不好意思砍这么多。”我说：“这摊上的东西，真不敢还价。还价他就卖。就得漫天要价，就地还钱。”

时间到了，收拾东西去码头。检票上了船，站在甲板上看着上海，越来越远了。而在上海这一天一夜，确办了很多事情，心情很好。风平浪静，带着很多好吃的，白酒、啤酒及小食品，美美地饱餐一顿。这几天真有意思，餐车上吃，船上吃，别有一番滋味。嫂子取出扑克牌式的麻将牌，我们两对老夫妇，在床铺前，把两个大提箱对成麻将桌，玩上了。这个船舱房间里还有两个旅客，看到我们的举动，都点头含笑，“哈哈，看这两对老先生，吃喝玩，谈笑风生，太潇洒了，您四位到舟山游览吗？”“不！去庆祝香港回归。”“特意到舟山庆回归？您几位是搞什么工作的？”“唱京剧的！”都笑了，“怪不得，你们的举动跟普通人不一样。”淑荣说：“是不是有点‘各路’精神？”他们南方人不懂我们胶东话，更不理解是神经不正常的意思，他们以为“各路精神”是好话了，也就说“是的各路精神，精神……”我们与他们不同的理解，又是一阵大笑。

庆回归舟山演出　逢少良童年弟兄

一觉船行六百里，五时醒来两省（江浙）间。

我大半生养成好运动的习惯，天天早晨要运动锻炼，有条件时练练基本功，腰、腿、“太极拳”，没条件就练练《二十四动》（“八段锦”及“五禽戏”，加上戏剧中“起霸”的动作糅在一起），可以原地不动的练习。既锻炼了身体，也习练了舞台基本

功。六月的天气，早晨五点多钟天已大亮，旭日出海，我登上甲板，船身稳进，海面上水平如镜。我压着腿，四下张望，一群海鸥追逐着浪花，飞翔嬉水，好一派江南景色。船员对我讲："前面就是千岛湖了"。千岛湖？眺望着由远而近的小岛，如入画景。我出生于沿海地区，对沿海风光并不陌生，而这南海风情，与胶东沿海大不一样，旭日已离开水面，碧海映照出一片金黄色。云雾尚存的远方，大小不等的小岛似绿色蘑菇，点缀了海面，我沉醉在这美好的晨曦里。

"马老师早！"我被这突来的喊声唤醒。啊？原来是舟山大会给我们派的向导，扬州的顾和甫先生。我高兴的笑了，"老顾哇，从上了火车就没见你，什么时候你也上了这条船？"他也笑了，原来他和我们上了火车后，为了节省路费未买卧铺，待到船快到定海码头了，他才露面。

上午八时许，船抵定海。登上码头，远远可见高举大牌子接站的同志，我们乘汽车直达市里金港宾馆。

整个宾馆大会全包了，有邀请的专业京剧表演艺术家、领导代表，参加演出的票友，来自北京、上海、天津、青海、云南、辽宁、山东、内蒙古等16个省市140多位。

这次演唱会由市文化宫、职工京剧之友协会举办。欢迎香港回归的演出活动，得到舟山市政府、市总工会、市文化局、外市、侨务办公室、市日报社等单位的大力支持。

午宴开始了，大厅里摆满丰盛的海味宴，来自各省的代表、艺术家及票友们欢聚一堂，宴会排场而不铺张，算是高档的工作餐。初见这南海风味的海鲜，也觉得新鲜，有一些海产品我们北海没有，如泥螺煮熟了带有甜味，还有一种龟背，鱼头鱼尾的怪鱼不知何名，我头次见这种鱼，好奇的品尝。我的评价是：南海的海产品种很多，我们那里有的，他们这里都有，但鲜度不如我们胶东沿海的水产品。另外，他们的做法，我们很不适应。他们不管什么鱼都要加梅干菜，或者用咸梅干菜的咸菜汤煮、煎（梅干菜类似我们北方的雪里红，鲜的、干的、咸的不等），搭配烹调各种菜。

下午和师兄喝茶闲聊，共同的感觉舟山这个票友联合会办的很不一般，从接站到登记，安排房间、用餐，都有专人分工负责，而全是票友们分工，有条不紊，这说明票友负责人梁定海先生及几位领导的水平，人虽不多，分工严密、明确，责任心强。我们接触的票友协会不少，而舟山的票友组织，与众不同，这说明他们的文化层次、素质和工作水平不一般，令人叹服。

这时候，会计来房间找我们，他说："梁定海先生说报销的车船票不对，少两

份；还要退回两人的房间及饭费钱。”我和师哥都笑了，“听我们解释，这次‘庆回归’演出活动，大会邀请的是李麟童、马少童，并没邀请家属。家属随我们一起来了，自然要交食宿、会务费和集体游览费，这是很正常的事。请会计把钱收回去，至于我们一起来的两名家属的车船票，更不应大会报销。”会计为难地说：“梁定海先生和会里的负责人叫我来算账，您二位又不肯，这不叫我为难么？”一再解释，会计走后不大一会，梁定海先生亲自来了，他不好意思地讲：“您二位德高望重，义务演出分文不收，马老师还赠送大会十本《马少童书画脸谱选》，一幅《还我山河》的大型画卷，我们向领导汇报后都非常感激，跨越几省来舟山为大会演出，理应有人一路照顾，况且李老师血糖高，身体不好，二位夫人同来，完全合情合理。已自备路费，我们再收食宿费，于理说不过去。”师哥讲：“我们都非常清楚，办一次演出活动很不容易，经费开支有限，我们不能给大会增添经济负担。”梁先生不好意思地说：“哎呀！老院长，我们再困难也不在于两位嫂夫人这点路途、住宿费呀，您二位也太清廉了，连普陀山游览的50元门票都交了，你们可真是毛泽东的兵啊，分的太清了。”经过一再解释，就这样了。他说：“我们舟山搞过不少次的活动，也来过不少的老艺术家，包括这次来的领导干部，我头一次遇到您二位这样的为人处事，我一定向领导汇报，宣扬你们这种品德和作风。”他还说：“今晚大家休息，他们要排练大会演出的节目《大登殿》。”

梁定海先生走后，师哥说“咱到他们排练场去，看看协会的全体艺友，以便了解一下他们的演出水平，若需要，我们就帮他们排排戏。”

晚饭后，我们这两对老夫妇，找到票友联谊会的排练场地——市工人文化宫。进了排练厅一看，文武场的位置、演员们有秩有序，观众席与舞台虽都是在平地上，但分的很清楚。我们一进门，票友们都非常惊奇，想不到我们会到他们的排练场。都礼貌地围拢过来说：“哎呀，二位老师，一夜乘船颠簸，一天的劳累，不早早休息，怎么到我们这里来了？”我和师哥都笑了，“自家人不需客气，赶快各就各位排戏，哪里不行就停下来，我们帮你们加工再排。”《大登殿》一剧，看来是他们常演的节目，比较正规，需加工的地方，大都是演员站的位置、宫女的调度等，看得出来，他们曾受过专业老师的加工排练。演完之后，他们又把开幕曲大合唱排练了一遍，是《满怀豪情迎回归》的新词儿，用老牌子“将军令”等曲牌穿插编排的，老牌子新词，颇有现实政治意义。排完之后，大家坐下来要听我们的意见。

自然是表扬为主。谈谈看法，我说：“全国各地票友很多，但票房之间，票友之间大都存在不团结的现象，有一个地方两个票房一条马路之隔，锣鼓琴音，唱段相闻，却老死不相往来。还有一个共同特点，票友队伍里主演多，配角少，零碎（小角色）龙套更难找。咱们舟山票友如此团结和谐，真是难得，特别是丫鬟宫女、龙套零碎演员，都很认真，呈现一齣戏为一盆花，‘一棵芽儿’，根、茎、叶、花，配合得非常好，这种团结一致，通力合作的精神，难能可贵呀。至于艺术水平乃无止境的，熟能生巧，由差到好，只要我们谦虚好学，不断求教于专家、老师，肯定会越演越好。”大家在热烈的气氛中散会，只等明天（6月5日）的开幕式了。

5日早饭后，我和麟童师兄在房间里喝茶，一位老票友进门，领着一位中年人来访，他说：“马老师，您看他是谁，还认识吗？”我站起来，点头致意，上下打量，不敢冒认。他笑了，“大哥！不认识了？我是少良啊。”“少良？马少良！哎呀，是铁蛋（少年时习惯称乳名）哪？”这才紧拉双手，我高兴地向麟童师兄介绍。回忆1962年，天津京剧团到烟台演出，我去向厉慧良先生学《望海楼》时，见到少良，屈指算来已是三十四年了，那时我们都是青年，如今都是花甲之人了，“时光挡不住，毕竟老下去”。相互交谈分别之后的变化，得知他的处境欠佳，从美国回来，近半年无工作，没工资等情况。当时我和师兄都很同情，并说要找天津市原文化局老刘局长谈谈，了解一下。不管如何要有工作，有饭吃。师兄承诺，如果天津剧团肯放，可以给他联系工作单位。

午饭后，在餐厅里幸会童祥苓老兄，自1992年在潍坊国际风筝会上，与他和夫人张南云相会，至今已5年之久。麟童兄和他在辽宁也是老相识，当时他夫妻离上海，到鞍山承包剧团时，曾有接触。今日幸会舟山，往日旧情历历在目，高兴之至……

大会开幕式的节目很有意思，专业艺术家有：童祥苓、李麟童、马少良和我，全是老生，缺旦角，可谓“阳盛阴衰”呀。童祥苓唱《智取威虎山》中“打虎上山”和“今日同饮庆功酒”；马少良唱《淮河营》、《空城计》；李麟童唱《奇冤报》、《文昭关》；我唱《追韩信》中“我主爷起义在芒砀”的流水及“三生有幸”的碰板二黄。

我的唱段比较麻烦，琴师是上海来的，习惯拉旦角戏，麒派戏没拉过，所以伴奏不太严；司鼓乃上海京剧院元老、著名鼓师高明亮。谢幕时，我特意把高老请上台和观众见面，并向大家介绍来自上海的高老明亮先生，台下爆发热烈的掌声。

我到台下遇见《中国京剧》杂志社的吴大维主任，他说：“这琴师太要命了，你在唱，他就找不着家了（忘了唱腔，找不到的意思），你还真不错，能对付下来。”我笑了，“上海来的琴师不会《追韩信》，倒是少有的事，好歹我怎么都能对付，这不也唱下来了。”谁知这位琴师的爱人就在我们身边，她就把我们的对话，告诉了这位琴师。此后，这位琴师找我讲："马老师，真不好意思，给您拉砸了，我原来是唱张派旦角的票友，后来改拉琴，麒派戏我一抹黑，对不起。"他的谦虚诚恳，反倒使我愧疚、自责。和吴大维主任的对话，对人家不尊重，我便圆滑的安慰他，"没关系，咱不也唱下来了吗？隔行如隔山，你是拉旦角戏的，愣叫你拉麒派老生戏，强人所难。如果叫我去唱旦角，我更不灵，下次再唱就好了。"回忆此事至今使我内疚，我和吴大维主任的对话，有伤人家的自尊，从而取得教训，以后，人前背后讲话，都要注意分寸，避免有意无意的伤害人家的自尊心。

良师艺友高明亮

这次演出，来自五湖四海的票友，可谓八仙过海，各显神通。演唱者老、中、青同台献艺，高龄75岁，年少的仅13岁。各派、各行皆全。闭幕式更为重要，要照顾到各地、各个流派，老中青有代表性的人物，组织一场闭幕式专场演出，这台戏要提前组合排练。

我原定的节目《斩经堂》出了问题，一是没有绿靠，大额子（头盔）；二是没有老旦；三是琴师拉不了。在这种情况下，只好改为《跑城》，因上海来的这些打击乐人员，对麒派戏都很陌生，只有仔细一点的排吧。我想司鼓高明亮先生是轻车熟路，谁想高老坦诚地对我说："少童，《跑城》我不熟悉，在上海京剧院，麒派戏都是鑫海（周信芳先生搭档张鑫海先生）打；我只打京派戏；况且来的下手活（指大锣、闹钹、手锣）也都不灵，咱可得好好排排。"我笑了，"您老过于谦虚了，这《跑城》您玩着就打了，肯定没问题。"他说："不、不、不！咱们戏班里的本事大小，不能吹，不灵就是不灵，因为我很少打麒派戏，你这齣《跑城》，可得好好说戏。"排戏了，我才体会到下手活差劲，高老急了，上场的小锣，上城楼的锣鼓点，波子倒板、垛板、加锣的地方，特别是高波子前面的"凤点头"，乃梆子"豹子头"改变出来的改良"凤点头"，"仓！得儿采呆呆呆仓！仓、札"。虽然高老谦虚说"不灵"，可是我感觉他还比较熟练，下手活怎么也跟不上，一遍一遍地排，高老急得出汗了，他急了，"这不要命吗！"几遍排下来，高老师说："先排到这吧，都回去'消化'一下，下午再排。"看来乐队也真是动了脑子，下午先过一遍（粗排），找重点再排，最后响排。事情就是这样，尽管乐队都是生手，有高老的鼓“掌纲”（把握），下手活儿认真、用心，最后的响排还是可以的。高老对我讲：“少童，你看这样行吗？”我不好意思了，高老乃是前辈，在上海是有名的鼓师，五虎将之一（江南五位有名的司鼓），我只有恭敬地回答：“您老守着周先生多年，我这点水平微不足道，您看行就行。”高老摇手道：“不不不，你说的不对，打鼓的、拉弦的，主要是把角儿傍严，傍周信芳要把周先生傍严，傍马少童，就要把马少童傍严。能把麟老牌的戏打严了，而打不严马少童的戏，不是好打鼓的，咱戏班里得讲这个道理，傍角就要叫角舒服，得劲儿，不论大角儿、小角儿，把角儿打严了，才算好打鼓的。”此时我词穷了，无言答对，只好赔笑地说：“你老太正直了，对艺术事业的态度一丝不苟，真是我们晚辈的榜样。”他摇头笑着说：“哎，这可不敢当，实事求是地讲，这帮下手活，也就是这个水平了，再排也好不了哪去。”他又对下手活讲：“你们总在票友队伍里充‘大爷’，好坏就这个样，人家票友也不敢说什么。可是打专业的就不行了，你们整天地充‘大个的’，这一排戏就知道了吧，麒派戏一小锣、一鉴子（皮鼓槌）都不能马虎，见识见识吧，这叫麒派……”

高老这一番话，深深地教育了我，几十年了，至今不忘。和艺友们聊戏时，也常提此事。现在有的小青年，会打两出半戏，能打几个选段，就觉得了不起了，派头比年龄大，事儿（毛病）比玩意多（技术），工资比技术高出几十倍，老师的本事学得不多，而毛病却比老师多得多。不学、不练，专门拉大旗当虎皮，“我是某某学校毕业的”、“某某人是我的先生”，实在是给老师“抹黑儿”，招骂，毁败师名。另外，现在有的名流收徒，不考查根底，不晓“择师选徒”之重要，不重德，只看条件。有的进了某个什么进修班一段时间，回来称老师，老张、老李，更少教的竟连师傅的姓氏也不屑，称呼开口就是“哎！……”我常常扪心自省，高老的这一件平常小事，令我受益终生。有人问我：“古稀之年何不收徒？”说实话，一是

1997年6月，舟山著名京剧司鼓伴奏家高明亮与马少童合影

个人技术水平有限，深恐误人子弟。二是面对梨园尊师重义的优良传统丧失殆尽的现状，退而求其次，专注于京剧脸谱等艺术门类的研究，也图个内心清净。但我牢记师训：德比艺重，传艺先传德。

屈指至今从艺63载，跟我学戏练功者，多以弟兄相称，有组织分工带教的学员，多为班上讲课，而无一个是正规仪式收的徒弟。

我谨记《三字经》上的两句话，“养不教，父之过。教不严，师之惰”。

为人一生，学艺难，修德更难；做艺人难，做德艺双优的艺人更难。

性格各异两坤生

《跑城》一剧，排练后只等闭幕式。谁想无意中得罪了一位老票友。在沈阳他听说我要到舟山演出，热心地要求陪我演《斩经堂》剧中的王兰英。谁想舟山职工京剧之友，是在苏州职工俱乐部租来的服装，服装盔头、人员、乐队都有困难，大会决定改演《跑城》，这位老票友演王兰英的愿望落空，很不满意。有的票友传话给我，这位老票友大发牢骚，他说：“为了演这个王兰英，我特意从上海请了录像、摄影师傅，而且特意带来家属等人来舟山，花了两三千元钱，王兰英也未演成……”我想他因愿望落空有意见，心情是可以理解。我找大会反映此事，最好找这位同志解释一下，免得有意见。大会负责人讲：“改戏是大会决定的，演《斩经堂》，咱们没这个条件，穿的戴的都没有，没有老旦（吴母宁氏），乐队更困难，您没看见吗？一齣《跑城》排了多少遍，若演《斩经堂》，乐队根本不行，不改戏不行。”我说：“最好大会找他谈谈。”会务组讲：“您别管了，他有意见也没办法，更怨不着您，大会决定剧目从实际出发，不能只照顾他一个人。马老师不要在意，当个什么了不起的事儿。”

此事过后，我取得一个经验，和票友们处事，讲话要非常注意，不留神就出现意见。又如：我房间对面，住着两位外地来参加演出的女老生。应该说根据她们现有的水平，已是很不容易，都下过一番工夫。她们的戏瘾都非常大，整天唱个没完，我理解她们唱不够的戏，过不足的瘾，拉的唱的都在互相过瘾。可是，夜深不停地过瘾，就影响别人休息，惹人烦。谁知这两位坤生竞争心很强。其中一位来到我房间客气半天，问我她二人谁唱的好？我说：“您二位调嗓都是《文昭关》，听得出您是学余派的，那一位是习杨派的，你俩都不错。”她又很直接地问我说：“相比之下，我俩谁唱的好？”我很难回答，便应付地说：“都挺好”。她又说：“我已50多了，她才30多岁，正是好时候，这20多年差大劲了，我俩就是同样的水平，我也是应该比她好吧？”我实在是难下结论，说她不好，肯定不满意；说她好，她会在外面把我卖出去，会对别人讲，“马老师都说我唱的比她好”。我想了想，对她讲：“你俩都有优点，也各有缺陷，应该取长补短，互相学习。你是学余派的，应该多注意尾音，收的要俏、干静。我是习麒派的，对《文昭关》这些京派戏缺乏研究，说不好，你多听听余派的唱片、录音，肯定能越唱越好。”看来她对我讲的话还算满意，笑着告辞了。

此后，另一位年轻的坤生又来了。也是叫我评价她俩谁唱得好。我说：“这几天你俩整天调《文昭关》，她学余，你学杨，都不错，各有所长。你俩应互相学习，共同提高，解决自己的不足。杨先生的优势是字头，开口音特别好听；余先生是尾音最佳，马（连良）先生的行腔大方自然、潇洒，字腹最好，所以，这三位大师的发声，行腔为‘杨头、马腹、余尾’。学派别戏，崇哪一派，都要活学，不可死谋，根据自己的条件，抓住精髓。1989年我曾写过一篇论文，发表在《甘肃戏苑》第三期上，名为《麒派魂》，就是说不管学哪一派，都要抓住他的精髓。”她又说：“她比我多唱了近三十年，同样的水平，应该是我比她好吧？”我笑了，对她讲：“学无止境，艺海无涯。我唱了大半辈子戏，仍是在学着唱，对人家的艺术，应该看优点，改正自己的缺点，千万不要自我感觉良好，总认为自己比人家强，您说对吗？”她无言以对，迎合道“是、是”，便告辞了。

我对麟童师兄讲了这二位的来访。师兄笑了，说：“啊，怪不得她俩整天地赛着唱《文昭关》呢，原来她俩是在‘较劲’、‘比粗’哇。这要怪教她们的老师，传艺未传德。”我说：“她们可能都是跟‘录师傅’（录音带、录像带）学的。”师哥笑了，“太对了，她们若来问我，我就不会像你说的那么圆滑。”

这二位坤生，还真地又先后到到麟童兄房间去要求评判，“我俩谁唱得好？”师哥的脾气诚直而坦率，干脆地说：“说真的，你俩唱的都不怎么样，盖叫天先生说‘干到老，学到老’，何况我们？你俩都缺少谦虚，感觉自己不错，回去吧！不要有我的意见，好好想想我说这些话的意思。”

后来，我们经常谈论这件事，也受教益。我在威海老年大学京剧班教学，常以此事为例教育学员，“你学戏票戏，都是爱好。精力应用在学习上，求得进步，把戏唱好。总想比某一个人，就失去学戏的目的。看不到别人的优点，总感到自己好，这样不会进步。要有自知之明。”

童祥苓意识超前

早餐时，听说送今天要童祥苓先生回上海。我想莫非家中有何要事催返？在电梯上相遇，出于关心问他：“童兄，怎么今天要回上海？”他笑着说：“对，再见！”“后天就是闭幕式，演下来咱们一起走多好，有什么要紧的事吗？”他说：“儿子胜天开了个拉面馆，我和南云都在那里帮儿子营业，我实在是出不来，可是照顾关系，又不能不来，算来在这里已三天了，很不放心他娘俩，面馆里忙不过来。”我很感兴趣地问：“这么说买卖还不错？”他自豪地“感情不错，忙的不得了，要不我怎么急于回去，你们在这里多辛苦吧。再见！”

回到房间里，我和师兄议论此事。艺术家卖拉面，似乎很多人不理解，我认为这是本事，符合形势。艺术家卖拉面怎么啦？君子取财有道，凭本事挣钱，不违法纪，能上能下，能大能小，举得起放得下，乃大丈夫也。我就不行，威海剧团砍掉后，有的朋友曾想帮我，叫我去当顾问，没有任务和定额，只是陪着客人喝茶、聊天、吃喝、游览等事，每月500元的工资，当时每月500元不算少啦！只拿工资不干活的“好汉股”我不干。我感谢朋友的好心，对生意买卖是一窍不通，特别是大连有一朋友，在威海搞房地产，要赊给我600多平方的楼房，当时一平方米才1500元给我，我可以往外卖一千六七百元一平方米。什么时候卖了，什么时候给他钱，说这叫倒手挣扣儿，我也谢绝了。我有生以来，从未做过买卖，更怕人家说：“剧团没有了，马少童没地方唱戏，改行倒腾房地产了。”死要面子活受穷。国家每月给我开工资，我怎么能再搞别的？“走穴”，搞自留，我都未干过，也干不了。

我从心里佩服童兄的魄力，能扑下身子干 ，他性格坦率，不装腔作势，特别实在。又如，前天舟山一位副市长（作家）请我们吃饭，按年龄资历，童祥苓先生应坐首席，可是他不坐，他说“这地方离空调太近，我膀子怕凉，冷风吹了受不了，我坐那边，坐哪儿都无所谓的事。”当时的宴会很随便，欢快和谐。这位副市长很有感慨地讲：“我是第一次和艺术家们一起聚餐，颇有感触，艺术家都非常随便，无拘无束，有一种文人相聚的自然气氛。如果是和一些机关干部，或者工商界的负责人在一起，餐桌上不会有这种气氛，会有一种上下级的界限，说话敬酒都呈现官场气息，不会有咱们今天这种随便自然的场面。这可能是我们领导干部本身，存在脱离群众的官气吧？今天和各位艺术家们在一起感触至深，太高兴了。”同样一件事，站在什么角度上看问题，就有不同的结论。我们这些艺人，平时无拘无束，得到这位领导的赞扬。可能换一位领导会认为：“这帮唱戏的不懂礼貌，在领导者面前无规矩，太放肆了……”不同的理解，对问题的看法绝对不会一样。我想，被领导者对领导要尊敬、有礼貌，若见领导奴颜卑色乃是虚伪。领导应平等待人，是公仆而不是老爷，若都能互相尊重，上下级关系肯定会好，工作必定顺利。领导和被领导的感情非常重要。“要人服，靠理智；要人尊敬，靠感情。”回忆此事已是十几年前的事了，但这位领导的形象、语言我记忆犹新。

普陀山高老“失踪”

6月5日，大会组织集体游普陀山。江南民谣里有两句通俗语言“家家供观音，人人敬菩萨。”普陀山乃观音菩萨的发祥地，中国四大佛教名山之一，一年四季游人不断，这次大会安排了这一活动，大家都很高兴。早饭后，集体到旅游码头乘船，到普陀山烧香观景拜观音。

码头一带摊贩很多，旅游纪念品、小工艺品好多。南方人习惯戴墨镜，也是季节的需要。我也想买一个太阳镜，一问价格几百、几十元的不等，最后60元可卖。我有点经验，不急买，沉住气，结果有人18元就买下了。我说：“听说这墨镜是用啤酒瓶子底磨出来的，戴上会把眼睛烤肿了。”他们都大笑不止，说：“可能对眼睛不好，不可能像您说的那么玄乎。”上船了，这时候卖眼镜的托着眼镜盘子跑过来了，喊着：“10元一副谁要？”都急于上船无人还价，他又喊：“8元谁要？”有人开玩笑地喊了一句，“5元我要。”谁想他回喊了一句，“卖给你。”5元买了一副眼镜，在游览船上成了笑料。师哥说：“少童在上海码头，180元的不锈钢杯子，18元就买了。”看来旅游区的摊贩，还价给十分之一二即可。

船到普陀山，在旅游公司会客室，一查人员，老艺术家高明亮不见了。马上联系海运管理部门，大喇叭高喊找高明亮先生，怎么也找不到了。高明亮先生失踪，大家都在着急。一会儿码头上来电话说："高老到普陀山未下船，又回去了，下一班船就来了。"

忽然，有人高喊："高老来啦！"大家都迎上前去，只见高老乐呵呵地下了车，大家一起进了会客室，都急于知道是怎么回事。高老不急不慢地讲："游船快到码头时，我在厕所里，服务员也没问里边有没有人，'咔嚓'一下，就把门锁上了，怎么叫也没人应声，听外面游客下船，一会儿又有人上船。服务员在忙于上船的旅客，我喊叫也没有用，等船往回返吧。不一会服务员来开门，我一把抓住他说'你把我锁在厕所里，又把我拉回去，这算怎么回事？'又找了船长讲明情况，船长说'你就是高明亮先生吗？''对呀，你怎么知道我？'船长说'哎呀！满码头的喇叭都在喊，找不到您。'我说'他把我锁在厕所里，你们只能听到喇叭喊，可是我在厕所里喊你们听不到哇。平白无故把我关了二三十分钟的禁闭。'船长赔礼道歉，把我请到船长室里说'老爷子，别着急，船往回返，马上就到。我们工作中的错误，我一定严厉处分这个船员。'我说'别价，工作中谁都会出现问题，这个船员也不是成心要把我关在厕所里，以后注意就是了。我今年已82岁了，演出中也出过错，何况这个小青年船员。'船长把这个青年船员叫过来，给我鞠躬赔礼。我拉过他的手说'不用赔礼，我又交了一个小朋友。我们舞台上出了错，观众就拍巴掌叫倒好，我也给你叫个倒好吧'。"说得大家都笑了。高老又风趣地讲："这回来普陀山可逮着了，你们就不行，我坐了来回三趟，只花一趟的船票钱，船长还请我在他办公室（船舱）里喝茶，多亏被他们把我关在厕所里。"大家都拍手大笑，高老的幽默，成为舟山票友活动中的一大趣事。

我又受了一次教育。我想，如果是我被锁在厕所里，肯定会大发雷霆，绝不会像高老这么平和幽默地处理解决，这是水平！我忽然又想起先师刘奎童先生的教诲，"事情已经发生了，人家也知道是错了，他本来就愧疚，咱又何必发脾气？没完没了地抓住不放，往往会使人家产生逆反心理，对你产生意见，引起对抗争吵，你又能如何？反而说明你没水平。在社会上，吃江湖饭，多混几年，碰碰钉子就好了……"为什么这些艺人老前辈，对人对事处理的这么圆满，心态这么好？是社会经验，是江湖上的磨炼？是水平，是德行。艺术技巧是表现在舞台上，而品德为人，却都表现在言行一举一动之中。高老的这件不平常的趣事，看似容易，而做时难。

普陀山上香烟缭绕，紫竹林中紫竹奇异，紫杆绿叶，世间少有。长毛松更是珍贵，松针有一尺二寸长，好像一撮一撮的墨绿线穗儿，美极了。我好奇地采下几根，带

回收藏。

梁定海先生和妙善长老乃难友知交，“文化大革命”期间，红卫兵把庙里百余名僧人都赶到荒山上，住窝棚，开荒种地，强逼僧人返俗。这时候梁定海先生是主任医师，也被拘禁此处改造，便和妙善长老结成知交。有些年轻的僧人受不了红卫兵的迫害折磨，就返俗离开此地，有的娶妻生子了。妙善长老坚心修行，再苦佛心不动。曾染重病，梁定海先生为他调治，度过了几年的劳改犯人的生活，终于重见天日。粉碎“四人帮”后，剩下三四十名僧人，随妙善长老重回普陀山，庙宇被破坏，成了一片废墟。在当地政府的支持下，妙老四处化缘，重建普陀山，并接受梁定海先生的建议，在普陀山上修建了一座很不错的医院，为游人香客医病保健，也给全寺院的僧人医保。几载的艰辛劳苦，如今普陀山，修建得比当年还好，妙老功德无量。

妙善长老乃当代高僧，梁定海先生引我去拜见妙老，到了禅堂妙老不在，小和尚说：“师傅不知哪里去了”。看来相会无缘，失望地出了禅堂，再游别处吧。

当时，露天观音金身正在塑绘，高架上的工匠忙个不停，谢绝参观。只好同到“不肯去观音殿”进香。

进香过程中，心念萦绕，不见妙善长老，终生之憾。想到此，便独自返回禅堂，意外幸会妙老。妙老慈祥和蔼，谈吐不凡。提到从唐朝至清代，画罗汉者，由500至16罗汉，可见之多，但没有戏剧性的脸谱罗汉。我即许下佛愿，要创绘500罗汉脸谱。当时受到妙老的鼓励和启发，他说：“京剧里面有关佛戏，菩萨、罗汉形象很多，但500罗汉同时出现则无，更无500罗汉脸谱，马先生如果敬绘500罗汉脸谱，乃功德善事。功成之时，老衲不才，愿为先生作序，圆此佛缘。”此乃我想不到，也不敢想的佛事，合十道谢，增添了决心，“在有生之年，定要破除万难，敬绘500罗汉脸谱，不达目的，死不瞑目。此次乃初次会面，谁知也是最后一次会面，可谓“一面之缘”。6年之后，我捧着书画稿件，再到普陀求方丈作序，谁知天不假年，妙老已于2002年(佛历2546年）圆寂，我悲痛之至，特到大殿礼拜进香，悼念（妙老金身塑像）。为秉承妙老遗愿，新任长老戒忍大和尚（普陀山全山总方丈）为书作序，圆此善果。

以后，定稿已逾五载，数度筹划，几经周折。感激五台山引我皈依佛门的昌明丈老，九江东林寺方丈、大安长老等佛界法师，施予教法点化，及良友鼎力相助，《五百罗汉脸谱书画篆刻集》于2009年3月出版发行。

悼禅师（一）

今朝今日结善缘，良师良友会晤难；
叩拜金身忆往事，再会文老南柯间。

悼禅师（二）

叩拜金身佛龛前，遗嘱往事著前言；
功德无量老妙善，今生难忘一面缘。

——1993年春于普陀山，叩拜妙善文老塑像，悲痛中忆昔，吟句为念。

梁定海筹办活动　庆回归圆满成功

1997年6月9日晚，大会闭幕式演出在定海“沈家门”剧场，艺术家和票友们同台演出，不分前后，穿插有序，两个娃娃小票友对唱《坐宫》；女老生《碰碑》的一折；孙元木演唱《霸王别姬》“舞剑”一折；麟童兄清唱《奇冤报》、《文昭关》选段；马少良先生清唱《空城计》、《野猪林》选段；大轴我演《徐策跑城》一折。

大会在热烈的掌声中谢幕，圆满闭幕。

在这次大会上，我结识了很多艺友，学到不少东西，演出活动中，我对梁定海先生加深了印象，他是舟山票社的副社长，演出主力，出色的一位活动家，每次演出都是他上下联系，主持操办。这次活动，他和夫人邵联英（医师）资助5000元。

看来，这个京剧票社，若没有梁定海和这几位负责人，没有主管部门领导的支持，是搞不成的。

在沈阳全国京剧票友联谊上，我曾提出票社队伍必需的三个条件，缺一不可。即：

（一）当地领导的支持；

（二）票友队伍之间的团结；

（三）专业演员的辅导和支持。

众艺友一致认为，这三个条件非常重要。几年的经验，我看还应加一条，“活动家

舟山京剧票友协会会长（活动家）梁定海与马少童合影于普陀山

们的努力和企业家的经济支援”。细想各地的票友活动，没有活动家积极的工作，没有企业家的支助，没有经费是搞不成的。

6月10日，各地的艺友纷纷离舟山返回。我和麟童兄嫂商量：“咱们大半生在院、团里工作，带团各地巡回演出，一年只能在家五六个月。如今都已退休，何不趁此机会一起逛逛苏杭？由舟山到宁波，转车去杭州游览一番。”兄嫂非常赞同。大会为嘉宾和艺术家们准备了一大包各式各样的食品。

舟山京剧票社的艺友们集体送行，在码头上，拉手送别。此后，我们保持通信关系，互相探望，成了知友。

船到宁波，我们和马少良、孙元木，安徽的陈健会长等艺友辞别下船，到了宁波火车站。

宁波直奔二州城

在宁波火车站，购好去杭州的火车票，在大厅等车。

在舟山，大会送我们每人一大包熟食，但是没有酒。于是，我到车站外买了一瓶顺德大曲。在火车站门前，突然发现一个40岁左右的妇女跟在我身后，我回头打量了她一下。这妇女留着两条辫子，搭在胸前，一身黑色人造迪卡的女西装，白衬衣的领子脏的发了黄，脸面一般，细高的个子，手里提着一个黑色拉锁旅行包。我进了车站大门的候车室，回头一看，她还跟着我。我到师兄嫂等车的座位时，这个妇女就在我们几个人中间站着。我问她："你这个人总跟着我干什么？"她说："我要跟你去!"我莫明其妙地问她："你跟我到那儿去？"她说："你到哪里，我就跟到哪里。"我严肃地说："我和你不认不识的，跟我到哪里去？"她又说："你到哪里，我就跟你到那里去。"此时已引起周围等车旅客的注意，都在注视着她，我爱人赵淑荣笑了，对她讲："你快走吧，我们不会让你跟着，快走吧！"他说："我没去处，就要跟着你们。"麟童师兄说："快走吧，若不然我们就叫警察了！"周围的旅客也都七言八语地讲："这个人真有意思，无缘无故非要死皮赖脸地跟着人家，你再不走，叫来警察就晚了……"她慢腾腾地转身而去，消失在车站的人群里。

京剧表演艺术家雪砚梅（京剧大师唐韵笙夫人）与马少童、赵淑荣于杭州合影

这件事令人猜疑，我说"看她的神态语气，不像有神经病。可能是个骗子。就这样死气白赖地跟着人家，人家就能领着她么？又能骗得了谁？"师兄说："那可没准，如果碰上个不正经的人，领着她，很可能被反咬一口，吃个大亏。"周围的人也都纷纷谈论着。

检票上车了。找到座位，开始午餐。我拿出在车站外面买的顺德大曲来，淑荣打开杯盖，抿了一点，"噗"的一口吐了，"啊，你买的什么酒，这么怪味？"嫂子也抿了一点，马上吐了，"这酒是假货！"师哥说："别喝，小心中毒！"我爱人拿过酒来，往车窗外面"乒"的一下抛出去了，大伙都笑了。我打趣地说了四句顺口溜：

弟兄双双到宁波，车站等车怪事多；

孤身女子跟着我，买来假酒不敢喝。

唐府恭拜忆韵笙

在杭州，先去拜见唐韵笙先生的夫人雪砚梅。麟童兄在沈阳同唐先生合作配戏几十年，学过不少唐派艺术，所以，这次来杭州首先要拜望唐师母。

唐师母已是82岁的高龄，但精、气、神实足。她很小学戏，武功特好，乃一代名流，很早就谢绝舞台。虽然是唐韵笙的夫人，但毫无依赖思想，自己在杭州有房子，在工厂里当工人，当年是大红大紫的大坤角，而今是普通的退休老工人。对我们的到来，她非常高兴，谈吐坦率，说自己天天早上打太极拳，舞双剑。我试了一下她这对剑，武术剑非舞台道具，足有10斤重，她亮了一下扑步，标准利落。可以想象到她年轻时，武功是何等地好。女儿雨墨和她住在一层楼的隔壁，女儿在医院工作，姑爷在企业公司里，一家人虽然收入不高，倒也和睦幸福。我们到来，要留我们在她家住宿。可是，我们这两对老两口，都住在家里很不方便。就这样，师兄嫂住在她家，我夫妇去住旅馆。

用罢家中小宴，唐师母要我在唐韵笙先生大幅照片和剧照前面，合影留念。唐先生《古城会》的照片，乃马童报急的情节，关羽的亮相，左手提斗篷，右手捋髯口的手势，引起我的注意。

记得几十年前先师刘奎童对我授艺时，讲过“关羽的捋髯与老生、武生、花脸都不一样，大拇指、二拇指和中指成八字形，无名指和小拇指虚蜷着，这才是关羽的捋髯。今见唐先生的捋髯亮相，忆先生当年的授艺，教我关羽的捋髯口的手法。几十年来我只是这样表演，也看过一些关羽戏，有的演员并非这样捋髯，但我也无甚感觉，根本不在意。今见唐韵笙先生的关羽捋髯，促忆起当年先生教我的情节，几十年过去，如今才觉得先生授艺之高深。此番来杭州，目睹唐先生关羽戏的大照片，捋髯、身段、神态，受益至深。

次日早餐后，我们这两对老夫妻一路观赏市容。到了西湖畔，过断桥，远望宝叔塔，在莲池旁拍照，乘游船瞻望四面八方，不愧是“上有天堂，下有苏杭”的美誉。我坐在船头，逆水施舟，船前涌起高高的一层浪花。船至双桥，顺流而下的鲤鱼，在船头前跃起，落在船上，我双手棒起，鲤鱼直扑棱，鳞片在阳光下金光闪烁，我顺手把它放回湖里，众人拍手欢笑，都说我好运气，鲤鱼上船好兆头。船到三潭印月、白莲湖，照相不用找角度，四面如画，八方美景，怎么取镜头都好看，我的诗兴大发，打油一首为念：

游湖戏鲤　七律

三潭印月八面景，一湖银波十里天；
白莲紫荷叶如伞，游艇冲浪鲤跃船。

湖心亭　吟对

山东东北东方客①，西湖湖中湖心亭。

【注释】

①麟童师兄嫂来自沈阳，我们俩是威海，皆为北方人。

离开西湖游览区，到栖霞岭下，朝拜岳王庙（岳飞庙）。我演过几出宋代岳飞的戏，如《挑滑车》中之高崇、《汤怀尽忠》中之汤怀、《风波亭》和《八大锤》中之岳飞、《疯僧扫秦》的疯僧。几十年来唱过不少岳飞戏，特别是1980年，又写过四本连台本戏的《岳飞传》。对岳王深怀崇敬之情，一定要到岳王庙进香拜像。

进景区后，先看到庙外跪着的四大奸臣像，游人皆指斥三男一女，宋代的“四人帮”，要不是铁铸的，早就被人砸碎了。忠奸对比，可谓“青山有幸埋忠骨，白铁无辜铸佞臣”。我想世上的人和事，往往是当时权势在手，很少有人敢于评贬，难以定论，正确结论只有后世人公论，所以说，为人处事要经得起历史检验。列国时期，卫国的大殿下季子的“事非只有后世人公论也”，至今还是至理名言。我演过《二子乘舟》剧中的季子，当时对这句台词无甚感觉，如今倍感此话精辟。

瞻仰岳王庙感慨至深，不自觉地拿出记事本儿，坐于庙前石基，写下8句：

忠奸诵贬

精忠保国①经百战，大破金兵牛头山②；
功高盖世遭磨难③，除夕风波④千古冤；
岳王忠魄千古传，秦桧奸党⑤臭万年；
古今历代多少事，后世公论评忠奸。

【注释】

①《岳母刺字》于岳飞背上“精忠保国”；②《挑滑车》大战头山；③假圣旨、假金牌调岳飞回朝。受非刑，剥皮靠（即麻皮沾胶贴于背上，硬固后连皮带肉一起撕下）；④岳飞在除夕雨夜，于风波亭三绞非命；⑤以秦桧为首及其妻王氏、张俊、万俟高四人结党的权奸。

久闻灵隐寺中，大雄宝殿里的罗汉塑像特别好，济公的塑像是哭笑脸，左面看是笑脸，右面看是哭脸。至今我还收藏着三本济公活佛连台本戏的剧本。我绘画的十八罗汉脸谱已出版，如今正在创绘五百罗汉，所以，主要是到寺院看罗汉像，以助我构思绘画。师兄说：“少童，为了看罗汉，你们去烧香，我在庙外睡一觉。”看来，师兄也真的累了，我们进庙，嫂子和淑荣烧香拜佛，我就直奔大雄宝殿看罗汉像。瞻仰整个灵隐寺，范围浩大，地形位置均佳，久闻中国名寺灵隐，话不虚传：

灵隐寺

西湖以西建寺院①，北靠高山南飞来②；
灵隐原是云林寺③，东晋高僧④筑庙台；
哭笑两面⑤济颠僧，风调雨顺⑥左右排；
大雄宝殿阿罗汉⑦，合十叩首拜如来⑧。

【注释】

①灵隐寺位于西湖边。②背靠北山，南面是飞来峰。③原名云林禅寺。④相传东晋时，印度高僧慧立创建寺院，取名灵隐寺。⑤济公哭笑脸，形象特异，乃之名塑。⑥四大天王即：摩里青、摩里红、摩里海、摩里寿，执法风调雨顺。⑦即罗汉堂。⑧佛礼双手合十，如来即释迦牟尼佛。

叩拜佛像之后，出了山门，看师兄甜睡在大石条上。听我们都回来了，他坐起身来，笑了，风趣地讲“你们都逛完了？我这一小觉，美极啦。”

在旅店附近，有几个大大的茶子招牌，中国龙井茶的产地好多，但最地道的乃是杭州龙井村，有近千年历史。今来此地，焉能不买龙井茶？我进了茶庄，售货员全是慈眉善目、干净利落的老者，和气而有礼貌。送上一杯清香的龙井茶，“请品尝”，在这种气氛中，不买他的茶，就不好意思走。专看龙井茶就有五六种，我逐一用小茶盅闻品，价钱不等。茶乡茶店的茶具非常讲究，锡制的大茶罐子，似一个个的小水缸，用竹叶子补里子。龙井茶叶要碧绿色有亮光，叶薄而轻，闻有清香味为好。最后我挑选了38

元1斤的龙井。这种龙井在威海茶店里少说也要68元，回家送人，这可是杭州龙井产地的地道货。

次日清晨，我们辞别唐师母，乘火车直到苏州。下车后，在御驾桥找了旅馆，我和师兄又买了水果礼物，去探望唐二师母家。师母染病在床，瘦成骨头架子，神智却还清醒，清楚地认出师兄。她女儿是工人，下班回来，见我们到来，客气了一番，我们就告辞了。

回到旅馆，师兄谈起敌伪时期，唐韵笙先生前后有三房夫人，这位二夫人，年轻漂亮，日常伺候唐先生，体贴关心，唯命是听。唐先生去世，这两位夫人，杭州一个，苏州一个，这生活条件，今昔相比，天壤之别……惨哪！

次日早餐后到虎丘，这里景观颇多。后山有十几米的卧佛像，有人造冰城等景观。最感兴趣的“翠竹林”，绿竹遮天，老竹直径能有一尺，林中有一个草舍“翠竹轩”，屋后的美人蕉两丈多高，大树叶子可当凉席用。这里的水土、气候决定了生长出这种植物，在我们北方是不可能有这样茂盛的植物。照相时不知哪个景致好，因为四面八方的风景都非常美。留一水词对联：

翠竹钻天撑天柱，芭蕉盖地补地席。

在小茶楼里喝一杯扣碗茶，名曰“乌龙珠”。问其何以命名，老板讲“乌龙、龙井、珠兰，三种茶叶勾兑而得名”。茶好水更好，才有这样的清香怡人的气息。

虎丘山寺里的古塔，年代久远，几经沧桑，塔身已有明显地倾斜。我们两对老夫妻八只眼，看不尽的景观，李白祠、苏楼、五贤祠，典故繁多，仅挑几个重点，记录吟句为念：

诗家词楼

虎丘祠堂①白居易，李白②诗词传后世；
万历③修造五贤祠，重建苏楼④清康熙。

【注释】

①白居易祠堂。②李白曾任苏州刺史，留诗传世。③明朝万历皇帝建庙，韦应物、白居易、刘禹锡、王禹偁、苏轼五位名人，都任过苏州刺史。④苏楼原名东坡楼，始造于宋，清康熙皇帝重修，题匾出联。

观不尽的名胜古迹，忙坏了“照相机”，照了几个卷，我高兴的是游览中，学到不少历史知识，也有物质收获，我和师兄到文庙碑廊，瞻仰古今名家碑文、壁画；又到文化市场古董摊，发现一本罗汉照片，棒过来一看，是《紫金庵古塑罗汉》，乃赵朴初先生题名，共20张精致彩绘，3樽如来，20诸天及18罗汉照片，附有中、英、日3国文字简介，绵绫装裱书盒、骨签，十分精致。我想紫金庵和这些塑像均在“文化大革命”中毁为齑粉。这套附有三国文字的罗汉、如来照片，可谓珍贵佛学资料，罕见难得。问其价钱，要60“大顺”。我想60元实在便宜，100元我也要，故意和他开玩笑，伸手用手势还价，么发（十八），他说：“太少了，你再添添。”我说：“那就么么发”（二十八），他笑着说：“借您吉言。不瞒您说，我从早晨到现在未开张，您老先生好口才，也算咱们有缘。这本罗汉相册，我摆在这里快两年了，都晒旧了，今天遇上识珍的了。”我说：“晒得发黄了更好，显得年久有古味。”他笑了，“好好好，您看还喜欢什么？挑两样。”我回答说：“这一件足够了，这些留着在您这儿发财吧。”这桩买卖的成交，始终非常和谐，师哥笑着问我：“你俩像说相声似的，拉了半天，买了这么几张照片，还28元，8元钱我都不要。”我说：“我的师哥呀，这盒照片太有价值啦，紫金庵已不存在了，这套罗汉照片乃唐代塑像，又有赵樸初先生的题字，花多少钱也买不到这份宝贵资料，咱们今天算是捡了个‘漏’。”“什么楼？”“就是捡了个便宜，28元买了件近代文物。”师兄笑了，“在碑林里，你一个劲地看墙上的碑文，如迷如痴的看个没完，这大热天的，真有耐性啊，我在那大门洞里，摇着扇子还出汗，看你那认真的劲儿，比看好角儿的戏还认真。”我也笑了，“实际这些古今的书画家都是‘好角儿’，书画界的好角儿、名家、大师呀！我最高兴的一件事，是文征明写的‘登天难求人更难’，20几年前，我就见过这幅碑拓的中堂，但始终不知此碑立于何处，今天看到了。原来这幅中堂名书、名句的实物古碑，在这苏州文庙的碑廊里，20多年来未找到的根据，在这里找到了，岂不是一件喜事、奇遇！”可能师哥看我这痴呆样子很可笑，他摇着扇子看着我，“你呀！哈哈哈……”

我们晚间议定：既然来到苏杭，顺便再去趟无锡看太湖。我的心情非常好，找到了20多年来寻觅不到的文征明书法的出处；文物摊上捡漏购得一宝。但也有不足和遗憾，为我画了几年的《和合二圣》、《欢天喜地》的四尺中堂，内中的寒山，拾得大士，就在这苏州阊门外十里的枫桥镇，寒山寺中。清朝战火毁坏失修，唐代诗人张继曾题诗《枫桥夜泊》，又有天宝进士张继的《枫桥夜泊》名诗佳句：月落乌啼霜满天，江枫渔火对愁眠；姑苏城外寒山寺，夜半钟声到客船。

看来这次来苏州，是无缘到寒山寺了。

同韵合句

月明星稀酷暑天，凝思遗憾难入眠；

欲拜枫桥寒山寺，此愿不知待何年。

—— 1997年6月中旬晚11时，于苏州旅馆作句。

未去况公祠，也感遗憾，此处不甚有名，但对我们搞戏剧工作的影响极深，明代有一大冤案——《十五贯》，况公即剧中的杭州知府况钟。我自我安慰，天下景观之多，永远也看不遍。人生一世多遗憾！但是，下次若再到此，一定要到寒山寺和况公祠。

无锡购物有得失

火车到无锡，先找旅馆。南方六月炎热，旅游属于淡季，在交通方便处找了旅馆，一切条件尚好。

当天去逛公园。摩涯佛像好多，均是混泥土塑造，不感兴趣，这里的杜鹃花非常茂盛，满山遍野，大毛叶杜鹃，品种类型颇多。

京剧里有关太湖的故事戏很多，如：《太湖英雄》、《谢瑶环》等。今到无锡，定要游览太湖，增加典故知识。第二天早上不到4点，楼下窗外就吵闹起来，这是什么事儿？我在楼窗上往外一看，原来楼下是早市批发市场。人喊马叫，吵翻了天，不到6点，我们都起来了。

师哥说："咱们挑了半天旅馆，挑在大集闹市里了，早饭后赶快找地儿搬家。"我说："窗外车水马龙，吵得心烦头痛，一定要搬家！"

早饭后，我两口子在街上找到一家旅社，非常干净，这里旅客很少。回去结账，安排好了去游太湖。

一切顺利上了旅游艇，回顾风景非常美，往水面一看，哎呀，这水混的像绿色稀粥，远不如我们威海的刘公岛，海水清澈见底，清爽舒畅。在这里，手中的扇子不能停，烈日炎炎，不戴墨镜睁不开眼睛。船进太湖岛，岛上工程浩大，重点就是一幢大庙式的高楼。转着五层宽走廊，廊壁上全是浮雕和壁画，封神榜上的人物全有，正中一尊玉皇大帝，有5层楼高，进了大门，想照个全身神像很困难，因一层大殿相机跨不过来，我上了3层楼，照了一张半身玉皇像。岛子上除此楼群，也无甚特殊的景观，我转了一下，看到泥瓦匠雕塑师，都在忙于其他小殿堂，原来这里正在修建当中，整个工程还需很长的时间。

不用3小时，已游览完毕。

出了太湖，又坐上空中高架铁轨3华里的小火车。久闻无锡太湖，今日到此，很觉一般，真是观景不如闻景。

无锡宜兴紫砂陶器很多，师兄叫我帮他挑两套紫砂壶，回沈阳送老友。我对紫砂也很感兴趣，走了几家摊店，开始挑选、讲价，我挑了一个黑砂（驴皮砂），歪把茶壶60元。师兄买了两套紫砂八件套（一壶四碗四盘），80元一套，柜台上，地上挑过的总有30余套。这老板很和气看我们挑选，他考我了，“先生，我一天遇上你这么两位客户，这铺子就摆不下了，您都以什么标准挑？”我笑了，“一挑壶外表棱角工整、平匀；二挑壶嘴和盖，手把成一线；三挑壶盖和壶口的严密，不透风；四挑盖上的气眼圆而平；五挑壶内镂空大小平匀，倒水流畅。所以，我看的多，满意的少，挑这三把壶，也没有符合我这五个标准的。”这老板跷起大拇指说：“我碰到行家了。不瞒二位先生说，我在这里经营了20多年了，头一次碰上二位这样内行的。”我说：“别棒我，我也是一知半解。”我又看好了他一个大墨洗，直径一尺二寸，紫砂内挂釉，盆中间有一条墨绿色的龙，龙口和肚下有通空，装上水若在水里涮笔，龙嘴可以吐出墨水，这个墨洗太好了，要价160元，可以80元卖给我，我考虑再三，体积太大，没法带。此物未买，遗憾至今，十几年了，我还想着这件东西。

师兄非常高兴，“今天这壶咱算买着了，差点把他的货架子搬空了。他说他20多年未遇上咱俩这样内行买壶的。”我笑了，“听他的？买卖口，无量斗，他那是棒咱们。不管怎么说，这壶不算贵，若在沈阳，这一套就需100多吧。”

心情非常好，到旅馆脱衣裳时，师哥发现衬衫小口袋里的水晶眼镜没了，“哎呀！准是弯腰钻路障时掉了。”我撒腿就往外跑，找了一路，直到买壶的店铺，哪里还有水晶眼镜？买壶赚了点小便宜，掉这个水晶眼镜300多元，有得有失，失比得大。师哥自我安慰地讲“破财免灾，从沈阳带出来的眼镜，过了舟山，苏杭，不想丢在无锡了。”一笑了之。

在无锡听到一个小典故，有一位华侨来无锡出了一个上联，“无锡，锡山山无锡”。长时间未遇对联之人，下联空着，我想了半天也未对上。谁想三年后，我在昌乐图书馆馆长韩世昌那里找到答案，听说此联已被人对上了，下联对得工整相称。上联是“无锡，锡山山无锡”，下联对“平湖，湖水水平湖”。叹曰：自愧愚拙学术浅，文坛雅才超人多。

在无锡，往返的火车票买不到，要到上海才能买烟台、沈阳的车票。于是我打电话给上海的炳炎姐夫，他说：“你们来上海吧，在这里玩几天，购卧铺票由他负责。”也只好返上海了。这个旅社靠铁路太近，一晚上火车汽笛尖叫，火车行驶如地震，蚊子乱碰头，不怕蚊香，这一晚上闹腾的哭笑不得，原先嫌那个旅馆不好，换这个还不如那个，好容易盼到天亮。

无锡夜宿 吟句

车行如雷床铺震，蚊虫轰轰要吃人；
无锡多事皆不顺，花钱遭罪甚挠心。

我们乘上旅游高档火车，顺利抵达上海。原来在电话里和炳炎姐夫订好了的，他在火车站接我们。我们出了三号站口，怎么未见姐夫接我们？下车有点懵了。师兄说：“先别急，沉住气，等一下。”看着下车的旅客都快走光了，远远望见炳炎姐夫，“啊，你们在三号出口，我在六号出口等，总算接着了。”姐夫请师兄家中吃饭，可是师兄嫂急于去艺校看孙子笑阳，也不愿给姐夫添麻烦，就在这里分手，我们结束了近一月共同的旅游生活，他们打上车直奔上海戏校去了。

我们到了表姐家，三个外甥女和外甥夫妻大团聚，高兴极了。全家人难得一聚，说个没完。上海的住房特别紧张，我最不习惯的是坐便桶，半华里的公共厕所还要排队挨号，如果是闹肚子，就麻烦了。

第二天我们结伴到豫园、南京路玩一上午，我夫妇一向不愿逛商店，愿到寺庙庵堂，表姐是佛教徒，第二天五点多钟就陪我们到玉佛寺，天下着小雨，远远看见玉佛寺外烧香的人，打着雨伞排着队，足有半华里远。好容易进了寺院，只见香客教徒挤满了院内的各个角落，买香纸的人也挨号，遍地的硬币、纸币无一人偷捡，他们讲，这玉佛寺历年来未遇一个偷盗、调戏妇女的不法分子。可见这佛学教化的威力。我就在寺院里转了一圈，主要是瞻仰雕塑佛像，增加我创绘罗汉脸谱的思路。

登上楼阁，随着长队瞻仰玉佛法身。这尊玉佛，据说是印度引进的，卧佛的印堂眉心处，有一颗玉米粒大、闪闪发光的钻石，世上罕见的玉佛，我开了眼界。

功德箱是现代化的，里面有电动翻板，香客投进钱币自动翻转。蜡烛香纸，点上扔进大鼎的铁盘子里，蜡油流漏到下面大铁盆里，小和尚把一盆盆的蜡油，抬到后面加工成蜡烛，再送到庙内小卖部去卖，这样循环不停的流水制作售出，收入非常可观。这里有职业和尚，佛学院毕业的大学生，佛学知识、素质都很高，每天上下班，上班更衣换僧服。据说玉佛寺每天平均收入7万多元，比一个百货公司一天的收入还多，可见玉佛寺香火之盛，信徒香客之多。我深深体会到佛教的威力，在人们心中的信仰，用强制、压力是无法比拟的。

离沪载誉返山东

在表姐家住了两天，第三天离沪。我躺在火车卧铺上，回忆此行。由沈阳到上海，到舟山、宁波、苏杭、无锡，又返回上海，20多天的旅程，收获颇丰。记句为念：

畅游

欢庆回归赴舟山，普陀敬香进禅院；
敬绘五百阿罗汉，拜会高僧老妙善；
人生处事皆由缘，济德施善种福田；
苏杭无锡进太湖，二童伴妻[①]游江南。

【注释】

①沈阳李麟童妻关英莲，山东马少童妻赵淑荣。

合肥三届票友节 良师艺友王琴生

10月初接到“第三届中国京剧票友节”组委会邀请函。9日我和老伴赵淑荣到合肥，参加“第三届中国京剧票友节”。本界票友节不评奖，主要是“第二届中国京剧票友节”组委会举行颁奖仪式。约我在闭幕式上演一齣《徐策跑城》。车到合肥，早有专车接站，将我们送到宾馆，条件特好。但是这里的气候却和威海相差很大，威海要穿春秋衣裤了，而这里比威海的夏天还热。

第二天上午，师兄李麒童、嫂子关英莲来到剧场门前，弟兄见面特别高兴。哈哈！师兄戴着礼帽，一身黑风衣；嫂子穿着羊毛衫，完全是初冬的衣着，一看就知道是关东来的。他俩讲：“我们还带着棉衣呢！”见者无不发笑。见到曲福松总经理，崔维章董事长，及沈阳职工京剧团的演职员等老友。特别高兴的是，又见到王琴生先生，我们住在一层楼上。天将近午，同到餐厅，我特为王老点了两个菜，米粉肉、熘虾仁，他哈哈大笑，“我最爱吃的这两个菜，您还想着？”我也笑了，“只要有这两个菜，其他您一概不管，我们吃面条、花卷，您还是烤馒头抹大黄奶油，对吗？”王老高兴得直拍我的胳膊，“太棒了，知我者少童也！”李维康、耿其昌二位，由北京乘机飞来。这次第二届票友大赛的评委来的不多，有王琴生、李国粹、李维康、李妙春、赵永仁、耿基昌、我和师兄等九人。王晶华、云燕铭、吕东明、李慧芳、高牧坤、诸世芬六位未到。

12日一早，我和麒童师兄商量：住这个五星级的宾馆太贵，优惠价每天还500多元，这样6天下来，咱们住宿费就要近7000元，不仅曲总开支太大，咱们也脱离群众。大会安排其他来宾住的旅社，每人一天100元，条件也不错，干脆咱们也搬到大会包的那个旅社去。既省钱，又能和大会人员住在一起。师兄说：“搬到那面去，你嫂子和弟妹住到各地票友那个旅社里也很好。王老（琴生）若愿意和咱们一起住，帮他把东西拿过去。他是老艺术家，愿意住这儿，就随他。”于是我们到他房间讲明情况，王先生非常同意跟我们一起搬过去。我们说：“您是前辈，老艺术家，那面的条件不如这里，这是五星级，那里没有星，要不您老就住在这里吧。”王老风趣地说：“别价，小弟焉能脱离二位仁兄，愿随二位仁兄一同前往。”他像演戏一样的腔调加表情，逗得我们拍手大笑。我马上帮他收拾提包，辞了这五星级的宾馆，票友们帮我们提着提包等物，同往大会旅社。把王老的包送到他房间里，还有一位提着他的一个提包，以为是我们的，就送到我们房间里，放在大窗台上，拉开窗帘把提包挡上了，谁也没在意。我到王老房间一看，人呢？问起左右房间几人，都说未见王老。坏了，准是在过马路时没跟上，三帮人分头去找。总算找到了，只见他乐呵呵的摇着纸扇。风趣地讲："过了马路看前面几个人，上前一看，不是你们，右拐吧，好家伙，出去半里还不见你们，我正在纳闷，看见了他们，这才把我领回来了，原来我走的方向是和你们是背道而驰呀！"说的众人都笑了，王老虽然85岁的高龄，精气神特别足，语言风趣，平易近人，一点架子没有。对他说："马老师、李老师住一屋，您老一个人住这个屋，您快到屋里休息吧。"王老又问："您二位的夫人呢？"师哥说："咱们是被邀请的评委，家属不能和我们一样，他俩和票友们住在一起。"王老到他房间里去一看，"您哥俩住一间，我自己住一间，这不闹特殊了么？"在他屋里看了一圈，"啊！我的提包呢？"都不知道，怎么王老的提包没啦，他又说："我看见有人给我拿着提包在前面走。"五六个人一通好找，没有。王老突然把大纱窗帘子一掀找出来了，他像演戏一样的念叨："这是什么？"用手指着我和师哥喊："嘟！啊嘟，再给你一个嘟！"乐呵呵的把提包拿到他屋里去了。都说"王老85岁的高龄，却是58岁的心态，老顽童！"

摄影家王敦先、马少童与著名京剧表演艺术家王琴生先生合影

没事我们总到王老屋里聊戏。他非常健谈，对舞台艺术毫不保守，最难得的是他这个年龄和资历，高深的艺术水平，特别谦虚好学，我们聊天总带着笔和记录本，从他的谈话中可学到不少东西，有两件事我受益至深。

第一件事是研讨《辕门斩子》最后六郎延昭的下场。

所见者大多是延昭白“焦孟二将：掸扫将台，吉日发兵，打破天门去者！”尾声。

王老讲：“原来谭（鑫培）老夫子，下场有四句唱，（白）焦孟二将，准备吉日发兵，大破天门去者。（唱散板）到明日南清宫赔礼恭敬，二堂上见老娘再献殷勤。焦孟将扫将台列队齐正，等五哥下山来大破天门。”

我们都翘指叫好，他接着说：“这四句唱道出四件大事：一是贤爷讲情不准，将白龙马削去四蹄，已失君臣礼节，要去请罪；二是太君讲情不准，太君气恼哭啼而去，为子者，也应到母亲台前赔罪，殷勤一番，为母消气；三是打扫校场，兵将严阵以待；四是降龙木已有，等五郎杨延德下山配上斧把儿，大破天门阵。唱完这四句四击头中，六郎同焦孟二将亮相，尾声，紧急风下。”

太好了，我和师哥都记在本上。如今所有唱《斩子》的，不论那一派，都没有这四句唱，唯有李慧芳老师唱最后的两句。

这四句如此贴体，特别适合剧情的唱词，继谭鑫培老夫子之后，不知何时，何人，因何把这四句唱词删掉了？真是不该，大不该呀！

第二件事是王老的谦虚好学，艺界少见。说的是我演的《徐策跑城》，前一折《举鼎观画》（也叫《双狮图》）中，薛蛟搬兵下场，最后徐策的四句唱，王鸿寿（老三麻子）先生徽班原路唱波子。京派谭（富英）、余（叔岩）、马（连良）等各派都演此剧，都唱二簧散板。京、海两派的板式不同，但台词基本相同，都是四句水词儿。

一见我儿跨能行，好似抖弓放刁翎；
悲悲切切府门进，但愿搬兵早回程。

在上海、江苏我和李慧芳老师合作时，六折联演，《大闹花灯》、《法场换子》、《薛刚招亲》、《举鼎观画》、《徐策跑城》、《祭坟报仇》为《全部徐策》，师叔刘斌昆看后，教我把《举鼎观画》中的最后四句水词改为，薛蛟下场行泫后哭头，再唱泼子，

燕子啣泥空费力，羽毛长齐任他飞；
为忠良继后代舍子情意，冤冤相报总有期。

王老拍腿叫好，并说："斌昆先生教你这四句太好了，现在已没人能把三老板（王鸿寿）所唱的原词，记的这么准的。"我又补充了一句，"老叔（斌昆）说这四句是三老板原词无误，因为老叔童年曾配三老板演《举鼎观画》的书童。"

王老和师兄说"这绝对是真传，这四句我要记下来"，立即写于纸上备忘。这件事对我教育至深，这些老艺术家对艺术的认真态度，实乃我们的楷模。正如盖（叫天）老所说"干到老，学到老哇"！陈毅老总在杭州，曾为盖老题联，赞扬盖派艺术：

英名盖世《三岔口》，震撼江南活《武松》。

盖老谦虚地自书横联——"还得学"。看！这些大家、名流如此的谦虚、认真、好学，我们岂在话下？他们的艺术，他们的为人品德，恐怕我们一生也学不了。几天来和王琴生先生接触较多，类似这些情节很多，我在与他的聊天闲谈中，吸取了不少"营养"。在这里所接触的人，都是讲戏，论艺，令人高兴。

大会期间，北京的几位朋友忙中偷闲，要去黄山游览，当晚出发，第二天游一天黄山，夜间赶回来，问我和麟童师兄去不去？机会难得，我还真想去，在王老房间里，不在意地问了一句，"王老，我们要到黄山游览，一天的空，您去不？"他说："你俩去吗？""我想随他们去"。王老又逗乐了，"二位仁兄前往，小弟焉能不去。"这时师兄使眼色给我，不要我再说了，我只好圆滑一下说："看看他们怎么定的，怎么走，如果车坐不下就不能去了。"回到房间里师兄说："这老爷子太好动了，黄山也去，如果有个闪失，那还了得，他毕竟是80多岁了，为了他的安全，咱俩也别去了，出点事咱们担不起呀。"师哥比我想得周到，于是我去对王老讲："车里坐不下，明天咱们评委可能要开会，黄山去不了啦。"王老把手一摇，说："无所谓，不去就不去，咱们一起聊天比什么都开心。"通过这件事可以证明他的心态，一切事儿都非常随和。

10 月12日，合肥市最大的剧场——安徽剧院门前广场上，人海如潮，艺友相逢亲热交谈，剧院门脸上四个巨大的脸谱，彩带气球，热闹气氛胜过年节。9时正式开会，安徽省副书记方兆祥宣布"第三届中国京剧票友节"开幕，组委会主任苏移、陈健分别致词，感谢各地到会的专家及票友，希望海内外京剧票友团结起来，为继承、发扬民族优秀文化，振兴京剧，作出更大的贡献。大会从开幕当天起，每日三场，演出了27场戏，前后有400多人登台演出，小票友仅4岁，老专家86岁。这次大会人员之多，演出水平之高。众多的流派争奇斗艳。票友们有条件的投名师，拜专业先生教授，没有条件的靠录音带，光碟学习，他们的苦学钻研，花费大量的时间和财力，实乃难能可贵。

大会期间成功的举行了第二届票友节的颁奖仪式，有中国艺术研究院常务副院长

曲学海为大会颁奖。第二届中国京剧票友奖的奖项：

中国京剧名票20名；

中国京剧优秀青年票友20名；

中国京剧票界活动家30名；

中国京剧优秀票社50个；

中国京剧票友导师14名。

曲富松先生获特殊贡献的金鼎奖。

票友大会为艺术家等专业演员颁奖，乃之戏剧史上空前的一大创举。

颁奖大会，有辽宁职工京剧团联合推出的一台精彩节目。戏票被票贩子垄断了，把票价抬到几十元一张，1700人的剧场，来了2000多人，通道全部站满了观众。剧场外面还有几百观众进不了剧场，焦急地呼喊着，场内外一片沸腾的景象。演出大都是彩唱和折子戏。

青年女老生袁丽演唱《乌盆记》；

梁宇春演唱《女起解》的苏三；

高一凡演唱《探阴山》的包公；

田晶演唱《龙凤呈祥》中孙尚香的慢板；

崔维章演唱《逍遥津》的汉显帝；

曲福松演唱《借东风》一折；

李国粹演出《贵妃醉酒》一折；

马少童演唱《徐策跑城》一折；

李麟童彩唱《文昭关》；

王琴生清唱《打渔杀家》；

耿其昌、李维康夫妇，自带伴奏带，每人两段，台下掌声欢呼，要求再唱，下不来了，结果加单唱和对唱，每人唱了四段。

演出结束后，观众久久不肯离场，台上台下一片欢腾，献花、录像、合影。观众们纷纷的议论“这场戏太过瘾了，长这么大，头一次遇上这么多的好角来合肥，真过瘾呐……”

第三届票友节胜利闭幕。各地来的票友尚未尽兴，自发的聚会组织，又加演两场，纯是各地票友演出。

忙坏了新闻界的记者和影视宣传人员。大会的通讯，报纸，发刊特快。书店配合

得非常好，剧本、资料、纪念章、戏剧工艺品非常多，票友和专业团结气氛很浓，也属空前。

山东名票黄楚白 剧场大厅学《跑城》

会后不少朋友找我交谈、合影，特别是我们山东的老乡，青岛胶州的名票黄楚白先生，大会上他演《跑城》。票友演这出戏很不容易，因为动作技巧较多，袍带、髯口、水袖、厚底都比较吃功夫，载歌载舞，难度较大。黄先生演出得比较圆满，这说明他是下过一番工夫。他演完《跑城》下来，我就到后台为他祝贺演出成功。在颁奖大会上我演完《跑城》后，他要求我教他。我认为各人有个人的演法，况且他比我年长，不好意思。可是他诚心实意要学。这说明他虚心好学。我以交流的态度给他加工，在休息厅里说了三次戏，把我演的路子讲给他听，走出身段给他看，他虽是票友，但有一定的水平。而且会戏不少，每年他在当地（胶州）要办一场专场演出，京、海两派的戏都唱。

我们成了艺友知交，经常书来信往，探讨有关戏剧方面的技艺理论，我虽知之不多，但只要我知道的就直言不讳，对朋友以诚相待。

脸谱摊上吴君瑞　承认女徒假成真

演出期间，安徽剧院的大门庭里左首有一个很大的摊位，专卖京剧脸谱，是纸壳制成，绘画之后喷油漆，成为一种高雅美观的工艺品；摊位的墙上挂满各式各样，大小不等的京剧脸谱，门庭里的陶瓷、印刷等工艺品，都不如这个脸谱摊位的吸引力大，围满了票友观众，我也在人群里仔细的欣赏。脸谱的绘画，比较规范，只是有的笔画的位置不太准确，有带盔挂髯的，髯口混同，札髯和满髯混同，有的花脸带着老生的三绺。这证明绘画者不懂京剧——外行。摊位上面有个大横幅的标题，上书“马少童先生亲授京剧脸谱艺术”，我看了看摆摊的老板，老者六十多岁的样子，女的二十四五左右，父女二人忙着出售，生意不错。熟人看了大横标语问我，“这是您教的徒弟”？被我制止，“不要讲，不要搅了人家的生意”，我过去点头致意问他“老先生贵姓，府上是哪里？”他给了我一个名片，上面印着一个焦赞脸谱，背面书名吴君瑞，山东济南。是我的老乡，“吴先生，您跟马少童很熟吗？”他自信地讲：“那是，马少童先生是我们山东人，脸谱专家，这些脸谱都是马先生教我们画的。”我笑了，对他说：“我非常了解马少童，他好画脸谱，但他不是什么专家。”谁想他急了，“怎么不是专家？你看我这里还有马先生的《脸谱集》。中央台，我们山东省电台经常播放他的作品，怎么不是专家？”我笑了，又问他：“看来您这买卖还不错？”他自豪地讲：“这是国粹艺术，你看这四天就收入七八千块。我们山东的庙会特别多，哪一次庙会也卖几千块，不客气说我这纸壳脸谱山东头一份，放在地下，上去一个人都踩不蹋。”我拱手祝贺，“祝愿您发财。”在场的票友都认识我，在我和他对话时众人在听，笑而不言。我离开摊位走后，他们对他讲：“刚才和您讲话的那位，就是马少童先生，他是大会的评委，你说是他教你们画脸谱，你怎么会不认识他呢？”这吴老头面红耳赤，无言可答，惹得众人一场好笑。

我回到大会旅馆讲起此事，众人又为此发笑，内有北京的两位记者好开玩笑，就到了脸谱摊位上吓唬这吴老头。“哎！你这三天卖了多少钱”？吴老头不解其意的回答“你问这个干什么？你是揍啥的”？“我们是北京报社的记者，你盗用马少童先生的名誉，属于违法侵权，卖的钱马先生起码要百分之三十的提成，这些年你卖了多少钱”？吴老头一看他们的胸前的工作证，又提着录像机，吓傻了，紧张得半天说不出话来。只是点头鞠躬，“先生，我真是不懂这是侵权，我不是成心撒谎，只是从心里佩服马少童先生。说跟他学的画脸谱，是想借他的名望，多卖点脸谱，我错了……您……”看他那老实紧张的样子，这两位记者笑了，“好了，不要讲了，按说这事也比较好办，如果马先生不究，你就没什么问题，若人家较真儿，确实是违法，马先生在大会旅馆住着，你应该向人家道歉，我们也可以帮你解释一下。”这吴老头拱手道谢，并说：“您看我这摆着的脸谱，若喜欢挑几个吧。”两个记者本来是开玩笑，看这老人家的忠厚老实，反而不好意思了，摆手说：“不用不用，我们和马老师很熟，帮你解释一下吧。”这吴老头把四个脸谱送在两位记者手里，一再道谢，“画的不好，一文不值的东西，收下做个纪念吧。您二位费心和马老师解释一下，谢谢。”

这两位记者回到旅馆，讲了刚才的这一段对话，大家都笑了，我说：“这个玩笑别吓着这位老人家，我去看看，解释一下。”我到剧场的脸谱摊上见到这位吴老头，他恭敬地道谦，“马老师，对不起，您看我惹了饥荒（麻烦）啦，你看咱怎么解决这个事？我听您的。”我拉过他的手说：“没事儿。咱们是山东老乡，您不要把这事当个事儿，您帮我做了宣传，我还要感谢您呐，坐下来拉拉。我看您不像票友，怎么做起这绘画脸谱的生意呢？”交谈中得知，他叫吴君瑞，原是工厂的八级机修工，66岁了。退休后老伴长年有病，女儿在美专毕业进了工厂，不幸和女婿都下岗了，生活非常困难，想出个挣钱的道儿来，他自己制作了一个土造钢模压力机器，三张报纸加一张牛皮纸，用糨糊水泡软后，用压力模压出脸谱壳，晒干后非常坚硬，涂上白粉绘画脸谱，喷上油漆。在市场上很受欢迎，多者卖七八十元一个，少者也卖二三十元。这样一家人生活就没问题了，一个庙会收入几千是吹嘘，千八百的不成问题，好了三千两千的能卖，因为原料就是旧报纸，没什么本钱，就是挣个手工钱吧。

我非常同情地问他：“您跟谁学着画脸谱？”他说：“哪里学过，这不，我就是在书店买了您这本出版物《马少童书画脸谱选》，就这么照葫芦画瓢的搞，叫您见笑了。”我同情而自愧，因我也是工薪阶层，这次来参加大会也是义务演出，没有收入，无经济能力帮助他，他的女儿吴静也非常有礼貌，一看就知道是正派人家。我说：“你可算是无师自通啊。这样吧，你女儿既是美专毕业生，对美术方面肯定基础很好，这两天我来辅导她一下，把画法稍微改动一下就行了，搞美术的，一指点就会了。您把卸下来的那个大横幅再挂上，这样我可以说我是名副其实的教过她。我再去找那两位记者，请他们给您写个小报道，宣传一下。我这次来会也带来部分《脸谱集》放20本，在你摊位上代卖。卖一本，我给你三十元。你看如何？”他父女千恩万谢的。就这样，言谈中我就成了吴静的脸谱老师了。

第二天，合肥晚报登出《京剧脸谱，票友青睐——吴氏父女京剧脸谱艺术展销侧记》。

就这样，我和吴君瑞先生成了朋友，通讯多年。

赠书结友识文豪 当代鲁迅苏烈公

吴氏父女摊位上摆着我的《脸谱集》，两天就售光了，一帮朋友找到我爱人赵淑荣，打听欲购脸谱选，赞扬我演出的《跑城》，要求和我合影，约好时间，见面交谈。

第二天上午在大会前厅见到他们，互送名片，原来他们都是广州票社的负责人。有广东南国京剧社的社长王秉衡、京剧促进会常务副会长张作斌、南国京剧社副社长王兴业、秘书长秦和平，还有老干部毛大本等。他们提到他们那里戏装特别好，只是很少演出，想联系我到他们那里演出。我说："这要看机会再联系"。我带了几本《脸谱选》签字赠送他们，有一位高个子老者，坦率而精神的说"少童先生，您给我两本吧，我有一位非常好的朋友，很喜欢脸谱，一便由我转赠他一本吧。"我心里想，这人够实在的，还要两本，我上下打量一下，好像这人有点自来熟，签名吧，"您尊姓大名？"他说："苏烈"。我猛地想起这个名讳，不自觉地喊了一句，"啊！员外爷[①]？"他嘿嘿一笑，"老朽便是。""哎呀，幸会幸会！我读了您很多文章，专评戏剧名流及京剧文章、论文。特别是杂文，风趣、幽默、语言简练，颇有鲁迅之风。"我随口吟道："辽西老兵，岭南客子，粤北学士，东山闲人，老烈、员外。"他诚直憨厚的哈哈大笑，"别给我吹啦，但愿有缘，将来您到广州演出。""一定一定，多联系，找机会。"这是我头次来合肥结识的一位高人，以后书来信往，彼此出书都互相寄赠。可惜只此一面之缘，仅在信上畅谈，无会面之机，实乃憾事……

【注释】

①苏烈：原乃军队笔杆子，转业后为专职作家，善书，好酒，笔名"员外"，故尊称他"员外爷"。

艺友演唱黄山行　乘兴同登九华峰

9天的票友节胜利结束。我和师兄嫂计划趁此机会去黄山一游。我们两对老夫妇联合山东东营、福建、北京等地的近20位票友一同游览，把所带之物存在合肥大会旅社，恰好大会领导班子在合肥处理会后工作，等我们游览回来取东西后，再同离合肥。

早晨乘车，10时左右到黄山，65元买了进山票，都在摊位上买拐棍，十八九元一根不等，显然是“宰人”，一根竹子棍焉值这么多钱，不买了，反正是坐索道车。这时山上下来一帮游客，手中的竹棍已完成了使命，3元一根就卖，留着也无用，“哈哈，我们捡了个漏，少花十几元。”

只见不少妇女拐着竹篮子，叫卖长寿果，黄色似半拉香蕉，也像小芒果，说是黄山特产，别处没有，5元4个，我好奇的过去一看，没见过。围上好几个妇女叫我买，5元给5个。我想买个尝尝，都说：“别买！肯定不好吃，上当的玩意。”我只想见识一下，尝尝这长寿果的味道，3元买3个，卖者收了钱就走了。我给了师哥一个，我剥开一个，一尝，哎呀，里面像丝瓜，全是粗丝和种子，又苦又涩，嘴都有点麻木了，我喊着：“师哥别吃，这玩意比药还难吃。”淑荣说：“你就愿上这个当，人家都说买不得，你就偏要尝尝，长寿果好吃吧？快把这两个都吃了。”大伙都笑我花钱买苦吃。我说“3块钱买了个见识，这不是‘长寿果’，分明是‘伤心果’。”此事以后成了话把儿，一路上遇见糊弄人的东西就说是“伤心果”，大家就乐笑一阵子。

又遇几个妇女卖黄山茶，标准产地塑料袋子，不到一斤一包18元。因买“伤心果”的教训，大家都有了经验。一个妇女一再要求我说“先生你买两包算20元。”我摇头不要。“15元两包”。我已买了伤心果，不能再买伤心茶了。她苦苦地哀求：“先生您行行好吧，我孩子上学，家中太困难，没有钱交学费，您买两包算是帮了我的忙。”我知道这个茶肯定是蒙人的东西，但看她实在可怜，我给他15元钱说：“我不买你的茶叶，为孩子上学，这15块钱是给你的。”她说：“那不行，我不能无故收你的钱，给你两包茶。”我说：“我不买茶！”她收了钱，放下两包茶就走了。众人又都笑我，“哈哈，马老师又上套了。”都在议论时，我爱人过来问起此事说：“你呀，吃百粒豆子不嫌豆腥气。”她把茶包打开一看，全是树叶子。我说：“我不是想买茶叶，是为她孩子上学帮她，给她15块钱，不要她的茶，谁知她放下两包茶就走了，再说好茶15块钱能买两包吗？”一起来的票友们都笑我太傻。我爱人把两袋“茶”往路边一扔，道：“‘伤心果’、‘坑人茶’，未上黄山的两大收获，快在小本上记下你的光辉事迹。哎，快做一首诗呀……”“你还别讽刺我，我还真得写两句。”

旅游区，莫购买，贪贱上当定挨宰！

伤心果，蒙人茶，未登黄山先挨杀！

引得同伴艺友们一场大笑，我想他们回去，定会把我购果买茶的事当作开心的笑料。

黄山的索道车如一辆小型卡车，能载20余人，在车上四望，八面见景，天然的美，无怪张大千先生十登黄山，採景写生。画山水的美术人员，不到黄山可谓少上一课。下了索道车步行观景，今晚下榻西海旅馆。同行结伴的票友们兴致极高，在一棵大树下开演了。东营票社的琴师，北京的票友，福建的，河南的，唱个没完，真正“过把瘾”，还请我和师兄点评，名曰“黄山游演唱会”。我说“咱们要‘马前’（快些的意思），到西海还有很多景观拍照呢”，他们说“没关系，景要看，像要照，西皮二簧不能少，边走边看边过瘾，反正到西海过夜”。就这样一路观赏一路唱的游览，高兴之极，毫无累意，取本记事留念。

《黄山行》（一）

云雾迷漫遮山腰，苍松翠竹冲九霄；

黄山景观无限好，艺友同游兴致高。

我爱好搞盆景，松是主要的植物。胶东半岛尤其是威海，山上青松颇多，大都是黑松，也叫本山松，墨绿长针，枝杆弯曲如龙体，暴骨露爪（破皮露骨，根凸于土外）有斑结，干枯通透为佳，珍贵可属五针松、三针松、日本青皮长毛五针松、还有罗汉松（针叶如花瓣）。普陀山上的长毛松，针叶如长穗，世上罕见。今见黄山松与众不同，杆直无弯曲，色似褚红，枝平四面伸出，青松尖毛似胶东的本山松，新发尖毛如翠，国画里常见，我的结论是“黄山景无庙宇，建筑物少，松直、石奇、自然景观，只有幽雅的山路经过修造，景乃八分天然，二分人工”。照不完的景，相机闪光不急，双眼看不过来。看！树枝上有动物飞穿山路而过，什么玩意？啊，飞鼠，形如松鼠，棕黄色，从脑袋上直到尾巴，有三条黑道，尾巴如工艺品的缨甩子，美极了。它从我们头上飞过，坐在树枝上，圆瞪着双眼，尾巴弯到后背脖子上，如舞台上头盔上的盔缨，他似乎骄傲

而自豪的在注视着我们，拍手哄它，它看着我们毫无惊意，似乎在对我说“你别来这一套，我不怕你们，你抓不住我”！众人都在逗它，他好似有点害羞，轻轻蹦跳了几下，就进入松枝里不见了。我说“我养过松鼠，它比较好训练，听你指挥，拱手要食，摇头摆尾，但我未见过这么漂亮的飞鼠，这是黄山上的一景——‘飞鼠过径’。”

晚六时许到西海旅社。因为山上只此一处旅社。我们都住这里，大房间每人一张床，住宿费也不高，我和师兄住在二楼一大房间，8个床位只我俩人，共50元，窗外就是山。小木楼是依山形而建，这二楼比三楼还高，到厕所要拐四个弯，下几次台阶，师哥说：“咱们这个年龄晚上起夜可糟了，一宿小便三次，来回须跑二里地。”我笑了，逗趣地说：“师哥真是活人叫尿憋死了，这个房间只你我二人，西面三个窗，北面一个窗，方便得很，那个窗靠床近，就在那个窗上‘放水’（小便），反正窗外就是山，淋不着人。”师哥笑了，“这个条件也只好如此”。

这里的饭食贵得惊人，一小盘炒白菜要8元，面条山下3元，这里6元，还有8元的，细想也应该贵，这里的饭菜全靠人工从山下往上背。饭后嫂子和淑荣都同票友们住在大通间里，吃完饭才感觉到两腿像灌了铅，走不动了。到淋浴间，用热水冲淋了一番，冲去了一天的疲劳和汗水，轻松多了，躺下休息吧。楼下喊上了“李老师，马老师请到大屋子里来，参加我们的西海演唱会。”哎呀，这些票友们怎么这么大的戏瘾？白天唱了一天，晚上也不嫌累，还要唱。我说：“您不去吧，身体不好，糖尿病、血压高，你休息吧，我自己去。”他坐起身来，强打精神，说：“要去，这些票友们兴致正高，咱不能扫人家的兴。知道的可以谅解我有病，不知道的可能说我架子大，去应酬一下，再回来休息。”

到了大屋子一看，呀！白天同行旅游的一个不少，还有旅社中住宿的旅客，人员按床铺排列而坐，床道上坐着那位东营的琴师，正在对弦，不一会儿旅社中的服务员，厨师也来看热闹，我们进屋就是一阵掌声，大家把我和师兄让在里面。票友们过足了瘾，旅社里的人员从未经过这种场面，高兴地总鼓掌，后来都要求我和师兄唱一段，这要根据这位琴师会拉什么唱什么。淑荣唱一段《望江亭》，师哥唱一段《文昭关》，我就麻烦了，《追韩信》、《斩经堂》被北京的票友唱了，我唱《宋士杰》吧，他说：“未拉过，不会！”“没什么，倒板原板转流水，你怎么拉都行，我跟你跑吧。”“哪有唱的配着拉的唱的道理？”“没关系，你拉到那，我唱到那儿，反正掉不到地下。”一段下来，听众还要求我再唱，琴师说：“对不起，再唱要从头再唱一遍，别的我不会拉。”大家拍手大笑。我说：“这样吧，我给大家念一段白吧，常言道‘千斤白话，

四两唱’，我表演念一段《宋士杰》大公堂上的大段白话。”念完之后，师哥讲：“就这样吧，明天下山还有30华里的山路呢。”就这样结束了这场演出。北京的票友拉住我问《斩验堂》的唱段，技巧唱法。我奇怪地问他：“北京唱京派戏的多，南方上海唱麒派的多，‘南麒北马关外唐’（周信芳、马连良、唐韵笙），您怎么北京票友唱麒派。”他笑了，“北京很少有唱麒派的，物以稀为贵嘛，在票友里他们都不会，一是新颖，二是缺门。”我想他说的很有道理，就帮他把《斩经堂》劝公主的唱段，重要之处讲了讲。他说：“在北京找麒派的老师很困难，所以我就跟着‘录老师’学。”“录老师？”“就是录音机，录音带。”此后，我和这位老票友成了朋友，几年中通讯联系，论艺说戏。

可能是疲劳之故，一夜睡得很香。第二天早晨五时多，在小楼上推窗望去，美极了，在我们山东泰山看日出，在威海天天可看东海日出。

在黄山拂晓，日出确是特殊景观，在松竹林海，云雾中升起的旭日特别的美，心想要写几句打油诗为念，早饭后众人下山途中，此句已成，记录留念。

黄山行（二）

艺友结伴黄山行，摄影观景好心情；
边走边唱兴无尽，惊见奇峰迎客松。
相扶攀登莲花顶，双手摸天如云层；
西海旅馆演唱会，晨观林海旭日升。

上山容易下山难，此话不假，30里的崎岖山路，走了一半就走不动了。坐在路旁的石头上休息一下，哎呀！站起来更走不动了，我们这两对老人，多亏这些青年票友，两人架着一个，一步步地往下走，票友们的戏瘾全无，一个个如同螃蟹，横着往下走。雇一滑竿（二人抬）下山吧？因为师哥有糖尿病，别累坏了。他还坚决不坐二人抬，说是“要试一下自己的体力，看看能承受多大的能量。”总算都下了山，大家会合了。又有新的想法，我们既来黄山，返回途中何不拐一个弯，再到九华山？九华山乃四大佛山之一，机不可失，时不再来，大家都同意，乘车同去九华山，车票每人34元。由黄山到九华山几十公里，很快就到了那里，都说“集体住一处，不易挨宰”。我说：“别急，先了解一下行情。”车到九华山，大家都下了车，霎时间，围上三四个旅馆拉客的女同志，争着介绍自己的旅社如何得好。我说：“我们是合肥旅游局的客人，已订好这里国营旅社。”有个女的跑过来，“先生，我就是合肥旅行社的下属，国营宾馆，跟我来吧。”我想，我撒了谎，还真遇上真的了。我们这一伙人跟着她到了旅馆，一看是国营，门头也不小，房间倒也干净，包桌吃饭，每人15元，可以点菜加餐，住宿每人18元。倒也便宜，我和师兄住一大屋，每人20元。这时我看众人也都满意，我故意问：“合肥旅游局给你们来电话了吗？没来电话恐怕不是你们这儿，我们再找找。”旅社的负责人一看这20多口子，走了岂不丢了一笔好生意？便拉住我，“我们是国营，确实是合肥旅社的下属，来不来电话没关系，吃饭、服务绝对优惠。这样吧，我们旅社给你们配备一名导游员不收费。”我看得出他们把我当成领导了，故意装着不好决定地说：“问问我们领导吧。”对师哥说：“院长，您看这里怎么样，住这里吧？”师哥是何等聪明，看我在“做戏”，他紧密地配合，慢言细语地说：“就住这里吧。”哄的一下，大家都高兴地安排自己的床铺。到房间里，师哥说：“你还真会装，做了一阵子戏，把我当成大干部了。”我逗笑地说：“干部也不小，院长也是真的，他们也不知道是什么院的院长，法院院长，大院校院长，京剧院长，反正都是院长，我是剧团团长，若在部队里也是县团级。在戏剧里什么大官大将咱没演过，连皇上都当过。刚才这一节，也算演了一出戏吧。”

当天下午我们一起信步漫游到了放生池，龟鱼覆盖着水面，全是游人来此放生于池中的。进了一座庙，里面乃五殿阎君，全是阴曹地府的鬼卒塑像，小胆的人不敢观赏。这阴曹地府的塑像，京剧《闹地府》里鬼相很多，不以为奇，大伙商量回旅馆早休息，明天准备登山。

第二天早饭后，众人结伴登九华山，旅游社给我们派了一位女导游员。到山脚下仰望九华山并不太高，山下周围民房不少，环境卫生很差，塑料袋子、包装纸到处都是，管理、开发远不如五台山、普陀山。因刚下了黄山就到这里，更显得这里旅游事业明显差。莲花石铺路，庙宇、殿堂楼阁确很雄伟。九华山乃地藏王的发祥地，佛学所述地藏王菩萨主管阴曹地府，十殿闫君十八层地狱，所以多是地狱景象，闫君，大小高矮鬼魑，在阳世人间作恶犯罪，死后在阴间地狱受刑，如：一妻一妾者，死后小鬼用锯在头上割为两半，根据罪行受各种怪刑，点天灯、群狗分尸、过刀山、下油锅、五毒虫钻七孔，吊在磨眼里推尸等等，形象逼真，恐怖惊人，乃以凶恶恐怖劝善，若怕在阴间受刑，阳世人间就别做坏事，以这种恐怖鬼神统治劝善，受益很深，这些故事戏剧里很多，如《五鬼捉刘氏》、《胡迪骂闫》、《滑油山》、《探阴山》等等。意在惩恶向善，我开玩笑似的说：“看来阴间的刑法也不够全，遗憾的是没有贪污、行贿的苦刑。”我的愿望是瞻仰佛像、菩萨、罗汉，有些殿堂阁楼，匾联也很古老、高雅。时间关系，后山没有去，听说后山庙宇更好。那又需要一天的时间，女导游讲述典故非常认真，对我们也很礼貌，口干舌燥，给她买了两瓶矿泉水，又给她10元小费，尊重人家的劳动，她一再道谢，下山回旅社，对经理介绍、表扬这位女导游。晚上我们和艺友们一起就餐，票友们非要请我们这两对老人，我们谢绝，每人10元吃包餐，摆了两桌，把那位导游的女士请来共餐，她一再道谢。晚上大家一起谈论着，不虚此行，游览了四大佛山之一的九华山。我深有体会，总结了一下：五台山的巍峨庄严、普陀山的温和慈软、九华山的严肃劝善。

在这里也有一件遗憾，九华山后山有我表姐吕金凤、姐夫杨炳炎一家敬捐的铁鼎，高有三米，在后山庙院里，因众人结伴同来同回，我未能去目睹瞻仰。

游览黄山、九华山，返回合肥取行李提箱，准备各自回家，谁想我和师兄又有一光荣的“美差”。第二届票友节在第三届票友节大会上发奖。江苏扬州市群众艺术馆京剧联谊社被评为“中国京剧优秀票社”。扬州的顾和甫被评为“中国京剧票友活动家”，扬州当地文化局、艺术馆及有关方面的领导非常重视，各个票社票友又很活跃，要求邀请大会派领导亲赴扬州，他们还要召开授奖大会，要组织联欢演唱会。大会留守处理会后工作的负责人吴大维（《中国京剧》杂志社主任）请我和麟童师兄代表大会赴扬州发奖，参加联欢会。

拜访故友周云亮　金陵又会李砚萍

合肥去扬州不通火车，要先乘汽车到南京，再转扬州。我和师兄电话联系好，到南京逗留两天，去看望王琴生先生，以及多年未见的老友陈云亮、李砚萍二位艺术家。恰好同游黄山的几位北京票友，要和我们结伴一起去南京游览，还有福建的一对老夫妇。我和师兄是一为公，二为私，人家管吃管住，我们自付路费，这叫“公私合办的公务旅游”。有钱难买好心情，结识新友，开眼长见识，乃一大快事。

1997年10月24日上午去南京。南方的十月，毫无寒意，加之当年的气温特殊，特别热。

旅游淡季，旅馆好找而便宜。天公不作美，淅淅沥沥的下起了小雨。给老友王

1997年10月，马少童、赵淑荣与著名京剧表演艺术家李砚萍、周云亮在南京合影

希鲁先生（南京名票，梅派男旦）打了电话后，半小时后他来旅馆找我们，只见他拿着四把雨伞，接我们到他家吃饭。他爱人苏夫人也是京剧票友，年轻时是河北梆子演员，在家为我们准备晚餐。天时尚早，顺便在近处游览一番。

希鲁先生领我们冒雨游大钟亭小公园，罕见的大钟悬于亭中，我纳闷儿，几十吨的大钟，过去无吊车和电动机器，怎么把大钟吊起来的？悬挂亭中，成为金陵一景。莫愁湖、玄武湖，两湖相连，中间一条马路分为两湖。雨点渐大，水面的莲花荷叶被雨点轻击，与水波声混合，像似一种温柔的音乐，比雨打芭蕉的广东音乐还要美。我们雨伞上的雨点也“乒乓”的着响。四顾两湖，除我们一行三男二女五个老人，无他人游览。相机不能发挥作用了，但这种环境，这种场面，却有一种“细雨添兴趣，微波诗情来”的兴致。一副对联在脑子里形成。

微风吹起莫愁湖水层层浪，
细雨击动玄武莲塘点点波。

——1997年10月下旬南京雨游莫愁、
玄武二湖吟联留念。

离开湖边去鸡鸣市，到罗汉堂，只见大雄宝殿里尚在维修，罗汉佛龛已修好，罗汉金身正在修塑，也无法进香叩拜。小雨蒙蒙，寺内人稀，街市电灯已亮，我们出寺乘车到希鲁先生家，苏夫人准备了丰盛的晚餐家宴，回忆刚才雨中游湖拜庙，信口吟句：

金陵游

金陵名胜多典故，莫愁玄武似太湖；
大钟亭内晨钟响，鸡鸣寺院起暮鼓。

我提前准备好的一幅脸谱画——三尺条幅《忠义图》相赠，取笔墨为王希鲁先生题了上款，他非常高兴。饭后，他放了自己的收藏光盘，令人吃惊，他怎么收藏了这么多的珍贵文物呢？从屏幕上看到板桥竹石，严嵩的四尺中堂，还有好多的陶瓷。我奇怪地问他："老兄，您从哪里淘换来的这些珍宝，何时候开始收藏？就光盘上看到的这些文物，可以搞一个小型文物陈列馆。"他笑了，对我讲："我生来一大爱好是收藏，收集最多的、买的最贱的是"文化大革命"期间，有些人破坏，我就捡漏，有些人扫四旧，我就收拾珍藏，我是革命群众，斗不着抓不着我。有些人怕家存文物加重了罪名，而我却正好收藏，非常便宜就买一件。而卖主呢，给钱就卖。我有收藏瘾，如果我看好了，买不下来，吃不下饭，睡不着觉。"他的夫人讲："他呀，不舍得吃，不舍得穿，就是买文物不疼钱，为了买文物，除了不卖老婆孩子，什么都可以卖，爱古董不要命。外面还有三间房收藏这些旧玩意，外面防盗加固，钢条铁网，子女们烦而不敢说。市文物局给他录制这个光盘时，他也没全拿出来，藏着不叫人家看。"

我和师兄都为之感叹。希鲁先生把我拉到外屋，从床下拖出一只木箱子，取出几件东西：一件宋代羊脂玉瓶，虽高不过8寸，但玉质特好，无纹无瑕疵；一方端砚，长有1尺，宽有5寸，棕红色，手感非常好，细而柔，如婴儿面，挡笔如棉，不需试水，张口哈上一口气，便知此砚定是滴水不干，是否下墨如锉我未试验，翻过来一看，砚底令人瞠目结舌，浮雕红楼人物"金陵十二钗"。这两件东西都是稀世珍宝。他看我似乎有点懂，又取一件铜器，四尊佛身背对背，坐在莲花盆上，下有一方座。他说"这件铜器未找人鉴定过，也不知有什么讲究和名堂。"我接过来反复端详后，我说"我不懂文物，特别是铜器，此非青铜，明显看出乃黄铜，肯定不是丰貌铜，关于此器何名，我的看法是四僧背对背成圆形，乃之'四面佛'，莲座下面有一方形台，此乃铜章子料，定是大庙、名寺配用的章子，但章子面尚未篆刻，刀法，文字、书体皆无，不好鉴定。”他笑道：“马老师，没想到您这么年轻，能有这样见解，不瞒您说，您分析得完全对。”师哥到外屋看到这些珍宝，也感到惊讶。我们的共同看法，“不要守着这些宝贝死受穷，出手一件就是几十万，你每次票戏都借别人的行头（戏装），如果卖两件文物换换房子，买一套行头，《霸王别姬》、《醉酒》这两出戏的戏装，用不了两万块钱，何必演戏就求人呢。”他说：“有道理，我也曾这样想过，但心爱的文物舍不得出手。”我说：“您已年过六旬，留下这些东西，会给你子女留下负担，何不出手几件，老两口享受享受，喜欢什么就干点什么。献给国家，看来您还是舍不得。”他笑了，“对！卖两件，买一趟戏装。”苏夫人说：“马老师、李老师说你，你就听；若是我让他卖古董，他就发火了。”明天九时要到中山陵，晚上逛中山大街，夫子庙。天已晚了，我们告辞回旅馆。

第二天上午九时，希鲁先生来带我们去中山陵，他自带一瓶凉开水，到了中山陵下面，从上到下的台基，一步步地说着话。远望四面风景，台基两旁的石狮子，雕刻精致，也都是国宝级的文物，有的少腿，有的残缺，这都是“文化大革命”留下的伤残。看来“文化大革命”这场浩劫，不仅是活人受冲击，故去的伟人也难免遭害。孙中山先生的玉雕像尚保护得完好，据说当时中央下令，有解放军把守保护，才未遭毁坏。

我们看了山上的碑文介绍，很受教育。伟人像却成为卖票赚钱的工具，使游人会产生另一种感觉，敬仰受教育的意义就有点变味儿。但也容易理解这是一项收入可观的场所，若不搞收入，修补、管理费用也是开支很大，都依靠国家拨款，国家的负担就重了。当看到一些建筑的破坏，更加痛心，我感叹道“‘文化大革命’真是大革文化命啊，活人遭磨难，死者不安宁，党和国家之灾，触目惊心，血的教训，中国人永远也不应忘记这十年的浩劫！”

午间到路边小饭店，我请王希鲁先生吃饭，他坚决不肯，自带着午餐，四块普通的饼干，喝着自带的小瓶白开水。哎呀！这人生活如此艰苦，对朋友不多占分毫，谁能想象到他家中收藏着价值千万的文物呢？

下午我们两对老夫妇，买了水果等礼品，去看望王琴生先生，和他的少君王少生。寒暄之后，我提出向王先生求一幅墨宝，他点头应下。关系好不需客套了，师哥说：“给少童写，当然也有我的一张。”王幽默地逗笑说：“二位童兄有言，小弟焉敢不尊。”

谈笑之后，再到楼下拜会周云亮、李砚萍二位艺术家，屈指37年过去，师哥也是20几年未见他夫妇了，我们4人进门，周李二位高兴，热情接待，寒暄之间我忆起1963

年，周云亮的名气誉满胶济线，当时我随师各地流动演出，云亮先生带领一个6人流动演出小组，到张店中华大戏院，红得天崩地裂。我那时候仅是唱一出的小武生，而他是挑牌的大武生，翻得特好，串前坡一趟6个（前腾空翻），落地无声，又冲又飘，武戏一月不重戏码，什么武戏都好，都叫座儿，连一出一个钟头的武戏《巧连环》（即时迁偷鸡）也能唱大轴，我未见过叶盛章先生演这齣戏，只见云亮先生这出《偷鸡》，使我佩服得五体投地。因为我和又童师弟也演此戏，所以特别注意。每当云亮先生演出时，我们就在台下看戏，谓之“落叶子”（即偷学艺术）。难忘的是他姐姐周云霞，这位女士更是厉害，虽然嗓子不是太好，但武功出众，唱刀马的还能唱武生，《乾元山》饰哪吒，淄博的观众说：“这个娘们，三个棒汉子不够她打的。”可见她的基本功和体质之好。一次，云亮先生演出《十八罗汉斗悟空》，本来云霞女士为配弟弟开打，戴上罗汉套（面具）扮一罗汉。谁想演出中，云亮先生忽然病了，以现在说法是中暑，呕吐头昏。外场演着戏，当时演出中都要休息10分钟。这时候云亮发病不能演了，云霞见状毫不犹豫，去勾上猴儿脸。后台都在着急，休息完了这戏怎么演？云霞已在穿服装了，他喊了一声，“开戏吧，我来！该怎么演，还怎么演。”大家一看云霞已扮好了，这节骨眼不容多说，开戏吧，本来斗悟空的把子技巧，弟弟舞台的演法，云霞都掌握，这时候全后台都在边幕里看姐姐替弟弟演猴儿戏，真是了得！天哪，云霞翻筋斗小翻提，就这样完满地唱了半出猴儿戏的周云霞，台下竟没有发现猴儿换了演员。此事成为胶济线上京剧圈里的一大新闻。

现在的周云亮稳重多了，还是那么和善，乐呵呵的，但毫无青年气了，有份了（身份）。他夫人李砚萍更非一般，在青岛市京剧团挑牌主演，当时我见李砚萍，大坤角，扮相、艺术、身材条件，真是比模特还模特；台上是大坤角，台下乃标准的东方美人，她不喜欢描眉化妆，自然的面貌，那种天然朴实，开朗大方的性格动态，乃梨园界少见的女性。追她的人不知有多少，但无一中意的男人，她有一句通俗的语言：“瞧那德性！”千人里挑，万人里选，碰上了云亮先生，小伙风华正茂，舞台出类拔萃，这次砚萍可能是一见钟情了，也是一句话，“还可以吧，看着不别扭。”这二位郎才女貌，成为夫妻，可是青岛市京剧团坚决不放李砚萍。最后从江苏调来张春秋，青岛才放了李砚萍。37年前的李砚萍，今日一见都不敢认了，当年的大坤角白娘子（白蛇传中的白素贞）如今变成巴金定（刺巴杰中的巴杰奶奶）。故友重逢，高兴极了，介绍我们从合肥到扬州，由此路过，特来拜访。交谈多年未见的情况。晚上要逛夫子庙。我们回来还要由南京乘火车返回，把提箱放在他这里暂存。

未到夫子庙前，我猜想是一孔夫子大庙，准备笔、本子记录庙中的的匾、联等碑文。路灯亮了，在十里长街的中山路上游览。我生来对这些高楼大厦，电灯彩花不感兴趣，急欲到夫子庙。到了景点一看，原来是一条小运河，两岸都是古建筑的楼阁，红灯笼挂满两岸，饭店茶楼，鳞次栉比。据说在明末清初，这里是最繁华的妓院，中国有八大名妓，在这里扬名流传。夜市很大，如赶山会，这里的生意人，非常会做买卖，搭上话你就走不了，非买不可。日用百货应有尽有，这里的小花布提箱非常漂亮，旅行方便，可把所用的一切小物件装进去。一问价，卖主客气能把你套住。120元的提箱60元买了，至今还用着，这里的夜市乃是通宵，繁华非常。

扬州颁奖联欢会　大明寺内拜鉴真

在南京将所带之物存放于周云亮先生府上，和北京的三位票友分手，我们师兄弟四人一路到达扬州。票友活动家顾和甫早在车站等候。下车一看，在大桥头有一旅馆，门面上书“渡江旅馆”，再看大桥名曰“渡江桥”，我曾读过达摩渡江的故事和画卷，所以一见这牌子心情就舒畅。扬州乃是古老城市传统风格，门面古香古色，游览胜地。可惜我们此来不应时节，“烟花三月下扬州”，现在看不到花了，已是花凋谢了。顾和甫先生请我们在艺友张克阿先生家中聚餐，聊戏谈艺，票友们都非常热情。我又结识了扬州苏北武馆总教练汪侠芳副主席，他带来四幅三尺开二的条幅，四季花鸟，我和师兄各赠两幅。我看他的工笔很有造诣，用色勾线都非常好。武术教练画工笔、文武全才。唱几句小生娃娃调，小嗓脆而亮，还能拉二胡，真是奇才，难得的多面手。他们一个劲地过戏瘾，已是晚上8点了，告辞回到旅馆。又来了扬州晚报社的记者丁鹤林主任，采访聊戏，他喜欢学杨（宝森）派的唱腔，因为我们明天要参加颁奖大会，丁主任虽然言未尽兴，也只好暂停告辞，另定时间再访。

扬州艺术馆今天特别热闹，二楼上会场布置的很讲究，大红会标上书“第二届中国京剧票友节扬州分会颁奖大会”。主席台上有20几位，有市人大、政协、文化局的领导，还有退休、离休的老领导。台下全是票友，难得的是，这里的艺术馆长袁淮同志对京剧的支持，长年为演出提供场地和方便。大会气氛高涨，我和师兄都讲了话，代表第三届中国京剧票友节组委会颁奖，最后是演唱会。

下午组织参观荷园、个园两个景点，票友们陪游，茶馆里品茶。扬州这两个园可谓游览场所的亮点，特别是个园，园林建筑有四季分明的景观，分春、夏、秋、冬四个园区，花草随季，环境气氛，构造设置，颇有季节的感受。走马楼的设计更绝，所有的厅堂楼阁，周围都有大出厦的屋檐，下雨天檐下转着走，各屋皆通，雨不湿衣。罕见的湖心小戏楼，戏台在湖中，可想而知，在此演出的效果是何等的美妙。匾额，对联，奇石雕字，文人墨客到此读文观景，真可谓“景色迷人不忍离”，这里的建筑皆是明清盐商私人建造，此园可谓堆金砌玉而成。难怪屏幕上常常出现这里的镜头，制片厂、电视剧组常到此地拍摄影视剧目。我们这两对老夫妇，花甲古稀之年开了眼了，“三月扬州赏琼花”，如今是“十月景观胜春夏”。品茶间，心旷神怡，吟32字顺口溜。

赞扬州个园

奇异花木姿百态，墨宝丹青如见八怪①；

莲池湖石亭阁楼台，个园醉仙不赴蓬莱。

【注释】

①扬州八位书画名人简称。

当晚报社丁主任又来采访，约定明天陪我们游瘦西湖，在大明寺内用素膳。第二天，丁主任请来导游博士谈厚礼先生为我们导游，谈先生知识渊博，景点的介绍细致，如听故事，引人入醉，原来他是这扬州市旅游行业的专家权威，曾为江泽民主席导游，江主席回北京后，还给他写信表扬、道谢。我们又幸遇一位名人。

将军楼、千年古藤、二十四孔桥。恰逢扬州市在这里举办盆景展览，这是我酷爱的一种艺术，盆栽的古朴，苍老，奇特，大盆的老松有饭碗粗，小巧的盆栽四指高，奇妙无比，这是我有生以来头次见到上好的盆栽工艺，也是在我们北方难以见到的。休息时，我趁空瞻仰了八怪之一的金农书房，人造小湖里石船式的亭子美极了。我们顺路出门，又到大明寺，鉴真和尚的庙宇，里面有东渡的文字记载，有鉴真所用的遗物，湖里的大红鲤鱼，如一层红枫叶遍湖盖水，翘首迎宾。古碑很多，保管的完美无损，珍贵的御碑，都是在碑亭里，外面有玻璃护栏，以防日光雨水风化。乾隆皇帝在此居宿的湖心小楼，唐代建设的殿堂，这种景观我们北方也是少见的。最难得的是“十年浩劫”未受破坏，完好无损。我清楚记得：“文化大革命”中老头留胡子是四旧，要刮掉，老太太绾发髻是四旧，就要剪去。威海的副市长鲁智民说：“老太太的发髻可以剪去，裹脚的老太太能把脚砍了去吗？”这一句牢骚话惹恼了红卫兵，“小将们”把他批斗得死去活

来。我想这里这些文物若在别处，早被践踏无存了。“扫四旧”、保护文物，造反精神与破坏犯罪，如今不需评说，是每一个精神正常的中国人都会明白。

大明寺外设有寺院的素餐馆，是僧人厨师，高雅清素，丁主任在这里订好了餐位，鸡鸭鱼肉全是面做的，周围风景如画，以茶代酒，特别风味的宴请，我们一再感谢谈先生为我们导游，上了一堂扬州的景点历史课。宴会上认识一位丁主任的好友，扬州画家谢崇山，此公和我有缘，他的笔名“秃笔狂生”，是因大写意画惯用秃头毛笔而得名，因我是麒派门下的一个不守规范的后生，故而自嘲为“麒门狂生”。所以我二人一见如故，狂生遇狂生，三生有幸。他带来两幅小写意的观音画像，送给我和师兄。如今我们已成了多年的知交。

当晚又一次的联欢会，仍在市艺术馆。这里票友乐队水平很不错，在这里又认识了镇江的高丽秋，蒋文豪夫妇，他二人都是专业演员，现在都在戏校任教，高丽秋曾和麟童师兄在一起拍过电视剧，她唱了一段《天女散花》，大方规矩，很不错。他爱人蒋文豪乃梨园世家，唱了一段《坐寨盗马》，难得的是架子花的唱法纯正，毫无与铜锤混同之感，我俩交谈的很投机。最后师兄唱一段《乌盆记》的西皮原版，我唱一段《追韩信》的三眼，“三生有幸”。谁想我刚唱完“三思而行”的收腔后，顾和甫上去了，一拱手“相国”，乐队马上就给他开了二簧原版的过门，他唱了四句韩信的原版。我只好接下来再唱四句散板收场。萧何这四句散板，周信芳先生是用汪（笑浓）派的唱腔化出来的，四句中头两句都是高腔，台下热烈的鼓掌。演唱会在热烈欢快的气氛中结束了。

顾和甫讲：“镇江票社来联系，让二位到那里聚一聚，为票友演唱点评，游览一番。”我们这里颁奖任务完成，趁此机会去趟镇江，以艺会友，游览一番，何乐而不为呢？淑荣和嫂子一路上玩得很开心，听说又要到镇江，可到金山寺、甘露寺、金山、焦山等景点游览，心花怒放，高兴地说：“太棒了，机会难得，天助也。”临别题联：

扬州颁奖识新友，湖桥寺园景观多。

金山洞中拜法海　板桥书斋拜郑公

票友们互相联系、沟通能力胜过专业，每个票社，票房里都有几位热心肠的票友，我深深体会到票友活动家的能量、作用，第二届中国京剧票友节评奖项目里，评出了30名“中国京剧票界活动家”，他们为振兴京剧，伤脑筋，出力奔波，投资，组

织票友演唱活动。这些活动家首先是爱好、有瘾。受累落埋怨，一切不顾，每当完成一项活动后，就觉得非常愉快，似乎他们为票友活动忙碌，成了习惯，成为不是职业的职业。我想专业圈里就缺少这种人才，如果都有活动家们这个劲头，对京剧不景气的现象能解决很多。

顾和甫早已和镇江的京剧票友活动家陈筱春等几位联系好了，我们由扬州到镇江几十公里，一下车就有票友负责人接站。老活动家张铸泉是我们的老相识，他已古稀之年，本来是当地邮局的老干部。忙于为当地写史志，也忙里偷闲来接待照顾我们。还有在合肥新结识的陈学海、周华、杨京成等艺友，接风宴会上又认识了很多朋友，“依京剧结缘，艺友情深”。交谈离不开京剧，难得的是周华会长好唱麒派，彼此更觉亲切，还有13岁的小票友蒋思元，声腔、身段、表情都很好，真乃神童。约定明天要去焦山，朝拜金山寺，再游甘露寺，以这两座名寺命名的京剧剧目里都是观众最熟悉的。

到金山的索道如空中客车，四面有窗可观周围的风景，往下一看更美，江中帆船如一双双的白天鹅，江边密布养殖水产。索道驰进如慢行飞机，还有点微微颤动，穿云驾雾，金山在望，想当年白娘子赴金山寻夫，同小青驾云去见法海和尚，大概就是这样飞过去的吧？但白素贞的心情肯定不如我们，她是焦急地寻找许仙，而我们是游览玩赏，悠哉，乐哉。

金山寺雄伟、壮观，万寿塔纯木质结构，每层都有小型塑像，佛、菩萨和罗汉，最重要的是法海洞，听说洞中有法海塑像，见不到白素贞一定要看法海。洞外有一石碑，上书法海的简历。看完之后，把我几十年的印象全部推翻。碑文有年代、时间、地点的记载，法海先天聪明，乃六七岁就能诵诗读经的神童，其父乃地方官员，他十五六岁时就出家坐禅，在金山发现地下宝藏，双手破土挖出一罐黄金，毫无贪欲爱财的私心，将一罐黄金献给朝廷，皇上闻知大悦，将一罐黄金赐给法海，法海用这一罐黄金为资，在这座山上修建了金山寺院，本来是功德无量，戏剧作者为何把法海写成一个拆散许、白良缘，无人情味的恶僧？善良的法海，被写成反面人物。至今未找到原作者，更不知他把法海写成反面人物的目的，碑文简介中没有《白蛇传》的故事，也没有《水漫金山》之说。

法海洞在半山一条曲道尽头，迎着洞门，有一间依势而建的小禅房，里面有一老僧，闭目合十念经，桌子上有缘簿，功德钱箱和留言簿，右拐顺基而下，进法海洞。慈眉善目一老僧，盘坐双手合十的法海大和尚，乃泥塑法身，工精逼真。我马上想起我们京剧里《白蛇传》中的法海，都以花脸——净门扮演。剧情促成使观众愤恨的恶僧，如

今观其境，忆起戏，完全是两码事。怪不得旧社会这镇江地面，不准演《白蛇传》这齣戏呢，原因在此呀。出了内洞门，到洞门旁的小禅室，值班老僧向我合十点头，我也合十回礼，情不自禁地拿起他面前小桌上的毛笔，在缘部上写了几句。

镇江金山法海僧，《白蛇传》里早知名。
功德无量当传颂，作者诬陷实不公！

随手往功德箱投进5元人民币。我的行动引起这位老僧的注意，他取过缘薄，看了我写这四句大实话，高兴地站起身来，合十躬身道谢阿弥陀佛。我经常回忆这件事，我写的这四句大白话，观者会怎么想？是否会引起共鸣，还是骂我狂妄？且自由他，对事务各有个人的见解，但起码我不隐瞒自己的观点。

在下山的路旁有一山洞，名曰“青蛇洞”，有人说这是金山上有一青蛇所居的洞穴，又有一种说法是青蛇精被法海贬于此洞，我进洞看了一下，洞并不深，也不大，能有五六米深，里面什么也没有，看上去像是人工所造。下面文具店里书画很多，裱好的，单片子（未裱）的大小不等，价格都不高，在山下回望金山，比在山上好看的多，可谓远观胜过近取。

焦山上还存留着清代的炮台，观之即过。最吸引人的是焦山后面有一书斋，小院不大，正厅上有郑板桥的塑像，“吃亏是福”的石碑，就在这里，地方很小，倒很高雅，真是“室雅何须大，花香不在多”。山上古碑很多，碑文写的特好，碑牌大小不等，大的有乾隆题的御碑，宽有5米余，高有3米，下面都有碑座，名人碑文很多。保存的完好无损。午间有焦山公园的办公室主任李兴智先生请我们品茶、吃午饭，他的爱人是票友，唱老旦。一顿南方风味的午餐，在小楼上赏景进食，谈笑风生，

1997年10月，在镇江焦山郑板桥塑像前留影

其乐无穷，真是“此景唯独江南有”。

最有吸引力的是甘露寺，因我和师兄常演此戏。身临其境，范围不是太大，三国中的刘备在这里相亲，大厅已成了卖工艺旅游品的门市部，不见吴国太、孙权和乔玄的踪影。只见大将贾华剑拔弩张的站在屋外，似乎在呐喊“众将官：弓上弦！刀出鞘！埋伏了哇呀呀……”。

3米高的贾华将军塑像，满脸杀机。长廊里很多兵俑塑像。不由我想起乔玄“劝千岁‘杀’字休出口”的唱段。这些雕塑的兵俑呐喊举刀，只是势态惊人，呐喊无声，恰好似孙权在唱“叫贾华，将人马，暂退一箭地”。又到“跑马川”啊，宽有3米多，上下有50米的陡坡，据说当年赵云就在这里，一抖丝缰，连人带马上了山坡，保护刘备，吓退埋伏两厢的人马。观景不如闻景，这个平常的山坡，名字倒很响，赵云救驾的“跑马川”。

再往前走就是“梳妆楼”，据介绍当年刘备东吴招亲时，孙权之妹孙尚香，就在这座小楼上梳妆，我们登着木制楼梯到楼上一看，面积不大，现在已是工艺品小卖部了，吸引我的工艺品是脸谱面具和磁板绘画，大有8寸，绘有4寸的脸谱画，要价400元，我笑了，老板问我：“多少钱你要？”我开他的玩笑说：“400元确实不贵，我要不起。”他满意地笑了，“多少钱你要？这是国粹呀，到别处是买不到的。你们看过京剧《甘露寺》吗？这就是孙权的脸谱。”我笑着说：“我不懂，这脸谱不像孙拳（权），倒像孙锤。”大家一阵大笑。他不解的“孙锤是什么意思？”我用手势一比，说：“拳不就是锤吗？”他教训我了，“什么拳就是锤，你不懂京剧，三国里的大花脸名字叫孙权，你看过京剧吗？”我说“没有。”他不耐烦了，“你不懂京剧，就更不会欣赏脸谱了。”我说：“我不懂，400元一个，4元我也不要！”他火了，“算啦，算啦，讲不通，你不懂艺术。”大家笑得前仰后合，老板瞪着眼不知我们笑什么。麟童师兄讲：“他是画京剧脸谱的专家，他不懂脸谱？你才真是不懂呢？这是孙权的脸谱吗？他说是孙锤，你还一再的炫耀，不是孙锤是孙‘吹’。”他瞪着眼睛更不懂了。大家笑得受不了啦，“走吧！”一起下楼，回头一看，老板还在呆呆的，琢磨我们所讲的话是什么意思。

下了梳妆楼又到“祭江亭”，悬崖上有一个亭子，下面江水滔滔。不少游人在此照相，我和师兄都说：“快走吧”。有人不解其意，“这个景点怎么不照相呢？”我说：“这地方不吉祥。”众人相视不解，师哥说：“这是孙尚香戴着孝在这里哭祭刘备，投江跳崖身亡的地方，寡妇才在这里照相呢。”众人“啊！”的一声全把相机收

了。最后在“天下第一泉”的亭中合影，结束了一天的游览。

晚饭后正要闭目休息，不想票友们又来请，小型的演唱会，疲劳不堪，也要强打精神应酬一番，票友们尽情的过瘾，我们点评的原则是表相为主，提出不足的看法和希望，众艺友见我们有些疲劳，眼都睁不开了，这才休息。

日游太极善捲洞　名票良友裴善人

下一站——宜兴的张诸镇。宜兴“紫砂名都”，这里是京剧《除三害》一剧的发源地。可惜车不久停，不能游览。不大会儿就到了张诸镇，这里是个不大的古镇，下车就看到接站的票友负责人，他身材魁梧，他说话和蔼，彬彬有礼，把我们安排在铁路宾馆住下。迎风宴上又结识不少朋友，接我们的这位朋友，就是宜兴地带威望很高的裴国强，票社负责人，也是当地四川大酒店的老总，每次这里的票友活动都是他出资。交谈中了解到裴国强经理出身很苦，自幼失去父母，随兄度日，未成年时就独立拼搏。一个孤身苦孩子发展到大酒店的总经理，确实不易。他心善信佛，行善施德，收养了四五个孤儿。有一件事可以写一个电视剧，他的酒店里的伙计们抓了一个偷儿，裴总阻止伙计，不准打骂和侮辱这个孩童，问起情由，这个儿童父母离婚，母子度日，家贫如洗，母亲染病在床，衣食无着，14岁的孩子饥饿难挨，偷食养母。裴总听到这种情况，联想自己幼年的贪苦，先叫这孩子吃饱了饭，随他到家看其情况，果然所言是实。他收下这孩子在他酒店里打工，给他母亲治病，后来供这孩子上学，一直供到大学毕业，参军入伍，后来提升为营级军官……一件件的善事，令人起敬。他虽是四川大酒店的经理，平时生活非常简朴，不吸烟、不喝酒，洁身自爱，四川大酒店还有一个分店，后来合并为一个在当地最大的酒店叫“喜临门”。平时不花一分钱，只有一件花钱的事，那就是办票友活动，不惜重金，没有他的支持，这里的票友协会就不存在了。他在当地威望极高，誉号“裴善人”。我和师兄听了他的事迹，深受感动，引人起敬，他却总是嘿嘿一笑，无一句标榜自己的语言，裴善人“傻”呵呵的可亲、可爱、可敬，结此良友三生有幸。

饭后票友们要求我们唱几句。师兄唱《托兆》中“金乌坠”一段，我唱《追韩信》“三生有幸”，淑荣唱《望江亭》、《诗文会》。裴总又放《状元媒》的伴奏带，

要求淑荣再唱。他说他非常喜欢张派，就是嗓子唱不来。他用伴奏带唱了《锁麟囊》的二六和流水，令人惊叹，他怎么有这样一条好嗓子？又宽又亮，虽然是唱的程派唱腔，却毫无闷、阴、低、暗韵味之感，他这个体形，出奇的嗓子，难得，少有。

第二天我们去游览“善捲洞”。顾和甫的外孙19岁了，跟我们游览，却像个四五岁的孩子，游览买票等花费他一概不管，乘车船、喝饮料，全是我们掏钱，谢字不搭。我们四人，看护着这位“大少爷”。实乃孺子欠教。这“善捲洞”里有地下河，洞中有小汽艇，我们上了船，有三华里的景观，洞里墙壁上依势而建，彩灯照水，水映彩灯，自然形成一种奇观。船上水手介绍，电影《海盗》一剧就是在这洞里拍录的。出了洞，听了一段神话故事。相传善捲洞原有一巨蟒，盘踞此洞修炼千年，后来身归正果，巨蟒翻卷行风布雨，洞中出云吐雾，故名“善捲洞”。出了善捲洞，又进一小花园，楼阁、亭台皆乃人造景观，有一“梁祝楼”，据说当年梁山伯、祝英台，在此小楼上读书三载，《梁祝》戏中的“英台抗婚”、“双蝴蝶”，乃苏杭故事，何时来到这里读书，无据可查。又有一竹制小圆门，上有小匾“御花园”，啊？北京故宫，沈阳故宫都有御花园，这里也有御花园，据说当年乾隆皇帝在这游玩过而得名，无据可查的事，游览点上的传说，我想梁山伯和祝英台决不会来追究侵犯名人权，乾隆皇帝更不会下旨封闭和追究问罪。

下午游览“太极洞”，此洞更是浩大广阔，洞的进口在浙江，出口在江苏，地下世界，跨越两省。里面有“威虎厅”，威虎山是在东北林海雪原里，这里的“威虎厅”也是真的？而且十几个国家都传扩瞻仰过，这是有根有据的事，原来《威虎山》电影里的“威虎厅”就在此拍摄的，京剧《智取威虎山》电影，在世界上几十个国家放映，这“威虎厅”比真威虎厅还威虎厅。此处不能错过，留影纪念。过来一位女士开票说：“在这里拍照要收费，每人两元。”哎呀，她可真是生财有道，进洞买了票，而在这个威虎厅洞口拍照要收费。

“此山是我开，此树是我栽，有人从此过，留下买路财。如果说不字，杀你不管埋。”这是戏中强盗、山寇的几句通用词。这太极洞，门票是国家收入，是应该的，因为有修建完善，管理费用开支。这个拍完电影的小石窟，照相便收费，这合理吗？在这地方照就要交费，怎么说理？我送她几句戏词：

游客远方来，此地我主宰；
有人要拍照，开票拿钱来；

照相收地费，不照快走开！

洞口做买卖，自愿甘挨宰。

这位文明的小姐有规有矩，交钱，开票，照相，不照拉倒，“姜太公钓鱼，愿者上钩”。

我们也遵规守矩，交了费，在此照了两张。临走时人家还说：“再见，以后再来。”我对师兄说：“看人家多文明，再见。和气生财，再来挨宰！无半点凶相匪气。虽然是在威虎厅前，丝毫没有座山雕的土匪味儿。而是平心静气的叫你自愿的挨宰，她比座山雕的手法高明多了！”

裴国强总经理在四川大酒店，组织联欢会，宜兴来了十几位，这场演出我发现有不少人才，裴总会的唱段好多，除一半个字眼带地方味儿别无毛病，他的虚心好学，与人为善，不断出资扶持票友协会，却毫无自以为是，自我表现的姿态，不愧为裴善人。他对我讲：“不久就要把两个酒店合并为‘喜临门’大酒店。”我应许他为大酒店画一幅四尺《双财神》的京剧脸谱画。

宜兴来一不到40岁的票友，嗓子没底儿，多高都能唱，而且老生，旦角嗓子都好，《武家坡》流水，一人唱两人的对唱，太棒啦，但这位同志只适应当广播演员，而不适上场表演，个子高的恐怕没他穿的行头戏装，必须特制才行。脑袋小，面部五官欠佳，所以我和师哥说：“此公可谓隔墙酥”。“此话怎讲？”“隔墙听他的唱段，能使听者陶醉，浑身酥软，但不能见面，因为他的面孔、身段与嗓子完全是两回事。最好找个配像的就圆满了。”师哥拍腿翘指说;“高，实在是高！”

张诸有一位82岁的老票友，原来在上海工作，一肚子文化，因老伴常年有病，他就成了保姆和护士，无烟酒及其他爱好，一生痴迷京剧，此公名叫仲贤，远至无锡，近至宜兴，五个票友协会都请他当顾问，仲老文质彬彬，一身的儒雅文气。开口一唱更惊人，老生能唱《空城计》，接着再唱《女起解》大小嗓都是正宫调，字眼、声韵非常讲究、规矩，82岁彩唱《起解》的照片，那扮相似四五十岁的坤旦。师哥讲：“仲先生若在戏班里，也是好老。”我甚赞同，仲老知识渊博，总谦虚讲：“票友比专业的总是两回事，刻得不如旋的圆哪。”我说：“不能这么说，艺界票友下海的名家颇多，汪笑浓、奚啸伯等前辈都是票友，成为一派的宗师创始人，我在上海曾有一位票界朋友孙孟贤，此公14岁票戏，能打鼓，麒派唱段对比周信芳先生的磁带录音，可以说真假难分。我在上海曾跟他学《雪涌蓝关》。据说，只有三老板（王鸿寿），谭老夫子（鑫

培）演出，后有林树森先生唱这齣，可是孙孟贤老兄，以麒派的唱法唱《雪涌蓝关》，简直成了麒派戏，我要向他学，他谦虚地说自己是票友。什么票友？不是专业胜过专业。能者为师，他给了我磁带，把唱词给我，我认真地向他学，此后我俩成了挚友。仲老问我："是上海原来铁路局票社的票友吧？"我说："没错，在上海孔庙茶社主事，您认识？""不认识，只是听说。"

在这里四天吃住全是裴总负责，临走时仲老为我们买了去南京的车票，不收我们的钱，众友送我们上车返回南京。此后我们同裴国强成了挚友，我尊称他"裴善人"，给他画了《双财神》、《吉祥如意》四尺中堂。曾给宜兴票友协会设计专用会标，用《除三害》中周处脸谱为主，设计了会标，他们悬挂至今。我们不断通讯，相互寄物，成了知友。当仲老知道我《五百罗汉脸谱书画篆刻集》出版困难，立即给我寄来1000元以表支持，我每次出版了作品，都是先给他寄去，算来是15年来未再重逢，只是相互在电视屏幕上见面。遗憾的是仲贤先生已成故人13年了。

1997年11月3日返回南京，艺友王希鲁已提前给我们买好由南京到烟台的火车票普快卧铺。再去江苏省京剧院宿舍大院拜会老友王琴生先生。品茶交谈间，他把两副书法分给我和师兄留念，我求他为我设计改良蟒的样子，他请来周云亮先生的老伙计（眼装员）为我参考，把在扬州买的料子交给他，由他到苏州加工绣制。

晚上周云亮、李砚萍夫妻，设家宴为我们两对老夫妇送行。周李二位特地把儿子周天叫回家下厨，这周天一表人才，他的身材相貌，都是取于父母俊的地方，烹调还真有两手。不一会儿，一桌子菜摆好，"请吧。""啊？"我们奇怪地问："怎么你们都不吃呀？"周天讲："我爸爸从来不吃晚饭，半夜十二点吃饭。"一家人不吃，叫我们四人吃，还说："吃喝随便，不劝酒，不载饭，自然随便、别客气。"哎呀，头一次经受这样的送行宴，从未听说过有这样请客的，主人不吃，客人自己吃。周天的剧照《挑滑车》高宠，背抢、抬腿，甚似当年的周云亮。我又提起当年在张店中华大戏院时，云亮先生的筋斗又飘又冲，漂亮极了，看来将门虎子。周天翻得准错不了。砚萍老师坦率而实在地讲："这小子'二虎'，他师兄拍电视剧，要从南京白塔上翻下，这白塔有四层楼高，他替他师哥翻下来。我听说后一直后怕，'你不要命啦？'他说'师哥有老婆有孩子，有个好歹怎么办？我还没结婚，没负担，替师兄翻下来有什么不好？'。"如此看来周天的品德仗义可想而知了。

说话间王琴生先生的大公子少生来了，送我和师兄每人一只大板鸭，并说："这次我爸爸未能请您四位吃饭，由周李二位老师请了，我爸爸特送两只板鸭，不成敬意，

请收下。”王老又客气了一番。天时不早，客不走主不安。叫来的士，嫂子和淑荣先行到火车站。我和师兄把提箱等物品上了的士，辞别周、李二位和琴生先生父子，直奔火车站。此时一别再未见面，王老曾来信把他改革的《打严嵩》剧本捎来征求意见，并问我麒派演出此剧的不同点，我都一一回复。最遗憾的是和琴生先生今世再也见不到了，我在报纸上看到琴生老去世的消息，已故去两月了。难过之至，回想我们几次的相聚和交往，如一幕幕的电视剧在眼前闪过。每当我扮戏，穿他为我设计的改良蟒时，我就想到琴生老，见物思人……一年多后，少生又来电话，告诉琴生老安葬于北京，落叶归根。王琴生先生，梨园名流，京剧好老。

悼逝友

出北京驻南京艺德扬名，
离南京回北京落叶归根。

到火车站下的士，“啊？由小火瓦房巷到火车站要50元？”司机说：“先生，我这是奔驰，高档车，怎么能和一般的的士一样钱呢？”我想上车时未看这是什么车，没有争执的必要，既然被宰就别嫌刀快，多花25元买了个教训，到这里打车要看车的品牌，再问价。很快在候车室内找到淑荣和嫂子，说起刚才打的50元的事，都闻之惊讶。我说：“多花25元，咱可过了一把豪华车瘾，坐大奔驰，也算是风光了一把。”

三刀小记

“伤心果”实难咽，“坑人茶”抛黄山；
豪华车五十元， 破小财人平安；
威虎厅是财源，若照相交地钱；
宰人术难防范，忆此事成笑谈。

师兄说：“你这词来的怎么这么快？”“我们山东曲艺中有‘山东快书’，土名叫呱搭嘴（山东的五老二），我是受说山东快书的影响。”广播里的喊声，打破了我们欢快的气氛，去辽宁的火车检票了，刷的一下改变了我们四人的心情，送兄嫂检票上了火车，我的心情无法形容，好似童年学徒离家的心情，家乡、亲友何时再见？不觉眼泪冲出眼眶；兄嫂连头都不敢回，我想心情皆是一样。火车一声长鸣，无情驰去。送走了兄嫂，心情怎么也平静不下来，我和淑荣相视半天，无言。拿出记事本，写了几句留言。

金陵送别

分别何日重相聚？相逢难免再分离。
金陵弟兄含笑别，送兄单去泪湿衣。

不觉已是十一点多了，我们检票上车，回顾着弟兄同游各地的情景，怎么也睡不着。又写下：

感怀

世上情比黄金重，缘分情意两相溶；
异姓兄弟如手足，胜过共乳一母生。

返回威海，亲朋好友几天的相聚，接风畅谈，忙个不亦乐乎。

淮南小票友张红燕的一封来信，回忆她参加“第三届中国京剧票友节”，第一次上场的心情，回忆我们一起游黄山时，在旅馆里的小型演唱会，她唱《醉酒》的情景。这篇报道刊于《中国京剧》第六期39页，题曰《把京剧唱到了黄山上》，写的实际、生动、短小精练。为鼓励她继续努力习练京剧，学习写作，立即给她回信，并写了一首七言藏头诗。

张红燕黄山演唱赞

张家才女著文章，红燕笔名曰弓长；①
燕舞莺歌高山上，黄花紫鹃分外香；
山岚奇石似画景，演出晚会西山庄，
唱罢贵妃心如醉②，赞颂淮南小姑娘。

【注释】

①笔名弓长乃张字
②贵妃醉酒选段

八旬艺友仲贤老　麒派名票孟贤兄

11月28日，接上海孙孟贤先生来函，提到上月我在张诸票友演唱会上的一件事，仲贤先生是他的老朋友，给他来信，说我在票友一起交谈时曾说过，在上海曾跟票友孙孟贤先生学过《雪涌兰关》。并责怪我不应该在票友中这样讲，因为我是专业的艺术家，跟票友学戏不光彩，他不承认教过我，只不过给了我唱腔磁带和唱词等等。这封信我反复地读了几遍，思绪万千，孟贤兄实在是过谦，我算什么艺术家？即使那些真正的艺术家，就不需要向别人学习了么？向票友学戏有什么不光彩？“一字为师，取人之长，不耻下问”，是我为人学艺的准则。立即写了回信，“您给了我唱腔磁带，您唱的比我好，而且《雪涌兰关》这齣戏我不会，您给了我唱词，我才学会这一折戏，这是事实，怎么能说您没教过我？老兄特以过谦了，您能打鼓、拉琴，比我强，能者为师，跟谁学艺都不掉价。现在恰恰有些个别人，拜了一级演员的老师，就不说他过去跟二级演员老师学过戏；外出进修了几天，沾了点北京味儿，回来连他的老师姓名都忘了；更有甚者得到某艺术家一盘唱带，就扬言是谁的徒弟，拉大旗当虎皮，到处吓唬人。好像跟没有名望的人学戏丢人。这些人少知古人，欠通书理，古之大将、名相出身卑贱者多，何况我们一普通艺人耳？……名流大师的后代，不争气的败家子也不少。攀高枝，拉虎皮者，不知是个文化层次问题，还是品德、素质决定的？我看两者皆有。”

一封书信寄出，不知孟贤老兄对我的见解，处事的态度有何感想？此后他和我经常书来信往，研谈麒艺。

技浅艺薄不忘本，良师艺友当怀恩。

天有不测风云，人有旦夕祸福，人不能和天抗争，寿命气数慨不由己。11月21日接到南京知友王希鲁的来信，他说我们南京之行接待不周而抱歉。根据他的简朴生活，我们已亲眼目睹，游览时，路旁两毛钱一杯的凉开水都不舍得买，总是自带一小瓶凉开水。对我们却特设家宴款待。信中夹着四张八毛钱的邮票，原来是在南京，我托他买的火车卧铺票，下铺没有就买了上铺，省下三元钱，当时忘了给我。若把三元钱寄来，邮费划不来，只好买了四张八毛的邮票，夹在信中寄来，他还贴了两毛钱！希鲁兄的处事为人，品德高尚，实乃我之楷模，区区小事，竟如此认真，还检讨自己的疏忽，当时忘了给我。我心中有说不出一种滋味，大好人！只此一节，小中见大，尽知他的人格品德，令我尊敬。我心情激动立即回信，附上我的剧照为念，赞扬他的忠诚正直。11月20日发出此信，按他的认真，仁义重友，不出一周定能回信，可是半月也未回音，猜想他是否又参加什么票友活动之故？

屈指算来近一个月，我由纳闷变为担心，打电话问候，了解情况。电话是他的夫人苏女士接的，听她的声音似乎是感冒了，嘶哑带着哭音，问其是否收到我的信和照片时，她的回答，我似当头一棒，心、手颤抖着听她讲述悲情。原来希鲁兄11月29日心脏病发作入院，20日病情好转，21日回家，病情突发故去了。苏夫人哭诉中，我已是泪湿胸襟，悲痛之极，一再的安慰，并请她到威海我这里住一段时间，换一下环境，冲淡悲伤。她一再的道谢，恐离开家门，再回家会更难过……我悲泪无声，觉得胸闷脑涨，不敢多想，欲寄函安慰，不知写什么，从何写起。我心绪已乱，躺下休息吧。往事历历涌上心头，好朋友，大好人王希鲁，我看了一下他的来信。11月18日，他19日进医院。我20日给他的回信，23日才到南京，此时他已不再人世了。世事难料，失去一位知友，泪流不止。几天后麟童师兄由沈阳来电又讲此事，彼此为之伤感。他省吃俭用，收藏文物古董，价值连城，如今一缕青烟而去，我联想到《一捧雪》剧中的主人公莫怀古，为一文物，家破人亡，著书编戏，主人公的名字提醒人们——莫怀古。很多人喜欢收藏，爱古物，但要和自己的经济条件相适应，不可“失调”。人哪，赤裸裸的来到这个世界，两手空空的离开这个世界，为人处事，除了做好人好事，什么都不可过分。

悼知友王希鲁

忠诚善良希鲁兄，艰苦朴素度一生。
酷爱文物好古董，珍藏国宝价连城。
痴迷梅派唱京剧，票界相互不抗争。
今失良友心悲痛，垂首含泪悼王公。

——1997年12月29日

六旬一夜演九戏　花甲之年拍录像

“时光催人老，已是花甲年”。要实现我逐步脱离舞台，学写文章，研习书画的想法。接受亲友们的建议，1998年60岁时要办两件事：

一、拍录一个舞台专题为念；

二、60岁是我从艺48周年，搞一个“四平八稳”的纪念会，逐步谢绝舞台。

说时容易做时难，把想象变成现实更难。一是无拍录场地和灯光音响；二是需要理想的策划、汇编和录制人员；三是威海没有剧团缺少配角演员和演出服装；四是没有乐队，还有个别人从中作梗。

我生就的犟脾气，越有人“挠剿”，我就非搞成不可，“笨牛撞墙”头破角折，也要撞出去。凭我几十年管业务的经验，把演出录制计划做好，再把想到的困难逐条的解决。

场地问题由艺术团团长，我的学生董国勇联系了华荣总公司，用西河北村礼堂，虽然灯光、音响效果不太好，尚可演出录像，根据实际情况，也不能要求过高。

录制问题，恰巧国勇的次子董越，在中国影视学院将要毕业，需导演一个专题片为毕业作业；录像设备，我邀请威海广播电视台的唐主任帮我策划，由董越导演，请他的老师司徒兆敦、威海台周昆为总编。这对董越是个很好的实习机会，也解决了我拍录编汇的难题。

配角演员有张传秀、侯兴莉等，其他人员到外地去借。

我到了烟台地区京剧团，见到韩涛等领导和地区文化局的戏剧科科长。讲明我要录个舞台艺术专题片，来此求援。文化局及团里领导立即表了态，“您是我们原烟台地区京剧界的前辈，搞专题录制很有必要，为后辈留下宝贵的艺术资料。经济上我们也帮不上忙，至于配角和服装，只要我们有的，需要什么拿什么，烟台地区京剧团全力以赴。”我感激地一再道谢。

又到烟台市戏剧服装厂，见到老友刘德旭经理，讲明要租借他部分戏装。他笑了，“租什么？咱俩谁跟谁呀？我这门市上卖的，库里存的任你挑，用什么拿什么。另外叫丰君（老板娘）随戏装去为您服务。您开个清单，都用什么？头盔、把子、髯口、靴鞋我全包了；用地区京剧团的什么服装，也写出来，由我顺便带去，一切放心。"

办妥谢罢之后，我又电话请来烟台戏校打击乐班的老师吕汉敏，讲明求助乐队，请他帮忙。我把列出的戏码给他看了看，他笑了，"马团长，这九个折子戏，我有多半未打过，我这鼓的水平您还不知道吗？当年给您打一出全部《徐策》就说了两天戏。这九出折子戏，我恐怕够呛。"我也笑了，说："说实在的，冯家弟兄若在世就方便了。志刚跟我没的说，义刚打我的戏近三年，很熟悉，一句话就来了；刘宝敏老师若在世，我办这事，文武场他会全部为我安排，而如今……一言难尽哪。"汉敏和其兄汉芳，与我也是多年知交，不需客套，"这鼓就你打了"。汉敏不好意思地问："某某某不是在威海么？"我长叹一声，"有些事不说也罢。提起他来，我也猜不透他是怎么想的，他坚决不打，不知我何时何事得罪了他，或者有什么误会；也可能是我这九个折子戏他打过的不多，都要现学，怕丢面子而不打；说他狗诵是贬低他，可以说是闹怪的，艺德欠缺。当然，我找你之前也想了，论咱们的交情没的说，但你现在是在戏校任教，也可能抽不出身来。如果不行，我就要去找胡国华（地区京剧团鼓师），我和他也不系外，况且地区京剧团的领导也都答应了。"汉敏说："您若不嫌弃，我就打，但是您可得好好给我说戏；下手活儿（大锣、铙钹、手锣）戏校里都现成的，若星期六、星期天录像，我可以全部带去。"我说"京胡有李世荣，弹拨乐，要六大件（京胡、京二、乐琴、大阮、中阮、三弦）。"他说："没问题，全部由我负责。文戏您先把曲谱给我，分发给文场熟练；武戏先给我说好了，我回去领着打击乐的学生练。如果星期六录，我们上午就可到威海，文武场排两遍，问题不大。"此事议定后，就开始说戏了，原则是尽量少占人员，我大体分五步走。

一、四出麒派戏：《跑城》、《追韩信》、《六国封相》、《斩经堂》。此乃黑胡、苍胡、白胡和不带胡子四个类型的麒派戏。

二、一出海派戏《探地穴》（即背靴访帅）一折，为一次说排。

三、红黑脸，《古城会》一折由地区京剧团出一筋斗好的马童、《打銮驾》中"御衔打銮驾"的一场（侯兴莉饰庞妃）为一次说排。

四、《挑滑车》上宵楼边掛子，上马大枪花的折。

五、《怀都关》也叫《回斗关收子都》，由烟台地区京剧团武生王波，饰子都和《追韩信》中的韩信，为一次说排。

把文场谱子给汉敏，由他带回，到时候吕汉芳先生也来，如果文场出现什么问题马上就顶上。乐队打击乐都有老师跟着（预备队）。计划议定，可算万无一失。

开始说武戏，先把《怀都关》说完，再说《挑滑车》。汉敏的脑子快，基础好，戏说得很顺利。

德旭兄府上设便宴款待。谈到这九出折子大家称赞够全面的，麒派代表作四出，海派戏一出，红黑二净，武生戏长靠，改良靠全有了。我却认为有不足，缺少一出猴戏和短打武生戏《水帘洞》、《闹龙宫》，或者是《三打白骨精》，但占配角太多，排戏困难。短打戏若演一场《夜奔》的鞭褂子，吹奏乐更困难，弄不好不如不演，演一折《拿谢虎》（郑州庙）比较新鲜，配角二武生黄天霸，也要现教排练。谢虎的服装也不好办。众友都说："行啦马老师，这九个折子就够意思了，这就要演两个半钟头，再多了要录多长时间？"我想有道理，时间过长要录三盘带子，"就这样吧，60岁搞个专题，算是为退下舞台，划个句号吧。"众人鼓励我："按你的体力条件，谢绝舞台尚早。""我自己知道，若再演，会留下的遗憾更多。我自己对自己都不满意，没当年的锐气和冲劲儿了，演出丢人，不如不演，何必自己往脸上摸黑儿，不能自毁名誉。"众友都认为，持有我这种想法乃之少有，我确认为行之坦然。

第二天上午十时，我正在说《挑滑车》时，德旭老兄家的电话铃响，汉敏接电话后笑了，"是威海打来的"。我在旁边听得很清楚，对方讲："不能给他打。"汉敏笑了，说："小某某，你这是为什么？"对方女的又讲了，"千万别给他打，叫他在烟台找不到打鼓的，拿死他！"汉敏不冷静地讲："小某某，你是干这个的吗？咱戏班里怎么能这样处事，你能拿住人家吗？我们烟台文化局、京剧团都表态了，用什么给什么。这事我不能听你的，我不干这种不是玩意的事。""咔嚓"一声把电话挂了。"这是什么事？玩意没学好，学着要狗诵！"我也觉得非常可笑，"算了吧，人和人的处事方法、品德都不一样。他还年轻，慢慢会懂得如何做人。"我们又继续说戏排练。

谁想两年后，此二位亲到我家，自责了一番，要求我到外地演出带着他，要跟我出去闯荡一下。我想："要善于团结反对过自己，事实证明反对错了的人"，认错就好。此后我曾带他赴东北、江苏等几个大城市，参加演出和录像，尽管他学一出，打一出，也成了搭档。戏班里的事，不能较真儿，更不能记仇，能过得去就过去，不是大的原则问题，当和谐相处。

5月13日，李麟童师兄嫂为帮我拍录专题，专程从沈阳来到威海，为这次录像的总策划和解说。

星期六上午，烟台诸友自备汽车来了一车人，"服务上门"，吕汉芳贤弟也带着京胡来了，并说"大哥！我知道不用我干活，但我不能不来，来做个预备手儿，倘若需

用，我就顶上。艺校乐队的老师，也都前来助阵。我激动万分，感触至深，同是艺人而处事不同，我不理解有的人总是要搅事找点别扭，这是性格，还是品德？

上午排戏走场子，乐队已由汉敏在烟台排熟了，学生在校少遇这种场面，非常认真，由老师领着拍录像，都非常高兴、规矩。威海的琴师李世荣，其父乃我近30年的老搭档。李世荣14岁时，在荣成县埠柳镇，我破格的提拔他为我拉大轴《追韩信》，此后其父亲退休，他又给我拉琴多年，没说的。威海老团的音乐指挥刘延晨，原是老团的铙钹，未请自到，说："马团长，我来啦，看看什么地方需要我，只管吩咐。"我高兴地说："那您还是打铙钹吧。"

刘延晨这一举动，一句简单朴实的话，使我感激至今。

下午，把重点场子，节骨眼重点熟悉了一下，没有问题，只等晚上录像演出。

下午6时，西河北村礼堂观众已满，热闹非凡。

这场录像非比平时一场演出。录像设备、乐队就位，师兄李麟童前后台忙乎，董国勇为舞台监督。

预备铃响后开戏了，有序地演出、录像，烟台京剧团的小秦，《古城会》中饰马童，《打銮驾》中饰赵虎；侯兴莉饰庞赛花（西宫庞妃）；王波《追韩信》中饰韩信，《怀都关》中饰子都；张传秀饰《斩经堂》中王兰英，《探地穴》中柴郡主。

先录完《追韩信》、《跑城》、《斩经堂》、《探地穴》四折戏。再录两折武生戏《怀都关》、《挑滑车》。披上大靠后，老伴赵淑荣很不放心，小声对我说："《挑滑车》你几十年未演了，要注意啊！"我回想31年前，在长山岛慰问解放军，演出《挑滑车》，此后再未演过。老伴的提醒，引起我的重视，未开幕之前，我在台上拿起大枪试验了一下，自觉问题不大，自我提醒：莫使过头劲儿，注意靠旗，别乱、求稳，在亮相上用劲。

开幕了，上宵楼后"抬枪带马"，顺利地把大枪花耍完，稳稳当当地下了场。

下来录《怀都关》，换改良靠，心里特别轻松，大帐唱完流水，上马见子都开打，比上一折《挑滑车》轻松得多，信心十足演下来了。

下来换装《六国封相》，"头悬梁锥刺股"的一折，我的嗓子多年养成的习惯，出汗以后唱着更痛快，顺利而下。

要勾关羽红脸，赶场大换装比较麻烦，《古城会》倒板后，马童翻上。小秦翻得很好，我未上场，他两个阔堂彩就下来了，这也提升了我的劲头，上场回龙、原板，马童配合唱四门，翻各种筋斗，滚爬等技巧，台下掌声不断，我更是劲头十足。

下来脱下服装勾包公脸，用卸妆纸擦去红彩，留下腮红，勾改良包公脸，5分钟化好了，演出顺利。

九龄折子戏未出现反复录制，我的赶场，紧张程度可想而知。服装员更是紧张，服装为主的是刘桂兰、孙丰君、刘建（徒弟媳妇）和我老伴赵淑荣，赶场换装比演出还紧张。

一个通宵整整录了12个钟头，天已大亮，顺利结束，全体人员到饭店会餐庆祝。参加摄像的人员都很兴奋，宴席上又唱开了，乘兴我又唱了一大段《未央宫》的碰板二簧，众友夸我，“演录了12个小时，又唱了这么一个大段子。”我自己也不明白，哪里来的这个劲头，嗓子也痛快，这大概就是心情愉快的原因。

最后，到场帮助参加录像的人员，每人增一本《马少童书画脸谱选》、一个50元的红包，略表心意。

宴会已毕，送走众友，我像似拼完刺刀，撤下战场的战士，筋疲力尽。同师兄嫂回家后，两对老夫妇什么也顾不得了，赶紧睡觉，一觉睡了7个多小时。

回忆录像中的朋友，不同的人品，处事不同。心情激动，提笔吟句：

录后感 七绝

花甲之年拍录像，艺友相助帮大忙；
处事为人看气量，留予后人论短长。

演出的镜头已录完，董越跟了我一个周，朝夕相处拍生活片，早晨练功、背戏，市场买菜，与亲公刘德煜聊天，朋友刘玉明、马龙聊戏等镜头。特别是二位艺术家的评说，李麟童先生讲评之后，又到北京请李慧芳老师评说。

董越到李老府上，讲明来意，慧芳老师高兴之至，说“少童的专题我当尽力，我们在上海、江苏一起合作，对他比较了解。但是今天不行，看我这毛头灰脸的不成样子，你明天上午九时来录吧。”

第二天，董越准时赶到，慧芳老师与昨天判若两人，整了头型，化了装，换了衣服；爽朗的讲述，表扬而不吹棒，圆满的讲完。董越讲“今天您老做了头型，换装美容，讲得太好了，看来您老对我师爷这个专题的录制很重视。”她笑了，“我是演员，为少童解说，要为这个专题片负责，要为看录像的观众负责，要尊重观众，所以我必须严肃认真地对待。”董越后来对我讲“头一次会见这样著名的老艺术家，她对人和蔼可亲，讲话实际而生动，不愧为大家风范，”也看的出对您的艺术非常欣赏。

录像在北京制作好了，遗憾的是灯光音响不理想，但总是在我60岁时，办一件实事。我永远不会忘记这次录像在经济上帮助我的威海侨乡集团，建设银行房地产开发公司的领导和艺友。我感触至深，特吟句为念：

七律　拍专题

一夜之间录九戏，文武红黑[①]赶场急；
感谢众友助鼎力，圆满顺利拍专题；
十二小时不停息，前场后台无空隙[②]；
舞台生涯四十八，纪念花甲年六十。

【注释】

①红生、黑净。②后台化妆、服装赶场更紧张。

从艺四十又八载　华诞庆典慰平生

忆往昔，从未过个正规的生日。幼小家贫，过生日时，全家喝一顿烂面汤就感觉很好；在师傅门里，从未想过自己的生日；出徒后，任职带团各地演出，忙碌无暇，顾不上过生日。一年一次的生日，不在意的就过去了。如今60岁了，众友和子女建议，要办一次像样的生日庆祝一下，热闹一番。

60岁要做的两件事：一是舞台艺术专题的拍录；二是庆祝舞台生涯48周年和60华诞纪念会。第一件已顺利完成，现在要办第二件事，于是乎就计划运作。

会址设在威海名仕大酒店，该店的经理于光，乃京剧团的演员，既支持又优惠。于是发出请帖，亲朋好友于1998年5月19日上午聚会，宴请、演唱。大厅及二楼舞厅包一天，不对外营业，包5个房间，接待远方来客。

收到周信芳艺术研究会、山东省文学艺术联合会、山东省戏剧家协会、大连市商业工会及各地剧团、票社贺电20余份，书画贺幛10余份。

大连商业京剧团团长梅芳、大连市京剧团导演赵铁华及名票谷勇院长等5位专程赶来祝贺；烟台戏装厂总经理、票友协会会长刘德旭夫妇专程到会祝贺；威海市老市长门

1994年5月19日，威海市举行马少童从艺48周年60华诞纪念会

威海市文化局局长、文联主席田丰泉先生祝贺词

大连市夕阳红京剧团梅芳团长演唱《贵妃醉酒》

威海市侨乡董事长李文琛先生与赵淑荣、马少童以及威海市史志副主编刘德煜先生、威海市政协副主席苗丰振先生、著名书法家史世奇先生合影

国家一级演员张传秀、马少童、赵淑荣、姜培松合影

兆英、工会主席吕京周、政协副主席苗丰振、刘以天等领导，侨乡董事长李文琛等知友到场祝贺。著名书法家史世奇先生挥毫献词。

市文化局局长田丰泉同志致开幕词，内中有几句大实话我至今不忘，“马少童老师，植移创作20几个剧本并发表过不少专业论文，舞台领衔演出40余年，近年又创作脸谱书画，获金奖及其他奖项多次，多次举办个人画展，中央电视台播放了他的中华之最作品《百神聚寿》，出版了《脸谱选》和脸谱明信片。身为国家一级演员，一级工艺美术师，谁能想到他仅念了两年半书，小学未毕业的文化程度，竟做出这些成绩和许多贡献，令人叹服。今天为马老师举办舞台生涯48年、60华诞纪念会，我给马老师恭恭敬敬地鞠一躬，表示尊敬和祝贺。”

田局长简明扼要的讲话，是对我的肯定、鼓励和鞭策，令我感动。54岁就被养起来的我，如今受到领导的肯定和表扬，激动万分，热泪盈眶。心想这些年来的拼搏，得到了组织和领导的肯定，此乃最大的欣慰。

市高副市长因接待外宾不能到场，由文化局钱启民副局长替她给我献上一束鲜花。嘉宾代表是南京工兵学校的一等功臣、被美誉为涂料大王的李玉山先生为大会祝贺词。市艺术团团长徐学勤率全团近30人来祝贺。我提前和他议定，剧团经济困难，不准花一分钱。“只把原来两个道具大花篮用水喷刷一下，贴上两条彩带就可以了，用完了你们拿回去再用；愿意来的我都欢迎，不愿来的不强求。”这其中原来京剧团里的老同志仅三四人，其他全是省、地区戏校毕业的学生，全部到会，令我高兴。

14桌宴席开始，盛况出乎意料。有大连、烟台、威海、荣成等地的艺友前来大会演唱。宴罢之后，演唱在二楼舞厅继续。为答谢大会及酒店的服务人员，特摆一桌致谢。

外地来的客人住在二楼，游览两天，送行返回。

这是我有生以来度过的最隆重、最有纪念意义的一个生日——60岁。

我心情激动，深深体会到我赶上了好社会。在旧社会，就我这样的一个普通京剧演员，想办这样隆重的纪念会是不可能的。多少名流前辈、艺术家，老来流浪街头，死在垃圾堆旁。忆昔比今，我发自内心的感谢共产党。题句为念：

四十八载舞台表演，艺术生涯录像圆满；
幸逢盛世聚会纪念，六十周岁庆祝华诞；
艺友演唱碰杯把盏，花甲之年聚会联欢；
今生首次操办寿宴，隆重气氛盛况空前。

——1998年5月19日心情激动提笔吟句留念。

不了情缘篇

扬州市龙州广场百龙碑林，马少童书

父子缘分情难断　四十春秋一瞬间

常言道“天有不测风云，人有旦夕祸福。”这话不假。1998年春节刚过，正月初七（2月3日）早晨，接到儿子立春从烟台打来的电话，上午回威海。因春节前立春的岳母病危，和儿媳黄淑艳在医院照顾伺候，他俩提前把孙儿马煜送回威海。愧憾不能回来陪伴我二老过年。我二老的态度非常明朗，两面的父母都应尽孝伺奉。我二老身体康健，又有两个女儿在身旁，叫他夫妻只管放心照顾岳母。谁知他岳母在腊月二十八日去世，处理善后，直到正月初六才忙完。于是决定初七早饭后回来接孙儿马煜回烟台。

我正在创绘五百罗汉脸谱。八时许来电已在烟台包好车，一个多小时可以到威海，可是九点半尚未到家。我电话询问，儿媳讲已离开烟台，估计这时候该到了。这时我心神不定，说不出的一种焦急，似乎要出事，我和老伴都有同感，彼此心情一样，难以说出。十点多还不见立春到来，我开始坐立不安，电话不通。十一点多烟台交警来电说：“立春在烟台市区出车祸。”我脑袋“轰”的一声，懵了。打电话的人就把话机挂了，我和老伴惊呆了，半天才反应过来，要立即去烟台。正当年假，找车困难，急打电话找小女婿刘鸣，他正在值班。说也奇怪，他从来不看小说，所读的都是对造船业务有关的书。这次值班不知怎么想看小说，随手取过一本，翻开一看《水浒传》第一回，开篇就是三十六天罡星、七十二地煞星下

马立春一岁照片于威海

凡，看到三十六天罡时，我给他打电话的铃声响了，他把书页折上接电话，听到立春车祸的噩耗，立即去准备车，惊慌中乘大头车来到我家，我们四人直奔烟台交警大队。询问车祸经过，交警大队的人说："你们到家里去，一切就知道了。"我们到了楼下，就听到家中的哭声，我脑子里一片空白，刘鸣扶着我们到楼上，一进门，我知道立春不在了！如果是重伤，此时众人肯定都在医院。儿媳黄淑艳悲痛欲绝，诉说车祸经过，一家人哭成一团。

众亲友陪我们一起到了烟台殡仪馆，在登记处问明床号，又到大屋子里讲明探视床位，职工推出一个车床来，上面有一牌子36号。刘鸣惊讶的一声："啊？36！"当时众人都沉浸在悲痛中，无人在意刘鸣的惊疑。立春儿尸体完好无损，面部很安详，似在睡眠，只是嘴唇有点发青，一身新灰蓝的西装，昨天理的发，洗了澡。此时我在悲伤中产生一种幻想，他是真的死了吗？好像是在睡觉，我想过去把他推醒，众人围着他哭嚎，我不由自主地停住了。此时此刻，仿佛整个天空坍塌了。

不知是什么时辰了，也不知众亲友怎么把我们一家搀扶着回到家中。心绪已乱，脑子麻木了。请亲友们各自回去后，一家人议定殡葬诸事，正月初九火化场才上班，火化后骨灰先寄放在殡仪馆，第二天（初十日）早上圆坟祭奠后，把骨灰抱回威海安葬。刘鸣返回威海通知亲友，都不要来烟台，因骨灰回威还要祭奠。长女莉军，婿宋义光留下陪伴我和老伴。

这一夜无一人合眼，哀恸不已，我是一家之长，泪水流干，欲嚎无声，还要劝慰她们。在立春儿相片前呆望，迷迷糊糊，从他出生，回忆至今。

那是在1959年5月，威海市京剧团正在乳山的夏村演出，爱人赵淑荣已是怀孕9个多月，当时下乡演出，都是用双套大板车搬运服装道具，演员们全是步行。照顾孕妇，淑荣坐在戏箱上面，谁知牲口失蹄，跪窝在地上，两条车杆"咔嚓"一声扑在地上，此时淑荣正坐在车上面的戏箱上，多亏脑子反应快，顺势向前跳下，双脚落地，没有摔倒，但毕竟是快要分娩的孕妇，此惊非小，由3米多高跳下来蹾了一下，尚好无有大碍，联想到已不易再参加演出了，在外地很不方便，便由赵光正同志护送她回威海，而我要天天演出，主演走了开不了戏，况且又是团长，管理业务。就这样在团里坚持工作，当时的心情至今回想起来，心中非常难受，淑荣腹中的婴儿尚未出生，就经受了这样一场惊险，我不能尽到做丈夫的责任，不能照顾她，有谁理解我、同情我？只有天知道！

淑荣回威海几天后就生下立春。我在乳山接到电话，非常激动，1959年5月21日上午，我就是有女儿又有儿子的人了！急于回威海看望她们母子，又想到我父母有了

孙子的心情，恨不得立即回威海。但当时不能离开剧团，主演走了谁演戏？当时剧团五六十口人，停戏无收入，全团人如何养家糊口？可以说是靠戏生存活命，所以我心中再着急，仍然要坚持演出。此时我回想起一件往事，1950年，我师傅王韵童在威海演出时，接到张店的电报——老母病故，师傅只是戴上孝，烧化纸钱，哭祭一番，晚上演出，丝毫不露丧母伤感的心情。当时我想，师奶奶死了，师傅为了不停戏而不回家，心够硬的。师伯教育我，“咱梨园行的行规，爹死娘亡也不能停戏，角儿走了就停戏，整个戏班子的同人吃什么？戏比天大，不能停，戏班里情比泰山重，为了家事丢了公事，同人们会骂你不仗义。” 自我劝慰，得了儿子是喜事，晚几天见算得了什么？不能丢下工作回去看儿子，我的心情谁能理解？

半月后，市文化科通知我安排好3天演出，回市文化科有任务，主要是为给吕剧团招收学员，再从京剧团里调两位老同志，到吕剧团做武功教师。接完电话，我高兴极了，为公回威海，可以顺便看到我新添的儿子。立刻和滕步云团长商量三天演出的剧目。

业务安排妥当后，我就到夏村农民家去买鸡蛋。当时没有自由市场，集市做小买卖叫“搞资本主义”。养猪喂鸡，只能卖给公家。所以买鸡蛋也不容易，到农户家里去买，几个几个的凑，我买了50个鸡蛋，身上背着黄帆布的背包，里面装上糠，放进20

1961年，马少童与女马莉军、子马立春合影

个鸡蛋，手提一个纸盒子，装上30个。上汽车时，纸箱里的鸡蛋被查出扣下了，因当时每人只能带20个。这30个鸡蛋拿出十个来，因我在这夏村演出，市面上大都认识，这10个鸡蛋没有没收，按公家收购价给了我两元钱，这就算是照顾了。好处是我背包里的20个鸡蛋没有被发现，这样我也就算幸运了。

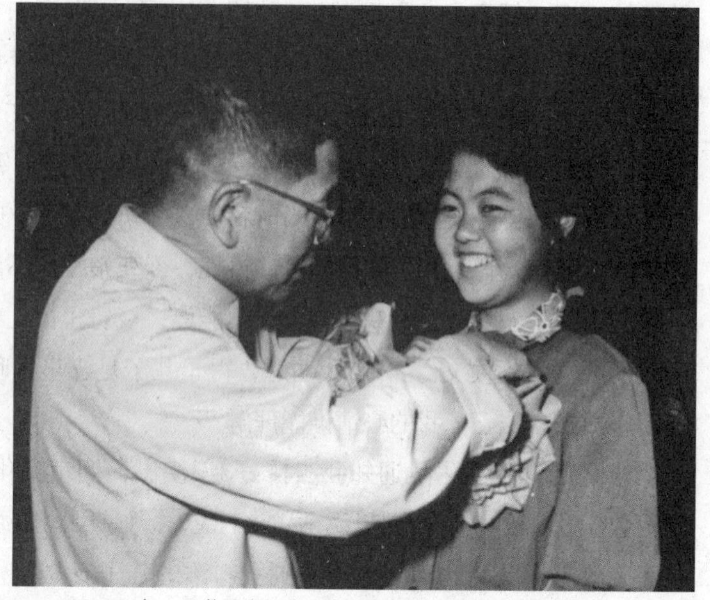
1974年，马莉军当知青下乡时市委书记王星武给戴花送行

到威海先去文化科见了曲平科长，问明收学员的情况，定下把京剧团王喜岩、王永文两名教师调给吕剧团，我这才回家看望父母、爱人和新生的儿子。

自己的骨血，怎么看着都可爱，乳名阿貌，大名立春，一家人为添这个男孩而高兴。

公务已毕，家事美满，即回乳山，继续巡回演出。剧团诸友同人也为我道喜和高兴，那时候没有请客祝贺一说，请客祝贺等形式都是资产阶级情调，况且我是共产党员，又是市文化系统的共青团总支书记，更不敢张罗，免得落下群众意见。

1961年又生一小女儿，起名马莉，我已是两女一子，父母双全，贤妻相伴，七口之家可谓美满。我父母是老思想，有重男轻女的偏爱，孙子总是比孙女沾光，吃一点东西，男孩子要多一点。我们家的旧传统，母亲当家，我夫妻的工资一把交，我的工资每月147元，爱人75元，这种收入，当时在威海这个县级城市里属上流的收入，可是我家里的生活就是一般中层市民的水平，我夫妻手里无一点零钱，去打壶开水给二分钱，我爱人要买一个头卡子也只给二分钱。1965年时，我的衣服还是母亲给缝，只穿中山装和便服，苦了我爱人，新社会的“小媳妇”。我这3个孩子的吃穿，和中层市民家的孩子一样。经过“大跃进”、3年自然灾害、“四清”运动，特别“文化大革命”，家中3次被抄，我被关、批斗、劳动改造，爱人是黑帮家属被开除，后被转业到工厂当保姆，这3个刚懂事的孩子，心中镂刻下那些“武士”们的形象和“脸谱”，打、砸、抢、抄、抓的“革命造反派”，特别是那些在批斗会上折磨我的“英雄”们，孩子随奶奶到牛棚探望我时，那些看管的“牛官”“打手”们横眉立目的喝训，小小心灵里清楚地记下他们一笔笔罪行。儿子立春曾说过一些孩子气的幼稚语言，“等我长大了，饶不了这些王八蛋”；“我不会忘了这些打、砸、抢的王八蛋，将来我长大了再和他们算账”等。孩子气话是我全家最担心的事，怕他惹祸，也说明“文化大革命”对一代人心灵上的冲击，造成的仇恨心理。

“文化大革命”中，我的工资被扣，七口家只靠给我的35元生活费，多亏我父亲的退休金34.9元。全家人吃不饱，也要叫我吃饱，因为我是在“牛棚”关押、批斗，每天要劳动。直到1970年由合线厂调回剧团，成为样板戏的主演。传统戏开始后，为编、导、演，每月仍是发35元，生活困难可想而知。

孩子虽小，却已懂事，看到家中生活困难，过不下去了，大女儿莉军和儿子立春，偷偷地去考上了烟台地区京剧团，这样能把嘴带出去，解决一点家中的困难，大女儿莉军唱李奶奶、铁梅，大小嗓全有，都是样板戏的原调门，有板有眼，烟台地区第一名；儿子立春嗓子、身段全都合格，烟台来考试的老师董义友、董义文讲：“这两个孩子一看就不一样，戏班里的孩子，在娘肚子里就唱京戏，吃奶时就看京戏，这种影响是先天的。”两个孩子考上了烟台地区京剧团，家里都不同意，因为我唱京剧落到这种惨境，子女决不叫他再唱戏了。奈何家中生活困难，只好先去混个生活费，带出两张嘴去。

这时烟台26军的一个干部来了，和莉军讲：“你这条件参军，到部队文工团多好，当文艺兵。”儿子年龄小，不能参军，莉军决定烟台地区京剧团不去了，一心要当文艺兵。就这样，14岁的儿子立春一人参加了烟台地区京剧团，当了学员。事出难料，后因部队里军级单位不准成立文工团，莉军烟台剧团没有去，文艺兵也未当成，也可能与我是“黑帮”有关。1974年6月，莉军到威海羊亭镇的孙家滩村，当了上山下乡的知识青年，1975年11月27日知青回市，就业于威海市疗养院。

儿子立春临去烟台时，我母亲难舍落泪。回忆1950年春，我随师学艺离家时，送行的邻居们都掉泪，我母亲却一滴眼泪不掉，她说：“哭什么？孩子自己出去找饭碗，有什么值得哭的？”而今孙子要离开，她却泪流不止，并苦诉道：“若不是这‘文化大革命’闹的生活困难，怎么能离家去学戏，孩子正是上学的时候……”

当年送子今送孙，骨血牵动老母心；
回顾昔往看如今，“文革”挫伤三代人。

——摘录1972年春日记中。

头次休假返家院　来去匆忙整三天

立春儿在烟台地区京剧团情景如何？非常牵挂。但再想念也不能去看他，恐引起他思念家中爷爷奶奶、父母和姐妹。“儿是娘的连心肉，儿行千里母担忧”。而我这做父亲的也是时刻挂在心上。

半年后的一个星期天上午，听到门外熟悉的声音，“爸妈，我回来了。”声音未落，立春进了我夫妇的小厢房，我夫妇上下打量了他一遍，孩子明显长高了一截，比离家时壮实多了，这是天天练基本功的原因。高兴中，我突然想到一件事，对他说：“快到正房屋里去看你爷爷奶奶，再到我屋里来。”立春转身就到上房里去了，我心里特别高兴，焦急地等待他回来，我非常理解他爷爷奶奶比我还高兴，亲切地问个没完。我夫妇住的小厢房是和正房连着，祖孙讲话听得很清楚，爷爷奶奶问：“吃饭、睡觉是否遭罪，练功累不累，挨不挨打？……”立春回答：“生活条件一切很好，练功还能不累吗？学员每天就是练功，但不挨打。跑虎跳、砸箭子、打飞脚等，老师自然要用棍和刀匹子拨、挑，那不算挨打。动作快就是拨拉一下，如果动作慢了就挨得重一点，没事，一切都挺好，我们七八个学员，大的比我大两岁，小的比我小一两岁，领导叫我当学员班长。”爷爷奶奶听孙子一番回报，高兴得合不拢嘴，“去你妈屋里看你爸和你妈吧。”我和淑荣听了她们祖孙的对话，也是非常高兴，但我还是很沉着的等儿子来见我们俩，我对他讲：“记住，以后再回来，先到爷爷奶奶屋里去，看望爷爷奶奶以后，再到我屋里来。”立春比过去懂事多了，回答说：“爸爸，我记住了。”站着回话也很规矩，我感激他的基本功老师对他的教育。我关心的是他练功，业务课。谈话中我了解到，他们这批学员现在主要是练基本功，按科班里练基本功的套路和程序，还没有文戏老师开坯子（教文戏开蒙）。我对他的要求是尊敬老师和领导，团结班上的学员，对艺术要多看、多听、多学、多练。根据他的体型，将来肯定是个大个子，翻筋斗不太适应，适合练靠把（长靠戏）。不知是我的家长作风所致，还是他内向语短？总是他静静地听我讲道理，孩子离开父母是开朗多了。

晚上我有演出，不在家，听说他母子一直在拉呱，我晚上演完戏回家，爷爷奶奶催他过去休息，这才回去睡了。

两天后要回烟台，看来并没有不愿走的意思，他遗憾的是未见到下乡的姐姐莉军，这说明孩子懂事了，知道技术的重要，初步懂得了一些为人处事的道理，望子成龙之心不敢想，但盼他有个好的人品，能有养家糊口的技术。

探视

少小离家进剧团，辍学皆因太困难；
环境使人性格变，来去匆匆整三天。

初见立春现舞台 盼子上进早成才

当年春节前，烟台地区京剧团来威海慰问部队，在海军礼堂演出。开戏后我进了礼堂。我想，不能到后台，地区京剧团熟人特多，况且儿子是团里的学员，到后台影响人家的工作，我在台下最后排，不引人注意。演出的是现代剧，开打前，有8个解放军跑过场，止戏我没有露面，随观众回家了，思绪万千，他们这场演出总的看是不错，这几个学员的参加，是对学员的一个上场锻炼机会，学员们扮解放军，手持卡宾枪跑过场，现代剧里的解放军，实际如传统剧中的龙套，这几个学员扮上都很精神，但圆场功，台步都很差，这说明基本功老师未重视学员的圆场功，只练筋斗不练走怎么行？这样的培养学员似乎欠缺，无老师开蒙教戏，每天只是老师看着练基本功。联想到经过“文化大革命”运动的挫伤，一家人共同的想法是叫孩子上学，有文化学点技术，不想再叫子女吃

1972年冬，立春头次工作休假回威海与父母合影留念

1973年，马莉、莉军、立春与奶奶毕淑贤、爷爷马书成合影

戏饭了。皆因家中生活困难，儿子考了剧团。既然要吃戏饭，就要学出点道道儿来。我的技术不怎么样，儿子将来起码要比我强。目前看这种培养法不大容易超过我。回想我在这个年龄，已能唱六七齣戏了。当然时代、环境条件都不同。

两年中，我常和儿子通信，叫他主动的向团里的主演老师靠近，请教学戏，先把《夜奔》、《挑滑车》两出戏的路子学会，自己再去苦练，因为这是武生的根基。我为他去订做了一支大枪，练《挑滑车》，先学套路，再练耐力劲头，以后再靠派归路。

有一次，我到淄博出差回来，火车到烟台要等一宿，第二天坐汽车返威海。顺便到烟台地区京剧团，看望老友及儿子立春，了解一下他们培养学员的情况，通过和基本功老师的交谈，基本了解了他们培养学员的情况。至目前，这些学员尚无一位老师教开蒙戏。只是“看群羊”的练基本功，没几出折子戏为基础，怎么能培养出好演员来？我非常理解，他们这些主演，大多是艺校毕业生，接触老戏很少，演的是现代剧，况且都在“文化大革命”的“战斗洗礼”中渡过，年龄基本都在二十七八，本身的传统戏基础就较差，会不了几出折子戏，但都已登上了主要演员和老师的位置，如何给学员教开蒙戏？况且整天的排戏演出，也顾不上学员。政治工作方面，军代表、工宣队撤出以后，就是调来什么公社书记，或部队科长来领导剧团，基本上都是外行。学员们上场就是新型龙套,老百姓、解放军、匪兵、甲乙丙丁等，最大能号上个有姓名的角色，当B角也只是出现在说明书上，何时能演？无期的期待。这样培养学员，怎么能出人才？。

晚上我在他们团练功室的小屋里睡，反复想了很多。一觉醒来不到五点，爬起身来，要去汽车站赶早车回威海，到学员宿舍一看，儿子立春睡得正香，叫醒他吧？恐他

见我走，心情不好；不叫他，等他醒来见我已走了，心情更不好。我呆呆地看着他，最后决定还是不叫醒他，走吧。上车后，一路上千头万绪涌上心来，心想，看来立春要成为一个像样的演员是不太可能了，只是熬工龄吧。

回威海给儿子写了一封长信，叫他主动的靠拢几个中年主演老师，把《挑滑车》中的“边掛子”、大枪花、破达子（打八个将的把子套路）学会，练功。有了靠功、劲头和耐力，将来再规路。其实这些戏我都可以教他，但我不能总守着他，另外，剧团之间也容易引起看法，产生闲话，“自己的孩子自己能教，何必送到我们团里呢？”戏班里闲话多，事儿多。我非常清楚，这种情况乃是普遍现象，也无可奈何。形势、环境，往往不以人的意志而行，只好听天由命吧。

传言担心出事故　教子为人不受辱

传言立春儿在烟台打架，把一个蒙古大汉打倒了。闻听此事，我非常担心，立即购票急奔烟台问个究竟。在车上我担心地想，学不了技术，没有本事不要紧，起码要有个好的人品。一路上，我心里七上八下，联想到儿子好动，床前摆着一个大哑铃，每天锻炼，右手能举40公斤。烟台市商业部门里有一位保卫科长，原来在济南军区给杨得志司令员当过警卫，武功很好，立春总去找他学格斗、擒拿等武术，想想这些情况，我更担心究竟惹了什么祸？到了烟台地区京剧团，和领导交谈得知真相。

内蒙古迁调来烟台几户蒙古族搬运工人，晚上到胜利剧场看戏不买票，引起争执结仇。星期天团里休假，几位团内领导在办公室开会，来了3个蒙古大汉，直奔办公室，门口留守一人，二人进屋，先把电话线扯断，接着就打砸起来，团里几位领导尚未反应过来，已遭袭击，相互喊叫起来。这时立春在三楼练功，端着大茶缸子到一楼打开水，听到办公室内的喊声，把水杯放下就向办公室跑去，正遇门外守候的大汉，指着立春骂道：“小×养的，你若过来我砸死你！”说着弓腰在办公室门旁的煤堆里，捡起一块大煤块向立春砸去。立春低头躲过，已到他面前，蒙古大汉看他是个孩子，伸手想把他抓起来，立春往下一蹲，顺手一个“掏裆锤”，只听大汉“啊”的一声，仰面摔倒，捂着小肚子在地上爬不起来了。屋里的两个打砸的大汉闻声，顾不得和几个团里领导抓扭，跑到屋外一看，门外的大汉疼得正在地上打滚，这时楼上下来不少人，他们见事不

好，两人拉着地上躺的大汉跑了。此后团里的几个武戏人员，找到蒙古大汉的住处堵门叫阵，他们先是闭门不出，后是出来赔礼道歉，又请这几个武戏人员吃饭赔礼，成了朋友，真是不打不相识。唱戏人能侃也能吹，说什么“你们觉着自己个儿大，有把笨力气，想和我们动手，那不是找挨揍吗？你连我们一孩子都打不了，被孩子撂倒了，还能跟我们交手吗？”吹的对方服服帖帖。其实主要是他看是个孩子，没在意而挨了一个掏裆锤。赵书记对我说：“幸亏小马把外面那个撂倒了，后来看大伙都来了，他们就吓跑了，不然我们堵在这屋里，电话线也被他们扯断了，得吃个大亏，小马立了一功。”我这才放下心来。

到学员宿舍里和儿子谈谈他们的学习、工作情况。董义文老师告诉我一件事情，前几天小马和刘某某吵了一仗，责任不在孩子，刘某某太不像话，此事大家也都有公论。

听此消息，我仍放心不下，晚上我和儿子闲谈问及此事，原来是为一点平常小事。学员们都在练功，刘某某叫立春下楼，他买了几百斤煤，叫立春帮他往楼上搬，看功的董老师很不满意，学员正在练功，怎么能去给他私人搬煤呢？刘某某比立春大不了10岁的一个普通演员，但立春是个学员，还是应该帮他搬，就说：“刘老师，我正在练功，出了一身汗，您稍等一下，我擦擦汗，把湿练功服换下来，就下楼帮您搬。”立即回宿舍擦了把脸，换下汗水湿透的衣服，下楼去给他搬煤。刘某某很不满意，“怎么才来？你他妈的了不起了，技术不怎么样，身价倒长了，叫你搬点煤，这半天才来。”立春没有言语，低头装煤往楼上他屋里搬，下来搬第二趟，他还在训骂，“现在你长本事了，使唤不起你了。”立春仍是忍气吞声，不言语地给他搬煤。谁知第三趟下来他还在训斥他，“你爸爸是角儿，你是什么？技术未学，角儿的份儿倒长了。”这几句话可把立春气坏了，直冲过去，提名叫他：“刘某某，你提我爸干什么？我们正在上班练功，凭什么给你私人搬煤？我一再忍耐不言语，你还没完了，我告诉你，我是烟台地区京剧团的学员，不是你的奴隶和使唤人。你从未教我一句戏，我称你老师是尊重你，再说你凭什么指手画脚训斥我？我还告诉你，从今天起，你家的跑腿私事别找我，我伺候不着你，你太过分了！”这时团里排戏的人都在围观听着，无一人批评立春，刘某某下不来台了，一挽袖子，“我揍你这小×养的。”冲过去要动手，大伙都在拉他。立春说 ：“老师们，不要拉，叫他揍我；三招我若摔不倒他，我就不姓马。”刘某某停住了，因为立春平时在团里摔跤他也知道，所以不敢动手了，立春此时反守为攻，对他招手，“来呀，你动手哇，怎么不揍我了，就你这两下子还想动手？我告诉你，你上场比我强不了哪去，动手你还不是个儿，你来呀！”刘某某自知出手准倒下，站着不动，围观的众人一阵大笑。这时楼上的武功老师董义文喊上了，“行啦爷们，别得理不饶人了，上楼练功吧；刘某某，你也太不像话了，上班练功的时候，叫人家孩子给你搬煤，还骂骂咧咧的，我这看功的老师你连声招呼都不打，今天这事大家都明白了，你若不服，去找领导解决。我还告诉你，今后练功的时候，我看管的学员，不能去给你干私活。”这场风波就这样结束了。

我回想起一件事来，1959年，我和李宏刚老师及荣成的陈剑萍3人一起调到烟台地区，搞华东汇演的一个新剧目，是赵光正写的剧本《滚龙滩》，我演海鸥爷爷，陈剑萍演红梅姑娘。我在烟台挑了两个青年演员，地区剧团的邱殿荣、艺校里的韩涛（原名韩震昆），我们剧组住在艺校，对艺校的老师学生都非常熟悉，那时候这位刘某某十六七岁，武戏没膀子，文戏没嗓子，文武不灵，但饭量很大，据说四两一个的烧饼，能吃6个，为此李宏刚老师曾玩笑地叫他“饭桶”。“文化大革命”过去，他已是中年人了，他和立春这场争吵，我问过刘宝敏老师，他说：“孩子没有错，刘某不是玩意，这件事领导及全团没有一个说刘某对的。我们也议论过，立春这小子，平时话很少，可是这一次和刘某的争吵，句句在理，大家都说真看不出来这小子厉害呀，他体质好，劲儿大，在团里业余摔跤，都知道他能摔，刘某这次还真败啦。少童，孩子没有错，不要训他，咱们自小在戏班里，柴头阎王想欺负咱，咱可不能吃他那一套。”

晚上临睡前，我和儿子又说到此事，儿子可能以为我要训他，可是我心平气和地的对他讲：“你爷爷中年的时候和人家一仗打了3个多月，其

1975年，马莉、马莉军、马立春姐弟合影

原因是在威海菜房子里为挣摊位，和一位同行争吵，动了手，你爷爷被人家打了，此气难平。此后就每天去找他打，虽然打不过他，可也吃不了什么亏，有空就去找他打，并喊着‘你不是能打吗？我能挨，这事没完，这事我一不找警察，二不用帮会出头，打死我，你偿命，打不死我，咱就天天打，我儿子长大了继续和你打。小子！爷和你打长久仗，打一辈子。’结果这家伙草鸡了，谁能天天打仗，他们同行里都说这叫‘打粘仗’。最后两个月下来，他找了朋友说和，请了同行们吃饭说和，道歉和好，成了朋友。此事威海的老人们都知道，也是一个小典故。我的处事是忍让当先，尊敬老一辈，类似你和刘某的争吵，我青年时候也有过。你记住：在社会上处事要忍让，要有理有节；如果有人一再的欺负我们，就要以死相拼，要叫他知道，我们虽然技术不高，但人格气度不低；为人不可有傲气，但不可没有傲骨。你和刘某的争吵，大家包括领导都知道了实际情况，触他一下也好，叫他和旁观者知道，我们不是他的奴隶，他受了这次教育以后可能就好了，但是今后你见了他，要一如既往的尊重他，主动地称老师。如果今后他再叫你帮他干点零活，只要不误工作，还要帮他，这样就把矛盾化解了。交人不

1976年全家福。奶奶毕淑贤、爷爷马书成、孙女马莉军、儿媳赵淑荣、孙女马莉、子马少童、孙马立春

易，得罪人就在一时一事。人在社会上为人处事是门学文，你随着年龄的增长，慢慢地就会明白这些道理。”

谈到对他的专业学习方面又出现难题。他说：“我遵照您教我的方法，主动靠拢主演老师，艺校来的这批中年演员，比我大不了几岁，演靠戏的演员没有，只有王某及杨某某二位，杨老师整天忙忙碌碌，没工夫教我，由于他和您的关系，对我也不保守，但时间很少，排戏、演戏，他自己也要练功；王某老师教我《挑滑车》的大枪花，一次只给说一点，首先叫我去给他买烟，又不给我钱，我只好自掏腰包给他买，一盒前门烟一块多，一套大枪花5次还不给教完，买回烟来他抽两根就走了。我一月30来块钱，教我10次，我的饭票钱就不够了，这样学戏真学不起。”当我听到这一情况之后，不好回答儿子的困难，想了想，笑着对儿子讲：“这是旧戏班里流传下来的陋习，你已觉察到戏班里的一些不良习气。”立春说：“这不是教学员，是吃乎人。”我伸手止住他的讲话，耐心地对他讲：“旧戏班里这种情况很多。真正的老艺人是重视人才，看准了一个苗子，分文不取，掏心窝子地教，我就经过好几位这样的老前辈。也有的先白话不教你，要这个要那个，给他当奴仆，干活、伺候他，而他还不真心地教戏，这叫巧使唤人，涮傻小子。你现在仅是一个小学员的身份，谁也得罪不起，心里明白，不可露出来，这就是‘聪明难得糊涂’。按说如果老师真心真意教你，我们不会忘记，我们绝对要报答，仅仅几盒前门烟太微不足道啦。以后不要再去求他，他若真教，我们感恩领情，人情我来答报；他若再用老戏班那套涮你，你就敬而远之。叫你去买烟，你就说‘王老师，我没有钱了’。我们尊重师长，但绝不乞求。你可自己去练，练出两条好腿，是武生的根基，练耐力、练冲劲儿，至于套路就好办了，戏好学，功难练，就是说有了好的基本功，学戏就容易了，至于《挑滑车》及眼前的武老生戏，不需要求人，咱自己就可以说。”此后我想，十年的“文化大革命”，批臭了的东西仍然存在，真正的老一套，讲戏德，讲仁义好办；新的思想讲品格、作风，也好办；最难办的是不老不新的半拉子老艺人，旧戏班的好东西学的不多，陋习沾染的不少。在老艺人面前他以年轻自居，在小青年面前装老艺人，这种人乃当今文艺队伍里的障碍，看来老一套、新一套，都有好和坏的一面，关键是个人的思想品德，如何为人。

立春淑艳婚姻定 首次登门拜亲公

“文化大革命”，我饱尝“臭老九”的苦难滋味。为此，对子女的职业，决不叫他们吃戏饭。有点名气，可能成为反动权威，挂个业务职务就是走资派；是党员，那就必然成为党内的走资派。各地大小院团，基本都是主演、专家挨斗、被关挨整；无技术，也就是一个底包，操杆零碎。我们一家在文化大“革命”中伤透了心，用我母亲的话讲：“要饭吃也不唱戏了，当工人是领导一切的阶级，当农民最保险。你学徒6年，挨打受气，流不尽的眼泪，淌不完的汗水；当了主演和没权的团长，挨斗是威海最多、最惨的一个。”

世界上的事情往往不随人的意愿，俗话说“人穷志短”，形势造成了我的家庭生活困难。147元的月工资被扣，每月只发34块9，七口家活不下去了。立春自己去考了烟台市京剧团，带出去一张嘴，大女儿莉军下乡，这样家中的生活就好过多了。若不是这种情况，绝对不能让立春学戏。

既然立春干了这一行，就要有点作为，我对他的希望和要求有三个阶段，三种想法，而且一次比一次的要求低。

第一阶段，我幼入戏班学艺，舞台上跌、打、滚、爬，拼搏了几十年，可以说技艺了了，收效甚微。儿子既然吃了戏饭，将来起码要比我强，这是我最初对他的要求。

第二阶段，几年后我看他在这个团里的情况、角度、个人的条件，团里对学员的培养和使用，我断定他不会有什么大的进展，将来能赶上我就不错了。

第三阶段：又过了一段时间，我想根据他的条件、处境，在舞台上想赶上我是不可能了，只能要求他有个好的品德，堂堂正正地做人，技术上能养家糊口也就不错了。

十几年来，我对他的要求越来越低。人在社会上技术差，收入低，艺薄尚可糊口；若品德不好，一生就完了，起码是要遵纪守法，不走歪道，凭技术挣钱吃饭；技术低，品行不能低；挣钱少，知识不可少。我教他重视学习，读书看报。我想，他在剧团里的前途，也就是一个武行罢了。他们这批学员，很难培养出一个出类拔萃的角儿。当时烟台地区京剧团虽然未出现挑尖的青年主演，但人员较齐，有几位来自艺校的中年演员，水平还是不错的。他们不可能牺牲业务，破格的把青年学员推上去。总的看是卖集

体艺术、年龄好、人头齐，演所谓的样板戏之后，大都是群戏。儿子立春也列入一般的武戏人员的行列，我曾玩笑地说："艺术上不如年龄长得快，工资不如个子长得高。"

随着儿子年龄的增长，应该谈恋爱、找对象了，这是自然规律。这也是我夫妇关心的一件事，世人一生的伴侣就是夫妻，我了解了一下，他的女朋友黄淑艳，原是烟台红小兵演出队的尖子，后考入烟台地区京剧团，和立春都是同时期的学员。1978年烟台地区青年京剧汇演时，曾看过她的一齣《打焦赞》，相貌、人品都不错，她父亲是药材公司的老司药，母亲是被服厂的工人，都是本本分分的老实人。我主张女儿找婆家，儿子找媳妇，一不攀高干子女，二不要有钱有势的人家，因为"门不当户不对，成亲之后必受罪"。重要是对方父母的为人和家风。我乃一个普通艺人，但在有钱有势者面前，从不低声下气，决不巴结上层、"攀高枝"。经过一段时间的了解相处，双方都比较满意，婚姻即订。

我夫妇到烟台拜会亲家，见面交谈，果然是老诚厚道的正派人家。我也和亲家说了老实话，表了态："我是一个普通艺人，出徒后未当过流动演员（单干），听党的话，'以团为家'，参加剧团，挣工资吃饭，无什么积蓄，小有名气而无钱。'文化大革命'中遭批斗，扣工资，从147元降至34块9，现在给我68块5，一直没落实政策，是普通小市民的生活水平。儿子结婚是个大事，我夫妇虽无大的经济能力，但婚事力求办得好一点，尽我们最大的努力吧。俗话说得好，'好汉不依祖上产，好女不靠嫁妆衣'，重要的是他夫妻自己去奋斗，勤俭持家。祖上留的再多，不正干也过不好。应该看到将来的发展会越来越好，我不想为儿子结婚拉饥荒，但我会尽最大的努力操办。"

亲家老俩非常通情达理，他们说"是呀，咱们都是吃死工资的，没必要'抻腰筋'的去花费，重要的是他们结婚后自己能过得好。"我们为亲家的实在，通情达理而高兴和感激。回来就计划为儿子结婚置办家具。没有钱还想办的体面一点，花少钱想置办的高档一点。穷则思变，最后决定买木料加工制作。

大女儿莉军的对象宋义光，是市立二院外科大夫，还能干一手好木匠活儿。立春结婚的双人床、三开门的大柜、梳妆台、写字台、高低柜、沙发、凳子等等，都由他姐夫设计制作。购买木料后，一个半月的时间，不误上班，只在业余时间里制作出一套新颖的家具，木丝纹缕都是对缝相承。油漆之后，胜过家具商场出售的精品，漂亮极了，见者无不赞扬。

至于儿子媳妇的服装衣物，床上用品，他们自己早已准备好了，这是他们平时省吃俭用积攒下来的。回想当时这个婚事确实不易，既不寒酸，也不铺张，可达中等偏上的水平。

立春、淑艳由烟台回来结婚。喜事新办，家中请了3桌客，我父亲亲自下厨烹调。婚假3天，小夫妻俩就上班工作了。烟台地区京剧团在剧团宿舍大院二楼，分给他俩一间房子，这在当时已经是组织上照顾了。儿子结婚，我们这做父母的没有假期待遇，我要带团各地演出，爱人也在工厂上班。

直到一个多月后的一个星期天，我和老伴赵淑荣才到烟台看了儿子结婚的新房。向剧团领导道谢，再去拜会亲家。

回忆我们结婚更简单，我俩由昌乐县回威海结婚，在家里请了3桌客，淑荣的衣服，是我母亲给她缝了一件印花紫布的大襟褂子，我是一套蓝迪卡的中山服，在青岛委托店里各买了一件皮猴儿大衣。婚后接着回了昌乐京剧团，亲朋分了小礼包喜糖就结束了。那时候，恭贺的喜份儿也很简单，七八个人合买块布料——褥子面儿，或者是一双袜子。业务团长孙荣惠、苏昭信夫妇，我傍他配戏近3年，可说是老搭档，送了我一个脸盆，里面放上一斤冰糖；我的奶师王韵童是团长，我跟他6年，给我的贺礼是一个6元钱的单人床床单；小师弟田荫童，花3元钱给我买了两个小镜子。婚礼就是如此简单。可能有人会笑话，感到太寒酸了。他们看到现在的婚礼是豪华的喜堂、高档汽车迎娶，几十桌上等的宴席，霓虹灯、花地毯，花钱的名堂繁多。可以说喜堂是铺天盖地的人民币布成的。花费重金绝非是自己挣来的，更少有人去想，没有我们国家的强盛、经济富裕，没有父母的投入，能达到今天这样的华贵场面么？夫妇结合重要的是夫妻恩爱，一生的幸福，而不在于婚礼的仪式。铺金盖银保证不了夫妇的一世幸福。老燕筑巢口卸泥，乳燕羽全任它飞，总

1981年，马立春、黄淑艳于烟台结婚纪念

在翅膀之下护喂的是鸡，永远飞不高，衣食住行一切依靠父母的人，难成大器。幼小学飞，腾空展翅的是雄鹰，鸡永远飞不了鹰那么高。

探望师兄郑亦秋 来威回拜叙往情

幸运的是，烟台地区京剧团有专业领导而得力的发展。文化局长刘素勤、刘德甫都是比较内行而有魄力的领导，他们重修胜利剧场。地区级在全国举办艺术节，请进来派出去，受益匪浅，促进了剧团的发展。又派出一批青年到北京学戏，加工出国演出剧目。当时地区级的剧团出国演出，全国罕见。又在中国京剧院请来总导演郑亦秋，为剧团加工剧目，准备出国。郑亦秋同志是延安的老文艺工作者，曾任中国京剧院总导演，艺术学院导演系的主任，行政11级的高干，应约来烟台地区加工出国的剧目《雁荡山》、《八仙漂海》等。地区文化局为了剧团排戏不受干扰，把剧团拉到牟平的姜格庄，进行封闭式的排戏加工，刘德甫局长亲自“坐阵”。郑亦秋是刘奎童先生的开门大弟子，我是最后的关门小徒。因郑亦秋是我大师兄，所以烟台剧团就派我儿子立春，每天照顾他的饮食起居。两周后的星期天，立春回来告诉我，师大爷在姜格庄给他们加工剧目。师傅不在了，大师兄如同师傅，我立刻赴姜格庄，去看望大师兄。他虽是参加革命多年的老专业干部，但仍保留着老的传统礼数，我和他见面握手之后，他端坐在那里等我施礼。老礼教徒弟见师傅要下跪叩拜，师傅去世后，见大师兄要跪一条腿，抱拳施礼打千。因为有刘德甫局长和剧团的领导在场，我下跪施礼有点不好意思。师兄非常通情达理地讲：“咱们都是共产党人，不要老一套的礼节，鞠个躬就行了。”这样一来，解除了我的难为情，恭恭敬敬地给大师兄鞠了一躬。落座品茶，刘德甫局长讲：“哎呀，你们梨园行里的礼节太严格了，严师出高徒，无规矩不成方圆嘛。”我说：“按道理我应给大师兄行大礼，跪恭打千（跪右腿，右手向前打千）。”大师兄说：“那都是老一套的旧礼教，随着“文化大革命”都扫干净了。”

师兄问我师傅刘奎童、师母黄桂英及大姐刘雪曦、姐夫母振元的情况后，很难过。他说：“日伪时期，我在上海参加了地下党，国民党特务抓我，跑到延安。几年后，又同田汉同志返回上海，同欧阳予倩等同志一起，搞地下工作，见过师傅师母。后来特务又要暗杀我，经组织安排再次离开上海，又回到解放区。这样给师傅增加了很

1988年春，马立春山东大学考古系读书留念

多危祸灾难，至今心中内疚。全国解放后，我在北京各处打听师傅师母的下落，均无消息。后来巧逢言少朋、张少楼夫妇带青岛京剧团到北京演出，得知师傅在青岛艺校任校长，任市文化局的戏剧顾问。几次想到青岛看望二老，都未如愿。”我说：“师傅1966年4月18日因肠癌病故于青岛，土葬于吴家村，师母黄桂英一年后秋天去世，雪曦大姐尚在青岛，师傅1896年10月24日生于唐山。”师兄边听边用笔记在笔记本上。我又告诉他，“振元姐夫原是青岛报社的美术编辑，因肺病也早不在了，雪曦大姐和儿子、女儿仍在青岛。机灵师哥（大名刘麟童）和嫂子有一个儿子，50年代在胶济线上流动演出，后来失去联系。他有个徒弟叫郭和平，翻得很好，能翻7个朵子曼子，在解放军京剧团里，曾到威海找过我，说灵机师兄一家落在扬州。现在山东的俊童师兄“文化大革命”中去世。还有一小师兄筱昆童（蔡锡元），在昌潍地区戏校任教。” 回忆往事有些悲伤，师兄的眼圈湿润了。又问我：“在‘文化大革命’中受冲击了吗？”我苦笑着说：“批斗、押、挂6年半，劳改、转业，后又调回剧团，总算挨过来了。”他边听边叹息，并告诉我“文化大革命”中在上海，他两次想去看望周信芳师伯，师伯被关押在汽车库里，红卫兵看管不准见，当时最好的营养饮食，就是儿媳送两小块豆腐，他的胡子和头发都连在一起了，始终没能交谈，至今心中难过……说不下去了。在场的人也都为之伤感。最后问起我目前家中的情况，听说我父母健在，他决定这个星期天，抽半天时间到家中看望我父母，因为在这里加工剧目，两个月后出国，排练时间很紧，所以我就告辞返回威海，等星期天师兄来我家再细谈。

两天后是星期天，上午九时，烟台文化局用北京吉普车，送师兄来我家，由立春陪同。家中准备了简朴的家宴，我特意请了威海市宣传部长黄志敬来作陪。谈起剧团发展，他建议要威海京剧团到北京去演一演，请名家提提意见，重点加工几个戏就可以出国。威海这个城市虽然不大，但在世界上还是比较有名的，过去有“小香港”之称，国外华侨肯定少不了，出国很有条件。我长叹一声，说：“谈何容易！目前看威海京剧团的青年力量弱，舞台经验不足，基本功和老戏基础很差，比起烟台差距很大。要达到出国演出的水平，重要在于市上领导的决心，剧团里领导的艺术观点统一，必须派尖子演员外出学习，请进名家传授指导，不下一番工夫，要出国是不行的。烟台地区青年汇演时，威海京剧团在全地区里是第一名。那时候我就提出，这次汇演我们取得好成绩，首先是领导们重视，一出《断桥》就到沈阳、蓬莱、青岛三个剧团学习取经，《盗仙草》我们排练加工了近两个月，所以取得第一名。现在看剧团里缺少好老师，培养不出尖子演员来，拿了奖就满足了，看不到我们的不足和缺陷。”

1979年春，中国京剧院总导演艺术学院导演系主任郑亦秋（大师兄）来威海时留念

黄志敬同志是宣传部长，他点头认同，并说：“对戏剧，搞艺术，我是外行，以后郑导演还要多支持我们威海这个小剧团。”亦秋师兄笑了，他坦率地讲：“少童刚才讲的这些事，都是搞剧团的道理，若需要我帮助的话，尽管讲，我会全力支持。拿烟台地区京剧团来讲，基本都是中青年演员，缺少名牌演员，但他们有几个中年演员条件是不错的，经加工排练之后，他们提高很快。《雁荡山》一剧，虽然武戏上没什么绝招，但青年力量很齐，缺陷是两个中间的主演软点，加工也不会有大的长进，缺少挑梁演员。中国京剧院、北京京剧院，上海、天津等大的院团都得有突出的角和戏。凭威海在国外的名望还是有希望的，也不要把出国看的高不可攀，事在人为嘛，关键是领导的决心。烟台市文化局若不重视，烟台剧团是出不了国的。” 师兄为我父母敬酒，祝福二老生活幸福，身体健康。

因排戏时间很紧，亦秋师兄下午返回牟平姜格庄去了。送走师兄，黄志敬部长埋怨我：“不早打招呼，事先不了解情况，中国京剧院的总导演，11级的高干，应该由市委宣传部负责接待。”我说：“这些情况我没有想到，只想到师兄弟是私人关系，他是来看望我父母的。我没把您当领导，只想咱们是朋友，请您来陪一陪。我师兄也算是个权威人士，等以后再有这种情况，一定提前向您汇报、请示。”

出国归来夫妻转业 从事文物考古鉴定

烟台地区地委、政府，对烟台地区京剧团非常重视，特别是地区文化局局长刘德甫同志，对烟台地区京剧团的出国，起到重要作用，对排练抓得狠，靠得紧，终达目的。1983年12月份，由陈慕华同志率团，到缅甸、印度、泰国演出，所带剧目全是折子戏，有《秋江》、《拾玉镯》、《断桥》、《三岔口》、《扈家庄》、《八仙过海》、《闹天宫》、《挡马》等，儿媳淑艳挨排上了一齣《挡马》。出国剧目都由中国京剧院导演郑亦秋加工导排，成绩显著。友好访问演出，载誉归来。儿子和媳妇也幸运的走了3个国家。

在烟台演出，恰逢长春电影制片厂，要录电视连续剧《金三角》，导演见到立春，要聘请他参演一、二号角色。通知下来，剧团正在外地演出，晚到了5天，1、2号人物已被人占了，不知是人家有背景，还是有其他原因？以晚到为由而换人。立春见此情况就要返回，剧组又觉处事欠妥，要求他留下参加拍录，但要委屈一下，演个4号人物。立春笑了，“不必了，本来是导演和我团议定，如今团里安排了演出，把我抽出到这里来，我千里迢迢地来这里，跑龙套就没必要了。”他们也觉理亏，经同人、朋友一再相劝留下来，演了个4号人物，人事面子所致，但内心有点窝囊。拍摄中，上下关系相处很好。两个月后返回烟台，也算当了一回电视演员。年节阖家团聚时，我曾玩笑地讲：“立春技术比我相差太大，但比我的运气好，出国、拍电视剧都有份儿，虽然不是主演，但过了一把瘾，也算‘逢时’，社会好，形势好，赶上了好时候。”

1984年我带团在荣成市郊区龙回头村演出，接立春儿来信，9月27日淑艳生一男孩。我欣喜若狂，“有孙子了！”立春给孩子起名“马芊”，附词一首为念。

望子成才

得贵子乐全家，马家四代有根芽。千里驹是宝马，愿儿一鸣惊天下。叹吾身，五尺躯，从艺拾春辜负老尊家。愿马芊成龙驹，为马家耀祖荣门，驰骋遍天下。

我阅读了几遍，心情激动，即提笔同韵合句：

得麟儿乐全家，积德玉树发壮芽。似伯乐识宝马，喜讯频传亲友夸。子

孝道，媳贤惠，艺界十载驰骋三国家。愿马芊成大器，为马门光宗耀祖，扬名遍天下。

——1984年9月29日于荣成市郊龙回头村为立春同韵合句为念

形势决定人的思想意识。人要摆脱形势环境的牵制，是非常不易的，立春和淑艳随团各地巡回演出，还要抚养孩子，实在困难，只好送回威海，由奶奶照看。立春、淑艳忙于演出，也不能经常来威看儿子。

1984年冬，立春、淑艳终于和我讲了想法，“全国的剧团不景气，是形势决定的，根据我们团的实际情况，我们这个年龄段，要想有什么发展是不容易的，团内的主演比我们大不了几岁，等他们退休，我们也‘到站了’。如此看来，不如趁年轻，早改行学门专业，总在团里熬工龄，混日子，浪费时光，没意思。自古剧团不养老，不养小，更不养‘柴头’，晚转不如早转。我们唯一的顾虑，就是对爸爸您的威信恐受影响，‘马少童的儿子在剧团混了一阵子，改行转业了’，今天我们把想法向您老如实讲了，唯恐您生气，想听听爸爸的明见。”

我不需思考地就作出了答复，形势和剧团的情况，明摆着，他夫妻的想法合情合理，我心平静气地讲了自己的看法：

一、大气候决定了京剧的不景气，决非我们一介普通艺人能够扭转。

二、你们团的实际情况，你俩想有什么大的发展不太可能。1978年中国戏校要调淑艳，刘德甫局长不放，失去了一次难得的机会，机不再来。刘德甫局长不放，是可以理解的，领导都爱才，有个好苗子谁都不想放弃。

三、改行转业没有什么不好，并不丢人。周信芳先生的子女除少麟一人，也都不吃戏饭；马连良先生两位夫人生有七子四女，仅有长子崇仁、七子崇恩、小女小曼从艺，古今梨园名家子女，未必都要从艺。大师名流尚且如此，何况我们?

我同意你们的意见，但一定要选准行业。我想主管部门决定去向不能由己，但自己要有个志向，干什么都不容易，你爸爸我幼入戏班谋生找饭碗，我的天赋并不好，是算个笨人，但我有个笨劲，犟脾气，就是生钻。我想世人聪明和愚笨，就在于悟性、钻研，学东西有快慢，重在拼搏。我的脑子笨，我就多学，多琢磨、多练。失败不可怕，怕放弃，接受教训再拼，总会达到目的；反之，再聪明不用脑，不努力，不习练，也难达目的，我的观点是“笨鸟先飞”。

你们的前途，道路由自己选择，不应该由家长去设定，选准就要努力，去争取达

到目的。哪一行都有状元，也有“柴头”，同样的人前途如何，在于志气，谓之“有志者事竟成”。

1985年1月，淑艳转业的要求，组织终于批准了，未离开文化单位，调到烟台地区文化局招待所，不久又调到戏剧创作室任总会计。半年后，立春也批准转业到烟台地区文物店。

搞文物是不错的职业，也是他的爱好，这可能与家庭影响有关。我父亲虽无文化，但酷爱文物，仅好而不懂，自称“瞎好”；我也受点熏染，幼小就喜欢小玩意，从小人书到古小说，收藏的不少。什么古圣旨、碑塌字帖、江南四大才子的条幅、板桥的竹、宋干的松、宋子文的书法中堂等等。我登上主演的位置后，有点条件了，更好文物，什么明代瓷瓶、紫玉镯，铂黄宝石、古扇等等。但几年的积累，全在扫“四旧”中一扫而光。如今儿子立春又到文物店搞文物，不知是缘分还是命？难料将来是福还是祸。“文化大革命”乃史无前例，可谓空前，但愿绝后吧！再来一次，恐怕青年人都成了文史盲了，怕连我们的老祖宗是谁也不知道了。

儿子离开剧团到文物店，从头学起，好处是他有兴趣。尽管学习钻研，进步不辍，但深感文化不够，高小五年，学文物资料很吃力。1987年秋，组织上送他到扬州大学学习半年，扬州乃古都文化名地，考古优势全国屈指可数。又在北京故宫聘请教授，权威讲课，实物考查。他苦学钻研，成绩显著，为考古班的优等生。幸遇名师，又结良友，同学遍及全国各大文物店。回到单位，工作实践了一年，自愧没有文凭，于是发奋苦读考古鉴定资料，为此心急上火，拔掉两颗牙，可谓“苦心人，天不负”。1988年春，终于如愿，考入山东大学考古系。全班的文化程度他最低，而学习成绩显著，20几名大学生，都是各文物店有一定实践经验的考古人员，立春被选为班长。

1988年我夫妇在上海演出，因动乱停演回威海，路过济南特意去看望了他，校负责人和军代表对立春评价很高。他们说：“立春为人好，成绩好，有领导组织能力，在这场动乱中，考古班的学生无一人到外面胡闹，正常上课，替领导和军代表作了很多工作。这与您二老的教育和家庭影响，有绝对关系。”我说：“说来惭愧，我和他妈还真没尽到教育他的责任，基本是他爷爷奶奶带他，我带团外地演出，长时间不在家，应该说是参加工作后，组织的培养和领导的教育。”立春讲了个基本道理，“我们这批大学生，来自各大文物店和博物馆，最大年龄40多岁了，在工作岗位上已工作多年，大都有家室子女，有一定的社会经历，实话实说，他们都能理解，自己出去胡闹，不为自己，还得对老婆孩子负责。我们来学习，单位还发给我们工资，不专心学习，出去胡闹，对得起谁？我们班的同学，大都是党、团员，办事说话若不讲原则，总得想想自己的身份吧？把话说透，都很通情达理，这绝不是我有组织能力，而是班上的同学都有一定修养、觉悟和水平。”我听了立春一番朴实的话，心中很高兴，心想儿子长大了，就现在的情况看，不用我们为他担心了。

两次大学初露头角　壮志未酬不幸弃世

立春两年半的大学就要毕业了。毕业前他负责挖掘一座古瓷窑，将挖出的瓷片都做出鉴定，收藏入库，这是他毕业前的一次实习。

回单位后立春担任考古员，参加全国各地鉴定会议，和外商谈生意，进步较快，在单位是对外文物洽谈负责人，单位的老经理李兆屏对我讲：“马立春是我的摇钱树，一年给我创收180万。”当时的经济状况，有如此收入，就很可观了。但立春认为束缚手脚，他对我讲：“烟台文物店属国家二级店，如果经理能放开手脚叫我干一年，怎么也给他挣200万以上，可惜领导小手小脚，不敢大进大出地干。我带的学生离开这里，在国外自已干，早都‘发了’。我们单位守摊子，总是小打小闹，咱也没办法。”

威海文化局局长田丰泉同志曾和我谈过，威海要成立博物馆，打算调立春回来，享受正科级待遇，让他把文物馆抓起来，守家守业，各方面都好。我和立春一谈，他就说：“我不可能到威海，原因有二：

一、白手起家难。没有几千万的资本，抓不起一个博物馆。烟台文物店博物丰厚，年头久，底子厚，威海博物馆要赶上烟台，不是短时间可以达到，因为有些文物有钱买不来。二、我最不舍得的是位置。在烟台接触的实物多，搞文物总在书本上学是不行的，必须接触实物。应该说工作上我虽然能独当一面，但我经验不足，考古这

1980年黄淑艳照

一行要边工作边学，在烟台实践机会多，可到全国各地参加鉴定会、拍卖会，在威海不可能有这个条件。”

儿子的看法正确，条条是道，句句在理，我同意他的决定。立春在烟台交往的朋友多，工作上也算是中年得志吧。而且儿媳淑艳在戏剧创作室当总合计，作息有序，上下关系皆好，也算顺心。唯有孙子马芊上学，立春觉得，孩子总跟着父母太娇，要摔打摔打他，受点艰苦，送到牟平一所学校上学，每周参加三天农业劳动，食、住都和农民生活相差无几，淑艳去看，看马芊又黑又瘦，星期天不休，参加农业劳动，回来就哭。我心里也不好受，特别是奶奶更心疼，但想到立春的想法也对，就得咬牙叫他锻炼一段时间。想想我从小学戏之苦，立春幼小离家自立，孙子也不算受苦，起码不挨打受气，锻炼一下也有必要。不受苦中苦，难做人上人。

孰料天降横祸，壮志未酬身先死。长夜无眠，坐守灵堂，泪已流干，注视照片，心如刀绞，精神恍惚，他39年短暂的人生一幕幕在脑海浮现。突然，叫门声冲断了我的悲思，刚刚凌晨5点，就有人来叫门。原来是外地学友前来吊祭。他凌晨一点多到达烟台，就在门前等待4个钟头，直到天放亮这才叫门。他冲进屋内，跪在灵堂前号啕大哭，边哭边诉，“马哥呀，您怎么走的这么早哇，兄弟我想你呀，我忘不了您，世上您这样的好人太少了，好人怎么会有这样的遭遇呀？老天爷太不公平了……”大家都来劝阻，正要问这位姓甚名谁，接续不断地来人吊唁，一家人要接待应酬，也顾不上问来者都是那位、何人。随后才知道，悲伤哭啼的青年，是受过立春的帮衬，他说了一段往事，“马哥太仁义了，每次拍卖会，拍卖文物的超额，我们这个班子有提成，马哥是组长，最后分配马哥从来不要一分，全分给我们大家，他总是讲‘自己是组长，拿分红会出反映’，每次最后他都是分文不取，这样的好人怎么会？……”说着说着，又失声痛哭：“马哥，我们想您呀……”

我听到这些话，心中比较欣慰，心里想，好儿子，这一点做得好。

大女儿莉军突然发现，一夜之间我的眉毛、双鬓白了不少，我到卫生间擦把脸，在镜子里看到，我的两鬓和眉毛真的白了不少，联想到《文昭关》中的伍子胥，“一夜忧愁白了髯”，这绝非形容和夸张。

哭子（一）

一夜苦思鬓发变，回忆往事四十年；

从此父子难会面，相逢只在南柯间；

失子母割心头肉，儿媳悲号怨苍天；
幼孙丧父令人怜，马门三代一线传。

思儿（二）

成败得失皆命运，灵堂忆儿马立春；
因果相处缘分尽，生离死别不由人。

殡礼隆重灵堂啼儿 落叶归根天时难解

1998年2月3日（大年正月初九）上午九时，于烟台火化场。出乎意料的是，参加吊唁人员300人，上有8旬的老人，小者有10几岁的儿童。烟台地区京剧团的领导同人，韩涛、董翠娜副院长等，在负责签到、发白花。文化局及文物店的领导同人都已到场。还有各地文物界的同人及其他行业的朋友。领导和亲友沉痛哀悼立春，并劝慰我和老伴节哀、珍重。我强忍悲痛，向参加吊唁的领导、宾客一一道谢。

众人恐我和老伴过度哀恸，承受不了，由刘桂兰等亲友陪同回家。临上车时，我向立春念叨了几句："立春儿，一路走好。儿今永别亲人和众友，为父送儿先行！几年来，总怕儿在社会上不会处事为人，看今天场面，众人为你'送行'，足以证明儿的品德和平时为人处事的水平。有你这样的儿子，为父感到自豪。人之寿命不由己，短暂的父子情——缘分已尽。为父为儿送行，一路走好。死者为大，为父与儿鞠躬。"大脑麻木了，也不知怎么回到家里。

火化一切顺利进行。近午，众人回来安慰我和老伴，讲了两件事。

一、由地区文化局联系，特别照顾，火化时用的是高干炉（高压电床），一切顺利。

二、由大姑爷宋义光检验骨灰，他是外科医生，验证"法医结论完全正确，颈椎骨折断而亡"。骨灰已安全送到殡仪馆暂存。

我感谢众友，请大家到饭店用午餐。这时，连续收到各地博物馆、文物店的唁电和赙仪。此时我到饭店，向参加吊唁的亲友及服务人员致谢："一杯酒敬亡灵；二杯酒敬文物店、京剧团的领导同人，及来自全国各地的亲朋好友；三杯酒敬料理丧事的服务人员。”

敬罢酒，施礼道谢，辞席而回。

我反复的阅读烟台地区文物店经理史大时同志所致的悼词，原文是：

马立春同志生平

文物工作干部马立春同志，因故于1998年2月3日（农历正月初七）不幸逝世，终年39岁。

马立春同志是山东威海市人，1959年出生，1972年参加工作，在烟台市京剧团工作13年，1985年调到烟台市文物店工作至今。

马立春同志在京剧团工作期间，任共青团支部书记。是优秀学员，优秀演员，曾多次参加出国演出，为国争光。

调到市文物店工作以来，认真扎实地学习文物鉴定知识，获得文物考古专业大专文凭，中级业务职称，是优秀的文物工作干部，多次被评为文化系统先进工作者，并且担任文物外销部主任。在担任文物外销部主任期间，积极参与文物经营工作，为文物事业发展，作出了突出贡献，奉献出了毕生精力。

马立春同志忠于党，热爱人民，热爱社会主义，工作勤勤恳恳，任劳任怨，为人正直，热爱文物事业，敢于发表自己的学术见解，把所有的知识全部用于文物店的工作上，成绩显著。

我们怀着极其悲痛的心情，怀念马立春同志。

马立春同志，您安息吧。

烟台地区文物店

一九九八年二月五日

一家人都沉陷在悲伤之中，我还是要沉着的安排明天的日程，全家忍泪听我安排。

明天早饭后，到殡仪馆祭奠烧化祭品；礼仪之后，将立春的骨灰搬回威海，三七祭日安葬入土，魂返故里，叶落归根。

灵堂啼儿

正月初九永难忘，百姓祭天拜上苍①；

一缕青烟驾鹤去，永别亲人离故乡。

【注释】

①正月初九日，乃玉皇大帝诞辰，有百姓祭天之习俗。

第二天上午九时，在烟台火化场，来自各地吊唁的亲友、文化系统的领导，向立春儿遗体告别，300余人，黄童白叟悲泪哀思，花圈百余，唁电赙仪不断传送。会务周全，隆重庄严，善后圆满，立春可瞑目于九泉，为父深感欣慰、自豪。

——9日晚灵堂前记事。

午夜后，大姑爷义光在梦中惊醒，他在蒙胧中见立春，只见他一身银灰色的西服，放光刺眼，跟着一男一女两位老人往前走，立春三次回身，向义光点头致意而无语，随两老人西去不见了。不知是何因兆？一家人相视无语，不解其情。

我的猜测分析是，二老乃他岳父岳母，且他岳母10天前去世；立春身穿一套银灰色西装，乃火化之后的行装；向义光三次回头致意相托：一是感谢你为他检验、收殓骨灰；二是拜托照顾好我二老；三是拜托照看他的妻儿黄淑艳和马煜。

一家人都点头不语，认为我缘解的有道理。实际我是以此来破解众人的胡思乱想和猜疑罢了。一家人情绪安定下来已是拂晓，都已起身收拾，准备到殡仪馆祭奠的供品等事宜。我心中又是一阵酸痛，灵堂前记句自慰。

苦相思 哭儿

一夜愁肠断，苦思难入眠；

二老灵堂坐，儿去永无还；

若得重相见，只在南柯间；

幸有马煜在，三代一线传。

——1998年2月6日（农历正月初十）拂晓记事。

早8时，一家人及亲友至烟台殡仪馆，搬骨灰盒到外面祭奠，我注意到骨灰存位是2879号，这个数字死记心中。淑艳把立春昔日所喜爱之物全都烧化，所有衣物收拾两大包，内有两套高档崭新的西服，我说：“这些新衣服留给他儿子将来穿吧，烧也无

用，无需全烧。”淑艳的意见是，这几套西装是他生前最喜欢的，给他“带走”，留着见物思人，心中难过。既然如此，我要依她。花圈“纸货”足有一卡车，什么金童玉女、纸马、汽车、房子、箱柜等等，应有尽有。社会的发展进化，烧化的物品也现代化了。我想这些焚烧仪式，纯是对活人心中的安慰，寄托哀思的一种形式，是千百年来留下的传统习俗。我赞成的是几束鲜花，或者是几个用丝卷制作的精致小花圈，长年摆在灵位前，既清素又高雅，又无烟熏火燎，胜过物品成灰之旧俗，但不能辜负亲人们的敬重心意，烧吧……我又沉浸在凝思中，似乎看到儿子施礼向我告别。

又是一阵哭嚎声，打破我的沉思，只见那边几人也在烧化祭奠亡灵。我们这里几个青年，对那边的几个人，以气愤的眼光相对。我因当时心中悲痛，也未在意，后来得知，那旁祭奠丈夫的，乃姓车的出租司机，就是他开车和立春同遭车祸，我这才明白青年亲友，对他们气愤的原因。我长叹一声劝说，气数难脱，该当如此。我们失去亲人而悲伤，他一家人也是一样，幼小的孩子失去父亲，妻子中年丧夫，不知堂上有无双亲？失子之悲与我一样，一个穷司机，开出租收入不会太高，刚才我若知道是同立春一起遇难的司机，应该过去安慰她们一下，或者给她们一点（赙资）。哎……车司机生时和立春同车，死后也算同路，缘分，该当如此……

搬骨灰回威海，车头前有立春的相片，马煜抱着骨灰盒。车到莱山公路车祸发生地点，众人下车，老妻淑荣念叨着“立春，跟妈回家吧……”我一阵心痛欲裂，悲泪无声。众人劝扶上车，一路悲泪难禁返回威海。

家中设摆灵堂，供着骨灰，日夜不断香烟，我不愿使来吊唁的亲朋悲啼哭嚎，影响邻居，引人悲伤，采取佛教的仪式，二十小时放录音《多罗密多心经》、《金刚经》、《海潮观音经》，佛经有法器伴奏，不懂佛经的人听似音乐。来吊唁的亲友不下百余人，我都一一记录……

中国的礼俗，祭亡灵七天一次，从头七日至五七日，乃之过七日。“三七”、“五七”为重点祭日，“七七”（四十九天）后，再过百日。祭亡者的生日，一至三周年。我百思不解的是，每到给立春祭七日就变天，非雪即雨，疑奇心情，都以笔记。

正月初七，小雨加雪，惨遭车祸。

头七戊寅年正月十三（阳历2月9日），早8时，天气突变，鹅毛大雪铺天盖地，9时30分为儿祭祈，烧化纸钱记事。

头七祭日（一）

头七祭儿魂返家，亲友哀悼纸钱化；
大地变白似银染，苍天布孝降梨花。

——祭祈时在《海潮观音经》声中记事。

头七祭日（二）

天降梨花染世界，大地银装共举哀；
经声伴儿西方去，极乐净土拜如来。

2月16日（戊寅年正月二十日），二七祭日。8时许，又降鹅毛大雪，祭祈之后笔记：

二七祭儿

父母痛儿心肺裂，贤妻哭夫气欲绝；
忙坏亲友妹和姐，“二七”祭日又降雪。

1998年2月19日（农历正月二十四日），明日是立春“三七”祭日，我们筹备一切，准备金山安葬入土。谁想下午天气突变，细雨连绵，正月下雨实乃罕见。一夜雨下个不停，叫人心焦，明日“三七”殡葬，这雨不停，如何是好？一夜心情焦急，盼天亮雨停。苍天不遂人意，晨5时，我们都已起床，眼望窗外，小雨变成中雨，电视气象报道是全省普雨。大正月里下连阴雨真是少见，我坐立不安，眼望窗外，焦急万分。9时19分，安葬立春骨灰入土，春雨下个不停，如何进行安葬？况且这种日子不能改动。遍地泥泞，淌水成溪，孙儿如何“棒土”？我心情焦急，在室内来回走动，无计可行，突然我眼睛一亮，有了救急之物。我父母传下来的礼俗，家中长年设摆佛堂，在佛龛里供着一包“佛土”。

那是1994年9月19日，我于五台山朝山拜庙请回的圣物。南国寺乃唐代古刹，建于山顶，数十道台阶，同行几人累而难登，都在山下饭店里歇息喝水，唯有一72岁的老佛教徒孙伯和我坚持着爬上去了，此乃五台山最古老的一座寺院，不来朝拜，将来会成遗憾。9月的季节，下午5点，天时已晚，山上庙中除了和尚，就我和孙伯二人，焚香礼拜之后，和尚讲：“施主，带包五台土和香灰吧，难得来一趟，这‘五台土’说不定日后会有用场。”孙伯说：“师父讲的有理，我们在观音顶带了泉水，这里的土一定要带，难得呀。”于是，我二人取出塑料袋，在大香炉里棒土和香灰，装好后向和尚施礼告辞，带着香灰，一路下山。我不理解地问孙伯："这包土和香灰有何用途？"孙伯笑了，他说："你一辈子能来几趟？这香灰就是来五台山的纪念。另外，如果谁家请菩萨、佛像，要做佛坐垫，里面可装上这香灰，五台山的土难得呀。"我这才明白，联想到进山的大匾上书"佛国圣地"，更觉此举有益。当时我也没想到这香灰日后有什么用场。回威海后，把这包五台土就供在佛龛里。有一次，在百货公司遇到一中年妇女在请菩萨像，请我帮她选像，选好后愁无佛坐。我突然想起我家佛龛里供着那包五台山土，就赠她一小包回去缝佛垫儿，她千恩万谢地去了。

我想这包"五台土"还真派上用场了，可能这也是缘分吧？剩下的一包仍供在佛龛里，4年之久，今天为我解决了大难，连日降雨，遍地泥泞，入殓棒不起土来，正好用这包"五台土"。不到8时，亲友齐聚家中，雨仍不停，只好冒雨去墓地了。徒弟媳妇刘建对我说："昨晚过半夜我梦见立春师弟，一身大红衣服，站在山前一个崖子上，头发梳的光亮，面貌很好看，思母落泪不语，醒来看表三点，梦境很清楚，他就是不说话。"我也不理解，无言可答，"可能是思想的反映吧"。

8时许，3车同发，搬运立春的骨灰，去金山公墓。送走众人，我仍在窗前观望，雨仍在下，我夫妇心急火燎，这如何下葬？相对无言，焦急的心情都是一样的，坐立不安，我不由自主的到佛龛前，打开录音机，放《海潮观音经》，烧上一炉香，缓解心中的焦虑，情绪仍是烦躁，外面雨还在下，我对老伴说："这天气真是找别扭，哪有大正月里下连阴雨的。他们快到墓地了吧？哪怕能停半个小时，安葬就可结束。"我在室内来回的走动，突然老伴说："看！雨停了！"我惊喜中看表，9点5分，"他们到墓地了。"佛堂里香火未尽，经声不停地念着，表针一分一秒的进转，快10点了，看来他们快回来了。准备接她们回来，有刘桂兰老搭档在帮着忙乎。汽车回来了，按老的习俗，他们到墓地参加葬礼的人进门不能空口，每人嘴里要含一块糖，都要净手洗脸。

儿媳的心情不好，到里屋休息，众人落座喝茶，向我回报葬礼进行的情况，徒弟媳妇刘建说："您说怪不怪？我昨晚梦中见我师弟就在那墓前的崖子上，我到了墓地，就看到这个土台子，他就站在这个台上。"徒弟国勇说："真是想不到的事，车到墓地雨停了，大家收起雨具，一切顺利，难得的是，马煜棒土是五台山的土和香灰，葬礼刚结束，要上车了，雨又下开了，我看看表，雨停了40分钟，这是天意，还是巧合？"众人都为此事疑奇而议论。我岔开他们的议论，"好吧，不管是天意还是巧合，毕竟为我们带来了顺利，这包五台山的土和香灰，在佛龛里近5年了，今日用上了，应验了五台山南国寺老和尚的预言'施主带一包五台土和香灰回去吧，日后可能派上用场'，看

来这也是巧合吧。”众人忙于谢客午餐，我到书房提笔记事，并题“金山葬礼”诗二首。

立春儿“三七”祭日举行葬礼，全国普雨，一夜未停，1998年2月20日（农历正月二十五日）上午9时19分安葬入土，突然雨停40分钟，一切礼俗进行顺利，烧化纸钱、纸货（纸坊、纸家具等），立碑完满结束，40分钟后雨又下，可谓葬礼中的幸事。

金山葬礼

三七祭日儿入土，举行葬礼苍天哭①；
立春长卧金山上，灵气护佑子孙福。

缘 源

雨降雨停皆巧合，事实事因难琢磨；
何必苦思胡猜测，焚香叩谢拜佛陀。

【注释】

①宋代岳飞于风波亭归天诗中，“阴雨”谓之“天哭”。

1998年2月21日（农历正月二十五日）为立春儿圆坟（安葬的第二天），两日连阴雨，今晨变雪，大地皆白，9时许雪停，烧化纸钱。9时30分礼毕回家，午饭后淑艳、马煜返回烟台天又降雪，留句记事：

圆坟天又变，乾空起白烟①；
大地银装扮，祭儿到金山。

【注释】

①雪随风飘如烟。

1998年2月25日（农历正月二十九日），刘建夜梦立春身穿一身大红衣装，立在山前崖上，天气晴朗气爽，立春有泪无声，思母而啼，刘建梦中惊醒，此时是午夜后3点，思儿记事。

“三七”梦

日和清爽儿出现，身披大红站崖前；
只是悲啼无语言，孝子思母泪涟涟。

1998年2月26日（农历正月三十日），立春儿“四七”祭日，气象预报晴天无风，9时又降春雨。为何每逢祭七，都降雨？百思不解，提笔留句：

四七祭日

立春辞世众人念，每逢祭日感地天；
“四七”恰又降甘露，天水洗尘起白烟[①]。

【注释】

①烧化纸钱，祭礼如雾似烟。

1998年2月28日（农历二月初二日），夜梦立春儿归家共进早餐，牛奶、花生米，食而无言，态度自然。醒来5时28分，起身提笔记事：

梦中见儿

三十九载了此缘，天意气数难挽拦；
父子若要重相见，非梦只有看照片。

1998年3月3日（农历二月初七日），到金山为儿烧“五七”，又降小雪，返家车中吟句笔录。

五七祭儿

乌云密布天空暗，“五七”祭儿到金山；
青雪漫撒盖地面，风吹灰碟[①]向西传。

【注释】

①纸灰随风吹向天空，如碟飞舞西去。

1998年3月10日（农历二月十四日），立春儿“六七”祭日，又降细雨。每逢过七都有雨雪，疑而不解其意，提笔记事。

六七祭日

四十二天祭“六七”，又逢阴云降细雨；
逢七雨雪是何意？百思不解有玄机。

1998年3月17日（农历二月二十一日），为立春儿过七七，时季入春，天气晴和日暖，返舍题句。

“七七”祭儿

六次祭七降雨雪，七七祭日换季节；
四十九天祈日结，重逢似观水中月。

奇怪梦幻难解之谜　路旁奇遇教子成器

立春儿百日、周年已过，我经常在梦中见到，只是无言不语，但老伴思儿却一次也未梦见他。常言道“儿是娘的连心肉”，失子之痛，淑荣整天悲啼，我非常理解她，哭出来比憋在心里好，只有劝慰，谁想她因此而落下心脏病。岂知我这为父亲的，也是同样痛心悲伤，又不能在家中悲啼，只有到海边，对着大海号啕大哭一场，发泄心中的痛苦，有时到山中树下静坐落泪，慢慢地缓过情绪，擦干眼泪，回家装出若无其事的样子，就是这样解脱心中的悲伤。

2001年4月4日上午，小女马莉回家对我讲，昨晚偶得一梦，“俺哥到厂子里找我（康威电子），值班人员叫他在候客室等我，我见到他，他说来看看我，他要去‘托生’，我不懂是什么意思，送他出厂子，顺着世昌大道往东走，天气晴朗有太阳。其实我心里很清楚，他已不在人世。我俩往东走，走着走着俺哥不见了，我哭

1987年，黄淑艳、马煜、马立春于烟台合影

出了声，刘鸣唤醒了我。我问刘鸣‘什么叫托生’？他听我讲了梦中的情境后，说他也不明白，所以一早跑回来，问问您二老。”

我听了这个情况，也是百思不解，立春去世已是三载，托生的意思，迷信讲是转世为人投胎出生，一家人琢磨不透。

谁知事也凑巧，当晚我在梦中见立春儿推门而进，时间似在上午10点多钟，他对我讲：“爸，我要走了，走前回家看看您二老。”我问他：“到哪儿去？”他说：“去江苏，车和司机在楼下等着，没时间了，我走了。”家里光线明亮，非常清楚，我心里很明白，他已不在人世，但态度、语言很自然，一晃不见了，醒来看表，是午夜后3点，起身笔记。此事心中思索好久，未对他人讲过。

另有一事，使人猜疑不解，曾记得1997年10月，我应邀去安徽合肥参加第三届中国京剧票友节，一是当评委，二是领票友导师奖。临行前老伴去威海华联商厦买牙膏、肥皂，在华联门前树下，有一中年妇女叫住了她，此人自称：“是九华山《易经》学会的，不是江湖术士算卦的，我看您脸上带着有灾，想和你说说。”淑荣闻言笑了，说：“谢谢，我从不相信这些。”继续往前走去，那人赶上几步讲：“我不是骗子，我看你面上带着，是子女的灾难。”子女牵着母亲心，听她言，淑荣不由自主地停下来了，转身回来了。那人讲：“我不是骗子，我看出了你的子女有车马之灾。”淑荣问她：“可能破解？”她从口袋里掏出一个黄布小包说：“这道符你收藏好，不要对任何人讲，等午夜12点，到十字路口烧掉，4个月后此灾可免，方可对别人讲。”

淑荣问她卦资多少？她说不收费。叫人不好意思。她说：“要不你随便拿一点香火费吧，不拘多少。”淑荣从背包里取出钱夹，拿出10元钱来，对她说：“我到这儿买点洗漱用具，未带多钱，还有十元零钱，不好意思。”她也很坦率，“没关系，多少无所谓。”淑荣顺便把她给的小黄包（符）装在钱夹里，放进背包，拉上拉锁，一路寻思，半信半疑的回到家中，心想：她说半夜12点到外面十字路口烧掉，还不能告诉别人，这事不好办，如果问我半夜到外面干什么，怎么说？又不能说明，踌躇半天，不知如何是好。取出符看看再想办法，拉开背包拉锁，取出钱夹，打开一看，小黄包没了，淑荣吃惊地“呀”了一声，“怎么符不见了？”呆呆地想了想，没错，就在这钱夹里，怎么会不翼而飞了呢？子女的“车马之灾”，午夜12点在路口焚烧，4个月后可免此灾，不能对任何人讲，怎么会没了呢？自我安慰地想，符没有了，可能此灾已免了。再说现在农村里也都是拖拉机、汽车，市里哪里有马车？似乎自己排解了顾虑，吃了“宽心丸”，此事也未对任何人讲，就慢慢地放下了。

后来她把此事对我讲了，我想，“车马之灾”，并非马车，乃之车祸，我们姓马，应了“车马一灾”的预兆。又进一步理解到，同立春一起车祸的司机姓车，二人一车同祸，正应车马两姓之灾，车马之灾，我破解出此意，可惜立春儿已故。不知是天意气数，还是巧合？解开其中意，我有了劝慰老伴的理由了，气数该当，不须过于伤心悲痛。尽管如此地安慰她，但我自已却摆脱不了，有时突然想起，立春的影子总在我心目中晃动，如激光般的刺心悲痛，我就立即棒起佛经阅读念诵，以排解悲伤；最大的分散悲伤心情的办法就是绘画，提起画笔，许多罗汉形象在我脑海里缥缈摇动，驱走了悲伤和痛苦，7年中创绘《五百罗汉脸谱书画篆刻集》，冲涤掉我心中的很多杂念和伤痛，直至此书出版已是10余年了，深感创绘《五百罗汉》解脱了我很多痛苦。

立春去世十载已过，我和老伴曾几次劝说儿媳黄淑艳应选配偶，不应孤守，母子相依。贤德的儿媳坚定地说：“马煜考不上大学，我不找人。”等孙儿马煜山大美院毕业了，淑艳又说：“儿子不就业不嫁人。”至今孙儿马煜大学毕业后，考入公安就业已两年多，他已成为一名公安干警，工作有序，健康茁壮地成长，乃之我二老最大的安慰，此乃儿媳的功劳，她为国家培养了一位保一方平安的卫士，为马家培育出一个优秀的后人。但我二老始终是为儿媳的择偶而牵挂，每逢提起，她总是一笑了之，而现在她又为儿子马煜找对象伤脑筋。我常想：子去矣，贤媳是对我们的欣慰，但也为她择偶而忧心。

赞淑艳

立春已故十一年，教子成才守孤单；
马煜升学进美院，就业求职当公安；
贤媳从商十余载，废寝忘食忙无闲；
盼子成器多辛苦，贤媳良母黄淑艳。

京剧表演艺术家张春秋、马少童合影于威海墨像斋——2000年故友重逢留念

2000年10月30日，北京京剧院来威海演出时，马少童同梅葆玖先生重逢

2008年3月25日，马少童与分别十二载故友、著名京剧表演艺术家殷宝忠于济南重逢留念

老骥伏枥篇

《徐策跑城》马少童饰徐策

赴沈阳应约晋京 排练中教益至深

幼年常听师辈讲：“唱戏的要全国扬名，必须唱红北京城；主演要有知名度，必须唱红京、津、沪。”因此，我在童年就种下深深地印象：京剧演员，特别是挑牌的主演，必须到上海滩、天津卫和北京城“挂号”。

1980年8月，威海剧团到天津演出一个月，恰逢北京正是剧场空时，有机会晋北京演出。我和副团长马传智同一意见，想到北京演几天，不挣钱也值得，威海市京剧团也算是晋京挂号了。因支部书记不同意。我虽是团长，但决定不了，天津演完就把剧团拉回了威海。此乃威海京剧团失去的一次良机，到了北京门口未进北京。

这件事，团里青年演员根本不知道我们领导之间的意见分歧，他们失去了一次晋京的大好时机。

1998年12月24日，突然接到李麟童院长的电话，邀我速去沈阳，准备晋京演出，剧目已定为《斩经堂》。

我简直不敢相信。惊喜之余，立即电话找来张传秀和李世荣，讲明情况。在我家给她们走排。念着锣鼓点，顺利地排了一遍。

12月26日，我夫妇和李世荣、张传秀启程赴沈，麟童师兄接站。

迎风宴上得知，这次晋京演出活动，是曲福松总经理出资，实现他昔日许下的诺言。

晋京演出阵容是职工京剧团的原班人马，又约请沈阳京剧院的部分老艺人参

1999年1月，在北京演出《斩经堂》。
马少童饰吴汉，李麟童饰宁氏

加，节目基本都是折子戏，如《天女散花》、《探阴山》、《借东风》、《乌盆记》等，都是得过奖的演员和剧目，大轴原定由麟童师兄和李国粹合演《大登殿》。

麟童兄是沈阳京剧院20余年的老院长，从唐韵笙先生携团演出时，他就是业务团长，业务经验丰富，而且对京、津、沪戏曲行情的信息灵通。他说："《大登殿》一剧，在北京是不可再熟悉了，李国粹老师在梅先生家学戏，得梅派真传，又有李慧芳老师手把手得教，这王宝钏是没说的，可是这大战公主谁能顶得住？我演薛平贵虽已几十年了，但在北京以这戏演大轴，就需要考虑。马（连良）、谭（富英）、杨（宝森）、言（菊朋）、奚（啸伯）、余（叔岩）各派的名家都驻北京，对派头戏能挑到骨头里。出戏码如作战计划，要考虑到专家的评头论足，也要征服票友及戏迷爱好者，更要打住观众。我们到北京演出，不可能出什么名，但也不能背着'臊板子'回来，别落个二八的大姑娘下茶馆'花钱丢人'。最好是演北京不常演的剧目和派别戏。"有人提出："最好是麒派戏，比较新颖。上次票友大赛，马少童老师演出的《追韩信》很受欢迎，能否请他来加盟演出，肯定错不了。"李院长说："这倒是个线索，更要紧的是演什么剧目，北京的麒派老生不多，目前看有肖润增，张学海也拜过周信芳先生，但很少唱麒派戏，上一层的李和增、李少春，虽然都拜过周信芳先生，但也不唱麒派戏，因此麒派戏晋京比较好。剧目方面《跑城》、《追韩信》、《宋士杰》都太熟。我在扬州、镇江看过少童的两场《斩经堂》，他的演法是刘奎童先生、周信芳先生的两者合一，发挥自己的特长，有独到之处。我绝不是盲目地棒他，可以约他来沈阳响排一场看看，如果这个大轴能压得住，就这么定；若水平不行，就在前面演一折，是绝对打得住。少童应邀到各地演出从不讲报酬，我们何不一试？"于是得到全会的同意。曲福松立即拍板，"就这么定了，电话联系，请少童老师加盟演出，来沈阳排戏晋京。"

听到这些情况，我心中也有点压力。这次乐队、打击乐，基本都是沈阳京剧院的原班，司鼓赵永仁，是北京戏校毕业的老人；难得的是李麟童院长甘当"绿叶"，《斩经堂》中陪演老旦——宁氏。这样安排我非常满意。赵永仁先生讲："我所接触的大都是京派戏，对麒派戏比较陌生，特别是《斩经堂》一剧，更是'黑场子'（不清楚），咱们可得好好说说。"我说："贤弟放心，麒派戏，你只要抓住特点就好打了，咱们多说几遍就是了。"决定28日上午说戏，29日再过一遍，响排就行了。

28日上午9点开始说戏，司鼓赵永仁先生认真地记提纲，一个多小时记完后，长舒了一口气，说："天哪，怎么这么多节骨眼儿？这可够呛！咱得好好排。"和乐队合排走场，他出汗了，这文场都是原老伴奏，调门儿、劲头都上得去，一遍对下来，永仁讲："明天响排可不行，今下午还要继续对戏。我打过您的《跑城》、《追韩信》，体会到麒派戏不好打，劲头、节奏和京派戏完全不同，下午咱们还要加班。"

下午反复地排了几遍。因为其他剧目，人家都是熟的，重点加工排《斩经堂》。一下午顺畅多了，赵永仁先生来了兴趣，"明天响排，大哥，您觉得哪点不行，别不好意思讲，重点的是我要找细，台下多排练，免得上台丢人。明天还要响排。"

一出《斩经堂》反复地排，有些人不理解，所以都来看响排，曲总也坐下来看。这次排，就是找细、抠戏了。"见娘"一折，麟童师兄虽是现钻锅（现学），但对这出戏很熟悉，况且有丰富的舞台经验，和我交流、对口、劲头非常严密、有劲！传秀是样板戏的基础，做戏很有激情。我是以样板戏的演法演老戏，强调人物、感情。

看排戏的人多，对演员也是鼓舞、激励。在经堂杀妻的一折中，烘托剧情进入了感情，我和传秀都是声泪俱下，乐队的几位同志也在掉泪，一位弹三弦的同志跑到后台哭，他说："受不了，这戏太悲了，这情节谁受得了！"

止戏后，大家异口同声地说："这出戏压大轴，绝对没问题。"唯有司鼓赵永仁先生对自己不满意，为了更把握，他要求"明天上午到沈阳京剧院排练厅，再严格地响排一次。"

12月30日上午又在小剧场响排。只穿服装，脸上不化妆的彩排。这时，台下来了一位老艺术家，她是沈阳京剧院的元老，唐韵笙先生的老搭档——张小贤老师。因为麟童兄用的老旦行头都是她的，她特地赶来看彩排。这次彩排胜过演出的气氛，沈阳京剧院的、票界艺友来的不少。吴汉奉母命去经堂杀妻的下场，是在四击头中，三个转身一个大翻身，甩剑穗、掏双翎、亮相，缓势下场。这个四击头中，要完成这些较难的动作，连续排了四遍，艺友们在台下为我鼓掌助劲。当台上苦诉对白时，台下观者有不少被感染的掉泪。止戏后到台下和艺友们见面，征求意见，一片的赞扬声。我很清楚，一是新颖，二是棒我。"远来的和尚好念经"，我心里有数，我没有那么好。至于有人问起几个特殊技巧时，我实话实说，"我这并非是纯麒派玩意儿，是刘奎童先生的路子，也有我自己的'造魔'，所以说我的这齣戏，不纯是麒派路子。"

我万万没有想到，82岁高龄的老艺术家张小贤老师，拉着我的手鼓励我，她要求把吴母宁氏的单词给她，她说："要学学这个老旦。"师兄李麟童笑了，说："大姐，您这不是涮我吗？我演这齣戏的老旦，是实在找不着合适的演员，只好献丑配师弟演，您这东三省赫赫有名的老旦，要学这个老旦……"小贤老师一摇头，认真地讲："话不是这么说，咱戏班里唱到老学到老，直到临死也学不完，这齣戏的老旦我就不会。唐

（韵笙）老将唱不唱这龅我不知道，反正我们几十年在一起合作，我未配她演过，这次碰上机会了，所以我要学学。”我说：“老大姐，您已退休多年，早已谢绝舞台，还伤这个脑筋干什么？”她拍了我一下，笑了，“少童啊，咱作艺的年龄大了，人老了要退休，可是技艺永远不能老。我退休下来，不演戏了，也很少到京剧院里来，但是，我从未放弃对艺术的追求，有空就背戏，在电视上看到我不会的就学。虽然我现在不唱了，但是如果有的青年来找我学，我要教人家。我唱了一辈子老旦，如果有来找我学这个老旦的，我也不会，这说不过去，所以我见了老旦活儿，只要我不会的我就学，学了是准备教别人，这是我们老艺人的责任，这《斩经堂》的宁氏我要学学，防备有的青年来找我学，这叫闲里学，忙时用啊。”

我听了张小贤老师这番通俗的语言，似当年先师又在教训我，我想“如果所有的老艺人都能像她这样，京剧还有失传的戏吗？老艺人还会有无所事事的空虚感吗？”我深深体会到，老前辈身上的好东西永远也学不完。我给她的只是《斩经堂》中老旦的一份单词，而她所讲的这番话，乃是一堂道德课。剧中的一个角色，背会了词，琢磨琢磨，几天就会了，而她的品德不是几个月、几十年能学到做到的。学艺不易，学品德难，德艺双馨更难。这是我排戏时，无意中在老艺人身上看到的高贵的品德。看到的东西理解了难，要做到更难。

如今屈指几十年过去，张小贤老师已故去4年了，但她这一番话我至今不忘，时刻在教育着我。

火车采访遇艾华 晋京演出会群英

1999年1月3日，天特别冷，气温到了零下十四度。

上火车一看，哇！好热闹，晋京全体人员在一个车厢里，只是多了一位女记者。经介绍得知，她是辽宁《天天好戏》节目的主办、主编、主持人艾华。我惊讶地上下打量这位不到40岁、开朗大方、俊秀而无娇气的女士。她说等火车开了，要在晋京途中对我进行采访。这种形式新颖而有意思。

随着火车的驰进，50分钟地采访结束。主题是晋京的体会，对振兴京剧的想法，对目前京剧不景气的看法，等等。采访中我发现，艾华女士年龄不大，对京剧却很内

行，行业术语很熟悉。她要趁这次随团晋京，多抓一些活的资料，看得出她的精明与魄力。此后她曾以电话采访过我，现场对外播出。

这个火车厢里全是晋京剧团里的人，热闹极了。司鼓赵永仁先生对我说："大哥，闲着也是胡聊，趁此机会咱俩再把《斩经堂》对一遍。现在多对对，免得到北京演出显丑。"我高兴极了，"贤弟对艺术如此认真，愚兄敢不奉陪？来，坐这儿。"我把李世荣、张传秀叫过来一起对。互相都不厌其烦地反复对练，练熟了就顺利，不少同人也就不说话了，听我们对戏。因进入了剧情，不觉天已12点了，不知是哪位喊了一声"开饭了！"这一声提醒了大家，该吃饭了。每人都带着小吃，饭盒、方便面，水果、点心应有尽有，几人自愿结合，一桌桌的特有意思。赵永仁先生好饮几杯，乐队几人摆上牛羊肉，烧卖酱菜，聚饮品尝沈阳特产老龙口白酒。看他们摆下的菜，我明白了，全是回族，也把我当成回族了。那我就装着是回族吧，因为艺人姓马的多数是回族，这次我也成了"回族"。吃呀、喝呀、聊哇，这是我几十年里未遇到的，演出旅途中的一次特殊聚饮，高兴极了，颇有"酒逢知己千杯少"的感觉。

酒后饭罢，车厢里静下来了，听到的只有伴随着火车驰行的鼾声，同人们大多进入了梦乡，唯有我两眼发滑，不能入睡，思绪万千。

人的处境、机遇，真是变化难料。谁想威海京剧团被砍掉，我被养起来后，反而晋京演出，而且这次合作的同人艺友，胜过威海京剧团的阵容，除了原沈阳京剧院的元老，都是获奖的演员。我已离开舞台，虽然每天坚持练功、调嗓，但总不是天天坚持演出，这次晋北京演出效果会怎样？有点顾虑和担心。唯恐给人家造成不好的反映。

火车鸣笛，众人在梦中惊醒，有人在喊："进北京站了！"

上下车我们总是和麟童兄嫂在一起，已成习惯。出了地铁门口不远，就是官圆

1999年1月9日，在北京湖广会馆演出《斩经堂》。著名京剧演员张建国（奚派传人）与马少童夫妇合影留念

旅馆，房间又是和兄嫂一墙之隔。来北京打前站的人一切安排妥当。

1月5日，看沈阳京剧院演出的《升官记》。

6日在化工学院和全国的十大院校联欢演出。观众大都是教授和大学生，我们的《斩经堂》在最后。后台公布，今天台下观众席上，有一位少将首长，是中国人民解放军军事科学院大礼堂的主任。因1月9日我们要到军事科学院慰问演出，这位主任提前来看我们的演出水平，如果水平差，他们不会接受慰问，因为军科院大礼堂修建得很雄伟，似小型人民大会堂，台下的观众全是高级军官和干部，有的要坐轮椅去看戏。如果这些老首长不满意了，会在台下"当当"的撞拐棍儿，有的离开剧场就走了，老人的脾气像孩子，大都是高干，说不了，劝不得。为此主任要亲自来看一看我们的演出，免得闹出不礼貌的场面。我听了这些情况，深感意外，一个俱乐部的主任都是少将级？真是宰相门下四品官哪！我笑着和传秀讲："不要紧张，接收就慰问，嫌咱水平低就算了，人家高标准的要求是对的。"麟童师兄说："认真大胆地演，咱就这么高的水平，江泽民主席来看戏，咱也就这个水平，没必要紧张。"

戏演到一半时，我就有些担心了，节目太多，需3个多小时，时间过长。全国十处院校的节目，剪谁的节目都不干，这要演到12点多，唯恐台下坐不住——起趟（离场）了怎么办？师哥对我说："咱们尽量地把节奏加快，越紧凑越好。"《斩经堂》见娘一折，非常顺利，看台下情绪很好，到了经堂杀妻一折，我对传秀讲"越紧凑越好——'马前'"。传秀在念大段白话哭诉时，台下共鸣，效果很好，但过于激动了，又加乐队节奏太快，漏了好几句词，我尽量地配合做戏弥补，台上台下并未发现漏词。

戏演得很成功，谢幕合影。军科院的老主任到后台祝贺，张绍洪问他"首长，您看咱这个水平行吗？"这位老主任高兴地讲："没问题！这次你们到军科院慰问演出，也是咱们大礼堂的开幕典礼。"大家高兴地鼓掌，吃下了"定心丸"。

传秀因自己漏词而难过，一言不发地在卸妆。我应酬完了卸妆时，见没有外人，我以长辈的口吻批评她："今天场上的错儿，你就该挨打！"她低着头想哭，因为我没把她当外人，不需客气。我发现她脸红了，在擦泪。哎呀，我这个人，不看场合，不讲方法，叫人家孩子接受不了。于是，马上想法缓和气氛："怎么啦，大小姐，想哭鼻子？真有出息！行啦，吃一堑、长一智，下次想着，不管什么场面，都要沉住气，越紧张越坏。节奏紧，心里不能慌，总的看演的还不错。"我老伴赵淑荣说："这点小错别人都未看出来，下次注意就是了。走吧，到餐厅吃饭去。"

回到旅馆，我回忆上午的演出，批评传秀不分场合，不考虑口吻，自责水平太差。回忆1961年，先师刘奎童在青岛给我加工这出戏时，因为多年习惯了，改比新学还难，易复旧辙。先生配我走场，到了节骨眼，我就忘，重复旧辙。先生从不发火，总是微笑着“又忘了，停一会想好了再排。”有的关键节骨眼要抠几遍，先生总是温和的，“这一遍好多了，再来一遍”……“好！这一遍就更好了，要记住，就这样子，再来一遍。”杀妻时，他配我演王兰英，跪在地上和我对戏。先师已年过6旬，我于心不忍，总进不了戏，他就诱导我，“要声泪俱下，这段三眼，唱不下观众的眼泪来，就白唱了。取得台下观众的共鸣，还要控制住，把握好，总悲啼就不是戏了，因为这不是电影，有剪接。我们在台上要唱，要念白、要表演，把观众引进剧情后，我们还要从剧情中出来，这便是演员的难度。”

几十年来，我和爱人演这出戏，也和老艺人滕步云合演，快30年了。如今又和她的学生张传秀演，我已从学生变成老师了。传秀进剧团学的都是现代戏，接触老戏的时间短，工作未离开威海京剧团，也未遇到今天这种场面，紧张是不可避免的。今天我是好心的批评，而失了分寸，使她接受不了，我深悔莫及。奎童先生的技艺我未学好，比起他老人家为人处事的品德，我做得就更差了。对青年演员的传帮带，方法欠缺，疚负师训，当责自我。学师技艺不易，学师品德更难……

1月5日，电话中得知李慧芳老师住院，立即和麟童师兄到医院探望。淑荣把在威海给慧芳老师订做的绣花鞋及海米带去，这是她最喜欢的礼物。慧芳老师见了我们非常高兴。交谈中她说：“这次住院，不能去看你们的演出，也不能请你们到家里聚一聚，甚感抱歉。”我们都祝愿她早日康复。

当晚观摩了裴艳玲率团演出的《钟馗嫁妹》，传秀到梅府看望梅葆玖先生，未能看这场精彩演出。我曾看过裴先生的《劈山救母》电影，这次目睹实况，唱念做打无一不精。在四大须生、四大名旦、南麒北马关外唐之后的艺术家中，我最崇拜的二位，男是厉慧良，女就是裴艳玲。他二人的嗓子、身段和做戏的激情，可谓当代戏剧之星，是我心目中的偶像。

1月7日上午，在中国京剧院排练厅，全国各地来京的票友联欢，我唱了两段《追韩信》。中午老朋友王晶华请我和师兄两家吃饭。我夫妇喜欢晶华的为人，她开朗大方、直言快语，一身的男子汉气度，无半点做作。晶华的演出，着重内在感情，表现人物，声情并茂，千人千面，无“一道汤”之感，不论老戏新戏，她都能把观众引进剧情里去。我们之间无虚言客套俗礼，各自畅述肺腑。

8日上午，在政协礼堂，观摩北京京剧院演出的《同人堂》，看了赵葆秀等名流的

演出。麟童师兄特意领传秀去拜见刘秀荣、张春孝夫妇两位艺术家。我在台下见到很多在京的老友，寒暄之后就专心看戏了。葆秀在《同人堂》一剧中有创新突破，拓宽了老旦戏的表演程式，演戏规矩，新编清装戏不失传统的风格，难能可贵。晚上，我们就和乐队对戏了。

难忘的1999年1月9日一天的安排。白天在湖广会馆演出《斩经堂》的一折；晚上在军事科学院慰问，参加大礼堂落成开幕典礼。因为有中国京剧院、北京京剧院的名流参加，剧目都要调配，我建议张传秀，晚上我们不演《斩经堂》，各演一折老戏，大家都认为这样好。为此传秀彩唱《凤还巢》一段，因为这是她在上海梅派学习班里进修的剧目，较有把握；我演一折《徐策跑城》。一切计划好，谁知事出难料，北京的气温总在零下十几度，而旅馆里的温度太高，我忽然重感冒，高烧40度。上医院很麻烦，师哥把带着的感冒药给我，索性吃下4片，盖上3床大被发汗。房间的温度本来就高，再加3床大被，一个钟头就大汗淋漓，喝下两大杯水，浑身轻松多了。

9日上午，在湖广会馆化妆时，记者在后台采访直播，我谈了京剧目前的不景气以及发展问题。报幕员主持是金奖获得者胡杨，问我们演出单位，我和张传秀现在都编在威海市艺术馆。胡杨讲："这个场合报艺术馆不合适，还是报威海市京剧团吧。"我说："威海没有京剧团了。"众人以为我在开玩笑，"威海是地级市，怎么会没有京剧团？你这艺术家怎么上了艺术馆？"我无法回答，"那就报威海市京剧团吧"。台下的观众大都是专业和票友，外国人较多，前、中排都是茶座，四人一桌。仿古建筑的湖广会馆，整个剧场古香古色，高雅古朴。突然琴师李世荣喊了一声，"传秀，梅葆玖老师来了！"传秀瞅了他一眼，"瞎说吧"。"不信你把着门帘看看"，传秀跑到上场门一看，"哎呀！可不是吗，真是梅老师来了！"她又开始紧张了。我笑了，"你老师来了有什么紧张的？唱完了再请老师给你指导指导，没有必要紧张，越紧张越坏，放心大胆地演。邓小平同志来了，咱也是这两下子，放松点，越紧张越演不好。"说是说，由不得人，她顿时觉得嗓子不得劲。我要给她缓解一下，开个玩笑，"我不紧张，因为我放心，周信芳先生是不会来了。"大家都笑了。后台热闹得很，张建国、康晶等北京当地的演员都来了。

《斩经堂》一折演出得很顺利，我只是觉得重感冒，退烧后嗓子不得劲儿。谢幕时大家合影，气氛很好。

回到旅馆，老伴叫我躺下休息一会，晚上还要演一折《跑城》。

这一觉睡得很好，起来就上车去军科院大礼堂。哎呀，我突然感觉嗓子一字不出了，这可麻烦了，这是因为重感冒高烧刚退，上午又演出，室内外温差太大，重感了。老伴总安慰我，“别着急，沉住气，别说话，多喝点水，在后台做做声带运动，抻抻嗓子。”嗓子不出音，我怎么能不着急呢？真是来了买卖坏肚子，一个劲地猛喝水，喊了半天，叫来李世荣给我调调嗓子，《跑城》落半个调，顶着“雷”唱吧。在后台幸会耿其昌、沈建瑾等熟人艺友，也无心思交谈。

我熟悉一下舞台，天哪！这个大舞台，地板亮得像镜子，没有地毯。因为这个礼堂是头次演出，开幕典礼，还未来得及铺台毯。新台板，灯光一照，亮得像一潭水。我这《跑城》怎么跑？都在为我发愁，穿着皮鞋走都打滑，我穿着高底靴子怎么跑？师哥安慰我：“别着急，沉住气，慢点跑。”其实我心中有点底儿，威海京剧团砍了之后，我总在剧场前厅练功，水磨石的地滑得很，我穿着厚底靴子练《挑滑车》，已是很习惯了。况且剧团常年下乡演出，什么台子都有，包括软硬的土台子、板台、水泥台，文武戏都演，无形中把厚底功练出来了，不想几十年在条件差的野台子上练出来的功夫，今天在北京现代化的大舞台上用上了。

说也奇怪，我上场之后，受台下观众气氛感应，嗓子好多了，又因比往常的调门降了半个调，心中压力减轻，专心注意脚下，穿着高底靴子步伐技巧、滑步、倒步、单腿提膝、回退都要把脚放平，免得打滑。台上灯光很强，根本看不到台下，凭我的演出经验和台下的掌声，我知道观众对我还是满意。

下场后两次谢幕，我彻底把心放下来了。这时耿其昌先生跑过来向我祝贺，他双手跷着大拇指对我说：“哎呀马先生，您太棒了，这个台子没台毯，愣唱《跑城》；这台板我穿着皮鞋都打滑，您愣穿着厚底靴跑圆场，连跑带唱，你太棒啦！”我笑着回敬：“谢谢您对我地鼓励，这台子确实不好跑。但跑圆场，台子越大越好跑，能撒得开，台子越小越不好跑。”耿先生对我的鼓励，很可能处于礼貌，他的为人我很了解，虽然平时话不多，但待人接物非常谦虚有礼貌。前面演《探阴山》的几个同志讲：“这台子，要命啦，上去不敢走，好像在冰上演了一齣戏。”其实我心中也发怵，这个台子大，跑一个圆场，能顶普通舞台两个圆场，稍微不慎，就有滑倒的可能。

麟童师兄清唱《失街亭》的西皮原版，其昌先生为人虚心好学，他把着边幕认真地听，又向他祝贺。今天他的演出被音响搅了，他带着伴奏带，唱一段《三家店》的流水，伴奏带都对好了，一放就是，但管音响的放乱了，怎么也找不着，最后耿其昌先生急的没办法了，向台下讲：“请大家原谅，我清唱不要伴奏行吗？”台下鼓掌欢迎，就这样，他清唱起来，唱到“眼望着红日坠落西山口”时，播音员才找到，流水前面的过

门，可惜其昌先生已唱完了。演员碰上这种情况，不如挨两个耳光，太难受了，他满头大汗，摇着头，一言不发。我非常理解他的窝囊心情，我过去安慰他，“好了，别上火，台下都明白。”他哭笑不得地说了一句，“哎，这不要命吗？”他愣没发火，只是摇头苦笑，这种涵养难能可贵，说明一个人的水平！

军科院里的首长，上台慰问合影。

在餐厅吃分餐，两人一桌，服务员推着餐车轮流送菜，喜欢吃的自己盛，不喜欢吃的就让过去，自由方便。我因中午就未吃饭，现已夜间十点多了，演了一齣《跑城》，出了一身汗，感冒也好了，不论荤素、冷热，小餐车只要到我面前就盛一大盘，甩开腮帮子猛吃猛喝，有传秀的爱人小仇在我一桌上陪我饱餐，吃得服务员都笑了，“不愧是山东大汉。”因为这场戏下来就完成任务了，一点负担没有，一通猛吃猛喝，好不美哉！

10日是休息日，探亲访友。我趁机到了青年公园外面的文物市场，买了些美术参考书。有一卵石摊，彩绘一罗汉头像，非常传神，卖主要价50元，我喜欢这块卵石绘画。卖主讲：“先生，我今天一上午未开张，您拿着这块石头，给30块钱吧。”他说的这几句话，引我同情和感动，如果是我绘画的这块卵石，100元我也不卖。“这块石头罗汉像我要了”，随手给他50元钱，“不用找了”，他一再地道谢。我心想，这人不逢时，就他这笔法技巧，有人提携，准能成名。走了几家石头摊棚，寿山石、青田石较多，要价太高。我注意散石堆里的荒料，挑了一块寿山石皮，要50元，我用嘴哈了口气，用手一抹，石质油性，是块好料，我装着不要的样子放下了，卖主急问我：“多少钱要？”我摇头欲走，他拿着石头拉住我，“给多少倒是回个价呀？”我不以为然地样子，漫不经心地说：“25元”，他把石头交在我手里，“30块钱您拿走。”我笑了，付给他30元。

回到旅馆，用砂纸打磨，再用水一洗，分出红、白、黑三色，石质很细。后来我刻了一枚异形收藏章子，琢上边款，漂亮极了，铭曰“寿山刘关张”（刘备白、关羽红、张飞黑），爱不释手，见者无不翘指赞扬，收藏章使用至今，给我500元我也不会卖，这是我在北京闲逛捡漏得来的一宝。

1月13日，宴请北京新闻界的老友，给麟童兄嫂送行，明日他和嫂子回沈阳，在烤鸭店里聚餐。有《梨园周刊》、《空中大舞台》、《中国京剧》的老友。

本来是我的东道主，谁想传秀夫妇早已把钱交在服务台上。这说明一个问题，传秀夫妇会处事，也学会了交往、结识朋友。此后师兄夸赞传秀说：“这件事办得太好

了！不在于替马老师付上这一桌饭钱，可贵的是你结识了新闻界的这些朋友，若不是这种机会，你是不容易结识这些朋友的。”

14日早晨，天气特冷，零下14度。我们送师兄嫂乘坐火车回沈阳。

这一天我松散极了。司鼓赵永仁买来北京名吃，有六必居的酱菜，回族馆里的牛羊肉、心肝和牛舌，还有北京的芝麻烧饼、小吃等，聚餐小饮，为我送行。他说：“大哥，咱弟兄有缘，说得来、话投机。不瞒您说，我在北京戏校毕业，本应留北京，因婚姻问题，决定离开回沈阳。青年时心气很傲，同行里我服的人不多，退休后曲总叫我来职工京剧团。我在戏校及京剧院接触的大多是京派戏，打过您的《跑城》，特别是这次给您打《斩经堂》，我深有体会，麒派戏不好打，要感情、气氛、劲头。咱哥俩这是第三次合作了，您的为人、艺术上，都使我敬佩，我绝不是棒您。明天你们要回威海，我买的全是北京名小吃，给您送行，以后没事到沈阳咱哥们再聚。有用得着兄弟的地方，您只管说，只要您一句话，兄弟我绝没说的。”

永仁的肺腑之言，令我感动。“贤弟太够意思了，来日方长，闲暇和弟妹到威海玩玩，家中食宿方便。你哥我是个穷哥们，丑话说到前面，到我家里哥哥我是管吃管住，不管穿。”众人拍手大笑。

夜深了，杯干菜净，知言未尽。

15日晨，用罢早点，我夫妇、传秀夫妇、李世荣，向团里众友握手告别，离京返威。结束了为期半个月的沈阳和北京两地演出活动。

湖广会馆《斩经堂》《跑城》慰问众将军

不久，我在《中国京剧》1999年第一期23页看到《风景这边也好》一文，乃关嘉禄先生的文章，文中以重笔浓墨提了我三次。关先生以简练概括的语言，记述在北京化工学院的演出。文章写道“这是一次别开生面的联欢会，是一次开眼界、长见识、交朋友、促发展的艺术交流会。北京化工大学、联大技职师院、联大文理学院、北京外语学院、北京林业大学、清华大学、首都师范大学、北京工业大学、北京邮电大学、兰州市职工学院的师生们和北京京剧院、中国京剧院、沈阳京剧院、辽宁省职工京剧团全体演员联欢演出。大轴戏是麒派名剧《斩经堂》，由著名京剧表演艺术家马少童、李麟童及

1999年1月9日，在北京中国军事科学院慰问演出《徐策跑城》。马少童饰徐策

1999年1月9日，在北京中国军事科学院中国京剧表演艺术家李麟童、耿其昌与马少童合影留念

1999年1月7日，北京京剧表演艺术家李麟童、王晶华与马少童于北京合影留念

1999年1月8日，北京著名京剧演员王蓉蓉与马少童合影留念

1999年1月9日，赵淑荣、沈健瑾、马少童于北京军事科学院合影留念

国家一级演员张传秀联袂演出，把演唱会推向高潮。演唱会近20个节目，历时3个多小时。这是一次令人难忘的联欢盛会，是首次大规模的全国票友与首都高校师生的艺术交流，是促进业余京剧活动蓬勃发展的良好范例。”并谈到“1999年1月9日中国京剧网络开通典礼，在北京湖广会馆隆重举行……选择20世纪的最后一年，在具有悠久历史和文化渊源的湖广会馆，把博大精深的京剧艺术，推上国际现代化的通讯网络……这一壮举，对于在世界广泛传播京剧艺术，弘扬民族文化，具有深远的历史意义和战略意义，必将载入中国京剧发展史册。”

中国京剧网络编纂委员会主任、中国京剧院院长、《中国京剧》杂志社主编苏移先生为大会致词。网络编辑部主任孔令文先生、文化部艺术司司长戴英禄宣布“中国京剧网络正式上网开通”，全场爆发雷鸣般地掌声和欢呼。大会由胡杨女士主持。报幕演出《乌盆记》、《女起解》、《坐宫》、《探阴山》，我和张传秀演出了《斩经堂》一折。曲福松演出了《借东风》，康静演出《钓金龟》，张建国演出《甘露寺》唱段。与祝贺同步，这一幕幕、一段段地演唱被送上网络，传向世界。

当晚，又在刚刚落成的军科院大礼堂慰问中国人民解放军，千余人的礼堂爆满，王诚汉、李精松上将，靡振玉、蒋顺学、张序三、宋乃庚中将，洪以佑和刘全喜等20

1999年1月9日，在北京中国军事科学院马少童演出《徐策跑城》

几位少将光临演出盛会，宣传部闫部长首先致词，台上台下洋溢着军民鱼水浓浓深情，军科院的京剧爱好者合唱队，集体合唱《都有一颗红亮的心》、《女起解》。赵永仁及职工京剧团为方大愚少将和张晶少将伴奏《铡美案》，正师职研究员杨书彩演唱了《白门楼》，刘佩英演唱了《沙家浜》，李麟童先生演出《失街亭》，康秉钧、康静父女演唱《打龙袍》、张传秀演出了《凤还巢》，著名京剧表演艺术家沈建瑾演出了《霸王别姬》、《杜鹃山》，著名京剧表演艺术家耿其昌演唱《共产党员》、《三家店》选段。

文章中特别记述：著名京剧表演艺术家马少童先生带病登场，高烧39度4，以顽强的精神和精湛的高超技艺，演出了唱做并重的《徐策跑城》。艺术家们的高超技艺、精彩的演出，使晚会高潮迭起。演出结束后，王诚汉、刘精松上将等军科院的首长及领导上台，亲切接见演员，并与大家合影留念。

这篇文章对我鼓舞极大，说明一个演员在舞台上的劳动和付出，观众会有公平的评价。这次晋京，解除我从艺至退休的遗憾，圆了进京的梦。我无有“靠山”和背景，也没有花费分文送礼走关系，就是这样一个偶然的机会晋京演出。一不是随团集体演群戏，二不是“跨刀”“帖里子”（陪角），而是严整地唱了四场戏，怎不令我欣慰？退休后碰上了这个机会，这是运气，但我心中至今感谢两个人，一是推荐我的李麟童，我非良驹，他却是伯乐；另一位是曲福松，没有他的重视、付出，我不会晋京演出的。

我想我们戏剧圈里，有不少技艺高超的人，而一生无机遇、不得志；也有不少技艺一般，却青云直上，这是命运。总之，人的一生，事业的成败，名利的丰微，离不开天时地利人和——命运。

艺高无运空费力，技薄有运得名利。

应邀北上到冰城　演出画展哈尔滨

1999年8月12日，突然接到哈尔滨市李东升先生来函，邀请我夫妇赴哈市参加“99哈尔滨南北京剧票友交流联谊演唱会”。

我想了半天，怎么也想他不起，这位李东升先生是哪位？我和哈市艺界并无联

系，为何邀请我参加演出活动？他们对我倒很熟悉，剧目已定《斩经堂》、《斩韩信》。8月27日至28日，演出两天，并要求我在剧场前厅办一小型的脸谱书画展。

时间已是很紧了。我立即电话告知传秀、世荣（琴诗）文良，讲明哈尔滨99票友交流演出的情况，各自准备；又电话联系沈阳麟童师兄，得知他也接到邀请函。另外麟童师兄15日要举办庆祝70大寿活动，约我夫妇14日到沈阳参加寿诞庆典，再一起赴哈尔滨。传秀、世荣、文良14日由威海直奔哈尔滨，16日在哈尔滨汇合，排一下演出的剧目，27日演出《斩经堂》，28日演出《斩韩信》。

师兄的70大寿办得很隆重，共是十余桌，来宾大都是专业和票界的艺友，还有几位原辽宁省和沈阳市党政老领导，幸会一位原组织部的老部长李欣，她19岁就荣任县长，杨子荣同志是县公安局局长，后来杨子荣同志在威虎山上牺牲后，治丧善后工作全是她一手负责办理的，这位慈善的老太太，对人和蔼可亲，至今身上还保留着老八路的作风，令人起敬，这次也特意来为老部下李麟童院长庆贺寿诞。

师兄的70大寿演唱会非常火暴，武旦状元李静文里外忙乎，宴会上又遇迟小秋及李默然老师等来过威海的京评艺术家们，演唱会各派俱全，我特意为师兄绘画一幅“四星棒寿”悬挂在寿堂。纪念品、花篮彩帐排成长廊。寿堂的盛况说明师兄的品德和威望，师兄在职任沈阳京剧院院长，退下来几十年了，沈阳京剧院一批一批的进人，新老同人都来贺寿。如今他既无权又无钱，为何还这样受人恭敬尊重呢？皆因德艺双馨！凭权交人者，无权则失交；以德交人者，情义永在。师兄的为人，帮人办事热心肠，特别认真，故获得如今的场面，我深感羡而不及。

迎风宴会云燕铭 韩慧梅回忆往情

在哈尔滨迎风宴上，来自全国各地的艺友幸会一堂。幸遇很多前辈故交，有云燕铭、韩惠梅和张荣华老大姐，这三位誉为哈尔滨三大坤令艺术家，均是寡居夫人。忆1996年在威海第二届中国票友节评奖期间，曾在我家聚餐，还有李慧芳、吕东明、王晶华、李国粹等几位艺术家。分别后至今已是3年多了，如今重逢甚是高兴。

云燕铭大姐亲切地对我讲：“弟弟，我听说你要来演《斩经堂》，我数算了一圈，哈尔滨两个团没有会这个王兰英的，就得我配你唱了。我几十年未演这个活儿了，所以就回忆、背戏，准备配你唱这齣。现在好了，你带着小张，我就省事了。”

张传秀说：“云老师，我也是现学的，原来是我老师滕步云和马叔演，我也是学着演，这次有您老在这儿，您示范演出，我好好学学。”

燕铭大姐笑了，“那怎么成，你年轻和我弟弟合演很合适，等我看了以后再给你说。”她站起来和宴会上在座的诸位说：“我和你们大家说，少童弟弟是我们正门里出来的，这个麒派可不是假冒伪劣！”说得大家拍手大笑。

和韩慧梅大姐畅述中，得知他十四五岁时就在威海迪华街（老戏园子）学戏演出。她的老师是日伪时期在威海演出青衣花旦、红极一时的周桂梅，后来嫁给王宅的少爷，外号“游流鬼”。因为王少爷的女儿（大夫人所生）王培君，和我姐姐是好朋友。当我介绍这层关系后，慧梅大姐倍觉亲切，问起师傅周桂梅的情况，我向她讲了我知道的一切。

“游流鬼”在日本占领威海时期变卖了家产，折合十几两黄金，去大连跑生意，返威途中不幸遭日本飞机轰炸，“永利号”客船上近百人命丧大海。周桂梅闻信一病不起，不到一年就故去了。王宅只剩下老太太和孙女王培君二人。解放后家中已经很落魄，一贫如洗，王宅大院后面两排大房已都改造，仅留后宅4间祖母和孙女居住。家产已空，所以“群运”、“复查运动”未挨斗争和抄家。后来老太太悬梁自缢，王培君草草埋葬了祖母，只身去上海投亲，此后再无音信，下落不明。王宅原址已成了学校。

京剧表演艺术家张荣华与马少童、韩慧梅、赵淑荣在哈尔滨合影留念

慧梅大姐听了这些情况，回忆幼年在威海随师周桂梅学戏的往事时，两眼落泪。她和我约定将来要到威海重游故地，看看老戏园子和王宅旧址。我应允她来威海由我接待。

她已是古稀之人，算来又是

12年过去，至今未实现来威的夙愿。她已是八十六七的老人了，看来威海是来不了了。

幸会张荣华老师。我回忆在1964年冬季，谭（富英）裘（盛戎）剧团到莱阳慰问解放军，在新建礼堂演出《将相和》，前面她演出的《十三妹》，最后下场上桌子一个踹牙亮相，太绝、太美，观众爆发的掌声，如开锅似的。当时我虽然是18岁的一个小武生，对艺术知之甚少，但她这一招绝技，却把我给惊呆了。

又回忆起1963年，哈尔滨京剧院在济南人民剧院演出，演出阵容棒极了。他们演出的《大蝴蝶杯》、《打金枝》可以说是艺术家联袂。难忘的是一个星期天白天戏，我和滕步云在天城剧院演出《望海楼》，开演前“呼啦”一下来了一帮艺术家，由白玉昆先生引着他们，剧场急忙把他们安排在前面的招待席上坐下。

开演了，剧场的同志到后台对我讲，白玉昆先生（山东省戏校校长）请了不少哈尔滨京剧院的艺术家们来看戏。我问他“都是哪几位?”他说“有云燕铭、韩慧梅、张荣华、梁艺鸣、高世寿（高庆奎前辈之子）、高亚樵等，共是三辆轿车。”我听了心中一震，对滕步云团长讲：“好家伙，哈尔滨京剧院的台柱子全来了，咱这个小剧团能经得住看吗?别把咱们看化了。”大家都笑了，“这准是玉昆先生的主意，请人家来看戏，这也是看得起咱们，不管那个！他们是面包，咱们是玉米面大饼子，有爱吃面包的，也有爱吃大饼子的，百货中百客，各卖各的。”话是这样讲，这场戏不好演。唱戏的不怕千人看，就怕艺人观，为此，全体人员都很重视，戏演得未出什么差错。特别是我这个主演马洪亮的，更是倍加小心，在“走边”耍辫子，两圈十八个旋；开打，我拼了命的“卖排”。台下的掌声不断，自我感觉良好。现在回忆起来实在是年轻毛嫩，幼稚可笑。

谢幕后，白玉昆先生领着这几位艺术家到后台，燕铭大姐在头，一个个地拉手、道辛苦，并给以鼓励。我向他们鞠躬施礼，征求意见。都是鼓励的话，如“身上漂亮，又冲又飘，真不错！这么个小团能演出这样的大戏，水平蛮高的”等等，棒得我晕呼呼的，但我清醒地知道，这是冲着玉昆叔的面子而奉承表扬我。白玉昆先生和滕步云团长客气之后，转过脸来瞪了我一眼，开始训我：“你演了些什么，快30岁了，毛手毛脚的，只知道傻卖，一点份儿都没有，你要多学慧良（厉慧良）的演出，人物、性格、身份。你翻到顶棚上，扭五十个旋子，也只是个‘卖艺的戏匠’。”我低头虚心地听训，真有点拿不上了，脸红到脖子，多亏我还未卸妆，看不出来脸红难堪。众人解围了，“白先生，您对少童团长要求太高了，演到这个水平，已经很不错了。”白先生把话题一转，口气也变了，对他们讲：“这小子是刘奎童老兄的小不大（小徒弟），

基础太差，本身条件还可以，倒也肯吃苦钻研，今天来看戏，就是请你们过过目，认识一下，说起来都是自己人，以后有机会多帮助他。”众人又是一番客气，我们都未卸妆，和滕团长把众位客人送到剧场门口，谁想到在剧场门口，还有不少观众在等着看她们。

1980年8月，与天津杨慕岚（近云观主）、袁文斌（清云楼主）合影

送走了这些艺术家，回到后台，我长舒了一口气，“我的妈呀，玉昆叔这脾气一点未改，当着这么多人，训得我抬不起头来。”

洗脸时滕步云团长说：“少童，白先生能领着这些名角来看咱们的戏，是棒咱们的；当着众人训你说明关系近，不系外人，是自己人。他这脾气，是越亲近的人就越严格训斥。没有交情的人，他才不说真话呢，只是笑，不错，不错，满好吗……今天这场面，旁观者都能理解他和你的关系，是自己人。”

1999年9月，著名京剧演员于兰与马少童、赵淑荣在哈尔滨大舞台合影留念

这件往事如今算起来已是36年了，谁想到这次迎风宴上又遇这些艺术家，只是梁艺鸣、高世寿、高亚樵等几位艺术家，已先后辞世西去了。

宴会上，一位身材魁梧、干部模样的人，端着杯子过来敬酒。他一口的东北口音，“马老师久违了”，我怎么也忆不起来此公是谁。他又讲：“在上海，我约您来哈尔滨文化宫演出，马博敏院长和周信芳艺术研究会组织人员，您和陆仪萍带队，有魏朔锋先生等七八位，来我们文化宫演出。因‘动乱’而中断，后曾几次邀请您来游览冰城，都未来了，不想我已退休好几年了，李东升把你们请来了，太高兴了。”我这才猛地想起，“您是文化宫蔡典瑞主任吧？哎呀，1992年上海一别，通信几年，未得会面，不想在这里重逢，三生有幸啊……”

再次又见哈尔滨市的武生名票唐力勇。忆当年在沈阳，庆祝沈阳职工京剧团成立40周年，曾在一起演出，看过他的《狮子楼》、《汉津口》。今日重逢，得知原来他是马继良仁兄的爱徒艺友。迎风宴上气氛很高，真是以艺结缘，会故交又结新友。

1999年8月，马少童、赵淑荣同哈尔滨市《少儿京剧集锦》的戏娃娃合影

26日上午，走排《斩经堂》、《斩韩信》。先分头由李世荣排文场五大件，白文良排武场打击乐的几个特别之处，演员对词走排，然后响排。响排中，我感觉文武场伴奏人员全是小青年，应该说，这批戏校毕业生有一定的基本功，但老戏基础差，确也难怪，他们在学校里接触的全是样板戏，特别是这“两斩”从未见过。响排下来，再排重点节骨眼，如“见娘领命”的下场，连续排了几遍，在一个慢四击头中要完成三个转身，掏髯口大翻身，背剑縹掏双翎亮相，排练场上响起一阵阵的掌声及喝彩。《斩韩信》的几处特殊地方排了几遍，都觉得问题不大，下午再响排一遍就可以了。

响排比较顺利。休息时，哈尔滨京剧院退休的几位打击乐老师来了，他们都是原哈尔滨京剧院的元老，虽都是近七旬的高龄，但技术是绝对有把握的，有人提出最好演出时用这几位元老伴奏。我则想，青年们排了一天戏，累得满头大汗，演出时把人家都换下来不太好，有伤自尊心，戏班的情理说不下去，所以决定还是用青年班子。一切就绪，只等明天演出。

8月27日下午5时30分，在市京剧院演出，剧目安排得很严实。开幕式《少儿京剧集锦》，由哈市京苗实验京剧团演出，一群五六岁的男女娃娃，各行俱全，音乐舞蹈，火暴可爱，演出的规范严整，看得出老师对孩子们下过工夫，可喜的是看到下一代京剧新苗在茁壮成长。这“开门炮”是响了，下来就是各地获奖的名票彩唱《将相和》、《遇皇后》、《盗御马》、《凤还巢》、《乌盆记》，下面是折子戏《二进宫》，这些票友都受名师的传授，水平很不错， 外场的彩唱，获得阵阵掌声，气氛很好，台下大都是哈市两个京剧院的专业和各地来的票友，特别是云燕铭、韩慧梅、张荣华、马继良等艺术家都在前排就座、棒场。

剧场前厅是我的小型脸谱书画展，入场者一进剧场，就被展品吸引住了，参观后再进剧场入席而坐，显然情绪不一样，他们惊讶的“哎呀！这马少童又办脸谱画展，又演出，够绝的啊……”

重逢搭档孙荣慧 忆起往事四十春

靠轴是唐力勇老弟的《狮子楼》，我和他正在化妆，一个熟悉的声音呼唤着我，“少童，我来啦！”我抬头一看，哎呀，真是不敢相信自己的眼睛，原来是孙荣慧、苏昭信二位艺术家站在我的面前，我起身致意拉手，“天哪！您二位怎么来了？”

1980年威海京剧团在天津演出时，我们相处半个多月，常在他家吃、玩、聊戏，算来已是19年多了，不想在哈市重逢，我高兴地要跳起来，因我和孙、苏二位，原来都在山东昌乐京剧团，长时间合作。1956年我回了威海，他夫妇来到哈市几次约我，我未能来，后来他任戏校校长，所以说哈市也是他们的根据地。

唐力勇好奇地问：“孙老和马老师早就熟悉吗？”苏昭信一向风趣，“岂止熟悉，我们是老搭档了。”我说：“我们相处近3年，怎么样？有兴趣我们来一齣？”孙老高兴地“对，再合作一出。”“唱哪一出？”他高兴地说：“还唱武松与潘金莲吧”，我们都禁不住哈哈大笑起来，大家都不知道我们笑什么。淑荣来了，向二位问候，他夫妇坐下来，说：“淑荣，咱们43年未见了。1980年威海团到天津，只见到少童，未见到你，你也成了中年人了。”亲切的语言讲不够，说不完，最后孙老说：“少童好扮戏了，咱们下去看戏。”临走又回来打趣，“淑荣，你是在后台照顾少童，还是下去陪我们看戏？”淑荣回答说：“我当然要在后台照顾少童了。”他笑道：“好小子，只照顾少童，不陪叔婶，我和你婶到台下领着叫倒好儿。”满后台众人都哈哈大笑。

1980年8月于天津演出，重逢24年前老友搭档合影留念。
右起：苏昭信、马少童、孙荣慧

扮戏时，唐力勇问我：“马老师，孙老说还要同您合演《武松与潘金莲》，你们都笑什么？”我说：“我们在一起合作近3年，他是业务团长，我是业务股长，一起安排业务。所到一地，头五天炮戏准有《武松与潘金莲》，我们俩唱这出有个典故。那是1955年，在昌乐郊区南河村演庙会戏，6月1日上午演出《武松与潘金莲》，‘问酒打虎’起，《狮子楼》‘杀嫂’完，《狮子楼》到杀嫂时，忽然一阵冰雹铺天盖地的从天而降，大块如海棠果，小的比玉米粒大，台下的观众抱着头四散奔逃，戏也停了，台下一层白冰块。这时，荣惠先生这潘金莲把头也恬了（旦角头饰卸下来了），我这武松也恬了头。后台是大席棚子，只要一动，上面的冰雹就哗啦哗啦地往下滚。这时，叫包头桌（化妆人员）法刚买了啤酒、五香花生米，又用大茶杯挖了一些冰雹，我俩喝啤酒，吃花生米和冰雹。一瓶酒的工夫台下喊上了。啊，观众全都回来了，喊着‘快开戏，接着演，快杀潘金莲。’马上开戏，潘金莲包头来不及了，乐队打通吧（打击乐齐奏）我就勒头，旦角包头最快也需七八分钟，我化好妆，趁乱锤（打击乐点）王婆上场，我这武松上场两漫头，她下场我就耍刀，想尽办法延长时间给潘金莲包头，时间还不够，我只好再走零碎（基功表演）挠柱滚趟，没东西走了，口叼着刀走和拉豆汁。后台说‘行啦，扮上了。’我这才松了口气下场，接着杀嫂把戏演完。

台下观众高谈阔论地讲‘看院子里的戏，好角唱戏就是不一样，你看人家孙荣慧和马少童演这出《武松杀嫂》后面多少‘卖派’（技巧），武松耍半天刀，孙荣慧跪着走，在地下滚了一圈（五龙搅柱）。过去咱这里演的野台子少‘扛活啦’（少好多技巧）。过瘾哪……’满后台没有不笑的，这观众里就有这么几位‘二大爷’胡吹海捧，吹个没完，这件事在剧团里成了笑话。如今算起来已是40多年了。所以今天荣惠先生又提及此事（合演武松与潘金莲），我们当时在场的人都笑，你不知内情当然莫明其妙。”

舞台监督催场了，我就化妆披靠了。《斩经堂》开始了，麟童师兄饰宁氏（老旦）上场，台下很静，气氛很好，我这吴汉在后台“打架子”，“众将官！回府”，四龙套四大将，马童引我四击头上场，一阵碰头好，这是台下内行及票友的礼貌“好儿”，我心气很足。要杀妻了，忽然乐队上一阵的骚乱，我在场上已然入戏，也不能往乐队上看，从这时起乐队乱套了，我由着急又变为气愤，乐队这是怎么回事，“丁当扑楚”的乱套了。尾声后谢幕，哈市“文联”、“书画协会”及票界的朋友，老艺术家们都上台祝贺，献花、赠书法，气氛高涨。拍照之后，到后台，我见了司鼓白文良就发泄开了，“乐队怎么搞的，开始还挺好，越打越糙，这是怎么回事？”白文良委屈地说“这不能怪我，原来排戏的人员走了好几个，换上好几个未排戏的生手，我也是干着急没办法。”我奇怪地问道：“乐队的人都换了？为什么？”白文良讲：“人家很少演出，这些青年乐队人员，晚上都在舞厅里干，去晚了怕误了舞厅的伴奏，到点都走了，换上一些生手，能打得好吗？”我摇头长叹，哭笑不得，“真是怪哉，在京剧团里拿工资，到舞厅去干活，把本职的职业京剧乐队拉了去为舞厅伴奏，这是什么道理？这种‘新生事物’令人难解，是形势所致，还是领导管理失职？我们来这里无报酬的参加演出，不好妄加评论，只是叹息，这叫什么事？如此下去，京剧能景气得了吗？出现这种不正常的情况，怪谁？京剧院里的规章制度何在？《明末遗恨》中崇祯皇帝的一句台词“这就不怪天下大乱了”。今天的事故发生令人感叹，“这就不怪乐队大乱了”。卸妆后我找到大会负责人讲：“明天乐队再出现这种外场撂活，咱这出《斩韩信》就别演了，你们沉得住气，我这老脸丢不起。”麟童师兄也很气愤，“我看明天这场戏别演了，不要耽误青年们到舞厅伴奏挣钱。”大会负责业务的同志一再道歉，“明天全部换哈市京剧元老，保证没有错儿。”我冷静下来仔细想了想，这也难怪，专业团院不经常演出，青年们都在外面干（捞外快），况且这次给大会伴奏，报酬公家得，“小土儿”（小伴奏演员）捞不着，仅靠每月的工资，收入了了，所以外快就到舞厅里找，这种事院里不管谁去管，难死法院、气死公安，怎么办？只等京剧景气，形势转变吧。

后台传艺云燕铭 二童合演《未央宫》

第二天晚场，大会主持仍是胡杨女士。主办单位是哈尔滨市戏剧家协会、哈市业余京剧研习社、哈市京剧院，剧目安排也很齐整，开场仍是哈市新苗实验京剧团《少儿京剧集锦》，下来折子戏《探皇陵》、《巡营》、《跑城》、《挑滑车》、《断桥》、《文昭关》和《状元媒》，大轴是我们的《斩韩信》。李麟童师兄配演萧何，他这个萧何，一生只配过此剧的创始人唐韵笙先生；他70大寿刚过的第3天，就配我演《斩韩信》了，张传秀饰演吕后。开演前两钟头，我们就到了后台提前化妆，因为今日的乐队文武场，全换了哈市京剧院的元老，提前有司鼓白文良，琴师李世荣领着过一遍戏，前辈老艺人的技术令人钦佩，过一遍就成了。这时云燕铭老师来到后台，对我们讲，“昨天这出《斩经堂》效果很好，但有不足之处。因为你们都累了，我就先回去了，今天我特意提前来给小张（传秀）说说戏”，并带来一张申报（上海敌伪时期报纸），上面有照片，介绍燕铭大姐当年17岁配周信芳先生演王兰英的盛况。她很实在地讲：“小张演得很不错，扮相、嗓子条件很好，特别是做戏很有激情，配合我弟

1999年9月，在哈尔滨大舞台演出《未央宫》。马少童饰韩信

弟很严；听说麟童弟是第一次唱这齣戏的老旦，真不错！主要是烘托剧情，火候掌握得好。”

“小张这王兰英演得不错，但有不足。我17岁曾配阿爸（周信芳先生）演这个活，当时阿爸是提携我。我那时对这个角色人物感情体会的也不深，况且你们改进了很多，就你昨晚的演出，存在不足的地方我给你说说。”这时后台已围上很多演员看云老师教戏。“从上王兰英开始往下过，边教边讲，你这个活，我有三个看法你要记住：

其一，你一上场的身份就差。因为王兰英是皇姑，属金枝玉叶，下嫁给吴汉，她不同于一般的闺门旦。上场要叫观众知道，你是王莽的女儿，要有份儿，而且非常贤良，严守封建礼教。

其二，我想我当时演这个角，未到佛堂前是穿淡黄帔。见吴汉要表现出对吴汉的爱，而后来吴汉欺她的时候，要先表现出内心的不满，我是皇姑！但马上又想到是身为人妻，应守‘三从四德’，立刻就转入贤孝的状态。

其三，唱的技巧。发声及气口要很好研究，不能只凭嗓子傻唱。我没嗓子，可是唱了一辈子戏，靠什么？技巧！凭技巧叫会唱，可唱一辈子；有嗓子而无技巧只是唱个年轻，上点岁数就不行了。

总之，看你整个演出还是很不错的，跟我弟弟合作一段时间再自己挑，我们唱旦角的会的不怕多，会的多了，戏路就宽了。旦角大多是先傍老生‘跨刀’，慢慢就自己挑牌了。

以上几点看法，供你参考，我年龄大了，跟不上形势，因为我弟弟少童、麟童都是自己人，所以我就有什么讲什么。

另外，少童弟弟也有不足之处。因为是本门戏，基本功、身上没的说，但有个‘熟练病’。旦角的感情尚未抒发完，你的下一个感情就露出来了。这是因为她要讲什么、唱什么你已很熟悉了，对方情未到，你先知道了，必须要双方配合严谨，才能感人。”

把戏一气说排完，我们尚未道谢，她就痛快地把手一摆，“好了，就说到这儿，快扮戏吧。”看排戏的这些人，无不赞佩，响起了一阵掌声。她说：“我下去等着看你们的《斩韩信》了。”边说边走到台下去了。

送走老大姐，张传秀激动得不知说什么好。我说：“这是真正的老艺人，她并不认识你，你也分文的礼品未送给她，看给你说得认真、热情，多么仔细，这就叫戏德。前辈凭什么？不单纯是技术，更重要的是戏德。”传秀感动地说：“我从学戏到现

马少良、马少童、赵淑萍欢庆香港回归演出，于舟山普陀山大雄宝殿前合影

马少童、赵淑荣特绘“群星捧奉茶”贺孙毅老将军92岁华诞

著名京剧演员倪茂才（金奖获得者）与马少童合影于长春

马少童与著名京剧青年演员康静（金奖获得者）于扬州合影

为四川地震灾区儿童救助募捐义演于深圳大学。马少童与振鹏京剧团团长王振久、国家统一演员张传秀、著名京剧演员王洪光合影

王乃琪先生纪念会演出，马少童饰《徐策跑城》中之徐策。演出后与京剧表演艺术家王君青、王熙萍、王玉田、叶艺友，著名演员谢希金合影于西安

在，第一次遇见名望这么高、艺术这么深的老艺术家给我说戏，我真不知如何的感谢云老师。当然我也明白，没有您的面子，云老师也不会认识我，很多方面是冲着您的面子。”我想此话有理，我也爱听。

提前扮上戏，为着看唐力勇这一折《挑滑车》。“榴花的边挂子”，加“上霄楼”大枪花，总的看是不错的，路子规矩，票友能演到这个水平，已是很不容易了，听说他每天早晨在松花江边练功，一个业余的武生演员如此执著，羞煞我们专业演员。

《斩韩信》一剧，剧本我修改过5次，以麒派的格调演唐（韵笙）派戏，最得利的是李麒童师兄陪唐先生演这个萧何20余年，劲头、节骨眼给我讲了很多。我是唐派戏以麒派演唱。有吕君樵先生给我讲述了不少小杨月楼的演法。我也采纳了赵麒童兄的一些演法，再加之我自己的体会，糅合在一起，是杂派，各派尽有。剧本很紧，从头场萧何调场下来，就一环扣一环地到了高峰。韩信最后的大段三眼，台下的掌声足有半分钟，自信这次又叫我蒙对了，“造魔”也造出了点效果。尾声刚完，谢幕台上的观众就满了，合影、献花、送贺词的足足又忙乎了近一个钟头。（谢幕照片）两场演出，小型书画脸谱展圆满结束。

8月19日，在松花江畔，太阳岛、圣人殿，松散的游玩了一天。我独自一人到太极寺瞻仰罗汉，特别是我经常绘画的寒山拾得大士，使我开阔了眼界，对我绘画启发很大。

宴会论艺马继良 仗义好学唐力勇

晚上送行宴十几桌，气氛高涨。因为通过演出，新朋友更多了。燕铭、惠梅、荣华三位老大姐与我们在一桌上，畅述不尽。大家互相敬酒，祝贺演出成功，为老艺术家们祝福。谁知这次和燕铭大姐的饯别，竟是最后一次的永别，她已于2010年8月10日辞世。惊闻噩耗，我痛心泪下，又走了一位名流、德艺双馨的老艺人……

我到二桌敬酒时，马继良仁兄拉我坐下，直率地讲：“兄弟，我是唱短打武生的，给力勇说这齣《挑滑车》，我自己都不满意，只是平时为他练功，你得给他指点指点。”我很不好意思，“仁兄特谦了，力勇所长乃是一位票友，能演到这个水平已是很不错了，看得出您教得地道，他也下过一番苦工，可谓‘名师高徒’，小弟怎敢狂言。”“客气了，咱们不系外，你一定要谈谈意见”，唐力勇所长一再要求请教，我也

只好谈谈。“首先讲明，咱们是探讨，继良老师教你的原路不要改，我仅把厉头儿（慧良）石榴花、边挂子和大枪花的套路和您说说，当然仅是路子，我喜欢、崇拜厉头儿，他的东西我们也学不了，就他那两条腿，一抬就在鬓边，他那靠功，我们这辈子是练不成，他的厚底滑步溜得出神入化，我看了他的《挑滑车》、《长坂坡》后，3个多月不敢演靠把戏，感到自己太差劲了。”用苍蝇拍子当大枪，给他说了几遍，“再把李万春先生的《上宵楼》大枪花说一下。我未见过李老万演这出，听说他改革很大，是烟台市黄宝岩先生给我讲的，是‘抬枪、带马’时起‘上霄楼’牌子上马后牌子中，边挂子，大枪花糅在一起，这样简练干净，显得很紧凑。又如《别窑》一剧，他头场不‘起霸’，而是‘马趟子，起霸’糅在一起，比起霸紧凑，也比较合乎剧情，你想老生起霸不卖腿和翻身，不能太武、太溜，晃浪晃浪的起霸，既无技巧又无甚卖排，台下不愿看，演员也觉得抻的荒，就《挑车》和《别窑》的改动证明，李老万是改革家，很有创造建树。但话又说回来，他这样演，台下叫好儿，而我们这么演，观众认不认可是个问题，因为我们没他那个名望。《别窑》我倒是按这个路子演过，台下也无什么反应，更无有说这不是麒派的。以上我瞎比画，乃瞎侃胡聊，仅供您参考。”

力勇又要学我演的《斩经堂》，他说：“原来马继良老师，教我的《斩经堂》，不是麒派路子，我这沙哑嗓子，唱您这个麒派路的比较好，继良老师不会介意，我就拜您了。”我听了这番话非常突然，也很不好回答，忙笑道：“这可不行，您已跟继良兄学戏多年，虽不是手把徒弟，也是良师益友，怎么能拜我呢？我比您不过大七八岁，况且继良兄比我好的多，他在东三省也是有一号的武生，我会的太少，也没玩意儿教您。至于《斩经堂》一剧，继良兄已给您说过，听说您也唱过，说真的，我的戏都不规范，好‘造魔’，看谁的戏都想录一点叶子，所以说我唱麒派不纯，算是杂派。如果您看我演的《斩经堂》有可取之处，我绝不保守，有光盘您可以参考，不明白我就给您说，您还想学什么，只要我会的，有马继良老师的面子，我决不保守，拜我是不可能，也不合适，咱们可以成为好弟兄，好朋友。”马继良先生笑着说：“贤弟您太仗义了，力勇若拜您我不但不反对，还可以做他的介绍人，其实力勇也不是我的徒弟，是朋友，这些年来我们关系很好。贤弟已把话说到这份上了，我替他感谢您。愚兄先敬你一杯。”

在哈市的演出我们都是分文不取，大会送我们每人一个纪念册。燕铭大姐和李东升特为我买了东北山货木耳、蘑菇，还有哈尔滨获金奖食品——灌肠。

8月30日下午，我与麟童兄嫂在火车站分别，又是一个难舍分离的场面。目送兄嫂乘车驰去，心中很是难受。送我们的艺友们也是恋恋不舍。唐力勇所长紧紧拉着我的手说："马老师，这次我们一起活动演出，了解了您的为人，我无什么礼物送给您，我看到您《斩经堂》，唱关羽戏缺身像样的绿靠，我打算去北京定一身白靠，一便为您定一身私方绿靠，做纪念吧。"我听这话很意外，心情非常激动，"力勇所长，这次咱们的演出活动，言语投机，一见如故，此乃以京剧结缘。至于您要为我定制绿靠，倒不需费心，因我已花甲之年了，威海无京剧团，我也不常到外地演出，您的好意我心领了，非常感谢，千万别费心为我制做绿靠。"淑荣也感激地说："您有这份心，我们就非常感谢了，千万别费心。"他坦诚地讲："嫂夫人别这么说，我唐力勇好结交艺界朋友，我和马老师确实有缘，我喜欢他的艺术和人品，我一定要给他做身私方像样的绿靠，我唐力勇说话算数，决不食言。"当时我夫妇一再的谢辞，他说："别说了，等我的信吧。"

在火车上回顾在哈尔滨的演出活动，我只说今生北上最远是沈阳了，谁想幸逢机遇，艺友相邀，又来了东北的大城市哈尔滨，我虽然是义务演出，难得的是与众位前辈艺术家相聚，收获之大，以金钱是无法衡量的。

回威海不久，北京《梨园周刊》刊登了一篇张传秀的报道，题曰"云燕铭说戏，李麟童'胯刀'"。我看了这篇文章感慨至深，说明老艺术家对青年演员培养的责任心，呈现出了老艺人的品德和风格。

元旦前接唐力勇所长的长途电话，寒暄中向我道歉，他说："到北京为您订制绿靠，途中被盗，钱和证件全被扒手窃去，为此特在电话中道歉。"我听了这个情况，感动万分，萍水相逢，以京剧结缘的朋友，如此待我真是不知用何语言表达，我感激地说："非常感谢，贤弟对兄如此恭敬抬爱，绿靠一事不需再提，贤弟如此费心，兄已是万分的感激了，这番心意比我穿上绿靠都重，千万不要费心了……"他坦率地讲："我唐力勇的为人，言必行，行必果，您的绿靠，我一定要给您制作，只不过要等一段时间。"我一再的谢辞，可他只叫我暂等几日。

春节前又来电话，力勇更痛快了，"马老师，提前给您拜年，绿靠一事，我又考虑到，不知您喜欢什么样子，尺寸等，我都没数，我已经给您寄去三千元钱，绿靠您自己订制吧。"我太激动了，钱已寄出，退辞不了，一再道谢。他说："以后不要再提此事，我们的友谊不是用钱可买到的，靠做好了，给我寄张照片来，做个纪念吧。"

这件事，也说明一个人的处事为人。我从艺60余载，戏班里、票界的朋友无数，像唐力勇这样的朋友乃之少数。好友高永华在苏州为我订制了私方大绿靠，在辽宁沈阳卫视拍录《斩经堂》以后，第一件事就是拍照片给唐力勇所长寄去，他来电话只是提像

片收到很高兴。他不会客套，语言也很简练，几句带过，非常痛快，他已退休好几年了，几次邀请他来威海一聚，至今未能如愿。

我每到一地演出时，化装前就把大绿靠挂起来，向同人艺友们介绍，这是我的好朋友，哈尔滨市唐力勇送给我的。梅葆玖先生来威海巡回演出，我们在天福茶庄喝茶闲聊时，我还提及此事，葆玖先生说："言而有信的朋友真是难得，将来如果我到哈尔滨演出时，我一定要访会这位唐力勇先生。"

时间过去十几年了，每当我看到室内我的关羽大剧照，睹物思人，倍加怀念挚友唐力勇，遗憾的是他几次要来威海相聚，都未如愿，只是想念、渴盼。

艺友挚交

京剧结缘在冰城，十载感怀挚友情；
见物倍思唐力勇，渴盼重聚再相逢。

老年大学近四载 票友习性体悟深

威海市老干局要成立老年大学京剧班，此乃振兴京剧，弘扬祖国传统优秀文化之举。老干部局王局长到舍下，邀我任教。我考虑再三，觉得胜任不了。顾名思义，"大学"是实施高等教育的学院，并非票房戏剧爱好者相聚、唱拉几段过把瘾的场所。课堂讲课要有讲义，课文教材要有根据，况且老年大学京剧班的学员成分不等，年龄大多在6旬以上，有领导干部、教师、企业经理和工人，我这小学两年半的文化水平，如何能教大学？难在谢绝不了。校长、主任三次到舍相请。我增加了负担，《三国》中刘备曾"三顾茅庐"请孔明。我一普通京剧演员，领导再三相邀，一再不应，恐怕会出现闲言碎语，什么"大架子"、"请不动呀"等等。本乡本土方方面面，关系处理不好，会引起不好的反应，最后我还是应下了，但提出要有一个试验期，先教3个月，每星期六下午，3个月12节课程，如果看我教的还可以，就再教3个月；若胜任不了，3个月下来，就另请高明。

协议订好，报纸上登出招生广告，并把我这教师的名字也登上了。

开幕典礼大会很正规，京剧班30多名学员全部到会，局长、校长致开幕词，要我

讲话，恭敬不如从命，讲几句，祝贺、表个态，圆满闭会。

京剧班头一课我是摸底，了解一下学员的基础，结果水平相差悬殊，而且生、旦、净、丑混在一起，这如何教？学员多，老师少，没办法，只好叫我老伴赵淑荣尽义务，来教女班。校长公布了学校章程，“我们这里是京剧班，不是票房，不是票友来唱几段过瘾的地方，主要是学习理论、技艺……”

根据校领导的规定，我非常重视，第一课的讲义写了六天，参考大学戏剧理论资料，八页讲稿，反复推敲。每课讲半小时的戏剧理论。把班上的学员分行归路为生、净、老旦，归我班教；青衣、花旦由我老伴赵淑荣教，只想3个月下来，就完成任务了。

开课后，我提醒自己，现在是老师，千万不能露出当年在京剧团里当团长的言行习惯，注意身份，把握分寸。第一节课我首先对学员提出几条要求：

一、咱们都是本乡本土的老熟人，在座的各位有的是单位、基层的领导，有的是厂矿企业的负责人，有的是专业老师、技术人员和退休老工人。高龄有76岁的老人，乃我的长辈；比我小的能有十几位，也已花甲。诸位在家里大都是一家至尊，但到这个班上就成了学员，我呢？是老师，上课时要有秩序，有点规矩、礼貌，有师生之分；下课咱们是朋友，是爱好京剧的艺友。

二、孔夫子讲“学而知之”、“不耻下问”。我讲课过程中，若有不明白或疑问之处，可以提出，我再讲解。但要强调一点的是，我虽然干了几十年的专业，也是知之了了，学术微薄，如果提出的问题我也不知道，我可以回去查资料，或者写信、打电话，向老前辈、艺术家们请教，这叫共同提高，因老师不是万事通，课程内容我也要先备课，找参考资料，先当学生，后当先生。大家都知道我是干啥的，充其量是个学唱麒派戏的专业演员，不敢妄称我是麒派，也就是说边演边学麒派戏。同时，在这里附带说一句，有的同学因为不懂，言而欠妥。比如有人好自称我是唱余派的，或是唱马派的、唱梅派的、唱程派、张派的等等。请想想，你在录音带上学了一段余（叔岩）派唱腔，就是余派么？在光盘上学了两段《借东风》就是唱马派的？学梅兰芳、程砚秋、张君秋等大师的几段唱腔，应该说我喜欢学某派的唱腔。在座的各位，可以说都是“录老师”的学生，就是说跟光盘、录音带学的。什么发声部位，尖、团、上口字，字头、字腹、字尾，抑、扬、顿、挫，呃、讷，嗖儿、味儿一概不懂，有的认为自己和录音机里唱的一样，听不出差别来，这都说明水平有限，以后我们慢慢学。

三、讲讲道德和作风。咱们相互之间要搞好团结，相互学习，不可排挤同学。未来之前您仅是个票友，或者是京剧爱好者，而如今您是市老年大学京剧班的学员。若到

各个票房活动时，要谦虚，注意风度，不要引起人家不好的反映，影响老年大学和老师的威信，过去你的好坏是你自己，而今后就影响到学校和老师，“教不严，师之惰”的道理，大家都明白。

“如果大家对我提出的这三点要求没意见，我们就开始讲第一课。”

一阵掌声过后，我在黑板上列出纲目，下面有小声议论的，三位教师在小声说：“他是什么文化程度，板书这么工整？”我心里在想，知识分子与众不同，其他人都未注意，而她们就注意到黑板上的粉笔字。

大标题列出后，下面有念的，少数在抄写。

一、京剧的起源。如何形成？四大徽班进京。

二、票友的形成。爱好者、京戏迷、票友之分。

40分钟下来，根据行当分开，集体学习念白，老生学念《草船借箭》鲁肃的大段白话；旦角学念《玉堂春》大公堂苏三的大段白话。

3个多钟头的课程结束，我回家总结分析今天头一课，学员的情绪和动态。我自信我的讲义比较完满和正规，但效果却一般，三分之一的在记录，都是干部、教师，有点文化素质的人，半数以上听不进去，味同嚼蜡。票友是急于学唱，而且唱段喜欢新、奇、长。

新——新鲜少有人唱的。

奇——花哨，腔儿婉转，奇腔怪调儿。

长——唱段越大越长越好，俗称“唱不够”。

我要调整讲义，参考戏剧专科班里初级和大学的资料，结合起来讲。解译念白是学唱的基础，是无音符的唱腔。特别讲明理论的重要性。

第二课看来理论方面的讲义，仍有少数人听不进去，都急于唱，这是一般票友的脾气和共性。我和老伴商讨了一下，决定理论只讲20分钟，剩余时间全部教唱段，果然，第二课下来，学员情绪好了很多。

教唱段困难也不少。因为学员文化水平、唱段水平不一，本来都跟“录老师”学了几段，而且平时常在票房里唱，自我感觉良好，久唱已成习惯。这样的学员，不如原来一句不会的好教，什么尖团字、上口字、气口、张口音、收音，什么字头、字腹、字尾一概不管，基本都带地方口音，实在没法听，更不好改，今天改了，明天又复旧辙。

票友们学唱段，各有爱好，唱带不一，一段《武家坡》“一马离了西凉界”就是四种唱法，有谭福英、马连良、耿其昌、于魁智的，各人坚信个人学的派别好。针对这一情况，我向他们定下一条。你们学的带子，都是名派儿，各有所长，可是你们都没把派别的长处唱好，五个唱这段的学员，学唱四家的唱法，我不可能照你所学的各派去教。原则上只是教你们有板眼，节奏、气口、咬字，根据所学的唱段基础加工，看来都很满意。

在身段上全体一样。旦角由我老伴领走，圆场台步及初步的旦角身段；老生、花脸跟我走圆场台步、抖袖、捋髯等初步的身段。

谁知3个月下来，我夫妇就被套上了，又是3个月。

我发现票友的特点，通性是要唱戏过瘾，不能演节目就无情绪，于是我向校长建议，要办打击乐班和文场班（京胡弹拨乐），校方支持了我的意见。经我介绍，请来司鼓白文良，京胡李世荣，增加了两个班，他们都是专业的、威海唯一的文武场伴奏人员。收来乐队人员较齐，我的要求，乐队是先教基本技巧，急用先教，也就是要根据京剧班学员的需要进行，演员班演什么，就先教什么，学了就实习，伴奏中锻炼。

谁知我教上了就辞不下来了，一年、两年地教下去了。

戏剧理论课也丰富多了，讲生、旦、净、丑的唱、念、做、打，四大须生的特点和剧目，四大名旦的特点、剧目，八功十二形，这些戏剧资料较之成熟，因为大都是我在刊物上发表过的，在电台上讲播过的。讲发声唇、舌、齿、牙、喉，平、上、去、入音韵，样板戏与传统剧的咬字不同和分别，五音十三辙。

上课最受欢迎的一种形式是，一个学员唱完一段，大家评议，找出优缺点，老师再总结大家的意见，在黑板上写出咬字，音韵，尖、团和上口字，反复学唱，大家记录，这叫“一人学唱，众人提高”。

一段时间的课程，校长发现，这么多的学员，老师太少，况且行当较多，我老伴总是尽义务教也不合适，于是每课也发50元的教学金，从此不再是义务教师了。

学校领导接受我的建议，购买了12000多元的戏装，每到半年暑假、寒假都要演一场戏，每到半年有戏剧理论考试。考试前我把考题问答印出来，提前发给学员，考前复习，定期考试。可以把题带回去写考卷，三天交卷，目的是促使学员深刻地再学一遍，这样都是90分以上，既不伤老同志的自尊心和面子，又得到学习提高。

3年下来，上演过一些清唱、选场和折子戏，彩唱选场有《追韩信》、《跑城》、《探皇陵》、《铡美案》、《姚期》、《探谷》（《杨门女将》中一折）、《对花枪》（两折）、《赤桑镇》、《钓金龟》、《醉酒》、《红楼二尤》、《断桥》、《武家坡》、《沙家浜》（“智斗”一场）、《梅龙镇》、《二进宫》、《霍小玉》、《大登殿》、《望江亭》、《甘露寺》、《状元媒》、《红娘》等。清唱选段有：《打龙袍》、《让徐州》、《野猪林》、《淮河营》、《四进士》、《三娘教子》、《借东风》、《珠帘寨》、《将相和》、《女起解》、《三家店》、《红灯记》、《沙家浜》等近30个唱段。为了统一身段，有8人合唱一段，有不断头地接唱“行云流水”的形式。京胡独奏、合奏、伴奏。

这时候可谓威海老年大学京剧班的鼎盛时期，应该说京剧班的班长卢厚礼，在班上起了很大的组织作用。在比较盛行的时候，有的学员插班来学京剧，也出现过笑话。

有一位学校里的音乐教师阮某，半路插班，头天上班就对我讲：“马老师，你得好好教，我半年就交了60元的学费。我是音乐教师，京剧我会的不少，只要有谱子，我就能唱，如《铡美案》中，哪一个角我都会唱，我可以按谱子上的音符，一字不差的唱下来。”我一听此公口气之大，态度之傲，就请他唱一段“包龙图”，给全班的学员示范一下。好嘛，他这一唱，全班的学员都笑了，都说：“这不是京剧，是背音符，是‘京歌’，还是‘威海口音的京歌’。”他不好意思了。我把大伙的笑声、议论止住，静下之后，对他讲：“京剧唱腔不能死唱谱子，要懂得很多规定要求，如呃、嗖儿、过渡音、尖团字、上口字等等，这样才能唱出味来，一段同样唱腔，四大名旦唱法不同，有的音儿、味儿用谱子表达不出来。你若觉得半年拿60元钱学费冤枉，你可以到校办公室去讲明，把钱退给你，按你现在的水平，班上任何一个两年的学员，都可以教你。就你现在的唱法，我这个老师还真教不了。必须把你原来的唱法全忘掉，重新一字一句地学”，他无言可答。为了他的面子，我转了话题，“你听听课，看看我们的学习方法再说好吗？”尽管如此，我心中非常窝火儿，就这个水平，这个素质还当音乐教师？以我过去的脾气，早把他轰出教室了，而今我是老年大学的教师，还要忍让一些，有点涵养。下课后，此事成了学员们的谈笑资料。我阻止大家不要这样，他自以为是，乃未经过专业训练，这叫“生虎子”脾气，过一段时间，他会知道自己的水平的。阮某某三次上课和大家一起进行，他唱一段《包龙图》，也是大家评议，这一评议他有点接受不了啦，我这老师还未讲，他就说了，“按你们的评论，我这一段，没有对的地方了？”我温和地对他讲：“可以说，对的地方太少了。所以我对你说过，最好把你原来会的全忘掉，重新一字一句地学。按你现在的唱法不是唱京剧，而是糟蹋京剧。”他说：“我在家里自己唱了好几年，也无人说我哪里不对。”我说：“非常对，你在家里怎么唱都行，无人来管，唱的再难听也没人管，气死法院，难死公安，因为你不违法；可是你交了学费，来上京剧课，我就要管，这是学校老师的责任，因为这个班上的学生，胡唱乱嚎会影响学校和老师的名誉，所以我劝你要冷静，虚心地听课，向大家学习。”他一言不发地闷了。再次上课他就不来了，我到办公室去询问，他也未退学费，就这样辞班不来了，此事成了老年大学京剧班的一个笑料。

老年大学的活动，电台采访视播，报纸上报道。看来领导学员都满意。但我却增加了压力，票友的脾气，总这样他们就不过瘾了，要求提高演出频率是好现象。纳凉晚会，义务演出，休假前的演出，学员们都兴高采烈，上午9时开演，他们6点半就到后台，由我和老伴给他们化妆，我化老生、花脸较之容易，可是女的一场戏要包七八个大头，我要请几个专业老师来帮忙，每演一场戏，我俩累得够呛，感到力不从心了，可是学员们根本不理解老师为他们服务的劳累，好像老师就应该伺候学员，为此我们心中很不平衡，我们老师成了化妆的服装员，包头桌了，但是每场戏结束后，看到学员的情绪高涨，领导满意的表情，又感到很大的欣慰。

根据学员的进步水平，演唱质量要提高，组织须健全，范围要扩大，总停留在这个水平，调动不起学员的情绪，我曾向校长提出看法和建议。

一、目前看京剧班是四个班，京剧分行当两个班，武场打击乐、文场京胡、二胡，弹拨，如何提升发展？应成立系的编制，统一领导四个京剧班，每个学期的课程内容，由系里根据学员基础，统一规划和排练，产生新节目。

二、老年大学有音乐、舞蹈、钢琴、模特、京剧班，是否可成立老年大学文工团或演唱团，有计划地到厂矿企业、关系单位演出，拉点赞助，购置乐器、服装、音响等设备。

三、大学出聘书，我去把原京剧团的几个主力请来，参加义务教练和演出，组织节日慰问部队、敬老院、三市三区的老干局和老龄委，这样专业带业余学员，经常合作演出得到锻炼，活跃了群众的文艺生活，提高老年大学的知名度和威望。至于这些义务老师的待遇不是问题，每年根据情况，发点如纪念册子、茶杯之类的小纪念品就可以了。自信凭我这老面子，这几个专业尖子会请来的，誉名“客座教师”。

遗憾的是我提了几次，校领导没什么反应，好像目前这样的状况，他们就很满足了。领导根本不了解学员的心情，越演出情绪越高，越不演戏事儿越多。3年多下来总是这样，果然学员都不过瘾了，我看校领导也无所谓了，趁老领导王局长退休之机，我也该“急流勇退”了，辞教下来。但校领导说什么不肯放，只是承诺若能找到京剧老师顶替我，就可以辞退。最后我找到刘某某老师替我，我这才退下来。

遗憾的是我退下半年后，因为生源不足，京剧班撤销了。我想，如果能经常组织演出活动，老学员走不了，新学员也会继续增多，会越发展越大。总不组织活动，老学员都到各票房去演唱过瘾去了，新学员收不上来，只能撤销。此乃我意料中的事，也是我最大的遗憾。目前市区有京剧票房六七个，负责人和主力多数是老年大学的学员，特别有的学员讲“当时老师讲戏剧理论、技巧知识都不愿听，现在才知道它的重要性”。听到这样的反映，说明学员在实践中的进步和理解，他们的体会是对我教学的肯定，也是对我精神上的安慰。

辞教 一首

老年大学京剧班，屈指算来近四年；
三改讲义理论课，水平不等传艺难；
分行归路①去教练，组织演出都喜欢②；
领导不想再发展③，何必守摊熬时间；
四载心血成泡影④，各挑大旗立一山⑤。

【注释】

①分生、旦、净、丑行当，分头教练。②票友学员的特点是多组织演出活动过瘾。③满足于现状，不想提升扩展。④老年大学京剧班连读四年，一旦解除。⑤学员各自组织了票房，各有一帮人，自立山头为首挑旗。

识实务急流勇退 让舞台寄出论文

社会的进展，个人的年龄增长，自身条件的变化，所处环境决定了我的日常生活规律和作息内容。

几年来，中青年演员大量的涌出，可喜的是一批幼儿“神童”，登上舞台；不少名票的唱段及某一齣戏的水平，不是专业，胜似专业。京剧不再是青黄不接，后继乏人了。

我已古稀之年，已实施我个人的计划，谢辞舞台，习学书画和专业理论写作。

旧友、观众以过去的观念相待，请我参加演出活动，我自己非常重视，每当演出都要提前习练，演出时精力高度集中。尽管每次的演出未出纰漏，但自己深有体会，自己已不是过去的水平，深有心有余而力不足之感。况且乐队配合，配合演员失利难以如愿，虽得观众喝彩，只不过是对我的鼓励，我心中明白，有时表演技巧，不值得鼓掌，而观众给予喝彩，此乃倚老卖老，虽得掌声却感内疚，这一想法促使我少演或不演。搞点创作，写写戏剧理论方面的文章，同样是在振兴京剧。

为此，有些地方邀请我参加演出活动，多以婉言谢绝。在本地区更应少在舞台上露面。

老观众、老领导对我印象之深，近几年仅在屏幕报纸上看到我在外地的演出情况。有的领导关心地到我家交谈，也有记者来访，询问为何近几年在北京、上海、沈阳等地演出，反响很好，但在威海舞台上却看不到我的节目？

这是一个很难直接回答的问题。如今威海京剧形势与全国各地不同，地市级无有专业剧团，人才流失严重。1970年的中青年演员也都退休，“文化大革命”中的学员本来基础就差，何况改行多年。连一个一般专业水平的乐队都凑不全，如何演戏？我干专业多年，演出是不能糊弄观众，演戏配合不严密，不如不演。

问：那你到外地怎么演出？

答：威海的情况与外地大不相同。我在上海、沈阳或到北京等地演出，都是京剧院专业搭配合作，说真的，威海的文武场（乐队），整体比不上外地的业余剧团。因为各地业余乐队里，大都是退休的专业老艺人在伴奏。

年龄增长，我应自知之明。体力、嗓子和体型变化，年已古稀余七，没有习练演出场地等条件，演员3天不练手生，3日不唱嗓子“锈”，何必僵持上台，丢人现眼惹人烦？

问：看电视台戏剧频道上，很多艺术家耄耋之年，还上台演出，不也受欢迎吗？

答：应该说那是极个别有名望的老艺术家。我们如何能比？我个人的想法是：我虽非什么家，但在一些观众心目中，也有一点点印象，自当珍惜，保留观众对我当年的印象。不应至今还总在舞台上引人生厌，落个“某某某老了，不行了。”那些前辈艺术家条件也不一样，有的宝刀不老，甚至比当年还好——老来红。但也有的体质条件决定了精力不佳，嗓子塌钟（失音），唱起来晃腔、跑调，抖着气地唱，虽然也有鼓励掌声，那是熟悉他的过去的观众，而原谅其今天的不足。有的中青年不懂京剧，他不管你过去的威望和水平，更不原谅你的年龄，只看你现在的水平发挥，“这就是某某某吗？这动静（声音）还有法听吗？”如果向他介绍，某某艺术家过去如何的好。青年人不耐

烦了，“那就放他当年录像资料，欣赏艺术要叫人有美的享受，就这个形象和声调不如不唱。”有些知名艺术家得到的反应尚且如此，何况我们这些技艺浅薄的无名之辈？更应该有自知之明。

所以我个人认为，如果有条件能演出，可以坚守“阵地——舞台”。不适应舞台演出了，也有大量的工作可做，培养二代，选准对象，带徒传艺，总结成功的心得体会；写写戏剧理论文章，给青年们留下一些不讲话的“老师”，同样是贡献。平衡心态很重要，看到青少年演戏，为他们加油、替他们高兴，给愿意接受、虚心好学的人提出指导意见。对个别自以为是，“抬着杠”学技术的人，也无需生气，一笑了之。诌打油一首：

择师选徒

根据条件让舞台，选择人才传帮带；

传艺重德倾心怀，莫教败类酿祸灾①。

问：刚才您说选准对象教徒传艺，好像有些说辞和分寸，是什么意思？

答：孔夫子提出“择师选徒”。学艺要选择技艺高，德行好，德艺双馨的人拜师，学师之技艺，更要学德行，日后“出道创业”人家会尊其师而敬其徒，在从艺道路上才能越走越宽广。常言道“师徒如父子”，因师傅的威望、名声，直接影响到徒弟。选徒，就是挑选品德优，艺术条件好的苗子为徒，有个别“打谢师锤”的人，拉大旗当虎皮的人，拜师为借“光圈”，抬高自己的名誉，窃用老师的威望装潢自己，未学两出半戏就看不起老师，甚至糟蹋谩骂老师，这种“败类”怎么能收他为徒？所以，我认为拜师、收徒重在选择。

问：近几年您是如何安排老来的作息和活动的？

答：我呀？可以说破船多揽载。我从1992年就作出了晚年计划，从爱好书画，逐渐成为一个“书画票友”，但离不开专业系列，有时也应约到外地参加点活动，在力所能及的情况下，也在舞台上露露面儿，重点是讲课、写作和习学书画。廖静文老师鼓励抬爱，称我是“脸谱书画家”，激励了我用美术理论和技法勾画脸谱，以书法、篆刻、图案和脸谱融会在一起，独出心裁的“造魔”，谓之“书画金石戏”。通过自己读书查资料，各方求教，以及良师益友们的启发和帮助，先后出版了《马少童脸谱书画集》、《五百罗汉脸谱书画篆刻集》，出过3年的挂历，庆祝香港回归，国家邮政

局也为我出过一份牡丹邮票的《脸谱明信片》。发表论文、杂文30余篇，在市、省、中央电视台和报刊也都报到过，获奖十余次。整理挖掘自己整理写作的剧本，失传和将要失传的几个剧本，准备将来加工成合订本。我自己回顾退休下来比在职忙，退休后的18年所取得的成绩，超过我过去在舞台上的46年。近十几年来我的情况，可用我挂的这副对联概括：

幼入梨园习皮簧，唱、念、做、打；
老归菊①舍著文章，书、画、石②、戏③。

【注释】

①菊：菊花顶前居民楼。②石：篆刻。③戏：系统的创新绘画京剧脸谱，挖掘整理剧本。

来访的领导、记者和朋友，都说我晚年的人生作息、生活安排得很好。

赴沈阳三次录像　田连元名流搭档

辽宁电视台戏剧部主任张宝德，抓京剧节目非常内行，制作的戏剧节目不落俗套。经他编排、制作的节目，戏迷和中青年的戏剧爱好者都很喜欢。2000年秋，他通过该部的戏曲顾问李麟童先生和我联系要组合一出麒派、马派合作演出《四进士》。麒派的路子乃周信芳先生根据徽班改进演出剧本，六本《四进士》缩减集中、改革后拍成电影《宋世杰》。马连良先生及京派路子仍是《四进士》。

此次辽宁卫视准备是麒马两派合演，计划是张学津先生以马派风格、我以麒派的路子，一人一场的新颖形式共同完成。谓之：麒马合演《四进士》，南北两派《宋世杰》。

电话中我听到这一计划，感到欣喜和佩服，这样的演出形式实属难得，令人佩服。张学津先生乃张派创始人张君秋先生的大公子、杰出的马派传人，身负盛名。而我的麒派水平，自感盛名难副，离开舞台已久，多年未演此剧，难免有些顾虑。思索片刻，似乎压力渐退，此次演出如一桌宴席，菜品的搭配，有荤有素、冷热调和风味不同。每人一场、两派一剧，共同来演绎宋世杰，诠释剧中人物的手段，应呈现流派的特色。我冷

静思考之后，坦然应下，此后我就开始为沈阳演出做准备。

两天后，麟童师兄来电话问我：“两派演一出戏，你选择演那几场？”我回答了自己的想法：“一人一场、二人合演一出戏，我们若先挑场次，显得很不礼貌，会引人误解。还是请学津先生先定为好。头一场大街救杨素贞、认女、大公堂；二场店房、盗书；三场二公堂、受刑；四场见杨春、告状；第五场大公堂。学津先生演那几场先定下来，剩下的场次我演就是了。当年周先生和马先生老哥俩儿在北京合演《群英会》相处、配合得都非常好，我们虽无前辈之艺，当学前辈之德，只有把关系处理好，才能合作把戏演好。”麟童兄在电话里夸我通情达理，一起合作互相高姿态，没有不圆满的事情，等定下了拍录的时间再通知我。

话虽如此，我丝毫不敢松懈，每日背戏。习练书法，就以戏中状子上的念白，从起头到收尾的书写练习，免得状子的行间、起首出错，这样既练了书法又熟悉了戏词一举两得。

1989年，著名京剧演员李静文（武旦状元）与马少童、王瑛甫于沈阳合影留念

不久辽宁电视台《戏苑景观》栏目又来电话，问我最近是否有时间？要录拍一出《追韩信》。我略一思考，此事突然，不了解情况不能妄下决定，只好说：“最近没有什么演出任务，拍录《追韩信》问题不大，不知和那个院团合作？为了说戏节省时间，我要带鼓师白文良一起去。”答复是：“此次是和辽宁省京剧院合作，可以带司鼓一起去。定下之后，只等通知到沈阳。”我立即打电话和麟童师兄联系，为何突然要录《追韩信》？师兄对我讲：“辽宁卫视的《戏苑景观》栏目，在全国收视率很高，每月两期节目，深受广大戏迷和戏曲爱好者的欢迎。第28期是于魁智拍录的《打金砖》，接下来京派老生

2000年，辽宁电视台录制《戏苑景观》中《追韩信》一戏，马少童饰韩信

都不愿接魁智下面的台，说实在的也不好接。找名牌旦角现在联系不上，一般的演员，这里还不想请，势必要断档，最后我们研究，变化派别戏路，决定接麒派老生。所以想到了你。《追韩信》一剧乃刘奎童先生创始，你在上海江苏一带演出时，刘斌昆先生又给你加工。周先生的特点，奎童先生的基础，所以邀你接这个‘坑儿’，我想没有问题。”我哭笑不得地讲：“师哥，魁智当年是你的学生，可现在了不得呀，有当代李少春之称，把我推上去接这‘坑儿’，这纯是‘顶雷’我能接得了吗？”师哥哈哈大笑，“你也不必过于谦虚，我还不了解你吗？魁智后面的坑儿是不好接， 改变一下剧目换了派别我想问题也不大，你也不要有太多的顾虑，大胆地演就是了。”事已至此我只好硬着头皮去沈阳了。

2001年6月下旬，我到了沈阳。张宝德、史艳芳二位主任及崔导演设下接风宴。第二天就到京剧院说戏、排戏，演员安排令我很高兴，刚在全国青年京剧武生大奖赛获得金奖的常东，饰演韩信；京剧表演艺术家黄云鹏先生的大公子少鹏饰演刘邦；迟小秋的女琴师齐欢操琴，这姑娘脑子快手头也很不错，只是惯拉程派戏对麒派戏不太熟悉，有些不习惯。第一次伴奏麒派戏能有这样的水平，已是很不易了。饰演韩信的常东，不但武生戏好，言派戏唱得也很不错，他年轻，文武兼备，我建议他今后的发展应是文武并重，京剧舞台上的“二春”（李万春、李少春）两位大家都是文武双齣地演，在艺界称绝，他笑应赞同。

《追韩信》排戏很顺利，去掉一些零碎场子，由评书名家田连元先生解说串联，京剧与评书艺术相结合，名曰《听书看戏》。田连元先生解说的风趣幽默，活泼而紧凑，对秦汉史书熟读精通、表达能力强，把观众引入故事当中，后面我的戏就好演多了。《追韩信》如一幅画，经他润色点缀更有丹青之美。

赞《戏苑景观》栏目

辽宁卫视联袂演，幸会名流田连元；

说书看戏《追韩信》，《戏苑景观》创新篇。

庆祝演出拍录成功，大家兴致很高，宴会上又定一事，原计划麒马两派合作录制的《宋士杰》，因张学津先生有出国任务，就由我一人演出录制。录制播放此剧的重要意义，在于配合宣传中央提出反腐倡廉的政治形势。我欣然接受了这一任务。

恰巧好友梅超来沈阳游览、看望李麟童先生，我们一同住在电视台宾馆，沈阳艺界、票界老友们连续宴请相邀。在沈阳准备游玩两天返回山东，首选游览鞍山的千山，瞻仰800吨重一块玉石雕塑的观音菩萨像。2001年7月4日，游千山、拜佛进香，大雨倾盆。车到千山公园，鞍山文化局长及鞍山戏剧院院长早在那里等候，见面以后寒暄一番，我们非常感谢鞍山文化局领导的厚爱。大雨阻隔不能上山，只能在佛殿瞻仰佛像，我急于瞻仰的是“五百罗汉像”。五百罗汉像修塑在长达几百米的洞中，麟童兄嫂和淑荣在会客室里待茶，梅超陪我进洞。佛赐良机，尽情端详、拍照，洞里只有一位僧人和我畅述，皆是缘分。罗汉像神态逼真。这对我创绘《五百罗汉脸谱书画集》，增加了许多考证和相关内容。

7月6日，李静文副院长设宴送行。辞别众友返回威海，等国庆节后再来沈阳录制《宋士杰》。

1999年，辽宁卫视台录制《戏苑景观》马少童饰宋士杰。在沈阳和著名评书演说家田连元先生合作演出后合影留念

国庆节前接到通知，录制《宋士杰》时间提前，录制形式仍是只演重点场次，由田连元先生串讲衔接，这样我就轻松多了。另有一项特殊演出任务，张宝德主任对麒派戏非常内行，他原是上海第一批麒派研习班的学员，这批学员大多都是当年京剧舞台上基础比较

2000年，辽宁电视台录制马少童演出《斩经堂》

好的青年演员，进行了短期的研习和加工。我在上海曾看过他和周公瑾汇报演出的《清风亭》，非常正规，乃是我老叔刘斌昆先生亲授的。宝德主任对《斩经堂》一剧非常感兴趣，他闻知我在北京演出此剧的情况，想趁此次拍录《宋士杰》之机，顺便录制出《斩经堂》。因沈阳京剧院有出国任务，就由抚顺京剧团配合演出，从锦州调一位老旦演员。王兰英这个角色，我提出要由威海京剧团当家旦角张传秀饰演，兼演《宋士杰》里的杨素贞，琴师和司鼓也由威海约请可缩短排戏时间。一切均定停当，我和张传秀、李世荣（琴师）、白文良（鼓师）一起对戏三天，准备好服装，一同去沈阳。

二次来沈阳，仍住在电视台宾馆。赶往抚顺京剧团对戏、响排，两天后开始拍录。此次来沈阳一切都比较熟悉了，麟童师兄嫂陪我们一起在电视台里参观，辽宁电视台规模很大，横跨两条马路，3个演播大厅。大演播厅上下3层可容纳近4000观众，我们这次还是在适合拍录京剧的中型演播厅中录像。晚饭后，张宝德、史艳芳主任想看看我们过戏，在小客厅里过一遍《斩经堂》。我心里很清楚，他们是想看看我们的水平。这次排戏只有司鼓和琴师，老旦没到仍由麟童师兄顶排。《斩经堂》一剧我们演出都比较熟练，配合得很严密，杀妻时我们都进入角色、声泪俱下，二位主任也不住地在擦眼泪，看来都进入了剧情。我非常了解张宝德主任，在上海研习班时，教授《斩经堂》的老师吕君樵先生，他的路子、演法我比较熟悉，好的地方我都采用了，我的优势是在刘奎童先生的基础上，揣摩周信芳大师特点，广采众家之长，但内行一看就有新颖感。张宝德主任对这出戏比较熟悉，他曾拜我二师兄曹艺斌先生为师，曹先生也以此剧见长，他的义子（徒弟）李师斌此剧演得也很好。因为全国老一辈、新一代演《斩经堂》的我都很熟悉，我的宗旨是，不论前辈、新人只要比我好的，我就学习，所以我说我的派别不纯，不敢妄称麒派，而是学麒派为主的杂牌。我也有意识的请张宝德主任看看我这杂

牌的《斩经堂》。戏已排完，我们的感情仍在戏中，休息片刻，我对二位主任抱拳致礼道："二位主任见笑了，看了我这杂牌的戏路，您多提意见。"张宝德主任似乎眼睛都哭红了，竖起大拇指说："太棒了，确实不错。麟童先生向我介绍过，今天一见确实有独到之处，以现代戏的激情演绎传统戏，非常感人，特别是杀妻之后的处理，剧本改得很好，前面有的台词略有改动也很好，看来此剧马老师是动过脑子、下过工夫的。"我知道张宝德主任是搞戏剧理论的，对剧本、台词情节处理都很有研究。因此我一再讲："写作、导演，您是专家，多提意见。"大家一同进餐厅吃夜宵，准备第二天去抚顺排《宋士杰》。

抚顺戏剧院，乃京剧、评剧、歌舞三个剧团组合成为一个院团。原京剧团的老演员大都退休，只留有少量的中青年演员，看来原来的基础还是很不错的，受大环境影响，京剧团只是编排少儿节目，到学校、幼儿园演出包场，平时很少有营业演出。这次和我合作演出《宋士杰》全团上下都很重视，我没来之前，其他的演员就开始熟悉剧目，所以我到抚顺之后，只是把戏过一下，等第二天再响排一次就可以了。演员搭配也不错，饰演毛朋的何东海是马长礼先生的学生，马派老生，嗓子、嘴里都很不错，剧团的主要演员，又是大连何鼓佬的公子（何老傍白玉崑先生多年），排戏上下都是他在张罗。饰演田伦的小生演员，扮相、嗓子均好，拜在张春孝先生的门下，饰演顾读的演员，虽然年轻，条件不错虚心好学，有一位退休的老艺人在给他说戏加工，这三个角色有了把握就没有问题了。

1999年，中国京剧表演艺术家荣莉娟与马少童、赵淑荣合影

《斩经堂》的老旦一直没有到位，就由师兄李麟童扮演，王兰英由张传秀扮演，鼓师、琴师我们都是长时间的合

作，和文武场说一个过，我们一合即成。何东海导演同业务导演江东春配合得很好，排练很顺利，我想由田连元先生解说，配合当前反腐倡廉的政治内容，《宋士杰》一剧定能圆满成功。

回到沈阳，录制《宋世杰》非常顺利。在这期间，恰逢辽宁卫视举办票友赛，我和老艺术家、原大连艺校校长闻占萍老师，分别做了一次点评嘉宾，张传秀女士应邀做评委。此次大赛，大连市京剧小班、由于啸童老弟教授的少年取得好成绩，拿到了第一名。为了表示祝贺，我为他们题词，书写“艺友情深”。为大赛画上了圆满的句号。

在录制《斩经堂》过程中，部分特殊镜头都需反复好几次，候场时间过长，如：吴汉见娘领命后经堂杀妻，持剑下场的“四击头”，原来先师刘奎童先生教我是散板“到经堂去杀那王兰（圆场）英……”拖腔、三个圆场，“嗒嗒仓”中拔剑、转身到台口“踩泥”亮相。后来我观摩孙鹏志和陆义萍二位的演出，我采取了孙先生的下场，我又根据自身的条件，在拖腔中一个圆场，“嗒嗒仓”拔剑，两转身、大翻身，甩背剑穗上右肩，右手掏双翎子马步亮相，每次效果都很好，由于动作繁多，录制抓不住要领，反反复复地录了6次。一齣戏录了6个多小时，虽说10月份在沈阳比较凉爽了，可是一身大靠勒在身上6个小时，有的同志为了照顾我提议“录制的时间太长，是否让马老师卸下靠来休息一会，毕竟是近70岁的人了”。师哥把手一挥说：“用不着，录像要一鼓作气，不能停机，凉了气儿，情绪就散了，再拍就不连贯了。少童的身体没问题，他年轻的时候是《追韩信》、《挑滑车》演双出，这算什么呢？”师哥当众为我炫耀、也是为我打气，重要的是为了整出戏的连贯和质量，配戏扮演兵卒、大将的演员们都很认真，至尾声亮相造型非常完美。晚上7点多钟录制完成了。张宝德主任很高兴，在“天天活羊馆”宴请我们，我不会忘记赵永仁贤弟，在北京演《斩经堂》是他的司鼓，这次来沈阳是原威海京剧团的司鼓白文良，永仁贤弟把自己心爱的皮鼓拿来给白文良用，并说：“少童哥，这出戏要‘劲儿’，这官中的鼓不灵，用我这私房的。”这虽是一平常事，反映出我们的深厚感情，弟兄之间的义气和对艺术的认真态度。

顺利地完成了两部戏的录制工作，心情非常舒畅。麟童师兄领我们在沈阳游览了沈阳故宫博物馆、明清一条街、“八一三”纪念馆，两天后要取道大连回威，众亲友设宴践行。火车到达大连火车站，好友梅芳已在站台迎接，宾主相见非常高兴，并商定在大连游览两天后回威海。

梅芳女士生性豪爽，一生痴迷京剧艺术，喜欢结交京剧界朋友，我们两口子就住在她家里，另外的几位住在了宾馆。晚上宴请完毕，驱车去观赏大连市的夜景。第二天又陪我们到花鸟鱼市、老虎滩、鸟语林游览照相。听说李世荣琴师的生日，马上在饭店安排生日宴祝贺，宴席中李世荣很随便地问可有大连的黑啤酒？因这种啤酒已经不生产了，梅芳让饭店派人到处打听、购买来黑啤酒，供大家饮用。她为朋友的热情，使我们感觉很不好意思。适逢原大连京剧团的于啸童老弟听说我到了大连，也在一起相聚，言谈中离不开京剧。梅芳第一次结识李世荣，就为他设生日宴，实在是难得，此举动我又欠下了梅芳的一份人情。

离大连登船检票，梅芳送别到海港安检窗口，挥手道别来日再见。

上船在扶梯验票时，我们的票号全部用圆珠笔改了，原来的连号全部分散了，我们6个人分成了5个船舱，张传秀到船舱找床铺，床上已经睡着一个醉汉，叫醒一问是号重了，醉汉不高兴地骂骂咧咧的。我让传秀到主任舱去询问，服务员又把她领到一住8人的船舱，进去一看，6个醉汉在打扑克，乌烟瘴气、言语粗俗，传秀一个女孩子不敢在里面呆，又来找我，我和她一起到了主任舱要求给调换一下。这位主任有30多岁，正在会友，桌上摆着啤酒瓶和小菜碟，看来是在饮酒闲聊。我对他礼貌地反映了情况，他头不抬眼没睁的说：“不能换，凑合着点吧！”我说：“凭什么把我们的连号票都给改了呢？”我一直在注视着他，他说：“这是我们船上的权力。”我一再和他讲，他看也不看我地喝着啤酒，我站在他面前十几分钟，可把我气火了，就对他讲：“今天你不把床位给解决了，我们就在甲板上站一晚上，明天到威海，咱们交通委见，我就不信，你这饭碗是铁打的！走。”我和传秀出了船舱，来到了甲板上，心想：“一个小小的客运主任，态度如此恶劣，这还了得，明天到了威海定要到交通委讨个公道。”我们就在甲板上议论着，服务员来看过两次，又回来对我们讲：“来吧，给你们换了！”给我们又开了一个房门，里面也是8个床位，她没好气的吼着：“好啦，住吧。”扭身走了。我们都笑了，斗争胜利。虽换了床位，但我的气却未消。第二天凌晨5时许，船到码头，下船时我说：“你们把票都给我，我要到交通委去讨个公道。”老伴淑荣说：“你又来了，这种事情多着哪，总生气还生不了那些呢，你都管得了吗？”我说：“皆因为谁都不管，才把这些人惯成这样。”到家后感觉很累，但是这口怨气咽不下去。把事情大概经过写了一封信，同时附上我们五人的船票，要求交通委给予处理答复，否则一个星期以后，我要投稿在《大众日报》、《人民政协》等报刊上，请大家来评论。老伴又劝我：“还是老老实实养养你的老精神吧，你这二虎脾气总也改不

了”。我说：“什么二虎脾气，这是反对不正之风。”我把投诉信投入信箱。

信发出去第三天，就有三位不速之客来访，一进门其中一位，我就认出和我“抬杠”的那位客运主任。经介绍得知一位是客船的船长；一位是交通委的办公室主任。主任首先介绍，信件已经收到，来信反映的改票号等错误做法，领导非常重视，认真了解了情况，并作出了严肃处理的批示。该船停航一个班次，检查整顿处罚，全船人员扣除一个月的奖金。这位客运主任姓王向我赔礼道歉，船长也检讨工作中的失职，应负领导责任。

我根本没有想到交通委的领导，对我反映的问题会如此严肃认真，此时我的怒气全消，反而不好意思了，不知道说什么好？我沉思片刻，说：“首先感谢交通委的领导，对我反映的问题认真调查、严肃处理，这是我所想象不到的。小王主任的做法当时是我一时气愤，向领导反映了情况，我的态度也不冷静，但我还是要和小王主任唠叨几句：

一、客票乃旅客乘船的证据，客票售出就是一种合同的建立。合同成立了，你船上怎么有权力说改就能随便改了呢？床号更改后出现了差错还不负责任地训斥乘客，就更是错上加错了。

二、我们两次见你要求解决，你在哪里会友闲聊，不理不睬，我这60多岁的人，站在你面前十几分钟，你看都不看，还说：“凑合着点吧。”你家也有父母老人，你年纪轻轻的，怎么能这样呢，在道德上有些差劲！我不明白我们2至6号的床位你给谁了？小伙子，你这样太没有教养了吧，你随便改了号码，别人能忍气吞声吗？如果我们把这件事情捅到《人民政协》和《大众日报》上，你这铁饭碗还保得住吗？

但今天你能认真地检讨自己的错误，知错改错就好。另外我再提两点建议：

首先，为这件事停一航班，会造成旅客出行不便，影响国家收入。

其次，全船扣发一月的奖金，处理有些过重了。船长和责任人有错，理当扣罚，这小王主任扣罚一月奖金以此为戒，但全船职工都扣似乎不妥。

我给领导写了一封信，表示感谢，此事的处理，本人非常满意，领导们如此严肃认真，我也备受教育。信写好交给了局办主任。

正逢8月15中秋节，他们带来一盒高级月饼和一兜水果，我再三谢绝不收，他们说这是小王主任特意买的，表示一下心意。却之不恭，但我不能白收人家的礼物，恰巧我的脸谱明信片刚出版不久，虽非贵重之物，但市场上买不到，送他们每人一册。并要求

交通局主任代我向领导道谢。送客至楼下，一笑而别。

此后，我对他们讲起这次船上的矛盾，如果我们忍了，交通部门领导就不会知道。可是，我们向他们反映了，人家领导就非常严肃认真进行了处理。这个小王主任今后的工作当中就不会这样了。我想社会上的不良作风、欺人不讲道理的事情出现，你不愿多事，他就得过且过，你我都忍气吞声，社会风气如何治理？你认真、他也不放过我也反对，非理欺人之事就必然减少。他们都笑了，说："说得对，可惜现在社会上你这样的倔老头太少了。"

古稀年欣逢盛世 庆华诞笔会演唱

花甲已过，更感时光过得飞快，瞬息已至古稀之年。子女、学生、挚友为我举办了"舞台生涯五十八周年暨七十华诞"纪念会。衷心感谢梅超、王波等好友为纪念会总体策划；赵光正、张传秀为演唱会节目安排协调乐队；录像、摄影由鞠华、徐亥、刘鸣等负责；新闻报道由威海电视台唐凯先生和市艺术馆的邹兰女士负责。大会安排京剧演唱和书画笔会、接待宴席都安排井然有序，整个纪念会盛况令人振奋，目睹此情我情不自禁热泪盈眶。我乃一普通京剧演员，受此殊荣，怎不使我激动万分。我清楚地记忆，在旧社会，有多少大师、名家前辈晚年光景凄惨，衣食无着

马少童、赵淑荣于威海拍银婚纪念照

……而今我如此幸福，绝非我个人技艺成就所获，而是赶上了好的时代，正如吴祖光先生赐我墨宝“生正逢时”。此时此刻更激发我感谢党和政府及我的亲朋好友，来自大江南北的京剧名家和朋友。我只有更加努力地工作，发挥晚年的余热，把我所实践过及知道的点滴技艺，整理总结出来回报社会，以报答党和国家给予我的荣誉和优厚待遇。

古稀感怀（七律）

花甲纪念拍专题， 瞬间不觉已古稀，
舞台生涯五十八， 恰逢夫妇金婚期，
七省艺友喜相聚， 欢庆典礼书画戏，
莫道沧桑夕阳晚， 识途老马自奋蹄。

七月芙蓉迎庆典　梨园同贺不老松

——“马少童舞台生涯58周年暨70华诞纪念庆典”侧记

“马少童先生舞台生涯五十八周年暨七十华诞纪念庆典”，于7月6日在山东省威海市海都大酒店举行。有关部门领导及来自全国各地近200名戏剧界师友、同行和社会各界人士参加了庆典活动。

马少童先生，原山东省威海市京剧团团长、国家一级演员、一级工艺美术师，周信芳艺术研究会常务理事、中国戏剧家协会会员、中国书画家联谊会会员。先生从艺50余载,刻苦自励，博采众长，文武兼备，能编善导，领衔主演达半个世纪之久。在京剧表演、京剧理论研究、脸谱绘画、书法及治印等艺术领域，均取得卓越成就，堪称艺苑一代奇才。

纪念庆典的舞台中央悬挂马少童先生的鸿篇巨作，高5米、宽2.24米的中华之最《百神聚寿》工笔脸谱画；两边分挂《长寿图》、《群星棒寿》等四幅获奖作品；舞台两侧矗立马少童先生的巨幅彩色剧照：《徐策跑城》及《举鼎观画》中的徐策。会场四周摆放近30幅来自全国各地寄来的书画作品及鲜花和工艺礼品。整个纪念庆典会场充满清新、典雅的文化艺术氛围。

庆典仪式上，京剧界名家、名票及马先生的学生、弟子纷纷登台献艺。

原沈阳京剧院院长、国家一级演员李麟童先生代表各位来宾致祝贺词并

马少童、赵淑荣夫妇合影

为纪念七十华诞、五十八周年舞台生涯李静文院长特来威海祝贺赠寿礼（金银寿桃）

马少童七十华诞、舞台生涯五十八周年演唱会著名书法家李成山献字留念

演唱《珠帘寨》选段；全国人大代表、沈阳京剧院副院长、中国戏剧“梅花奖”得主李静文女士代表沈阳京剧院到会祝贺，演唱了《红灯记——光辉照儿永向前》及《卖水》选段。艺术家的演唱字正腔圆、声情并茂，充分展示了大家风范。山东省济南市五龙潭票友协会负责人张增学先生，江苏省扬州市贾建明女士，山东省昌乐文化馆办公室主任李肖贤先生，烟台市著名琴师吕汉舫先生，威海市戏剧家协会副主席梅超先生，麒派票友孙茂吉、卢厚礼先生等来宾以及威海市艺术团、威海市老年大学学员部分演员、票友，演唱了精彩的京剧选段。

马少童先生为答谢各位来宾，演唱的麒派名剧《萧何月下追韩信》选段，将演唱活动推向高潮，再显先生当年风采，可谓宝刀不老。

原山东省体委主任季明焘携夫人到会祝贺，山东省戏剧家协会秘书长孟宪河女

士到会祝贺，烟台市中大房地产开发有限公司董事长、著名戏剧作家高方彤先生、总经理黄淑艳女士到会祝贺，烟台市京剧票友协会会长刘德旭先生到会祝贺，威海市政协副主席苗丰振先生、威海警备区于连振政委、原水警区后勤部臧协伦副部长、威海市老干部局于朝敏主任、老年大学校长王祖温、李仁馥、贾立进先生到会祝贺。

中国周信芳艺术研究会、中国魏征研究学会、河北省晋州市戏迷票友协会发来贺信，著名京剧表演艺术家、中国京剧院李慧芳、王晶华女士等分别发来贺电、贺信，陕西省京剧院王君青女士、王君笙先生寄来书法贺词，以表心意。京剧名家王筠蘅、王熙萍夫妇不远万里，特地从日本东京发来热情洋溢的贺信。京剧名票、浙江省电视台的钟强、夏迎宾先生，大连市“夕阳

威海市新老京剧团到会人员合影

舟山市京剧票友活动家梁定海先生为马少童先生贺寿

红京剧团”团长梅芳女士也寄来寿礼、贺词，以示祝贺。来自大江南北的书法绘画艺术界名家、挚友挥毫泼墨。江苏省扬州市著名画家谢崇山先生，特为此次活动，创作了以马少童先生经常演出的八出麒派名剧的写意戏画，并现场挥毫作画《立马封侯》令全场拍手叫绝。著名书法家史世奇先生题写《艺泽润物》匾额，以表达对马少童先生的敬佩之情。威海市著名书法家李成山先生、著名画家蔡国卿先生随庆典仪式的进程，题字作画、精彩纷呈、四壁生辉，更增添了吉庆祥和的气氛。

庆典活动以艺会友，别开生面，展现了京剧界尊师重艺的优良传统和京剧艺术的经久魅力。

邹兰　王波

二〇〇四年七月六日

（　摘自《中国京剧》二〇〇四年第九期）

答谢辞

各位领导、各位来宾、女士们、先生们：

大家好！

我满怀敬重和感激之情，向全体来宾致辞。欣逢盛世，百业俱兴，文化国粹，弘扬振兴。承蒙各位嘉宾，特别是来自全国各地的艺友，为我这个在戏剧舞台上渡过58个春秋的京剧演员在此聚会庆贺。诸位对我的抬爱，使古

马少童七十岁留念及马少童、赵淑荣金婚纪念

马少童七十华诞、舞台生涯五十八周年纪念会会上致答谢词

稀之人受宠若惊，感谢不尽。

回顾感怀我的恩师刘世莲、王韵童、刘奎童先生对我的传授和教育，怀念在戏剧人生道路上提携帮助过我的前辈、良师、益友，感谢曾经同我合作演出过的伙伴、搭档、同人、艺友，感谢不同行业的挚友对我事业上的关怀和支持。还要提一句我的老伴赵淑荣，48年来朝夕相处对我的支持和照顾。她孝敬父母，抚养子女，伴随我度过了风风雨雨的坎坷路程。在这里我要向她说一句：谢谢。

今天在座的有来自黑龙江、辽宁、江苏、浙江等各省市的艺友、书画界的名人专家，还有来自全国各地的贺电寿礼，让我感激万分，最后我和我的家人以及学生向诸位再次表示衷心感谢和敬意，顺祝大家健康多福寿，家和万事兴。

马少童

二〇〇四年七月六日

书画篆刻五百罗汉 十二周年夙愿圆缘

时在1980年9月，我带团赴天津演出归来，因心肌劳损住进威海市疗养院。

一生习惯了整日里忙忙碌碌，突然住进院疗养甚是苦闷，只有看书学习。当时全国电视播放刘兰芳的评书《岳飞传》，收视率极高。我又一次通读了《说岳全传》及《岳飞》。开始创编四本连台本戏《岳飞》剧本。书中头一回，就是如来在雷音寺为众罗汉讲经的故事情节，使我萌发了创绘罗汉脸谱之念。

从此，我多方面收集佛像僧画、罗汉资料，研究罗汉画像。通过对比，深感舞台

常用面具表现人物性格之不足，且缺少美感。

后来，在编写五本《观音得道》剧本的过程中，研读了一些佛教书卷，瞻仰、研究了诸多罗汉像、雕塑，上述感觉更加明显。1988年在南通，和李慧芳先生合作演出时，同游狼山罗汉堂，见范曾先生壁画彩绘十八罗汉，了无怪异之态而颇具美感，深受教益和启发。此后首次试绘以京剧脸谱形式，创绘十八罗汉脸谱。几经修饰定稿之后，于1997年出版了《马少童书画脸谱选》，十八罗汉脸谱载于其中。幸得师友，读者广泛肯定。

此后，又搜集了大量的佛学典籍、绘画以及佛像雕塑等，深入探究诸如佛像、菩萨、罗汉绘画之规格，遵照“五型”、“十美”、“八十种好”等基本要领，酝酿日久，开始创绘五百罗汉脸谱。

1997年夏，应邀赴浙江舟山，参加庆祝香港回归演出时，登普陀山，拜会普济寺主持妙善长老，妙老允诺日后为我的《五百罗汉集》作序。

时经7载，我先后朝拜过国内几十座名寺禅院、石窟，搜集、梳理罗汉简历，根据每尊罗汉的宗族、朝代、年龄、出家的时间地点、功绩和法力，酝酿造型线条，着色渲染等。

我于1996年6月19日始创五百罗汉脸谱。创绘中曾几度缺乏灵感而辍笔。每逢脑子没有形象时，便搁笔思悟。虔诚地再赴全国各地名寺宝刹，瞻仰罗汉塑像，潜心研读经书，根据每尊罗汉不同的人物性格，采取不同的绘画技法，如工笔小写意、油画、水粉、壁画等技法绘画。

绘画过程就是不断探索、积累、改进和自我提升的过程。在这一过程中，读经、抄经、绘画时，必先净手浴面，焚香于案头，严守抄经画佛的法规和礼俗。

古言道“天有不测风云，人有旦夕祸福”。正当五百罗汉绘画到半数之际，独子立春惨遭车祸，撒手人寰。老来丧子，人生至悲。强忍悲伤断肠之痛，日夜绘画不辍，矢志不弃绘画五百罗汉之心愿。

历经4载，五百罗汉脸谱圆满绘成。琢罗汉法号、佛语石章，起首、压角、补空章子535枚。

章子石料需一笔资金，工薪阶层焉能承受？然而“穷则思变”。在莱州购买大块莱州玉荒料，和老妻用铁锯分割成块，在水泥地上磨平，再用砂纸找细，根据石块不同类型琢章，俱已完成，刻石百余斤。以小楷书写每尊罗汉简历39000余字，四易其稿。

当五百罗汉脸谱、书法、篆刻著成之际，又赴普陀山，求妙善长老写序。谁想妙

善长老已圆寂两载。急到妙善长老塑像，佛龛前叩拜、落泪，痛心疾首。蒙我佛慈悲，普陀山现任总方丈戒忍法师，承妙老遗愿，为我题字作序。普济寺禅堂叙话时，戒忍法师两次起身，合十致意："感谢马先生以京剧脸谱结合佛学，用脸谱、书画和篆刻方式，弘扬佛法，功德无量。"

此集定稿，万事俱备，只是愧疚无资出版。数度筹划，几经周折又等5年。

幸遇知友同道，予以鼎力相助，2009年运作出版。

正在忙于效色、印样的紧要时刻，老妻赵淑荣心脏病突发，住院手术；5个支架打上不久，又做切胃手术。我每天要跑两趟医院，还要跑印刷厂，尽管焦头烂额，但出版五百罗汉集的决心毫不动摇。

经过艰辛苦难，历时一十二载，《五百罗汉脸谱书画篆刻集》终于在2009年3月出版面世。虽然书中仍有不足之处和遗憾，但毕竟是完成了一件大事，75岁的我，了却了一桩心愿！

如今回顾此书问世，真是不易，可谓"事非经过不知难"。

回忆自叹

采访考查奔波三载，绘写琢石拼搏四年；
才疏学浅无权缺钱，五百罗汉出版艰难；
筹措集款五年周转，幸逢知友鼎力助援；
弘扬国粹佛学沿传，我佛慈悲面世如愿。

《五百罗汉脸谱书画篆刻集》出版面世后，取600本立即分送知友。喜悦之极，感慨万千，题句留念。

二次接书

达官大款气势盛，有钱有权事易成；
无权无势一穷儒，出版艰难路不通；
书卷运作十二载，良友相助乃缘分；
《五百罗汉》贺国庆，佛缘艺友皆有情。

2009年5月8日，第二批《五百罗汉脸谱书画篆刻集》进舍，恰逢国庆吟句，献礼纪念。

沁园春

狂生自嘲

回顾平生，有志未成，诸事无聊！幼小家清贫，中年坎坷，虚度已老，幻想皆抛。入梨园一京剧底包，凭薄技以解温饱。有偏财，而钱财了了，戏痴龙套。

领衔演出大牌挑，贴大字，技艺不甚高。善胡编乱导，不守规范；历史欠晓，造魔不少①。文盲著文令人笑，习书学画乃爱好。离氍毹弄文房四宝，勾绘涂描②。

——2011年回忆录《狂生艺事》稿已完成自思自叹题句留念。

【注释】

①戏班俗语，偏连台本戏吸引观众的剧本情节。②戏目术语，指勾画脸谱。

2006年马煜于山东美院休假返威海，见祖父马少童演出《徐策》剧照后
颇感有趣，临摹为念

后 记

继《五百罗汉脸谱书画篆刻集》出版之后，始著《狂生艺事》一书。历时3载，初稿逾87万字，打印稿超过14公斤。

《狂生艺事》共分六篇，约70万字，照片数幅，文章首尾多有不合格律的打油诗，皆乃昔日记事的顺口溜，虽然语句欠雅，却真实地记录了当时的境况和心情，若说是作者的风格，倒不如说是写戏的习惯——手病。

《狂生艺事》今得面世，仰仗诸友鼎力相助。篇幅过长，内容零乱，重复而繁琐，反复修删，自己仍不满意。欣幸忘年挚友邹兰女士为我精删10万余字，不失稿件原意，并提出不少建议，使篇幅简练，题目清晰了许多；威海市史志副总编刘德煜先生，不辞辛劳，百忙中为我审稿；边防检查站宋立科政委、市交运集团王波主任帮我边打稿边推敲，不厌其烦地建议反复修稿；摄影师鞠华帮我拍制照片；童年挚友刘玉秀先生积

极提建议。大家为我付出了辛勤的劳动，我深表谢意。在此，还要感谢我的老伴赵淑荣。我们婚后生下一男二女，她除了自己繁忙排练、演出，还要侍奉父母，抚养三个孩子。在“文化大革命”前十多年里，我们俩在台上是老搭档，台下是好夫妻。我们家中恪守传统礼教，我俩的工资全部交给母亲。淑荣买一个发卡或者去打一壶开水，都要向婆婆伸手要二分钱，为丈夫尽全孝道，十几年中任劳任怨。直到“文化大革命”中我的工资被扣，她被迫改行到工厂落了工资，家中生活极端困难的时候，母亲才交了“权”。从此她掌管全家生活和其他事务。大半个世纪，她伴我度过风风雨雨，历经劫难而忠贞不渝；她最伤心的是，34岁的一个剧团主演被迫改行到工厂当翻砂工，后来又在工厂托儿所做保姆，失去近30年的专业舞台，学非所用，并掷失大好年华，这完全是受我的株连。今生难忘的是，在第一次获准去“牛棚”探望我时，她一再地叮嘱我：“要好好注意身体，你就是打成反革命，我也会不离不弃的和你过一辈子。”在那几乎活不下去的时刻，是她相濡以沫的亲情支持我挺了过来。花甲之年，我又涉足写作，习学书画，家中一切人情往来全是她一人操持，使我专心投入我的事业和追求，并助我谋划。知情者都说她是贤内助，我说她是我一生共命运、贴心的“总理”。大半生的拼搏，我所取得的点滴成就，与她的付出是分不开的。每当我的演出在影视报刊上得到赞誉，作品出版或发表，亲友们信电祝贺时，她就得到了欣慰和满足。而每次都是喜悦未已，我又进入下一项活动或创作计划，她又伴我共同投入奋斗。

《狂生艺事》乃我70余年的心声自白、人生小结，也是我向社会交出的一份“答卷”。至于我的心态为人、品德艺事，由读者点评，褒与贬我都洗耳恭听。愧感小学两年半的文化，水平有限，书中错误难免，望师辈、同人，尊敬的读者指正批评。

2011年10月于异像斋